走遍全球 GLOBE-TROTTER TRAVEL GUIDEBOOK

意大利

Italia

日本《走遍全球》编辑室 编著

中国旅游出版社

图例
国境
铁路
高速公路
干道
车辆渡轮
山岳
遗迹
法国
瑞士
奥地利
匈牙利
斯洛文尼亚
克罗地亚
波斯尼亚和黑塞哥维那
塞尔维亚
黑山
阿尔卑斯山脉
多洛米蒂山
亚平宁山
湖水地方
列支敦士登
前往慕尼黑
前往维也纳
前往莫斯科、维也纳
前往贝尔格莱德、伊斯坦布尔
前往巴黎、日内瓦
前往圣莫里茨
前往巴塞尔
前往巴黎、伦敦
前往尼斯
前往马赛
尼斯
前往巴塞罗那
前往奇隆、马赛
前往伊比萨、马拉加
前往奇隆、马赛
前往奇隆
前往比雷埃夫斯、帕德拉斯、克拉基（科孚）
前往伊格梅尼茨
前往酒吧
米兰 Milano
都灵 Torino
热那亚 Genova
威尼斯 Venezia
博洛尼亚 Bologna
佛罗伦萨 Firenze
罗马 Roma
梵蒂冈城国
圣马力诺共和国
的里雅斯特 Trieste
Udine
Pula
Split
Dubrovnik
巴里 Bari
福贾 Foggia
坎波巴索 Campobasso
贝内文托
卡塞塔
Pescara
拉奎拉 L'Aquila
安科纳 Ancona
里米尼 Rimini
乌尔比诺 Urbino
拉韦纳 Ravenna
费拉拉 Ferrara
帕多瓦 Padova
维琴察 Vicenza
巴萨诺－德尔格拉帕 Bassano del Grappa
维罗纳 Verona
锡尔苗内 Sirmione
代森扎诺－德尔加达
布雷西亚 Brescia
贝加莫 Bergamo
科莫 Como
斯托雷萨 Stresa
Novara
帕维亚 Pavia
克雷莫纳 Cremona
曼托瓦 Mantova
萨比奥内塔 Sabbioneta
皮亚琴察 Piacenza
帕尔马 Parma
摩德纳 Modena
阿斯蒂 Asti
阿尔巴 Alba
Cuneo
菲纳莱利古雷 Finale Ligure
Savona
阿尔本加 Albenga
阿西拉奥 Alassio
圣雷莫 Sanremo
五渔村 Cinqueterre
韦内雷港 Portovenere
拉斯佩齐亚 La Spezia
Carrara
卢卡 Lucca
比萨 Pisa
Livorno
圣吉米尼亚诺 S. Gimignano
锡耶纳 Siena
阿雷佐 Arezzo
佩鲁贾 Perugia
阿西西 Assisi
皮恩扎 Pienza
Grosseto
奥尔维耶托 Orvieto
斯波莱托 Spoleto
塔尔奎尼亚 Tarquinia
切尔韦泰利 Cerveteri
Civitavecchia
蒂沃利 Tivoli
Frascati
Ostia
特韦雷河
奥斯塔 Aosta
库尔马耶 Courmayeur
切尔维尼亚 Cervinia
切尔维诺峰（马特洪峰）
勃朗峰
罗莎峰
Chiavenna
Sondrio
博尔扎诺 Bolzano
特伦托 Torento
梅拉诺 Merano
Malles Venosta
布雷萨诺内 Bressanone
科尔蒂纳丹佩佐 Cortina D'Ampezzo
马焦雷湖
奥尔塔湖
科莫湖
伊塞奥湖
加尔达湖
波河
阿迪杰河
阿尔诺河
热那亚湾
利古里亚海
亚得里亚海
厄尔巴岛
科西嘉岛（法国领地）
Palau
奥尔比亚 Olbia
托雷斯港 Porto Torres

意大利共和国
Repubblica Italiana
撒丁岛
SARDEGNA
阿尔盖罗 Alghero
萨萨里 Sassari
努奥罗 Nuoro
奥里斯塔诺 Oristano
巴鲁米尼 Barumini
努拉盖·苏·努拉可西
卡利亚里 Cagliari
第勒尼安海
前往突尼斯·的黎波里
前往突尼斯
那不勒斯 Napoli
埃尔科拉诺
维苏威火山
庞贝古城
伊斯基亚岛
卡普里岛
索伦托 Sorrento
阿马尔菲 Amalfi
萨莱诺 Salerno
帕埃斯图姆
波坦察 Potenza
马泰拉 Matera
阿尔贝罗贝洛 Alberobello
Martina France
布林迪西 Brindisi
前往帕德拉斯、克拉基、伊格梅尼茨
前往伊拉克利翁、帕德拉斯
塔兰托 Taranto
Metaponto
莱切 Lecce
塔兰托湾
科森扎 Cosenza
Crotone
卡坦扎罗 Catanzaro
Tropea
墨西拿海峡
利帕里群岛
（埃奥利群岛）
墨西拿 Messina
Milazzo
雷焦卡拉布里亚 Reggio di Calabria
巴勒莫 Palermo
蒙雷阿莱 Monreale
切法卢 Cefalù
特拉帕尼 Trapani
埃利切 Erice
埃加迪群岛
马尔萨拉 Marsala
马扎拉–德尔瓦洛 Mazara del Vallo
塞利农特
埃特纳
陶尔米纳 Taormina
恩纳 Enna
卡塔尼亚 Catania
皮亚扎–阿尔梅里纳 Piazza Armerina
阿格里真托 Agrigento
拉古萨 Ragusa
锡拉库萨 Siracusa
诺托 Noto
西西里岛
SICILIA
伊奥尼亚海
前往兰佩杜萨岛、利诺萨岛
前往瓦莱塔
N
0 50 100km
意大利的各区和首府
瑞士
奥地利
匈牙利
斯洛文尼亚
克罗地亚
波斯尼亚和黑塞哥维那
黑山
法国
奥斯塔
瓦莱达奥斯塔区
特伦蒂诺–上阿迪杰区
特伦托
弗留利–威尼斯朱利亚区
米兰
伦巴第区
威尼托区
威尼斯
的里雅斯特
都灵
皮埃蒙特区
热那亚
利古里亚区
艾米利亚–罗马涅区
博洛尼亚
利古里亚海
佛罗伦萨
圣马力诺共和国
托斯卡纳区
安科纳
马尔凯区
佩鲁贾
翁布里亚区
科西嘉岛
（法国领地）
拉奎拉
拉齐奥区
亚得里亚海
阿布鲁佐区
梵蒂冈城国
罗马
莫利塞区
坎波巴索
坎帕尼亚区
巴里
那不勒斯
波坦察
普利亚区
撒丁区
巴西利卡塔区
卡利亚里
第勒尼安海
卡拉布里亚区
卡坦扎罗
地中海
巴勒莫
西西里区
伊奥尼亚海

意大利主要铁路网
瑞士 SWITZERLAND
奥地利 AUSTRIA
匈牙利 HUNGARY
法国 FRANCE
斯洛文尼亚 SLOVENIA
克罗地亚 CROATIA
波斯尼亚和黑塞哥维那 BOSNIA AND HERZEGOVINA
主要fs线线路
地方fs线线路
其他的铁路线路（包含巴士、船舶运输）
罗马 ROMA 主要观光都市
安科纳 Ancona 换乘站
普雷圣迪迪耶 Prè S. Didier
奥斯塔 Aosta
都灵 Torino
诺瓦拉 Novara
米兰 MILANO
科莫 Como S. G.
贝加莫 Bergamo
布雷西亚 Brescia
梅拉诺 Merano
博尔扎诺 Bolzano
特伦托 Trento
贝卢诺 Belluno
巴萨诺 Bassano
维琴察 Vicenza
维罗纳 Verona
帕多瓦 Padova
威尼斯 VENEZIA
乌迪内 Udine
的里雅斯特 Trieste
阿奎莱亚 Aquilaia
格拉多 Grado
帕维亚 Pavia
克雷莫纳 Cremona
曼托瓦 Mantova
皮亚琴察 Piacenza
帕尔马 Parma
费拉拉 Ferrara
摩德纳 Modena
博洛尼亚 Bologna
拉韦纳 Ravenna
热那亚 Genova
Savona
卢卡 Lucca
比萨 Pisa
恩波利 Empoli
佛罗伦萨 FIRENZE
里米尼 Rimini
乌尔比诺 Urbino
圣吉米那诺 S. Gimignano
波吉邦西 Poggibonsi
锡耶纳 Siena
阿西西 Assisi
佩鲁贾 Perugia
安科纳 Ancona
福利尼奥 Foligno
Spoleto
奥尔维耶托 Orvieto
维泰博 Viterbo
丘西 基安恰诺泰尔梅 Chiusi Chianciano T.
塔尔奎尼亚 Tarquinia
拉奎拉 L'Aquila
圣雷莫 Sanremo
文蒂米利亚 Ventimiglia
库内奥 Cúneo
前往尼斯
前往尼斯、葛纳
Livorno

【主要都市间的距离（从铁路）】

km	安科纳	巴里	博洛尼亚	博尔扎诺	佛罗伦萨	热那亚	米兰	那不勒斯	巴勒莫	罗马	都灵	的里雅斯特	乌迪内	威尼斯
巴里	448													
博洛尼亚	204	650												
博尔扎诺	580	912	262											
佛罗伦萨	301	750	97	359										
热那亚	501	947	297	452	247									
米兰	423	869	219	296	316	157								
那不勒斯	511	321	627	889	530	713	846							
巴勒莫	1214	845	1328	1592	1233	1414	1549	703						
罗马	297	497	413	675	316	499	632	214	917					
都灵	576	985	335	449	413	166	153	881	1582	667				
的里雅斯特	594	973	317	424	487	581	424	866	1569	652	577			
乌迪内	573	938	279	403	394	535	394	1041	1625	710	558	293		
威尼斯	473	816	166	267	330	424	267	709	1412	495	420	157	136	
维罗纳	318	764	114	148	211	304	148	741	1442	527	301	276	220	119

使用本书之前

本书所使用的主要图标

本书正文以及地图中出现的符号，例如 ❶ 表示为旅游咨询处。其他记号如下所示。

世界遗产

表示被联合国教科文组织列为世界遗产的景点、列入年份以及种类。可以帮助游客更好地在城中游览。

前往○○的方法

介绍前往目的地的方法，优先选择乘坐火车。

Sicilia

Roma

Siracusa

锡拉库萨 Siracusa  

●邮政编码 96100

锡拉库萨是当时希腊殖民城市中最大、最美丽的城市。是著名的“阿基米德定律”的创造者，希腊著名数学家阿基米德（公元前 287~前 212 年）的出生地。

锡拉库萨虽然发展成为能够直接影响整个西西里的城市，却没能像雅典一样产生民主政治，这里的人们一直生活在领主狄俄涅索斯的专制统治之下。

不久后这里就被罗马人征服，在圣帕奥罗的传教下变成了基督教城市。9 世纪时又被阿拉伯人占领。

世界遗产

锡拉库萨和潘塔立克石墓群
收录年份 2005 年　文化遗产

前往锡拉库萨的方法

从 fs 线墨西拿中央车站乘坐开往锡拉库萨方向的 IC，需要 2 小时 34 分钟，乘坐 RV，需 2 小时 24 分钟~2 小时 42 分钟，乘坐 R，需要约 3 小时 10 分钟，从卡塔尼亚乘坐 IC、R，需 1 小时~1 小时 20 分钟。从阿格里真托前往需要在卡塔尼亚等地换乘，乘坐 R 需 5 小时 40 分钟~7 小时 20 分钟（速度慢，车次少，还需要换乘）。从阿格里真托乘坐普尔曼巴士前往更方便，需时 4 小时 15 分钟。从巴勒莫乘坐普尔曼巴士（INTERBUS 公司）经由内陆地区的高速公路约需 3 小时 20 分钟（1 天有 3 趟车）（→p. 480）。

普尔曼站台

普尔曼到达的车站是位于 fs 线锡拉库萨站前的 Via Rubino 站。车站有开往奥尔提伽岛的 20 路小巴，车次很多，运行间隔为 30 分钟（一次票的票价€ 0.90）。市内公交车的车票在车站外的酒吧和烟草店购买，前往巴勒莫等地的 INTERBUS 公司的车票在车站内的售票处购买。

❶ **旅游咨询处 Servizio Turistico Regionale**

Via d.Maestranza 33
0931-464255
8:00~13:45
周三　8:30~13:45
14:45~17:45 也开放
周六、周日、节假日
p. 493 B2

锡拉库萨 漫步

开往锡拉库萨的普尔曼，有 INTERBUS 公司运营的连接巴勒莫、卡塔尼亚的车，AST 公司运营的连接诺多、卡塔尼亚和锡拉库萨的车，终点站是 fs 线中央车站前的鲁比诺大街（Via Rubino）汽车站。从这里到奥尔提伽岛的入口有小巴运行。步行 20 分钟也能抵达。锡拉库萨的景点集中在两个地方，一个是希腊·罗马时代的遗迹所在的奈阿波利考古学公园（Parco Archeologico della Neapolis），另一个是奥尔提伽岛上的老城区（Città Vecchia），有桥和市区连接。火车站的东侧是新城区，北侧是奈阿波利考古学公园，东南是旧城区。无论去哪里，步行前往就足够了。尤其在旧城区的小路上散步，更是一种乐趣。奥尔提伽岛的入口附近，从阿波罗神庙到沿海一带的地方，上午开有海鲜市场，热闹异常。岛西侧的意大利广场有绿意盎然的漫步大道，电影《西西里的美丽传说》曾在这里取景。夏天的夜晚，这里是当地人纳凉的好地方。

锡拉库萨 主要景点

奈阿波利考古学公园

希腊罗马时代的遗址分布在宽阔的公园里。附近还有游乐场，是市民们休息的地方。这里必看的是希腊剧场、天堂采石场、圆形竞技场，其他的还有海厄洛二世祭坛（Ara di Ierone Ⅱ）、石墓群（Necropoli dei Grotticelli）等（奈阿波利考古学公园、希腊剧场的通票€ 10）。

夏季周末时希腊剧场经常因为有活动而将入场时间提前到 16:00~17:00。虽然在门票上盖章后可以在第二天上午来参观，但还是早一些去参观为好。

492

关于名称

关于景点名、地名等固定名词，原则上来说会采用其意大利语名称，而中文译名尽可能采用与其发音相近的官方译名来表示，但是一些在国内拥有较为人熟知的译名会优先采用。

地图的省略记号

Ⓗ Ⓨ酒店、青年旅舍等　Ⓡ餐馆　Ⓢ商店　❶旅游咨询处　教堂　巴士车站　出租车　Ⓟ停车场　邮局　Ⓑ银行　医院　厕所　机场　●景点　●其他设施　公园、绿地　城壁　意大利比萨店　咖啡馆、简餐　冰激凌店　葡萄酒吧　啤酒吧　Ⓑ B 级美食

本书中使用的意大利语简称

V.	= Via	大街	C.po	= Campo	广场	Lungo~		~沿街
V.le	= Viale	大道	P.te	= Ponte	桥	Staz	= Stazione	车站
C.so	= Corso	大道	P.ta	= Porta	门	Ferr.	= Ferrovia	铁道
P.za	= Piazza	广场	Pal.	= Palazzo	宫殿	Funic.	= Funicolare	有轨电车
P.le	= piazzale	广场	Fond.	= Fondamenta	运河沿岸	Gall.	= Galleria	美术馆、艺术馆
P.tta	= Piazzetta	小广场				Naz.	= Nazionale	国立

曼托瓦是一个步行就能游玩的城市。有红色的屋顶、土黄色的墙壁、宁静祥和的中世纪街景、会硌痛脚底的由鹅卵石铺砌的罗马时代的道路。让人能体会到小城市的好处。很久以前这里和本土之间有大运河相隔，所以至今仍能让人感受到小岛之城的遗风，道路下有河水流过，小巷之间的河流若隐若现。漫步于此，你一定会有不少新的发现，这就是曼托瓦。

曼托瓦 主要景点

埃尔贝广场 Piazza delle Erbe

Map p.322 A·B2

集中了两个景点的热闹的市场 ☆☆

埃尔贝广场每天都充满了活力，是这座城市的招牌。在大大的太阳伞底下的是销售蔬菜以及水果的市场。这里的景点是两个教堂。

埃尔贝广场上的市场

圣安德雷亚教堂（Sant' Andrea）有着宏伟的穹顶、高耸的钟楼，是一座有着古典和谐之美的文艺复兴样式的建筑物。在礼拜堂中，有在该市出身的画家曼特尼亚的墓地。圣洛伦佐教堂（Rotonda di S.Lorenzo）在埃贝尔尔广场的侧面，拉乔内宫的旁边，是一个砖质的罗马样式的小型圆顶教堂。教堂内部的气氛非常庄严肃穆。

杜卡勒宫 Palazzo Ducale

Map p.322 A2

曼托瓦的标志 ☆☆☆

杜卡勒宫是贡萨格家族的宫殿，其奢华程度与小巧的曼托瓦城简直有些不相符。杜卡勒宫由宫殿、城堡、圣芭芭拉教堂3部分组成，共计有将近500个房间，据说全部参观需要一个月。宫殿里面有收藏着很多名画（丁托列托、格列柯、鲁本斯等）的美术馆，据说是由拉斐尔设计的漂亮的壁毯之屋，堪比凡尔赛宫的镜厅，描绘着星座的宇宙屋、造得很小巧的小人屋等也值得一看。

拉斐尔的设计

著名的曼特尼亚的壁画在城堡的婚礼堂（Camera degli Sposi）（→p.322上图）内。透过窗

杜卡勒宫广阔的庭园也对观众开放

●曼托瓦的旅游线路

埃尔贝广场 p.323
↓
杜卡勒宫 p.323
↓
大教堂（索德罗广场）p.322
↓
茶宫 p.324

曼托瓦的 ❶ 旅游咨询处 IAT

住 Piazza Mantegna 6
☎ 0376-432432
开 10:00~13:00、14:00~16:00
周五、周六、周日、节假日 9:00~19:00
休 1/1、3/18、12/25、12/26
地 p.322 B2
※ 可帮助预订酒店

开往市中心的巴士

从火车站到杜卡勒宫乘坐4C、4S、4T路巴士，约需10分钟。到茶宫乘坐No.CC（=环线 Circolare），约需10~20分钟。运行间隔约为15分钟。

汽车票

费 1次票€1.40(75分钟有效)
※ 上车购票€2，1日票€3.50

圣安德雷亚教堂

●杜卡勒宫

住 Piazza Sordello 40
☎ 0376-2411897（预约）
开 8:15~19:15
※ 入场时间截至18:20
休 周一、1/1、5/1、12/25
费 €12
※ 3-5月、9月参观《婚礼堂》有时需要提前预订（预订费€1）。可以在 www.ducalemantova.org 预订。《婚礼堂》每天游览人数限1500人，一次允许25人进入参观

魅力四射的意大利各区 ●伦巴第区 曼托瓦

正文标题
标题名称用中文以及意大利语表示。景点旁的☆数量代表本书所给出的推荐热度。

○○的旅游线路
对游览城市中景点的推荐线路，以及在这条线路上会出现的景点进行说明。

旅游咨询处
有关旅游咨询处的信息。

DATA
住 地址、☎ 电话号码、开 营业时间、费 费用、休 休息日

米兰的历史 ●商业、经济都市米兰的发展停滞

米兰位于连接欧洲的东西以及南北的地理位置，曾经是伦巴第这片肥沃的平原的中心地带。米兰是一个兼备在商业、经济都市方面获得巨大发展要素的城市。

西罗马帝国当初由于日耳曼民族的大移动而产生了巨大的混乱……的首府，作为西方……随后，虽然由哥特……些混乱，但是从12……交流的时代时开始……城镇中心的大教堂……路，通向那个时代……

意大利北部联……军东征。各城市都为了财富、势力以及征服其他城市而开始了争斗。米兰也不例外，自从1395年以来，作为米兰公国，先后受到了维斯孔蒂家以及斯福尔扎家的支配。在这座发达的小城市中，……

娱乐 ●穿着古代服装游行的传统节日和足球赛

●传统仪式

春天的佛罗伦萨最热闹的，便是复活节当天的马车爆炸节 Scoppio del Carro。这是从6世纪流传至今的传统，在大教堂前举行，届时会将马车上的爆竹全部引……

6月，会举行……行的足球比赛 Calc……赛前后在城镇上身……一旦比赛开始后，……践。这是在28位精……让人光看着就热血……

救护车，有一年据说还发生了耳朵被割下来的事故。可以在共和国广场旁边与中央邮局并列……

意大利美术史 Arte romanica 罗马美术

11世纪，随着都市的再生，罗马风格的美术也跟着进入了繁荣的阶段。基督教的劳动观是人们通过日常的劳动，可以得到精神上的解放，这种想法使得原本贫乏的素材，通过人们的劳动而变得有价值了。在建筑方面，用壁材代替了原来的大理石材料，雕刻方面也用普通的石材，而不是大理石。绘画方面则用湿绘画取代了高价的马赛克镶嵌画。

位于城市中心的是大教堂。大教堂不仅起着宗教信仰的作用，还跟罗马时代的集会场所——长方形会堂一样，是市民议论市政时局，有时还进行买卖的场所。米兰的圣安布雷佐教堂 Sant' Ambrogio(→p.199)就是其中的代表。其他具有代表性的教堂还有维罗纳的圣祥诺·马焦雷教堂 San Zeno Maggiore（→p.343）、佛罗伦萨的圣米尼亚托教堂 San Miniato al Monte（→p.156）、比萨的大教堂 Duomo di Pisa（→p.414）、卢卡的圣佛雷蒂亚诺教堂 San Martino、皮斯托亚的圣乔万尼教堂 San Giovanni Fuorcivitas、安科纳的圣西里亚科教堂 San Ciriaco。在意大利南部有两大教堂：巴里的圣尼古拉教堂 San Nicola（→p.463）、巴勒莫的蒙雷阿莱大教堂（→p.484）。伦巴第风格的则有北部意大利的摩德纳的大教堂（→p.387）、费拉拉的大教堂（→p.402）两大教堂。绘画中值得一提的是受拜占庭影响的威尼斯以及西西里亚的镶嵌细工画。

历史专栏
介绍主要城市的历史。其中还特别对罗马、佛罗伦萨、米兰以及威尼斯做了详细的介绍。

娱乐信息
整理了各地的娱乐信息。

美术历史专栏
以年代和主题划分的意大利美术的历史信息。

“埃斯特！埃斯特 !! 埃斯特 !!!” 弗拉帝利 · 里奇
"Est! Est!! Est!!!" Fratelli Ricci

◆从 1888 年开始便一直由同一家族经营，是一家历史悠久的餐馆，距离特米尼中央车站也很近。这里除了各种特制的比萨外，还提供罗马非常有名的油炸鳕鱼等油炸食品，种类丰富。周六夜晚 需预约

特米尼中央车站周边 Map p.33 C3
住 Via Genova 32
☎ 06-4881107
营 18:30~24:00
休 周一、8 月
预 € 20~45
C M.V.
交 从地铁 A 号线在 Repubblica 站下车步行 7~8 分钟

杰尼亚【品牌】
Ermenegildo Zegna

◆意大利男装最知名的品牌
作为服装公司，杰尼亚的衣服并没有很夸张的设计，而是依靠耐用性受到了很多男性的青睐。同时这家店采用的也是意大利式的面对面销售法，能够和店员咨询沟通，购买到合身的衣服。

Map p.113 9
住 Via Condotti 58
☎ 06-69940678
营 10:00~19:30
周日 10:00~19:00
C A.D.J.M.V.
交 从地铁 A 号线西班牙广场站下车步行 5 分钟

德拉密涅瓦大酒店 ★★★★★
Grand Hotel de la Minerve

◆将宫殿完全占有，在这个地区也非常罕见的奢华住宿设施。这里的公共区域也非常豪华。从屋顶的露台上能够看到仿佛伸出手便能抓住万神殿的圆形屋顶一样的美丽景色。这里所在的地区保留有很浓的古罗马的风情。

纳沃纳广场周边 Map p.32 C1
URL www.grandhoteldelaminerve.it
住 Piazza della Minerva 69
☎ 06-695201 Fax 06-6794165
SB € 187/382 TB € 229/700
室 123 间 早餐€ 35 Wi-Fi
C A.D.J.M.V.
交 从万神殿步行 2 分钟

●通用的略称

住 地址　　☎ 电话
Fax 传真号码　营 营业时间
休 休息日
C 可以使用的信用卡
A：美国运通卡　D：大莱卡
J：JCB 卡　　M：万事达卡
V：VISA 卡
在咖啡馆、酒吧以及意式冰激凌店等场所，即使书中写明可以使用信用卡，但如果只是进行像在吧台用餐等小额消费时，可能会遇到不能刷卡的情况。
交通 介绍从最近的景点，或者从车站下车后步行或乘坐巴士、地铁以及出租车等交通工具前往的方法。在威尼斯部分会用 Ⓥ 来表示威尼斯水上游船。

●餐馆的省略记号

预 一般在该餐馆用餐需花费的金额。以不点高价菜品，只进行普通的用餐为基准。( ) 内的 ~% 为服务费。座位费虽然是意大利特有的收费项目，但是近年来收取这项费用的店已经越来越少了，大部分店都会将其包含在套餐的价格之中。套餐指的是 menu turistico、menu completo 等，各家店的菜品数量会有所不同。

需预约 请事先进行预约

最好提前预约 推荐事先进行预约

●酒店的省略记号

YH 青年旅舍
Low 淡季
High 旺季
※ 在各种费用中，会有像€ 60/80 这样的价格表示，是因为淡季 / 旺季以及客房类型上的差异导致价格的不同。€指的是欧元
URL 网址
e-mail 电子邮箱
D 集体宿舍

S 公共浴室单人间的价格
T 公共浴室大床房或者双人间的价格
3 公共浴室三人间的价格
4 公共浴室四人间的价格
SS 带淋浴单人间的价格
TS 带淋浴双人间的价格
SB 带淋浴或者浴缸的单人间的价格
TB 带淋浴或者浴缸的大床房或者双人间的价格
3B 带淋浴或者浴缸的三人间的价格
4B 带淋浴或者浴缸的四人间的价格
SU 套房
JS 小型套房价格
Wi-Fi = 可以使用 Wi-Fi
※T 以及 TB 的双人间有时可以根据客人的要求，更换为大床房。如果有需要的话，可以在预约时确认或者提出
费 使用费等各种费用
室 客房数量
※ 在本书中刊登的酒店名字后，都会用★来进行分级。关于酒店分级可以参考“旅行的准备和技巧”一章中“有关酒店的所有事宜”（→ p.538）

本书的特点

本书主要介绍意大利的 5 大城市（罗马、佛罗伦萨、米兰、威尼斯、那不勒斯）以及各个地方的主要观光都市。每个城市都会按照城市介绍、游览该城市的方法、景点介绍、餐馆、商店以及酒店的顺序进行记载。每年编辑部都会对数据实施追踪调查，同时也会参考各位读者寄来的投稿内容，在修订时重新更新这些信息。

参考本书提供的信息时请注意

编辑部虽然已经尽最大的努力来刊登最新、最正确的信息，但是随着时间的推移，与当地有关的信息可能会发生变化。基于这些情况给读者带来的损失本社不承担任何责任，请提前了解。另外，在使用本书时，请各位读者自己判断书中的信息以及建议是否适用于自己的行程。

当地资料的取材及调查时间

本书以本书编辑期间的考察数据为基础进行编辑。虽然我们编辑部的宗旨是“具体且能立刻使用的信息”，但是随着时间推移，信息会发生改变。特别是酒店和餐馆的费用，很有可能与你真正在旅行中接触的价格有出入。本书中所刊登的信息请各位读者仅作为一种参考资料进行使用。如果需要最新的信息，请直接前往各地的旅游咨询中心进行询问。

关于读者来信

读者来信中多少会带有游客的主观印象及评价，不过编辑部还是尽量原文刊登体验者的印象或者评价，也可以成为大家选择酒店时的一种参考。关于酒店的价格，编辑部每年都有追踪调查，会及时更新。

走遍全球 GLOBE-TROTTER TRAVEL GUIDEBOOK

意大利
Italia

※ 带标记的是被选入联合国教科文组织《世界遗产名录》的地方或者世界遗产所在地

西西里区 SICILIA 475

撒丁区 SARDEGNA 501

旅行的准备和技巧 TRAVEL INFORMATION 515

意大利的历史

意大利美术史

地方美食

意大利概况 General Information

国旗

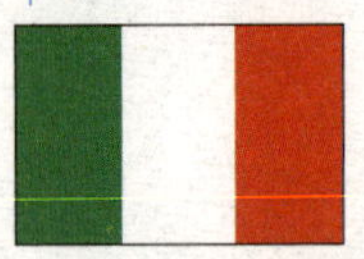

意大利的国旗呈长方形，从左至右依次为绿、白、红三种颜色。

正式国名

意大利共和国 Repubblica of Italiana

国歌

《马梅利之歌》*Inno di Mameli*

面积

301333 平方公里

人口

6060 万（2016 年）

首都

罗马 Roma

国家元首

总统：塞尔吉奥·马塔雷拉
总理：朱塞佩·孔特

政体

共和制

民族构成

意大利人

宗教

天主教（95%）

语言

一些地方可能会使用略有不同的方言，在靠近国境的城市里有会使用两个国家语言的人。

旅行用意大利语→ p.565

货币和汇率

意大利通用货币为欧盟单一通用货币欧元。货币单位为欧元€（euro）与欧分 ¢（意大利语读音为 centesimo/ 复数形式为 centesimi），1 € =¢100，1 € =7.4906 元人民币（2018 年 5 月 21 日）。纸币面额有€ 500、€ 200、€ 100、€ 50、€ 20、€ 10、€ 5。硬币面值有€ 2、€ 1、¢50、¢20、¢10、¢5、¢2、¢1。

€1 硬币　€2 硬币　€20 纸币
€50 纸币　€100 纸币
€200 纸币　€500 纸币

拨打电话的方法

从中国往意大利拨打电话的方法

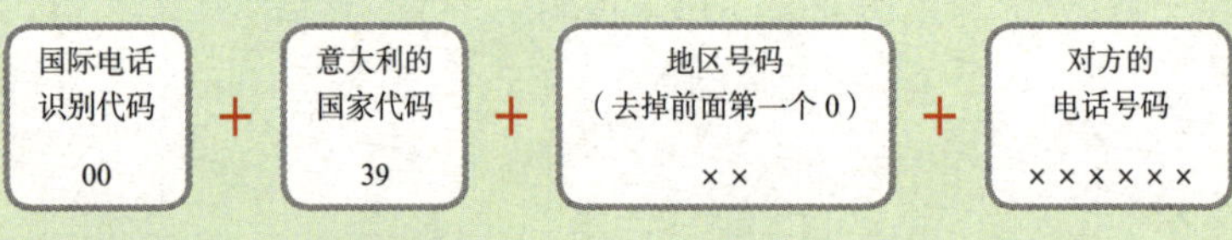

从意大利往中国拨打电话的方法

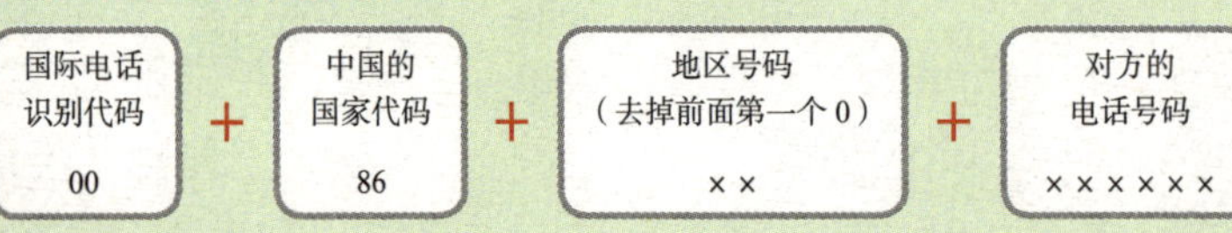

电话→ p.534

货币的正面为欧元的统一造型，印有数字与欧洲地图，背面则印有斗兽场等意大利特有的标记。

2013 年开始，有了新版的货币

从 2013 年 5 月开始，5 欧元纸币上的图案更换为新的图案，同时计划会按照纸币金额大小的顺序，花费数年对所有纸币的图案进行重新设计。新版纸币的水印部分画着希腊神话中的公主欧罗巴的脸，以及在左上方印有德拉吉 ECB（欧洲中央银行）总裁的签名。

旅行时如何带钱 → p.517
兑换货币 → p.536

出入境

【签证】

中国公民赴意大利旅游需要办理签证。

【护照】

护照有效期在 6 个月以上。

海关的相关信息→ p.521、p.576

飞往意大利的时间

中国有从北京、上海等地飞往罗马、米兰的直达航班，从北京、上海直飞罗马的飞行时间为 11 小时 15 分钟、12 小时 35 分钟。从北京、上海直飞米兰的飞行时间为 11 小时、12 小时 35 分钟。

前往意大利的交通 → p.520

气候

意大利的国土面积南北狭长，气候温暖，四季分明。只是，这里早晚的温差很大，冬天会非常寒冷，即使是在西西里岛有时也会下雪。而夏天气候干燥，降水量也比冬天少一点。由于意大利的纬度较高，夏天要到很晚才会天黑。

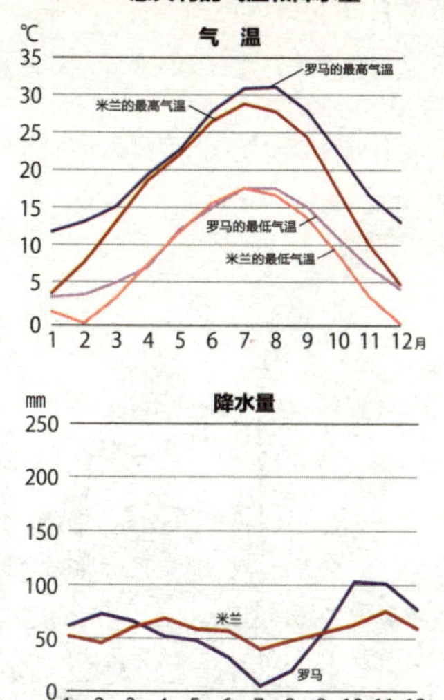

意大利的气候→ p.579

时差和夏令时

意大利和中国的时差为 7 小时。意大利时间比中国晚 7 小时，意大利的 10:00 为中国的 17:00。

实行夏令时的时期为从 3 月最后一个周日到 10 月最后一个周六为止。这时候，意大利与中国的时差为 6 小时，时间比中国晚 6 小时。不过，在有些年间这个时期也会发生变动。

营业时间

以下为一般场所的营业时间。商店与餐馆等，不同的城市、不同的店铺都会有所不同。另外，像在罗马、米兰及威尼斯等大型观光城市中，以名牌商店为主的一部分商店以及百货商场是没有午休时间的，周日照常营业的商店数量也在陆续增加。

【银行】周一～周五 8:30~13:30、15:00~16:00。节假日前一天有时营业到中午便结束。在银行外侧以及车站等地都设置有 24 小时的自动取款机。

【百货商店、名牌商店以及普通商店】很多商店的营业时间都为 10:00~20:00，地方商店及部分商店 13:00~16:00 为午休时间，大多数情况在周日及节假日不营业。

【餐馆】午餐 12:00~15:00、晚餐 19:00~24:00。和北方相比，南方开店的时间会稍微晚一些。

吃在意大利→ p.547

主要节日

和基督教有关的节日比较多。需要注意的是那些每年时间都会有所不同的节日（※标记）以及各城市守护圣人的节日（★标记）。

到圣诞节市场上逛逛吧

节日名称	时间	
元旦 Capodanno	1/1	1月
主显节 Epifania	1/6	
复活节 Pasqua	4/1（2018）※	4月
复活节星期一 Pasquetta	4/2（2018）※	
全国解放日 Anniversario della Liberazione d'Italia	4/25	
★威尼斯	4/25	
国际劳动节 Festa del Lavoro	5/1	5月
国庆日 Festa della Repubblica	6/2	6月
★佛罗伦萨、热那亚、都灵	6/24	
★罗马	6/29	
★巴勒莫	7/15	7月
圣母升天日 Ferragosto	8/15	8月
★那不勒斯	9/19	9月
★博洛尼亚	10/4	10月
万圣节 Tutti Santi	11/1	11月
★巴里	12/6	12月
★米兰	12/7	
圣母无原罪始胎节 Immacolata Concezione	12/8	
圣诞节 Natale	12/25	
圣礼节 Santo Stefano	12/26	

电压和插座

电压为 220 伏特，电流为 50 赫兹。极少数的情况下还是会有使用 125 伏特电压的地方。插座采用的是圆形 C 类型插座。中国电器可以直接使用，只需要更换插头。

插座为 C 类型。如果是内置变压器的电器只用插上转换插头便可使用

视频制式

中国和意大利的录像机都是 PAL 制式的，可以直接使用。

小费

由于大部分餐馆或者酒店的费用中已经包含了服务费，所以并不是一定需要支付小费（意大利语 mancia）。如果你以为得到了较舒适的服务或者给对方增添了较多的麻烦，可以按照下面的额度来支付小费。

【出租车】费用的 10% 左右。

【餐馆】基本上都包含在用餐费用中。即使遇到分别计算的情况，也会体现在账单中。一般根据餐馆的档次支付 7%~15% 的小费。

【酒店】对行李员以及客房服务可以适当支付 € 1~5。

【公共厕所】有工作人员看守的情况下，一般往桌子上的容器里随意给一些小费，也有一种无人看守的情况，需要在入口处投入指定的费用。一般为€ 0.50~1。

住宿税

从 2011 年开始，在意大利的一部分城市中住宿需要支付住宿税。各自治体对于征收税金的名称、征税对象的住宿设施、金额、时间等有不同的规定。根据酒店的档次、时间，1 晚上的税金大概在€ 1~5。需要在办理退房手续时直接向酒店支付。一些酒店要求支付现金，一些酒店能够和住宿费一起刷卡支付。

主要交住宿税的城市，我们会在酒店信息页面标明税额。不过今后可能会发生变动。

罗马 → p.119
佛罗伦萨 → p.171
米兰 → p.212
威尼斯 → p.251

饮用水

意大利的自来水水质和中国不同，是含有较多石灰成分的硬水，虽然可以直接饮用，但是如果担心身体不适的话可以选择矿泉水。在餐馆或者酒吧点上一杯矿泉水是一件非常普遍的事情。500mL 的矿泉水在超市售价€ 0.30~0.80，在酒吧售价€ 0.50~2。在车站的自动贩卖机中售价€ 1.20。在景点售价€ 1~2。

邮局

意大利的邮局分为中央邮局和小规模的邮局两类，营业时间以及对包裹等的处理业务上都有所不同。邮票除了能在邮局购买外，还能在有 T 标记的香烟店 Tabacchi 购买。邮筒与中国一样，在各地都有设置。

中央邮局的营业时间为周一 ~ 周六 8:00~19:00。其他邮局为周一 ~ 周五 8:00~14:00，周六、周日休息（一部分城市会有所不同）。

在香烟店中能买到邮票和门票

邮费

从意大利寄往中国的航空邮件，如果是明信片或者 20g 以内的信件的话，邮费为€ 2.20。

邮政 → p.535

税金

意大利的大部分商品都会附加上名为 IVA 的增值税，税额大约为商品价格的 10%~22%。欧元区以外的居住者，如果在一家商店购买价值超过€ 154.94 的商品，只要办理一定的手续，就可以退税。所以在购物完毕后回国前，请一定别忘了办理退税手续。

免税购物 → p.560

购买意大利的名牌产品作为礼物

主要车站内开始实施车票检查，提升车站内的安全性

安全和纠纷

注意地铁以及巴士等公共交通设施内的小偷。在街上可能会碰到带着小孩或者婴儿的诈骗集团。在意大利公开抢劫的情况比较少，所以只要每个人都加强警戒的话，应该可以防患于未然。

警察局 113

消防局 115

为了能够安全舒适地旅行 → p.572
如果遇到麻烦 → p.574

年龄限制

汽车租赁的对象要求最小年龄在 21~25 岁，最大年龄在 60~65 岁，驾龄 1 年以上。

除此之外，一部分博物馆及美术馆，只要是学生，或者年龄在26岁以下，65岁以上的话，就可以享受到门票优惠。

自驾游之旅→ p.532

度量衡

长度单位是厘米、米，重量单位是克、千克。在食品店中使用的 etto，是 100 克的意思。

其他

【禁烟法的实施】

从 2005 年 1 月 10 日起开始实施禁烟法，在美术馆、博物馆、电影院、列车、餐馆以及酒吧等室内及公共场所禁止吸烟。违反者将会被处以罚款。

朝着雷奥德利 / 盖斯勒山延伸的一条道路

在多洛米蒂山爬山

从松·弗尔卡小屋阳台上眺望到的托法纳山

～从科尔蒂纳再多走两步～

走在断崖绝壁上!? 其实这是一张错觉照片。位于拉戈佐伊小屋周边

多洛米蒂山（Dolomiti）位于意大利北部，靠近奥地利的边境。山体全身覆盖着陡峭险峻的岩石，绝壁如同尖塔一般高耸入云。而在两山低凹处的谷底，是一片郁郁葱葱的牧草地。被夕阳染红的山脉美到令人窒息。被雪覆盖的山峰在云层间若隐若现，偶尔下一场雨还能看到彩虹。风景随着时间的推移而不断变化，这一场由伟大的自然导演的风光片让人看了肃然起敬。2009 年时，多洛米蒂山由于其独特的山容、美丽的自然景观以及地形、地质学上的价值，被收入到了联合国教科文组织的自然遗产之中。

如今在全世界最具人气的登山旅游场所中，提到意大利的话首先令人想到的便是多洛米蒂山。山脉的各处都设置有索道与缆车，因此能够轻松地登上 3000 米的高山，享受那一望无垠的风景。

首先，我们先从中国乘坐飞机（在罗马或者欧洲其他国家境内换乘），来到相对而言较为容易到达的威尼斯，随后从威尼斯朝着科尔蒂纳丹佩佐方向出发，开始我们前往多洛米蒂山的旅程。

接下来，我们给大家介绍一下从科尔蒂纳丹佩佐（以下，部分略称为科尔蒂纳）出发前来这里的 3 天范例行程，以及从奥尔蒂塞伊前来这里途中能够遇到的众多山脉。

第 1 天 前往从城镇出发能够方便到达的法洛丽亚山以及克里斯塔落山

第 2 天 前往最具人气，乘坐巴士大约需要 1 小时的三峰山

第 3 天 前往能够体验到广阔视野的法札雷果山顶、以及热门攀岩地点五塔峰

从奥尔蒂塞伊前来的话，能够好好欣赏存在感强烈的雷奥德利山 / 盖斯勒山。

通过飞拉达铁索攀登前往克里斯塔落山顶

从威尼斯出发的普尔曼巴士

● 科尔蒂纳特快列车
Cortina Express

每天从梅斯特雷车站旁 14:00、17:00 发车。途经威尼斯机场（14:15、17:15 发车），抵达科尔蒂纳丹佩佐大约为 16:20、19:20。车票€27。另外，还有从科尔蒂纳丹佩佐（8:00、17:00 发车）经由五塔峰、法札雷果山顶，开往科尔瓦拉的线路。

☎ 0436-643113

URL www.cortinaexpress.it

背朝梅斯特雷车站向右走，在 ATVO 公司的巴士车站旁有售票点。

● ATVO 公司的普尔曼巴士
Cortina Express

可以从威尼斯的罗马广场、梅斯特雷车站旁以及机场等地乘车（6 月中旬~9 月上旬与滑雪季节时期每天有 2 班车，其他时期只有午前 1 趟车或者仅在周末运营）。

罗马广场的发车时间为 7:50、10:50，途经梅斯特雷（8:05、10:40 发车）、机场（8:20、11:20）等地，抵达科尔蒂纳丹佩佐的时间为 10:35、13:25。车票售价€12.90。罗马广场上的售票处位于背朝运河站立时的广场右侧，梅斯特雷和上文记载的科尔蒂纳特快列车售票处的位置相同，机场的话位于售票窗口。

URL www.atvo.it

※ 原则上来说，两家公司都需要提前预约。可以在售票处以及公司网站上提前购买

前往法洛丽亚山

从科尔蒂纳的普尔曼巴士乘车处出发，在背朝城镇向右行走 3 分钟左右的乘车处乘车。

Cortina-Faloria

营 9:00~17:00（每隔 30 分钟一班车）

费 往返€18.50/单程€13

从威尼斯前来这里非常方便

科尔蒂纳丹佩佐

多洛米蒂山的西面玄关是博尔扎诺（→p.349），东面玄关则为科尔蒂纳丹佩佐。从威尼斯可以乘坐 2 家公司的普尔曼巴士，或者乘坐铁路（fs 线）+巴士前来这里。其中最为方便的就是乘坐直达的普尔曼巴士前来。科尔蒂纳丹佩佐是交通上的重要地点，在这里运营着前往各地的普尔曼巴士。另外，还有一点会让人觉得很高兴，便是由此地可以走路前往索道的乘坐地点（缆车站）。

第 1 天 前往能够将科尔蒂纳镇尽收眼底的 法洛丽亚山

Faloria（2123米）

在城镇的东侧，普尔曼巴士乘车处的停车场前方，有着前往法洛丽亚山索道 Funivia Faloria 的缆车站。乘坐缆车可以欣赏到缆车底下郁郁葱葱的冷杉树林与那将山坡描绘成条纹模样的险峻的岩石，途中在 Mandres 站换乘后便能抵达山顶缆车站。从车站下方的观景台或者法洛丽亚小屋 Rifugio Faloria（2123 米）的阳台上都能够将科尔蒂纳城镇一览无遗。小屋前面会有吉普车（费 单程€5，往返€9）在等待客人，只需花费大约 5 分钟时间便能将你送到山顶的桐蒂小屋 Capanna Tondi（2327 米）。在山顶小屋周边喝喝茶散散步，等玩够了便可以返回城镇了。

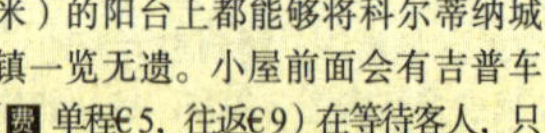

从法洛丽亚山的缆车上能够将科尔蒂纳城镇一览无遗，后方是五塔峰

如果想要试试走路的话，可以前去多洛米厄小道 Sentiero panoramico Dolomieu。这条近几年刚刚整修完毕的步行道，是为了纪念首位对多洛米蒂岩石的成分进行调查的地质学家多洛米厄而用其名字命名的。

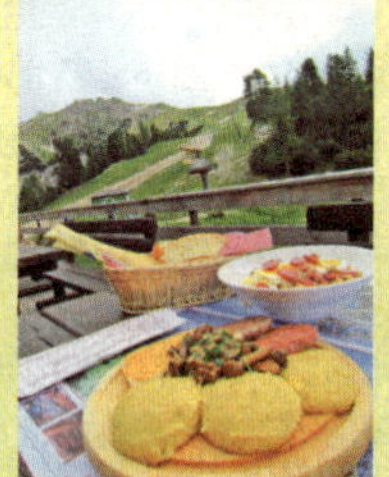

在法洛丽亚的小屋中享用有名的玉米粥午餐。前方白色的道路上会有吉普车驶来

从法洛丽亚小屋（有厕所）的身后往左走，可以来到一条有路牌指示的 N.212 小路。虽然从滑雪场的大路向下走也可以到，但是请千万不要走错路了。

沿着偃松和高山玫瑰、杜鹃花间的小路继续向前走，可以在脚边发现许多美丽的高山植物，另外，这里到处都设置着长椅，能够眺望

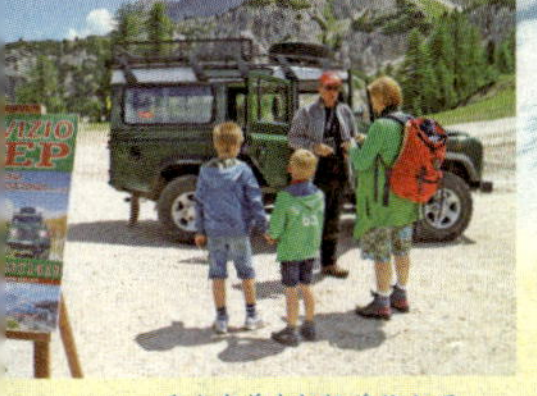
乘坐吉普车轻松前往山顶

科尔蒂纳城镇的风景。从小屋到与岩石表面近在咫尺的观景台 Belvedere 步行需 20~30 分钟。到克里斯塔落山的山麓利欧基尔（Rio Gere）大约需要 1 小时 40 分钟 ~2 小时（基本为下坡）。从利欧基尔往法洛丽亚山的话则为上坡，大约需要 2 小时 ~2 小时 30 分钟。

如果要返回科尔蒂纳的话，在克里斯塔落山的缆车站下方有巴士车站。巴士车票（€ 1.20）在巴士车站右方的山间小屋 Ristorante Rio Gere 处有售。这里也有露天座席，可以一边喝着卡布奇诺，一边等巴士。

一边欣赏着山上的美景一边行走

令人窒息的空旷风景

前往克里斯塔落山

Cristallo（3221米）

从罗伦兹小屋中看到的风景

沿着多洛米厄的小道往下走来到利欧基尔，停车场前便是通往克里斯塔落山升降缆车的乘坐处。随着 4 人乘坐的升降缆车缓缓上升，沿途一路俯视那回响着牛项圈铃铛声的放牧地，最终来到 2235 米的松 · 弗尔卡小屋 Rifugio Son Forca。虽然从这小屋的阳台上看到的景色非常漂亮，但是我们还是先继续往前走。沿着小屋前的小路往下走，没多久就能看到一部鸟笼模样的升降缆车。坐着这部升降缆车可到达克里斯塔落山的山顶约 3000 米处。虽然在升降梯上看到的基本上是岩石和碎石头，但是如果运气好的话还能看到鬣羚母子。在山顶上的罗伦兹小屋 Rifugio Lorenzi（2932 米）周边，即使是夏天也会残留着积雪。这座小屋中有很多手工制作菜肴，非常值得推荐。虽然从小屋中看到的风景也很不错，不过小屋阳台上那空旷的美景更令人叹为观止。背朝小屋站在阳台左侧，左边的山脉便是对面的法洛丽亚山（2123 米），其后面那座是苏帕普斯山 Sorapis（3205 米），右边是司威特 Civetta（3220 米）和科罗大达拉果 Croda da Lago（2715 米）。走到阳台靠里面一点的位置，眼前从左到右依次是努沃拉 Nuvolau（2575 米）、阿维拉 Averau（2649 米）以及下方的五塔峰 CinqueTorri（2252 米）等众多山脉。右上方还残存着冰川的雪山，是多洛米蒂的最高峰马尔莫拉达 Marmolada（3342 米）。从山间小屋右侧正前方能看到的 3 座山峰是托法纳山 Tofana（高度分别为 3225 米、3243 米、3238 米）。

从可爱的桑 · 弗雷眺望到的景色美丽壮观

由于从这座山顶再往上走只有飞拉达铁索攀岩线路，因此没有装备的我们就在这里欣赏一下空旷的美景吧。在下方看着那些游客在导游带领下进行飞拉达铁索攀岩以及行走在岩石之间的吊桥上的样子，也同样充满了紧张感。

前往克里斯塔落山

乘坐 p.10 中前往三峰山的巴士，在克里斯塔落山升降缆车乘坐处前的利欧基尔下车。

※ 利欧基尔、米苏里纳湖以及三峰山在同一条线路上。由于 1 天大约只有 6 班车，所以请事先查看好返程班车（前往科尔蒂纳的末班车在 17:20 左右）。

●前往克里斯塔落山的升降缆车

Rio Gere-Son Forca Rifugio

到松 · 弗尔卡 2215 米

营 6/18~9/25　8:30~16:30

费 往返€ 15/ 单程€ 10.80

Forcella Staunies 2950 米

到罗伦兹小屋（鸟笼形站立缆车）

费 往返€ 23/ 单程€ 18

※ 下山的缆车到 16:15 截止

※ 托法纳山的称呼：托法纳山由 3 座山组成，因此也可以用复数形式雷托法内（le Tofane）来称呼它

可爱的鸟笼形缆车

行走在山中时，地图是必不可少的。可以在当地的书店以及土特产店中购买。其中值得推荐的是由 TABACCO 公司出版的 1/25000 地图（€8.50）。购买时请确认好地区

正前方为克里斯塔落山顶与罗伦兹小屋。即使是夏天，周边也残留着积雪

沉浸在多洛米蒂登山的气氛中

第2天 前往三峰山 Tre Cime di Lavaredo

(Occid.2973米、Grande2999米、Piccolo2857米)

前往三峰山

从科尔蒂纳的巴士总站乘坐 Dolomiti Bus 30/31 路，8:38、10:00、14:05、16:35 发车。返程（从奥龙佐小屋下方的停车场出发）9:35、11:40、14:30、16:50 发车。

前往米苏里纳湖大约需要花费 35 分钟，前往三峰山大约需要花费 1 小时，费用€ 12.60。

观景台（左下）远景。观景台和仰头望见的山顶的海拔差大约为 500 米。从左到右依次是皮克罗、古兰德以及欧齐德塔勒

起点位于奥龙佐。这里也有商店，如果有东西忘了的话可以在这里补充

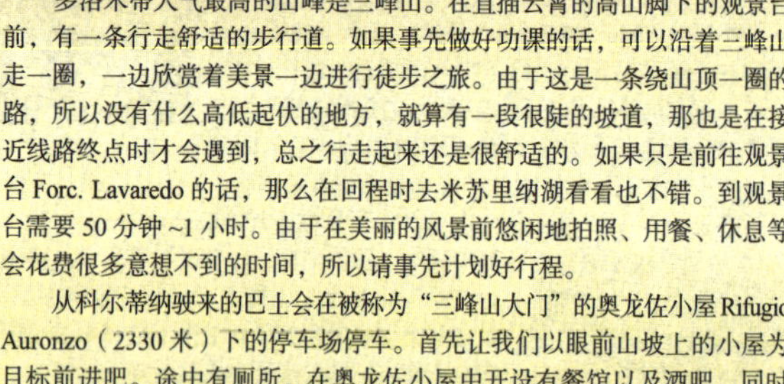

多洛米蒂人气最高的山峰是三峰山。在直插云霄的高山脚下的观景台前，有一条行走舒适的步行道。如果事先做好功课的话，可以沿着三峰山走一圈，一边欣赏着美景一边进行徒步之旅。由于这是一条绕山顶一圈的路，所以没有什么高低起伏的地方，就算有一段很陡的坡道，那也是在接近线路终点时才会遇到，总之行走起来还是很舒适的。如果只是前往观景台 Forc. Lavaredo 的话，那么在回程时去米苏里纳湖看看也不错。到观景台需要 50 分钟 ~1 小时。由于在美丽的风景前悠闲地拍照、用餐、休息等会花费很多意想不到的时间，所以请事先计划好行程。

从科尔蒂纳驶来的巴士会在被称为“三峰山大门”的奥龙佐小屋 Rifugio Auronzo（2330 米）下的停车场停车。首先让我们以眼前山坡上的小屋为目标前进吧。途中有厕所，在奥龙佐小屋中开设有餐馆以及酒吧，同时也可以住宿（1 人含 2 餐 TB € 60、集体宿舍€ 50）。

如果要前往观景台，可以沿着小屋旁一条宽阔的步行道 N.101 前进。沿途可以看到很多穿着轻便的人们在行走，这些都是只到拉瓦雷多小屋 Rifugio Lavaredo（2344 米）以及前往其上方观景台 Forc.Lavaredo 的人。

盛开着鲜花的 N.101 步行道

绕三峰山一周

如果打算进行绕三峰山一周的徒步旅行的话，那么一定不要忘记携带装备（雨具必备）和地图。等在观景台欣赏完三峰山那方尖碑般的雄姿后，我们就继续沿着 N.101 去往洛卡特利小屋 Rifugio Locatelli alle Tre Cime（2405 米、仅在 7~9 月营业），大约需沿着山顶平坦的道路行走 45

到拉瓦雷多小屋的话轻装上阵便够了

到观景台前需要爬一小段陡坡

从拉瓦雷多小屋到观景台差不多有15~30分钟路程。在小屋正面有一段略为陡峭的上坡，右侧则有一段平缓宽敞的坡道。有很多前来观景台一睹山容的人们

在洛卡特利小屋周边有小巧玲珑的教堂和湖泊

分钟~1小时。在洛卡特利小屋背后有一片小小的湖泊 Laghi dei Piani，前方是如同用雪和绿色镶边的尖牙一般的众山峰，天空中的小鸟们在四处飞舞。在这里充分休息后，就向着背朝山间小屋右手方向的 N.105 出发吧。这是一条和之前相比较为狭窄的山间小道，在道路的左右两边都是苍翠欲滴的草地，在草地上能看到高山火龙草、岩镜、黄色的罂粟以及针叶天蓝绣球般粉红色的植物等各种美丽的花朵。从这里到接下来的兰古阿尔姆小屋 Malga Langalm（2283米）需要45分钟~1小时。从这里到最近的巴士车站需要花费30~50分钟。最后是一段很短的陡坡。返回科尔蒂纳的末班车在16:50发车，请注意时间。

洛卡特利小屋身后的湖泊给人一种荒凉的高山的感觉

※ 虽然一般的登山时期为5月下旬~10月，但是由于有可能在5月初还有残雪，而9月可能下雪，因此最佳时期是7~8月份。步行到9528米，所需时间为3小时30分钟~6小时，累计登高468米。在各个山间小屋中都有厕所。地图请准备好 Tabacco 的 Area 03（→p.9）。可以在科尔蒂纳的巴士总站旁的报亭以及书店购买。

如果租车前往的话，需要在山脉外的门口支付€24作为入山费以及停车费。乘坐巴士前往不需要支付。

维护得很好的山间小路上的标识。请按照标识上所示时间的1.2~1.5倍进行规划

洛卡特利小屋。在这周边有着2000米级连绵不绝的群山，视野非常空旷

多洛米蒂的山间小屋大部分都有图片菜单，因此在点菜时也不会感到困扰

兰古阿尔姆小屋。在这周边有一条略微倾斜的山间小路

最后陡坡前的国家公园的标记

7~8月期间，高山花卉也为了享受短暂的夏天而争相开放。这是一段能够一边欣赏着远处的山上以及脚边可爱美丽的花朵一边前进的，让人身心愉悦的山间小道

法札雷果山口与五塔峰

从科尔蒂纳乘坐 Dolomiti Bus（30/31 路：乘坐和前往三峰山相反方向的巴士）或者 Cortina Express 前往五塔峰，大约需要花费 22 分钟，到法札雷果山口大约需花费 35 分钟。8:00~17:50 每隔 40 分钟 ~3 小时一班车。

Falzarego-Lagazuoi

营 9:00~17:00（每隔 10~15 分钟一班车，下山末班车时间为 16:40）
费 往返€ 14.80，单程€ 10.70

Cinque Torri

营 9:00~17:00
费 往返€ 14.80，8 月为€ 15.40

五塔峰犹如一块直插云霄的奇岩怪石。即便只是在岩峰周边走走也让人觉得很紧张

第 3 天

欣赏奇岩与绝景

前往五塔峰

Cinque Torri（2205米）

法札雷果山口

Passo Falzarego（2105米）

从法札雷果山口到五塔峰一带在第一次世界大战时曾作为与澳大利亚军队作战时的前线基地，曾经的战壕以及隧道如今都成了观光景点。

将五塔峰翻译成中文的话便是“五座高塔”的意思。就如同它的名字一样，从科尔蒂纳的高台上也能看到 5 座屹立在那里的岩山，让人印象非常深刻。而其陡峭的岩壁也是十分热门的攀岩地点。

这条山间小道虽短，但是很狭窄，路上也有许多碎石，走的时候一定要注意

思科依托利小屋内的匈牙利汤与玉米粥（画面内侧）以及蒂罗尔风味王棋

热门的攀岩地点——五塔峰

从五塔峰的停车场前方的拜 · 德 · 多内斯 Bai de Dones（1889）米乘坐缆车抵达五塔峰的山口 2255 米处。在思科依托利小屋 Rifugio Scoiattoli 的阳台上能够看到近在咫尺的五塔峰的岩石山，往右看则能看到平缓的山脉以及尖塔般连绵不断的群山，其中四方形样子的山便是努沃拉 Nuvolau（2575 米），而在顶端有着山间小屋的便是阿维拉 Averau（2649 米）。虽然在这里享受宽阔的视野是一种不错的选择，不过这里也有好几条步行道。其中最容易也最不花时间的便是围绕五塔峰一周的吉洛 · 德拉 · 托里 Giro delle Torri，走 1 圈大约需要 1 小时。在垂直耸立的岩壁和巨石间行走，会让人感到一种不同于登山的魄力。

右边是阿维拉山河努沃拉山。从努沃拉至奇奥山脊 Giro Pass 有山道相连

从缆车上下来后往左手方向行走，不久便能来到有着 Giro delle Torri 标识的岔路口。虽然不管从左走还是从右走最后都会回到同一个地方，但是往左走的话上坡会比较少。继续往前行走不久，便能看到坡道下一间简陋的小屋，这里是利用人偶给大家展示伤病治疗医院样子的场所。道路基本上没有岔路，因此不用担心迷路。当你抬头看着那陡峭的岩壁以及那些在岩壁上攀岩的人们时，会感到仿佛失去了平衡感一样，很不可思议。一路欣赏过苏帕普斯山、克里斯塔落山以及三峰山后，当你从悬崖下看到五塔峰小屋时，接下来只要登上平缓的斜坡便能回到一开始的岔路口。

呈平缓梯形样子的拉斯雷 · 德 · 弗尔明与其身后的科罗大达拉果

与东多洛米蒂的交界处，法札雷果山口

由于法札雷果山口是交通上的重要地点，同时从这里有许多开往各地的普尔曼巴士，并且前往停车场也非常方便，因此这里一直非常热闹。从道路旁的索道站乘坐索道往上，便能来到位于山口的拉戈佐伊小屋 Rifugio Lagazuoi（2750 米）。即便到了夏天，在小屋的阳台下也还能看到残留着的积雪，往里面走能看到就像白色条纹状的屏风一般的法尼丝 Cima Fanis（2922~2989 米）的众多山脉，再往里走能看到库洛达 · 罗萨 Croda Rossa（3146 米）以及托法纳 Tofana（3225~3228 米）的众多山脉，继续往下走就能看到五塔峰。走下斜坡后，在右面的山崖处有一处战壕，从为了对敌人进行侦察以及攻击而修建的窗户中向外架着一把巨大的枪，让人能深刻地体会到这里曾经是战场。虽然顺着铁梯子能够继续往下，战壕和隧道一直通往山中的腹部，但是一定需要穿上登山靴、头盔以及头目照明灯等装备（有身穿战时军服导游带领的游览团）。在欣赏完惊险刺激的景色后，我们便返回小屋了。正前方是圆形的塞拉山 Gruppo Sella（最高峰为萨索伦高 Sassolungo 3181 米），从左边远处能看到卡提纳乔 Catinaccio（2981 米）以及拉特玛尔 Latemar（2842 米）等山脉，再往左面，山顶上覆盖满了雪的是马尔莫拉达 Marmorada（3342 米）。

接下来我们爬上山坡，朝着十字架前进。在陡峭的悬崖上有一处像桌子一样的场所，虽然靠近悬崖很恐怖，但是在这里能体验到无法比拟的 360° 的广阔视野。在十字架前面的是托法纳的众多山脉，后面是克里斯塔落 Cristallo，再往后面则是三峰山，右边则能看到苏帕普斯山 Sorapis。

法札雷果山口的普尔曼巴士乘车处。周边被绿色环绕着，风景很好

从远处看到的拉戈佐伊小屋。眼前的便是佩尔莫（3168 米）以及司威特（3220 米）等连绵不绝的 3000 米级的山脉

在拉戈佐伊小屋的身后，即使在夏天也能看到残留的积雪。在指示牌处有战壕

在身穿战时军服导游带领下进行游览的广告牌。可以在旅游咨询中心 ⓘ 预约

在抵达十字架之前能够看到塞拉山以及马尔莫拉达

普尔曼巴士身后是拉戈佐伊小屋身后是皮兹 · 多勒斯 · 孔托里奈斯 Piz dles Conturines（3064 米）

西多洛米蒂的中心

从奥尔蒂塞伊出发能够造访的山脉

雷西埃则线缆车的乘车处

奥尔蒂塞伊位于多洛米蒂的西侧，是一处非常有魅力的城镇。在城镇中一共运营着 3 条索道，可以说是步行和登山的基地。如果想在拥有让人放松的放牧地的苏西进行步行的话，可以搭乘苏西高原线 Ortisei-Alpe di Siusi（穿过河道，在城镇的北侧有车站）。如果想简单欣赏一下萨索伦高和塞拉山的话，可以搭乘雷西埃则线 Ortisei-Resciesa，如果想见识一下雷奥德利 / 盖斯勒山那充满魄力的姿态的话，可以搭乘塞切达线 Ortisei-Furnes-Seceda。

奥尔蒂塞伊的街景

在巴士发车的广场上修建着一座教堂，我们现在朝着这座教堂背后的右边方向前进。从嘉丁拿博物馆 Museo della Val Gardena 旁经过后，便能看到扶手电梯与自动人行道，这里就是塞切达线的乘坐处。走出广场，穿过桥梁，沿着路上的指示牌走上坡道，随后一直往左走 3~5 分钟，便能在右边看到雷西埃则线的缆车站。

前往奥尔蒂塞伊

在科尔蒂纳乘坐 Cortina Express（8:00 发车→ 9:05 抵达），在科尔瓦拉 Corvara di Badia 换乘，所需时间约 1 小时 30 分钟。从科尔瓦拉每小时大约有 1 班车。

如果乘坐专线巴士的话，将会途经多比亚科，所需时间为 4 小时 30 分钟 ~5 小时。

从布雷萨诺内以及博尔扎诺都有普尔曼巴士可以抵达。

从博尔扎诺出发可以搭乘 SAD 公司的普尔曼巴士，需 1 小时 ~1 小时 30 分钟。大约每小时 1 班车。

Ortisei-Resciesa

营 5/15~6/3　9:00~16:00
6/4~6/25、9/26~10/9　8:30~17:00
6/26~9/25　8:30~18:00
每班车间隔 20 分钟

费 往返€ 18
单程 上山€ 9.50/ 下山€ 13

Ortisei-Furnes-Seceda

营 8:30~17:30

费 往返€ 29.80/ 单程€ 19.50

虽然山道很平缓，但是山看起来很壮观

首先我们搭乘雷西埃则线，在抵达山上车站后往左沿着 N.35 前进。到最近的山间小屋雷西埃则小屋 Rifugio Resciesa 需步行 30~40 分钟，回程大约需要 20 分钟。除了一开始有一段上坡之外，后面都是非常平缓好走的山路，连小朋友、牵狗的人以及山路摩托车都能通过。在左右两边能看到格外高大雄伟的两座山，左边的是萨索伦高 Sassolungo（3181 米），右边略低的三角形的山是萨索皮亚特 Sassopiatto（2956 米）。

修建在一片绿色之中的雷西埃则小屋。这宽阔平缓的山道在爱骑山路摩托车的人中人气很高

雷西埃则线山上车站。在这里也能看到世界遗产的标记。在平缓的山道上能看到很多上了年纪的游客

这里曾是放牛的牧场。偶尔还能看到零零星星的长椅以及牛喝水的地方。如果察觉到背后有山地车骑来的话就请让一下路吧

在山路上随时都能看到萨索伦高。虽然偶尔会被云遮挡住，不过当你看到它的全貌时会觉得有种莫名的感动

前往塞切达的索道。脚下是针叶树的森林与山间小道，风景令人印象深刻

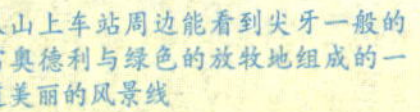

从山上车站周边能看到尖牙一般的雷奥德利与绿色的放牧地组成的一道美丽的风景线

朝着雷奥德利 / 盖斯勒山前往塞切达高原

接下来，我们就以宏伟壮观的雷奥德利山 / 盖斯勒山 Gruppo “Le Odle” /Geisler Gruppe 为目标，朝着塞切达出发吧。在奥尔蒂塞伊巴士车站周边的乘车处出发，在富内斯 Furnes 经过一次换乘后抵达塞切达。从这里往山脚边看能够看到车辆以及行人，略微倾斜的草原到了冬天便成为很适合滑雪的场地，这一切都让人有了一种来到高地的感觉。花田中一条狭窄的通往雷奥德利 / 盖斯勒山的山间小道也是一道让人印象深刻的风景。尖牙般层层叠叠的岩石、深不见底的山谷，一边看着这些极具魅力的风景一边继续向前行进，不知为何给人一种非常兴奋的感觉。沿着没有岔路的山道往前走 20 分钟左右，前方便没有路了。这里是雷奥德利 / 盖斯勒山的西侧部分，虽然只能看到它的侧脸，但也足以让人感动。

从这里沿着坡道往下走便能来到雷西埃则线的山上车站，虽然从这里也有通往奥尔蒂塞伊以及圣克里斯蒂娜的山间小路，不过由于索道的末班车时间很早，所以现在就这样下山吧。

在花田间有一条小路，是一处非常适合拍照的地方

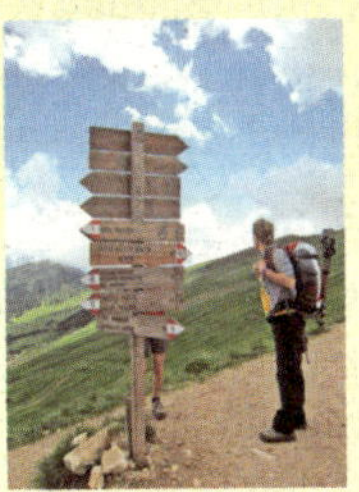

如果打算步行的话，请一定要准备好装备和地图

●巴士的运行时期及时刻表

Dolomiti Bus 公司

URL www.dolomitibus.it

SAD 公司

URL www.sad.it

索道、升降梯以及缆车的运营时间每年都会进行调整。可以从 URL www.dolomitisuperski.com 等网站上查看。

另外，以夏季的周末为主，这里还会开办自行车以及老爷车等的比赛，届时会进行大规模的交通管制，普尔曼巴士到时候也会停运。请事先在停留地的 ❶ 等场所询问好普尔曼巴士的运营情况后再制订计划。

在前往多洛米蒂旅行时，最重要的一点就是选择好合适的季节。最值得推荐的时期是 6 月下旬 ~9 月上旬。

在多洛米蒂 住在哪里？

科尔蒂纳丹佩佐作为全球有名的度假胜地，交通非常方便，因此聚集了许多游客。这里有许多高级酒店，虽然价格略高，但是在这里住上几天的话要前往各个地方也比较方便。如果追求经济实惠和高山风情的话，推荐加尔德纳溪谷 Val Gardena。而在多洛米蒂的中心地奥尔蒂塞伊有不少时髦的山岳度假酒店，给这个地方点缀上了五彩缤纷的颜色，在周边能看到许多平缓的山脉。奥尔蒂塞伊的酒店虽然算不上多，价格也不便宜，但是在奥尔蒂塞伊前面的塞尔瓦周边有许多价格实惠的酒店，乘坐专线巴士只需 25 分钟左右，每隔 15~30 分钟便有一趟班车，非常方便。另外，有些酒店还会赠送免费乘车券。

多洛米蒂的酒店信息 URL www.cortina.dolomiti.org

塞尔瓦等加尔德纳溪谷中的酒店信息 URL www.valgardena.it

加尔德纳溪谷的旅游指示牌，以民族服饰作为设计元素

酒店推荐 ★★★★ 道夫公寓— Hotel Dorfer

住 Via Cir 5，SELVA，VAL GARDENA

☎ 0471-795204 Fax 0471-795068

URL www.hoteldorfer.com

费 1 人（含 2 餐）€ 92~179

交 从塞尔瓦的 Piazza Nives 的巴士车站下车后步行约 3 分钟。

乘坐巴士到奥尔蒂塞伊大约 25 分钟。

这是一家位于塞尔瓦，蒂罗尔风格的家族经营酒店。在阳台和庭院中四季开满了鲜花，从上层的阳台上能够望见塞拉山和萨索伦高的风景。大厨特制的食物也相当美味，推荐长时间在此留宿。酒店中开设有 SPA。

再次探索马泰拉 新开放的洞窟教堂

虽然萨西（Sassi）在意大利语中意为“石头”以及“岩石”等，但是在萨西的城镇马泰拉（→p.470），这个词指的是打通石灰岩后修建的洞窟教堂。

从旧石器时代开始，人们就居住在这些天然的洞窟中。但是战后，这些象征着贫穷的萨西被视为“意大利之耻”，居住在这里的人们被强制性地移居，萨西一时间成了无人的废墟。

但是，这片地中海沿岸唯一也是最大的留存有从先史时代开始人类居住痕迹的天然洞窟，于1993年被登录为世界遗产，萨西也被改建成提供给游客使用的酒店和餐馆等设施。特别是近10年来，这里的繁荣程度有目共睹。伴随着这片繁荣景象，如今重新修建并对外开放了洞窟教堂。

现在，这里为举办2019年的欧洲文化都市 Capitale Europa della Cultura 而做着准备，目前是非常受人瞩目的旅游地点。

修建在高台上的巨大洞窟中的洞窟教堂

伊德里斯圣母教堂 S. M. Madonna de Idris

教堂就像一块巨大的岩石。从萨西地区的任何地方都能看到

修建在萨索·卡维奥索地区高台上的教堂，不管从哪个方向都能看见在巨大岩石上插着一副十字架的奇妙样子。原本这座教堂是修建在巨大的洞窟内部，后来由于天花板部分崩塌了，因此建筑物正面部分用石块堆积成了现在这个样子。正面的祭坛上摆放着《圣母子》的壁画，而描绘在其脚边的储水的容器 Idria 据说便是这座教堂名字的由来。其旁边的壁画《罗马圣尤斯坦斯的改宗》虽然已经破损到难以辨认的地步，但是画中向鹿伸出手的，便是马泰拉的守护圣人。这位圣人据说在狩猎时在鹿角间看到了耶稣受难图，以此为契机改为信仰基督教。

从祭坛左边可以前往蒙特罗内的圣乔瓦尼大教堂。经过改建，教堂原先的特征已经荡然无存，不过在墙壁上可以看到11~12世纪美丽的壁画。

描绘着《圣母子》的主祭坛

往里面走就能来到蒙特罗内的圣乔瓦尼大教堂内部

隐修士与洞窟教堂

在马泰拉地区形成城镇是在8世纪。据说是由当时在现土耳其中部的安那托利亚地区受到迫害而逃离的隐修士们建立而成的。隐修士指的是不愿与现世有关联，在生活上自给自足，一心向神祈祷的宗教者。但城镇开始变得热闹后，他们又再次搬离了这里。在城镇的东面，有一处中间隔着条小河的荒凉山丘，现在在那里还能看到残留下来的一些萨西，据说这里也是隐修士曾居住过的地方。

隐修士离开后，多数教堂被用作居所和家畜小屋，因此大部分教堂都没能保留下它原本的样子。但是，这些改造的痕迹也诉说了当时马泰拉人严酷的居住环境。依靠人工挖掘的那些纵横交错的洞窟内部展现出了人们的坚强，随后那些描绘在墙壁上的绘画让我们了解到了他们炽热的信仰。

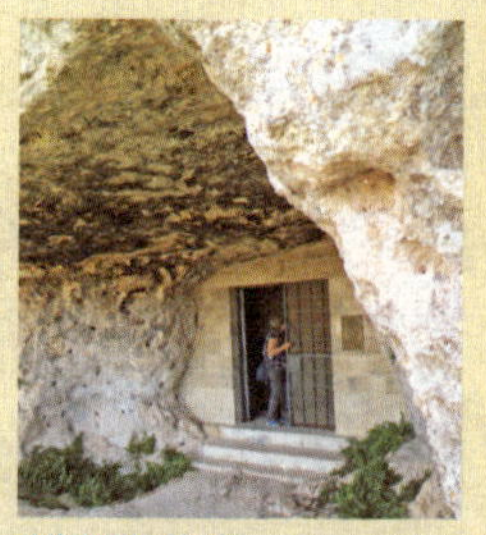
隐修士居住的洞窟

小巧的洞窟教堂中有着令人印象深刻的美丽壁画

马尔维的圣卢西亚教堂

S.Lucia alle Malve

这所教堂虽然规模很小，构造很简单，但是内部的湿壁画保存得非常好，因此如果只打算游览一处洞窟教堂的话，推荐来这里。这座教堂创建于8世纪，左侧为马泰拉第一座女子修道院（未对外开放）。走进教堂内部后，首先会被它那窗户般的空间和细致分割的一间间房间组成的奇妙画面所吸引，不过这些都是后期改建而成的。原本这里举行宗教仪式时使用的内堂以及教徒们集会时的议席都是利用柱子来划分的，但是后来在将其改建为居住设施时切断了柱子，同时还将一部分墙壁作为炉灶。在入口处的左侧至今还能看到残留下来的炉灶。右侧的祭坛则曾作为家畜小屋使用。

《授乳的圣母》壁画非常美丽

如今壁画得以修复，恢复了曾经美丽的样子。入口左侧的墙壁上为13世纪的《授乳的圣母》以及《大天使米迦勒》。中央的柱子上是《圣额我略》。右边祭坛里面左侧是《圣露西》。

照片为右边侧廊部分。内侧的走廊与左边的侧廊直到1960年为止都作为民居使用

在空旷街上的大规模综合型萨西

麦当纳·德拉·维尔托教堂 Madonna delle Virtùe 圣·尼科洛·迪·古雷齐 S.Nicolo dei Greci

这是一座面朝空旷的大街修建而成，将洞窟教堂和修道院合并的2层楼高大型综合建筑。于11世纪左右在石灰岩上挖洞修建而成。一层为3条走廊样式的教堂，柱子上部的拱门划出一道大大的弧形。另外天花板也呈半圆形，上面安置有雕刻着十字架的祭坛。天花板的顶很高，人力挖掘而成的光滑的柱子和墙壁让人叹为观止。从后方墙壁上能看到17世纪的《耶稣受难图》，在其旁边描绘着圣母玛利亚以及圣约翰。再往里走，能够看到用来储存雨水的贮水池（后来作为制作葡萄酒的桶 vasca 使用）。

上层为修道院，闭锁后直到1956年为止一直作为民居使用。内部有好几个连续的小房间，墙上的空隙是安置遗体的场所。墙壁上描绘着的是13~14世纪的圣人像。

内部为安放着现代雕刻的艺术空间

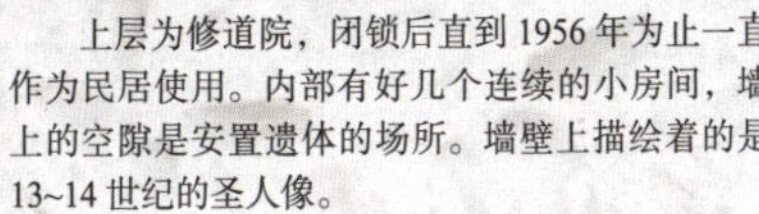

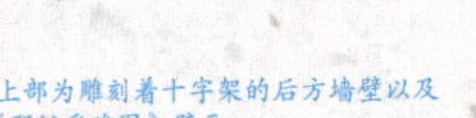

上部为雕刻着十字架的后方墙壁以及《耶稣受难图》壁画

麦当纳·德拉·维尔托教堂与圣·尼科洛·迪·古雷齐

住 Rioni Sassi

☎ 377-4448885

开	
6~9月	10:00~20:00
10月	10:00~18:00
11月~次年3月	10:00~18:00
3月的周六·周日	15:00~18:00
4~5月	10:00~13:30
	15:00~18:00

费 €5

※其他教堂的 开 休 费 可以参照 p.471

从石灰岩的岩石中雕刻修建而成的内部。光滑的内部墙壁让人感到惊叹

在面包很好吃的马泰拉享用美食

马泰拉的面包即使在意大利国内也有着非常高的评价。需要双手才能拿起的面包有着很浓郁的小麦香味，咬起来口感非常好。从周边地区采摘来的蔬菜也被做成各种各样的菜肴，前菜 Antipasto 非常丰盛。餐盘中央的干燥蚕豆酱与菊苣 Fave a cicoria 是被人问起来第一个就会想到的意大利传统美食。

使用很多蔬菜的马泰拉的前菜

参观拉韦纳美术殿堂

色彩的合奏
游览 8 座世界遗产

装饰在加拉・普拉西提阿陵墓中拱门形天花板上的镶嵌画。绀紫色的背景上画着连续不断的小圆形和小花形状的图案，非常美丽

这些登录为世界遗产的建筑群以及镶嵌画诞生于拉韦纳在东罗马帝国（拜占庭帝国）的支配下极其繁荣的那段时期。

从被称为“马赛克的圣殿”而闻名的克拉塞市中心出发约 5 公里处，当时这里是一座港口，拉韦纳隔着亚得里亚海打开了东地中海世界的大门。

402 年时，霍诺留将这里定为西罗马帝国的首都。493 年时，狄奥多里克大帝将其设为东哥特人王国的首都，随后于 540 年时东罗马帝国的查士丁尼一世将东哥特人赶出了此地，并在这里设立了作为东罗马帝国的意大利统治机关——拉韦纳总督府。

直到 751 年拉韦纳被伦巴底人征服为止，这里一直不停地吸收着从东罗马帝国传来的文化（马赛克艺术等），进而达到了繁荣的顶尖，至今这里还残留着当时初期的中世纪风格建筑以及马赛克。

拥抱着天空璀璨明星的耶稣和圣人，威武庄严的皇帝和美丽的妃子……这些光彩四射的马赛克就如同一个时代的画卷。那么接下来，我们就来更进一步了解这些故事吧。

身穿拜占庭豪华服装和王冠的狄奥多拉皇后。紫色的披风代表其高贵的身份

头戴象征权力的王冠的皇帝查士丁尼一世。以皇帝的肖像画为蓝本制作而成

8 座世界遗产指的是

这里作为“拉韦纳的初期基督教建筑群”，于 1996 年登录了 8 个世界遗迹。这些建筑群是从西罗马帝国末期到东罗马帝国的作为意大利统治机关的拉韦纳总督府解体为止，在大约 250 年内修建而成的。

在本专栏中，将会在 p.19~20 中着重介绍这些世界遗产以及留存在这些遗迹中的马赛克艺术。其中，最值得推荐前去一看的有：①东罗马帝国出生的查士丁尼一世和狄奥多拉皇后的马赛克所在的圣维塔莱教堂；②东哥特王国的狄奥多里克大帝作为王宫附属教堂修建的新圣阿波利纳雷教堂。（→ p.407 边栏）

圣维塔莱教堂 (→p.406)

Basilica di S.Vitale

在《查士丁尼一世及其随从》的中央，画着作为权力和精神世界象征的皇帝和大主教马克西米安努斯

年轻的耶稣在鲜花盛开的乐园中坐在天球（宇宙）之上。画中多彩的云朵展现出拉韦纳式马赛克高深的艺术造诣

加拉·普拉西提阿陵墓 (→p.407)

Mausoleo di Galla Placidia

中央半圆形的顶部中画着800颗金色的星星以及金色的拉丁十字架。让人联想到夜空的绀紫色背景，非常美丽

描绘着圣人的墙壁前的装饰非常美丽。这些图案看上去就像6~7世纪的纺织物一般，十分罕见

以圣彼得以及圣保罗为主的12名使徒排成的队伍一直延续到带着十字架的王座处。这座洗礼堂由东哥特国王狄奥多里克大帝创建。他在基督论中属于信奉阿利乌一派

阿利乌派洗礼堂

Battistero degli Ariani

装饰在5世纪末时建成的阿利乌派洗礼堂的半圆形天花板上的马赛克。在中央的圆形图案中，描绘着下半身浸在约旦河中的耶稣以及洗礼者约翰（右）。约旦河被拟人化为一名老人（左）。河水从老人身后的壶中流出。围绕着洗礼场所的是12名使徒

奈奥尼阿诺洗礼堂 (→p.407)

Battistero degli Ortodossi (o Neoniano)

半圆形天花板上的马赛克被分为3个部分。从中央开始分别为《耶稣的洗礼》《十二使徒的队列》以及《放置着宝座和福音书的祭坛》

将身体浸在约旦河中的耶稣，洗礼者约翰在一旁执行仪式，右侧为将约旦河拟人化而成的老人，他将布递给耶稣擦拭身体

描绘在穹隆顶上的由4名天使一同支撑着耶稣名字第一个字母的标记。在天使之间彩色的云中，描绘着带翅膀的福音传教士的象征物。拱门下的圆形图案中描绘着使徒、圣人以及圣女

虽然这里曾是一座覆盖马赛克的礼拜堂，但是现在一部分是通过蛋彩画重现的。在入口的《战斗时的耶稣的马赛克》中，耶稣胸部下方都是忠于原作重现而成的蛋彩画

5 圣安德烈亚礼拜堂

Cappella di S.Andrea

6 新圣阿波利纳雷教堂

Basilica di S.Apollinare Nuovo

装饰在教堂上的马赛克的主要部分是狄奥多里克大帝时代的产物。墙壁上的马赛克分为3个部分，上方为《耶稣的奇迹与受难的故事》。中间的窗户与窗户之间为手持书本和纸卷的《预言者》。下方为《殉教者与圣女的队伍》《狄奥多里克大帝的宫殿与克拉塞城镇》以及《天使陪伴的宝座上的耶稣（右）与圣母子像（左）》。《东方三贤王》的人物动作非常具有跃动感，给人留下很深的印象

7 狄奥多里克陵墓

(→p.408)

Mausoleo di Teodorico

位于拉韦纳城镇郊外柏木森林中的陵墓。这里原本是哥特人的墓地，是由狄奥多里克大帝在世时下令修建的

8 圣普里纳雷·克拉塞教堂

(→p.408)

Basilica di S.Apollinare in Classe

描绘在内堂下方的是摆着祈祷姿势的圣普里纳雷和象征预言者（信徒们）的12只羊。由松树和岩石组成的绿色背景也非常美丽

内堂窗户右侧描绘着亚伯、亚伯拉罕以及麦基洗德的牺牲

意大利的五大城市

在各种各样的历史以及文化的熏陶下，意大利的城镇都拥有独特的个性。在旅行中寻找各个城市与众不同的地方也不失为一种乐趣。其中特别有魅力的城市一共有5座，分别为巴洛克风情的罗马、文艺复兴时期的佛罗伦萨、艺术与时尚的殿堂米兰、水都威尼斯以及永恒的剧院那不勒斯。现在，就开始我们的意大利之旅吧！

本系列已出版丛书

涵盖世界70个国家和地区

罗马的历史地区，以及梵蒂冈城国和城外的圣保罗教堂
收录年份 1980/1990 年

La Vita nella Città

由历史与美梦编织而成的永恒之都 罗马

无论在哪个时代，罗马都是一座会让前来造访的人深深迷恋的魅力之都。在这个具有2500 年历史的舞台上，能看到各种各样的文物古迹，这些文物古迹就像一座座宝山，让人不知道该从哪里开始参观才好。

教皇格列高利十四世曾经对那些在罗马停留不到 3 周的游人说："祝你一路平安，告别了！"而对在罗马停留好几个月的人则说："愿我们在罗马再见！"究其原因是，要想了解罗马这样一座历史悠久的城市，走马观花地旅游是远远不够的，其内在魅力需要游人自己去体会并感受，因为只有真正了解这座城市的人才会期待再次拜访参观。那些往许愿池中投入硬币的观光游客就是被这里的魅力深深吸引了。

从古代伊特鲁里亚时代到罗马帝国时代，从基督教徒遭受迫害的时期再到基督教盛行的黄金时代，直到后来的意大利统一，众多历史的变迁培养出了罗马人独有的气质。同时，为了前来首都罗马追寻梦想而从意大利各地聚集到此的人们所演绎出的人间百态也非常让人寻味。能够容纳那么多个性十足的人，这大概也是这座从古罗马帝国时代开始就成为繁荣的首都的永恒之都罗马才拥有的自信吧?

对了，别忘了还有"条条大路通罗马"这句名言。

在旅行临近结束，沉浸在与罗马分别的无限伤感中时，意大利的朋友这样告诉我：将 Roma 反过来读便是 Amor，在拉丁语中这是"爱"的意思。我并不觉得这是一个文字游戏，大概是因为我已经爱上了这座城市，以及住在这里的人们吧。

罗马 ROMA

拉齐奥区／Lazio

罗马的四季

Primavera 春

春天的“花的广场”

伴随着含羞草绽放的黄色花朵，罗马迎来了万物复苏的春天。3 月 8 日为“妇女节”Festa della Donna，在这一天，男性按照惯例会送给夫人或者恋人含羞草。就连市场里卖菜的大叔们也会用含羞草将店铺装饰起来，或者将含羞草送给平日里经常光顾的太太们，而没有钱的孩子们也会将不知从哪里弄来的含羞草送给妈妈。这是一个非常暖心的节日。

在这个时期，糖果店的门口会装饰上为了复活节而准备的橄榄球般大小的蛋形巧克力，看上去就像是花田一样。在关系亲密的人之间会习惯互相赠送这寓意复活的蛋形巧克力，以及象征和平的白鸽形蛋糕 Columba。

到了复活节当天，吃完加了鸡蛋的马尔萨拉酒和水煮蛋的早餐，打扮一番之后人们便会前往教堂做弥撒。在那里，将守护了整年平稳生活的旧橄榄枝点上火，然后从教堂领到新的橄榄枝装饰在枕边的十字架上，每年如果不这样做的话，意大利人就会寝食难安过不了一个好年。这一天，圣彼得广场上那些信奉基督教，手持棕榈以及橄榄树枝到处挥舞的人们的样子，简直可以用疯狂来形容。从全世界赶来这里，手持树枝等待教皇祝福的信徒数量更是多到令人难以置信的地步。

结束了虔诚的祈祷之后，接下来便是和亲戚们一同举办盛大的宴会了。罗马人的风俗习惯是大吃一顿妈妈特制的意大利面和烤乳羊。等慢慢品尝完红酒后，就打开蛋形的巧克力，用里面的内容来试一试新的一年的运气。

Estate 夏

罗马的夏天伴随着节日一起到来。6 月 23 日和 24 日是圣乔瓦尼节，这一天在吃完蜗牛和烤乳猪后，人们会手持红酒一直飙歌到深夜。到了 7 月中旬，在河对岸地区又会开始一场热闹的诺安特里节。人们受到节日里欢乐气氛的影响，尽情释放着能量。

到了夏天，罗马城区里著名的交通堵塞之处也会得到缓解，原本需要花费 30 分钟的路程现在只要 10 分钟就能抵达，这一切都说明休假的季节来临了。商店大甩卖结束后，老板会在店门口贴上长期休假的告示，盛夏的罗马街上能见到的基本上全是游客。

意大利人休假的方式有很多。有出国旅游的人，有下乡回老家的人，也有和亲戚朋友一起分享度假村房间的人。虽然方式不同，但是意大利人的习惯基本上都是在自然中悠闲地度过假日。然而没有家人或者恋人陪同的单身贵族却会抱怨：“常去的餐馆关门了，酒吧也早关门了，朋友们都出去了，回家看电视的话，就连热门的节目也由于休假全部暂停，都在播老电影。我到底做什么好啊！”不过即使是单身贵族，到了周末也会前去奥斯蒂亚海，等假期结束后晒一身小麦色来向朋友们炫耀。

前往许愿池乘凉

当皮肤晒成小麦色的人们回到办公室时，学校也刚好开始了新的学期。等特韦雷河畔的树叶变成红色时，罗马的夏天也结束了。在某一天，所有的钟表都拨慢1小时。就像冬天突然来临一样，提前1小时到来的夕阳让人感到有些忧伤。

但是从现在开始，才是罗马人真正期盼的季节。在郊外的红酒产地弗拉斯卡蒂，会有从喷水泉中喷出来的红酒，红酒节就此开始。同时，令意大利人兴奋不已的足球赛也拉开了序幕。罗马人支持的球队是罗马队。在比赛当天，黑狼图案与橙色以及茶色的罗马色充斥在城镇的各个地方。然后，如果罗马队在重大比赛中获胜的话，一些年轻人便会从窗口探出身体来挥舞旗帜，沉醉在胜利中的汽车喇叭声回荡在整个城市，感觉意大利人那炽热的天性在这一刻完全释放了出来。当然，比赛的另一个乐趣，便是预测意大利足球队胜负的足球彩票 Totocalcio 了。比赛总共有13场，如果猜中比赛胜败的话，那么一夜暴富也不是梦。为了赌博，男人们会在酒吧中对着 Schedina 苦苦思索。

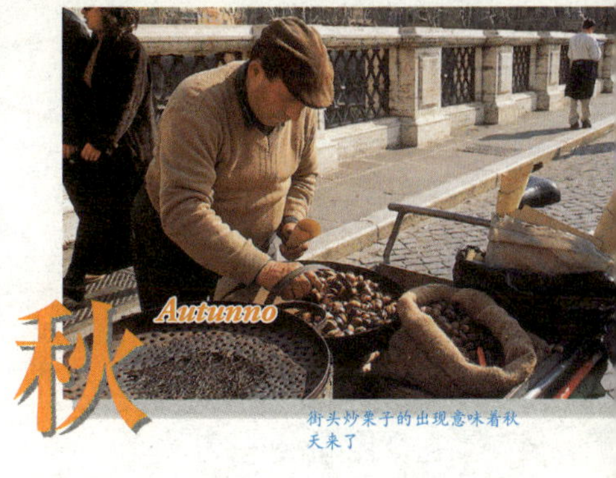

街头炒栗子的出现意味着秋天来了

一到12月，罗马人就会前往纳沃纳广场。在广场上一早就能看到意大利特有的普蕾塞皮奥 Presepio（将圣母玛利亚以及基督等圣诞节登场人物的布娃娃装饰成和故事情节中相同风格的人偶）以及糖果和玩具的摊位。城镇中虽然已经变得非常寒冷，但是只有这里和其他地方不同。装扮成驯鹿、圣诞老人以及骑扫把的女巫的大人们，会混在人群中给孩子们发放礼物。

意大利过圣诞时都习惯用圣像来装饰家里。在家里，孩子们会巧妙地使用树皮和小树枝做成马棚的模型，再将小的基督像放进去。在圣彼得广场、西班牙台阶和城市的教堂中也会装饰大型基督像。住在周边的牧羊人在这个时候也会吹着羊皮风笛接受路人的施舍，这些成为罗马年末的一道风景线。

12月24日平安夜时，各个家庭为了在新的一年有一个好兆头，都会准备以鱼为主的特别佳肴，然后在午夜时分和家人一道做弥撒，这也是意大利人每年的习惯。

当宁静祥和的平安夜一过，气氛随之一变，热闹的新年到来了。在和朋友以及亲戚聚集在一起吃一顿欢乐的年夜饭后，接下来就是一边玩游戏或扑克牌，一边等待零点新年钟声的敲响。以这个钟声为信号，大家都会豪爽地打开香槟，单手拿着酒杯向周边的人们送上热吻。接下来，烟花爆竹的声音便会响彻整座城市。

新年后的1月6日便是孩子们的节日主显节 Epifania。传说这天是东方三贤王向年幼的耶稣进贡的日子，如今已经变成赠送玩具给孩子们的节日。等这一天过后，街上的圣诞装饰品就被收起来，直到下一次节日狂欢节之前，城镇内都会显得很安静。

狂欢节（谢肉祭）指的是复活节绝食与赎罪期之前尽情狂欢的热闹节日。在宣告着春天来临的复活节到来之前，罗马冬季的天空下，一切冬天的寒意都被这狂欢的热情驱散了。

冬天的特韦雷河

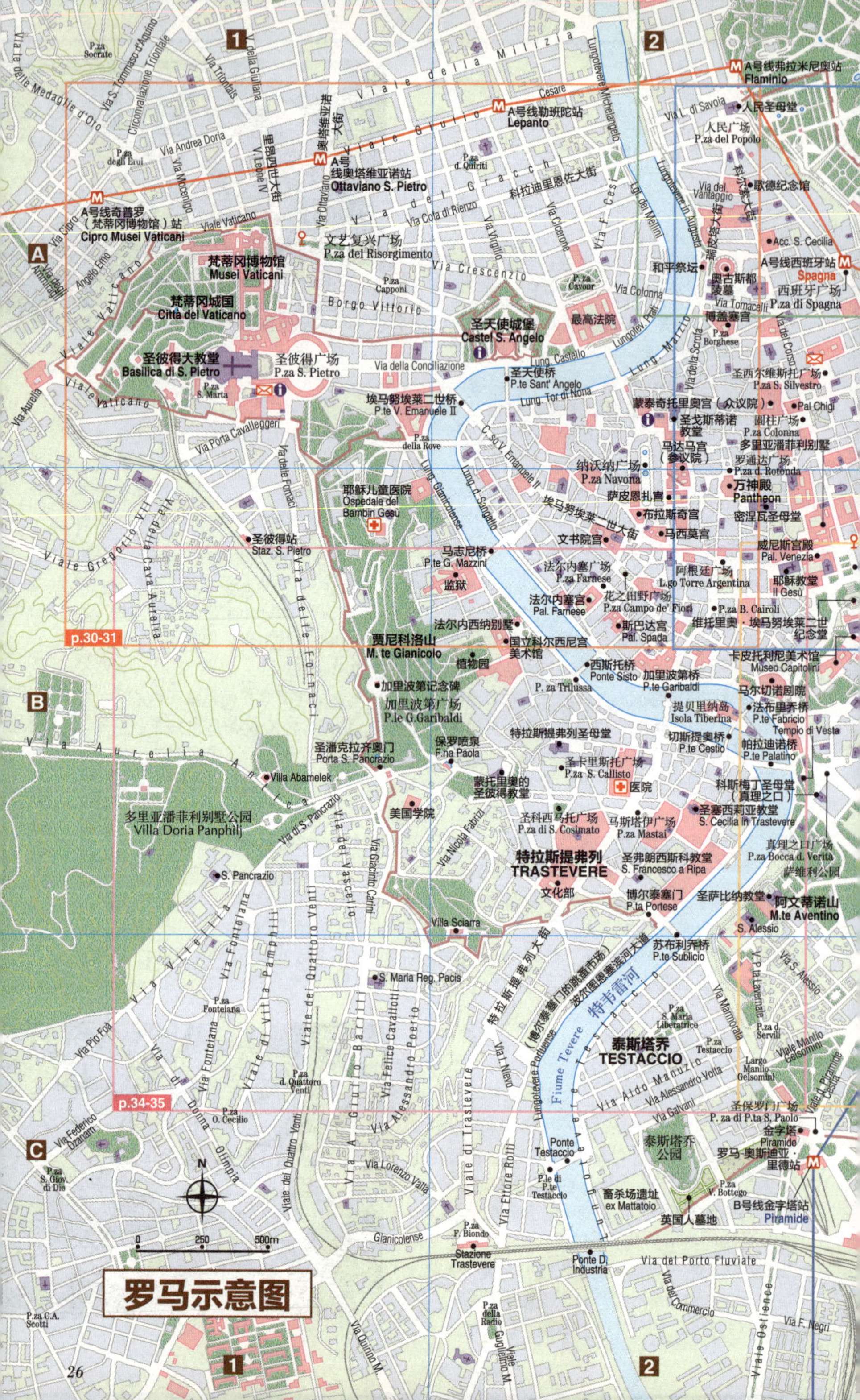

罗马示意图
A号线弗拉米尼奥站
Flaminio
A号线勒班陀站
Lepanto
A号线奥塔维亚诺站
Ottaviano S. Pietro
A号线奇普罗（梵蒂冈博物馆）站
Cipro Musei Vaticani
梵蒂冈博物馆
Musei Vaticani
梵蒂冈城国
Città del Vaticano
圣彼得大教堂
Basilica di S. Pietro
圣彼得广场
P.za S. Pietro
文艺复兴广场
P.za del Risorgimento
圣天使城堡
Castel S. Angelo
圣天使桥
P.te Sant' Angelo
最高法院
和平祭坛
奥古斯都陵墓
博盖塞宫
人民圣母堂
人民广场
P.za del Popolo
歌德纪念馆
Acc. S. Cecilia
A号线西班牙站
Spagna
西班牙广场
P.za di Spagna
圣西尔维斯托广场
P.za S. Silvestro
蒙泰奇托里奥宫（众议院）
Pal Chigi
圣戈斯蒂诺教堂
圆柱广场
P.za Colonna
多里亚潘菲利别墅
马达马宫（参议院）
罗通达广场
P.za d. Rotonda
纳沃纳广场
P.za Navona
萨皮恩扎宫
布拉斯奇宫
万神殿
Pantheon
密涅瓦圣母堂
马西莫宫
文书院宫
埃马努埃莱二世大街
埃马努埃莱二世桥
P.te V. Emanuele II
耶稣儿童医院
Ospedale del Bambin Gesù
马志尼桥
P.te G. Mazzini
监狱
法尔内塞广场
P.za Farnese
法尔内塞宫
Pal. Farnese
花之田野广场
P.za Campo de' Fiori
阿根廷广场
L.go Torre Argentina
威尼斯宫殿
Pal. Venezia
耶稣教堂
Il Gesù
P.za B. Cairoli
维托里奥·埃马努埃莱二世纪念堂
斯巴达宫
Pal. Spada
法尔内西纳别墅
国立科尔西尼美术馆
贾尼科洛山
M. te Gianicolo
植物园
西斯托桥
Ponte Sisto
加里波第桥
P.te Garibaldi
卡皮托利尼美术馆
Museo Capitolini
马尔切诺剧院
加里波第纪念碑
加里波第广场
P.le G.Garibaldi
提贝里纳岛
Isola Tiberina
法布里齐桥
P.te Fabricio
Tempio di Vesta
特拉斯提弗列圣母堂
切斯提奥桥
P.te Cestio
帕拉迪诺桥
P.te Palatino
圣潘克拉齐奥门
Porta S. Pancrazio
保罗喷泉
F.na Paola
圣卡里斯托广场
P.za S. Callisto
医院
Villa Abamelek
蒙托里奥的圣彼得教堂
科斯梅丁圣母堂（真理之口）
多里亚潘菲利别墅公园
Villa Doria Panphilj
美国学院
圣科西马托广场
P.za di S. Cosimato
马斯塔伊广场
P.za Mastai
圣塞西莉亚教堂
S. Cecilia in Trastevere
真理之口广场
P.za Bocca d. Verità
萨维利公园
特拉斯提弗列
TRASTEVERE
圣弗朗西斯科教堂
S. Francesco a Ripa
文化部
博尔泰塞门
P.ta Portese
圣萨比纳教堂
阿文蒂诺山
M.te Aventino
S. Alessio
S. Pancrazio
Villa Sciarra
苏布利齐桥
P.te Sublicio
S. Maria Reg. Pacis
特拉斯提弗列大街
（博尔泰塞门的跳蚤市场）
波尔图恩塞滨河大道
特韦雷河
Fiume Tevere
泰斯塔乔
TESTACCIO
圣保罗门广场
P. za di P.ta S. Paolo
金字塔
Piramide
罗马·奥斯迪亚·里德站
泰斯塔乔公园
Ponte Testaccio
畜杀场遗址
ex Mattatoio
英国人墓地
B号线金字塔站
Piramide
Stazione Trastevere
Ponte D. Industria
圣彼得站
Staz. S. Pietro
Via del Porto Fluviale
Viale Trastevere
Viale Aurelia
Via Aurelia Antica
Viale Vaticano
Via della Conciliazione
Borgo Vittorio
Via Crescenzio
Via Cola di Rienzo
Viale Giulio Cesare
Viale delle Milizie
Viale Gregorio VII
Via delle Fornaci
Via Vitellia
Viale dei Quattro Venti
Via Aldo Manuzio
Via Marmorata
Via Ostiense
Via Giulia
p.30-31
p.34-35
0 250 500m

3
4
Villa Albani
萨拉里奥
SALARIO
Villa Torlonia
B号线博洛尼亚站
Bologna
博盖塞公园
Villa Borghese
赛马场
Galoppatoio
（地下停车场）
平恰纳门
Porta Pinciana
Villa Medici
山上圣三一教堂
西班牙台阶
P.za di Siena
P.za E. Sienkiewicz
Corso d'Italia
P.za Fiume
P.za Alessandria
萨拉里亚大街
Via Salaria
Via Nizza
Viale Regina Margherita
诺门塔纳大街
Via Nomentana
Via Lazzaro Spallanzani
Viale di Villa Massimo
P.za Galeno
P.za Salerno
Via Padova
Via Catania
Viale delle Province
Via Pinciana
Via Po
Via Piave
皮亚维路
Via Boncompagni
Via V. Veneto
Via Ludovisi
Via Piemonte
Via XX Settembre
9月20日大街
皮亚门
P.ta Pia
Viale del Policlinico
B号线伯利克里尼克站
Policlinico
Via Pavia
Viale Ippocrate
B号线卡斯特罗·普雷托里奥站
Castro Pretorio
国立中央图书馆
Biblioteca Naz. Centrale Vitt. Emanuele II
Policlinico Umberto I
Viale Regina Elena
A
p.28-29
韦内托大街
A号线巴尔贝里尼站
Barberini
巴尔贝里尼广场
P.za Barberini
Via del Tritone
巴尔贝里尼宫
（国立古典绘画馆）
Pal. Barberini
戴克里先浴场遗址
Terme di Diocleziano
独立广场
P.za Indipendenza
卡斯特罗·普雷托里奥大街
Viale dell'Università
大学城
Città Universitaria
圣洛伦佐教堂
P.zale S. Lorenzo
A号线共和国站
Repubblica
共和国广场
P.za della Repubblica
五百人广场
P.za dei Cinquecento
V. le Castro Pretorio
Ministero della Difesa
Viale Piero Gobetti
P.zale Aldo Moro
Viale Cesare De Lollis
蒂布尔蒂纳大街
许愿池
罗马国家博物馆（马西莫宫）
Museo Nazionale Romano (ex Collegio Massimo)
奎里纳莱山
Monte Quirinale
奎里纳莱宫
（总统官邸）
中央警察局
Questura Centrale
歌剧院
Teatro dell' Opera
圣普丹泰阿纳教堂
S. Pudenziana
AB号线特米尼站
Termini
特米尼中央车站
Staz. Termini
Via Marsala
马尔萨拉大街
Via dei Ramni
P.za dei Sanniti
Via dei Reti
Via Tiburtina
Via Nazionale
科隆纳宫花园
科隆纳宫
意大利银行
维米纳莱山
Monte Viminale
P.za d. Esquilino
大圣母教堂
S. Maria Maggiore
乔瓦尼·焦利蒂大街
Via dei Sabelli
威尼斯广场
P.za Venezia
Via Panisperna
圣普拉塞德教堂
S. Prassede
图拉真广场
B号线加富尔站
Cavour
Via Cavour
阿拉科艾利圣母堂
S. M. in Aracoeli
维托里奥·埃马努埃莱二世广场
P.za Vittorio Emanuele II
A号线维托里奥·埃马努埃莱站
Vittorio Emanuele
温科利的圣彼得教堂
S. P.in Vincoli
国立东方艺术博物馆
p.32-33
Via Bixio
Via G. Giolitti
Viale dello Scalo di San Lorenzo
市政厅
Pal. Senatorio
帝国市场大街
Via dei Fori Imperiali
图拉真公园
埃斯奎利诺山
M.te Esquilino
古罗马广场
Foro Romano
B号线斗兽场站
Colosseo
斗兽场
Colosseo
尼禄大帝的黄金宫殿
Domus Aurea
奥皮奥公园
Via Merulana
P.za Dante
曼佐尼大街
Via di Porta Maggiore
P.za di Porta Maggiore
马焦雷门
Porta Maggiore
Via Prenestina
B
Via Ruggero Bonghi
A号线曼佐尼站
Manzoni
Via Labicana
Via S. Croce in Gerusalemme
君士坦丁凯旋门
Via di S. Giovanni in Laterano
圣克莱门特教堂
V.le Manzoni
Via Emanuele Filiberto
Via Statilia
Via Casilina
国家乐器博物馆
帕拉蒂诺山
Monte Palatino
Via Claudia
梅鲁拉纳大街
圣科罗纳蒂教堂
耶路撒冷的圣十字大教堂
马西莫竞技场
Circo Massimo
Via dei Cerchi
Via di San Gregorio
切利奥公园
Ss. Giovanni e Paolo
圣阶
洗礼堂
Battistero
拉泰拉诺宫
Viale Carlo Felice
Viale Castrense
科因
Coin
A号线圣乔瓦尼站
S. Giovanni
Via La Spezia
Via Voghera
Via Terni
拉泰拉诺的圣乔瓦尼大教堂
S. Giovanni in Laterano
圣乔瓦尼门广场
P. za P. Giovanni
P.za Porta Capena
B号线马西莫竞技场站
Circo Massimo
Via Amba Aradam
Via Sannio
Via Magna Grecia
Via Appia Nuova
Via Monza
Via Orvieto
Via Taranto
P.za Lugo
圣普里斯卡教堂
切利奥山
Monte Celio
Via d. Navicella
P.za di Porta Metronia
Via Gallia
加利亚大街
V.le Aventino
联合国粮食及农业组织
F.A.O.
V.le d. Terme di Caracalla
P.za S. Balbina
V.le Metronio
Via Pannonia
P.za Tuscolo
Via Cerveteri
Via Ceneda
Via Etruria
Via Albalonga
Via Acaia
A号线罗马国王站
Re di Roma
Via Tuscolana
P.za Numa Pompilio
埃杰里奥公园
卡拉卡拉浴场
Terme di Caracalla
梅特罗尼亚大街
潘诺尼亚大街
P.za G.L. Bernini
Viale Baccelli
Via di Porta Latina
Via di Porta S. Sebastiano
V.le d. Terme di Caracalla
p.36-37
埃皮罗广场
P.za Epiro
A号线彭特伦格站
Ponte Lungo
C
Viale Giotto
Viale di Porta Ardeatina
Parco d. Scipioni
拉丁门
P.ta Latina
庞贝广场
P.za Pompei
Via Solunto
Circonvallazione
巴切利大街
Via Odoardo Beccari
Viale Marco Polo
P.za dei Partigiani
Largo d. Terme di Caracalla
P.za Galeria
Via Latina
Via A. Baccarini
Via G. Capponi
罗马-奥斯迪亚·里德站
Staz. Roma-ostiense
阿代亚蒂纳门
P.ta Ardeatina
圣塞巴斯蒂亚诺门
P.ta S. Sebastiano
P.za L. Papi
意大利美食城
EATALY
Via Cilicia
Via Appia
古阿庇亚大道
Via C. Colombo
Largo Gregorovius
Via Tommaso da Celano
Via Cesare Baronio
拉丁大街
Via F.A. Pigafetta
P.za P.Diacono
3
4

1
2
A
B
C
Villa Balestra
Via P. Bartoloni
Via J. da Ponte
Via A. Spadini
Via B. Ammannati
V.le Tiziano
Via dei Monti Parioli
Via Antonio Gramsci
Via dei Monti Parioli
Via L. Luciani
Via G. Schiaparelli
Via A. Tigri
Viale Bruno Buozzi
Via P. Tacchini
Via D. Cirillo
Via di Villa Sacchetti
P.le Don Minzoni
Via F. Jacovacci
Via Pomarancio
Via G. De Notaris
Via Giuseppe Mangili
Via C. Linneo
Via G. Cuboni
Via Michele Mercati
斯维奇亚别墅
Villa Svezia
Via Ulisse
Viale delle Belle Arti
Viale Bruno Buozzi
罗马大学建筑学部
日本文化会馆
英国美术学校
Via di Villa Giulia
贝里亚维大街
朱利奥别墅博物馆
Museo Nazionale Etrusco di Villa Giulia
乌利塞大街
动物园
Giardino Zoologico
BIO PARCO
弗拉米尼亚大街
P.le Thorvaldsen
国家现代美术馆
Galleria Nazionale d' Arte Modern
罗马尼亚学术协会
V.le delle Belle Arti
Viale del Giardino
动物园广场
P.za del Giardino Zoologico
荷兰学院
比利时学术协会
费尔杜斯广场
P.le Firdusi
Largo P. Picasso
博盖塞公园
Villa Borghese
P.le P. Borghese
城堡（加诺尼卡博物馆）
Fortezzuola(Moseo Canonica)
斯特罗尔菲恩别墅公园
Villa Strohl-Fern
埃斯库拉比奥神殿
Via D. A. Azuni
湖之花园
Giardino del Lago
V.le di Valle Giulia
Via P. S. Mancini
V.le Bernadotte
Via Flaminia
鲁福别墅
Villa Ruffo
费奥科广场
P.le d. Fiocco
钟表馆
Casina dell' Orologio
Via d. Scialoia
Via G. B. Vico
Via G. Romagnosi
V.le dell' Aranciera
Vle del Lago
锡耶纳广场
P.za di Siena
罗马维泰博站
Staz. Roma Viterbo
V.le F. La Guardia
V.le P. Canonica
Via C. Beccaria
A号线弗拉米尼奥站
Flaminio
V.le G. Washington
雨果广场
P.le V. Hugo
V.le di Casina di Raffaello
城墙大道
Viale del Muro Torto
卡奈斯托诺广场
P.le d. Canestre
V.le del Pupazzi
弗拉米尼奥广场
P. le Flaminio
Viale Valadier
狄安娜神庙
Tempietto di Diana
人民圣母堂
S. Maria del Popolo
Via d. Magnolie
Via L. di Savoia
人民门
P.ta del Popolo
拿破仑一世广场
P. le Napoleone I
卡西纳·蒂罗罗乔
歌德纪念碑
V.le Goethe
41
方尖碑
V.le G. d' Annunzio
Viale d. Obelisco
V.le S. Paolo del Brasile
巴拉之家
人民广场
P.za del Popolo
平乔山
Monte Pincio
Viale del Galoppatoio
赛马场
Galoppatoio
（地下停车场）
Via F. di Savoia
蒙特桑托圣母堂
S. Maria in Montesanto
V.le Villa Medici
Via della Penna
圣玛利亚神迹教堂
S. Maria dei Miracoli
巴西广场
P. le Brasile
城墙大道
奥古斯都运河大道
V. A. Brunetti
巴布依诺大街
马格塔大街
花园
歌德纪念馆
Viale Trinità dei Monti
Via del Vantaggio
V. Laurina
V. di G. e Marie
卡诺瓦·塔德里尼博物馆
美第奇别墅
Villa Medici
Viale del Muro Torto
圣贾科莫医院
Ospedale S. Giacomo
V. di Porta Pinciana
美术学院
Accademia di Belle Art
Via S. Giacomo
冠军咖啡
Caffè Ciampini
斯普莱迪德皇家酒店
Splendide Royal
里皮塔大街
Via di Ripetta
莫扎特酒店
Mozart
Via del Greci
Via Margutta
Via S. Sebastiano
平恰纳门大街
Via Lombardia
V. Aurora
V. d. Frezza
圣切奇利亚音乐学院
Acc. S. Cecilia
Via del Babuino
A号线西班牙站
Spagna
巴宾顿茶室
Babington
Casino dell' Aurora
Lungotevere in Augusta
Via Ara Pacis
科尔索大街
V. Vittoria
韦尔泰基文具店
Vertecchi
山上圣三一教堂
Trinità dei Monti
卢多维西大街
Via Ludovisi
和平祭坛
Ara Pacis
奥古斯都大帝陵墓
Mausoleo di Augusto
克罗齐大街
V. d. Croce
C.I.
西班牙广场
P.za di Spagna
西班牙台阶
山上圣三一广场
P.za della Trinità dei Monti
Via Cavallini
Lungotevere dei Mellini
P.za Augusto Imperatore
Ss. Ambrogio e Carlo al Corso
V. d. Carrozze
Via Belsiana
希腊咖啡馆
Caffè Greco
小船喷泉
济慈-雪莱纪念馆
Keats-Shelley Memorial House
加富尔桥
P.te Cavour
P.za d. Porto di Ripetta
42
Via Mario de' Fiori
P.za Mignanelli
怪物之家
V. degli Artisti
Via Tomacelli
L. go Goldoni

博盖塞公园周边

博盖塞公园周边
0
200m
1:10,000
N
A
B
C
3
4
43
非洲动物学博物馆
Museo Africano e di Zoologia
达伊尼公园
达伊尼广场
P.le dei Daini
安东尼奥和福斯蒂娜神庙
博盖塞美术馆
Museo e Galleria Borghese
海马喷泉
Fon. dei Cavalli Marini
翁贝托一世纪念碑
Monumento a Umberto I
布宜诺斯艾利斯广场
P.za Buenos Aires
Villa Albani
匈牙利广场
P.za Ungheria
皮塔格拉广场
P.za Pitagora
里基大街
萨拉里亚大街
波河大街
萨沃亚大街
平恰纳大街
意大利大街
阜姆广场
P.za Fiume
萨拉里亚门
平恰纳别墅
Villa Pinciana
平恰纳门
Porta Pinciana
撒丁大街
西西里大街
皮埃蒙特大街
皮亚维路大街
皮亚门广场
P.le di P.ta Pia
皮亚门
P.ta Pia
诺门塔纳大街
公共事业部
Min. Lavori Pobblici
运输部
Min. del Trasporti
波利克利尼科大街
玫瑰花园酒店
Rose Garden
邦孔帕尼大街
邦孔帕尼宫（美国大使馆）
Pal. Boncompagni
韦内托大街
工商手工业部
农林部
Ministero Agricoltura e Foreste
国库预算部
Ministero del Tesoro e del Bilancio
9月20日大街
戈伊托大街
切尔纳亚大街
帕莱斯特罗大街
弗拉维亚大街
S. Patrizio
S. Camillo de'Lellis
Villa Paolina
Corso d'Italia
Via Po
Viale Regina Margherita
Viale Liegi

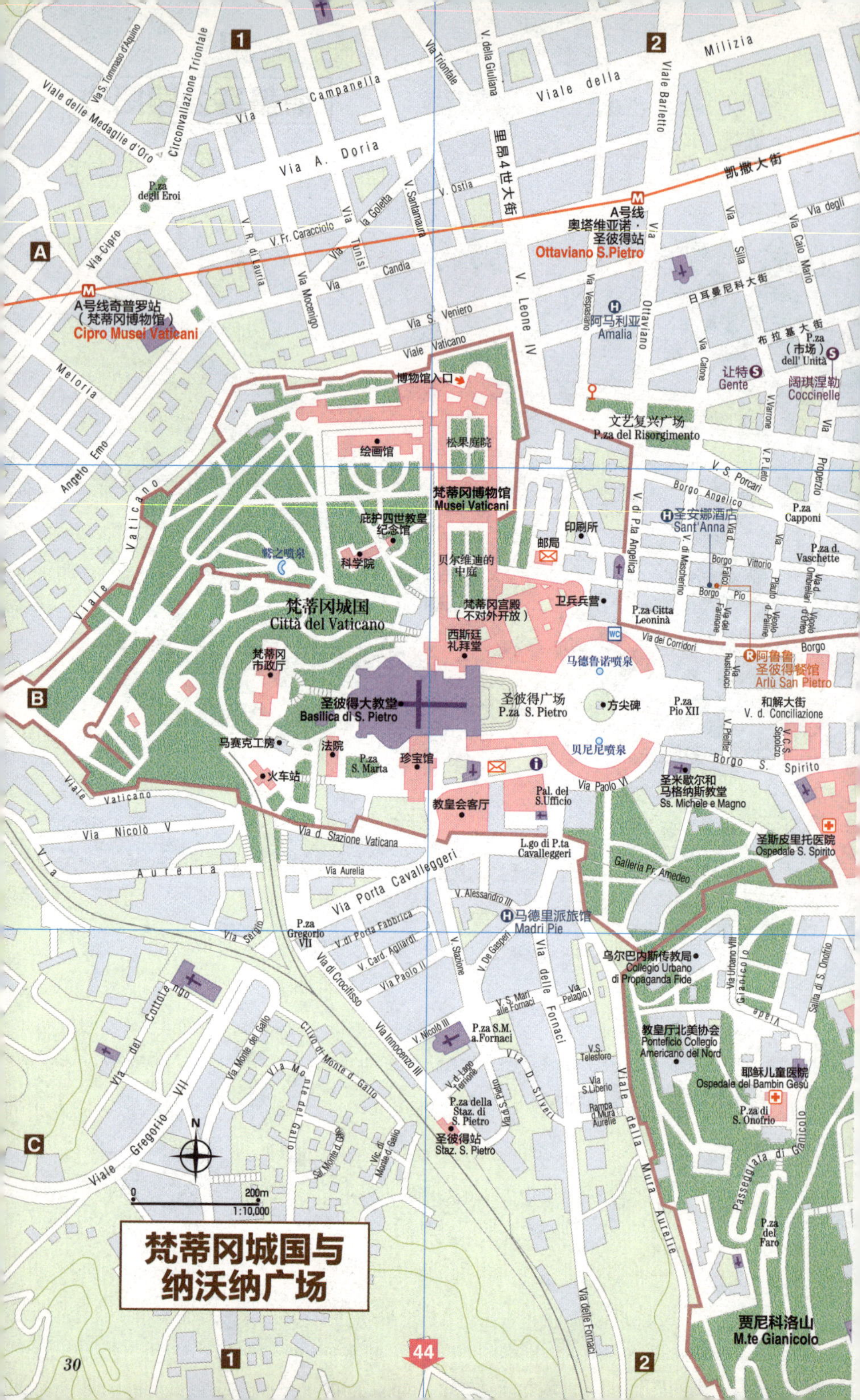
梵蒂冈城国与
纳沃纳广场
1
2
A
B
C
凯撒大街
A号线
奥塔维亚诺·
圣彼得站
Ottaviano S.Pietro
A号线奇普罗站
（梵蒂冈博物馆）
Cipro Musei Vaticani
里昂4世大街
日耳曼尼科大街
布拉基大街
P.za
（市场）
dell' Unità
让特
Gente
阔琪涅勒
Coccinelle
阿马利亚
Amalia
文艺复兴广场
P.za del Risorgimento
博物馆入口
绘画馆
松果庭院
梵蒂冈博物馆
Musei Vaticani
庇护四世教皇
纪念馆
鹫之喷泉
科学院
贝尔维迪的
中庭
梵蒂冈城国
Città del Vaticano
梵蒂冈宫殿
（不对外开放）
西斯廷
礼拜堂
梵蒂冈
市政厅
圣彼得大教堂
Basilica di S. Pietro
圣彼得广场
P.za S. Pietro
方尖碑
马德鲁诺喷泉
贝尼尼喷泉
马赛克工房
法院
P.za
S. Marta
珍宝馆
火车站
教皇会客厅
Pal. del
S.Ufficio
印刷所
邮局
卫兵兵营
圣安娜酒店
Sant'Anna
P.za Città
Leonina
阿鲁鲁
圣彼得餐馆
Arlù San Pietro
和解大街
V. d. Conciliazione
P.za
Pio XII
圣米歇尔和
马格纳斯教堂
Ss. Michele e Magno
圣斯皮里托医院
Ospedale S. Spirito
L.go di P.ta
Cavalleggeri
Galleria Pr. Amedeo
马德里派旅馆
Madri Pie
乌尔巴内斯传教局
Collegio Urbano
di Propaganda Fide
教皇厅北美协会
Pontificio Collegio
Americano del Nord
耶稣儿童医院
Ospedale del Bambin Gesù
P.za di
S. Onofrio
P.za della
Staz. di
S. Pietro
圣彼得站
Staz. S. Pietro
P.za S.M.
a.Fornaci
P.za
Gregorio
VII
P.za
del
Faro
贾尼科洛山
M.te Gianicolo
P.za
degli Eroi
P.za
Capponi
P.za d.
Vaschette
Viale delle Medaglie d'Oro
Circonvallazione Trionfale
Via T. Campanella
Via A. Doria
Viale della Milizie
Viale Vaticano
Via Nicolò V
Via Aurelia
Via d. Stazione Vaticana
Via Porta Cavalleggeri
Via Paolo VI
Borgo S. Spirito
Borgo Angelico
Borgo Vittorio
Borgo Pio
Via dei Corridori
Viale delle Mura Aurelie
Via delle Fornaci
Via Innocenzo III
Via di Crocifisso
Viale Gregorio VII
Via del Cottolengo
Passeggiata di Gianicolo
Viale di Gianicolo
N
0
200m
1:10,000
44

A号线勒班陀站
Lepanto
法尔内塞
Farnese
格伯旅馆
Gerber
拉普拉托里纳
La Pratolina
奎里蒂广场
P.za d. Quiriti
科因·艾克塞尔西欧鲁
Coin Excelsior
科拉迪里恩佐大街
卡斯特罗尼
Castroni
阿卡吉洛旅馆
Arcangelo
Twin Set
E.Q.维斯康蒂大街
G.贝里大街
阿德里亚诺剧院
Teatro Adriano
迪·梅利尼酒店
Dei Mellini
自由广场
P.za della Libertà
奥古斯都亚河大道
弗拉米尼奥广场
P. le Flaminio
人民圣母堂
S.Maria del Popolo
人民门
P.ta del Popolo
方尖碑
人民广场
P.za del Popolo
圣玛利亚神迹教堂
S.Maria dei Miracoli
科尔索大街
歌德博物馆
圣贾科莫医院
Ospedale S. Giacomo
美术学院
Accademia di Belle Art
里皮塔大街
和平祭坛
Ara Pacis
奥古斯都陵墓
Mausoleo di Augusto
P.za Augusto Imperatore
克雷申齐奥大街
切泽勒餐馆
Cesare
加富尔广场
P.za Cavour
坎提纳·提洛雷则
Cantina Tirolese
圣天使城堡
Castel Sant' Angelo
哈德良陵墓
Mausoleo di Adriano
里斯托乔克
Ristochicco
庇护十二世大厅
Auditorio Pio XII
圣母玛利亚堂
S.M. in Traspontina
最高法院
Pal. di Giustizia
伤残军人会馆
Casa Madre dei Mutilati
伤残军人广场
Largo Mutilati e Invalidi di Guerra
法院广场
P.za dei Tribunali
加富尔桥
P.te Cavour
博盖塞宫
Palazzo Bolghese
P.za Borghese
拉坎帕纳
La Campana
Tevere
圣天使桥
P.te Sant' Angelo
埃马努埃莱二世桥
P.te V. Emanuele II
游船乘船处
布拉曼特回廊
Chiostro del Bramante
奥尔索
L'Orso 80
葡萄牙酒店
Portoghesi
阿尔滕普斯宫
Pal. Altemps
罗马国立博物馆
Museo Nazionale Romano
圣阿戈斯蒂诺教堂
S. Agostino
安提克阿里乌
Antiquarius
焦利蒂1900
Giolitti 1900
拉斐尔酒店
Raphael
德拉帕奇教堂
S. M. della Pace
提亚托罗
Gelateria del Teatro
斗兽场遗址
圣玛利亚灵魂之母教堂
S.M. dell' Anima
尼普顿喷泉
马卡雷纳大教堂
S. M.Maddalena
弗兰切西的圣路易吉教堂
S. Luigi dei Francesi
斯卡利尼
Tre Scalini
埃马努埃莱二世大街
弗朗西斯科风味餐馆
Da Francesco
四河喷泉
Fontana dei Fiumi
纳沃纳广场
P.za Navona
圣阿格内教堂
S. Agnese in Agone
摩尔人喷泉
马达马宫（参议院）
Pal. Madama
智慧宫（国立文书馆）
Pal. d. Sapienza
达·阿曼多
Da Armando
罗通达广场
P.za d. Rotonda
万神殿
Pantheon
欧斯塔基奥咖啡馆
Sant' Eustachio
圣伊维奥教堂
Sant'Ivo
密涅瓦广场
P.za d. Minerva
纳沃纳酒店
Navona
圣基亚拉旅馆
Santa Chiara
萨尔维亚蒂宫
Palazzo Salviati
库奇纳
Cucina
新教堂
科尔·德·萨库1
Cul de Sac 1
布拉斯奇宫
Pal. Braschi
伊斯蒂图托
Istituto
瓦莱剧院
马西莫宫
Pal. Massimo
圣潘塔雷奥广场
P.za S. Pantaleo
文书院宫
Pal. d. Cancelleria
蒙特卡罗
La Montecarlo
小法尔内西纳宫
Pal. Piccola Farnesina
巴拉科美术馆
Museo Barracco
花之田野广场
Campo de' Fiori
圣安德里亚德威尔教堂
S.Andrea d. Valle
阿根廷剧院
阿根廷广场
L.go Torre Argentina
阿根廷圣地
Area Sacra d. Argentina
G.马志尼桥
Ponte G. Mazzini
监狱
朱利亚大街
特韦雷河
Tevere
奥雷夫奇教堂
法尔内塞广场
P.za Farnese
庞贝剧院
Teatro di Pompeo
泰亚特洛狄朋佩欧酒店
Teatro di Pompeo
法尔科涅里宫
法尔内塞宫（法国大使馆）
Pal. Farnese
圣玛利亚祈祷和死亡教堂
S.M.dell'Orazione e Morte
法尔内西纳别墅
Villa Farnesina
国立科尔西尼宫画廊
Galleria Naz.di. Palazzo Corsini
斯巴达宫
Pal. Spada
斯巴达绘画馆
Galleria Spada
阿雷努拉大街
P.za B. Cairoli
Largo Arenula
38
42
45
3
4
A
B
C

1
2
38
41
46
A
B
C
弗拉米尼奥广场
P.le Flaminio
人民圣母堂
S. Maria del Popolo
人民门
P.ta del Popolo
方尖碑
人民广场
P.za del Popolo
拿破仑一世广场
P.le Napoleone I
卡西纳・蒂罗罗齐
平乔山
Monte Pincio
蒙特桑托圣母堂
S. Maria in Montesanto
圣玛利亚神迹教堂
S. Maria dei Miracoli
狄安娜神庙
Tempietto di Diana
歌德纪念碑
巴拉之家
赛马场
Galoppatoio
（地下停车场）
巴西广场
P. le Brasile
平恰纳门
Porta Pinciana
法比安诺
Fabriano
歌德博物馆
圣贾科莫医院
Ospedale S. Giacomo
美术学院
Accademia di Belle Art
莫扎特酒店
Mozart
卡诺瓦・塔得里尼博物馆
圣切奇利亚音乐院
Acc. S. Cecilia
曼弗雷迪酒店
Manfredi
美第奇别墅
Villa Medici
奥特罗・阿拉・孔科尔蒂亚
Concordia
A号线西班牙站
Spagna
弗雷佐・盖斯特
Frezza-Gusto
韦尔泰基
Vertecchi
库奇纳
Cucina
西班牙广场
P.za di Spagna
西班牙台阶
山上圣三一教堂
Trinità dei Monti
山上圣三一广场
P.za della Trinità dei Monti
和平祭坛
Ara Pacis
奥古斯都陵墓
Mausoleo di Augusto
安提克咖啡馆
Caffè Greco
破船喷泉
济慈－雪莱纪念馆
Keats-Shelley Memorial House
P.za Augusto Imperatore
卡斯特罗尼
Castroni
美洲野牛皮具店
Il Bisonte
怪物之家
工商手工业部
嘉步道派修道院博物馆
Museo e Cripta dei Cappuccini
蜜蜂喷泉
A号线巴尔贝里尼站
Barberini
博盖塞宫
Palazzo Bolghese
冠军咖啡
Ciampini
冠军咖啡2
Ciampini 2
雷吉纳勒帕拉提乌姆酒吧
Regionale Palatium
马德里酒店
Madrid
传信善宫
Pal. di Propaganda Fide
圣母无染原罪修女卢尔德旅馆
Suore dell'Immcolata
特里托内喷泉
巴尔贝里尼广场
P.za Barberini
中央邮局
Posta Centrale
弗拉蒂圣安德烈亚教堂
S. Andrea delle Fratte
凯博礼品文具店
Campo Marzio Design
议会酒店
Parlamento
圣西尔维斯特罗广场
P.za S. Silvestro
特里托内大街
科林・艾米利安
Colline Emiliane
薄伽丘酒店
Boccaccio
蒙泰奇托里奥宫（众议院）
Pal. di Montecitorio (Camera dei Deputati)
米艾丽手套
Mieli Gloves
阿尔贝托・索尔蒂画廊
Galleria Alberto Sordi
基吉宫
Pal Chigi
文艺复兴百货公司
La Rinascente
圣卢卡学院
Accademia di S. Luca
圣克里斯皮诺
San Crispino
奎里纳莱山
Monte Quirinale
国立意大利面博物馆
Museo Nazionale delle Paste Alimentari
圆柱广场
P.za Colonna
马可奥列留的纪念柱
许愿池
F.na di Trevi
奎里纳莱圣安德烈亚教堂
S. Andrea al Quirinale
马卡雷纳教堂
S. M. Maddalena
罗马商店
Roma Store
奎里纳莱宫（总统宅邸）
Palazzo del Quirinale
彼得拉广场
P.za di Pietra
格兰咖啡馆
Gran Caffè La Caffettiera
奎里诺剧院
Teatro Quirino
神殿遗址
奎里纳莱广场
P.za del Quirinale
市立展示馆
马达马宫（参议院）
Pal. Madama
罗通达广场
P.za d. Rotonda
万神殿
Pantheon
前耶稣会罗马学院
Collegio Romano
罗马银行
Banco di Roma
格列高利神学大学
Univ. Gregoriana
孔苏尔塔宫
Pal. d. Consulta
圣伊维奥教堂
Sant'Ivo
密涅瓦广场
P.za d. Minerva
密涅瓦圣母堂
S. M. Sopra Minerva
圣阿波斯托利教堂
Santi Apostoli
科隆纳宫花园
帕拉维奇尼宫
Pal. Rospigliosi-Pallavicini
德拉密涅瓦大酒店
la Minerve
多里亚・潘菲利宫
Pal. Doria Pamphilj
（多里亚・潘菲利美术馆）
Galleria Doria Pamphilj
入口
科隆纳宫
Pal. Colonna
（科隆纳美术馆）
Galleria Colonna
意大利全国工伤保险公司
I.N.A.I.L.
意大利银行
Banca d'Italia
民族大街
豪斯塔利亚・阿尔・波斯凯特
Hostaria C. al Boschetto
阿根廷广场
L.go Torre Argentina
阿根廷剧院
阿根廷圣地
Area Sacra d. Argentina
巴雷特膳宿公寓
Barrette
耶稣教堂
Il Gesù
S. Marco
威尼斯广场
P.za Venezia
威尼斯宫殿
Pal. Venezia
（威尼斯宫殿博物馆）
Museo di Pal. Venezia
图拉真大帝的纪念柱
图拉真广场
Foro Traiano
图拉真大帝的市场
巴尔比地下博物馆
Crypta Balbi
维托里奥・埃马努埃莱二世纪念堂
Monumento a Vittorio Emanuele II
帝国广场
Fori Imperiali
阿拉科艾利圣母堂
S. M. in Aracoeli
奥古斯都大帝广场
恺撒广场
BNL
C.I.

奎里纳莱山和
西班牙广场
0
200m
1:10,000
39
47
3
4
A
B
C
N
意大利亚大街 Corso d'Italia
Corso d'Italia
文艺复兴百货公司 La Rinascente
缪缪
阜姆广场 P.za Fiume
萨拉里亚门
平恰纳大街
P.za E. Sienkiewicz
Via Pinciana
Via G. Puccini
波河大街 Via Po
Via di Santa Teresa
Via Aniene
V. Viterbo
Via Velletri
Via Brescia
Via Mantova
Via Bergamo
Via Campania
Via Sardegna
Via Romagna
Via Puglie
Via Sicilia
Via Lucania
Via Calabria
皮埃蒙特大街
西西里大街
撒丁大街
皮亚维大街
Via Boncompagni
Via Sicilia
Via Toscana
Via Abruzzi
S. Patrizio
Via Marche
Via Nerva
Via Collina
V. Belisario
V. Cadorna
Via Piave
Villa Paolina
皮亚门广场 P.le di P.ta Pia
皮亚门 P.ta Pia
步兵部队历史博物馆
诺门塔纳大街 Via Nomentana
公共事业部 Min. Lavori Pobblici
运输部 Min. del Trasporti
Via Ancona
共和国大街
波利克利尼科大街
Viale del Policlinico
P.za d. C. Rossa
Via Villa Patrizi
卡斯特罗·普雷托里奥大街
邦孔帕尼大街
Via Lucullo
Via Friuli
Via Piemonte
Sallustiana
S. Camillo de'Lellis
塞拉大街 Via Q. Sella
弗拉亚尼大街
Via Flavia
Via XX Settembre
9月20日大街
达文西诺 Da Vincenzo
帕莱斯特罗大街
戈伊托大街
Montebello
V. Mentana
邦孔帕尼宫 (美国大使馆) Pal. Boncompagni
Via Aureliana
V. Carducci
拉扎里酒店 Lazzari
Castelfidardo
B号线卡斯特罗·普雷托里奥车站 Castro Pretorio
V. Gaeta
Via Palestro
Viale Pretoriano
国库预算部 Ministero del Tesoro e del Bilancio
托里马尼 Torimani
蒙特阿里奇 Monte Arci
阿尔皮酒店 Alpi
艺术家酒店 Des Artistes
农林部 Ministero Agricoltura e Foreste
V. L. Bissolati
Via S. N. da Tolentino
Via Cernaia
菲南兹广场 P.za Finanze
格尔曼诺老爹酒店 Papa Germano
Via Goito
V. S. M. d. Battaglia
胜利之后圣母堂 S. Maria della Vittoria
巴尔贝里尼大街 Via Barberini
H.I.S.罗马分店
B.C.I
摩西喷泉
圣苏珊娜教堂 S. Susanna
圣贝尔纳尔多广场 P.za S.Bernardo
切尔纳亚大街
阿斯科特酒店 Ascot
V. Volturno
Via Gaeta
独立广场旅馆 B&B Independence Square Inn
独立广场 P.za Indipendenza
亚历山大皇家旅馆 Alessandro
加拿大酒店 Canada
Villafranca
V. Palestro
巴尔贝里尼宫 Pal. Barberini (国家古典绘画馆) Galleria Naz.d'Arte Antica
V. Parigi
V. Orlando
V. Carnaia
JCB银行
八角大厅 Aula Ottagona
A号线共和国站 Repubblica
戴克里先浴场遗址 Museo Naz. Romano Terme di Diocleziano
安杰利圣母堂 S. Maria degli Angeli
V. Solferino
阿斯托利亚花园酒店 Astoria Garden
Vicenza
V. Varese
V. Mille
Marghera
阿伯丁酒店 Aberdeen
陆军部 Min. Difesa Esercito
Via XX Settembre
9月20日大街
那依阿德喷泉
出入口
E.尼古拉大街 V.le E. De Nicola
机场巴士
Sacro Cuore di Gesù
Via Magenta
V. Milazzo
那不勒斯制造餐馆 Meid in Nepols
四河喷泉
共和国广场 P.za della Repubblica
意大利美食城 EATALY
Via Modena
Via Torino
罗马三越 Roma Mitsukoshi
圣卡罗·夸特罗·丰塔纳教堂 S. Carlo alle Quattro Fontana
消防署 Vigile d.Fuoco
中央警察局 Questura Centrale
哥伦比亚酒店 Columbia
罗马国立博物馆(马西莫宫) Museo Nazionale Romano (Palazzo Massimo alle Terme)
马尔萨拉大街
Via Marsala
Via Castro Pretorio
阿特米德酒店 Artemide
互联网点
罗马歌剧院 Teatro dell'Opera
P.za Gigli
艾尔·布切托 Er Buchetto
AB号线特米尼中央车站 Termini
五百人广场 P.za dei Cinquecento
萨波利&丁托鲁尼 Sapori&Dintorni
意大利铁路·罗马特米尼站 Staz. Termini
Via Genova
V. S. Vitale
Via Nazionale
德普雷蒂斯大街
那不勒斯大街
Firenze
Via Viminale
伊尔·伽罗·纳罗 Il Gallo Nero
帕斯塔利托比萨店 Pastarito Pizzarito
意大利酒店 Italia
P.za del Viminale
Via A. Depretis
Via Napoli
YWCA U.C.D.G
Via C. Balbo
V. d'Azeglio
Via G. Amendola
Via Gioberti
乔瓦尼·焦利蒂大街
机场巴士
卡斯特罗尼 Castroni
Via Palermo
"埃斯特!埃斯特!!埃斯特!!!"弗拉帝利·里奇 Est! Est!! Est!!! Fratelli Ricci
内政部 Min. d. Interno
维米纳莱山 Monte Viminale
米兰大街
Via Milano
Via Cesare Balbo
圣普丹茨阿纳教堂 S. Pudenziana
Bambin Gesù
Via Cavour
桑提餐馆 Santi
Via D. Manin
奥尔兰达酒店 Orlanda
Via Farini
Via Principe Amedeo
里恩佐公寓 Di Rienzo
Via C. Cattaneo
Ex Antiquario Romano
P.za M. Fanti
亚历山德罗市区旅馆 Dawntown Hostel
Via G. Giolitti
圣普鲁登齐亚娜之家 Casa S.Pudenzian
Via Rolnagna
埃斯奎利诺广场 P.za dell' Esquilino
罗萨里奥之家 Casa del Rosario
大圣母教堂 S. Maria Maggiore
V. S.M. Maggiore
S. Antonio Abate
Via Napoleone III
Via Rattazzi
V. Cappellini
Via Filippo Turati
P.za S. M. Maggiore
乌庇姆 Upim
斯玛 Sma
Panisperna
拉·卡尔波娜拉 La Carbonara
Urbana
Via Cimarra
V. Clementina
V. Capocci
加富尔大街
V. d. Quattro Cantoni
V. Paolina
V. dell' Olmata
圣普拉塞德教堂 S. Prassede
V. Sforza
梅鲁拉纳大街
Via S. Vito
V. Carlo Alberto
Via Mamiani
Via dei Boschetto
P.za d. Zingari
Via degli Zingari
V. S. Martino ai M.
蒙蒂餐馆 Monti
B号线加富尔站 Cavour
乔瓦尼·兰扎大街 Via G. Lanza
P.za S. Martino ai Monti
L. go Brancaccio
维托里奥·埃马努埃莱二世广场 P.za Vittorio Emanuele II
A号线维托里奥·埃马努埃莱站 Vittorio Emanuele
V. d. Statuto
韦诺斯塔广场 L.go V. Venosta
Via in Selci
国家东方艺术博物馆 Museo Naz. dell' Arte Orientale
Via Merulana
温科利的圣彼得教堂 S. P. in Vincoli
V. Leopardi
Via Ricasoli

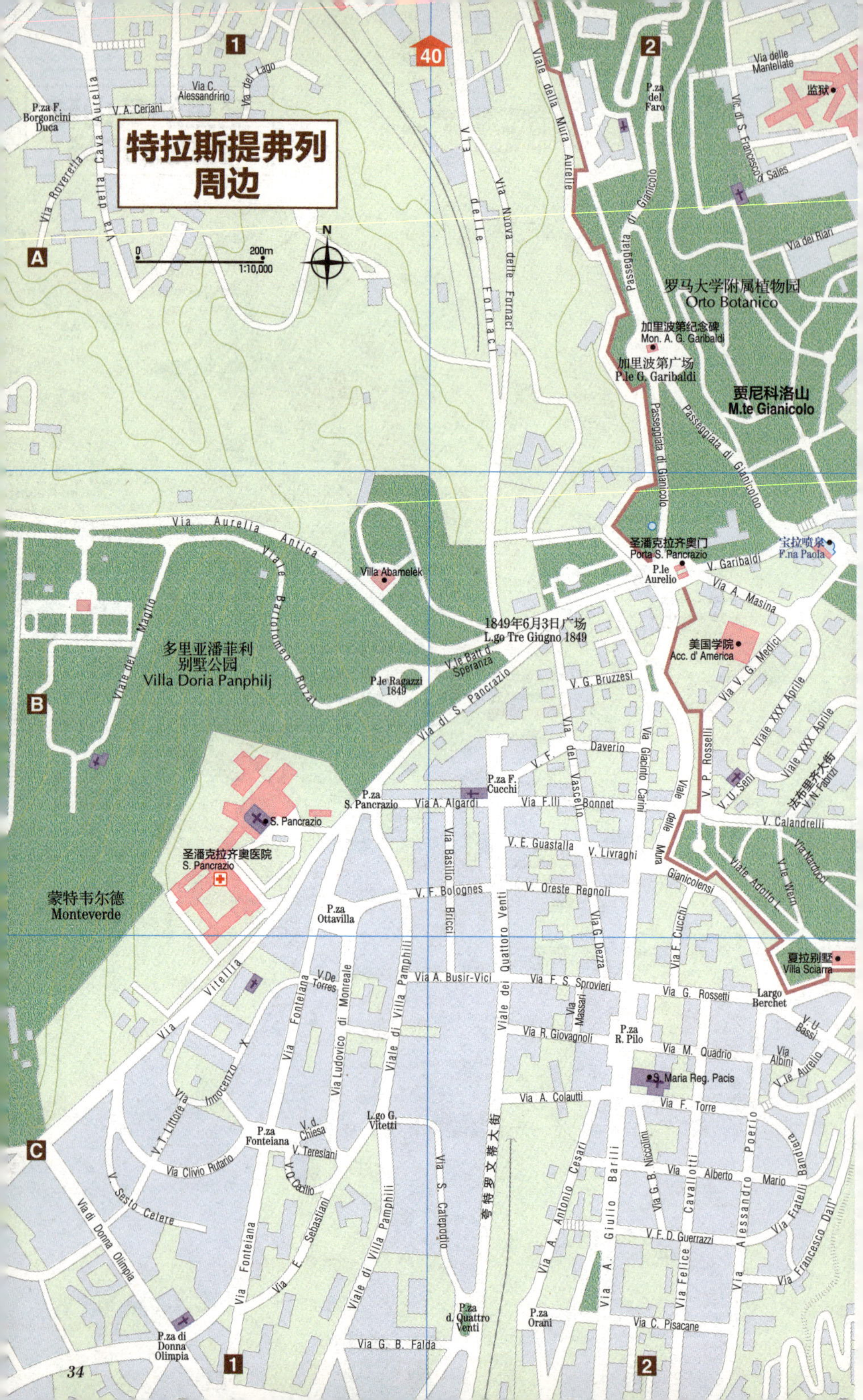

特拉斯提弗列
周边
1
2
40
A
B
C
0
200m
1:10,000
N
P.za F. Borgoncini Duca
V. A. Ceriani
Via C. Alessandrino
Via del Lago
Via Roverella
Via della Cava Aurelia
Via delle Fornaci
Via Nuova delle Fornaci
Viale delle Mura Aurelie
P.za del Faro
Passeggiata di Gianicolo
Vic. di S. Francesco di Sales
Via delle Mantellate
监狱
Via dei Riari
罗马大学附属植物园
Orto Botanico
加里波第纪念碑
Mon. A. G. Garibaldi
加里波第广场
P.le G. Garibaldi
贾尼科洛山
M.te Gianicolo
Via Aurelia Antica
Viale Bartolomeo Rozat
Villa Abamelek
圣潘克拉齐奥门
Porta S. Pancrazio
宝拉喷泉
F.na Paola
P.le Aurelio
V. Garibaldi
Via A. Masina
1849年6月3日广场
L.go Tre Giugno 1849
美国学院
Acc. d' America
Viale del Maglio
多里亚潘菲利
别墅公园
Villa Doria Panphilj
P.le Ragazzi 1849
V.le Batt.d. Speranza
Via di S. Pancrazio
V. G. Bruzzesi
Via V. G. Medici
Viale XXX Aprile
Via del Vascello
V. F. Daverio
Via Giacinto Carini
V. P. Rosselli
V. U. Seni
法布里齐大街
V. N. Fabrizi
P.za S. Pancrazio
Via A. Algardi
P.za F. Cucchi
Via F.lli Bonnet
S. Pancrazio
V. Calandrelli
圣潘克拉齐奥医院
S. Pancrazio
V. E. Guastalla
V. Livraghi
Viale delle Mura Gianicolensi
Via Marcucci
Viale Adolfo L.
V.le Wara
Via Basilio Bricci
V. F. Bolognes
V. Oreste Regnoli
Via G. Dezza
蒙特韦尔德
Monteverde
P.za Ottavilla
Via F. Cucchi
夏拉别墅
Villa Sciarra
Via Vitellia
V. De Torres
Via Fonteiana
Via Ludovico di Monreale
Viale di Villa Pamphili
Via A. Busir-Vici
Viale dei Quattro Venti
Via F. S. Sprovieri
Via G. Rossetti
Largo Berchet
Via Massari
Via R. Giovagnoli
P.za R. Pilo
Via M. Quadrio
V. U. Bassi
Via Albini
V.le Aurelio
S. Maria Reg. Pacis
Via Innocenzo X
Via V. T. Littore
L.go G. Vitetti
Via A. Colautti
Via F. Torre
P.za Fonteiana
V. d. Chiesa
V. Teresiani
V. Q. Cecilio
Via Clivio Rutario
V. Sesto Celere
Via S. Calepodio
特拉斯提弗列大街
Via Antonio Cesari
Via Giulio Barili
Via G. B. Niccolini
Via Alberto Mario
Via Cavallotti
Via Alessandro Poerio
Via Fratelli Bandiera
Via di Donna Olimpia
Via Fonteiana
Via E. Sebastiani
Viale di Villa Pamphili
V. F. D. Guerrazzi
Via Felice
Via Francesco Dall'
P.za di Donna Olimpia
P.za d. Quattro Venti
P.za Orani
Via C. Pisacane
Via G. B. Falda

41
3
4
A
B
C
46
46
特韦雷河
Tevere
Fiume Tevere
奥雷夫奇教堂
花之田野广场
P.za Campo de' Fiori
法尔内塞广场
P.za Farnese
法尔内塞宫
（法国大使馆）
Pal. Farnese
法尔科涅里宫
圣玛利亚祈祷和死亡教堂
S.M.dell'Orazione e Morte
斯巴达宫
Pal. Spada
斯巴达绘画馆
Galleria Spada
庞贝剧院
Teatro di Pompeo
阿根廷剧院
阿根廷广场
L.go Torre Argentina
阿根廷圣地
Area Sacra d. Argentina
耶稣教堂
Il Gesù
P.za d. Gesù
Via Florida
V. d. Botteghe Oscure
巴尔比地下博物馆
Crypta Balbi
P.za Margana
P.za Capizzucchi
Largo Arenula
P.za B. Cairoli
法尔内西纳别墅
Villa Farnesina
国立科尔西尼宫画廊
Galleria Naz. di Palazzo Corsini
Via d. Penitenza
Via della Lungara
Via Corsini
比尔&福德
Bir & Fud
西斯托桥
Ponte Sisto
瓦拉蒂滨河大道
司法部
P.za 5 Scole
圣贝斯克利亚教堂
奥塔维娅的列柱
犹太教会堂
马尔切诺剧院
Teatro di Marcello
琴奇滨河大道
Lung. d. Vallati
Lung. dei Cenci
塞蒂米亚纳门
P.ta Settimiana
特里卢萨广场
P.za Trilussa
格拉斯·豪斯塔利亚
Glass Hostaria
达尔·波特
Dar Poeta
拉斐尔·桑齐奥滨河大道
Lungot. R. Sanzio
P.za De' Renzi
加里波第桥
P.te Garibaldi
提贝里纳岛
Isola Tiberina
索拉·蕾拉
Sora Lella
医院
法布里乔桥
P.te Fabricio
圣巴尔托洛梅奥教堂
S. Bartolomeo
加里波第大街
P.za S. Egidio
圣玛利亚酒店
Santa Maria
G.G.贝利广场
P.za G. G. Belli
安古伊拉娜滨河大道
切斯提奥桥
P.te Cestio
P.za G. Tavani Arquati
P.za S. Maria in Trastevere
特拉斯提弗列圣母堂
S. Maria in Trastevere
Via della Lungaretta
V. d. Lungaretta
断桥
P.te Rotto
户籍管理处
Anagrafe
西班牙学院
Acc. di Spagna
蒙托里奥的圣彼得教堂
S. Pietro in Montorio
圣卡里斯托广场
P.za S. Callisto
库林格诺教堂
医院
松尼诺广场
P.za S. Sonnino
埃·马尔米·帕纳托尼
Ai Marmi Panattoni
皮西努拉广场
P.za Piscinula
P.za Castellani
帕拉迪诺桥
P.te Palatino
维斯泰神庙
Tempio di Vesta
伊沃
Ivo
卡拉马罗·皮亚娜罗
Kalamaro Piadinaro
P.za d. Ponziani
Via L. Manara
Via Garibaldi
圣科西马托广场
P.za S. Cosimato
马斯塔伊广场
P.za Mastai
国家专营的烟草工厂
特拉斯提弗列的圣塞西利亚教堂
S. Cecilia in Trastevere
集市广场
P.za Mercanti
里帕滨河大道
特拉斯提弗列
TRASTEVERE
西西尼
Sisini
医院
E.莫罗西尼大街
V. E. Morosini
格罗里奥索大街
阿西西圣弗朗西斯科广场
P.za S. Francesco d' Assisi
文化部
Min. d. Pubblica Istruzione
Pal. d Esami
圣弗朗西斯科教堂
S. Francesco a Ripa
L.go Ascianghi
Viale di Trastevere
Porto di Ripa Grande
阿文蒂诺滨河大道
Lungotev. Aventino
萨维罗公园
圣萨比纳教堂
S. Sabina
圣阿列西奥教堂
S. Alessio
波尔泰塞门
P.ta Portese
P.za di Porta Portese
V. le. d. Mura Portuensi
圣贝纳迪诺菲尔特雷广场
P.za S.Bernardino da Feltre
Viale Aurelio Saffi
V. Carcani
苏布利乔桥
P.te Sublicio
P.za d. Emporio
马耳他骑士团广场
P.za Cav. di Malta
马耳他骑士修会
健穴
P.za S. Anselmo
马尔莫拉塔大街
特拉斯提弗列大街
波尔泰塞门跳蚤市场
Via Portuense
Lungotevere Testaccio
伊波利托埃沃广场
P.za Ippolito Nievo
泰斯塔乔
TESTACCIO
解放者圣玛丽广场
P.za S. Maria Lib.
Via Marmorata
P.za d. Servili
波尔图恩塞滨河大道
泰斯塔乔滨河大道
维斯普奇大街
安扎尼广场
Largo F. Anzani
尼埃沃大街
解放者圣玛丽教堂
S.M. Liberatrice
泰斯塔乔广场
P.za Testaccio
杰米索米尼广场
Largo M. Gelsomini
费力切
Felice
G.B.博多尼大街
A.马努齐奥大街
Via Aldo Manuzio
托亚广场
Largo Toja
泰斯塔乔市场
Mercato di Testaccio
圣保罗门广场
P. za di P.ta S. Paolo
Via Galvani
Viale Manlio Gelsomini

威尼斯广场
P.za Venezia
S. Marco
耶稣教堂
Il Gesù
威尼斯宫殿
Pal. Venezia
(威尼斯宫殿博物馆)
Museo di Pal. Venezia
图拉真大帝的纪念柱
图拉真广场
Foro di Traiano
图拉真大帝的集市
巴尔比地下博物馆
Crypta Balbi
维托里奥·埃马努埃莱二世纪念堂
Monumento a Vittorio Emanuele II
帝国广场
Fori Imperiali
奥古斯都大帝广场
阿拉科艾利圣母堂
S. M. in Aracoeli
阿雷·卡雷特
Alle Carrette
加富尔大街
Via Cavour
B号线
加富尔站
Cavour
帕巴酒店
Paba
温科利的圣彼得教堂
S. P. in Vincoli
卡比托利欧广场
P.za del Campidoglio
马梅尔定监狱
圣卢卡和玛蒂娜教堂
元老院
塞维鲁大帝的凯旋门
市政府
Pal. Senatorio
卡比托利尼美术馆
Musei Capitolini
涅尔瓦广场
艾米利亚大教堂
维斯帕夏诺广场
帝国广场大街
Via dei Fori Imperiali
连接通道(现市政府下的遗迹群)
朱利安大教堂
圣科斯玛和达米亚诺教堂
SS. Cosma e Damiano
卡比托利欧山
M.te Campidoglio
塔尔皮亚岩石
马尔切诺剧院
Teatro di Marcello
法布里乔桥
P.te Fabricio
维斯太的巫女之家
马克西米努斯大帝的会堂
古罗马广场
Foro Romano
提图斯大帝的凯旋门
博物馆
售票处
B号线
斗兽场站
Colosseo
斗兽场广场
P.za Colosseo
斗兽场
Colosseo
户籍管理处
Anagrafe
圣巴尔托洛梅奥教堂
S. Bartolomeo
断桥
P.te Rotto
阿尔金塔拱门
维拉布罗的圣乔治教堂
法尔内塞花园
福尔图娜神庙
Tempio della Fortuna Virile
帕拉迪诺桥
P.te Palatino
真理之口广场
P.za Bocca d. Verità
贾诺门
利维娅别墅
君士坦丁凯旋门
Arco di Constantino
维斯太神庙
Tempio di Vesta
科斯梅丁圣母堂(真理之口)
S. Maria in Cosmedin
帕拉蒂诺宫殿
考古学博物馆
克劳迪奥的神殿遗迹(尼禄的庭院)
奥古斯都大帝的宫殿
帕拉蒂诺山
Monte Palatino
出入口
售票处
切尔基大街
马西莫竞技场
Circo Massimo
切利奥公园
圣乔瓦尼和圣保罗教堂
Ss. Giovanni e Paolo
圣格列高利大街
阿文蒂诺山
M.te Aventino
萨维罗公园
朱塞佩·马志尼像
Mon.A Giuseppe Mazzini
圣格列高利·马尼奥教堂
S. Gregorio Magno
莫列塔塔
圣萨比纳教堂
S. Sabina
圣阿莱西奥教堂
S. Alessio
马耳他骑士团广场
P.za Cav. di Malta
扎佩罗公园
圣普利斯卡教堂
B号线
马西莫竞技场站
Circo Massimo
联合国粮食及农业组织
F.A.O.
浴场竞技场
Stadio d. Terme
卡佩纳门公园
Parco di P.ta Capena
阿尔巴尼亚广场
P.za Albania
阿文蒂纳大街
雷穆里亚广场
P.za Remuria
圣萨巴教堂
San Saba
杰尔索米尼广场
Largo M. Gelsomini
菲奥里托广场
Largo Fioritto
卡拉卡拉浴场
Terme di Caracalla
巴切利大街
圣保罗门广场
P. za di P.ta S. Paolo

斗兽场与
拉泰拉诺地区
埃斯奎利诺山
M.te Esquilino
尼禄大帝的黄金宫殿
Domus Aurea
切利奥山
Monte Celio
A号线
维托里奥·埃马努埃莱站
Vittorio Emanuele
A号线
曼佐尼站
Manzoni
A号线
圣乔瓦尼站
S. Giovanni
梅鲁拉纳大街
拉比卡纳大街
Via Labicana
曼佐尼大街
拉泰拉诺的圣乔瓦尼大道
加利亚大街
Via Gallia
圣乔瓦尼医院
Osp. S. Giovanni
切利奥医院
Osp. del Celio
拉泰拉诺的圣乔瓦尼大教堂
S. Giovanni in Laterano
拉泰拉诺洗礼堂
Battistero Lateranense
拉泰拉诺宫
方尖碑
圣阶教堂
Scala Santa
圣克莱门特教堂
S. Clemente
圣科罗纳教堂
Ss. Quattro Coronati
圣斯特凡诺·罗通多教堂
S. Stefano Rotondo
翁贝托一世疗养院
Senatorio Umberto I
阿德罗拉塔救济院
Osp. d.Addolorata
旅游局
Min. Turismo Spettacolo
国家东方艺术博物馆
Museo Naz. dell' Arte Orientale
图拉真大帝的浴场
Terme di Traiano
奥皮奥公园
Parco Oppio
埃杰里奥公园
Parco Egerio
圣西斯托旧教堂
S. Sisto Vecchio
内雷奥和阿奇列奥教堂
Ss. Nereo e Achilleo
多米尼加·圣玛利亚大教堂
英国医院
博罗梅奥酒店
Borromeo
圣普拉塞德教堂
S. Prassede
圣比比亚纳教堂
S. Bibiana
维托里奥·埃马努埃莱二世广场
P.za Vittorio Emanuele II
但丁广场
P.za Dante
拉泰拉诺的圣乔瓦尼广场
P.za S. G. in Laterano
圣乔瓦尼广场
P. za P. Giovanni
梅特罗尼亚门广场
P.za di Porta Metronia
梅特罗尼奥广场
P.le Metronio
潘诺尼亚广场
L.go Pannonia
埃皮罗广场
P.za Epiro
维诺斯塔广场
L.go V. Venosta
乔瓦尼·兰扎街
Via G. Lanza
加富尔大街
Via Cavour
乔瓦尼·焦利蒂大街
Via G.Giolitti
奥皮奥山大街
入口
200m
1:10,000

罗马概览

永恒之都罗马坐落于特韦雷河旁边的 7 座山丘之上。从古罗马时代开始，这里便作为历史的舞台，上演了无数场精彩万分的故事，因此这座城市有许多值得一看的地方，想要在短时间的停留中完全了解它的魅力是一件很难的事情，所以我们首先来了解一下这座城市的概况，然后再开始游览吧。这座城市比想象中的还要小，就算从城市的一头走到另一头大概也只需要花费 1 小时。如果努力一点的话，大约 3 天就能将大部分景点都游览一圈。

1 被城墙包围的城市

罗马在地图上的参照物是特韦雷河

罗马这座城市的大小就像一个直径大约为 5 公里的圆形。整座城市被由北往南的 S 形的特韦雷河一分为二。特韦雷河西侧右岸是梵蒂冈城国，东侧左岸则是罗马建国传说的发祥地，即以帕拉蒂诺山为主的 7 座山丘。

在这些山丘周边，绕山丘一圈将它们都包围起来的便是古罗马皇帝修建的奥勒良城墙。罗马大部分的景点都在这座城墙内。

2 城市中心是广场

首先确认好罗马的主要广场吧

罗马城市的中心是威尼斯广场。在广场的周边便是罗马人的休息场所——纳沃纳广场、万神殿以及古代遗迹古罗马广场和斗兽场。

城市的北侧，是绿树成荫的博盖塞公园，南侧为卡拉卡拉浴场，东侧则是特米尼中央车站。城镇的西侧，特韦雷河的右岸为梵蒂冈城国以及圣天使城堡。特韦雷河右岸南边为罗马的平民住宅区——特拉斯提弗列和能够将罗马的城市风光一览无遗的贾尼科洛山。

3 从广场走到街上

罗马的大街虽然错综复杂，但是只要记住主要的广场就不用担心会迷路。特别是修建在威尼斯广场上的维托里亚诺纪念堂，无论你在城市的哪个角落都能看到它那巨大的身姿，因此用来作为参照物是再适合不过了。

从威尼斯广场往东北方向延伸的是民族大街，反方向则是前往梵蒂冈城国的埃马努埃莱二世大街。连接东南方向的斗兽场，道路两旁都有古代遗址的是帝国市场大街。另外，基本上一路向北的是主要通路科尔索大街。

巨大的维托里亚诺纪念堂是在城市中游览时的参照物

4 向外延伸的干线道路

从罗马的城镇中，有以 8 条执政官道路为主，向着四面八方延伸的干线道路。即使如今经过了 2000 年，罗马的大路仍连接着曾经是帝国所属的领土，连接着意大利的四面八方。而横跨这些干线道路，将城镇围起来的则是大环线道路。这从市中心开始半径大约 10 公里的区域，现在便是罗马的住宅区域。

让我们在历经 2000 年的执政官道路古阿庇亚大道上散步吧

大环状道路外侧的平野地区罗马诺平原上，目前牧业与农业的发展非常蓬勃。至今在这里我们还能看到田园风光和牧羊的场景。

从机场到市内的交通

列奥纳多·达·芬奇机场（当地通常称其为菲乌米奇诺机场）位于罗马市西南方向30公里处的郊外。从机场前往市内可以乘坐fs线的菲乌米奇诺线（下文中1和2两条线路）或者普尔曼巴士。末班车结束后，可以乘坐3的夜间巴士或者4的出租车。

现代化的机场车站

● 1. 从机场到特米尼间的直通电车 Leonardo Express

整辆车都为一等座席，在到达特米尼中央车站前不停车，大概需要花费30分钟，车票价格为€ 14。从特米尼中央车站能乘坐地铁A、B线以及fs线。电车一般从特米尼中央车站的24号站台发车（不过在极少数情况下会发生变动，因此请时刻留意告示牌）。从机场出发首班车为6:23，末班车为23:23，大约每隔15分钟有1班车（有时会因为航班延误而延后末班车的时间）。从特米尼出发的话首班车为5:25，末班车为22:35。每个小时的20分、35分、50分发车（时间可能发生改变，请留意）。

信用卡专用的售票机

● 2. 从机场途经提布提纳车站前往 Fara Sabina 的 FR1 线

提布提纳 Tiburtina※ 车站位于罗马郊外的东北方向，途中在 Ponte Galeria、Muratella、Magliana、Trastevere、Ostiense※、Tuscolana 停靠，到提布提纳车站的车票费用为€ 8（带※的车站能换乘地铁B线）。从机场出发，5:57~23:27 大约每隔15~30分钟一班车。

机场航站楼和菲乌米奇诺车站通过二层的通道连接在一起。车票可以在月台前的自动售票机或者售票窗口购买。由于这条线路也属于fs线，可以使用欧洲铁路通票，但是这条线路的所有座位都为一等座，因此如果手持二等座的票需要支付额外的费用。售票机支持使用信用卡。使用纸币的话不找零，如果纸币上有污渍或者破损的话机器便无法识别，请在兑换外币时准备一些干净的纸币。另外，如果打算前往比罗马更远的目的地，可以直接购买到达目的地的车票，这样可以省下重新购票的时间。

机场车站的售票处

在月台上查看完班次信息后，便可以选择直达特米尼的 LINEA-DIRETTA TERMINI/Treno non Stop 或者 FM1 per Fara Sabina（或者 Orte）乘车了。

在特米尼中央车站，车票除了能在售票处和自动售票机处购买外，还可以在香烟店以及报亭购买。

在机场使用通行证类物品时

根据通行证的种类不同，有些需要盖上使用开始的图章或者写上日期。如果需要盖章的话，可以前去菲乌米奇诺车站的窗口，出示完护照后工作人员便会为你盖上章。

车票在香烟店也有出售

机场线的车票可以在fs线的售票窗口、自动售票机以及售票处旁的香烟店购买。

购买机场的车票不需要预约。

乘坐机场线时请准备好充足的时间！

由于在机场线中，机场站和特米尼站分别为两个方向的终点站，因此如果乘坐位置靠前的车辆的话，下车时离出入口也会稍微近一些。

在特米尼中央车站虽然基本上从24号口发车，但是，有时根据情况也会从25~28号口发车，因此请事先在告示板处查看清楚。25号及之后的进站口位于面朝月台的右手边，如果行李较多的话从月台到进站口要走7~8分钟，因此请事先留出充裕的时间。

● 3. 乘坐普尔曼巴士前往市内

各家公司都有经营巴士。乘坐会抵达酒店周边的车辆吧

有数家公司经营着从特米尼到机场之间的线路。不过每家公司的乘车地点、途经地点、下车地点（特米尼东、西出口）以及费用都各不相同，因此请根据住宿酒店所在的地点来进行选择。

大部分普尔曼巴士的车站都位于机场的抵达大厅 T3，走出机场往右沿着建筑物一直往前走的地方（Piazza A.D.Gasperi= 巴士停车场）。在巴士车站前就有售票处，因此可以仔细地确认好发车时间和目的地后再购买车票。SIT 公司的（经过梵蒂冈周边的加富尔广场抵达特米尼中央车站东出口）巴士乘车处有工作人员售卖车票。如果不是一定要乘坐特定公司的车，不用等待很久。从各 URL 中可以查看相关的时刻表以及购票信息。

○ 3 号航站楼 Piazza A.D.Gasperi 发车

SIT BUS SHUTTLE 公司 URL www.sitbusshuttle.it

费用 单程€ 5~6、往返€ 8~11 途经 加富尔广场

目的地 东口：前往马尔萨拉大道 Hotel Royal Santina

TERRAVISION 公司 URL www.terravision.eu

费用 单程€ 5~6、往返€ 8~11（网上预约€ 4、往返€ 8）

途经 直达 目的地 西口

ATRAL-SCHIAFFINI URL www.atral-lazio.com

费用 单程€ 4、往返€ 8 途经 直达 目的地 西口：Coin 前

T.A.M. 公司 URL www.tambus.it

费用 单程€ 4~、往返€ 8 途经 fs 线奥斯汀车站 目的地 西口：Coin 前

○ 2 号航站楼 Reggional Bus Station 发车

COTRAL 公司 URL www.cotralspa.it

费用 单程€ 5（车内购票€ 7） 途经 经特米尼中央车站前往提布提纳车站 目的地 特米尼站前广场（马西莫宫旁边）

夜间巴士 NOTTURNO 也有运营机场出发：2:15、5:00、10:55、15:30、19:05、周日及节假日 1:15、2:15、3:30、5:00，特米尼出发：周一~周五 1:23、3:53、10:08、13:13、18:08，周六 1:20、3:50、9:35、12:40、17:32，周日及节假日 24:35、1:20、2:35、3:50）

售票处：机场可以在酒吧 Autogrill 及香烟店 Ferretti Tobacconist，市内可以在有 COTRAL 标识的香烟店以及报纸售卖处购买。

● 4. 出租车

如果打算乘坐出租车的话，可以在机场正面的出租车乘车处排队，

连接机场和市内的豪华轿车的接送服务

连接机场和罗马市内酒店等处的接送服务。使用的车辆为豪华轿车或者面包车，每辆车的费用为小车（最多 3 人）€ 60、面包车（最多 8 人）€ 85。到特米尼中央车站的面包车 1 人€ 10~。所有价格都已包含行李费。在抵达大厅的 T3 有服务台。

Consorzio Trasporto Personale 公司

URL www.consorziotrasportopersonale.it（可预约）

☎ 06-6581911

※ 可以从网站上预约

手推车要收费？!

使用抵达大厅中的手推车的话需要花费€ 2（也可以使用€ 1 或者€ 0.50 的硬币）。投入钱后就会解锁，之后只要将它拉出来便能够使用了。如果需要使用的话请在兑换外币时准备好零钱。

乘坐普尔曼巴士前往市内

※ 目的地 东和西指的是特米尼中央车站相应的出口。各公司有各自设定的优惠价格

机场巴士的巴士车站

除 SIT 公司外的所有巴士都从特米尼中央车站西侧发车。在道路边上各家公司的巴士整齐地停成一排，如果已经购买了往返车票的话，可以前往该公司的车站。顺便一提的是 Terravision 公司的车站位于最里面（后方）。

另一座机场——钱皮诺国际机场

如果搭乘欧洲线的包机或者廉价航空 LCC 的话，可能需要前往钱皮诺国际机场 Aeroporto G.B.Pastine-Ciampino 乘坐。机场与特米尼中央车站间有 SIT、COTRAL 以及 TERRAVISION 三家公司运营的普尔曼巴士。SIT 公司从机场出发为 7:45~23:59，从市内出发为 4:30~24:30。所需时间为 25~45 分钟，费用为€ 4~6。乘坐处位于从机场 2 号门出

前往罗马的方法

[从机场出发(→p.523、p.39)]

铁路trenitalia（fs线）
在罗马特米尼中央车站 Roma Termini 下车会比较方便

- 从米兰中央车站乘坐 FRECCIAROSSA 大约花费 2 小时 55 分钟 ~3 小时 20 分钟。
- 从威尼斯圣卢西亚车站乘坐 FRECCIAROSSA、FRECCIARGENTO 大约花费 3 小时 45 分钟。
- 从佛罗伦萨中央车站乘坐 FERCCIAROSSA 大约需花费 1 小时 31 分钟，乘坐 RV（Regionale Veloce）大约花费 3 小时 39 分钟。
- 从那不勒斯中央车站乘坐 FRECCIAROSSA 大约需要 1 小时 10 分钟，乘坐 IC 需要 2 小时 3 分钟，乘坐 R 需要 2 小时 45 分钟。

罗马 Roma

菲乌米奇诺机场 Fiumicino Airport

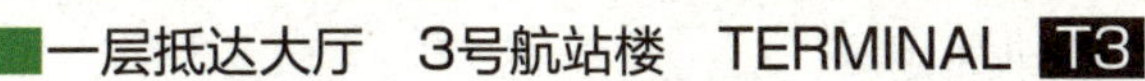

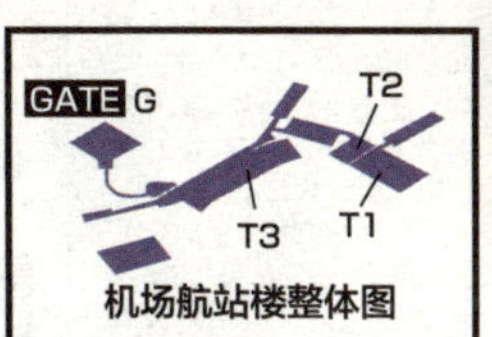

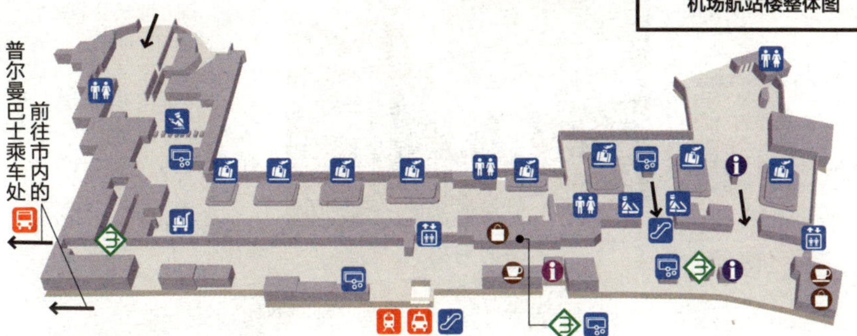

二层出发大厅 3号航站楼 TERMINAL T3

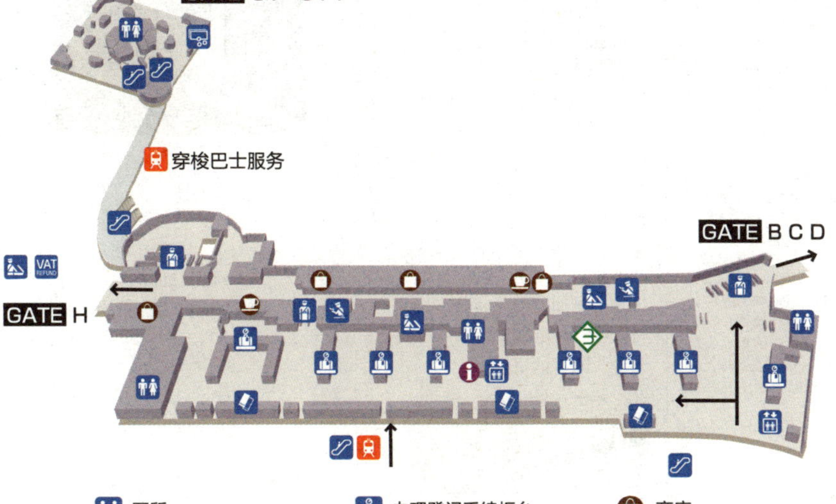

- 厕所
- 电动扶梯
- 电梯
- 货币兑换处
- 海关
- 安检
- 检查护照
- 办理登记手续柜台
- VAT 退税处
- 行李提取处
- 机票售票处
- GATE 登机口
- 手推车摆放处
- 酒吧 · 饮食店
- 商店
- ATM
- 出租车
- 巴士
- 铁路
- 旅游咨询处
- 机场咨询处

来立刻就能看到的地方。市内乘车处和 p.40 相同。另外，ATRAL 的巴士（€ 1.20）会在 fs 线的 Ciampino 车站或者地铁 A 线的阿纳尼纳 Anagnina 站停靠，可以换乘铁路 fs 线或者地铁（€ 1.50）前往市内。巴士从机场发车的首班车为 6:40，末班车为 22:30（周日及节假日 23:35）。钱皮诺车站的首班车为 5:50(周日及节假日 7:40)，末班车为 22:20。每隔 20~40 分钟一班车。

特米尼中央车站安全性增强

站台大厅前设置了检票口，如果没有车票的话便不能进入站台大厅。因此，曾经出现的恶评如潮的强行运送行李索要小费的现象以及在列车内出没的小偷已经大幅度减少了。另外在 fs 线的自动售票机前常驻有帮忙进行操作的 fs 工作人员及警备人员。现在为你进行操作索要小费及零钱的人也减少了。

站台大厅的出入口处严格要求出示车票，如果没有车票的话就不能进入站台大厅及地下通道。由于在出入口有工作人员，所以请按照指示行动。

行李寄存处更换地点了

在一层的 ❶ 周边开设了寄放行李的 Ki Point。在使用时先在入口周边的机器上取得号码纸。如果要寄放行李的话选择 Consegna Bagagli=Baggage Drop Off，如果要取行李的话选择 Ritro Bagagli=Baggage Claim。使用时需要密码。开 9:00~23:00，费 5 小时以内€ 6，超过之后每小时收取€ 0.90，超过 13 小时后每小时收取€ 0.40。根据季节和时间段，有时会排起很长的队伍，因此在打算使用时请留出充裕的时间。

请一定要乘坐正规的出租车。不要乘坐无证的黑车以及乔装成工作人员拉客的车。机场↔市内为固定费用€ 48。请一定要乘坐费用明示的出租车（→ p.47）。

关于罗马的交通

●特米尼中央车站

特米尼中央车站大厅中限时的临时商店非常有趣

如果乘坐火车来罗马的话，那么特米尼中央车站 Stazione Termini 就相当于是罗马的玄关了。特米尼中央车站是火车的终点站，这座根据墨索里尼的构思修建而成的车站使用了大量的大理石和玻璃，给人感觉光线明亮，极具现代感。

24 号站台旁有旅游咨询处 ❶。在站台大厅的左右两边能看到排列整齐的咖啡馆以及银行等设施，在 1 号站台旁还有药店、候车室、铁路 ❶ 以及邮局等。在站台大厅的门口有检票口（移动式，可以人工检票），出示车票后方可进入站台大厅。如果要出去的话不需要检票。走出检票口后，便会来到人来人往的中央大厅。在这条商店设施丰富的中央大厅上，能看到大型书店、服装店、各种限时的临时商店、自助餐馆以及快餐店等。在中央大厅的两端安置有 ATM，也有出租车乘车处。穿过中央大厅继续往前面走的话，就能看到售票处和预约座位的窗口，其旁边和对面排列安放着自动售票机。一层和二层之间的 1.5 层被分为 2 个区域，售票处上方为自助餐馆和酒吧，站台大厅上方则于 2016 年 6 月开设了能够俯视站台大厅，极具开放感的特米尼露台餐饮。在特米尼露台餐饮里面排列着各种各样的饮食店（经营至 22:00 左右），如今已成为受人瞩目的景点。

如果不经过检票口的话便无法进入站台大厅

最近由于使用自动售票机非常方便，窗口的工作人员也变少了

透过大厅的玻璃可以看到五百人广场以及广场上的橘色及绿色的市内公交车的枢纽站和出租车乘车场。

随着 M 的标识从中央大厅前往地下后，便能看到超市、各种高级品牌时装店以及快餐店等店铺。然后继续往下走的话，就能来到乘坐地铁 A、B 线的地铁站。另外，通过地下街的自动人行道可以前往车站的东西出口及地下通道，这样即便手持大型的行李也能便利地前往目的地（需要出示车票）。在站前广场的出租车乘车处前方也增设了地铁出入口。

特米尼中央车站结构图 Termini

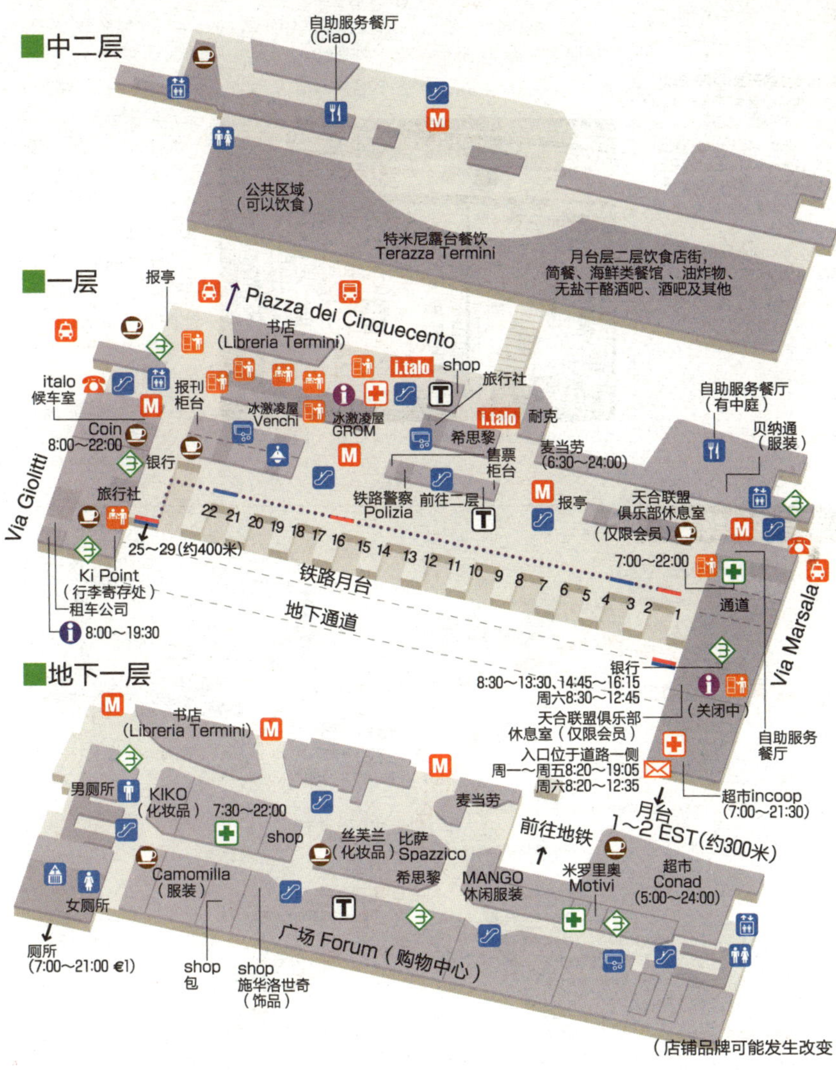

(店铺品牌可能发生改变)

厕所	教堂	售票处	人工检票处
电动扶梯	出租车	Fs自动售票机	入口
电梯	巴士	i.talo 售票处	出口
警卫	地铁	候车室	出入口
咖啡馆	药店	香烟店	旅游局咨询处
货币兑换处	急救室	邮局	fs铁路咨询处
ATM	酒吧	电话	

地铁车票的自动售票机

使用纸币，显示屏上会用英语或意大利语等语言进行说明。但是，找零有限制，车站工作人员也不会帮你换零钱，所以请准备好零钱或者事先在报亭等地购买车票。

眼花缭乱的开放式观光巴士

在这里运营着各种观光巴士。举办梵蒂冈观光游的 Opera Romana Pelleglinaggi 经营着 Roma Cristiana 的开放式观光巴士。乘坐 1 次€ 15，24 小时票€ 24，48 小时票€ 23。

Opera Romana Pelleglinaggi

URL www.romacristiana.org

●地铁 Metropolitana

地铁没有交通堵塞，治安也还可以，在末班车之前车辆班次很频繁，非常方便。运营时间为 5:30~23:30，周五及周六运营到 1:30。地铁的标识为红底白字的 M，一眼就能看出来。

罗马的地铁一共有 A、B 两条线路。A 号线（Linea A）从梵蒂冈周边的巴蒂斯蒂尼车站经由西班牙广场、特米尼中央车站，一直到被称为"意大利的好莱坞"的电影城，最后到达阿纳尼纳车站。B 号线（Linea B）从雷比比亚车站经由提布提纳车站、特米尼中央车站、斗兽场以及墨索里尼修建的新型罗马万国博览会 E.U.R.，最后抵达终点劳伦蒂纳车站。在这条线路途中的马里亚纳车站能够换乘前往古代遗迹奥斯蒂亚古城和罗马人的海水浴场奥斯蒂亚·里德的奥斯蒂亚·里德线路。

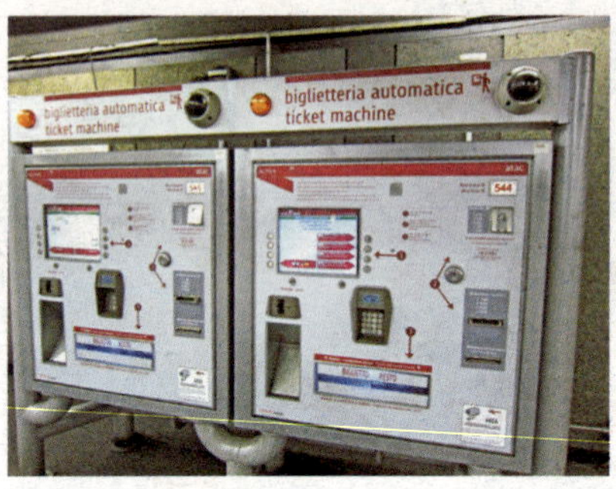

可以购买地铁票的自动售票机。使用时请注意尽量准备好零钱

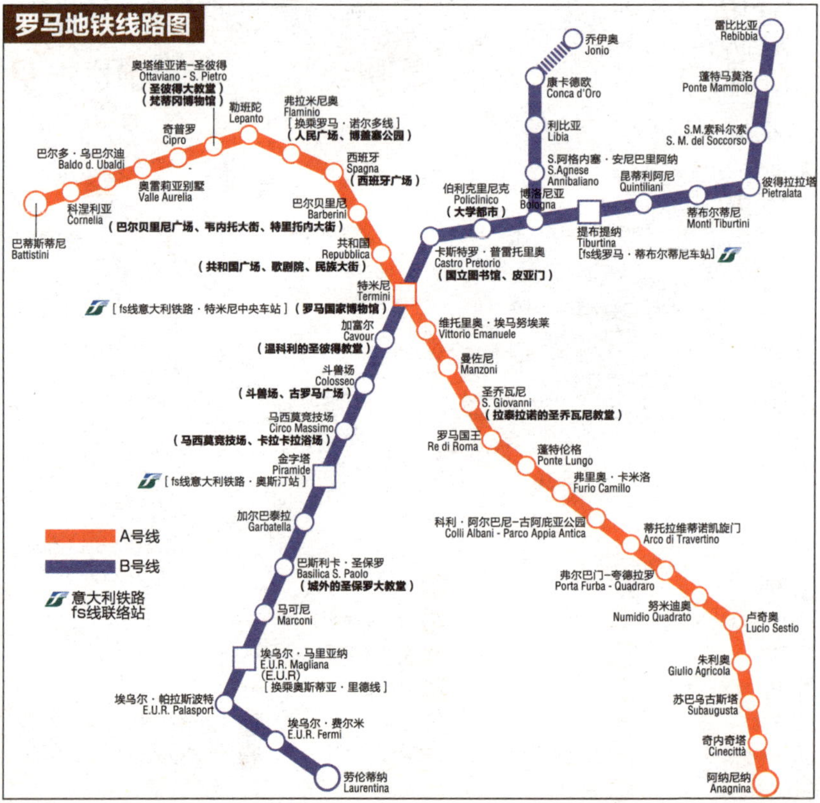

罗马地铁线路图

巴蒂斯蒂尼 Battistini
科涅利亚 Cornelia
巴尔多·乌巴尔迪 Baldo d. Ubaldi
奥雷莉亚别墅 Valle Aurelia
奇普罗 Cipro
奥塔维亚诺－圣彼得 Ottaviano - S. Pietro（圣彼得大教堂）（梵蒂冈博物馆）
勒班陀 Lepanto
弗拉米尼奥 Flaminio［换乘罗马·诺尔多线］（人民广场、博盖塞公园）
西班牙 Spagna（西班牙广场）
巴尔贝里尼 Barberini（巴尔贝里尼广场、韦内托大街、特里托内大街）
共和国 Repubblica（共和国广场、歌剧院、民族大街）
特米尼 Termini
［fs线意大利铁路·特米尼中央车站］（罗马国家博物馆）
维托里奥·埃马努埃莱 Vittorio Emanuele
曼佐尼 Manzoni
圣乔瓦尼 S. Giovanni（拉泰拉诺的圣乔瓦尼教堂）
罗马国王 Re di Roma
蓬特伦格 Ponte Lungo
弗里奥·卡米洛 Furio Camillo
科利·阿尔巴尼－古阿庇亚公园 Colli Albani - Parco Appia Antica
蒂托拉维蒂诺凯旋门 Arco di Travertino
弗尔巴门－夸德拉罗 Porta Furba - Quadraro
努米迪奥 Numidio Quadrato
卢奇奥 Lucio Sestio
朱利奥 Giulio Agricola
苏巴乌古斯塔 Subaugusta
奇内奇塔 Cinecittà
阿纳尼纳 Anagnina

乔伊奥 Jonio
康卡德欧 Conca d'Oro
利比亚 Libia
S.阿格内塞·安尼巴里阿纳 S.Agnese Annibaliano
博洛尼亚 Bologna
雷比比亚 Rebibbia
蓬特马莫洛 Ponte Mammolo
S.M.索科尔索 S. M. del Soccorso
彼得拉拉塔 Pietralata
昆蒂利阿尼 Quintiliani
蒂布尔蒂尼 Monti Tiburtini
提布提纳 Tiburtina［fs线罗马·蒂布尔蒂尼车站］
伯利克里尼克 Policlinico（大学都市）
卡斯特罗·普雷托里奥 Castro Pretorio（国立图书馆、皮亚门）
加富尔 Cavour（温科利的圣彼得教堂）
斗兽场 Colosseo（斗兽场、古罗马广场）
马西莫竞技场 Circo Massimo（马西莫竞技场、卡拉卡拉浴场）
金字塔 Piramide
［fs线意大利铁路·奥斯汀站］
加尔巴泰拉 Garbatella
巴斯利卡·圣保罗 Basilica S. Paolo（城外的圣保罗大教堂）
马可尼 Marconi
埃乌尔·马里亚纳 E.U.R. Magliana (E.U.R)［换乘奥斯蒂亚·里德线］
埃乌尔·帕拉斯波特 E.U.R. Palasport
埃乌尔·费尔米 E.U.R. Fermi
劳伦蒂纳 Laurentina

A号线
B号线
意大利铁路 fs线联络站

●巴士 Autobus

巴士在意大利语中被称为“奥特布斯”。行驶在罗马市内的巴士基本上是橙色和绿色外观。一天 24 小时运营，即使半夜也有车辆行驶，线路地图也非常细致，如果能充分掌握使用的话，会成为在罗马旅行的人的好帮手。

虽然早上和傍晚会因为交通拥堵花费很多时间，但是从车窗眺望外面的风景感受一下未知的环境也不错。详细的线路地图（€6）可以从报亭等地购买。

前往真理之口的话可以乘坐 170 路

在特米尼中央车站前的巴士总站中，由于停靠了很多市内巴士，可以很方便地搭乘想乘的巴士，不过平时需要从巴士车站乘车。巴士车站一般都位于路边，有 Fermata 的标识。在下面写有线路号码、线路、巴士前往的方向以及各停留地名（现在所在地为红色）。巴士车站上用 Notturno（猫头鹰标记）标识的为深夜线路，在白天是不运营的。另外，一部分巴士在往返时行走的线路是不同的，所以请不要连线路图都不看，慌慌张张地坐上和来的时候相同的巴士。

那么，下面来说一下巴士的乘坐方法，首先查看好需要乘坐的巴士的号码，然后在看到前风挡玻璃上写有相同号码的巴士开来时举手向驾驶员示意。巴士总共有 3 扇门，前门为月票专用，中门为下车专用，后门为月票和车票共用。乘车时请将车票按照机器的箭头方向放入自动刻印机中。将刻印机上下拉动刻上乘车日期。如果机器没反应的

交通工具的车票

地铁、巴士、无轨电车及近郊铁路使用的是通票，售价€ 1.50。100 分钟内有效，只要在这个时间内，无论换乘几次都可以。但是，地铁和火车一旦出站后，便不能再次使用了（可以换乘巴士和无轨电车）。

巴士和地铁车票的种类

- ■ 1次票 100分钟内有效（BIT=Biglietto integrato a Tempo） € 1.50
- ■ 24 小时票 ROMA 24H € 7
- ■ 48 小时票 ROMA 48H € 12.50
- ■ 72 小时票 ROMA 72H € 18
- ■ 1 周票（CIS=Carta Integrato Settimanale） € 24（到最后一天 24:00 为止）

在使用车票时，需要将票放入巴士车内或者地铁检票口的自动刻印机中，刻上日期和时间。使用开始以这个为基准。有时也会有临时检票，所以请将车票保留至出站。

车票可以在巴士总站、地铁的售票窗口、自动售票机、有 ATAC 字样的香烟店、报亭以及酒吧中购买。

巴士 ATAC 的咨询处

位于特米尼站前广场。只要告诉对方你的目的地，对方便会告诉你巴士的线路。这里不销售市内巴士的车票。

※ 位于特米尼站前广场几乎中央的位置

乘坐双层巴士来了解罗马

罗马的双层巴士在来往的游客中有着很高的人气。坐在双层巴士上，能够一边感受迎面吹来的微风，一边从高处欣赏罗马城镇，而且它会经过很多主要的景点，所以在抵达罗马的第一天，乘坐这种巴士对了解罗马也会有很大的帮助。同时也推荐那些想要一睹晚上灯火辉煌的罗马的人前来乘坐。由于乘坐这种车的几乎都是游客，所以也不用担心小偷。

有数家公司经营这种巴士，巴士为最新型的双层巴士。运行的线路也几乎相同，可以在 8~10 处专门的停车点自由上下车，根据自己的游览情况来决定是不是要乘坐后续的巴士。如果不下车的话，一圈 1 小时 30 分钟 ~ 2 小时。每家公司的始发站和终点站虽然都不一样，但是在特米尼中央车站周边有各家公司的停车点。在特米尼中央车站周边你会看到许多拉客的人，在酒店也会有相关的手册，所以不用担心不知道该怎么乘坐。

City Sightseeing Rome 公司

线路为马尔萨拉大街（特米尼中央车站东侧）→大圣母教堂→古罗马斗兽场→马西莫竞技场→威尼斯广场→梵蒂冈城国→许愿池→巴尔贝里尼广场→马尔萨拉大街

9:00~17:00，每隔 15~20 分钟一班车。夏季仅晚间运营。

费 24 小时票 € 25　48 小时票 € 28

资讯

☎ 06-69797554　URL www.roma.city-sightseeing.it（可以购票，也会有折扣票的信息）

罗马开放观光团 Rome Open Tour

24 小时票　€ 20（网上购票€ 17.99）
提前购票　€ 14.99　周一票€ 15.99
48 小时票　€ 25（网上购票€ 22.49）
提前购票　€ 18.49　周一票€ 19.99

☎ 06-45555270　URL www.romeopentour.it

※ 所有观光团在周日及节假日时，都会因为步行街而在运营时间、一部分线路及停车位置上发生改变。另外，一部分景点（像许愿池这种位于禁止车辆驶入的小路的景点）需要从巴士车站步行前往。

应对小偷对策

1. 包包类物品要放在身前。
2. 尽量不要乘坐拥挤的巴士。
3. 小偷一般潜伏在中间和后面的门周边团伙作案（一人挡住乘客的视线，其他人趁机下手），因此请尽量坐在座位上。

※ 如果要从特米尼中央车站前往威尼斯车站的话，与其乘坐64路，不如乘坐170路或40路会比较好

巴士及地铁的自动刻印机

巴士是在车内，地铁是在进站口，一定要将车票在自动刻印机处刻上日期。如果票放反了，自动刻印机是不会工作的，没有刻印完成的声音，所以请一定要注意。如果没有刻上日期的话，即便持有车票也还是会被罚款的。

自动刻印机出故障了?!

偶尔会遇到自动刻印机发生故障，无法刻印。这个时候只要用笔记下乘车时间和日期即可，如果不放心的话可以请司机来写。

巴士车内

话，就无法在票上刻上日期，在经过检票口时会被人怀疑逃票。以下便是在游览观光时比较方便的巴士线路，可以和巴士线路图一起好好研究一下，然后再游览城镇。

40 特快 特米尼中央车站↔民族大街↔威尼斯广场↔特雷·阿尔捷提那广场↔维托里奥·埃马努埃莱二世大街↔皮奥十世大街↔皮阿广场（圣天使城堡附近）

64 特米尼中央车站↔民族大街↔威尼斯广场↔维托里奥·埃马努埃莱二世大街↔梵蒂冈城国（圣彼得站前广场）

492 蒂沃利车站↔特米尼中央车站↔巴尔贝里尼广场↔威尼斯广场↔阿根廷广场↔文艺复兴广场↔地铁奇普罗站（梵蒂冈博物馆）

23 文艺复兴广场↔埃马努埃莱二世桥↔特拉斯提弗列地区↔圣彼得大教堂

深夜中的巴士

Notturno（巴士车站上会用猫头鹰标记来表示）指的是过了深夜零点还在运营的巴士。只有这种巴士车上才有售票员，可以向其购票。虽然夜间巴士的班车数和白天比起来会少很多，但是巴士车站上写着的时间和运营信息等都非常准确，所以很有利用价值。利用好这个的话，即使是深夜也能前往罗马的各个地方。

170 特米尼中央车站↔共和国广场↔民族大街↔威尼斯广场↔马尔切诺剧院↔真理之口广场↔阿贝蒂诺大街↔泰斯塔乔↔特拉斯提弗列车站↔农业广场（E.U.R.）

ATAC 的大型巴士

714 特米尼中央广场↔大圣母堂广场↔S.M. 马焦雷广场↔卡拉卡拉浴场↔E.U.R. 地区

660 地铁 A 号线科利阿尔巴尼车站↔地铁 A 号线蒂托拉维蒂诺凯旋门车站↔阿庇亚新街道↔古阿庇亚大街↔塞西莉亚·麦特拉之墓（到 20:30）

H 特快 特米尼中央车站↔威尼斯广场↔松尼诺广场（特拉斯提弗列）↔特拉斯提弗列车站↔圣卡米洛医院↔卡萨莱特（9:00~20:00）

●出租车 Taxi

出租车的意大利语发音大致为“塔希”。

虽然要从车水马龙中喊到一辆出租车比较困难，不过在大部分情况下可以从广场上的出租车乘车处乘车。出租车为白色的车身，车身上有 Roma Capitale 的文字，车顶上有 TAXI 的字样。车辆一般为手动式车门，能坐 4 人。空车的时候，会用红色的顶灯显示 LIBERO 的文字。

出租车的车身为白色

如果是通过酒店或者餐馆叫的出租车的话，会告诉你印在出租车车身上的 2 行数字或者数字 2 行 · 地名，届时请乘坐和该号码相同的车辆。在这种情况下，一般应该在车内的计费器中已经显示出前来迎接的费用了。在乘坐时请先查看计价器，如果计价器没有开启，请一定要对驾驶员说“计价器”。

车费如果按照司机所报的价格（比计价器略高）的话，那么里面已经包含了小费，是没有任何问题的。从 22:00 ~ 次日 6:00 乘坐出租车需要多支付一部分车费。意大利的出租车司机大部分不怎么会说英语，但只要把目的地写在纸上给他看，基本都会明白。大部分司机对外国游客都比较友好。

地铁、巴士的文明礼貌

在抵达目的地的前一站时便可以靠近车门准备下车。如果前面有人挡着的话可以询问“Scende?（是否要下车？）”，如果对方回答“No”的话，那么便可以一边说“Permesso！”一边往前走下车。不这样的话会被其他人小声议论，所以请一定要注意。

出租车费用

同时采用距离、时间收费制
周一～周六起步价 €3
周日及节假日起步价 €4.50
夜间（22:00~ 次日 6:00）起步价 €6.50
之后每 153.8 米 /3 分钟加收 €0.10
行李（35 厘米 ×25 厘米 ×50 厘米）1 件以内免费；2 件及以上每件加收€ 1。

除此之外，深夜（22:00~次日 6:00）、休息日、大型行李以及等待时间都需要加收费用。对司机的服务满意可以给予车费 10% 的小费。请一定要乘坐正规的出租车，不要上当受骗了。

电话呼叫出租车

RADIO TAXI

☎ 06-0606、06-3570、06-6645

巴士和地铁的查票很严格！

月末和月初时会频繁地进行突击查票。无票乘车会被处以大额（约€ 50）罚款，外国人还会被要求出示护照，最糟糕的情况下会被遣送至大使馆，请一定注意。

不要乘坐黑车

黑车指的是无证经营的出租车。有时能在出租车乘车处周边遇到很友善的司机在拉客，但是正规的出租车司机是不会出来拉客的。虽然黑车提出的车费很便宜，但那只是一个人的费用，在你下车时会被要求按照人数来支付费用。

机场、市内开始实行定价出租车政策

罗马的机场及市内目前实施出租车定价 Tariffa Fissa 政策。无论行李数、人数（最多 4 人。不另收取行李费用及小费），1 辆车从非乌米奇诺机场行驶到市内（奥勒良城墙内，和 p.38 的城墙基本为同一区域）收费€ 48，从钱皮诺国际机场出发的话收费€ 30。不需要事先预约，只要和司机说一声就行。在出租车的车身上有标明价格，请确认好目的地和费用后再乘车。反方向从市内到机场的价格也一样。

出租车车身上标有价格

●马车 Carrozzella

罗马的马车美得像一幅画

在教堂刚刚举办完婚礼的新人会乘坐由鲜花装饰的马车，引得各国的观光游客一边摄像一边在石板路上奔跑。马车可以说是罗马的名产之一。

在古罗马斗兽场、圣彼得广场、许愿池周边以及西班牙广场等主要观光景点都能看到在等待客人的马车。一辆马车最多可以坐 5 个人，费用需要根据目的地和时间与车夫进行交涉，为了之后不产生纠纷，请在乘坐前就确认好费用。

●轻型摩托车、自行车

驾驶摩托车时一定要小心

轻型摩托车即使在交通繁杂的罗马，也只适合对驾驶技术有自信的人。要是自行车的话，在罗马这座被称作“7 座山丘”的城市中，由于坡道很多，只适合对体力有信心的人。

但这些工具对前往没有巴士抵达的古阿庇亚大道之外的古代遗迹时，可以说是非常值得信赖的同伴。驾驶 49cc 以上的摩托车需要持有国际驾照（→ p.516）。

●观光巴士

多家公司经营的双层观光巴士

无论哪家酒店中都放有宣传单，只要提出需求便能参加。适合想要快速高效率游览景点的人。有半天线路以及游览意大利各个地方的线路。

马车费用

1 小时左右的线路大约要收取€ 70。适合预算比较宽裕的人。

摩托车出租
托雷诺·埃·斯库塔·林特
Treno e Scooter rent

住 Piazza dei Cinquecento
特米尼中央车站前广场，停车场入口旁
☎ Fax 06-48905823
URL www.trenoescooter.com
※ 自行车可以在西班牙广场地铁站出入口旁以及科尔索大街等地租借

■举办观光团的旅行社
【缪缪】罗马
☎ 06-8414698
开 周一～周五　9:00~17:00
URL www.myushop.net

My Bus Italy
住 Piazza di San Bernard 105
☎ 06-4827150
e-mail my.bus@falshnet.it

罗马的旅游信息

●罗马的旅游咨询处

特米尼中央车站的旅游咨询处ⓘ位于24号站台旁（建筑物内，靠近焦利蒂大街一侧），可以购买地图、导游手册以及询问酒店和观光旅游的问题。想要获得酒店目录，只要告诉对方所希望了解的地区及类型，对方就会帮你将符合类型的酒店打印下来。另外，这里也销售罗马通行卡等物品。

在特米尼中央车站的旅游咨询处ⓘ中也出售罗马通行卡

位于特米尼中央车站五百人广场上的巴士服务中心

旅游咨询处窗口能在罗马的各个地方看到，一部分位于绿色报亭模样的棚子里，如果发现的话可以前去获取必要的信息资料。同时这里还能对一部分美术馆、博物馆进行入馆预约及购买预售票。

●邮政编码 00100

罗马的旅游咨询处ⓘ
呼叫中心
☎06-0608

特米尼中央车站的旅游咨询处ⓘ
住 Via Giolitti 34（24号站台旁）
营 8:00~19:30

圣天使城堡的旅游咨询处ⓘ
住 Piazza Pia
营 9:30~19:00

大圣母堂教堂的旅游咨询处ⓘ
住 Via dell' Olmata
营 9:30~19:00

民族大街的旅游咨询处ⓘ
住 Altezza Palazzo Esposizioni 内
营 9:30~19:00

许愿池周边的旅游咨询处ⓘ
住 Via Minghetti
营 9:30~19:00

列奥纳多·达·芬奇机场的旅游咨询处ⓘ
住 航站楼 T1
国际航班抵达大厅
营 8:00~19:30

※休 全为1/1、5/1、12/25休息

可以在旅游咨询处ⓘ、主要景点以及特米尼中央车站内等地的报亭购买。

●货币兑换 Cambio

不管是谁都一定考虑过如何最大化地利用手里的钱这个问题。一般来说，大城市比小城市、北方比南方的汇率要好。货币兑换可以在银行、车站、机场中的银行网点、城市内的货币兑换处、一部分酒店以及YH中进行。汇率每天都在变动，并且会收取一部分的手续费。手续费的多少是根据一次性兑换金额多少来收取一定的数额。不过因为有些地方手续费要收到20%以上，所以在兑换钱时请一定要询问清楚。同时在一些土特产店和商店中，只要你是购物的话也能为你进行兑换。

灵活运用ATM吧

不过最近，货币兑换处和自动货币兑换机的数量减少了。相对的，

城中银行
开 8:30~13:30 15:00~16:00
休 周日·节假日
※营业时间各个银行会有所不同。一部分银行周六只营业到中午
※ATM目前比自动货币兑换机更为实用。如果有能取现的银行卡的话会很方便

车站的货币兑换处
开 8:30~19:30

非常划算，可以优惠的罗马通行卡ROMAPASS

包含了罗马市内的公共交通及1~2处入场费（梵蒂冈博物馆除外）的通行卡。优点是可以省下购票的时间，也可以不用排队。同时出示通行卡的话，可以享受美术馆及博物馆的门票优惠以及在馆内书店购物时的折扣。通行卡一共有两种。

① ROMA PASS 72 hours 前两处景点免费，公共交通系统72小时内有效。售价€ 38.50

② ROMA PASS 48 hours 前一处景点免费，公共交通系统48小时内有效。售价€ 28

售卖场所

各地的旅游咨询处ⓘ、景点的售票窗口、报亭以及香烟店等。

咨询

URL www.romapass.it
☎06-0608

使用信用卡或银行卡在机场、车站以及银行中的 ATM 上取现的人变多了。这比通常兑换货币要划算得多。因此在旅行前请确认好银行卡密码及额度，某些银行卡还需要进行一下安全设置。

●邮局 L'ufficio Postale

中央邮局

中央邮局位于圣西尔维斯托广场。这座邮局受理 1 千克以内的开封小包裹以及 5 千克以内的书籍小包裹。在特米尼中央车站内东侧也有一处邮局（入口位于马尔萨拉大街 Via Marsala 一侧）。但是，邮局总是有很多当地人，需要支付各种费用以及办理各种手续，非常拥挤。在入口处取完号后就请耐心等待。邮票 Francobolli 可以在城中的香烟店 Tabacchi 中购买。

由于受理小包裹的邮局很少，所以请先在酒店等地方确认清楚后再出发。除了上述的中央邮局之外，在特米尼中央车站周边的共和国广场上有 Terme di Diocleziano 局（大约位于马西莫宫入口那条路的对面）。在能够受理小包裹的邮局中会贩卖各种箱子，所以可以把包裹放在箱子里后再用附赠的胶带封好。最后在专门窗口办理手续就可以了。

另外，从圣彼得广场的梵蒂冈邮局寄信的话，可以比其他邮局更早抵达目的地，评价很高。

中央邮局
Posta Centrale
住 Piazza S.Silvestro 19
☎ 06-69737216
开 周一～周五 8:20~19:05
周六 8:00~12:35
地 p.32 B1
※ 电报 24 小时都可以发送（受理 ☎ 186）

中央警察外国人办事处
Questura, Centrale Ufficio Stranieri
住 Via S.Vitale 15
☎ 06-46861
开 8:00~20:00
地 p.33 B3（中央警察局内）
※ 需要投诉的话可以去距你最近的警察局

●电话局 L'ufficio Telefonico

最新型的电话旁设有最新型的电脑。在意大利电信的电话亭中还能发送邮件

只要准备点零钱，或者使用电话卡，就能从路边的公用电话亭中打电话到中国。但是，考虑到街上的噪声，还是推荐在电话局或者酒店客房中拨打电话。

在特米尼中央车站及主要景点周边，各电话公司都设置有简易的电话亭。费用虽然不算便宜，但是和以前比已经降价了不少。请对比一下价格再使用。

在公用电话使用电话卡才是主流

在欧元改版的同时，公用电话也都换成了最新型。现在使用电话卡才是主流。最便宜的电话卡只要€ 3，可以在香烟店等地方购买到，很方便。

使用信用卡拨打国际长途

由于需要经由其他国家，所以费用体系会比较复杂，有时也会被要求支付超乎想象的费用。如果担心费用的话，可以购买能拨打国际电话的电话卡，然后从酒店客房拨打，这样会比较让人放心。

●有关 Wi-Fi 的情况

在酒店及咖啡馆等场所都有提供 Wi-Fi 的服务。酒店的 Wi-Fi 一般都是免费的，但是在一些高级酒店中还是需要收费的。大部分城市中的免费 Wi-Fi 热点都设置有时间限制（30 分钟左右）。在菲乌米奇诺机场、市内巴士总站以及 8 路等新型市内电车车内都可以使用。能使用 Wi-Fi 的地方都有 Wi-Fi 的标识，可以适当留意一下。

特米尼中央车站周边

在特米尼中央车站正面是市内巴士发车的大型巴士总站所在的五百人广场。广场里面是戴克里先浴场遗址（现在为罗马国立博物馆之一）与共和国广场。共和国广场也被称作为埃塞德拉广场，精灵在这里喷出了泉水，呈现出一派很有罗马氛围的风景。广场前向左延伸的道路是民族大街。在站前广场左侧的是罗马国立博物馆马西莫宫，如果你是古罗马艺术的粉丝，那么一定要来这里看一看。

沿着站前广场向左延伸的大道行走大约 500 米，便能看到史上第一座献给圣母玛利亚的大圣母教堂那庞大的背影。大圣母教堂和后面的拉泰拉诺的圣乔瓦尼大教堂都属于“罗马四大教堂”，对天主教徒来说是非常重要的巡礼地点，在这里一直能看到虔诚的教徒的身影。

前往拉泰拉诺的圣乔瓦尼大教堂的话可以乘坐地铁。拉泰拉诺的圣乔瓦尼大教堂在教皇厅移至梵蒂冈之前，一直是相当于天主教中心地的场所。

大圣母教堂的西斯廷礼拜堂 Cappella di Sisto V 非常豪华

前往特米尼中央车站的交通方式

fs 线、地铁 A、B 号线都通往特米尼中央车站。走到地上就是五百人广场。

前往拉泰拉诺的圣乔瓦尼大教堂的方法

从特米尼中央车站前往拉泰拉诺的圣乔瓦尼大教堂可以乘坐地铁 A 号线，在圣乔瓦尼 San Giovanni 站下车。

国立美术馆、博物馆的新服务

①国立美术馆、博物馆中的考古学区域等景点每月第一个周日免费。特别展览的话各个会场的情况会有所不同，可能需要另外购买门票入场。

②以夏季为中心，主要的美术馆、博物馆等场所会实行夜间开馆政策（收费）。一部分景点需要事先预约。一般开放时间为 20:00~22:00 两个小时；斗兽场为 4~10 月的周一、周四、周五、周六的 20:10~24:00（闭馆前 1 小时停止入场）

详情请在 URL www.beniculturali.it 查询

一般的休馆日

大部分的美术馆和博物馆每周都会休馆一天。国立美术馆和博物馆每周二休馆。在节假日的时候，各馆休假时间不同。比较重要的节假日，如 1/1、5/1、12/25 都会放假。小的美术馆和博物馆在复活节、周日和次周周一、8/15、12/8、12/26 等都会休馆。

主要的教堂大部分全年开放，所以在节假日的时候去教堂转转也很好。只是在遇到做弥撒的时候不准观看，以免妨碍到仪式的进行。

特米尼中央车站周边 主要景点

特米尼中央车站 Stazione Termini

Map p.33 B4

罗马交通的中心

终点站特米尼中央车站

有许多国际线和国内线的火车从特米尼中央车站发车，是罗马最大的车站。这里由教皇庇护九世提案，于 1870 年修建。之后在 1938 年时，由墨索里尼下令，开始将其改造成"与 20 世纪的时代相符"的新型车站，也就是现在车站的样子。

共和国广场 Piazza della Repubblica

Map p.33 B3

有喷泉的大型站前广场

★

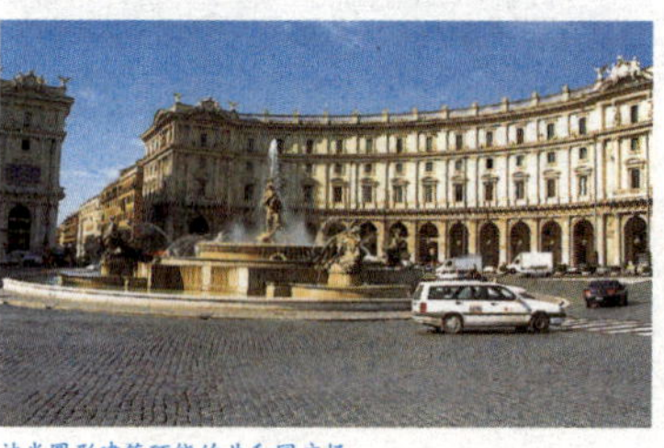

被半圆形建筑环绕的共和国广场

广场中央装饰着 4 座优美的那依阿德女神像喷泉，四周被带有回廊的建筑环绕着。由于这里同时也是站前广场，因此一整天都有很多汽车来来往往。偶尔也能看到人们在喷泉四周享受日光浴的极富有罗马特色的情景。

广场右侧那看起来像随时要崩塌的圆形屋顶模样的建筑便是安杰利圣母堂。是将古罗马的会堂在保留原本模样的基础上改建而成的教堂。

●安杰利圣母堂

住 Pizza della Repubblica

☎ 06-4880812

开 7:00~18:30
周日 · 节假日 7:00~19:30

米开朗基罗设计的安杰利圣母堂

国立博物馆和考古学遗迹的优惠通票

◆国立博物馆卡

Museo Nazionale Romano Card：€7 3 天内有效

在罗马各地都开设有分馆的罗马国立博物馆 Museo Nazionale Romano 的通票。可使用的地方有马西莫宫、阿尔滕普斯宫、戴克里先浴场遗址以及巴尔比地下博物馆。

◆罗马考古学遗址卡

Roma Archeologia Card：€23 7 天内有效

除了上述地点之外，还可以在古罗马斗兽场、帕拉蒂诺山、卡拉卡拉浴场、切契利亚 · 梅特拉墓地以及昆蒂利尼别墅使用。

◆古阿庇亚大道全体通票

Appia Antica Intero：€6 7 天内有效

卡拉卡拉浴场、昆蒂利尼别墅庄园以及切契利亚 · 梅特拉墓地三处景点通用。

■门票可以在各个景点处购买。

※ 如果举办特别展览的话价格会发生变动（+€3）。

※ 巴尔比地下博物馆 Crypta Balbi

修建于公元前的剧院遗址中，留存有中世纪的工坊、墓地遗址、神殿遗址。这里是能够了解直到中世纪为止的罗马人生活的博物馆。

住 Via delle Botteghe Oscure 31

☎ 06-39967700

开 9:00~19:45

休 周一、1/1、12/25

费 通票 地 p.32 C1

◆预约以及预售票（各 +€2）

URL www.coopculture.it

罗马国立博物馆（马西莫宫）
Museo Nazionale Romano (Palazzo Massimo alle Terme)

Map p.33 B3-4

展示罗马时代的古代美 ★★

这里主要展示从公元前2世纪到公元4世纪的作品。以从之前的罗马博物馆运来的众多雕像和古钱币为主，这里三层的展览是绝对不能错过的。三层第2展室内的《利维娅别墅的湿壁画》（*Villa di Livia*）是于公元前20~前10年时描绘的作品，

马西莫宫

发掘于奥古斯都大帝和其妃子利维娅的家中。绿色的庭院在墙面上占了很大的一块位置，让人感受到当时富饶的生活。在第二画廊以及第3~5展室中展览着在进行特韦雷河护岸工程时发现的《法尔内西纳别墅园的壁画》（*Villa della Farnesina*）。这些画都展示了古罗马高超的绘画技巧，非常重要。粗中带细的花纹、人物以及风景将墙面完美地装饰起来。除此之外，当时像绘画一样使用的，完成度非常高的马赛克也让人很感兴趣。

二层展示着雕像、浮雕以及石棺。特别是第5~10室陈列着重要的作品。第5室《安奇奥的少女》（*Fanciulla di Anzio*）、《掷铁饼者》（*Discobolo Lancellotti*）、《沉睡的海尔梅思神和阿佛洛狄忒女神》（*Ermafrodito addormentato*）绝不能错过。

马西莫宫的宝物《利维娅别墅的湿壁画》

一层以中庭为中心，展示着历代皇帝的雕像、壁画以及马赛克等。其中像《蒂沃利的将军》（*Generale di Tivoli*）、《拉比卡纳大街的奥古斯都大帝》（*Augusto dalla via Labicana*）、《受伤的尼俄柏女儿》（*Niobi de Ferita*）、《墨尔帕墨奈女神》（*Musa Tipo Melpomene Farnese*）等雕像也绝对不要错过。

景点的入场时间

罗马的美术馆、博物馆等景点都于闭关前30分钟~1小时前停止入场。

●马西莫宫
Palazzo Massimo

住 Largo di Villa Peretti 1（背朝特米尼中央车站的左侧方向）
☎ 06-39967700（预约）
开 9:00~19:45
5/1　14:00~20:00
休 周一、1/1、12/25
费 通票€ 7（开设特别展览时€ 10）（→ p.52）
※ 参观从三层开始。仅三层有导游陪同讲解服务（大约每30分钟有一次讲解）
※ 语音讲解器（英语）€ 4

戴克里先浴场遗址
Museo Nazionale Romano Terme di Diocleziano

Map p.33 B3-4

罗马时代的巨大浴场遗址 ★

于298~309年间由皇帝下令修建，占地370米×380米，一次性能容纳3000人同时洗澡，是罗马时代引以为傲的最大的浴场。拥有像用来放水的浴缸、运动室、更衣室等完善的设施，是一处罗马市民的休息场所。在这里展示着罗马国立博物馆收藏的雕像、石碑以及从青铜器时代到公元前12~7世纪的挖掘品。

位于特米尼中央车站周边的戴克里先浴场遗址

●戴克里先浴场遗址

住 Via Enrico De Nicola 78
☎ 06-39967700（预约）
开 9:00~19:30
休 周一、1/1、12/25
费 通票€ 7（→ p.52）
※ 浴场遗址因为经过了多次整修，现在已经看不到曾经古代浴场的样貌了。不过从那明亮的阳光射入的回廊，以及残留在各个地方的痕迹中，我们还是能够一窥这里曾经的容貌
※ 可以购买斗兽场的门票。

这里的售票处出售斗兽场、古罗马广场以及帕拉蒂诺山的通票预售票。预售票比起一般通票要多加€ 2

●大圣母教堂
住 Piazza di S.M.Maggiore
☎ 06-69886800
开 7:00~18:45

大圣母教堂 Santa Maria Maggiore

Map p.33 C3-4

献给圣母玛利亚的教堂

绝不能错过内部的镶嵌装饰

沿着特米尼中央车站左侧的加富尔街 Via Cavour 向前行走 500 米，走上台阶，就能看到威风凛凛地修建在高台上的教堂。4 世纪时，圣母玛利亚出现在教皇利贝里乌斯的梦中，命其“在今晚下雪的地方修建教堂”。传说当时正值 8 月，但还是在这个地方下起了雪。这座教堂从 4 世纪建成后，经过了多次的改建，如今从其建筑本身能见到各个时代的艺术手法。

教堂内部的 36 根柱子是从古代罗马神殿运过来的。装饰在石柱和中央祭坛后的马赛克是 5 世纪时的作品。后方天花板上闪烁着金色光芒的马赛克画《玛利亚的王冠》为 13 世纪的作品。教皇西斯托五世的礼拜堂 Cappella di Sisto V 为文艺复兴后期风格，左边的保利纳礼拜堂 Cappella di Paolina 为 17 世纪初期巴洛克风格的作品。

●拉泰拉诺的圣乔瓦尼大教堂
住 Piazza S.Giovanni in Laterano 4
☎ 06-69886493
开 7:00~18:30
※Chiostro 的开放时间是 9:00~18:00
※ 圣阶 Scala Santa 的开放时间是 6:30~12:00、15:00~18:00
※ 洗礼堂 Battistero 的开放时间是 9:00~12:30、16:00~18:30

●前往方法
■乘坐地铁 A 号线在圣乔瓦尼 S. Giovanni 下车
■从威尼斯广场乘坐 85 路巴士；从特米尼乘坐 16 路、714 路巴士

拉泰拉诺的圣乔瓦尼大教堂 San Giovanni in Laterano

Map p.37 B4

以长时间的传统和样式为骄傲的大教堂

★★

这里是罗马，也是全世界最为重要，源远流长的教堂。是君士坦丁帝首次认可基督教后，于 314 年建设并献给教皇之物。

教堂在 17 世纪时，由巴洛克风格最具代表性的建筑家博罗米尼进行了大改建。伽利略在建筑物正面上部安置了高达 6 米的耶稣和圣人们的雕像。在高高的格子天花板上描绘着教皇的纹章，宝盖中圣彼得与圣保罗雕像的头部中，据说收纳着他们各自的头盖骨。

中央为教皇的专用祭坛

在左侧廊靠近圆阵处有通向奇奥斯特罗回廊的道路。科兹玛风格的地板装饰、使用各不相同的柱子组成的柱廊以及小型拱门上的马赛克等，即使在罗马，这里也是数一数二的回廊。

教堂旁的拉泰拉诺宫殿 Palazzo Laterano 是被阿维尼翁幽禁的历代教皇居住的地方。在这座宫殿斜对面的建筑物拥有被称为“圣阶”Scala Santa 的 28 层楼梯。据说这里曾是耶稣被架在十字架之前走过的楼梯，被从耶路撒冷运送至此地。在这里经常能看到很多虔诚的信徒一边祈祷着，一边用膝盖登上这座楼梯。

名留宗教史的 S.M. 马焦雷大教堂

罗马歌剧院
Teatro dell' Opera di Roma
Teatro Costanzi
地 p.33 B3

●售票处
住 Piazza Beniamino Gigli 1
☎ 06-4817003
开 周二～周六　9:00~17:00（周日 9:00~13:30）
休 周一 · 节假日
C A.D.M.V.

与米兰的斯卡拉歌剧院、那不勒斯的圣卡洛歌剧院并称为“三大歌剧院”。是一座用白色大理石建成的大型建筑物。在 11 月～次年 6 月期间，会上演歌剧及芭蕾。当日票很容易购买，所以如果在这个季节前来罗马的话，可以去窗口咨询一下。

歌剧院的正面入口

从威尼斯广场前往斗兽场

威尼斯广场上最引人注目的便是洁白的维托里亚诺纪念堂。从上层能够一览罗马旧市街的全貌，为了能欣赏到那美丽的风景以及知晓其位置关系，我们都应该上去看一看。沿着从建筑物正面往右绕到建筑物身后的很长的楼梯往前走，便是阿拉科艾利圣母堂，在它旁边则是卡比托利欧广场，卡皮托利尼美术馆便在那里。从卡比托利欧再往里走，从高台上便能一览古罗马广场以及斗兽场的样子。由于楼梯下方的门是专门作为出口使用的，所以我们就前去能通往斗兽场的帝国市场大街吧。道路左右都是古代遗址，面朝斗兽场方向站立时，左手侧是图拉真广场，右手侧是古罗马广场。在前往斗兽场的途中，能够看到古罗马广场的售票处和入口。要前往帕拉蒂诺山的话需要途经遗址的内部。

从远处就能看到斗兽场威风凛凛的样貌，让人切实感受到自己身在罗马。在其旁边的则是君士坦丁凯旋门。而在凯旋门前右侧的坡道，被称为“圣道”，是通往古罗马广场的入口。沿着凯旋门背后的林荫道一直往前走，在右侧便能看到马西莫竞技场，途中右侧有前往帕拉蒂诺山的出入口。如果时间允许，一定要前去斗兽场以北的温科利的圣彼得教堂，参观一下米开朗基罗的《摩西像》。

“圣道”的终点是提图斯大帝的凯旋门

前往威尼斯广场的交通方式

可以从特米尼中央车站乘坐 40 路、64 路、492 路以及 170 路等。

从威尼斯广场前往斗兽场 主要景点

威尼斯广场 Piazza Venezia

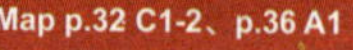

罗马的中心

★

草坪中央用美丽的菊花组成的文字衬托着威尼斯广场以及维托里亚诺纪念堂

这里有科尔索大街、维托里奥·埃马努埃莱二世大街等罗马的主干道路，通往四面八方，是罗马交通的中心地点。和下面介绍的维托里奥·埃马努埃莱二世纪念堂（维托里亚诺纪念堂）一起，是游览罗马时的地标，可以此为参照物把握好自己的地理位置。

维托里奥·埃马努埃莱二世纪念堂 Monumento a Vittorio Emanuele II

Map p.32 C1-2 p.36 A1

罗马的标志性建筑

★★

罗马的标志性建筑——维托里奥·埃马努埃莱二世纪念堂

这里是为了纪念意大利统一，于1911年完成的建筑物，也被称为维托里奥·埃马努埃莱二世纪念堂Vittoriano。建筑物为新古典样式，由16根圆柱组成的柱廊从中脱颖而出，非常漂亮。在楼梯的下方有两座喷泉，右侧表示“第勒尼安海”，左侧表示“亚得里亚海”，中央骑马的人则是完成意大利统一大业的维托里奥·埃马努埃莱二世。建筑物的台座中央为罗马的雕像，右侧表示“热爱祖国和胜利”，左侧表示“劳动的胜利”。在这台座前面，不管刮风还是下雨，都有两位士兵默默地站立在那里，守护着无名战士的坟墓。

阿拉科艾利圣母堂 Santa Maria in Aracoeli

Map p.32 C2 p.36 A1

供奉着能产生奇迹的“圣幼之子”

★

这座教堂因奥古斯都大帝听到的耶稣降临的预言修建而成。据说7世纪时便已经修建在此了。建筑物的造型虽然简洁，但是非常美丽，从楼梯上看到的建筑物的外观和从建筑物楼顶眺望到的风景都给人留下了很深的印象。这里绝不能错过的便是位于右侧走廊第一间礼拜堂中，由皮托里奇奥绘制的壁画《圣贝尔纳多的一生》(*Vita di S. Bernardino*)。另外，传说能引起奇迹而受到人们信奉的《圣幼之子》雕像位于主祭坛边的礼拜堂中。

●维托里奥·埃马努埃莱二世纪念堂

住 Piazza Venezia

开 夏季 9:30~17:30
冬季 9:30~16:30

费 免费

※ 闭馆前30分钟停止入场

※ 在中间层（咖啡店旁），新开设了能抵达比至今为止开放的顶层更高位置的观景电梯

观景电梯

营 9:30~19:30（入场时间到18:45为止）

休 1/1、12/25

费 €7、10~18岁€3.50

登上维托里奥·埃马努埃莱二世纪念堂吧！

虽然需要走过一段很长的大理石楼梯，但是这是一处在顶部天花板上描绘着壁画的美丽建筑物。另外，从这里能够一览罗马城镇的风景，能看到斗兽场与帕拉蒂诺山，以及百花争艳的威尼斯大街和科尔索大街。在游览罗马时，如果先来到这里的话，就能把握住罗马大致的地理情况了。

建筑物内部为复兴博物馆，楼梯分为外部楼梯和内部楼梯。进入博物馆内部后，只能来到咖啡馆和厕所所在的中间层（这里的景色也很美）。要前往顶层只能通过正门口的外侧楼梯，如果想要参观博物馆的话，需要再次走下楼梯，从正门的外侧楼梯走上顶层。

●阿拉科艾利圣母堂

住 Scala dell' Arce Capitolina 14

☎ 06-69763839

开 5~9月 9:00~18:30
10月~次年4月 9:00~17:30

正确的读法？

正确的拉丁语读法应该为阿拉切利圣母堂。但是现在和意大利语读音混合在了一起，有时也被叫作阿拉科艾利圣母堂。

卡比托利欧广场 Piazza del Campidoglio

Map p.36 A1

米开朗基罗设计的美丽广场 ★★

卡比托利欧一词来源于英语中的首都Capital一词，据说这里曾经是罗马的中心地带，以最高神明朱庇特的神殿为主，在这座山丘上有多达25座神殿。随后，在米开朗基罗的构思下，成了现在这座美丽的广场。

在米开朗基罗的构思下建成，铺着美丽石块的广场，正面为罗马市政府。左右为卡皮托利尼美术馆

铺在广场上的砖块，与广场上以几何学模样从三个方向包围广场的建筑一起，形成了一处和谐优美的空间。

非常棒的观景点

在具有高低落差的卡比托利欧广场周边有许多观景点。卡皮托利尼美术馆的咖啡馆露台、卡皮托利尼美术馆的地下通道 Galleria del Tabularium 以及维托里亚诺纪念堂的顶层等，可以从中寻找自己喜欢的地方。

卡皮托利尼美术馆 Musei Capitolini e Pinacoteca

Map p.36 A1

世界上最古老的美术馆 ★★★

这里是于1471年，由教皇西斯托四世创立的世界上最古老的美术馆。由市政府 Palazzo Senatorio、新宫 Palazzo Nuovo、保守馆 Palazzo dei Conservatori 的3馆以及地上3层、地下1层的6个区划组成，通过市政府地下连接在一起。

售票处位于面朝市政府站立时右手方向的保守馆中，让我们沿着这里的楼梯走向二层吧。其中世界闻名的青铜像《拔剑的少年》(*Spinario*)(8室)、罗马建国始祖罗慕路斯与其双胞胎弟弟雷穆斯一起喝狼奶的《卡皮托利诺的母狼》(*Lupa Capitolina*)(9室)是绝对不能错过的。双胞胎的雕像是于15世纪时附加上去的作品。而在自然光线充足的16室中，陈列着帝政时代的原创作品《马可·奥勒利乌斯大帝的青铜骑马雕像》(*Statua Equestre di Marco Aurelio*)，周边还摆放着巨大的《青铜制的君士坦丁大帝的头部雕像》(*Testa Bronzea di Costantino*)等贵重的铜像雕像。

三层的绘画馆 Pinacoteca 中，陈列着提香、卡拉巴乔以及贝拉斯克斯等大师的作品。其中鲁本斯的《罗慕路斯与雷穆斯》是一幅包含了他对罗马的感情，直到去世为止都没停止创作的作品。在明亮的帆布上，充满了光与画家对罗马的感情。

参观完三层后，可以经由连接通道前往新宫。在连接通道中还能够一览古罗马广场的风景，是一处绝妙的观景点。在新宫二层中最引人注目的，便是曾装饰在哈德良大帝别墅中的《神鸽雕文》(*Mosaico delle Colombe*)(第45室)以及《皇帝之屋》(*Sala degli Imperatori*)(第48室)中60余座皇帝与其妃子的胸像。第50室中为哈德良大帝时代创作而成的《人马兽》(*Centauri*)，是现存的罗马时代的雕刻中最优秀的作品。

中庭上放置着巨大的雕刻

●卡皮托利尼美术馆

住 Piazza del Campidoglio 1
☎ 06-0608
开 9:30~19:30
12/24、12/31 9:00~14:00
费 €11.50（举办特别展览时€16）
休 周一、1/1、5/1、12/25
※ 闭馆前一小时停止入场

马可·奥勒利乌斯大帝的青铜骑马雕像

●古罗马广场
住 Via della Salara Vecchia
☎ 06-39967700
开 8:30~ 日落前 1 小时
5/1 9:00~15:00
休 1/1、12/25
费 € 12（与斗兽场以及帕拉蒂诺山通用票，2 天内有效）

马克西米努斯大帝的会堂

古罗马广场 Foro Romano

Map p.36 A-B1-2

古罗马民主政治的中心地

★★★

从卡比托利欧山望见的古罗马广场

这个位于威尼斯广场和斗兽场之间的大型广场，曾经是罗马时代市民生活的中心地点。

从帝国市场大街来到广场内部后，立刻能看到右侧排列着的圆柱，这里便是艾米利亚会堂 Basilica Emilia。虽然这座修建于 179 年的广场当时曾作为金融的中心，经常被用于商业活动等，但是在 410 年西哥特人占领罗马时发生了火灾，因此至今还能见到被当时的大火烧熔的货币的痕迹。位于这里西面，用石砖修建的 4 层楼的建筑物便是元老院 Curia 了，是共和制时代政治的最高机关。

在元老院的旁边则是塞维鲁大帝的凯旋门 Arco di Settimio Severo。这座高 23 米、宽 25 米，威风凛凛的大门，是为了纪念塞维鲁大帝在东方边境取得的胜利，而于 203 年时修建而成的。凯旋门正面左侧的细长形台座便是演讲台 Rostri，是当时像奇克罗这样的辩论家进行辩论的地方。而在这左侧深处的 8 根圆柱，是罗马的农神殿 Tempio di Saturno。这是当时人们最为重视的宫殿，在每年 12 月祭祀农神的节日期间，会允许奴隶和主人拥有对等的身份，可以不讲礼仪，人们互相赠送礼物，据说这也是圣诞节风俗的由来。

从这里通往广场中央的小路是曾经举行宗教活动的队伍和凯旋的军队行走的“圣道” Via Sacra。其右边是如今已化成废墟的恺撒会堂 Basilica Giulia（Cesare）。

沿着“圣道”继续往前走，右边有一处圆形的小型神殿。这是火灶神庙 Tempio di Vesta。据说燃烧在这座神殿中的火是象征着罗马生命的不灭圣火。在其后方则是守护这座神殿的圣火维斯太的巫女之家 Casa delle Vestali。现在还能看到厨房、食堂以及会客室的痕迹。而在其前方的左侧，在空中划出一道雄伟拱门的建筑物则是马森齐奥（和君士坦丁大帝）大教堂 Basilica di Massenzio（di Constantino）。前方能看到提图斯凯旋门 Arco di Tito，这是罗马最古老的凯旋门。这里也是古罗马广场的终点。爬上这座凯旋门右方平缓的坡道后，就能前往帕拉蒂诺山。

灶神庙

如果要离开遗址的话，可以沿着圣弗朗西斯科教堂旁的坡道往下走。这样就可以来到帝国市场大街。

参观古罗马广场至少需要 2 小时。如果包含帕拉蒂诺山一起的话，需要半天的时间。

帕拉蒂诺山 Monte Palatino

Map p.36 B2

古罗马的高级住宅地

★★

这里是古罗马共和时期的高级住宅地，在帝政时期是皇帝们修建宫殿的地方。如今这里还残留着法尔内塞庭院 Orti Farnesiani、作为皇帝公邸使用的弗拉维亚宫殿 Domus Flavia 以及奥古斯都大帝的宫殿等建筑。从 2015 年开始，奥古斯都大帝妻子的利维娅别墅 Casa di Livia 与奥古斯都大帝别墅 Casa di Augusto 的内部对外开放了，能够见到 2000 年前的内部装饰（需要另外购买参观门票。参照→边栏）。

利维娅别墅的扇形饰边给人留下很深的印象

请注意参观线路的入口与出口

斗兽场、帕拉蒂诺山以及古罗马广场为通票。古罗马广场的入口位于斗兽场与威尼斯广场中间位置的 Via della Salaria Vecchia 5/6、斗兽场、南侧的 Via di S. Gregorio 以及斗兽场西侧的圣道 Via Sacra。由于遗址内古罗马广场与帕拉蒂诺山是连接在一起的，所以请一同参观吧。出口除了上述入口（圣道除外）外，还有专门用作出口的卡比托利欧山下的楼梯，位于圣弗朗西斯科教堂旁。

日落 1 小时前指的是？

夏季为 18:00 左右、冬季为 15:00 左右。即便是像斗兽场这种入场需要排上很长队伍的景点，只要时间一到，售票处就会立即关门。所以冬季推荐在下午较早的时间段进场。

斗兽场（→ p.60）作为参考的游览计划。

●奥古斯都大帝别墅与利维娅别墅

除了门票以外，还需要另外购买参观票。参观票在各个售票处都有售。如果已经进入帕拉蒂诺山，可以在提图斯大帝凯旋门旁的语音讲解器归还处购票（只能使用信用卡）。

开 仅限参观 周一～周日 12:45
费 €4　所需时间 60 分钟
导游陪同参观 仅周六、周日与节假日　英语 13:45
意大利语 10:45、12:15　€9
所需时间 75 分钟

集合场所在提图斯凯旋门旁的看板处。请严格遵守时间。单次最多 20 人。

预约 URL www.coopculture.it/heritage.cgm?=19

●帕拉蒂诺山

住 Via di S.Gregorio 30/Piazza Santa Maria Nova 53
☎ 06-0608
开 8:30~ 日落前 1 小时
　5/1　9:00~15:00
休 1/1、12/25
费 €12（与斗兽场、古罗马广场通票，2 天内有效）

在前去古罗马广场和帕拉蒂诺山之前

古罗马广场上基本没有能够遮挡太阳光的地方。需要步行的路程很长，夏天的话酷暑和阳光直射会让人很遭罪。所以请预先准备好饮料、防晒霜、太阳镜以及帽子等物品。

在古罗马广场以及帕拉蒂诺山的设施内没有咖啡馆和商店。

斗兽场 Colosseo

Map p.36 B2

罗马具有代表性的景点

★★★

于 2016 年修复完成时的斗兽场全景

奉维斯帕西亚努斯大帝之命，于公元 80 年修建完成的圆形竞技场。外观为 4 层楼建筑，从下层开始分别使用多利安式、伊奥尼亚式、科林斯式柱子装饰。建筑高 57 米、长径 188 米、短径 156 米、周长 527 米，如它的名字一般，是一座巨大（Colosseo）的建筑物。当时这里以能容纳多达 5 万人为傲，观众席根据身份、性别来进行划分。曾经在这里能观赏到猛兽与剑斗士，以及剑斗士之间惨烈的战斗。像这样提供节目来在平民间积累人气，让百姓从社会上堆积如山的问题中转移视线，这也是当时统治者的重要政策之一。基督教获得公认后，立刻便取消了这些鲜血淋漓的节目。在斗兽场舞台部分能看到的便是当时用作猛兽牢笼的地方。由于在后世有人将这里的大理石作为建筑材料拿走了，成了现在这个模样。

斗兽场的内部

君士坦丁凯旋门 Arco di Constantino

Map p.36 B2

罗马最大的凯旋门

★★

拥有美丽浮雕的君士坦丁凯旋门

高达 28 米，威风凛凛的凯旋门是于 315 年时，为了纪念米尔维安大桥战役的胜利，而由罗马元老院和罗马市民共同修建而成的。其表面装饰的浮雕原是图拉真大帝和哈德良大帝凯旋门上的图案。

●斗兽场

住 Piazza del Colosseo

☎ 06-39967700（预约）

开 8:30~ 日落 1 小时前

1/2~2/15、10 月最后一个周日 ~12/31　8:30~16:30

2/16~3/15　8:30~17:00

3/16~3 月最后一个周六　8:30~17:30

3 月最后一个周日 ~8/31　8:30~19:15

9/1~9/30　8:30~19:00

10/1~10 月最后一个周六　8:30~18:30

休 1/1、12/25

费 €12（与帕拉蒂诺山、古罗马广场通票，2 天内有效）

※ 售票处位于大马路上，面朝凯旋门方向时左侧的斗兽场内一层的通道内。有语音讲解器（€5.50、约 70 分钟，需要提供身份证明）

※ 售票处在闭馆前一小时停止入场

如何避免购票排队

在大多数情况下，斗兽场的售票处都会排队。这种时候可以前去斗兽场西侧的圣道的售票处购票。持有罗马通行卡的人可以从入口直接进入。入场的队伍很短。入口位于穿过斗兽场内售票处后的地方。

现代化的喷泉！？

在走出斗兽场车站的右侧（土特产商店旁）有矿泉水的供水机器。有无汽和有汽 2 种。可以带着塑料瓶前来。1 次最多 500cc。

复活节时的斗兽场

在复活节的 3 天前，神圣的周五夜晚，会以斗兽场为中心，举行耶稣复活仪式，届时教皇也会列席。在春天还未来临的寒冷夜晚，人们手持蜡烛，在将近 1 小时的时间里纹丝不动，整个广场上响彻持续不断的祈祷歌声，弥漫着一片虔诚的气氛。从点着灯光的斗兽场到西侧的小山间，能看到一支正在上演着耶稣受难“第 13 节”中场面的队伍。静静祈祷的教皇和所有的人们，让人深刻地感受到他们那种源自内心的，强烈而笃定的信仰。

马西莫竞技场 Circo Massimo

Map p.36 B1-2

古代的战车竞技场

★

如今虽然是一片绿色的散步场地，但这里曾是长620米、宽120米，能够容纳15万人的罗马时代最大的圆形竞技场。在这里经常举办马拉战车的比赛。与周边的遗址相呼应，这里至今还是充满了古代的浪漫气氛的地方。

古代的战车竞技场——马西莫竞技场

温科利的圣彼得教堂 San Pietro in Vincoli

Map p.36 A2

供奉囚禁圣彼得的锁链之地

★

这里始于5世纪时，为了供奉圣彼得被囚禁在耶路撒冷和罗马时使用的锁链而修建的教堂，不过现在我们看到的已经是15世纪时重建后的样子了。圣彼得的锁链被安置在青铜宝盖下的祭坛下方。出自米开朗基罗之手的摩西雕像凝望着远方，让人感到一种不屈的精神。

米开朗基罗的作品《摩西像》不容错过

图拉真广场 Foro Traiano

Map p.32 C2

巨大精致的浮雕很吸引人眼球

★★

位于威尼斯广场、维托里奥·埃马努埃莱二世纪念堂的左边，据说这里曾经拥有广阔的广场、神殿、会堂以及2座巨大的图书馆。现在这里值得一看的便是广场最西面的大圆柱——图拉真大帝的纪念柱 Colonna Traiana 了。这是为了纪念图拉真大帝远征罗马尼亚获胜（101~103年以及107~108年）而修建的。这些使用19块希腊产的大理石堆积而成，高达40米的圆柱，在表面竟然雕刻了超过2500名人物的浮雕，宛如一幅图画。故事按照从下往上螺旋状的顺序，总共长达200米左右。自1992年修复完毕后，如今我们也能一睹它们的尊容。

图拉真广场

与剑斗士一起拍照留念

在斗兽场门口等地方出没的古代剑斗士样子的人，其实是通过和游客拍摄照片赚取金钱的团伙。由于很多人上当，当地也接到许多投诉，因此现在价格统一为€1了。如果想要一起拍照的话，一定要事先确认好金额。

●温科利的圣彼得教堂

住 Piazza di S.Pietro in Vincoli 4/a，斗兽场的北面约300米
☎ 06-97844950
开 8:00~12:30
4~9月 15:00~19:00
10月~次年3月 15:00~18:00

厕所信息

加富尔大街周边、格列高利大街的售票处后面、斗兽场内、帕拉蒂诺山入口楼梯周边、帕拉蒂诺博物馆以及从斗兽场往威尼斯广场方向时右侧的旅游咨询处内都有厕所。

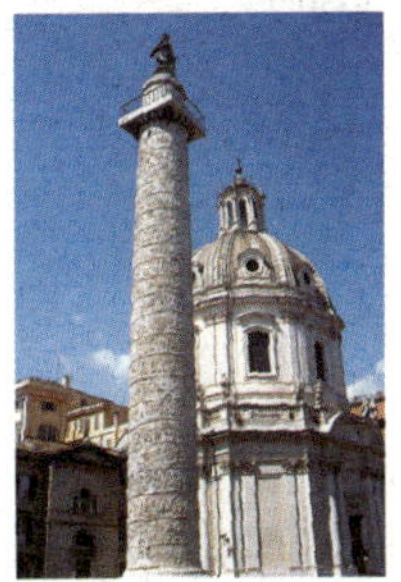
图拉真帝的纪念柱

意大利美术史

Arte Romana
罗马美术

据说于公元前753年，由双胞胎兄弟罗慕路斯与雷穆斯建立了罗马，当时作为连接南希腊殖民都市和北伊特鲁里亚的交易都市而得到了很大的发展。公元前5世纪前半期，罗马将领土扩展到了意大利中。公元前3世纪时，对南意大利的希腊殖民都市进行侵略，从西西里岛的锡拉库扎作为战利品拿回了许多希腊美术的杰作。罗马人被这些既豪华又美丽的美术品深深地吸引，纷纷迅速变成了希腊爱好者。公元前3世纪左右，能称得上是罗马本土美术的，只有一些展示军事上胜利的凯旋画，以及根据政治意图在公共场所设置的肖像雕刻，如《普鲁图斯像》(*Bruto*)（公元前3世纪，青铜，罗马，卡皮托利尼美术馆→p.57）。到了公元前2世纪左右，罗马正式成为东地中海世界的众多势力之一，质实刚健的罗马的性格与希腊主义的人性相互融合，于公元前1世纪左右开始明确了罗马美术的式样。

在建筑方面，虽然以模仿希腊主义建筑的装饰样式和建筑样式的情况较多，但也表现出罗马特有的装饰性。发达的混凝土技术与拱门形的构造相辅相成，建成了许多构造复杂但是拥有宽敞空间的建筑。罗马近郊帕莱斯特里纳的福尔图娜神殿 Tempio della Fortuna（公元前1世纪）便用了许多连续的拱门来提升建筑物的装饰性。像这样在建筑物设计时加入了更多的装饰，最终以马尔切诺剧院 Teatro di Marcello（→p.69）公元前1世纪，罗马来向外界展示这种建筑物的完成形态。在确立了新的建筑样式后，罗马人建设了政治与市民生活的中心——古罗马广场，同时制订了都市计划方案，在奥古斯都大帝时代，罗马已经成为名副其实的世界之都。建筑物使

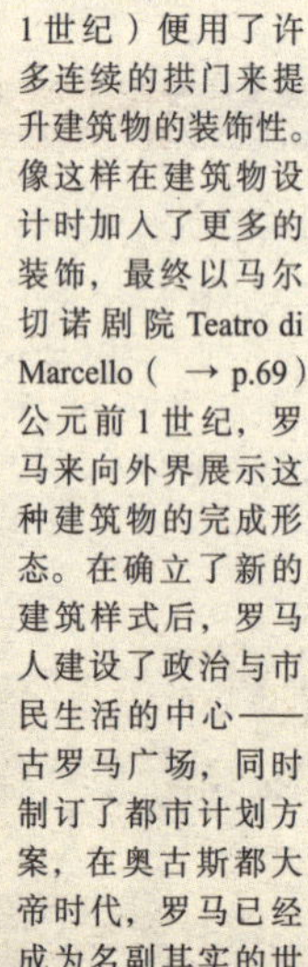

恺撒像

普鲁图斯像

用的大理石同时也被用于雕刻，诞生了古典主义的帝国样式。另外，公元前86年，伴随着征服雅典，许多美术家都移居到了罗马，为罗马带来了新古典主义。在这种状况下，制作了难以计数的皇帝雕像，崇拜被神化的皇帝的风气在帝国中定格。从这种雕像中体现的意大利自然主义与希腊古典主义相结合的风格，在奥古斯都大帝为了庆祝帝国和平而于公元前9年修建完成的和平祭坛 Ara Pacis 中也能见到。

罗马绘画虽然和雕刻及工艺品一样，多是将希腊主义绘画中的杰作运至罗马，但是这些绘画都是能够移动的画，在罗马的住宅以及公共建筑中装饰的壁画采用的都是在希腊主义世界中流行的壁画装饰法。罗马绘画的发展以庞贝古城的遗址为中心，大致分为以下几类。

■ **第1类型（样式）** 公元前2~3世纪时使用的。利用灰泥和绘画工具，模仿大理石壁画，将绘画表面制成凹凸起伏状。

■ **第2类型（样式）** 公元前90年左右使用，罗马壁画的全盛时期。和第1样式的浮雕形式相对的，第2样式为纯粹的绘画，利用阴影以及古代远近法来表现出画面的纵深感。代表作有参照庭院的树木的大壁画 Affreschi dalla Villa Livia a Prima Porta（利维娅别墅→p.53《利维娅别墅的湿壁画》）、庞贝古城的《神秘庄园》壁画（→p.445）公元前150年左右。

■ **第3类型（样式）** 奥古斯都大帝时代

神秘庄园的壁画

样式。较少使用让画面富有太多纵深感的表现手法，而使用了较多装饰性的浮雕，让画面显得非常华丽。以带有强烈风景画要素的神话画为主。

■ **第4类型（样式）** 指的是从50年到庞贝古城埋没的79年为止的样式。将第2样式的空间表现赋予更为幻想性的视觉化，并且装饰性也大为提升。尼禄皇帝的《黄金宫》（*Domus Aurea*）壁画以及庞贝古城的《维提之家》（*Casa dei Vetti*）壁画（→p.445），便是其风格代表作。

罗马建筑史上最为重要的这座尼禄皇帝的黄金宫，是于64年罗马大火后开始建设，采用了至今为止只有公共浴室等场所才会使用的圆形屋顶的崭新建筑物，屋顶上闪烁着金黄色的光辉。而神殿则在埃斯特利亚神殿的基础上运用了希腊的建筑设计与装饰法，确立了罗马式神殿的样式。另外，还在希腊风格建筑设计的基础上强调了装饰性，建成了斗兽场Colosseo（→p.60 圆形竞技场 81年）这一大型建筑。此外，为了纪念提图斯大帝征服耶路撒冷而修建的凯旋门Arco di Tito（→p.60）可以说是古典样式的范本，建筑物上的浮雕有从绘画角度着手，利用阴影效果来进行空间表现，是罗马雕刻的代表作。另外，图拉真大帝的纪念柱Colonna Traiana（→p.61）的浮雕则将与达契亚人的战斗和胜利的场面连贯地表现了出来，是罗马美术特有的形式。而拥有史上最大版图的哈德良大帝时代，为了将帝国的理念视觉化，再次采用了古典主义。将曾经阿格里帕修建的万神殿Pantheon（→p.66）重建，同时还修建了蒂沃利的别墅Villa Adriana（→p.92），阿德里安娜别墅这样雄伟的建筑物，向世人展示了罗马宇宙观的结晶。

虽然《马可·奥勒利乌斯大帝的青铜骑马雕像》（*Statua di Marco Aurelio*）（→p.57），160~180年，罗马，卡皮托利尼）有着全盛时期罗马的古典风格，但是同帝的纪念柱（180年）的浮雕却很粗略，绘画上很显著地倾向于表现主义。即使当罗马呈现出末期相时，大型建筑物却依旧未见衰色，卡拉卡拉浴场Terme di Caracalla（→p.90，212~216年）内部便充满了雕像群以及马赛克装饰。等到修建君士坦丁凯旋门时，已经失去了创造力，大部分浮雕都借用于哈德良以及马可·奥勒利乌斯时代的物品。

阿德里安娜别墅（蒂沃利的别墅）

395年，由于帝国东西分裂，艺术的中心转移到了“东罗马”君士坦丁堡，而在西罗马中慢慢地形成了基督教美术流派。

斗兽场

残留在黄金宫中的尼禄时代的壁画

纳沃纳广场周边

前往纳沃纳广场的交通方式

这条线路计划以威尼斯广场（前往方法→p.55）为起点。如果要直接前往纳沃纳广场，可以从特米尼中央车站乘坐40路巴士（特快）在阿根廷站下车，之后沿着埃马努埃莱二世大街往前走，在圣潘塔雷奥广场右转。如果乘坐64路的话，可以在阿根廷广场的下一站下车，随后沿着车辆的前进方向往右走。

以威尼斯广场为起点。周六的话，可以从广场北面靠近民族大街的一侧往左走。从特米尼中央车站出发的巴士会经过这条道路。在道路途中的一个大弯道前，有一座小桥横跨着小路，沿着小路往左走，在左侧便能看到科隆纳美术馆的大门。周日～次周周五可以走科尔索大街。等在大街的左侧，栅栏的前方看到庭院后，前面便是多里亚潘菲利美术馆的入口了。再继续往前走，在第一个转角往左转弯，便能看到在小广场上耸立着大象方尖碑的密涅瓦圣母堂。在它前方，能看到一幢顶着圆形屋顶的古老建筑物的背面，那里便是万神殿。顺着道路往前走，就能来到开着许多咖啡馆的罗通达广场以及万神殿的正面。走出万神殿后往左走，在道路尽头往右行走的拐角处是卡拉瓦乔的杰作——弗兰切西的圣路易吉教堂。在其周边有许多前去纳沃纳广场的游客，只要随着人流往西走就能抵达纳沃纳广场了。在纳沃纳广场的北侧是罗马国立博物馆阿尔滕普斯宫，从南侧的圣潘塔雷奥广场走过马路便是花之田野广场，再往前走就是法尔内塞广场。在看到法尔内塞宫正门口往左走便是斯巴达宫。从这里往东面走700~800米便能在东面看到马尔切诺剧院。

位于罗马旧城区中心的罗通达广场和万神殿

纳沃纳广场周边 主要景点

科隆纳美术馆 Galleria Colonna

Map p.32 C2

电影《罗马假日》的舞台

★

这里展示着意大利名门科隆纳家族的收藏品。广阔厚实的大厅墙壁上挂满了16~17世纪的绘画，让人为之惊叹。代表作有卡拉奇的《吃豆子的男人》（*Il mangia fagioli*）等。同时这里作为电影《罗马假日》（*Roman Holiday*）的舞台也非常著名。这里便是奥黛丽·赫本扮演的安妮公主在罗马最后一天会见记者时令人印象深刻一幕的拍摄地点。

美术馆的宝物——卡拉奇的作品《吃豆子的男人》

多里亚·潘菲利美术馆 Galleria Doria Pamphilj

Map p.32 C1

豪华的私宅庄园美术馆

★★

设立在拥有100间以上房间和五个中庭的罗马数一数二的大宅邸中的美术馆。绝不能错过的有卡拉瓦乔的《逃往埃及途中的休息》（*Il riposo nella fuga in Egitto*）、委拉兹开斯的《英诺森十世的肖像》（*Ritratto di Innocenzo X Pamphilj*）等。从这里能让人从某些侧面了解到当时教皇辈出的贵族阶级的优雅生活。

卡拉瓦乔的作品——《逃往埃及途中的休息》

罗马贵族的起居室

密涅瓦圣母堂 Santa Maria Sopra Minerva

Map p.32 C1

被称为小美术馆的教堂

★★

这座教堂由于修建在古罗马的智慧女神密涅瓦的神殿之上（英语 on= 意大利语 sopra）而得名。与其简朴的外观相反，内部简直可以被称为美术馆。特别是装饰着菲利皮诺·利皮的壁画，位于右侧走廊深处的《卡拉法的礼拜堂》（*Cappella Carafa*）、中央大殿柱子上的米开朗基罗的作品《赎罪的基督》（*Redentore*）等。

米开朗基罗的作品《赎罪的基督》

●**科隆纳美术馆**

住 Via della Pilotta 17

☎ 06-6784350

开 仅限周六　9:00~13:15

休 8月

费 €12（60岁以上、13~17岁、4人以上家庭、5人以上团体以及大学生€10）

※ 含导游的游览团（包含入场费）

意大利语 10:00、11:00、英语 12:00

科隆纳美术馆入口

入口稍微有些难找。从威尼斯广场朝着特米尼中央车站方向上坡，走到道路尽头后向左走。随后在头顶上架着小桥的小路左侧便能看到。入口大门关闭的情况较多。

如果是10人以上团队的话，可在下述网站处提交申请，这样即使不是周日也能够参观美术馆以及起居室。

e-mail info@galleriacolonna.it

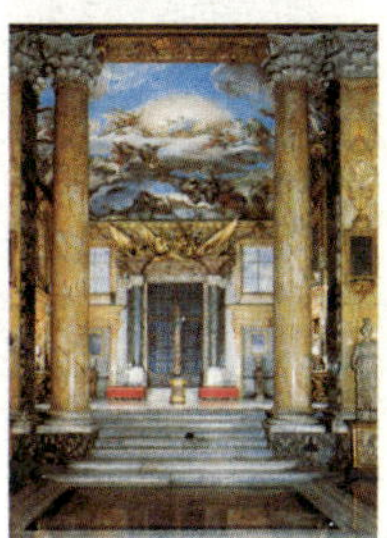

科隆纳宫内部《罗马假日》的拍摄舞台

●**多里亚·潘菲利美术馆**

住 Via del Corso 305

☎ 06-6797323

开 9:00~19:00（售票处 ~18:00）

休 1/1、复活节的周日、12/25

费 €12、6~26岁€8（含语音讲解器）

●**密涅瓦圣母堂**

住 Piazza della Minerva 42

☎ 06-6793926

开 7:30~19:00

周六、周日

8:00（周六 7:30）~12:30

15:30~19:00

●万神殿
住 Piazza della Rotonda
☎ 06-68300230
开 9:00~19:30
周日 9:00~18:00
节假日 9:00~13:00
休 1/1、12/25
费 免费
※ 弥撒时间
周六 17:00
周日及节假日 10:30
做弥撒时游客不能入场

从顶端的天窗处照入了威严的光芒

墙壁厚达6米，根据高度不同使用的材质会有所不同，圆形屋顶使用的是凝灰岩与轻石。

万神殿 Pantheon (Chiesa di S.M. ad Martyres) Map p.31 C4

被称为“天使的设计”的罗马时代完整建筑 ★★★

遗留至今的完整罗马建筑万神殿

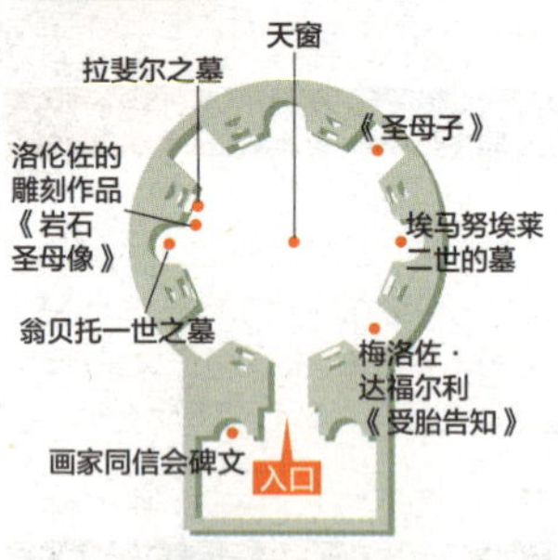

这是罗马建筑中现存的最完整的遗迹，也是世界最大的使用混凝土以及石造的建筑。其宽阔程度、大小以及修建技术之高无一不让人感到惊叹。这里就是曾经被米开朗基罗称赞为“天使的设计”的万神殿。Pan为所有的意思，theon是神的意思。在公元前27~25年时，为了能将罗马的一切都献给神灵而由阿格里帕修建，于118年时由哈德良大帝进行了重建。建筑物正面排列着让人错以为是古希腊建筑的雄伟石柱。入口正门处青铜制的大门是当时修建的。圆形的内部被直径、高度均为43.3米，据称比圣彼得大教堂的穹顶还大的穹顶覆盖着。穹顶的顶端有一个直径9米的天窗，从天窗中射进来的阳光照射在马赛克地板上，给人非常庄严的感觉。虽然这里曾经供奉着各位神明，但是现在已经成了拉斐尔以及致力于意大利统一的埃马努埃莱二世和翁贝托一世之墓。万神殿是从罗马时代遗留保存最好的，是最具有当时风格的建筑物。

●弗兰切西的圣路易吉教堂
住 Piazza di S.Luigi dei Francesi 5
☎ 06-688271
开 周一～周五 9:30~13:30
14:30~18:30
周六 9:30~12:15
14:30~19:00
周日·节假日 11:30~13:00
14:30~19:00
※ 进行弥撒等宗教事宜时不可参观
弥撒周一～周五 19:00
周六 12:30
周日·节假日 10:30

弗兰切西的圣路易吉教堂 San Luigi dei Francesi Map p.31 B4

卡拉瓦乔迷绝不能错过的 ★★

供奉法国的守护圣人的教堂。左侧走廊第5间礼拜堂中摆放着卡拉瓦乔的三部曲《圣马太与天使》(*S.Matteo e l'angelo*)、《圣马太蒙召》(*Vocazione di S.Matteo*)、《圣马太殉难》(*Martirio di S.Matteo*)，因此也有人趣称这里简直是卡拉瓦乔的美术馆。绘画中对光与影的强烈描绘让人印象深刻。

卡拉瓦乔的作品《圣马太蒙召》

纳沃纳广场 Piazza Navona Map p.31 C4

多彩缤纷的喷泉广场 ★★★

由于这座广场车辆无法驶入，因此这里比罗马任何一座广场都要更加安静。白天广场上飞舞着白鸽，呈现出一片让人安静放松的景象，晚上则会有穿戴整齐的绅士淑女以及观光游客出没，同时也会有以这些人群为目标前来的杂耍艺人以及画肖像画的人。

特别是从 12 月初开始到次年 1 月 6 日期间，因为主显节的关系，在广场上会有许多出售圣诞节装饰物以及玩具的摊位，这是从中世纪以来，罗马冬天的传统风俗。

教堂和摩尔人喷泉

整座广场呈细长形，因为在古罗马时代这里是进行战车竞技的场所。中世纪时，据说这座广场曾被水淹没，成了游泳和划船的地方。与周边的建筑物相辅相成的 3 座美丽的喷泉分别是尼普顿喷泉、四河喷泉和摩尔人喷泉。中央的四河喷泉出自于贝尼尼之手，他将世界上的四大河流——尼罗河、恒河、多瑙河以及拉普拉塔河拟人化，是具有强烈巴洛克风格的雕刻杰作。虽然贝尼尼和设计喷泉前方的圣阿格内教堂 S.Agnese in Agone 的博罗米尼当时作为巴洛克风格的推广者非常活跃，但是他们二人的关系很不好。为此，贝尼尼在修建喷泉时还有一个非常有名的小插曲，在尼罗河的头上盖上布是因为“前面有一座让人不堪入目的教堂”，而将拉普拉塔河的手伸向教堂是因为“如果教堂倒下来就麻烦了”。

四河喷泉

广场北侧是尼普顿喷泉（德拉·波尔塔作品），南侧是摩尔人喷泉（贝尼尼作品）。从摩尔人喷泉旁背朝广场往右走约 30 米的话，就能在三岔路口的左侧看到一个像是快要崩塌的雕像，这便是帕斯奎诺（Pasquino）。感叹愚蠢的政策和对社会不满的市民会将写满对执政者以及教皇坏话的信纸贴在这座雕像上，这也是从中世纪延续至今的习惯。虽然现在已经是言论自由的社会，但是喜欢讽刺的罗马人还是会在信纸上用罗马方言写满坏话贴在这座雕像上。随后一群人会笑嘻嘻地看着这些纸条，这一点罗马人真的是和从前一样，一直没有改变。

尼普顿喷泉

夜晚非常罗曼蒂克

吃过晚饭后，在车辆无法进入的纳沃纳广场周边散步的感觉非常棒。届时喷泉和周边的建筑物会被打上灯光，让你看到它们和白天完全不同的面貌。坐在咖啡馆里，看着广场上的杂耍艺人和人流，一定能给你留下美好的回忆。不过晚上出行时一定要注意安全。

●罗马国立博物馆
阿尔滕普斯宫

住 Via di Sant' Apollinare 44/46
☎ 06-39967700（预约）
开 9:00~19:45
5/1　14:00~20:00
休 周一、1/1、12/25
费 通票€ 7（→ p.52）
※ 售票处在闭馆前 1 小时停止入场

拥有观景台的阿尔滕普斯宫

罗马国立博物馆　阿尔滕普斯宫
Museo Nazionale Romano Palazzo Altemps

Map p.31 B4

古代艺术之馆 ★★

在这座 15 世纪枢机主教宫殿中展示了古代艺术文明的珍宝——卢多维西艺术收藏品。这里作为罗马国立博物馆之一，经过了约 10 年的修复工作后，目前重新对外开放。从中庭抬头往上看，目光便会被二层涂成彩色的美丽长廊所吸引，其内部也残留着当时的壁画以及暖炉、礼拜堂等设施。这些和内部的展览品一起，组成了一座给人留下深刻印象的美术馆。这家美术馆的宝物，便是公元前 460 年的希腊作品，雕刻着两位少女从海里将阿佛洛狄忒拉起的情景的《卢多维西的宝座》（*Trono Ludovisi*）（二层第 21 室）。侧面吹着长笛的少女与上香的少女也别忘记去看一看。除此之外，一层还有《弹竖琴的阿波罗》（*Apollo Citaredo*）（第 7 室）、二层有《赫尔墨斯》（*Hermes Loghios*）（第 21 室）、《杀妻后自杀的加利亚人》（*Galata Suicida*）（第 26 室）以及《沐浴的阿佛洛狄忒》（*Afrodite al bagno*）（第 34 室）等都不容错过。

《沐浴的阿佛洛狄忒》

意大利美术史

Arte Barocca 巴洛克风格美术

巴洛克风格的功臣乔凡尼·洛伦佐·贝尼尼 Gian Lorenzo Bernini（1598~1680 年）作为建筑家、画家以及雕刻家在各个领域都非常活跃，被称为最后的万能人。其从事过圣彼得广场的设计，雕刻方面的作品则有《阿波罗与达芙妮》（*Apollo e Dafne*）、《被掳掠的普洛塞庇娜》（*il Ratto di Proserpina*）（两幅作品都收藏于博盖塞美术馆→ p.74）以及《圣特雷萨的沉迷》（收藏于罗马胜利之后圣母堂）等，这些作品都强调感性上的美感。另外，代表人物还有为罗马的巴洛克风格建筑附上独一无二特征的弗朗切斯科·博罗米尼 Borromini（1599~1667 年），其代表作有纳沃纳广场的圣阿格内教堂 Sant' Agnese → p.67 以圣依华堂 Sant' lvo alla Sapienza 等。巴洛克风格绘画的特点是以日常风俗、静物、风景等主题为主，采用写实主义，对色彩和光线有很深的认识，并且会巧妙地使用远近法、短缩法等绘画的技巧。

贝尼尼的作品《阿波罗与达芙妮》

花之田野广场 Piazza Campo de' Fiori

Map p.31 C4

五彩缤纷的广场

★★

Campo de' Fiori 在意大利语中的意思为"花之田野"。如今这里摆放着出售蔬菜、鲜花和鱼的摊位，充满了罗马的活力。然而，繁闹的市场却是昔日的刑场，广场中央矗立着1600年时因为异端之罪被处以火刑的布鲁诺的雕像。

花之田野广场的花市

法尔内塞广场与法尔内塞宫 Piazza Farnese / Palazzo Farnese

Map p.31 C4

静静喷水的喷泉广场与文艺复兴风格的宫殿

★

法尔内塞广场曾是教皇辈出的名门法尔内塞家族的宫殿所在的广场。

这是罗马最为壮丽的文艺复兴风格的宫殿，是16世纪最后的教皇保罗三世为枢机官（机要大臣）修建，由安东尼奥·达·圣迦罗设计，之后由米开朗基罗等人完成的作品。现在作为法国大使馆使用。

在广场上，有使用从卡拉卡拉浴场等地搬来的石材修建的两座对称的喷泉，为广场增添了一抹风情。

请大家注意看建筑物正面的檐口

●法尔内塞宫

※ 现在作为法国大使馆使用

斯巴达宫（斯巴达绘画馆） Palazzo Spada (Galleria Spada)

Map p.31 C4

巧夺天工的远近画法和灰泥装饰

★

使用美丽的灰泥装饰物装饰的壮丽宫殿。现在是意大利国务院，只能参观中庭和绘画馆。在中庭，绝不能错过喜好远近画法的斯巴达枢机主教下令修建的远近法之间 Galleria Prospettica。在绘画馆中，枢机主教的收藏品就和以前一样，依旧装饰在那里。

●斯巴达绘画馆

住 Vicolo del Polverone 15/b Piazza Capo di Ferro 13

☎ 06-6832409

开 8:30~19:30

休 周二、1/1、12/25

费 €5

※ 售票处位于走进建筑物，穿过玄关大厅后的右侧。在左边的书店可以申请导游带领参观的服务（多加€1）

※ 每月第一个周日免费

使用灰泥装饰物装饰的斯巴达宫

马尔切诺剧院 Teatro di Marcello

Map p.35 A4

修建斗兽场时曾以之为样本

★

这里是公元前11年左右时建造的古代剧院，当时能收纳1.5万人。4世纪时，这里被作为在特韦雷河架桥用的石材的供应地，中世纪时则作为城塞使用。16世纪时，与奥尔西尼家豪华的宅邸结合在了一起，因此在二层的拱门上有文艺复兴后期的建筑物。在这座剧院右侧，便是拥有3根高雅石柱的美丽的阿波罗神庙 Tempio di Apollo。

由恺撒着手修建的圆形剧场

●剧院周边为考古学公园

马尔切诺剧院周边虽然一直在施工，但是两者之间就像拉着一条红线般架设了一条通道，可以前往周边进行参观。内部不可以参观。

开 9:00~18:00

费 免费

从人民广场前往西班牙广场、博盖塞公园

前往人民广场的交通方式

从特米尼乘坐地铁 A 号线在弗拉米尼奥 Flaminio 车站下车，非常方便。走出车站后便能看到巨大的人民门。走进这扇门后便来到了人民广场。

这片区域非常宽阔，也很长，同时这里也有很多美术馆及博物馆。可以用半天的时间将这个区域逛一圈，也可以根据兴趣选择几个景点来游览一下。

从这里也可以通往平民购物大街科尔索大街，以及有着各色各样名品店的孔多蒂大街，所以我们也可以沿街进行橱窗购物。这些诱惑也将关系到你的行程表。

前往博盖塞美术馆

在地铁 A 号线西班牙车站内有前往博盖塞公园 Porta Pinciana 入口周边（韦内托大街）的升降梯。可以遵照车站内 Borghese/Porta Pinciana 箭头前进。这是从地铁站到博盖塞美术馆最近的一条路。

从西班牙台阶下或者山上圣三一教堂出发的话，可以沿着平恰纳门大街走。

在人民广场的中央修建着一座方尖碑，从高台上能看到以博盖塞公园为起点延绵不断的平乔山，展现出一片广阔的且让人感觉非常舒服的空间。在人民门周边能看到人民圣母堂，在这如同双胞胎般相似的两座教堂之间，便是能通往威尼斯广场的科尔索大街，从人民门左边能通往博盖塞公园。

接下来，让我们朝着排列着一间间商店，一直都很热闹的科尔索大街前进吧。在道路途中的右方看到被称为芬迪宫殿，威风凛凛的芬迪商店后就往左走。在来到高级商店街孔多蒂大街后，在大街前方能看到西班牙台阶以及方尖碑。台阶前方是破船喷泉。走上西班牙台阶便来到山上圣三一广场。从同名教堂的正面往左走便能到达博盖塞公园，可以看到刚开始我们望见的平乔山。博盖塞美术馆位于广阔的博盖塞公园内。由于距离此地有 2 公里远，所以从西班牙车站内穿过会比较近。横穿过平恰纳门大街便能来到韦内托大街。沿着大街往左上坡可再次回到博盖塞公园，走下坡道的话便是嘉步遣派修道会博物馆以及巴尔贝里尼广场。沿着巴尔贝里尼广场前的坡道往上走是巴尔贝里尼宫。沿着绘画馆前的坡道继续往前走，在第一个拐角的四河喷泉处往右拐，再往前走，便能看到方尖碑耸立的奎里纳莱广场。从广场沿着小路往下走能前往许愿池。从许愿池沿着科尔索大街继续走的话，离圆柱广场也就不远了。

人民门与人民广场 Porta di Popolo & Piazza del Popolo

Map p.28 B-C1

曾经的罗马玄关

★★

在还没有火车的时代，旅行者们都需要从弗拉米尼奥穿过这扇人民门进入罗马。歌德、拜伦以及济慈都也曾穿过这扇门。虽然这扇门是 3 世纪的建筑，但是在 17 世纪，为了纪念瑞典的女王克里斯蒂娜前来访问罗马，又由贝尼尼进行了装饰。

双子教堂与人民广场

门的内侧便是人民广场。广场中央耸立着一座高达 24 米的方尖碑，四周是守护它的狮子喷泉。在这座广场的南侧，有两座非常相似的教堂，被称为双子教堂。

人民圣母堂 Santa Maria del Popolo

Map p.28 B1

装饰着艺术作品

★★

由于这里的建设基金来自市民（Popolo），因此便被命名为人民圣母堂。内部摆放着艺术作品。最不容错过是人口右侧的罗维列礼拜堂祭坛的《幼年基督的礼拜》（*L'adorazione del Bambino*），主祭坛左边则是被称为卡拉瓦乔的礼拜堂的切拉基礼拜堂。装饰在礼拜堂左右侧壁上的 2 幅卡拉瓦乔的作品《圣保罗的皈依》（*Conversione di S.Paolo*）与《圣彼得的受难》（*Crocifissione di S.Pietro*）非常有名。

卡拉瓦乔的作品《圣彼得的受难》

平乔山 Monte Pincio

Map p.28 C1-C2

一览罗马全景的高台

★

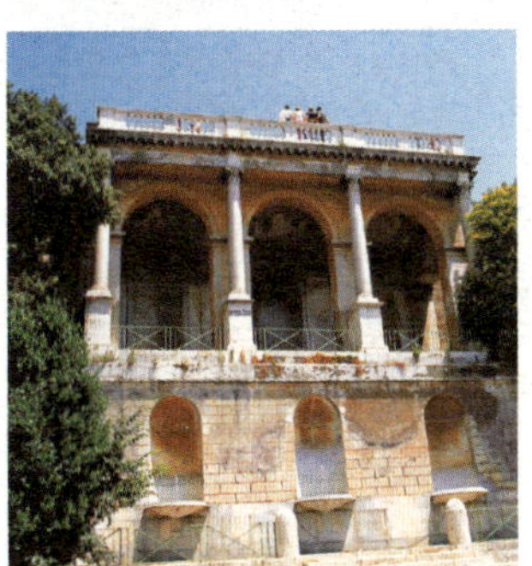

平乔山的观景台

曾经属于平乔家的公园的一角。从朝着人民广场凸出的阳台上，能够一览远处的圣彼得大教堂的大圆形屋顶、圣天使城堡、贾尼科洛山、维托里亚诺纪念堂以及罗马街景。

科尔索大街和与其平行的 3 条道路

双子教堂包夹的 3 条道路从人民广场开始，呈放射状向外延伸。面前左侧的巴布依诺大街 Via del Babuino 与途中跟其平行的马格塔大街上，在狭窄的大街两侧有许多高级古董商店与高级品牌时装店，给人一种正宗罗马的感觉。而面前右侧的瑞皮塔大街 Via di Ripetta 是一条有酒吧和食材商店的平民大街，沿途有许多提供鱼类美食的餐馆。

人民广场与方尖碑

●人民圣母堂

住 Piazza del Popolo 12

☎ 06-3610836

开 7:30~12:30、16:00~19:00
周五 · 周六 7:30~19:00

※ 进行弥撒等宗教活动时不能参观
弥撒 周一～周六 8:00、10:00、18:30
周日和节假日 8:00、10:00、11:00、12:00、13:00、18:30

卡拉瓦乔的《圣保罗的皈依》

西班牙台阶的修复工程已结束

历经1年的修复工程已经结束，于2016年9月23日恢复通行。不过在楼梯处是禁止饮食以及就座的，这点请注意。经常会有工作人员和警察在这里巡逻。

●济慈—雪莱纪念馆

住 Piazza di Spagna 26

☎ 06-6784235

开 10:00~13:00、14:00~18:00

休 周日、1/1、8/15、12/8、12/24~次年1/1

费 €5，18岁以下、65岁以上€4

URL www.keats-shelley-house.org

西班牙广场 Piazza di Spagna

Map p.28 C2、p.32 A1-A2

罗马的一大旅游景点

★★★

聚集了许多游客的西班牙台阶

位于西班牙广场的破船喷泉

西班牙台阶的正面由于电影《罗马假日》的缘故而非常有名。在这个两边被肖像画和鲜花摊位围绕的台阶上坐下，全身就像是被这明亮的环境包围住了一样，感觉非常不可思议。在台阶前的破船喷泉 Fontana della Barcaccia 前经常能看到有人弹吉他，也会看见很多拿着相机拍照的人，十分热闹。这座喷泉是贝尼尼父亲的作品，创意来自于特韦雷河的一次决堤，一只小木舟被水推到了这里。在拥有三处跳舞场的西班牙台阶的上面，耸立着一座古埃及的方尖碑，在方尖碑的后面，我们就能看到俯视着广场的山上圣三一教堂。

被称为“意大利人设计，法国人付钱，英国人在此徘徊，现在被美国人占领”的这座西班牙广场，实际上是于1725年，由法国大使援助修建的，名字的由来也是因为这里曾有西班牙大使馆。广场周边现在还留有18世纪英国风格的茶室，曾经也是聚集着许多英国人的地方。

在这个地区，曾经居住过司汤达、巴尔扎克、瓦格纳、李斯特以及勃朗宁等众多文人和艺术家，在西班牙台阶右侧现在还能看到济慈之家 Casina di Keats。现在这里作为济慈—雪莱纪念馆对外开放，除了这两位外，还展示着拜伦等作家的原稿、草稿、桌子以及照片等资料。是相关领域爱好者的必访之地。

山上圣三一广场 Piazza della Trinità dei Monti

Map p.28 C2、p.32 B2

在西班牙台阶上远眺的美丽广场

★

和山上圣三一教堂同名的广场

1502年，由法国国王修建，广场上有一座法国南部哥特风格的同名教堂。正面的方尖碑是于18世纪由教皇庇护六世修建，用于作为巡礼者的路标。从这里能够越过西斯廷大街 Via Sistina 看到大圣母教堂的方尖碑。

博盖塞公园 Villa Borghese

Map p.28 B2

位于广阔的绿荫之中的美术馆 ★★

这是由出生于托斯卡纳地方名门锡耶纳的枢机主教博盖塞在17世纪，为了他的家族而修建的庭院。在广阔的场地内，有森林、水池、两座博物馆和美术馆、动物园、跑马场以及各国的学院。同时这里也是家庭及情侣们享受愉快的散步的好地方。从新绿发芽的4月末到5月，在锡耶纳广场会举办由身穿时代装束的骑马宪兵进行的竞技大赛。

绿树成荫的博盖塞公园

庭院内还有朱利奥别墅博物馆与国立近代美术馆。其中豪华到被称为"个人收藏品的女王"的博盖塞美术馆是必看的景点。

朱利奥别墅博物馆 Museo Nazionale Etrusco di Villa Giulia

Map p.28 A1

了解伊特鲁里亚人的高度文明的地方 ★★

让人可以了解到伊特鲁里亚人的高度文明和艺术性的博物馆。

一层第7室（Sala 7）展示着伊特鲁里亚的众多艺术家中唯一一位名留后世的艺术家维尔卡的作品《阿波罗像》（*Apollo che combattecon Eracle*）以及《抱孩子的女神》（*Unadea con Bambino*）等，都是从维奥出土的作品。第9室（Sala 9）的《夫妇的寝宫》（*Sarcofago degli Sposi*）是伊特鲁里亚美术的一个巅峰。互相倚靠的情侣让人感觉充满了温馨和爱。这是公元前6世纪的作品，挖掘于罗马西北方向的伊特鲁里亚古代都城。第29室（Sala 29）中有将法勒里·维特勒斯神殿装饰的复原品。第32室（Sala 32）中有《菲科罗尼的器皿》（*Cista Ficoroni*）。在青铜制的巨大圆筒形状容器的一面，装饰了非常美丽的浮雕。

罗马文艺复兴风格的经典——朱利奥别墅博物馆

●朱利奥别墅博物馆
住 Piazzale di Villa Giulia 9
☎ 06-3226571
开 8:30~19:30
休 周一、1/1、5/1、12/25
费 €8
※ 售票处营业 ~18:30
※ 第一个周日免费

伊特鲁里亚美术的巅峰作品《夫妇的寝宫》（部分）

国家现代美术馆 Galleria Nazionale d'Arte Moderna e Contemporanea (GNAM)

Map p.28 A.B2

从各个地方收集而来的近代绘画作品 ★

美术馆的正面

这里收藏着19世纪以后的绘画作品。意大利本土画家的作品自不用说，连克里姆特、莫奈甚至美国艺术家的作品都有收藏。这里美丽的中庭也不能错过。

●国家现代美术馆
住 Viale delle Belle Arti 131
☎ 06-32298221
开 8:30~19:30
休 周一、1/1、5/1、12/25
费 €10
※ 售票处于闭馆前45分钟停止售票
※ 每月第一个周日免费

●**博盖塞美术馆**

住 Piazzale del Museo Borghese 5

开 9:00、11:00、13:00、15:00、17:00 每隔 2 小时进场

费 €13+ 预约费用€2（举办特别展览时需要支付额外的入场费）

休 周一、1/1、12/24、12/25、12/31

※ 参观需要致电☎06-32810（周一～周五 9:00~18:00、周六 9:00~13:00）进行预约

※ 每月第一个周日免费（预约需要€2）

博盖塞美术馆 Museo e Galleria Borghese

Map p.29 B3

个人收藏中的女王

洁白的建筑物正面

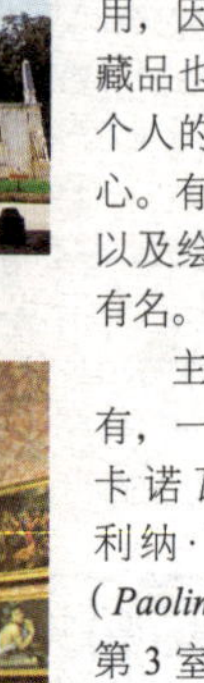

由于这里是将1613年修建的西皮奥内·博盖塞枢机主教的官邸直接作为美术馆使用，因此内部的收藏品也大多以主教个人的收藏品为中心。有很多的雕刻以及绘画作品非常有名。

在集中了卡拉瓦乔作品的第 8 室好好欣赏一下吧

主要的作品有，一层第1室的卡诺瓦作品《保利纳·博盖塞像》（*Paolina Borghese*）、第3室的贝尼尼作品《阿波罗与达芙妮》（*Apollo e Dafne*）、第4室的《普路托和普罗赛尔皮纳》（*Pluto e Proserpina*）等，这些作品都让人难以觉得是冰冷的石雕。第8室有卡拉瓦乔的作品《水果篮与青年》（*Ragazzo con il cesto di frutta*）、《马丁的圣母》《大卫与歌利亚（自画像）的头颅》（*Davide con la testa di Golia*）等。从皇帝的画廊走上楼梯，在二层的第9室中有拉斐尔的作品《基督的葬礼》（*Trasporto del Cristo*），第20室有提香的作品《圣爱与俗爱》（*Amor sacro e Amorprofano*）等。第11室展示着G.L.贝尼尼的作品。每个人都会被作者自己制作的肖像雕刻以及各个时代的自画像深深地吸引。

嘉步遣派修道院博物馆 Museo e Cripta dei Cappuccini

Map p.32 B2

供奉修道士遗骨的地方通称“骸骨寺”

★

在韦内托大街的中途有一处两层楼高、引人注目的教堂。这里通

✉ 博盖塞美术馆需要进行预约

●**博盖塞美术馆预约**

可以在网站 URL www.tosc.it 或者电话（☎06-32810）进行预约。请一定要将预约号码（英文字母与数字）记下来。在网站或通过电话预约都可以使用英语。如果还是不放心的话，可以拜托在罗马居住的酒店进行预约。请尽量在想要进行参观的日期前一周进行预约。

参观当天请在预约时间的30分钟前出示预约号码并购买门票。随后将携带的背包行李寄放在售票处的柜子中。能带进去参观的只有手持的小行李以及钱包等物品。等接近入馆时间时，寄存处也会变得混乱起来，所以请提前到达。在售票处周边设有书店和厕所。

称“骸骨寺”。现在已经成了博物馆，参观可以前往一层的嘉步遣派修道院，以及从博物馆前往被称为骸骨寺的地下室 Cripta，即地下墓地。在地下墓地的 5 间展室中，收纳着将近 4000 名嘉步遣派修道士的遗骨，灯罩也是用人骨做成的，在天花板以及墙壁上也都装饰着人骨。虽然给人一种异样的感觉，但这里是让人对宗教观及死后的世界观进行思考的神圣场所。

这里也被称为“骸骨寺”

●嘉步遣派修道院博物馆
住 Via Vittorio Veneto 27
☎ 06-88803695
开 9:00~19:00（入场截止 18:30）
休 1/1、复活节的周日、12/25
费 €8.50，18 岁以下、65 岁以上€5

巴尔贝里尼广场 Piazza Barberini

Map p.32 B2

海神特里托内喷泉 ★★

这里作为交通的重要场所，经常有许多车辆来来往往。在广场中央能看到跪在贝壳上的特里托内与 4 只海豚的特里托内喷泉 Fontana del Tritone。这是贝尼尼创作的罗马式巴洛克风格的杰作。

巴尔贝里尼广场的特里托内喷泉

●蜜蜂的喷泉
Fontana delle Api
沿着韦内托大街往下走的左侧方向，能看到一座装饰着巴尔贝里尼家族蜜蜂纹章的小型饮水处。这也是贝尼尼的作品。

巴尔贝里尼宫（国家古典绘画馆）
Palazzo Barberini (Galleria Nazionale d'Arte Antica in Palazzo Barberini)

Map p.33 B3

染上巴洛克色彩的建筑与名画之馆 ★★

位于巴尔贝里尼广场东南方向的巴尔贝里尼宫殿有两层楼高，整座宫殿非常华丽，可以说是巴洛克风格建筑的代表。内部的各个房间都有着精心设计的装饰，特别是来自科尔托纳的二层大沙龙天花板的壁画《神意的胜利》（*Trionfo della Divina Provvidenza*）非常精美。这是巴尔贝里尼家的乌尔巴内斯八世的作品，画上将巴尔贝里尼家的荣誉与其家族的蜜蜂纹章一起组成了一幅华丽的作品。宫殿内部以西莫内·马尔蒂尼、弗拉·安吉利科、拉斐尔以及提香等文艺复兴时期大师的作品为中心进行展览。对于无法前往佛罗伦萨以及威尼斯的人来说，是绝对不能错过的一站。在这里，还有据说是拉斐尔描绘的他的恋人的肖像画《福尔纳里娜》（*La Fornarina*）。

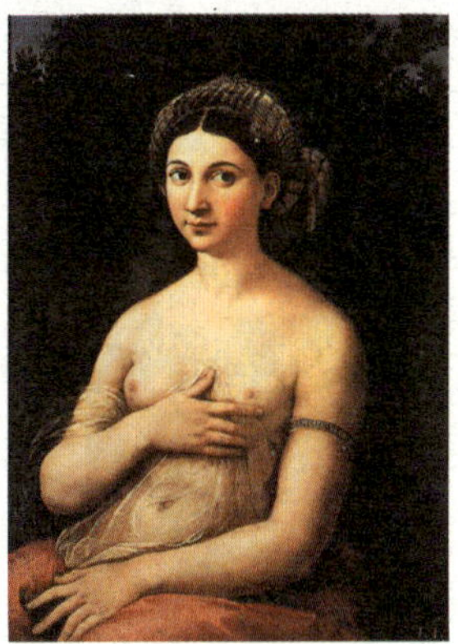
面包房的姑娘福尔纳里娜

●巴尔贝里尼宫（国家古典绘画馆）
住 Via Barberini 18/Via delle Quattro Fontane 13
☎ 06-4824184
开 8:30~19:00
休 周一、1/1、12/25
费 €7
※ 售票处在闭馆前 1 小时停止售票
※ 每月第一个周日免费

二层沙龙天花板的壁画《神意的胜利》

卫兵更换

6~9月的周日 18:00、10月～次年5月的周日 16:00 在奎里纳莱宫前的广场上举行。由于进行官方活动时需要在内部进行，届时将不能参观。

奎里纳莱广场与奎里纳莱宫 Piazza del Quirinale/Palazzo del Quirinale

Map p.32 B2

建在观景极佳的山丘上的总统府

★

修建在广场上的奎里纳莱宫

位于罗马7座山丘之一的奎里纳莱山上的广场。奎里纳莱宫曾经为历代教皇的居所，随后成为萨沃亚王家在夏季时的离宫。1947年以后，这里被用来作为共和国总统府。广场上修建着方尖碑，由此还能望见远处的圣彼得的圆形屋顶，景色很棒。

前往许愿池的交通方式

由于许愿池位于一条细小的小路前方，巴士无法通行。虽然需要从最近的地铁站或者巴士车站走过去，不过在目的地周边会有指示牌，因此不用担心迷路。

乘坐地铁的话，可以在A号线的巴尔贝里尼下车。来到特里托内大街后，从圣西尔维斯托广场前的小广场（经常停着许多摩托车）往左走。

乘坐巴士的话，可以从特米尼中央车站乘坐175路等，在经过巴尔贝里尼广场后从特里托内大街下车，接着按照上面地铁一样的行走路线便可抵达。

从科尔索大街往圆柱广场南面的 Intesa BCI 银行旁的 Via delle Muratte（ⓘ 的绿色报亭）走会比较近。

许愿池 Fontana di Trevi

Map p.32 B2

魅力十足的喷泉

★★★

罗马巴洛克的杰作——许愿池

在这里有一个非常有名的传说，将手举过肩膀，往池中投入硬币，成功的人便能够再次来到罗马。很多游客都会在许愿池的旁边找一个好位置来投硬币，这也是大家被这座城市深深吸引的原因。Trevi 指的是三岔路口，这个名字的由来是因为泉水前面的有3条道路。这座喷泉是由在教皇克莱门斯十二世举办的喷泉设计大赛中获得优胜的尼克洛·萨尔维设计的，巧妙地借助身后的宫殿作为背景，使海神尼普顿与特里托内充满了生气。

拍照留念的好地方

球迷必访之地

AS罗马的官方商店位于圆柱广场之中。在这里可以购买比赛的门票以及周边产品，是球迷必到的地方。位于从科尔索大街看到喷泉后的左侧，入口很小，请仔细查找。

圆柱广场 Piazza Colonna

Map p.32 B1

巨大的圆柱便是它的标识

★

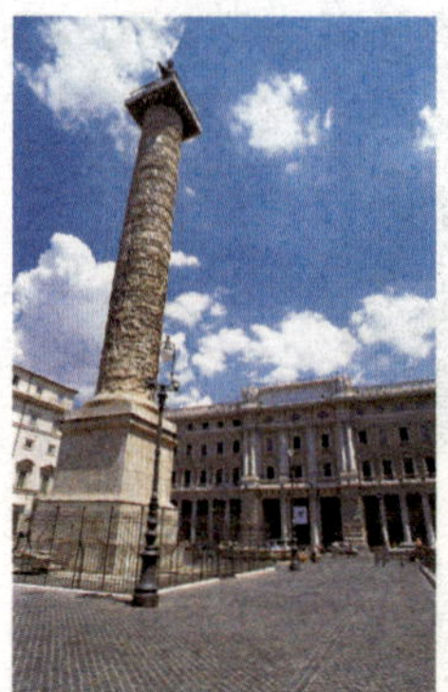

修建着纪念奥古斯都大帝的圆柱的圆柱广场

位于特里托内大街与科尔索大街交叉地点左侧的广场，因为这里修建着巨大的圆柱（colonna）而得名。

圆柱仿照威尼斯广场左侧图拉真大帝的圆柱而建，为了纪念奥古斯都大帝获得胜利于193年完成。原本在圆柱的顶端修建着奥古斯都大帝的像，现在竖立的是圣保罗的像。在其右侧便是基吉宫（Palazzo Chigi），是总统的内阁会议厅。圆柱背后的大型建筑物是蒙特奇特利欧宫 (Palazzo di Montecitorio)，在其正面能看到据说是从埃及搬运来的公元前6世纪的方尖碑，如今是意大利的众议院大厅。

特拉斯提弗列和真理之口广场

作为罗马的平民街区，特拉斯提弗列深受罗马人喜爱。首先我们先乘坐巴士或市内电车前往特拉斯提弗列，散完步后，再穿过桥，经由真理之口返回老城区。

接着我们从停着许多巴士的松尼诺广场前往特拉斯提弗列圣母堂。沿着巴士前进方向右侧的小路一直往前走，不久便能看到喷泉与装饰着金光闪闪马赛克的非常美丽的建筑物正面。这周边一带便是最具特拉斯提弗列地区风味的地方。从教堂所在的广场往西北方向继续走便能来到美丽的文艺复兴风格别墅——法尔内西纳别墅。再沿着同一条道路往回走，横穿过特拉斯提弗列大街，便能来到特拉斯提弗列的圣塞西莉亚教堂。穿过几条小路，随心所欲地行走在拥有多样风情的特拉斯提弗列之中也是很有趣的。

下面我们沿着滨河大道穿过切斯提奥桥，来到提贝里纳岛。虽然从加里波第桥上看到的风景也很漂亮，但是如果有时间的话，在这座历史悠久的岛上转一转也是很不错的。穿过桥后，正面便是马尔切诺剧院。从这里到真理之口广场之间有许多古罗马的神殿。在左侧能看到一座钟楼，是位于真理之口的希腊圣母堂。

周日的特拉斯提弗列圣母广场是能够感受罗马日常的地方

前往特拉斯提弗列的交通方式

从特米尼中央车站乘坐H路巴士，在松尼诺广场下车。另外可以从特米尼乘坐40路巴士在威尼斯广场下车，换乘停在威尼斯宫殿南侧（巴士总站前）的新型市内电车8路，过了桥后下车。随后松尼诺广场便就在眼前了。

●特拉斯提弗列圣母堂
住 Piazza S.Maria in Trastevere
☎ 06-5814802
开 7:30~21:00
8 月 8:00~12:00
16:00~21:00

内部后方的马赛克是《耶稣与圣母》

特拉斯提弗列圣母堂 Santa Maria in Trastevere

Map p.35 B3

修建在宁静的广场上，闪烁着金黄色的光辉

★★

特拉斯提弗列圣母堂

公元前 38 年，据说在这里发生了一整天都涌出油的奇迹，人们都认为这意味着基督教会称霸世界。于是这座教堂便修建在了这里。3 世纪时，开始修建地下教堂，据说是当时罗马最古老的教堂。建筑物正面部分为 12 世纪时添加上去的。此后在 19 世纪，这座建筑物又增添了许多装饰。正面高处是被称为《宝座上的圣母》的美丽马赛克艺术：以圣母为中心，左右两边站着手持灯火的少女。内部后方的马赛克为 13 世纪卡马里尼的作品。

●法尔内西纳别墅
住 Via della Lungara 230
☎ 06-68027268
开 9:00~14:00
休 周日及节假日（每月第二个周日除外）
费 €6
※ 第 2 个周日会特别开馆 9:00~17:00（音乐会 15:00、16:00 开始，需要预约）费 €12）
※ 带导游参观周六 10:00~（英语）、周六 12:30~（意大利语）。另加€4

前往法尔内西纳别墅的巴士

从特米尼中央车站乘坐 40 路巴士在威尼斯广场下车，换乘市内电车 8 路，过了桥后下车，随后步行。从阿根廷广场步行走过西斯托桥的线路也非常不错。

法尔内西纳别墅 Villa Farnesina Chigi（Accademia dei Lincei）

Map p.35 A3、p.31 C3

保存着拉斐尔的作品

★★

拉斐尔的作品《伽拉忒亚》

修建在面朝特韦雷河的公园里的美丽宅邸，为 16 世纪文艺复兴风格，曾为艺术爱好者银行家阿戈斯蒂诺·基吉的别墅。拉斐尔也曾参加了建筑的设计工作，别墅内部有他的杰作《伽拉忒亚》（*Galatea*），如果是他的粉丝的话就绝对不能错过。除此之外，还有天花板画《赛姬的故事》（*Favola di Psiche*）等作品。

●特拉斯提弗列的圣塞西莉亚教堂
住 Piazza S.Cecilia 22
☎ 06-5899289
开 10:00~13:00
16:00~19:00
《最后的审判》
10:00~12:30
费 地下遗迹€ 2.50
《最后的审判》€ 2.50

特拉斯提弗列的圣塞西莉亚教堂 Santa Cecilia in Trastevere

Map p.35 B4

献给殉教的圣塞西莉亚

★

供奉着音乐的守护圣人圣塞西莉亚

虔诚的基督教徒圣塞西莉亚于 3 世纪时殉教。1599 年时，人们在地下墓穴发现了她的遗体。虽然经过了 1000 余年的时间，但是她的遗体却没有腐败，还是和下葬时一样，仍旧用手指着三位一体与唯一的神。教堂修建于曾为她丈夫的古代居住遗迹的地方。内部主祭坛下的圣塞西莉亚雕像为马德鲁诺的作品。后方拜占庭风格的美丽马赛克描绘的是她与她的丈夫。另外彼得罗·卡马里尼的作品《最后的审判》（*Giudizio Universale*）（1293 年）也值得一看。

提贝里纳岛 Isola Tiberina

Map p.35 A4

如同漂浮在特韦雷河上的船一样的小岛 ★

提贝里纳岛全景

据说这座小岛是因受人爱戴的王塔尔奎诺王被放逐，愤怒的市民们将收获的谷物扔到这里而形成的。随后医术之神埃斯库拉比奥变成了蛇的样子出现，下令让人建造了神殿。现在虽然在这座神殿的遗迹上修建了圣巴尔托洛梅奥教堂，不过在教堂旁边是非常现代化的医院，依旧将传说传递至后代。小岛呈船的形状，南侧为模仿桅杆修建的方尖碑。据说有很多诗人都会从城市的喧哗中逃离至此，在这座岛上书写诗词。

真理之口广场 Piazza Bocca della Verità

Map p.36 B1

出现在电影《罗马假日》中的情景 ★★

科斯梅丁圣母堂的美丽钟楼

与周边的教堂及钟楼相呼应，在罗马这里也是首屈一指的美丽广场。非常引人注目的玫瑰色钟楼所在地便是科斯梅丁圣母堂。这座教堂修建于 6 世纪，虽然经过了多次改修，但是内部仍极力保持修建当时的样子。位于入口柱廊左侧的便是真理之口（Bocca della Verità）。这里有一个从中世纪流传至今的传说："如果说谎的人将手伸入这个嘴内的话，手就会被吃掉。"据推测这里可能是古代的井或者罗马引以为傲的大下水道的井盖。

●真理之口
（科斯梅丁圣母堂入口回廊处）
住 Piazza Bocca della Verità 18
☎ 06-6787759
开 夏季 9:30~17:50
冬季 9:30~16:50
费 捐赠
地 p.36 B1
※ 乘坐巴士 44 路、715 路等前往威尼斯广场。走路也只有约 1 公里

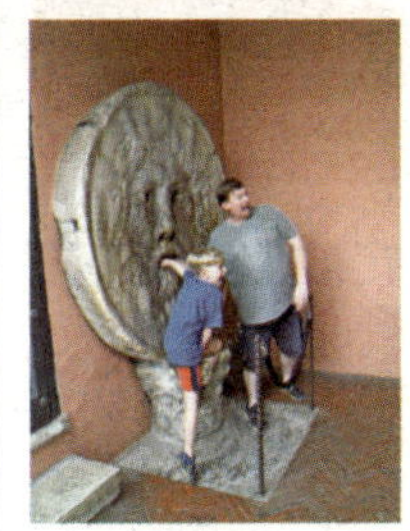
在真理之口拍摄纪念照片

罗马的平民区 特拉斯提弗列

特拉斯提弗列意为特韦雷的河对岸，河道围绕着提贝里纳岛，呈 S 形，右岸一直延续到贾尼科洛山周边为止。在这里有一间间的意大利比萨店、餐馆以及小商店，到了傍晚会有很多人，以前这里很少有白天营业的店。现在虽然白天也很热闹，但是周末夜晚也是特别的喧哗。如果有机会的话，请一定过来看一看。

如果稍微移步小巷子里的话，便能看到晾着的衣服，以及晚上在巷子里搬着小椅子聊天的人们，有一种观看老电影的感觉。这里最热闹的时候是诺安特里节（每年 7 月 16 日后的第一个周六）时期，不仅在节日当天，而是在节日前几天便会让你见识到非常热闹的景象。由穿过加里波第桥的步兵部队竞赛拉开节日的序幕，"诺安特里的圣母"在街上游行。道路上摆满了桌子，广场仿佛变成了一个巨大的宴会场所。

梵蒂冈城国 世界遗产

世界遗产

罗马的历史地区以及梵蒂冈城国和城外的圣保罗教堂

收录年份 1980/1990

文化遗产

前往梵蒂冈城国的交通方式

■巴士

前往圣彼得大教堂可以从特米尼中央车站 G 月台乘坐特快巴士 40 路。在圣彼得广场前的和解大街旁的终点站下车（在这里所有人都必须下车）。40 路巴士会继续前往圣天使城堡旁的皮亚广场的巴士总站，这里便是始发站。返程如果要乘坐 40 路巴士的话，可以在皮亚广场乘车。

从特米尼中央车站 H 月台乘坐 64 路巴士，在 Porta Cavalleggeri 站下车。从车站前往右走，不一会儿就能看到圣彼得广场。

■地铁

从 A 号线奥塔维亚诺 Ottaviano 站（广场北面 800 米）下车。前往博物馆在奇普罗站 Cipro 下车会比较近。但是博物馆门口总是排着很长的队伍，甚至会从博物馆入口沿着城墙一直排到文艺复兴广场，所以建议在奥塔维亚诺站下车，便于排队。

梵蒂冈城国是罗马热门的观光景点之一。在圣彼得大教堂和梵蒂冈博物馆前经常会排着很长的参观队伍。另外，参观梵蒂冈博物馆的话最少需要半天时间，并且里面可以参观的地方有很多，即便花上一整天的时间也看不够。请根据自己的兴趣、行程以及预约的时间，事先制订好计划再进行参观。

首先我们先前往天主教的总部圣彼得大教堂。在仿佛被神之手围住的圣彼得广场内部，有着大穹隆顶的雄伟建筑便是圣彼得大教堂。从它身后可以通往梵蒂冈博物馆。要前往梵蒂冈博物馆的话，沿着城墙走上坡道便是入口，不用担心迷路。如果有预约参观的话，就请在入口右侧排队吧。

沿着圣彼得大教堂前的大马路一直走，便能来到圣天使城堡。从城堡前的圣天使桥上看到的景色十分迷人，所以请一定要前去看一看。这里可是以罗马屈指可数的摄影地点而闻名的。

圣彼得大教堂的内部

梵蒂冈城国 主要景点

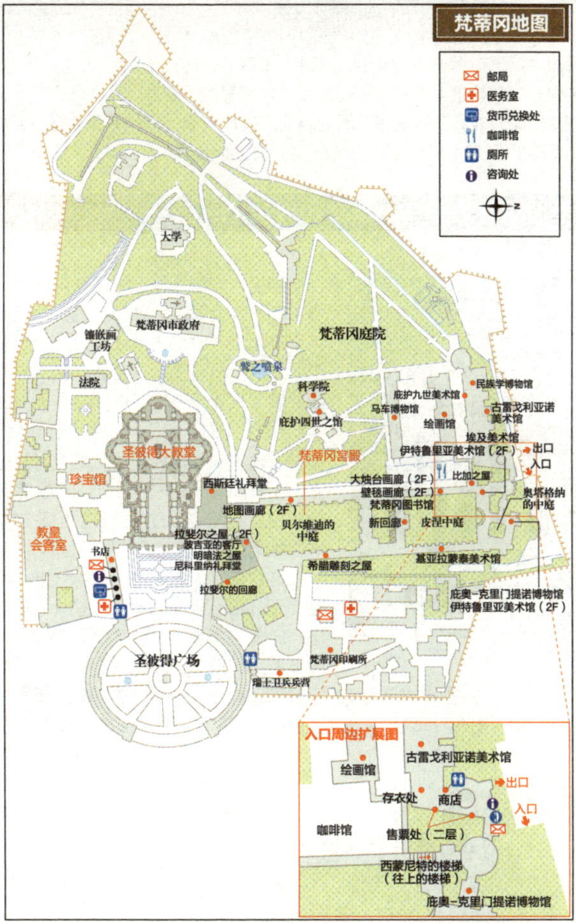

梵蒂冈地图

邮局
医务室
货币兑换处
咖啡馆
厕所
咨询处
大学
镶嵌画工坊
梵蒂冈市政府
梵蒂冈庭院
鹫之喷泉
法院
科学院
庇护四世之馆
庇护九世美术馆
马车博物馆
民族学博物馆
古雷戈利亚诺美术馆
绘画馆
埃及美术馆
伊特鲁里亚美术馆（2F）
出口
入口
圣彼得大教堂
梵蒂冈宫殿
珍宝馆
西斯廷礼拜堂
大烛台画廊（2F）
壁毯画廊（2F）
梵蒂冈图书馆
比加之屋
奥塔格纳的中庭
地图画廊（2F）
贝尔维迪的中庭
新回廊
皮涅中庭
教皇会客室
拉斐尔之屋（2F）
波吉亚的套间
明暗法之屋
尼科里纳礼拜堂
书店
希腊雕刻之屋
基亚拉蒙泰美术馆
拉斐尔的回廊
庇奥-克里门提诺博物馆
伊特鲁里亚美术馆（2F）
圣彼得广场
梵蒂冈印刷所
瑞士卫兵兵营

入口周边扩展图
古雷戈利亚诺美术馆
绘画馆
出口
存衣处
商店
入口
咖啡馆
售票处（二层）
西蒙尼特的楼梯（往上的楼梯）
庇奥-克里门提诺博物馆

梵蒂冈城国

圣彼得广场 Piazza San Pietro

Map p.30 B2

有圣人在高处守护的广场 ★★★

这座集合了各个时代精粹的广场，是由贝尼尼设计，于1667年完成的作品。在围绕着广阔广场的半圆形回廊中，总共有4列，共计284根多利克式石柱，在其上部装饰了140座圣人像。广场中央

方尖碑非常醒目的圣彼得广场

俯瞰圣彼得广场的圣人像

矗立着公元 40 年从埃及运来的巨大方尖碑（高 25.5 米、重 320 吨）。

据说圣彼得当时就在这里被架在倒十字架上的。广场的左右两边有喷泉，右侧的 17 世纪作品出自马德鲁诺之手。左侧为贝尼尼后来修建的仿制品。站在方尖碑和喷泉中间的白色大理石上往柱廊方向看，4 根柱子看起来就像 1 根一样，很不可思议。面朝圣彼得大圣堂反向站立，右侧的建筑物是教皇的书房。顶层从右数过来第二个窗户，每个周日正午能在这里看到教皇为聚集在广场上的人们进行祝福。广场的东侧有一所邮局，从那里能够买到梵蒂冈发行的各种邮票以及货币。

圣彼得大教堂 Basilica di San Pietro

Map p.30 B1-B2

庄严的天主教的本部

拥抱着美丽穹隆顶的圣彼得大教堂

这里的起源为修建在圣彼得墓地上的 4 世纪的会堂。1452 年，尼古拉五世下令重建，于 1506 年由布拉曼特着手施工。之后由小沙迦洛、拉斐尔以及米开朗基罗等人接手重建工作，最终于 1626 年左右完工。

一进入内部，就能在右侧走廊处看到米开朗基罗 25 岁时的作品《圣殇》。虽然现在只能隔着玻璃欣赏，但是这精美的雕像一定能触动任何人的心房。

再往前走，在第 3 礼拜堂 Cappella del Sacramento 中虽然有贝尼尼设计的祭坛，但是只有前来祈祷的人才能进入，如果不是教徒的话还是不要进去了。在中央右侧有《圣彼得的青铜像》（*Statua di San Pietro*），在经历了无数来访信众的接吻和触摸后，散发出金色的光辉。左侧和第 2、第 3 礼拜堂对面的墙壁上有波莱渥罗的青铜作品《英诺森八世之墓》（*Monumento di Innocenzo VIII*）。

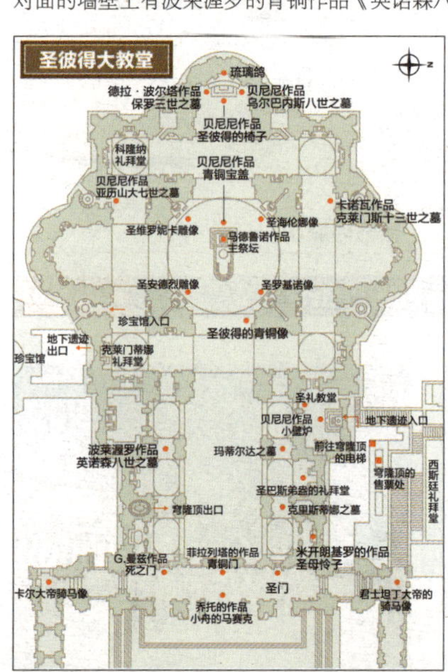

前往屋顶大穹隆顶的升降梯位于大教堂入口外面右侧。购票后才可以乘坐。不过从升降梯上下来后，要前往露台还需要走 320 级台阶。从这露台中看到的圣彼得广场在夕阳下的景象可谓是一绝。

中央的大穹隆顶由米开朗基罗设计，双重构造，非常明亮。穹隆顶下方为教皇的祭坛，上面覆盖着贝尼尼制作的青铜宝盖。它那奇特的，仿佛粗粗的波浪一般的柱子十分吸引人。在其下

●圣彼得大教堂

住 Piazza San Pietro

开 4/1~9/30　7:00~19:00

　10/1~ 次年 3/31　7:00~18:30

●穹隆顶与屋顶

开 4/1~9/30　8:00~18:00

　10/1~ 次年 3/31　8:00~17:00

费 升降梯　€ 8

　楼梯　€ 6

地 p.30 B1 · 2

穹隆顶信息

穹隆顶的售票处位于圣彼得大教堂正面柱廊的右侧深处。我们先不要进入其内部，先往正门入口旁走。即使乘坐升降梯，也还是需要走 320 级楼梯台阶，一部分楼梯还非常狭窄。等从高处欣赏完描绘在穹隆顶的壁画以及广阔的大厅之后，就继续往前走。穹隆顶的顶层虽然说不上很宽敞，但是能够 360° 观赏景色，可一览罗马的街景以及梵蒂冈庭院的样貌。往下的升降梯和上来时的不是同一个，可以抵达大教堂内部地下的教皇之墓周边。

圣彼得大教堂有安检系统

在入口处，工作人员为了保障安全，需要对参观者进行身体检查以及简单的行李检查和服装检查。如果身穿裸露肌肤较多的短裤、无袖衫以及沙滩鞋等服装的话，将无法进入参观。另外，对大型的背包也有限制。

庄严的大教堂内部的青铜宝盖非常精致美丽

方的礼拜堂中有圣彼得的坟墓。而跪在坟墓前的，则是由新古典主义雕刻家卡诺瓦修建的克莱门斯十三世的坟墓。礼拜堂内部上方有彩色玻璃做的格子，彩色玻璃的下方则装饰着出自贝尼尼之手的《圣彼得的椅子》（*Cattedra di S.Pietro*），在其内部据说是圣彼得使用过的，木质的主教座椅。左侧的楼梯可以通往地下的教皇墓。另外，在左侧有珍宝馆的入口，珍宝馆内豪华的圣器类物品显示出了梵蒂冈的巨大实力。

●珍宝馆
Museo del Tesoro della Basilica di S.Pietro
开 4/1~9/30 9:00~13:00
10/1~次年 3/31 8:00~17:40
休 复活节的周日、12/25
费 €6
地 p.30 B1

圣天使城堡周边

圣天使城堡 Castel Sant' Angelo

Map p.31 B3

露台前展现出一片绝美的景色 ★★

作为歌剧《托斯卡》舞台的圣天使城堡

原来这里是135年时，哈德良大帝作为自己的陵墓而修建的建筑。之后，成为罗马历代皇帝之墓。虽然在中世纪时，这里曾被用作要塞、教皇的住处以及监狱等，但还是很好地保留下了其原来的面貌。现在，内部为国立博物馆（Museo Nazionale di Castel Sant' Angelo），展览着武器等物品，从城堡这露台上看到的罗马大街的风景堪称一绝。从教皇厅到这里的话，推荐走城墙内部的小路，可以不和外界接触直接抵达。圣天使城堡这个名字，是传说于590年鼠疫时，在这座城堡上出现了用剑打倒病魔的天使，随后鼠疫便消失，城市迎来了和平。

架于城前的桥梁为圣天使桥 Ponte Sant' Angelo。这是由贝尼尼使用天使（由于不愿伤害前来委托的克莱门斯九世而制作的仿制品。原创的天使雕像位于圣安德弗拉特教堂）装饰的，极具风情的石桥。和后方的圣天使城堡一起，是一处非常棒的摄影地点。

贝尼尼的作品《天使像》（复制品）

●圣天使城堡国立博物馆
住 Lungotevere Castello 50
☎ 06-6819111
开 9:00~19:30
休 周一、1/1、12/25
费 €10（特别展览时€12~）
※ 售票处于闭馆前 1 小时停止售票
※ 每月第一个周日免费

适合拍照摄影

从圣天使城堡的露台往下看，能够看到圣彼得大教堂的穹隆顶、圣天使桥的天使像和城堡，以及秋天时被染成各种颜色的欧洲七叶树……圣天使城堡周边是一片非常适合摄影的区域，有很多以拍照和写生为目的前来这里的人。

梵蒂冈宫殿（博物馆）

由历代教皇修建的世界首屈一指的美术馆、博物馆 Palazzi e Musei Vaticani

前往梵蒂冈博物馆的交通方式

乘坐地铁A号线在奥塔维亚诺站下车会很方便。出站后沿着大马路前往文艺复兴广场。从广场沿着城墙走上坡道便能来到入口。在入口需要进行身体检查以及手持行李检查，售票处位于二层。（→p.81）

在入口请注意！

大部分时间都会在城墙边的坡道周边排起很长的队伍。如果没有预约的话，就在这条队伍的末端排队吧。如果有预约，可以在入口周边预约专用处排队。

●梵蒂冈宫殿（博物馆）

住 Viale Vaticano 100
☎ 06-69884947
开 9:00~16:00（闭馆18:00，17:30需要离开展览室）
每月最后一个周日、9/27（免费）9:00~12:30（14:00）
休 周日（但是每月最后一个周日为免费入馆的开馆日）、1/1、1/6、2/11、复活节的周日、复活节第二天的周一、5/1、6/29、8/15、8/16、11/1、12/8、12/25、12/26以及所有的宗教节日（→p.86）
费 €16、学生折扣 €8
※学生折扣需要在售票处专用的窗口出示国际学生证
※语音讲解器€7
地 p.30 A1-A2-B1-B2
※内部有自助餐馆及酒吧等设施
URL mv.vatican.va

事先预约轮椅

梵蒂冈博物馆可以通过 e-mail accoglienza.musei@scv.va 事先申请租借轮椅。

拉斐尔展览室

自从14世纪教皇厅从法国的阿维尼翁归还梵蒂冈后，这里便成了教皇的住所。在这座广阔的宫殿中，虽然有教皇的房间，但是其他的大部分空间都被20余座博物馆、美术馆、绘画馆以及图书馆占据了。内部的收藏品以历代教皇收集的物品为中心，从古希腊美术开始，收集了各个时代拥有极高艺术价值的物品。如果想要全部仔仔细细地欣赏一遍的话，估计要花上一周的时间，因此要想在有限的时间里进行参观，应该事先决定好想要看哪些内容，以便提高效率。

西斯廷礼拜堂

可以参观的地方分为一层和二层。一层为①绘画馆、②庇奥一克里门提诺博物馆、③埃及博物馆、④图书馆（一般不对外公开）、⑤基亚拉蒙蒂博物馆、⑥西斯廷礼拜堂等。二层为⑦伊特鲁里亚美术馆、⑧地图的画廊、⑨拉斐尔展览室、⑩拉斐尔走廊等。

绝不能错过的地方有庇奥一克里门提诺博物馆、绘画馆、西斯廷礼拜堂、拉斐尔展览室（现在为了避免拥挤，需遵循工作人员的指示，原则上不走回头路）。

梵蒂冈博物馆的预约

从网站 URL mv.vatican.va 进入 Biglietteria on line 进行预约。预约申请可以在参观前60天时进行，1次最多10人，通过信用卡（M.V.）支付，预约费€4。

导游团也可以从上述 URL 进行申请。如果想在当地直接申请的话，可以从圣彼得广场前（面朝广场时的左侧）的 OPERA ROMANA PELLEGRINAGGI 窗口进行预约。包含梵蒂冈博物馆（包含西斯廷礼拜堂）和一般不对外公开的梵蒂冈庭院的参观以及英国、意大利、西班牙语的语音讲解器、导游、梵蒂冈庭院内的迷你巴士在内，1人€47，6~17岁€34、6岁以下免费。除周日以外，10:30、11:15在上述申请地点集合。

窗口

住 Piazza Pio XII 9（Via della Conciliazione）
☎ 06-69896375
URL www.operaromanapellegrinaggi.org（可进行预约）

庇奥—克里门提诺博物馆 Museo Pio-Clementino ★★

穿过中庭，从入口往左侧的地方就是博物馆。在梵蒂冈宫殿的前身，贝尔维迪宫殿的中庭虽然在 18 世纪时放置着克莱门斯十四世和庇护六世收集的雕刻群，不过到了 19 世纪时经由庇护六世之手变成了现在的样子。

在希腊十字大厅 Sala a Croce Greca 中，有《圣埃莱娜的石棺》（*Sarcofago di S.Elena*）以及君士坦丁大帝女儿的《君士坦丁娜的石棺》（*Sarcofago di Costanza*）等 4 世纪时的作品。在缪斯之屋 Sala delle Muse 中，有出自古代雅典的著名雕刻家阿波罗尼乌斯之手的公元前 1 世纪的大理石像《贝尔维迪的躯干雕像》（*Torso del Belvedere*）。圆形大厅 Sala Rotonda 中 1 世纪的地板马赛克也绝不能错过。贝尔维迪的中庭被称为八角形中庭 Ottaagono，在里面展示着古代雕刻。后希腊主义时代的杰作《拉奥孔》（*Laocoonte*），因被大蛇抓住而显得非常痛苦的拉奥孔的身姿非常富有戏剧性。依照古希腊青铜像（公元前 4 世纪）于罗马时代仿制而成的优美的《阿波罗像》（*Apollo*）也值得一看。除此之外，古希腊的《赫尔墨斯像》（*Hermes*）及其左侧高举美杜莎之头的《柏修斯》（*Perseo*）也非常有趣。

贝尔维迪的中庭中展示着魅力十足的《拉奥孔》

绘画馆 Pinacoteca ★★★

位于博物馆入口后的中庭右侧，按年代顺序展示着从拜占庭时代到现代为止，以宗教为主题的绘画。

从拜占庭到现代，宗教主题画是一大特色。文艺复兴风格画作同样琳琅满目

第 2 室 Sala Ⅱ为纪奥特与纪奥特派的作品。第 3 室 Sala Ⅲ为佛罗伦萨派作品集合，展示着弗拉·安吉利科以及菲利波·利比等人的作品。第 4 室 Sala Ⅳ中，有梅洛兹奥·达·弗路里的作品《奏乐的天使》（*Angeli Musicanti*）。第 5 室 Sala Ⅴ中有 15 世纪温布利亚派的佩尔吉诺·平托鲁奇奥的作品。第 8 室 Sala Ⅷ中有拉斐尔的杰作《圣母加冕》（*Incoronazione della Vergine*）《弗里尼奥的圣母玛利亚》（*Madonna di Foligno*）《基督显圣容》（*Trasfigurazione*）等，绝对不可错过。《基督显圣容》是拉斐尔最后的作品，下方由他弟子完成。除此之外，还有由拉斐尔画底稿，由布留赛尔编织而成的 10 张壁毯。在第 9 室 Sara Ⅸ中，有达·芬奇未完成的《圣吉罗拉莫》（*San Girolamo*）以及巴洛克风格巨匠贝尼尼的《基督耶稣遗体下十字架》（*Deposizione dalla Croce*）。第 12 室 Sara Ⅻ中，给马尼埃主义造成巨大影响的卡拉瓦乔与其弟子的作品《基督耶稣遗体下十字架》（*Deposizione*）值得驻足欣赏。

梅洛兹奥·达·弗路里的作品《奏乐的天使》

《最后的审判》

2018 年
梵蒂冈博物馆休馆日

1/1、1/6、1/7、1/14、1/21、2/4、2/11、2/18、3/4、3/11、3/18、3/19、4/1、4/2、4/8、4/15、4/22、5/1、5/6、5/13、5/20、6/3、6/10、6/17、6/29、7/1、7/8、7/15、7/22、8/5、8/12、8/14、8/15、8/19、9/2、9/9、9/16、9/23、10/7、10/14、10/21、11/1、11/4、11/11、11/18、12/2、12/8、12/9、12/16、12/23、12/25、12/26

2018 年夜间开馆日

开 5~7 月，9~10 月每周的周六 19:00~23:00（最晚入场时间为 21:30）

※ 需要预约、有时需要支付额外的费用

西斯廷礼拜堂 Cappella Sistina ★★★

位于宫廷的最里面。既是教皇个人的祈祷所，也是教皇选举的会场。最重要的是，这里也是绘画史上最大的杰作，被称为“绘画史上的神曲”的米开朗基罗的《最后的审判》所在地。原本于 1473 年，教皇西克斯图斯四世作为教皇的陵墓而修建，由波提切利、吉兰达约以及贝尔吉诺等人在两面墙壁上作画，随后在朱利奥二世的命令下，由米开朗基罗在天花板及剩下的墙壁上作画。由于他与朱利奥二世对艺术的执着，以及为了在天花板上作画采用了非常勉强的姿势，导致他的膝盖积水，背弯得像猫一样——这个典故非常有名。而这幅画也不愧是历经万难而诞生的作品，其极富戏剧性的构图让所有看过的人都为之惊叹。

在经过多年的修复（洗净）工作后，米开朗基罗的杰作终于恢复了当初的艳丽，另外今年安装了 LED 灯等设施，让画能够看得更加清楚，给人带来新的感动。

当时尤利乌斯二世的计划是要在天花板上创作和 12 使徒相配的画，不过米开朗基罗打算描绘从天地创造到人类再生的历史，因此便在画中央画上了《圣经·旧约》的《创世纪》，在周边描绘了预言者以及巫女。其中《亚当诞生》《从伊甸园中逐出》以及《诺亚大洪水》的绘画非常棒。

《亚当诞生》（部分）

在祭坛后的墙壁上便是米开朗基罗的杰作《最后的审判》（*Giudizio Universale*）。天花板上的画创作于这幅画完成的 24 年后，当时米开朗基罗已经年逾六旬。当时的罗马由于《罗马的掠夺》而遭受破坏，所有地方都刮起了宗教改革的风暴。米开朗基罗对当时腐败堕落的教会的权威感到非常愤怒，而创作了这幅作品。据说米开朗基罗当时将这幅长 13 米、高 14.5 米的画分为 450 份，按照 1 天 1 份的量将其完成。画面中央是玛利亚和使徒们跟随着的基督在下判决，右侧被选中的人升上天堂，左侧的罪人掉落地狱。基督脚边的巴尔特罗梅奥在展示一张人皮，据说这张皮上奇异的脸是米开朗基罗的自画像。

西斯廷礼拜堂
天花板·壁画

基督的复活　摩西之死
最后的晚餐　尤迪特和郝菲奈斯　预言者萨加亚　达维德和格里亚特　摩西协议
诺亚醉酒
钥匙的依托　德弗依巫女　诺亚大洪水　预言者乔埃尔　科拉人达坦和阿比拉姆的受罚
诺亚的牺牲
山上的教训　预言者伊萨亚　从伊甸园逐出　埃尔特里亚巫女　摩西十诫
创造夏娃
出现最初的使徒　库玛巫女　亚当诞生　预言者埃塞奇埃尔　渡过红海
地球与洪水分离
基督的诱惑　预言者达尼埃尔　创造太阳和月亮　佩西亚巫女　摩西人生
区分光明与黑暗
基督的洗礼　里比亚巫女　青铜蛇　阿曼的惩罚　预言者埃列米亚　摩西之旅
预言者乔纳
最后的审判

圣经·旧约　预言者与女巫　基督传　摩西传
基督的祖先们　创世纪、撒母耳记、列王记
教皇的肖像（基尔兰达约、波提切利、罗塞里等）

拉斐尔展览室 Stanze di Raffaello ★★★

拉斐尔的作品《雅典的学堂》

语音讲解器

语音讲解器（€7），共介绍约 350 件主要作品。如果想要认真欣赏的话，它能帮助你很好地理解作品。租借需要驾照、护照（复印件不可）或者信用卡等证明身份的文件。一部分工作人员会为你说明使用的方法：输入作品的编号，然后按下 PLAY 键，随后就能听取和该作品有关的说明，可以重复播放。在出口周边设置有归还处。

拉斐尔展览室位于宫殿右侧二层的 4 间房间。拉斐尔从 25 岁直到 37 岁去世之前一直在这里作画，在他死后 4 年，由他的弟子们帮他完成了这间房间。房间的构造充满理性，却又不失宁静与优雅，很好地将拉斐尔的艺术理想表现了出来。有一个很有名的故事是这么说的，当时，由于为西斯廷作画的米开朗基罗和教皇的意见对立，曾一度告老还乡回到了佛罗伦萨。在这期间，拉斐尔进入了原本只允许米开朗基罗助手进入的这间礼拜堂中，学习并掌握他的艺术手法和技巧。这里分为①君士坦丁之屋 Sala di Constantino、②埃里奥多拉之屋 Stanza di Eliodoro、③署名之屋 Stanza della Segnatura、④火灾之屋 Stanza dell' Incendio di Borgo。

①君士坦丁之屋是 4 个房间中最大的一个。这里是拉斐尔死后，由其弟子朱利亚诺·罗马诺绘制的作品。画面上描绘的是《弥尔维奥桥的圣战》，据说以这场战斗为契机，基督教才得以被公众认可。②进入埃里奥多拉之屋后，便能看到《教皇列奥与阿提拉王的会面》这幅作品；内部墙壁上的是《博尔塞纳的弥撒的奇迹》；对面是表示对于教会的敌人，教皇终会取得胜利的《从神殿流放的埃里奥多拉》；进门后左边窗户的墙壁上有《圣彼得的解放》。③署名之屋为 4 间房间中最美丽的房间。墙壁和天花板的画作全部出自拉斐尔之手。进门后右侧为《圣餐中的议论》；而其对面的是描写哲学的胜利的《雅典的学堂》，右端下方的人群中有拉斐尔的自画像；左侧窗户的墙壁上，有着代表诗词和艺术胜利的《帕尔那索斯的情景》。④火灾之屋中的《波尔哥的火灾》是由拉斐尔的爱徒朱利亚诺·罗马诺按照他的底稿绘制的。

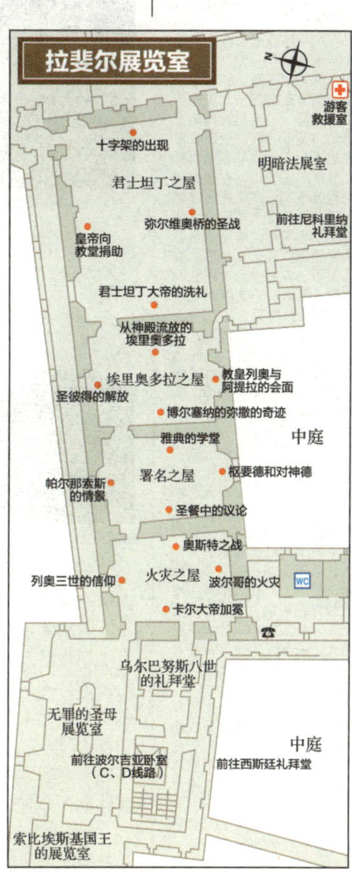

古阿庇亚大道

前往古阿庇亚大道与圣卡里斯托地下墓穴的交通方式

地铁A号线，在圣乔瓦尼车站换乘218路巴士（圣乔瓦尼广场上有巴士车站 地 p.37 B4），在Fosse Ardeatine站下车。

另外，在地铁B线的斗兽场车站前（地 p.36 A2）乘坐118路巴士，在Catacombe di S.Callisto（"主去哪里"教堂的下一站）站下车。

请注意巴士的休息日！！

2016年11月至今，118路巴士在周日及节假日休息。另外，在一部分季节时，周日及节假日将不会在斗兽场前停车，直接从威尼斯广场开往卡拉卡拉浴场。

详细的运营情况可以在 URL //viaggiacon.atac.roma.it 中搜索。

前往古阿庇亚大道有什么推荐的线路吗？

在斗兽场前（巴士车站位于地铁出口左侧，马路对面）乘坐118路。巴士会按照卡拉卡拉浴场→"主去哪里"教堂→圣卡里斯托地下墓穴→圣塞巴斯蒂亚诺教堂和地下墓穴→昆蒂利尼别墅的顺序前进，可以在感兴趣的地方下车。现在古阿庇亚大道上散步的人可以在昆蒂利尼别墅下车，横穿过昆蒂利尼别墅广阔的土地后（需要买票）就能来到古阿庇亚大道，可以一直走到切奇利亚·梅特拉之墓。这是一条约3公里的道路。随后，我们可以移动至圣卡里斯托地下墓穴前，乘坐118路巴士返回。所需时间大约为1小时30分钟~2小时。（118路巴士在返程时不会经过圣塞巴斯蒂亚诺教堂与地下墓穴前。另外，圣卡里斯托地下墓穴的售票处旁途经天主教堂的专用道上车辆很少，可以沿着这条道直走，在公园事务所前的巴士车站乘车）。巴士差不多每小时有2~5班车。另外，在切奇利亚·梅特拉之墓周边，可以乘坐途经Via di C.Metella的660路巴士前往地铁B线的Arco di Travertino、Colli Albani站。巴士每小时1~2班车。

在巴士停靠的古阿庇亚大道入口的公园事务所Sede Parco Appia Antica内可以租借自行车（需要提供护照等身份证明的文件）。使用自行车（开 9:30~17:30 冬季~16:30 费 1小时€3）的话，移动起来也会变得简单。

古代的军用道路

"女王之路"与地下墓穴

就像"条条大路通罗马"这句谚语所说的一样，当时以罗马为起点，在广阔的支配领地中铺设了许多军用道路。这条古阿庇亚大道也是那些道路的其中之一，是于公元前312年，由罗马执政官阿庇乌斯·克拉苏开通的直达卡普里的道路。之后一直延伸至意大利半岛东南端的布林迪西，由于其重要性而被称作为"女王之路"。如今在街边，广阔的别墅很引人注目，同时在这条两侧种植着松树的大街两旁，依旧残留着许多墓地、祠堂以及废墟，维持着其古代的面貌。

女王之路——古阿庇亚大道

绿树如茵的切奇利亚·梅特拉之墓

到达古阿庇亚大道之后，首先要去参观一下卡拉卡拉浴场的遗址，然后经过"主去哪里"教堂与古阿庇亚大道相连的墓穴，再去切奇利亚·梅特拉陵墓，这是一条很不错的线路。

从这里到大环线道路之间的5公里可以说是最有古阿庇亚大道风情的道路。这里的各个景点之间都相距很长的一段路，由于只能依靠步行，请准备好适合走路的鞋子以及在夏天时可以遮挡太阳的帽子。推荐大家从中选取几处景点进行游览。

如果要以地下墓穴为中心进行参观的话，地铁B号线的斗兽场站有118路巴士通往距离圣卡里斯托地下墓穴及多米迪拉地下墓穴较近的地方。不过即使如此，到达圣塞巴斯蒂亚诺地下墓穴及罗慕路斯之墓也有将近1公里的距离。这周边的道路很狭窄，交通量也很大，所以在行走时一定要注意车辆。在地下墓穴学习完初期基督教文化，回到古阿庇亚大道后再往前走，随后在左边可以看到马克西米努斯大帝之子罗慕路斯的墓地以及马克西米努斯大帝的竞技场，再往前走便是切奇利亚·梅特拉之墓。

由此再往前走便能看到松树及道路上随处可见的遗迹和车轮痕迹的

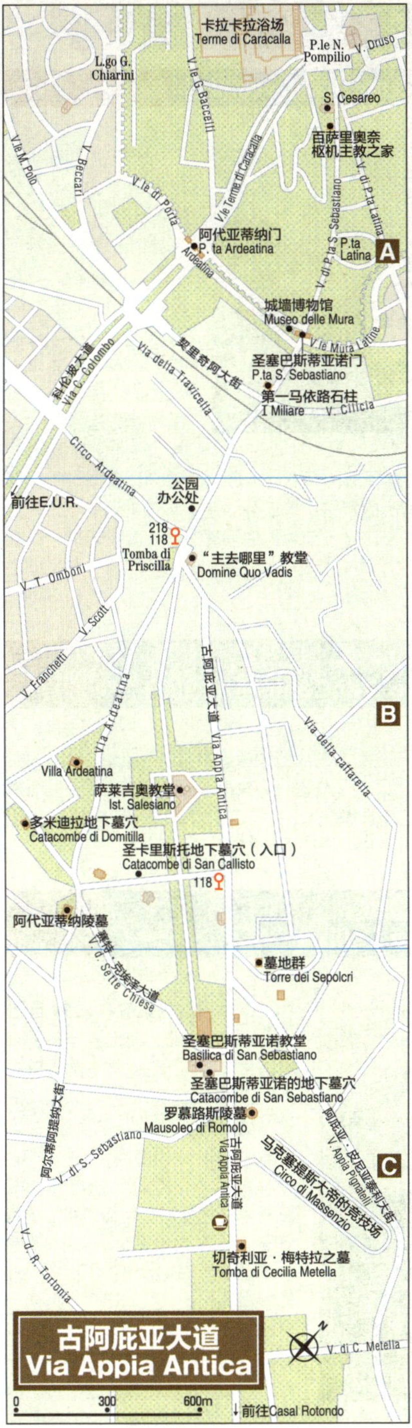

古阿庇亚大道
Via Appia Antica

卡拉卡拉浴场
Terme di Caracalla
P.le N. Pompilio
V. Druso
L.go G. Chiarini
V.le G. Baccelli
S. Cesareo
百萨里奥奈枢机主教之家
V.le M. Polo
V. Beccari
V.le di Porta Ardeatina
V.le Terme di Caracalla
V. di P.ta Latina
V. di P.ta S. Sebastiano
阿代亚蒂纳门
P. ta Ardeatina
P.ta Latina
A
城墙博物馆
Museo delle Mura
V.le Mura Latine
科伦波大道
Via C. Colombo
Via della Travicella
契里奇阿大街
圣塞巴斯蒂亚诺门
P.ta S. Sebastiano
第一马依路石柱
I Miliare
V. Cilicia
Circo. Ardeatina
前往E.U.R.
公园办公处
218
118
Tomba di Priscilla
“主去哪里”教堂
Domine Quo Vadis
V. T. Omboni
V. Scott
V. Franchetti
古阿庇亚大道
Via Appia Antica
Via Ardeatina
Via della caffarella
B
Villa Ardeatina
萨莱吉奥教堂
Ist. Salesiano
多米迪拉地下墓穴
Catacombe di Domitilla
圣卡里斯托地下墓穴（入口）
Catacombe di San Callisto
118
阿代亚蒂纳陵墓
塞特·克埃泽大道
V. d. Sette Chiese
墓地群
Torre dei Sepolcri
圣塞巴斯蒂亚诺教堂
Basilica di San Sebastiano
圣塞巴斯蒂亚诺的地下墓穴
Catacombe di San Sebastiano
罗慕路斯陵墓
Mausoleo di Romolo
阿尔蒂阿提纳大街
V. di S. Sebastiano
古阿庇亚大道
Via Appia Antica
阿庇亚·皮尼亚泰利大街
V. Appia Pignatelli
马克塞提斯大帝的竞技场
Circo di Massenzio
C
V. d. R. Tortonia
切奇利亚·梅特拉之墓
Tomba di Cecilia Metella
V. di C. Metella
N
0 300 600m
↓前往Casal Rotondo

圣塞巴斯蒂亚诺地下墓穴从圣塞巴斯蒂亚诺教堂旁进入

砖块路，远处有拱形的水道桥，仿佛让人看到宁静的古罗马的样貌。小鸟欢快的叫声以及羊群所在的绿色山丘，让人同时也能体会到罗马的田园风情。

在公园事务所以及切奇利亚·梅特拉周边的酒吧中有自行车租借处，使用自行车出行也很有趣。不管怎么说，旧大街上的行人很少。在太阳落山前请一定要回去。另外，女性请尽量避免独自在大街上行走及骑自行车。

前往古阿庇亚大道

118路巴士会经过卡拉卡拉浴场，从“主去哪里”教堂继续沿着旧古阿庇亚大道行驶，从圣卡里斯托地下墓穴、圣塞巴斯蒂亚诺地下墓穴旁驶过，进入阿庇亚·皮尼亚泰利大街，随后来到昆蒂利尼别墅周边。返程时走的道路和来时基本相同。旧古阿庇亚大道风情较浓的，是从切奇利亚·梅特拉之墓再往南走的地方，不过巴士不驶向那里。

※ 地图上的巴士车站只有前往入口比较难找的圣塞巴斯蒂亚诺地下墓穴的巴士车站有“前往”的标记

马克塞提斯大帝的竞技场

卡拉卡拉浴场 Terme di Caracalla

Map p.89 A、p.36 C2

世界上最大的浴场

●卡拉卡拉浴场
住 Viale delle Terme di Caracalla 52
☎ 06-39967700（预约）
开 9:00~ 日落前 1 小时
　周一　9:00~14:00
休 1/1、5/1、12/25
费 通票€ 6（→p.52）
※ 乘坐地铁 B 号线马西莫站下车步行大约 500 米。从特米尼中央车站可以乘坐 714 路巴士
※ 入场 1 小时前开始售票

面积宽广的卡拉卡拉浴场

这里是由卡拉卡拉大帝于 217 年完成的全世界最大的浴场。在绿树成荫的广阔庭院周边，布满了石墙般的引水用管道设施。建筑物中央有 3 处温度不同的浴缸与巨大的大厅，在其两旁左右对称的建有运动设施、排汗室以及更衣室。在这些设施的周边有图书馆、议会大厅、运动场以及商店等，同时这里也起到了社交场所的作用。地板与墙壁上装饰着马赛克，内部到处都放置着雕像。从安置在各个地方的马赛克碎片及指示牌上，我们可以切实地感受到这里的确是一个深深地吸引着古罗马人的放松场所。

切奇利亚 · 梅特拉之墓 Tomba（Mausoleo）di Cecilia Metella

Map p.89 C

名门贵族之墓

●切奇利亚 · 梅特拉之墓
住 Via Appia Antica 161
☎ 06-39967700（预约）
开费 同卡拉卡拉浴场
休 周一、1/1、5/1、12/25

在切奇利亚 · 梅特拉之墓的内部有一座小博物馆

这座巨大的圆筒形墓地是古阿庇亚大道上最有名的遗迹。墓地的主人是罗马最高贵族的女儿，为了成立三头执政体而与拉克苏的长男结婚的切奇利亚 · 梅特拉。这里原本是一个直径 20 米的圆形，但是在 14 世纪时，为了将这里作为城塞使用而增筑了上半部分。

圣卡里斯托地下墓穴 Catacombe di San Callisto

Map p.89 B

供奉着历代教皇

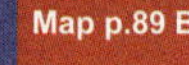

●圣卡里斯托地下墓穴
住 Via Appia Antica 110/126
☎ 06-51301580
开 9:00~12:00、14:00~17:00
休 周三、1/1、复活节的周日、12/25、1/28~2/24
费 € 8
※ 罗马的地下墓穴在 11 月 ~ 次年 2 月中的某一个月期间会暂时关闭，请注意

地下墓穴内部

虽然在这周边有将近 30 座地下墓穴，但是这里是这些地下墓穴中最为重要的一处。地下墓穴指的是在基督教初期时代，受到迫害的基督教徒们的地下墓地。在基督教获得公众承认后，地下墓地也得以扩张，即使在这周边，据说墓地也已经扩张延伸了将近 500 公里。其内部的壁画及装饰，是在谈及初期基督教时不可缺少的部分。

据说这里的墓地有地下 4 层，长 20 公里以上，安葬了约有 10 万人。内部有 3 世纪教皇之墓、圣切奇利亚之墓及装饰着 3 世纪壁画的圣事墓室 Cubicoli dei Sacramenti。

昆蒂利尼别墅 Villa dei Quintili
地图外

位于一片绿色之中的古代别墅 ★

春天时盛开着美丽花朵的遗迹

这里是位于古阿庇亚大道与新大街之间的广阔古代遗迹。151 年左右，由贵族库因提力修建了基础设施，随后由之后的皇帝将其扩大。据说这里是当时罗马郊外最广阔的住宅。在高台上修建了天花板高达 14 米的浴场设施及住宅，在庭院中配备着水井以及水道口。如今依旧能够看见它的结构。

在面朝古阿庇亚大道的入口处有一座小型的博物馆，其中展示着从遗迹以及周边地区中挖掘出来的雕像及马赛克。由于穿过庭院就能来到旧古阿庇亚大道侧的大门，因此在那充满罗马风情的道路上散散步也是很不错的（穿越庭院需要购买门票）。

●昆蒂利尼别墅
住 Via Appia Nuova 1092
☎ 06-39967700
开 9:00~ 日落前 1 小时
休 周一、1/1、12/25
费 通票€ 6（→ p.52）
●前往方法
在地铁 A 号线科利阿尔巴尼（Colli Albani）站乘坐 664 路巴士，在 Appia/Squillace（巴士第 11 站，所需时间 20~40 分钟）下车。或者可以在斗兽场站前乘坐通过古阿庇亚大道的 118 路，在终点下车（→ p.88）。沿着古阿庇亚大道行走至切奇利亚 · 梅特拉之墓需行走 1 小时 30 分钟 ~2 小时。
※ 每月第一个周日免费

博物馆的展品

意大利的美术史

描绘在圣卡里斯托地下墓穴上的壁画

被称为《查士丁尼一世和他的随从》的金色背景的马赛克

Arte paleocristiana
基督教初期美术

2 世纪以后，在意大利半岛、北非洲的各个都市中出现了基督教徒的地下墓穴 Catacombe，特别在罗马较为多见。虽然地下墓穴从来都是被认为是基督教徒受迫害时期的避难所及集会所，但实际上它是受到罗马法律保护的个人墓地。地下墓穴的美术大约持续了 3 个世纪（3~5 世纪），主要的素材是对彼岸世界的表现，其古典主题（俄耳甫斯、丘比特、普赛克）被视为基督教的象征。同时，希腊主义绘画上的自然主义，被视为象征传达基督教思想的产物。

作为基督教徒集会所的会堂形式的教堂修建于君士坦丁大帝执政时期。像初期的圣彼得教堂 San Pietro、拉泰拉诺的圣乔瓦尼大教堂 San Giovanni in Laterano（→ p.54）及城外圣保罗教堂 San Paolo fuori le mura 等，形成了一个从红尘俗世进入基督教信仰的空间。另外这里还有作为圆堂（中央聚拢式）的代表的圣康斯坦齐亚教堂 Santa Costanza（350 年左右，罗马）。

西罗马帝国末期，首都从罗马转移到了米兰、拉韦纳，拉韦纳之后受到拜占庭的支配，诞生了华丽的马赛克艺术。对认为色彩是光聚集在一起的拜占庭人来说，马赛克可以说是再适合不过的材料。加拉 · 普拉西提阿陵墓 Mausoleo di Galla Placidia（→ p.407，450 年以前）、新圣阿波利纳雷教堂 Sant' Apollinare Nuovo（→ p.406，505 年左右）以及圣维塔莱教堂 San Vitale（→ p.406，522~547 年）的查士丁尼一世、狄奥多拉皇后的马赛克拼图作为象征主义的典型，令人难以忘却。

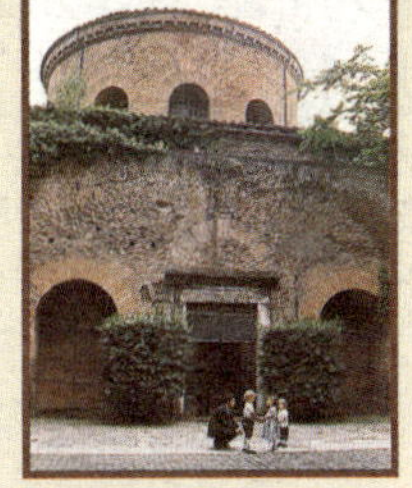
作为代表性的圆堂的圣康斯坦齐亚教堂位于罗马的诺门塔纳大街

罗马郊外

古罗马的样貌与访问伊特鲁里亚的城镇

罗马—蒂沃利

所需时间 40 分钟 ~1 小时 30 分钟。单程巴士€ 2.50

世界遗产

埃斯特庄园
收录年份 2001 年　文化遗产

百座喷泉

蒂沃利 Tivoli

古罗马的别墅地

位于罗马东面约30公里处，曾经是深受罗马贵族及皇帝喜爱的城镇。在生长着茂密的橄榄树的宁静山谷间，修建着以举办过水上宴会而闻名的埃斯特庄园以及哈德良大帝的别墅。

埃斯特庄园 Villa d'Este

Map p.93

绿意盎然的水之庭院

★★★

1550 年，枢机主教埃斯特将中世纪的修道院改建成了豪华的庄园。在广阔的绿色庭院中，有大大小小、各种各样的喷泉往外喷着水，绿色的树荫和水流的声音给人留下很深的印象。夏天的夜晚，这里被灯光照亮，将人带入了幻想的世界。宅邸内虽然展览着壁画及家具，但是这里最大的看点还是庭院。庭院中有数不清的喷泉，其中最让人印象深刻的，便是通往“百座喷泉”的小道 Via delle 100 Fontane。被青苔和藤蔓覆盖的雕像群与喷泉一同创造出的风景非常清爽，让人有一种身心愉悦的感觉。

在这条小路的两端，有被称为“喷泉的女王”，精致美丽的椭圆形喷泉 Fontana dell' Ovato 以及罗梅塔的喷泉。看到这座将古罗马城镇缩小并

前往蒂沃利的交通方式

①乘坐普尔曼巴士

在地铁 B 号线终点站的前一站蓬特马莫洛站下车。从地上的巴士总站乘坐普尔曼巴士。每隔 10~20 分钟一班车，约 50 分钟车程（售票处位于走出检票口后，车票€ 2.40）。前往埃斯特庄园的话在 Villa d'Este/Largo Nazioni Unite 下车。车辆前行方向的左侧深处（停车场和广场前）便是埃斯特庄园。

前往阿德里安娜别墅的话，可以乘坐前往蒂沃利，途经普雷内斯蒂纳的 Via Prenestina，或者途经奥特斯特拉达的 Via Autostrada。在 Villa Adriana 的巴士站下车后，还需行走约 400 米（走上缓和的坡道，在指示牌处右拐）。如果选择其他前往蒂沃利交通方式的话，距离这个巴士车站约 1 公里。另外，还有一些班次很少，但是会在阿德里安娜别墅周边停车的车辆，届时可以在售票处确认。

②乘坐火车

从 fs 线提布提纳车站乘坐 RV、R 大约需要 34 分钟到 1 小时 8 分钟（车票€ 2.60）。每小时约 1 班车。从地铁到月台大厅有一段路，所以请准备好充足的时间。穿过从蒂沃利车站左前方能看到的行人专用桥，然后穿过广场，沿着 Viale Tomei 直行约 10 分钟，便能来到上述的 Largo Nazioni Unite。前往阿德里安娜别墅的话，可以在 Viale Tomei 左边的香烟店中购买巴士车票（COTRAL 公司，€ 1.10），回到广场后，在一条平行于广场北侧的 Viale Trieste 的楼梯前乘坐①的途经 Prenestina 或者 Autostrada 的巴士。

③从蒂沃利城镇前往阿德里安娜别墅

从城镇前往阿德里安娜别墅的话，可以乘坐市内巴士 4 路、4X 路。从 Piazzale Nazioni Unite 等场所发车，平时每隔 30~45 分钟一班车，末班车为 20:00，周日和节假日每 1 小时 10 分钟 1 班车，末班车为 12:50。在阿德里安娜别墅正面的出入口前有巴士车站。车票（市内巴士€ 1）可以在市内的香烟店、阿德里安娜别墅的售票窗口购买。在售票窗口处还能查看时刻表。

重现的罗梅塔，就让人想起罗马的城镇。在位于庭院中央的“佩斯基耶拉拉”（养鱼场）周边，有一座水喷得特别高的“妮图诺酒店喷泉”Fontana di Nettuno，再往高处有“管风琴喷泉”（Fontana dell' Organo）。即使到了现在，仍旧利用水利演奏着悦耳的音乐。但是人要是不在周边的话就听不见音乐，所以请根据每隔两小时一次的演奏时间（10:30~）安排好行程前去欣赏。

和庭院互相调和的椭圆形喷泉

妮图诺酒店喷泉

●埃斯特庄园

开 Piazza Trento 2

☎ 199-766166（呼叫中心）

开 5~8 月 8:30~18:45（关闭 19:45）
9 月 8:30~18:15（19:15）
10 月 8:30~17:30（18:30）
11 月～次年 1 月 8:30~16:00（17:00）
2 月 8:30~16:30（17:30）
3 月 8:30~17:15（18:15）
4 月 8:30~18:30（19:30）

休 周一、1/1、12/25

费 €8（特别展览时€11）

※ 夏季有时会在夜间开馆（20:30~24:00、入场截止 23:00）

●管风琴喷泉的演奏时间

10:30~ 每隔 2 小时 1 次

世界遗产

阿德里安娜别墅
收录年份 1999 年　文化遗产

●哈德良大帝的别墅
☎0774-382733
开 5~8 月　9:00~19:30
9 月　9:00~19:00
10/1~10 月最后的周六　9:00~18:30
10 月最后的周日 ~ 次年 1/31　9:00~17:00
2 月　9:00~18:00
3/1~3 月最后的周六　9:00~18:30
3 月最后的周日 ~4/30　9:00~19:00
休 仅限考古学地区 1/1、12/25
※ 特别展览时，有时 13:15~14:15 之间休息
费 €8（特别展览时€11）
※ 售票处于闭馆前 1 小时 30 分钟停止售票

返程时的巴士

在出口旁乘坐市内巴士 4 路便可以简单的返回城镇，很方便。在售票处也有出售巴士的车票，同时也能查看时刻表。

哈德良大帝的别墅 / 阿德里安娜别墅 Villa Adriana

世界遗产　Map p.94

罗马皇帝的梦幻帝国

★★★

这里是将哈德良在广阔的罗马旅行期间所看到的美丽景观和建筑物重现而成的建筑物。在广阔的场地内，有喷泉、泳池、希腊剧院以及宫殿，这些建筑构成了一座小巧的城镇。模仿希腊雅典修建的庭院佩奇莱（Pecile）、重现埃及塞雷皮斯神殿其门前大街的卡诺 Canopo 绝对不能错过。水池里的天鹅在戏水，水面上倒映着古代雕塑的模样，仿佛时间静止了一样。此地出土的文物除了在这里的博物馆中展览外，同时也在罗马国立博物馆中展览。这是一处让人能够悠闲地花时间，沉浸在古代的美梦中的休息场所。

1999 年被联合国教科文组织列为世界遗产。现在正在进行大规模的修复工作。由于场地很大，因此走起路来也会很舒服。夏天一定要戴上帽子和太阳镜。

由于场内的面积很大，所以请穿着舒适的鞋子

凝聚埃及情思的卡诺波雕塑令人梦回古代

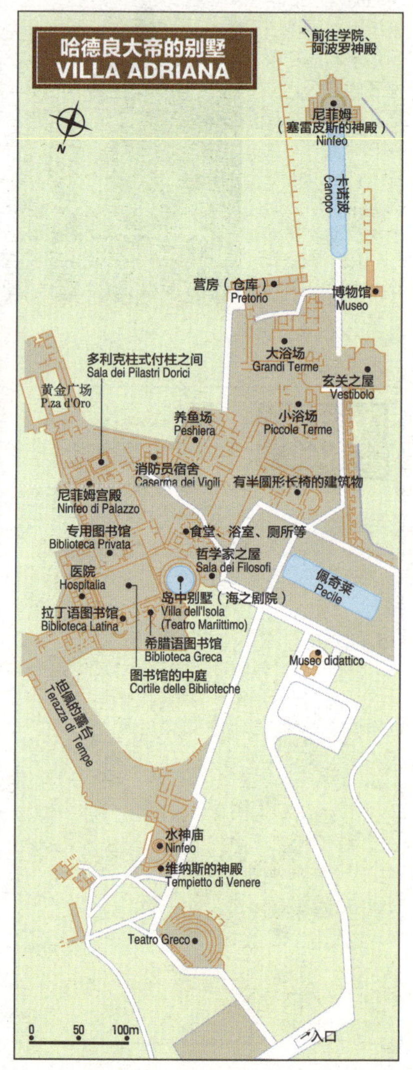

伊特鲁里亚镇 Città Etrusche

世界遗产

拥有高度文明的先住民族的因缘之地

这里是古罗马以前君临意大利半岛的伊特鲁里亚民族的都市，在意大利中部也存在着许多这样的都市。伊特鲁里亚人拥有高度文明，从罗马水道桥的拱门结构便可看出当时先进的技术水平。他们将各种各样的艺术及技术手法教给了罗马人。但是，由于其文明程度实在太高，学习了其知识的罗马人便对伊特鲁里亚人进行了毁灭性的打击——至今还残留着许多谜团。伊特鲁里亚人相信死后的世界，因此将他们的坟墓设置成和他们居住的场所一样。这些墓地是设有玄关、仆人的房间以及起居室的大规模建筑，内部墙壁上画有美丽的壁画以及摆放了许多生活用品。

塔尔奎尼亚 Tarquinia ★★★

这是伊特鲁里亚城市中最为重要的建筑。据说是于公元前12~13世纪，由伊特鲁里亚的英雄 Tarconte 修建的。这里的景点有国立塔尔奎尼亚博物馆（Museo Nazionale Tarquiniense）与伊特鲁里亚墓地群。

墓地群。在小屋的地下保存着残留有壁画的墓

国立博物馆是理解伊特鲁里亚艺术及伊特鲁里亚墓地不可或缺的目的地。同时这里众多的石棺、陶器及饰品收藏品也非常棒。尤其不要错过的便是公元前400~300年的作品《羽翼马》（*Cavalli Alati*），以及重现了描绘着鲜活的人物及动物的伊特鲁里亚墓地的展览室等。

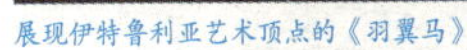

展现伊特鲁利亚艺术顶点的《羽翼马》

步行至伊特鲁里亚墓地大约10分钟。是了解伊特鲁里亚文明的好地方。在绿色草坪的下面，有公元前7~3世纪时修建的墓地，里面雕刻着伊特鲁里亚人心中期待的另一个世界。

充满了鲜艳的色彩与跃动感的杰作《豹之墓》

世界遗产

切尔韦泰利与塔尔奎尼亚的伊特鲁里亚公墓

收录年份 2004　文化遗产

前往塔尔奎尼亚的交通方式

从罗马特米尼中央车站乘坐 fs 线前往比萨的列车，在塔尔奎尼亚车站下车，乘坐 RV 或 R 大概需要花费 1 小时 15 分钟 ~1 小时 30 分钟。从车站前往城镇乘坐巴士大约 5 分钟。此外还有迷你巴士（车票€1）配合列车运营。伊特鲁里亚墓地距离城镇大约 1 公里。

塔尔奎尼亚的旅游信息咨询中心 ❶ IAT

住 Piazza Cavour 23/Barriera San Giusto

☎ 0766-849282

开 9:30~12:30、15:00~18:00

●伊特鲁里亚墓地群

☎ 0766-856308

开 夏季　8:30~19:30

　冬季　8:30~17:00

休 周一、1/1、12/25

费 €6（与博物馆通票€8）

※ 距离博物馆大约 1 公里，步行约 10 分钟。售票处于闭馆前 1 小时停止售票

●国立塔尔奎尼亚博物馆

住 Corso Vittorio Emanuele

☎ 0766-856036

开 8:30~19:30

※ 仅 7~8 月，可能遇到仅在 9:00、10:00、12:00、13:30、15:00、16:00、18:00 时才能进场的情况

休 费 和伊特鲁里亚墓地群相同

※ fs 线单程€ 6.90、BIRG 的 1 日票为 zone 5 € 12。1 日票很方便，很实惠

前往切尔韦泰利的交通方式

从罗马特米尼中央车站乘坐fs线前往比萨的车辆，在拉蒂斯波利Ladispoli站下车。所需时间约45分钟。每隔15分钟~1小时1班车。周日及节假日每隔1小时30分钟~3小时1班车。从车站前往切尔韦泰利可以乘坐巴士，需时5~10分钟。

乘坐普尔曼巴士的话，可以从罗马地铁A号线科涅利亚站的巴士总站乘坐COTRAL公司的拉蒂斯波利—切尔韦泰利往返车辆，需要1小时~1小时30分钟，在终点站下车。车票可以在巴士总站旁的酒吧中购买。

切尔韦泰利的旅游咨询处

ⓘ Pro Loco

住 Piazza Risorgimento 19
☎ 06-99551971
开 9:30~12:30、15:30~17:30
周日 10:30~12:30
休 周日午后、周一
※ 在普尔曼巴士抵达的Piazza A.Moro中也有咨询处

●伊特鲁里亚墓地群

住 Piazzale delle Tombe
☎ 06-9940001
开 8:30~日落前1小时
休 周一、1/1、复活节的周日、5/1、12/25
费 €6（通票€8）

●国立切尔韦泰利博物馆

住 Piazza S.Maria Maggiore
☎ 06-9941354 开 8:30~19:00
休费 和伊特鲁里亚墓地相同

切尔韦泰利 Cerveteri ★★

绿色中零星点缀的坟墓

切尔韦泰利通过海上贸易，于公元前7世纪左右获得无比繁荣的发展。现在城镇的中心距离伊特鲁里亚墓地大约2公里，是一条绿树成荫，能够欣赏到田园风光的小道。这里的伊特鲁里亚墓地就像是一座城镇一样，沿街都是一座座的坟墓。其中将凝灰岩挖成圆形的地基，随后在上面装上圆锥形的屋顶，被称为“图亩罗”的坟墓很特别，据说这是将伊特鲁里亚人居住的地方重现而成的。内部按照房间的样子摆放了各种各样的日常用品。

这里出土的文物虽然都展览于国立切尔韦泰利博物馆，但是在墓地大街（Via Sepolcrale）的“浮雕墓”Tomba dei Rilievi中也能够看到用于装饰的日用品浮雕。

在浮雕墓中可以看到用灰泥制成的浮雕

意大利美术史

Arte etrusca
伊特鲁里亚美术

与南意大利的希腊文化几乎同一时代，伊特鲁里亚人在意大利中部地区的第勒尼安海沿岸修建了城市。虽然很多说法认为他们的起源为小亚细亚半岛，但其实在公元前8世纪时伊特鲁里亚人就已留下可以看作是文化的东西，即便在公元前4~3世纪时，他们加入了罗马势力，但是直到公元前1世纪为止，他们都可以说是罗马文化的核心。伊特鲁里亚人的石基法与拱门结构被用于罗马的建筑（沃尔泰拉、佩鲁贾城墙）。对于认为活着才是最实际的伊特鲁里亚人来说，死是极为恐怖及神秘的现象。为此，在他们之间兴起了即便存在死后的世界，也要保持和活着时一样状态的墓室艺术，通过墓室墙上的湿壁画，描绘出神话竞技、宴会、舞会、狩猎等和生前一样热闹的场面。雕刻方面也有装饰在陶罐上的大型肖像雕刻，人物栩栩如生。虽然受到了希腊艺术根深蒂固的影响，其本质上还是拥有反古典主义的另一面，这些也作为罗马美术的基础流传了下来。留存至今的遗迹中以最为繁荣的切尔韦泰利、塔尔奎尼亚为主，其余还有科尔托纳、丘西等。

描绘着狩猎和捕鱼场景的墓室壁画

双胞胎的传说

●罗马的历史始于特韦雷河

就像巴黎和塞纳河、伦敦和泰晤士河深深地联系在一起一样，如果跳过特韦雷河，那么谈论罗马也就没有什么意义了。在特韦雷河中，罗马的中心位置有一座名为提贝里纳的岛屿，这座岛和罗马的诞生有着很强的因缘。如果要在河岸建设都市的话，一般会选择较容易渡河的地点，而提贝里纳岛的存在便满足了这个条件。根据传说，由母狼哺乳养大的双胞胎兄弟之一的罗慕路斯，于公元前753年时在帕拉蒂诺山修建了一座都市，这便是罗马的起源。虽然帕拉蒂诺山是罗马诞生的核心，但是大概也是因为这座山距离提贝里纳岛很近，能够更方便地渡过特韦雷河。另外，选择在山丘上修建都市，是因为低处是疟疾传染源的蚊虫栖息地的湿地，不适合人类居住。

虽然现在的历史学家推测，罗马的建国时期是公元前600年左右，但实际上罗马形成都市形态是在公元前6世纪时，现在古罗马广场的遗迹所在地建成了当时都市公共生活的中心地，为了将湿地变为干燥的大地而建设了排水沟。为了让罗马作为都市得以发展，必须要克服特韦雷河的洪水问题。虽然提到古罗马都会想起其优异的土木技术，不过这应该也和这些问题有所关系吧。

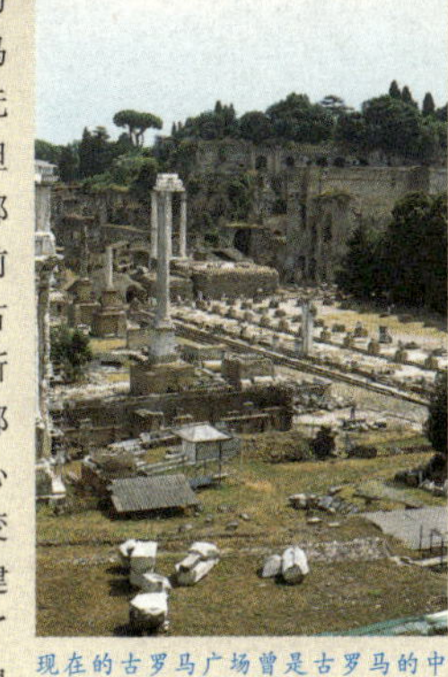

现在的古罗马广场曾是古罗马的中心地

领土扩张

●领土扩张

公元前6世纪末期，罗马人将伊特鲁里亚人的王流放，成立了共和政府。随后，开始征服临近的地区。如今，在罗马近郊能够看到古阿庇亚大道的遗迹，罗马在征服下来的地区都会修建这样的军用道路，随后沿着这些道路建设具有军事功能的殖民地。这些殖民地最后也都发展为了城市。罗马对这样的都市，以及从很久之前便存在的都市都分别签订了条约，实行统治。身为一届都城国家的罗马，站在比其他自治都市更高的位置上，以作为都市联盟的盟主进行统治的传统，即便在罗马将支配扩大至地中海全域后也依旧保留了下来。从古罗马的历史来考虑，并不是罗马市成了罗马帝国的首都，而是罗马市建设了罗马帝国，这个事实是绝对不能忘记的。

随着罗马支配地域的不断扩大，罗马市也持续膨胀起来。最早的水道就修建于这个时期。当罗马在地中海各地进行征服战时，在意大利开始了自作农的没落，许多失去土地的人们都流入了罗马市。就这样，公元前3世纪初便形成了有名的罗马贫民窟。为无业游民提供面包和娱乐成了罗马执政者最为头痛的问题。罗马人喜欢看热闹这一点，从斗兽场等遗迹中便可以看出来。在《宾虚》这部电影中便有在大竞技场内市民观看战车竞走而显得异常狂热的一幕。另外一件让罗马人放松的事便是洗澡。历代皇帝为了讨市民们欢心都修建了很大的浴场，其中卡拉卡拉浴场是如今保持最好的。

皇帝们的时代

●皇帝们的时代

在初代皇帝奥古斯都大帝（公元前27年~14年在位）的时代，罗马市的人口到达了100万。指挥罗马都市改造的皇帝，因为将罗马从石砖的都市变为了大理石的都市而感到自豪。但是，如今留存下来的这一时代的建筑物非常少。因为历代皇帝在进行大规模修建时，都会将以前老的建筑物毁坏，并且罗马还遭受过几次大火。

尼禄皇帝在罗马的大火后修建的黄金宫殿内的八角形房间

其中，公元64年在尼禄皇帝的统治下发生的大火也是非常有名的。这场大火让罗马烧了9天9夜，城市的2/3都化为了灰烬。虽然尼禄当时将在市民中不得人心的基督教徒作为放火的犯人，对基督教徒进行了迫害，但是市民们却认为是因为皇帝想要亲手修建新的罗马城而下令放火的。

帝政时代，以斗兽场为主，进行了许多大规模的修建工程。对于历代皇帝来说，修建观光的建筑物并不是为了向全世界展示自己的威信，而是为了给更多的人提供工作机会，从而达到财富二次分配的效果。维斯帕西亚努斯大帝发明出了类似起重机的机械时，但由于这种机械会夺走人们的工作，因此没有被允许投入使用。

基督教的兴盛与衰退

●作为宗教国家的首都

在罗马作为广阔帝国的首都而获得繁荣的时代，有各种异教传到罗马。其中起源于东方巴勒斯坦的基督教也是这些异教之一。当初，拒绝崇拜皇帝的基督教徒受到了非常严厉的打压，只能将被称为地下墓穴的墓室作为他们的集会所，靠此来守护他们的信仰。4世纪时，在基督教获得公众认可后，罗马便成了基督教文化的中心地。随后，在帝国崩坏后的混乱时期，自称圣彼得的继承人的教皇确立了自身的权威，在基督教世界占据了特别的地位。罗马之所以会被称为“永恒之都”，也是因为这位教皇的存在。756年时，法兰克王丕平将土地献给了教皇，这也是教皇领地的开始。之后，罗马作为在中部意大利形成的教会国家的首都，与教皇权力的兴衰和命运共存亡。在教皇权力达到顶峰的12、13世纪，罗马迎接了来自各个地方的巡礼者，获得了无比的繁荣。但是，1307年时，法国国王将教皇厅移至了法国南部城市阿维尼翁，没有教皇的罗马在贵族之间的权贵斗争中，如同风中烛火一般。在1348年鼠疫流行时，城市的人口已经下降到了2万人以下。

教皇特权的苏醒

●罗马重生

1420年，新任教皇马丁五世终于来到罗马，此时罗马的城镇中到处都是盗贼，正统的教堂也用来作为家畜小屋使用。让这样的罗马成为文艺复兴的中心，重新踏上繁荣之路，是从15世纪后半时期开始的。在1450年的圣年时，无数的巡礼者来到罗马，给罗马与教堂带来了莫大的财富。罗马趁着这个机会，令城镇焕然一新，就像现代由于奥林匹克和万博会而使得城市焕发生机一样。这个时代的教皇是尼古拉五世，这位热爱建筑的教皇下令修建梵蒂冈宫殿以及圣彼得大教堂，为了获取必要的材料，即便需要破坏斗兽场等古代遗迹也在所不惜。让人难以理解的是，对古代文物倾注了如此热情的文艺复兴时期的人们，实则却是比日耳曼民族更为强力的古代破坏者。后来，前去调查罗马古代遗迹的拉斐尔在给列奥十世的报告书中，也不得不写上需要重点保护古代遗迹。

文艺复兴的兴起

●教皇们的时代

1471年就任教皇的西克斯图斯四世实行强化教会国家的强制政策，导致了意大利的战乱。因此却使罗马在意大利成为与米兰、威尼斯、佛罗伦萨、那不勒斯地位相等。另外，这位教皇充实了梵蒂冈博物馆的藏书，以及为罗马的美化尽心尽力等功劳也是众所周知的事实。而因米开朗基罗的《最后的审判》而闻名的西斯廷礼拜堂，也正是因这位教皇下令修建而得名的。

接手建设强大的教会国家这个由西克斯图斯四世提出的政策的便是亚历山大六世，也被称为尤里乌斯二世。亚历山大六世让其儿子切萨雷·波吉亚驱逐了在各教皇领地割据的小领主们，确立了教皇作为教会国家绝对君主的地位。教皇有儿子这件事虽然非常文艺复兴，但是相比这位教皇，反而是他的儿子切萨雷·波吉亚及女儿卢克雷齐亚较为有名。

1503年就任教皇的尤里乌斯二世，喜爱率领军队出征，是一位典型的文艺复兴教皇。在这位教皇的领导下，文艺复兴的中心从佛罗伦萨转移到了罗马。同时教皇下令将老朽化的圣彼得大教堂破坏，重新建造一座和永恒之都罗马相符合的新教堂。将米开朗基罗与拉斐尔招揽到罗马的也是这位教

米开朗基罗的杰作，西斯廷礼拜堂的天花板画

皇。米开朗基罗当时被授命制作西斯廷礼拜堂的天花板壁画。关于教皇与米开朗基罗之间纠葛的故事众所周知，可以说是为文艺复兴的艺术历史添上了鲜艳的一笔。同时教皇还下令让拉斐尔绘制梵蒂冈宫殿的署名之屋的壁画。《雅典的学堂》便是在这个时候绘制完成的。

继任尤里乌斯二世的利奥十世，出生于佛罗伦萨的美第奇家族。这位身为伟大的洛伦佐之子的教皇，是一位对于学术艺术的保护有一种独特感觉的人。例如深受教皇喜爱的艺术家拉斐尔，教皇除了委托他完成各种各样的作品外，还任命其为修建圣彼得大教堂的责任人。这位教皇由于发行了为建设教堂调用资金的免罪符，而导致其在任时期引发了著名的马丁·路德宗教改革事件。1520年，年仅37岁的拉斐尔去世，接着第二年，就像赴他后尘一样，利奥十世也离开了这个世界。在这个时点，教皇也才45岁，正值壮年。在利奥十世与拉斐尔这一对年轻的教皇和艺术家的带领下，罗马的文艺复兴达到了顶点。

通往巴洛克艺术的道路

●文艺复兴的终焉与米开朗基罗的活跃

罗马的文艺复兴迎来终焉，始于同样出身于美第奇家族的克莱门斯七世时期。罗马于1527年，受到以马丁·路德派新教徒为核心的神圣罗马皇帝卡尔一世军队的侵略，罗马人就如同文字上写的一样，体验了一回地狱的感觉。教皇虽然逃难至圣天使城堡，但是这座城堡是由古代哈德良大帝的陵墓改造而成的城塞，因此有通往梵蒂冈宫殿的地下通道。这个时期的故事在切里尼的《自传》中有着非常详细的描写。《自传》是雕刻家切里尼将自己波澜万丈的一生通过自由的文字书写而成的作品，后由歌德翻译为德语，是自传文学中的杰作。

大多数历史学家都认为，由于这次罗马的掠夺导致了意大利文艺复兴的终止。这时，罗马的人口从9万锐减到了3万。但是，这并没有导致罗马的衰退。罗马很快便从沉痛的掠夺中重新站了起来，天主教教会也针对扩大势力的新教徒，通过强化对组织的肃正来努力恢复失去的领地。推广这项运动的便是1534年就任教皇的保卢斯三世。这位教皇通过委托米开朗基罗制作西斯廷礼拜堂的《最后的审判》，以及任命其为修建圣彼得大教堂的责任者，对文化发展做出了巨大的贡献。米开朗基罗设计的圣彼得大教堂的圆形房顶，与佛罗伦萨的花之圣母大教堂的圆形屋顶一同，是文艺复兴风格的圆形屋顶中的杰作。

米开朗基罗虽然是佛罗伦萨人，但是真正接受他的可能还是罗马。米开朗基罗作为雕刻家、画家以及建筑家，在罗马留下了许多的作品。在参观位于卡比托利欧山上的卡皮托利尼美术馆及保守馆宫殿时，请将目光移至建筑物上。这两座建筑物都是由米开朗基罗设计，建筑物之间的广场以及通往这广场的楼梯也全是他设计的。可以说，米开朗基罗才是能够代表罗马的文艺复兴风格的艺术家。不要只是毫无目的地浏览从古到今的罗马，而是将焦点放在比如米开朗基罗这样的艺术家身上，根据他工作过的场所来游览罗马，也不失为一种乐趣。米开朗基罗于1564年去世，在他死后，罗马渐渐成了巴洛克艺术之都。

卡比托利欧山

罗马的餐馆
Restaurant Guide

要注意黑店

有很多人被拉客的人带进餐馆，随后按照店里人说的点菜后蒙受了损失。

如果遇到店外拉客的人要带你进店的情况，请一定先问清楚价格，如果店里端上来自己没有点的菜，请一定要拒绝。

结账时一定要看清账单

不管是哪家餐馆，结账时一定会给你看每道菜的详细价格以及总价。有时除了这些基本费用外，还有座位费、面包费以及服务费等，不过这些都会在菜单中写明。如果不放心的话，可以在进店前，在店外的菜单上好好查看清楚。

以前很多的店都会将座位费和面包钱算在一起，不过现在有些店只需要单独再支付少额面包费就可以了。这种时候，有些人会觉得我明明没吃面包，"但还是收了我面包的钱"。一般来说，和座位费一样，只要坐了下来，哪怕你手没碰面包，也需要付钱。

■寻找当地人较多的餐馆

在罗马品尝意大利各区的乡土菜也很不错。撒丁区的海鲜美食最受欢迎

在国际观光都市罗马中，虽然有许多面向游客的餐馆，但是一些在价格和口味间取得平衡，也就是俗称性价比很高的店在当地人及游客间都具有很高的人气。人气较高，价格便宜的店基本上集中在纳沃纳广场、特米尼中央车站周边、特韦雷河沿岸以及特拉斯提弗列地区。

即便在享用完美食，时间很晚要返回住宿的地方时，上述的这些地区治安也算是非常好的，同时也有深夜巴士运营，所以不用太担心。如果在高档餐馆优雅地享用美食的话，可能会让你沉浸在美好的气氛中，要是感觉可能被想偷盗抢劫的人盯上了，一定要让店里的工作人员帮你叫辆出租车，出了餐馆门就乘车回去。

■在罗马享用比萨以及冰激凌

品尝一下当地风味独特的比萨

在罗马如果想要享用其著名的美食和体验高雅的就餐氛围的话，肯定是需要多花一点钱的。美好的晚餐能让你对这次旅程印象深刻，永远留在记忆中。至于餐馆，可以在晚上通过电话预约后再去。

香脆美味的罗马比萨的美味程度，你只要吃上一口就会明白了。比萨里不可缺少的是毛恰列干酪，这是一种放在水中 3 天都保存不了的生酪，和普通干酪是完全不同的。然后，放在用柴火点燃的窯内烤出的比萨，才是真正的比萨。虽然对以前的意大利人来说，比萨只是分量很轻的晚饭而已，但是最近新增了许多白天也营业的店。在特米尼中央车站周边以及人流量集中的地方必然能看见可以站着吃的比萨店，他们的招牌上会写着 Piazza Rustica 或者 al taglio。只要用手指一下摆放在柜台中的比萨，店员就会帮你称重，随后付完钱当场就能把它吃掉。从中午前到下午这里的生意一直会非常火爆。

意大利让全世界明白了冰激凌的美味。如今在其他国家也相继开设了意式冰激凌 Gelato 的店。虽然不管在哪里吃都很好吃，不过对于冰激凌美食家来说，品尝是标有"Produzione propria"（手工自制）字样的冰激凌，特别令人回味。

傍晚时，在咖啡馆小憩片刻

冰激凌有很多种类

蒙蒂餐馆
Trattoria Monti

◆朴素且时尚的餐馆。由马尔凯区出身的家庭经营，在这里可以品尝到新感觉的马尔凯风味罗马美食。这里的人气美食是巨大的意大利饺子 Ravioli 与蔬菜慕斯 Sformato 等，使用各个季节当季的食材做成的各种各样的美食让人愉悦。需预约

特米尼中央车站周边 Map p.33 C4

住 Via San Vito 13/A
☎ 06-4466573
营 13:00~14:45、20:00~23:45
休 周日晚上、周一、8月、圣诞节和复活节前的一周
预 €43~55、套餐€45、50
C D.J.M.V.
交 从地铁A号线在维托里奥·埃马努埃莱站下车后步行约3分钟，从特米尼中央车站下车后步行约10分钟

达文西诺
Da Vincenzo

◆专门提供罗马美食及海鲜类菜品的餐馆。由于离政府机构很近，店里会有很多对味道很讲究的商务人士，宽敞的店内飘荡着一股古典得让人感到安静的气氛。加入海鲜类食材的意大利面和传统美食拥有很高的人气。

特米尼中央车站周边 Map p.33 A4

住 Via Castelfidardo 6
☎ 06-484596
营 12:30~15:00、19:30~23:00
休 周日、8月
预 €35~50（座位费€1）
C A.D.J.M.V.
交 从特米尼中央车站下车后步行约12分钟

豪斯塔利亚·阿尔·波斯凯特
Hostaria Crisciotti al Boschetto

◆能够享用罗马的平民美食以及海鲜类的餐馆。即使是夏天，在中庭享用食物也会很舒服。这里值得推荐的有自助服务的蔬菜前菜（€7.50）及烤鱼（€14）等。由于要收取15%的服务费，因此点上一盘就够了。这里也有比萨。只有在4/1~9/30期间可以使用中庭座席（有吸烟席）。

特米尼中央车站周边 Map p.32 C2

住 Via del Boschetto 30
☎ 06-4744770
营 12:00~15:00、18:00~23:00
休 无
预 €18~55（15%）、套餐€16（仅限工作日白天）
C A.D.M.V.
交 从共和国广场步行7~8分钟

蒙特阿里奇
Monte Arci

◆在卡斯特尔费达尔多大街上有许多平价的餐馆或者饮食店，这是一家经常有很多当地人光顾的店。在这里能品尝到罗马美食、撒丁美食以及比萨，非常适合家人和团队前来光顾。

特米尼中央车站周边 Map p.33 B4

住 Via Castelfidardo 33/35
☎ 06-4941347
营 12:00~15:00、18:00~23:30
休 周日、8/10~8/25
预 €12~31
C A.J.M.V.
交 从特米尼中央车站下车后步行10分钟

“埃斯特！埃斯特!! 埃斯特!!!”弗拉帝利·里奇
"Est! Est!! Est!!!" Fratelli Ricci

◆从1888年开始便一直由同一家族经营，是一家历史悠久的餐馆，距离特米尼中央车站也很近。这里除了各种特制的比萨外，还提供罗马非常有名的油炸鳕鱼等油炸食品，种类丰富。周六夜晚需预约

特米尼中央车站周边 Map p.33 C3

住 Via Genova 32
☎ 06-4881107
营 18:30~24:00
休 周一、8月
预 €20~45
C M.V.
交 从地铁A号线在Repubblica站下车步行7~8分钟

餐馆图例：高档餐馆　中档餐馆　百姓餐馆　意大利比萨店　葡萄酒吧　啤酒吧　B级美食

那不勒斯制造餐馆

Meid in Nepols

◆距离特米尼中央车站很近的意大利比萨店。虽然门口很狭窄，但是店内宽敞明亮，一直有许多罗马人和游客前来光顾。就如同这家店的名字一样，有种类丰富且正宗的那不勒斯比萨（€6~）以及以那不勒斯美食为主的前菜、海鲜类和肉类美食，种类非常充实，价格也很实惠。但是，到了晚上这里会很拥挤，最好提前预约后再出门。需预约

特米尼中央车站周边　Map p.33 B4

URL www.meidinnepols.it

住 Via Varese 54

☎ 06-44704131

营 12:30~15:00、19:30~23:00

休 周日

预 €10~25

C A.D.M.V.

交 从特米尼中央车站下车后步行约3分钟

罗马的B级美食

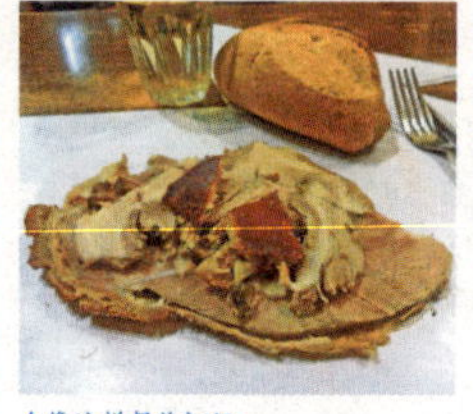

会像这样帮你切好

以罗马所在的拉齐奥区为主的意大利中部地区的传统B级美食便是烘烤脆皮猪肉Porchetta。可以切薄片（€4.50）后直接吃下去，也可以做成帕尼诺（€3）。从1890年开始，已经在罗马经历了5个世代，位于特米尼中央车站周边的艾尔·布克托ErBuchetto（住 Via Viminale 2-F 营 10:00~15:00、17:00~21:00 休 周六午后、周日及节假日 地 p.33 B3）设有座席，可以在店内食用。

在特拉斯提弗列地区人气很高的西西尼Sisini（住 Via Sanfrancesco a Ripa 137 营 9:30~22:00 休 周日及节假日、8月 地 p.35 B3）提供从饭团炸饼Suppli等油炸食品到比萨、意大利面、烤全鸡以及蔬菜等，几乎什么都有，可以说罗马百姓的口味全部都集合在了这里。有在这里堂食的人，也有将其打包回家当作熟菜的人，因此店里一直都很拥挤。推荐前去就餐时稍微错开一点时间。

西西尼的客人络绎不绝

烘烤脆皮猪肉是B级美食的国王

口味比较清淡，分量也不是很重的食物，我们这里推荐皮亚蒂娜（Piadina）。用北部罗马尼亚无发酵的扁平面包，在里边加上火腿以及干酪等食材，感觉上和墨西哥卷饼很像，现在在意大利各地都可以吃到。在特拉斯提弗列地区的卡拉马罗·皮亚蒂娜罗Kalamaro Piadinaro（住 Viale di Trastevere 83 营 11:30~24:00左右 休 周一、部分节假日 地 p.35 B4）中，店员会当场为你制作。和这家店的店名一样，店里提供油炸的乌贼和虾，可以让店员将其放入卷成圆筒状的锡纸Cartoccio中，这样就可以边走边吃，感觉会非常棒。同时店里也设有吧台座席。

皮亚蒂娜与油炸食品

桑提餐馆
Ristorante Santi

◆提供罗马美食的餐馆兼意大利比萨店。由家族经营。给人温馨感觉、鱼肉美食及手工制作的甜品是这家店最值得骄傲的特色。当然，这里肉类美食的种类也很丰富。前菜与意大利面只需€ 7~。隔壁有一家外观相似的土耳其美食店，请注意辨别。

特米尼中央车站周边 Map p.33 C4
住 Via Daniele Manin 55-57
☎ 06-4820651 营 11:00~15:00、17:30~23:00
休 周日、8月
预 € 10~25（座位费€ 1）、套餐€ 10~
C A.D.J.M.V.
交 从特米尼中央车站西侧，沿着马尼大街往大圣母教堂方往前走，穿过阿梅迪奥大道即可到达

伊尔·伽罗·纳罗
Trattoria Il Gallo Nero

◆是晚餐时间很早就开始营业的一家餐馆。届时在人行道上也会摆上桌子，店内也比想象中要宽敞得多，很整洁。能够用很实惠的价格品尝到罗马的家常菜。

特米尼中央车站周边 Map p.33 B3
住 Via Principe Amadeo 7H
☎ 06-4740626 营 12:00~23:00 休 周二
预 € 30~55、套餐€ 18（肉）、20（鱼）
C A.D.J.M.V.
交 从特米尼中央车站西出口步行需5~6分钟

帕斯塔利托比萨店
Pastarito Pizzarito

◆专门提供意大利面和比萨的连锁店。可以从种类丰富的意大利面以及酱料中来选择，自由搭配。同时这里的菜品分量十足，沙拉和甜品的种类也很丰富。在想要简单快捷地用餐时，这里是非常好的选择。

特米尼中央车站周边 Map p.33 C4
住 Via Gioberti 25/35 ☎ 06-4882252
营 9:30~24:00 休 无
预 € 15~25（10%）、套餐€ 10~
C D.J.M.V.
交 从特米尼中央车站西出口步行5分钟

科林·艾米利安
Colline Emiliane

◆这里虽然是一处小型餐馆，但是提供的艾米利亚风味美食非常美味。手工制作的意大利面、煮小牛肉Giambonetto di Vitello以及手工制作的甜点都很值得推荐。这是一家人气很高的店，请尽早来店或者提前预约。需预约

西班牙广场～科尔索大街 Map p.32 B2
住 Via degli Avignonesi 22
☎ 06-4817538
营 12:45~14:45、19:30~22:45
休 周日晚上、周一、8月、12/24~1/6、复活节的1周
预 € 45~60 C A.J.M.V.
交 从地铁A号线Barberini站下车后步行2~3分钟

奥特罗·阿拉·孔科尔蒂亚
Otello alla Concordia

◆提供罗马平民菜。店员特别推荐的是油炸海鲜类。一整年中的任何时期都可以在中庭用餐，很愉快。需预约

西班牙广场～科尔索大街 Map p.32 A1
URL www.ristoranteotelloallaconcordia.it
住 Via della Croce 81
☎ 06-6791178 营 12:15~15:00、19:00~23:00
休 周日晚上、7月下旬与2月上旬的2~3周
预 € 25~40（座位费€ 1）、套餐25
C A.D.J.M.V.
交 从地铁A号线西班牙广场站下车步行2~3分钟

雷吉纳勒·帕拉提乌姆酒吧
Enoteca Regionale Palatium

◆由罗马所在的拉齐奥区的区政府经营的葡萄酒吧。在这里能品尝到以拉齐奥的葡萄酒、火腿以及干酪为主的乡土美食。店内除了葡萄酒外还出售蜂蜜、果酱以及甜点等商品。推荐给想要寻找品尝当地独特风味的人。

西班牙广场～科尔索大街 Map p.32 B1
住 Via Frattina 94
☎ 06-69202132
营 12:30~15:00、17:00~22:30
休 8月
预 € 10~
C A.D.J.M.V.
交 从西班牙广场步行3分钟

弗雷佐—盖斯特

Osteria della Frezza-Gusto

◆在风情十足的小路上摆着几张桌子，这是一家时髦的综合型店铺。内部有餐馆、意大利比萨店、葡萄酒吧等店铺。

西班牙广场～科尔索大街 Map p.32 A1

住 Via della Frezza 16/Vicolo del corea
☎ 06-32111482
营 12:30~24:30
休 无
预 €15~（座位费€2、7%）
C A.D.J.M.V.
交 从奥古斯都大帝陵墓步行 2 分钟

费力切

Felice a Testaccio

◆店内朴素简洁，是一家提供平价罗马菜的餐馆。店里准备了饮用方便，价格实惠的家常葡萄酒，每盘菜的分量也很足。值得推荐的有使用当季蔬菜制作的蛋包饭 Fritta 以及意大利面、羔羊排等。需预约

其他地区 Map p.35 C4

住 Via Mastro Giorgio 29
☎ 06-5746800
营 12:30~15:00、19:00~23:30
休 8/12~8/17
预 €40~55
C A.M.V.
交 从地铁 B 号线 Piramide 站下车后步行 7~8 分钟

阿雷 · 卡雷特

Alle Carrette

◆这家店装修简洁，环境能让人想起以前的啤酒吧，能够品尝到罗马风格的薄片比萨以及油炸食品 Fritti。比萨那轻量的实感，即便是女性也能轻松地吃下一整片。这里值得推荐的有芝麻菜大虾比萨 Pizza Ruchetta e Gamberi、香肠、无盐干酪以及蘑菇 Francescana 等。

其他地区 Map p.36 A2

住 Via della Madonna dei Monti 95
☎ 06-6792770
营 12:00~15:30、19:00~23:30
休 周三中午、12/24、12/25、12/31
预 €10~16
C D.J.M.V.
交 从地铁 B 号线 Cavour 站、A 号线 Colosseo 站下车后步行 7~8 分钟

达 · 阿曼多

Da Armando al Pantheon

◆位于万神殿周边，可以在轻松的氛围中品尝罗马菜。有烤面包条加干酪沙司 Carbonara 及被称为其原型的意大利面 Gricia，第二道菜的话有羊羔肉 Abbacchio 以及煎火腿卷 Saltin bocca 等，在这里可以品尝到很多传统美食。需预约

纳沃纳广场周边 Map p.31 C4

住 Salita de' Crescenzi 31
☎ 06-68803034
营 12:30~15:00、19:30~23:00
休 周六晚、周日、节假日、8 月
预 €40~60（面包费€2）、套餐€50
C A.D.M.V.
交 从万神殿步行 1 分钟

拉坎帕纳

La Campana

◆这里有丰富多样的罗马地方菜，如夏天的油炸南瓜、冬天的通心粉等，应季的菜有很多。是一个很多本地人常来就餐的地方。最好提前预约

纳沃纳广场周边 Map p.31 B4

住 Vicolo della Campana 18-20
☎ 06-6875273
营 12:30~15:00、19:30~23:00
休 周一、8 月
预 €35~45（面包费€2）、套餐€50
C A.D.J.M.V.
交 从纳沃纳广场步行 5~6 分钟

餐馆图例 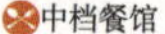 高档餐馆 中档餐馆 百姓餐馆 意大利比萨店 葡萄酒吧 啤酒吧 B 级美食

奥尔索

Hostaria L'Orso 80

◆从店外的石板路到店内的各个地方都充斥着旧时餐馆的气氛。这里的美食有古典的阿马特里切地方菜，有各种各样的开胃小菜（16 种的前菜 Misti della Casa，1 人€ 15）以及令人产生选择障碍的头菜（€ 10~），菜的分量都很足。4 人以上的话 需预约

纳沃纳广场周边 Map p.31 B4

住 Via dell'Orso 33
☎ 06-6864904
营 13:00~15:30、19:00~23:30
休 周一、8 月
预 € 25~60（座位费€ 1）、套餐€ 50.70
C A.D.J.M.V.
交 从纳沃纳广场步行 2~3 分钟

弗朗西斯科风味餐馆

Da Francesco

◆位于纳沃纳广场的西侧，深受罗马人喜爱的地区边缘的一家罗马餐馆。在店门前的石板路上摆放的桌子以及店内的气氛都让人感受到古罗马风情。在这里可以品尝到以比萨（仅晚上）为主的各种罗马当地菜肴。最好提前预约

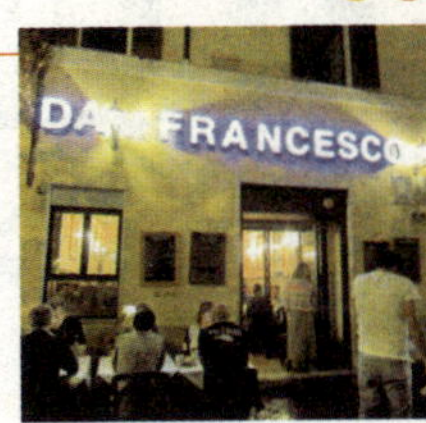

纳沃纳广场周边 Map p.31 C4

住 Piazza del Fico 29
☎ 06-6864009
营 12:00~15:30、19:00~24:30
休 部分节假日
预 € 20~40
C M.V.
交 从纳沃纳广场步行 3 分钟

蒙特卡罗

La Montecarlo

◆除了香味十足的薄皮比萨外，还有油炸小吃、意大利面以及手工制作的点心等，种类非常丰富。白天店里有许多在附近工作的人用餐，很热闹。价格实惠，充足的分量以及餐馆的地理位置，使其成为一家方便快捷的店。

纳沃纳广场周边 Map p.31 C4

住 Vicolo Savelli 13
☎ 06-6861877
营 12:00~ 次日 1:00
休 周一、8/16~8/26
预 € 12~15、套餐€ 12
C 不可
交 从纳沃纳广场步行 3 分钟

科尔·德·萨库 1

Cul de Sac 1

◆可以身穿普通服装光顾的一家餐馆。在众多充满高档感觉的葡萄酒吧之中，这是一家充满平民感觉的店铺。葡萄酒的库存有 1500 种左右，菜肴的种类也很丰富，非常适合观光途中前来光顾。

纳沃纳广场周边 Map p.31 C4

URL www.enotecaculdesac.com
住 Piazza Pasquino 73
☎ 06-68801094
营 12:00~24:30
休 无
预 € 4~、用餐€ 25~39
C J.M.V.
交 从纳沃纳广场步行 2~3 分钟

切泽勒餐馆

Da Cesare dal 1921

◆店内提供罗马菜以及托斯卡纳菜、鱼、肉以及比萨，是一家种类丰富的餐馆。到了夏天会开放很舒适的露天席位。同时这里的手工制点心和葡萄酒库存也是令店员引以为傲的。需预约

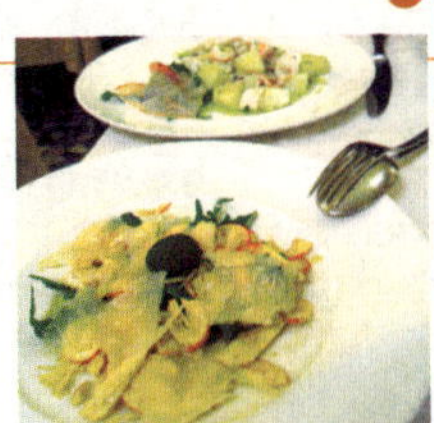

梵蒂冈周边 Map p.31 B3

URL www.ristorantecesare.com
住 Via Crescenzio 13
☎ 06-6861227
营 12:30~15:00、19:30~23:00
休 8 月中的 10 天
预 € 35~50（座位费€ 2.50）、套餐€ 30
C A.D.M.V.
交 从圣天使城堡步行 5 分钟

阿鲁鲁圣彼得餐馆

Arlù San Pietro

◆位于圣彼得广场周边的小路上，是一家以女性喜欢的白色为基调的休闲餐馆。这里将传统的罗马菜摆放成漂亮的造型，令人在用餐的同时心情也很愉快。在天气好的季节，推荐在店外的露天席处用餐。

梵蒂冈周边 Map p.30 B2

URL www.ristorantearlu.it
住 Borgo Pio 135
☎ 06-6868936
营 11:30~17:30、18:30~23:30
休 周日
预 €20~
C A.D.M.V.
交 从圣彼得广场步行 5 分钟

里斯托齐克

Ristochicco

◆这家店处于最适合在观光完梵蒂冈后进行用餐的地点。店内除了罗马的特色意大利面、培根意大利面、意大利肉酱面外，还能品尝到肉类及海鲜，同时这里的葡萄酒种类也很丰富。会赠送热乎乎的单柄锅意大利面，分量很足，从其质和量来说，都是非常值得品尝的。需预约

梵蒂冈周边 Map p.31 B3

URL www.ristochicco.it
住 Borgo Pio 186
☎ 06-68308360
营 12:00~15:00、19:00~23:00
休 周日
预 €20~（面包€1.50。需要点单）
C A.D.M.V.
交 从圣彼得广场步行约 6 分钟

拉普拉托里纳

La Pratolina

◆这是梵蒂冈地区的年轻人和亲戚朋友经常光顾的意大利比萨餐馆。在这里将比萨称作为平萨（Pinsa）。平萨是将面粉小心地经过长时间发酵，随后使用烧柴火的大锅进行烤制而成的细长椭圆形食物。这种可以让人享受自由组合乐趣的特制平萨，总共约有 40 个品种。需预约

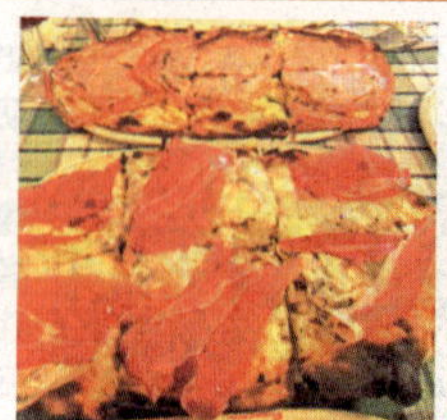

梵蒂冈周边 Map p.31 A3

住 Via degli Scipioni 248
☎ 06-36004409
营 19:00~23:00
休 周日、8 月的第 2·3 周、1/1、12/25
预 €9~20、套餐€15
C A.J.M.V.
交 从地铁 A 号线 Lepanto 站下车步行 5 分钟

坎提纳·提洛雷则

Cantina Tirolese

◆这是一家一不小心便会错过的啤酒屋。提供匈牙利汤、奶油浓汤以及果馅卷饼等蒂罗尔美食，能够搭配奥地利的葡萄酒和啤酒一起享用。中午餐售价€9.50［汤、各种美食（1 次的分量）、水、甜点］。

梵蒂冈周边 Map p.31 B3

住 Via G. Vitelleschi 23
☎ 06-68135297
营 10:00~14:00、19:00~24:00
休 周一、7 月、8 月
预 €20~40
C D.J.M.V.
交 从圣天使城堡步行 2~3 分钟

拉齐奥区的 DOCG 葡萄酒

在意大利的红酒中，等级最高的便是 DOCG。在意大利国内获得认可的葡萄酒大约有 70 种。拉齐奥曾经只有切萨内赛一种葡萄酒，不过在 2011 年 4 月，拉齐奥追加承认了 2 种 DOCG，如果有机会的话一定要品尝一下。

●切萨内赛·德·皮廖 Cesanese del Piglio

虽然在传统上喜欢白葡萄酒的拉齐奥区会让人感到意外，但是这里第一个获得 DOCG 的便是这种红葡萄酒。这种红葡萄酒使用当地特有的葡萄品种切萨内赛制作而成，口感芳香丝滑。

●弗拉斯卡蒂·斯贝里欧雷 Frascati Superiore

说到罗马便不得不提弗拉斯卡蒂。使用玛尔维萨品种为主体酿造而成，略带水果风味的白葡萄酒。斯贝里欧雷的特征便是在经过熟成后，会散发出更为高雅的香味和口感。

●康涅利诺·迪·弗拉斯卡蒂 Cannellino di Frascati

弗拉斯卡蒂的甜味葡萄酒会让人联想到黄金色与鲜花的香味给人带来幸福的感觉。在罗马明媚的午后，最适合喝上一杯冰的葡萄酒。

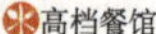
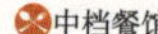

餐馆图例 高档餐馆 中档餐馆 百姓餐馆 意大利比萨店 葡萄酒吧 啤酒吧 B 级美食

格拉斯 · 豪斯塔利亚

Glass Hostaria

◆位于老城区特韦雷河对岸地区，与其素朴的外观不同的是，店内用了许多的铁和玻璃装饰，非常时尚。在这里能够品尝到现代且具有创新的美食，如今是非常受人瞩目的一家店。美丽的装盘技术和恰到好处的火候，略微让人惊讶的食材组合也能让人用餐很愉快。是米其林一星餐馆。需预约

特韦雷河对岸地区 Map p.35 A3

住 Vicolo del Cinque 58
☎ 06-58335903
营 20:00~23:30
休 周一、1/2~1/27、7/13~8/4、12/24~12/26
预 € 80~300、套餐€ 95
C A.D.M.V.
交 从特韦雷河对岸圣母堂步行约 2 分钟

索拉 · 蕾拉

Sora Lella

◆位于极具风情的提贝里纳岛上，从 1940 年开始便持续由同一家族经营的罗马美食店——老奶奶的肉丸子 Polpettine della Nonna、小羊排、凉拌菜蓟 Sella d' Abbacchio Farcita con Carciofi 以及乳清干酪蛋糕 Torta di Ricotta 等都是这里值得推荐的菜品。需预约

特韦雷河对岸地区 Map p.35 A4

URL www.soralella.com
住 Via Ponte Quattro Capi 16
☎ 06-6861601
营 12:30~14:45、19:30~23:00
休 周二、8/15 前后的 5 天、圣诞节期间
预 € 48~60（10%）、套餐€ 75
C A.D.J.M.V.
交 从马尔切诺剧院步行 3 分钟

达尔 · 波特

Dar Poeta

◆这是罗马最好吃的一家比萨店。出售的比萨在面粉和材料上都分量很足，下了很多的功夫。加入巧克力和乳清干酪的馅饼也是人气很高的甜点。周末这里会排起要等候 30 分钟 ~1 小时的长队。

特韦雷河对岸地区 Map p.35 A3

住 Vicolo del Bologna 45/46
☎ 06-5880516
营 12:00~24:00
休 无
预 € 10~20
C A.D.J.M.V.
交 从西斯托桥步行 3 分钟

比尔 & 福德

Bir & Fud

◆这是一家能够品尝到使用精挑细选的食材制成的美食以及多达 150 种意大利啤酒的休闲餐馆。店内以油炸食品为主，有种类丰富的前菜和比萨。店内最值得推荐的是将 3 种食物混合而成的 Tris di Suppli 和双倍使用水牛无盐干酪比萨的双菊比萨 Margherita Doppia。需预约

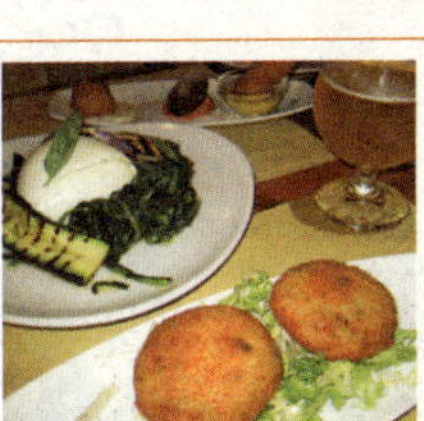

特韦雷河对岸地区 Map p.35 A3

住 Via Benedetta 23
☎ 06-5894016
营 12:00~ 次日 2:00
休 一部分节假日
预 € 20~35
C A.D.M.V.
交 从特里卢萨广场步行 2 分钟

埃 · 马尔米 · 帕纳托尼

Ai Marmi Panattoni

◆这是一家每天都营业到很晚，很热闹的大众意大利比萨店兼罗马托斯卡纳美食店。从 1932 年营业至今，具有悠久的历史，深受罗马人的喜爱。这里也是罗马屈指可数的经济实惠的店。店里值得推荐的除了比萨之外，还有将火腿和香肠混在一起的 Antipasto Misto alla' Italiana 以及菜豆汤 Zuppa Fagioli 等。

特韦雷河对岸地区 Map p.35 B4

住 Viale di Trastevere 53/59
☎ 06-5800919
营 18:30~ 次日 2:20
休 周三、8/10~8/28
预 € 15~20、套餐€ 18
C M.V.
交 从特韦雷河对岸圣母堂步行 3~4 分钟

伊沃

Ivo a Trastevere

◆在店内的各个地方都贴着足球照片，是一家有很多年轻人光顾，充满活力的一家店。推荐想要体验一下不拘谨的罗马气氛的人前来光顾。前菜以及意大利面、比萨的分量很足。手工制作的甜点也是店员特别推荐的。需预约

特韦雷河对岸地区　Map p.35 B3

住 Via di S.Francesco a Ripa 158

☎ 06-5817082

营 18:00~24:30

休 周二

预 € 15~23

C A.D.M.V.

交 从特韦雷河对岸圣母堂步行 3~4 分钟

罗马的咖啡馆、意式冰激凌店

安提克咖啡馆

Antico Caffè Greco

◆深受卡萨诺瓦、济慈、雪莱以及欧洲艺术家们喜欢的咖啡馆。最里面的沙龙挂着他们的肖像画。店内服务员都身着燕尾服为顾客提供服务，这里完整地保留着以前的样貌。

Map p.32 B1

住 Via Condotti 86

☎ 06-69788427

营 9:00~21:00

休 8/15

预 € 5~

C A.J.M.V.

交 从西班牙台阶步行 2 分钟

欧斯塔基奥咖啡馆

Caffè Sant'Eustachio

◆很考究的一家咖啡馆，最有名的便是使用柴火烘焙煎制而成的咖啡。这里又被称为“伟大的咖啡馆”，使用秘传的方法制成的咖啡在罗马也是众人皆知的一品。除了伟大的咖啡以外，还有咖啡风味的榛果巧克力、格兰尼它冰糕等，也是非常值得推荐的。在这里可以体验到古罗马的气氛。

Map p.31 C4

住 Piazza S.Eustachio 82

☎ 06-68802048

营 8:30~ 次日 1:30

休 无

预 € 2.20~

交 从万神殿步行 2 分钟

冠军咖啡

Caffè Ciampini

◆位于西班牙台阶上，从山上圣三一教堂的左侧来到一处高台，在这高台的绿树丛中，我们便能看到这家景色优美的咖啡馆兼意式冰激凌店。在科尔索大街周边的圣洛伦佐广场等地也有在罗马人中人气很高的分店。这家店所处的位置非常绝妙，可以在游览完西班牙台阶后饮茶休息，在夕阳下呈现出一派浪漫的气氛。

Map p.28 C2

住 Viale Trinita dei Monti 1

☎ 06-675678

营 8:00~ 次日 1:00

休 部分节假日

预 € 4~

C J.M.V.

交 从西班牙台阶上步行 2 分钟

布拉曼特回廊

Chiostro del Bramante

◆位于 15 世纪时由布拉曼特设计的建筑物内。穿过一层美术馆的售票处走上楼梯后，就能在柱廊光影交错的美丽历史空间中看到这座时髦的咖啡馆。除了饮料外，这里还提供沙拉以及三明治类的食物，非常适合在观光旅行途中休息一下。

Map p.31 B4

住 Via Arco della Pace 5

☎ 06-68809036

营 咖啡馆 10:00~20:00；午餐 12:00~15:00、周六 · 周日早午餐 10:00~15:00

休 8 月

预 € 1.50~，用餐€ 10~20

C A.D.M.V.

交 从纳沃纳广场步行 5 分钟

餐馆图例
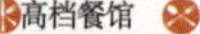
高档餐馆

中档餐馆　意大利比萨店

葡萄酒吧　啤酒吧

B 级美食

冰激凌店　咖啡馆

巴宾顿茶室
Sala Da Tè Babington

◆这是一座位于曾在罗马居住的奥黛丽·赫本也非常喜爱的西班牙台阶旁边的茶室，历史悠久，气氛优雅。是一家在意大利非常罕见，能够品尝到正宗英国红茶，深受好评的店。除了能够从 30 种红茶中进行选择的英式早餐和下午茶外，还能品尝到咖喱饭等食物。

Map p.28 C2

URL www.babingtons.com
住 Piazza di Spagna 23/25
☎ 06-6786027
营 10:00~21:15
休 无
预 饮料€ 6~10、套餐€ 12~20、套餐（早午餐等）€ 34~40
C A.D.J.M.V.
交 位于西班牙广场一角

焦利蒂 1900
Giolitti dal 1900

◆美味的食物配上吊灯闪烁、明朗宽敞的沙龙，实在是太棒了。推荐大家试试加了许多鲜奶的芭菲。同时这里也能进行简单的用餐。

Map p.31 B4

住 Via Uffici del Vicario 40
☎ 06-6991243
营 7:00~ 次日 1:30
休 无
预 € 2.50~
C A.D.J.M.V.
交 从圆柱广场步行 4~5 分钟

提亚托罗
Gelateria del Teatro

◆位于纳沃纳广场附近一条风情十足的小路中。除了必须要尝尝的冰激凌外，这里还有一些很新奇的味道。店家活用食材产生的精妙的味道让人欲罢不能。店内有桌子，能够坐着享用食物也让人感到很高兴。冬季这里还出售巧克力。在市内有 2 家店。

Map p.31 B3

住 Via di San Simone 70
☎ 06-45474880
☎ 夏季 10:30~24:00、冬季 10:30~21:30
休 一部分节假日
预 € 2.50~
交 从纳沃纳广场步行 5 分钟

斯卡利尼
Tre Scalini

◆虽然这里是一家咖啡馆兼餐馆，但是这里的冰激凌很有名。其中 Tratufo 就如同它的名字一样，是一种黑色圆形的冰激凌。店员会把它弄成容易入口的形状，再交给客人享用。虽然大部分由巧克力组成，但是吃上去并不是很甜。

Map p.31 B4-C4

住 Piazza Navona 28/30
☎ 06-68806209
营 9:00~ 次日 2:00
休 1/7~2/7
预 € 2.50~45
C A.J.M.V.
交 位于纳沃纳广场的一角

冠军咖啡
Ciampini

◆是一家很安静的咖啡馆兼意式冰激凌店。这里的冰激凌很值得推荐，味道很棒，在罗马人中也有很多的粉丝。其中最具人气的是三明治。坐在摆放在店门口的桌子旁也很舒服，能够进行简单的用餐。不过这里的生意一直很好，也许旁边的冠军咖啡 2 号店有座位的可能性还稍微大些。

Map p.32 B1

住 Piazza S.Lorenzo in Lucina 29
☎ 06-6876606
营 7:30~21:30
休 8 月中的 1 周
预 € 3.50~15、套餐€ 35~55
C A.D.J.M.V.
交 从地铁 A 号线西班牙广场站下车步行 5~6 分钟

圣克里斯皮诺

San Crispino

Map p.32 B2

◆以优质的食材和丰富的种类而自豪的意式冰激凌店。这家店的特点便是没有圆锥形的蛋卷筒，只有杯子。在店里面设有摆放了桌子的沙龙。店铺位于通往许愿池的小路中，可能会有些难找。万神殿周边也有分店（住 Piazza della Maddalena 3a）。

住 Via della Panetteria 42
☎ 06-6793924
营 11:30~24:30
预 € 2.70~10
C 不可
交 位于许愿池附近

买冰激凌的方法

首先看一下店内的价格表。在游客较多的地区可能会遇到没有价格表，将超大型的冰激凌卖给什么都不懂的游客的情况，所以请一定要注意。

接下来，虽然有些地方会有些不同，不过大多数店选择最小的蛋筒（Cono）或者纸杯（Coppa）的话，能以€ 1.50~2的价格选择 2~3 种口味。在上面加上生奶油是意大利人喜好的吃法。鲜奶油有的地方免费提供，有的地方要收费（€ 0.50 左右）。如果想要生奶油的话，可以多说一句“con Panna”。

榛子以及开心果口味冰激凌是罗马人的最爱

罗马的购物
Shopping Guide

●马庇姆
住 Piazza S.Maria Maggiore
营 9:30~20:30（周日 ~20:00）
休 不定期的周日
地 p.33 C4

●科因·艾克塞尔西欧鲁
住 Via Cola di Rienzo 173
营 10:00~20:00(周日·节假日 10:30~)
休 1/1、12/25
地 p.31 A3
※ → p.116

■富有魅力的罗马时尚

罗马的流行趋势，从综合品牌商店让特（→ p.116）开始

在意大利旅行途中，你可能会为意大利人极佳的时尚品位感到惊讶。特别是对这些男人很有男人味，女人很有女人味且略带性感又很可爱的罗马人的时尚风格感到钦佩。如果走在路上时偷学一二，那么你也能身穿意大利时装，加入到这群开朗活泼的罗马人中。

在罗马，从超高级品到时髦的小物品应有尽有，而且在这里可以购买到全意大利价格最便宜，品质最好的商品。如果没有在罗马买东西的话，你一定会感到后悔的。意大利的打折季 Saldi 每年有 2 次，一次是冬天过完年后约 1 个月，一次是夏天的 7 月上旬 ~ 8 月末。虽然每家店的打折时间会有些不同，不过一般在店门口都会贴上海报，只要看一眼就明白了。在专卖店中，请不要随便将商品从架子上拿下来。首先请告诉工作人员你想要看的商品，让工作人员拿来给你看。商店的营业时间为 9:00~13:00、16:00~20:00，周日和周一的中午前大部分商店都会休息。不过，以名品店为中心，10:00~19:00 营业的商店也多了起来。顺便一提的是，这里的衣服和鞋子采用的是意大利尺码（→ p.562），与中国号码不同。

■百货商店 / 超级市场

虽然意大利的专卖店较多，一般商店较少，不过在任何地方都能看到具有代表性的超级市场，如比拉 Billa、斯坦达 Standa、奥维埃塞（Oviesse）以及乌庇姆（UPIM）。这里面虽然商品种类很多，主要经营中档产品，但是里面也有出售食品的店铺，在准备旅行必需品时可以说是非常可靠的同伴。

和中国的百货商店感觉相似，略显高级的便是文艺复兴百货公司（La Rinascente）与科因（Coin）。在这里能够看到很多意大利独有的、五颜六色的厨房用品、漂亮的剃须刀、发饰以及一些罕见的物品。非常适合想要了解意大利人的日常生活以及为挑选旅游纪念品感到困扰的人前来光顾。

●文艺复兴百货公司

中央大街的文艺复兴百货位于圆柱广场前的阿尔贝尔·索尔蒂长廊中。

住 Piazza Colonna

开 9:30（周日 10:00）~21:00

地 p.32 B1

●科因

住 Piazzale Appio（圣乔瓦尼车站上）

营 10:00~20:00

地 p.27 B4

罗马的购物区

下面为大家介绍年轻时髦的当地罗马人的购物街。价格便宜而且品位很好，也是新潮流的诞生地。

1. 民族大街
Via Nazionale

从特米尼中央车站前的共和国广场往左走约 1 公里处的道路上，能看到一排排的商店。从高级品牌时装店到一直出血大甩卖的店，应有尽有，就像是一座横向的百货商店一样。三越百货也在这条街上。

2. 奥塔维亚诺大街
Via Ottaviano

在地铁 A 号线的 Ottaviano 站下车。在车站的左侧，圣彼得广场对面的大街便是了。这条街上的每家店铺都给人一种能够轻松进店的感觉，充满了活力。在播放着俱乐部音乐的店内，十几岁的女孩一边和朋友试穿衣服，一边研究着流行的穿着方法。在每家店的橱窗里，都展示着面向年轻人的休闲服装。

3. 科拉迪里恩佐大街
Via Cola di Rienzo

位于梵蒂冈城国旁的文艺复兴广场到人民广场之间林荫道上的购物街。在这里从高级高级品牌时装店到平价商店应有尽有，可以在这里一边散步一边购物。

科拉迪里恩佐大街的摊位上有琳琅满目的商品

4. 齐内塔多艾大街
Cinecittà Due

在地铁 A 号线 Subaugusta 站下车。以超市为主，这里是一处开设有 100 多家店铺的大型购物中心。

●西班牙广场的高档品牌时装店指南

高档品牌的时装店集中在西班牙广场前的孔多蒂大街及与其平行的博尔戈诺纳大街、弗拉蒂纳大街上。虽然有名的品牌也会有打折的时候，但是有时只会卖些连老奶奶都不愿意穿的，完全过时的东西，不如让我们先进行一次橱窗购物来养养眼吧。另外，在位于科尔索大街东侧的鲁茨纳广场 Piazza S. Lorenzo in Lucina 中开设了路易·威登的新店铺，值得一看。

普拉达【品牌】
Prada

Map p.113 1

◆人气品牌的新店

展示着现在成为热门话题的商品。店内虽然不算很宽敞，但是品种很全。尼龙材质的商品也很丰富。

住 Via Condotti 92/95 ☎ 06-6790897

营 10:00~19:30
周日 10:00~19:00

休 无 C A.D.J.M.V.

交 从地铁 A 号线西班牙广场站下车步行 3 分钟

古驰【品牌】
Gucci

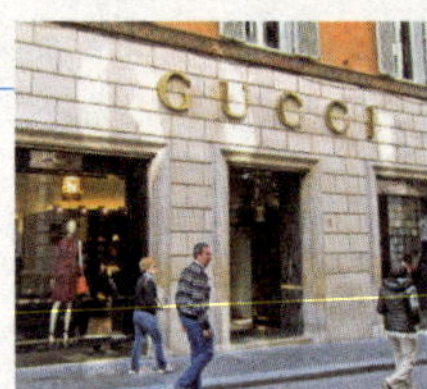

◆ **既时髦又酷的品牌**

一层陈列着包以及围巾等人气商品，二层为鞋子和衣服。长时间有会说中文的店员当班，能够很亲切地交谈。

Map p.113 ②

住 Via Condotti 8
☎ 06-6790405
营 10:00~19:30
周日 10:00~19:00
休 无　C A.D.J.M.V.
交 从地铁 A 号线西班牙广场站下车步行 3 分钟

宝格丽【珠宝】
Bvlgari

◆ **全球三大珠宝店之一**

意大利代表性珠宝品牌的总店。橱窗里豪华的宝石美丽得让人叹为观止。功能齐全而且设计时髦的手表在中国也很受欢迎，只是在当地购买价格非常实惠。

Map p.113 ③

住 Via Condotti 10
☎ 06-6793876
营 10:00（周一 15:00）~19:00
休 周日
C A.D.J.M.V.
交 从地铁 A 号线西班牙广场站下车步行 3 分钟

路易·威登【品牌】
Louis Vuitton

◆ **永远人气火爆的 L.V.**

由于路易·威登不管在全世界的哪个地方价格都是差不多的，因此请利用好免税这个有利条件来进行划算的购物吧。这里面向的是来自全世界的游客，商品的种类很丰富，非常值得一逛。在鲁茨纳广场也有一家大型店铺。

Map p.113 ④

住 Via Condotti 13
☎ 06-69940000
营 10:00~19:30
周日 11:00~19:30
休 无
C A.D.J.M.V.
交 从地铁 A 号线西班牙广场站下车步行 3 分钟

乔治·阿玛尼【品牌】
Giorgio Armani

◆ **时髦女性钟爱的品牌**

无论女人或者男人都很想有一款合身的阿玛尼外套。这服装时尚得让人一旦穿上就再也不想脱下。是意大利职业女性购买品牌的 No.1。在当地购买非常实惠。

Map p.113 ⑤

住 Via Condotti 77
☎ 06-6991460
营 周一～周六 10:00~19:00
周日 10:00~14:00、15:00~19:00
休 一部分节假日
C A.D.J.M.V.
交 从地铁 A 号线西班牙广场站下车步行 5 分钟

菲拉格慕【品牌】
Salvatore Ferragamo

◆ **非常受欢迎，完美舒适的鞋子**

让人充满新鲜感的设计和完美的样式。在这里不仅能找到海外非常有名的代表作“瓦拉”鞋，还能找到一些菲拉格慕其他高雅的鞋款。男士鞋商店位于 66 号。

Map p.113 ⑥

住 Via Condotti 73/74
☎ 06-6791565
营 10:00~19:30
周日 10:30~19:30
休 无
C A.D.J.M.V.
交 从地铁 A 号线西班牙广场站下车步行 5 分钟

麦丝玛拉【品牌】
Max Mara

◆**种类齐全的总店**

店内按照麦丝玛拉、运动玛拉等 6 种商品分别放在不同的房间，商品种类丰富，是麦丝玛拉的粉丝必须要来的一家店。罗马总店的商品种类很全。

Map p.113 ⑦

住 Via Condotti 19
☎ 06-69922104　营 10:00~20:00
周日 10:30~20:00
休 部分节假日
C A.D.J.M.V.
交 从地铁 A 号线西班牙广场站下车步行 5 分钟

布契拉提【珠宝】
Federico Buccellati

◆**金银制品的加工手艺很棒**

和宝格丽并肩的珠宝饰品老店。以设计成叶子样子的精致戒指而闻名。让人能够感受到欧洲传统银制品的价值。

Map p.113 ⑧

住 Via Condotti 31
☎ 06-6790329
营 10:30（周一 15:30）~19:00
周六 10:30~13:30、14:30~19:00
休 周日
C A.D.J.M.V.
交 从地铁 A 号线西班牙广场站下车步行 5 分钟

杰尼亚【品牌】
Ermenegildo Zegna

◆**意大利男装最知名的品牌**

作为服装公司，杰尼亚的衣服并没有很夸张的设计，而是依靠耐用性受到了很多男性的青睐。同时这家店采用的也是意大利式的面对面销售法，能够和店员咨询沟通，购买到合身的衣服。

Map p.113 ⑨

住 Via Condotti 58
☎ 06-69940678
营 10:00~19:30
周日 10:00~19:00
C A.D.J.M.V.
交 从地铁 A 号线西班牙广场站下车步行 5 分钟

杜嘉班纳【品牌】
Dolce & Gabbana

◆**大胆创新的设计**

使用发光素材与充满女性要素的透明材料，按照略带男性风格设计制作而成的服装。自认为是前卫派，由两位设计师率领的意大利品牌。受到很多喜爱时尚粉丝的追捧。

Map p.113 ⑩

住 Via Condotti 51
☎ 06-69924999
营 10:30~19:30
C A.D.J.M.V.
交 从地铁 A 号线西班牙广场站下车步行 5 分钟

孔多蒂大街Via Condotti周边

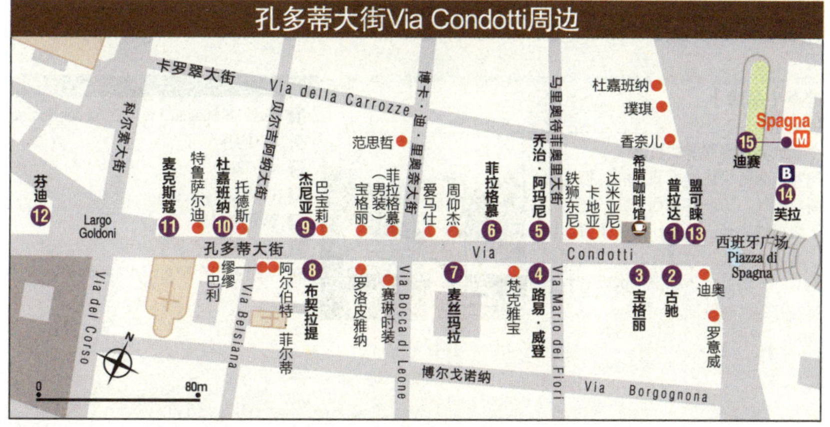

麦克斯蔻［品牌］
Max & Co.

◆ **麦丝玛拉的姊妹品牌**

价格很便宜，设计方面也偏向于休闲装的衣服。在设计上着重表现了当季的潮流。让我在这里抓住意大利的流行吧。孔多蒂店走的是漂亮保守的线路，非常适合上班族。

Map p.113 ⑪

住 Via Condotti 46/46A
☎ 06-6787946
营 10:00~19:30
周日 11:00~19:30
C A.D.J.M.V.
交 从地铁 A 号线西班牙广场站下车步行 5~6 分钟

芬迪【品牌】
Fendi

◆ **总店独有的风格和商品**

这个牌子最开始是从毛皮店做起来的，是罗马极具代表性的品牌。2005 年时为了纪念创业 80 年而修建了这座“芬迪宫殿”。在这里有许多只有在总店才能看到的独家商品，特别是二层高档的皮草类商品，堪称本店的精华。

Map p.113 ⑫

住 Via di Fontanella Borghese 48
☎ 06-686641
营 10:00~19:30
C A.D.J.M.V.
交 从地铁 A 号线西班牙广场站下车步行 5~6 分钟

盟可睐【品牌】
Moncler

◆ **时尚的高级羽绒服**

作为高级羽绒服厂家而备受瞩目，是一家总部位于法国，而以米兰为生产大本营的时尚品牌。在菲乌米奇诺机场内也设有店面。

Map p.113 ⑬

住 Piazza di Spagna 77
☎ 06-69940292
营 10:30~19:30
休 部分节假日
C A.D.J.M.V.
交 从地铁 A 号线 Spagna 站下车步行 3 分钟

芙拉【品牌】
Furla

◆ **是一家新装修开业的店铺**

诞生于博洛尼亚的品牌。这是位于西班牙台阶旁的罗马旗舰店。从休闲到精美风格的包包自不用说，连小物品和首饰也一应俱全。

Map p.113 ⑭

住 P.za di Spagna 22
☎ 06-69200363
营 10:00~19:30
休 部分节假日
C A.D.J.M.V.
交 从地铁 A 号线 Spagna 站下车步行 3 分钟

迪赛【品牌】
Diesel

◆ **意大利休闲服装的代表**

迪赛作为高级休闲服装品牌，拥有很高的人气。2015 年在西班牙广场开设了大型的店铺。以牛仔裤为主打，除了女装、男装以及童装，还有包包和饰品等，商品种类丰富。店内有着迪赛特有的崭新氛围。

Map p.113 ⑮

住 Piazza di Spagna 18，与 Via del Bottino 交叉口的拐角处
☎ 06-6786817
营 10:30~20:30
休 部分节假日
C A.D.J.M.V.
交 从西班牙台阶步行 1 分钟

不喜欢逛品牌店，又想买点特产带回去的游客们，让我们一起来找找意大利有特色的礼品吧。看看修道院的纪念品、天然食品，还可以在改建后的特米尼中央车站的大型书店及音像店看看影集、意大利歌剧 CD 以及当地画家的作品等。比起在国内购买要便宜一些，还可以在历史悠久的葡萄酒商店购买一瓶葡萄酒，或者在文具店里买一张意大利风情画。

安提克阿里乌【版画】
Antiquarius Stefano Bifolco

◆将古董版画作为纪念品

这是一家专门出售古董版画的店铺。这里销售的商品全是货真价实的15~19 世纪时物品。古罗马城镇的版画绝对能让室内格调上升一个档次。价格在€ 25~300。如果能等上 2~3 天的话，还可以裱上相框（€ 400~500）。

Map p.31 B4

住 Corso Rinascimento 63
☎ 06-68802941
营 9:30~13:00、16:00~19:30
休 周六、周日、8 月的 3 周
C A.J.M.V.
交 从纳沃纳广场步行 1 分钟

托里马尼【酒屋】
Trimani

◆如果要购买葡萄酒的话，可以前来专卖店

创业于 1821 年，是罗马为数不多的葡萄酒商店。店内根据地区、种类摆放着约 5000 个品种的葡萄酒。从物美价廉的葡萄酒到贵重、年份久远的葡萄酒应有尽有，同时店员的建议也很中肯，有什么问题都可以询问。店内还可提供快递服务。

Map p.33 B4

URL www.trimani.com
住 Via Goito 20
☎ 06-4469661
营 9:00~20:30
休 周日・节假日
C A.D.J.M.V.
交 从特米尼中央车站下车后步行 7~8 分钟

韦尔泰基【文具店】
Vertecchi

◆种类丰富的知名文具店

这里有从意大利制的笔记本和钢笔到绘画材料、设计用品等各种各样的商品。当然还有像各种卡片、包装纸、便笺、厨房用品以及很有罗马风格的笔记本等非常适合买来作为纪念品的商品。

Map p.32 A1

URL www.vertecchi.com
住 Via della Croce 70
☎ 06-3322821
营 10:00~19:30
休 8 月中旬 1 周、12/25、12/26、1/1、1/6
C A.D.J.M.V.
交 从地铁 A 号线西班牙广场站下车步行 5 分钟

库奇纳【厨房用品】
c.u.c.i.n.a.

◆推荐给喜欢做饭的人

在狭长的店内摆放着做菜用的工具、刀具、亚麻布类等厨房用品。在这里寻找一些像奶酪刨丝器等意大利独有的物品会很有趣，同时这里也非常适合寻找一些物美价廉的纪念品。还有一家店铺位于纳沃纳广场周边 Via di Parione 31（地 p.31 C4），市内一共有 4 家店。

Map p.32 A1

住 Via Mario de' Fiori 65
☎ 06-6791275 营 10:00~19:30
休 1/1、复活节与复活节次日的周一、8/15、12/25、12/26
C A.D.J.M.V. 交 从地铁 A 号线西班牙广场站下车步行 3 分钟

凯博礼品文具店【文具店】
Campo Marzio Design

◆时尚钢笔专卖店

这里是以自来水笔为主，专门出售钢笔的店铺。明亮的店内摆放着笔尖、笔、墨水、笔记本等文具用品。集合了技术与设计精华的高级自来水笔（€ 10~）也非常适合买来当作旅游纪念品。

Map p.32 B1

住 Via Campo Marzio 41
☎ 06-68807877
营 10:30~19:30
休 8/15
C A.D.J.M.V.
交 从圆柱广场步行 5 分钟

罗萨里奥之家【宗教用品和礼品】

Casa del Rosario

Map p.33 C4

◆ 对于信徒不可少的宗教物品

位于大圣母堂教堂周边的宗教用品店铺。在店内经常能看到很多前来购买十字架等物品的虔诚信徒。将这里价格实惠的十字架买来当作饰品也是非常不错的。同时这里也有明信片及小纪念品。店内非常安静。

住 Via Esquilino 33-34
☎ 06-486991
营 9:00~13:00、16:00~19:00
休 周日
C J.M.V.
交 大圣母堂教堂北侧街边

罗马本地人喜欢逛梵蒂冈地区的两条大街。在科拉迪里恩佐大街上，以麦丝玛拉、迪赛等为代表的意大利名牌精品店鳞次栉比。在这些商店里侧就是高级住宅区，所以食品店或者化妆品店也很多。

另一条特米尼中央车站附近的民族大街则是比较高档的平民化商店街。每年，这些店铺都会有大降价的时段，可以体验一下罗马平民街上的生活气息。

关于罗马的超市，推荐特米尼中央车站地下的康纳德 Conado 超市和大圣母堂前的斯玛 Sma 超市，前往这两家超市的交通都很便利。

科因·艾克塞尔西欧鲁【百货商店】

Coin Excelsior

Map p.31 A3

◆ 充满高档感的百货商店

2014年4月，这里改名为 Coin Excelsior，变成了更为高档的店铺。一层为化妆品与蒂芙尼，二层为马克·雅可布、华伦天奴等人气品牌和高档杂货，商品种类非常丰富。曾经为超市的地下现在被叫作 Eat's，成了一些高档食材的销售区域。

住 Via Cola di Rienzo 173
☎ 06-36004298
营 10:00~20:00
周日·节假日 10:30~20:00
C A.D.J.M.V.
交 从地铁 A 号线 Ottaviano 站下车步行 12 分钟

让特【综合品牌】

Gente

Map p.30 A2

◆ 查看最新的时尚

这里是出售全世界时装，有当今最流行服饰的高级综合品牌时装店深受时尚爱好者们的喜爱，在罗马已经有约 30 年的历史。在市内共有 6 家店，这里这家主要是以女装和鞋子为重心。即使只是看一下橱窗展览，也能了解到目前的流行趋势。

住 Via Cola di Rienzo 277
☎ 06-3211516
营 10:30~19:30
周日 10:30~14:00、15:00~ 19:00
休 1/1
C A.D.M.V.
交 从地铁 A 号线 Ottaviano 站下车步行 5 分钟

Twin-Set【休闲服饰】

Twin-Set

Map p.31 A3

◆ 标识为丝带

1990 年，在摩德纳周边创业的女装品牌。虽然丝带就像是这个品牌的标识一样，给人美丽且宁静的感觉，不过同时也并存着意大利风格的奢华与性感。在这里除了有针织类服装、礼服、外套等以外，还有包和鞋子等小物品。

住 Via Cola di Rienzo 245/249
☎ 06-3218479
营 10:00~20:00
周日 11:00~14:00、15:00~ 19:00
休 部分节假日
C A.D.J.M.V.
交 从地铁 A 号线 Ottaviano 站下车后步行 7~8 分钟

阔琪涅勒【包】
Coccinelle

◆人气不断上升

以时尚、流行的包类为主。价格实惠、方便实用、外观时尚是这里高人气的秘诀。店内虽然不算宽敞，但是在地下有仓库，商品种类还是非常齐全的。

Map p.30 A2

住 Via Cola di Rienzo 255
☎ 06-3241749　营 9:30~20:00
周日及周一 16:00~20:00
休 部分节假日
C A.D.J.M.V.
交 从地铁 A 号线 Ottaviano 站下车后步行 7~8 分钟

法比安诺【纸制品】
Fabriano

◆纸制品的老店铺

创业于 1200 年的纸制品专卖店。据说拉斐尔及达·芬奇也经常光顾。在明亮的店内摆放着五彩缤纷的笔记本、手册以及皮革制品。买一本笔记本用来作为旅行笔记本或者品酒笔记本也很有趣。

Map p.32 A1

URL www.fabrianoboutique.com
住 Via del Babuino 173
☎ 06-32600361
营 10:00~20:00
休 周日、12/25、1/1
C A.J.M.V.
交 从地铁 A 号线西班牙广场站下车步行 3 分钟

罗马三越【百货商场】
Roma Mitsukoshi

◆著名品牌汇聚一堂

非常漂亮的商场。在这里除了菲拉格慕、托德斯、古驰等意大利的奢侈品牌外，还销售日默瓦等欧洲主要品牌，购物方便。同时还可以快递到家。

Map p.33 B3

URL www.mitsukoshi.it/ja
住 Via Nazionale 259
☎ 06-4827828
营 10:45~19:15
休 复活节的周日和次日的周一、12/25、12/26，以及店内盘点的日子
C A.D.J.M.V.
交 从地铁 A 号线共和国 Repubblica 站下车步行 1 分钟

米艾丽手套【手套】
Mieli Gloves

◆手套的种类丰富

这是一家位于圣西尔维斯托广场旁，专卖皮革手套的店铺。于 1924 年创立，具有悠久的历史，在狭长的店内张贴着的客人照片中能看到很多名人。这些在那不勒斯近郊制作的手套从€ 19 的平价商品到使用野猪或鹿皮的高级品，有各种各样的材质、颜色以及尺寸，种类非常丰富。非常适合买来当作送人的礼品。

Map p.32 B1

住 Via S.Claudio 70
☎ 206-6785979
营 12:00~19:00
休 周日（12 月除外）、8 月
C A.D.M.V.
交 从地铁 A 号线巴尔贝里尼 Barberini 或者西班牙 Spagna 站下车后步行 7~8 分钟

美洲野牛皮具店【品牌】
Il Bisonte

◆各种各样的手工制作皮革制品

这是一家销售使用纯天然的皮革，由工匠手工制作而成的各种包及其他制品的商店。是在全世界都开有店面的人气品牌。商品质量上乘，只要用手触摸一下就能感觉很温暖。这里最大的魅力是能以比国外优惠 20%~30% 的折扣购买到商品。

Map p.32 B2

URL www.ilbisonte.com
住 Via Borgognona 13
☎ 06-68808097
营 周一～周六 10:00~19:00
周日及节假日 11:30~18:30
休 1/1、8/15、12/8、12/25、12/26
C A.D.J.M.V.
交 从西班牙广场步行 3 分钟

罗马的食品店与超市

卡斯特罗尼【食品】
Castroni

Map p.31 A3

◆**销售进口食品的商店**

这里是梵蒂冈周边最有名的高档食品店。高档橄榄油、意大利面等欧洲及东方食物应有尽有。这里的咖啡豆在当地人之间人气也很高。在西班牙广场周边的 Via Frattina 79 开设有分店。（地 p.32 B1）

URL www.castronicoladirienzoshop.com
住 Via Cola di Rienzo 196
☎ 06-6874383
营 8:30~20:00
C A.J.M.V.
交 从地铁 A 号线 Ottaviano 站下车后步行 7 分钟

斯玛【超市】
Sma

Map p.33 C4

◆**大型食品超市**

在罗马的老城区内大型的食品超市非常少，这里是一家位于乌庇姆地下的宽敞店铺。比特米尼中央车站地下的超市规模还要大，有很多适合买来作为旅游纪念品的点心和葡萄酒。

住 Piazza S.M.Maggiore 1~5
☎ 06-44360225
营 8:00~21:00
C M.V.
交 大圣母堂教堂前

萨波利 & 丁托鲁尼【超市】
Conad Sapori & Dintorni

Map p.33 B4

◆**位于特米尼中央车站的地下，种类齐全**

对游客来说，这里是最方便也最好找的，位于特米尼中央车站地下的超市。超市内水果、熟食、糖果点心以及日用品一应俱全。在使用信用卡支付时需要出示能证明身份的证件。

住 Stazione Termini
☎ 06-87406055
营 5:00~24:00
休 无
C A.D.J.M.V.
交 特米尼中央车站地下

■意大利最大的店铺■

罗马的意大利美食城EATALY

夜间营业到很晚，既可以用餐，也可以购物。有的时间段可以观赏无盐干酪的制作过程和咖啡的焙煎过程。各楼层除了有食品售卖处外，还同时设有就餐处。一层为小吃，二～三层为意大利面、海鲜、油炸食品及肉类等，如果在同一楼层的话，即使摊位不一样也可以同时下单，只要一开始找到位子坐下来，之后拿着座位号码去点菜，随后制作完成后就会帮你端到位子上。1 盘 € 10~15（座位费€1）。可以将购物车放在位子旁边用餐，很方便。购买的物品最后结账。

在美食城可以乐享各种美食

住 Piazzale XII Ottobre 1492（奥斯汀车站旁）

开 9:00~24:00（举办活动时间会有所变动）
休 部分节假日 URL www.eataly.it 地 p.27 C3
前往方式 在地铁 B 号线金字塔站下车，从机场航站楼的出口出来，通过地下通道，穿过 Ostiense 车站，从 15 号站台最里面的出口往上走。从正对面的意大利高速列车伊塔洛 Italo 售票窗口的右手边，沿着建筑物往里面。

※2015 年在特米尼中央车站周边的共和国广场开设了新店铺。虽然规模不大，但是有卖场和休闲餐馆

Eataly incontra Gruppo Ethos-Roma Repubblica
住 Piazza della Repubblica 41
☎ 06-45509130
开 店铺 8:00~24:00（周五·周六～次日 1:00）、用餐 12:00~16:00、19:00~次日 1:00、比萨 12:00~次日 1:00
有露台，二层有座席
地 p.33 B3

罗马的酒店
Hotel Guide

罗马作为全世界著名的旅游胜地，从人人憧憬的豪华酒店到穷游的背包客喜爱的酒店、旅馆以及集体宿舍（拼房）等类型的住宿选择应有尽有。再加上还有许多由宗教机构经营，面向女性及家庭游客的旅馆，以及充满个性的民宿等，住宿设施的种类可以说是非常丰富的。一般来说，可以让人住得比较舒服的酒店设施的等级是 3~4 星。对于想节省旅费的旅行者来说，可以选择 1~2 星的酒店及旅馆。让我们在性价比较高的设施中住宿吧。

■罗马各地区的酒店

要是把方便旅客这点摆在第一位的话，那么有很多住宿费用便宜，竞争激烈的小旅馆的特米尼中央车站周边是最值得推荐的地区。周边有物美价廉的餐馆以及平价购物街，非常有活力。如果想要在有罗马风情的地区住宿，那么可以选择特韦雷河与科尔索大街中间位置的纳沃纳广场周边，这一带是罗马极富有历史的地区。虽然在这片有着古罗马影子的地区中没有什么经济型的酒店，但是可以尽情地享受罗马的风情。另外，成为罗马旅游聚焦点的西班牙广场周边是一片非常时髦的地区。除了拥有罗马首屈一指的购物街外，也是一个购物到深夜用餐也非常方便的地方。虽然距离车站有点远，但是梵蒂冈周边可以说是优质的 3~4 星酒店的宝库。在林荫道上摆放着椅子的科拉迪里恩佐大街是购物的区域，周边有许多本地人喜欢光顾的餐馆与意大利比萨店。

■罗马住宿较便宜的时期是?

虽然春季和秋季酒店价格比较高（作为一个旅游国家），但是罗马的酒店并没有价格比较便宜的时期。如果实在要说这里的淡季的话，那么就是 11 月 ~ 次年 2 月以及 7~8 月吧。在这个时期如果运气好的话，可以找到折扣很优惠的酒店。届时可以关注一下客房数量较多的 4 星连锁酒店（如星辰酒店 Star Hotel、乌纳酒店 Una Hotel、NH 酒店 NH Hotel）。

关于 Wi-Fi

意大利的大多数住宿设施内都可以使用 Wi-Fi。在本书中，可以使用 Wi-Fi 的酒店会标注 Wi-Fi。大多数酒店是免费使用的，如果收费的话，都是按照时间收费。或者收一次费用，住宿期间都可以使用，或者在某一段时间内免费，超过时间之后收费，收费方式各种各样。另外，很多人认为越便宜的酒店 Wi-Fi 越容易收费，其实年轻人经常使用的住宿设施反而很多是免费使用的。在预约酒店的时候需要提前确认。大多数情况下只能在房间里使用，不过有时候只有酒店前台周边或者大厅才能使用。Wi-Fi 密码一般会写在酒店房间介绍之中，有时候需要向前台问询才能知道。

意大利酒店最近的行情

虽然感觉上涨价的幅度并不高，但是费用的区间变大了。旺季时期可能会因为非常高的价格而感到困扰，但是到了淡季即便是高档酒店也能以非常实惠的价格住宿。像这样会有巨大价格差的一般都为 4 星酒店。如果打算在淡季前去旅行的话，可以尝试一下。

罗马的住宿税 Contributo di Soggiorno

从 2011 年 1 月 1 日开始，在罗马的酒店住宿时，需要缴纳每晚最多€ 7，最长 10 天的住宿税，不满 10 岁的儿童免税。由于需要使用现金或者和住宿费用一同使用信用卡结算，在退房时请事先做好准备。

除此之外，在进入市立美术馆、博物馆以及乘坐观光巴士时也需要交税，据说这笔税收是为了提高服务标准，或者用于旅游推广。

如果是以个人的名义直接预约的话，不管是通过酒店还是旅行社预约都需要支付税金。即便是在预约或者参加旅行社预约时已经预先付过住宿费了也一样（各家旅行社情况会有所不同）。所以在购买及申请时一定要确认清楚。

住宿设施和住宿税	
1 ~ 2 星的酒店	€ 3
3 星的酒店	€ 4
4 星的酒店	€ 6
5 星的酒店	€ 7
民宿 B&B、房间出租 Affittacamera/ Casa Vacanza/Casa per ferie	€ 3.50
度假别墅 Agriturismi 公寓　Residenza	€ 4
野营地 Campeggi	€ 2
青年旅舍 YH（私营除外）	除外

※ 每人每天，最多 10 天。价格可能会有变化

●罗马备受瞩目的酒店！！

意大利连锁酒店虽然近期有进军罗马的倾向，但是这座城市最大的特点是有很多古典的公寓酒店。另外，这里也增加了许多充满意大利设计师品位的设计师酒店。下面就介绍其中值得推荐的酒店。

加拿大酒店 ★★★
Hotel Canada

◆在传统的建筑中配备了最新设备的酒店。内部有高雅的家庭风格客厅以及让人安心的吧台，有很多意大利人也会在这里留宿。由极具意大利风情的古典风格与现代化的设计组合而成的客厅有着很高的天花板，内部非常清洁，住起来感觉非常好。可以在明亮的一层吃早饭，早饭有鸡蛋、火腿肉、香肠及水果、种类丰富的面包和点心。这里的工作人员也很亲切。乘坐地铁 B 号线到 Castro Pretorio 站需 1~2 分钟。

特米尼中央车站周边　Map p.33 B4

Low 1/2~3/26、7/31~9/3、11/1~12/28（圣诞节、新年除外）

URL www.hotelcanadaroma.com

住 Via Vicenza 58

☎ 06-4457770　Fax 06-4450749

SB €128/178（单人使用双人间）

TB €146/198、豪华€164/223　3B €128/188

室 70 间　自助早餐€ 6 W-F

C A.D.J.M.V.

交 从特米尼中央车站东出口步行 7~8 分钟

圣玛利亚酒店 ★★★
Hotel Santa Maria

◆位于有许多老房子的特韦雷河特拉斯提弗列地区的一角，被高高的围栏和绿色包围着，就像是隐蔽小屋一样的酒店。这里是利用 15 世纪的豪宅以及修道院改建而成的，庭院中的橘子树结满了果实，静静地留下影子。客房由古典风情与时尚风格组合而成，这里也有带阁楼以及留存有壁画的客房。可以租借免费的自行车。从威尼斯广场乘坐 8 路市内电车，从特米尼中央车站乘坐巴士 H（特快），在特韦雷河特拉斯提弗列区入口的松尼诺广场会频繁发车。

特韦雷河特拉斯提弗列区　Map p.35 A3

URL www.hotelsantamariatrastevere.it

住 Vicolo del Piede 2

☎ 06-5894626

Fax 06-5894815

SB € 109/229

TB € 115/478

室 20 间　含早餐 W-F

C A.D.M.V.

交 从 S.M. 特韦雷河特拉斯提弗列地区教堂步行 3 分钟

玫瑰花园酒店 ★★★★
Hotel Rose Garden Palace

◆这是一家距离韦内托很近，位于美国大使馆周边，将 1900 年初的住宅全面改造而成的宁静的酒店。大厅中的植物直接通向天花板，在它上面便是蔚蓝的天空。这里绿色和现代雕刻互相调和而成的大厅给人留下很深的印象。就像这家酒店的名字一样，这里还有到了季节玫瑰花便会盛开的露台餐馆。客房内设施齐全，很时髦而且卫生清洁。同时酒店内也有 SPA、健身房以及地下泳池。

博盖塞公园周边　Map p.29 C3

URL www.rosegardenpalace.com

住 Via Boncompagni 19

☎ 06-421741　Fax 06-4815608

SB € 132/256

TB € 212/350

室 65 间　含早餐 W-F

C A.D.J.M.V.

交 从地铁 A 号线 Barberini 站下车步行 7 分钟

公寓酒店或功能齐全的设计师酒店。不管选择哪一种都是个人爱好，下面就来介绍一下值得推荐的罗马 4 星酒店。从博盖塞公园向外延伸的韦内托大街是罗马首屈一指的高级酒店聚集地。玫瑰花园酒店有时髦的品位、平恰纳别墅则有着宛如自己家的舒适感。同样，梵蒂冈周边的迪 · 梅利尼酒店兼备了时髦与美丽，法尔内塞则是拥有争芳斗艳的鲜花的美丽小型公寓酒店。

平恰纳别墅 ★★★★
Villa Pinciana

◆位于韦内托大街附近，是一家位于耸立着一座座别墅的安静住宅街上的公寓酒店。该酒店将 1900 年初期的小型别墅重新进行了改造，于 2009 年开始营业。白色外观的住宅给人一种来到某人私宅的感觉。这里的客房有着和豪宅相符的优雅气氛。别墅周边是让人感觉很舒适的庭院，夏天会提供在这里享用早餐的服务。同时这里也有免费的停车场。

博盖塞公园周边 Map p.29 C3

URL www.villapinciana.it
住 Via Abruzzi 9/11
☎ 06-96042921 Fax 06-96042923
SB € 101/220 TB € 139/400
室 25 间 含早餐 W-Fi
C A.D.J.M.V.
交 从地铁 A 号线 Barberini 站下车步行 7 分钟

迪 · 梅利尼酒店 ★★★★
Dei Mellini

◆位于圣天使城堡周边的商业街上的现代化酒店。进入酒店后立刻就能看到装饰艺术风格的中庭，这里和谐的气氛给人留下很深的印象。最近经过改建后，配备了最新型及功能设备齐全的房间，将时髦的内部设计很好地统一了起来。去梵蒂冈也在步行范围之内，同时距离罗马人的购物地区科拉迪里恩佐以及从机场发车的普尔曼巴士停车处的加富尔广场很近，周边也有许多商店和饮食店，非常方便。

梵蒂冈周边 Map p.31 A4

URL www.hotelmellini.com
住 Via Muzio Clementi 81
☎ 06-324771 Fax 06-32477801
SB € 138/180 TB € 148/260
室 66 间 含早餐 W-Fi
C A.D.M.V.
交 从地铁 A 号线 Lepanto 站下车步行 7~8 分钟

法尔内塞 ★★★★
Hotel Farnese

◆由 20 世纪的贵族宅邸改造而成的共 22 间客房的小酒店。这是一家修建在罗马豪宅街上的白色 4 层楼建筑。以在特定的季节会盛开美丽鲜花的露台为主，在高雅的沙龙中摆放着真正的古董家具，让人可以拥有放松一刻的空间。客房在保持原貌的基础上，配备了现代化的设备，其中数间客房带阳台。天气好的时候会提供在屋顶花园享用早餐的服务，从这里看到的景色也非常不错。

梵蒂冈周边 Map p.31 A3

URL www.hotelfarnese.com
住 Via Alessandro Farnese 30
☎ 06-3212553 Fax 06-3215129
SB € 84/240 TB € 99/410
室 23 间 含早餐 W-Fi
C A.D.J.M.V.
交 从地铁 A 号线 Lepanto 站下车步行 3 分钟

阿特米德酒店

Hotel Artemide ★★★★

◆位于建于19世纪末的自由之家风格的建筑内，是既美观而又高雅的酒店，有很多商务客人入住，明亮而舒适的房间可以让人放松。在意大利人中这家酒店也很受欢迎，酒店内设有咖啡馆和餐馆。

特米尼中央车站周边 Map p.33 B3

URL www.hotelartemide.it
住 Via Nazionale 22
☎ 06-489911 Fax 06-48991700
SB €154/322 TB €160/350
室 85间 含自助早餐 W-F
C A.D.J.M.V.
交 从地铁A号线Repubblica站下车步行5分钟；从特米尼中央车站可以乘坐64路巴士

阿尔皮酒店

Hotel Alpi ★★★★

◆在独立广场旁边，由19世纪的建筑改建而成的酒店。整个房间由于有独特的装潢而显得优雅而豪华，现代化的浴缸便于使用，有的房间还带按摩浴缸。

特米尼中央车站周边 Map p.33 B4

URL www.hotelalpi.com
住 Via Castel Fidardo 84/A
☎ 06-4441235
Fax 06-4441257
SB €76/212 TB €83/250
室 48间 含早餐 W-F
C A.D.J.M.V.
交 从特米尼中央车站下车步行3~4分钟

哥伦比亚酒店

Hotel Columbia ★★★

◆位于特米尼中央车站和歌剧院之间，观光和购物都很方便，室内明亮而温馨，有阳光照入的屋顶花园的自助早餐广受好评。

特米尼中央车站周边 Map p.33 B3

Low 1/4~3/19、6/21~9/6、11/1~12/25
URL www.hotelcolumbia.com
住 Via del Viminale 15
☎ 06-4883509 Fax 06-4740209
SS €135/157 TS TB €184/213
室 45间 含早餐 W-F
C A.D.J.M.V.
交 从特米尼中央车站下车步行5分钟

阿伯丁酒店

Hotel Aberdeen ★★★

◆位于意大利国防部附近，即使夜间也很安全。距离特米尼中央车站和巴贝里尼广场也很近，地理位置很优越。房间内宽敞整洁，有一种很温馨的氛围。

特米尼中央车站周边 Map p.33 B3

Low 1~3月、8月、11~12月
URL www.hotelaberdeen.it
住 Via Firenze 48 ☎ 06-4823920
Fax 06-4821092
SS €51/115 TS TB €59/200
3B €79/210 室 37间 含早餐 W-F
C A.D.J.M.V.
交 从地铁A号线Repubblica站下车步行6~7分钟

阿索托丽亚花园酒店

Astoria Garden ★★★

◆位于特米尼中央车站附近，是一家很安静且令人放松的酒店。虽然从外观看不到，不过酒店内有绿色的中庭，如果季节合适的话，可以在中庭内享用早餐或者饮茶，有的房间内还带有按摩浴缸。

特米尼中央车站周边 Map p.33 B4

Low 1/7~3/15、11/15~12/28
URL www.hotelastoriagarden.it
住 Via Vittorio Bachelet 8/10
☎ 06-4469908 Fax 06-4453329
SB €45/180 TS TB €54/210
室 16间 含早餐 W-F
C A.D.J.M.V.
交 从特米尼中央车站下车后步行5分钟

S 公用淋浴单人间价格 T 公用淋浴双人间价格 D 多人间价格 SS 带淋浴的单人间价格 SB 带淋浴的双人间价格 TB 淋浴或者浴缸的双人间价格 3B 带淋浴或者浴缸的三人间价格 4B 带淋浴或者浴缸的四人间价格 SU 套房价格 JS 小型套房价格

艺术家酒店 ★★★

Hotel Des Artistes

◆酒店周边有许多餐馆以及自助洗衣店，地理位置也非常方便。房间内很明亮。还有屋顶花园，很适合片刻的放松休闲。可使用网络（收费）。

特米尼中央车站周边 Map p.33 B4

URL www.hoteldesartistes.com
住 Via Villafranca 20
☎ 06-4454365
Fax 06-4462368
SS € 42/220
TB € 47/243
室 32 间 早餐€ 8 W-F
C A.D.J.M.V.
交 从特米尼中央车站下车步行 8 分钟

意大利酒店 ★★

Hotel Italia

◆位于民族大街的小路中，距离特米尼中央车站也很近。虽然酒店只有 2 星，但装修很有品位，干净整洁，价格合理，很有吸引力。

特米尼中央车站周边 Map p.33 B3

Low 1、2、7、8 月、11/1~12/20
URL www.hotelitaliaroma.it
住 Via Venezia 18 ☎ 06-4828355
Fax 06-4745550 SS € 49/147
TB € 58/168 3B € 84/241 含早餐 W-F
C A.D.J.M.V.
交 从地铁 A 号线 Repubblica 站下车步行 7~8 分钟

奥尔兰达酒店 ★★

Hotel Orlanda

◆位于特米尼中央车站附近的小型旅馆，虽然只有 2 星，但是室内明亮，具有现代化氛围，服务也很周到，年轻的服务员给人的感觉也非常好，无线网络免费使用。

特米尼中央车站周边 Map p.33 C4

Low 11 月 ~ 次年 2 月
URL www.hotelorlanda.com
住 Via Principe Amedeo 76
☎ 06-4880124 Fax 06-23326970
SS € 40/70 TS € 50/120
3S € 70/140 4S € 90/160
室 17 间 含早餐 W-F C A.D.J.M.V.
交 从特米尼中央车站下车步行 5 分钟

阿斯科特酒店 ★★

Hotel Ascot

◆位于特米尼中央车站周边的 2 星酒店，价格比较优惠，室内很清洁，可用英语交流。从车站东口出来，往前直行 5 分钟即可到达。有人来信反映使用空调需要另外付费。

特米尼中央车站周边 Map p.33 B4

Low 1、2、3、8、11、12 月（12/29~ 次年 1/2 与 3/1~3/12 除外）
URL www.hotelascotroma.com
住 Via Montebello 22 ☎ 06-4741675
Fax 06-4740165 SS € 37/72
TS TB € 49/104 3S € 71/131
室 19 间 含早餐 W-F C A.M.V.
交 从特米尼中央车站下车步行 5 分钟

格尔曼诺老爹酒店 ★★

Papa Germano

◆从特米尼中央车站东出口往前一直走，位于一条小路的路口。这里可以泡热水澡，吹风机等设备齐全。平时的早晨，周边会有销售蔬菜和日用品的集市，能够体验到罗马平民街的气氛。

特米尼中央车站周边 Map p.33 B4

Low 11/5~ 次年 3/5（圣诞节、新年以及复活节期间除外）
URL www.hotelpapagermano.com
住 Via Calatafimi 14 ☎ 06-486919
Fax 06-47825202 D € 15/33 S € 30/55
SS € 45/70 T € 40/70
TS € 45/90 早餐€ 7 W-F C A.M.V.
交 从特米尼中央车站下车步行 5 分钟，位于 Via Calatafimi 左侧的 14a.apt-6-2 floor

拉扎里酒店 ★★
Hotel Lazzari

◆所有房间都被改造成带淋浴、厕所的房间。内部装潢很漂亮的酒店。

特米尼中央车站周边 Map p.33 B4

URL www.hotellazzari.com
住 Via Castelfidardo 31
☎ 06-4941378 Fax 06-45436125
SS € 40/50 TS € 50/85 3S € 60/100
含早餐 W-F C A.M.V.
交 从特米尼中央车站下车步行 10 分钟

里恩佐公寓 ★
Albergo Di Rienzo

◆位于大圣母堂附近，周围有很多超市和价格合理的饮食店，酒店整洁漂亮，有一种家的感觉。标志是小的黄色看板。

特米尼中央车站周边 Map p.33 C4

Low 11 月 ~ 次年 3 月左右
URL www.hoteldirienzo.it
住 Via Principe Amedeo 79/a（右侧一层）
☎ 06-4467131 Fax 06-4466980
S € 35/55 T € 45/80
TS TB € 50/100 W-F C M.V.
交 从特米尼中央车站下车步行 4 分钟

亚历山大皇家旅馆 ★
Alessandro Palace Hostels

◆以 4~8 人的多人间为主的旅馆。旅馆内随时会举办住宿者免费的比萨、通心粉聚会活动。同时隔壁时髦的酒吧兼餐馆（早餐在这里）也开始营业了。

特米尼中央车站周边 Map p.33 B4

URL www.hostelsalessandro.com
Low 1/2~3/24、11/2~3/15（2018）
住 Via Vicenza 42 ☎ 06-4461958
Fax 06-49380534 D €17/35 TB €70/110
早饭€ 4 W-F C J.M.V.
交 从特米尼中央车站下车步行 5 分钟

德拉密涅瓦大酒店 ★★★★★
Grand Hotel de la Minerve

◆将宫殿完全占有，在这个地区也非常罕见的奢华住宿设施。这里的公共区域也非常豪华。从屋顶的露台上能够看到仿佛伸出手便能抓住万神殿的圆形屋顶一样的美丽景色。这里所在的地区保留有很浓的古罗马的风情。

纳沃纳广场周边 Map p.32 C1

URL www.grandhoteldelaminerve.it
住 Piazza della Minerva 69
☎ 06-695201 Fax 06-6794165
SB € 187/382 TB € 229/700
室 123 间 早餐€ 35 W-F
C A.D.J.M.V.
交 从万神殿步行 2 分钟

拉斐尔酒店 ★★★★★
Raphael

◆覆盖在建筑物上的藤蔓让人感到了这里悠久的历史，是一处不管是谁都想住上一晚的酒店。大厅里有和周边古董店一样的装饰，给人一种古典安静的气氛。从露台眺望到的景色非常棒。从这里前往纳沃纳广场只需步行 1 分钟。

纳沃纳广场周边 Map p.31 B4

URL www.raphaelhotel.com
住 Largo Febo 2 ☎ 06-682831
Fax 06-6878993
SB € 196/330 TB € 238/740
室 49 间 含早餐 W-F
C A.D.J.M.V.
交 从特米尼中央车站前往 V.Emanuele II 街乘坐 64 路步行 10 分钟

圣基亚拉旅馆 ★★★
Albergo Santa Chiara

◆清洁舒适、感觉不错的酒店，很受意大利人的欢迎。铺着地毯的客房有一些复古风格，不过浴缸很清洁，也比较时尚。从窗口可以欣赏到美丽的罗马街景。

纳沃纳广场周边 Map p.31 C4

Low 8 月、1~2 月
URL www.albergosantachiara.com
住 Via di Santa Chiara 21
☎ 06-6872979 Fax 06-6873144
SS € 144/155 TS TB € 225/275
室 49 间 含早餐 W-F C A.D.J.M.V.
交 从特米尼中央车站乘坐 40 路、64 路巴士

葡萄牙酒店 ★★★
Hotel Portoghesi

◆位于从科尔索大街通往特韦雷河的沿途地区。有一种古老的旅馆氛围，这里的住客多是一些熟悉罗马街道的客人。

纳沃纳广场周边 Map p.31 B4

Low 1/4~4/23、6/19~9/10、10/23~12/28
URL www.hotelportoghesiroma.it
住 Via dei Portoghesi 1
☎ 06-6864231
Fax 06-6876976
SS € 130/160 TS € 160/200
TB € 190/230 SU € 210/260
室 30 间 含早餐 W-F C J.M.V.
交 从特米尼中央车站乘坐 492 路巴士。从纳沃纳广场步行 6~7 分钟

泰亚特洛狄朋佩欧酒店 ★★★
Hotel Teatro di Pompeo

◆虽然这是一家只有 13 间客房的小酒店，但是也是一家被评为 3 星的酒店。从花之田野广场步行 2 分钟。酒店内留存有古罗马（公元前 55 年）的剧院遗迹。在 HP 有折扣优惠信息。

纳沃纳广场周边 Map p.31 C4

Low 1/6~3/31、7/1~9/7、11/1~12~26
URL www.hotelteatrodipompeo.it
住 Largo del Pallaro 8
☎ 06-68300170
Fax 06-68805531
SB € 145/165
TS TB € 190/220
室 13 间 含早餐 W-F
C A.D.J.M.V.
交 从特米尼中央车站乘坐 64 路巴士

纳沃纳酒店 ★★
Hotel Navona

◆距离纳沃纳广场很近，观光或者用餐都很方便，由一家颇有情调的宅邸改装而成，客房是很受女性欢迎的复古风格，2 星旅馆，虽然不大，但是干净整洁。

纳沃纳广场周边 Map p.31 C4

Low 11 月～次年 2 月、7~8 月
URL www.hotelnavona.com
住 Via dei Sediari 8
☎ 06-68301252
Fax 06-68803802
SS € 107/200 TB € 112/219
室 35 间 早餐€ 10 W-F
C A.D.M.V.
交 从特米尼中央车站乘坐 40 路、64 路、70 路巴士

斯普莱迪德皇家酒店 ★★★★★
Splendide Royal

◆由 17 世纪的贵族豪宅改造而成的酒店。在高贵奢华的房间内，装饰着闪烁金色光芒的灰泥装饰以及屋顶吊灯，能够充分地感受到巴洛克风情的城市罗马。从一部分房间的阳台上能够看到博盖塞公园绿色的美景。同时，从这里能品尝到地中海美食的餐馆——蜜拉贝儿 Mirabelle 的屋顶花园中看到的景色也非常优美。

西班牙广场与韦内托大街周边 Map p.28 C2

URL www.splendideroyal.com
住 Via di Porta Pinciana 14
☎ 06-421689
Fax 06-42168800
TB € 275/814
SU € 600/1265
室 68 间 早餐€ 35 W-F
C A.D.J.M.V.
交 从地铁 A 号线 Barberini 站下车步行 7 分钟

S 公用淋浴单人间价格 T 公用淋浴双人间价格 D 多人间价格 SS 带淋浴的单人间价格 SB 带淋浴的双人间价格 TB 淋浴或者浴缸的双人间价格 3B 带淋浴或者浴缸的三人间价格 4B 带淋浴或者浴缸的四人间价格 SU 套房价格 JS 小型套房价格

莫扎特酒店
Hotel Mozart

★★★★

◆位于音乐学院的前面，是一家小型旅馆。改建后设施齐全，服务热情周到，让人感觉温馨，在欧洲游人中很受欢迎。从五楼的屋顶花园可以眺望到罗马的街景。

西班牙广场与韦内托大街周边 Map p.32 A1

Low 1/3~3/15、7/1~8/31、11/1~12/26 左右
URL www.hotelmozart.com
住 Via dei Greci 23/B
☎ 06-36001915
Fax 06-36001735
SB € 99/299　TB € 119/449
室 56 间　含早餐 W-F
C A.D.J.M.V.
交 从地铁 A 号线西班牙广场站下车步行 7 分钟

曼弗雷迪酒店
Hotel Manfredi Suite in Rome

★★★

◆位于西班牙台阶周边，修建在曾《罗马假日》中登场的独具风情的马格塔街上。客房内有按摩浴缸、桑拿以及卫星电视等，设施非常齐全。19 世纪风格的内部装潢让人感觉很浪漫。

西班牙广场与韦内托大街周边 Map p.32 A1

Low 1~3 月、8、11、12 月（有特殊时期）
URL www.hotelmanfredi.it
住 Via Margutta 61
☎ 06-3207676
Fax 06-3207736
SS € 80/289　TS TB € 90/299
JS € 120/330　室 16 间　含早餐 W-F
C A.D.J.M.V.
交 从地铁 A 号线西班牙广场站下车步行 5 分钟

马德里酒店
Hotel Madrid

★★★

◆位于圣西尔维斯特罗广场附近的中心街，步行可以前往西班牙广场和许愿池。去观光或者购物以及用餐都很方便。重新装修后，变得很明亮，在屋顶花园享受早餐或者眺望街景都很惬意。

西班牙广场与韦内托大街周边 Map p.32 B2

Low 1、2、7、8、11、12 月
URL www.hotelmadridroma.com
住 Via Mario de' Fiori 93/95
☎ 06-6991510
Fax 06-6791653
SS SB € 100/170　TS TB € 140/250
SU € 200/425（4~5 人）
室 26 间　含早餐 W-F　C A.M.V.
交 从地铁 A 号线西班牙广场站下车步行 7 分钟

巴雷特膳宿公寓
Pensione Barrette

★★★

◆位于街区中心，可以近距离俯瞰银塔广场遗迹，家族经营的公寓。距离纳沃纳广场和特韦雷河特拉斯提弗列地区也很近，便于观光和购物。通过改装 15 世纪的建筑而成，室内是华丽的巴洛克风格。

西班牙广场与韦内托大街周边 Map p.32 C1

URL www.pensionebarrette.com
住 Via Torre Argentina 47
☎ 06-6868481
Fax 06-6892971
SS € 120　TS € 135
3S € 165　早餐€ 8 W-F　C M.V.
交 从特米尼中央车站乘坐 40 路、46 路巴士

议会酒店
Hotel Parlamento

★★

◆像名字那样，酒店位于意大利议会旁边，这个地区无论白天和夜晚都是警备森严。酒店是由 17 世纪的建筑改建而成的，装潢和服务都令人感觉很舒适，尤其是可以一览罗马街景的屋顶花园受到了客人的好评，是一个可以令身心休憩的好地方。

西班牙广场与韦内托大街周边 Map p.32 B1

Low 1、2、7、8、11 月（有特殊时期）
URL www.hotelparlamento.it
住 Via delle Convertite 5
☎ 06-69921000
SS € 90/146　TS € 98/195
室 23 间　含早餐 W-F　C A.D.J.M.V.
交 从特米尼中央车站乘坐 85 路巴士

薄伽丘酒店 ★
Hotel Boccaccio

◆距离巴尔贝里尼广场和西班牙台阶很近，便于观光和购物，地理位置优越。房间不大，不过洗澡设施出水很好，干净且安全。

西班牙广场与韦内托大街周边 Map p.32 B2

Low 11/20~12/25、1/2~3/20 左右
URL www.hotelboccaccio.com
住 Via del Boccaccio 25 1° Piano（二层）
☎ 06-4885962
Fax 06-39798125
S SS € 59/63 T TS € 65/118
室 8 间 无早餐 W-F C M.V.
交 从地铁 A 号线 Barberini 站下车步行 5 分钟

圣安娜酒店 ★★★
Hotel Sant'Anna

◆由中世纪的宅邸改建而成，是一家很有情趣的旅馆。外观虽然很朴素，不过房间内却有一种很浪漫的气氛，非常干净。据说是来自世界各地的神父集会时居住的旅馆。

梵蒂冈周边 Map p.30 B2

URL www.hotelsantanna.com
住 Borgo Pio 134
☎ 06-68801602
Fax 06-68308717
SS SB € 119/140
TS TB € 129/210
室 18 间 含早餐 W-F
C A.J.M.V.
交 从圣彼得广场步行 3 分钟

格伯旅馆 ★★★
Hotel Gerber

◆虽然简朴不过很干净，是让人感觉很温馨的旅馆，由家族经营，服务周到，让人感觉很舒适，内有中庭。

梵蒂冈周边 Map p.31 A3

Low 1、2、8、11 月
URL www.hotelgerber.it
住 Via degli Scipioni 24
☎ 06-3216485 Fax 06-3217048
S € 50/80 SS € 70/140
TS TB € 90/180 3B € 100/200
室 27 间 含早餐 W-F C A.D.J.M.V.
交 从地铁 A 号线 Lepanto 站下车，步行 2 分钟。从特米尼中央车站乘坐 70 路巴士

阿卡吉洛旅馆 ★★★
Hotel Arcangelo

◆由历史悠久的小型宅邸改装而成的旅馆，距离科拉迪里恩佐大街很近，购物和观光都很方便。室内的装饰很精致，让人感觉很舒适。有很多来自意大利国内的常客。

西班牙广场与韦内托大街周边 Map p.31 A3

URL www.hotelarcangeloroma.com
住 Via Boezio 15
☎ 06-6874143
Fax 06-6893050
SB € 60/169 TB € 71/199
室 33 间 含早餐 W-F C A.D.M.V.
交 从特米尼中央车站乘坐 64 路、492 路巴士。从地铁 A 号线 Lepanto 站下车步行 10 分钟

阿马利亚 ★★★
Hotel Amalia Vaticano

◆位于一座建于 19 世纪的美丽建筑的二层楼，由家族经营，让人感觉很亲切，性价比较高。二层还设有美容和按摩店。

西班牙广场与韦内托大街周边 Map p.30 A2

URL www.hotelamalia.com
住 Via Germanico 66
☎ 06-39723356 Fax 06-39038490
SS € 59/130
SB € 99/159 TS € 69/210 TB € 79/210
室 11 间 含早餐 W-F C A.D.J.M.V.
交 从地铁 A 号线 Ottaviano 站下车步行 5 分钟

马德里派旅馆 ★

Residenza Madri Pie

◆由修道会经营的旅馆，位于圣彼得大教堂的南侧，清洁舒适，还有四人间，一家人住宿刚好，住宿没有限制。

Low 1、2、7、8月 URL www.residenzamadripie.it

住 Via A. de Gasperi 4/ Via Alessandro III 3

西班牙广场与韦内托大街周边 Map p.30 B2

☎ 06-631967

Fax 06-631989

SS €70/90 TS €100/140

3S 4S €120/220

室 60间 含早餐 W-F

C M.V.

交 从特米尼中央车站乘坐64路巴士

切利奥 ★★★

Hotel Celio

◆位于斗兽场东面不远处的小酒店。古典和时髦相辅相成的客房内部非常漂亮且舒适。同时这里也有具备按摩浴缸以及能够俯视斗兽场的最顶层的套房。

Low 7/1~8/31、11/3~12/28 URL www.hotelcelio.com

住 Via dei Santi Quattro 35/C ☎ 06-70495333 Fax 06-23328754

斗兽场周边 Map p.37 B3

SS €100/150 SB €130/180

TB €130/190（带淋浴）、€140/230（带浴缸）

室 19间 含早餐 W-F C M.V.

交 从地铁B号线Colosseo站下车步行3分钟，从特米尼中央车站可乘坐87路巴士

博罗梅奥酒店 ★★★

Hotel Borromeo

◆位于地铁站附近，而且能够节省不少费用，是非常值得推荐的一家酒店。游览古罗马广场和斗兽场时住宿这家酒店是最合适的。经过重新装修后，这里的设备也焕然一新，居住起来更方便了。

斗兽场周边 Map p.37 A3

URL www.hotelborromeo.com

住 Via Cavour 117

☎ 06-485856 Fax 06-4882541

SB €60/140 TB €70/200 3B €90/250

室 30间 自助早餐 W-F

C A.D.J.M.V.

交 从地铁B号线Cavour站下车步行3分钟

帕巴酒店 ★★

Hotel Paba

◆外观虽然稍微有点古老，但是房间经过改建后非常干净。工作人员也很亲切。这里也有电梯以及热水壶。

Low 1、2、8月、11/1~12/23 URL www.hotelpaba.com

住 Via Cavour 266（三层） ☎ 06-47824902 Fax 06-47881225

斗兽场周边 Map p.36 A2

TS €65/150

3S €80/190

4S €120/220

室 7间 W-F C M.V.

交 从地铁B号线Cavour站下车步行3分钟

圣普鲁登齐亚娜之家

Protezione della Giovane ACISJF-Casa S.Pudenziana

◆由宗教团体经营的青年旅舍，只有30岁以下的女性才能入住。服务员十分亲切，给人一种宾至如归的感觉。房间内干净整洁，设有洗脸池。淋浴有热水。可提供晚餐（要提前预约）。关门时间是22:30（周六24:00），没有洗衣房（Via Urbana 29/39有投币式洗衣机），就餐地点在食堂或者庭院。淋浴开放时间为6:30~8:00、17:00~21:00，屋内不能使用其他电器（淋浴室内可以使用吹风机）。为安全起见，一定要遵守这些规定。可通过传真、电话以及E-mail进行预约。接待时间是7:00~22:00。

宗教设施和青年旅舍 Map p.33 C3

e-mail info@santapudenziana.it

URL www.acisjf.it

住 Via Urbana 158

☎ 06-4880056

Fax 06-4827989

S €32 SS €40 T €48

D 1人€20 含早餐（7:00~9:00）、晚餐€10、19:30~20:30，一定要在早上预约。退房手续 11:00 W-F C 不可

交 距离特米尼中央车站500米步行大约7分钟，Via Cavour下车后可以看到大圣母堂前的广场，在第一个路口右转，然后马上左转，右侧即是

S 公用淋浴单人间价格 T 公用淋浴双人间价格 D 多人间价格 SS 带淋浴的单人间价格 SB 带淋浴的双人间价格 TB 淋浴或者浴缸的双人间价格 3B 带淋浴或者浴缸的三人间价格 4B 带淋浴或者浴缸的四人间价格 SU 套房价格 JS 小型套房价格

YMCA

YWCA U.C.D.G Foyer di Roma

宗教设施和青年旅舍 Map p.33 C3

◆没有男女和年龄的入住限制，多数房间带有洗脸池、卫生间以及淋浴。距离特米尼中央车站很近，地理位置优越。接待时间 8:00~24:00、关门时间 24:00，退房手续 10:00。

URL www.ywca-ucdg.it
住 Via Cesare Balbo 4
☎ 06-4880460
Fax 06-4871028
D €20 S €35 SS €50 T €60
TS €70 含早餐（7:30~9:00）、晚餐€12（19:30~20:30）W-F
C J. M. V.
交 从特米尼中央车站下车步行 5 分钟

圣母无染原罪修女卢尔德旅馆

Suore dell'Immacolata Concezione di Lourdes/Nostra Signora di Lourdes

宗教设施和青年旅舍 Map p.32 B2

◆位于西班牙广场附近，地理位置优越，便于观光。工作人员非常亲切，在各国携带家属来意大利的旅行者之间很受欢迎，没有入住限制，接待时间为 9:30~22:00，关门时间为 22:00。早餐时间为 8:00~9:00。预约可通过传真。

住 Via Sistina 113
☎ 06-4745324
Fax 06-4741422
S €43.75 SS €50
T €70
TS €75 3B €112.50
室 30 间 含早餐
交 从地铁 A 号线西班牙广场站下车步行 3 分钟；从 Barberini 站下车步行 5 分钟

亚历山德罗市区旅馆

Alessandro Downtown Hostel

宗教设施和青年旅舍 Map p.33 C4

◆是罗马唯一一家青年旅舍协会加盟的青年旅舍。位于特米尼中央车站和超市附近，非常方便。24 小时对外开放。在 10:00~15:00 房间清扫时间段内，客人不可以留在房间。与 p.124 的亚历山大皇家旅馆属于连锁店，随时举办住宿者可免费参加的比萨集会。多人间很宽敞，有宽银幕的休息室，可以使用无线网络和电脑，各房间内冷暖气设备齐全，服务也很周到。即使紧急情况时也很安心。旅馆主人在隔壁经营了物美价廉的餐馆。

URL www.hostelsalessandro.com
Low 1/2~3/24、11/2~ 次年 3/15（2018）
住 Via Carlo Cattaneo 23
☎ 06-44340147
Fax 06-4938053
D €17/35 TS €60/95
室 100 个床位 W-F 早餐€4（7:30~10:30）
C J.M.V.
交 从特米尼中央车站下车步行 5 分钟

首都罗马的餐桌风景——山珍+海味

通心粉制成的意大利面看起来是非常漂亮的罗马美食

■拉齐奥区的美食

这个区的许多名菜虽然现在被称作为罗马风格，但其实这些菜系都是由周边的居民传入大都市罗马的。在罗马的名菜中，有一道加入了羊奶酪，被称为 Bucatini all' Amatriciana 的通心粉面食。这其实是由距离罗马 120 公里的阿帕尼山脉的村庄阿玛特里恰纳的牧羊人创作的菜肴。由于周边的养猪业非常发达，在美食中多用猪油也是这里的一大特色。

罗马南侧郊外的丘陵地带 Castelli Romani，到了初夏便成为大野生草莓的产地，其又酸又甜的味道刺激着罗马人的味蕾。同时这里也可以说是拉齐奥地区的一大葡萄酒产地。这里以白葡萄酒为重心，盛产透明度高、口感柔和的弗拉斯卡蒂以及充满果实香味的 Colli Albani 等品质优良的葡萄酒。靠近托斯卡纳的蒙特菲阿斯科奈是著名的葡萄酒 Est!Est!!Est!!! 的产地。这个名字背后据说有这样的故事：受到教皇允许的修道士为了寻找有美味葡萄酒的旅店，而让下人率先前去，如果找到好喝的葡萄酒就在那间旅店的门上写上“Est!”（有！）。而由于这名下人觉得这里的红酒实在太好喝了，因此写上了 3 个“Est”。不过，那名修道士最后好像因为这葡萄酒实在太好喝而喝多了，因此丧命。另外，由在这周边采摘的阿雷提克·迪·古拉德利制成的利口酒是这个区唯一的甜酒。这甜酒和田园风的甜点非常搭配。

蒙特菲阿斯科奈的葡萄酒组合招牌

再稍微接近一点罗马的地方便是布拉恰诺湖。以拥有众多便宜又好吃的餐馆而深受好评的当地名产，便是鳗鱼猎人风味 Anguilla alla Cacciatora。这是将切小的鳗鱼加入大蒜、辣椒，然后用白葡萄酒煮成的美食。

从这里往东望去的话，是一片第勒尼安的海洋。在有着众多驶向各地的渡轮的奇维塔韦基亚港口以及罗马人的海水浴场奥斯蒂亚中，现在也能看到美味的鱼跳出来，在路边能看到出售鲜鱼的摊贩。比起这个，更让人感到惊讶的是这里的纯自然生活，海水浴后晚餐桌上摆出各种各样的贝类美食，新鲜的鱼和罗马各地的吃法一样，或炸或烧烤。这个地方将一种名为 Gamberone 的虾用罗马方言称为 Mazzancolla，很有趣。另外，围绕着罗马的平原 Agro Romano 是具有 2000 年历史的罗马羊奶酪的一大产地。

在闻名四海的大都市罗马周边，如今依然保留着优美的大自然风光，原汁原味的菜肴让人流连忘返。

特产信息

●葡萄酒●

阿雷提克·迪·古拉德利

Aleatico di Gradoli ★★★

DOC·红色甜点酒

弗拉斯卡蒂 **Frascati** ★★

DOC·白色·辣口·半甜·甜口酒（带气）

●特产●

梵蒂冈邮票

意大利甲级联赛支持者·物品

■罗马店

住 Piazza Colonna 360 ☎06-69781232

■拉齐奥店 1900

住 Via G.Calderini 66/C ☎06-32541745

罗马名菜——烤羊排

佛罗伦萨的历史地区
收录年份 1982 年

La Vita nella Città

诉说文艺复兴时期光辉的“花之都”

在“花之都”佛罗伦萨，至今还保留着往昔文艺复兴的华丽风格，在这里你依旧能够看到仿佛回响着马蹄声的小路，以及闪耀着文艺复兴光芒的建筑物和绘画。众多艺术家和诗人被“花之都”这个美丽的名字吸引，来到了这个城市，随后便深深地爱上它。

当你用自己的双脚行走在城市中时，首先映入眼帘的便是模仿百合花和丸药的美第奇家族的纹章。如果不说一下药商出生的城镇保护者——美第奇家族的话，那么就无法谈论这个“花之都”。美第奇家族的人发现了 13 岁的米开朗基罗并让他学习雕刻，以及援助拉斐尔，让他们的艺术开花结果。为佛罗伦萨的花之圣母大教堂完成了穹隆顶（库波拉）的布鲁内列斯基，以及放浪自由的画家菲利波 · 利比的后代也都是美第奇家族的人。这众多的艺术家就像是天上的繁星一样，围绕在美第奇家族这个太阳周围，这便是文艺复兴时期（在意大利，因为 15 世纪初文艺复兴开始兴起，所以称这个时代为文艺复兴初期）。

时光飞逝，当时光辉的文艺复兴初期（15 世纪）已经像梦一般消逝了。那么接下来，我们就走到街上去看看吧。艳丽的大教堂在春霞中显得有点危险，而在夏天烈日之下，它又散发着威严的光芒。阿尔诺河到了夕阳西下之时，便会发出黄金色的光芒。城镇和文艺复兴时遗留下来的作品一同在你心中留下了强烈的印象。佛罗伦萨便是一座这样的，不实际体验一下则无法理解的城市。

佛罗伦萨 FIRENZE

托斯卡纳区／Toscana

佛罗伦萨示意图
巴索要塞
Fortezza da Basso
O di San Giovanini Battista
P.le Montelungo
Viale Filippo Strozzi
Palazzo dei Congressi
Pal. dei Congressi
Palazzo degli Affari
P.za Adua
意大利铁路中央车站
Staz. Centrale (Firenze S.M.N.)
BluBus
BUSITALIA/SITA
P.za della Stazione
货物车站
Staz. Porta al Prato
卡西内公园
Parco delle Cascine
马基雅特运河
Viale dei Visarno
Viale degli Olmi
Viale Abramo Lincoln
P.za Vittorio Veneto
Viale Fratelli
阿尔诺河 Arno
P.za P. Uccello
Lung. Pignone
V. de' Vanni
P.za T. Gaddi
P.te d. Vittoria
PIGNONE
比萨、利沃诺
恩波利、比萨
罗马、米兰
Villa Strozzi
P.za P. Vettori
S. Frediano
Via Pisana
V.le R. Sanzio
Viale A. Aleardi
Via Domenico Burchiello
Via di Monte
Via di Bellosguardo
Villa dell'Ombrellino
Via di San Carlo
V. Ugo Foscolo
Via Ippolito Pindemonte
p.134-135
P.za Porta al Prato
普拉托门
Porta al Prato
Chiesa Americana St James
科穆纳莱剧院
Teatro Comunale
Lungarno Amerigo Vespucci
Via della Scala
V.le F.lli Rosselli
Via Jacopo da Diacceto
Via Luigi Alamanni
P.te A. Vespucci
Lung. Soderini
P.za Cestello
S. Frediano
SAN FREDIANO
Via dell' Orto
P.za d. Carmine
卡尔米内教堂
S. Maria del Carmine
P.za T. Tasso
Giardino Torrigiani
Viale Francesco Petrarca
V. d. Campuccio
塞拉利大街
Via de' Serragli
新圣母堂教堂
S. M. Novella
P.za della Unita Italiana
新圣母教堂广场
P.za S. M. Novella
奥尼圣蒂教堂
Ognissanti
P.za d'Ognissanti
Ospedale di S. Giovanni di Dio
P.za C. Goldoni
Pal. Rucellai
Pal. Corsini
S. Trinità
P.te alla Carraia
Lungarno Corsini
P.te S. Trinita
SPIRITO
圣灵教堂
Santo Spirito
Pal. Guadagni
P.za S. Spirito
P.za d. Pitti
皮蒂宫
Pal. Pitti
动物学博物馆
Museo Zoologico
波波利花园
Giardino di Boboli
Viale della Meridiana
罗马门
Porta Romana
罗马门广场
Istituto d'arte
锡耶纳、沃尔泰拉
罗马、米兰
前往波乔山·因佩里亚莱 500m
Viale Niccolò M.
0 250 500m
N

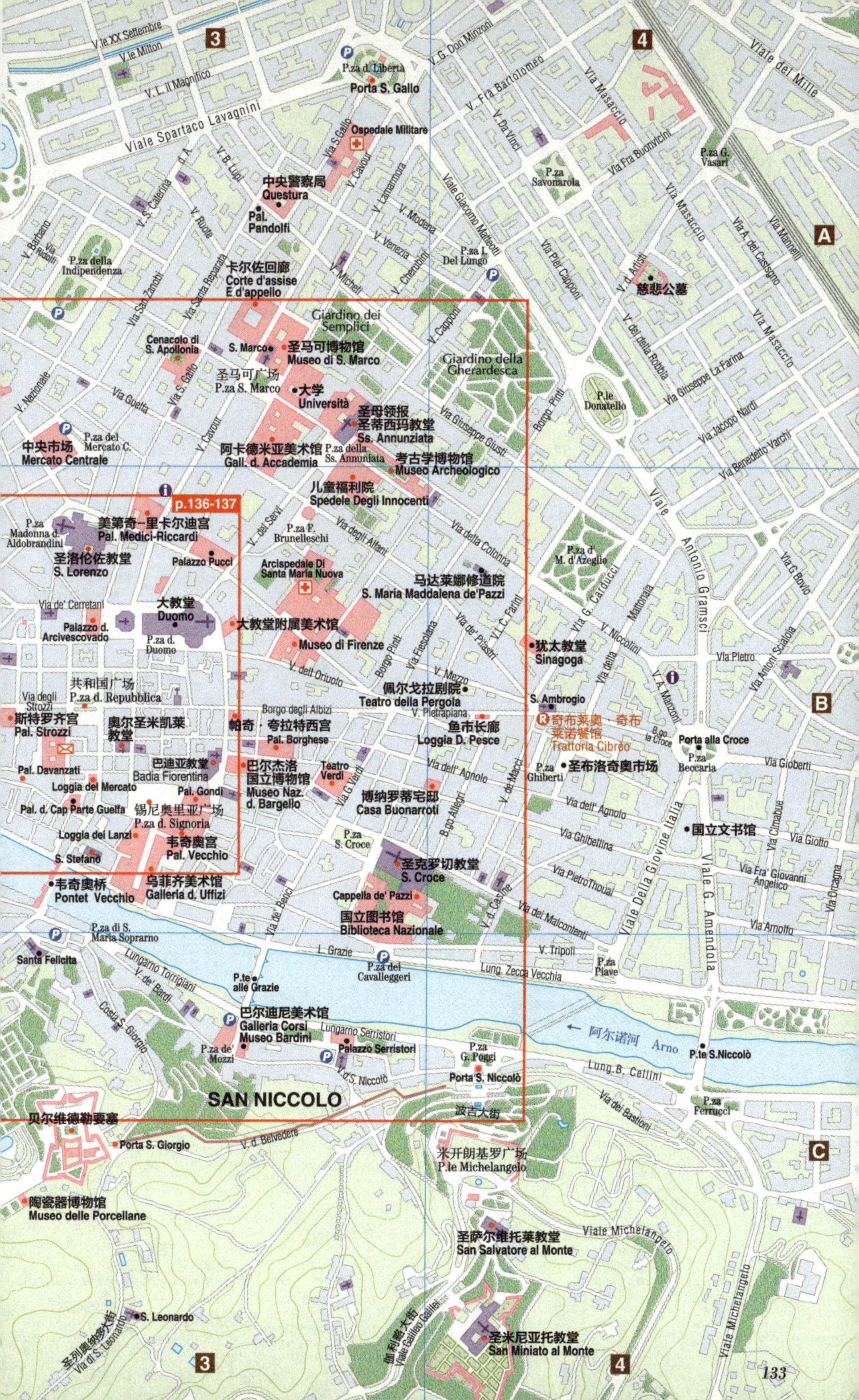

3
4
A
B
C
V.le XX Settembre
V.le Milton
V. L. il Magnifico
Viale Spartaco Lavagnini
P.za d. Libertà
Porta S. Gallo
V. G. Don Minzoni
Via Frà Bartolomeo
V. Da Vinci
Via Masaccio
Viale dei Mille
Via Fra Buonvicini
P.za G. Vasari
P.za Savonarola
Ospedale Militare
中央警察局
Questura
Pal. Pandolfi
V. Cavour
Via Lamarmora
V. Modena
V. Venezia
Viale Giacomo Matteotti
P.za L. Del Lungo
Via Pier Capponi
Via Masaccio
Via A. del Castagno
Via Mannelli
V. d. Artisti
慈悲公墓
V. Barbano
Via Ridolfi
P.za della Indipendenza
V. S. Caterina
V. Ruote
V. B. Lupi
Via Santa Reparata
Via San Zanobi
卡尔佐回廊
Corte d'assise
E d'appello
V. Micheli
V. Cherubini
Giardino dei Semplici
Cenacolo di S. Apollonia
S. Marco
圣马可博物馆
Museo di S. Marco
圣马可广场
P.za S. Marco
V. Capponi
Giardino della Gherardesca
V. della Robbia
Via Giuseppe La Farina
Via Masaccio
V. Nazionale
Via Guelfa
Via S. Gallo
大学
Università
圣母领报
圣蒂西玛教堂
Ss. Annunziata
Borgo Pinti
P.le Donatello
Via Jacopo Nardi
Via Benedetto Varchi
Via Giuseppe Giusti
中央市场
Mercato Centrale
P.za del Mercato C.
阿卡德米亚美术馆
Gall. d. Accademia
P.za della Ss. Annunziata
考古学博物馆
Museo Archeologico
儿童福利院
Spedele Degli Innocenti
p.136-137
P.za Madonna d. Aldobrandini
美第奇-里卡尔迪宫
Pal. Medici-Riccardi
圣洛伦佐教堂
S. Lorenzo
Palazzo Pucci
V. dei Servi
P.za F. Brunelleschi
Via degli Alfani
Via della Colonna
P.za d' M. d'Azeglio
Viale Antonio Gramsci
Via G. Bovio
Arcispedale Di Santa Maria Nuova
马达莱娜修道院
S. Maria Maddalena de'Pazzi
Via de' Cerretani
大教堂
Duomo
Palazzo d. Arcivescovado
P.za d. Duomo
大教堂附属美术馆
Museo di Firenze
Borgo Pinti
Via Fiesolana
Via de' Pilastri
V. L.C. Farini
犹太教堂
Sinagoga
Via G. Carducci
V. Niccolini
Mattonaia
Via della
Via Pietro
Via Antoni Scialoia
共和国广场
P.za d. Repubblica
Via degli Strozzi
V. dell' Oriuolo
V. Mezzo
佩尔戈拉剧院
Teatro della Pergola
S. Ambrogio
V. A. Manzoni
斯特罗齐宫
Pal. Strozzi
奥尔圣米凯莱教堂
帕奇·夸拉特西宫
Borgo degli Albizi
V. Pietrapiana
鱼市长廊
Loggia D. Pesce
奇布莱奥·奇布莱诺餐馆
Trattoria Cibrèo
B.go la Croce
Porta alla Croce
P.za Beccaria
Pal. Borghese
Pal. Davanzati
巴迪亚教堂
Badia Fiorentina
巴尔杰洛国立博物馆
Museo Naz. d. Bargello
Teatro Verdi
Via G. Verdi
Via dell' Agnolo
V. de' Macci
P.za Ghiberti
圣布洛奇奥市场
Via Gioberti
Loggia del Mercato
Pal. Gondi
Pal. d. Cap Parte Guelfa
锡尼奥里亚广场
P.za d. Signoria
博纳罗蒂宅邸
Casa Buonarroti
B.go Allegri
Via dell' Agnolo
国立文书馆
Via Cimabue
Via Giotto
Loggia dei Lanzi
韦奇奥宫
Pal. Vecchio
S. Stefano
P.za S. Croce
Via Ghibellina
Viale Della Giovine Italia
Viale G. Amendola
Via Fra' Giovanni Angelico
Via Orcagna
韦奇奥桥
Pontet Vecchio
乌菲齐美术馆
Galleria d. Uffizi
圣克罗切教堂
S. Croce
Via Pietro Thouar
Via dei Malcontenti
Via Arnolfo
Cappella de' Pazzi
国立图书馆
Biblioteca Nazionale
V. d. Casine
Via de' Benci
P.za di S. Maria Soprarno
L. Grazie
V. Tripoli
Santa Felicita
Lungarno Torrigiani
V. de' Bardi
P.te alle Grazie
P.za del Cavalleggeri
Lung. Zecca Vecchia
P.za Piave
Costa S. Giorgio
巴尔迪尼美术馆
Galleria Corsi
Museo Bardini
Lungarno Serristori
P.za de' Mozzi
Palazzo Serristori
阿尔诺河 Arno
P.te S.Niccolò
P.za G. Poggi
V. d. S. Niccolò
Porta S. Niccolò
Lung. B. Cellini
SAN NICCOLO
波吉大街
Via dei Bastioni
P.za Ferrucci
贝尔维德勒要塞
Porta S. Giorgio
V. d. Belvedere
米开朗基罗广场
P.le Michelangelo
陶瓷器博物馆
Museo delle Porcellane
圣萨尔维托莱教堂
San Salvatore al Monte
Viale Michelangelo
Viale Michelangelo
S. Leonardo
圣列奥纳多大街
Via di S. Leonardo
伽利略大街
Viale Galileo Galilei
圣米尼亚托教堂
San Miniato al Monte

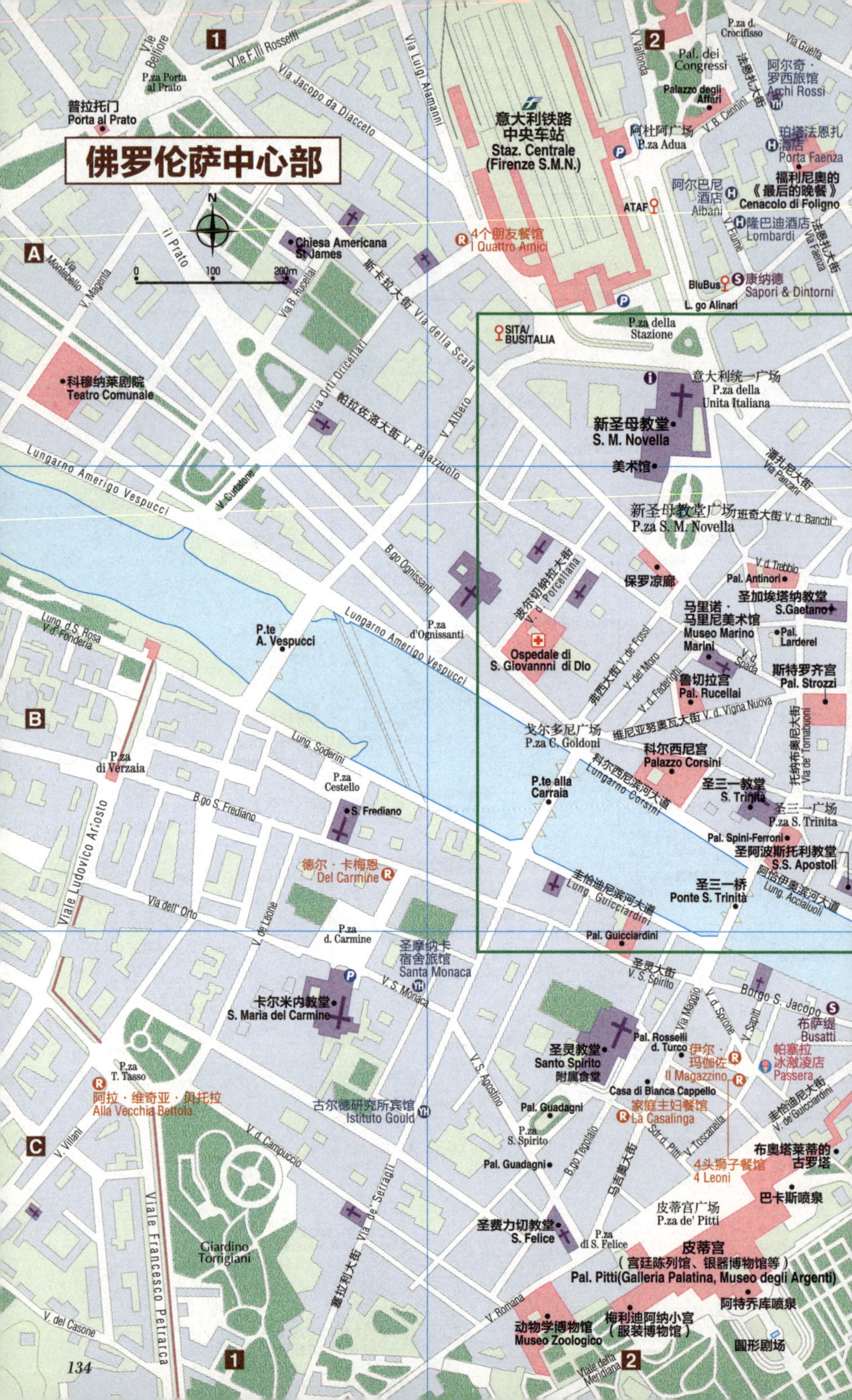
佛罗伦萨中心部
普拉托门
Porta al Prato
意大利铁路中央车站
Staz. Centrale (Firenze S.M.N.)
科穆纳莱剧院
Teatro Comunale
新圣母教堂
S. M. Novella
美术馆
新圣母堂广场
P.za S. M. Novella
意大利统一广场
P.za della Unita Italiana
Chiesa Americana St James
4个朋友餐馆
I Quattro Amici
阿杜阿广场
P.za Adua
阿尔巴尼酒店
Albani
隆巴迪酒店
Lombardi
福利尼奥的《最后的晚餐》
Cenacolo di Foligno
珀塔法恩扎酒店
Porta Faenza
阿尔奇·罗西旅馆
Archi Rossi
Pal. dei Congressi
Palazzo degli Affari
康纳德
Sapori & Dintorni
SITA/BUSITALIA
P.za della Stazione
保罗凉廊
圣加埃塔纳教堂
S.Gaetano
马里诺·马里尼美术馆
Museo Marino Marini
斯特罗齐宫
Pal. Strozzi
鲁切拉宫
Pal. Rucellai
Ospedale di S. Giovannni di Dio
戈尔多尼广场
P.za C. Goldoni
科尔西尼宫
Palazzo Corsini
圣三一教堂
S. Trinita
圣三一广场
P.za S. Trinita
圣阿波斯托利教堂
S.S. Apostoli
圣三一桥
Ponte S. Trinita
P.te A. Vespucci
P.te alla Carraia
S. Frediano
德尔·卡梅恩
Del Carmine
圣摩纳卡宿舍旅馆
Santa Monaca
卡尔米内教堂
S. Maria del Carmine
圣灵教堂
Santo Spirito
附属食堂
伊尔·玛伽佐
Il Magazzino
帕塞拉冰激凌店
Passera
布萨缇
Busatti
家庭主妇餐馆
La Casalinga
4头狮子餐馆
4 Leoni
阿拉·维奇亚·贝托拉
Alla Vecchia Bettola
古尔德研究所宾馆
Istituto Gould
布奥塔莱蒂的古罗塔
巴卡斯喷泉
皮蒂宫广场
P.za de' Pitti
圣费力切教堂
S. Felice
皮蒂宫
（宫廷陈列馆、银器博物馆等）
Pal. Pitti(Galleria Palatina, Museo degli Argenti)
阿特乔库喷泉
动物学博物馆
Museo Zoologico
梅利迪阿纳小宫
（服装博物馆）
圆形剧场
Giardino Torrigiani

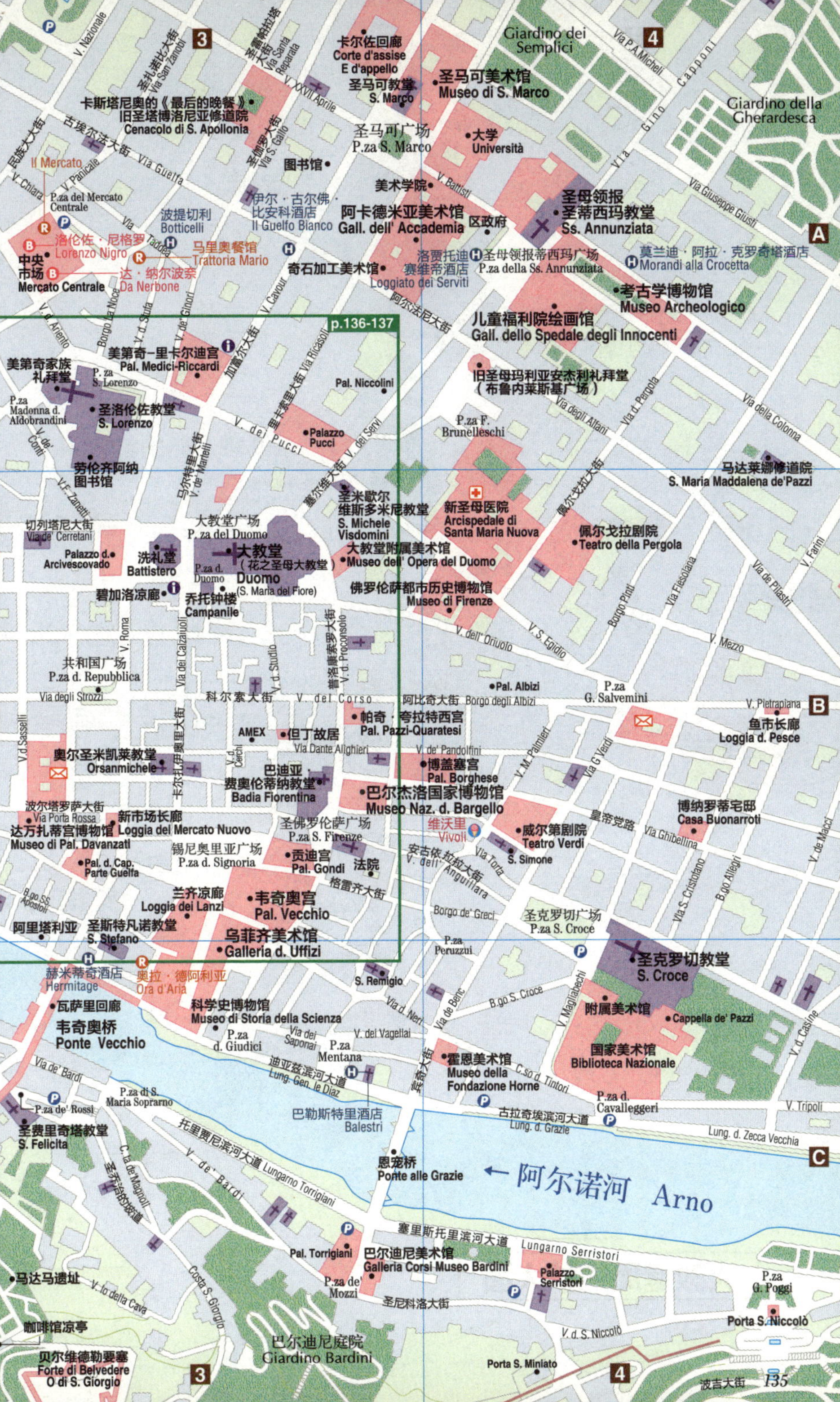

3
4
A
B
C
p.136-137
卡尔佐回廊
Corte d'assise
E d'appello
圣马可教堂
S. Marco
圣马可美术馆
Museo di S. Marco
Giardino dei
Semplici
Giardino della
Gherardesca
卡斯塔尼奥的《最后的晚餐》
旧圣塔博洛尼亚修道院
Cenacolo di S. Apollonia
圣马可广场
P.za S. Marco
大学
Università
图书馆
美术学院
阿卡德米亚美术馆
Gall. dell' Accademia
区政府
圣母领报
圣蒂西玛教堂
Ss. Annunziata
Il Mercato
P.za del Mercato
Centrale
波提切利
Botticelli
伊尔·古尔佛·比安科酒店
Il Guelfo Bianco
洛伦佐·尼格罗
Lorenzo Nigro
马里奥餐馆
Trattoria Mario
达·纳尔波奈
Da Nerbone
中央
市场
Mercato Centrale
奇石加工美术馆
洛贾托迪赛维帝酒店
Loggiato dei Serviti
圣母领报蒂西玛广场
P.za della Ss. Annunziata
莫兰迪·阿拉·克罗奇塔酒店
Morandi alla Crocetta
考古学博物馆
Museo Archeologico
儿童福利院绘画馆
Gall. dello Spedale degli Innocenti
美第奇-里卡尔迪宫
Pal. Medici-Riccardi
美第奇家族
礼拜堂
P.za
S. Lorenzo
P.za
Madonna d.
Aldobrandini
圣洛伦佐教堂
S. Lorenzo
劳伦齐阿纳
图书馆
Pal. Niccolini
Palazzo
Pucci
旧圣母玛利亚安杰利礼拜堂
（布鲁内莱斯基广场）
P.za F.
Brunelleschi
马达莱娜修道院
S. Maria Maddalena de'Pazzi
圣米歇尔
维斯多米尼教堂
S. Michele
Visdomini
新圣母医院
Arcispedale di
Santa Maria Nuova
佩尔戈拉剧院
Teatro della Pergola
切列塔尼大街
Via de' Cerretani
Palazzo d.
Arcivescovado
洗礼堂
Battistero
大教堂广场
P. za del Duomo
大教堂
（花之圣母大教堂）
Duomo
(S. Maria del Fiore)
P.za d.
Duomo
大教堂附属美术馆
Museo dell' Opera del Duomo
佛罗伦萨都市历史博物馆
Museo di Firenze
碧加洛凉廊
乔托钟楼
Campanile
共和国广场
P.za d. Repubblica
Via degli Strozzi
科尔索大街
V. del Corso
阿比奇大街
Borgo degli Albizi
Pal. Albizi
P.za
G. Salvemini
V. Pietrapiana
鱼市长廊
Loggia d. Pesce
帕奇·夸拉特西宫
Pal. Pazzi-Quaratesi
AMEX
但丁故居
Via Dante Alighieri
奥尔圣米凯莱教堂
Orsanmichele
巴迪亚·费奥伦蒂纳教堂
Badia Fiorentina
V. de' Pandolfini
博盖塞宫
Pal. Borghese
巴尔杰洛国家博物馆
Museo Naz. d. Bargello
波尔塔罗萨大街
Via Porta Rossa
新市场长廊
Loggia del Mercato Nuovo
达万扎蒂宫博物馆
Museo di Pal. Davanzati
圣佛罗伦萨广场
P.za S. Firenze
维沃里
Vivoli
威尔第剧院
Teatro Verdi
皇帝党路
Via Ghibellina
博纳罗蒂邸
Casa Buonarroti
锡尼奥里亚广场
P.za d. Signoria
贡迪宫
Pal. Gondi
法院
Pal. d. Cap.
Parte Guelfa
S. Simone
安吉依拉拉大街
V. dell' Anguillara
格雷齐大街
兰齐凉廊
Loggia dei Lanzi
韦奇奥宫
Pal. Vecchio
Borgo de' Greci
圣克罗切广场
P.za S. Croce
阿里塔利亚
圣斯特凡诺教堂
S. Stefano
乌菲齐美术馆
Galleria d. Uffizi
P.za
Peruzzi
圣克罗切教堂
S. Croce
赫米蒂奇酒店
Hermitage
奥拉·德阿利亚
Ora d'Aria
S. Remigio
附属美术馆
Cappella de' Pazzi
瓦萨里回廊
韦奇奥桥
Ponte Vecchio
科学史博物馆
Museo di Storia della Scienza
P.za
d. Giudici
P.za
Mentana
国家美术馆
Biblioteca Nazionale
霍恩美术馆
Museo della
Fondazione Horne
迪亚兹滨河大道
Lung. Gen. le Diaz
P.za de' Rossi
P.za di S.
Maria Soprarno
P.za d.
Cavalleggeri
古拉奇埃滨河大道
Lung. d. Grazie
V. Tripoli
Lung. d. Zecca Vecchia
圣费里奇塔教堂
S. Felicita
巴勒斯特里酒店
Balestri
托里贾尼滨河大道
Lungarno Torrigiani
恩宠桥
Ponte alle Grazie
← 阿尔诺河 Arno
塞里斯托里滨河大道
Lungarno Serristori
Pal. Torrigiani
巴尔迪尼美术馆
Galleria Corsi Museo Bardini
Palazzo
Serristori
马达马遗址
P.za de'
Mozzi
圣尼科洛大街
P.za
G. Poggi
Porta S. Niccolò
咖啡馆凉亭
巴尔迪尼庭院
Giardino Bardini
贝尔维德勒要塞
Forte di Belvedere
O di S. Giorgio
Porta S. Miniato
波吉大街

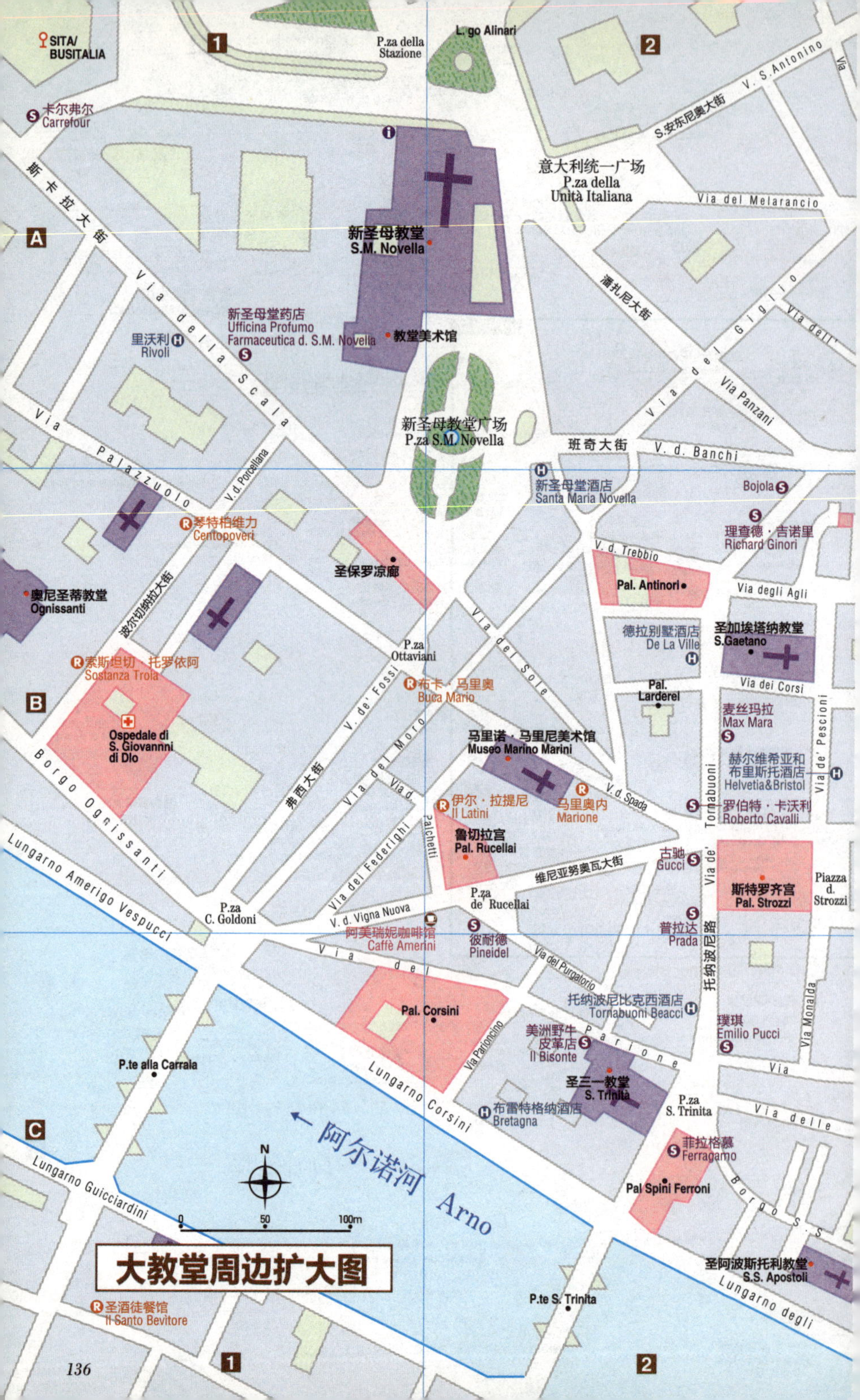
大教堂周边扩大图
SITA/BUSITALIA
卡尔弗尔 Carrefour
P.za della Stazione
L. go Alinari
S.安东尼奥大街 V. S. Antonino
意大利统一广场 P.za della Unità Italiana
Via del Melarancio
斯卡拉大街
新圣母教堂 S.M. Novella
Via della Scala
新圣母堂药店 Ufficina Profumo Farmaceutica d. S.M. Novella
教堂美术馆
里沃利 Rivoli
潘扎尼大街 Via Panzani
Via del Giglio
新圣母教堂广场 P.za S.M. Novella
班奇大街 V. d. Banchi
Via Palazzuolo
V. d. Porcellana
新圣母堂酒店 Santa Maria Novella
Bojola
理查德·吉诺里 Richard Ginori
琴特柏维力 Centopoveri
V. d. Trebbio
圣保罗凉廊
Pal. Antinori
Via degli Agli
奥尼圣蒂教堂 Ognissanti
波尔切纳拉大街
德拉别墅酒店 De La Ville
圣加埃塔纳教堂 S.Gaetano
P.za Ottaviani
Via del Sole
索斯坦切·托罗依阿 Sostanza Troia
布卡·马里奥 Buca Mario
Pal. Larderel
Via dei Corsi
V. de' Fossi
麦丝玛拉 Max Mara
Ospedale di S. Giovannni di Dio
马里诺·马里尼美术馆 Museo Marino Marini
赫尔维希亚和布里斯托酒店 Helvetia&Bristol
Via de' Pescioni
Via del Moro
弗西大街
Borgo Ognissanti
Via d.
伊尔·拉提尼 Il Latini
马里奥内 Marione
V. d. Spada
罗伯特·卡沃利 Roberto Cavalli
Palchetti
鲁切拉宫 Pal. Rucellai
Via dei Federighi
古驰 Gucci
维尼亚努瓦大街
Via de' Tornabuoni
斯特罗齐宫 Pal. Strozzi
Piazza d. Strozzi
Lungarno Amerigo Vespucci
P.za C. Goldoni
V. d. Vigna Nuova
P.za de' Rucellai
阿美瑞妮咖啡馆 Caffè Amerini
彼耐德 Pineidel
普拉达 Prada
托纳波尼路
Via del
Via del Purgatorio
Pal. Corsini
托纳波尼比克西酒店 Tornabuoni Beacci
璞琪 Emilio Pucci
Via Monalda
美洲野牛皮革店 Il Bisonte
Via Parioncino
Parione
P.te alla Carraia
圣三一教堂 S. Trinità
Lungarno Corsini
布雷特格纳酒店 Bretagna
P.za S. Trinita
Via delle
阿尔诺河 Arno
菲拉格慕 Ferragamo
Lungarno Guicciardini
Pal Spini Ferroni
Borgo S. S.
0 50 100m
N
圣阿波斯托利教堂 S.S. Apostoli
Lungarno degli
圣酒徒餐馆 Il Santo Bevitore
P.te S. Trinita
A
B
C
1
2

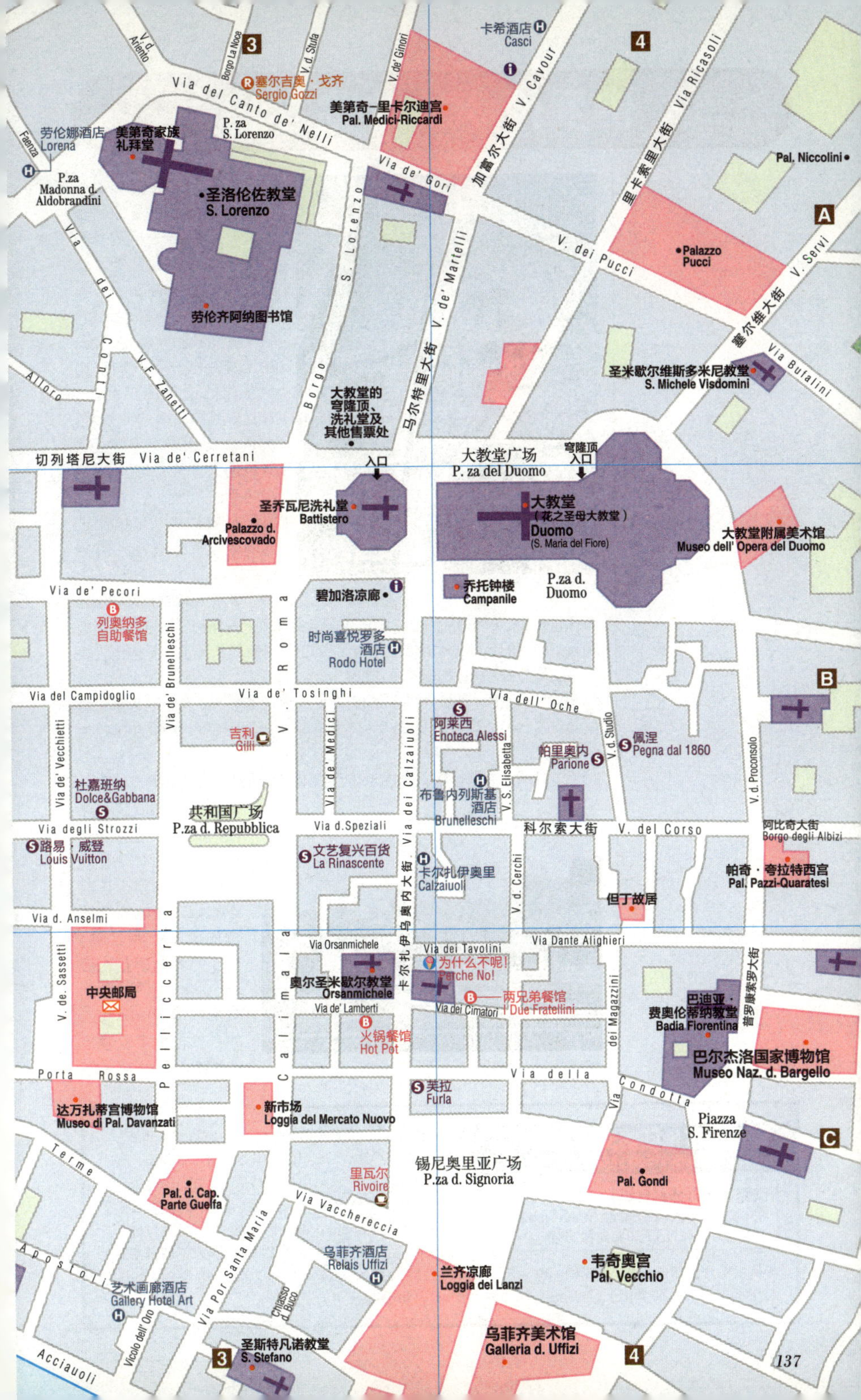

3
4
卡希酒店 Casci
塞尔吉奥·戈齐 Sergio Gozzi
V.d. Ariento
Borgo La Noce
V.d. Stufa
V. de' Ginori
Via del Canto de' Nelli
V. Cavour
加富尔大街
Via Ricasoli
里卡索里大街
美第奇-里卡尔迪宫 Pal. Medici-Riccardi
劳伦娜酒店 Lorena
Faenza
美第奇家族礼拜堂
P. za S. Lorenzo
Via de' Gori
Pal. Niccolini
P.za Madonna d. Aldobrandini
圣洛伦佐教堂 S. Lorenzo
A
Via dei Conti
S. Lorenzo
V. de' Martelli
V. dei Pucci
Palazzo Pucci
V. Servi
塞尔维大街
劳伦齐阿纳图书馆
Alloro
V.F. Zanetti
Borgo
马尔特里大街
Via Bufalini
圣米歇尔维斯多米尼教堂 S. Michele Visdomini
大教堂的穹隆顶、洗礼堂及其他售票处
切列塔尼大街 Via de' Cerretani
入口
大教堂广场 P. za del Duomo
穹隆顶入口
圣乔瓦尼洗礼堂 Battistero
大教堂（花之圣母大教堂）Duomo (S. Maria del Fiore)
Palazzo d. Arcivescovado
大教堂附属美术馆 Museo dell' Opera del Duomo
Via de' Pecori
碧加洛凉廊
乔托钟楼 Campanile
P.za d. Duomo
列奥纳多自助餐馆
时尚喜悦罗多酒店 Rodo Hotel
Via de' Brunelleschi
V. Roma
Via del Campidoglio
Via de' Tosinghi
Via dell' Oche
B
阿莱西 Enoteca Alessi
吉利 Gilli
V. d. Studio
佩涅 Pegna dal 1860
帕里奥内 Parione
Via de' Vecchietti
杜嘉班纳 Dolce&Gabbana
Via de' Medici
Via dei Calzaiuoli
布鲁内列斯基酒店 Brunelleschi
V. S. Elisabetta
V. d. Proconsolo
共和国广场 P.za d. Repubblica
Via degli Strozzi
Via d.Speziali
科尔索大街 V. del Corso
阿比奇大街 Borgo degli Albizi
路易·威登 Louis Vuitton
文艺复兴百货 La Rinascente
卡尔扎伊奥里 Calzaiuoli
帕奇·夸拉特西宫 Pal. Pazzi-Quaratesi
V. d. Cerchi
但丁故居
Via d. Anselmi
卡尔扎伊乌奥内大街
Via Orsanmichele
Via dei Tavolini
Via Dante Alighieri
V. de' Sassetti
Pellicceria
Calimala
为什么不呢！ Perche No!
奥尔圣米歇尔教堂 Orsanmichele
两兄弟餐馆 I' Due Fratellini
中央邮局
Via de' Lamberti
Via dei Cimatori
巴迪亚·费奥伦蒂纳教堂 Badia Fiorentina
普罗康索罗大街
火锅餐馆 Hot Pot
dei Magazzini
巴尔杰洛国家博物馆 Museo Naz. d. Bargello
Porta Rossa
芙拉 Furla
Via della Condotta
达万扎蒂宫博物馆 Museo di Pal. Davanzati
新市场 Loggia del Mercato Nuovo
Piazza S. Firenze
C
Terme
锡尼奥里亚广场 P.za d. Signoria
里瓦尔 Rivoire
Pal. d. Cap. Parte Guelfa
Pal. Gondi
Via Vaccherecia
乌菲齐酒店 Relais Uffizi
Apostoli
兰齐凉廊 Loggia dei Lanzi
韦奇奥宫 Pal. Vecchio
艺术画廊酒店 Gallery Hotel Art
Via Por Santa Maria
Chiasso d. Buco
Vicolo dell' Oro
乌菲齐美术馆 Galleria d. Uffizi
圣斯特凡诺教堂 S. Stefano
Acciaiuoli

佛罗伦萨的游览方法

佛罗伦萨的花之圣母大教堂

首先，让我们从新圣母堂车站前往佛罗伦萨著名的观光景点——花之圣母大教堂，即大教堂吧。在新圣母堂教堂往右看，沿着道路往前走500米后，很快就能看到大教堂广场。在曾身为欧洲第一城市的佛罗伦萨的美丽广场上，耸立着威风凛凛的大教堂。这是一间由白色与粉色、绿色的大理石修建而成的八角形洗礼堂。在它旁边的则是被称为“应该放进玻璃柜里的工艺品”的乔托钟楼。

这座大教堂广场 Piazza del Duomo 便是城镇的中心。北侧则是与文艺复兴的保护者，这座城市名副其实的支配者美第奇家族因缘颇深的美第奇家族礼拜堂、圣洛伦佐教堂，以及美第奇居住的里卡尔迪宫。

广场的南部，距离架在阿尔诺河上的韦奇奥桥 500 米处则为锡尼奥里亚广场、韦奇奥宫以及乌菲齐美术馆等，曾经为佛罗伦萨共和国政治的中心建筑。

穿过两边都是金银首饰加工店面的韦奇奥桥后，就能来到皮蒂宫及绿草茵茵的波波利花园。沿着从庭院高台的贝尔维德勒要塞向外延伸的散步道往前走的话，便能来到城市的象征《大卫像》所在的米开朗基罗广场。从这里便能看到被阿尔诺河一分为二的佛罗伦萨那玫瑰色的城镇。

来波波利花园散散步

前往佛罗伦萨的交通方式

[从机场到佛罗伦萨城区的交通方式(→p.139)]

铁路Trenitalia(fs线)
在中央车站Firenze Santa Maria Novella(Firenze S.M.N.)下车会比较方便

- 从米兰中央车站乘坐 FRECCIAROSSA 约需 1 小时 40 分钟，乘坐 IC 约需 3 小时 35 分钟。
- 从威尼斯圣卢西亚车站乘坐 FRECCIA ROSSA、FRECCIARGENTO 约需 2 小时 5 分钟。
- 从罗马特米尼中央车站乘坐 FRECCIAROSSA、FRECCIARGENTO 约需 1 小时 30 分钟，乘坐 RV（Regionale Veloce）约需 3 小时 50 分钟。
- 从那不勒斯中央车站乘坐 FRECCIAROSSA、FRECCIARGENTO 需 2 小时 30 分钟 ~2 小时 50 分钟。

佛罗伦萨的交通

●佛罗伦萨的火车站

佛罗伦萨的中央车站车站距离观光景点很近，有多次列车从这里发车并到达。需要注意的是，部分 IC、R 等车在新圣母堂车站不停车，只在里弗雷迪站（Rifredi）、坎波·迪·马尔特车站（Campo di Marte）停车。乘车时需要提前确认。

●佛罗伦萨的中央车站 Stazione Centrale S.M.Novella

背朝月台站立时，从右边开始分别是候车室、fs 线的自动售票机以及商店等设施，最左边（16 号线旁）略靠里面一点位置的是行李临时寄放处。中央靠里面位置的是售票处。

简单朴素的佛罗伦萨中央车站的中央大厅

●佛罗伦萨的交通

从城市的一头步行到另外一头只需要不到 1 小时的时间，途中可以欣赏周围的景色，这是一座令人愉快的城市。如果要去比较远的景点，乘坐巴士很方便。

●巴士总站

前往郊外的普尔曼巴士总站位于新圣母堂车站周边的 2 个地方。从车站 5 号月台周边的出口步行 1 分钟，便可以来到 SITA/BUSITALIA 公司，从这里可以乘坐前往锡耶纳、圣吉米那诺（在波吉邦西换乘）、奥特莱斯店的 The Mall、机场巴士。在车站广场相邻的 Largo Alinari 周边的路上可以乘坐前往普拉托、卢卡方向的 BluBus 公司的普尔曼巴士。售票处位于面朝广场的超市 CONAD 的旁边。

前往锡耶纳等地的巴士的 SITA 公司的巴士总站

●便于观光的市内公交车

12 新圣母堂站前 ↔ 罗马门 ↔ 米开朗基罗广场 ↔ 铁路 fs 坎波·迪·马尔特车站 ↔ 新圣母堂站前

13 新圣母堂站前 ↔ 贝卡里亚广场 ↔ 恩宠桥 ↔ 米开朗基罗广场 ↔ 罗马门 ↔ 新圣母堂站前

7 圣马可广场 ↔ 菲耶索莱

●邮政编码 50100

从机场前往市内的交通方式
巴士可以乘坐 VOLA IN BUS

由 SITA/BUSITALIA 公司与 ATAF 公司共同经营，从机场正门发车。在佛罗伦萨从中央车站（S.M.N. 车站）旁的 SITA 公司巴士总站发车。从机场出发为 5:30~24:30、从巴士总站出发为 5:00~24:10（飞机误点的话会延长～次日 1:00），所需时间为 20~30 分钟，每隔 30 分钟一班车，21:00 以后每隔 1 小时 1 班车。从巴士总站出发为 21:00~ 次日 6:00，从机场出发为 21:30~ 末班车从 S.M.N. 车站出发。

巴士按照机场→新圣母堂车站前→巴士总站→机场的顺序停车。车票可以在车内，或者机场内的书店 Giunti、巴士总站的售票处购买的。单程€ 6、往返€ 10。只有往返票是无法在车内购买的。机场内办理登机手续在二层。

巴士总站

BluBus 公司

住 Largo Alinari
中央车站东出口旁边
☎ 055-214673
开 6:40~19:55 地 p.134 A2
URL www.lazzi.it

SITA/BUSITALIA 公司

住 Via S.Caterina da Siena 17
free 800373760
开 6:40（周日 · 节假日 7:00）~19:55
URL www.fsbusitalia.it
地 p.134 A2
※BluBus 及 SITA 公司都在 URL 中记载着时刻表

巴士车票

■ 1 张（90 分钟有效） $ 1.20
■ 2 张（90 分钟有效） $ 2.40
■ 4 张（90 分钟有效） $ 4.70
■ 1 日券（24 小时有效） $ 5
■ 3 日券 $ 12
■ 7 日券 $ 18
■夜间券 Notturno $ 4
※ 在车上购买，每张€ 2（90 分钟内有效）。如果不对司机出示车票，可能会被拒绝乘车
URL www.ataf.net

佛罗伦萨通行卡FIRENZE CARD登场

这是即使没有预约，也可以不用在售票处排队，直接进入美术馆以及博物馆的通行卡。除了 72 处国立、市立美术馆及博物馆外，还可以乘坐巴士等交通工具（从机场发车的 VOLA IN BUS 除外）以及使用 Wi-Fi，72 小时内有效。价格€ 72。

使用方法 购入时在卡片背面写上名字。从第一次使用开始 72 小时内有效，可以在美术馆及博物馆中各使用 1 次。在乘坐巴士等交通工具时只需要将卡片触碰一下自动检票机就可以了。

售卡处 可以从网站（下方记载的 URL）、机场车站前广场、加富尔大街、碧加洛凉廊的旅游咨询中心 ❶、乌菲齐美术馆（2 号窗口）、韦奇奥宫以及布兰卡契礼拜堂等窗口购买。

URL www.firenzecard.it（有英语）。如果在网站购买的话，需要在各 ❶（机场除外）或者售卡处出示购卡凭证来领取卡片。

佛罗伦萨的旅游信息

●佛罗伦萨的旅游咨询处

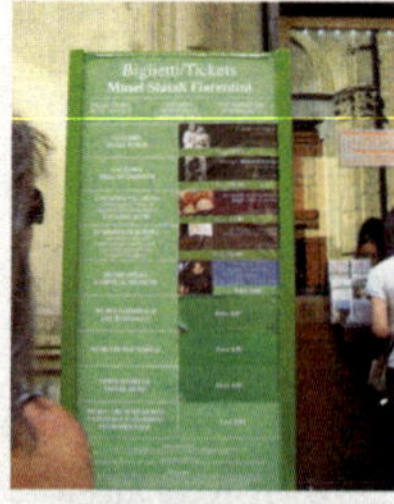

位于奥尔圣米歇尔教堂中的美术馆等场所的预约窗口

虽然不能预约酒店，不过可以根据客人的预算和要求帮忙介绍相关的酒店。受欢迎的景点预售票可以在奥尔圣米歇尔教堂、阿卡德米亚美术馆等景点的专用窗口购买（参照边栏）。地方旅游协会APT位于中央车站前新圣母堂教堂旁边以及里卡尔迪宫附近的加富尔大街，还有洗礼堂旁边的碧加洛凉廊等处。分发佛罗伦萨的介绍、地图和托斯卡纳区的所有信息。除此之外，还销售佛罗伦萨通行卡和预售科穆纳莱剧院的演出票。

●邮局·电话局

位于共和国广场西侧的拱廊正中间，进门左边是邮局，办理包裹邮递业务的窗口在同一建筑的后面，上了台阶后右边即是。

●厕所

在背对中央车站站台的右边沿线、韦奇奥宫一层靠里的地方、皮蒂宫庭院的右侧深处、圣洛伦佐教堂北面的中央市场二层都有厕所，这些基本都是要收费的厕所，费用€1。

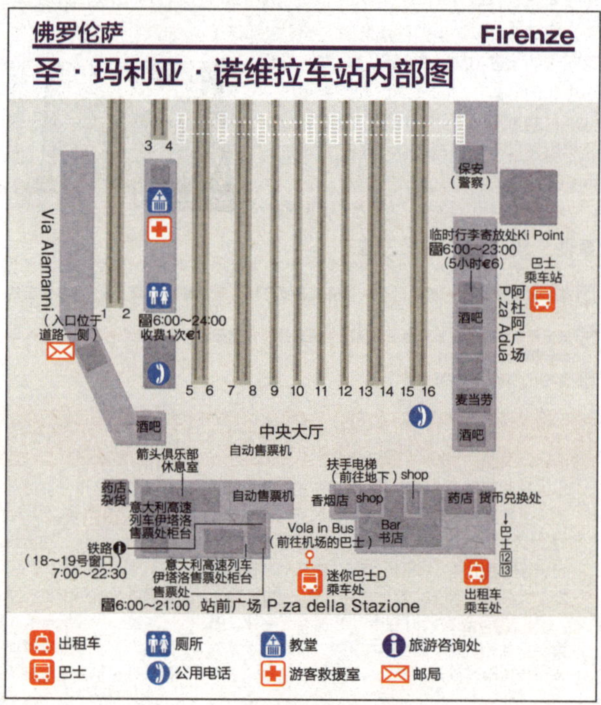

新圣母教堂旁边的ℹ

住 Piazza della Stazione 4/5

☎ 055-212245

开 9:00~19:00
周日·节假日 9:00~14:00

地 p.136 A1

里卡尔迪宫旁边的ℹ

住 Via Cavour 1/r

☎ 055-290832

开 9:00~18:00、周六 9:00~14:00

休 周日·节假日

地 p.137 A4

碧加洛凉廊的ℹ

住 Loggia del Bigallo, Piazza S.Giovanni 1

☎ 055-288496

开 9:00~19:00
周日·节假日 9:00~14:00

地 p.137 B3

韦斯普奇机场 A.Vespucci 内的旅游咨询处ℹ

☎ 055-315874

开 9:00~19:00、周日·节假日 9:00~14:00；抵达大厅内

中央邮局

住 Via Pellicceria 3

开 8:15~19:00、周六 8:15~12:30

休 周日及节假日

地 p.137 C3

中央警察局 Questura

住 Via Zara 2

☎ 055-49771

地 p.133 A3

关于乌菲齐美术馆等人气景点的预售票

在奥尔圣米歇尔教堂、阿卡德米亚美术馆旁边的书店里，设置了佛罗伦萨博物馆柜台，销售预售票。在乌菲齐美术馆内也有独立的预售票销售处。销售当天~数日后的预售票。

①奥尔圣米歇尔教堂（卡尔扎伊奥里大街一侧）

开 周一~周六 9:00~16:15

②阿卡德米亚美术馆

书店 Bookshop My Accademia

住 Via Ricasoli 105r

开 周二~周日 8:15~17:00

※ 预约费用：乌菲齐美术馆、阿卡德米亚美术馆€4，其他美术馆·博物馆€3

市内巴士ATAF的自动售票机

从大教堂到韦奇奥桥

花之圣母大教堂 / 大教堂
Duomo/Cattedrale (Santa Maria del Fiore)

Map p.137 B4

佛罗伦萨的象征 ★★★

这里曾经是佛罗伦萨共和国宗教的中心地。由白色、粉色以及绿色的大理石按照几何学的模样装饰而成的美丽大教堂。

在 4 世纪的圣雷帕拉塔教堂的基础上，以修建和当时繁荣昌盛的佛罗伦萨相符的，尽可能庄严，以及豪华的教堂为宗旨，从 1296 年开始，进行了长达 172 年的建设，最后成就了这座能聚集 3 万人于一堂的大教堂。被形容为如同山丘一样的穹隆顶是由布鲁内列斯基设计的。

布鲁内列斯基设计的穹窿顶的大教堂非常引人注目

和豪华的外观形成强烈对比的内部，装饰着耶稣圣体下的十字架石雕、出自于安德烈亚·德尔·卡斯特厄尔尼诺与保罗·乌切洛之手的两幅大规模的骑马肖像画，以及由罗比亚的彩色陶板组成的美丽浮雕。另外，描绘在穹隆顶内侧，出自于瓦萨里及其弟子之手的壁画《最后的审判》也绝对不容错过。通过 463 级台阶可以走上穹隆顶的顶端，一览佛罗伦萨的城镇样貌。另外，在地下的圣雷帕拉塔教堂遗址 Cripta di S.Reparata 中，有这座大穹隆顶的设计者布鲁内列斯基的坟墓。

令人耳目一新的大教堂内部

从大穹隆顶的观景台上能看到非常美丽的风景

国立美术馆及博物馆的预约制度（→ p.140）

参观乌菲齐美术馆、阿卡德米亚美术馆、宫廷陈列馆、美第奇家族礼拜堂、圣马可美术馆、巴尔杰洛国家博物馆、考古学博物馆、银器博物馆、近代美术馆、圣萨尔维的晚餐、达万扎蒂宫博物馆可以提前预约，预约费用€3~4。

在线预约

在佛罗伦萨博物馆 Firenze Musei 的网上预约。

URL www.firenzemusei.it

☎ 055-294883

开 周一～周五　8:30~18:30
周六　8:30~12:30

预约中心电话可以使用英语，告知预约中心希望去参观的日期、人数。如果可以预约，服务人员会告知预约序号和指定买票的地方。当天只要于预约时间前 10 分钟到达指定售票处，告诉售票员自己的预约序号和名字就可以买到票。如果参观乌菲齐美术馆，在普通入口的左侧有预约者专用入口和售票处。如果要指定日期和时间，最好提前至少 10 天进行预约，否则到乌菲齐美术馆购票可能需要等 2 小时。

●大教堂

住 Piazza del Duomo

☎ 055-2302885

开 10:00~17:00、周六 10:00~16:45、周日 13:30~16:45

费 免费

●大穹隆顶

开 8:30~19:00、周六 8:30~17:40、周日 13:00~16:00

费 通票€15　地 p.137 B4

※ 从 2016 年 11/1 日起，大穹隆顶采用预约制（免费），可以在通票售票处申请。

※ 和大教堂有关的设施在复活节数天前因需要为活动做准备，可能会缩短开馆时间

请上网查看大教堂有关设施每天的开放时间

URL www.ilgrandemuseodelduomo.it

大教堂周边的通票
Biglietto Integrato

大教堂附属美术馆 + 钟楼 + 洗礼堂 + 地穴 + 穹隆顶 €15（48 小时有效）

佛罗伦萨的游览方法　这里的景点基本上都聚集在圣·玛利亚·诺维拉车站由东到南3公里的正方形范围内。首先可以先去大教堂宫殿周边，从乌菲齐美术馆穿过韦奇奥桥前往皮蒂宫。随后再从桥上返回，经过大教堂广场后前往北侧的美第奇家族礼拜堂及阿卡德米亚美术馆。这座优雅宁静的城镇非常适合散步。

大教堂周边 → p.141 ▶ 锡尼奥里亚广场周边 → p.143 ▶ 乌菲齐美术馆 → p.145 ▶ 韦奇奥桥 → p.146 ▶ 皮蒂宫 → p.147 ▶ 美第奇家族礼拜堂 → p.150 ▼ 圣马可美术馆 → p.152 ◀ 儿童福利院绘画馆 → p.152 ◀ 圣克罗切教堂 → p.154 ◀ 新圣母教堂 → p.155 ◀ 米开朗基罗广场 → p.155

●洗礼堂
住 Piazza S.Giovanni
☎ 055-2302885
开 8:15~19:00
周二～周四 8:15~10:15
11:15~18:30
第一个周六、周日
8:30~14:00
费 通票€ 15

大教堂相关设施的售票处

大教堂相关设施的售票处位于洗礼堂入口道路对面一侧的里面。有厕所（€1）。持有佛罗伦萨通行卡的人需要在售票处换门票后进入。大教堂可以免费入场。

●天堂之门 · 洗礼堂东侧

①	②
③	④
⑤	⑥
⑦	⑧
⑨	⑩

①人类的创造原罪
②亚伯的牺牲、该隐杀死亚伯
③诺亚方舟、诺亚之醉态、诺亚的牺牲
④亚伯拉罕的故事、以撒的牺牲
⑤雅各和以扫的故事
⑥约瑟夫和弟兄们
⑦摩西十诫
⑧约书亚的故事
⑨大卫与扫罗的故事
⑩所罗门和示巴女王

礼拜堂的天堂之门是日本人捐赠的复制品，原作现收藏在大教堂博物馆内。

圣乔瓦尼洗礼堂 Battistero San Giovanni

Map p.137 B3

天堂之门和马赛克为其增添色彩

★★★

犹如宝石盒一般的洗礼堂

这是一座位于大教堂前方的八角形建筑，和大教堂一样使用颜色非常漂亮的大理石修建而成。这座建于11~12世纪的建筑原本是献给城市的守护圣人（圣乔瓦尼）的，在大教堂修建完成之前，将这里作为教堂使用。但丁据说也是在这里接受洗礼的。

三扇青铜的大门为这里的出入口，南边的门出于安德烈亚 · 皮萨诺之手，北边和东边的门出自洛伦佐 · 吉贝尔蒂之手。其中东面的门是被米开朗基罗命名为“天堂之门”的杰作，在经过人们的手触摸后，如今整座门都散发着金色的光芒。内部穹隆顶部分装饰着以《最后的审判》和《创世纪》为主题的拜占庭风格的马赛克。

内部呈八角形，穹隆顶上装饰着《最后的晚餐》等闪烁着金色光辉的拜占庭风格的马赛克（13世纪后半），有着一股庄严的气氛。

天堂之门绝对不容错过

●乔托钟楼
住 Piazza del Duomo
☎ 055-2302885
开 8:30~19:30
休 1/1、复活节的周日、9/8、12/25
费 通票€ 15
※ 闭馆前40分钟停止入场

乔托钟楼 Campanile di Giotto (del Duomo)

Map p.137 B4

一件大型的工艺品

★★★

高达85米，由乔托设计的钟楼。乔托的艺术性之高，在但丁的《神曲》之中也有所提及，当时被称为“比过去的艺术都要完美之作”。不论是谁，只要看到这座塔的设计和用色之精妙，以及其细腻的浮雕，都会赞同这句话。可以登上414级台阶来到顶部的露台。

由细致精美的浮雕装饰而成的钟楼

大教堂附属美术馆 Museo dell' Opera di Santa Maria del Fiore (Museo dell' Opera del Duomo)

Map p.137 B4

陈列着大教堂的原作 ★

这里收藏着为了大教堂而制作的美术品。二层为美术馆。首先引起我们注意的，应该就是台阶中间出自80岁的米开朗基罗之手，且未完成的《彼得像》。同时出自多纳泰罗之手的《圣三位一体》雕刻也非常出色。

米开朗基罗的作品《圣母怜子》

除此之外，还有出自罗比亚与多纳泰罗之手，风格完全不同的两个唱诗班席位 Cantoria 以及由15世纪的佛罗伦萨金匠制作的祭坛壁画，也是不容错过的经典之作。

●大教堂附属美术馆
住 Piazza del Duomo 9
☎ 055-2302885
开 9:00~19:00
周一·周五·周六 9:00~21:00
休 每月第一个周二
费 通票€ 15

奥尔圣米歇尔教堂 Orsanmichele

Map p.137 C3

曾经的谷类仓库 ★

这里曾经由谷类仓库变成了佛罗伦萨工商会馆，如今又成了教堂。

装饰着守护圣人雕像的奥尔圣米歇尔教堂

装饰在建筑物外侧墙壁上的各式各样的雕像，是当时支配佛罗伦萨的银行家、商人以及手工业工匠等各个领域的守护圣人（只要仔细观察雕像，从其手里拿的工具就能明白他是什么职业的）。从这里仿佛能让人看到佛罗伦萨曾经身为欧洲第一商业城市的一面，令人兴趣盎然。内部一处14世纪的小礼拜堂 Tabernacolo 也绝对不能错过。由大理石和纯金雕刻而成的浮雕非常精彩。在内部墙壁的各个地方，都能看到如从上方倒入小麦的管道等曾经身为谷类仓库的设施。

●奥尔圣米歇尔教堂
住 Via Arte della Lana/Via Calzaiuoli 13
☎ 055-284944
开 10:00~17:00

锡尼奥里亚广场 Piazza della Signoria

Map p.137 C3-C4

铭记佛罗伦萨的历史 ★★★

从古至今，这里一直都是佛罗伦萨的行政中心。以共和政为主的佛罗伦萨人，只要发生了什么事，就会聚集在这里进行激烈的论战，最后通过举手来做决定。

室外美术馆——锡尼奥里亚广场

广场由韦奇奥宫以及摆放着大量雕刻的雕刻长廊——兰齐凉廊组成，有一种室外美术馆的感觉。广场的《大卫像》（仿制品）以及尼普顿喷泉周边一直都有很多人在此歇息。在喷泉周边有一处铺着圆形青铜基石的地方，这里便是15世纪后期意大利宗教改革家萨伏那洛拉被处以火刑的地方。

兰齐凉廊 Loggia dei Lanzi

Map p.137 C3-C4

室外雕刻长廊

★★

露天长廊——兰齐凉廊

在共和国时代，锡尼奥里亚广场曾为市民集会讨论政治的中心地点。为了让这集会在下雨天也能进行而于1382年时修建了这处凉廊。

在这里展览着古代遗迹文艺复兴的雕刻。有切利尼的《柏修斯像》以及扎波罗尼亚的《萨比内的女人们的掠夺》等作品。

●韦奇奥宫

住 Piazza della Signoria

☎ 055-2768325

开 4~9月 9:00~23:00

10月～次年3月 9:00~19:00

全年周四 9:00~14:00

休 无

费 €6.50（特别展览时€10，与阿诺尔福塔的通票€14）

※由于仍然作为市政厅使用，所以入场时需要进行严格的安全检查，因此一定要听从工作人员的指挥

韦奇奥宫 Palazzo Vecchio

Map p.137 C4

闪耀着荣光的共和国办公大楼

★★

前身为佛罗伦萨共和国市政厅的韦奇奥宫

韦奇奥宫的中庭，中央是手抱海豚的天使喷泉

这座高94米，俯视着锡尼奥里亚广场的高塔强力的围绕起来的优美哥特式建筑，便是曾经的佛罗伦萨共和国政府。在建筑物的入口处，装饰了有着城市纹章的佛罗伦萨的狮子雕像Marzocco。

在纤细的中庭中央，能看到出自韦罗基奥之手的手抱海豚的天使喷泉（仿制品）。建筑物内部分为二层和三层，能够参观宫殿内部。

二层的五百人大厅Salone dei Cinquecento曾为佛罗伦萨共和国的会议场所，里面装饰着瓦萨里派的绘画以及米开朗基罗的雕刻《胜利》。

走上三层后，便能看到由瓦萨里设计的科西莫一世与他妻子皮莱奥诺拉的住所。再往前走便能来到接见大厅Sala dell' Udienza。这间在共和国时代作为总督会议和法庭的房间中，方格子的天花板与大理石的入口非常值得一看。

乌菲齐美术馆 Galleria degli Uffizi

Map p.137 C4

绝对不可错过的珠宝珍藏品 ★★★

乌菲齐美术馆曾经是美第奇家族的行政办公处

这里曾为美第奇家族的办事处，以及佛罗伦萨公国的行政办公大楼，乌菲齐 uffizi 即意大利语办事处之意。集中了美第奇家族所有财力的文艺复兴美术作品全都在这里。那幅充满诱惑的波提切利的作品《春》，以及拉斐尔的《金翅雀的圣母》都能在这里看到。美术馆里总共展览了 2500 件作品，想全部参观完至少要花费半天的时间，真正理解则需要一周时间。

波提切利的《春》

美术馆总共分为二层和三层，二层为达·芬奇、米开朗基罗等人的素描以及版画作品。三层则为绘画馆，在 3 条走廊的两侧总共有 45 间展览室。另外，这里有一条通向河对岸的皮蒂宫的瓦萨里回廊，里面为达·芬奇、提香等画家们的自画像展览室。同时，美术馆周边也有酒吧，如果累的话可以稍微在那里休息一下。

接下来，就为游客们介绍一下三层绘画馆中不容错过的展品吧。第 2 室 Sala II 对文艺复兴初期造成了巨大影响的乔托的作品《宝座上的圣母子》(*La Madonna in Maesta*)。第 3 室 14 世纪锡耶纳派西莫内·马尔蒂尼的《受胎告知》(*Annunciazione*)。第 7 室弗拉·安吉利科的作品《圣母子》(*La Madonna col Bambino*) 以及保罗·乌切洛的作品《圣母马诺之战》(*Battaglia di S.Romano*)，据说这是连毕加索也每天前来素描临摹的作品。第 8 室菲利波·利比的全作品。第 10~14 室为波提切利的作品，其中《春》(*Primavera*) 与《维纳斯的诞生》(*Nascita di Venere*) 是绝对不能错过的。第 15~16 室达·芬奇的全作品，特别是其中的《三圣王的礼拜》(*Adorazione dei Magi*)。第 25 室为米开朗基罗的《圣家族》(*Sacra Famiglia*，俗称 Tondo doni)。第 26 室拉斐尔的《金翅雀的圣母》(*Madonna del Cardellino*)。第 28 室提香的代表作《乌尔比诺的维纳斯》(*Venere di Urbino*)。第 41 室鲁本斯的全作品。二层还有第 46 室卡拉瓦乔的作品《以撒的牺牲》(*Sacrificio di Isacco*)。

欣赏乔托的作品《宝座上的圣母子》

●乌菲齐美术馆

住 Piazzale degli Uffizi 1
☎ 055-2388651
开 8:15~18:50
休 周一、1/1、5/1、12/25
费 €8（举办特别展览时为 €12.50）
※ 以夏季为中心，有时会在夜间开馆
开 6 月末 ~9 月下旬的周六 8:15~23:00、7~9 月的周二 8:15~22:00

售票处于闭馆前 45 分钟停止售票，从 18:35 开始清场。预约（→ p.141）

语音讲解器

在一层内部进行安检的前面，可以租用针对主要作品的语音讲解器。

费 1 人用 €6/2 人用 €10
※ 需要护照等

乌菲齐美术馆的卫生间信息

位于从入口进入后的地下（离出口也很近，稍微走一会儿，很宽敞）。三层酒吧附近和二层也都有卫生间。

●**巴尔杰洛国家博物馆**
住 Via del Proconsolo 4
☎ 055-2388606
开 8:15~17:00
休 每月第1、3、5个周一、第2、4个周日、1/1、5/1、12/25
费 €4（特别展览时€8）
※ 以夏季为中心，有时会开放夜场。8~9月的周四17:00~20:00（时间可能发生调整）

巴尔杰洛国家博物馆 Museo Nazionale del Bargello

Map p.137 C4

装饰着文艺复兴时期雕刻作品的杰作

★★

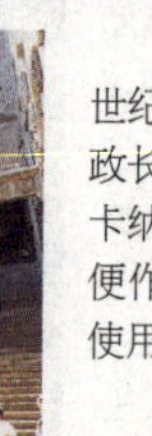

巴尔杰洛国家博物馆美丽的中庭

这是一幢典型的中世纪建筑，中世纪时为执政长官的公馆，到了托斯卡纳大公国的时代，这里便作为警察总部Bargello使用。

博物馆分为被雕刻围绕的中庭以及一层、二层和三层。

■一层　米开朗基罗和16世纪佛罗伦萨派的雕刻。其中米开朗基罗的作品《巴卡斯》（*Bacco*）与《圣母子》（*Tondo Pitti*）绝对不能错过。

■二层　摆放着多纳泰罗的作品。其中《大卫像》（*Davide*）作为文艺复兴风格最早期的裸体石像，非常有名。其他还有《圣乔治像》（*San Giorgio*）等作品。

■三层　这里展示着源自德拉·罗比亚的美丽彩色陶板，文艺复兴时代的雕刻、武器等。

韦奇奥桥 Ponte Vecchio

Map p.135 C3

宝石店集中的名胜古迹

★★★

从古至今，珠宝店聚集的韦奇奥桥

横跨在阿尔诺河上，是佛罗伦萨最古老的桥。桥的两侧是一排排雕刻工艺品店以及珠宝店。如今的这座时尚的散步道在13世纪时两侧开设的是皮革店以及肉店，一直会散发出阵阵恶臭。后来由于斐迪南一世讨厌宫殿周边有这么一处散发着恶臭的市场，便于1593年下令将市场撤除，变成了与宫殿周边环境气氛相符的珠宝店。这里的楼上曾经是由瓦萨里修建的，用于连接乌菲齐宫及皮蒂宫的通道，当时只有小车能够通过。从这里能够眺望圣三一桥上的夕阳，绝对是佛罗伦萨推荐度No.1的观光景点。

●**瓦萨里回廊**
Corridoio Vasariano
住 Loggiato degli Uffizi 6
※ 参观限时，只接受提前预约。或者可以通过参加旅游团（€89）来参观
URL www.uffizi.com

新市场 Loggia del Mercato Nuovo

Map p.137 C3

以野猪为标志的市场

16世纪由美第奇家族的科西莫一世下令修建的，拥有柱廊的市场。俗称“小麦市场”，曾经这里卖的是由郊外生产的小麦加工而成的物品。现在这里能看到的则是一排排出售纪念品的摊位。南侧的野猪雕像是乌菲齐美术馆中罗马时代雕刻的仿制品，游人都喜欢摸它的鼻子，因此现在猪鼻子看起来闪闪发光。

鼻子闪闪发光的雕刻猪

阿尔诺河左岸

皮蒂宫 Palazzo Pitti

Map p.134 C2

壮观的文艺复兴时期的宫殿 ★★

佛罗伦萨风格的石砌的皮蒂宫

这是一座典型的佛罗伦萨式文艺复兴风格的宫殿。着手修建这座宫殿的是佛罗伦萨商人皮蒂，因此才会起了这样的名字。之后，这里被卖给了当时居住在韦奇奥宫的美第奇家族的科西莫一世，随后成了现在的样子。宫殿内部有收藏着拉斐尔的11件作品的宫廷陈列馆、银器博物馆、近代美术馆、服装博物馆、陶瓷器博物馆以及音乐会大厅等，总称皮蒂美术馆。宫殿的里侧，有科西莫为了深爱大自然的妻子皮莱奥诺拉修建的广阔巨大的波波利花园。如今已经成了市民们的散步街道，但据说当时种植了在那时还很少见的西红柿和土豆。

宫廷陈列馆 Galleria Palatina

Map p.134 C2

拉斐尔的爱好者必看的景点 ★★★

位于皮蒂宫的二层，收录了拉斐尔的11件作品，是拉斐尔的粉丝绝对不能错过的美术馆。内部一定要看一看的有拉斐尔的《大公爵的圣母》(*Madonna del Granduca*)、《小椅子的圣母》(*Madonna della Seggiola*)等作品。另外，提香的《音乐会》(*Concerto*)及《青年的肖像》(*Ritratto Virile*)也不要错过。除此之外，这里还收藏着鲁本斯、卡拉瓦乔以及菲利波·利比等人的作品。

拉斐尔的作品《小椅子的圣母》

银器博物馆 Museo degli Argenti

Map p.134 C2

展示美第奇家族的豪华物品 ★

位于宫殿一层，在这里能够通过耀眼的宝石、金银工艺品、象牙以及瓷器等来想象一下美第奇家族当时的财富和权贵。同时这里归洛伦佐·伊鲁·马尼菲科所有的花瓶收藏品也非常有名。

通票就有三种，应该选择哪种?

皮蒂宫拥有广阔的庭院与众多美术馆与博物馆。各个景点没有专门独立的门票，只销售通票Biglietto cumulativo/Combined Ticket，因此可以根据个人的兴趣以及停留的天数来进行选择。

宫廷陈列馆、近代美术馆通票€ 8.50（举办特别展览时€ 13），有效期一天。

银器博物馆、服装博物馆、陶瓷器博物馆、波波利花院、巴尔迪尼庭院通票€ 7（举办特别展览时€ 10），有效期一天。

①+②€ 11.50（有特别展览时停止销售），有效期三天。

③A与③内容相同，入场时间限定在16:00之后€ 9。

售票处（营业至18:05），位于皮蒂宫入口前的右里侧。

①②当天有效，所以最好上午买票参观，制订高效率的参观计划。

※每月第一个周日免费

●银器博物馆
●陶瓷器博物馆
●服装博物馆
●波波利花园
●巴尔迪尼庭院

☎055-2388709

开 6~8月 8:15~19:30
3/27~3/31、4、5、9、10月 8:15~18:30
11月~次年2月 8:15~16:30
3/1~3/26 8:15~17:30

休 每月第一个和最后一个周一、1/1、5/1、12/25

费 通票€ 8.50（有特别展览的时候€ 10，上述四个地方都一样）

●宫廷陈列馆
●近代美术馆

☎055-2388614

开 8:15~18:50

休 周一、1/1、5/1、12/25

费 通票€ 8.50（有特别展览时€ 13，和近代美术馆通用）

※18:30~开始清场

清场时间和缩短时间

各美术馆及博物馆在闭馆前30分钟~1小时会开始清场。另外，1/1、复活节当天、8/8、8/15、8/25开馆的时间也会缩短，如果在这个时期前来参观的话，为了节约时间，请一定要在旅游咨询处❶确认好。

●贝尔维德勒要塞
Forte di Belvedere
开 10:30~19:30
休 周一
地 p.133 C3
※ 只在夏季对外开放。如果不进入要塞内部，就无法欣赏到美丽的城区风景，周边能看到一片托斯卡纳的田园风光。如果想欣赏圣米尼亚托教堂的景致，就要往下走到橄榄树茂密的 Via del Belvedere，这条路会让人感觉很愉快。

波波利花园 Giardino di Boboli

Map p.132 C2

从视野广阔的广场望去，宛如在古代的梦境中

★★★

绿意盎然的波波利花园

波波利花园于 2013 年，以托斯卡纳的美第奇家族的 12 幢别墅与 2 座庭园之一被收入“世界遗产名录”。花园位于皮蒂宫的身后，占据了 4.5 万平方米的丘陵地带。这是为托斯卡纳大公的妻子——皮莱奥诺拉·迪·托莱多修建的建筑，内部是一片苍郁的森林以及得到精心建造的区域，在这片区域上零星可见一座座的雕像、洞窟以及喷水泉，就如同一处野外的美术馆一样。据说这里也是之后欧洲修建宫廷庭院时的参考样本。

进入皮蒂宫中庭后便是圆形剧院，接着能在高台上看到尼普顿喷泉，再往上层则是陶瓷器博物馆。如果西侧的贝尔维德勒要塞开放，还可在那里欣赏佛罗伦萨的风景。从坡道往下走，途中能看到一处小型的美术馆，里面展示着巴克斯喷泉等作品的真品。骑在乌龟上，也被称为巴克斯的小人莫尔刚提是服侍科西莫一世的小丑中的一人。再往下的的洞窟内部分为 3 个房间，充满了梦幻般的感觉。里面装饰着依据希腊神话想象而成的，由米开朗基罗与詹波隆那创作的雕像（仿制品）。如果时间允许的话，还可以沿着柏木大道前往，能看到壮观的岛之喷泉。水池中央是大洋喷泉，这座喷泉和周边的雕像相辅相成，展现出一片罗曼蒂克的风景。

装饰着雕像的布昂塔连提的洞穴

●圣灵教堂
住 Piazza S.Spirito
☎ 055-210030
开 10:00~12:30、16:00~17:30
周日 16:00~17:30
休 周三
美术馆
开 仅于周六、周日、周一开放 10:00~16:00
费 仅美术馆收费€ 4

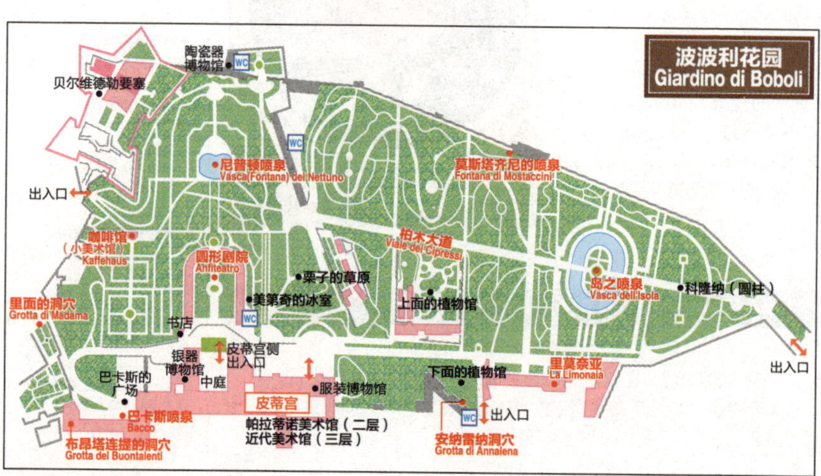

圣灵教堂 Santo Spirito

Map p.134 C2

仿佛把天空切割开来一般令人印象深刻的外观 ★★

圣灵广场上午的时候有热闹的集市，夏天的夜晚则摆满了卖西瓜的小摊或喝咖啡的桌子。教堂就位于广场的一角，是由晚年的布鲁内列斯基建造的。外观简单朴素，内部气氛庄严肃穆，可以欣赏到菲利波·利比的《圣母》(正面右边第5个礼拜堂内)、奥尔卡尼亚的《最后的晚餐》(美术馆内)以及出自米开朗基罗之手的木制的《十字架像》等艺术价值颇高的作品。

圣灵教堂内部的美术作品也非常不错

卡尔米内教堂 Santa Maria del Carmine

Map p.134 C1

宣告文艺复兴美术史的开端 ★★

如果说到佛罗伦萨的文艺复兴，就不得不提到卡尔米内教堂右边的布兰卡契礼拜堂中由马萨乔和马佐里诺绘制的湿绘壁画。26岁便英年早逝的天才画家马萨乔运用文艺复兴时期发展而来的透视画法和利用明暗表现立体的方法赋予绘画生动感，他是将人物姿态真正表现出来的新时代的革新者。

礼拜堂入口柱子上的《亚当和夏娃(原罪)》(马佐里诺)《纳税银》《逐出乐园》(马萨乔)也因其真实感而让人感动不已。

天才马萨乔的杰作《纳税银》(部分)

●卡尔米内教堂(布兰卡契礼拜堂)

住 Piazza del Carmine 14

☎ 055-2382195

开 10:00~17:00
周日·节假日 13:00~17:00

休 周二、1/1、1/7、复活节的周日、7/16、8/15、12/25

费 €6

※ 从布兰卡契礼拜堂教堂旁的专用入口进入。为了保护壁画，每次只允许进30人，每次15分钟

※ 原则上来说，参观需要预约，预约是免费的，电话 ☎ 055-2768224/055-2768558

前往佩特莱亚、卡斯特罗广场的别墅的交通方式

前往佩特莱亚的别墅可以从新圣母堂车站前乘坐2路或28路巴士，需时20~30分钟(在站前广场东侧，阿杜阿广场前的汉堡王前有巴士车站，每隔15~20分钟一班车)。在Sestese3下车。沿着巴士的前进方向前行，进入右边的小路Via Umberto Crocetta后便能看到标识。步行约20分钟。参观有导游带领(意大利语和英语)，大约需要40分钟，每隔1小时一次。最初可以先在入口确认好导游的时间，然后在庭院内散会儿步吧。

前往卡斯特罗的别墅，可以从佩特莱亚的别墅出来后往右走，然后朝着右边前进，再往左拐(有标识)。

●佩特莱亚的别墅 Villa Petraia

住 Via Medicea La Petraia 40

☎ 055-452691

开 11月~次年2月 8:15~16:30
3月、10/30~10/31 8:15~17:30
4~5月、9/1~10/29 8:15~18:30
6~8月 8:15~19:30

休 每月第2·第3个周一

费 免费

●卡斯特罗广场别墅 Villa Medicea di Castello(仅限庭院)

住 Via di Castello 47

☎ 055-452691

开休费 和上述相同

前往世界遗产——美第奇的别墅 世界遗产

让我们出发前往距离佛罗伦萨约6公里的，美第奇家族奢豪的宅邸与庭院2个必看景点。

佩特莱亚别墅位于梯田状的庭院上部，广阔的视野能够让人一览整个佛罗伦萨城镇。这座意大利国王也曾居住过的豪宅的最大亮点，便是利用“美第奇一族的荣耀”壁画将一整面墙壁装饰起来的中庭(舞蹈室)。同时，詹波隆那优美的《花之女神》雕像也不容错过(庭院中的为仿制品，真品在室内展览)。

而不远处的卡斯特罗广场的别墅上部是广阔的森林，庭院中四季盛开着鲜花。中央装饰着阿玛纳蒂雕像的喷泉在喷着水。庭院里的“动物的洞穴”据说在瀑布一样的喷泉里，动物就像是活的一样。

佩特莱亚别墅

●圣洛伦佐教堂
住 Piazza S.Lorenzo 9
☎ 055-214042
开 10:00~17:30
周日 13:30~17:30
休 11 月 ~ 次年 2 月的周日、1/1、1/6、复活节前的周五、复活节的周日、8/10、8/15、11/1、12/8、12/25
费 €5（与美第奇—洛伦佐图书馆的通票€7.50）

●美第奇—洛伦佐图书馆
开 9:30~13:30
休 周六 · 周日及节假日
※ 因为这里一直作为图书馆使用，参观只限台阶和沙龙

●美第奇家族礼拜堂
住 Piazza Madonna degli Aldobrandini
☎ 055-2388602
开 每月第 1、3、5 个周一、第 2、4 个周日、1/1、5/1、12/25
费 €6（有特别展览时€8~11）
※ 售票处营业至闭馆前 30 分钟。闭馆前 15 分钟开始清场

圣洛伦佐教堂周边

圣洛伦佐教堂 San Lorenzo Map p.137 A3

宗教建筑的杰作 ★★

美第奇家族历代的礼拜堂，由三个不同时代、不同建筑样式的墓地空间构成（布鲁内列斯基建造的旧圣器室、米开朗基罗建造的新圣器室、17 世纪的君主礼拜堂）。

在这里我们只能看到旧圣器室，其他的两处位于美第奇家族礼拜堂中，需要从这所教堂的后面进入。

没有多余的装饰，呈现出一股清新优雅气氛的旧圣器室是绝对不能错过的。同时这里也有出自多纳泰罗之手的胸像。沿着出自米开朗基罗之手，从美丽的中庭延伸到二层的楼梯走上二层，便能看到同样出自其手的美第奇—洛伦佐图书馆 Biblioteca Medicea-Laurenziana。这座图书馆中，收藏着美第奇家族世世代代收集的约 1 万册古文书。

和美第奇家族有着不解之缘的圣洛伦佐地区

美第奇家族礼拜堂 Cappelle Medicee Map p.137 A3

供奉着和美第奇家族有关的人们 ★★★

圣洛伦佐教堂的后面有入口，通往君主礼拜堂和新圣器室，新圣器室内有米开朗基罗创作的著名的《晨》《暮》《昼》《夜》四座半卧像。

精致的宝石工艺让人为之惊叹

君主礼拜堂 La cappella dei Principi

君主礼拜堂

这里是失去了政治权力的美第奇家族于 17 世纪时，为了展示其财富与虚荣而修建的礼拜堂，同时这里也是历代托斯卡纳大公的坟墓。墙壁上使用宝石镶嵌工艺刻着托斯卡纳地区 16 个城市的纹章。这是一座使用了数百种五颜六色的大理石与宝石修建而成，花费了大量时间和金钱建造的豪华建筑，其奢华程度令人惊叹。

装饰着米开朗基罗创作的雕像作品

新圣器室 Sacrestia Nuova ★★★

走进这座由米开朗基罗设计的明亮的新器室，便让人产生仿佛进入了天堂般的错觉。对于我们这双在这个城市里看过无数作为佛罗伦萨式文艺复兴风格遗物的艺术品的眼睛来说，眼前就是一片让人感到新时代来临的精美的空间。米开朗基罗留下的代表苦恼、困惑的4座雕像，仿佛在对你诉说着至今为止被人忘却的人类的内心世界，让人印象颇深。

米开朗基罗创作的《洛伦佐二世之墓》——左《暮》，右《晨》

入口右侧的洛伦佐二世之墓和与之相对的朱利亚诺之墓都装饰着米开朗基罗的雕刻作品。在沉思默想的洛伦佐像下有女性雕像《晨》和男性雕像《暮》。朱利亚诺像下有男性雕像《昼》与女性雕像《夜》相配。往里走，地下的墙壁上还保留着米开朗基罗休息时画的素描。

美第奇—里卡尔迪宫 Palazzo Medici-Riccardi

Map p.137 A3、4

粗犷而朴素的外观是美第奇家族的特征 ★★

仿佛是乱石堆砌而成的，丝毫没有装饰的外观，与当时美第奇家族的昌盛相比简直是不可思议的朴素。而实际上这个家族掌握着欧洲最庞大的财富。佛罗伦萨的实际统治者科西莫一世曾经有一次被赶出了城。他经历了这次体验之后知道，老百姓的嫉恨是比什么都可怕的力量，因此与建筑家朋友米开罗佐商量，建成如此朴素的宫殿。自1460年起之后的100年间这里都是美第奇家族的住宅。

在内部，从中庭右边的楼梯往上走便是《三贤王的礼拜堂》(*Cappella dei Magi*)，里面能看到戈佐利的作品《三王行列》壁画。画中马背上的勇士，便是美第奇家族的洛伦佐豪华王。虽然画上是一名美丽的贵族公子，但本人实际长得其丑无比。画中戴着红色贝雷帽的，便是当时创作这幅画的画家戈佐利。

戈佐利的作品《三王行列》

●美第奇—里卡尔迪宫
【三贤王的礼拜堂】
住 Via Cavour 1/3
☎ 055-2760340
开 8:30~19:00
休 周三
费 €7

特别展览和特展门票

在美术馆和博物馆中，随时会举办特别展览，虽然届时门票会贵€2~4左右，不过有一部美术馆、博物馆也可以单独参观常设展览。

朴素的里卡尔迪宫

为了充分有效地利用时间，实行夜间开馆

乌菲齐美术馆、阿卡德米亚美术馆、韦奇奥宫及巴尔杰洛国家博物馆等景点会以夏季为中心，实行夜间开馆。晚上的美术馆有着和白天完全不同的一面，充满了魅力。每年的开放时间都有所不同，最好在出发之前跟旅游咨询处 ❶ 先确认一下开馆时间。

圣马可广场周边

●圣马可美术馆
住 Piazza S.Marco 1
☎ 055-2388608
开 8:15~13:50
周六 · 周日及节假日 8:15~16:50
休 每月第1、3、5个周日、第2、4个周一、1/1、5/1、12/25
费 €4（特别展览时€6~8）

圣马可美术馆 Museo di San Marco

Map p.135 A3、4

到处都是弗拉 · 安吉利科创作的湿绘壁画

★★★

弗拉 · 安吉利科的作品《受胎告知》

这座建筑曾经是多米尼克会的修道院，内部装饰着曾在此做修道士的弗拉 · 安吉利科与其弟子之手的壁画。二层深处则是在锡尼奥里亚广场进行“烧毁虚荣”的萨伏那洛拉的房间，和曾经为这里绝对的财政保护者的美第奇家的科西莫一世的冥想室。特别不能错过的，便是通往二层的楼梯正面的弗拉 · 安吉利科的作品《受胎告知》（*Annunciazione*）

●阿卡德米亚美术馆
住 Via Ricasoli 60（66号不是美术馆 Galleria，而是学校的入口）
☎ 055-2388609
开 8:15~18:50
休 周一、1/1、5/1、12/25
费 €8（如果包含特别展览的话€12.50）
※ 以夏季为中心，有时会在夜间开馆
开 7~9月的周二和周五 8:15~22:00

阿卡德米亚美术馆 Galleria dell' Accademia

Map p.135 A3-A4

米开朗基罗的美术馆

★★★

大卫像

这是一座收纳了米开朗基罗的雕刻作品及佛罗伦萨派绘画的美术馆。米开朗基罗那一生献给艺术的灵魂，仿佛通过其精美的雕刻向我们诉说了许多的故事。《奴隶》（*Schiavi*）是为了装饰在朱利奥二世的坟墓上而雕刻但尚未完成的2座雕像。《大卫像》（*Davide*）则是被安置在锡尼奥里亚广场以及米开朗基罗广场上，作为佛罗伦萨共和国的自由标识的大卫像的原作真品。

此外还有《圣 · 马特奥像》《帕莱斯特里纳的彼得像》以及利比、波提切利、加迪等人的作品，二层有14、15世纪的祭坛画像。

●儿童福利院绘画馆
住 Piazza d Ss.Annunziata 12
☎ 055-2037308
开 10:00~19:00
休 1/1、复活节的周日、5/1、12/25
※2016年6/24完成了修复工作，现已全部对外开放。同时新设了咖啡馆。

儿童福利院绘画馆 Galleria dello Spedale degli Innocenti

Map p.135 A4

欧洲最古老的儿童福利院

★★

儿童福利院的中庭，给人安静沉稳的空间感

在佛罗伦萨，像这样的慈善事业非常发达，在大教堂的旁边，还有一处为未婚妈妈设置的慈善机构。这里是15世纪时由布鲁内列斯基设计而成的，正面为9座拱门构成的拱廊。拱门之间是美丽的陶板徽章，上面雕刻着用白布包裹的婴儿像。

内部有年轻的波提切利创作的《圣母子和天使》(*Madonna col Bambino e un angelo*)和吉兰达约创作的巨大的《三王行列》。

圣母领报圣蒂西玛教堂 Santissima Annunziata

Map p.135 A4

被廊柱围绕的美丽广场与教堂 ★★

该教堂有佛罗伦萨最美的同名广场，内部有代表天使形象的圣母像，居民都很虔诚地信仰她。还有萨库、坡恩托鲁莫纳创作的珍贵的湿绘壁画。

圣母领报教堂建筑物正门前有美丽的廊柱

●圣母领报圣蒂西玛教堂
住 Piazza d. Ss.Annunziata
☎ 055-266181
开 16:00~17:15

考古学博物馆 Museo Archeologico

Map p.135 A4

了解意大利起源、了解埃特鲁斯坎人必看的景点 ★★

这里是了解埃特鲁斯坎文明与艺术不容错过的博物馆。内饰根据挖掘时的模样分为埃特鲁斯坎部分，埃及部分，希腊、埃特鲁斯坎·罗马雕刻部分等。

考古学博物馆是伊特鲁里亚艺术的宝库

●考古学博物馆
住 Piazza Ss.Annunziata 9b
☎ 055-23575
开 周二～周五　8:30~19:00
周一、周六、周日及节假日
8:30~14:00
休 1/1、5/1、12/25
费 €4（特别展览时€7）

斯特罗齐宫周边

圣三一教堂 Santa Trinita

Map p.136 C2

佛罗伦萨典型的哥特式建筑 ★

这里是文艺复兴时期很多画家受到佛兰德绘画影响的见证。中央祭坛右边第一间萨塞蒂礼拜堂内有吉兰达约创作的两幅湿绘壁画《圣弗朗切斯科的一生》(*La vita di San Francesco*)与《牧羊人的参拜》(*Adorazione dei Pastori*)。

珍贵的佛罗伦萨哥特式建筑——圣三一教堂

●圣三一教堂
住 Piazza S.Trinita
☎ 055-216912
开 8:00~12:00　16:00~18:00
周日　8:00~10:45
16:00~18:00

其他地区

圣克罗切教堂 Santa Croce

Map p.135 C4

祭奠那些成为城市代表的人们

★★★

●圣克罗切教堂
●圣克罗切附属美术馆
住 Piazza S.Croce
☎ 055-2466105
开 9:30~17:30
周日及节假日 14:00~17:30
休 1/1、复活节前的周日、6/13、10/4、12/25、12/26
费 €8（教堂、附属美术馆通用）
※ 售票处位于教堂正面，左侧往里走。去附属美术馆或者皮革学校要从教堂内部（中央右侧）穿过中庭即可到达

知道吗!？

在教堂内部，有皮革学校的商店和工厂。从制作圣书上的皮革封面开始，在美第奇家族的保护下逐渐发展成了一个学校。现在还有工厂，可以参观职业手工艺人制作的过程（午休时间除外）。店内除了有装硬币的小钱包之外，还有运用传统工艺制作的高级皮包，只要肯花点时间，还可以帮你在包上刻上名字。

附属美术馆内有那泰罗创作的《十字架》

埋葬了很多艺术家的圣克罗切教堂

佛罗伦萨的圣诞节市场非常有名，在教堂广场前有许多出售食品的摊位

面朝佛罗伦萨最古老的广场的教堂。旁边是其附属的中庭以及布鲁内列斯基建造的帕兹吉亚礼拜堂，构成的空间具有一种无可比拟的美感，可以说是凝缩了文艺复兴的精华。

在这 140 米 ×40 米的广阔的教堂内部，有被从这座城镇赶出，死于拉韦纳的但丁的纪念堂，以及米开朗基罗、马基雅弗利、罗西尼、伽利略等人的 276 座墓地，这也是游览墓地的一大乐趣。而内部也为了与这些大家相配，由许多艺术家进行亲手装饰。其中最不容错过的，便是右侧廊第 5 根柱子部分出自多纳泰罗之手的金色浮雕《受胎告知》以及正殿巴尔迪礼拜堂的乔托的壁画《圣弗朗切斯科的一生》(*Storie di S. Francesco*)、左侧廊出自多纳泰罗之手的《十字架》(*Crocifisso*)。

帕兹家族礼拜堂的旁边有圣克罗切附属美术馆 Museo dell' Opera di S.Croce，收藏着契马布埃和多纳泰罗的作品。

娱 乐

●穿着古代服装游行的传统节日和足球赛

●传统仪式

春天的佛罗伦萨最热闹的，便是复活节当天的马车爆炸节 Scoppio del Carro。这是从 6 世纪流传至今的传统，在大教堂前举行，届时会将马车上的爆竹全部引爆的非常勇猛的活动。

6 月，会举行由身穿中世纪服装的选手进行的足球比赛 Calcio Storico in Fiorentino。和比赛前后在城镇上身穿古代服装游行的队伍不同，一旦比赛开始后，与其说是足球，不如说是摔跤。这是在 28 位精壮的男人之间进行的比赛，让人光看着就热血沸腾。基本上每年都会出动救护车，有一年据说还发生了耳朵被割下来的事故。可以在共和国广场旁边与中央邮局并列的足球售票处 Chiosco degli Sportivi 购买门票。

住 Via de'Anselmi
☎ 055-292363
在 6 月的周日，总共会举办 3 次。

穿着古代服装的队列

新圣母教堂 Santa Maria Novella

Map p.136 A1、2

佛罗伦萨哥特式之花 ★★★

去教堂要往里走100米左右，其正面看上去犹如木块拼花工艺一般漂亮，是14世纪时作为多米尼克会的教堂修建而成的，内部有马萨乔的作品《圣三位一体》以及罗比亚使用彩色泥土制作的洗礼盘（Lavabo）。在左侧的贡迪家礼拜堂中，能够看到布鲁内列斯基的十字架，堂内有出自吉兰达约之手的壁画《玛利亚与圣乔瓦尼的一生》等作品，这些也都是绝对不能错过的。从站前广场旅游咨询处 ℹ 旁边也能进场，从这边进去的话，能够看到绿色修道院的壁画、西班牙礼拜堂以及斯特罗契礼拜堂等景点（内部相通）。

佛罗伦萨典型的哥特式建筑——新圣母堂教堂

●新圣母教堂
●新圣母博物馆
住 Piazza S.M. Novella/ Piazza della Stazione 4
☎ 055-219257/055-282187
开 周一～周四 9:00~19:00
周五 11:00~19:00
周六 9:00~17:30
周日及节假日 13:00~17:30
休 1/1、12/25
费 €5（通票）
※ 从站前广场的旅游咨询处 ℹ 的柜台旁边也可以入场

米开朗基罗广场 Piazzale Michelangelo

Map p.133 C4

可以眺望佛罗伦萨的街景 ★★

广场中央修建着出自米开朗基罗之手的巨大的《大卫像》（仿制品）。位于城镇东南面略高的小山丘上，能够望见被阿尔诺河一分为二的佛罗伦萨那玫瑰色的城镇以及大教堂的穹隆顶，让人印象深刻。佛罗伦萨的一切尽在眼里。

可以眺望佛罗伦萨街景的米开朗基罗广场

前往米开朗基罗广场的交通方式

要前往米开朗基罗广场的话，可以从S.M.N.车站东侧乘坐巴士12路，大约每隔10~13分钟一班车。和12路反方向行驶的13路也基本从同一地点发车。13路由于是反方向行驶的，所以会稍微绕一点远路。另外，12/24傍晚、12/25、1/1等时候，巴士的运营时间会有所缩短，所以请事先确认好返程的车次。

如果要从城市中心步行前往的话，可以穿过恩宠桥 Ponte alle Grazie 和圣尼科洛桥 Ponte S.Niccolo 之间的波吉广场 Piazza G.Poggi，沿着波吉大街 Viale G.Poggi 的坡道往上走。如果选择这种方式的话，请一定要穿一双舒适的鞋子。

娱乐 ●佛罗伦萨初夏的风景诗 5月音乐节

全世界最有名的佛罗伦萨音乐节，就是佛罗伦萨5月举办的音乐节（Maggio Musicale Fiorentino。4～7月，会举办各种盛大的活动。

在夏天的夜晚，会举办新潮的歌剧和芭蕾演出，同时在各个教堂也会举办小型的音乐会，城镇的每个地方都会充满欢声笑语。

●电话预约
☎ 055-2779309
开 周二～周五 10:00~18:00
※ 使用信用卡结算

●当日票
从公演前1小时开始在剧院的售票处售票
☎ 055-2779309
（周二～周六 10:00~18:00）

●剧院指南
科穆纳莱剧院
Teatro Comunale
住 Corso Italia 12
售票处
住 Corso Italia 15
☎ 055-2779309
开 周二～周五 10:00~18:00
周六 10:00~13:00
休 7/3~9/1 地 p.132 B1
URL www.operadifirenze.it
●可以在网站上在线预约以及查看演出节目，很方便
演出一周前停止售票

●圣米尼亚托教堂
住 Vie del Monte alla Croci
☎ 055-2342731
开 9:30~13:30、15:00~19:00
周日 15:00~19:00
圣萨尔维托莱教堂
开 8:00~20:00

如果想要安静地欣赏美景的话

来到米开朗基罗广场后，可以前去圣米尼亚托教堂。钟楼所处的建筑物正面自不用说，其使用彩色大理石装饰的建筑物内部也非常美丽。由于教堂位于楼梯的上方，因此从这里也能够一览佛罗伦萨整座城市。在这里的话，你会感到米开朗基罗广场上的喧闹就像是假的一样。届时可以坐在这里的椅子上，一边欣赏美景，一边稍作休息。

圣米尼亚托教堂 San Miniato al Monte

Map p.133 C4

罗马式建筑的漂亮小楼

彩色大理石的建筑正面非常漂亮

从米开朗基罗广场往南步行3分钟，在一座更高的小山丘上。教堂内部的地板以及祭坛上都装饰着精美的宝石工艺品。利用彩色大理石修建的建筑物正面在夕阳的余晖下显得特别美丽和庄严。

在前往圣米尼亚托教堂途中，有一座不起眼的被米开朗基罗称为“美丽的乡下姑娘”的圣萨尔维托莱教堂 San Salvatore al Monte。这里由库洛纳卡设计修建，采用的是文艺复兴风格。

从圣米尼亚托教堂看到的佛罗伦萨城镇的景象

Arte rinascimentale
文艺复兴时期美术（后期）

●天才们的时代

16世纪，文艺复兴在各个领域达到全盛时期，美术方面出现了列奥纳多·达·芬奇、米开朗基罗、拉斐尔等天才艺术家。

列奥纳多·达·芬奇（Leonardo da Vinci，1452~1519年）与波提切利几乎是同一时代，确立了文艺复兴全盛时期的古典风格。作为一位全才，在科学与艺术两方面都很精通，除了绘画创作之外，还留下了大量自然研究方面的素描和手稿。他是远近绘画法的集大成者，他创作的《最后的晚餐》（*Ultima cena*）运用被称为“轮廓模糊法”的新型明暗法，使绘画形态与精神达到统一，他创作的米兰的圣玛利亚修道院（→p.198）和《蒙娜丽莎》（*La Gioconda*）（巴黎卢浮宫博物馆）都很著名。

米开朗基罗（Michelangelo Buonarroti，1475~1564年）在佛罗伦萨的人文主义环境中长大，在罗马制作了成名作品《圣殇》（*Pieta*）（梵蒂冈圣彼得大教堂→p.82），在佛罗伦萨则制作了《大卫像》（*Davide*）（阿卡德米亚美术馆→p.152），取得了很高的评价。随后他还通过壁画《天地创造》（*Genesi*）、《最后的审判》（*Giudizio Universale*）（两者都收藏于梵蒂冈的西斯廷礼拜堂→p.86）等大作，向世人展现了其超越人类的技巧，无数人体雕像显现出的跃动感以及统一性，使他也成了当时巴洛克美术的前驱。

拉斐尔的作品《金翅雀的圣母》

紧随这两位艺术大师的还有一位文艺复兴时期的巨匠，他就是拉斐尔（Raffaello Sanzio，1483~1520）。他吸收了同时代众多巨匠们的成果，利用其天生善良温柔的性格构筑出更为理想的美。他留下来的作品除了梵蒂冈宫殿（→p.84）中装饰在各个房间中的壁画连续作品《雅典的学堂》（*Accademia di Atene*）等以外，还有许多其他的作品。

佛罗伦萨的历史

洛伦佐·美第奇是带领佛罗伦萨进入黄金时代的领导人，在他活着的时代，佛罗伦萨虽然有着华丽的外观，但是其背后却是一个悄悄被颓废渗透的时代。在1500年即将到来之前，人们也都渐渐地有种即将迎来末日的感觉。1480年，对南意大利的奥特朗托展开攻击的土耳其所产生的威胁，也给人们的心头蒙上了一道阴影。波提切利的《春》和《维纳斯的诞生》便是在那个时代创作的，他是那个时代佛罗伦萨最具代表性的画家。

波提切利的作品《维纳斯的诞生》

●佛罗伦萨的诞生与毛纺织工业城市的发展

古代罗马名将恺撒，于公元前59年在阿尔诺河北岸修建了殖民地，这就是佛罗伦萨的前身。恺撒修整了这里的渡船码头，以保证安全地渡过阿尔诺河，从而确保了连接罗马与意大利北部的交通要道。由于罗马帝国的崩溃造成的持续混乱，佛罗伦萨的发展停滞不前，再次开始缓慢发展是在9世纪以后。1082年佛罗伦萨打败了神圣罗马帝国皇帝亨利四世率领的军队，于1125年宣布成为自治城市。

佛罗伦萨飞跃发展的原动力是纺织工业的发展。这一点与从东西方贸易发展起来的威尼斯、热那亚不同。佛罗伦萨的毛纺织商从法国和佛兰德进口羊毛，从东方的勒班陀地方进口染色材料，再加工成优质的毛纺织品，出口到欧洲各国和埃及等地。后来英国等新兴国家的毛纺织业发展起来后，佛罗伦萨便在提高产品质量、设计更美的图案方面与之竞争。现在，在佛罗伦萨，时装业与旅游业是并驾齐驱的两大产业。也许正是毛纺织业的传统才成就了今天的时装产业。

●金融中心佛罗伦萨

佛罗伦萨人将从毛纺织业赚的钱借贷给国王和诸侯，发展了银行业。佛罗伦萨铸造的弗罗林金币是当时欧洲最权威的货币。从13世纪末开始的两个世纪里，佛罗伦萨就相当于现在纽约的华尔街。没有银行的繁荣，就很难有后来佛罗伦萨文艺复兴的兴盛。后来成为佛罗伦萨统治者的美第奇家族也是依靠银行业发家的。

推动佛罗伦萨发展的工商业者于1293年发布《正义法规》，将贵族从市政厅赶走，掌握了政治权力，商人成了城市的主人。在这一点上，佛罗伦萨与米兰（在米兰，维斯孔蒂家族很早就成为统治者）以及教皇统治下的罗马都不同。13世纪90年代，佛罗伦萨相继建成圣克罗切教堂、花之圣母大教堂（大教堂）、韦奇奥宫等建筑。这些都是掌握权力的大商人为了显示自己的财富和热情而建的。现在在佛罗伦萨见到这些建筑，仍会让人惊叹一个人口仅10万的城市，居然能在短短数年之间建成这样的建筑。

1406年佛罗伦萨打败宿敌比萨之后，确保了海上的出口，真正成了西欧经济发展的中心。

1417年由古建筑家布鲁内列斯基建造的大教堂的大穹隆顶成为佛罗伦萨繁荣发展的标志。这个大穹隆顶像座小山一样，从城市任何一个地方都能看得见，被称为是建筑学上的奇迹。据说古代佛罗伦萨的人从旅途归来时，在远远的山丘上看到这个红色的大圆顶，就会产生一种回到故乡的喜悦之情。在美第奇家族统治时期佛罗伦萨的经济实力使之升华成为艺术之都。

●大主角科西莫·德·美第奇登场

1434年，从逃亡地返回佛罗伦萨的科西莫·德·美第奇在美第奇家族追随者的支持下掌握了市政权。科西莫考虑到佛罗伦萨市民对自由的向往，尽可能避免自己站在政治的第一线上，而是利用美第奇家族的财富和市民对美第奇家族的好感，间接统治佛罗伦萨。并且运用其优秀的管理才能，致力于事业的发展。科西莫自己的生活非常简朴，但对文化艺术事业的发展却不吝其财。他不仅从希腊请来博学的人才，还从各国购买珍贵的书籍提供给学者。当时，在科西莫的保护下，活跃在佛罗伦萨的艺术家有基贝尔蒂、多纳泰罗、弗拉·安吉利科、菲利波·利比、乌切洛、阿尔贝蒂等。

●天才布鲁内列斯基的时代

科西莫还借布鲁内列斯基之手，使文艺复兴时代的佛罗伦萨面目一新。如果你实地去游览一下佛罗伦萨就会知道，佛罗伦萨的代表艺术家不是列奥纳多·达·芬奇或者米开朗基罗，而是布鲁内列斯基。首先是大教堂的穹隆顶，然后是圣洛伦佐教堂和圣灵教堂，在城市的任何地方都有布鲁内列斯基留下的痕迹。佛罗伦萨最美丽的广场——圣母领报圣蒂西玛广场也是布鲁内列斯基设计的，壮丽的皮蒂宫也是根据他的设计建成的。可以说，佛罗伦萨之美是靠布鲁内列斯基的天才和佛罗伦萨的经济实力而创造出来的。佛罗伦萨城市本身就是文艺复兴时代产生的最完美的作品，城市的发展使得文艺复兴得以存续。

●洛伦佐·德·美第奇的野心与复仇

1469年继任佛罗伦萨统治者地位的是科西莫的孙子洛伦佐，当时还只是一个20岁的年轻人。但他一登上权力的宝座，就运用其非凡的政治手腕，将权力集中于支持美第奇家族的集团中。洛伦佐的强硬手段当然招致了反对者的仇恨，于是1478年发生了帕奇家族的叛乱事件。复活节最热闹的4月26日，叛乱集团袭击了在大教堂进行周日弥撒的洛伦佐和朱利亚诺两兄弟。弟弟倒在了暗杀者的刀下，洛伦佐受了轻伤，在同伴护卫下逃到了圣器收藏室。

在大教堂暗杀行动的同时，有另一部分人在锡尼奥里亚广场煽动市民攻占作为市政厅的韦奇奥宫，但是被朱利亚诺之死激怒的佛罗伦萨市民们根本不听他们的煽动，叛乱以失败告终。美第奇家族开始了残酷的复仇。三天时间里，与叛乱事件有牵连的70多人，在韦奇奥宫和巴尔杰洛宫被处以绞刑。暗杀朱利亚诺的凶手在君士坦丁堡被抓获，从土耳其的斯尔坦引渡回来交给洛伦佐，一年半后在巴尔杰洛宫被处以绞刑，列奥纳多·达·芬奇把当时行刑的情景画进了素描里。

经过这次事件之后，那不勒斯军队攻入了佛罗伦萨境内，一时间使得佛罗伦萨陷入困境。据说洛伦佐不顾生命危险只身来到那不勒斯王身边，采用非常的手段，成功地恢复了和平。洛伦佐返回佛罗伦萨后，确立了美第奇家族统治佛罗伦萨的地位。以后，继承其祖父科西莫的政策，致力于维护意大利的和平。自佛罗伦萨的文艺复兴开始至洛伦佐时代被认为是佛罗伦萨的黄金时代。

佛罗伦萨繁荣的象征——大教堂的大穹隆顶

聚集了哲学家和诗人进行柏拉图对话的学院别墅

●佛罗伦萨的黄昏

实际上，这段黄金时代只是佛罗伦萨文艺复兴结束前的最后辉煌。在洛伦佐时代，美第奇家族的事业也走向衰退，这倒不是因为洛伦佐的经营能力的问题，而是处在那样的时代必然的趋势。洛伦佐逐渐停止了事业，而把资金投向购买土地方面，在政治活动的闲暇时间里，在学院的别墅里与柏拉图学派的学者们进行高雅的哲学讨论。

●传教士萨伏那洛拉的出现

在洛伦佐晚年，佛罗伦萨的圣马可修道院院长萨伏那洛拉的布道很打动人心。他激烈地批评佛罗伦萨市民享乐的生活态度，要人们在神的教诲下过清贫节俭的生活。因弗拉·安吉利科的《受胎告知》而闻名的圣马可修道院是科西莫·德·美第奇修建的，最深处的三个房间是院长的居室，现在收藏着萨伏那洛拉的肖像和遗物。正是这个与美第奇家族有着深厚渊源的圣马可修道院院长，控诉洛伦佐是专制君主，这是中世纪对洛伦佐代表的文艺复兴理想的挑战，不知当时躺在病床上的洛伦佐对于此话作何感想。

自由与独立的象征——米开朗基罗的作品《大卫像》

进一步提高萨伏那洛拉声望的事情是他预言了洛伦佐之死和外敌的入侵。据说传教场所从圣马可修道院转移到了大教堂，但大教堂周围仍然挤满了已经容纳不下的听众。1494 年，自法国军队入侵后，美第奇家族被驱逐，佛罗伦萨成立了民主政府，但是市政府内部尖锐的对立导致的混乱依然持续着。要消除这种混乱的局面，只能靠萨伏那洛拉的威信。

在萨伏那洛拉的管制下，佛罗伦萨街上的灯都熄灭了。他把天真的少年组织成风纪侦察队，监视人们的生活。1497 年狂欢节的最后一天，在市政厅广场堆满了赌博用具、化妆品、华丽的服装、淫秽读物等，进行了所谓“虚荣的焚烧”仪式。但这也是萨伏那洛拉权威的最高峰了。在佛罗伦萨这样的城市，这种禁欲主义的生活不可能长期持续下去。萨伏那洛拉因主张教会改革而与教皇亚历山大六世对立，被教皇驱逐出教门。1498 年 5 月，萨伏那洛拉被以异端的罪名在锡尼奥里亚广场处以火刑，骨灰被投进了阿尔诺河。现在广场的行刑遗迹处有石碑，记载着这一事件。

萨伏那洛拉被处以极刑后，就任佛罗伦萨共和国第二任执政长官的玛卡维里经过努力，使佛罗伦萨阻止了教皇亚历山大六世的庶子切利勒·波尔基亚的野心，维护了自由与独立。米开朗基罗的《大卫像》就是象征自由与独立的作品，做成后最初就是放在锡尼奥里亚广场。但是，1512 年西班牙军队进攻佛罗伦萨，在西班牙军队面前，玛卡维里组织的市民军队溃败，而美第奇家族凭借西班牙军队的支持重新恢复在佛罗伦萨的统治——如果不是这样，也就不可能再出现后来的第二次文艺复兴全盛期了。

佛罗伦萨的餐馆
Restaurant Firenze

在餐馆可以吃到豪爽的佛罗伦萨风味牛排

宁静的气氛、周到的服务、上好的材料、大厨师高超的技术都是体验美食不可缺少的要素。那些认为“旅行的乐趣在于美食”的美食家们可以去以下这些餐馆看看。最好事先预约，服务员会说英语。如果没有预约，刚营业时早点去的话，也许会有座位。

经典美食，佛罗伦萨风味焖牛肚

意大利餐馆适合那些想要体会佛罗伦萨城市气息、品尝可口的家常菜味道的人。无论哪个餐馆，差不多有€ 25~35 就够了，要在餐馆刚开门的傍晚 7:00 左右出门，因为当地人和游客总是很多。如果既想节约时间又想省点钱，最好去自助餐馆。在旅游点一般有很多这样的餐馆，下面介绍一些值得推荐的餐馆。

奥拉·德阿利亚
Ora d'Aria

◆在乌菲齐美术馆的后面，面对着小路的玻璃厨房是其很明显的标志。店内明亮、时尚而且气氛优雅，以托斯卡纳菜系为基础，独创了很多全新的充满感性的菜肴，并以此为豪。是一家让人想打扮得很漂亮再去就餐的餐馆。米其林 1 星。需预约

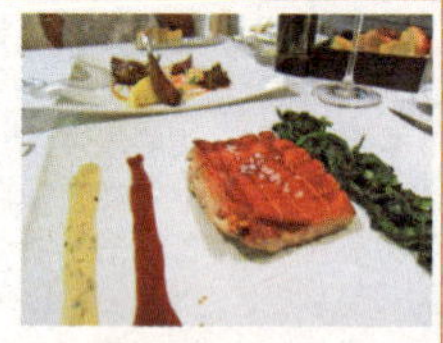

中央地区 Map p.135 C3

住 Via dei Georgofili 11/13r
☎ 055-2001699
营 12:30~14:30、19:30~22:00
休 周日、周一中午、1/25~2/7、8/8~8/28
预 € 80~120、套餐€ 120（座位费€ 5）
C A.D.J.M.V.
交 从锡尼奥里亚广场步行 3 分钟

布卡·马里奥
Buca Mario dal 1886

◆佛罗伦萨典型的餐饮店。可以在完全放松的氛围中慢慢品味佛罗伦萨菜肴和葡萄美酒。既有令人兴奋的佛罗伦萨风格牛排，也有烤牛肝菌，喜欢这两道菜的人很多。需预约

中央地区 Map p.136 B1

住 Piazza degli Ottaviani 16/r
☎ 055-214179
营 19:00~22:00 休 12/10~12/21
预 € 55~90（座位费€ 4）
C A.J.M.V.
交 背对新圣母教堂和广场，正门外 100 米处有一个小型广场

马里奥餐馆
Trattoria Mario

◆这家店铺创业于 1953 年，位于中央市场不远处。店内虽然很狭窄，遇上拼桌也可以说是一件理所当然的事情，不过这里一直满座，是一家人气很高的店铺。每天变换的菜单上写着的都是传统的佛罗伦萨家庭美食。不接受预约。

中央地区 Map p.135 A3

住 Via Rosina 2/r
☎ 055-218550
营 12:00~15:30
休 周日及节假日、8 月
预 € 18~35（座位费€ 0.50）
C M.V.
交 从中央市场步行 1 分钟

塞尔吉奥·戈齐
Sergio Gozzi

◆距离圣洛伦佐教堂很近，是一家位于有着许多露天商店，非常热闹的广场一角处的平价餐馆。这家店创业于 1915 年，是一家 4 代相传，家族经营的店铺。在传统风格的店内，可以品尝到佛罗伦萨的家庭菜肴。当你想简单快速地品尝传统菜肴时，来这家店最适合不过了。

中央地区 Map p.137 A3

住 Piazza S.Lorenzo 8r
☎ 055-281941
营 12:00~15:00
休 周日、7 月下旬的 2 周、8 月
预 € 18~28（座位费 € 2）
C A.M.V.
交 从中央市场步行 2 分钟

马里奥内
Marione

◆经营佛罗伦萨的家庭菜肴，店内的氛围让人感觉像在家里一样放松。店内装饰简洁，白天这里挤满了附近的上班族。价格便宜，不必担心钱包里的钱不够用。

中央地区　Map p.136 B2
住 Via della Spada 27/r
☎ 055-214756
营 12:00~17:00、19:00~23:00
休 无　预 € 20~35（座位费€ 1）
C A.D.J.M.V.
交 从大教堂步行 7 分钟

达 · 纳尔波奈
Da Nerbone

◆这是一家位于中央市场一层，经常会排很长队伍的店铺。这里的历史悠久，深受罗马人喜爱的牛肚包以及帕尼诺非常有名。同时这里设置有简易的桌子，能够品尝到便宜美味的佛罗伦萨平民传统美食。

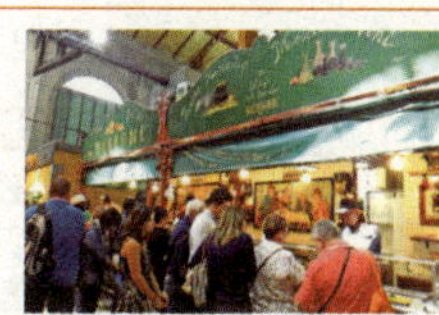

中央地区　Map p.135 A3
住 Mercato Centorale 一层
☎ 055-219949
营 7:00~14:00
休 周日
预 € 3.5~25
C 不可
交 位于中央市场内

列奥纳多自助餐馆
Self Service Leonardo

◆位于中央邮局附近，观光途中就餐很方便。是一家颇受附近上班族和学生们欢迎的自助餐馆。在夏季和年初年末也营业，非常方便。有人反映比起菜的味道，菜的分量更有诱惑力。

中央地区　Map p.137 B3
住 Via dei Pecori 11（2 层）
☎ 055-284446　营 11:45~14:45、18:45~21:45　休 无　预 € 4.50~20　C M.V.
交 从大教堂步行 3 分钟

火锅餐馆
Hot Pot

◆是一家很宽敞的自助餐馆，可以随意选择自己喜欢的食物，有比萨、托斯卡纳菜肴、甜品等。周五会增加鱼类菜肴的数量。午餐时间有很多当地人前来就餐。比起味道最大的优势在于价格。

中央地区　Map p.137 C3
住 Via dei Lamberti 5~7/r
☎ 055-213381　营 10:00~22:00
休 无　预 € 6~20　C J.M.V.
交 从锡尼奥里亚广场步行 2 分钟

两兄弟餐馆
I Due Fratellini

◆位于锡尼奥里亚广场周边，应该经常可以看到当地人大嚼意大利传统三明治的景象——这种三明治就是这家餐馆做的。在非常狭窄的店门口，到了中午就会有排队就餐的人。一个三明治售价€ 3~，各种葡萄酒一杯€ 2~。

中央地区　Map p.137 C4
住 Via de' Cimatori 38/r
☎ 055-2396096　营 10:00~18:00
休 8 月的 1 周时间
预 € 3.20　C M.V.
交 从锡尼奥里亚广场步行 2 分钟

佛罗伦萨的 B 级美食

说起代表佛罗伦萨的 B 级美食的话，那么就是 Trippa（牛的第 2 个胃）以及 Lampredotto（牛的第 4 个胃）等内脏类食物。虽然在街角随处能看见移动的摊贩，但是首先，让我们先前往聚集了众多美食地点的中央市场 Mercato Centrale（→ p.163）吧。一层有以焖牛肚以及牛肚包的帕尼诺闻名的达 · 纳尔波奈 Da Nerbone，这里经常会排起很长的队伍。而在卖鱼的地方的油炸海鲜人气也很高。

牛肚包的柜台

二层为非常宽敞的美食广场意马卡多 II Mercato。在这里用餐的方法很简单，只需在各个摊位点单后支付，随后便可以将美食拿到自己喜欢的桌上。饮料可以在各个摊位选择葡萄酒或者啤酒等，有时也会有工作人员来帮你点单。内脏类的话推荐因牛肚包而闻名的洛伦佐 · 尼格罗 Lorenzo Nigro 的帕尼诺。在入口周边的肉店中，可以自己选择菜单以外的肉，随后店家会为你将其烤成比斯特卡 · 菲奥伦蒂纳（由于分量有 600g 以上，所以可以几个人一起来），味道也很受好评。

在肉店点的晚餐。合计 €24

餐馆图例　高档餐馆　中档餐馆　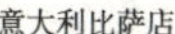百姓餐馆　意大利比萨店　葡萄酒吧　啤酒吧　B B 级美食

圣酒徒餐馆
Il Santo Bevitore

◆这是一家葡萄酒吧兼餐馆，店内整齐地摆放着葡萄酒瓶，让人仿佛迷路走进了酒窖一样。这里除了品种丰富的托斯卡纳产的葡萄酒和干酪之外，还能品尝到分量十足的意大利面和第二道菜。整体给人既休闲又很时髦的感觉。需预约

阿尔诺河左岸地区 Map p.136 C1

住 Via Santo Spirito 64/66
☎ 055-211264
营 12:30~14:30、19:30~23:30
休 周日中午、8月的2周
预 €25~50（座位费€2.50）、套餐€36
C J.M.V.
交 从卡拉依阿桥左岸步行2分钟

阿拉·维奇亚·贝托拉
Alla Vecchia Bettola

◆餐桌很大，充满了普通市民气息。菜单每天更新，葡萄酒也有多达120种。在这里能够品尝到托斯卡纳的家庭菜肴。推荐菜肴：西红柿与生奶油调成的酱汁拌辣椒。最好提前预约

阿尔诺河左岸地区 Map p.134 C1

住 Viale Vasco Pratolini 3/7
☎ 055-224158
营 12:00~14:30、19:30~22:30
休 周日·周一、8月中旬的10天、12/24~次年1/5
预 €30~50（座位费€2）、套餐€50
C D.J.M.V.
交 从圣玛利亚教堂步行6分钟

4头狮子餐馆
Trattoria 4 Leoni

◆这是一家位于在当地人之间人气很高的帕塞拉广场上的餐馆。能够品尝到像菜豆白菜羹、菜粥、牛排以及油炸小吃等各个季节的托斯卡纳美食，而且从早到晚一直营业，所以如果白天错过的话，可以在晚餐时早点过去，很方便。周五有用种类丰富的鱼做成的美食。最好提前预约

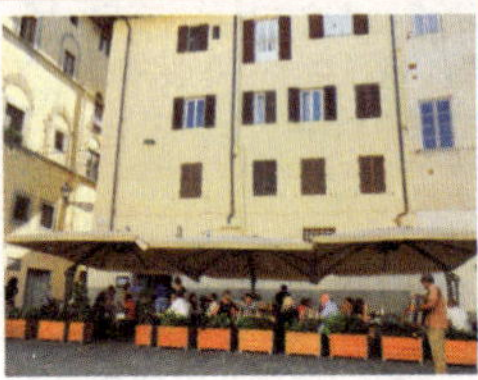

阿尔诺河左岸地区 Map p.134 C2

住 Via dei Vellutini 1/r
Piazza della Passera
☎ 055-218562
营 12:00~24:00
休 部分节假日
预 €25~50（座位费€2）
C A.D.J.M.V.
交 从皮蒂宫广场步行2~3分钟

德尔·卡梅恩
Del Carmine

◆这家店位于圣玛利亚教堂旁不远处，是一家家族经营的餐馆。在这家店内无拘无束的环境中，能够品尝到托斯卡纳·佛罗伦萨美食。夏天夜晚，可以在摆在能够一览古镇风光的广场上的桌子旁享用美食。最好提前预约

阿尔诺河左岸地区 Map p.134 B1

住 Piazza del Carmine 18/r
☎ 055-218601
营 12:15~14:30、19:15~22:30
休 周日、6/1~9/30
预 €30~35（座位费€2）
C A.D.J.M.V.
交 从圣玛利亚教堂步行1分钟

家庭主妇餐馆
Trattoria La Casalinga

◆创办于1963年，是意大利版的家常菜。位于圣灵教堂一侧的平民化的高人气餐馆。正如其名，是佛罗伦萨版的出自妈妈之手的味道。对于想经济游的人来说，这里很受欢迎，要去的话请早点出发。晚上需要预约

阿尔诺河左岸地区 Map p.134 C2

住 Via dei Michelozzi 9/r
☎ 055-218624
营 12:00~14:30、19:00~22:00
休 周日、8月的3周
预 €20~35（服务费€2）
C D.J.M.V.
交 从圣灵广场步行1分钟

伊尔·玛伽佐
Il Magazzino

◆这里是提供佛罗伦萨具有代表性的乡土美食焖牛肚以及牛肚包的专卖店。无论昼夜，这里都深受当地居民的喜爱。在内装家具很温馨的店内，充满了菜肴的香味。需预约

阿尔诺河左岸地区 Map p.134 C2
住 Piazza della Passera 2/3
☎ 055-215969
营 12:00~15:00、19:30~23:00
休 12/24、12/25
预 €20~30（座位费€2） C A.D.J.M.V.
交 从皮蒂宫步行 2 分钟

4 个朋友餐馆
I 4 Amici

◆提供新鲜的海鲜，是人气很高的一家店。除了鱼类美食外，还有经典的托斯卡纳美食，不论是喜欢吃鱼还是喜欢吃肉的人，这里都是非常不错的一家店。宽敞明亮的店内环境给人感觉很时髦，服务员也很亲切，套餐的分量很足。自家手工制作的面包和点心的味道也很棒。最好提前预约

圣·玛利亚·诺维拉车站周边 Map p.134 A2
住 Via degli Orti Oricellari 29/r
☎ 055-215413
营 12:00~14:30、19:00~23:00
休 圣诞节
预 €30~80（座位费€2.50）、套餐€35
C A.D.J.M.V.
交 从新圣母堂车站下车后步行 3 分钟

伊尔·拉提尼
Il Latini

◆还没有开始营业就会排队，是人气很高的一家店。老板在店里会亲自用充满魅力的声音进行指挥，男服务员也是个个活力十足。推荐想要试试豪爽的托斯卡纳菜肴的人前来光顾。需预约

圣·玛利亚·诺维拉车站周边 Map p.136 B2
住 Via dei Palchetti 6/r
☎ 055-210916
营 12:30~14:30、19:30~22:00
休 周一、12/20~次年 1/2
预 €38~77、套餐€45 C D.J.M.V.
交 从新圣母堂车站下车后步行 8 分钟

索斯坦切·托罗依阿
Sostanza Troia

◆创始于 1869 年，是一家历史悠久，平民风格的餐馆。这里的卖点便是家常菜。田园风格的汤类、牛排以及煮菜都非常值得推荐。最好提前预约

圣·玛利亚·诺维拉车站周边 Map p.136 B1
住 Via del Porcellana 25/r
☎ 055-2112691
营 12:30~14:00、19:30~21:45
休 周六及周日（4~5 月、9~10 月仅周日休息）、8 月、12/23~1/7
预 €40~70（座位费€3）、套餐€40、70
C 不可 交 从新圣母堂步行 4 分钟

奇布莱奥·奇布莱诺餐馆
Trattoria Cibrèo-Cibreino

◆位于佛罗伦萨名店奇布莱奥隔壁的姐妹店。这里最大的魅力便是价格便宜以及气氛休闲。店内田园风格的家具以及菜品的味道、服务都非常不错。不过来这里的话就要做好和他人拼桌的准备，不接受预约，只能支付现金。

其他地区 Map p.133 B4
住 Via de' Macci 122/r
营 12:50~14:30、19:00~23:15
休 周一、2 月中的 1 周、7 月末 ~8 月
预 €30~38、套餐€35
C 不可
交 从鱼市长廊步行 2 分钟

前往新景点——中央市场的 Il mercato

由钢铁和玻璃修建的这座中央市场非常引人注目，其存在于这里已经有约 140 年。虽然有一段时期这里让人感到有些凄凉，但是在 2014 年春天时，这里焕然一新。一层还是和以前一样，是以生鲜食品为中心的市场。二层则诞生了大规模的美食广场 Il Mercato（住 Mercato Centrale Firenze,Piazza del Mercato Centrale 营 10:00~24:00（一层为 7:00~14:00 左右 休 无 地 p.135 A3）。从帕尼诺到牛排、油炸食品、蛋糕、葡萄酒、啤酒等，可以说品种齐全，是一处让人非常愉快的美食天堂。

Il mercato 的样子

佛罗伦萨的意式冰激凌店、咖啡馆

为什么不呢！
Perchè No！

Map p.137 C3

◆始创于 1939 年的著名老店。有很多铁杆粉丝，不论男女老少。是一家非常受欢迎的店。口味多达 40 多种，最受欢迎的包括开心果 Pistacchio、菲奥里迪拿铁 Fiori di Latte、蜂蜜 Miele、季节限定食品（9 月是无花果 Fico）等。可用英语交流。

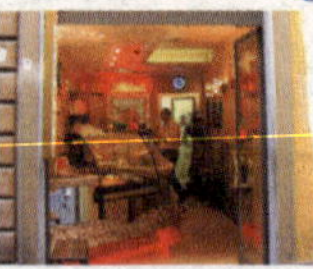

住 Via del Tavollini 19/r ☎ 055-2398969
营 11 月～次年 2 月 12:00~20:00
3~10 月 11:00~23:00
休 11 月～次年 2 月的周二
预 €2~10 C 不可
交 从大教堂步行 4 分钟

帕塞拉冰激凌店
Gelateria della Passera

Map p.134 C2

◆位于帕塞拉广场一角，无论什么时候都有人排队的冰激凌店。店面狭窄，里面总是排列着一些带铝盖子的容器，给人一种很怀旧的感觉。据说那些带盖子容器是为了保持冰激凌原有的味道。这家店很讲究制作冰激凌的材料，使用时令的材料手工制作无添加的冰激凌。在这里可以体验到其他店很难见到的原创的味道。

住 Via Toscanella 15/r
☎ 055-291882
营 12:00~24:00
休 部分节假日
预 €1.50~
C 不可
交 从皮蒂宫广场步行 2~3 分钟

维沃里
Vivoli

Map p.135 B4

◆用传统方法制作的菜肴非常美味，此外还有各种色彩丰富的水果。每天菜品多达 35~40 种。推荐品尝使用时令水果制作的沙拉和巧克力。白天还有简单的三明治等小吃。店内充满着一种古典的气息。

住 Via Isola delle Stinche 7/r
☎ 055-292334
营 4~10 月 7:30~24:00 周日 9:00~24:00
11 月～次年 3 月 7:30~21:00
周日 9:00~21:00
休 周一、1 月的 3 周、8 月的 1 周
预 €2.50~ C M.V.
交 从巴尔杰洛国家博物馆步行 3 分钟

阿美瑞妮咖啡馆
Caffè Amerini

Map p.136 B2

◆位于与托纳波尼路相连的购物街上，是一家城区居民聚集的咖啡馆。午餐时刻，在周边工作的人会聚集在这里，很热闹。桌席宽敞，有意大利面（€4.50~）、沙拉（€8.50）、三明治（€4.50），还有各种各样的点心。适合在这里简单用餐。18:00~ 是带自助餐的欢乐时光。

住 Via della Vigna Nuova 63/r
☎ 055-284941
营 9:00~20:00
休 周日、8 月的 2 周
预 €1.50~10
C D.J.M.V.
交 从托纳波尼路步行 3~4 分钟

吉利
Gilli

Map p.137 B3

◆位于共和国广场的一家老字号咖啡馆。卡布奇诺咖啡令人拍手叫绝。点心也因美味可口而闻名。也可以吃意大利面和沙拉等简单的午餐。

住 Piazza della Repubblica 39
☎ 055-213896 营 7:30~24:00
休 部分节假日
预 €2~、桌席€28~
C A.D.J.M.V.

里瓦尔
Rivoire

Map p.137 C3

◆面向锡尼奥里亚广场的老字号咖啡馆。对于当地人来说，这里在冬天推出的巧克力别具一格。也有三明治或者沙拉等小吃。英语 OK。

住 Piazza della Signoria 5
☎ 055-214412
营 7:30~22:30（夏季 ~24:00）
休 周一、1/15~1/30
预 €2.50、桌席€10~ C A.D.J.M.V.
交 锡尼奥利里广场的一角

餐馆图例  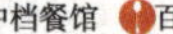 百姓餐馆 意大利比萨店 啤酒吧 B 级美食 意式冰激凌店 

美食！佛罗伦萨

繁华的文艺复兴风情城镇佛罗伦萨使用刀叉吃东西的历史已经很久了，同时，如今法国菜中不可欠缺的各种各样的烹饪方法也是从佛罗伦萨传入法国的。从以前到现在一直被富饶的大自然环绕的这座城市的餐桌上，经常能看到来自绿色深山中的野猪、野兔以及牛肝菌。在制作佛罗伦萨风味T骨牛排时不可或缺的最高级牛肉基亚纳牛和鸡肉来自基亚纳峡谷。除此之外，还有葡萄酒和顶级橄榄油等许多美味的食材。从佛罗伦萨的地方菜肴的味道可以看出其简洁而高雅的文化素养。最后还有一点绝不能忘记的，佛罗伦萨人的性格必然使佛罗伦萨菜经济实惠。虽然身为全世界的第一大商业城市中的商人的后代，但是自称是全意大利最节省的他们，即便是剩下的已经变硬的面包，也能变得很好吃。据说在佛罗伦萨，即便是还看不懂文字的幼儿也能计算价格，说明佛罗伦萨人的经济感觉实在是非常敏锐。

下面我们就来实际解说一下佛罗伦萨菜。等来到了心仪的餐馆的餐桌旁后，首先先品尝一下前菜吧。这里推荐火腿和香肠拼盘、野猪肉火腿Prosciutto di Cinghiale以及使用加入茴香种子的香料制作的大型香肠Finocchiona。由于托斯卡纳的面包是不加盐的，所以搭配这些保存用的食物吃的话会非常美味。这是在整个意大利中也非常罕见的无盐面包的由来，有人说是因为小气，也有人说是因为战争时期缺乏盐等，总之有各种各样的说法。在面包上放鸡肝酱的三明治Crostini di Fegato也有很多拥趸。

生火腿、香肠及五花肉拼盘

鸡肝酱、白豆以及西红柿组成的健康料理

作为前菜的第1道被人享用的，便是面包沙拉Panzanella。这是生的西红柿、洋葱以及凤尾鱼使用橄榄油调味而成的一道菜。在炎热的夏天这道菜非常促进食欲。然后当身体感到有点冷的时候，一道加入顶级绿色橄榄油的面包蔬菜汤Ribollita是必不可少的。这道能够让人身心感到温暖的菜肴，据说居住在近郊的农夫为了在周日能够吃上这道汤，从周五便开始煮了的家居美食。在这片没有什么特色的干燥土地上，从秋天到冬天时使用野兔肉酱汁搭配上意大利手工面Pappardelle alla Lepre也非常美味。

牛肝菌和烤肉酱组成的菜

第2道T骨牛排Bistecca alla Fiorentina也非常有名。涂上盐、胡椒以及橄榄油，使用炭火烤成的牛排美味至极。菜单上写着的letto指的是每100g的价格。1碟大概2人份，大小差不多为500克。而对于钱包不是很鼓的人来说，比较推荐的便是猪背肉Arista。大蒜和迷迭香的香味非常开胃。除此之外，像是炸鸡一样的Pollofritto alla Toscana、在牛肚中加入番茄煮制的Trippa alla Fiorentina，以及秋天的味觉之王——烤牛肝菌茸Porcini alla Griglia也请一定要尝尝。

深受欢迎的一道菜——香烤里脊

配菜的话，推荐白菜和豆加入西红柿煮成的Fagioli all' Uccelletto，以及在小口的瓶中放入豆子，然后放进暖炉的灰中慢慢煮熟的Fagioli al Fiasco。托斯卡纳人喜欢豆子的程度，高到其他意大利人会从背后偷偷称呼他们为“吃豆子的人”。好了，那么剩下的就是甜品了。遗憾的是，带有这个地方浓厚的传统色彩的点心，可能因为是在家庭中制作的东西，味道比较淳朴，所以在餐馆中很少登场。佛罗伦萨人在点心后会点的，那便是甜味的甜点葡萄酒Vin Santo（神圣葡萄酒）。一般来说，特产杏仁硬饼干Biscotti di Prato是要浸在葡萄酒中食用的。从这里开始到咖啡被端上来为止，要做的便是忘记时间，尽情说笑，这也是佛罗伦萨，也是意大利最充满乐趣的时间。

平民餐馆中必点的甜品

佛罗伦萨的购物
Shopping Firenze

住 Via San Gallo 3/r
☎ 055-281157
营 10:30~20:30

●跳蚤市场 Mercato delle Pulci

位于大教堂以东 700 米，鱼市长廊内。除了 7 月份，每个月的最后一个周日都会开市。家具、古董、书籍、古钱币等，种类很多。

佛罗伦萨的纸制品是格调很高的纪念品

继承了传统制作方法的佛罗伦萨皮革制品

这里有世界知名品牌的老店和代表流行时尚的精品店。因此，要说到意大利的名牌就不能不提到佛罗伦萨这座城市。在托纳波尼路两旁名店林立。橱窗里有名牌的高档鞋、手袋以及各种服饰。另外，韦奇奥桥上众多的金银工艺店都有 400 年以上的历史，普契尼的歌剧《图兰朵》中的女主角佩戴的金戒指也是在韦奇奥桥上买的。

崇尚名牌的现象是不可避免的，佛罗伦萨的购物地区就在托纳波尼路和维尼亚 · 努奥瓦大街。光是看看那些橱窗也很有意思。想要购物的人一定要到连接锡尼奥里亚广场与大教堂之间，人称“步行者天堂”的卡尔扎伊乌奥里大街 Via de’ Calzaiuoli 逛逛。

古驰【品牌】
Gucci

◆外观设计和实用性的完美结合

这里不愧为总店，商品的种类非常齐全。店里整齐，方便挑选商品。小的物品很适合作为送人的礼品。新店铺位于 Via della Vigna Nuova 11/r。

Map p.136 B2

住 Via de’Tornabuoni 73/r
☎ 055-264011
营 10:00~19:30
休 周日
C A.D.J.M.V.
交 从新圣母教堂广场步行 6 分钟

菲拉格慕【品牌】
Salvatore Ferragamo

◆传说中的制鞋人菲拉格慕

佛罗伦萨有代表性的店铺。店内有介绍店铺创建者历史的美术馆，令人兴趣盎然。（图片为菲拉格慕美术馆）

Map p.136 C2

住 Via de’Tornabuoni 14/r
☎ 055-292123
营 10:00~19:30、周日 11:00~19:00
C A.D.J.M.V.
交 从新圣母教堂广场步行 9 分钟

罗伯特 · 卡沃利【品牌】
Roberto Cavalli

◆人气快速上升，非常受人瞩目的品牌

自从在托纳波尼路的嘉科萨咖啡馆所在地开业以来，一直深受佛罗伦萨那些喜欢时尚的人群关注。属于托斯卡纳当地品牌。高贵华丽而又优雅，材质也很好。

Map p.136 B2

住 Via de’Tornabuoni 83/r
☎ 055-2396226
营 10:00~19:00
休 周日（最后的一个周日除外）
C A.D.J.M.V.
交 从新圣母教堂广场步行 5 分钟

普拉达【品牌】
Prada

◆佛罗伦萨的新面孔

之前一直都只在精品店里出售的普拉达，如今终于有专卖店了，这给购物者带来了极大的方便。简单的室内装潢不乏一种大气之美。店内常年配备保安。休闲款式的洋装是普拉达的倾力之作。

Map p.136 B2

住 Via de’ Tornabuoni 53/r, 67r
☎ 055-267471
营 10:00~19:30、周日 10:00~19:00
C A.D.J.M.V.
交 从新圣母教堂广场步行 6 分钟

璞琪【品牌】
Emilio Pucci

◆ **地中海的颜色，璞琪色彩**

宽敞的店内摆满了色彩艳丽的商品，仿佛一个五彩缤纷的世界。二层的沙龙是名媛贵妇聚集的地方，虽然商品款式简洁但是价格却很昂贵，如今这个品牌已经跻身为备受瞩目的品牌。

Map p.136 C2

住 Via de' Tornabuoni 20/22/r
☎ 055-2658082
营 10:00~19:00
周日 11:00~14:00、15:00~19:00
C A.D.J.M.V.
交 从新圣母教堂广场步行 7 分钟

麦丝玛拉【品牌】
Max Mara

◆ **让人放松的优雅**

柔和的设计式样和精良的质地，因为符合了意大利女性追求的女性美而备受欢迎。

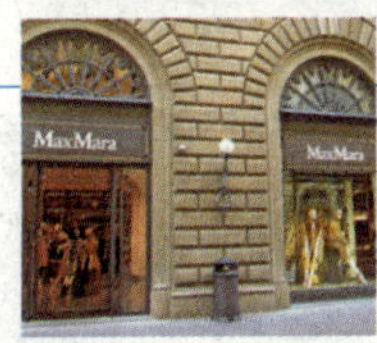

Map p.136 B2

住 Via de' Tornabuoni 68
☎ 055-214133
营 10:00~19:30、周日 11:00~19:00
C A.D.J.M.V.
交 从新圣母教堂广场步行 4 分钟

路易·威登【品牌】
Louis Vuitton

◆ **在扩大的店铺内有很多新款商品**

位于斯特罗齐广场的一角，非常受欢迎。建筑的两层全部做成店铺，不仅面积扩大了，新款的数量也增加了不少。新款主要集中在二层。

Map p.137 B3

住 Piazza degli Strozzi 1
☎ 055-266981
营 10:00~20:00、周日 11:00~19:30
C A.D.J.M.V.
交 从共和国广场步行 2 分钟

杜嘉班纳【品牌】
Dolce & Gabbana

◆ **大胆而细腻的设计**

优雅之中带有休闲，杜嘉班纳商品的个性很鲜明。这是由两个西西里岛出生的设计师率领着前卫时尚的队伍创造的意大利品牌。女装、男装的种类都很丰富。

Map p.137 B3

住 Via degli Strozzi 12
☎ 055-281003
营 10:30~19:30、周日 14:00~
休 部分节假日
C A.D.J.M.V.
交 从共和国广场步行 1 分钟

芙拉【品牌】
Furla

◆ **美丽的设计，兼具实用性**

重新装修后，成了规模更大的新店铺。店内有使用各种材质设计而成的包包及小物件。和国内相比，这里的价格很实惠。推荐购买一些价格不贵的小物件作为小礼品带回去。

Map p.137 C3

住 Via Calzaiuoli 10/12
☎ 055-2382883
营 10:00~19:00、周日 11:00~19:30
休 部分节假日
C A.D.J.M.V.
交 从大教堂广场步行 2 分钟

理查德·吉诺里【品牌】
Richard Ginori

◆ **新生吉诺里的象征**

1735 年，由吉诺里公爵创立的，代表意大利的陶瓷器公司的总店。克服了经营危机，于 2014 年进行了全面装修。店内摆放着从经典的“白金”到各色非常豪华的历史名品，简直就像是一家美术馆。这里的餐桌用品很值得一看。

Map p.136 B2

住 Via de' Rondinelli 17/r
☎ 055-210041
营 10:00~19:00
休 节假日、8/1~8/20
C A.D.J.M.V.
交 从新圣母教堂广场步行 3 分钟

彼耐德【文具用品】

Pineider

Map p.136 B2

◆**佛罗伦萨有代表性的老店**

选用最高档的材料，由一流工人制作而成的高档文具。这家店的卡片和便笺在世界各地都有爱好者，就连拿破仑也很喜欢这家店铺的文具。除了记事本和钢笔之外，这里的包包也很有名。这种皮革制品很耐用。

住 Piazza de'Rucellai 4/7r
☎ 055-284656
营 10:00~19:00
休 节假日
C A.D.M.V.
交 从新圣母教堂广场步行 4 分钟

新圣母堂药店【化妆品等】

Ufficina Profumo Farmaceutica di S.M.Novella

Map p.136 A1

◆**曾经是教堂的附属医院**

建筑也值得参观一下，是自 13 世纪以来就存在的医药局。香皂和古龙香水是当时平民中的奢侈品。可以从商品目录中选购商品。

住 Via della Scala 16
☎ 055-216276
营 9:00~20:00
休 节假日
C A.D.J.M.V.
交 从新圣母教堂广场步行 1~2 分钟

Bojola【皮革】

Bojola

Map p.136 B2

◆**创立于 1892 年的老店**

Bojola 是历史悠久的手工皮革制品品牌。以手包为主，做工细致而且优雅。书包、旅行包等品种齐全。是一家以皮革制品闻名的佛罗伦萨老店。

住 Via de'Rondinelli 25/r
☎ 055-215361
营 10:00~19:30
休 周日及节假日、8/15 前后的 1 周
C A.D.J.M.V.
交 从新圣母堂步行 3 分钟

布萨缇【布制品】

Busatti

Map p.134 C2

◆**让贵妇人沉迷的精致布制品**

这是一家使用托斯卡纳的传统工艺制作高级亚麻布的老店。在明亮的店内摆放着厨房用品、婴儿用品等商品。其他还有为了让科西莫一世喜欢而下了很多功夫的午餐垫布以及有着各个季节花草刺绣的小物品，这里的商品无论哪一款都缝制得非常漂亮，很有品位。

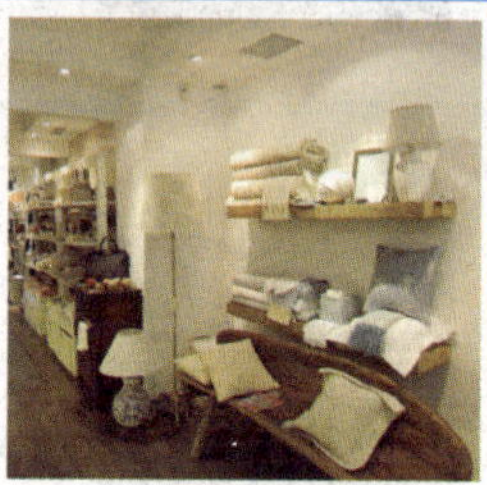

住 Borgo S.Jacopo 38/r
☎ 055-289268
营 10:00~18:30
休 周一、节假日
C A.D.J.M.V.
交 从韦奇奥桥步行 2 分钟

美洲野牛皮革店【品牌】

Il Bisonte

Map p.136 C2

◆**有很多手工制作的皮革制品**

店内有皮匠使用自然皮革制作的各种手工包和皮革制品。这个品牌很受欢迎，在世界范围内都设有店铺。商品质量上乘，只是抚摸一下也能体会到温暖的感觉。在当地购买比海外便宜 20%~30%，所以很受欢迎。

URL www.ilbisonte.com
住 Via del Parione,31-33r
☎ 055-215722
营 周一～周六 10:00~19:00
周日 11:30~18:30
休 1/1、8/15、12/25、12/26
C A.D.J.M.V.
交 从托纳波尼路步行 2~3 分钟

帕里奥内【文具用品】

Parione

Map p.137 B4

◆ **使用传统纸张的文具用品店**

创立于 1923 年，出售用佛罗伦萨传统的手工艺纸制作的大理石花纹的文具用品。铅笔、扑克牌、相框等最适合用来送礼。如果有一周的时间，可以在这里定制名片、图章、信纸、写有名字的笔记本等。自己中意的东西送给别人也可以保留长久的回忆。

住 Via dello Studio 11r
☎ 055-215030
营 9:30~19:00
休 周日
C A.D.J.M.V.
交 大教堂旁边

阿莱西【葡萄酒】

Enoteca Alessi

Map p.137 B4

◆ **汇集了意大利各地的葡萄酒**

地下有按照不同区域来展示的葡萄酒，通过运输也可以将其寄往其他国家。一层有各种食品和托斯卡纳引以为豪的橄榄油。同时这里也设有葡萄酒吧。

住 Via delle Oche 29/r
☎ 055-214966
营 9:30~19:30
11:00~19:00（葡萄酒吧）
休 周日、8/15 前后 2~3 天
C A.D.J.M.V.
交 从大教堂步行 2 分钟

文艺复兴百货公司【百货商店】

La Rinascente

Map p.137 B3

◆ **从化妆品到生活用品应有尽有**

营业至很晚，店内的女装和男装种类都很齐全，不知道买什么礼品而发愁的人，可以到这里来看看。

住 Piazza della Repubblica 3
☎ 055-219113
营 周一～周六 9:00~21:00、周日 10:30~20:30
休 1/1、复活节的周日、5/1、12/25
C A.D.J.M.V.
交 位于共和国广场的一角

康纳德【超市】

Conad Sapori& Dintorni

Map p.134 A2

◆ **距离车站很近，商品丰富的超市**

位于车站附近，是大家熟知的康纳德的新潮流店。宽敞的店里有许多当地居民和游客，非常热闹。这里有像葡萄酒、橄榄油、意大利面以及零食等可以买来作为礼品的东西，也有面包、火腿以及饮料等能稍微填饱肚子的食物。

住 Largo Alinari 6/7
☎ 055-2399317
营 8:30~21:00、周日 9:30~21:00
休 无
C A.D.J.M.V.
交 位于中央车站附近

佩涅【食品店】

Pegna dal 1860

Map p.137 B4

◆ **高档超市**

从 1860 年开始营业至今的高档超市的老店。这里的规模虽然不大，但是除了有来自世界各地的零食外，还有意大利面、味道很香的松露油、香槟以及日常用品等多种多样的商品。

住 Via dello Studio 8
☎ 055-282701
营 10:00~19:30、周日 11:00~19:00
休 部分节假日
C A.D.J.M.V.
交 位于大教堂附近

佛罗伦萨郊外的 Outlet Spaccio 奥特莱斯店

●品牌爱好者的购物天堂

这里是品牌爱好者不容错过的地方。Outlet，在意大利语中称为 Spaccio，包括品牌直营店或者专卖店。在这样的地方一些样品或者过季的商品用半价就能买得到。刚开始的时候，曾因销售的是卖剩下的商品或者商品供应短缺出现过一些问题。不过现在在直营店购物已经成为一种流行趋势，卖场的面积也得到了扩张，商品种类也很丰富。也可以使用信用卡购物，在品牌的直营店还可以免税。

不过，还是要做好以下心理准备：❶虽然很想购买在杂志上看到的商品，但是直营店并没有人气很高的最新型商品。❷几乎所有通往奥特莱斯店的公共交通都不太方便，如果想去佛罗伦萨近郊的普拉达直营店，乘坐三星级以上酒店介绍的班车比较方便；酒店的大厅里有时会有班车通知。另外，如果想包出租车前往，需要提前一天预约。

大规模的奥特莱斯店都配有咖啡馆等设施，可以简单就餐或者暂时休息。

购物中心内聚集了古驰、葆蝶家、芬迪、霍根、璞琪、菲拉格慕、塞尔吉奥·罗西等众多品牌，还有多处餐饮设施，乘坐普尔曼式车巴士也比较方便。

普拉达 / 意大利直营店 I Pelletteri d'Italia

像工厂一样的普拉达奥特莱斯店

住 Località Levanella 69
MONTEVARCHI（佛罗伦萨的东南方向约 40 公里）
☎ 055-9789481、055-91901
营 周一～周五、周日 10:30~20:00
周六 9:30~20:00
休 周日

●交通方式（如果乘坐火车的话）

乘坐从佛罗伦萨开往阿雷佐或者丘西 Chiusi 的火车，到蒙特瓦尔基站 Montevarchi 下车。乘车需要 40~60 分钟，每隔 30 分钟 ~1 小时发车。乘坐出租车的话收费€ 12，不过出租车的数量很少，只有三辆，被称为蒙特瓦尔基的“名车”。

The Mall

古驰和塞尔吉奥·罗西引人注目

住 Via Europe 8 LECCIO REGGELLO
（佛罗伦萨以东 20 公里）
URL www.themall.it ☎ 055-8657775 Fax 055-8657801
营 10:00~19:00 12/24 10:00~16:00、12/31 10:00~14:00
休 1/1、复活节的周日、12/25、12/26

●交通方式

从 S.M.N 车站旁的 SITA/BUSITALIA 公司的巴士总站乘坐每隔 30 分钟一班车的普尔曼巴士，约 45 分钟车程。车票€ 7。

从市内主要的酒店也有专门前往 The Mall 的穿梭巴士 Navetta（迷你面包车）。穿梭巴士的申请可前往 The Mall 接待处进行（1 人往返€ 35）。

☎ 055-8657775
e-mail info@themall.it

发车时刻表（SITA/BUSITALIA 公司）

佛罗伦萨发车

8:50、9:10、9:30、10:00、10:30、11:00、11:30、12:00、13:00、13:30、14:00、14:30、15:00、15:30、16:00、17:00、18:00

购物中心发车

9:45、10:50、12:30、13:00、13:30、14:00、14:30、15:00、15:30、16:00、16:30、17:00、17:30、18:00、18:30、19:00、19:20

车站位于购物中心楼内

※ 冬季车辆班次可能会有所减少

URL www.fsbusitalia.it

奥特莱斯旅游线路

在佛罗伦萨的新圣母教堂有开往各奥特莱斯店的班车。通过下面的 URL 可以查询线路详情和费用并进行预约。除此之外，网站上还有住宿的酒店介绍。

● enjoy florence
☎ 055-0515485 手机 ☎ 349-7774610
URL www.enjoyflorence.com
购物中心线路 € 30 周一～周六 9:30 以及 14:30 出发
购物中心 + 普拉达 +D&G 线路 € 60，有其他组合

● CAF Tours &Travel
URL www.caftours.com
The Mall+ 普拉达 € 37~

佛罗伦萨的酒店
Hotel Firenze

在以大教堂为中心，整座城市并不是很大的佛罗伦萨中，要进行观光旅行的话，靠步行就够了。如果有行李且目的地比较远的话，可以在车站乘坐出租车前往，但还是推荐大家尽量选择在车站步行范围之内的酒店。

■佛罗伦萨的酒店分布

位于新圣母教堂车站东面的圣洛伦佐教堂周边，有许多经济实惠的酒店。在这里，以2星酒店为主，分布着不少价格便宜的酒店。这座城市的2星酒店在过去好几个世纪中，都接待了无数的旅客，水准可以说非常高。而在车站周边，从西侧的斯卡拉大街到新圣母教堂广场之间的一段路上，有许多比东侧更为高档的酒店。最近在新圣母教堂广场周边，接二连三地新开了许多由面朝广场的宅邸改建而成的4星酒店，价格很实惠，很受人瞩目。是可以从车站拉着行李箱抵达的距离。

奥尼圣蒂广场的高级酒店以及圣雷吉斯的沙龙

另外，在车站南面的奥尼圣蒂广场以及老城区的共和国广场周边，有许多能代表佛罗伦萨的超高级酒店。在米开朗基罗山的山脚，以及圣马可广场东侧等绿色较多的地区中，超高级酒店一般都修建在距离中心街较远的地方，主旨都在于让客人能在绿树丛中优先享受一下在托斯卡纳的休息日。

而个人旅行者居住起来比较舒服的3~4星酒店，大部分围绕在景色很棒的阿尔诺河沿岸，以及城镇中的2条购物街托纳波尼路以及卡尔扎伊奥里大街上，是一处不管是观光还是购物都很方便的地区。

■旺季的费用?

虽然这里没有威尼斯那么夸张，但是随着春秋时期旅游旺季的到来，价格还是很高的。从晚秋到初春期间，因为天气寒冷不适合旅游，所以酒店的价格也比较便宜。如果不需要考虑季节参观美术馆之旅的话，那么可以以很实惠的价格住上4星酒店。

佛罗伦萨的住宿税 Imposta di Soggiorno

从2011年7月1日开始，在佛罗伦萨的酒店住宿时，1人1晚最多收取€5，最长收取7晚的税。酒店、度假别墅等设施根据档次不同，收取的税额也不同。下面，便是1人1晚的税额，最多收取7晚。10岁以下免税。

酒店

1星	€1.50
2星	€2.50
3星	€3.50
4星	€4.50
5星	€5

公寓

2把钥匙	€2.50
3把钥匙	€3.50
4把钥匙	€4.50

度假别墅

1棵麦穗	€1.50
2棵麦穗	€1.50
3棵麦穗	€1.50

※1人1晚

别墅等历史建筑物 €4、**野营地、YH、出租房间等** €1.50~2.50

※公寓的钥匙以及度假别墅的麦穗是相当于酒店星级的分类标记　（随着时间推移，可能发生改变）

●佛罗伦萨备受瞩目的酒店！！

这些年，在新圣母教堂广场附近新开设了不少酒店。其中最受人瞩目的便是设施、服务以及价格间的平衡性非常良好的新圣母教堂酒店，这也是一座小型的公寓酒店。而在托纳波尼路上，格调很高的商店之间也有一些小规模的酒店。可以在屋顶上一片绿色的比克西酒店中，一边眺望着城镇的风景，一边享受佛罗伦萨的假日时光。喜欢时髦的人，推荐住在城里的设计师酒店。

托纳波尼比克西酒店 ★★★★
Tornabuoni Beacci

中央（老城区）地区 Map p.136 C2

◆位于佛罗伦萨首屈一指的品牌商店街——托纳波尼路上的，是既朴素又优雅的一座酒店。

夏季能在屋顶的庭院中享用早餐，从这里能够一览佛罗伦萨的美丽景色。客房内使用了古董家具以及穆拉诺玻璃的屋顶吊灯，每间客房的内部装修都不一样。

URL www.tornabuonihotels.com
住 Via de'Tornabuoni n° 3
☎ 055-212645
Fax 055-283594
SB € 173/398
TB € 191/431
室 56 间 含早餐 W-F
C A.D.J.M.V.
交 距离大教堂500米

艺术画廊酒店 ★★★★
Gallery Hotel Art

中央（老城区）地区 Map p.137 C3

◆位于韦奇奥桥旁边，这家酒店在意大利人中普遍获得好评。地理位置优越，无论是购物还是观光都很方便。从最高层客房的阳台可以看到美丽的佛罗伦萨景色。由于出自女性设计师之手，因此室内装饰稍显女性色彩。早餐是自助餐，种类很丰富。

Low 8、11、12 月
URL www.lungarnohotels.com
住 Vicolo dell'Oro 5
☎ 055-27263
Fax 055-268557
TB € 189/440 3B € 248/484
室 71 间 含早餐 W-F
C A.D.J.M.V.
交 从韦奇奥桥步行 1 分钟

新圣母堂酒店 ★★★★
Santa Maria Novella

新圣母堂车站周边 Map p.136 A、B 2

◆位于新圣母教堂车站附近，在新圣母教堂广场一角的新酒店。高档的内部装潢，忙碌的工作人员，是整体给人感觉很好的酒店。在屋顶上的吧台中，能够享受佛罗伦萨的夕阳，非常值得推荐。同时这里的健身中心以及桑拿等设施也一应俱全，早餐的种类也很丰富。

URL www.hotelsantamarianovella.it
住 Piazza Santa Maria Novella 1
☎ 055-271840
Fax 055-27184199
SB € 126/255 TB € 167/415
室 71 间 含早餐 W-F
C A.D.J.M.V.
交 从新圣母教堂站下车后步行 5 分钟

S 公用淋浴单人间价格 T 公用淋浴双人间价格 D 多人间价格 SS 带淋浴的单人间价格 SB 带淋浴的双人间价格 TB 淋浴或者浴缸的双人间价格 3B 带淋浴或者浴缸的三人间价格 4B 带淋浴或者浴缸的四人间价格 SU 套房价格 JS 小型套房价格

赫尔维希亚和布里斯托酒店 ★★★★★
Hotel Helvetia & Bristol

◆位于共和国广场和托纳波尼路之间的最高点，是一座高雅的酒店。自19世纪末开业以来，深受众多艺术家及贵族们的喜爱。室内装潢保持着一种文艺复兴时期的氛围，收集了不少值得鉴赏的著名作品。被誉为世界上室内装潢最美的酒店之一。酒店设有餐馆和鸡尾酒吧。

中央（老城区）地区 Map p.136 B2
URL www.royaldemeure.com
住 Via dei Pescioni 2
☎ 055-26651 Fax 055-2399897
SB €216/470 TB €243/655
室 67间 含早餐 W-F
C A.D.J.M.V.
交 从共和国广场步行2分钟

布鲁内列斯基酒店 ★★★★★
Hotel Brunelleschi

◆这是一座将拜占庭时期的塔和中世纪的教堂按照现代风格改造而成的酒店。别致的客房内部非常宽敞，从一部分房间还能够近距离眺望大教堂的穹隆顶以及韦奇奥宫。内部还设立有博物馆，能够参观古罗马浴场遗迹以及中世纪的陶器。酒店内有餐馆。

中央（老城区）地区 Map p.137 B4
URL www.hotelbrunelleschi.it
住 Piazza Santa Elisabetta 3
☎ 055-27370 Fax 055-219653
SB €165/880 TB €190/980
室 82间 含早餐
C A.D.J.M.V.
交 从大教堂步行3分钟

德拉别墅酒店 ★★★★
Hotel de la Ville

◆位于佛罗伦萨的购物区托纳波尼路的入口，是一家由古老邸宅改建而成的酒店。客房内不但装饰高雅而且功能齐全，受到女性顾客的欢迎。酒店大厅和酒吧的装潢庄重沉稳。在酒吧可以简单就餐，非常方便。

中央（老城区）地区 Map p.136 B2
URL www.hoteldelaville.it
住 Piazza Antinori 1 ☎ 055-2381805
Fax 055-2381809 SS SB €102/238
TS TB €110/321 室 54间 含早餐 W-F
C A.D.J.M.V.
交 从共和国广场步行3分钟

卡尔扎伊奥里 ★★★
Hotel Calzaiuoli

◆位于购物街加斯奥利大街的正中间，由佛罗伦萨典型的宫殿改建而成的酒店。地理位置便利，适合购物和逛美术馆。入口虽然有些狭窄，不过室内宽敞而且明亮。酒店洗浴的物品也很可爱。

中央（老城区）地区 Map p.137 B3
URL www.calzaiuoli.it
住 Via Calzaiuoli 6 ☎ 055-212456
Fax 055-268310 SB €161/339
TB €179/369 室 52间 含早餐 W-F
C A.D.J.M.V.
交 从大教堂步行3分钟

乌菲齐酒店 ★★★
Hotel Relais Uffizi

◆由15世纪的宅邸改造而成，是环境幽雅的小酒店。在清洁的客房内，床上带有天篷，摆放着古董家具。从这里的早餐室兼沙龙中能够俯视锡尼奥里亚广场的美景。酒店隔壁新开了一处带厨房的公寓。

中央（老城区）地区 Map p.137 C3
Low 8月、11月~次年3月（展会期间、年末年初除外）
URL www.relaisuffizi.it
住 Chiasso del Buco 16
☎ 055-2676239 Fax 055-2657909
SS SB €80~/130~ TS TB €120~/200~
室 12间 含早餐 W-F
C A.J.M.V.
交 从锡尼奥里亚广场步行1分钟

时尚喜悦罗多酒店 ★★
Rodo Hotel Fashion Delight

◆从外观上来看，即便到现在也还能隐隐约约地看出来这里原先是一座塔，这是将15世纪马蒂亚利家拥有两座塔的建筑物改造而成的酒店。酒店位于大教堂旁。虽然所有客房都只有淋浴，但是其他必要的设施都很齐全。

中央（老城区）地区 Map p.137 B3
High 3/16~7/10、9/1~11/10、12/24~次年1/11
URL www.rodohotel.com
住 Via Calzaiuoli 13 ☎ 055-214752
Fax 055-212448 SS €58/118
TS €123/251 室 14间 含早餐 W-F
C A.J.M.V .
交 从大教堂步行1分钟

阿尔巴尼酒店 ★★★★
Hotel Albani

◆这家酒店距离新圣母堂车站很近，所处的地理位置非常方便。在由约 100 年前的古老公馆改造而成的内部，有着让人联想到文艺复兴时代的古典环境。浴室也很干净。店内设有餐馆。

中央车站周边 Map p.134 A2

URL www.albanihotels.com
住 Via Fiume 12
☎ 055-26030
Fax 055-211045 SB € 100/460
TB € 120/660 室 102 间 含早餐
C A.D.J.M.V.
交 从新圣母教堂站步行 4 分钟

里沃利 ★★★★
Hotel Rivoli

◆由 15 世纪的修道院改建而成的酒店。室内明亮整洁，充满现代感。把客房围绕其中的中庭绿色盎然，空间宽阔，充满阳光，令人心情愉悦，还配有按摩浴缸。自助早餐的种类丰富。距离 SITA 公司的巴士站很近，乘车很方便。

中央车站周边 Map p.136 A1

Low 1/1~3/31、7/17~8/31、11/13~12/28
URL www.hotelrivoli.it
住 Via della Scala 33 ☎ 055-27861
Fax 055-294041 SB SS € 100/280
TB TS € 140/410
室 87 间 含早餐 W-F
C A.J.M.V .

珀塔法恩扎酒店 ★★★
Porta Faenza

◆距离新圣母教堂 200 米左右，地理位置非常方便。改自 18 世纪的建筑，是一座明亮而现代化的酒店。由一个家族的两代人经营，酒店的氛围和服务都令人感觉温馨，这一点对于住宿的客人来说充满吸引力。附近有 24 小时可以停车的车库，对于租车旅行的游客来说非常方便。

中央车站周边 Map p.134 A2

URL www.hotelportafaenza.it
住 Via Faenza 77
☎ 055-217975
Fax 055-210101 SB € 120/134
TB € 147/224
室 25 间 含早餐 W-F
C A.D.M.V.
交 从新圣母教堂站下车步行 3 分钟

波提切利 ★★★
Hotel Botticelli

◆由 16 世纪的邸宅改建而成的酒店。酒店的天花板上绘有壁画，氛围优雅。客房时尚而精致，浴室也方便使用。在鲜花盛开的屋顶花园可以获得暂时的身心放松。

中央车站周边 Map p.135 A3

Low 11/16~ 次年 3/15
URL www.hotelbotticelli.it
住 Via Taddea 8 ☎ 055-290905
Fax 055-294322 SS SB € 69/129
TS TB € 99/189 3B € 129/249
室 34 间 含早餐 W-F C A.D.J.M.V.
交 从新圣母教堂站下车步行 9 分钟

卡希酒店 ★★
Hotel Casci

◆由 19 世纪的建筑改建而成的酒店。位于市区中心，比较适合那些喜欢四处逛逛的游客。作曲家罗西尼曾经在这里生活了 5 年。改装后，所有的房间都配备了空调。

中央车站周边 Map p.137 A4

Low 11 月 ~ 次年 2 月（年前年后除外）
URL www.hotelcasci.com
住 Via Cavour 13 ☎ 055-211686
Fax 055-2396461 SS € 50/110
TS TB € 75/160 3B € 100/190
4B € 120/230 室 25 间 含早餐 W-F
C M.V. 交 从大教堂步行 4 分钟

隆巴迪酒店 ★★
Hotel Lombardi

◆由老宅邸改造而成，家族经营的酒店。室内非常明亮整洁。在前台可以说英语，态度也很亲切。同时也可以为你进行美术馆等场所的预约。所有房间都带厕所和淋浴。

中央车站周边 Map p.134 A2

Low 11~12 月、2~3 月
URL www.hotel-lombardi.net
住 Via Fiume 8 ☎ 055-283151
Fax 055-284808 SS € 40/80 TS € 50/120
3S € 70/140 室 15 间 W-F
C A.D.J.M.V.
交 从新圣母教堂站下车步行 3 分钟

S 公用淋浴单人间价格 T 公用淋浴双人间价格 D 多人间价格 SS 带淋浴的单人间价格 SB 带淋浴的双人间价格 TB 淋浴或者浴缸的双人间价格 3B 带淋浴或者浴缸的三人间价格 4B 带淋浴或者浴缸的四人间价格 SU 套房价格 JS 小型套房价格

劳伦娜酒店 ★★
Hotel Lorena

◆位于美第奇家族礼拜堂旁，距离中央市场很近，周边有许多物美价廉的酒吧以及意大利比萨店。房间很宽敞，也很整洁。

中央车站周边 Map p.137 A3
URL www.hotellorena.com 住 Via Faenaza 1
☎ 055-282785 Fax 055-288300
S €25/50 SS SB €35/80 T €40/85
TS TB €60/115 室 19 间 早餐€5 W-F
C A.D.J.M.V.

莫兰迪·阿拉·克罗奇塔酒店 ★★★★
Morandi alla Crocetta

◆位于考古学博物馆北侧一块让人感受到历史的安静的土地上，由曾经的修道院改造而成的酒店。高高的天花板上有着很粗的横梁，让人不禁想起曾经的美好时代。从这里前往景点很方便，同时这里的酒店有着这座城市独有的气氛，因此有很多回头客。

圣马可广场周边 Map p.135 A4
Low 1、3、8、11、12 月
URL www.hotelmorandi.it
住 Via Laura 50 ☎ 055-2344747
Fax 055-2480954 SS €50/120
TS €70/190 TB €90/190 JS €100/200
室 17 间 含早餐 W-F C A.D.J.M.V.
交 从圣母领报圣蒂西玛广场步行 2 分钟

洛贾托迪赛维帝酒店 ★★★
Loggiato dei Serviti

◆位于 16 世纪的公馆中。摆放着古董家具的客房中采用了许多木头，给人一种厚实以及精致的感觉。躺在拥有天棚的大床上，让人仿佛回到了文艺复兴的时代。

圣马可广场周边 Map p.135 A4
URL www.loggiatodeiservitihotel.it
住 Piazza d.Ss.Annunziata 3
☎ 055-289592 Fax 055-289595
SS €90/150 TS TB €120/250
SU €280~ 室 29 间 含早餐 W-F
C A.D.J.M.V.

伊尔·古尔佛·比安科酒店 ★★★
Hotel Il Guelfo Bianco

◆由 17 世纪的宫殿按照现代风格改造而成的酒店。如今酒店里还留有部分当时的大理石地板以及天花板，给人一种历史悠久的感觉。房间虽然有点小，但是内部整理得很干净整洁。浴室的功能齐全。酒店内还有小餐馆。

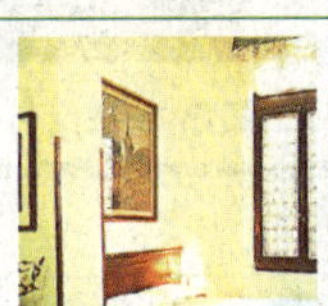

圣马可广场周边 Map p.135 A3
Low 11~次年 3 月、8 月、11~12 月
URL www.ilguelfobianco.it
住 Via Cavour 29 ☎ 055-288330
Fax 055-295203 SS €90/155
TB TS €100/195、110/230(高级)125/260(豪华)
JS €140/280 室 40 间 含早餐 W-F
C A.D.J.M.V. 交 从大教堂步行 5 分钟

巴勒斯特里酒店 ★★★★
Hotel Balestri

◆由历史性的宫殿改造而成，从 1888 年开始一直营业至今的家族经营酒店。常年的服务深受大家的好评。这家酒店位于阿尔诺河右岸，从面朝河边设计的窗户中，可以欣赏到韦奇奥桥的景色。

阿尔诺河沿岸 Map p.135 C3
URL www.hotel-balestri.it
住 Piazza Mentana 7 ☎ 055-214743
Fax 055-2398042 SS SB €121/213
TS TB €135/366 室 46 间 含早餐 W-F
C A.D.J.M.V. 交 从新圣母教堂车站乘坐 23 路巴士可以到达

赫米蒂奇酒店 ★★★
Hotel Hermitage

◆建在阿尔诺河的一侧，从花草茂盛的露台可以欣赏到韦奇奥桥的景色。氛围古典而又沉稳。前台在五层。六层的屋顶花园可以让人获得片刻的放松。

阿尔诺河沿岸 Map p.135 C3
Low 11/2~2/26 URL www.hermitagehotel.com
住 Vicolo Marzio 1/P.za del Pesce
☎ 055-287216 Fax 055-212208 SS €100/158（单人使用双人间） TS €130/209
TB €150/220 室 28 室 含早餐 W-F
C A.J.M.V. 交 韦奇奥桥旁边

布雷特格纳酒店 ★★★
Hotel Bretagna

◆酒店距离高级购物区托纳波尼路很近，建于阿诺河右岸。由历史悠久的宫殿改建而成，沙龙和餐馆的枝形吊灯发出漂亮的灯光，营造出一种庄重而优雅的氛围。

阿尔诺河沿岸 Map p.136 C2
Low 11 月~次年 3 月（12/25~1/6 除外）
URL www.hotelbretagna.net
住 Lungarno Corsini 6 ☎ 055-289618
Fax 055-289619 SS €41/109 TS €63/164
TB €72/230（带浴缸） 室 18 间 含早餐 W-F
C A.D.M.V. 交 从圣三一桥步行 4 分钟

阿尔奇·罗西旅馆

Hostel Archi Rossi

◆位于城区中心，价格却很实惠，因此很受欢迎。提供房间和衣柜钥匙，很安全。客房内很干净。提供洗衣服务（€6），可以使用冰箱、微波炉和网络。11:00~14:30 不能进入房间。只能在 URL 预约。

青年旅舍与野营地　Map p.134 A2

Low 11 月～次年 3 月
URL www.hostelarchirossi.com
住 Via Faenza 94/r　☎ 055-290804
Fax 055-2302601　D €21/30　TS €50/90
3S €75/120　4S €80/140　含早餐　各房间分别有 4~8 张床位。24 小时可办理入住手续　休 无　室 147 床位 W-F　C J.M.V.
交 从新圣母教堂站下车步行 4 分钟

古尔德研究所宾馆

C.S.D.Istituto Gould Foresteria Valdese

◆YH 这里需要用护照来换取钥匙。由于周末时办公室里没有人，所以无法申请入住。不过可以事先把钱付清，在周末退房。需要通过 URL 预约。办理入住手续时间为 8:30~13:30、14:30~20:00。周日及节假日不能办理入住手续。

青年旅舍与野营地　Map p.134 C1、2

URL www.firenzeforesteria.it
住 Via de' Serragli 49　☎ 055-212576
Fax 055-280274　SS €50　TS €55~80
3B €82　4S €100　早餐€5.50（7:30~9:30）、晚餐€13 W-F　C D.M.V.
交 从新圣母教堂站步行 20 分钟。从新圣母教堂广场乘坐 11、36、37 路巴士过桥以后第二个车站下车即到

圣摩纳卡宿舍旅馆

Ostello Santa Monaca

◆YH 有厨房，但没有租借锅子以及餐具的服务。有投币洗衣机（€6.50）。不需要 YH 会员证。13:00~15:00 不能够留在自己房间里。前台有寄存贵重物品的地方。办理入住手续的时间为 6:00~次日 2:00（宵禁）。退房时间为 10:00。柜子由于没有锁，小心存放物品。住宿费需要提前支付。

青年旅舍与野营地　Map p.134 C1

URL www.ostellosantamonaca.com
住 Via Santa Monaca 6　☎ 055-268338
D €14/24　T TS €44/54
室 13 间　120 床位 W-F　C D.M.V.
交 从新圣母教堂站步行 18 分钟。走过 Ponte alla Caraia 桥之后马上就能看到标志。也可以乘坐 36、37 路巴士

卡梅拉塔欧洲别墅型青年旅舍

Ostello Europa Villa Camerata（IYHF）

◆YH 修建在一片柏木和葡萄田的广阔绿色之中，由 17 世纪的别墅改建而成的 YH。有家庭房间，淋浴的数量很多，很干净。晚餐的种类也很丰富。需要注意的是，这里的柜子是没有锁的。

青年旅舍与野营地　地图外

URL www.ostellodifirenze.it
住 Viale Augusto Righi 4　☎ 055-601451
Fax 055-610300　办理入住手续时间 14:00~24:00（门限），4~10 月中需要预约，仅接受 YH 会员。预约可以通过网络、电子邮件以及传真
D 含早餐 1 人€19/21　最长能住 3 晚
S €25/28　TS €45/55　晚餐€10
室 322 个床位 W-F　C A.M.V.
交 从新圣母教堂站乘坐巴士 11 路、17 路，大约 20 分钟路程，在 Salviatin 2 下车

菲耶索莱全景营地

Camping Panoramico Fiesole

◆位于菲耶索莱的里面，绿色环绕，空气清新，同时也很安静。小屋总体来说还是比较新的，房间也很干净，也有带厨房、淋浴的房间。另外，这里的公共淋浴室非常整洁，数量也很多。同时这里也有酒吧、餐馆、泳池、厨房以及上网点。办理入住手续 8:00~20:00（宵禁 24:00）。车辆最晚可在 24:00 以前进入。

青年旅舍与野营地　地图外

High 7/1~8/21　URL www.florencevillage.com
住 Via Peramonda 1, FIESOLE
☎ 055-599069　Fax 055-59186　小屋 TS €50/78
C J.M.V.　休 11/4~次年 3/18 W-F
交 从佛罗伦萨的圣马可广场乘坐巴士 7 路，在终点下车（菲耶索莱），步行 10 分钟。或者可以在菲耶索莱乘坐巴士 45 路、47 路。从野营地到菲耶索莱有免费穿梭巴士

在佛罗伦萨居住公寓

※旅客用公寓 Appartamento 也被称为 Residenza，在厨房里有简易的烹饪器材及餐具。可以通过各地方的旅游咨询处 ℹ 介绍。

La Vita nella Città

既是意大利时尚的发源地，同时又是古都

在米兰，有两样艺术会吸引前来造访的游客，让其久久不愿离去。

第一个，便是经过数百年的历史培养出来的建筑物以及艺术作品。以哥特式建筑的最高杰作大教堂为主，其他还有像列奥纳多·达·芬奇的名画《最后的晚餐》等众多历史方面的遗产，都向我们诉说了基督教在欧洲的历史故事。其规模之大让人无不为其感动，有时甚至会让人瞠目结舌。

米兰的另一大魅力，就是有“米兰·时尚”的美誉，代表全世界流行的最前端，被称为现代艺术的时装。即便将米兰称为全球流行的发源地也不为过。漫步于米兰街头，你会发现很多像从时装杂志上走下来的俊男靓女，他们个个光彩照人，充满自信。

接下来，要给那些想从米兰带一两件得到全世界认可的“米兰时装”回去的游客提一些建议。

基本上来说，在意大利专卖店中，是不太可能让你用手去触碰翻看那些放在柜台里的商品的。当你走进店里后，专柜的小姐就会向你发问，诸如“想要什么样的款式？什么样的颜色”之类的问题。不会把商品卖给不知道买什么的人。因此，可以事先研究一下街上人们的服装搭配，然后选择自己最想要的商品。在米兰发现自己喜欢的衣服以及小物品，一定能够成为旅行中美好的回忆。

米兰

MILANO

●邮政编码　20100

马尔彭萨机场发出巴士的乘车处发生变动

从面朝中央车站正面时，略微左侧里面的 Via Giovanni Battista Sammartini 出发。机场的话，从航班抵达的 1 号航站楼的第 2~4 号出口出来后的车道上发车（航站楼中有指示牌）。

机场、中央车站之间的普尔曼巴士

Autostradale/SITE 公司
☎ 02-30089100
URL www.site.it
车票€ 8、往返€ 14

Air Pullman 公司
☎ 02-58583185
URL www.malpensashuttle.com
车票€ 10、往返€ 16

TERRAVISION 公司
URL www.terravision.eu
车票€ 8

马尔彭萨机场快线
☎ 02-72494949
URL www.malpensaexpress.it

出租车 Radio Taxi
☎ 02-5353

从机场前往米兰市内的出租车固定费用（包括行李费）

马尔彭萨机场 → 米兰市内
€ 90

驶入中央车站的马尔彭萨快车

从机场到市内的交通

●从马尔彭萨机场前往米兰市内

前往市内的交通工具有普尔曼巴士、列车以及出租车。出租车的乘车处位于机场出口的正前方。普尔曼巴士会抵达中央车站。乘坐马尔彭萨机场快线的话可以抵达米兰中央车站以及斯福尔扎城堡周边的诺尔德·卡多纳车站。可以根据住宿的地方选择不同的交通工具。

①马尔彭萨机场 ↔ 米兰中央车站的普尔曼巴士

2015 年 5 月，中央车站的普尔曼巴士乘车处发生了变动

从机场出口旁到中央车站所需时间为 50 分钟 ~1 小时 10 分钟。总共有 3 家公司，费用为€ 8~10，往返€ 14~16。机场发出时间为 6:00~ 次日 0:30，中央车站出发为 4:00~23:00，根据时间带，每隔 15~30 分钟一班车。车票可以在巴士车门处的工作人员处购买，所以可以不用等待，直接乘坐停在那里的巴士，非常方便。

②米兰中央车站 ↔ 马尔彭萨机场之间的列车

在马尔彭萨机场和中央车站之间，有马尔彭萨机场快线 Malpensa Express 运行。总共有 2 条线路，一条是从诺尔德·卡多纳车站 Nord Cadorna（连接私铁 FN 线米兰北站 Stazione Milano Nord 以及地铁 1 号线卡多纳站）出发前往机场，另一条为从 fs 线米兰中央车站出发前往机场。

从机场发车时间为 00:28~23:58（除深夜外，每小时的 13 分钟、43 分钟出发）、中央车站出发 4:12~23:25（除深夜外，每小时的 25 分钟、55 分钟出发），所需时间为 50 分钟。分为机场、中央车站直达及需要在诺尔德·卡多纳车站换乘的车次，如果有行李的话选择直达车辆会比较方便。从米兰车站的话，基本上从 3 号月台出发。机场的话从 1 号航站楼的地下车站出发。费用：抵达中央车站、卡多纳车站的费用都是€ 12，往返€ 18，车票可以在机场站、诺尔德·卡多纳站及 fs 线的售票处或自动售票机处购买。从马尔彭萨机场快线的主页（参考左侧边栏 URL）上也可以购买。

●马尔彭萨、利纳特机场之外的另一个机场贝加莫 Bergamo（BGY）

如果选择的是廉价航空，需要从贝加莫的国际机场 Aeroporto internazionale di Orio al Serio 出发的话，可以乘坐高速公路公司、机场巴士 TERRAVISION 公司以及奥里奥班车公司的普尔曼巴士。每家公司途经的地点都不一样。在米兰市内的话，会从和前往马尔彭萨机场相反方向，中央车站另一边的广场 Piazza Luigi di Savoia 出发。

从机场出发的时间为 4:30~ 次日 1:00、从米兰出发的时间为 2:45~23:30，每隔 20~30 分钟一班车。所需时间为 50 分钟 ~1 小时。费用€ 4~。

从米兰市内前往马尔彭萨机场

●在哪里下车？

前往马尔彭萨机场的普尔曼巴士，首先基本上都会在包机停靠的 2 号航站楼停车。普通乘客可以在下一站（终点站）的第一个航站楼下车。

●确认清楚普尔曼巴士的目的地

在中央车站有 2 处普尔曼巴士的乘车处。面朝车站正面时，左侧为前往马尔彭萨机场，右侧为前往利纳特机场以及贝加莫国际机场 Orio al Serio。所以在乘坐普尔曼巴士前，请务必确认好自己想去的目的地再乘车。

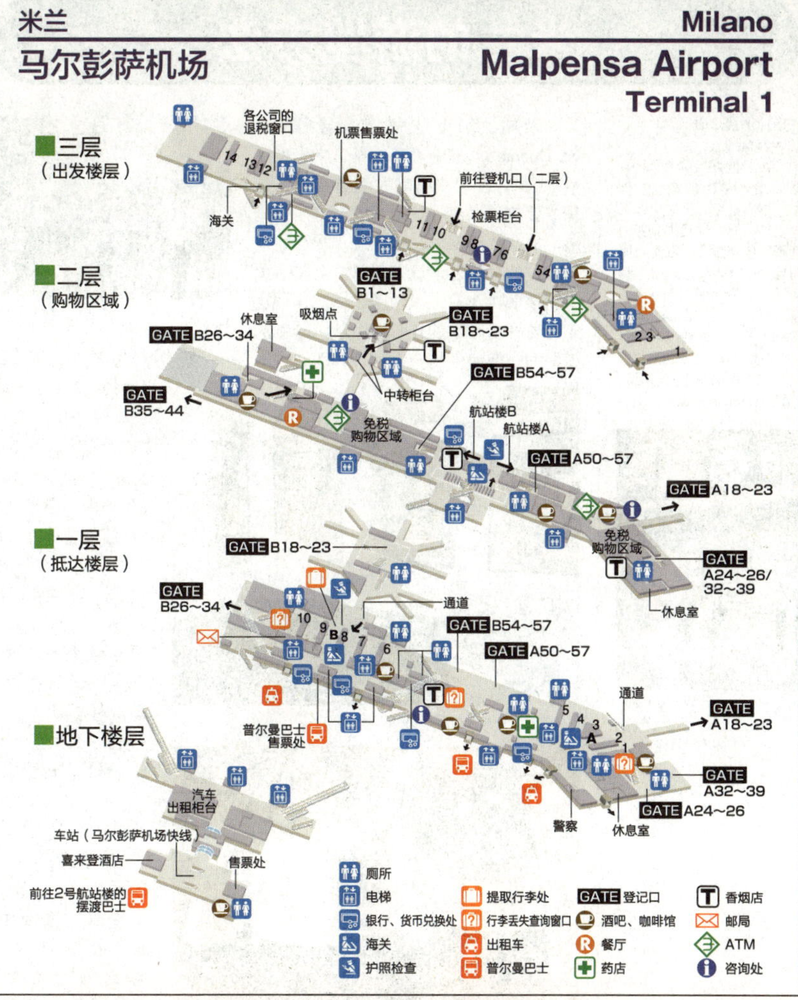

从利纳特机场前往市内

普尔曼巴士或者市内巴士都有车开往中央车站。市公交 ATM 公司的 73 路车开往市中心的圣巴比拉广场。车票需要在乘车前在以下地方购买①车内、②机场内的售票处或者小卖部。

①利纳特机场 ←→ 中央车站

可以乘坐市内巴士 ATM 公司和 Air Pullman 公司共同经营的 Air Bus Linate。车票可以在车上购买。从机场到中央车站旁边的路易吉·迪·萨沃亚广场 Piazza Luigi di Savoia 大约需要 25 分钟。从机场发车的时间为 6:30~23:30，从中央车站出发为 6:00~23:00，每隔 30 分钟一班车。费用€5，往返€9.

②利纳特机场 ←→ 圣巴比拉广场

可以乘坐市内巴士 ATM 公司的 X73 路（直达）及 73 路，从机场到大教堂广场东面的圣巴比拉广场大约花费 25~35 分钟。从机场发车的时间为6:05~次日 1:00，从广场出发为 5:35~次日 0:35，每隔 10~15 分钟一班车。费用€ 1.50。

马尔彭萨机场 ←→ 利纳特机场

在两座机场之间，有 Air Pullman 公司经营的直达普尔曼巴士。所需时间约 90 分钟，费用€ 13。但是 1 天只有大约 5 趟车，车次不是很多，所以还是在中央车站换乘比较方便。

米兰的游览方法

便捷的米兰交通卡
Milanocard

除了能在规定时间内，随意乘坐米兰的地铁、巴士、市内电车等公共交通工具之外，同时还提供免费的翻译、医疗服务，以及在博物馆等场所享受折扣（约40%），还配套提供地图等资料。24小时票€7、48小时票€13、72小时票€19。

可以在机场、地铁站的售票处，或者下述网站处购买。

URL www.milanocard.it

中央车站内如果没有门票的话是不能进去的

米兰的市中心是大教堂广场（Piazza del Duomo）。从中央车站可以乘坐地铁M3号线，在第4站的大教堂下车。这里主要的景点也都集中在大教堂广场周边。从地铁出来后，首先映入眼帘的便是米兰的标志性建筑大教堂。在其旁边有着玻璃拱廊的连拱画廊大街。穿过这条有着许多时髦的咖啡店，环境幽雅的道路后，便能来到意大利代表性的歌剧院——斯卡拉歌剧院。从斯卡拉歌剧院旁边穿过，再往北前行的话，便能来到北意大利式文艺复兴风格的宝库布雷拉美术馆，沿着大路再往前走便是意大利人气投票第一名的波尔迪·佩佐利博物馆。在其东面能够看到开设着众多名品商店的蒙特拿破仑大街等，对于以购物为目的的人来说，这是不可错过的区域。

走在连拱画廊街上的乐队

蒙特拿破仑大街上别致的商店

在大教堂西侧，是美丽的大主教馆以及展览着卡拉瓦乔等人作品的安布罗西亚纳绘画馆。而在距这里稍远的地方，则分布着米兰支配者的城堡斯福尔扎城堡以及留有达·芬奇的杰作《最后的晚餐》的圣玛利亚修道院。南边是纳维格利欧运河地区，那里有曾经环绕城市的通航运河，是一处很受欢迎的景点。

保存达·芬奇杰作的圣玛利亚修道院内部，是出自布拉曼特之手的文艺复兴空间

前往米兰的交通方式

[从机场出发（→p.178~179）]

列车 Trenitalia（fs线）

在米兰中央车站 Milano Centrale（Milano C.le）下车会很方便

- 从威尼斯圣卢恰车站乘坐 FRECCIA BIANCA、Eurocity 大约需要2小时35分钟
- 从佛罗伦萨中央车站乘坐 FRECCIAROSSA 需要1小时40分钟
- 从罗马特米尼中央车站乘坐 FRECCIAROSSA 需要2小时55分钟~3小时20分钟
- 从那不勒斯中央车站乘坐 FRECCIAROSSA 需要4小时15分钟~4小时40分钟

米兰的交通

●米兰的火车站

虽然在米兰有超过 10 座 fs 线的火车站，但是列车一般都停靠在中央车站（Milano Centrale）。根据一部分线路及列车的种类（IC、R 等）会在拉布特（Milano Lambrate）、加里波第门（Milano Porta Garibaldi）以及罗格雷多（Milano Rogoredo）车站停车。每个车站都与地铁站相连。

●中央车站美得就像是艺术品

在洁白美丽的车站里，开设着许多商店以及像咖啡店这样的饮食设施。这是一幢 4 层楼的建筑物，从列车出发的二层通过一个平缓移动的斜坡通道与中二层、一层以及半地下连接在一起。在二层有各种商店以及 fs 车票的自动售票机。中 2 层为商店，从右侧的楼梯往上走便是药店。一层里面是售票处与行李寄存处，正面（一层和半地下 2 个地方）和地铁相连。出租车乘车处位于车站大楼左右两旁，前往各机场的普尔曼巴士从车站大楼正面往左右两边绕进去的 2 处广场上出发。

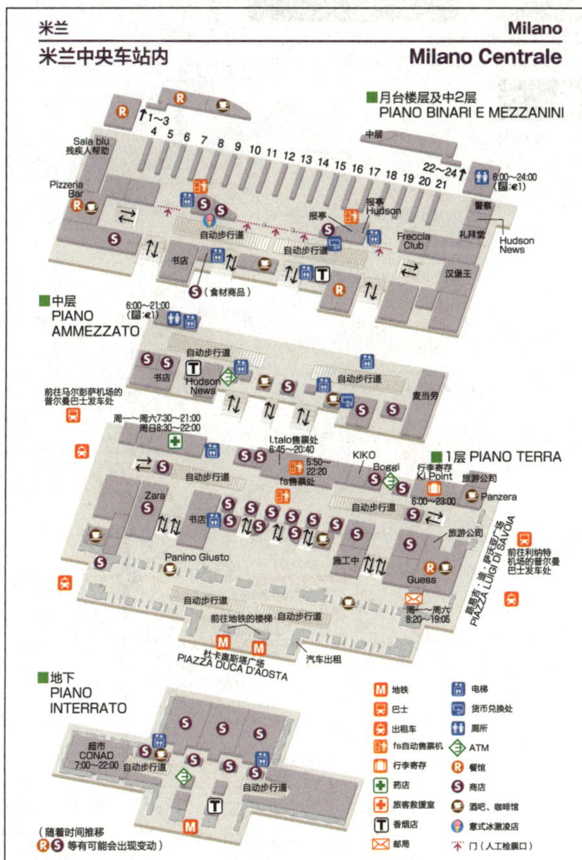

乘坐列车前的注意事项！

在乘坐像 R（Regionale）这种没有乘车时刻表以及固定座位的车票时，需要在月台入口等地的自动刻印机上，将车票放进去打印时间和日期。如果忘记打印的话，需要在车内缴纳高额的罚款，所以一定不要忘记。

通行证根据种类不同，有些需要在窗口填上日期后再乘车。

在月台楼层设置有检票处，会有工作人员对车票进行检查。如果没有车票便不能进入月台大厅。

米兰中央车站

中央车站

米兰中央车站行李寄存处

开 6:00~23:00

费 5 小时以内　€6

6~12 小时

每小时加收€ 0.90

13 小时以上

每小时加收€ 0.40

※1 件最大 25kg，最多存 5 天

检票口的出现

在米兰中央车站月台层的入口处，现在设置了人工检票口。需要将车票出示给工作人员后，才能进入月台大厅乘车。原本一直很拥挤的月台层现在变得人很少，行走起来也舒服了许多。

在中央车站要特别小心！

在中央车站，由于上下列车的旅客很多，所以经常会很拥挤。请一定要小心随身的行李。如果出示车票通过检票口，进入月台后在自己想要乘坐，并已经进站的列车中等待发车，就能避开拥挤和危险了。另外，在中二层的移动通道附近有可以坐下来休息的长椅。

售票处

一层里侧是售票处。经常有很多排队买票的人，所以最好提前做好准备。在售票处旁边和站台层也有自动售票机。

市内交通 ATM 的旅游咨询处 ⓘ

ATM Ponit

住 Stazione Duomo

开 7:45~19:15

☎ 800808181（意大利国内拨打免费）、02-48607607

※ 位于地铁大教堂站内地下通道内，销售 1 日券、一周券、月票等

只有米兰这样吗？出站时需要检票

米兰有几个车站（大教堂站等），在出口处需要检票。跟罗马等其他地方不太一样，所以在出站之前一定要保管好车票，不要遗失。估计以后各车站都会安装这种检票机。

●米兰的交通

ottopassi
underpasses
M2
Treni per

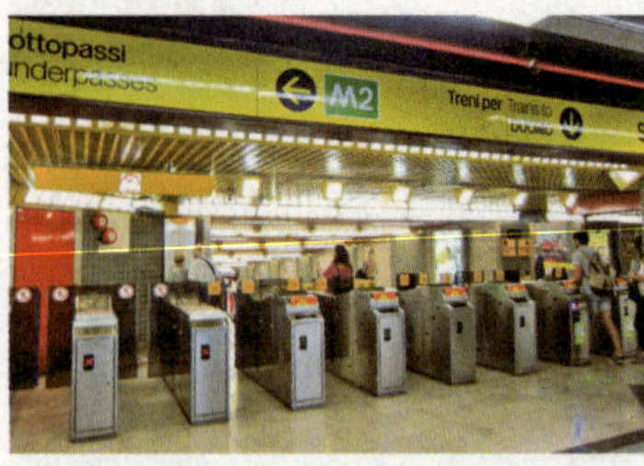

三条线路通过不同颜色来区分，比较容易识别。图为 M3 号线的自动检票口

Biglietti Tickets

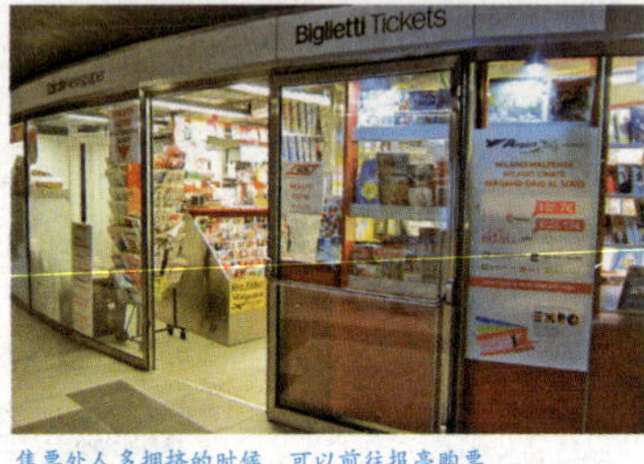

售票处人多拥挤的时候，可以前往报亭购票

在米兰市内的交通工具中，有地铁Metro、巴士、市内电车以及无轨电车等，交通网络非常发达。

这里的公共交通发行一种 90 分钟内有效的车票 Biglietto，可以反复乘坐多次（地铁虽然可以连续乘坐，但是一旦走出检票口就无效了）。

所有这些交通工具中，最便于乘客使用的是地铁。公交车与市营电车的线路相对比较复杂，地铁就简单多了。只有 M1（红）、M2（绿）、M3（黄）三条线路，而且可以到达几乎所有的主要景点。fs 也有好几条一直延伸到郊外的近郊线路。

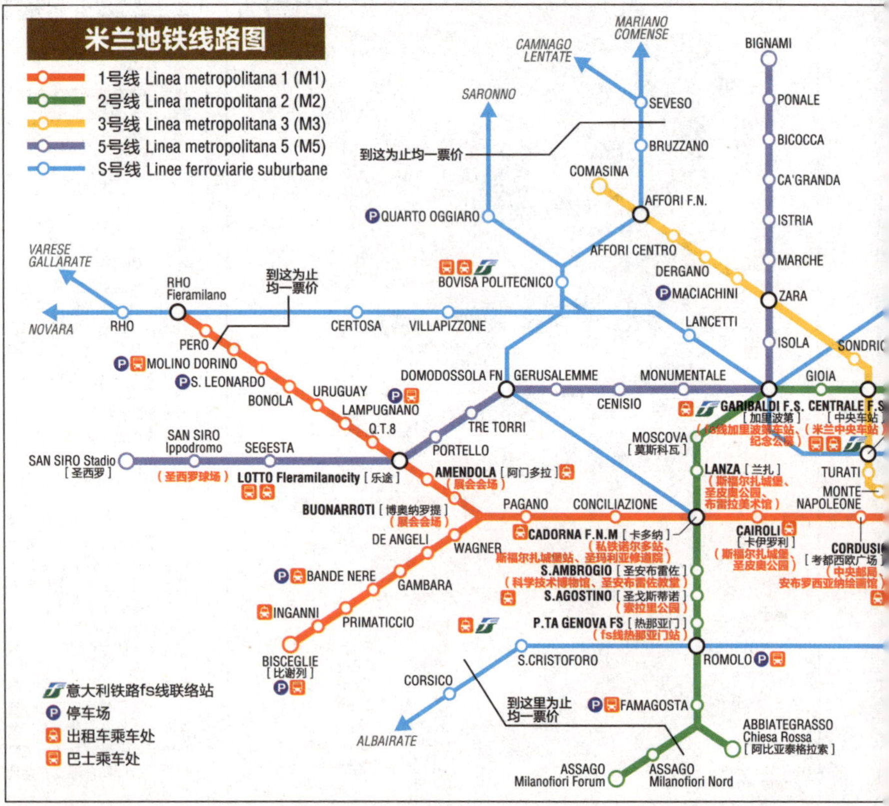

米兰地铁线路图
1号线 Linea metropolitana 1 (M1)
2号线 Linea metropolitana 2 (M2)
3号线 Linea metropolitana 3 (M3)
5号线 Linea metropolitana 5 (M5)
S号线 Linee ferroviarie suburbane
MARIANO COMENSE
CAMNAGO LENTATE
SARONNO
BIGNAMI
SEVESO
PONALE
到这为止均一票价
BRUZZANO
BICOCCA
COMASINA
CA'GRANDA
AFFORI F.N.
QUARTO OGGIARO
ISTRIA
VARESE GALLARATE
AFFORI CENTRO
MARCHE
DERGANO
BOVISA POLITECNICO
RHO Fieramilano
到这为止均一票价
MACIACHINI
ZARA
NOVARA
RHO
CERTOSA
VILLAPIZZONE
LANCETTI
PERO
ISOLA
SONDRIO
MOLINO DORINO
DOMODOSSOLA FN
GERUSALEMME
MONUMENTALE
GIOIA
S. LEONARDO
URUGUAY
BONOLA
CENISIO
GARIBALDI F.S. [加里波第]
（fs线加里波第车站、纪念公墓）
CENTRALE F.S [中央车站]
（米兰中央车站）
LAMPUGNANO
Q.T.8
TRE TORRI
MOSCOVA [莫斯科瓦]
SAN SIRO Ippodromo
SEGESTA
PORTELLO
SAN SIRO Stadio [圣西罗]
（圣西罗球场）
LOTTO Fieramilanocity [乐途]
AMENDOLA [阿门多拉]
（展会会场）
LANZA [兰扎]
（斯福尔扎城堡、圣皮奥公园、布雷拉美术馆）
TURATI
MONTE NAPOLEONE
PAGANO
CONCILIAZIONE
BUONARROTI [博奥纳罗提]
（展会会场）
CADORNA F.N.M [卡多纳]
（私铁诺尔多站、斯福尔扎城堡站、圣玛利亚修道院）
CAIROLI [卡伊罗利]
（斯福尔扎城堡、圣皮奥公园）
DE ANGELI
WAGNER
CORDUSIO [考都西欧广场]
（中央邮局、安布罗西亚纳绘画馆）
BANDE NERE
S.AMBROGIO [圣安布雷佐]
（科学技术博物馆、圣安布雷佐教堂）
GAMBARA
S.AGOSTINO [圣戈斯蒂诺]
（索拉里公园）
INGANNI
PRIMATICCIO
P.TA GENOVA FS [热那亚门]
（fs线热那亚门站）
BISCEGLIE [比谢列]
S.CRISTOFORO
ROMOLO
CORSICO
意大利铁路fs线联络站
停车场
出租车乘车处
巴士乘车处
到这里为止均一票价
FAMAGOSTA
ALBAIRATE
ABBIATEGRASSO Chiesa Rossa [阿比亚泰格拉索]
ASSAGO Milanofiori Forum
ASSAGO Milanofiori Nord

●巴士总站

巴士总站

在地铁 1 号线兰普格纳诺车站上方有巴士总站。前往都灵和奥斯塔的长途车辆，以及前往巴塞罗那和伦敦等国际线路的车辆都从这里发车。乘车处前有售票处，在这里能够获得出发时间以及费用等信息。意大利国内线路主要由 Autostradale 公司运营，国际线路由 Euroline 公司运营。

在环保都市米兰，电车（市电）被重新启动。这是最新型的车辆

提示到达时间的巴士车站

市内交通的车票

■一次票（90 分钟有效，在有效时间段内可以乘车也可以换乘，但是只能乘坐一次地铁）
Biglietto Ordinario　€ 1.50

■ 24 小时票 Abbonamento Giornaliero　€ 4.50

■ 48 小时票 Abbonamento Bigiornaliero　€ 8.25

■ 4 次票 Biglietto 4 Viaggi（Bi4）€ 6

■ 10 次票 Carnet　€ 13.80

在 fs 线的主页上，写着的也是 Milano Nord Cadorna

巴士、地铁等交通工具的车票

市内公共交通工具的车票为通票。可以在香烟店以及车站内的报亭、自动售票机处购买。虽然自动售票机在深夜也可以使用，但是偶尔也会出故障，所以事先在报亭（报亭）购入 1 天必要数量的车票会比较方便。

车票要放入公交车或者电车内的自动检票机内，打印乘车时间。乘坐地铁需要通过自动检票口，一日票的使用方法也相同。

地铁的自动售票机

1
2
A
B
C
会展中心
Fiera Campionaria
P.za Italia
墓地
Cimitero Monumentale
P.za Cimitero Monumentale
意大利铁路·加里波第门站
Staz. Porta Garibaldi F. S.
沃尔塔门
P.ta Volta
加里波第门
P.ta Garibaldi
Moscova
和平门
Arco d. Pace
P.za Sempione
斗牛场
Arena
圣辛普利恰诺教堂
S. Simpliciano
圣皮奥公园
Parco Sempione
美术宫
Pal. dell'Arte
Piccolo Teatro
圣马可教堂
S. Marco
Lanza
库萨尼宫
Pal. Cusani
斯福尔扎城堡
Castello Sforzesco
市立斯福尔扎城堡博物馆
Civici Musei del Castello
米兰北（诺尔德·卡多纳）站
Staz. Ferrovie Nord Cadorna Milano
P.le L. Cadorna
Cadorna F.N.M
Cairoli
Largo Cairoli
但丁大街
马真塔门
P.ta Magenta
Conciliazione
圣玛利亚修道院
S. Maria d. Grazie
《最后的晚餐》
利塔宫
Pal. Litta
克莱里奇宫
Pal. Clerici
Cordusio
市立考古学博物馆
Civico Museo Archeologico
旧马焦雷修道院
ex Monastero Maggiore
安布罗西亚纳绘画馆
Pinacoteca Ambrosiana
圣维托雷大街
列奥纳多·达·芬奇纪念国立科学技术博物馆
Museo Naz. Scienza e Tecnologia
圣安布罗焦教堂
S. Ambrogio
S. Ambrogio
天主教大学
Università Cattolica
圣塞巴斯蒂亚诺教堂
S. Sebastiano
圣萨蒂罗教堂
S. Satiro
P.za Mentana
Missori
意大利旅游俱乐部
T.C.I.
S. Agostino
圣洛伦佐马焦雷教堂
S. Lorenzo Maggiore
圣欧斯托焦大教堂
S. Eustorgio
圣切尔索教堂
S. Maria presso S. Celso
提齐内塞门
Arco di P.ta Ticinese
意大利大街
意大利铁路热那亚门站
Staz. P.ta Genova F. S.
Porta Genova F. S.
5月24日广场
P.za XXIV Maggio
P.186-187
纳维格利欧运河地区
Navigli
伊卡坡托斯塔
I Capatosta
阿尔·朋特·德·佛尔
Al Ponte de Ferr
Alzaia Naviglio Grande
纳维格利欧运河
Alzaia Naviglio Pavese
Amendola Fiera
Buonarroti
Wagner
Pagano
De Angeli
P.za De Angeli
Corso Sempione
Via Paolo Sarpi
Corso Magenta
Corso Vercelli
Via Boccaccio
Viale Certosa
Via Cenisio
Procaccini
Via Washington
Via Savona
Via Tortona
Via Solari
Viale Papiniano
Corso Genova
Viale Gorizia

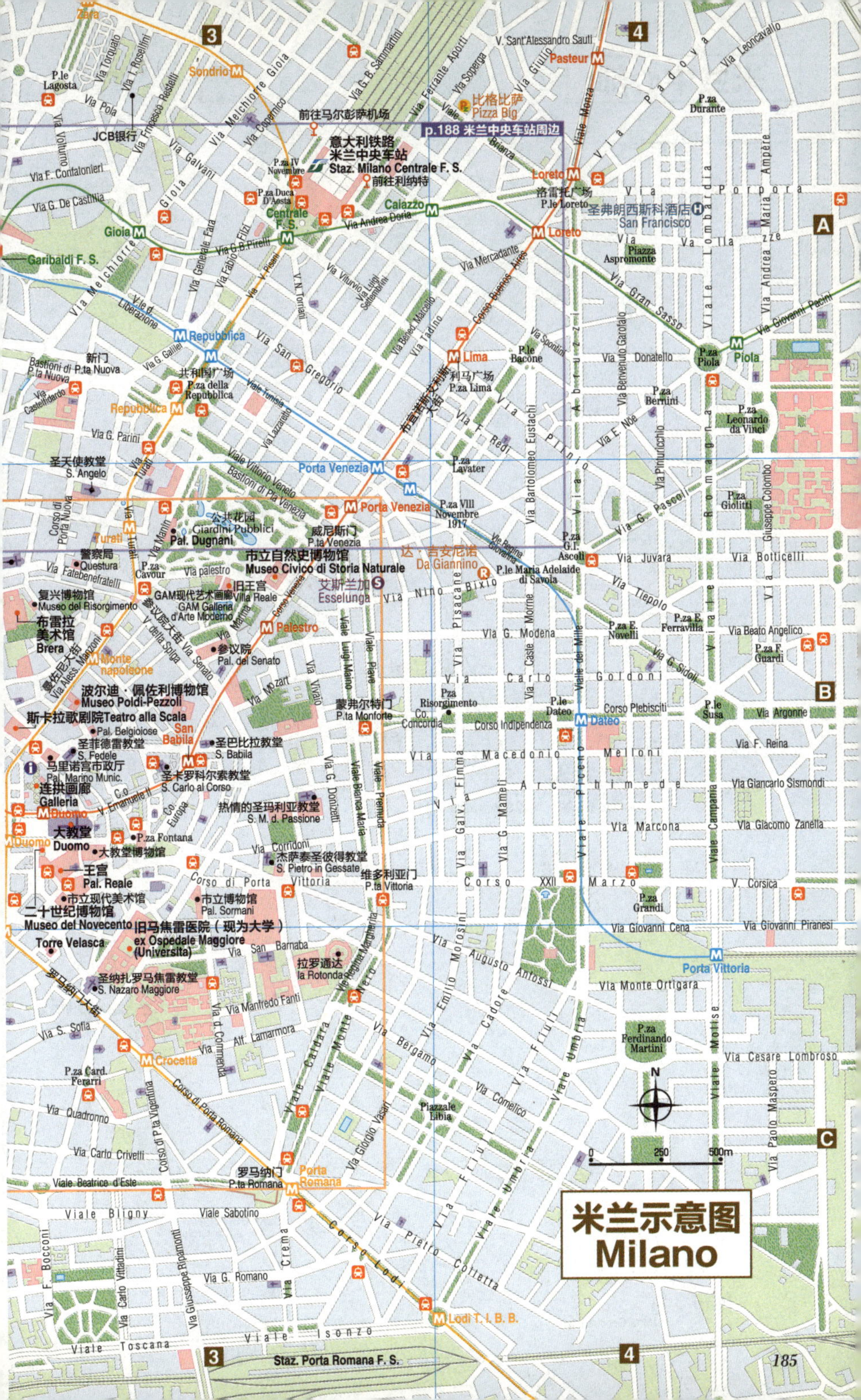
米兰示意图
Milano
p.188 米兰中央车站周边
意大利铁路
米兰中央车站
Staz. Milano Centrale F. S.
前往马尔彭萨机场
前往利纳特
比格比萨
Pizza Big
洛雷托广场
P.le Loreto
圣弗朗西斯科酒店
San Francisco
Zara
Sondrio
Pasteur
Loreto
Gioia
Garibaldi F. S.
Centrale F. S.
Caiazzo
Repubblica
Lima
Piola
Porta Venezia
Palestro
Monte napoleone
San Babila
Duomo
Crocetta
Porta Romana
Lodi T. I. B. B.
Dateo
Porta Vittoria
JCB银行
新门
Bastioni di P.ta Nuova
共和国广场
P.za della Repubblica
利马广场
P.za Lima
布宜诺斯艾利斯大街
圣天使教堂
S. Angelo
公共花园
Giardini Pubblici
Pal. Dugnani
威尼斯门
P.ta Venezia
市立自然史博物馆
Museo Civico di Storia Naturale
达・吉安尼诺
Da Giannino
艾斯兰加
Esselunga
警察局
Questura
复兴博物馆
Museo del Risorgimento
GAM现代艺术画廊
GAM Galleria d'Arte Moderna
旧王宫
Villa Reale
布雷拉美术馆
Brera
参议院
Pal. del Senato
波尔迪・佩佐利博物馆
Museo Poldi-Pezzoli
斯卡拉歌剧院Teatro alla Scala
圣菲德雷教堂
S. Fedele
圣巴比拉教堂
S. Babila
马里诺宫市政厅
Pal. Marino Munic.
圣卡罗科尔索教堂
S. Carlo al Corso
连拱画廊
Galleria
大教堂
Duomo
大教堂博物馆
热情的圣玛利亚教堂
S. M. d. Passione
蒙弗尔特门
P.ta Monforte
杰萨泰圣彼得教堂
S. Pietro in Gessate
维多利亚门
P.ta Vittoria
王宫
Pal. Reale
市立现代美术馆
市立博物馆
Pal. Sormani
二十世纪博物馆
Museo del Novecento
旧马焦雷医院（现为大学）
ex Ospedale Maggiore (Università)
Torre Velasca
拉罗通达
la Rotonda
圣纳扎罗马焦雷教堂
S. Nazaro Maggiore
罗马纳门大街
罗马纳门
P.ta Romana
Staz. Porta Romana F. S.
Corso di Porta Romana
Corso Lodi
Corso di Porta Vittoria
Corso Venezia
Corso Buenos Aires
Corso Indipendenza
Corso Plebisciti
Corso XXII Marzo
Viale Abruzzi
Viale Piceno
Viale Romagna
Viale Monza
Viale Bligny
Viale Sabotino
Viale Isonzo
Viale Toscana
Viale Beatrice d'Este
Via Padova
Via Porpora
Via Pacini
Via Torino
P.le Lagosta
P.za Durante
P.za IV Novembre
P.za Duca D'Aosta
P.za Aspromonte
P.za Piola
P.le Bacone
P.za Bernini
P.za Leonardo da Vinci
P.za Lavater
P.za VIII Novembre 1917
P.za Giolitti
P.za G.L. Ascoli
P.le Maria Adelaide di Savoia
P.za E. Novelli
P.za E. Ferravilla
P.za F. Guardi
P.le Susa
Pza Risorgimento
P.le Dateo
Co. Concordia
P.za Grandi
P.za Ferdinando Martini
Piazzale Libia
P.za Cavour
P.za Fontana
P.za Card. Ferrari
N
0
250
500m
A
B
C
3
4

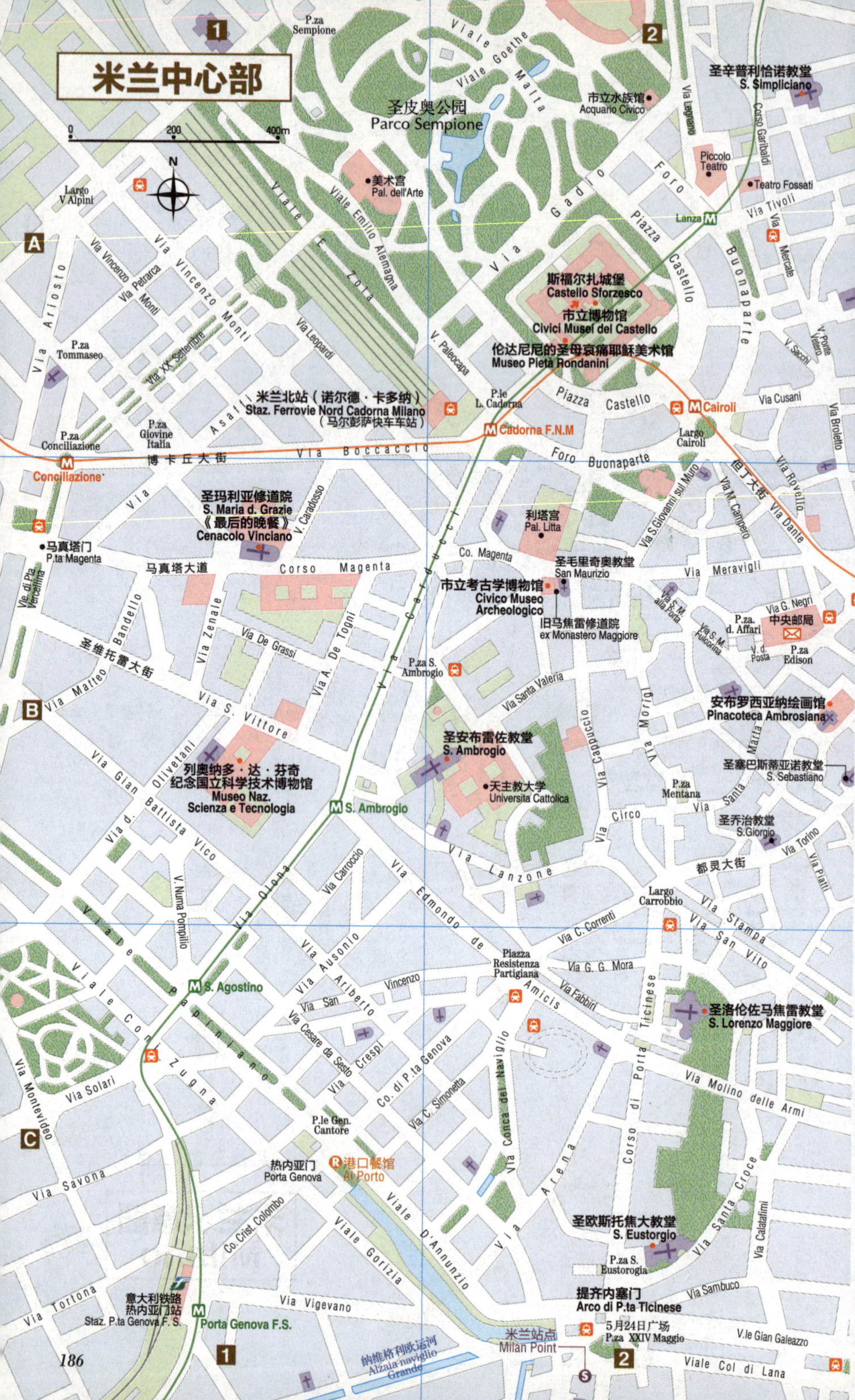
米兰中心部
0
200
400m
N
A
B
C
1
2
P.za Sempione
Viale Goethe
Viale Malta
圣皮奥公园
Parco Sempione
市立水族馆
Acquario Civico
圣辛普利恰诺教堂
S. Simpliciano
Via Legnano
Corso Garibaldi
Piccolo Teatro
Teatro Fossati
Via Tivoli
Lanza
Via Mercato
Foro
美术宫
Pal. dell'Arte
Viale Emilio Alemagna
Viale E. Zola
Via Gadio
Piazza Castello
Buonaparte
Largo V.Alpini
Via Ariosto
Via Vincenzo Monti
Via Petrarca
斯福尔扎城堡
Castello Sforzesco
市立博物馆
Civici Musei del Castello
伦达尼尼的圣母哀痛耶稣美术馆
Museo Pietà Rondanini
Via Leopardi
V. Paleocapa
V. Sacchi
V. Ponte Vetero
P.za Tommaseo
Via XX Settembre
Via Asati
米兰北站（诺尔德·卡多纳）
Staz. Ferrovie Nord Cadorna Milano
（马尔彭萨快车车站）
P.le L. Cadorna
Piazza Castello
Cairoli
Via Cusani
Via Broletto
Cadorna F.N.M
Largo Cairoli
P.za Conciliazione
P.za Giovine Italia
Via Boccaccio
博卡丘大街
Foro Buonaparte
Conciliazione
Via S.Giovanni sul Muro
Via M. Camperio
但丁大街
Via Rovello
Via Dante
圣玛利亚修道院
S. Maria d. Grazie
《最后的晚餐》
Cenacolo Vinciano
V. Caradosso
Via Carducci
利塔宫
Pal. Litta
马真塔门
P.ta Magenta
Co. Magenta
圣毛里奇奥教堂
San Maurizio
马真塔大道
Corso Magenta
Via Meravigli
Vle. di P.ta Vercellina
市立考古学博物馆
Civico Museo Archeologico
旧马焦雷修道院
ex Monastero Maggiore
Via G. Negri
P.za. d. Affari
中央邮局
V. d. Posta
P.za Edison
Via Bandello
Via Zenale
Via De Grassi
Via A. De Togni
圣维托雷大街
P.za S. Ambrogio
Via Santa Valeria
Via Morigi
安布罗西亚纳绘画馆
Pinacoteca Ambrosiana
Via Matteo
Via S. Vittore
圣安布雷佐教堂
S. Ambrogio
Via Capuccio
圣塞巴斯蒂亚诺教堂
S. Sebastiano
Via Gian Battista Vico
Olivetani
列奥纳多·达·芬奇
纪念国立科学技术博物馆
Museo Naz. Scienza e Tecnologia
天主教大学
Universita Cattolica
P.za Mentana
Via Santa Marta
Via Circo
圣乔治教堂
S.Giorgio
Via Torino
S. Ambrogio
都灵大街
Via Piatti
Via Lanzone
Via Carroccio
Via Olona
Via Edmondo de Amicis
V. Numa Pompilio
Largo Carrobbio
Via Stampa
Via San Vito
Via C. Correnti
Piazza Resistenza Partigiana
Via G. G. Mora
Via Fabbri
Via Ausonio
Via Ariberto
Via San Vincenzo
S. Agostino
Viale Papiniano
Via Cesare da Sesto
Via Crespi
圣洛伦佐马焦雷教堂
S. Lorenzo Maggiore
Corso di Porta Ticinese
Via Molino delle Armi
Viale Coni Zugna
Via Solari
Via Montevideo
Co. di P.ta Genova
Via C. Simonetta
Via Conca del Naviglio
Via Arena
P.le Gen. Cantore
热内亚门
Porta Genova
港口餐馆
Al Porto
Via Santa Croce
Via Calatafimi
Via Savona
Co. Crist. Colombo
Viale Gorizia
Viale D'Annunzio
圣欧斯托焦大教堂
S. Eustorgio
P.za S. Eustorgio
提齐内塞门
Arco di P.ta Ticinese
Via Sambuco
Via Tortona
意大利铁路
热内亚门站
Staz. P.ta Genova F.S.
Porta Genova F.S.
Via Vigevano
米兰站点
Milan Point
5月24日广场
P.za XXIV Maggio
V.le Gian Galeazzo
Viale Col di Lana
纳维格利欧运河
Alzaia naviglio Grande

圣马可教堂
S. Marco
警察局
Questura
加富尔
Cavour
公共花园
Giardini Pubblici
市立自然史博物馆
Museo Civico di Storia Naturale
威尼斯门
P.ta Venezia
复兴博物馆
Museo del Risorgimento
库萨尼宫
Pal. Cusani
布雷拉美术馆
Brera
市立现代艺术画廊
GAM Galleria d'Arte Moderno
旧王宫
Villa Reale
曼佐尼
Manzoni
阿玛尼
Armani
宝格丽度假酒店
Bvlgari
米兰大酒店
G.H. et de milan
参议院
Pal. del Senato
巴加蒂瓦尔塞基博物馆
Museo Bagatti Valsecchi
圣朱塞佩教堂
S. Giuseppe
弗朗切斯科老爸餐馆
Papà Francesco
曼佐尼之家
Casa di Manzoni
波尔迪·佩佐利博物馆
Museo Poldi-Pezzoli
科瓦咖啡馆
Café Cova
内基·坎皮里奥别墅
Villa Necchi Campiglio
蒙福特门
P.ta Monforte
斯卡拉歌剧院
Teatro alla Scala
奥梅诺尼之家
Casa d. Omenoni
马里诺宫市政厅
Pal. Marino Munic.
星辰酒店
Star
斯卡拉广场
Piazza della Scala
纸月亮
Paper Moon
圣巴比拉
S. Babila
埃马努莱二世长廊
Galleria Vittorio Emanuele II
圣菲德雷教堂
S. Fedele
慕斯比
Musubi
斯蓬蒂尼比萨
Spontini
克莱里奇宫
Pal. Clerici
圣卡罗科尔索教堂
S. Carlo al Corso
萨维尼
Savini
卢伊尼
Luini
米兰专卖店
Milan Megastore
热情的圣玛利亚教堂
S. M. d. Passione
德桑提斯餐馆 De Santis
辛那浪灰色酒店 The Gray
尤文图斯商店
Juventus Store
集市广场
P.za dei Mercanti
大教堂
Duomo
大主教馆
Pal. Arciv.
星光罗莎酒店
Starhotels Rosa Grand
克拉科
Cracco
意大利巧克力冰激凌
Ciocolatini
二十世纪博物馆
Museo del Novecento
大教堂博物馆
Museo del Duomo
杰萨泰圣彼得教堂
S. Pietro in Gessate
圣萨蒂罗
S. Satiro
王宫
Pal. Reale
派克
Peck
维多利亚门
P.ta Vittoria
市立现代美术馆
Civico Museo d'Arte Contemporanea
市立图书馆
Pal. Sormani
米兰斯帕佐餐馆
Spazio Milan
大教堂的意马卡多
Il Mercato del Duomo
旧马焦雷医院/（现在为大学）
ex- Ospedale Maggiore/Ca'Granda (Università)
阿佩罗酒吧
Aperole
拉罗通达
la Rotonda
意大利旅游俱乐部
T.C.I.
苏黎高酒店
Zurigo
圣纳扎罗马焦雷教堂
S. Nazaro Maggiore
加拿大酒店
Canada
圣切尔索教堂
S. Maria presso S. Celso
罗马纳门大街
Croso di Porta Romana
Porta Romana
Porta Vigentina
Crocetta
Missori
Cordusio
Turati
Palestro
San Babila
Montenapoleone

※这张地图的方向和其他地图不一样，使用时请注意

米兰的旅游信息

●米兰的旅游咨询处

主要办事处位于维托里奥·埃马努埃莱二世长廊内与斯卡拉歌剧院广场的拐角处。在新设立的现代化的报亭模样的设施内，能够获取以米兰为主，和伦巴第区相关的宣传册以及地图。同时这里也出售各种旅游团以及市里举办的音乐会等活动的门票。

位于连拱画廊，斯卡拉歌剧院出口处的米兰市旅游咨询处 ⓘ

位于大教堂广场地下的斯卡拉歌剧院的旅游咨询处 ⓘ

●货币兑换

在中央车站二层，通往中央大厅以及月台大厅的中央出入口周边有货币兑换处。另外，在同一楼层也设置有多个可提取现金的 ATM。除此之外，在车站内的各个地方也有 ATM。

取现金很方便也很划算

在市区银行中，大教堂广场、连拱画廊周边的 Banca Cesare Ponti 的汇率都挺不错的，非常方便，利用价值很大。此处，像以汇率很不错这点而闻名的 Banca Nazionale del Lavoro 等银行的数量也很多。

银行的营业时间一般从周一到周五的 8:30~13:30，周六、周日休息。14:30~16:30 营业的银行的数量也逐渐增多了。几乎所有的银行都面向街道，门口设有 24 小时都可以使用信用卡的 ATM。

●邮局

中央邮局在大教堂西侧 300 米的爱迪生广场 P.za Edison（面对科尔杜西奥广场 P.za Cordusio 的建筑大楼是专营转账业务的，不要弄错了）。30 号窗口出售邮票。包裹邮寄业务在前面通道右侧的房间内办理。市内也有几个小规模的邮局，邮局内设有 ATM。

连拱画廊的旅游咨询处 ⓘ

住 Galleria Vittorio Emanuele II（与斯卡拉广场 Piazza della Scala 交界处的拐角）
☎ 02-8884555550
开 9:00~19:00
周六 9:00~18:00
周日 10:00~18:00
休 1/1、12/25
地 p.187 B3
※ 维托里奥·埃马努埃莱二世长廊内，斯卡拉广场前左侧

警察局 Questura

住 Via Fatebenefratelli 11
☎ 02-62261 转内线 327
地 p.187 A3

中央邮局

住 Via della Posta 4
☎ 02-8056430
开 8:30~19:00
周六 8:30~12:00
休 周日
地 p.186 B2

用信用卡提取现金

如今比起自动货币兑换机，更流行 24 小时营业的，可以使用信用卡提取现金的 ATM。

超市信息

在中央车站地下新开设了 CONAD（萨波利 & 丁托鲁尼）。在老城区中，规模较大的超市的话，大教堂周边有比拉超市、艾斯兰加超市（→ p.210）等。如果是便利店这种小型超市的话，那么在老城区的小巷子里都能看到。如果居住在有点偏向于郊外的地方的话，一般在酒店周边都能找到大规模的超市。最好事先问一下酒店的工作人员。

米兰 主要景点

大教堂周边

大教堂 Duomo

Map p.185 B3、p.187 B3

庄严的哥特式建筑的杰作

★★★

重新装潢之后的大教堂

走上大教堂的屋顶好好欣赏一下吧

大教堂内部庄严的空间

坐落于市中心的穹隆顶大教堂，不仅是米兰的象征，也是米兰市的正中心。

作为哥特式建筑杰作的米兰大教堂，屋顶上耸立着135个尖塔，仿佛高耸入云般地向上延伸着。这座建筑从14世纪后叶开始动工，直到19世纪初期才由拿破仑将其正面的修缮工作完成。

装饰庄严的大教堂正面的是建造于20世纪的五扇铜门。从左开始分别象征着承认基督教信仰自由的“米兰法令”米兰的守护圣人“圣·安布罗吉奥的生平”，中央的铜门最为豪华，描绘着“圣母玛利亚的一生”，接下来的两个铜门描绘的是“米兰中世纪的历史”“大教堂的历史”。

内部非常宽敞，抬起头来便能看到位于很高的天花板上的彩色玻璃，所有见过的人都会为之惊叹。教堂的地下，是由石块堆积而成的深达4~8米的空间。在这里，能够看见成为现在大教堂基石的圣泰克拉教堂的痕迹。另外，从正面靠里面的入口处可以通向地下的珍宝库 Tesoro。

在外侧总共有3处前往屋顶露台的入口。从建筑物正面左侧绕进去后，便能看到楼梯的入口，在其前方则是电梯的入口。正面右侧里面也新增了电梯的入口。天气好的时候，走上这被尖塔包围的屋顶，真的是

●大教堂

开 8:00~19:00

费 €2（和博物馆通用，72小时有效）

●屋顶露台、考古学区域

开 9:00~19:00

费 屋顶露台 €13（乘坐电梯）€8（使用楼梯）

考古学区域 €6

※ 前往屋顶露台的电梯位于大教堂外侧（正面左右侧里面）。在左侧的里面有楼梯的入口

※ 在大教堂周边总共有6处售票处，大教堂正面右方还设有临时厕所。可以在人数较少的窗口排队

※ 闭馆前1小时停止售票，闭馆前50分钟停止入场

※ 通用门票

屋顶露台、大教堂、博物馆、圣乔瓦尼·阿拉·丰缇洗礼堂（乘坐北侧电梯）通用。根据前往屋顶露台的方式，费用也会有所不同，乘坐电梯的大教堂通行证 A/Duomo Pass A €15，使用楼梯的大教堂通行证 B/Duomo Pass B €11。

※ 举办活动时，营业时间可能会缩短

服装和行李需要检查

参观大教堂内部的时候，必须接受服装检查。穿短裤、迷你裙以及无袖衫的人一律不得入内。最好穿一件外套或者带一件大披肩把身体遮盖起来。有时候会被要求打开随身物品进行安全检查，请服从工作人员的指示。

参观露台 / 屋顶

屋顶上有着非常美丽的景色。也能近距离看到那仿佛直达苍穹的尖塔，晴天的时候还能看到阿尔卑斯山脉的景象，最好穿上防滑且便于行走的鞋子。

米兰的观光线路 从米兰中央车站乘坐地铁3号线（黄色）前往大教堂，以大教堂为中心，在半径500~800米的范围内集中了很多的景点，即使是步行也可以充分游览。

大教堂 →P.190 ▶ 斯卡拉歌剧院 →P.193 ▶ 波尔迪·佩佐利博物馆 →P.195 ▶ 布雷拉美术馆 →P.194 ▼ 斯福尔扎城堡 →P.196 ◀ 圣玛利亚修道院 →P.198 ◀ 圣安布雷佐教堂 →P.199 ◀ 安布罗西亚纳绘画馆 →P.194

让人感觉非常舒服，同时也能眺望城市的全景。

二十世纪博物馆 Museo del Novecento

Map p.187 B3

整理了米兰艺术活动的历史

★★

在位于大教堂正面右侧的阿仁伽里奥宫和部分王宫内，于2010年12月诞生了一家以近现代绘画、雕刻为中心的美术馆，在改装成现代化风格的美术馆内部，展示着毕加索的《阿维尼翁的少女》、莫迪利亚尼的《保罗·纪尧姆的肖像》等享誉世界的名画，除此之外，还有以佩利扎的《第四阶层》为代表的名家作品，包括波丘尼、莫兰迪、基里科、马丁尼、卢齐欧·封塔纳等艺术家的作品。按照画家或者潮流分别展示着意大利的近代绘画和雕刻，可以由此了解战后那些活跃的米兰艺术活动的变迁及其各位艺术家的嗜好。

米兰的代表性绘画《第四阶层》

●二十世纪博物馆

住 Piazza Duomo, Palazzo dell' Arengario

☎ 02-88444061

开 9:30~19:30
周一 14:30~19:30
（周四·周六 ~22:30）

费 €5，65岁以上€3（特别展览时€10、€8）

在历史悠久的阿仁伽里奥宫内展出

王宫 Palazzo Reale

Map p.187 B3

历代统治者生活的地方

★

位于大教堂的右侧，是一座颇具新古典风格的建筑大楼。14世纪的时候，这里曾经是这个城市的统治者维斯孔蒂家族的公馆。经由皮尔马里尼之手改建成现在的样子。这里曾经也作为西班牙、奥地利总督的官邸使用。虽然在第二次世界大战的战火中失去了内部的美丽的装饰，不过现在这里已经成了大教堂博物馆及现代美术馆（仅在特别展览时开放）。

威严的新古典样式建筑大楼

●王宫

住 Piazza del Duomo 12

☎ 02-860165

※ 举办活动时部分对外开放

大教堂博物馆 Museo del Duomo

Map p.187 B3

集中展示了大教堂的历史

★★

位于王宫一层（售票处位于王宫内左侧），展示以大教堂500年的悠久历史。内部展示以装饰在大教堂上的伦巴第派、法兰西派哥特风格的雕刻的真品为主，其他还有设计图、模型以及彩绘玻璃等作品。这是一处能够从近处欣赏壮观的大教堂的地

向我们诉说大教堂迄今为止的历史的博物馆

●大教堂博物馆

住 Piazza del Duomo 14

☎ 02-860358

开 10:00~18:00

休 周三

费 €2（与大教堂通用）
→通票 p.190

※ 闭馆前1小时停止售票

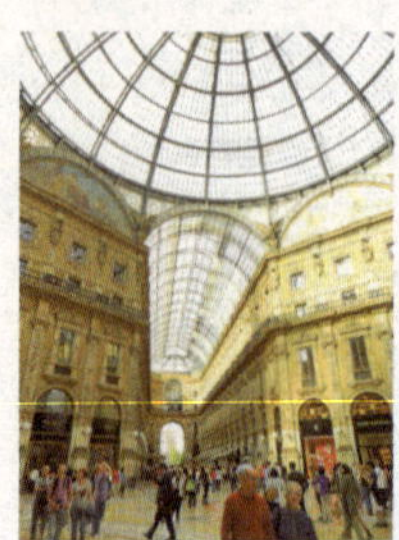
像优雅的艺术品一样的维托里奥·埃马努埃莱二世长廊

方。2013 年 11 月经过了长时间的修复工作，重新对外开放。

维托里奥·埃马努埃莱二世长廊 Galleria Vittorio Emanuele II

Map p.187 B3

成为米兰象征的美丽拱廊

从大教堂广场眺望的景色

背朝大教堂时，右侧高大美丽，有着拱桥形状玻璃天花板的商店街一直通往斯卡拉广场。这个于 1877 年竣工的连拱长廊，无论是天花板附近的绘画，还是人行道上的马赛克图案都很精美，不容错过。位于中央十字路口顶上的 4 幅壁画上描绘的，分别是象征着位于米兰东南西北方向的美国、非洲、中国以及北欧。在大街两侧能看到许多咖啡店、餐馆以及代表意大利的名品店，同时街上也有许多正在休息的市民以及游客，非常热闹。穿过大街便能来到斯卡拉广场（Piazza della Scala），在广场上能看到列奥纳多·达·芬奇的雕像。广场右边的建筑物是马里诺宫。走进马里诺宫身后的小路后，左边能看到由 8 名巨人支撑着的 16 世纪的独特宅邸——奥梅诺尼之家（Casa degli Omenoni）。

集市广场 Piazza Mercanti

Map p.187 B3

诉说着米兰历史的广场

★

悠闲的集市广场

这是一处位于大教堂西侧，充满风情的广场。中央有一口井，周边是拱门形状的长长的柱廊。这里虽然经过多次改建，但依旧留存着中世纪的风情。是现代化的米兰城镇中非常罕见的一处场所。

周末这里会摆起很多摊位，12 月时这里还会举办小型的圣诞节市场。总之，这是一座经常作为举办室外活动的场所，而让人感到非常有趣的广场。

出现在米兰街头的红色露天观光车 Citysightseeing Milano

游览米兰城区的观光巴士。可以自由上下车，有语音讲解器。车票可以在车内、酒店以及旅游咨询处 ❶ 等地购买。

线路 A 卡斯特罗广场→卡多尔纳→《最后的晚餐》→圣安布雷佐→纳维格利欧运河地区→巴吉利凯公园→旧马焦雷医院→大教堂→斯卡拉歌剧院→马尼→莫斯科瓦

线路 B 卡斯特罗广场→国际美术展览会会场→加里波第→科索·科莫→共和国广场→中央车站→布宜诺斯艾利斯大街→威尼斯门→圣巴比拉→大教堂→斯卡拉歌剧院→布雷拉

线路 C 卡斯特罗广场→水族馆→加里波第地区→纪念墓地→圣皮奥→MICO 会议场→米兰展会会场→Lot→赛马场→圣西罗→Lot→音乐家之家和解大街→圣皮奥公园

线路 AB　间隔 30 分钟
线路 C　间隔 90 分钟，所需花费约 90 分钟
费　A+B+C　1 日票€ 22（5~15 岁 € 10）
28 小时票€ 25（5~15 岁 € 10）
咨询处
住 Foro Bonaparte 76（卡斯特罗广场广场旁边）
☎ 02-867131
URL www.milano.city-sightseeing.it

斯卡拉歌剧院 Teatro alla Scala

Map p.187 A · B3

歌剧的殿堂 ★★

达·芬奇雕像正面的建筑，便是歌剧的殿堂斯卡拉歌剧院。于1778年在斯卡拉圣母堂的旧址上建成，但是在1943年时遭受空袭，建筑物全部被破坏了。现在的建筑物是于1946年重建而成的。近几年，于2002~2004年进行过翻新。有机会的话可以去歌剧院欣赏一场歌剧。

另外，这里的内部还设立有斯卡拉歌剧院博物馆（Museo Teatrale alla Scala），里面展示着乐谱、演出服装等，同时游客还可以参观剧场内部，对于那些无法看演出的游客来说也是一个不错的选择。

斯卡拉歌剧院博物馆

歌剧的殿堂——斯卡拉歌剧院

●斯卡拉歌剧院
住 Piazza della Scala 2
☎ 02-8879473

●斯卡拉歌剧院博物馆
住 Piazza Scala / Largo Ghiringhelli 1
※ 博物馆入口位于面向剧场时的左手里侧
☎ 02-88792473
开 9:00~17:30
休 1/1、复活节的周日、5/1、8/15、12/7、12/24午后、12/25、12/26、12/31午后
费 €7、学生€3、65岁以上€5
地 p.187 A3-B3
交 M1、3号线 Duomo
※ 仅限周一入场优惠，与波尔迪·佩佐利博物馆的通票为€ 10

Galleria d'Italia
住 Piazza della Scala 6
☎ 02-724341
开 9:30~19:30（周四~23:30）
休 周一、1/1、1/2、5/1、12/24、12/25、12/31
费 € 10、18~25岁及65岁以上€ 8
URL www.galleriaditalia.com
※ 每月第1个周日免费

米兰的购物区

蒙特拿破仑大街周边

蒙特拿破仑大街以及东边的斯皮加大街，还有连接这两条大街的圣安德烈亚大街，这三条大街都是米兰代表性的高级购物区，可以说这里聚集了全世界的名牌商品。购物的人，或者只逛不买的人总是让这个地区热热闹闹的。在米兰时装周的时候，与时装相关的人都会聚集于此，光是看看那些时装模特儿就让人觉得很开心。

维托里奥·埃马努埃莱二世大街

从大教堂正面左侧往蒙特拿破仑大街方向延伸的道路。在这条禁止车辆驶入的宽敞道路两旁，有着以百货商店和知名品牌为主，在全世界具有超高人气，物美价廉的休闲系品牌ZARA、H&M及贝纳通的大型商店。这里也是年轻人和游客的热门区域。同时在这里也开设了许多露天咖啡馆以及酒吧，不管是白天和黑夜，这里都很热闹。

布宜诺斯艾利斯大街

在这条位于城镇的东侧，从威尼斯门到洛雷托广场为止的很长的大街上，开设着大大小小的各种各样的店铺。虽然以前这里被称为危险地区，但是这周边一带在都市修整计划下获得了重生，陆续开设了许多店铺。有很多面向年轻人的，物美价廉的休闲服装店铺。大概每月一次左右（不定期），周日这里会变成步行街，届时在街上也会看见食物及杂货的摊位，还会有简易游乐园登场，就像是过节一样。

都灵大街

这是一条从大教堂往西南方向延伸的道路。周末这里的人流量多到基本上想要往前走的话就一定会撞到别人，非常热闹。街上开设着运动用品及运动服装的大型商店、超市、面向活力四射的年轻人的时装店以及打折的化妆品店，等等。从大街往小路上走的话，能看到很多实惠的餐馆。

想要购买穿着既精神，价格又便宜的时装就去都灵大街看看

受欢迎的
米兰的美术馆与博物馆

●布雷拉美术馆
住 Via Brera 28
☎ 02-722631
开 8:30~19:15
周四 8:30~22:15
闭馆前 35 分钟停止售票
休 周一、1/1、5/1、12/25
费 €10
※ 可以使用轮椅
※ 入口位于穿过中庭，走上楼梯的二层。从礼品商店往前走
※ 语音讲解器（€5，需要护照）

布雷拉美术馆 Pinacoteca di Brera

Map p.187 A3

集合了北意大利式文艺复兴风格

★★★

是米兰有代表性的美术馆，陈列的作品以 15~18 世纪伦巴第派和威尼斯派的作品为主。如果想感受北部意大利文艺复兴的艺术气息，那么这里是绝对不容错过的。拉斐尔（Raffaello）的《圣母玛利亚的婚礼》、乔凡尼·贝利尼（Giovanni Bellini）的《圣母哀痛耶稣画像》《圣母子》等作品值得欣赏。另外，北部意大利的代表画家曼特尼亚（Mantegna）的作品《死亡的基督》（*Cristo Morto*），都表现出与中部意大利文艺复兴时代作品的不同。这幅画运用了透视画法，将横卧着的耶稣置于眼高的位置，从脚底开始描绘，手法独特，令人看后印象深刻，有机会一定要去欣赏一下。其他的重要作品还包括丁托列托（Tintoretto）、皮耶罗·德拉·弗兰西斯卡（Piero della Francesca）、韦罗内塞（Veronese）等大师的作品。

迎卡诺瓦的作品《拿破仑一世铜像》以及沿途的《圣母玛利亚的婚礼》

●安布罗西亚纳绘画馆
住 Piazza Pio XI 2
☎ 02-806921
开 10:00~18:00（最终入场时间为 17:30）
休 周一、1/1、复活节的周日、12/25
费 €15，18 岁以下、学生、65 岁以上€10

卡拉瓦乔的《水果篮》是绘画馆有代表性的作品

安布罗西亚纳绘画馆 Pinacoteca Ambrosiana

Map p.186 B2

曾经是绘画巨匠云集的主教大楼

★★

17 世纪的主教大楼

这是将 17 世纪米兰主教费德里科·麦欧的住所，根据他的遗愿改造成绘画馆的建筑物。曾经是大主教馆特有的，豪华至极的馆内非常美丽。

展览品以伦巴第派与威尼斯派的绘画为主。其中列奥纳多·达·芬奇（Leonardo da Vinci）的《音乐家》（*Musicista*）绝不容错过。其他像拉斐尔《雅典的学堂》的纸板（Cartone，画底稿用的素描）以及出自卡拉瓦乔（Caravaggio）等巨匠之手的素描也有很多。

波尔迪·佩佐利博物馆 Museo Poldi-Pezzoli

Map p.187 A3

★★

这里于贵族让·贾科莫·波尔迪·佩佐利（1822~1879年）去世2年后对外开放。他收集的众多闪闪发亮的收藏品即便在欧洲也是首屈一指的。其中主要有14~19世纪的雕刻、绘画、武器防具、玻璃、时钟、陶器以及布制品等，让人能够感受到贵族生活的气息。建筑物虽然由于第二次世界大战的轰炸而导致受损，但是波尔迪·佩佐利离世时所在的装饰着母亲雕像的书房 Gabinetto Dantesco 在近几年得以复原，恢复到了当时的样子。馆内波提切利、皮耶罗·德拉·弗朗西斯卡以及曼特尼亚等人的绘画作品也不容错过。二层新开设了明亮的咖啡馆露台。

将米兰贵族的宅邸改建成美术馆

巴加蒂瓦尔塞基博物馆 Museo Bagatti Valsecchi

Map p.187 A3

回归文艺复兴的博物馆

★

这里原本是由身为贵族的瓦尔塞基兄弟，于19世纪80年代改造的新文艺复兴的住宅，后来作为博物馆对外开放。他们对文艺复兴回归的热情，时至今日也仿佛能带我们穿越时空，回到15世纪。内部除了装饰以乔凡尼·贝利尼的祭坛画为主的绘画、武器防具等收藏品以外，还有洗面台、学步车以及坐便器等小孩子的生活用品，让人很感兴趣。

过道里摆满了瓦尔塞基从祖父那里继承下来的武器等收藏品

内基·坎皮里奥别墅 Villa Necchi Campiglio

Map p.187 A4

米兰鼎盛时期的豪宅

★

作为以制造缝纫机而发家的实业家逗留在米兰时的别墅，而于1932~1935年时修建而成，是一处在广阔的庭院中存在着泳池和网球场的豪宅。以台阶为主，大门以及各处摆放的雕刻或者绘画作品都让人充分感受到当时时尚而奢华的生活。除了浴缸、厨房，就连衣橱内的古驰手包和礼服也都完好地按原样保留着。

被绿色环绕着的内基·坎皮里奥别墅内的大理石游泳池

●波尔迪·佩佐利博物馆
住 Via Alessandro Manzoni 12
☎ 02-796334
开 周二、1/1、复活节的周日、4/25、5/1、8/15、11/1、12/8、12/25、12/26
C V. M.
费 €10（通票€10，→p.193、195）

波拉伊奥罗创作的《年轻贵妇人的肖像》让人感觉很可爱

●巴加蒂瓦尔塞基博物馆
住 Via Santo Spirito 10/Via Gesù 5
☎ 02-76006132
开 13:00~17:45
休 周一及节假日
费 €9、非节假日的周三€6

水管和取暖设备做工精细，引人注目

●内基·坎皮里奥别墅
住 Via Mozart 14
☎ 02-76340121
开 10:00~18:00（最终入场时间17:15）
休 周一、周二、节假日
费 €10（只限带导游参观）
仅庭院免费。馆内拍照摄影 Biglietto Fotografico €3
※ 游泳池旁边有带玻璃窗的咖啡馆兼餐馆，不过开放时间有调整（开放时间与美术馆相同）

餐馆里的家具和陈设引人注目

通票

Casa Museo Card

波尔迪·佩佐利博物馆、内基·坎皮里奥别墅及巴加蒂瓦尔塞基美术馆通用。€15、6个月内有效。

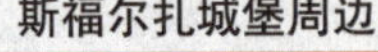

斯福尔扎城堡周边

●斯福尔扎城堡的美术馆、博物馆

住 Piazza Castello
☎ 02-88463703
开 9:00~17:30（入馆截至 17:00）
休 周一、1/1、复活节的周日、5/1、12/25
费 €5（特别展览时€8）
※ 每周二为 14:00~、夏季的周三~周日 18:00~免费

斯福尔扎城堡 Castello Sforzesco

Map p.186 A2

诉说米兰历史的要塞 ★★★

这里是米兰在文艺复兴时期最大的建筑物，也是米兰的标记。曾经是领主维斯孔蒂家城堡的遗迹，于 1450 年由斯福尔扎侯爵将其修建为城堡兼要塞的建筑。接着到了卢多维科的时代，这里慢慢出现了宫廷文化。同时这里也是以达·芬奇为主的来自意大利各地的艺术家们发挥其才能的场所，如今这里设置了好几处美术馆与博物馆。

开启灯光的武器的中庭。这是可以免费入场的中庭，是米兰人的散步场所。就算只来这一个地方看看也是不错的

走进使用红色砖块建成的，威风凛凛但又美丽的城门后，便是曾为练兵场，被称为“绿色武器”的中庭，穿过护城沟与吊桥后，便能来到宫殿。在宫殿前方，中庭左侧为伦达尼尼的圣母哀痛耶稣美术馆、宫殿右侧为曾经领主居住的地方，右侧为美术馆、博物馆的入口。

伦达尼尼的圣母哀痛耶稣美术馆 Museo Pietà Rondanini-Michelangel

Map p.186 A2

展示米开朗基罗晚年未完成的杰作 ★★

开设于 2015 年，面朝武器中庭修建。16 世纪时，这里曾是驻扎在意大利的西班牙军队的医院遗址。虽然说这里是美术馆，但这里的装饰物只有一个《伦达尼尼的圣母哀痛耶稣像》（*Pieta*）。这是由工作效率很高的米开朗基罗直到 89 岁去世前，花费了将近 10 年的岁月完成的作品。面朝雕像时，左侧光洁却让人感觉有些异样的手腕其实是一开始构思时雕刻的东西，之后才将仿佛要升天一般从背后抱着耶稣的圣母玛利亚雕像和它重合在了一起。虽然对于这件作品，研究者的意见认为，从其粗糙的表面看来是“未完成”和这是他晚年注入了全部心血完成作品两个意见，但是我们从这件作品中，能够感受到米开朗基罗去世前的内心世界。

米开朗基罗的作品，未完成的《伦达尼尼的圣母哀痛耶稣》

米兰的历史

●商业、经济都市米兰的发展停滞

米兰位于连接欧洲的东西以及南北的地理位置，曾经是伦巴第这片肥沃的平原的中心地带。米兰是一个兼备在商业、经济都市方面获得巨大发展要素的城市。

西罗马帝国当初由于日耳曼民族的大移动而产生了巨大的混乱，而米兰便暂时地成为了帝国的首府，作为西方基督教的中心地获得了繁荣。随后，虽然由哥特人、伦巴底人的移动产生了一些混乱，但是从 12 世纪左右开始萌生社会意识交流的时代时开始，米兰又再次获得了繁荣。以城镇中心的大教堂为中心，对外呈放射状的道路，通向那个时代修建的城墙中的城门。

意大利北部取得飞跃的发展，依靠的是十字军东征。各城市都为了财富、势力以及征服其他城市而开始了争斗。米兰也不例外，自从 1395 年以来，作为米兰公国，先后受到了维斯孔蒂家以及斯福尔扎家的支配。在这座发达的小城市中，诞生了富裕的市民，而由他们发起的对学艺方面的保护及奖励，终于使得文艺复兴文化在此地开花。

在发现新大陆后，15 世纪末期的贸易体系发生了巨大的变化，以米兰为主的意大利的各个城市开始出现了停滞的现象。因德国、法国以及西班牙等国家侵略意大利半岛，直到 1870 年意大利才统一，经历了很长的一段悲惨的时期。

市立博物馆 Civici Musei

Map p.186 A2

凝缩了米兰的历史 ★★★

城堡内设置了好几处美术馆、博物馆。包括在留存有壁画的房间中展示将近 2000 件从古代到文艺复兴时期雕刻的古代美术馆（Museo d' Arte Antica）；以曼特尼亚、柯勒乔的作品为主，拥有许多杰出作品的绘画馆（Pinacoteca）；能够简单地了解到米兰式设计的家具与木工雕刻博物馆（Museo dei Mobilie delle Scalture Lignee）；其规模在欧洲也首屈一指的乐器博物馆（Museo degli Strumenti Musicali），以及能够通过陶瓷器和餐具等物品了解到贵族日常生活的装饰艺术博物馆（Museo delle Arti Decorative）。

赞美圣安布雷佐的 16 世纪米兰的旗帜

这里最不容错过的便是古代美术馆 8 室的阿萨厅（Salla delle Asse）与二层的绘画馆。阿萨厅由达·芬奇设计而成，在天花板和墙壁上有他亲自描绘的巨大的桑树。

要参观完这里所有地方的话，即使加快脚步也需要近 2 小时，如果要仔细欣赏，可能花上半天时间都不够，因此请合理安排好自己的时间，进行有选择性的参观。

在绘画馆中格丽泽尔达的房间的一面墙壁上，描绘着 15 世纪的壁画《格丽泽尔达的故事》

从眼前的售票处穿过中世纪米兰的城门前往展览室

售票处

售票处位于伦达尼尼的圣母哀痛耶稣美术馆和古代美术馆入口的 2 处地点。

这里也开设了咖啡馆

斯福尔扎城堡的中庭可以免费进入。这是一片被充满历史的砖块城门包围，四周是一片绿色草坪的舒适空间。在博物馆周边能看到种植着鲜花的美丽花坛，同时这里也开设有四周都是玻璃墙的时尚咖啡馆，推荐在这里休息一下。

新开设的四周都是玻璃墙的咖啡馆。参观途中能在这里小憩片刻

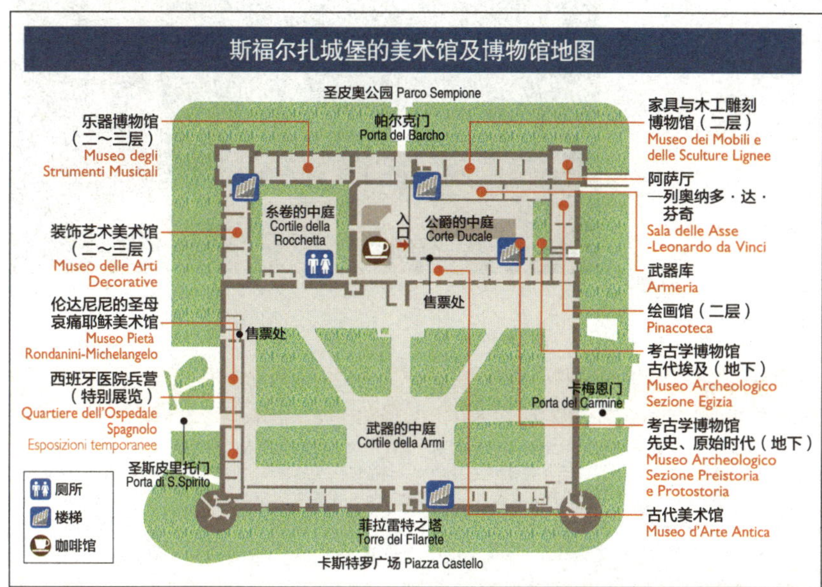

世界遗产

圣玛利亚修道院，还有出自列奥纳多·达·芬奇之手的《最后的晚餐》

收录年份 1980 年　文化遗产

● 《最后的晚餐》圣玛利亚修道院

住 Piazza S.M. delle Grazie2

开 7:00~12:00
15:30~19:30
周日·节假日 7:30~12:30
16:00~21:00

《最后的晚餐》

开 8:15~18:45

费 €10+（€2 预约费用）

C A.D.J.M.V.

※ 参观需要预约。米兰预约电话 ☎ 02-92800360（周一～周六 8:00~18:30）可以在 URL www.vivaticket.it 登录，按照指示操作，在入馆前 20 分钟去圣玛利亚修道院旁的窗口取票

圣玛利亚修道院 Santa Maria delle Grazie

世界遗产　Map p.186 B1

不容错过的世界珍贵遗产——《最后的晚餐》　★★★

米兰文艺复兴样式的圣玛利亚修道院

沿着诺尔多车站前薄伽丘大街 Via Boccaccio 走 200 米左右，往左拐就能看见一座茶色的，有大穹隆顶的教堂。教堂面向着留有浓厚的古代色彩的马真塔大街 Corso Magenta。

面对教堂左手边的是修道院的食堂，里面收藏着列奥纳多·达·芬奇的名画《最后的晚餐》。这幅闻名于世的作品，是应北部意大利文艺复兴的支持者——米兰的卢多维科公爵的请求而创作的。达·芬奇在众多领域被誉为天才，在艺术创作方面富有创新意识，这幅画就颠覆了当时人们的常识，画成了一幅油画。如今已经经过多次修复，据说是因为油画不同于湿绘壁画，很容易受损造成的。这幅画描绘的是当耶稣说出“你们中间有一个人出卖了我”的瞬间，众人做出的不同反应，形象栩栩如生，充满了戏剧性。

修复一新的达·芬奇作品——《最后的晚餐》

《最后的晚餐》入馆参观的相关信息

如果在米兰停留的时间有限，那么最好从国内就预约好。可以使用英语，告知对方希望参观的日期和时间，预约之后改天再确认一次。别忘了记下预约号码（英文字母和数字组成）。参观当天，在指定时间之前到教堂入口左侧的售票处，告诉工作人员自己的预约号码和姓名，支付包括预约费在内的费用后就可以取票。1 次 25 人，参观时间为 15 分钟。

语音讲解器€3.50（需要提供证明身份的文件）。卫生间位于出口附边的书店中。

列奥纳多·达·芬奇纪念国立科学技术博物馆 Museo Nazionale della Scienza e Tecnologia"Leonardo da Vinci"

Map p.186 B1

展示科学家达·芬奇的丰功伟业

★

这里除了和达·芬奇有关的展览室之外，还有天文、农业、电以及20台SL车辆等展览。这座建筑物原本是一座修建于11世纪的修道院，如今成了博物馆，展示方法遵循的原则是不破坏建筑本身的风格。展品数量很多，有兴趣的游客可以慢慢欣赏。

作品让人充分感受到了达·芬奇非凡的才能

圣安布雷佐教堂 Sant' Ambrogio

Map p.186 B2

供奉着米兰的守护圣人

★★

教堂是用来纪念米兰的守护神——传教士安布雷佐的。公元386年，安布雷佐着手自己修建了这座教堂，后于9~11世纪进行了改建，成为伦巴第—罗马风格建筑中的杰出典范。教堂正面刚好位于令人印象深刻的，用红砖建成的拱形门廊和两座钟楼之间。在内部主祭坛上方的天花板上，描绘着有关基督和圣安布雷佐传说的金色图案，下面则是用宝石和七宝装饰的精美的黄金祭坛。

伦巴第—罗马风格的圣安布雷佐教堂

祭坛右侧往里是德罗礼拜堂 Sacello di S. Vittore in Ciel d'Oro，用5世纪的马赛克画作为装饰，里面还有安布雷佐的肖像画。

参加游览团观赏《最后的晚餐》

如果没能预约成功的，通过加入当地的游览团参观《最后的晚餐》的也不失为为一种手段。有多家公司可提供服务。

扎尼公司
Zani Viaggio
URL www.zaniviaggio.it
9:30以及14:30出发，所需时间3小时30分钟 费用€ 75~

贝迪塔利亚公司
Veditalia
URL www.lastsuppertours.com
所需时间45分钟，费用€ 44

●列奥纳多·达·芬奇纪念国立科学技术博物馆
住 Via S. Vittore 21
☎ 02-485551
开 9:30~17:00
周六、周日、节假日 9:30~18:30
休 节假日以外的周一、1/1、12/24、12/25
费 € 10、学生€ 7.50
※ 闭馆前30分钟停止入场

●圣安布雷佐教堂
住 Piazza S. Ambrogio
☎ 02-86450895
开 10:00~12:00
14:30~18:00
周日·节假日 15:00~17:00

意大利美术史

Arte romanica 罗马美术

11世纪，随着都市的再生，罗马风格的美术也跟着进入了繁荣的阶段。基督教的劳动观是人们通过日常的劳动，可以得到精神上的解放，这种想法使得原本贫乏的素材，通过人们的劳动而变得有价值了。在建筑方面，用壁材代替了原来的大理石材料，雕刻方面也用普通的石材，而不是大理石。绘画方面则用湿绘画取代了高价的马赛克镶嵌画。

位于城市中心的是大教堂。大教堂不仅起着宗教信仰的作用，还跟罗马时代的集会场所——长方形会堂一样，是市民议论市政时局，有时还进行买卖的场所。米兰的圣安布雷佐教堂 Sant' Ambrogio(→p.199) 就是其中的代表。其他具有代表性的教堂还有维罗纳的圣泽诺·马焦雷教堂 San Zeno Maggiore（→p.343）、佛罗伦萨的圣米尼亚托教堂 San Miniato al Monte（→p.156）、比萨的大教堂 Duomo di Pisa（→p.414）、卢卡的圣佛雷蒂亚诺教堂 San Martino、皮斯托亚的圣乔万尼教堂 San Giovanni Fuorcivitas、安科纳的圣西里亚科教堂 San Ciriaco。在意大利南部有两大教堂：巴里的圣尼古拉教堂 San Nicola（→p.463）、巴勒莫的蒙雷阿莱大教堂（→p.484）。伦巴第风格的则有北部意大利的摩德纳的大教堂（→p.387）、费拉拉的大教堂（→p.402）两大教堂。绘画中值得一提的是受拜占庭影响的威尼斯以及西西里亚的镶嵌细工画。

●纳维格利欧运河地区古董市场
Mercato dell'antiquariato Sul Naviglio Grande
在纳维格利欧运河沿岸的 Ripa Ticinese、Alzaia Navigli Grande 中，每月最后一个周日都会举办古董市场。

纳维格利欧运河地区 Navigli

Map p.184 C1

残留着昔日米兰痕迹的地区

每月举办一次的古董市场

位于圣欧斯托焦大教堂南侧，穿过使用新古典样式装饰而成的提齐内塞门（Porta Ticinese）后，便能看到码头达瑟纳（Darsena）与纳维格利欧运河。这周边是至今依旧留存着古代米兰影子的地区。外观看着让人以为是以前的洗衣场所遗迹，但是内部却是年轻艺术家的工作室，在这里有许多像这样的地方，新旧两个米兰在这里混为一体。6 月的第 1 个周日会举办运河节（Festa dei Navigli），届时会有爵士演奏，也会出现许多摊位，呈现出一片热闹的景象。另外，每月这里会举办一次古董市场。

米兰的娱乐

歌剧与足球

●斯卡拉歌剧院

在谈论米兰时绝不能忘记的，便是全球著名的歌剧的殿堂——斯卡拉歌剧院（Teatro alla Scala）。斯卡拉歌剧院每年公演的第一天，便是米兰的守护圣人圣安布雷佐的节日 12 月 7 日。到了那天，剧院里全是身穿美丽服饰的人们，其华丽的画面会在意大利全国转播。歌剧季虽然一般都在冬季，但是近年来在夏季的一部分时期除了歌剧外，还会上演像芭蕾、音乐会等各种各样的节目。

歌剧的殿堂——斯卡拉歌剧院内部

大多数演出开始时间为 20:00，一部分演出节目的最终演出可能会一直进行到深夜，请一定要记住。

●售票处

位于从大教堂正面右侧往下走的地铁通道内，ATM 的旅游咨询处 ❶ 前。同时这里也设有能查看座位情况的电子屏，很方便。

开 12:00~18:00
休 周日、一部分节假日
费 歌剧 € 2000（歌剧季节第一天）~11、芭蕾 € 180~5.50，原则上不销售站票
C A.D.J.M.V.

在剧院内，到公演前 2 小时 30 分钟为止可售当日票。

●通过电话、网页进行预约以及指南

☎ 02-72003744（9:00~18:00）
☎ 02-860775（24 小时可拨打，有录音，可使用英语）
URL www.teatroallascala.ticketone.it（有英语）

通过电话、网络以及自动售票机购票的话，需要多支付 20%。按照指示，将预约回执单打印并保管好，在 96 小时以内通过传真进行预约确认，在公演当天 1 小时前取票，这些都请不要忘记。不能更改预约及退款。

●圣西罗 / 梅阿查球场
San Siro/G.Meazza

有在导游带领下游览球场的游览团。游览团会按照观众席、运动场、VIP 室、采访区（维护时可能会换别的地方）的顺序游览，最后还能自由参观展览 AC 米兰与国际米兰历史的附属博物馆 Museo Inter&Milan。同时这里也有销售足球相关纪念品的商品。

官方商店信息
米兰专卖店 Milan Megastore
住 Corso Vittorio Emanuele, Galleria San Carlo
☎ 02-49580176　营 10:00~20:00
休 一部分节假日　地 p.187 B4
※ 不用买票
●前往比赛场的方法请参考 p.593

●导游带领参观竞技场与博物馆
STADIUM & MUSEUM TOURS
住 Via Piccolomini 5
☎ 02-4042432　Fax 02-4042251（20 人以上需要预约）
开 夏季 10:00~18:00、冬季 10:00~17:00（关门前 1 小时停止入场）（有比赛的日子会有所变动）（从 8 号门入场）
※ 游览团在每个小时的 00 分和 30 分出发（最后一班为 17:00），所需时间 1 小时
休 没有比赛的周日、周日以外的比赛日
费 仅博物馆€ 7，博物馆加导游带领参观€ 17
URL www.sansiro.net

仅博物馆的话，在有比赛的日子里也对外开放。可在比赛开始前 2 小时入场。但是，仅限有比赛门票的人参观。

米兰的餐馆
Restaurant Guide

在米兰的众多餐馆中，除了华丽有名的历史老店外，还有传统的乡土美食店、如今街头巷尾在谈论的店、时髦的意大利比萨店以及午餐时有很多米兰的商务人士光顾，非常热闹的自助服务餐馆等各种各样的餐馆。

虽然在大城市米兰的各种地方都能看到许多餐馆，但是本书下面将会重点以在观光和购物途中顺路的，位于大教堂周边的餐馆为主进行介绍。在留有曾经环绕米兰的运河的纳维格利欧地区的大运河周边，是一处能够看到一些传统的意大利比萨店和餐馆的地区，不过现在这里年轻人和艺术家喜爱的时髦店铺数量也慢慢增多了。自助服务餐馆多位于中央车站和大教堂周边，比如像 Brek、Ciao 等，在这些店仅需要€ 15 就能享用套餐。营业时间也很长，一般为 11:30~15:00、18:30~23:30，同时还有许多周日也营业的店铺。而高档的咖啡店和酒吧的话，都集中在连拱画廊以及蒙特拿破仑大街周边。另外，由于这里是一座商业城市，8 月和年初年末，很多店铺都关门停业，这也是米兰的一大特征。还有在米兰时装周以及大型商品交易会期间，很多餐馆都被人数多的团队预约满了，这段时间，尤其是夜晚，最好提前预约好再去就餐。

克拉科
Cracco

◆代表米兰的高档餐馆之一，是米其林二星级的餐馆。店内环境雅致而时尚，有 1800 多种葡萄酒种类，橄榄油和奶酪的品种也很齐全。主厨是曾在新意大利烹饪大师马尔科吉手下潜心学艺的克拉科，菜肴风味独特。需预约

大教堂周边（中央地区） Map p.187 B3

住 Via Victor Hugo 4
☎ 02-876774
营 12:30~14:00、19:00~23:00
休 周六中午、周日、圣诞节和复活节期间
预 € 120~200、套餐€ 180
C A.J.M.V.
交 从地铁 M1、地铁 3 号线的 Duomo 车站下车后步行 4~5 分钟

阿玛尼
Ristorante Armani

◆位于乘坐阿玛尼大型商店正面的电梯往上抵达的阿玛尼酒店中。从前台穿过玻璃墙的大厅后便能看到，在这里能够俯览米兰的城市，就像是飘浮在空中一样。需预约

大教堂周边（中央地区） Map p.187 A3

住 Via Manzoni 31
☎ 02-88838888
营 12:30~14:30、19:30~22:30
休 周日 预 € 100~140、套餐€ 150
C A.D.J.M.V.
交 地铁 3 号线 Montenapoleone 车站旁

萨维尼
Savini

◆这是一家位于连拱画廊中的米兰的代表性餐馆，也是玛丽亚·卡拉丝以及马里奥·德·摩纳哥很喜欢的店，让人很想沉醉在这个环境中。一层为物美价廉的咖啡馆，二层为美食餐馆，地下则是摆放着精挑细选的意大利食材的 Galleria del Gusto。在这里能同时体验用餐、饮茶以及购物的乐趣。最好提前预约

大教堂周边（中央地区） Map p.187 B3

住 Galleria V. Emanuele II
☎ 02-72003433
营 12:00~14:30、19:00~22:30
休 周六中午、周日、1 月中的 10 天、8 月中的 3 周（仅餐馆）
预 € 80~135（仅咖啡馆、座位费€ 5）
C A.D.J.M.V.
交 从地铁 M1、地铁 3 号线 Duomo 车站下车后步行 1 分钟

米兰斯帕佐餐馆
Spazio Milan

◆这是一家位于面向大教堂广场的综合餐馆大楼——大教堂的意马卡多 4 层，由三星大厨 Niko Romito 开设的餐馆。在这里能够品尝到对食材很考究的意大利自创美食。同时从这里也能欣赏到大教堂的美景。

大教堂周边（中央地区） Map p.187 B3

住 Galleria Vittorio Emanuele Piazza del Duomo
☎ 02-878400
营 13:00~15:30、19:30~23:30
休 周日
预 € 35~60 C A.D.J.M.V.
交 连拱画廊内 Il Mercato del Duomo 4 层

餐馆图例 高档餐馆 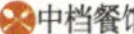中档餐馆 意大利比萨店 葡萄酒吧 葡萄酒吧 啤酒吧 B 级美食

纸月亮
Paper Moon

◆与其说是一家比萨店，不如说是都市餐馆更贴切。不管白天黑夜，店内总是被一些商务人士、时装爱好者以及游客挤得满满的，很热闹。推荐菜肴有大虾沙拉、本店别具风格的薄比萨饼、热腾腾的牛肉风味烤饼等。除此之外，甜品也很不错。需预约

大教堂周边 Map p.187 B3 · 4

住 Via Bagutta 1
☎ 02-76022297
营 12:30~15:30、19:30~24:00
休 周日
预 € 50~70（座位费€ 3.50）、套餐€ 50~100
C A.M.V.
交 从地铁 M1 号线 San Babila 站下车步行大约 1 分钟

弗朗切斯科老爸餐馆
Papà Francesco

◆位于维托里奥·埃马努埃莱二世长廊北侧，面向费德勒广场，提供传统意大利菜和撒丁菜的餐馆。同时这里也是米兰市民经常光顾的一家店。墙壁上贴满了像多明戈以及卡雷拉斯等名人前来光顾时的照片，店内光线非常明亮，在露台用餐感觉也非常棒。服务也很周到。需预约

大教堂周边 Map p.187. B3

住 Via Marino Tommaso 7
☎ 02-862177
营 12:00~22:30
休 无
预 € 50~70（座位费€ 3.50）
C J.M.V.
交 从地铁 M1、3 号线 Duomo 站下车步行 3 分钟

德桑提斯餐馆
De Santis

◆这是一家位于文艺复兴百货最顶层的美食广场中的帕尼诺店。在软绵绵的法国风格的面包中，夹了很充足的食材。食材的种类从经典的火腿、干酪、蔬菜到神户牛肉、芥末等，可以说是应有尽有。1 个€ 6.50~12。现做现吃。

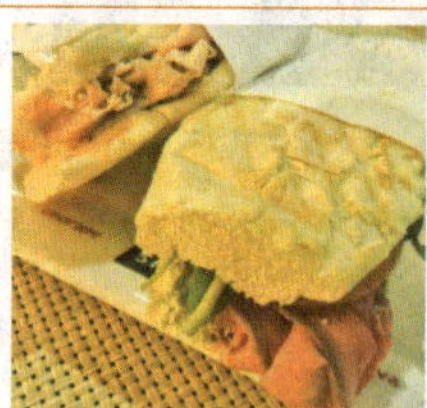

大教堂周边 Map p.187 B3

住 Piazza Duomio, La Rinascente 内，8 层（7° Piamo）
☎ 02-8852457
营 9:30（周日 10:00）~24:00
休 一部分节假日
预 € 8~15
C A.D.J.M.V.
交 从大教堂步行 3 分钟

米兰的 B 级美食

在米兰，如今街头小吃集中的地方，就位于距大教堂很近，从连拱画廊的萨维尼旁走出来后的小路中。在一些日子的吃饭时间时，能看到很多站着享用面包、比萨以及饭团等食物的人们。现在这里开设了油炸面包 Panzarotti、提供意大利各地点心的卢伊尼（→ p.203）、以分量充足的比萨而闻名的斯蓬蒂尼比萨（→ p.204）（住 Via Santa Radegonda 11 营 11:00~次日 1:00 地 p.187 B3）的分店。其他还有在被玻璃窗围绕的时髦店内，经常排起长龙的意式冰激凌店——意大利巧克力冰激凌 Ciocolatini Italiani（住 Via San Raffaele 6 营 7:30~24:00 休 部分节假日 地 p.187 B3）——这里在蛋筒中加入融化的巧克力的有着很高的人气。虽然在意大利的街角看到享用着饭团的人可能会让你觉得有点惊讶，不过这就是慕斯比 Musubi（住 Via Santa Radegondola 16 地 p.187 B3）销售的商品，1 个€ 3 左右。

意大利油炸面包

意大利巧克力冰激凌的蛋筒也有着很高的人气

卢伊尼
Luini

◆这是一家在比萨的面糊中加入干酪和番茄酱，将其炸成大型的半月形状意大利炸面包的餐馆。每天都有很多米兰人在这里站着吃热乎乎的食物，很热闹。零食小吃自不用说，在这里还能享用到分量十足的简餐。同时这里也有点心。

大教堂周边 Map p.187 B3

住 Via S.Radegonda 16
☎ 02-86461917
营 10:00~20:00
休 周日、周一午后、8 月
预 € 3.80~10
C 不可
交 从地铁 M1、地铁 3 号线 Duomo 站下车步行 2 分钟

若亚
Joia-Alta Cucina Vegetariana

◆餐馆内简洁且现代化，与菜肴的风格很吻合。受到世界各地菜肴的启发而形成的新颖的素食美食，无论色泽、菜量和味道都令人赞不绝口。菜单充满了诗意，菜的味道也各有千秋。点菜时可以听从服务员的建议。米其林 1 星餐馆。最好提前预约

中央车站周边 Map p.188 B2

住 Via Panfilo Castaldi 18
☎ 02-29522124、02-2049244
营 12:30~14:30、19:30~23:00
休 周日、8/7~8/15、12/24~ 次年 1/7
预 € 100~150、套餐€ 100
C A.D.J.M.V.
交 从地铁 M3 号线 Repubblica 站下车步行 7~8 分钟

达 · 伊利亚
Da Ilia

◆这是一家长期由家庭经营的餐馆。在这里能够品尝到托斯卡纳和米兰的菜肴，除了鱼、肉菜肴之外，店家自制的甜点种类也很丰富，炸薯条令人食欲大增。工作日的午餐提供可以选择第一和第二道菜，附赠水、咖啡的套餐（€ 15）。最好提前预约

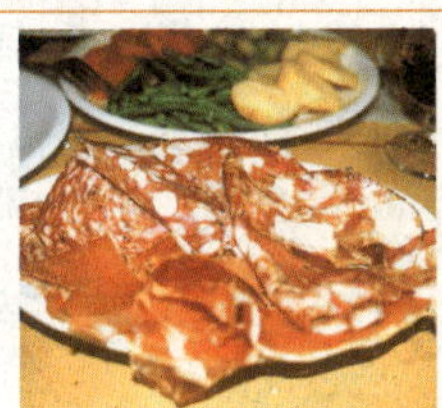

中央车站周边 Map p.188 B2

住 Via Lecco 1/A
☎ 02-29521895
营 12:30~15:00、19:30~23:00
休 周五、8/10~8/22
预 € 20~50（座位费€ 3.50）、套餐€ 50
C A.D.J.M.V.
交 从地铁 M1 号线 Porta Venezia 站下车步行 5 分钟

伊尔 · 达沃利诺
Il Tavolino

◆位于车站步行范围内，是一家时尚的休闲餐馆。在窑内烤出来的脆脆的比萨非常美味，深受好评。接近午餐时间时，会有许多在周边工作的商务人士前来光顾，周末这里会有许多当地客人，很热闹。傍晚时分，可能会有许多住在周边的游客光顾，要做好店内很拥挤的准备。最好提前预约

中央车站周边 Map p.188 B1

住 Via Fara 23
☎ 02-6703520
营 12:00~24:00
休 无
预 € 20~45
C A.M.V.
交 从中央车站下车步行 7~8 分钟

弗利恩诺 · 马涅诺
Frijenno Magnanno

◆这是一家历史悠久，由家族经营的那不勒斯餐馆。以蓝色和白色为基调的店内给人一种很时尚的感觉，吧台上摆放着干酪以及鱼。这里的比萨、意大利面、油炸食品以及鱼肉美食的种类很丰富。从坎帕尼亚直接送达的 DOCG 水牛制成的无盐干酪也一定要试一试。地理位置位于中央车站的步行范围内。菜单使用的是那不勒斯方言。

中央车站周边 Map p.188 A1

住 Via Benedetto Marcello 93
☎ 02-29403654
营 12:00~14:30、19:00~23:30
休 周日、8/15 前后 5 天之间
预 € 15~30
C J.M.V.
交 从地铁 2 号线 Caiazzo 往前走 300 米

比格比萨

Pizza Big

◆位于中央车站东北方向，属于住宅区，当地的人都穿着休闲装来这里就餐。菜单上只有比萨、饮料、甜点。比萨饼很薄，味道清淡，有利于健康。即使女性也可以吃完一整张比萨。比萨的种类有大约70种。

最好提前预约

中央车站周边 Map p.185 A4

住 Viale Brianza 30
☎ 02-2846548
营 12:15~14:15、19:00~23:00
休 周日白天
预 €9~15（座位费€2）
C M.V.
交 从地铁M1号线Loreto站下车步行5分钟，从中央车站下车步行10分钟

斯蓬蒂尼比萨

Pizzeria Spontini

◆开业于1953年的切块比萨店。店内有餐桌，每晚来这里就餐或者外卖的客人络绎不绝。这是一家只有饮料、比萨（大的Abbondante、小的Normale）和烤宽面条（仅限午餐）的餐馆。比萨饼既厚又软，上面有足量的马苏里拉奶酪，令人垂延欲滴。

最好提前预约

中央车站周边 Map p.188 A1

住 Corso Buenos Aires 60（和Via Spontini 4交叉口的拐角处往里走一点）
☎ 02-2047444
营 11:45~14:30、18:00~23:30
周六 11:45~15:00、18:00~24:00
休 周一、8月、一部分节假日
预 €5~ C 不可
交 从地铁M1号线Lima、Loreto站下车步行5分钟

阿尔·朋特·德·佛尔

Al Ponte de Ferr

◆面对纳维格利欧运河而建，是一家充满了昔日风情的餐馆。菜肴与店面的外观相反，是运用新颖的厨艺制作，让人惊喜的充满现代感的菜肴。如果不想为点菜而为难，建议选择餐馆推出的菜量充足的特色套餐。

需预约

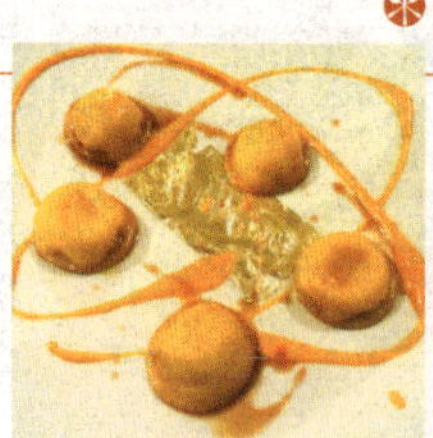

纳维格利欧运河地区 Map p.184 C2

住 Ripa di Porta Ticinese 55
☎ 02-89406277
营 12:30~14:30、20:00~23:00
休 免费
预 €60~90、套餐€60/120
C J.M.V.
交 从地铁M2号线Porta Genova站下车步行7~8分钟

港口餐馆

Al Porto

◆这是一家位于纳维格利欧运河地区，以鱼类菜肴闻名的餐馆。这里以前是海关建筑，现在店内模仿船上的设施进行装饰，让人感觉氛围很不错。推荐菜肴：金枪鱼、乌贼、芥末味的大虾等。需预约

纳维格利欧运河地区 Map p.186 C1

住 Piazza Antonio Cantore
☎ 02-89407425
营 12:30~14:30、19:30~22:30
休 周日、周一中午、8月的3周之间、12/25~1/4 预 €60~80（座位费€3）
C A.D.J.M.V.
交 从地铁M2号线Porta Genova F.S.站往前走300米。从大教堂乘坐市内电车2路、14路也可到达

伊卡坡托斯塔

I Capatosta

◆位于纳维格利欧大运河沿岸，是一家因使用柴火烤制，有着厚厚面饼的那不勒斯比萨而获得很高人气的餐馆。从提齐内塞门侧稍微走一点路就能够到达，周末这里一直会排队。除了比萨外，分量十足的Calzone以及以油炸食品为主的那不勒斯菜肴也都值得一试。店内的气氛很友好。

最好提前预约

纳维格利欧运河地区 Map p.184 C2

住 Alzaia Naviglio Grande 56
☎ 02-89415910
营 10:30~14:30、19:00~24:00
休 12月中旬的1周之间
预 €15~25
C A.J.M.V.
交 从提齐内塞门步行7分钟

餐馆图例 高档餐馆 中档餐馆 百姓餐馆 意大利比萨店 葡萄酒吧 啤酒吧 B B级美食

艾利斯餐馆
Ristorante Alice

◆这是一处位于EATALY上层，景色非常不错的餐馆。在这里可以品尝到由在意大利非常有名的女性大厨和经理制作，以坎帕尼亚区美食为基础的独创鱼类菜肴。其最大的特征便是充满艺术性的装盘以及细腻的口感。米其林一星餐馆。需预约

其他地区 Map p.188 C2

住 Piazza XXV Aprile 10（Eataly 内）
☎ 02-49497340
营 12:30~14:00、19:30~22:00
休 周日
预 €60~100（座位费€4），套餐€89、90
C A.D.J.M.V.
交 从地铁2号线Moscova往前走300米

卡萨·丰塔纳
Casa Fontana

◆虽然距离中央车站有点远，但还在步行范围之内。这是一家位于住宅街上的一角，专卖意大利烩饭的餐馆。在这里，能够品尝到使用了和农业耕作地区伦巴第相符的优秀食材做成的23种意大利炖饭。其中米兰小牛排有着黄油香味的传统味道。

其他地区 Map p.185 A3 外

住 Piazza Carbonari 5
☎ 02-6704710
营 12:00~14:15、20:00~22:30
休 周一
预 €35~50
C A.D.M.V.
交 从地铁3号线Zara站下车步行5分钟

达·吉安尼诺
Da Giannino-l'Angolo d'Abruzzo

◆这家店虽然离中心街有点远，不过也是一家能够用便宜的价格品尝到阿布鲁佐菜肴的餐馆。这里由家族经营了近50年，到了晚上经常会有老顾客以及寻求家乡的味道的人前来光顾。在这里能品尝到分量十足、做工精细的菜肴。晚上需要预约

其他地区 Map p.185 B4

住 Via Pilo 20
☎ 02-29406526
营 12:00~15:30、19:30~24:00
休 无
预 €20~38
C M.V.
交 从地铁1号线Porta Venezia站步行7~8分钟

米兰的意式冰激凌店、咖啡馆

杰斯特冰激凌店
Gelato Giusto

◆这是由在英国以及巴黎学习甜点的女性开的意式冰激凌店。以白色为基调的店内很明亮，气氛上很受女性的欢迎。这里的冰激凌使用了伦巴第的牛奶和当季的水果，不放任何添加剂，味道很棒。冬天柜台里会摆上巧克力和刚烤好的甜点。2种口味€2.50，2~3种口味€2.80

Map p.188 A2

住 Via San Gregorio 17
☎ 02-29510284
营 12:00~21:00
休 周一、部分节假日
预 €2.50~
C A.D.M.V.
交 从地铁1号线Lima站下车步行5分钟

拉波特加德冰激凌店

La Bottega del Gelato

◆从 1964 年开始历经两代人，有着昔日感觉的意式冰激凌店。使用了一整个水果的雪吧被整齐地摆放在墙壁旁的小柜子中，正面橱窗里的是雪吧 Sorbetti 以及冰激凌。有近 50 种口味，魅力十足。

Map p.188 A1

住 Via G.B.Pergolesi 3
☎ 02-29400076
营 10:00~24:00
休 周三、8/10~8/20
预 €2
C V.
交 从地铁 1 号线 Loreto 站下车步行 5 分钟

萨托里

Sartori

◆位于中央车站的长廊下，是一家类似报亭的意式冰激凌店。小店的氛围很朴素，却是一家创业于 1937 年，历史悠久的店铺。自制的西西里岛冰激凌味道浓厚香醇。开心果和榛子冰激凌非常受欢迎。还可以品尝西西里岛风味的奶油蛋糕和格拉尼它冰糕。

Map p.188 A1

URL www.gelateriasartori.it
住 Piazza Luigi di Savoia/ Via Pergolesi 交叉处的拐角
营 11:00~24:00
休 11 月 ~ 次年 2 月
预 €2~
交 中央车站东侧

科瓦咖啡馆

Caffè Cova

◆在购物途中可以顺便过来喝茶喝咖啡的高级咖啡吧，是一家出了名的老店。到这里一定要品尝一下种类丰富、深受欢迎的小蛋糕。还有巧克力和蜜饯栗子等各种各样适合作为礼品的小点心。还可以在午餐时间在这里品尝每天更新的第一道菜和第二道菜。

Map p.187 A3

住 Via Monte Napoleone 8
☎ 02-76005599
营 7:45~20:30、周日 10:00~19:00
休 8 月
预 €5~
C A.J.M.V.
交 从地铁 M3 号线 Montenapoleone 站下车步行 2 分钟

大教堂的意马卡多

Il Mercato del Duomo

◆从休闲的午餐到精致的晚餐，还有优雅的餐前酒都一应俱全的综合餐馆大厦。在这座 3 层楼的巨大美食广场中，大教堂的米兰餐馆（Bistro Milano Duomo）是在观光游客间人气非常高的一家自助式餐馆。这里的菜单上有许多像比萨、帕尼尼、意大利面、肉饼、沙拉以及甜点等既休闲又简单的菜肴，在观光途中前来这里用餐会很方便。

在同一楼层的南侧的则是贝露露齐·弗朗恰克尔塔大厅（Berlucchi Franciacorta Lounge），在这里能够享用到让你眼前一亮的弗朗恰克尔塔起泡酒。

中二层有以餐前酒的阿佩罗酒为主，能够享受用餐乐趣的阿佩罗酒（Aperole）。从露天的沙龙中能够欣赏到大教堂广场的景色。

Map p.187 B3

住 Piazza del Duomo
☎ 02-86331924
营 11:30~16:00、18:00~22:00
休 无
预 €5~60
C A.D.J.M.V.
交 大教堂旁 Il Mercato del Duomo 2 层 ~ 3 层

餐馆图例 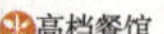高档餐馆 中档餐馆 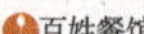百姓餐馆 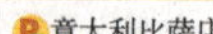意大利比萨店 啤酒吧 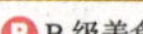B 级美食 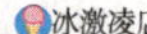冰激凌店 咖啡馆

米兰的购物
Shopping Guide

米兰既是意大利的经济之都，同时也是时装之都。身着米兰时装的行人从身边经过，光是看一看就觉得很享受。可是一旦自己也想买的话，又觉得实在是太贵了。当然，由于质地和设计都是超一流的，所以贵一点也没有办法。

如果想要购物，首先应该去的当数位于大教堂东北方向的蒙特拿破仑大街（Via Monte Napoleone），这里云集了众多的高级时装品牌店。与之平行的斯皮加大街（Via della Spiga）以及周边，名牌店的橱窗展示令人目不暇接。如果想要购买大品牌，这里绝对是最佳的选择。大教堂旁边有一家大型百货商场，名为文艺复兴百货大楼（Rinascente），去逛一逛也很不错。在维托里奥·埃马努埃莱二世长廊附近一带则有很多高档商店。从大教堂开始乘坐地铁 M2 号线，到第 4 站是利马广场（Piazza Lima），从利马广场到威尼斯门之间的布宜诺斯艾利斯大街，有一种老城区的风情，比较适合购物。

人气很旺的法拉利商店

下面介绍一些出售米兰特色商品的商店和食品店。

古驰【品牌】
Gucci

Map p.208 1

◆预购新款，请到米兰店

除了各种款式的鞋子和包之外，还有各种其他原创商品。新款商品非常多。宗旨是走在世界品牌的前端。

住 Via Monte Napoleone 5
☎ 02-771271
营 10:00~19:30
休 节假日
C A.D.J.M.V.
交 从地铁 M1 号线 San Babila 站下车步行 3 分钟

普拉达【品牌】
Prada

Map p.208 2

◆购买时尚的普拉达的包包

是米兰市内规模最大的普拉达专卖店。以洋装为主，包的种类也很齐全。男装新款在 6 号展台。圣安德烈亚店内主要销售休闲类商品。

住 Via Monte Napoleone 8
☎ 02-77771771
营 10:00~19:30
休 无
C A.D.J.M.V.
交 从地铁 M1 号线 San Babila 站下车步行 3 分钟

埃特罗【品牌】
Etro

Map p.208 3

◆著名的佩兹利涡旋纹

以包而闻名于世的埃特罗，丝绸女裙也美得令人炫目。总店内商品种类丰富，不容错过。在地下和一层都是包，洋装、围巾类在二楼。

住 Via Monte Napoleone 5
☎ 02-76005049
营 10:00~19:30
休 无
C A.D.J.M.V.
交 从地铁 M1 号线 San Babila 站下车步行 3 分钟

路易·威登【品牌】
Louis Vuitto

Map p.208 4

◆永远受追捧的 LV

位于蒙特拿破仑大街的拐角处，是继巴黎总店后的第二大规模的店铺。一层以包和饰品为主。地下以女装和鞋子为主，款式多样。在维托里奥·埃马努埃莱二世长廊中央开设了新店。

住 Via Monte Napoleone 2
☎ 02-7771711 营 10:00~20:00
周日及节假日 10:30~20:00
休 8 月的周日
C A.D.J.M.V.
交 从地铁 M1 线 San Babila 站下车步行 3 分钟

杜嘉班纳【品牌】
Dolce & Gabbana

◆**看似随意的设计**

这是在米兰有好几家店铺的杜嘉班纳的总店，也是一家紧紧地抓住爱美的米兰人的心的人气商店。在斯皮加大街上能看到引人注目的橱窗展示。

Map p.208 5

住 Via della Spiga 2
☎ 02-76001155
营 10:30~19:30
休 部分节假日
C A.D.J.M.V.
交 从地铁 M1 号线 San Babila 站下车步行 3 分钟

托德斯【品牌】
J.P. Tod's

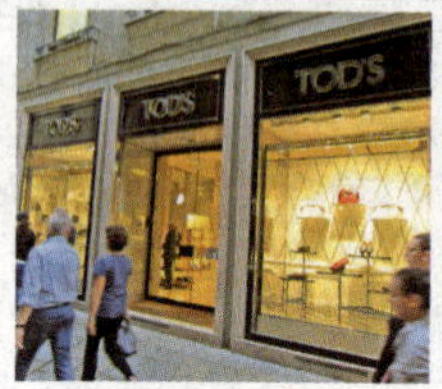

◆**色彩丰富的鹿皮软鞋**

是已故戴安娜王妃情有独钟的品牌，她最喜欢这家店的鹿皮软皮鞋。鞋子都是由整张的鹿皮制成，穿起来非常舒服。在这里购买的话价格也很实惠。在斯皮加大街上的店铺中，不管是女式还是男式的款式都很齐全。

Map p.208 6

住 Via della Spiga 22
☎ 02-76002423
营 10:00~19:30
　周日及节假日 13:00~19:00
休 无
C A.D.J.M.V.
交 从地铁 M1 号线 San Babila 站下车步行 5 分钟

阿玛尼【品牌】
Armani/Via Manzoni 31

◆**阿玛尼的大型店铺**

如同百货商店一样的阿玛尼店铺。一层是洋装、鞋、包、装饰品、化妆品。二层是男装、餐具、室内家具等家庭用品，还有书店。喜欢阿玛尼品牌的顾客千万不要错过这家店铺。

Map p.208 7

住 Via Alessandro Manzoni 31
☎ 02-72318605
营 10:30~19:30
休 周日及节假日
C A.D.J.M.V.
交 位于地铁 M3 号线 Montenapoleone 站入口旁

蒙特拿破仑大街周边

0 100 200 300m
N
阿玛尼/曼佐尼大街31号 7
3号线 蒙特拿破仑 M Montenapoleone
6 托德斯
波尔萨利诺
杜嘉班纳 5
伊德·帕多瓦
波尔迪·佩佐利美术馆 Museo Poldi-Pezzoli
2 普拉达
古驰 1
埃特罗 3
路易·威登 4
斯卡拉歌剧院 TEATRO ALLA SCALA
斯卡拉广场 P.za d. Scala
PAL. MARINO (Munic.)
S. FEDELE
P.za S. Fedele
P.za Meda
S. BÀBILA
圣巴比拉广场 Piazza S. Babila
1号线 圣巴比拉 San Babila
波吉 12
11 迪赛
S. CARLO AL CORSO
kiko
P.za del Liberty
麦丝玛拉 10
埃马努埃莱二世大街 Corso Vitt. Emanuele II
DT潮流
维托里奥·埃马努埃莱二世长廊 GALLERIA VITTORIO EMANUELE II
1号线 大教堂 Duomo
文艺复兴百货公司 8
9 芙拉
大教堂 DUOMO
大教堂广场 Piazza del Duomo
3号线 大教堂 Duomo
王宫 PALAZZO REALE
P.za Baccaria
Largo Augusto
Via Brera
V. Monte di Pietà
Via Verdi
Via Aless. Manzoni
Via Borgospesso
Via S. Spirito
Via Gesù
Via Bigli
蒙特拿破仑大街
斯皮加大街
Via Senato
Via Marina
Via della Spiga
V. S. Andrea
Corso Venezia
V. S. Damiano
V. Montenapoleone
Via Bagutta
V. Morone
Corso Matteotti
V. Hoepli
Via S. Paolo
V. Agnello
Via S. Radegonda
Via Borgogna
Via Visconti di Modrone
Via Durini
Corso Europa
V. Orefici

文艺复兴百货公司【百货大楼】
La Rinascente

◆ **在意大利的百货商店中悠闲地购物**
种类繁多的商品证明了米兰不愧为购物之都。无论是衣服、化妆品、香水、杂货等，都可以在这里找到适合送人的礼品。

Map p.208 8
住 Piazza del Duomo
☎ 02-8852
营 周日～下周四 9:30~21:00
周四・周五 9:30~22:00
休 无（夏季的一部分周日）
C A.D.J.M.V.
交 从地铁 M1、地铁 3 号线 Duomo 站下车步行 1 分钟

芙拉【皮革】
Furla

◆ **受欢迎程度和知名度不断上升**
已成功打进意大利市场。设计简约是该品牌的一大特色。手袋无论上下班还是逛街购物都可以使用。

Map p.208 9
住 P.za Duomo 31
☎ 02-89096794
营 10:00~21:00
休 部分节假日 C A.D.J.M.V.
交 从地铁 M1、地铁 3 号线 Duomo 站下车步行 3 分钟

麦丝玛拉【品牌】
Max Mara

◆ **最受意大利女性欢迎的品牌**
橱窗内展示的时装非常漂亮。一层为运动装，二层为周末和蓝调俱乐部，地下也有很丰富的麦丝玛拉商品。还有专门出售杂货的地方。

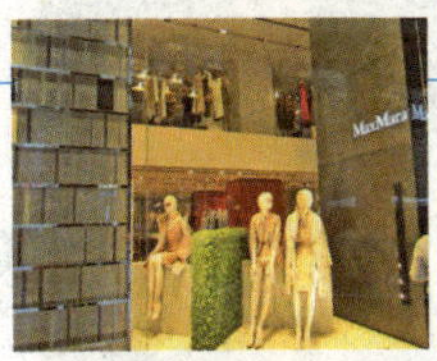

Map p.208 10
住 Piazza del Liberty 4
☎ 02-76008849
营 10:00~20:00、周日 10:30~20:00
休 部分节假日 C A.D.J.M.V.
交 从地铁 M1、地铁 3 号线 Duomo 站下车步行 3 分钟

迪赛【休闲服饰】
Diesel

◆ **成年人的休闲服装**
代表意大利的高级休闲品牌服装。除了最受欢迎的牛仔裤之外，还有种类丰富的女装、男装、小饰品类。充满随意性的时尚商品展示，即使只饱一下眼福也会觉得很快乐。

Map p.208 11
住 Piazza San Babila 1/3
☎ 02-76396762
营 10:00~20:00
周日 11:00~20:00
休 部分节假日 C A.D.J.M.V.
交 从地铁 M1 线 San Babila 站下车步行 2 分钟

波吉【品牌】
Boggi

◆ **成为帅气的意大利男士吧**
位于米兰一家绅士礼服品牌的老店，在商务人士间有着很高的人气。店内从正装到休闲装，商品的种类可以说是应有尽有，推荐在这里购买物美价廉的米兰风格的服装。在米兰中央车站、马尔彭萨・利纳特机场等意大利各地都有分店。

Map p.208 12
住 Piazza San Babila 3
☎ 02-76000366
营 10:00~19:30
周日 10:30~13:30、15:00~19:30
休 部分节假日
C A.D.J.M.V.
交 从地铁 M1 线 San Babila 站下车步行 1 分钟

米兰专卖店【足球周边产品】
Milan Megastore

◆ **米兰队的粉丝必访之地**
这里就像是它的名字一样，在连拱画廊开设着一家规模很大的专卖店。店内从球衣到训练服、儿童服装、人偶、杯子、海报、贴纸等商品都清一色为米兰的红色。偶尔店内会有懂英语的销售员，如果有什么需要可以和他说。

Map p.187 B4
住 Corso Vittorio Emanuele II，Galleria San Carlo
☎ 02-49580176
营 10:00~20:00
休 部分节假日
C A.D.J.M.V.
交 从地铁 M1 线 San Babila 站下车步行 3 分钟

派克【食品】
Peck

Map p.187 B3

◆ **汇聚了很多意大利的高级食材**

意大利所有的高级食材在这里都可以找到。一层为肉、鱼、蔬菜以及水果等生鲜食品，二层为巧克力和红茶专柜，还有一处时尚的茶室，地下则是葡萄酒类商品。

住 Via Spadari 9
☎ 02-8023161
营 周二～周六 9:00（周一 15:00）~20:00、周日 10:00~17:00
休 周一中午前
C A.D.J.M.V.
交 从地铁 M1、地铁 3 号线 Duomo 站下车步行 3~4 分钟

爱诺特卡葡萄酒吧【葡萄酒】
Enoteca Cotti dal 1952

Map p.188 C2

◆ **商品种类的话，这里很引以为豪 No.1**

在这幢 20 世纪初的复古样式的建筑物中，除了意大利自产的葡萄酒外，还汇聚了来自全世界的葡萄酒。宽敞的店内与是其两倍大小的仓库中，贮藏有将近 1300 种葡萄酒。1 瓶价格€5 左右，可以寄往国内。除葡萄酒以外，还有精挑细选的意大利产的食品以及零食。

住 Via Solferino 42
☎ 02-29001096
营 9:00~13:00、15:00~20:00
休 周日、周一、8 月
C M.V.
交 从地铁 M2 线 Moscova 站下车步行 5 分钟

艾斯兰加【超市】
Esselunga

Map p.185 B3

◆ **可以寻找珍稀食品**

每天都有很多当地人光顾这家超市，是旧城区为数不多的几家大型食品超市之一。在国内很少见到的，作意大利菜时使用的调料在这里都能找到。

住 Viale Piave 38/40
☎ 02-2047871
营 8:00~21:00、周日 9:00~20:00
休 无
C A.D.M.V.
交 从地铁 M1 线 Porta Venezia 站下车步行 5 分钟

彭特·辛普利【超市】
Punto Simply

Map p.188 A2

◆ **新店铺方便实惠**

在中央车站周边有许多小规模的超市，这里是彭特·辛普利的新店铺。在明亮又时尚的店铺内有可以切小了卖以及按分量卖的区域，来这里购物让人感觉很棒。同时这里的商品种类丰富，熟食、面包、饮料、零食以及酒类商品等应有尽有。收银采用的是在旁边排队，按顺序结账的方式。

住 Via R.Boscovich 49/angolo Via Benedetto
☎ 02-2951976
营 8:30~20:30
休 周日、部分节假日
C A.M.V.
交 从地铁 M1、S 线 Porta Venezia 步行 3~5 分钟

康纳德超市【超市】
Conad Sapori & Dintorni

Map p.188 B1

◆ **位于便利的中央车站地下**

这是由意大利众所周知的超市康纳德 Conad 开设的新潮流的超市。在这里能够买到非常适合作为旅游纪念品的包装精美的意大利面、零食点心以及意大利面酱、橄榄油等调味品。当然，这里也有种类丰富的生鲜食品和葡萄酒。

住 Piazza Duca D'aosta-Stazione Centrale
☎ 02-67072225
营 7:00~22:00
休 部分节假日
C A.D.J.M.V.
交 中央车站地下

米兰的意大利美食城 EATALY

曾经的剧院摇身一变

在都市计划中备受瞩目的加里波第地区中，于 2014 年 3 月，将曾经的斯美拉德剧院改建成了 EATALY 并开始营业。在明亮的店内各卖场中都设置有用餐区域。◇一层 蔬菜、面包、意式冰激凌店、意大利比萨店、按分量卖的巧克力 ◇二层 肉、鱼、干酪、新鲜的意大利面、马苏里拉奶酪现场演示制作◇三层 葡萄酒、啤酒、餐馆（鱼、肉）在美食城中，首先先找到座位，随后拿着座位上的号码牌去收银台点餐。菜会由工作人员帮你端到桌子上来。1 碟价格在€ 10~15（座位费€ 1）。可以将购物车放在桌子旁边用餐，最后在收银台结账。

Eataly Milano Smeraldo【Map p.188 C2】

住 Piazza XXV Aprilre 10　☎ 02-49497301

营 10:00~24:00

休 部分节假日

C A.D.J.M.V.

交 从地铁 2 号线 Moscova 站往前走 300 米；从 fs 线、地铁 2、3 号线 Porta Garibaldi 站往前走 400 米

URL www.eataly.it

米兰的酒店
Hotel Guide

意大利的经济都市米兰的酒店住宿费，和其他城市相比会稍微贵一些。特别是在举办展会的春天（3~5 月）和秋天（9~11 月），正好遇上旅游旺季，届时就会遇到酒店费用高涨以及酒店数量不足的问题。在这个时期时，一定要尽早预约。不过，在中国人喜欢休假的 8 月和 1 月时，刚好处于米兰酒店的淡季，价格也很便宜。另外，商务人士使用的酒店到了周末，价格一般也会变得便宜一些。

■米兰的酒店都集中在哪里?

米兰五星酒店的早餐用餐室

中央车站周边集中了从面向商务人士的 4 星级酒店到经济型酒店等各种各样的酒店。车站的东侧 4 星级酒店较多，在西侧周边的大厦中 1~2 星的经济型酒店较多。大教堂广场周边虽然具有历史，被称为中央地区，但是在这里有许多米兰具有代表性的传统的名门酒店。最近，这里出现了许多和时尚之都米兰般配的时装酒店以及设计师酒店。另外，虽然这里经济型的酒店较少，但是有一些家族经营的 3 星级酒店，所以在淡季的话还是有机会能找到酒店的。然后，在城镇的南侧罗马纳门周边及中央车站东侧的洛雷托广场的东面也有一些价格便宜的酒店。城镇西侧的展会会场周边有一些面向商务人士的酒店，而在留有曾经运河的纳维格利欧运河地区也修建了一些独具风情的酒店以及意大利的连锁酒店。最后，最近备受瞩目的加里波第地区的 4 星级酒店也可以关注一下。

■目标是意大利的连锁酒店

带按摩浴缸的 4 星级酒店客房

在米兰的中央车站周边、中央地区、加里波第地区等地方，都出现了许多像星辰酒店、乌纳酒店以及 NH 酒店这样的连锁酒店。在这些酒店中，都具备了中国人住起来会觉得舒服的设施，房间数量也很多。如果不知道选择哪家酒店的话，可以参考一下这些酒店的官方网站。

意大利的大型连锁酒店

大型连锁酒店的特点，就是在淡季能够以非常实惠的价格入住。稳定、高品质服务也是大型酒店的一大优点。

Star Hotels
星辰酒店
URL www.starhotels.com

Una Hotel
乌纳酒店
URL www.unahotels.it

NH Hotel
NH 酒店
URL www.nh-hotels.com

米兰市的住宿税 Imposta di Soggiorno

在米兰市内的酒店住宿时，需支付 1 晚最高收取€ 5，最多收取 14 晚的税金。根据季节，在淡季的 7~8 月以及 12/15~ 次年 1/10 为半价，18 岁以下免税。

税金在办理退房手续时直接支付给酒店。根据酒店的不同可能需要直接支付现金，或者可以和酒店住宿费一起使用信用卡支付。为防止当旅行快结束时所剩欧元现金不多，请从一开始就要确认支付方式。

※ 淡季期间每年都会有所变动

住宿设施和住宿税	
1 星酒店、2 星公寓	€ 1
2 星酒店、3 星公寓	€ 2
3 星酒店、4 星公寓	€ 3
4 星酒店	€ 4
5 星酒店	€ 5

※1 人 1 晚价格，最多收取 14 晚

●米兰备受瞩目的酒店！！

在以经济酒店为主的米兰中，设计师酒店作为高级酒店进军这里。特别是宝格丽经营的酒店，虽然距离中心街很近，但却被一片绿洲环绕着，且在米兰人中有着很高的人气。而高档有品位的 4 星酒店，则推荐给不想住连锁酒店的人。其中最值得推荐的便是曼佐尼酒店。它虽然距离商店街很近，但是却非常安静。其他还有从先进的环境都市米兰这个概念中诞生的星辰酒店，作为立志成为保护地球环境的酒店，拥有很高的人气。

宝格丽度假酒店 ★★★★★
Bvlgari Hotel&Resort

◆这是作为国际珠宝店而闻名的宝格丽经营的酒店。将 18 世纪的宫殿进行时尚而又高档的改建后，成了现在的酒店。隔壁的植物园与广阔的绿色庭院将周边包围了起来，使得酒店中非常安静，让人难以想象这是在米兰的中心街。

客房很宽敞，内部别致高雅，让人感到安心。在一部分客房中还有暖炉，绝对能让人度过舒适的一刻。

在眼前就是一片广阔的绿色庭院的餐馆中，能够品尝到古典而又现代的意大利菜肴。

大教堂周边（中央地区）Map p.187 A3

URL www.bvlgarihotels.com
住 Via Privata Fratelli Gabba 7b
☎ 02-8058051
Fax 02-805805222
TB € 748/1034 SU € 1760/2233
室 58 间 早餐€ 23~30 W-F
C A.D.J.M.V.
交 从地铁 M3 号线 Montenapoleone 站下车步行 10 分钟

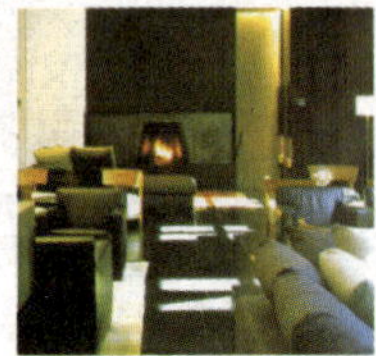

曼佐尼 ★★★★
Hotel Manzoni

◆位于蒙特拿破仑大街与斯皮加大街连接处，是一个很适合购物的地方。前往观光景点也很方便。酒店的内部装潢简约而不失高雅，虽然位于城市的中心部，但是从这里安静而清洁的客房中便能看出酒店服务至上的意识有多高。酒店内的工作人员也都很亲切，氛围优雅，吸引了很多回头客。

大教堂周边（中央地区）Map p.187 A3

URL www.hotelmanzoni.com
住 Via Santo Spirito 20
☎ 02-76005700 Fax 02-784212
SB € 185/270 TB € 250/325
室 52 间 早餐€ 20 W-F
休 8 月、12/23~ 次年 1/2 左右
C A.D.J.M.V.
交 从地铁 M3 号线 Montenapoleone 站下车步行 2 分钟

星际埃科酒店

Starhotels Echo ★★★★

◆位于米兰中央车站附近，是星辰酒店集团推出的，将时尚的设计与环保理念结合在一起的新感觉酒店。酒店将视野放在了优化环境，让客人享受自然舒适的感觉。内部装潢使用了许多棕色和绿色的木头，家具也都很时尚而且品质优良。这里对灯光的使用也很用心，作为与环境都市米兰非常相配的酒店，得到了很多客人的支持。

中央车站周边 Map p.188 A1

URL www.starhotels.com
住 Via Andrea Doria4
☎ 02-67891
Fax 02-66713369
SB € 144/205
TB € 153/215
室 143 间
含早餐 W-F
C A.D.J.M.V.
交 从中央车站往前走 100 米

米开朗基罗

Hotel Michelangelo ★★★★

◆背对中央车站的左手边的高层大型酒店。住在这家酒店的有旅客、商务人士等各种不同阶层的人群，酒店长期受到各界支持。自助早餐的品种丰富，味道也很不错。

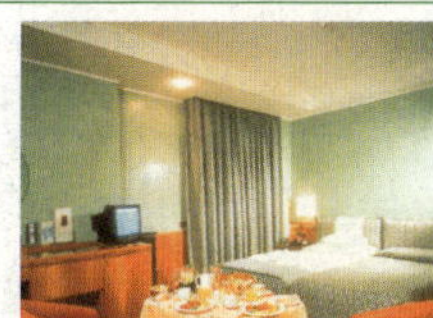

中央车站周边 Map p.188 A1

URL www.milanhotel.it
住 Via Scarlatti 33
☎ 02-67551
Fax 02-6694232
SB TB € 100/500
室 300 间 含早餐 W-F
C A.D.J.M.V.
交 从地铁 2、3 号线 Centrale 站下车步行 2 分钟

桑皮酒店

Hotel Sanpi ★★★★

◆酒店中间有一个环绕起来的安静而舒适的院子，令酒店感觉很自豪。酒店的建筑和客房颇具现代感，这里的回头客很多，酒店内设有餐馆。

中央车站周边 Map p.188 B2

Low 7~8 月、12 月（商品交易会期间除外）
URL www.hotelsanpimilano.it
住 Via Lazzaro Palazzi 18
☎ 02-29513341 Fax 02-29402451
SB € 90/350 TB € 108/600
室 79 间 含早餐 W-F C A.D.J.M.V.
交 从地铁 M3 号线 Repubblica 站下车步行 3 分钟

梅迪奥兰酒店

Mediolanum Hotel ★★★★

◆住宿客人多为商务人士，这家酒店的服务周到全面。距离中央车站很近，出去用餐也很方便。

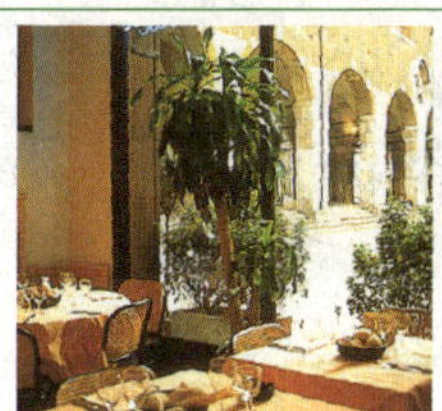

中央车站周边 Map p.188 B1

Low 1/4~1/15、7、8、12 月（商品交易会期间除外）
URL www.mediolanumhotel.com
住 Via Mauro Macchi 1
☎ 02-6705312 Fax 02-66981921
SS SB € 87/620 TS TB € 102/743
室 52 间 含早餐 W-F 休 12/21~1/3
C A.D.J.M.V. 交 从地铁 M2、3 号线 Centrale 站下车步行 5 分钟

弗洛拉酒店

Hotel Flora ★★★

◆距离中央车站很近，地理位置很方便，室内环境舒适优雅，感觉很时尚。有浴缸，功能齐全，使用方便。

中央车站周边 Map p.188 B1

URL www.hotelfloramilano.com
住 Via Napo Torriani 23
☎ 02-66988242 Fax 02-66983594
SS € 49/450 TS € 69/500
室 50 间 含早餐 W-F
C A.D.J.M.V.
交 从地铁 M2、3 号线 Centrale 站下车步行 3 分钟

艾达酒店 ★★
Hotel Ada

◆距离中央车站很近，处于一个很方便的地理位置。客房内有电视，很清洁也很舒适。安装空调（有时间限制）。淋浴也长时间有热水。虽然是一家小酒店，但还是请尽量早点到达，或者事先进行一下预约。价格会有所浮动，请事先确认好。

中央车站周边 Map p.188 B1

Low 11 月～次年 1 月、6~8 月
URL www.hotelada.it
住 Via G.B.Sammartini 15
☎ 02-66982632
S €40/80 SS €45/180 TS €55/180
3S €75/210 室 18 间 含早餐 Wi-Fi
C M.V. 休 8 月
交 从中央车站向前走 60 米

奥罗拉酒店 ★
Hotel Aurora

◆位于平民的购物街中，是一个探索周边也很有趣的地方。在 8 月和年前年后会有很多休业的米兰酒店，这是一家全年无休的酒店。

中央车站周边 Map p.188 A2

Low 6~8 月、12 月
URL www.hotelauroramilano.com
住 Corso Buenos Aires 18
☎ 02-2047960 Fax 02-2049285
S SS €57/160 TS TB €76/240
室 16 室 早餐€5 Wi-Fi
C A.D.J.M.V.
交 从地铁 M1 号线 Porta Venezia 站下车步行 1 分钟

妮图诺酒店 ★
Hotel Nettuno

◆位于中央车站附近，且价格比较便宜。房间内很安静，两层窗户，比较安全。有冷气。前台整晚有人值班，尽可放心。从中央车站走到酒店大约需要 15 分钟。

中央车站周边 Map p.188 A2

URL www.nettunomilano.it
住 Via Alessandro Tadino 27
☎ 02-29404481 Fax 02-29523819
SS €28/370 TS €42/550
3S €60/700 早餐€4.50 Wi-Fi
休 8 月 C A.D.M.V.
交 从地铁 1 号线 Lima 站下车。从中央车站乘坐巴士 60 路、8 路

米兰大酒店 ★★★★★
Grand Hotel et de Milan

◆创立于 1863 年，曾有众多艺术家经常居住在这里，是充满了艺术气息的一家酒店。酒店内至今还残留着当时的气氛，感觉就像是美术馆一样。客房独具个性，设备也都很现代化。

大教堂周边（中央地区）Map p.187 A3

URL www.grandhoteletdemilan.it
住 Via Aless. Manzoni 29
☎ 02-723141
Fax 02-86460861
SB €273/712 TB €330/760
SU €1430/4610
室 95 间 含早餐 Wi-Fi
C A.D.J.M.V.
交 从地铁 M3 号线 Montenapoleone 站下车步行 1 分钟

辛那浪灰色酒店 ★★★★★
Sina The Gray

◆外观虽然是历史性的宅邸，不过这里却是一处加入了非洲风格的，充满个性并且时尚的设计师酒店。无论是观光还是购物，地理位置都很方便。

大教堂周边（中央地区）Map p.187 B3

URL www.sinahotels.com
住 Via San Raffaele 6
☎ 02-7208951
Fax 02-866526
TS TB €298/1030
SU €410/3750
室 21 间 含早餐 Wi-Fi
C A.D.J.M.V.
交 从地铁 M1、地铁 3 号线 Duomo 站步行 2 分钟

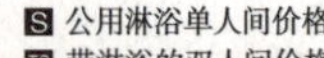
S 公用淋浴单人间价格 T 公用淋浴双人间价格 D 多人间价格 SS 带淋浴的单人间价格 SB 带淋浴的双人间价格
TS 带淋浴的双人间价格 TB 淋浴或者浴缸的双人间价格 3B 带淋浴或者浴缸的三人间价格

星光罗莎酒店 ★★★★
Starhotels Rosa Grand

◆位于大教堂的后面，步行即可到达蒙特拿破仑大街等购物街，所处的地理位置很方便。2012年经过全面装修后，功能和家具都得以升级。这里比较推荐的便是宽敞舒适，设备、家具都齐全的行政客房。同时这里的餐馆也深受好评。

大教堂周边（中央地区）Map p.187 B3

URL www.starhotels.com
住 Via Pattari 5/Piazza Fontana 3
☎ 02-88311
Fax 02-8057964
SB €158/910
TS TB €298/1300
室 320间　含早餐 Wi-Fi
C A.D.J.M.V.
交 从大教堂步行2分钟

加富尔 ★★★★
Hotel Cavour

◆距离大教堂和购物区域很近，交通方便。白色基调的大堂给人舒适安静的感觉。服务员让人感觉很亲切，服务周到。酒店内餐馆简洁且优雅。

大教堂周边（中央地区）Map p.187 A3

URL www.hotelcavour.it
住 Via Fatebenefratelli 21
☎ 02-620001　Fax 02-6592263
SB €148/600　TS €186/750
室 114间　含早餐 Wi-Fi
C A.D.J.M.V.
交 从地铁M3号线Turati站下车步行2~3分钟，或乘坐市内电车1路、2路即可到达

苏黎高酒店 ★★★
Hotel Zurigo

◆步行可到大教堂，是一家小巧别致的酒店。客房内有保险柜、吹风机、迷你吧，设施齐全，服务周到。可以免费租用自行车，让人感觉很高兴。

大教堂周边（中央地区）Map p.187 C3

URL www.zurigo.com
住 Corso Italia 11/a
☎ 02-72022260　Fax 02-72000013
SS €85/450　TS TB €85/700
室 47间　含早餐 Wi-Fi
C A.D.J.M.V.
交 从地铁M3号线Missori站下车步行3分钟

星辰酒店 ★★★
Hotel Star

◆位于斯卡拉歌剧院的西侧，距离旧城区很近，徒步可以到达。客房内有带按摩的淋浴和桑拿设施。客人多为意大利当地的常客。URL 上有优惠信息。

大教堂周边（中央地区）Map p.187 B3

URL www.hotelstar.it
住 Via dei Bossi 5
☎ 02-801501　Fax 02-861787
SS €85/210　TS TB €85/250
室 30间　含早餐 Wi-Fi
休 8月中旬、圣诞节到新年之间
C A.J.M.V.
交 从地铁M1、3号线的Duomo站下车步行5分钟，或地铁M1线Cordusio站下车步行2分钟

加拿大酒店 ★★★
Hotel Canada

◆位于罗马纳门大街的里侧，可以从大教堂一直走到酒店。客房明亮，具有现代化的感觉。浴室内有多功能的大浴缸，在米兰是很受欢迎的一家酒店。早餐丰盛，服务周到。

其他地区　Map p.187 C3

URL www.canadahotel.it
住 Via Santa Sofia 16
☎ 02-58304844　Fax 02-58300282
SS TS €135/228
室 35间　含早餐 Wi-Fi
C A.D.M.V.
交 从地铁M3号线Missori站、Crocetta站下车步行5分钟。从中央车站可以乘坐巴士94路

圣弗朗西斯科酒店 ★★★
Hotel San Francisco

◆位于地铁站附近，交通很方便。价格合理，服务周到。有庭院，可以非常舒适地在那里休息。

其他地区 Map p.185 A4

Low 12 月～次年 1 月、8 月
URL www.hotel-sanfrancisco.it
住 Viale Lombardia 55
☎ 02-2360302 Fax 02-26680377
SS SB € 45/130 TS € 65/150
3B € 75/220 室 28 间 含早餐 W-F
C A.D.J.M.V.
交 从地铁 M1、2 号线 Loreto 站下车步行 5 分钟

新世纪布雷拉旅馆
New Generation Hostel Urban Brera

◆这是位于藤蔓环绕，独具风情的修道院一角，给人感觉非常时尚的青年旅舍。这里有厨房、自助洗衣机以及可租借的自行车。前台 24 小时有人（办理入住手续 14:00~23:00），总共 14 间房。8 人房 D 有时会男女混住。

旅馆 · 青年旅舍等 Map p.188 C2

URL www.themonasteryhostel.it
住 Via Renzo Bertoni 3
☎ 02-65560201 Fax 02-39195704
费 D € 28~/55
S € 30~/56
T € 35/150 W-F
交 从地铁 M3 号线 Turati 站下车步行 2 分钟

贝洛格兰德旅馆
Ostello Bello Grande

◆位于中央车站附近的人气青年旅馆。客房整洁，设施齐全。亲切的工作人员也是这里具有人气的秘诀。前台 24 小时有人。可以免费租借锁、毛巾、洗发水等物品。可以使用厨房及厨房内的食材（19:00~21:00）。右边记载的费用都已经加上了住宿税。从网上预约最容易预约成功。

旅馆 · 青年旅舍等 Map p.188 A、B1

URL www.ostellobello.com
住 Via R.Lepetit 33
☎ 02-6705921
Fax 02-6792867
D € 25/39 SS € 59/79
TS € 98/118
室 13 间 含早餐 W-F
C M.V.
交 距离中央车站 100 米

乔瓦尼之家
Casa della Giovane（ACISJF）

◆这是一家只有 30 岁以下的女性可以住宿的，由宗教团体经营的住宿设施。客房舒适而且在安全上有保障。每人都有 1 个带锁的抽屉或者桌子。晚餐也很丰富。不过在这里住宿时请遵守这里的规定。房间只有 T。

旅馆 · 青年旅舍等 Map p.188 C2

e-mail protezione@acisjf-milano.it
URL www.acisjf-milano.it
住 Corso Garibaldi 123 ☎ 02-29000164
Fax 02-29004252 S € 50 T 1 人 € 40 含早餐、晚餐€ 10（需要预约）门限 23:00 前台接待时间 8:00~21:00
休 8 月中旬 室 60 间 W-F C 不可
交 从地铁 M2 号线 Moscova 站下车，或者从中央车站乘坐巴士 94 路、70 路以及 57 路即可到达

奥斯特罗艾格皮耶罗罗塔旅馆
Ostello Piero Rotta

◆位于绿树环绕的郊外，具备泳池、网球场、慢跑道以及免费的储物柜等设施。严格要求需要出示 IYHF 卡。前台 24 小时有人接待，10:00~15:30 需要进行打扫，不能进入房间。办理退房手续为 10:00。在周边有自助餐馆以及大型超市，不会感到任何不便。

旅馆 · 青年旅舍等 地图外

URL www.hostelmilan.org
住 Via Salmoiraghi 1（和 ang. Via Calliano 交叉处的拐角）☎ 02-39267095
Fax 02-33000191 费 含早餐 D € 16~22
SS € 30/60 TS € 50/80 3S € 60/90 W-F
休 12/24~ 次年 1/12 C J.M.V.
交 从中央车站从地铁 M2 号线前往 Cadorna。换乘 M1 号线，在 Q.T.8 下车。从中央车站乘坐巴士 90 路、91 路以及 68 路，大约 20 分钟可以到达

S 公用淋浴单人间价格 T 公用淋浴双人间价格 D 多人间价格 SS 带淋浴的单人间价格 SB 带淋浴的双人间价格
TS 带淋浴的双人间价格 TB 淋浴或者浴缸的双人间价格 3B 带淋浴或者浴缸的三人间价格

威尼斯及潟湖
收录时间 1987 年
世界遗产

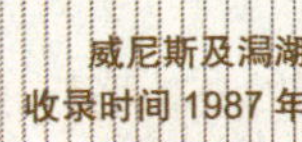

La Vita nella Città

亚得里亚海的女王——梦幻之岛

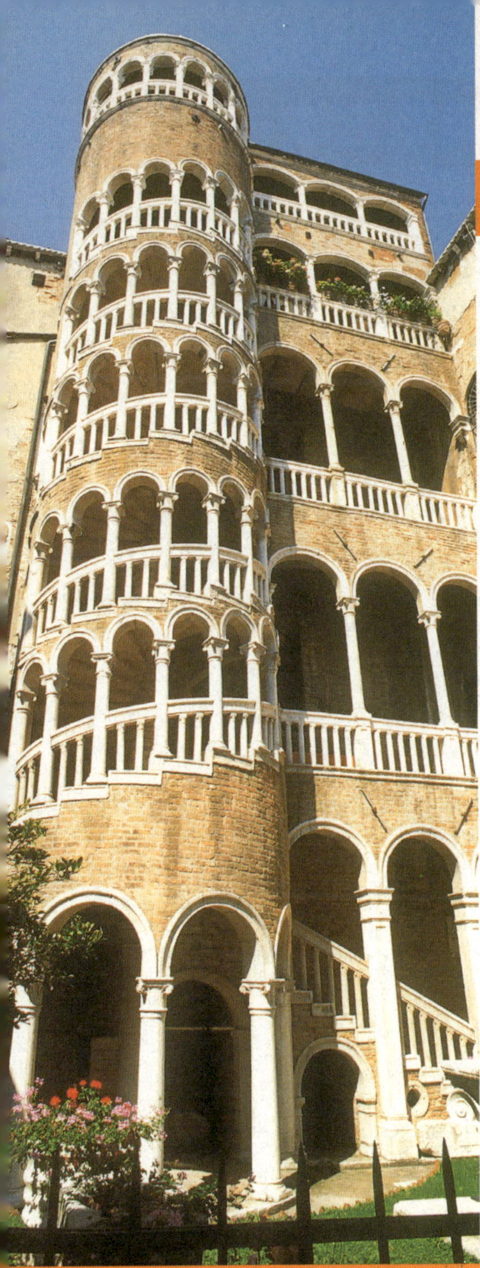

威尼斯，是一座充满魅力的城市。它会让曾经访问过的人念念不忘，盼望着可以无数次地回访；会让尚未来访过的人，梦想着有生之年能亲眼目睹它的风采。而这座水上城市，也会在夏天和冬天呈现出完全不同的美丽。

结束游客熙熙攘攘的威尼斯夏天的标志是每年 9 月第一个周日举行的贡多拉节——雷嘎达·斯托利卡划船大赛。在大运河上举行的这场华丽的庆典，再现了被誉为“亚得里亚海女王”，并以此而闻名天下的威尼斯的风采，极具威尼斯特色。人们穿着色彩绚丽的服装，模仿中世纪进行船只游行，揭开庆典的序幕。整个城市都回响着音乐声，运河周围人山人海。尚未褪去的夏日酷热日光中，此情此景让人们感觉仿佛在观赏一出盛大的露天戏剧。

进入冬季后的威尼斯，游客数量骤然减少，稍稍恢复了一些普通城市的面貌。在雾气蒙蒙的圣马可广场转转，然后到弗罗里安咖啡馆品尝一杯热咖啡。随着身体渐渐暖和起来，环顾这座创始于 1720 年，仍保持着昔日风情的咖啡馆，你仿佛会看到曾经光顾这里的歌德、卡萨诺瓦在这里小憩的身影。威尼斯的冬天，有点悠闲，又有点奢侈，这也是威尼斯的魅力所在。

然后抛开时间的束缚，车流的打扰，在城市里悠闲地散散步吧。周围的小岛也一定要去看一看。因为只有这样，你才能体会到纯正的当地居民的生活——那些生活在这座城市，爱着这座城市的当地人的生活。

威尼斯

威尼托区／Veneto　VENEZIA

威尼斯的游览方法

从机场到威尼斯的交通

●乘船（至圣马可广场等地方）Servizio Motoscafi Alilaguna

从机场乘坐Alilaguna公司的船前往，约需80分钟，单程€15、往返€27。机场发船时间6:15~次日24:40，本岛发船时间3:50~22:50，每30分钟~1小时发船一次。出发到达均在机场出口旁边。有5条线路，蓝色、红色、橙色是前往本岛的船。

●乘坐大巴车 Servizio Autobus

从机场到威尼斯本岛入口的罗马广场（Piazzae Roma），乘坐ATVO公司和ACTV公司运营的巴士，所需时间为20~25分钟。普尔曼以及No.5巴士车的价格都是€8，往返€15。ATVO公司的巴士机场发车时间为5:20~次日1:20，罗马广场发车时间为4:20~23:30，大约每隔30分钟发车。

●最新出现的前往梅斯特雷的有轨电车

从机场乘坐No.15路市营巴士车到梅斯特雷站前需要约20分钟。从梅斯特雷站前到罗马广场乘坐No.2市营巴士车约需15分钟。或者也可以用乘坐有轨电车T1，约需20分钟。车票€1.50。也有ATVO公司的普尔曼巴士运行其间。

巴士乘车处

走出机场的到达大厅，就能看到眼前的ATVO公司巴士乘车处。车票可以在巴士乘车处旁边的自动售票机或者机场内的售票处购买。市营巴士车乘车处需往左走。市营巴士车（ACTV）的车票在机场内的商店购买。

在罗马广场，市营巴士车从A1乘车处，ATVO公司的车从D2乘车处发车。乘

●威尼斯游览的精华

首先，从圣卢恰火车站出发前往圣马可广场。如果乘坐汽艇，可以选择1号线沿大运河行驶，如果步行，可以穿过小路，参照墙壁上写的“圣马可广场方向”（Per San Marco）的路标前进，路途本身就非常有趣。

圣卢恰火车站有信息中心［位于售票处（6:00~21:00）内，左侧柜台］、货币兑换处、行李寄存处（1号站台旁边中部，开放时间6:00~23:00）、洗手间（8:00~18:30 €1）、酒吧等设施。

圣卢恰火车站前的veneziaunica/veneziaSi柜台、罗马广场和圣马可广场、机场等处设有❶旅游咨询处。圣马可广场内的❶旅游咨询处位于从圣堂面向广场的正面左手里侧，这里没有关于酒店的信息介绍。

这座城市不允许汽车通行，除步行穿行石子路之外，交通手段就只有以下几种：沿运河行驶的贡多拉、汽艇出租船，或者乘坐被称为“瓦波雷托”（Vaporetto）的水上巴士。

“瓦波雷托”有多条线路，推荐乘坐各站都会停靠的1号线。该线路行驶在呈倒S形的大运河沿岸，在所有停船处都有停靠。如果步行累了，就可以到运河边上乘坐这种水上巴士，十分方便。该线路从罗马广场开始，连接着圣卢恰站、圣马可广场站、利多岛站。

著名的贡多拉一艘能载5~6人。在运河边各处都有等着载客的船夫，切记要先谈好价钱再上船。还有能尽享歌手表演和手风琴演奏的豪华版的贡多拉。

汽艇在这里被称作“摩托斯卡菲”（Motoscafi），被作为出租车使用。但如果没有大件行李的话，一般用不着乘坐汽艇。

由于城市本身比较小，所以建议初到的游客一定要先步行到圣马可广场去看一看。即使迷路，有一个小时也能走到了。先从车站出来，往左走，通过斯卡尔齐桥，然后沿着左侧的西班牙使馆大街（Lista di Spagna）直行。其实只有一开始那段路容易迷路，之后就可以看路旁墙上的路标，沿着“Per San Marco”的标志一直走。去圣卢恰火车站时参照“Per Ferrovia”的路标。

威尼斯的交通

●水上巴士瓦波雷托（Vaporetto）

❶号线从罗马广场出发，经由火车站、里亚尔托桥、学院美术馆、

前往威尼斯的方法

［从机场前往的交通(→p.218)］

乘坐火车trenitalia(fs线)

在威尼斯圣卢恰东站（Venezia Santa Lucia）（Venezia S.L.）下车最方便。

- 从米兰中央车站乘坐FRECCIABIANCA、Eurocity大约需要2小时35分钟
- 从佛罗伦萨新圣母堂车站乘坐FRECCIARGENTO、FRECCIAROSSA需要2小时5分钟
- 从罗马特米尼中央车站乘坐FRECCIARGENTO、FRECCIAROSSA需要3小时45分钟
- 从那不勒斯中央车站乘坐FRECCIAROSSA直达车需要大约5小时5分钟，乘坐FRECCIAROSSA+FRECCIARGENTO（在罗马特米尼中央车站、蒂泊蒂娜火车站或博洛尼亚换乘）大约需要4小时49分钟~5小时35分钟

圣马可广场、利多岛等众多景点，在各站都有停靠。❷号线从圣扎卡里亚（圣马可广场东侧）走相反的路，朝着圣马可广场前进，途经大运河（里亚尔托桥、学院美术馆等）。直通穆拉诺岛的除了❸号线之外，还有㊶号线和㊷号线。⑫号线开往布拉诺岛。开往 YH 所在的朱代卡岛的是❷号线和❽线。时间券也可以用来坐车。

如果想在没有大桥的地段跨越大运河，可以乘坐被叫作特拉盖特（Traghetto）的几人合乘的贡多拉船（€2），或者乘坐“瓦波雷托”（€5）。

“瓦波雷托”是市民与游客重要的交通工具

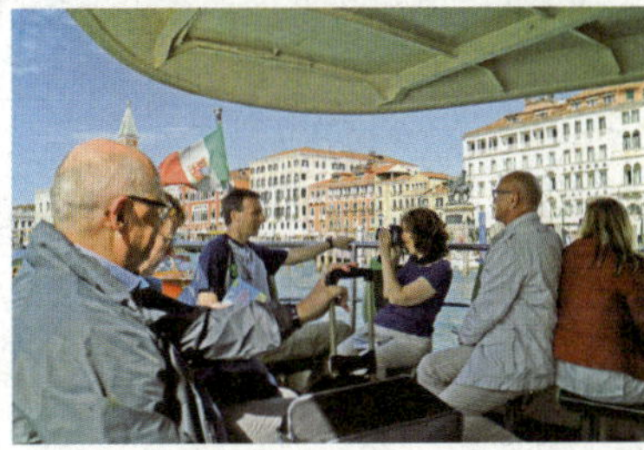
选择角度好的位置乘坐

●摩托艇——水上出租车

摩托艇分为按固定线路运行和按里程收费两种方式。去威尼斯历史地区的话，起步价为€15，之后每分钟加收€2。深夜（22:00~次日 6:00）每分钟加收€10。从机场到本岛（圣马可广场周边）约需€100。

●罗马广场的汽车总站

汽车总站里有开往米兰、帕多瓦等地的长途汽车，其中大部分都会经过梅斯特雷市的市中心。也有开往科尔蒂纳丹佩佐等地的多洛米蒂方向的普尔曼（日期有限定）。

关于贡多拉 乘坐贡多拉吧

很多人来威尼斯游览时都很想尝试乘坐贡多拉船，但又踌躇于价格会不会很贵。贡多拉船的基本收费标准：6 人合乘，30 分钟以内为€80，之后每 15 分钟加收€40。从 19:00~次日 8:00 为夜间收费时段，基本收费标准为 35 分钟收取€100。

体验贡多拉

建议大家参加夜游大运河的游船之旅。晚上乘坐贡多拉船，边听着船夫的歌，边夜游大运河，远眺灯光照射下的威尼斯建筑，沉浸在无限美好的威尼斯美景中。在春天到秋天的晚上还有名为“贡多拉小夜曲”的夜游团（每人€41~、大约 30 分钟）。游客可以在船上观看表演。因为很多人合乘，所以比个人租船要便宜得多，也不用花时间讨价还价。可以到位于圣马可广场的旅行社以及酒店等处报名参加。

车处有时会发生变更，需要注意。另外也有车是开往其他附近机场的，乘车前要提前确认。

瓦波雷托的票

一次券

一次乘船券（60 分钟有效）
Biglietto 1 corsa €7.50
特拉盖特（Traghetto）票（主要用于跨越大运河：圣萨卡里亚、圣乔治等）€5

时间券

24 小时券 Biglietto 24 Ore €20
48 小时券 Biglietto 48 Ore €30
72 小时券 Biglietto 72 Ore €40
7 日券 Biglietto 7 Giomi €60
※ 年轻人 3 日券
Biglietto 3 Giorni €28 适用于 16~29 岁，买票时需要购买巡游威尼斯卡€6（p.230）
※ 如果反复巡游大运河（乘坐 1、2 号线船），或者想游览岛屿，建议购买 72 小时券，既方便又省钱。如果准备步行游览威尼斯，建议购买一次券。
※ 售票处提供业务咨询，可以在此确认游船线路和自己的船票。检票频繁

电子票

瓦波雷托的船票，是芯片内置票。在检票口附近设有专用检票机（大小 6 厘米左右），把票放到机器上使用。

瓦波雷托的船票

一到夏天，圣卢恰车站前的瓦波雷托乘船处售票窗口前就会排起长长的队伍。这里有很醒目的 24 小时券和 72 小时券的字样。不过如果想要先去酒店的话，那就购买一次性票吧。由于排队的人太多，很多人会想索性一次购买好几天用的票。其实其他地方的售票处基本都没有什么排队的人，而且威尼斯不多，步行游览足够了。在瓦波雷托售票处出售的票会被印上日期和时间，在规定时间内用不完就作废了，所以不要一次性购买多日票。如果想要一次性购买的话，可以去❶旅游咨询处或者烟摊购买。

还设有自动售票机

在圣卢恰站前等上下客人较多的乘车处都设置了自动售票机。

贡多拉旅游团

白天，所需时间约 35 分钟€31~
带音乐表演 所需时间约 40 分钟€41~
※ 6 人合乘
URL www.venicewelcome.com

威尼斯示意图
Venezia
S. Alvise
Mad. dell'Orto
圣阿尔维塞教堂
S. Alvise
奥托圣母院
Madonna dell'Orto
八角餐馆
Anice Stellato
至梅斯特雷8公里
自由桥
P.te della Libertà
圣约伯教堂
S. Giobbe
诺费贫民窟
Ghetto Nuovo
艾丁满
Al Timon
Sacca della Misericórdia
Abbazia della Misericórdia
意大利国营铁路公司
圣卢恰车站
Staz. F. S. Venezia S. Lucia
圣杰雷米亚广场
Campo S. Geremia
S. Geremia
卡拉吉宫
Pal. V. Calergi
S. Fosca
耶稣会长教堂
Gesuiti
Fond. Nuove
大运河
斯卡尔齐教堂
Gli Scalzi
P.te d. Scalzi
Ferrovia
圣欧达奇教堂
S. Stae
贾科莫奥利奥教堂
S. Giacomo d. Orio
佩萨罗宫
Ca' Pesaro
黄金宫
Ca' d'Oro
圣阿帕斯托利教堂
Ss. Apóstoli
桥
Ponte della Calatrava
P.le Roma
ACTV 公司
库珀 Coop
罗马广场
Piazzale Roma
鱼市场
圣卡西亚诺教堂
S. Cassiano
米拉科利圣母堂
S. M. d. Miracoli
里亚尔托的圣贾科莫教堂
S. Giacomo di Rialto
克里索斯托莫教堂
S. G. Crisostomo
德国人商务会馆
S. N. d. Tolentino
Campo S. Polo
圣罗科教堂
S. Rocco
圣方济会荣耀圣母教堂
S. M. G. d. Frari
里亚尔托桥
P.te di Rialto
圣西尔维斯特罗教堂
S. Silvestro
圣萨尔瓦多教堂
S. Salvador
圣玛利亚福莫萨教堂
S. M. Formosa
圣罗科大会馆（大信徒会堂）
Scuola Grande di San Rocco
格里马里宫
Pal. Grimani
CANAL GRANDE
圣玛格丽塔广场
Campo S. Margherita
科纳斯皮内利宫
Pal. Corner Spinelli
圣朱利安教堂
S. Zulian
卡尔米尼会馆（大信徒会堂）
Scuola Grande dei Carmini
雷佐尼科宅邸
Ca' Rezzónico
圣斯特法诺教堂
S. Stéfano
圣马可教堂
S. Marco
圣马可广场
P.za S. Marco
钟楼
卡萨卡博尔鲁特旅馆
Casa Caburlotto
卡尔米尼教堂
I Carmini
安杰洛拉法埃莱教堂
Angelo Raffaele
圣方坦教堂
S. Fantin
圣尼科洛教堂
S. Nicolo dei Mendicoli
圣莫伊兹教堂
S. Moisè
总督府
Palazzo Ducale
圣塞巴斯蒂亚诺教堂
S. Sebastiano
学院桥
Ponte dell'Accademia
科纳宫
Pal. Corner Ca' Grande
Vallaresso
S.Marco
学院美术馆
Gallerie dell'Accademia
佩吉古根海姆美术馆
Collezione P. Guggenheim
拯救圣母堂
S. Maria d. Salute
海关大楼
Punta della Dogana
圣特洛瓦索教堂
S. Trovaso
扎特雷
Fondamenta Zattere Ponte Lungo
Zattere
Sacca Fisola
CANALE DELLA GIUDECCA
朱代卡运河
Spirito Santo
S. Eufemia
Palanca
Zitelle
le Zitelle
朱代卡岛
LA GIUDECCA
Redentore
威尼斯青年旅舍
Generator Hostel Venice
雷登特教堂
Il Redentore
0 250 500m

威尼斯周边
托尔切洛岛
Torcello
梅斯特雷地区
Mestre
利奥
Ca'da Lio
马可·波罗机场
Aeroporto
Marco Polo
布拉诺岛
Burano
自由桥
Ponte della
Libertà
穆拉诺岛
Murano
圣埃拉斯莫
Sant' Erasmo
罗马广场
Piazzale Roma
圣米凯莱岛
San Michele
圣马可广场
列·比诺列岛
Le Vignole
朱代卡岛
La Giudecca
利多岛
Lido
圣乔治·马焦雷岛
S.G. Maggiore
威尼斯潟湖
La Giudecca
亚得里亚海
Mare Adriatico
特雷波蒂运河
Canale di Treporti
圣米凯莱教堂
S. Michele
圣米凯莱岛
Isola di S. Michele
p.222-223
科莱奥尼骑马像
Mon. al Colleoni
圣乔凡尼和保罗大教堂
Ss. Giovanni e Paolo
Celestia
Bacini
圣弗朗西斯科教堂
S. Francesco d. Vigna
Campo d. Celestia
S. Lorenzo
圣乔治会馆（信徒会堂）
Scuola Dalmata S. Giorgio
degli Schiavoni
阿尔塞纳尔造船厂
Arsenale
Dársena Grande
圣扎卡里亚教堂
S. Zaccaria
S. M. d. Pietá
S. Giovanni in Brágora
造船厂的塔
Torri dell' Arsenale
Riva degli Schiavoni
S. Zaccaria
Arsenale
海洋历史博物馆
Museo Storico
Navale
S. Pietro di Castello
圣彼得罗岛
Isola di S.Pietro
Via Giuseppe Garibaldi
Fondam. S. Anna
圣马可水道
CANALE DI S. MARCO
Riva dei 7 Martiri
达尔米广场
Piazza d'Armi
Viale Garibaldi
Secco Marina
S. Giórgio
圣乔治·马焦雷教堂
S. Giorgio Maggiore
Giardini
Esposizione
现代美术国际展览会
Esposizione Internazionale
d'Arte Moderna
Dársena di S. Élena
圣乔治·焦雷岛
Isola di S. Giorgio Maggiore
市立公园
Giardini Pubblici
Teatro Verde
运动场
Campo Sportivo
S. Élena
圣埃莱娜岛
Isola di S. Élena
S. Élena
Canale della Grazia
B
C
3
4

1
2
A
B
C
Rio Terrà S.Leonardo
圣福斯卡旅馆
Ostello Santa Fosca
杰罗托卡尔德兰酒店
Alloggi Gerotto Calderan
C. d. Chiesa
C. Colonna
卡雷尔吉宫
Pal. Vendramin Calergi
（赌场）
洛坎达迪奥尔萨里亚酒店
Locanda di Orsaria
阿芭佳酒店
Abbazia
圣杰雷米亚广场
Campo S. Geremia
S. Geremia
Pal. Emo
Pal. Correr Contarini
Pal. Querin
Pal. Gritti
S.Marcuola
Via V. Emanuele
S. Fosca
Pal. Erizzo
Pal. Emo
Pal. Molin
库珀
Coop
Rio di Noale
大运河
Lista di Spagna
达尔·玛斯
Dal Mas
Riva di Biasio
Pal.Giovanelli
Casa Correr
斯卡尔齐教堂
Gli Scalzi
Riva di Biasio
阿尔·安佛拉
All' Anfora
Ramo Zen
Rio S. Zan Degolà
贝洛尼巴塔贾宫
Pal. Belloni Battagia
Ca'Tron
Pal. Priuli-Bon
C.po S. Stae
S. Stae
吉乔酒家
Vini da Gigio
Rio di S. Felice
Fondamenta S. Lucia
P.te d. Scalzi
Ferrovia
Calle Pisani
Lista dei Bari
圣欧达奇教堂
S. Stae
佩萨罗宫
Ca' Pesaro
黄金宫
Ca' d'Oro
意大利国营铁路公司
圣卢恰车站
Staz. F. S. Venezia
S. Lucia
Rio Marin
Campo S. Simeon Profeta
Calle Orsetti
贾科莫奥利奥教堂
S. Giacomo d. Orio
Calle del Tintor
Ca'Corner d'Regina
Ca'd'Oro
Pal. Sagredo
Pal. Brandolin-M.
Font. S. Simeon Piccolo
Campo N. Sauro
Runga Bella
Campo S. Giacomo dell'Orio
Rio del Megio
圣玛利亚母校
多米尼教堂
S. Maria Mater Domini
Rialto Mercato
圣卡西亚诺教堂
S. Cassiano
鱼市场
Pescheria
C.po della Pescaria
Corte Canal
C.po d. Strope
Calle d. Tintor
Campo S. Boldo
多米尼广场
Campo S. Maria Mater Domini
Campo S. Cassiano
Calle dei Botteri
Campo della Lana
R. S. Giacomo dell'Orio
C.po di S. Agostin
Rio di S. Boldo
埃万杰利斯塔会馆（信徒会堂）
Scuola di San Giovanni Evangelista
Scuola di S. Giovanni Evangelista
C.po S. Stin
Rio S. Agostin
菲奥雷小吃店
Osteria da Fiore
Rio della Madonnetta
Rio di S. Cassiano
Rio delle Beccarie
Calle Sansoni Donzella
莫里酒吧
Cantina do Mori
埃米莉奥斯卡图
Emilio Ceccato
S. N. d. Tolentino
C. d. Chiovere
Rio terrà S. Tomà
Rio di S. Stin
Rio di S. Polo
S. Aponal
C.po S. Aponal
圣波洛广场
Campo S. Polo
圣西尔维斯特罗教堂
S. Silvestro
C.po S. Silvestro
里沃特
Ribot
圣罗科教堂
S. Rocco
圣方济会荣耀圣母教堂
S. M. G. d. Frari
Campo dei Frari
Campo S.Rocco
圣波洛教堂
S. Polo
帕帕多波里宫
Pal. Papadopoli
Pal. Rava
Fondam. del Vin
S. Silvestro
圣罗科大会馆（大信徒会堂）
Scuola Grande di San Rocco
Pal. Bernardo
Pal. Dona
Pal. Dandolo
Pal. Loredan
C.po S. Tomà
S.Tomà
Pal. Barbarigo D. Terrazza
Pal. C.-Layard
CANAL GRANDE
格里马尼宫
Pal. Grimani
Ca' Farsetti
Rio della Frescada
Pal. Marcello d. Leoni
Pal. Tiepolo
Pal. Volpi
Campo S. Pantalon
Rio di Ca' Foscari
C. larga Foscari
Pal. Dandolo
S.Toma
S. Angelo
Pal. Benzon
Campo S. Beneto
Rio di S. Luca
科纳斯皮内利宫
Pal. Corner Spinelli
曼尼广场
Campo Manin
圣玛格丽塔广场
Campo S. Margherita
Pal. Balbi
Pal. Corner Spinelli
Pal. Mocenigo
Calle de la Mandola
Calle Sanudo
Pal. Contarini delle Figure
Rio di S. Angelo
波瓦罗台阶
Scala Contarini del Bovoro
福斯卡里宫
Ca' Foscari
Pal. Giustinian
Pal. Moro-Lin
Piscina S. Samuele
卡尔米尼会馆（大信徒会堂）
Scuola Grande dei Carmini
Campo S. Angelo
Rio della Verona
卡玛卡纳
Ca'Macana
雷佐尼科宫
Ca'Rezzonico
格拉西宫
Pal. Grassi
利索拉
Lisora
圣斯特法诺教堂
S. Stefano
圣方丹教堂
S. Fantin
Campo S. Fantin
卡尔米尼教堂
i Carmini
S. Samuele
圣巴尔纳巴教堂
S. Barnaba
Rio di S. Barnaba
Pal. Malipiero
Pal. Contarini-M
Ca'Rezzonico
C.d. Spezier
凤凰剧院
Teatro la Fenice
萨图尔尼亚国际大酒店
Saturnia
Calle Lunga S. Barnaba
Ca'del Duca
Rio del Duca
圣斯特法诺广场
Campo S. Stéfano
Campo S. Maurizio
圣扎卡里亚
Scola San Zaccaria
3月22日大街
Calle Larga il 22 Marzo
Calle Lunga S. Barnaba
Rio Malpaga
C. dei Cerchier
Pal. Falier
圣巴尔纳巴广场
Campo San Barnaba
Rio della Toletta
Pal. Moro
Pal. G. Lolin
Rio del Santissimo
Dose Da Ponte
Rio dell' Albero
Pal. Contarini D'Scrigni
巴尔巴罗宫
Pal. Barbaro
科纳宫
Pal. Corner Ca'Grande
威尼斯体育场
Venetia Stadium
Pal. Gambara
Pal. Cavalli Franchetti
圣特罗瓦索酒馆
Taverna San Trovaso
Accademia
C.po d. Carità
学院桥
Ponte dell'Accademia
Pal. Pisani
Pal. Gritti
Giglio
佛洛拉
Flora
Rio della Pieta
Rio Ognissanti
Rio di S. Trovaso
学院美术馆
Gallerie dell' Accademia
Pal. Rota
达里奥宫
Pal.Dario
Salute
圣特罗瓦索教堂
S. Trovaso
坎迪诺内
Cantinone
Pal. Barbarigo
Pal. Genovese
C.po d. Salute
扎特雷
Fondamenta Zattere Ponte Lungo
斯库埃罗贡多拉船造船厂
Squero di S. Trovaso
Rio terrà A. Foscarini
佩吉·古根海姆美术馆
Collezione P. Guggenheim
安康圣母教堂
S. Maria d. Salute
CANALE DELLA GIUDECCA
朱代卡运河
Gesuati
C.po S. Agnese
拉卡尔奇纳
La Calcina
Rio di S. Vio
Rio della Fornace
Zattere
Zatt. ai Gesuati
Zatt. allo Spirito Santo
Fond. Zattere ai Saloni

威尼斯中心区
0
100
200m
N
A
B
C
3
4
Abbazia della Misericórdia
Canale della Misericórdia
Fondamenta Nuove
Fond. Nuove
耶稣会长教堂
Gesuiti
Rio di S. Caterina
Calle Racchetta
Rio dei Gesuiti
C. d. Pietà
Calle del Fumo
新街
威尼斯乌纳酒店
UNA Hotel Venezia
Due Pozzi
Rio di Ca'Dolce
Rio di S. Sofia
Rio terà Barba Fruttariol Madonna
詹尼印刷厂
Tipografia B.Gianni
阿拉·维多瓦
Alla Vedova
乔尔乔涅
Giorgione
维托里奥·科斯坦蒂尼
Vittorio Costantini
C. d. Squero
Rio dei Mendicanti
Strada Nova
Pal. Foscari
圣阿波斯托利教堂
Ss. Apóstoli
Pal. Michiel D. Colonne
Campo Ss. Apostoli
Rio dei Santi Apostoli
Rio terà dei Biri
Rio della Panada
Calle della Testa
Fondamenta Nuove
Ospedale
Pal. Mangilli-Valmarana
卡达·莫斯托
Ca'da Mosto
阿尔贝托酒馆
Osteria da Alberto
托斯卡纳餐馆
Fiaschetteria Toscana
圣克里索斯托莫教堂
S. G. Crisostomo
米拉科利圣母堂
S. M. d. Miracoli
圣马可会馆（信徒会堂）
Scuola di S. Marco
Campo Ss. Giov. e Paolo
S. Giustina
Fabbriche Nuove
Fabbriche Vecchie
S. Giov. Elemosinario
Pal. Dieci Savi
Pal. Civran
巴拉巴巴奥
Barababao
科莱奥尼骑马像
Mon. al Colleoni
圣乔凡尼和保罗大教堂
Ss. Giovanni e Paolo
Calle della Cappuccine
Rio di S. Giustina
里亚尔托的圣贾科莫教堂
S. Giacomo di Rialto
贾科莫里佐
Giacomo Rizzo
德国人商务会馆
Fondaco dei Tedeschi
Rio di San Marina
Campo S. Marina
Pindemonte di Borgoloco
Barbaria delle Tole
DFS
里亚尔托桥
P.te di Rialto
吉斯隆餐馆
Rosticceria Gislon
Rio di S. Giovanni Laterano
圣弗朗西斯科教堂
S. Francesco d. Vigna
Campo S. Giustina
Rialto
圣巴尔托洛梅奥广场
Campo S. Bartolomeo
吉普恰普
Cip Ciap
圣玛利亚福莫萨广场
C. S. Maria Formosa
C. Lunga S. M. Formosa
马斯卡隆餐馆
Al Mascaron
Pal. Dolfin-Manin
圣巴尔托洛梅奥教堂
S. Bartolomeo
本博宫
Pal. Bembo
邮局
C.po della Fava
艾瑞里酒店
Ai Reali
Salizzada S. Lio
圣玛利亚福莫萨教堂
S. M. Formosa
Rio di San Severo
C. larga S. Lorenzo
Campo S. Lorenzo
S. Lorenzo
圣萨尔瓦多教堂
S. Salvador
Rio di S. Zulian
里瓦酒店
Riva
库埃里尼·斯坦帕利亚美术馆
Pinacoteca Querini Stamparia
Fond di S. Severo
Rio di S. Lorenzo
圣乔治会馆（信徒会堂）
Scuola Dalmata S. Giorgio degli Schiavoni
圣卢卡广场
S. Luca
Calle dei Fabbri
威尼斯星际辉煌酒店
Splendid Venice
梅尔切利耶
Mercerie
圣朱利安教堂
S. Zulian
洛坎达西尔瓦酒店
Locanda Silva
化妆舞会餐馆
Il Ridotto
阿尔奇格塔
All'Aciugheta
Calle del Lion
Calle dei Furlani
西尔尼西玛酒店
Serenissima
p.225
Calle Fiubera
C. larga S. Marco
Provolo Fond. dell'Osmarin
时钟塔
Torre dell'Orologio
康科迪亚酒店
Concordia
Salizz. S. Provolo
圣扎卡里亚教堂
S. Zaccaria
Rio dei Greci
Calle Bosello
Rio dell Pietà
雷斯登塞酒店
La Residenza
盟可睐
Moncler
Bacino Orseolo
圣马可教堂
S. Marco
弯德里咖啡馆
Caffè Quadri
里韦塔餐馆
Trattoria Alla Rivetta
萨沃亚&尤兰达酒店
Savoia & Jolanda
Campo S. Zaccaria
Calle dietrola Pietà
Campo Bandiera e Moro
科特·斯康塔
Corte Sconta
科雷尔博物馆
MuseoCorrer
圣马可广场
P.za S. Marco
钟楼
Campanile
总督府
Palazzo Ducale
牢狱
Prigioni
Calle delle Rasse
帕加内利酒店
Paganelli
皮埃塔教堂
La Pietà
梅特餐馆
Met
宝利
Pauly
普拉达
Prada
路易·威登
Louis Vuitton
Pal Dandolo
大都会酒店
Metropole
S. Giovanni in Brágola
阿尔·科沃
Al Covo
斯基亚沃尼河岸
Riva degli Schiavoni
弗斯特
Forst
S. Zaccaria
Riva Schiavoni
Salizz. S. Moisè
Rio dei Giardinetti
圣马可小广场
Piazzetta S. Marco
叹息桥
P.te dei Sospiri
圣莫伊兹教堂
S. Moisè
国立马尔切纳图书馆
Liberia Marciana
弗洛里安咖啡馆
Caffè Florian
古驰
Gucci
Ca' Giustinian
Capitan di Porto
Arsenale
Vallaresso
S. Marco
Pal. Tiepolo
Fondam. d. Farine
哈利酒吧
Harry's Bar
圣马可水道
CANALE DI S. MARCO
摩纳哥大运河酒店
Monaco e Grand Canal
海关大楼现代艺术画廊
Punta della Dogana
圣乔治·马焦雷岛
Isola di S. Giorgio Maggiore
S. Giórgio
Bacino

●邮政编码　　30124

罗马广场的 ❶ 旅游咨询处

住 Piazza Roma，Garage ASM
☎ 041-5298711
开 8:30~14:00
休 1/1、12/25
地 p.220 B1

圣马可广场的 ❶ 旅游咨询处

住 San Marco 71/f
☎ 041-5298711
开 8:30~19:00
休 1/1、12/25
地 p. 223 C3

马可·波罗机场的 ❶ 旅游咨询处

住 机场到达大厅内
☎ 041-5298711
开 8:30~20:00
休 1/1、12/25

圣卢恰火车站的 veneziaSi

☎ 041-715288
开 8:00~21:00
休 无
地 p.220 A1
URL www.veneziasi.it

邮局

住 Calle S.Salvador 5016
☎ 041-2404149
开 8:30~18:30
周六　　8:30~13:00
休 周日
地 p.223 B3

威尼斯的旅游信息

●威尼斯的旅游咨询处

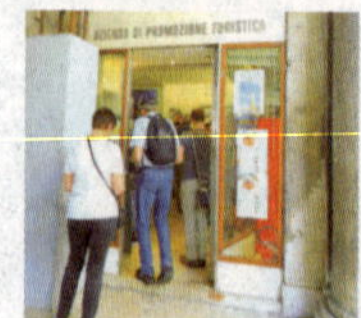

圣马可广场的 ❶

在圣卢恰车站的站前，罗马广场（背对瓦波雷托乘船处的右前方，建筑内部）、圣马可广场、机场等处设有 ❶ 旅游咨询处。里面除了销售旅游指南书、地图（收费€ 3）之外，还销售瓦波雷托的船票和各景点通票（→ p.219）、巡游威尼斯卡（→ p.230）等。提供酒店信息的 veneziaSi 位于圣卢恰车站前、机场等。

旅游旺季时设在圣卢恰车站前的临时旅游咨询处 ❶

●货币兑换处

威尼斯的外汇汇率不太好。而且不同兑换处的汇率差价也很大，一般来说，离开繁华地段地方的汇率会好一些。但是汇率好的地方手续费也高，而手续费低的汇率又不太好，这已经成了普遍规律。兑换的时候可以多比较几家，在最有利的兑换处换钱。银行和货币兑换处主要集中在圣卢恰车站内、里亚尔托桥附近、圣马可广场等地方。

●邮局和电话

fs 车站附近的邮局（住 Lista di Spagna 233 开 周一～周六 8:20~13:35）、总局在里亚尔托桥附近的圣萨尔瓦多教堂旁边（住 S.Marco 5016，Ca' Faccanon）。本岛大约有 10 家邮局，可以在酒店打听一下距离最近的邮局。

灵活使用各种通票

有一种通票可以将各景点门票集中在一起，每个景点只限使用一次。①类通票中，不含各景点的单独门票。①②③类通票在各景点或旅游咨询处都可以购买。④类通票在圣卢恰车站前、瓦波雷托的主要售票处等的 Hellovenezia 柜台购买。

①圣马可广场周边的景点通票

Biglietto per I Musei di Piazza San Marco

对象 总督府、科雷尔博物馆、国家考古学博物馆、国立马尔切纳图书馆

费 € 19、打折票（6~25 岁、65 岁以上、巡游威尼斯卡持有者）€ 12（3 个月有效）

②美术馆、博物馆通票　Museum Pass

对象 ①类通票的所有景点、雷佐尼科宅邸、莫切尼高宫殿、格尔德尼之家、佩萨罗宫、玻璃博物馆（穆拉诺岛）、花边装饰艺术博物馆（布拉诺岛）、自然史博物馆

费 € 24、打折票（巡游威尼斯卡的持有者）€ 18（6 个月有效）

※ ①②两种通票设有家庭优惠票 Offerta Famiglie Biglietto per I Musei di Piazza San Marco/Museum pass。适合两成人，一个孩子以上的家庭，如果购买一张成人票，同一家族的其他人都可以享受优惠。

③教堂加盟通票 Chorus Pass

对象 含圣母堂、圣方济会荣耀圣母教堂在内，通用于共 16 个教堂。

费 € 12（一年有效）、打折票€ 8、教堂·学校通票€ 3、教堂家庭通票€ 24

URL www.chorusvenezia.org 电话：041-2750462

④威尼斯城市交通卡 VENEZIAUNICA

从 ACTV 公司、Alilaguna 公司的机场线、瓦波雷托的船票、①～③的通票、免费使用公共洗手间或者 Wi-Fi 等内容中，按照自己的喜好选择使用线路、期间、时间的个人定制通票。可以在当地的 Hellovenezia 柜台（车站前、罗马广场的瓦波雷托售票处都有）购买。也可以在网上购买。在网上购买以后需要在上述柜台取票。

URL www.veneziaunica.it（可用英语）

圣马可广场周边

圣马可广场 Piazza San Marco

Map p.223 B·C3 p.225

和平鸽飞翔，音乐流淌的大广场

★★★

位于威尼斯中心的圣马可教堂前的这个广场，是来自世界各地旅行者聚集的地方。广场正面是圣马可教堂（Basilica di San Marco），其右侧是总督府（Palazzo Ducale），在它前面矗立着的带翅膀的狮子像是威尼斯的守护神，也是圣马可的象征性建筑。教堂正面是科雷尔博物馆（Museo Civico Correr）和新执政厅（咨询处在一层）。广场上还有建筑风格与教堂形成鲜明对比的四角钟楼（Campanile），可以乘坐电梯到达顶部。

在广场正面的是圣马可教堂

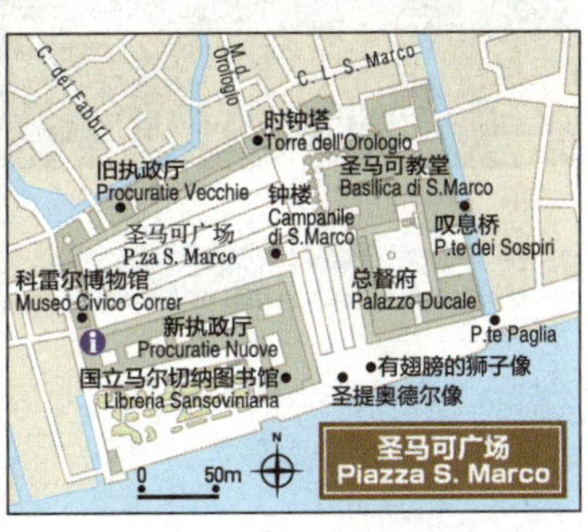

从钟楼上俯瞰圣马可广场

圣马可教堂 Basilica di San Marco

Map p.223 B3

祭奠城市的守护圣人——圣马可

★★★

9世纪时为收藏从埃及运回来的圣马可的遗体而建。在几次遭遇大火

前往圣马可广场的交通方式

前往圣马可广场可以乘坐瓦波雷托1号线或者2号线在圣马可站（San Marco）或圣扎卡里亚站（San Zaccaria）下船。

洗手间情况

圣马可教堂的二层以及威尼斯各处都设有公共洗手间，在城市街角都设有“Toilette”的箭头指向标。有的洗手间入口处有工作人员收费，有的洗手间则需要使用威尼斯卡或者投币。另外，如果只是为了上厕所而去酒吧点饮品的话，建议去规模稍大点的酒吧。

售票处的截止时间

威尼斯的美术馆、博物馆等景点，除了特别标注的地方之外，售票截止时间一般是闭馆前一小时。

● 圣马可教堂
住 Piazza San Marco
☎ 041-5225205
开 9:45~17:00
周日、节假日 14:00~16:00
4~11 月的周日、节假日 14:00~17:00
费 黄金祭坛 € 2.50
珍宝馆 € 3
博物馆 € 4
※ 进入圣马可教堂有一定的服装要求，穿无袖衫、短裤、超短裙等裸露皮肤的服装均不得入内。另外，在参观内部时，必须脱帽、保持安静。禁止拍照，时刻不要忘记这里是宗教场所。旅行背包等大件行李需要寄存在稍微有些距离的储物柜中。

为了避免排队最好提前预约
URL venetoinside.com
预约费：€ 1

拥有异国风情穹隆顶的圣马可教堂

祭奠着守护圣人圣马可

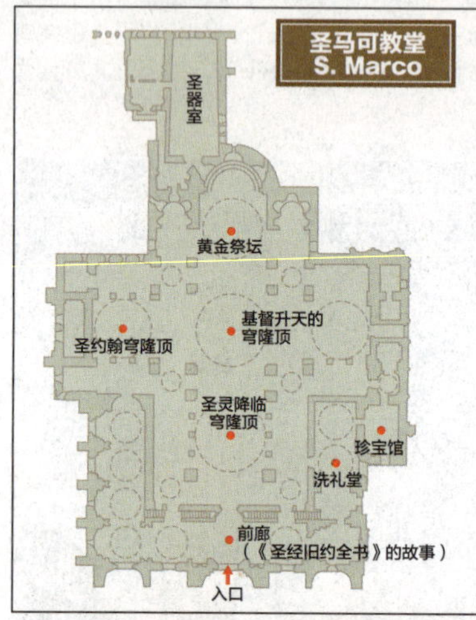

之后重建，至今已经历多次修复。到了冬天，地面有时会浸在水里，走路时一定要注意。

入口处上部有四座青铜马像（复制品），是 13 世纪威尼斯十字军从君士坦丁堡带回来的物品，据说是公元前 400~200 年前后的作品。后来拿破仑曾把它作为战利品运到巴黎，又得以归还。真品在陈列馆内部。圆形天花板上的马赛克镶嵌画取材于《圣经 · 旧约全书》。

位于右侧的洗礼堂的马赛克也非常优美。位于中央祭坛后面的黄金祭坛（Pala d' Oro）是教堂具有代表性的珍品。在教堂最右边有珍宝馆（Tesoro），里面陈列着 1204 年十字军从君士坦丁堡带回来的战利品。

庄严的圣马可教堂内部

● 钟楼
住 Piazza San Marco
☎ 041-5224064
开 复活节 ~6/30、10 月 9:00~19:00
7/1~9/30 9:00~21:00
11/1~ 复活节 9:00~15:45
※7~9 月，有时会延长到 24:00
休 12/25 左右 ~ 大约 20 天
费 € 8

钟楼 Campanile

Map p.223 C3

高耸入云

★★

如果想眺望城市全景，就登顶钟楼吧

钟楼耸立于圣马可广场，高达 96.8 米。由红砖建造而成，直插入云的简约风格，有着与教堂截然不同的美感。钟楼下面的大理石以及雅致的青铜装饰是 16 世纪的作品。钟楼在 1912 年时进行了重建。可乘坐电梯直达顶层，眺望威尼斯潟湖以及城市全景。

时钟塔 Torre dell'Orologio

Map p.223 B3

摩尔人用来报时

★

位于圣马可广场北侧，是凉廊建筑的一部分。15 世纪由康德奇修建。顶部有两个摩尔人的青铜像，正在撞击大钟报时。内部狭窄，是很陡的台阶。

圣马可广场上另一个观景台——时钟塔

●时钟塔
■ Mercerie, San Marco
☎848082000（预约、意大利国内免费拨打）
休 1/1、12/25
※ 需要提前预约才能参观
费 €12

总督府 Palazzo Ducale

Map p.223 C3

具有光辉历史的威尼斯总督的市政厅

★★★

总督府建于9世纪，是威尼斯共和国总督的市政厅，曾多次遭遇火灾，现在的建筑建于15世纪。入口在教堂右侧，珍宝馆的后面。总督府内有很多评议员专用的房间和大会议室，装饰着丁托列托、委罗内塞等人的精美绘画作品。其中二层的大评议员会议室内展示着的丁托列托的作品《天国》(*Paradiso*)，有7米×22米，据说是世界上最大的油画。规模之大足以让参观者为之倾倒。

从大运河眺望的总督府（右）和钟楼

位于总督府内中庭里的青铜质水井

●总督府
☎041-2715911
开 3/26~11/1 8:30~19:00
11/2~次年 3/25 8:30~17:30
休 1/1、12/25
费 通票€19 或€24
※ 闭馆前一小时截止售票

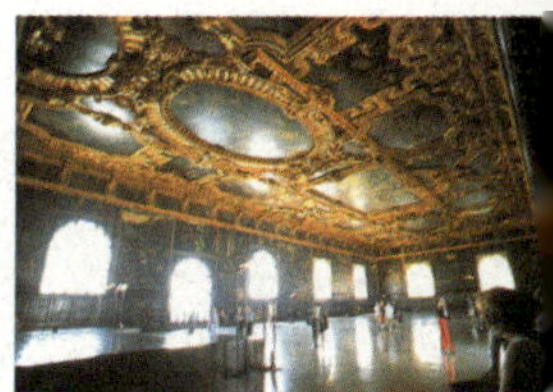

总督府内大评议员会议室

威尼斯漫步方法 在威尼斯圣卢恰车站下车。走出车站后，眼前就是宽广的大运河。首先前往最著名的景点圣马可广场。途中会经过里亚尔托桥。交通工具可选择被称为瓦波雷托的合乘船或者步行前往。乘坐各站停靠的瓦波雷托从圣卢恰车站到圣马可广场大约需要1小时。步行也差不多需要1小时。沿着随处可见的写着“San Marco”的路标走就能到达，不会迷路。

圣马可广场 →p.225 ▶ 圣马可教堂 →p.225 ▶ 总督府 →p.227 ▶ 大运河沿岸 →p.229 ▼ 里亚尔托桥 →p.230 ◀ 学院美术馆 →p.231 ◀ 圣乔瓦尼和保罗大教堂→p.233 ◀ 圣罗科大会馆 →p.234

执政厅（行政长官府）Procuratie

Map p.225

曾经的威尼斯行政中心

★

左为旧执政厅，右为新执政厅

面对圣马可教堂，围绕着广场的凹形建筑物就是执政厅。如今周围的咖啡馆、宝石店、礼品店等给人一种喧宾夺主的感觉。面向圣马可教堂左侧的是旧执政厅，右侧的是新执政厅。这里就是曾经的威尼斯共和国行政长官办公室的所在地。

旧执政厅建成于 12 世纪，16 世纪遭遇火灾后重建。新执政厅是应城市发展的业务扩张需要，建于 16~17 世纪。

● 科雷尔博物馆

☎ 848082000

开 4/1~10/31　10:00~19:00

11/1~ 次年 3/31　10:00~17:00

休 票 与总督府相同

※ 闭馆前一小时截止售票

科雷尔博物馆 Museo Civico Correr

Map p.223 C3

反映昔日生活状态的博物馆

★★

反映平民生活的科雷尔博物馆

位于广场西侧，教堂正面的建筑内的二层和三层。里面有很多令人想到威尼斯历史和当时人们生活画面的展品。古时候的菜单和贡多拉的图片等也让人感觉妙趣横生。安托内洛·达·墨西拿的《圣母怜子》(*Pieta*)、卡尔瓦乔的《两名威尼斯妇人》(*Le due Veneziane*)非常闻名。

● 叹息桥

■圣马可广场后面

■乘坐瓦波雷托 1 号线或 2 号线在圣扎卡亚里（San Zaccaria）下船

叹息桥 Ponte dei Sospiri

Map p.223 C3

能听到绝望的叹息声

★★

叹息桥

沿着总督府内部的台阶往下走，或者站在面向河岸的帕里拉桥（Ponte Paglia）上都可以看到叹息桥。据说总督府的地下牢房一到涨水期就变成了水牢，而且过了这座桥的囚犯就再也不能回到这个世上了。所以留下了桥上的小窗口边会经常传出叹息声，像是有人在表达惜世离别之情的传说。不过卡萨诺瓦曾从这里成功越狱，一时传为佳话。从总督府出来就可以进行内部参观。

大运河周边

大运河沿岸

乘坐瓦波雷托游览大运河

乘坐瓦波雷托游览大运河

大运河（Canal Grande）长约3800米，呈倒S形蜿蜒而行，将圣卢恰车站和圣马可广场之间的城市一分为二，让我们乘坐瓦波雷托，沿着运河来一次愉快的、最具有威尼斯特色的游船之旅吧。

建议乘坐瓦波雷托1号线，因为它在各站都会停靠，可以慢慢欣赏沿途的美景。乘船处位于出了车站正对面的地方，很容易找。或者往右走400米，过桥后从始发站罗马广场乘船。

车站乘车处正对岸的小小的圆形建筑是圣·西梅恩·匹卡罗教堂（San Simeon Piccolo）。观赏着左侧的斯卡尔齐教堂（Gli Scalzi），不知不觉间就会穿过斯卡尔齐桥。运河河面逐渐变得开阔，在有的时间段，水面在阳光的照射下波光粼粼，与两岸古老的建筑物形成美丽的对照。不一会儿，运河会缓慢地向右拐一个弯儿。这时在左侧能看到拱形窗户，16世纪文艺复兴样式的三层建筑物，这就是文德拉明宫（Palazzo Vendramin Calergi）（现在是赌场）。1883年2月13日，作曲家瓦格纳在这里与世长辞。

不久就能看到右边的巴洛克式的3层建筑佩萨罗宫（Ca' Pesaro）。现在它的一部分成了近代美术馆。左前方，有漂亮阳台的哥特式建筑是黄金宫（Ca'd'Oro）。右侧是鱼市场，有很多小船在这里出入。当运河向右拐个大弯后，威尼斯的名胜——里亚尔托桥（Ponte di Rialto）就映入了眼帘。从这里到圣马可广场很近，所以很多游客都会在这里上下船。

离开里亚尔托桥后不久，左边就能看到12世纪的罗马式建筑——总督府市政厅。在它前面的是16世纪文艺复兴样式的3层建筑格里马尼宫（Palazzo Grimani）。不一会儿运河第一次往左拐一个大弯，正对面的四层建筑是14世纪哥特式建筑的杰作——福斯卡里宫（Ca'Foscari），现在这里已经是威尼斯东方大学的所在地。再往前是16世纪贵族的宅邸——雷佐尼科宫（Ca'Rezzonico）。如今已经成为收藏威尼斯17世纪美术作品的美术馆。随着船的前进，正面是通往学院美术馆（Galleria dell'Accademia）的学院桥。穿过学院桥以后，河面变得开阔起来，当看到右边美丽的八角形建筑安康圣母教堂（Santa Maria della Salute）时，大运河旅程也就宣告结束了。

大运河的贵妇人——安康圣母教堂

16世纪建造的里亚尔托桥

■咖啡馆的规定

位于圣马可广场的咖啡馆会有现场演奏，氛围非常浪漫。有现场演奏的时候，除了收取饮料费之外，还会向每位客人收取桌位费（每人€3~6，各店有所不同）。不同的饮料价格不一样，有时价格会和在便宜的餐馆吃一顿饭的价钱差不多。如果只想买杯饮料解渴的话，最好是站着喝。一旦坐下来，那就最好坐1小时，好好感受一下这里的氛围。

威尼斯的气候与服装

冬季非常寒冷。如果想乘坐贡多拉和瓦波雷托，就要穿上厚厚的外套，戴上帽子、手套、围巾，准备简易的暖宝宝等。冬末初春的时候，有时会出现高水位涨潮，路上会搭起简易桥。下午就会退潮，最好穿一双防水的鞋。

大运河周边 主要景点

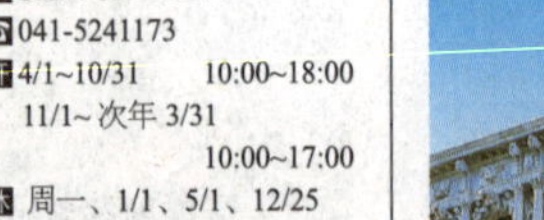

佩萨罗宫 Ca'Pesaro

Map p.222 A2

圣马可教堂行政官的宅邸

★

威尼斯贵族的宅邸

这里是13世纪因从事运输业而发家致富的行政官员——佩萨罗的宅邸，是建于17~18世纪的巴洛克样式的建筑。使用了很多装饰柱，造型优雅，已经成为运河边的一道美丽的风景。

内部二层和三层的一部分是近代美术馆（Galleria Internazionale d'Arte Mondema），以展示威尼斯双年展的作品为主。四层是东方美术馆（Museo Orientale），展出从中国和日本运来的象牙工艺品、服饰和陶器等，值得一看。

●佩萨罗宫

现代美术馆·东方美术馆通票。

住 Santa Croce 2076

☎ 041-5241173

开 4/1~10/31　10:00~18:00
11/1~次年3/31　10:00~17:00

休 周一、1/1、5/1、12/25

费 €10（两馆通票）、优惠票€7.50

年轻人可以巧妙地省钱

巡游威尼斯卡 Rolling Venice Card

以15~29岁青年为对象，部分美术馆·博物馆、瓦波雷托船票（72小时券€40，或€28），以及餐馆、酒店等都可以享受优惠。在威尼斯各地的 ❶ 旅游咨询处或 Hellovenezia 可以购买（€6），购买时需要出示护照和证明用的面部照片。

黄金宫 Ca'd'Oro

Map p.222 A2

威尼斯哥特式建筑的最高杰作

★★

华丽的黄金宫

建于1440年，是威尼斯哥特式建筑中最杰出的代表作。造型精致的阳台非常引人注目。曾被称为“黄金的宫殿”，据说建筑物表面涂了金，以前曾经金光闪闪的。如今，这里已经变成法兰盖提美术馆（Galleria Franchetti），对公众开放。

●黄金宫（法兰盖提美术馆）

住 S. Sofia，Cannaregio 3932

☎ 041-5222349

开 8:15~19:15
周一　8:15~14:00

休 1/1、5/1、12/25

费 €6（特别展览时€10）
※第一个周日免费　※寄存物品€1

■乘坐瓦波雷托1号线在黄金宫 Ca' d'Oro 站下船

里亚尔托桥 Ponte di Rialto

Map p.223 B3

眺望水面上穿行的贡多拉

★★

以前是木质的桥，16世纪末被改造成现在的石桥。这一带一整天都会人流如织，充满了活力。游客可以从桥上眺望运河，也可以在两边的商店逛街购物，这是可以充分沉浸在威尼斯特有氛围的地方。

瓦波雷托或者摩托艇等各种船只在里亚尔托桥下交错穿行

●里亚尔托桥

■乘坐瓦波雷托1号线或者2号线在里亚尔托桥站下船

里亚尔托桥下的购物街

鱼市场 Pescheria

Map p.222 A2

对美术鉴赏疲倦后，可以去热闹的市场看一看

在鱼市场，你会惊讶于鱼类产品竟然如此丰富

市场位于里亚尔托桥附近，黄金宫的对岸。乘坐运行在大运河的瓦波雷托时，也能看到它的部分面貌。从亚得里亚海打捞上来的鱼类、贝类、蔬菜、水果琳琅满目，色彩非常丰富。从早上一直开到午后，如果想看看热闹的场景，最好早点出发。

雷佐尼科宫 Ca'Rezzonico

Map p.222 C1

古代的威尼斯博物馆

★★

巴洛克样式的典范

这个18世纪的宫殿内部，如今已经成为威尼斯18世纪博物馆（Museo del'700 Veneziano），可以从展出的家具、日用品中窥见当时的生活。从舞厅（Salone da Ballo）以及提埃坡罗的绘画作品中，可以感受到当时的奢华。四楼有风俗画廊，以及再现当时药店模样的展示区。

学院美术馆 Galleries dell'Accademia

Map p.222 C1

集中了威尼斯画派的杰作

★★★

与圣马可教堂一样是威尼斯不容错过的景点。收藏有乔尔乔涅、乔凡尼·贝利尼等14~18世纪威尼斯画派以及托斯卡纳派画家的作品。

馆内还收藏着提香未完成的作品《圣母怜子》（*Pietà*）、画在一面墙上的委罗内塞的《利未家的宴会》（*Convinto in Casa di Levi/Banchetto del Levi*）、丁托列托的《圣马可的奇迹》（*Miracolo di S.Marco*）、乔尔乔涅的《暴风雨》（*Tempesta*）、詹蒂莱·贝里尼的《圣马可广场的游行》（*Processione in Piazza S.Marco*）等，都是威尼斯绘画作品的杰作。

画作《圣马可广场的游行》中描绘的便是15世纪末的场景

●鱼市场

从东侧过里亚尔托桥，往右手里侧走就到了。或者坐渡轮到对岸的黄金宫也可以走到。休 周日、周一

●雷佐尼科宫（威尼斯18世纪博物馆）

住 S.Barnaba, Dorsoduro 3136
☎ 848082000
开 4/1~10/31 10:00~18:00
11/1~次年3/31 10:00~17:00
休 周二、1/1、5/1、12/25
费 €10（通票€24）
■乘坐瓦波雷托1号线在雷佐尼科宫（Ca'Rezzonico）下船

陈列着建于18世纪贡多拉的一层大厅

●学院美术馆

住 Accademia, Dorsoduro 1050
☎ 041-5222247
开 周一 8:15~14:00
周二~周日 8:15~19:15
周五 20:00~22:00 也开放
休 1/1、5/1、12/25
费 €12（特别展时价格会发生变化）
※闭馆前30分钟截止入馆
■乘坐瓦波雷托1号线、2号线在学院站（Accademia）下船
※储物柜€1、贵重物品柜€1。有语音讲解器（一个人用€6。需要出示护照）

集中展示各种杰作！？

学院美术馆长期处于施工状态中。有些展室会被封闭，因此大部分杰作都集中在参观线路中最后一站的第23展室里。贝利尼、曼特尼亚、皮耶罗·德拉·弗朗切斯卡、乔尔乔涅等的作品都在这里展出，慢慢欣赏吧。

曾经的卡里塔会修道院，学院美术馆

●佩吉·古根海姆美术馆
住 San Gregorio, Dorsoduro 701
☎ 041-2405411
开 10:00~18:00
休 周二（节假日除外）、12/25
费 €15、学生 €9、65 岁以上 €13
■乘坐瓦波雷托 1 号线在 Salute 下车

佩吉·古根海姆美术馆 Collezione Peggy Guggenheim

Map p.222 C2

绿荫葱茏的现代美术馆

★★

庭院里也点缀着作品

距学院美术馆步行约需 3 分钟。矗立在运河沿岸，拥有一个小巧精致，绿意盎然的庭院的现代美术馆，展出有毕加索、贾科梅蒂、德·克里克、康斯坦丁等代表现代美术最高水准的艺术家的绘画和雕刻作品。

●安康圣母教堂
☎ 041-2743928
开 教堂 9:30~17:30
周日 9:30~12:00
15:00~17:30
圣器室 10:00~12:00
15:00~17:00
周日 15:00~17:00
费 €4（只限圣器室）
※ 教堂码头，海关前
■乘坐瓦波雷托 1 号线在安康圣母教堂（Salute）下船

安康圣母教堂 Santa Maria della Salute

Map p.222 C2

向圣母致以最崇高的敬意

★★

从对岸眺望安康圣母教堂

教堂拥有圆形的巨大穹隆顶，用洁白的大理石勾勒出的八角形，在运河水和阳光的映衬下熠熠生辉，是这座城市的象征，是巴洛克风格的杰作。中央祭坛左侧的圣器收藏室（Sagrestia）是必看的地方。墙壁和天花板上有提香和丁托列托的作品。墙壁上的《卡纳的婚礼》（*Nozze di Cana*）是丁托列托的作品；天花板上的《该隐与亚伯》（*Caino e Abele*）、《大卫与歌利亚巨人》（*Davide e Golia*）、《以撒的牺牲》（*Sacrificio d'Isacco*）都出自提香之手。

●海关大楼现代艺术画廊
住 Dorsoduro 2
☎ 199112112
开 10:00~19:00（入馆截止～18:00）
休 周二、12/25
费 €15
■乘坐瓦波雷托 1 号线在安康圣母教堂（Salute）下船

海关大楼现代艺术画廊 Punta della Dogana Centro d'Arte Contemporanea

Map p.223 C3

集现代美术之精粹的中世纪海关

★★

由海关改建而成的现代美术馆

这里曾经是 15 世纪船运货物卸货的海关大楼，日本人安藤忠雄在尽量保留古建筑原有结构的原则下，将其改建成为美术馆。收藏品被誉为“汇集了具有代表性现代艺术家们的杰作”。

其他地区

圣乔瓦尼和保罗大教堂 Santi Giovanni e Paolo

Map p.223 B4

祭奠历代总督的宏伟教堂 ★★★

位于里亚尔托桥东北侧约400米处，是建于13~15世纪的哥特样式的宏伟教堂。三廊式的建筑物内部非常宽广，放置着历代总督的墓碑和纪念碑。中央祭坛旁边的有色玻璃展齐集了威尼斯玻璃制作工艺的所有精华，非常引人注目。不容错过的还有贝利尼的《圣维琴察·费雷尔的多翼祭坛画》(*Polittico di S.Vincenzo Ferreri*)（位于入口右侧的第二个礼拜堂）、念珠祈祷堂（Cappella del Rosario）（中央祭坛左）内的委罗内塞的作品《圣母领报》(*Annunciazione*)《牧羊人的礼拜》(*Adorazione dei pastori*)、《圣母升天》(*Assunta*)等。

广场前面矗立着一尊由韦罗基奥创作的威风凛凛的《科莱奥尼骑马像》(*Monumento al B.Colleoni*)。科莱奥尼是贝加莫的领主，威尼斯的雇佣兵军团队长。这尊雕像与帕多瓦的多纳泰罗的《加塔梅拉塔骑马像》一起，被誉为文艺复兴时期的代表作。

雄伟壮观的圣乔凡尼保罗大教堂

必看的贝利尼的多翼祭坛画

●圣乔瓦尼和保罗大教堂

☎041-5235913

开 9:00~18:00
周日、节假日12:00~18:00

费 €2.50，学生€1.25

■ 乘坐瓦波雷托41、42、51、52号线在医院站（Ospedale）下船

《科莱奥尼骑马像》

米拉科利圣母堂 Santa Maria dei Miracoli

Map p.223 B3

威尼斯文艺复兴初期的宝石 ★

教堂内外都使用了大量大理石进行装饰，非常美丽，被称为“威尼斯文艺复兴的宝石”。每个细节都如雕琢工艺品般进行了精雕细琢。特别是T.隆巴尔雕刻的小柱子，工艺精湛，极具美感。

可爱的米拉科利圣母堂

●米拉科利圣母堂

开 周一 10:30~16:00
周三~周六 10:30~16:30

休 周日、周二、1/1、8/15、12/25

费 €3（→p.224 通票）

■ 乘坐瓦波雷托1号线、2号线在黄金宫或者里亚尔托（Rialto）下船

●圣罗科大会馆（大信徒会堂）
住 Campo San Rocco，San Polo 3052
☎ 041-5234864
开 9:30~17:30
休 1/1、12/25
费 与圣罗科教堂的通票€10，26岁以下、65岁以上€8
※ 闭馆前30分钟截止入馆
■ 乘坐瓦波雷托1号线或者2号线在圣托马站（San Toma）下船

圣罗科大会馆（大信徒会堂） Scuola Grande di San Rocco

Map p.222 B1

展现了丁托列托的全部才华

★★★

大信徒会堂的2层是豪华的大厅

圣罗科大会馆外观（左）与圣罗科教堂

教堂是建于16世纪的文艺复兴风格建筑。内部的墙上、天花板上共有70多幅丁托列托的绘画作品，是他花了20年时间完成的倾心之作。必看的有一层的《圣母领报》（*Annunciazione*）、《残杀婴儿》（*Strage degli Innocenti*），二层的《铜蛇的奇迹》（*Il Miracolo del Serpente di Bronzo*）、《圣食的降临》（*Caduta della Manna*）、《最后的晚餐》（*Ultima Cena*）、《基督磔刑》（*Crocifissione*）。除此之外，还有提香的作品。欣赏天花板上的绘画作品时，可以通过放在大厅里的镜子来看，这样脖子也不容易累。在建筑物的对面，还有同一信徒组织的教堂。

●圣方济会荣耀圣母教堂
开 9:00~18:00（入场~17:30）周日、节假日 13:00~18:00
休 周日上午、1/1、复活节的周日、8/15、12/25
费 €3（→p.224通票）
■ 乘坐瓦波雷托1号线或者2号线在圣托马站 San Toma 下船

圣方济会荣耀圣母教堂 Basilica di Santa Maria Gloriosa dei Frari

Map p.222 B1

喜欢提香作品的人必去的地方

★★

圣方济会荣耀圣母教堂的正面入口

从里亚尔托桥步行，到圣马可广场再稍微往前一点的地方，就是圣方济会荣耀圣母教堂。这是一座建于14~15世纪的哥特式建筑，进门后往里走，正里面是提香的杰作《佩萨罗圣母》（*Madonna di Ca'Pesaro*），放于左边的第二祭坛之上。

提香的作品《圣母升天》

什么是会馆Scuola（信徒会堂）？

这是威尼斯特有的制度，是以商人和贵族为主，进行慈善事业的友好团体。会堂内部设有华丽的礼拜堂、集会场、救济院，显示了当时城市的繁荣程度，以及入会者的社会地位、经济实力及宗教信仰。

圣扎卡里亚教堂 San Zaccaria

Map p.223 B4

威尼斯文艺复兴的典型

★★

外观呈优美的曲线型，同样内部装饰也非常丰富。必看的是位于左侧第二祭坛的贝利尼的杰作《圣母和圣徒》(*Madonna in trono e santi*)、位于走廊右侧礼拜堂里的丁托列托的作品《洗礼者的诞生》(*Nascità del Battista*)、位于后部的卡斯塔涅的马赛克镶嵌画《基督和圣人》(*Padre Eterno e santi*)等。

优美的教堂正面

圣乔治会馆（信徒会堂）Scuola Dalmata San Giorgio degli Schiavoni

Map p.223 B4

陈列着卡拉瓦乔的作品

★★

建于16世纪，是达尔马提亚人的信徒会馆。里面收藏着威尼斯画派巨匠卡拉瓦乔的杰作《圣乔治的传说》《圣特律丰的奇迹》等作品。

保存着卡拉瓦乔花费十年心血创作而成的杰作，图中为描绘圣人生平中相关传说的《圣阿戈斯蒂诺的幻觉》

海洋历史博物馆 Museo Storico Navale

Map p.221 B3

展示海洋王国风采的船舶博物馆

★

博物馆从圣马可广场沿着运河，向东步行10分钟即可到达。里面陈列着船的模型、礼仪用的贡多拉、船头的塑像等，不禁让人对威尼斯这个海洋王国的历史产生浓厚的兴趣。接着沿着小运河往前走，有海洋时代建造商船的造船厂（Arsenale）。现在已经成为海军基地，其内部不能参观。

过去的国营造船厂军械库

●圣扎卡里亚教堂

住 Castello，Campo S.Zaccaria

开 10:00~12:00、16:00~18:00
周日、节假日 16:00~18:00

费 €2（圣器室、圣塔纳西奥礼拜堂）

■乘坐瓦波雷托1号线或者2号线在圣扎卡里亚教堂站（San Zaccaria）下船

●圣乔治会馆

住 Calle dei Furlani, Castello 3259/a

☎ 041-5228828

开 周一 14:45~18:00
周二～周六 9:15~13:00
14:45~18:00
周日、节假日 9:15~13:00

休 周日下午、周一上午、1/1、5/1、6/2、8/15、11/21、12/8、12/25

费 €5

■乘坐瓦波雷托1号线或者2号线在圣扎卡里亚教堂站（San Zaccaria）下船

※对于着装有要求。闭馆前1小时售票处停止售票

虽然外观朴素，不过内部却摆满了卡拉瓦乔的作品

●海洋历史博物馆

住 Castello, Arsenale 2148

☎ 041-2441399

开 6~12月 8:45~17:00
1~5月 周一～周四 8:45~13:30
周五 8:45~17:00
周六、周日、节假日 10:00~17:00

休 1/1、5/1、12/25

费 €5、11~16岁€3.50

■乘坐瓦波雷托1号线在军械库站（Arsenale）下船

里面陈列了很多海洋王国威尼斯的遗产

威尼斯的岛屿游览

探访亚得里亚海沿岸广阔的潟湖区域

利多岛的海岸风光

如果在圣马可广场和里亚尔托桥附近的人潮涌动中逐渐感到疲倦，可以去附近的岛屿逛一逛。这里有因玻璃制品而闻名的穆拉诺岛、保留着乡野渔村气息的布拉诺岛、威尼斯的发祥地托尔切洛岛等，可以去这三个岛上体验一下游览岛屿的快乐。

去拜访高级旅游胜地利多岛，在那里感受一下维斯孔蒂的电影《死于威尼斯》里的氛围，也是一个不错的主意。另外，也可以从漂浮在距离圣马可广场400米左右大海上的圣乔治·马焦雷岛（S.Giorgio Maggiore）的钟楼上，体验一下眺望威尼斯景色的乐趣。除此之外，还有作为城市墓地的圣米凯莱岛（San Michele）、青年旅舍所在的朱代卡岛（La Giudecca），安静的岛屿都在此静候游客的光临！

●圣乔治·马焦雷教堂

开 4~10月 9:00~19:00
11月~次年3月8:30~18:00

费 钟楼€6（乘坐电梯）

■乘坐瓦波雷托2号线在圣乔治站（San Giorgio）下船

※钟楼电梯的售票处在左手里侧。举行弥撒等宗教活动的时候禁止参观。电梯在此期间也停止运行

从圣乔治·马焦雷岛的钟楼上看到的美景

圣乔治·马焦雷岛 San Giorgio Maggiore ★★

圣马可广场对岸的岛屿

帕拉第奥风格与现代美术之妙

从本岛乘坐瓦波雷托只需几分钟即可到达。在这座美丽的岛上有一座白色的同名教堂。在帆船漂浮的海边摆放了一些当代艺术造型的作品，这样非同寻常的景观让人流连忘返。岛上设有给予威尼斯文化艺术活动大力支持的威尼斯契尼基金会，开设了穆拉诺玻璃艺术博物馆以及当代美术馆。如今这个岛屿越来越受到人们的关注。

圣乔治·马焦雷岛 主要景点

圣乔治·马焦雷教堂 San Giorgio Maggiore ★★

位于圣马可广场对岸，建在圣乔治·马焦雷岛上的宏伟教堂。16世纪由帕拉第奥着手兴建，完成于17世纪。模仿古罗马建筑的外观以及水中的倒影令人印象深刻。内部的丁托列托美术馆别有一番情趣，值得欣赏。不容错过的是位于右侧的《最后的晚餐》（*Ultima Cena*）、左侧的《圣食的降临》（*Caduta della Manna*），以及其晚年的杰出作品《基督降架》（*Deposizione*）。乘坐电梯上到钟楼顶部，还可以眺望到圣马可广场、拉古娜海滩，和分布在周边的众多岛屿等。

《圣食的降临》

穆拉诺岛 Murano ★★

威尼斯的玻璃岛

位于威尼斯以北 1.5 公里处的岛屿。是 15~16 世纪威尼斯贵族和富人逃离城市喧嚣，享受清静安逸生活的岛屿。

在穆拉诺岛漫步也是一种享受

13 世纪起，被限制在穆拉诺岛上的工匠们所制作的玻璃工艺品已成为欧洲人梦寐以求的物品。同时玻璃工艺品作为威尼斯与东方贸易中最贵重的输出品，为威尼斯共和国带来了巨大的财富。

穆拉诺岛 主要景点

玻璃艺术博物馆 Museo del Vetro ★★

位于 17 世纪建造的朱斯蒂尼亚尼宫内，展出着从古代到现代的玻璃艺术品。15 世纪前后是威尼斯的全盛期，这个时期的作品中的杰出作品也最多。

在玻璃艺术博物馆里鉴赏古代名品

布拉诺岛 Burano ★

渔村和编织蕾丝花边的村庄

这里距离威尼斯约有 40 分钟路程。沿途经过的运河两岸，并排着一幢幢涂成粉红色和淡绿色的房子，能让游客们焦躁的心情得到平静。如果想参观蕾丝博物馆，就让我们慢慢步行而去吧。

布拉诺岛上色彩缤纷的民居

16 世纪时这里已经有了编织蕾丝的传统，在小岛上的商店里面摆满了蕾丝制品，但真正的产自布拉诺岛的蕾丝是非常贵重的珍品。

布拉诺岛 主要景点

蕾丝博物馆 Museo del Merletto ★★

博物馆原来是一所蕾丝学校，是 1872 年奉玛格丽特王妃之命开设的。能通过 DVD 了解编织蕾丝的技法，还能近距离观赏珍贵的蕾丝制品。

再现当年学校情况的展板

前往穆拉诺岛的交通方式

从圣扎卡里亚教堂（圣马可广场东侧）的瓦波雷托乘船处乘坐 41、42 号线前往约需 50 分钟。从罗马广场乘坐直达的 3 号线前往约需 28 分钟。前往玻璃艺术博物馆时无论哪条线路都在穆拉诺博物馆（Murano-Museo）站下船。地 p.221

●玻璃艺术博物馆

住 Murano, Fondamenta Giustinian 8
☎ 041-739586
开 4/1~10/31 10:00~18:00
11/1~次年 3/31 10:00~17:00
休 周三、1/1、12/25
费 € 10、与蕾丝博物馆的通票（→ p.224 通票）
※ 闭馆前 1 小时停止入场
※ 瓦波雷托停船处附近有来推荐参观工厂或者表演秀的人，大多数情况下都会强行推销价格昂贵的商品。附近有玻璃制作工厂，在 10:00~12:00 左右、15:00~16:00 左右可以免费参观玻璃制作过程。参观之后最好在捐赠箱里放些小费

去布拉诺岛的交通方式

从岛北侧的新方达门塔 Fondamenta Nuove 乘坐 12 号线前往需要大约 42 分钟。地 p.221

●蕾丝博物馆

Museo del Merletto
住 Piazza B.Galuppi 187
☎ 041-730034
开 4/1~11/1 10:00~18:00
11/2~次年 3/31 10:00~17:00
休 周一、1/1、12/25
费 € 5（→ p.224 通票）
※ 展示古董花边装饰等

精细的艺术作品

托尔切洛岛 Torcello ★★

代表着威尼斯的历史

托尔切洛岛上的氛围很好

托尔切洛岛是威尼斯的发祥地之一。现在这里虽然成了威尼斯众多岛屿中最沉寂的一个，但据说7~10世纪时的人口多达2万人以上。从遗留下来的教堂中可以依稀看出昔日的繁华。

若想轻松巡游3岛

乘坐瓦波雷托巡游3岛只需1天时间。在❶旅游咨询处还销售巡游3岛的旅游团，需要4小时~4小时30分钟，价格€20。也可以在下面的URL进行预约。

URL www.venetoinside.com

（9:30仅限夏季）、14:30出发

URL www.alilaguna.it

9:30~14:30之间，几乎每隔1小时出发。

去往托尔切洛岛的交通方式

在新方达门塔（Fondamenta Nuove）乘坐经由布拉诺岛的瓦波雷托12号线，需要大约45分钟。由于瓦波雷托的船次比较少，最好确认回程时间之后再参观。

地 p.221

●圣玛利亚苏泰大教堂

●钟楼　●博物馆

☎041-730119

开 3~10月　10:30~17:30

11月~次年2月　10:00~16:30

休 周一、节假日

费 教堂€5，教堂与博物馆€8，钟楼€5，3处通票€12（含语音解说器）

●圣福斯卡教堂

开 10:00~16:30

托尔切洛岛 主要景点

圣玛利亚苏泰大教堂 Cattedrale di Santa Maria Assunta ★★

简朴的初期基督教建筑——圣玛利亚苏泰大教堂

与圣福斯卡教堂相邻，教堂的历史可以追溯到公元639年，被誉为威尼斯最古老的教堂。

教堂是模仿中部意大利拜占庭的城市拉韦纳（Ravenna）的教堂建造的，是一座初期的基督教建筑。一定不要错过地板以及教堂墙壁上的马赛克镶嵌画。这座教堂令人不禁联想到昔日岛上的繁华盛况。

圣福斯卡教堂 Santa Fosca ★

建于11世纪末期，是混合了后期拜占庭式以及威尼斯风格罗马样式的建筑。是威尼斯代表性的教堂之一。这座教堂是为了安葬当时的殉教者而建的，环绕教堂的八角形柱廊非常罕见。

利多岛 Lido ★★

《死于威尼斯》的舞台

利多岛横贯威尼斯东南方向，这座长约12公里的细长的岛屿是与法国的地中海海岸、美国本土的迈阿密、夏威夷的怀基基齐名的国际化旅游休闲胜地。以建于马可尼广场附近的曾经的赌场——赌宫（Palazzo del Casinò）为中心，举办了威尼斯电影展以及威尼斯双年展。每年9月的电影展期间，世界著名的演员、名流以及电影爱好者都会聚集一堂，利多岛也呈现出比以往更加奢华的盛况，普通观众也可以购买电影票或者展览票观看，如果有时间和兴趣的话，可以前去体验一下那种盛况。

在利多岛的沙滩上，有一些类似于电影《死于威尼斯》中出现过的更衣室和休息室，有点像颇具历史感的度假村。这里有很多收费的私人沙滩，不过在岛的东侧，有市营的（免费）海水浴场 Spiaggia libera。

去往利多岛的交通方式

从火车站前、圣马可广场东侧的圣扎卡里亚教堂（S.Zaccaria）乘坐瓦波雷托1、2、6号线等均可到达。从圣扎卡里亚（S.Zaccaria）乘船需要大约15分钟。从圣卢恰车站前乘坐1号线前往大约需要1小时，乘坐52号线前往大约需要45分钟。在利多岛（Lido）下船。

地 p.221

电影节以及双年展的相关信息

URL www.labiennale.org

※举办期间❶旅游咨询处会分发日程预订表

● 诞生与繁盛

从威尼斯向东10公里处有一个名为托尔切洛的岛，这座曾经繁荣一时的岛屿，如今已经没有人居住，只有两座矗立在茂盛芦苇丛中的教堂，还能让人偶尔联想到往昔。5世纪，为了逃避其他民族的侵略，人们从本土移居到亚得里亚海的泥滩上，当他们刚踏上这一片陌生的土地，眼前的情景一定和现在的托尔洛切岛一样荒凉。传说当年为了避开阿提拉率领的匈奴人的进攻，人们于425年移居到了这片泥滩，而这一年也就被定为威尼斯的诞生之年。人们最初靠渔业勉强维持生计，后来逐渐发展起了制盐业和水上运输业，不久还发展到乘船去布伦塔河、波河参加交换食盐的河川交易。697年，由居民投票选出了最初的元首（多杰）。

●击败法兰克军队

然而，810年，强大的法兰克军队开始向威尼斯发起进攻。查理大帝的长子，当时的意大利王皮平率兵攻打威尼斯。首都马拉莫科已被敌军占领的威尼斯人，将法兰克的舰队引到阿尔托的湿泥地带，使其在浅滩触礁，最终将法兰克军队击败。第二年，查理大帝与东罗马帝国签署条约，将威尼斯划分给东罗马帝国。这一决定实际上意味着威尼斯的独立。813年，威尼斯的首都从利多岛的马拉莫科迁到了易于防守的里亚尔托。这才是现在的威尼斯的起源。

●在守护圣人圣马可的保护下

823年，威尼斯商人将圣马可的遗体从埃及的亚历山大运回本土，这在击败了法兰克军、迁移了首都的威尼斯人看来是一个吉兆。从此以后，威尼斯人将圣马可奉为圣人，威尼斯也从此走上了发展的道路。

●十字军和威尼斯的繁荣

始于1096年的十字军远征，给威尼斯提供了一个将商业网扩展到巴勒斯坦地区的机会。但与此同时，作为竞争对手的比萨和热那亚也开始进入这个地区，此后以地中海为舞台，与威尼斯展开了激烈的竞争。

●国营造船厂的设立

1104年，威尼斯成立了国营造船厂，其遗迹现在已变成海洋历史博物馆。这个国营造船厂的成立，对理解威尼斯今后的繁荣至关重要。以此为契机，威尼斯的海军力量无论在质量还是数量上都得到了飞跃性的发展。另外，为了谋求零部件的标准化，威尼斯所有的船只都可以驶向位于地中海的零件补给基地进行零部件的更换。

12世纪的威尼斯，一方面已经实现了向巴勒斯坦地区的势力扩展，另一方面却又不得不对匈牙利达尔马提亚不断扩大的势力采取措施。要确保在亚得里亚海的安全航行，达尔马提亚沿岸地区的支配权是绝对不能出让的。

丁托列托的作品《圣马可的遗骨搬运》是根据威尼斯的守护圣人圣马可的传说进行的创作，现收藏于学院美术馆

●东西方贸易的发展和威尼斯的繁荣

那个时候，威尼斯和意大利各城市的繁荣，一方面也得益于当时欧洲的整体状况。威尼斯的贸易是从向波河流域提供食盐开始发展起来的，12、13世纪，随着农业的发展和人口的增加，谷物、食盐以及葡萄酒的交易变得比以往任何时期都重要了。到了13世纪，黑海沿岸的谷仓地带开始向意大利的各个城市输送谷物，此外，高级纺织业也在意大利及佛兰德发展起来，染色用的明矾随之成为重要商品。这种情况又刺激了以香料为中心的东西方贸易的发展。

当时，航海技术的进步也起到了至关重要的作用。1270年前后，指南针传到欧洲，这使得船只即使在冬季的阴天也能出海。此外，1280年前后，远洋航海用的大型船只问世了。1291年，热那亚击溃了摩洛哥海军，从此确保了在直布罗陀海峡的航海安全。从此以后，意大利的商船可以远征到北海，然后在佛兰德或者德国北部的港口归航了。

●占领君士坦丁堡

1204年，威尼斯作为第四次十字军东征的先锋，占领了君士坦丁堡，消灭了东罗马帝国，建立了拉丁帝国。趁此机会，威尼斯夺得了克里特岛，在希腊沿岸基本完成了基地网，确立了自己在东地中海的制海权，从东西方贸易中获取了巨大的利益。对于威尼斯来说，占领君士坦丁堡还有另外一个重大意义，那就是打开了通往黑海沿岸的大门。中国、印度的物品，经由商路运到小亚细亚北岸的特拉布宗，意大利的商人可以直接去那里购买。威尼斯人马可·波罗的大旅行，在这种背景下也就显得不足为奇了。

●组织的胜利和威尼斯的繁荣

从13世纪末到14世纪初，由贵族制定的寡头领导体制在威尼斯得到了强化。1310年，设立了担当防卫和治安工作的十人委员会，14世纪30年代设立了远距离交易制度。类似的统治的强化，使威尼斯无论在政治还是经济方面都能得以稳定发展，避免了像佛罗伦萨、热那亚那样因内部对立而引起的混乱，实在是意义重大。可以说，威尼斯的繁荣，归根结底就是组织的胜利。与热那亚之战的胜利也说明了这一点。1378年开始的对热那亚的战争，对威尼斯来说是关系到国家存亡的危机。当时，热那亚已经占领了与威尼斯近在咫尺的基奥贾，正准备对威尼斯发起进攻。但是威尼斯人民团结一致，对基奥贾的热那亚军队形成反包围，最终与其在1381年签订了和平友好条约。之后，热那亚由于内乱，发展停滞不前，以哥伦布为代表的有才能的热那亚人，就开始转投侍奉外国君主了。

●文艺复兴时期的威尼斯

在宿敌热那亚崩溃之时，威尼斯的衰退也开始了。但是在很久以后人们才清楚地认识到了这一点，15世纪前半叶的威尼斯还在继续谱写着它的繁华篇章。向奥斯曼土耳其帝国的扩张对威尼斯来说也不是一件绝对的坏事。希腊的小领主们面对土耳其的威胁不得不向威尼斯寻求保护，威尼斯因此在这个区域获得了众多的海外殖民地。1402年，由于约翰·卡雷阿茨沃·维斯孔蒂去世，引起了米兰连续不断的混乱，趁此机会，威尼斯将自己的势力扩大到了意大利本土范围内。1405年，又将帕多瓦置于自己的统治之下。这个时期，玻璃制品、纺织业等工业也发展顺利。15世纪初期，威尼斯的年收人超过了意大利所有的城邦国家，甚至赶上了英法等欧洲强国。强大的经济实力为威尼斯的军事力量提供了保障。

1453年，奥斯曼土耳其占领了君士坦丁堡时，威尼斯对这座城市的防卫并不怎么热心。它更热衷于通过与土耳其妥协来维护自身的利益。1454年，以交付2%的税金为条件，威尼斯从苏丹的穆哈默德手里获得了在土耳其领地内进行自由贸易的权利。但是，在此期间建立了强大海军实力的土耳其，于1460年占领了威尼斯的海外领土——阿尔戈斯，并于1470年开始攻击尼古罗平特。1479年签署的和平条约将其割让给了土耳其，这意味着威尼斯在地中海的地位已经落到了二流。

进入15世纪后威尼斯的玻璃品杰作层出不穷。这是天才巴洛比埃尔的作品“婚礼的杯子”

●向艺术和知识型的城市过渡

此时虽然被确定为威尼斯的衰退期，但是之后，威尼斯却发展成为以绘画为中心，充满魅力的文化城市。在绘画方面，15世纪至16世纪，贝利尼兄弟、乔尔乔涅、提香、丁托列托、委罗内塞等非常活跃。在建筑方面，圣索维诺、帕拉第奥都留下了很多优秀的作品。1494年，阿尔多·马努茨沃创立了威尼斯印刷厂，致力于刊发希腊的古典作品，从此将威尼斯的出版文化兴旺发达。

此外，位于威尼斯领地内的帕多瓦大学，在16世纪也确立了其欧洲第一的地位。这是因为威尼斯没有卷入当时席卷整个欧洲的宗教斗争之中，只有在威尼斯领土范围内保持着言论自由权。也正是如此，在帕多瓦大学威萨利乌斯可以讲解解剖学，伽利略可以讲解天文学。

曾活跃于威尼斯的帕拉第奥作品圣乔治·马焦雷教堂

●和平的国内繁荣

因为土耳其的入侵，威尼斯在地中海的地位已经沦为二流，但在意大利国内，它仍为有实力的强者之一，并在16世纪后半叶还保持着相当的繁荣。1508年，在与教皇、法国、西班牙、德国组成的康布雷同盟的战争中，威尼斯巧妙地运用外交手段使敌人内部分化，至1517年，收复了意大利本土上的威尼斯领地。从1494年法国国王查理八世入侵意大利以来，意大利的很多地方都受到了外国的统治，而威尼斯却一直到1797年都保持了独立。

葡萄牙发现了通往印度的航线，但这并没有给威尼斯的香料贸易带来特别大的打击。因为绕好望角行走的航线实在是太危险了。此时，威尼斯的工业也显现出了繁荣，玻璃器皿的制造、马赛克、金银宝石工艺、纺织业等为威尼斯带来了巨大的财富。16世纪初，佛罗伦萨毛纺织业的衰退相对来说提高了威尼斯在此方面的地位，于是威尼斯本土也开始建造毛纺厂。此外，与造船业一样，大炮的铸造和航海工具的制造业也很兴盛。

●农业的发展和保守化倾向

克里特岛以及1489年成为威尼斯领地的塞浦路斯从事葡萄酒和木棉的生产。这些位于意大利本土的威尼斯领地虽然发展起来了，但另一方面，又影响了威尼斯的活力。威尼斯的富商们开始放弃自己的事业，将资金用来购买土地，丧失了冒险家精神的威尼斯贵族，开始喜欢上内陆村庄以及城市里的安定生活。

●威尼斯的没落

1571年，西班牙和威尼斯的联合军在勒班陀海域将土耳其海军一举击破。然而，胜利是短暂的，1573年威尼斯被土耳其夺走了塞浦路斯，从此威尼斯在和土耳其的战争中更加趋于防卫。1590年以后，英国和荷兰的船只开始进入地中海，更加速了海运大国威尼斯的没落。成立于1600年的荷兰东印度公司，将香料贸易的主导地位完全从威尼斯手中夺了过去。16世纪末以后，地中海地区日益突出的木材短缺问题，给威尼斯的造船业带来重创，燃料价格的高涨也使得其他行业出现衰退现象。1630年以后，威尼斯的不景气成了慢性病。1699年，克里特岛被夺走，到18世纪中期，威尼斯几乎失去了所有的海外殖民地。

但是，没落时期的威尼斯，为了让其文化更加精炼，付出了不少努力。卡萨诺瓦就是这个时代所培育出来的典型人物。18世纪的威尼斯还活跃着很多人物，如音乐界的维瓦尔第，戏剧界的哥尔多尼，绘画界的提埃坡罗、卡纳莱托、瓜尔迪以及隆基等。

威尼斯的餐馆

Ristorante Guide

鱼市场

在到处都是游客的威尼斯，没有所谓游客菜单（价格从€15~20 不等）的餐馆，恐怕只有那些特别高档的餐馆了。从圣卢恰车站到圣马可广场的道路两旁，找到一家价格适中的餐馆并不是一件难事，从里亚尔托桥到圣马可广场的路上，还有很多自助餐馆和快餐店。

如果感觉已经在餐馆吃腻了，那就去威尼斯特有的小酒吧巴卡利（Bacari）吧。从柜台上选择自己喜欢的食物，让服务员帮你盛起来，然后端到门前去吃，味道还真是不错呢。饮料的话一定要选择威尼斯本地产的白葡萄酒 Vino bianco。由于色香味都跟国内的酒完全不同，喝过之后，你一定会想要买一瓶回去作为送人的礼品。

著名的蟹肉开胃菜

梅特餐馆

Met

◆位于非常具有威尼斯特色的优雅酒店——都市酒店内，是米其林一星级餐馆。燃烧着蜡烛的店内犹如一个典雅的隐士之家。可以品尝到当地乡土菜肴和精致的创作菜肴。需预约

圣马可广场周边 Map p.223 C4

住 Riva degli Schiavoni 4149，Castello（Metropole Hotel 内）

☎ 041-5240034

营 12:30~14:30、19:30~22:30

休 周一、周二～周五的午餐

预 € 130~219，套餐€ 100（3 道菜）、200（8 道菜）

C A.D.M.V.

交 乘坐瓦波雷托 No.1 等在 San Zaccaria 下船后步行 3 分钟

化装舞会餐馆

Il Ridotto

◆位于圣马可广场的里侧，游人如织的热闹区域的米其林一星餐馆。餐馆的内部很时尚，面积虽然不是很大，但是能够品尝到色香味俱佳的菜肴。需预约

圣马可广场周边 Map p. 223 B3 · 4

住 Campo SS.Filippo e Giacomo 4509，Castello

☎ 041-5208280

营 12:00~15:00、18:45~24:00

休 周三、周四午餐

预 € 95~130（座位费€ 4），套餐€ 95

C J.M.V.

交 乘坐瓦波雷托 No.1、5.1 至 San Zaccaria 下船后步行 3 分钟

阿尔 · 科沃

Al Covo

◆能够品尝到使用新鲜海鲜，精心烹制而成的威尼斯菜肴。田园风格的内部装修以及优质的服务令人心情舒畅，酒的品种也很多。菜单每天都会更换，种类虽然不是很多，但菜的味道非常不错。需预约

圣马可广场周边 Map p.223 C4

住 Campiello della Pescheria，Castello 3968

☎ 041-5223812

营 12:45~14:00、19:30~22:00

休 周三、周四、8 月一周、1 月的 3 周

预 € 55~90（座位费€ 5）、套餐€ 60

C M.V.

交 乘坐瓦波雷托 No.1，从 Arsenale 下船后步行 3 分钟。位于斯基亚沃尼河岸边的小路里侧

科特 · 斯康塔

Corte Sconta

圣马可广场周边 Map p.223 B4

◆从圣马可广场沿着海边往前走，经过三座桥，位于左手边的小胡同里。认识这家餐馆的人都知道这里的味道不错。蟹肉开胃菜和鱿鱼墨意面等威尼斯海鲜味道都非常好。夏天可以在葡萄藤下用餐，感受极好。需预约

住 Calle del Pestrin，Castello 3886
☎ 041-5227024
营 12:30~14:15、19:00~21:30
休 周日、周一、1/9~1/31
预 € 60~80（座位费€ 3）、套餐€ 80
C J.M.V.
交 乘坐瓦波雷托 No.1、4.1 在 Arsenale 下船后步行 4~5 分钟

里韦塔餐馆

Trattoria alla Rivetta

圣马可广场周边 Map p.223 C4

◆位于一座小桥边，酒吧兼餐馆。有种类丰富的威尼斯菜肴，价格合理。服务员很亲切，店内氛围也很欢快。餐馆内无论什么时候都有很多人，要想去的话就早点出发吧。

住 Salizzada S.Provolo，Castello 4625
☎ 041-5287302
营 10:00~22:00
休 周一、7 月下旬 ~8 月下旬
预 € 30~40（座位费€ 1.50、12%）
C M.V.
交 位于圣马可教堂的后面（东侧）、从叹息桥左侧过桥之后的小广场再往东走，在桥前右侧

阿尔奇格塔

All' Aciugheta

圣马可广场周边 Map p.223 B3

◆位于圣马可广场里侧，餐馆集中的小广场上，是一个酒吧兼餐馆、比萨店。店内装修很时尚，柜台上有意式小吃 Cicchetti。在这里最好把它当作开胃菜拼盘，拿到餐桌上慢慢品尝。该餐馆和紧邻的米其林一星餐馆化装舞会餐馆（→ p. 242）都由同一家公司运营管理。

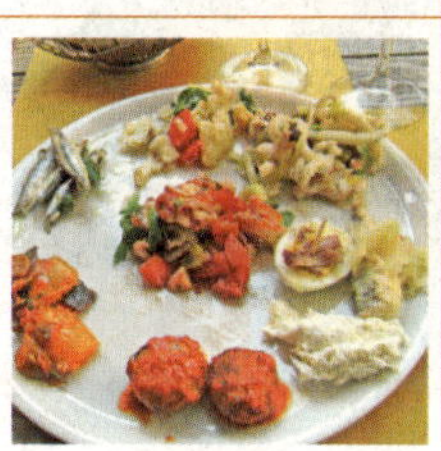

住 Campo Santi Filippo e Giacomo Castello 4357
☎ 041-5224292
营 9:00~23:30
休 部分节假日
预 € 10~30，套餐 14~

吉斯隆餐馆

Ristorante Rosticceria Gislon

圣马可广场周边 Map p.223 B3

◆一层是柜台站席形式，二层是餐桌座席。菜品从意大利面到乡土美食应有尽有，种类丰富，价格实惠。上菜很快，而且一层从早到晚几乎不停歇地进行营业。非常方便。二层是明亮又舒适的餐馆。

住 Calle della Bissa，San Marco 5424/A
☎ 041-5223569
营 9:00~21:30
休 12/25
预 € 23~32、套餐€ 23
C A.D.J.M.V.
交 从里亚尔托桥步行 2~3 分钟

吉普恰普

Cip Ciap La Bottega della Pizza

圣马可广场周边 Map p.223 B3

◆是比萨外卖专卖店，位于圣玛利亚福尔摩沙广场附近的桥旁边。有各种各样的比萨切块，价格 100g € 1.50~，除此之外，还推荐品尝小馅饼和乳蛋饼等小食品，100g € 1.70~。

住 Calle del Mondo Novo，Castello 5799/A
☎ 041-5236621 营 10:00~21:00
休 周二、1 月 预 € 1.50~7
C 不可
交 乘坐瓦波雷托 No.1、2 在 Rialto 或者 San Marco，下船后步行 7 分钟、从 Salizzada di San Lio 向 Calle del Mondo Novo 方向行走

威尼斯的 B 级美食

在威尼斯，立式酒吧巴卡利 Bacari 是一个不可或缺的存在。喝着葡萄酒，以叫作 Cicchetti 的意式小吃作为下酒菜度过的时光，是威尼斯绝无仅有的体验。艾丁满（Al Timon，住 Fondamenta ormesini，Sestiere Cannaregio 2754 营 18:00~24:00 休 部分节假日 地 p.220 A2）距离火车站很近，是一家巴卡利兼牛排屋。柜台上摆放着近 20 种意式小吃，价格统一都是 € 1。有摆放在运河沿岸的餐桌，还有设在运河上漂浮着的船上的席位。在圣马可广场附近的弗斯特 Birreria Forst（住 Calle delle Rasse，San Marco 4540 营 9:30~23:00 休 部分节假日 地 p.223 C3）是啤酒制造厂经营的啤酒和帕尼诺店。在炎热的夏季喝上一杯冰冻的生啤酒 Spina，真是美好的享受。如果想吃点东西，推荐品尝和啤酒非常相配的黑面包 Manzo Verdure Senape。这里的座席和柜台站席价格稍有不同。

每一个都是 €1

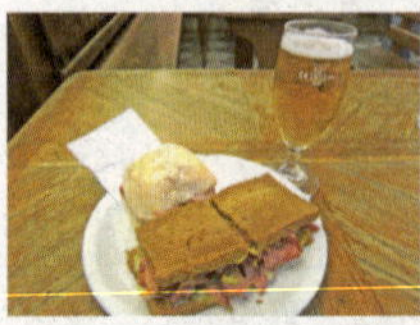
啤酒和烤牛肉三明治非常相配

托斯卡纳餐馆
Fiaschetteria Toscana

◆餐馆内部分为一层和二层两个区域，很宽敞。菜单每天都更换，但基本以海鲜菜肴为主，有炸的鱼贝类菜肴 Fritto misto di mare 等，口味清爽，很好吃。菜单从鱼类到肉类，应有尽有。葡萄酒的种类也很丰富。需预约

圣卢恰车站周边 Map p. 223 B3

住 Cannaregio 5719
☎ 041-5285281
营 12:30~14:30，19:30~22:30
休 周二、周三的午餐、7~8 月的 2 周、12/8~12/22 左右
预 € 60~80
C J.M.V.
交 乘坐瓦波雷托 No.1、2，从 Rialto 步行 3 分钟，向火车站方约 200 米。位于圣克里索斯托莫教堂对面

吉乔酒家
Vini da Gigio

◆位于小运河畔的餐馆，由家族经营。粗大的横梁给店内营造出一种温馨的氛围，店内有多种威尼斯乡土美食，肉类菜肴也很多。餐馆面积不大，又非常受欢迎，去吃晚饭时一定要先预约。需预约

圣卢恰车站周边 Map p.222 A2

住 Fondamenta S.Felice，Cannaregio 3628/a
☎ 041-5285140
营 12:00~14:00、19:00~22:00
休 周一、周二、1~2 月、8~9 月的各三周
预 € 40~75
C J.M.V.
交 乘坐瓦波雷托 No.1，在 Ca' d' Oro 下船后步行 3~4 分钟

八角餐馆
Anice Stellato

◆位于圣卢恰车站东侧，跨过贫民窟后的安静的运河边。屋顶有粗大的横梁，店内摆放了很大的餐桌，给人一种古老的时代感。可以品尝经过改良的传统威尼斯菜肴。葡萄酒的种类也很丰富。尽早预约后再去用餐吧。需预约

圣卢恰车站周边 Map p.220 A2

住 Fondamenta della Sensa，Cannaregio 3272
☎ 041-720744
营 周二 ~ 周日 18:30~24:00，周三 ~ 周日 10:30~15:30
休 周一、周二的午餐、3 月的 1 周、11 月末 ~12 月中旬
预 € 32~65
C M.V.
交 从诺沃贫民窟步行 4~5 分钟

巴拉巴巴奥
Osteria Barababao

◆位于里亚尔托桥附近，在后面小巷的一角，来吃饭的当地人有很多，总是很热闹。以威尼斯的乡土美食为主，鱼类和肉类菜肴的种类也很丰富。店内的工作人员很亲切。楼上还有经济实惠的 B&B（€ 90~）。

圣卢恰车站周边 Map p. 223 B3

住 San Giovanni Cristomoso，Cannaregio 5838
☎ 041-5221061
营 12:00~15:00，18:00~23:00
休 部分节假日
预 € 35~50（座位费€ 2）、套餐€ 20
C A.D.J.M.V.
交 在圣克里索斯托莫教堂后面

里沃特
Ribot

◆餐馆入口面对着小运河，入口很狭窄，但里面是氛围时尚的沙龙，再往里的绿色庭院内摆放着餐桌。是一个有着让人感到轻松愉悦氛围的餐馆。夜晚还有钢琴演奏。餐馆旁边是由同一家公司经营的一星级酒店洛坎达萨列里酒店。

圣卢恰车站周边 Map p. 222 B1

住 Fondamenta Minotto，Santa Croce 160
☎ 041-5242486
营 12:00~14:30，19:00~22:30
休 周日
预 € 40~66、套餐€ 20（午餐）、58
C A.D.M.V.
交 乘坐瓦波雷托 No.1、2、41、42、51、52，从 Piazzale Roma 步行 2 分钟

阿尔·安佛拉
Pizzeria Trattoria All'Anfora

◆从圣卢恰车站走过斯卡尔齐桥，来到一条具有威尼斯特色的小路上，这是位于这条路上的比萨饼店兼餐馆。沙龙里侧有一个绿色环绕的可爱的小院，到了夏天心情一定会很舒畅。有超过 50 种比萨。又薄又大的比萨非常受欢迎。

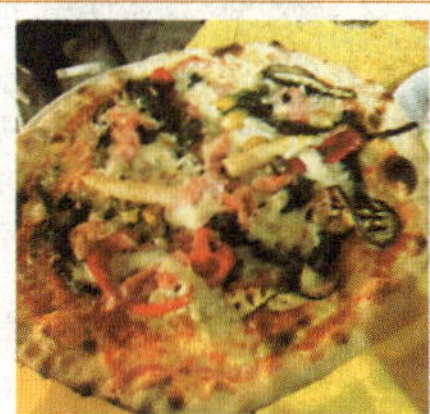

圣卢恰车站周边 Map p.222 A1

住 Calle del Bari，S.Croce 1223
☎ 041-5240325
营 12:00~22:30
休 周三
预 € 13~30（座位费€ 2）
C A.M.V.
交 从圣卢恰车站步行 7~8 分钟

阿拉·维多瓦
alla Vedova

◆以亚得里亚海海鲜菜肴和肉丸著称的巴卡利兼餐饮店。可以多多参考店内服务员的推荐。招牌上写着 alla Vedova，但一般被叫作 Trattoria Ca'd'Oro。餐馆总是有很多当地人和游客，人流络绎不绝。如果不是一开店就去，就要提前预约好再去。

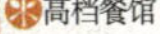
最好提前预约

圣卢恰车站周边 Map p. 223 A3

住 Ramo Ca'd'Oro，Cannaregio 3912
☎ 041-5285324
营 11:30~14:30，18:30~22:30
休 周日午餐、周四、7/25~8/25
预 € 30~35
C M.V.
交 乘坐瓦波雷托 No.1 从 Ca'd'Oro 步行 2~3 分钟

阿尔贝托酒馆
Osteria da Alberto

◆从 20 世纪 20 年代经营至今的小餐馆兼酒馆。店门口总是有很多站着喝葡萄酒的当地人，柜台上摆放着很多美味的下酒菜。在里面的餐桌席位可以品尝到传统的威尼斯菜肴。

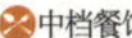
最好提前预约

圣卢恰车站周边 Map p. 223 A3

住 Calle Giacinto Gallina，Cannaregio 5401
☎ 041-5238153
营 10:00~23:00
休 部分节假日、1/9~1/17
预 € 30~45（座位费€ 1.80），套餐€ 50
C M.V.
交 从圣乔凡尼和保罗大教堂前过桥即到

餐馆图例：高档餐馆 中档餐馆 百姓餐馆 意大利比萨店 葡萄酒吧 B级美食 冰激凌店 咖啡馆

菲奥雷小吃店
Osteria da Fiore

◆当地人也非常喜欢的米其林 1 星餐馆。能品尝到传统且非常精致的威尼斯菜肴。严选出的时令食材和亚得里亚海海鲜形成完美的结合。午餐套餐的性价比很高，值得推荐。需预约

里亚尔托桥～学院桥周边 Map p.222 B2

住 Calle del Scaleter, San Polo 2202/a
☎ 041-721308
营 12:30~14:30, 19:00~22:30
休 周日、周一、8 月的 2 周、1 月的 2 周
预 €70~150，套餐€140
C A.D.J.M.V.
交 乘坐瓦波雷托 No.1、2，在 San Toma 站下船，步行 7~8 分钟

圣特罗瓦索酒馆
Taverna S.Trovaso

◆在餐馆较少的学院地区是一家比较值得推荐的店。位于运河边的一个小胡同里，内部宽敞，每天都有很多当地人和游客光顾，很热闹。主要有威尼斯的乡土菜肴和品种丰富的比萨饼。需预约

里亚尔托桥～学院桥周边 Map p.222 C1

住 Dorsoduro 1016
☎ 041-5203703
营 12:00~14:45、19:00~21:45
休 无
预 €25~50（座位费€2）、套餐€35
C A.J.M.V.
交 乘坐瓦波雷托 No.1、2，在 Accademia 站下船，从学院美术馆步行 4~5 分钟

莫里酒吧
Cantina do Mori

◆创建于 1462 年，据说是最古老的巴卡利。采取在柜台点餐，站立就餐的方式。天花板上有很多铜质的桶，据说以前是用来汲取井水的。葡萄酒一杯约为€2.50~。

里亚尔托桥～学院桥周边 Map p.222 B2

住 Calle dei Do Mori, Sestiere San Polo 429
☎ 041-5225401
营 8:30~20:00 左右
休 周日 预 €10~15
C A.D.J.M.V.
交 乘坐瓦波雷托 No.1 从 Rialto 步行 3 分钟。过了里亚尔托桥，穿过商场前面的道路向左转的小路的里侧

坎迪诺内
Cantinone Gia Schiavi

◆位于小运河沿岸，总是有很多当地人光顾的非常接地气的巴卡利。柜台上有很多小菜，墙壁前排列着一排排葡萄酒。只有柜台席位，没去过巴卡利的人，可以多花些时间适应一下。

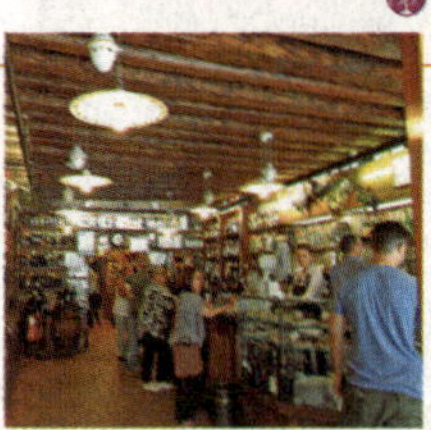

里亚尔托桥～学院桥周边 Map p.222 C1

住 Fondamenta Nani 9, Dorsoduro 992
☎ 041-5230034
营 8:00~20:00
休 周日
预 €5~25
C 不可
交 乘坐瓦波雷托 No.1、2，从 Accademia 步行 2 分钟

威尼斯的咖啡馆、酒吧

弗洛里安咖啡馆
Caffè Florian

◆创建于 1720 年的咖啡馆。是深受很多诗人、作家喜爱的威尼斯具有代表性的咖啡馆之一。咖啡馆分为三个沙龙区域，可以好好体验一下当年的氛围。除了喝咖啡，还可以用餐。有乐队演出时，会向客人收取€6 的餐位费，只限初次点餐时收取。店内也有销售咖啡和巧克力的区域。

Map p.223 C3

住 Piazza San Marco 56~59
☎ 041-5205641
营 4~10 月 9:00~24:00、11 月～次年 3 月是周一～周四 10:00~21:00、周五、周六和圣诞节、狂欢节期间 9:00~23:00、周日 9:00~21:00
休 1 月 5 天 预 €5~40（用餐）
C A.D.J.M.V.
交 圣马可广场新执政厅一侧

夸德里咖啡馆
Caffè Quadri

Map p.223 B3

◆创建于1638年的老牌咖啡馆兼酒吧。店内装饰着描绘19世纪狂欢节场面的绘画，店内装潢也很华丽。蛋糕等小点心很好吃。4~10月广场有乐队演奏。二层是需要穿着正式服装用餐的米其林1星餐馆。

住 Piazza San Marco 121
☎ 041-5222105
营 9:00~24:00，餐馆12:30~14:30、19:30~22:30
休 周一
预 €4~14.50（饮茶）、€180~280、套餐€170、225（餐馆）
C A.D.J.M.V.
交 圣马可广场旧执政厅一侧

哈利酒吧
Harry's Bar

Map p.223 C3

◆威尼斯有代表性的高档酒吧兼餐馆。二层是正式的餐馆，一层可以在柜台前或者餐桌旁喝些饮料和享用简单餐食。这里发明的鸡尾酒和贝里尼（桃汁与普罗塞克葡萄酒混合）€16是非常棒的饮料，建议大家品尝一下。一层对着装也有要求。

住 Calle Vallaresso，San Marco 1323
☎ 041-5285777 营 10:30~23:00
休 无
预 酒吧€8~20，用餐€80（午餐）、€120（晚餐）左右
C A.D.J.M.V.
交 乘坐瓦波雷托No.1，2，在Vallaresso站下船即到

威尼斯的咖啡

充满优雅古老氛围的威尼斯咖啡馆

威尼斯最具盛名、最有来头的咖啡馆，当数位于圣马可广场对面的弗洛里安咖啡馆（Caffè Florian）。这座创建于1720年、深受威尼斯人喜爱的咖啡老店，经历了250年的岁月，依然保留着18世纪初期的风格。店内古典优雅的气氛吸引了无数客人光顾，堪称咖啡博物馆。

夏季时咖啡馆也会在广场上摆上桌子，准备好露天席位，不过建议大家还是去店里坐一坐，感受一下店内的氛围。这里有出自卡纳莱托（因擅长描绘威尼斯风景而闻名）之手的风景画，描绘的是18世纪从店内向外看到的风景。画上描绘的当时的圣马可教堂、钟楼等建筑几乎和现在没有什么两样。坐在这里向广场远望，有一种仿佛时空交错，重回18世纪的感觉。

咖啡馆优雅的氛围也吸引了很多名人。18世纪著名的花花公子卡萨诺瓦就是这里的常客。据说当年他从总督府的牢房逃脱，在远走高飞之前还来这里喝了一杯咖啡。此外，威尼斯共和国元首也经常来店里开一些非正式的会议。拜伦和歌德等文学家也很青睐这家咖啡馆。总之，它就是这样一家历史悠久、充满魅力的咖啡馆。如今，它以无比动人的面貌，屹立在圣马可广场上。

弗洛里安咖啡馆的内部

弗罗里安咖啡馆的对面，有一家名为夸德里（Quadri）的咖啡馆，两家咖啡馆的冰激凌都很好吃。

威尼斯的购物
Shopping Guide

说起威尼斯特产，首先要提的当然是威尼斯的玻璃制品了。在国内昂贵无比的威尼斯玻璃制品，在这里便宜的只需花上€5左右就能买到。即使是为了在穆拉诺岛上不被强买强卖的不法商贩讹诈，也建议大家先到威尼斯本岛的玻璃工艺品店里转一转，打探一下行情。

此外，纸制品、书信用纸或者笔记本也都是有威尼斯特色的奢华商品。在狂欢节上使用的假面具，也可以作为威尼斯特色的小礼品。被称为“巴乌塔”的传统面具很素雅，而在即兴剧中使用的面具，则逸趣横生。

价格比较适中的商店多集中在里亚尔托桥至圣马可广场之间，圣卢恰车站至东北部的西班牙使馆街（Lista di Spagna）的周边。圣马可广场附近的商店，即使是玻璃制品这类商品，也都是接近艺术品的高档商品。因此，就算不买，在橱窗里欣赏一下也是一件令人愉快的事情。

实用型的威尼斯玻璃制品

古驰【品牌】
Gucci

◆**陈列着大量新品的大型专卖店**

这家店非常宽敞，很随意就能进来浏览商品也是其魅力之一。从装饰品到手袋、鞋、西装等一应俱全，深受喜爱的古驰竹节包也是种类丰富。

Map p.223 C3

住 Calle Larga XXII Marzo，San Marco 2102
☎ 041-2413968
营 10:00~19:30
休 无
C A.D.J.M.V.
交 从圣马可广场西端步行 2~3 分钟

普拉达【品牌】
Prada

◆**适应都市的实用设计**

除了用尼龙制作的手袋之外，还有剪裁简单大方的服装和鞋子，都让人感受到品牌的现代感。附近还有男装店。

Map p.223 C3

住 Salizzada San Moisè，San Marco 1464
☎ 041-5283966
营 10:00~19:30
休 无
C A.D.J.M.V.
交 从圣马可广场西口步行 1~2 分钟

路易·威登【品牌】
Louis Vuitton

◆**新品云集**

这是集功能性和优雅于一身的万众瞩目的品牌。这家店仅销售箱包和皮革制品。新品漆皮压花系列非常受欢迎。

Map p.223 C3

住 San Marco 1345
☎ 041-8844310
营 10:00（周日 10:30）~19:30
休 无
C A.D.J.M.V.
交 从圣马可广场西口步行 1~2 分钟

盟可睐【品牌】
Moncler

◆**时尚的高档羽绒服**

产自法国的高档羽绒服品牌。在威尼斯也开设了专卖店。男士款、女士款，直至墨镜、靴子等小配饰，商品种类丰富，但展示出来的商品只有一部分，最好向店员描述清楚自己的喜好，请他把合适的商品拿出来。

Map p.223 C3

住 Calle Larga XXII Marzo，San Marco 2088
☎ 041- 2960605
营 10:00~19:00，周日、节假日 10:30~19:00
休 一部分节假日
C A.D.J.M.V.
交 从圣马可广场西端步行 2~3 分钟

宝利【玻璃制品】
Pauly

◆**欧洲王室御用物品**

与作为礼品的威尼斯玻璃制品是完全不同的高档品，非常物有所值。设计坚持古典风格。广场周边有 3 家店铺，面对广场的那家店里有优雅的小饰品和玻璃杯。如果提前 15 天预约，还可以参观工厂（仅限周一～周五）。

Map p.223 C3

住 Piazza San Marco 73~77，San Marco 316
☎ 041-5235484
营 10:00~19:00
休 12/24~ 次年 1/1
C A.D.J.M.V.
交 圣马可广场一角

利索拉【玻璃制品】
L'isola

Map p.222 C2

◆ **每年限定版的玻璃杯很受欢迎**

因在威尼斯玻璃制品中添加了现代元素而闻名的卡鲁罗·莫莱提先生的店。崭新的色泽搭配以及充满设计感的形状是其主要特征。

住 Calle de le Botteghe 2970, San Maro
☎ 041-5231973
营 10:30~19:30
休 1/1、8/15、12/25、12/26
C A.D.J.M.V.
交 从圣马可广场西侧步行 10 分钟

维托里奥·科斯坦蒂尼【玻璃制品】
Vittorio Costantini

Map p.223 A3

◆ **制作精良的海洋生物**

是以海洋生物为主题的作品闻名于世的作家康斯坦蒂尼的工作室兼商店。制作的精美程度和细致程度经常让人误以为是真实的海洋生物。鱼类的玻璃制品一个€ 40 起。最近制作的昆虫和蝴蝶也是不可多得的杰作。

住 Calle del Fumo 5311, Cannaregio
☎ 041-5222265
营 9:30~13:00、14:15~17:30
休 周六、周日、7/15~8/15
C M.V.
交 从 Fondamente Nuove 码头步行 3 分钟

卡玛卡纳【面具】
Ca'Macana

Map p.222 C1

◆ **最具意大利风情的面具**

把纸贴在一起制作而成的面具比想象中要轻很多。很多面具可以用作具有个性的室内装饰。在店内可以观看现场制作表演。

住 Calle delle Botteghe, Dorsoduro 3172
☎ 041-2776142
营 夏季 10:00~19:30、冬季 10:00~18:30
休 1/7~1/21、12/25、12/26
C A.J.M.V.
交 乘坐瓦波雷托 No.1 在雷佐尼科宫（Ca' Rezzonico）站下船后步行 3 分钟

圣扎卡里亚【画廊】
Schola San Zaccaria

Map p.222 C2

◆ **中世纪即兴假面具的绘画**

取材于中世纪意大利十分流行的即兴假面喜剧——《德拉鲁特》，将里面的人物形象以自己独特的理解描绘出来的米歇尔的画廊。卡斯特罗（住 Castello 3456）也有画廊兼工作室。

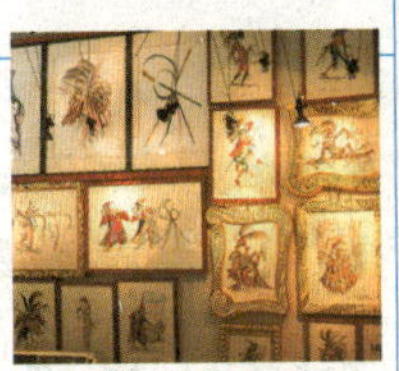

住 Campo S.Maurizio, San Marco 2664
☎ 041-5234343
营 16:00~19:00
休 周日
C A.M.V.
交 从圣马可广场步行 6~7 分钟

詹尼印刷厂【名片】
Tipografia Basso Gianni

Map p.223 A3

◆ **制作独创名片**

能使用活版印刷方法制作的名片或卡片。有数量众多的样品，可以从中选出自己喜欢的设计样式进行制作。名片 100 张€ 50，需要 3 天左右的时间。

住 Calle del Fumo, Cannaregio 5306
☎ 041-5234681
营 9:00~13:00，14:00~18:30
休 周日、周六下午、8 月
C A.M.V.
交 从 Fondamente Nuove 码头步行 3 分钟

威尼斯体育场【丝绸】
Venetia Studium

Map p.222 C2

◆ **手工制作的丝绸**

手感极好的丝制品加工专卖店。美丽的色泽以及丰富的种类令人不由赞叹。有手帕、大小披肩、服装以及小饰品等，种类很多。

住 San Marco 2428 ☎ 041-5236953
营 11:00~~18:00
休 无
C A.D.J.M.V.
交 乘坐瓦波雷托 No.1、2 号线在圣马可站（San Marco）下船，从圣马可广场步行 5 分钟

贾科莫里佐【通心粉】

Pastificio Giacomo Rizzo

◆ **色彩丰富的通心粉，是最佳的礼品**

从 1905 年开始经营至今的意面店，销售自制的通心粉。种类多达 30 种以上，色彩丰富，各式各样，味道也有很多种。还有的做成了贡多拉的形状，或者面具的形状，非常可爱。还有出售小瓶装的橄榄油。

Map p.223 B3

住 San Giovanni Crisostomo, Cannaregio 5778

☎ 041-52222824

营 8:30~13:00、15:30~19:30

休 周日　C A.J.M.V.

交 从里亚尔托桥往北（火车站方向）走 2~3 分钟

达尔·玛斯【点心】

Pasticceria Cioccolateria DAL MAS

◆ **距离车站最近，最值得推荐**

是创业于 1906 年的点心铺兼酒吧，距离车站很近，总是挤满了当地人，热闹非凡。旁边有巧克力店，摆满了后面厨房手工制作的巧克力和曲奇饼干等。假面具形状的巧克力或者传统的曲奇饼干都适合作为送人的礼品。

Map p.222 A1

住 Lista di Spagna, Cannaregio 149-150/A

☎ 041-715101

营 7:00~22:00

C M.V.

交 从圣卢恰车站步行 2~3 分钟

库珀【超市】

Coop

◆ **更名库珀重新开张**

位于黄金宫附近，Strada Nova 的一角。是一家以食品为主的大型超市。店内非常宽敞，有很多现代商品，种类丰富。在物价高昂的威尼斯，有这样的超市真难能可贵。此外，在罗马广场、瓦波雷托乘船处里侧、面向运河都有库珀的店。（住 Piazzale Roma，Santa Croce　地 p.220 B1）

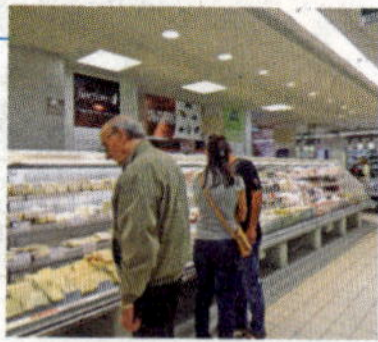

Map p.222 A2

住 Cannaregio 3660

☎ 041- 5236970

营 8:00~22:00

休 无

C A.D.M.V.

交 乘坐瓦波雷托 No.1 从黄金宫（Ca' d'Oro）步行 1~2 分钟

DFS

DFS

◆ **DFS 商务会馆重装开业后成为 DFS**

在里亚尔托桥附近的 DFS。除了各种品牌，还有意大利的食材、工艺品等，种类非常丰富。从最上层的露台上能眺望到大运河的景色。

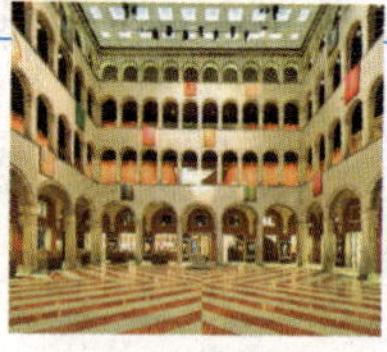

Map p. 223 B3

住 Calle del Fontego dei Tedeschi

☎ 041- 3142000

营 4~9 月 9:30~21:30、10 月 ~ 次年 3 月 9:30~19:30

休 M.V.

交 从里亚尔托桥步行只需 1~2 分钟

威尼斯的酒店

Hotel Guide

意大利的大型连锁酒店

大型连锁酒店在某些季节能以非常低廉的价格入住。水平稳定的服务也是大型酒店的优点。

Star Hotels

URL www.starhotels.com

Una Hotel

URL www.unahotels.it

NH Hotel

URL www.nh-hotels.com

威尼斯历史悠久的 5 星级酒店室内

在游客梦想的旅游胜地威尼斯，寻找酒店非常难，一定要谨记这一点。威尼斯的面积（建筑）有限，再加上建筑都比较古老，所以游客到了威尼斯，经常会感觉很多酒店又贵又不能令人满意。我们只好认为"贵、窄"就是威尼斯的宿命!

首先要注意的是，这个城市的酒店随着季节变化，价格变动极大。威尼斯的酒店价格在春季、秋季的旅游季和狂欢节期间（旺季）是淡季（11月~次年3月中旬）的2~4倍。另外，最近几年，由于很多意大利人会利用春季复活节、圣诞节至新年期间、其他小长假期间来威尼斯，因此周末时酒店会希望客人连住几天，在周末只住一晚有时会被酒店拒绝。

■威尼斯的酒店分布?

从圣卢恰车站出来，有一条向左延伸的大街——西班牙使馆街（Lista di Spagna），这一带有很多经济型酒店。还有一些获得好评的3星酒店，但价格要比圣马可广场周边的同等酒店便宜很多。圣马可广场西侧的大运河沿岸，以及东边的斯基亚沃尼河岸聚集着威尼斯具有代表性的著名酒店。如果仔细寻找，在圣马可广场周边的小路上也能找到1星酒店。威尼斯的1~2星酒店，评价都不错。按性价比来选择酒店，是在威尼斯找酒店的最聪明的做法。

威尼斯的1星级酒店，还不错

威尼斯的住宿税 Imposta di Soggiorno

2011年8月24日开始，如果住宿在威尼斯的酒店等，会被收取每晚最多€5，最长5天的住宿税。税金按照季节（淡季是旺季的70%）、地域（3个区）、酒店等级，被分为各种等级。直接支付给酒店。

季节分段

旺季是2/1~11/30，淡季是12/1~1/31。每年会有一些变动。

地域 = 区

A：历史地区 = 威尼斯本岛、朱代卡岛、圣克利门蒂岛

B：利多岛、穆拉诺岛、布拉诺岛

C：本土地域（岛屿部分除外）、梅斯特雷地区

酒店等级和地域（区）税额（左：旺季、右：淡季）

（每人1晚的税额，单位：欧元，最多收取5晚税金）

区 / 设施	A 历史地区等 威尼斯本岛、朱代卡岛及其他		B 其他，岛屿部 利多岛、穆拉诺岛、布拉诺岛		C 本土区域 梅斯特雷等	
5星酒店	5	3.50	4.50	3.15	3.50	2.45
4星酒店	4	2.80	3.10	2.80	2.80	1.96
3星酒店	3	2.10	2.40	2.10	2.10	1.47
2星酒店	2	1.40	1.60	1.40	1.40	0.98
1星酒店	1	0.70	0.80	0.70	0.70	0.49
别墅等历史建筑	4	2.80	3.20	2.24	2.80	1.96
民宿 B&B	3	2.10	2.40	1.68	2.10	1.47

※5晚税金，10~16岁半价，10岁以下免税

●威尼斯备受瞩目的酒店！！

威尼斯的 5 星酒店里有很多著名的酒店，它们曾经接待过各国王室或贵宾，留下很多传说。为了了解威尼斯的传统和历史也很值得在这些酒店住上一晚。5 星酒店中的大都会酒店价格相对容易接受，对亚洲人也比较亲切。地点也非常好。另外，4 星酒店中值得关注的是意大利的连锁酒店。如果季节合适，价格也比较适中，房间也很宽敞。在火车站周边则推荐 3 星酒店。

大都会酒店 ★★★★★
Metropole

◆位于斯基亚沃尼河旁的 16 世纪宅邸内，眼前就是运河。酒店内有很多 20 世纪初意大利的古董，让人感到华丽的威尼斯特色。早餐安排在绿意盎然的庭院里，带来美好的一天。酒店内的餐馆梅特（→ p. 242）以及古香古色的酒吧都深获好评。在威尼斯的 5 星酒店中属于价格让人比较容易接受的。从瓦波雷托乘船处需过两个桥。

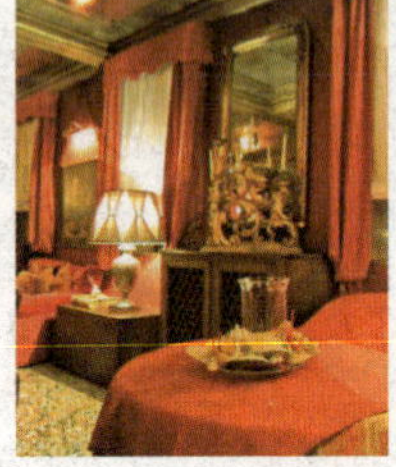

圣马可广场周边 Map p. 223 C4

URL www.hotelmetropole.com
住 Riva del Schiavoni 4149
☎ 041-5205044 Fax 041-5223679
TB € 225/850 SU € 850/2500
室 67 间　早餐€ 35 W-F
C A.D.J.M.V.
交 乘坐瓦波雷托 No.1、2、4.1、5.1、5.2 在 San Zaccaria 下船后步行 3 分钟

威尼斯乌纳酒店 ★★★★
UNA Hotel Venezia

◆位于黄金宫和新方达门塔的中间位置，这一带游客不多，很安静。是由面向运河的古老建筑改建而成的现代化酒店。客房都装饰成了威尼斯风格，优雅且功能齐全。没有专门的店牌，不过在酒店外装饰应季的盆栽为酒店增添色彩，走近了才会看出来。

从瓦波雷托乘船处黄金宫站过一个桥。

圣卢恰车站周边 Map p. 223 A3

URL www.unahotels.it
住 Ruga Do Pozzi，Cannaregio 4173
☎ 041-2442711
Fax 041-2442712
SS SB € 102/184　TS TB € 116/329
室 34 间　含早餐 W-F
C A.D.J.M.V.
交 乘坐瓦波雷托 No.1 在黄金宫（Ca' d' Oro）下船后步行 6~7 分钟

阿芭佳酒店 ★★★
Hotel Abbzia

◆和阿芭佳名字（修道院）一样，是由一家古老的修道院改建而成的酒店，客房内多用木质装饰品，保留了当时修道院的氛围。有一个小小的庭院，安静且舒适。

从圣卢恰车站前往，即使拖着行李走过去，也不会觉得累，非常方便。

圣卢恰车站周边 Map p.222 A1

URL www.abbaziahotel.com
住 Calle Priuli，Cannaregio 68
☎ 041-717333 Fax 041-717949
SS SB € 70/230　TS TB € 80/270
3B € 105/350 室 39 间　含早餐 W-F
C A.D.J.M.V.
交 从圣卢恰车站沿西班牙使馆街（Lista di Spagna）走 100 米，左侧

艾瑞里酒店 ★★★★
Ai Reali

◆位于 17 世纪贵族宅邸里，保持了当年的氛围，古典而又华丽尊贵。酒店最上层是水疗设施，非常适合想在威尼斯度过悠闲轻松旅程的人。

圣马可广场周边 Map p. 223 B3

URL www.hotelaireali.com
住 Campo della Fava 5527，Castello
☎ 041-2410253 Fax 041-2415562
SB € 200/300　TB € 250/400
JS € 400/800　SU € 600/900
室 30 间　含早餐 W-F　C A.J.M.V.
交 从里亚尔托桥步行 3 分钟

S 公用淋浴单人间价格　T 公用淋浴双人间价格　D 多人间价格　SS 带淋浴的单人间价格　SB 带淋浴的双人间价格　TS 带淋浴的双人间价格　TB 淋浴或者浴缸的双人间价格　3B 带淋浴或者浴缸的三人间价格　SU 套房价格　JS 小型套房价格

萨沃亚 & 尤兰达酒店 ★★★★
Hotel Savoia & Jolanda

◆位于斯基亚沃尼河岸高档酒店聚集区域的一角。酒店在圣扎卡里亚码头前，交通很方便。从靠运河一侧的房间内可以眺望圣马可广场和圣乔治·马焦雷岛，风景绝佳。一层有露天餐馆。

圣马可广场周边 Map P .223 C4

URL www.hotelsavoiajolanda.com
住 Riva degli Schiavoni，Castello 4187
☎ 041-5206644
Fax 041-5207494
TB € 90/450
室 51 间 含早餐 W-F
C A.D.J.M.V.
交 乘坐瓦波雷托 No. 1、2 在 San Zaccaria 下船后步行 1 分钟

康科迪亚酒店 ★★★★
Hotel Concordia

◆位于面向圣马可教堂左边里侧，是唯一面向圣马可广场的酒店。酒店内有 15 个面向广场的房间。入口面向另一侧道路，从台阶上到二层就是酒店的前台。

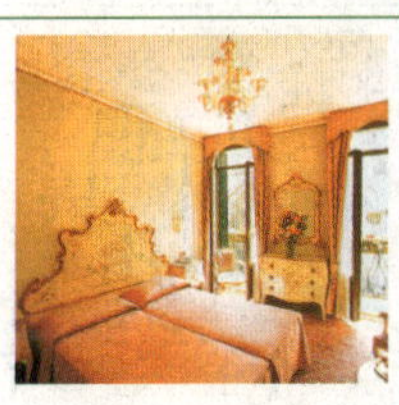

圣马可广场周边 Map p.223 B3

Low 1/1~2/20、3/5~3/31、7/1~8/28、11/2~12/23
URL www.hotelconcordia.com
住 Calle Larga，San Marco 367
☎ 041-5206866
Fax 041-5206775
SS SB € 120/580 TS TB € 160/650
JS € 250/850 SU € 300/900
室 51 间 含早餐 W-F C A.D.J.M.V.
交 乘坐瓦波雷托 No.1、2 在圣马可站（San Marco）下船后步行 3 分钟

萨图尔尼亚国际大酒店 ★★★★
Hotel Saturnia &International

◆从圣马可广场步行 5 分钟即可到达，位于有很多品牌店的 3 月 22 日大街上。这家酒店由皮萨尼曾经住过的 14 世纪的公馆改建而成。酒店内的装饰落落大方而又不失奢华。酒店内设有 La Caravella 餐馆。

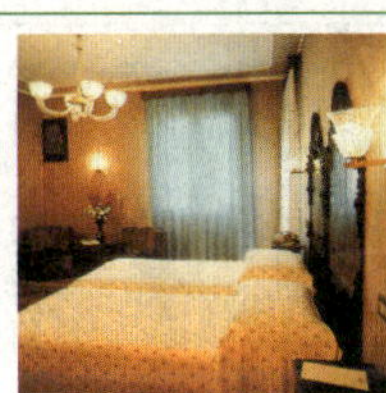

圣马可广场周边 Map p.222 C2

Low 11 月 ~ 次年 2 月（狂欢节期间与新年期间除外）
URL www.hotelsaturnia.it
住 Via XXll Marzo，San Marco 2398
☎ 041-5208377 Fax 041-5207131
SB € 142/470 TB € 189/630
室 87 间 含自助早餐 W-F
C A.J.M.V.
交 乘坐瓦波雷托 No. 1、2 在 Vallaresso 站下船后步行 5 分钟

威尼斯星际辉煌酒店 ★★★★
Starhotels Splendid Venice

◆距离圣马可广场很近，位于热闹的商店街梅切丽大街上，无论观光还是购物都很方便。沿运河而建，大量使用红色天鹅绒和镜子的大堂仿佛象征着威尼斯的奢华。客房充满现代感，功能齐全。从有的客房可以欣赏到运河风光。从早餐馆和屋顶花园也能观赏到绝美的景色。

圣马可广场周边 Map p.223 B3

URL www.starhotels.com
住 Mercerie，S.Marco 760
☎ 041-5200755
Fax 041-5286498
TS TB € 150/560
室 165 间 含早餐 W-F
C A.D.J.M.V.
交 从圣马可广场步行 4~5 分钟

摩纳哥大运河酒店 ★★★★
Monaco e Grand Canal

◆紧邻圣马可广场附近的瓦波雷托停靠站瓦拉莱索站（Vallaresso）。洋溢着威尼斯风情的罗曼蒂克酒店。从部分客房和面向大运河的露台上能够眺望到朱代卡岛的绝美风景。

圣马可广场周边 Map p.223 C3

URL www.hotelmonaco.it
住 Calle Vallaresso 1332，San Marco
☎ 041-5200211 Fax 041-5200501
SB € 150/355
TB € 171/590
室 92 间 含早餐 W-F
C A.D.J.M.V.
交 从圣马可广场步行 3 分钟

佛洛拉
Hotel Flora ★★★

圣马可广场周边 Map p.222 C2

◆位于从萨图尔尼亚国际大酒店对面的小路向里走的深处，是由家族经营的一家小酒店。在欧美人中享有很高的人气，旺季时最好提前预约。酒店最吸引人的是在中庭里供应的早餐。

High 2~11 月 URL www.hotelflora.it
住 Calle dei Bergamaschi，San Marco 2283/A
☎ 041-5225324
Fax 041-5228640
SS € 77/230 TS € 97/350
室 44 间 含早餐 W-F C A.J.M.V.
交 乘坐瓦波雷托 No.1 在 Santa Maria del Giglio 下船后步行 5 分钟

拉卡尔奇纳
Pensione La Calcina ★★★

圣马可广场周边 Map p.222 C2

◆位于阳光充足的斯基亚沃尼河岸，与朱代卡岛隔河相望。离超市和瓦波雷托的乘船处都很近，非常方便。可以在阳台上一边欣赏运河的景色，一边享用早餐。房间内舒适整洁。

Low 11 月 ~ 次年 4 月，7、8 月（有例外期间）
URL www.lacalcina.com
住 Zattere，Dorsoduro 780
☎ 041-5206466 Fax 041-5227045
S € 70/150 SS SB € 80/170
TS TB € 100/390
室 29 间 含早餐 W-F C A.D.J.M.V.
交 乘坐瓦波雷托 No.2 Zattere 下船后沿河岸往右走大约 100 米

帕加内利酒店
Hotel Paganelli ★★★

圣马可广场周边 Map p.223 C4

◆位于圣马可广场的东侧，在超高档酒店达涅利酒店（Danieli）和隆德拉宫酒店（Londra Palace）等聚集的斯基亚沃尼河岸的一角。

URL www.hotelpaganelli.com
住 Riva degli Schiavoni，Castello 4182
☎ 041-5224324 Fax 041-5239267
SS € 70/260 TS TB € 70/350
JS € 130/450（湖景房）
室 20 间 含早餐 W-F C A.J.M.V.
交 乘坐瓦波雷托 No. 4.1、5.1 在 San Zaccaria 下船后步行 2 分钟

雷斯登塞酒店
Hotel La Residenza ★★

圣马可广场周边 Map p.223 B4

◆位于卡斯特罗地区，圣扎卡里亚教堂旁边，在一座 14 世纪的古老建筑之中。沙龙和客房都保留着威尼斯古老而优美的风格。

URL www.venicelaresidenza.com
住 Campo Bandiera e Moro，Castello 3608
☎ 041-5285315
Fax 041-5238859
SS € 50/130 TS € 60/230
室 13 间 含早餐 W-F C M.V.
交 乘坐瓦波雷托 No.1、2 在 San Zaccaria 下船即到，很方便

西尔尼西玛酒店
Hotel Serenissima ★★

圣马可广场周边 Map p.223 B3

◆位于圣马可广场附近，地理位置十分便利。有 38 间客房，对于同一级别的酒店来说算是多的了。

Low 3 月、7~8 月、10/22~11/15
URL www.hotelserenissima.it
住 Calle Goldoni，San Marco 4486
☎ 041-5200011 Fax 041-5223292
S € 70/95 SS SB € 80/110
T € 90/130 TS TB € 120/150
室 38 间 含早餐 W-F
C A.J.M.V.
交 乘坐瓦波雷托 No. 1 在里亚尔托站（Rialto）下船

里瓦酒店 ★
Hotel Riva

◆面对圣马可教堂附近的运河以及一条小马路的小型酒店。房间宽敞整洁，性价比高。还有能眺望到大运河的客房。

圣马可广场周边 Map p.223 B3

URL www.hotelriva.it 住 Ponte dell' Angelo, Castello 5310 ☎ 041-5227034 Fax 041-5285551 S €60/70 SS €80/90 T €80/100 TS €90/120（运河一侧） 3S €140/170 休 11月上旬～次年2月上旬 室 29间 含早餐 C 不可 交 乘坐瓦波雷托 No. 1、2在 San Zaccaria 船后步行5分钟

洛坎达西尔瓦酒店 ★
Locanda Silva

◆位于保留着古老威尼斯风情，被小运河环绕着的区域。夏天要早点去办入住。

圣马可广场周边 Map p.223 B3

Low 11月～次年3月（狂欢节期间除外） URL www.locandasilva.it 住 Fondamenta del Rimedio, Castello 4423 ☎ 041-5227643 Fax 041-5286817 S €40/70 T €50/90 SS €50/85 TS €70/140 3S €90/160 室 24间 含早餐 休 12月～次年1月 C J.M.V. 交 乘坐瓦波雷托 No.1、2在 San Zaccaria 下船

乔尔乔涅 ★★★★
Giorgione

◆保留着古老宅邸的风情，能够让人感受到过去贵族生活的可爱的酒店。包括用穆拉诺玻璃制作的吊灯等，装饰有很多这座城市特有的物品，洋溢着温暖的气氛。放有按摩浴缸的中庭每到夜晚就会打亮灯光，形成梦幻般的氛围。设有水疗设施。

圣卢恰车站周边 Map p.223 A3

URL www.hotelgiorgione.com
住 SS.Apostoli, Cannaregio 4587
☎ 041-5225810
Fax 041-5239092
SB €67/300 TB €79/700
室 76间 含早餐 W-F
C A.D.J.M.V.
交 乘坐瓦波雷托 No. 1在黄金宫（Ca' d'oro）下船后步行2分钟

洛坎达迪奥尔萨里亚酒店 ★★★
Locanda di Orsaria

◆距离火车站很近，非常方便，是一家优雅的小酒店。房间的装饰充满着18世纪的威尼斯风情，从明亮的高级客房可以欣赏相邻庭院里的绿色植物，感觉很清爽。

圣卢恰车站周边 Map p.222 A1

High 4~10月
URL www.locandaorsaria.com
住 Calle Priuli dei Cavalletti 103, Cannaregio
☎ 041-715254
Fax 041-715433 SS €70/130
TS €80/130 TB €100/210（高级）
3S €110/240 4S €130/280
室 15间 含早餐 W-F
C A.D.J.M.V.
交 从圣卢恰车站步行5分钟

杰罗托卡尔德兰酒店
Alloggi Gerotto Calderan

◆由曾经的宅邸改建而成的旅馆，内部空间宽敞干净。各房间都有淋浴，便于使用。有空调。夏季需要提前一周以上预约。

圣卢恰车站周边 Map p.222 A1

High 3/15~11/2、新年期间、狂欢节期间
URL www.283.it
住 Campo S.Geremia, Cannaregio 283
☎ 041-715562
Fax 041-715361
SS €35/70 T €40/80
TS €50/100 3S €72/120
室 36间 无早餐（在旁边酒吧用餐半价）W-F C 不可
交 从圣卢恰车站步行3分钟

威尼斯青年旅舍

Generator Hostel Venice

◆YH 位于面向本岛的朱代卡岛上。是由曾经的粮仓改建而成的现代化的青年旅舍，面向运河，地势开阔，在夜间可以欣赏运河对岸圣马可广场周边的景色。接待时间为 14:00~24:00。可连续住宿 15 晚。设有餐馆、酒吧、免费储物柜。共有 202 张床位。

青年旅馆 Map p.220 C2

e-mail venice@generatorhostels.com

URL www.generatorhostels.com

住 Fondamenta della Zitelle，Giudecca 84/86

☎ 041-8778288

D € 16/50　TS € 45/300　4S € 65/450

早餐€ 4.50（7:00~10:00）、晚餐€ 10.50（19:00~22:30） 可以从 URL 预约　W-F

C D.M.V.

交 乘坐瓦波雷托 No.2、4.1 在 Zitelle（Ostello）下船

圣福斯卡旅馆

Ostello Santa Fosca

◆YH 是由古老教堂的一部分改建而成，能收容 100 多人的大型 YH。能使用厨房。入住时间为 9:00~12:00、15:00~20:00。21:30 以后办理入住需要提前联络。有时会收费（€ 15）。

青年旅馆 Map p.222 A2

URL www.ostellosantafosca.it

住 Cannaregio 2372

☎ 041-715775

费 D € 15~　T € 39~　早餐€ 1 W-F

C M.V.

交 乘坐瓦波雷托 No.1 在 S.Marcuola 下船，从乘船处步行 10 分钟

为了方便搬运大件行李

威尼斯有很多带有台阶的桥。搬运大件行李非常辛苦。

①最方便的是请搬运行李的公司 Portabagagli（☎ 041-713719 总部）帮忙搬运，一般在圣卢恰车站前、圣马可广场等地方等候，可以帮客人把行李搬运到酒店等指定的地方。基本价格为：从火车站到威尼斯本岛内，一件行李€ 24、两件行李€ 30、3~4 件行李€ 36。此外每增加一件行李加收€ 6。

②行李多，人数也多的时候，使用水上出租 Taxi Acquei= 摩托艇很方便。高档酒店有入住客人专用的停船处，经济型酒店也可以把摩托艇开到酒店旁边。从机场到圣马可广场周边大约需要€ 100~120。 Radio Taxi ☎ 041-5222303

那不勒斯的历史地区
列入年份 1995 年

La Vita nella Città

用大自然做装饰的“意大利永恒的剧院”

那不勒斯是一个从古代罗马帝王到众多艺术家都为之倾倒的地方。蔚蓝的大海，万里无云的晴空、雄伟的维苏威火山、无限美好的风光，如今更是让无数游客为之魂牵梦萦。

明媚的阳光、狭窄的石板路、随风而动的晾晒衣物、轻浮但却不惹人讨厌的那不勒斯男人、深情而又体格健壮的那不勒斯女人……无论你喜欢还是不喜欢，那不勒斯就是意大利和意大利人的缩影。街道上，每天都在上映着那不勒斯人的生活剧。在外国人看来，意大利人都是出色的演员，而意大利人却称那不勒斯为“意大利永恒的剧院”。

说到那不勒斯人幽默而又富有才智的个性，就不能不提到这个城市的历史。从古希腊到意大利统一的 2000 年的岁月里，那不勒斯一直受到欧洲各主要民族的统治。在与这些不断变化的统治者的和平相处当中，那不勒斯人找到了一套独特的处世哲学。有时尽管不得不屈服于权贵之下，但又能巧妙地运用自己的聪明才智在各种不同的体制下生存，这就是那不勒斯人，当之无愧的“意大利最优秀的演员”。

来，让我们出发去那不勒斯吧。正如名言所说“Vedi Napoli e poi Muori！（不游那不勒斯誓不罢休！）”，不看那不勒斯城，根本就无法谈论爱情、人生、艺术，甚至死亡。

那不勒斯

坎帕尼亚区／Campania NAPOLI

那不勒斯的游览方法

从机场前往市内的交通方式

● **Alibus**

从机场到市内运营有叫作 Alibus 的大巴车。途经线路为：机场↔中央车站站前广场（加里波第广场）↔马里纳街 Via Marina（马萨港 Porto Massa）。在中央车站站前广场的站点位于广场中部的一个小停靠点。前往机场时几乎也是在同一地点停靠。

从机场出发时间 6:30~24:45，每间隔 20 分钟 ~1 小时 30 分钟发车。至中央车站站前广场需要 15~20 分钟。车票€ 4 可在车上购买，或在位于机场内背靠值机柜台左侧最里面的 Sunstore 购买。乘车处在从 Sunstore 一侧的出口出来，面向正面大概走 200 米左右的 Banco di Napoli 或者麦当劳旁边的行车道。持有 Unico Alibus 车票者可乘坐单程 Alibus，并换乘市内交通。90 分钟内有效。

URL www.sitabus.it

那不勒斯有多个铁路 fs 车站

来自罗马等地的主要列车停靠在中央车站 Napoli Centrale 简称为（Napoli C.le）、位于其地下的加里波第广场（Napoli Piazza Garibaldi）、港口附近的那不勒斯梅尔杰利纳站（Napoli Mergellina）、那不勒斯佛莱格雷车站（Napoli Campi Flegrei）（简称为 Napoli C.F.）等。各火车站之间有地铁连接。上车前一定要确认目的地、下车车站、上车车站。

卡普安纳门附近的梅卡是那不勒斯百姓的厨房，热闹异常

从中央车站乘坐 R2 号线巴士车，10~20 分钟后就能抵达交通要塞市政厅广场。矗立在绿色草坪中的就是安茹家族的新城堡，再往前走，就可以看到一望无际的大海，还有前往卡普里岛的渡船。继续沿着海岸线向前，就是歌曲中咏颂的圣卢恰湾和奥沃城堡。从圣卢恰湾到梅尔杰利纳港口有一条漫步的道路，路的右侧是绿荫环绕的市立公园，左侧能眺望到维苏威火山、圣卢恰湾和奥沃城堡，犹如一幅展开的画卷。日落时分，被夕阳渲染成红彤彤一片的景色更是让人难忘。

位于安茹家族城堡旁边的红色建筑就是王宫和意大利三大歌剧院之一的圣卡罗歌剧院。走过剧院前面，就是巨大的平民表决广场，广场上排列着很多半圆形的柱子。从广场开始一直向北延伸的道路就是那不勒斯的主干道——托莱多大街（或者叫罗马大道）。途中有去往沃梅罗山的缆车车站，继续往前就是古代艺术的珍宝库——国家考古博物馆。再往前就是卡波迪蒙特山以及卡波迪蒙特美术馆。由于距离较远，乘坐 No.178 巴士车会比较方便。

托莱多大街途中经过卡里塔广场，从广场的北侧向东的一带是被称为斯帕卡·那不勒斯的那不勒斯老城区。狭窄的胡同里飘舞着晾晒的衣物，犹如老电影里的场景。

如果要从斯帕卡·那不勒斯前往大教堂，只需朝中央车站方向走 1 公里就可以到达。

在卡波迪蒙特美术馆了解那不勒斯的历史

前往那不勒斯的方法

[从机场到市内的交通方式(→p.258)]

火车trenitalia(fs线)

在那不勒斯中央车站Napoli Centrale下车很方便

- 从米兰中央车站乘坐 FRECCIAROSSA 需要 4 小时 15 分钟 ~4 小时 40 分钟，乘坐 IC（无需换乘）需要 8 小时。
- 从威尼斯圣卢恰火车站乘坐 FRECCIAROSSA 需 5 小时 5 分钟（直达），乘坐 FRECCIARGENTO + FRECCIAROSSA（在博洛尼亚换乘）需要 4 小时 49 分钟 ~5 小时 35 分钟。
- 从佛罗伦萨中央车站乘坐 FRECCIAROSSA，需要 2 小时 31 分钟 ~2 小时 57 分钟。
- 从罗马特米尼中央车站乘坐 FRECCIAROSSA 或 FRECCIARGENTO 约需 1 小时 10 分钟，乘坐 IC 需要 2 小时 3 分钟，乘坐 R 需要大约 2 小时 40 分钟。

那不勒斯的交通

●那不勒斯的火车站

那不勒斯的国营铁路 fs 线的火车站位于城西，并临近海边的梅尔杰利纳车站，以及城东的那不勒斯中央火车站（两站之间有地铁连接）。中央车站的地下通道里，有 fs 线和地铁（运行着 fs）共用的那不勒斯加里波第车站。从中央车站的大厅按照箭头所指的方向往旁边走（背对站台向左的路），或者站台内中央或车站正面的扶梯往下走，可以走到开往庞贝古城、索伦托的维苏威周游铁线路的站台。

中央车站站前已修整好的加里波第广场

●那不勒斯的交通

交通工具多种多样，有巴士车、市营电车、地铁以及适合在陡坡较多的地区乘坐的缆车。

●巴士总站

中长途巴士车（普尔曼）的巴士总站在面向中央车站右边的停车场里侧。开往巴里的车都从这里发车。很多车会在平民表决广场（Map p.263 C3）、维多利亚广场（Map p.262 C2）停车。短途巴士车停在市政厅广场西侧，颜色为蓝色。中央车站前有普尔曼车导向盒。

连接机场和市内的 Alibus 从中央车站发车

交通工具的价格

有可以乘坐巴士车、市营电车、地铁、缆车等多种交通工具的通票。

1 次券有限制，因此游客更适合使用 90 分钟券或 1 日券。1 日券可以在当天 24 小时内使用。1 周券如果在一周中间购买会比较不划算。

公共交通工具的票有以下几个种类。

- ■ 1 次券 Corsa Semplice € 1（巴士车、市营电车、1 号线和 6 号线地铁、缆车。不能换乘）
- ■ 1 次券 Corsa Semplice 2 € 1.20（市内以及近郊车、EAV 或 RFI 线。不能换乘）
- ■ 90 分钟券 Biglietto Orario Integrato € 1.50（通用于市内交通工具。在规定时间内可换乘）
- ■ 1 日券 Biglietto Giornaliero € 3.50（通用于市内交通工具。截至当天 24:00 有效）
- ■ 1 周券 Abbonamento Settimanale € 12（通用于市内交通工具。截至距离购买日最近的周日的 24:00 有效）

※ 时间券在有效的时间段内，巴士车、市营电车可以多次乘坐，但是缆车和地铁只能乘坐一次

※1 日券通用于巴士车、市营电车、地铁、缆车

※ 巴士车、地铁、缆车验票都很严格，乘车时一定要打印时间，到下车之前要保存好车票。1 日券等只要在第一次乘车的时候印

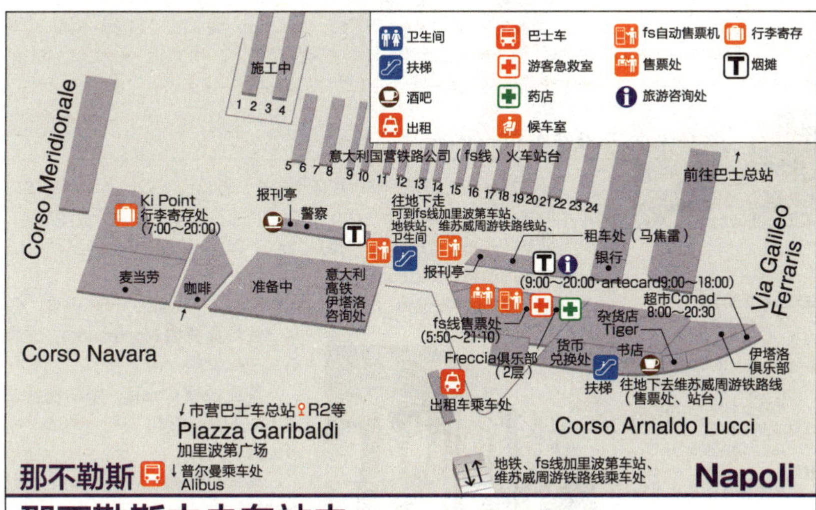

那不勒斯中央车站内（2016年11月，部分施工中。配置有可能会有变更）

上日期和时间就可以了。

乘坐地铁或者缆车的时候，每次都要在检票口验票后进站。

中央车站的洗手间

从中央车站大厅中央下到地下后右手里侧，需在自动门前投入€ 1 后进入。

巴士

汽车站有中央车站前的加里波第广场、市中心、穆尼奇庇奥广场。穆尼奇庇奥广场的巴士站点分布在广场内、周边道路上，记住下车时的站点，乘坐回程车时会比较方便。

旅游时比较方便使用的是 R2 线路。从加里波第广场，经由翁贝托一世大道、王宫、穆尼奇庇奥广场，回到加里波第广场。因为是环线汽车，即使下错了站，也能回到原来的地方，这样让人感到很放心。汽车站和汽车正面都标明了目的地的方向，上车前先确认好。

有的巴士车厢内的电子显示屏会显示下一站的名称。

那不勒斯的巴士

那不勒斯的巴士内非常混乱，经常会有小偷出没。钱包和贵重物品最好不要随身携带。事先买好车票，带点零钱和卡就行了。如果有座位的话相对可以减少被偷盗的概率。上下车的时候要特别小心。

城区的 Wi-Fi 区域

那不勒斯中央车站、中央车站前的加里波第广场、但丁广场、圣卢恰滨海大道等，每天可以免费使用 2 小时。要做好安全管理，尽量不发送特别重要的信息。

新增设的地铁站——大学站

去港口的交通方式

贝韦雷洛港：从中央车站乘坐 1 路市营电车，或者乘坐 R2 线在市政厅广场站下车后步行到达。

梅尔杰利纳港：从中央车站乘坐地铁 2 号线在第 4 个车站梅尔杰利纳站下车。

快艇

那不勒斯—卡普里岛（50~ 80 分钟）单程€ 11.30~16.50

●巴士

那不勒斯的交通非常拥堵，经常是左等右等也等不来想要乘坐的车。下面列举一些方便游客观光的巴士线路。

R2：中央车站前的加里波第广场 ↔ 翁贝托一世大道 ↔ 博维奥广场 ↔ 穆尼奇庇奥广场（市政厅广场）↔ 埃马努埃莱三世大街 ↔ 圣卡罗大道 ↔ 加里波第广场

R1：梅达里埃 · 德罗广场 ↔ 但丁广场 ↔ 托莱多大街 ↔ 马特奥特广场 ↔ 博维奥广场 ↔ 穆尼奇庇奥广场（市政厅广场）↔ 国家考古博物馆 ↔ 梅达里埃 · 德罗广场

140：波西利波 · 梅尔杰利纳 ↔ 基亚拉大街 ↔ 穆尼奇庇奥广场（市政厅广场）↔ 圣卡罗大街（王宫）

C63：国家考古学博物馆 ↔ 国家卡波迪蒙蒂美术馆

1（电车）：中央车站前 ↔ 贝韦雷洛港

●地铁 Metropolitana

坐地铁不会被那不勒斯严重的拥堵所烦恼，而且也不会像巴士车那么混乱。地铁线路有 1 号线 Linea1（红色）、2 号线 Linea2（浅蓝色、旧 fs 线）、6 号线 Linea6（粉色），一共三条线路。1 号线绕旧城区一周，终点站在市北的郊区。游客能使用的是从但丁广场坐到万维泰利广场的路段。2 号线横跨城市东西，终点站为城西的波佐利站（Pozzuoli）。6 号线是从梅尔杰利纳开始往西走，一直到莫斯特拉。

地铁票与巴士车等交通工具的车票通用。

1 号线：加里波第广场（中央站）↔ 大学广场（博维奥广场）↔ 穆尼奇庇奥广场 ↔ 托莱多大街 ↔ 但丁广场 ↔ 博物馆 Museo（国家考古学博物馆、地下通道可通往 2 号线的加富尔站）↔ 梅特德伊 ↔ 萨尔瓦多 · 罗莎 ↔ Quattro Giornate ↔ 万维泰利 Vanvitelli（和缆车站相连）↔ 梅达里埃 · 德罗 Medaglie d' Oro ↔(略)↔ 普聂阿诺 ※发车间隔为 8~20 分钟。

2 号线：圣乔凡尼教堂 · 詹图尔科 · 加里波第中央车站 ↔ 加富尔广场（国家考古学博物馆）↔ 蒙特桑托 Montesanto（距离去圣马蒂美术馆的缆车站很近）↔ 阿梅德奥广场（去沃梅洛山的缆车站很近）↔ 梅尔杰利纳 ↔(略)↔ 波佐利 ※7~12 分钟（周六、周日时 13~18 分钟），间隔为 8 分钟。

●缆车 Funicolare

城西有 4 条缆车道，其中 3 条都通往沃梅洛山。前往圣马蒂诺国家美术馆的话，乘坐蒙特桑托线比较方便。通往缆车站的路上都有电梯，乘坐缆车很方便。运行时间：7:00 ~22:00，运行间隔是 10 分钟。

缆车的线路 Funicolare

中央缆车线 Centrale：托莱多大街（奥古斯托 Augusto）↔ 弗格广场

蒙特桑托线 Montesanto：蒙特桑托 ↔ 摩根大街

基亚拉线 Chiaia：玛格丽特公园大街（阿梅德奥广场）↔ 奇马罗萨大街

梅尔杰利纳线 Mergellina：梅尔杰利纳大街 ↔ 曼佐尼大街

缆车是很方便的市民出行的交通工具

●维苏威周游列车 Ferrovia Circumvesuviana

能以最快的速度到达埃尔科拉诺、庞贝、索伦托。这条线不能使用欧洲铁路通票。如果在车上检票时被发现没票，除补票之外还要被罚款，所以一定要在上车之前在窗口买好票。

●船

开往卡普里岛的水翼艇

这里有开往世界著名度假胜地卡普里岛、伊斯基亚岛、普罗奇达岛的航线，也可以渡海去索伦托。船只有快艇和水翼艇两种。所有港口工作日和休息日的运行时刻表都会不同，冬天运行船只的航运公司也会减少，因此需要在酒店或ℹ旅游咨询处提前查好出港港口以及运行时刻。

■贝韦雷洛港 Molo Beverello

有开往卡普里岛、伊斯基亚岛、普罗奇达岛以及索伦托的快艇 Traghetto，以及水翼艇 Aliscafo。另外，还有开往西西里岛和热那亚的大型快艇。不同的季节情况会有所变化，不过一般情况下，这里的运行次数比梅尔杰利纳港多一些。

■梅尔杰利纳港 Mergellina

有开往卡普里岛、伊斯基亚岛、普罗奇达岛等的水翼艇。另外，从海滨车站（Stazione Marittima）有开往西西里岛和撒丁岛的大型快艇。

海滨车站有开往西西里岛和撒丁岛的快艇

水翼艇

那不勒斯—卡普里岛（35~45 分钟）单程€ 17.60~20.50

选哪种船好

如果按价格就选快艇，如果想节省时间就选水翼艇。但无论哪种船都有缺点，快艇的运行次数比较少。水翼艇在天气不好的时候晃动得很厉害。担心晕船的人需提前准备好晕船药。

选择哪家公司，哪个港口呢?

有多家公司运营着前往卡普里岛、伊斯基亚岛的船，根据季节和公司，船费多少也会有所不同。要想减少等候时间，购买单程票是最好的选择。到达港口之后去买发船时间最邻近的船次的票。如果购买往返票，有的季节需要等候 3~4 小时。此外，到了冬季，从梅尔杰利纳港出发的船次会减少。

限定期间内的旅游列车全新登场

维苏威周游铁路新设置了限定期限的旅游列车 Campania Express，每天有 4~6 趟车。列车使用的是空调车厢，能避免混乱拥挤。从那不勒斯出发，只在埃尔科拉诺、庞贝停靠，终点是索伦托。到庞贝的价格是单程€ 6，往返€ 11，到索伦托的价格是单程€ 8，往返€ 15。在那不勒斯购票需在维苏威周游铁路售票处庞贝的铁路ℹ旅游咨询处的窗口。也可以在网上 URL 购票。

URL www.eavsrl.it

最适合那不勒斯旅游Campania>artecard plus

Artecard 适合在包括那不勒斯在内的坎帕尼亚区旅游或者移动时使用。可以免费游览最初的 2~5 个地方，还包括了前往景点的交通工具的票（③④除外）。巴士、地铁、缆车等交通工具在有效的时间内（截至最后一天的 24:00）都可以无限次使用，所以在游览市区时也能使用。Artecard 有多种种类，可以根据旅行计划和兴趣购买。

①那不勒斯 3 日 2 景点券 Napoli 3 giorni €21（18~25 岁€12）
适合只在那不勒斯旅游的情况。

②州内全境 3 日 2 景点券
Tutta la Regione 3 giorni €32（€25）

③州内全境 7 日 5 景点券
Tutta la Regione 7 giorni €34（不含交通费）
不仅要去那不勒斯，还要参观庞贝、帕埃斯图姆、卡塞塔等坎帕尼亚区内的景点时，很方便。

④年票 365 giorni €43（不含交通费）（€33）
比较适合长期留在意大利或想慢慢参观的游人。

特别优惠 ①包括那不勒斯国家考古学博物馆、国家卡波迪蒙特美术馆、王宫、国立圣马尔蒂诺美术馆等 40 个景点，②~④除了①所包括的景点之外，还包括坎帕尼亚区境内的庞贝古城遗迹、埃尔科拉诺遗迹、帕埃斯图姆遗迹、卡塞塔王宫、拉韦洛别墅等，可以在很大的范围内使用。另外，各景点的书店、剧场、那不勒斯城市观光车（City Sightseeing Napoli → p.269）都可以享受优惠。

售票点 在下记 URL、主要景点、机场、中央车站的ℹ旅游信息咨询处等，有“Campania>artecard plus”标识的地方。

使用方法 此卡包括景点用卡和交通用卡两张。景点用卡在使用前就要写上名字和开始使用的时间，进入各景点时需在专用检票口通过或向工作人员出示。交通用卡只要从一开始印上时间和日期就可以了。随卡附赠简单的旅游指南和交通图。

详细信息 ☎ 800600601（意大利国内免费）

URL www.campaniaartecard.it

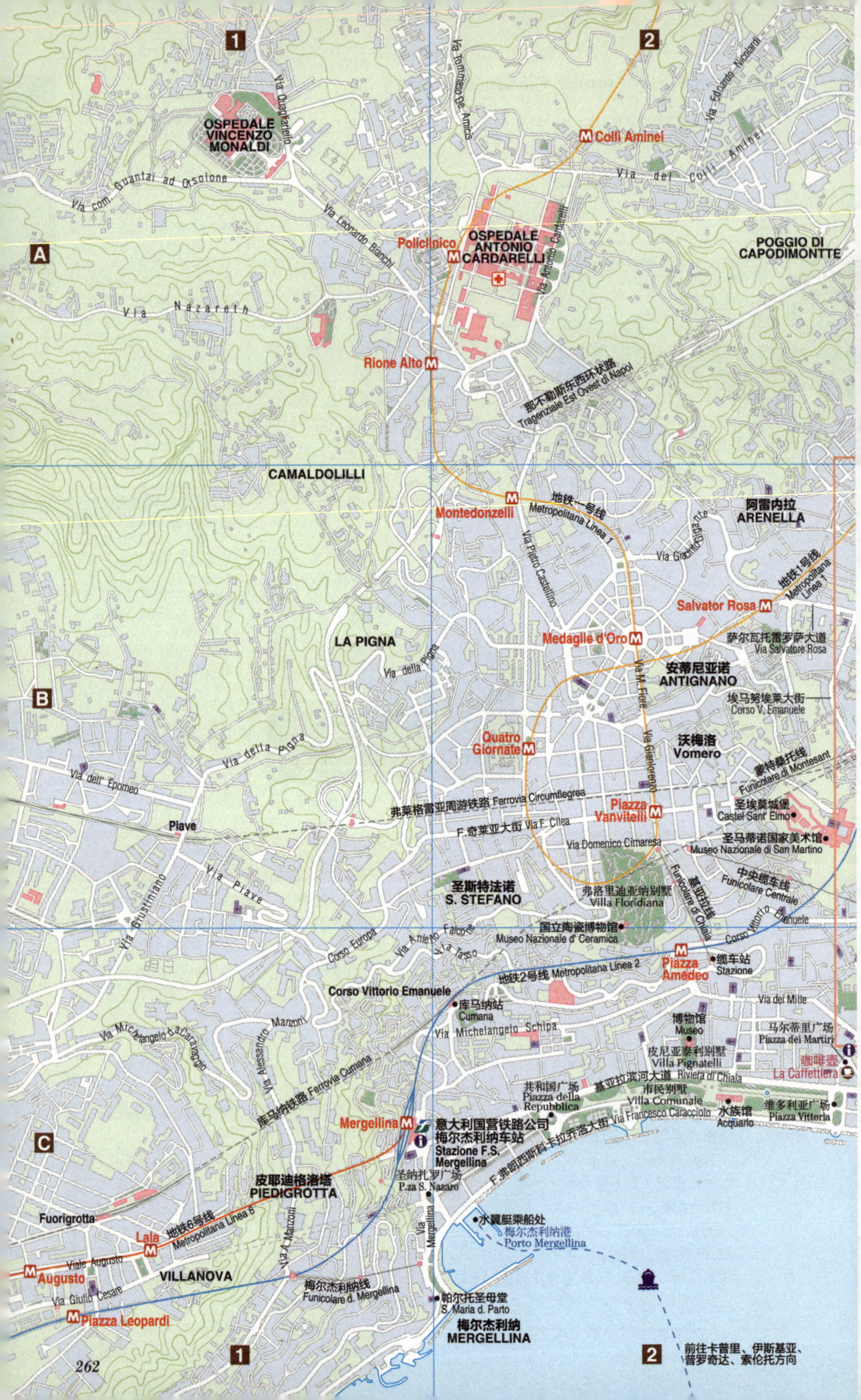
OSPEDALE VINCENZO MONALDI
Via Quagliariello
Via Tommaso De Amicis
Colli Aminei
Via Eduardo Nicolardi
Via del Colli Aminei
Via com. Guantai ad Orsolone
Via Leonardo Bianchi
Policlinico
OSPEDALE ANTONIO CARDARELLI
Via Antonio Cardarelli
POGGIO DI CAPODIMONTE
Via Nazareth
Rione Alto
那不勒斯东西环状路
Tangenziale Est Ovest di Napoli
CAMALDOLILLI
Montedonzelli
地铁一号线
Metropolitana Linea 1
阿雷内拉
ARENELLA
Via Pietro Castellino
Via Giacinto Gigante
地铁1号线
Metropolitana Linea 1
Salvator Rosa
LA PIGNA
Medaglie d'Oro
萨尔瓦托雷罗萨大道
Via Salvatore Rosa
Via della Pigna
安蒂尼亚诺
ANTIGNANO
Via M. Fiore
埃马努埃莱大街
Corso V. Emanuele
Quatro Giornate
沃梅洛
Vomero
Via Giordano
Via della Pigna
蒙特桑托缆车
Funicolare di Montesant
Via dell' Epomeo
弗莱格雷亚周游铁路 Ferrovia Circumflegrea
Piazza Vanvitelli
圣埃莫城堡
Castel Sant' Elmo
Piave
F.奇莱亚大街 Via F. Cilea
Via Domenico Cimarosa
圣马蒂诺国家美术馆
Museo Nazionale di San Martino
Via Piave
Via Giustiniano
圣斯特法诺
S. STEFANO
弗洛里迪亚纳别墅
Villa Floridiana
基亚拉缆车
Funicolare di Chiaia
中央缆车线
Funicolare Centrale
Corso Europa
Via Aniello Falcone
Via Tasso
国立陶瓷博物馆
Museo Nazionale d' Ceramica
Corso Vittorio Emanuele
缆车站
Stazione
Piazza Amedeo
地铁2号线 Metropolitana Linea 2
Corso Vittorio Emanuele
库马纳站
Cumana
Via dei Mille
Via Michelangelo da Caravaggio
Via Alessandro Manzoni
Via Michelangelo Schipa
博物馆
Museo
马尔蒂里广场
Piazza dei Martiri
皮尼亚泰利别墅
Villa Pignatelli
咖啡壶
La Caffettiera
库马纳铁路 Ferrovia Cumana
共和国广场
Piazza della Repubblica
基亚拉滨河大道 Riviera di Chiaia
市民别墅
Villa Comunale
水族馆
Acquario
维多利亚广场
Piazza Vittoria
Via Francesco Caracciolo
Mergellina
意大利国营铁路公司
梅尔杰利纳车站
Stazione F.S. Mergellina
F.弗朗西斯科·卡拉乔洛大街
皮耶迪格洛塔
PIEDIGROTTA
圣纳扎罗广场
P.za S. Nazaro
Fuorigrotta
Lala
地铁6号线
Metropolitana Linea 6
Via Mergellina
水翼艇乘船处
梅尔杰利纳港
Porto Mergellina
Viale Augusto
Augusto
VILLANOVA
Via A. Manzoni
梅尔杰利纳线
Funicolare d. Mergellina
Via Giulio Cesare
帕尔托圣母堂
S. Maria d. Parto
Piazza Leopardi
梅尔杰利纳
MERGELLINA
前往卡普里、伊斯基亚、普罗奇达、索伦托方向
A
B
C
1
2

那不勒斯示意图
卡波迪蒙特公园
Parco di Capodimonte
国家卡波迪蒙特美术馆
Museo e Gallerie Nazionali di Capodimonte
卡波迪蒙特王宫
(Palazzo Reale di Capodimonte)
善导之母教堂
Madre del Buon Consiglio
卡波迪蒙特
CAPODIMONTE
圣热那罗的地下墓穴
Catacombe di S. Gennaro
圣莫埃尼亚教堂
S. Gennaro Extra Moenia
伊尔・莫伊艾利埃洛
IL MOIARIELLO
救济院
Albergo dei Poveri
卡洛三世广场
P.za Carlo III
植物园
Orto Botanico
自行车比赛场
Velodromo
皮亚佐拉
PIAZZOLA
拘留中心
Carceri Giudiziare di Poggioreale
Centro Direzione
民族广场
P.za Nazionale
萨尼塔圣母堂
S. Maria D. Sanità
萨尼塔
SANITA
Materdei
Cavour
地铁2号线
Metropolitana Linea 2
国家考古学博物馆
Museo Archeologico Nazionale
Museo
大教堂
Duomo
卡普阿诺城堡
Castel Capuano
阿里巴士
意大利国营铁路公司那不勒斯中央车站
Stazione F.S. Napoli Centrale
EPT
Gianturco
Piazza Garibaldi
周游铁路
S.F.S.M.站
汽车总站
圣洛伦佐
S. LORENZO
蒙特桑托
MONTE SANTO
但丁广场和阿尔巴门
P.za Dante / Port' Alba
Dante
斯帕卡・那不勒斯
SPACCA NAPOLI
圣多梅尼科马焦雷教堂
S.Domenico Maggiore
私营铁路维苏威周游铁路车站
Stazione FE-RR.Circumvesuviana
前往庞贝古城方向 25公里
前往萨莱诺方向 55公里
Montesanto
缆车站
Montesanto Stazione
卡里塔广场
P.za Carità
Università
Molo C.Pisacane
Calata Porta di Massa
港口
Bacino del Piliero
Molo Martello
Molo C.Console
Pontile V. Emanuele II
西班牙地区
QUARTIERI SPAGNOLI
Toledo
穆尼奇皮奥广场
Piazza Municipio
Municipio
新城堡
Castel Nuovo
阿里巴士
意大利国营铁路公司港口站
Stazione F.S. Marittima
翁贝托一世长廊
Galleria Umberto I
圣卡罗歌剧院
Teatro S.Carlo
轮渡乘船处
贝韦雷洛港
Molo Beverello
王宫
Palazzo Reale
平民表决广场
Piazza Plebiscito
Bacino Angioino
p.264-265
PIZZOFALCONE
圣卢恰
SANTA LUCIA
米拉马雷酒店
Miramare
拉・坎提内拉
La Cantinella
马里诺
Marino
雷克斯酒店
Rex
怡东酒店
Excelsior
圣卢恰港口
Porto Santa Lucia
奥沃城堡
Castel dell'Ovo
维苏威大酒店 G.H.Vesuvio
卡鲁索餐馆 Caruso
那不勒斯湾
Golfo di Napoli
前往机场 3km
前往撒丁区、西西里区、马耳他、伊奥利亚群岛方向
前往卡普里、伊斯基亚、普罗奇达、索伦托方向
周游铁路线
Via Toledo
托莱多大街
Corso Umberto I
翁贝托一世大街
Corso Garibaldi
加里波第大街
Via Foria
佛利亚大街
Via Nuova Marina
Via Cristoforo Colombo
Via Chiaia
基亚拉大街
Via Santa Lucia
圣卢恰大街
Corso Vittorio Emanuele
Via Salvator Rosa
Via Duomo
大教堂大街
Via Tribunali
Via Cesare Rosaroll
Via Carbonara
Via Casanova
Corso Novara
Corso Meridionale
Via Taddeo da Sessa
Via Amerigo Vespucci
Via Arenaccia
Corso Malta
马耳他大街
Via Giovanni Porzio
Via Don Bosco
Via Nuova Poggioreale
Via Nuova del Campo
Viale Umberto Maddalena
Via N. Nicolini
Calata di Capodichino
Via Miano
Corso A. d. Savoia Duca d'Aosta
杜卡・达奥斯塔大街
0 250 500m
N
A
B
C
3
4

1
2
A
B
C
P.za Scipione Ammirato
Materdei
Vico Medici
Via Materdei
Via S. Teresa degli Scalzi
地铁1号线 Metropolitana Linea 1
Via Antonio Villari
Via Stella
Via Vergini
Via M. Pagano
Via Foria
弗里亚大街
Via D. Cirillo
Cavour
Via L. Settembrini
P.za Cavour
加富尔广场
Salita San Raffaele
Via Matteo Renato Imbriani
Via Rosa
Via Salvator
国家考古学博物馆 Museo Archeologico Nazionale
Museo
东纳雷吉纳教堂 Donnaregina
Largo Donnaregina
大教堂大街
疑难病医院 Ospedale degli Incurabili
Vico Pellillo
感恩圣母堂 S. Maria delle Grazie
Vico S. Gaudioso
斯帕卡·那不勒斯 SPACCA NAPOLI
大教堂 Duomo
Via Duomo
地铁2号线 Metropolitana Linea 2
Via Enrico Pessina
Via S. Maria di Costantinopoli
Accademia Belle Arti
君士坦丁堡104酒店 Costantinopoli104
Via della Sapienza
圣吉罗拉尼米教堂 S. Girolamini
圣保罗马焦雷教堂 S. Paolo Maggiore
迪马提奥餐馆 Di Matteo
P.za Mazzini
S. Maria d. Pazienza
蒙特桑托 MONTE SANTO
Via Francesco Saverio Correra
雷特餐馆 L'etto
圣玛利亚马焦雷教堂 S. Maria Maggiore
Via Atri
圣加埃塔诺广场 P.za S.Gaetano
圣洛伦佐马焦雷教堂 S. Lorenzo Maggiore
Salita Tarsia
Pontecorvo
贝里尼广场酒店 Piazza Bellini
索比洛 Sorbillo
弓箭炼狱地 Purgatorio ad Arco
贝里尼广场 P.za Bellini
圣彼得玛埃拉教堂 S. Pietro a Maiella
圣塞维罗礼拜堂 Sansevero
卡马乔 Capparelli
圣乔治阿尔梅诺教堂 S. Gregorio Armeno
但丁广场和阿尔巴门 P.za Dante / Port' Alba
贝里尼 Bellini
圣多梅尼科马焦雷教堂 S. Domenico Maggiore
尼罗像 Nilo
Via Biagio dei Librai
多梅尼科广场 Piazza S. Domenico
圣母怜子山 Monte di Pietà
Dante
佩特鲁奇宫餐馆 Palazzo Petrucci
尼罗天使教堂 S. Angelo a Nilo
新耶稣教堂 Gesù Nuovo
Via Benedetto Croce
圣塞维里诺和索西奥教堂 SS. Severino e Sossio
圣母山教堂
Montesanto
圣灵教堂 Spirito Santo
圣母无染原罪尖塔
Via Toledo
德库玛努尼查梅酒店 Decumani
Via G. Paladino
Via Salvatore
缆车站 Stazione
新耶稣广场 Gesù Nuovo
圣基亚拉教堂 S. Chiara
Via S. Chiara
Via S. Anna d. Lombardi
Piazza Pignasecca
蒙特桑托线 Funicolare di Montesanto
Vico Paradiso
托莱多大街
马达罗尼宫 Pal. Carafa Maddaloni
切奥斯托修道院 Chiostro
Piazza S. Giovanni Maggiore
大学 Università
Via Mezzocannone
Via Pasquale Scura
格拉维纳宫 Palazzo Gravina
翁贝托一世大街
伦巴第教堂 S. Anna dei Lombardi
Via Formale
Via S. Monteoliveto
多纳尔比纳圣母堂 S. Maria Donnalbina
Via F. Girardi
卡里塔广场 P.za Carità
博维奥广场 Piazza Giovanni Bovio
Via Emanuele
邮局电话局 Poste e Telegrafi
诺维圣母教堂 S. Maria La Novea
Università
圣马蒂诺国家美术馆 Museo Nazionale di San Martino
Via Croce S. Lucia al Monte
Via Concezione a Montecalvario
Piazza G. Matteotti
Via G. Sanfelice
欧洲马托齐餐馆 Europeo
Via M. Campodisola
Via Vittorio
Via Armando Diaz
Rua Catalana
Toledo
西班牙地区 QUARTIERI SPAGNOLI
梅迪纳大街
Via Alcide De Gasperi
Via De Deo
科罗纳塔教堂 S. M.Incoronata
Via Medina
Via Agostino Depretis
罗密欧酒店 Romeo
Via Cristoforo Colombo
Corso
Vico Canali
Vico Concordia
Via Ponte di Tappia Incoronata
Via San Bartolomeo
Vico Lungo Trinità Spagnoli
Via della Tofa
西班牙教堂 S. G. d. Spagnoli
穆尼奇皮奥广场 Piazza del Municipio
Municipio
贝拉·卡普里青年旅舍 Bella Capri
Nuova calata Pilliero
中央缆车线 Funicolare Centrale
托莱多缆车站 Stazione Toledo
拉希里吉纳生活酒店 La Ciliegina
Via Vittorio Emanuele III
Via S. Mattia
Calata S. Mattia
玛丽 Mary
新城堡 Castel Nuovo
Molo Angioino
Via S. Caterina da Siena
翁贝托一世长廊 Galleria Umberto I
城市观光车乘车处
阿里巴士
意大利国营铁路公司港口站 Stazione F.S. Marittima
Vico Rosario d. Palazzo
Via S. Carlo
Via Parco del Castello
Piazza Mondragone
的里亚斯特特伦托广场 Piazza Trieste e Trento
圣卡罗歌剧院 Teatro S. Carlo
轮渡乘船处
贝韦雷洛港 Molo Beverello
布兰迪 Brandi
Gradoni di Chiaia
Via Ferdinando Acton
齐亚贾魅力酒店 Chiaia
甘布瑞纳斯 Gambrinus
Villa Cellammara
Via Chiaia
王宫 Palazzo Reale
平民表决广场 Piazza del Plebiscito
基亚拉大街
Giardini Pubblici
保罗圣芳济教堂 S. Francesco di Paola
Bacino Angioino

那不勒斯中心区
圣乔凡尼·卡尔波纳拉教堂
S. Giovanni a Carbonara
阿波斯托利教堂
SS. Apostoli
弗尔米埃罗教堂
S. Caterina a Formiello
卡普阿纳门
Porta Capuana
卡萨诺瓦酒店
Casanova
新雷贝奇诺酒店
Nuovo Rebecchino
阿塔纳西奥
R. M. Attanasio
卡普阿诺城堡
Castel Capuano
圣洛伦佐
S. LORENZO
Piazza Garibaldi
意大利国营铁路公司那不勒斯中央车站
Stazione F.S. Napoli Centrale
阿里巴士
加里波第广场
Piazza Garibaldi
巴士总站
托里布纳里大街
Via d. Tribunali
皮埃蒙特·迪拉·米塞利考迪亚
Pio Monte d. Misericordia
曼奇尼
Mancini
那不勒斯乌纳珀里酒店
住宿税
UNA Hotel Napoli
特米努斯星际酒店
Terminus
圣彼得阿达拉姆教堂
S.Pietro Ad Aram
拉布拉奇餐馆
La Brace
周游铁路
S.F.S.M车站
玩偶医院
L'Ospedale delle bambole
安农齐亚塔教堂
SS. Annunziata
科伦坡酒店
Colombo
Piazza Nolana
圣乔治·马焦雷教堂
S.Giorgio Maggiore
托里阿农·达·奇罗1923
Trianon
诺拉纳门
Porta Nolana
达米凯莱餐馆
Da Michele
由多纳托餐馆
Da Donato
圣奥古斯丁泽卡教堂
S. Agostino della Zecca
私营铁路
维苏威周游铁路车站
Stazione FE-RR.
Circumvesuviana
科莫馆
Palazzo Como
马萨多纳餐馆
Masardona
Piazza Nicola Amore
集市广场
Piazza del Mercato
Piazza G. Pepe
Piazza del Carmine
卡尔米内圣母堂
S. Maria del Carmine
圣埃利焦教堂
S. Eligio
Via Cesare Rosaroll
Via Carbonara
Via O. Costa
Via A. Poerio
Via P. Trinchera
Via Pietro Colletta
Corso Umberto I
Via Casanova
Corso Giuseppe Garibaldi
Via Venezia
Via Milano
Via Torino
Via Bologna
Via Palermo
Via Firenze
Corso Novara
Via Aquila
Via Pavia
Via Parma
Via Bari
Via Ferrara
Via Nazionale
Via Brindisi
Genova
Corso Meridionale
Via P. S. Mancini
Via Nolana
Via S. Spaventa
Via G. Pica
Via G. Ricciardi
Via Agresti
Via Galileo Ferraris
Via S. Cosmo Fuori Porta Nolna
Via Padre Ludovico da Casoria
Via Padre Rocco
Corso Arnaldo Lucci
Strettoia S. Anna alle Paludi
Via G. C. Capaccio
Via C. Celano
Via Enrico Cosenz
Vico S. Giovanni
Via Luigi Serio
Via Amerigo Vespucci
Via Giacomo Savarese
Via del Lavinaio
Via Soprammuro
Via Duca di S. Donato
Via Duomo
Via Nuova Marina
Via della Marinella
Piazza Duca degli Abruzzi
Piazzale C. Pisacane
Calata Villa del Popolo
Capitaneria di Porto
Calata Porta di Massa
Molo del Carmine
Molo C. Pisacane (Immacolatella Nuova)
Molo Immacolatella Vecchia
港口
Bacino del Piliero
Molo Martello
Molo C. Console
Pontile V. Emanuele II
轮渡乘船处
0 100 200m
A
B
C
3
4

●邮政编码 80100

中央车站的 ℹ EPT
☎081-268779
开 9:00~20:00
休 节假日
地 p.263 B4、p.265 A4

EPT ℹ 主要事务所
住 Piazza dei Martiri 58
☎081-4107211
开 9:00~15:30
休 周六、周日
地 p.262 C1

圣卡罗歌剧院旁边 ℹ AASCT
住 Via San Carlo 9
☎081-402394
开 9:00~18:00
周日 9:00~14:00
地 p.264 C1

中央车站站前的加里波第广场

中央车站的货币兑换处
开 每天 7:00~21:00

那不勒斯的旅游信息

●那不勒斯的旅游咨询处

中央车站内的 ℹ 旅游咨询处 EPT 设在 23 号站台前。除了介绍酒店信息之外，还会向游客分发地图。并且会非常耐心地提供咨询服务。车站的 ℹ 旅游咨询处内有销售坎帕尼亚区的旅游交通卡 Artecard 的柜台（9:00~18:00），提供购买咨询，并帮助游客购买合适的 Artecard。

新增设的那不勒斯车站的 ℹ 旅游咨询处

除此之外，王宫内、翁贝托一世长廊入口（圣卡罗歌剧院对面）、平民表决广场等处也有旅游咨询处，可以提供市内游览的资讯以及酒店预订。

●货币兑换

中央车站的货币兑换处位于 fs 线售票处附近。这里的汇率不太好，但营业时间比较长。

除此之外，车站附近能兑换货币的银行是位于站前广场加里波第广场（p.za Garibaldi）马路对面的意大利信贷银行（Credito Italiano）。广场上的意大利商业银行（Banca Commerciale Italiana）和 B.N.L 各银行都不能兑换外汇。

●治安

车站里一定要小心身上物品

在那不勒斯还是小心一些，摘掉金银首饰或者高级手表等，只需带些必要的物品，轻装出发吧。

那不勒斯人的自来熟，就连意大利人也感到吃惊。对于那些大大方方靠过来的人，标着不可思议低价的商品，一定要小心。在意大利，如果说到“那不勒斯货”（那不勒斯的商品，那不勒斯人），就意味着劣质商品，不好的事物。

在那不勒斯，还有一个令人吃惊的事就是交通堵塞以及汽车的喇叭声。如果有人在我们这些黑头发的外国人身后大声鸣喇叭的话，不要生气，可以微笑着回头看看他们。会有热情的那不勒斯人打口哨，或者以更加大声的喇叭声对我们这些来自遥远东方的人表示欢迎呢。当地人横穿马路的时候，都不看红绿灯就穿过去了。如果你一直等红绿灯的话，可能一辈子也过不了马路。另外，那不勒斯的小胡同很多，很容易迷路，不过只要问一下，人们会很耐心地告诉你（最好向中老年人打听）。

女性如果对那不勒斯男人的纠缠感到束手无策的话，最好的办法是不予理睬。不轻言放弃是那不勒斯男人的性格。另外，跟在外国夫妇身后走也是可以避免被骚扰的一个好办法。

男性游客如果想要抵制傍晚出现的只穿着男士毛衣、开朗而又性感的那不勒斯妓女的诱惑，最好的办法是目不斜视地走自己的路。

那不勒斯 主要景点

国家考古学博物馆 Museo Archeologico Nazionale

Map p.264 A1·2

古代文明的宝库 ★★★

世界上屈指可数的收藏希腊、罗马美术作品的博物馆。是能够让人更多地了解庞贝古城或着埃尔科拉诺遗址的地方。

一层非常宽敞，犹如一个大厅。展出的是法尔内塞收藏的雕像作品。特别著名的有公元前4世纪的《法尔内塞的赫拉克拉斯》复制品（*Ercole Farnese*，11室）、像一出动态连续剧般的《法尔内塞的雄牛》（*Torro Farnese*，16室）、公元前5世纪的著名雕刻的复制品《持矛的士兵》（Doriforo 45室）等。9~10室展出的是宝石类珍宝，能看到公元前2世纪的《法尔内塞的杯子》（*Tazza Farnese*），是工艺精细的玛瑙精品。

《法尔内塞的雄牛》

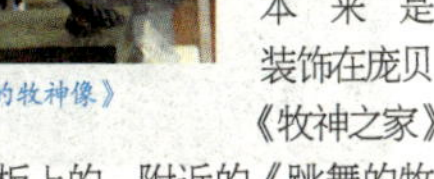

《跳舞的牧神像》

中二层展示了从古城遗迹发掘出来的马赛克镶嵌画和雕像，都是公元前1世纪左右的物品 。色彩艳丽又充满写实性的马赛克镶嵌画犹如在述说着当年的情景。《米南德的喜剧》（*Commedia di Menandro*）中模糊技法的运用非常精湛。5.83米×3.13米的大型马赛克镶嵌画《亚历山大大帝的出战》（*Battaglia di Alessandro Magno*，61室），本来是装饰在庞贝《牧神之家》的地板上的。附近的《跳舞的牧神像》（*Fauno*，60室）也是从同一个地方发掘出来的。是在庞贝古城看到的镶嵌画的原型。

二层还展示了充满美感的庞贝绘画以及很多青铜像。

国家考古学博物馆的二层大厅

闭馆前1小时停止入场

各美术馆、博物馆的入场时间都是截止到闭馆前1小时。另外，如果有特别展出的话，门票价格会有变化。

● 国家考古学博物馆

住 Piazza Museo 19
☎ 081-4422149
开 9:00~19:30
休 周二、1/1、12/25
费 €12
※ 每月第一个周日免费
※ 可以先在入口附近的储物柜（免费）存放背包等物品后参观
※ 从中央车站乘坐地铁2号线在加富尔站（Cavour）下车。或者在但丁广场乘坐地铁1号线在博物馆站（Museo）下车。博物馆站前有一尊巨大的赫拉克拉斯雕像，是一座现代化的车站。
如果乘坐巴士的话，从安茹家城堡或者新耶稣广场乘坐R4线即可到达
※ 加富尔站与博物馆站之间有地下通道相连
※ 租赁语音讲解器（英、法、俄）时，出示Aartecard，€4，优惠价为€2.50
※ 售票处到19:00，19:00开始清场
※ 5月中旬~9月的周四，有夜场展览至23:00（入场截至22:15）

那不勒斯的漫步方法 如果想体验那不勒斯的氛围，就从王宫开始，往奥沃城堡、圣卢恰方向前进。在中央车站前的巴士总站（→p.260）乘坐R2很方便。由于是始发站，因此可以找到座位坐下来。如果想去游客必看的国家考古学博物馆的话，就坐地铁1号线。要是乘坐巴士或者出租车，路上会很堵，需要留出足够的富裕时间。

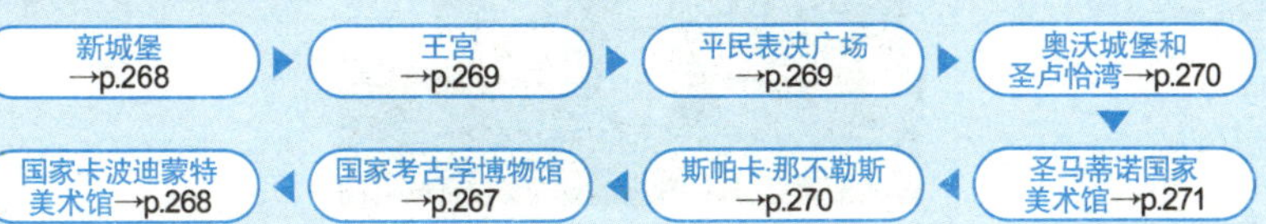

国家卡波迪蒙特美术馆 Museo e Gallerie Nazionali di Capodimonte

Map p.263 A3

绿丘上的王宫美术馆

★★★

博物馆杰作代表作之一——贝利尼创作的《耶稣显容》

位于模仿凡尔赛宫的特里亚农庭院而建的 18 世纪的王宫之内，庭院里绿荫环绕。博物馆有四层，参观从二层开始。二层展出的是从文艺复兴时期到威尼斯画派的绘画作品。最值得一看的，也是这个博物馆的代表作品之一，是马萨乔的作品《基督受难图》(*Crocifissione*)、乔凡尼·贝利尼成熟时期的杰作《耶稣显容》(*Trasfigurazione*)、威尼斯画派的代表人物提香的《达那厄》(*Danae*)、《玛达莱娜》(*Maddalena*)，勃鲁盖尔的《盲人的寓言》(*Parabola dei Cierchi*) 等。

位于二层一角的旧居住室 (Appartamento Storico)，则鲜明地表现了华丽的那不勒斯宫廷史。收藏卡波迪蒙特陶瓷以及欧洲的各种陶瓷名品的“陶瓷屋 (Gabinetto di Porcellana del Palazzo di Portici)”也是必看 的。

给那不勒斯画派带来影响的卡拉瓦乔的作品《被鞭笞的基督》

三层主要展示的是那不勒斯画派的作品，如给那不勒斯画派黄金时期带来很大影响的西莫内·马尔蒂尼的杰作,《托洛萨的圣卢多维科》(*San Ludovico di Tolosa*)，曾经在那不勒斯生活，并给 17 世纪那不勒斯绘画带来巨大影响的卡拉瓦乔的作品《被鞭笞的基督》(*Flagellazione*) 等众多那不勒斯画作。

四层展示的是 19 世纪以及近现代的绘画作品以及绘画实物。

新城堡 (安茹家族城堡) Castel Nuovo (Maschio Angioino)

Map p.264 C2 p.263 C3

文艺复兴建筑的华丽城堡

★

原来是 13 世纪安茹家的城堡，15 世纪由阿拉贡家族重建。四周环绕着城墙，城墙带有 5 个圆柱形的塔。正面右边的两个塔之间，有用大理石浮雕装饰的凯旋门，可以说这是文艺复兴样式的杰出建筑之一。城堡内部现在已成为市立博物馆，帕拉迪诺礼拜堂里展示着 14~15 世纪的雕刻作品——湿绘壁画，三层的南翼廊里展示着 15~20 世纪的银器等。

在当地被称为安茹家族城堡

国家卡波迪蒙特美术馆凝聚着那不勒斯的历史

●国家卡波迪蒙特美术馆

住 Via Miano 2/Parco di Capodimonte

☎ 081-7499111

开 8:30~19:30

休 周三、1/1、12/25

费 €8

※ 每月第一个周日免费

※ 入馆截至 18:30，19:00 开始清场

※ 在中央车站乘坐地铁 2 号线在加富尔站 (Cavour) 下车，从考古学博物馆前的 Piazza Museo 巴士站乘坐 168 路 (但丁广场也有巴士站)、178 路在 Porta Picc olo 站 (Via Miano) 下车。C63 路 (但丁广场) 巴士的下车车站是 Porta Grande (Via Capodimonte)。从王宫附近或者但丁广场乘坐 R4 路巴士，在卡波迪蒙特站 (Capodimonte) 下车。这里距离卡波迪蒙特站还有 200 米。有时会堵车，需要花费很多时间，要有心理准备

新登场！既方便又舒适

Citysight seeing bus 运营着 Shuttle Museo Capodimonte。可以避开车厢内的拥挤，在美术馆入口上下车。距离中心街约有 22 分钟 (有时会堵车)。每隔 50 分钟发车。从圣卡罗歌剧院旁边的特里雅斯特多伦多广场 (Piazza Trieste Tronto) 出发，在但丁广场、考古学博物馆、卡波迪蒙特美术馆停靠。

费 班车往返 €8　单程 €5

班车往返 + 卡波迪蒙特美术馆门票 (1 日有效) €12

5~26 岁 €6

※ 美术馆休息日的周三停运

●安茹家族城堡

住 Piazza Municipio

☎ 081-7955877

开 9:00~19:00

休 节假日

费 €6

※ 售票处营业到闭馆前 1 小时

王宫 Palazzo Reale

Map p.264 C1·2、p.263 C3

展示那不勒斯王宫的历史 ★★

建于 17 世纪西班牙统治时期，直到 18 世纪后那不勒斯王才得以居住在这里。王宫正面面对着平民表决广场，收藏有从诺尔曼的罗加王到维托里奥·埃马努埃莱二世的 8 位那不勒斯王的立身雕像。

王宫内部如今是王宫历史居住博物馆（Museo dell' appartamento storico di Palazzo Reale）。豪华的空间诉说着统治南意大利首都那不勒斯的宫廷的历史。这里展出的绘画以及家具也值得仔细地观赏。

沿着豪华的台阶上到二层开始参观，"宫廷剧场（Teatro di Corte）"是为了庆祝斐迪南四世的婚礼而修建的，虽然规模较小，但是在金色音乐女神的点缀下，显得非常华丽。"外交室（Sala Diplomatica）"内部绘有波旁家查理与王妃拟人化的壁画。在极其奢华、闪烁金色光芒的"玉座间（Sala del Trono）"里，有那不勒斯王的肖像画，正面是斐迪南一世。接下来是"王的书房（Studio del Re）"和"王的礼拜堂（Cappella Reale）"等。

承载着那不勒斯历史的王宫

平民表决广场 Piazza del Plebiscito

Map p.264 C1

柱廊相连的美丽广场 ★

被王宫正面以及圣保罗圣方济教堂包围着的广场。广场周围被教堂的柱廊环绕着，中央是查理三世和修建这座广场的斐迪南一世的骑马像。

平民表决广场

圣卡罗歌剧院 Teatro San Carlo

Map p.264 C1

意大利的三大歌剧院之一 ★

1737 年由波旁家族的查理三世建造的意大利三大歌剧院之一。除了正面与大厅之外，其他都保留了当时的样貌，以超群卓越的音响效果和豪华的内部装饰而闻名。没有歌剧上演的上午，游客可以进去参观。歌剧院对面是翁贝托一世长廊（Galleria Umberto），有点像米兰的维托里奥·埃马努埃莱二世长廊的迷你版。

圣卡罗歌剧院（右）与翁贝托一世长廊

前往新城堡（安茹家族城堡）、王宫博物馆

乘坐地铁 M1 号线在穆尼西皮奥（Municipio）下车。从中央车站乘坐 R2 路巴士，或者在国家考古学博物馆乘坐 R1 路巴士，也可以步行到达。前往新城堡在 M.Angioino 下车。去王宫博物馆在前一站的圣卡罗歌剧院前下车。沿着巴士前进的方向往前走，入口在往左拐的新耶稣广场正面。

●王宫博物馆

住 Piazza Piebiscito 1

☎ 081-5808111 开 9:00~20:00

休 周三、1/1、12/25 费 €4

既方便又安全的旅游观光车

City Sightseeing Napoli

最适合那些想要避开拥挤的那不勒斯巴士或者想轻松地欣赏那不勒斯城市风景的人乘坐。主要的始发站是安茹家城堡前（Largo Castello/Piazza Municipio）。车票€22，24 小时有效。可以随意上下车，不限次数。运行期间为 3/24~10/31。

URL www.napoli.city-sightseeing.it

线路

Ⓐ艺术圣地 Luoghi dell' Arte

9:45~16:50 期间，每隔 30~40 分钟发车，转一圈需要 72 分钟。●始发地→但丁广场→考古学博物馆→卡波迪蒙特→圣真罗纳地下墓穴→卡普安纳门（Via Muzii）→博维奥广场（大学）→贝韦雷洛港→始发地

Ⓑ眺望那不勒斯 Le Vedute del Golfo

9:30~16:45 期间，每隔约 40 分钟发车，转一圈大约需要 61 分钟。●始发地→波尼亚蒂别墅→梅尔杰利纳→波西立波（眺望）→维吉尔公园→彼特拉卡大街（眺望）→奥沃城堡→贝韦雷洛港→始发地

Ⓒ圣马蒂诺山 San Martino

仅在周六、周日、节假日的 12:00~16:20 期间，每隔 2 小时发车。●始发地→马尔蒂里广场→阿梅德奥广场→万维泰利广场→圣马尔蒂诺美术馆→萨尔瓦多·罗萨大街→始发地

●圣卡罗歌剧院

住 Via S.Carlo 98F

☎ 081-7972468

开 售票处 10:00~13:00
16:30~18:30

休 周日、节假日

※ 需要跟随导游参观。工作日 10:30~16:30（13:30 除外）、周日 10:30~12:30 每隔 30 分钟出发，所需时间 45 分钟。费 €6

奥沃城堡和圣卢恰湾 Castel dell'Ovo/Santa Lucia

Map p.263 C3

如歌中咏颂的那样风情万种

★

● **奥沃城堡**
住 Borgo Marinari
☎ 081-7956180
开 周一～周六 9:00~19:30（冬季至 18:30）
周日、节假日 9:00~14:00
休 1/1、5/1、12/25
费 免费

奥沃城堡和圣卢恰的大海

12 世纪时，在原本是渔村的圣卢恰地区美丽的海岸大道上建起来的古城。从这里可以眺望那不勒斯湾和维苏威火山，景色美得像明信片上的画面一样。夜晚，灯光照射的奥沃城堡呈现出梦幻般的氛围。在通往梅尔杰利纳的海岸大道上有很多漫步的情侣。

斯帕卡·那不勒斯 Spacca Napoli

Map p.263 B3、p.264 A·B2

洋溢着那不勒斯当地风情的老城区

★

斯帕卡·那不勒斯的形象尼罗像

名字的由来

斯帕卡·那不勒斯（Spacca Napoli）是“刚好把那不勒斯分成东西两部分的东西”之意。

在斯帕卡·那不勒斯的广场上小憩

从但丁广场和卡里塔广场的中间一带通往中央车站方向的大道，在古时被称为帕斯卡·那不勒斯。这一带现在仍然是充满那不勒斯风情的旧城区，这里有活泼开朗、容易相处的那不勒斯人，展示精湛手工艺的职业手艺人，在蓝天下随风飘动的晾晒衣物，充满生气、热闹非凡的市场，那不勒斯的一切，都能在这里看到。

这里还有很多哥特式的教堂，虔诚的那不勒斯人早晚都在这里进行祈祷。

圣基亚拉教堂 Santa Chiara

Map p.264 B2

那不勒斯王族和贵族的长眠之地

★★

● **圣基亚拉教堂**
● **修道院回廊（Chiostro）**
住 Via Santa Chiara 49
☎ 081-5516673
开 9:30~17:30
周日、节假日 10:30~14:30
费 €6（仅限回廊）
地 p.264 B2

用陶版瓷砖装饰的柱廊

创建于 14 世纪的哥特式教堂，曾在第二次世界大战中遭到破坏，后来在原址上重建。教堂后面的修道院回廊 Chiostro 因拥有陶板瓷砖装饰的美丽柱廊而闻名。除长廊外，其他附属设施还有罗马时代的浴场遗迹、博物馆和巨大的马厩等。入口位于教堂正面左侧。

大教堂（圣真纳罗）Duomo（San Gennaro）

Map p.264 A2

那不勒斯人的心之归属

★

圣真纳罗的礼拜堂

供奉那不勒斯的守护圣人圣真纳罗的教堂，是那不勒斯人的信仰所在地。礼拜堂中保存着圣人之血，在每年两次的祭祀中“液化”，这个奇迹不仅在那不勒斯，在整个意大利也被广泛认可。5 月的第 1 个周六和 9 月 19 日举行的盛大活动中，庆祝奇迹的人们喜气洋洋，城市中充满了节日的气氛。

圣马蒂诺国家美术馆 Museo Nazionale di San Martino

Map p.262 B2、p.264 B1

那不勒斯的生活美术馆

★★

圣马蒂诺国家美术馆位于可以俯瞰那不勒斯的沃梅洛山顶的修道院内，到了春天这里就开满了含羞草花。从停车场所在的观景台，或者视线很好的馆内露台上，可以眺望那不勒斯的街景以及卡普里岛的风景。旁边的建筑是圣埃莫城堡（Castel Sant' Elmo），这里是 16 世纪的要塞。在更高一些的要塞眺望到的那不勒斯湾和老城区也非常美丽。

能让人联想到当年修道院情形的中庭

进入美术馆，穿过中庭就是教堂，是 17 世纪那不勒斯巴洛克样式建筑的最杰出作品之一。天井上装饰着金银，墙壁上是辉煌灿烂的浮雕绘画，整个氛围绚烂华丽。教堂后部的里侧连接着 17 世纪的长廊，从这里走出去左手展出着马厩雕塑（展示耶稣诞生的场景，是圣诞节的装饰品）收藏品。最负盛名的展品是库内利奇马厩（Il Presepe Cucinello）。这里有了解 18 世纪那不勒斯风俗的珍贵资料。除此之外，还展出有华丽的船、绘画、雕刻等。

●大教堂

住 Via Duomo 147

☎ 081-449065

开 8:00~13:30、14:30~19:30
周日 8:00~13:00、16:30~19:30

出租车统一费用标准 Tariffe Predeterminate

机场→圣卢恰周边酒店 € 19~23
机场→中央车站周边酒店 € 16
机场→贝韦雷洛港 € 19
中央车站→贝韦雷洛港 € 11
那不勒斯↔庞贝·埃尔科拉诺（往返，包括 3 小时的遗迹参观等候） € 130

※ 发车前先告知司机选择统一收费标准，一定要索取写有目的地、价格和出租车车票号的发票

投诉受理

URL www.comune.napoli.it

Fax 081-7952936

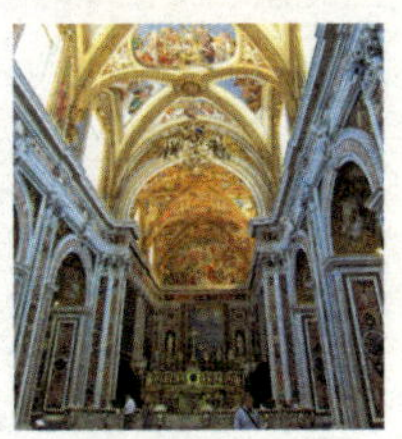
那不勒斯巴洛克的最杰出作品——附属教堂

●圣马蒂诺国家美术馆、圣埃莫城堡

住 Largo San Martino 5

☎ 081-2294541

开 8:30~19:30
城堡 9:00~18:30

休 周三 费 € 6

从圣马蒂诺国家美术馆前往圣埃莫城堡

乘坐地铁 1 号线在万维泰利车站或者中央缆车线的弗格车站或者基亚拉线的奇马罗萨站、蒙托桑托线的摩根站下车后步行 5~10 分钟。或者乘坐各车站附近停靠的沃梅洛山顶循环小公共 V1 在终点下车。

那不勒斯的历史

●文化和种族的交叉点——那不勒斯

公元前 7 世纪，古希腊人被美丽的自然环境和温暖宜人的气候吸引来到此地。“那不勒斯”的名字源于希腊语中的“Neapolis”一词，意思是新城市。公元前 4 世纪，这里受到了古罗马的统治。对于奥古斯都、尼禄等皇帝，那不勒斯是非常受欢迎的避暑胜地。

随着古罗马帝国的衰退，这里开始不断地受到来自北方的侵略，先后被哥特人、伦巴第人占领。相对来说比较稳定的时期是那不勒斯公国在这里定都的 8 世纪中期 ~11 世纪。到了 12 世纪，它又被出身于北法兰西的诺曼人的西西里王国吞并。之后，先后受到德国施瓦本家族、法国安茹家族、西班牙阿拉贡王国的统治。但也正是因为如此，那不勒斯才能吸收到各种不同的外来民族的文化，并将其形成了自己特有的文化，巴洛克艺术就是其中的一个典型。

那不勒斯的餐馆

Ristorants Guide

那不勒斯餐馆集中的地方，是圣卢恰周边以及斯帕卡·那不勒斯地区。圣卢恰的海边餐馆一家挨着一家，在海风的吹拂下，一边用餐一边眺望维苏威火山的风景，这样的感觉只有在那不勒斯才能体验得到。斯帕卡·那不勒斯是那不勒斯的老城区，充满了市民特色和无限活力，让人感觉很愉快。

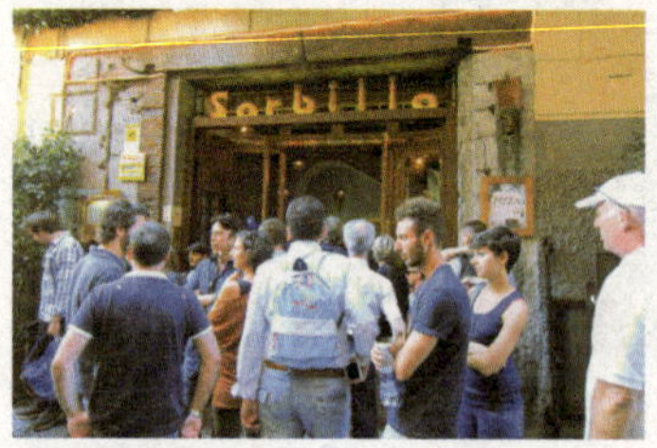

在斯帕卡·那不勒斯的比萨店门口排队等候

提到那不勒斯，人们自然会想到比萨。那不勒斯的传统比萨饼店集中在西班牙人的居住区和斯帕卡·那不勒斯。每家使用的都是燃烧柴火的传统烤炉。口感软糯，饼坯较厚是那不勒斯比萨的特色，口味朴实。那不勒斯当地人最喜欢的玛格丽特比萨饼，是在番茄沙司、马苏里拉奶酪上加了紫苏叶的比萨。首先品尝一下这种玛格丽特比萨饼吧。著名的比萨饼店前总是排着长长的队伍，出门时最好预留出排队的时间。

佩特鲁奇宫餐馆

Palazzo Petrucci

◆是一家16世纪建在斯帕卡·那不勒斯的古老建筑中的时尚餐馆。致力于钻研当地的食材，当地的菜肴，以口味清淡而样式新颖的菜肴著称。复杂而细致的口味以及漂亮的摆盘给人惊喜。店里的招牌菜有无盐奶酪宽面条（Lasagnetta di Mozzarella），是用新鲜的奶酪和生虾做成的。这家餐馆是米其林一星餐馆。要预约

斯帕卡·那不勒斯地区 Map p.264 B2

住 p.za San Domenico Maggiore 4
☎ 081-5524068
营 12:30~14:30、19:00~22:45
休 周一午餐、周日晚餐、6~7月的周日晚餐、8/2~8/24前后、12/24~1/7左右
预 €45~85、套餐€60
C A.D.M.V.
交 从新耶稣广场步行2分钟

贝里尼

Bellini dal 1946

◆这里不仅有美味的海鲜通心粉，还有深受当地人欢迎的稍微有些硬的比萨饼。这家餐馆最著名的是纸包扁面条Cartoccio，非常好吃。要预约

斯帕卡·那不勒斯地区 Map p.264 B2

住 Via S.M.di Costantinopoli 79/80
☎ 081-459774
营 11:00~17:00、19:00~次日1:00
休 周日晚餐、夏季周日午餐、8月15日前后一周
预 €28~40（座位费€2、13%） C D.J.M.V.
交 从但丁广场走到阿尔巴门大街尽头即到

索比洛

Sorbillo

◆位于斯帕卡·那不勒斯地区的比萨饼店，店前总是排着很长的队伍，非常引人注目。那不勒斯人为了吃到这里的比萨需要排上30分钟~2小时的队。创建于1935年，具有悠久的历史，一个家族20个儿子全都成为比萨的制作人员，可谓是一脉相承的纯粹的比萨饼店。在保持了比萨饼原有特色的基础上，还制作出了种类丰富的不同味道。

斯帕卡·那不勒斯地区 Map p.264 A2

住 Via Tribunali 32/38
☎ 081-0331009
营 12:00~15:30、19:00~24:00
休 周日（10~12月、4~5月除外）、8/8~8/22前后
预 €8~21
C J.M.V.
交 从大教堂步行3分钟

迪马提奥餐馆

Di Matteo

◆位于斯帕卡·那不勒斯中心部的平民化比萨饼店。墙壁上挂着克林顿来此店就餐时的照片。这里的玛格丽特比萨饼又薄又软，最有特点的是上面的番茄沙司和马苏里拉奶酪，如汤汁般融合在一起。量大的炸比萨（Pizza Fritta）也很受欢迎。

斯帕卡·那不勒斯地区 Map p.264 A2

住 Via dei Tribunali 94
☎ 081-455262 营 9:00~24:00
休 周日（11~12月除外）、8月的两周
预 €7~15（座位费€1、15%）
C A.J.M.V. 交 从翁贝托一世大街向大教堂方向前进，在大教堂前面的道路向左转，走2~3分钟右侧即是

卡鲁索餐馆
Caruso

◆位于那不勒斯最具代表性的高档酒店——维苏威大酒店屋顶的花园餐馆。从露台餐馆不仅能眺望到圣卢恰湾和奥沃城堡，还能看到维苏威山，以及绵延到索伦托的海岸线。供应以海鲜为主的那不勒斯菜肴。男性就餐需要穿着外套。要预约

圣卢恰地区 Map p.263 C3
住 Via Partenope 45，9 层
☎ 081-7640044
营 12:00~15:00、20:30~24:00
休 周一、8 月的 2 周
预 € 50~100
C A.D.J.M.V.
交 维苏威大酒店 9 层（→ p.277）

拉·坎提内拉
La Cantinella

◆可以遥望到圣卢恰湾，店内使用芦苇装潢，具有地中海风情而又不失优雅。新鲜的海鲜菜肴和自制的意大利面非常美味。夏天还设有能眺望到大海的露台座位。这家餐馆还是因葡萄酒储存种类繁多而闻名的高档餐馆。是米其林一星餐馆。晚餐和 8 月 要预约

圣卢恰地区 Map p.263 C3
住 Via Cuma 42
☎ 081-7648684
营 12:30~15:30、19:30~23:30
休 周日晚餐
预 € 45~80、套餐€ 25/60
C A.M.V.
交 圣卢恰湾西北侧

马里诺
Marino

◆位于奥沃城堡附近的圣卢恰大街上。每天都有很多当地人聚集在此，直至深夜。推荐放有新鲜小西红柿的比萨“圣安娜斯塔西亚（Sant`Anastasia）”。除比萨之外，那不勒斯风味菜肴也很不错。要预约

圣卢恰地区 Map p.263 C3
住 Via Santa Lucia 118/120
☎ 081-7640280
营 12:00~15:30、19:30~23:30
休 周一、8/10~8/28
预 € 20~50（座位费€ 1、15%）
C A.J.M.V.
交 从奥沃城堡步行 3 分钟

欧洲马托齐餐馆
Europeo di Mattozzi

◆位于翁贝托一世大街的一头，临近博维奥（Bovio）广场。店内的墙壁上摆着小画框和葡萄酒，经营传统的那不勒斯菜肴以及比萨饼。豆汤（Pasta e Fagioli）以及意大利式水烤鱼贝类值得推荐。这是一家创业于 1852 年，有着悠久历史的老店。

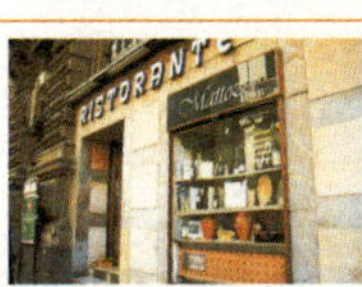

中心区 Map p.264 B2
住 Via Marchese Campodisola 4/5/8/10
☎ 081-5521323
营 12:00~16:00、19:00~23:00
休 周日（11 月 ~ 次年 1 月除外）、8 月下旬的 2 周
预 € 40~60（12%）、套餐€ 50
C A.D.J.M.V. 交 博维奥广场旁边

雷特餐馆
L'etto

◆店名的雷特（L'etto）在意大利语中是 100 克的意思。店内是开放式厨房，采取的是自助餐形式，从开胃菜到海鲜菜肴，种类丰富，价格按照食用的分量来计算。能够看着食物进行选择，让人感觉耳目一新。

中心区 Map p.264 A2
住 Via S. Maria di Costantinopoli 103
☎ 81-19320967
营 12:30~15:15、19:30~24:00
休 无 预 € 7~20
C D.J.M.V.
交 距离那不勒斯国家考古学博物馆 300 米

达米凯莱餐馆
Da Michele

◆无论是大理石餐桌，还是制作比萨的方法，都是持续 130 多年毫无变化的作风顽固的老店。只供应大、中、小号的玛利亚那比萨和玛格丽特比萨。如果有人排队等候，可以拿号后在店外等候叫号。

中心区 Map p.265 B3
住 Via Cesare Sersale 1/3
☎ 081-5539204
营 10:00~23:00、20:00~22:00
休 周日（12 月除外），8/12~8/28
预 € 4~5、套餐€ 6~7 C 不可
交 从中央车站步行 10 分钟。可以乘坐 R5 巴士车前往

餐馆图例 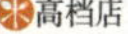高档店 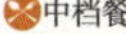中档餐馆 百姓餐馆 比萨店 葡萄酒吧 啤酒吧 B 级美食

布兰迪
Brandi

◆比萨饼店兼餐馆。是发明"玛格丽特比萨"的老店。创业于1780年，店内总是挤得满满的，最好提前出门，如果可以最好提前预约。除了玛格丽特比萨之外，还有很多其他著名的比萨饼。当地来此就餐的人也很多。

中心区 Map p.264 C1

住 Salita S.Anna di Palazzo 1 ☎081-416928
营 12:30~15:30、19:30~24:00
休 周一、复活节、8/14~8/16 前后、12/25
预 €10~34（座位费€1.80、12%）
C A.D.J.M.V. 交 从平民表决广场向托莱多大街走，位于面向翁贝托一世长廊左手细长的小巷子里

托里阿农·达·奇罗 1923
Trianon Da Ciro 1923

◆位于达米凯莱餐馆对面，两条岔路的右侧。因比萨的种类多而闻名（有浇卤汁的比萨饼）。Pizza Trianon（€10）有8种口味。要预约

中心区 Map p.265 A3

住 Via Pietro Colletta 42/46 ☎081-5539426
营 11:00~15:30、18:30~23:30
休 1/1、复活节、12/25 预 €10~18（15%），套餐€20 C J.M.V. 交 从大教堂步行5分钟。如果从中央车站前往，乘坐R2巴士

由多纳托餐馆
Antica Trattoria e Pizzeria da Donato

◆那不勒斯中央车站附近最受欢迎的比萨店。正宗的比萨饼、意大利面条、海鲜菜肴，非常美味，而且价格低廉。自制甜点味道也很好。服务员让人感觉很亲切。因为是深受当地人和游客喜欢的店，晚餐最好提前预约。你一定会对那不勒斯的价格感到意外！

中央车站周边 Map p.265 A3

住 Via Silvio Spaventa 41
☎081-287828
营 12:30~14:30、19:30~22:00
休 周一 预 €12~25 C M.
交 从加里波第广场步行2~3分钟

拉布拉奇餐馆
La Brace

◆位于中央车站前，从加里波第广场向小路走进去一点的地方，是一家平价的餐馆。随意亲民的风格，使大量当地人和年轻人光顾这里。奶油风味的意面和比萨的分量都很大，非常受欢迎。肉和鱼类菜肴的种类也很丰富。

中央车站周边 Map p.265 A3

住 Via Silvio Spaventa 14 ☎081-261526
营 11:00~15:00、18:00~23:00
休 周日、节假日
预 €12~20 C A.M.V.
交 紧邻加里波第广场

马萨多纳餐馆
Antica Friggitoria Masardona

◆那不勒斯著名的炸比萨（Pizza Fritta）的专卖店，能品尝到精心制作的炸比萨。没有餐桌，也可以外带，店门口总是有很多人在大快朵颐刚刚出锅的炸比萨。能品尝到那不勒斯的B级美食。港口附近的梅尔卡托是一个比较杂乱的地区，最好轻装出行。

中央车站周边 Map p.265 B4

住 Via Giulio Cesare Capaccio 27
☎081-281057
营 7:00~15:30，周六 18:30~22:00
休 周日 预 €2 C 不能
交 从那不勒斯中央车站步行5分钟

那不勒斯的咖啡馆和点心店

那不勒斯的点心和香浓的咖啡，在意大利也是首屈一指的。一定不要错过这美味的享受。推荐的咖啡馆有创业于1890年，在那不勒斯最著名的咖啡馆甘布赖纳斯（Gambrinus 住 Via Chiaia 1/1 ☎081-417582 地 p.264 C1）和位于品牌店云集的马尔迪利广场一角，别具风格的咖啡壶（La Caffettiera 住 Piazza dei Martiri 30 ☎081-7644243 地 p.262 C2）。那不勒斯著名的夹心奶酪千层酥（Sfogliatella）的名店有仅供外卖的专卖店Ⓑ玛丽 Mary 住 Galleria Umberto I 66 ☎081-402218 地 p.264 C1）和位于中央车站附近的Ⓑ阿塔纳西奥（R. M. Attanasio 住 Vico Ferrovia 1-4 ☎081-285675 地 p.265 A3）。

露天席位很惬意，店内则是豪华的沙龙

想让人带走慢慢品尝的玛丽的点心

美食！那不勒斯

那不勒斯是当今流行全世界的比萨饼（Pizza）的发祥地。

古罗马人也吃比萨，不过当时的比萨是既不放西红柿也不放奶酪，也就是现在的佛卡夏（Focaccia）。西红柿的出现，是在10多个世纪之后，哥伦布发现新大陆之后才有的事情。接着又过了一个世纪，人们才将马苏里拉奶酪加到比萨里，制成了现在的比萨饼。如今，比萨饼已经普及成了平民化的食品。但在当时，它却是奢侈品，很受宫廷贵族的欢迎。据说波旁家族的玛格丽特公主非常喜欢吃比萨饼，还为此举办了一个比萨饼大赛，当选一等奖的比萨饼得以用她的名字命名。这就是“玛格丽特比萨”的由来。尽管只是用西红柿和马苏里拉奶酪制作而成的简单的比萨，如今却风靡了整个意大利，而且是最受欢迎的比萨。

用于制作比萨饼的纯白色的马苏里拉奶酪，是用坎帕尼亚地方的牛乳制成的。用这种特产奶酪制作的食品还有夹有马苏里拉奶酪的油炸三明治（Mozzarella in Carrozza）以及有茄子和奶酪的番茄酱风味的烤菜（Melanzane alla Parmigianga）。成丝状的奶酪热气腾腾，还散发着香味，一下子就勾起了人们的食欲。可以作为开胃菜吃上一两盘，再配上冰镇的白葡萄酒 Greco di Tufo 或者烈性玫瑰葡萄酒 Lacrimarosa d' Irpinia，那就再合适不过了。

摆满了新鲜鱼贝类的那不勒斯水产店

那不勒斯的西红柿“Pommarola”

在那不勒斯，我们还不能忘了西红柿意大利面条，可以说它是意大利面条的最初形态。虽然这种面条在意大利到处都可以吃得到，但只有那不勒斯的才是最美味的，因为它是采用新鲜熟透的西红柿制作而成的。顺便说一下，在那不勒斯方言中，西红柿被称为“Pommarola”。到了冬天，屋檐底下吊着一串串鹌鹑蛋大小的西红柿（用来保存），火红的颜色鲜艳而夺目。

圣卢恰湾是经常出现在歌曲中的地方，一定要尝一尝这里刚刚捕获的新鲜海鲜。人们所熟悉的美味的意大利蛤蜊面条 Spaghetti alle vongole rosso（红色）是加西红柿的，而 Bianchi（白色）则是不加西红柿的。著名的点心要数那不勒斯人早餐和零食中不可缺少的贝壳形状的夹心奶酪千层酥（Sforgliatella），是加入意大利乳清干酪的作为甜点。香滑的奶酪与酥脆的馅饼皮让人赞不绝口。

那不勒斯的 B 级美食

那不勒斯街头到处都是 B 级美食，酒吧门口玻璃橱柜里摆满了各种帕尼诺和炸制食物。推荐的区域有老城区斯帕卡 · 那不勒斯（在地铁但丁广场站下车后步行即到）的法院街（Via Tribunali）。细长的街道两旁比萨饼店和食品店等店家一家紧挨一家，非常热闹。推荐迪马提奥餐馆（→p.272）店门口刚出炉的炸比萨，€1，其他炸制食品€0.50~1，如将加入白色调味汁的意大利面条搓成圆状后炸制的 Frittatina、意大利风味的可丽饼 Crochetto，在店门口品尝这些冒着热气的食品别有风味。那不勒斯著名的沓沓（Baba），推荐的是意大利第一的店——卡马乔（Capparelli 住 Via dei Tribunali 324/327 营 10:00~20:00 左右 休 周一 地 p.264 A2）。巨大的沓沓€1.50，普通大小的是€1.20，撒上糖浆后食用。店里除了沓沓，还有很多看上去非常好吃的糕点和曲奇。这附近的小广场和小路上都设有椅子，推荐在这里坐着吃。不要忘了带擦手的湿纸巾哦。

比萨价格均为 €1，转眼就会售罄

面包也是 €1，美妙的那不勒斯风味

那不勒斯的酒店
Hotel Guide

那不勒斯风景极好的高档酒店集中在圣卢恰地区，平价酒店大多集中在中央车站周边。自从 1985 年被列为世界遗产之后，旅游设施建设不断完善，最近那不勒斯的酒店也出现了变化。由古老宅邸改装而成的酒店、全新感觉的酒店不断出现在那不勒斯老城区（斯帕卡·那不勒斯）周边，很值得向自由行游客推荐，附近还开通了新的地铁站，交通也方便了很多。

此外，适合喜欢经济实惠旅游的游客的酒店集中在中央车站周边，站前的加里波第广场经过装修，正在变身成为时尚的站前广场。位于这个广场西侧和东侧位置的意大利的连锁酒店的房间数量众多，酒店里还设有餐馆，非常方便。

如果喜欢具有风格明媚的那不勒斯特色的酒店，还是建议选择圣卢恰地区的酒店。

罗密欧酒店 ★★★★★
Romeo

◆紧邻贝韦雷洛港，由丹下联合协会装修的现代化的外观非常美丽。玻璃和水、现代美术和古典美术、东方和西方完美地融合在一起，是一家全新感觉的酒店。从配置了最新设施的酒店房间的窗户可以欣赏到那不勒斯湾、维苏威火山等风光。酒店内除了米其林一星餐馆 Il Comandante（只限晚餐）之外，还有寿司店、露台餐馆（仅限午餐）、SPA 等设施。

中心区（老城区） Map p.264 C2

URL www.romenohotel.it
住 Via Cristoforo Colombo 45
☎ 081-0175001
Fax 081-0175999
SB €220/420
TB €230/460
室 83 间　含早餐 W-F
C A.D.J.M.V.
交 从博维奥广场步行 5 分钟

君士坦丁堡 104 酒店 ★★★★
Costantinopoli 104

◆在一扇大门内静静矗立，是由 19 世纪的别墅改建而成的小型酒店。在小小的庭院里面，泳池里蓄满了水，柠檬树上结满了果实。酒店大堂和客房都很雅致，充满了浪漫的氛围。外面没有挂招牌。需要通过对讲机请里面的人打开大门。

中心区（老城区） Map p.264 A2

URL www.costantinopoli104.it
住 Via S.Maria di Costantinopoli 104
☎ 081-5571035
Fax 081-5571051
SB €90/160　TB €120/200
3B €150/220　室 19 间　含早餐 W-F
C A.D.M.V.
交 从国家考古博物馆步行 3 分钟

拉希里吉纳生活酒店 ★★★★
La Ciliegina

◆位于穆尼奇庇奥广场附近的小型酒店。由那不勒斯建筑师进行内装设计，装点着手工那不勒斯家具，以白色为基调的客房时尚而且雅致。从露台能眺望到维苏威山到长廊的那不勒斯的全景。

中心区（老城区） Map p.264 C1

URL www.ciliegінahhotel.it
住 Via P.E. Imbriani 30
☎ 081-19718800
Fax 081-19718829
SB €70/100　TB €140/230
JS €200/300　室 13 间　含早餐 W-F
C A.D.M.V.　交 距离新城堡 200 米

德库玛德尼查梅酒店 ★★★
Decumani Hotel de Charme

◆由 17 世纪红衣主教宅邸改装而成的酒店，保留着当年豪奢的氛围。早餐室的沙龙是涂有金色漆纹饰的华丽的巴洛克式风格。客房充满了古典优雅的氛围。

中心区（老城区） Mapp.264 B2

URL www.decumani.com
住 Via san Giovanni Maggiore Pignatelli 15，3 层（2 piano）
☎ Fax 081-5518188
TS €129/169　TB €149/189
室 39 间　含早餐 W-F　C A.M.V.
交 从地铁 1 号线 Universita 站步行 5 分钟

S 公共淋浴单人间价格　T 公共淋浴双人间价格　D 多人间价格　SS 带淋浴的单人间价格　SB 带淋浴或者带浴缸的单人间价格　TS 带淋浴的双人间价格　TB 带淋浴或者带浴缸的双人间价格　3B 带淋浴或者带浴缸的三人间价格

齐亚贾魅力酒店 ★★★
Chiaja Hotel de charme

◆地理位置优越，旅游或购物都很方便。酒店位于大门里侧，由19世纪的贵族宅邸改建而成。室内明亮整洁而且安静，工作人员也很亲切。没有招牌，要通过对讲机进入大门内。在午后的沙龙可以免费品尝点心。

中心区（老城区） Map p.264 C1

URL www.hotelchiaia.it
住 Via Chiaia 216 1° Piano（2层）
☎ 081-415555 Fax 081-422344
SB €70/123 TB €75/189
室 27间 含早餐 W-F
C A.D.M.V.
交 从平民表决广场步行3分钟

贝利尼广场酒店 ★★★
Piazza Bellini

◆酒店位于绿色繁茂，云集着个性派咖啡馆的贝利尼广场附近，由16世纪的宅邸改装而成。入口附近葱茏的宽敞中庭让人感到很舒适。酒店周边有很多餐饮店，距离景点也很近，很方便。

中心区（老城区） Map p.264 A2

URL www.hotelpiazzabellini.com
住 Via Santa Maria di Costantinopoli 101
☎ 081-451732 Fax 081-4420107
SB €75/140 TB €85/150
室 48间 含早餐 W-F C A.M.V.
交 距离那不勒斯国家考古学博物馆300米

维苏威大酒店 ★★★★★
Grand Hotel Vesuvio

◆由面向圣卢恰湾的19世纪的公馆改建而成，是具有那不勒斯雅致简练特色氛围的豪华酒店。受到世界各国要人的好评。从餐馆卡鲁索能眺望到绝美的景色。

圣卢恰地区 Map p.263 C3

URL www.vesuvio.it 住 Via Partenope 45
☎ 081-7640044 Fax 081-7614483
SB €189/410 TB €199/440 SU €800~
室 139间（套房21间） 含早餐 W-F
C A.D.J.M.V.
交 从平民表决广场步行10分钟

怡东酒店 ★★★★
Excelsior

◆面对圣卢恰湾而建，保留着第一次世界大战之前美好年代氛围的优雅酒店。酒店大堂大理石的地面上倒映着枝形吊灯的光晕。从客房或者阳台上可以眺望那不勒斯湾与奥沃城堡的景色。从屋顶的露台餐馆 La Terazza 看到的景色也很迷人，早餐就设在这里。客房分为古典样式和明亮的现代化样式两种。

圣卢恰地区 Map p.263 C3

URL www.excelsior.it
住 Via Partenope 48
☎ 081-7640111
Fax 081-7649743
SB €115/270 TB €223/384
室 111间 含早餐 W-F
C A.D.J.M.V.
交 从平民表决广场步行10分钟

米拉马雷酒店 ★★★★
Miramare

◆酒店由20世纪初的宅邸改建而成。可以在露台上欣赏圣卢恰湾的美景，还可以享受日光浴。客房的装饰也充满了度假胜地的氛围。

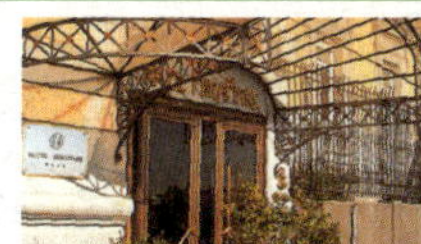

圣卢恰地区 Map p.263 C3

URL www.hotelmiramare.com
住 Via N.Sauro 24
☎ 081-7647589 Fax 081-7640775
SS €115/155 SB €140/169
TS €145/215 TB €165/250
TB €210/325（豪华海景房）
室 31间 早餐€15 W-F C A.D.J.M.V.
交 从中央车站乘坐152、R3路巴士车

雷克斯酒店 ★★★
Hotel Rex

◆位于圣卢恰海岸附近。虽然从房间看不到大海，但是客房很干净，也很安静。没有火车站前的喧嚣，能放心地住宿。可步行到达中心区。

圣卢恰地区 Map p.263 C3

Low 11月~次年3月、8月
URL www.hotel-rex.it 住 Via Palepoli 12
☎ 081-7649389 Fax 081-7649227
SB €60/85 TB €64/200
室 34间 含早餐 W-F C A.J.M.V.
交 从站前广场乘坐No.152巴士车在圣卢恰大街中间路段下车

※那不勒斯的住宿税 B&B、YH、★€1 ★★€1.50 ★★★€2 ★★★★€3 ★★★★★€4 ★★★★★L€5
最长收10晚，18岁以下免税

那不勒斯乌纳纳珀里酒店 ★★★★
UNA Hotel Napoli

◆面对那不勒斯中央车站前的加里波第广场的酒店。由19世纪的历史悠久的宫殿全面改建而成，于2005年开业。时尚的室内装潢充满了那不勒斯的风情。自助早餐的种类丰富。位于酒店顶层的餐馆价格适中，值得推荐。

中央车站周边 Map p.265 A3

URL www.unahotels.it
住 Piazza Galibardi 9/10
☎ 081-5636901 Fax 081-5636972
SB €78/235 TB €86/654
室 89间 含早餐 W-F
C A.D.J.M.V.
交 从中央车站步行3分钟

特米努斯星际酒店 ★★★★
Starhotels Terminus

◆位于中央车站左手边，明亮的现代化酒店。客房虽然面对站前广场，不过房间内却很安静。如果想要入住更加安静的房间，可以选择中庭一侧的房间。自助早餐可以品尝那不勒斯著名的千层酥等。团队客人较多，距离车站很近，特别方便。酒店内设有餐馆。

中央车站周边 Map p.265 A4

URL www.starhotels.com
住 Piazza Garibaldi 91
☎ 081-7793111 Fax 081-206689
SB €68/150 TB €82/200
室 145间 含早餐 W-F
C A.D.J.M.V.
交 中央车站前广场

新雷贝奇诺酒店 ★★★
Hotel Nuovo Rebecchino

◆位于从站前广场向加里波第大街方向的右角。经装修后，越发明亮优雅，让人倍感舒适。自助早餐的种类丰富。有空调，网络可以免费使用。

中央车站周边 Map p.265 A3

Low 1~2月、7月、11月 URL www.nuovorebecchino.it 住 Corso G.Garibaldi 356 ☎ 081-5535327 Fax 081-268026 SS €50/100 SB €70/120 TS €60/140 TB €80/160 室 58间 含早餐 W-F C A.D.J.M.V. 交 从中央车站步行3分钟

科伦坡酒店 ★★★
Hotel Colombo

◆晚上，市场关门后，这里就变得非常安静了。前台位于里侧，入口处有锁，可以放心使用。房间内的装修很现代化，非常干净，所有房间内有淋浴和电视，价格很便宜。

Low 1/7~3/31，11/2~12/6 URL www.hotelcolombonapoli.it
住 Via Nolana 35 ☎ 081-269254 Fax 081-264756 SS €35/55

中央车站周边 Map p.265 A3

TS €50/80 3S €60/120
室 22间 含早餐 W-F
C A.D.J.M.V
交 从翁贝托一世大街稍向前，左侧有条杂乱的小道（市场就在那里），走100米左右，左侧即是

卡萨诺瓦酒店 ★★
Hotel Casanova

◆酒店距离中央车站很近，面向一个安静的小广场，环绕着常春藤。由家族经营，氛围温馨，客房宽敞干净。有免费的网络，在办理离店手续后还能免费寄存行李。

URL www.hotelcasanova.com 住 Via Venezia 2/Corso Garibaldi 333

中央车站周边 Map p.265 A3

☎ 081-268287 Fax 081-269792
S SS €20/38 T TS €38/49 3B €65/85
室 18间 含早餐 W-F C A.D.J.M.V.
交 距离中央车站500米。从大路以招牌为指引进入商店旁小路上

曼奇尼 ★★
Hostel Mancini

◆YH 距离中央车站很近，从2011年开始改成青年旅舍。除了多人间，还有单人间和双人间。可以使用网络和厨房。有免费的带锁橱柜。结账退房后仍可寄存行李。有24小时的前台接待。

青年旅舍等 Map p.265 A3

URL www.hostelmancininaples.com
住 Via P.S.Mancini 33 ☎ 081-200800
Fax 081-19721066 D €15/25 S €35/45
SS €50/70 T €45/60 TS €55/80
3S €70/90 室 20间 含早餐 W-F
C A.J.M.V. 交 从中央车站步行5~6分钟

贝拉·卡普里青年旅舍 ★★
Hostel & Hotel Bella Capri

◆YH 现代化的青年旅舍兼酒店。有可以眺望那不勒斯湾的带阳台的房间。所有房间都有电视和空调。没有门禁，退房后仍可以寄存行李。距离有开往卡普里岛渡船的贝韦雷洛港，以及机场发出的机场巴士停靠站都很近，很方便。前台的接待时间为6:00~次日2:00（门禁3:00）。

青年旅舍等 Map p.264 C2

URL www.bellacapri.it 住 Via Melisurgo 4
☎ 081-5529494 Fax 081-5529265
D €15/20 S €35/50 SS €40/60
T €40/60 TS €48/66 含早餐 W-F
C M.V. 交 从贝韦雷洛港步行5分钟

魅力四射的意大利各区

意大利的每座城市都有各自不同的魅力。无论是意大利北部绿色环绕的群山，还是在柔和光线和大海衬托下，连绵着五颜六色的房子的沿海城市，抑或是历史悠久的中部意大利……让我们一起来拜访下这些魅力城市吧！

本系列已出版丛书：

覆盖世界70个国家和地区
希腊&爱琴海诸岛 塞浦路斯
巴厘岛
普吉岛
帕劳岛
新加坡
南非
美国西海岸
英国
法国
马尔代夫
美国
新西兰
越南
德国
北欧
捷克 波兰 斯洛伐克
美国国家公园
匈牙利
加拿大
西班牙
斯里兰卡
泰国
美国自驾游
缅甸
墨西哥
意大利
葡萄牙
奥地利和维也纳

晨雾缭绕的蒙菲拉托葡萄园

皮埃蒙特区和 Piemonte
瓦莱达奥斯塔区 Valle d'aosta

皮埃蒙特区与瑞士、法国相毗邻，北部、西部、南部被阿尔卑斯山脉环绕，怀抱着一望无际的波河平原。一直延伸到都灵南部的蒙菲拉托丘陵，这里因生产葡萄酒和奶酪而闻名。首府都灵则是一个以菲亚特汽车产业为重要支柱的大型工业城市，同时也是拥有深厚文化底蕴的文化城市。

瓦莱达奥斯塔区是阿尔卑斯山中一个很小的区，但拥有勃朗峰、切尔维诺峰、罗萨等著名山峰，还拥有高山植物群以及众多珍稀野生动物的栖息之地奥斯塔谷。这里的冬季是开展冬季运动的据点，夏季则成为徒步旅行的地方，以及热爱阿尔卑斯山的人们向往的地方。只是为了静静地眺望阿尔卑斯山，也值得来此地一游。

都灵 *Torino* 

● 邮政编码 10100

城区内密集地遍布着宏伟的巴洛克样式的建筑

都灵是意大利西北部皮埃蒙特区的首府，人口约 87 万。都灵地处多拉里帕里亚河与意大利最长的河流——波河的交汇处，位于意大利的谷仓地——波河平原以西。城市的东部是丘陵，作为皮埃蒙特葡萄酒的产地而久负盛名。城市西北部与阿尔卑斯山脉相连，天气晴朗时，城市的北部会清晰地浮现出阿尔卑斯山脉的轮廓。

世界遗产

萨伏依王宫

收录年份 1997 年　文化遗产

※ 王宫（→ p.288）、斯杜皮尼吉狩猎行宫（→ p.290）、苏佩尔加教堂（→ p.290）、韦纳里亚皇宫（→ p.289）等。

前往都灵的交通方式

乘坐 fs 线 FRECCIAROSSA 从米兰中央车站到都灵的新门车站约需 1 小时，乘坐 RV 约需 1 小时 52 分钟。每隔 7 分钟 ~1 小时运行 1 班车。

从都灵的卡塞莱机场（Caselle）到市内，有巴士（SADEM 公司）和列车（GTT 公司）运行。巴士从机场出发，经由苏萨车站，最终到达新门车站西侧。所需时间约为 45 分钟。苏萨门火车站发车时间是 4:45~23:30（周日、节假日 6:30~23:00），机场发车时间 6:10~24:30(周日、节假日 6:35~23:45)，发车间隔为 15~30 分钟。车费 € 6.50（上车购票 € 7.50），出示都灵 + 皮埃蒙特观光卡 € 5（车票在到达大厅的窗口或者自动售票机购买）。

列车（GTT 公司，与地铁相同）连结着多拉站（Dora DDT）和机场。从多拉站前往市内的交通非常复杂，所以利用机场巴士最为方便。

从机场到市内，如果乘坐出租车，费用为€ 35~50。

SADEM 公司

URL www.sadem.it

GTT 公司

URL www.gtt.to.it

都灵 漫 步

在都灵到处都能看到 17 世纪后期巴洛克建筑家瓜里尼（G.Guarini）的作品。在他看来，建筑就是“严密的几何学与感官表现的结合”。

都灵市区有很多宽敞的大街和美丽的广场，它们像棋盘的格子一样笔直相交。在位于市中心的老城区，你根本不用担心会迷路。而城区的东侧，则是宽达 100 米的波河在奔流着。

国际列车以及长途列车抵达的新门车站（Stazione Porta Nuova）位于市中心。从这里向北延伸的罗马大街（Via Roma）沿线，是都灵最繁华的街市。

■ 在都灵广场具有地标性的意义

罗马大街上有都灵最著名的三个广场。站前的卡洛·费利切广场（Piazza Carlo Felice），如今已经成为有草坪和喷泉的美丽公园，是市民的休憩场所。位于罗马大街中部的是圣卡罗广场（Piazza San Carlo）。中央有 16 世纪引导都灵走向发展之路的埃马努埃莱·翁贝托的骑马像。最后一个是卡斯特罗广场（Piazza Castello）。可以毫不夸张地说，都灵的历史就是起源于这个广场，广场上全是重要的建筑物。位于广场中央的是马达马宫（Palazzo Madama）。因为有两位萨伏依家族的未亡人（夫人）曾经居住在这里，也被称为马达马（夫人）宫。广场北边的尽头，有1865年前萨伏依家族的王宫（Palazzo Reale）。

■有很多适合漫步的大街

王宫和卡斯特罗广场周边有很多具有都灵特色的宏伟建筑。在波河大街上有很多中世纪的建筑，之间由一个被称为“柱廊”的拱廊相连接。柱廊下面有旧书店或者咖啡店，是深受都灵市民喜欢的充满活力的一条大街。自罗马时代以来的历史遗迹、古代罗马剧场以及巴拉丁门都集中在王宫的西侧。

被称为“都灵客厅”的圣卡罗广场

●都灵的旅游线路

圣卡罗广场 p.285
↓
王　宫 p.288
↓
埃及博物馆 p.286
↓
汽车博物馆 p.287

都灵中心区

APT ℹ 主办公楼

住 Piazza Castello/Via Garibaldi

☎ 011-535181 开 9:00~18:00

休 节假日 地 p.283 A1

新门车站站前 ℹ

住 Piazza Carlo Felice

☎ 011-535181

开 9:00~18:00 地 p.283 B1

卡塞莱（Caselle）机场 ℹ

※ 设置了电子触摸屏

巴士·地铁车票

一次票（市内） €1.50

一次票（市内+近郊） €1.70

1 日票 €5

2 日票 €7.50（€4.50）

3 日票 €10（€6）

※ 乘坐巴士、市营电车 90 分钟内有效。地铁只限乘坐一次

※ 购买都灵·皮埃蒙特卡时，2~3 日票有（）内的优惠。可以在 ℹ 内购买

中央邮局

住 Via Alfieri 10

TEL 011-547097

开 8:30~12:30、15:30~18:30 周六 8:30~13:00

休 周日 地 p.283 A1

波河游览

Navigazione sul Po

乘船在城区东侧的波河上行进，能游览再现中世纪风情的 Borgo Medioevale 或者城堡、植物园等景点。6~9 月的周末，以圣诞节等时期为主通航。出发前最好先在 ℹ 进行确认。

从马达马宫露台眺望波河大街一侧。被丘陵环绕的都灵城区

●都灵的旅游咨询处 主办公楼位于卡斯特罗广场的一角。有很多地图、旅游手册等旅游资料。ℹ 旅游咨询处免费向游客介绍酒店信息。旅游旺季的时候，城区各处也会设置旅游咨询柜台。

前往机场的普尔曼巴士在新门车站附近停车

●市内交通 有巴士、电车和地铁运行。车票可在烟摊（Tabacchi）或者车站内的 ℹ 旁边的巴士咨询处 OGT 购买。

罗马大街以及与之平行的 9 月 20 日大街（Via XX Settembre）有 4 条线路的巴士经过，从车站前往王宫参观的时候可以乘坐。

●邮局和电信局 位于 APT ℹ 旅游咨询处主办公楼附近的中央邮局，是一座古典式建筑，值得参观。有专卖纪念邮票的窗口。如果往国内寄信，可以多贴几张具有意大利特色的邮票。

都灵的历史

●萨伏依家族统治下豪华的巴洛克城市

在都灵的历史上最华丽的时代当数 17 世纪。在萨伏依家族安定的统治之下，城市的发展和建筑修建活动进行得有条不紊，如今美丽的意大利巴洛克风格的街区，就是在那时建造的。据说在当时，建筑物的二层住的是其所有者贵族，三层是仆人，四层是手工业者和小商贩，来自不同阶层的人们生活在同一个屋檐下。之后，萨伏依家族在西班牙战争中夺得了撒丁岛，改名为撒丁王国。

●近代意大利从都灵脱胎诞生

1861 年，在撒丁王国的主导下，意大利实现了统一。意大利统一运动的领导者之一加富尔，同时也是撒丁王国的首相。都灵虽然成了意大利王国的首都，但作为首都的历史只有短暂的三年，很快首都就迁到了佛罗伦萨。失去了传统行政都市职能的都灵，好长一段时间发展都停滞不前。

●转变成意大利著名的工业城市

环抱着阿尔卑斯山脉的都灵，因拥有丰富的水力发电而保证了其能源的供应。18 世纪末，都灵复苏成为新生代工业都市。1899 年，意大利汽车产业的先驱——菲亚特公司成立，一时占领了国内汽车产业 90% 的份额，独领风骚。而都灵作为“菲亚特之乡”而名声大振。然而，20 世纪下半叶，衰退的迹象开始产生。2002 年，菲亚特公司陷入经营危机，都灵的经济也随之消沉。1997 年，都灵被列为“世界遗产”。2006 年冬季奥运会召开，都灵借此机会发展成为旅游城市，成功找到了再生之路，并不断发展至今。

都灵的近郊有苦艾酒和以巴罗洛、巴巴瑞斯为主的葡萄酒产业，同时也是巧克力等糖果产业的中心地。

都灵 主要景点

圣卡罗广场和卡斯特罗广场 Piazza San Carlo & Piazza Castello

Map p.283 A1·2

风情万种的都灵的两个广场 ★★

两个广场都位于市中心，这是让都灵更显奢华的美丽广场。位于罗马大街中心部的圣卡罗广场上有带有柱廊、富于装饰的过去贵族的宅邸，装点着长方形的大广场。而卡斯特罗广场则被列入联合国教科文组织世界遗产的历史悠久的宫殿群所环绕。最值得一提的是马达马宫，是古罗马时代的大门，变成了中世纪时期的要塞、城堡，后来又变成了巴洛克样式的建筑。

被巴洛克风格的美丽建筑环绕的卡斯特罗广场

安托内利尖塔 Mole Antonelliana

Map p.283 A2

都灵的象征 ★★

在描绘都灵街区风景的明信片上，经常会有白雪皑皑的阿尔卑斯山峰和一座形状奇特的塔。这座塔就是安托内利尖塔。在都灵平整的街道中，这座高达167.5米的塔实在是非常醒目。观光电梯直通塔顶，从塔顶开始参观也非常不错。放眼望去，笔直的街道两旁绿树成荫，这让我们确信都灵是在精心的城市规划下建造起来的。

受游客欢迎的景点

灵活使用年龄优惠政策

市内的大部分景点门票都设有以下优惠，6~12岁、16岁或者18岁以下、25岁以下的大学生、65岁以上免费或者有折扣优惠。因此相关年龄段的人在购票之前最好先咨询一下。需要出示证明。坐轮椅的游客也可免费或者享受优惠。

●安托内利尖塔

●国家电影博物馆（→p.287）

住 Via Montebello 20

☎ 011-8138560

全景电梯 / 国家电影博物馆

开 周一、周三、周四、周五、周日 9:00~20:00

周六 10:00~23:00

※ 入场时间截至闭馆前1小时

休 周二

费 全景电梯＋国家电影博物馆 €14

都灵·皮埃蒙特卡、26岁以下的学生、65岁以上 €11

6~18岁 €8

全景电梯 €7

都灵·皮埃蒙特卡、6~18岁、26岁以下的学生、65岁以上 €5

国家电影博物馆 €10

都灵·皮埃蒙特卡、26岁以下的学生、65岁以上 €8

6~18岁 €3

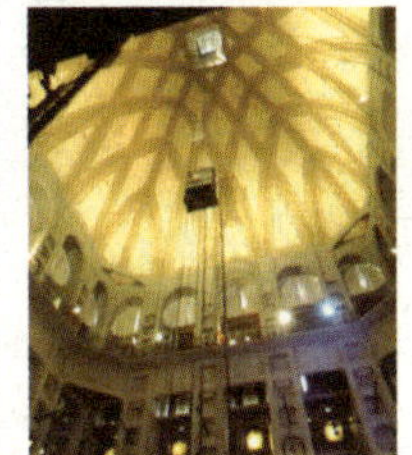

全景电梯

办理方便又划算的都灵·皮埃蒙特卡Torino+Piemonte Card!

都灵·皮埃蒙特卡有多种优惠。现在又推出了附加有部分交通工具 Trasporti 的卡，越来越方便了。

1. 都灵主要的美术馆·博物馆以及宫殿等景点，以及带导游的旅游团都可以免费。

2. 如果是含有市内交通的卡，可以免费乘坐从市内到机场之间的列车、安托内利尖塔内的全景电梯、前往苏佩加的登山列车、波河游览船、观光线路专用巴士（韦纳里亚皇宫等）。

3. 乘坐城市观光车（City Sightseeing）可以优惠到€5，其他交通工具、皇家剧院或者足球比赛等各种活动的票都有相应的优惠。

※ 使用方法：在卡背面写上姓名并签字。开始使用时填上开始的日期和时间，从这时开始计算有效期。在各售票处出示，取票后入场。乘坐观光线路专用车时需要向司机出示卡。

有1日券 €23（最多可参观3个景点），2日券€35【€39.50】、2日附加卡（2 day junior）18岁以下€15【€19.50】、3日券€42【€48】、5日券€51。※【 】内是含有两个交通工具的 Trasporti 的价格。不包含市内巴士、地铁。可以另外优惠购买（→p. 284）。

※ 周一很多景点休息，或缩短开放时间，因此最好购买不含周一的票。可在 ℹ 或 URL 上购买。1日券只在 ℹ 销售。

详情查询 URL www.turismotorino.org（有英文版）。

受欢迎的
都灵的美术馆与博物馆

●埃及博物馆

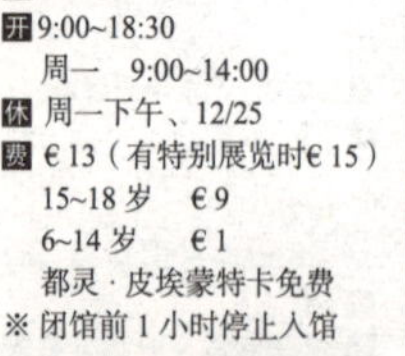

住 Via Accademia delle Scienze 6
☎ 011-5617776
开 9:00~18:30
周一 9:00~14:00
休 周一下午、12/25
费 € 13（有特别展览时€ 15）
15~18 岁 € 9
6~14 岁 € 1
都灵 · 皮埃蒙特卡免费
※ 闭馆前 1 小时停止入馆

端正的拉美西斯二世像

埃及博物馆 Museo Egizio

Map p.283 A1

收藏品仅次于开罗

★★★

雕像室内的照明也营造出了无比的美感

以 19 世纪萨伏依家族收藏的古埃及展品为基础创建的博物馆。其后，通过夏帕雷利的发掘又增加了很多考古挖掘出土的收藏品，即使在欧洲这里的埃及收藏品也是数一数二的。最引人注目的是一层的各种展品。在众多的法老雕塑作品中，用黑色花岗岩制作的拉美西斯二世（Ramuses II，公元前 1303 年 ~ 前 1213 年）雕像最为珍贵。制作于公元前 1450 年，名为“El Lesiya”的浮雕岩石神庙也很引人注目。二层是古埃及生活展。尤其是埋葬时使用的石棺、木乃伊、装饰品等的收藏令人兴趣盎然。2006 年，以都灵奥林匹克运动会为契机修建的雕塑室（Statuario），可以让游客在狮身人面像、法老以及各种神灵雕像之间来回走动。这种体验型博物馆的全新展出方法受到了人们的欢迎。

贵族被制作成木乃伊，入殓在三重棺椁中，这是第二大的棺椁

●萨包达美术馆

住 Via XX Settembre 88
☎ 011- 5641729
开 9:00~19:00（入馆截至 18:00）
休 周一、1/1、5/1、8/15、12/25
费 通票€ 12，18~25 岁€ 6，18 岁以下、都灵 · 皮埃蒙特卡免费
※ 王室兵器库、王宫、古代博物馆通用。门票在王宫的售票处购买

宏伟的王宫门票是通票

王宫（1 层）、王室武器库、萨包达美术馆、古代博物馆（= 古代罗马剧场，罗马萨伏依博物馆旁庭园地下）是一座宏伟的建筑群，占地面积达 4.6 万平方米，宫殿里有喷水池、葱茏的庭院。这些地方每一处的入口都不同，但门票是通用的。王宫内还开设有历史感十足的咖啡馆。

萨包达美术馆 Galleria Sabauda

Map p.283 A2

萨伏依皇家的收藏品

★★

美术馆藏品以萨伏依王室的私人收藏品为主，汇聚了超一流的作品。最为重要的是托斯卡纳派的作品。弗拉 · 安吉利科的《圣母与天使》、波拉约洛的《托比亚斯与天使》等都是必看的作品。还有威尼斯派的曼特尼亚和委罗内塞的作品、巴洛克绘画的卡拉齐和雷尼的作品。还有很多佛兰德派和荷兰派的杰作。萨伏依王室的肖像和瓜里诺收藏品也很受关注。

位于宽广的王宫内的萨包达美术馆

国家电影博物馆 Museo Nazionale del Cinema

Map p.283 A2

充满魅力的展览广为人知

★★

在宽敞的大厅可以尽情地欣赏电影

利用安托内利尖塔的构造改装而成的5层博物馆。顺着旋转楼梯往上走，就像是漫步在电影的世界里一样，可以看到电影的历史、摄影技巧、器材、特殊摄影、特殊制作等内容。与参观者互动的双方向展示方式是这里的主流，整个过程让人感觉很开心。宽敞的大厅里排列着很多躺椅，可以在这里欣赏影片。

市立古典美术馆（马达马宫）Museo Civico d'Arte Antica/Palazzo Madama

Map p.283 A2

凝聚着皮埃蒙特区的历史

★★

一层的展品令人兴趣盎然

馆内收藏着从中世纪到19世纪的皮埃蒙特区的美术品。2006年经过改装后，展品按照时代先后顺序展出，通俗易懂。从地下室的中世纪开始，一层是哥特式和文艺复兴式，二层是巴洛克式，三层的陶瓷器、花边和玻璃制品的收藏品也很精美。需要特别关注的是一层的墨西拿和蓬托尔莫的绘画作品。

汽车博物馆 MAUTO Museo Nazionale dell' Automobile "Carlo Biscaretti di Ruffia"

Map p.282 B1

"菲亚特"创始者修建的汽车博物馆

★★★

新建的博物馆

意大利汽车产业的先驱者——卡洛·比斯卡雷蒂·迪·鲁菲亚在1960年创建的博物馆。为了纪念意大利统一150周年，进行了全面翻新。建筑师Cino Zucchi的设计，以及Francois Confino全新的展出方式，使得这座博物馆不仅仅是一座收集经典老爷车的博物馆，而且成为一座以通俗易懂的方式来说明汽车作为人们憧憬的交通工具的变迁过程的博物馆。无论男女老少，都会喜欢这样的展示方法。在历史悠久的老爷车与超级跑车的展示中，完全忘记时间的流逝。还能充分体会到时代的变迁才是汽车不断发展的动力。

视频与老爷车令人兴奋

●国家电影博物馆（→p.285）

●市立古典美术馆
住 Piazza Castello 10
☎ 011-4433501
开 10:00~19:00（冬季至18:00）
休 周二
费 €10（特别展览时€14）
每月第一个周三免费
18~25岁、65岁以上€8
※ 每月第一个周三免费

●汽车博物馆
住 Corso Unità d' Italia 40
☎ 011-677666
开 周一 10:00~14:00
周二 14:00~19:00
周三、周四、周日 10:00~19:00
周五、周六 10:00~21:00
休 部分节假日
费 €12，6~14岁、65岁以上€8
都灵·皮埃蒙特卡免费
※ 在地铁灵格托站（Lingotto）下车。沿着背对车站（NH酒店）左侧的大街前行，很快就能看到菲亚特公司，从那里过马路，沿着Via Garessio向着波河方向走，走到尽头往左转。从车站步行7~8分钟。

●都灵皇家剧院的售票处
住 Piazza Castello215和Via Garibaldi之间的一角
售票
URL www.vivaticket.it
电话售票（仅限信用卡）
☎ 011-8815270
营 周一～周五 9:00~12:00

● 王宫与王室兵器库
住 Piazza Castello/Piazzetta Reale 1
☎ 011-5184358
开 9:00~19:00（入馆截至 18:00）
休 周一、1/1、5/1、8/15、12/25
费 通票€ 12（→ p. 286）
※ 上述两个景点内部相连

知道吗?

对于意大利人来说，被称为基督教奇迹之一的圣骸布是他们的信仰。传说在大教堂发生火灾时，以及在其他几次灾难中，圣骸布都安然无恙。这里只有到圣年的特殊时期才会对公众开放，可见其珍贵程度。在大教堂所看到的部分展品是复制品。

王宫与王室兵器库 Palazzo Reale e Armeria Reale

Map p.283 A2

汇集各种美丽的建筑风格的宫殿

★★★

这是一座美丽的白色宫殿，作为萨伏依王室的正式宫殿一直使用到 1865 年，融合了巴洛克、新古典、洛可可等各种建筑的样式。菲利波·尤瓦拉设计的剪式楼梯（Scala delle forbici），使入口大厅到上一层，直到天花板上的绘画浑然一体，连接成一个完美的巴洛克空间。王宫内部只能跟随导游参观团进行参观。装饰着以萨伏依王室审美意识收集而来的家具的居室，令人叹为观止。王室兵器库收藏了 12 世纪到 18 世纪的盔甲与兵器，具有意大利特有的优美与华丽。

萨伏依王室居住的王宫

威力无边的武器库展品

● 圣乔瓦尼大教堂
住 Piazza San Giovanni 87
☎ 011-4361540
开 9:00~12:30、15:00~19:00
※ 宗教仪式过程中不能参观
弥撒：9:00、10:30、18:00
周日，节假日：7:00、18:00

圣乔瓦尼大教堂 Duomo di San Giovanni

Map p.283 A2

文艺复兴样式的大教堂

★★

大教堂紧挨着王宫而建。内部的圣骸布礼拜堂（Cappella della Santa Sindone）是瓜里尼的作品。传说耶稣被处以极刑之后，包裹尸体的圣骸布（Santa Sindone）就保存在这里，这个教堂也因此出名。手脚被钉子钉在十字架上的男子形象，像照片的底片一样印在布上。据科学调查得知，这块布制造于 13 世纪，这么说这个人应该不是基督，可是这不可思议的影像却是真实的。不管怎样，收藏在银质箱子里的圣骸布都是一块“奇迹之布”。至今，去礼拜堂参观的人仍然是络绎不绝。

朝觐者络绎不绝的圣乔瓦尼大教堂

美食！都灵

皮埃蒙特菜肴深受法国菜的影响。其中，作为汽车工业城市（以菲亚特为首）而出名的都灵，其菜肴就是那些来自周边农村地区，支撑着这些工厂发展的人所带来的。有法国菜的风味，同时又充满了田园风味。

除了菜肴之外，这里还有令人难忘的美味点心和细长条干面包。都灵的点心在意大利也是很有名的。特别是因狂欢节假面而得名的 Gianduiotti，坚果的味道搭配优质的香浓巧克力，非常好吃。最适合喝咖啡的时候品尝。老店有 Baratti&Milano 以及 Roma gia Talmone。

另一种著名的食品是细长条干面包，是 17 世纪初期萨伏依家族的家庭医生发明的，拿破仑也很喜欢，称呼这种棒状的干面包为“拿破仑的小棍”。这种包装精美的面包，不仅意大利，在国内也可以看得到。而在原产地都灵，却是用纯手工一根一根制作而成的，长度为 50 厘米左右，那种又香又脆的美味，在别处是体验不到的。

有很多美味的法式点心

圣洛伦佐教堂 San Lorenzo

Map p.283 A1

都灵 · 巴洛克的杰作

★★

这个教堂被称为是瓜里尼最高水平的杰作。教堂没有正面的装饰，面对卡斯特罗广场而建的宅邸正面正好充当了这一部分。从建筑的缝隙之间，刚好可以看到被誉为都灵巴洛克最高水平的美丽穹顶，也为卡斯特罗广场锦上添花。教堂内部装饰着大理石和灰泥雕塑，并且使用了金箔，形成一个绚烂豪华的巴洛克空间。

●圣洛伦佐教堂

开 7:30~12:00　16:00~19:00

周日、节假日　9:00~13:00

15:00~19:30

都灵最美的教堂

都灵 娱乐方式

●都灵的咖啡馆

在都灵，有很多法国风味的咖啡馆。酒吧（Bar）供应的三明治和小点心都很美味，在拱廊下还设有叫作“Sala da te”的座位，能品尝着都灵特产 Bicerin，喝着咖啡，度过一段悠闲的时光。都灵最有名的咖啡馆是巴拉蒂诺（Barattino），巴拉蒂（Baratti）是一种月牙形高级巧克力的代名词。如今这家店制作的巧克力在整个意大利都能看到。其他历史悠久的咖啡馆有圣卡罗咖啡馆（Caffe San Carlo）和都灵咖啡馆（Caffe Torino）。这两家咖啡馆都位于圣卡罗广场的拱廊之中。店内的环境幽雅，有华丽的吊灯装饰，聚集了很多过来品尝餐前酒并简单就餐的人。

●巴拉蒂诺咖啡馆

住 Piazza Castello 27

地 p.283 A2

●圣卡罗咖啡馆

住 Piazza San Carlo 156

地 p.283 A1

传统的巴拉蒂诺咖啡馆

都灵郊外的景点

点缀于大自然中的萨伏依家族的遗迹

韦纳里亚皇宫 La Reggia di Venaria

Map 地图外

宏伟壮观的白色宫殿

★★★

王宫出口前的荣誉法院及鹿之喷泉

位于都灵市区向北约10公里的地方，是一座模仿凡尔赛宫建造的宏伟的白色宫殿。1660年，作为萨伏依家族夏天的别墅而修建，后来尤瓦拉进行了大规模的改建。戴安娜的空间 Reggia（Sala）di Diana（16室~26室）用湿壁画和灰泥雕塑装饰，非常华丽。27~54室是王的居室，31~35室是私宅。39室的大画廊（Galleria Grande）是尤瓦拉的杰作。这里长达80米，庭院的光线经过大理石的反射而形成的美丽空间被称为“光剧场”。宫殿前有一个很宽阔的庭园，分布着玫瑰园、果园、田地、停靠着平底船的水池、水路等，这些都是原样保存下来的。出口附近的荣誉法院（Corte d' Onore）内有一处鹿之喷泉（Fontana del Cervo），在夏天的周末之夜会点燃灯火，光与水的竞相上演蔚为壮观。

前往韦纳里亚皇宫的交通方式

从卡斯特罗广场（地 p. 283 A2）或维托里奥 · 韦内托广场（地 p. 283 B2）的巴士车站乘坐专线巴士车 GTT Venaria Express 前往，所需时间约40分钟，在 Reggia Venaria 下车。从卡斯特罗广场发车，周二~周五 8:10~18:10，周六 8:40~18:40，周日、节假日 8:30~19:40，每隔1小时一班车。周六、周日、节假日在车上购票，1日券往返€7，提前购买好往返票 biglietto singolo urbano+suburbano，周二~周五1日券€1.70。出示都灵 · 皮埃蒙特卡可以免费。还可以乘坐市营巴士车11路（€1.70）前往。夏季时还有 Citysightseeing 公司运营的汽车。

●韦纳里亚皇宫

住 Venaria Reale, Piazza della Repubblica 4

☎ 011-4992333

开 **皇宫** 周二~周五 9:00~17:00 周六、周日、节假日 9:00~19:30

庭园 9:00~日落前1小时

休 周一、庭园2月

费 €25（皇宫、庭园、特别展览通票）

※夏季有环绕庭园内一周（约需20分钟）的巡游车，从庭园咖啡馆附近出发。车票€4，在咖啡馆购票

斯杜皮尼吉狩猎行宫

Palazzina di caccia di Stupinigi/Museo d'Arredamento e Ammobiliamento

Map 地图外

豪华壮观的狩猎宫殿

★★

从都灵中央车站出发，在沿着西南方向延伸的大街约10公里的尽头，可以看到一座耸立的宫殿。宫殿由建筑家尤瓦拉设计修建，是典型的皮埃蒙特巴洛克样式。18世纪初期修建，是为了利用宫殿后面广阔的森林进行狩猎而修建的行宫。

与其称之为狩猎宫殿，不如说是豪华壮观的别墅，或者森林中的宫殿更恰当一些。没有采用向上延伸的设计，从中央向左右两侧扩展的结构，稍微带一点法国风格，显得很高雅。周围是马圈、狗屋以及随从的住处等，还有自给自足的农庄。直到现在，还都保留着当初的模样。

豪华壮观的萨伏依家族的住宅——斯杜皮尼吉狩猎行宫

宫殿内部现在已经成为美术馆和家具博物馆，令人追忆起当年的大领主萨伏依家族奢华的生活。面积达200万平方米的庭院对面，是静默的一望无际的深绿色森林。

苏佩尔加教堂 Basilica di Superga

Map 地图外

皮埃蒙特建筑的杰出作品

★★

建于山丘之上的教堂，可以俯瞰都灵市区的街景。教堂周边是都灵当地人散步的地方。教堂是修建狩猎行宫的建筑家尤瓦拉的杰出作品。教堂作为18世纪皮埃蒙特的代表性建筑获得了很高的荣誉。地下是萨伏依家族的陵墓（Tombe di Casa Savoia）。

从入口附近的螺旋台阶可以到达75米高的穹顶，欣赏被波河与多拉河围绕的都灵市区，也可以远眺阿尔卑斯山脉的景色。从山麓的莎西车站（Sassi）到苏佩尔加教堂，乘坐全长3公里的登山电车让人感觉也很不错。

尤瓦拉的杰作

前往斯杜皮尼吉狩猎行宫的方法

从新门车站旁边或卡洛费利切广场西侧的Via Arsenale/Via San Quintino乘坐4路电车在Caio Marino下车，换乘41路巴士在Stupinigi站下车，所需时间为30~50分钟。

●斯杜皮尼吉狩猎行宫

住 Piazza Principe Amedeo 7, Stupinigi

☎ 011-3581220

开 10:00~17:30
周六、周日、节假日 10:00~18:30

休 周一

费 €12 6~18岁、65岁以上€8

前往苏佩尔加教堂的方法

从新门车站前或维托里奥广场乘坐68、61路巴士，或从卡斯特罗广场乘坐15路巴士在Sassi站下车（所需时间约为30分钟）。换乘登山电车（约需20分钟，费 往返€6 休 周二），在终点下车。沿着路走到山顶。

充满历史感的登山电车

●苏佩尔加教堂

住 Strada della Basilica di Superga 73

☎ 011-8997456

休 周三

陵墓和王的房间

开 3~10月、12/25~次年1/6
周一~周五 9:30~13:30
14:30~19:00（入场截至18:15）
11月~次年1月的周六、周日、节假日，2月的周日、节假日 10:00~13:00
14:00~18:00（入场截至17:15）

费 €5，65岁以上或使用都灵·皮埃蒙特卡€4

※ 陵墓与王的房间只能跟随导游讲解参观团参观，时间各为45分钟左右。入口在圣堂旁边

穹顶

开 3~10月 10:00~13:30
14:30~19:00（入场截至18:40）

费 €3，使用皮埃蒙特卡免费

都灵的餐馆

Ristorante

在都灵，从传统的坎比奥餐馆（Del Cambio）到米其林星级餐馆，再到市区内的小餐馆，能品尝皮埃蒙特菜肴以及皮埃蒙特特产葡萄酒的餐馆比比皆是。在价格方面，最高级的餐馆每人也不过€ 80 左右。在大部分餐馆，加上葡萄酒，差不多有€ 25~40 就可以享受一顿皮埃蒙特的菜肴了。如果只想简单用餐，推荐市区内咖啡馆的自助餐。在波河大街等地方有很多这样的咖啡馆，店门口写着“自助餐€ 10”的字样，可以在就餐前确认一下。

卡萨 · 韦奇纳

Casa Vicina

◆ **米其林一星**

位于意大利超市的地下一层，既简单而又时尚。经营管理者是从 1902 年就开始经营餐馆的韦奇纳家族。在这里可以品尝新颖的，色香味俱全的皮埃蒙特菜肴。午餐推荐开胃菜拼盘和甜点套餐 Misto di Antipasto Piemontese e Dessert。需预约

Map p.282 B1

住 Via Nizza 224

☎ 011-19506840

营 12:30~13:45、19:45~21:30

休 周日晚餐、周一、8 月初~9 月初、12/25

预 € 60~120、套餐€ 65~110

C A.J.M.V.

交 在地铁灵格托站（Lingotto）下车，背对车站（NH 酒店）向左步行 7~8 分钟

索托 · 拉 · 莫勒

Sotto La Mole

◆ **位于城区中心，距离景点很近**

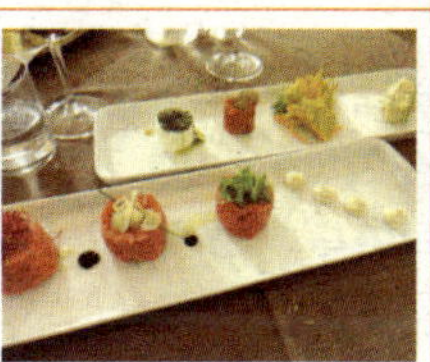

就在安托内利尖塔旁边，需要按门铃进入。能尽情地享受皮埃蒙特菜肴，当地美食中经典的生肉开胃菜（Timballo di Carne Crudo）以及手工意大利通心粉（Tajarin）、带馅儿通心粉（Agnolotti）等应有尽有。最好提前预约

Map p.283 A2

住 Via Montebello 9

☎ 011-8179398

营 12:30~14:00、19:30~22:00

休 周一、会不定期休息

预 € 52.50~71、套餐€ 37

C M.V.

坎比奥

Del Cambio

◆ **可以品味都灵历史的餐馆**

从 18 世纪下半叶延续至今的传统名店。店内的气氛优雅而厚重，仿佛在诉说着都灵的历史。可以品尝传统的皮埃蒙特菜肴。是米其林一星餐馆。需预约

Map p.283 A1

住 Piazza Carignano 2

☎ 011-546690

营 12:30~14:30、19:30~22:30

休 周日晚餐、周一

预 € 95~180、套餐€ 110、140

C A.D.J.M.V.

斯帕卡那不勒斯

Pizzeria & Ristorante Spaccanapoli

◆ **想吃比萨就来这里**

都灵的比萨大师大多出身于意大利南部，所以能品尝到美味的比萨饼。推荐与店名相同的斯帕卡那不勒斯比萨，是用火腿、戈尔贡佐拉奶酪、洋葱制作的比萨。晚餐时会排起长队，最好提前预约。

Map P.283 B2

住 Via G. Mazzini 19

☎ 011-19450409

营 8:00 ~ 次日 2:00

休 7/15~7/30 预 € 15~25（座位费€ 2）

C A.D.J.M.V.

塞拉乌纳沃尔塔餐馆

Ristorante "C'era Una Volta"

◆ **让人省心的套餐**

除零点之外，有供应两种套餐，一种是品味套餐（Degustazione）€ 26，一种是时令套餐（Stagione）€ 28。能轻松地品尝皮埃蒙特菜肴，值得推荐。需预约

Map p.283 B1

住 Corso Vittorio Emanuele Ⅱ 41

☎ 011-655489

营 20:00~23:00

休 周日 预 € 31~46、套餐€ 26、28

C A.J.M.V.

皮拉米迪

La Piramide

B

Map p.283 A2

◆ **站着品尝热气腾腾的比萨**

位于大学附近，很受欢迎的一家餐馆。因为卖得很快，所以总能吃到热的比萨。玛格丽特比萨€ 2。西西里风味冰激凌与格兰尼它冰糕（€ 2.50~3.50）也很好吃。

住 Via Po 43/b
☎ 011-835410
营 10:30~20:00
休 周日、8 月
预 € 2~6
C 不能

意大利超市总店

店铺所在的建筑物很有个性

意大利超市是一家高档超市。这是位于发祥地都灵的总店，在众多店铺中也是面积最大，商品种类最齐全的店。驻店餐饮店也很多，其中还有米其林星级餐馆，可以专门前往就餐。

EATALY Torino
住 Via Nizza 230/14 ☎ 011-19506801
营 10:00~23:30 休 部分节假日
C A.D.J.M.V.
交 参照卡萨 · 韦奇纳（→ p.291）的介绍
URL www.eataly.net

都灵的酒店

Hotel

在意大利的大都市中，都灵酒店的房间很宽敞，设施也齐全。新门车站周边有很多中档酒店，有的酒店会将价格一览表放在店门口，以此来吸引顾客。夏天时很多三星级以上的酒店还会推出优惠活动。而在举办尤文图斯队的比赛、大型国际会议以及商品交易会期间，酒店就会按照旺季价格收费，会比较贵。

普林西比 · 迪 · 皮埃蒙特酒店

★★★★★

Principi di Piemonte

Map p.283 B1

◆ **镌刻着都灵的历史**

位于时尚精品店林立的罗马大街附近，是一家非常精致的酒店。从高层房间可以眺望远处的阿尔卑斯山脉，俯瞰都灵市区街景，景观非常美丽。使用大理石的浴室宽敞舒适。早餐内容丰富。酒店内设有美容院。

URL www.atahotels.it
住 Via p.Gobetti 15
☎ 011-55151
Fax 011-5185870
SB € 148.50/350
TS € 166/600
室 81 间 含早餐 W-F
C A.D.J.M.V.

维多利亚酒店

★★★★

Victoria Hotel

Map p.283 B2

◆ **装修品位出众**

是每个房间风格都有所不同的古典风格酒店。装修华美，被誉为都灵第一。位于市中心，观光或者购物都很方便。酒店内有温水浴、桑拿和美容院，设施齐全。

URL www.hotelvictoria-torino.com
住 Via Nino Costa 4
☎ 011-5611909
Fax 011-5611806
SB € 170/250
TB € 225/320
室 106 间 含早餐 W-F
C A.D.M.V.

罗马罗卡加富尔酒店 ★★★

Hotel Roma e Rocca Cavour

◆ **位于车站附近，面对着绿色的广场**

面向有草坪和喷水池的站前广场。因为有隔音玻璃，所以虽然位于站前，房间内却很安静。附近有自助餐馆布莱克 Brek，很方便。

Map p.283 B1

Low 8 月、12/20~1/31 前后、复活节

URL www.romarocca.it

住 Piazza Carlo Felice 60

☎ Fax 011-5612772

S € 62 SS SB € 83/110

T € 94 TS TB € 121/151

室 86 间 含早餐 W-Fi

C A.D.J.M.V.

蒙特维奇奥 ★★

Hotel Montevecchio

◆ **既经济又舒适**

很舒适的酒店。虽然没有冷气，不过很便宜。距离新门车站 500 米左右。

Map p.282 A1

URL www.hotelmontevecchio.com

住 Via Montevecchio 13b

☎ 011-5620023

Fax 011-5623047

SS € 55/280 TS € 72/295

室 29 间 含早餐 W-Fi

C A.D.J.M.V.

斯塔图托生态艺术酒店 ★★

Hotel Statuto Eco Art

◆ **由家族经营的酒店**

位于苏萨车站西侧，氛围温馨的酒店。自助早餐的内容很丰富。有一个小小的庭院，车库一天收取€ 12。

Map p.282 A1

URL www.gaiahotels.it

住 Via Principi d' Acaja 17

☎ 011-4344638

Fax 011-4344380 SS € 55/135

TS € 70/210 3S € 105/320

室 24 间 早餐€ 4~10 W-Fi

C A.D.M.V.

都灵青年旅舍

Ostello Torino

◆ **女性助理的态度亲切可人**

位于灵格托地区的前奥运村内，2012 年才迁移至此并对外开放，现在还很新的时尚且明亮的 YH。是都灵唯一属于国际青年旅舍协会的 YH，需要会员证。接待时间为 14:30~22:30。有投币式洗衣机。到达当日和出发当日可以免费存放行李。自带的电脑可以连接网络，Wi-Fi 免费（仅限一层前台附近区域）。

地图外

URL www.ostellotorino.it

住 Corso Giambone 87/34，Via Giordano Bruno 191（入口）

☎ 011-6602939 Fax 011-6604445

费 S €25 SS €30 T €42 TS €50

D €17~20 共 99 个床位 含早餐 W-Fi

C J.M.V.

交 从新门车站乘坐开往 Strada del Drosso 方向的 4 路电车，在 S.Marino 下车。从灵格托站，则需根据路标步行 8 分钟

※ 都灵的住宿税：YH € 1.80 ★€ 1.80 ★★€ 2.30 ★★★ € 2.80 ★★★★ € 3.70 ★★★★★€ 5 最长收 4 晚，12 岁以下免税。

●邮政编码 11100

前往奥斯塔的方法

前往奥斯塔，从都灵新门车站乘坐 fs 线开往 Pre Saint Didier 方向的 R 或者 RV 列车。在 Ivrea 换乘，约需 2 小时 6 分钟 ~2 小时 23 分钟。在 Ivrea 或 Chiavasso 换乘需要 2 小时 18 分钟 ~3 小时 11 分钟。发车间隔为 20 分钟 ~1 小时。

如果乘坐普尔曼，在地铁 1 号线 Lampugnano 站上方乘坐 SAVDA 公司的巴士，一天运营 4~5 趟车。所需时间约 2 小时 30 分钟。单程€ 17（65 岁以上€ 12），往返€ 34。

奥斯塔的旅游咨询处 ℹ

住 Piazza E.Chanoux 2 和 Piazza Porta Pretoria 3

☎ 0165-236627

开 9:00~19:00

1/1、12/25 15:00~19:00

地 p.294 B1 · 2

美丽的沙努广场

愉快的漫步

市中心是沙努广场（Piazza E. Chanoux）。这是一个很美丽的广场，遍布着咖啡馆和商店。长途汽车总站位于火车站的右前方。在从市政厅通往奥古斯都凯旋门的大街上，有很多销售民族工艺品和葡萄酒的土特产店以及餐馆，可以慢慢地散步。当地人购物的购物街位于市政厅所在的沙努广场西侧。背靠市政厅向右走，是一条很热闹的街道，有很多精品店以及餐饮设施。

奥斯塔的特产 / 德格乐

Tegole d'Aosta

这是用杏仁、榛子的粉末混合蛋清后烧制的薄薄的圆形曲奇。口味和猫舌饼干相似，口感清淡柔和。也有用巧克力进行包浆的品种。奥斯塔当地人的推荐名店是：

博世咖啡馆

Pasticceeria Caffe BOCH

住 Via de Tillier Jean Baptiste 2

☎ 0165-44406 营 7:45~19:00

休 周二 地 p. 294 B1

位于市政厅所在的沙努广场一角。氛围轻松的点心店兼酒吧。还有很多种曲奇、点心、甜面包、蛋糕等，推荐前往用早餐。

奥斯塔 Aosta

始于罗马时代的美丽城市

与头顶积雪的阿尔卑斯山近在咫尺的城市

位于瓦莱达奥斯塔区中心的区首府，四周被 4000 多米高的山峦围绕。

长期以来，奥斯塔山谷就是两条公路的交叉点，由大圣本笃隧道通往瑞士的公路以及由勃朗峰隧道通往法国的公路。奥斯塔是这些公路的起点，从罗马时代开始就很繁荣，一直持续至今。建造奥斯塔城的是最初的罗马皇帝——奥古斯都。现在的奥斯塔几乎完整地保留了 2000 年前的罗马都市的原貌，在阿尔卑斯山脚下静静地等候着游人的到来。

奥斯塔 漫 步

奥斯塔旅游的中心内容是参观罗马时代的遗迹。位于城东的普拉托利亚城门（Porta Pretoria）、罗马剧场（Teatro Romano）、奥古斯都凯旋门（Arco di Augusto）、地下回廊（Criptoportico Forense）、罗马时代的桥，等等，至今仍保存完好。环绕城市的城墙（Mura），大部分都是中世纪时重建的。奥斯塔是一个小城市，步行游览就可以。圣奥尔索教堂（Collegiata di Sant' Orso）中有 12 世纪罗马样式的修道院和回廊（Chiostro）。

正面雄伟壮观的古罗马剧院

奥古斯都凯旋门 Arco di Augusto

Map p.294 A2

从公元前开始守护着城市

★★★

于公元前25年，城市建成时奉献给凯撒·奥古斯都的城门。城中主街的尽头是车来车往的广场，城门就位于这个广场。再往前一点的河流上保留着罗马时代的拱桥（Ponte Romano）。

守护着城市历史的城门

圣奥尔索教堂 Collegiata Sant`Orso

Map p.294 A2

具有山城特色，给人留下深刻印象的回廊

★★

教堂朴素的尖头形正面

在12世纪的罗马样式钟楼旁边能看到教堂尖头形的正面。虽然教堂历经多次改建，但据说很好地保留了创建当时的氛围。内部留有11世纪的湿壁画等。相邻的回廊是12世纪建造的，拱门和柱子则是15世纪之物，柱头上雕刻的美丽的罗马式样纹饰，以及富有风情的回廊，都很符合这个山城的城市特色。

罗马剧场 Teatro Romano

Map p.294 A2

仰望山峦的古代遗迹

★★

紧邻普拉托利亚城门，是罗马时代建造的剧场。一开始映入眼帘的是高22米的墙壁，这是以前的正面的一部分，能看到舞台，以及能容纳4000名观众的观众席。罗马剧场和周围的山峦形成一道美丽的风景。

大教堂 Cattedrale

Map p.294 A·B1

城中人们信仰的归结之处

★★

罗马样式的高高的钟楼是大教堂的标志物。正面门口上部的彩色雕刻群（16世纪）非常美丽。内部是罗马样式，后部附近有珍宝馆，展出包括奥古斯都凯旋门上的基督十字架像在内的各种珍贵圣教珍品和美术作品。

正门和两个钟楼相映成辉，非常美丽

位于普拉托利亚城门

● 圣奥尔索教堂

开 9:00~17:30

休 1/1、12/25

参观有着美丽罗马样式雕刻的回廊

● 罗马剧场

住 Via Porta Pretoria/Via du Baillage的交会处

开 3/1~9/30 9:00~18:30
10/1~12/31 10:00~13:00
14:00~16:30

费 通票€7、6~18岁€2

休 1/1、12/25

地 p.294 A1·2

● 大教堂/大教堂珍宝馆

住 Piazza Giovanni XXIII

☎ 0165-40413

开 6:30（周日、节假日7:00）~12:00
15:00~20:00（冬季~19:00）

费 大教堂（湿壁画）€5，珍宝馆€4，2处通票€6

地 p.294 A·B1

● 其他通票可参观的景点

● 圣洛伦佐教堂

5世纪初期的基督教教堂，位于圣奥尔索教堂前面的小教堂地下。是殉教者和神职人员的墓地。

住 Piazza Sant' Orso

开 4~9月 9:00~18:45
10月~次年3月 10:00~13:00
14:00~17:00

休 1/1，12/25

费 通票€7、6~18岁€2

● 考古学博物馆

博物馆由曾经的修道院改建而成，展出从新石器时代到罗马时代的出土文物。

住 Piazza Roncas

开 3/25~9/30 9:00~18:30
10/1~12/31 10:00~13:00
14:00~17:30

休 1/1、12/25

费 通票€7、6~18岁€2

地 p.294 A1

以古代罗马遗迹为主的通票

罗马剧场（Teatro Romano）、地下回廊（Criptoportico Forense）、初期基督教教堂圣洛伦佐教堂（Chiesa Paleocristina di San Lorenzo）、区考古学博物馆（Museo Archeologico Regionale）的通票€ 7，6~18 岁€ 2。

● 地下回廊

开 3/25~9/30 9:00~18:45
10/1~12/31 10:00~13:00
14:00~16:45

费 通票€ 7、6~18 岁€ 2

地下回廊 Criptoportico Forense

Map p.294 A1

灯光中更显神秘

★★

位于大教堂旁边，入口在比地面稍低一些的小庭园里。邻近神殿，罗马时代是围绕着圣域的地下回廊。是一个拥有 89 米 × 73 米凝灰岩拱门的神秘空间。

地下回廊的入口

奥斯塔的餐馆

Ristorante

与大城市相比，这里只需不多的钱就能美美地吃上一顿。在充满当地风情的小巷子里，餐馆一家连着一家。在这里享受一下美食，也是旅行的一大乐趣。

韦基亚餐馆

Vecchio Ristoro

◆ 建在氛围不错的小路上

入口附近有一座水车小屋，店内的氛围很优雅。供应的是味道时尚的创新乡土菜肴。米其林一星餐馆。需预约

Map p.294 A1

住 Via Tourneuve 4
☎ 0165-33238
预 € 55~75、新菜品尝系列 € 65、80
营 12:30~14:30、19:30~22:30
休 周日、周一、6 月、11/1~11/10
C A.D.M.V.

韦基亚奥斯塔餐馆

Ristorante Vecchia Aosta

◆ 奥斯塔的地方菜名店

位于普拉托利亚城门旁边一个庄重的建筑物内，夏天会设露天席位。能体验到山城特有的传统氛围，品尝到乡土菜。

Map p.294 B2

住 P.za Porte Pretoriane 4
☎ 0165-361186
预 € 38~55（座位费€ 2.50）、套餐€ 28
营 12:15~14:30、19:15~22:30
休 周三、10/25~11/25
C M.V.

布瑞克餐馆

Break House

◆ 用柴火烤制的比萨饼！

位于一条小路上，总是有很多当地人光顾。有用特产芳提纳奶酪和波尔奇尼蘑菇制成的比萨饼。每张售价€ 7~10，价格适中。也有通心粉和肉类菜肴，套餐也很平价，洋溢着家庭式的温馨感。

Map p. 294 B1

住 Via Lostan 3/5
☎ 0165-361534
预 € 18~25（座位费€ 1）、奥斯塔套餐€ 22
营 12:00~14:30、19:00~22:30
休 周日（8 月和 12 月除外）
C A.D.J.M.V.

奥斯塔的酒店
Hotel

奥斯塔也开始了新酒店的建设。奥斯塔是避暑胜地，7 月末 ~8 月期间不太容易找住宿的酒店。郊区的度假酒店非常不错。

米勒鲁西酒店 ★★★★
Milleluci

地图外

◆ 可以俯瞰到壮观的景色

位于高地，可以俯瞰城市的街景。从阳台可以欣赏到周边群山的风采。到了季节，遍地都是美丽的薰衣草。在奥斯塔风情的客房内多用木质装饰，让人感受到一种阿尔卑斯山的氛围。租车的游客住在这里非常方便。

URL www.hotelmilleluci.com
住 Roppoz 15，Loc. Porossan
☎ 0165-235278
Fax 0165-235284
TB € 190/210　JS € 230
室 31 间　含早餐 W-F
C A.D.J.M.V.
交 从市区步行约需 20 分钟

H.B. 奥斯塔酒店 ★★★
H. B. Aosta Hotel

Map p.294 B1

◆ 从上层眺望群山

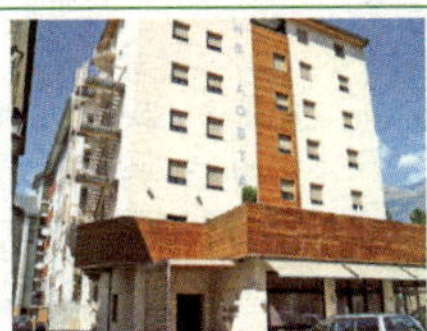

位于城市西侧，幽静地段的干净的现代派酒店。从酒店高层客房窗户能看到群山的壮美景色。早餐的种类也很丰富。内部设有餐馆（仅晚餐营业 € 25~50）。

URL www.hbaostahotel.com
住 Via Malherbes 18/A
☎ 0165-43645
Fax 0165-236962
SB € 70/100
TS € 100/140　TB € 115/160
JS € 130/180　室 32 间　含早餐 W-F
C A.D.J.M.V.

杜莱达 · 奥斯塔酒店 ★★★★
Duca d`Aosta Hotel

Map p.294 B1

◆ 保持传统，功能齐全

位于市政厅所在的沙努广场，自 2015 年装修后开业不久的酒店。在充分保留着当地特色氛围的同时，设备时尚功能齐全。设有法国风的小酒馆兼咖啡馆。

URL www.alpissima.it
住 Piazza Narbonne 8
☎ 0165-236363
Fax 0165-844030
TB € 121/166
SU € 244/305
室 60 间　含早餐 W-F

都灵酒店 ★★★
Hotel Turin

Map p.294 B2

◆ 便于观光，视线很好

距离火车站很近，有点旧，但是一家充满家庭氛围的酒店。从有的房间能眺望到老城区和海拔 3000 米的山峦景色。酒店内设有餐馆。

High 2/26~3/5、7/23~8/31、12/26~ 次年 1/7
URL www.hotelturin.it
住 Via Torino 14　☎ 0165-44593
Fax 0165-1845154
SS € 57/75　TB € 93/108
室 43 间　含早餐 W-F
休 11 月　C J.D.M.V.

※ 奥斯塔的住宿税：一晚住宿费价格在€20 以下的 收€0.50，€20.01~40 收€0.50，€40.01~70 收€0.80，€70.01~100 收€1，€ 100.1~200 收€ 2，€ 200 以上 收€ 3。

前往库尔马耶的方法

夏季时，从奥斯塔每隔约一小时就有一班SAVDA公司运营的普尔曼巴士开往库尔马耶（所需时间约1小时），单程车票€3.50、往返€6（30日内有效）。乘坐普尔曼巴士从米兰出发需要3小时15分钟~3小时40分钟。部分车需要在奥斯塔换乘（一日四趟，单程€19.50）。最近的火车站是Pre.St Didier，从奥斯塔几乎每小时有一趟车，所需时间约50分钟。从火车站需要再坐巴士，约10分钟。

库尔马耶 Courmayeur

是勃朗峰山脚下世界闻名的度假胜地

处于勃朗峰的怀抱之中

这里是意大利阿尔卑斯山中屈指可数的旅游胜地。冬天滑雪，夏天避暑，总是很热闹。勃朗峰（Monte Bianco）雄踞其后，其宏大的气势吸引了众多的游客。

穿过勃朗峰的隧道就是法国的谢莫尼了。可以从库尔马耶附近的恩特里维斯（Entreves）乘坐缆车，越过勃朗峰进入法国境内。从奥斯塔前往库尔马耶的途中，车窗外也是风景如画，令人心情愉悦。

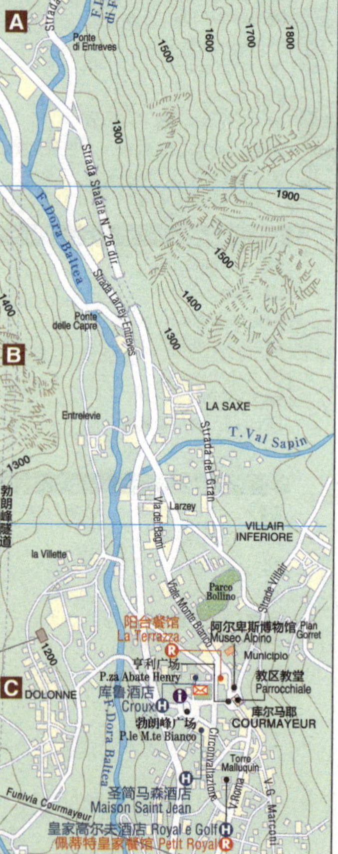

库尔马耶 漫步

从巴士总站所在的蒙特比安科广场（Piazza Monte Bianco）旁边上台阶，从坡道左侧往上走，就来到城市的主干道罗马大街（Via Roma）。道路两侧都是一些卖阿尔卑斯山特色礼品或者登山用品的商店，还有不少酒吧。前面有展示阿尔卑斯山登顶历史的阿尔卑斯博物馆（Museo Alpino Duca degli Abruzzi）兼导游协会。从博物馆前面的观景台（Piazza Abate Henry）可

朴素的教区教堂

以眺望到雄伟的阿尔卑斯群山。观景台后面静静地矗立着教区教堂（Parrocchile）。

继续沿着Strada Villair往上走，沿途是修整一新的步行道，阳光透过树木照射在路上，漫步的心情会很不错。这条路一直通向登山道，从那里可以看到一排排潇洒的别墅，还可以看到阿尔卑斯的疗养地。

诉说着登山与冒险的阿尔卑斯博物馆

库尔马耶的 ⓘ

住 Piazzale Monte Bianco 15
☎ 0165-842060
开 夏季·冬季 9:00~19:00
春季·秋季 9:00~13:00
14:30~18:00

※ ⓘ 位于广场正面，广场也是汽车站。巴士车、普尔曼巴士的售票处在旅游咨询处旁边的旅行社内左侧柜台

前往山谷的汽车

库尔马耶有开往山谷的市营巴士（迷你巴士1日周游券€2）。仅在6月下旬~8/31期间运营，每隔40分钟发车。

9/1~12/2乘车需要提前预约。☎0165-1854653，或在上述售票处申请。只要将乘坐日期和上下车的车站名告知就可以。价格在正常票价上加€1。

● 阿尔卑斯博物馆

☎ 0165-842064
开 9:00~12:00、16:00~19:00
休 周三、6月周一、6月上午
费 €5

费莱特谷、维尼谷以及阿尔卑斯景观

从库尔马耶沿着多拉河的北部就是费莱特谷（Val Ferret），南部是维尼谷（Val Veny）。库尔马耶市区有开往这两处的巴士，很方便。即使是夏天，这里也如初春一般，有青翠欲滴的绿草，娇柔美丽的花朵，由冰雪融化形成的河流，以及由阿尔卑斯山脉的冰河构成了绝美的风景。从费莱特谷能眺望到大若拉斯山和勃朗峰，从维尼谷能眺望到Aiguille Noire、布伦达冰河。如果想看风景，费特莱谷可从Planpinceur，维尼谷可从Notre Dame Guerison附近前往。附近有酒店和山庄小屋，能欣赏到景色及享用午餐。

库尔马耶的餐馆
Ristorante

佩蒂特皇家餐馆
Petit Royal

Map p.298 C

◆ 留在记忆里的餐馆

位于皇家高尔夫酒店一层的小餐馆。树木的枝条营造出婆娑的树影，椅子上装饰着大鹿角。供应自创的美食，摆盘精美。非常适合厌倦了乡土菜的人以及爱好美食的美食家们。是米其林一星餐馆。葡萄酒的种类繁多。需预约

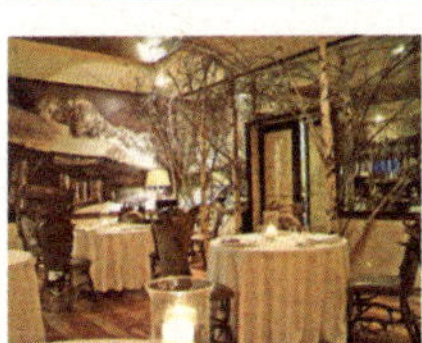

住 Via Roma 87（Grand Hotel Royal e Golf 内）
☎ 016-5831611
营 12/6~4/25、6/28~9/13 12:30~15:00、20:00~22:30
休 根据季节午餐有时会休息
预 €70~85，4道菜套餐€85~，6道菜套餐€110（套餐配套葡萄酒组合€30~50）
C A.D.J.M.V.

阳台餐馆
La Terrazza

Map p.298 C

◆ 当地人和游客营造出热闹的景象

从与罗马大街相连的Piazza Brocherel旁边的台阶下来即到。店内大量使用木质装修，营造出稳重的奥斯塔风格，能品尝到从比萨到乡土菜、奥斯塔式咖啡等各种美食。客人总是很多，最好提前预约。

住 Via Circonvallazioe 73
☎ 0165-843330
营 12:00~14:30、19:00~22:30
休 周四午餐、一部分节假日
预 €25~、套餐€22
C A.D.J.M.V.

库尔马耶的酒店

Hotel

皇家高尔夫酒店 ★★★★★

Grand Hotel Royal e Golf

Map p. 298 C

◆位于步行街罗马大街的尽头，有着200多年的历史，是一个正统派的大酒店。包括皇室在内的各种宾客在这里度过了他们的美好假日。宽敞的早餐餐馆、燃烧着暖炉的酒吧、庭园里的游泳池，无一不让人感觉到历史和传统。工作人员也很友好亲切。

URL www.hotelroyalegolf.com
住 Via Roma 87
☎ 0165-831611
Fax 0165-842093
SB € 100/359 TB € 100/800
室 70间 含早餐 Wi-Fi
休 4/26~6/27、9/14~12/5
交 从汽车总站步行7分钟

圣简马森酒店 ★★★

Maison Saint Jean

Map p. 298 C

◆ **装点着时令的花朵**

紧邻普尔曼巴士到达的广场，用时令花朵装扮的酒店建筑物是这个城市独特的传统式建筑。地下设有室内泳池、桑拿（1天€ 3）等，设施完善。酒店内设有餐馆。推荐住宿含2餐（1人€ 75~），含3餐（1人€ 90~）。

URL www.msj.it
住 Vicolo Saint Jean
☎ 0165-842880
Fax 0165-841390
SB € 55/138 TB € 75/165
室 20间 含早餐 Wi-Fi
交 从汽车总站步行2分钟

库鲁酒店 ★★★

Hotel Croux

Map p. 298 C

◆ **眺望着高耸的山峰**

从房间可以眺望到阿尔卑斯群山。酒店既时尚又舒适。可以免费上网，有桑拿设施。位于市中心，距离 ❶ 旅游咨询处和阿尔卑斯博物馆很近，位于中心区，非常方便。距离汽车总站只需步行1分钟。

High 7/20~8/20，12/20~3/20
URL www.hotelcroux.it
住 Via Croux 8 ☎ 0165-846735
Fax 0165-845180
SS € 88/110 TB € 138/180
室 31间 含早餐 Wi-Fi
休 5月、10~11月 C A.D.M.V.

※ 库尔马耶的住宿税：一晚住宿费价格在€ 20以下 收€ 0.50，€ 20.01~40 收€ 0.50，€ 40.01~70 收€ 0.80，€ 70.01~100 收€ 1，€ 100.1~200 收€ 2，€ 200以上 收€ 3。

前往阿尔卑斯山脉的最高峰
勃朗峰 Monte Bianco

勃朗峰缆车横跨连绵不断的勃朗峰，一直延伸到法国境内。2015 年 6 月新架设的缆车线路开通。崭新的缆车车厢能 360° 旋转，转瞬间就来到 3466 米的地方。

缆车的线路如下：蓬塔尔 Pontal（1300 米）→蒙特弗勒蒂平台 Pavillion du Mont Frety（2173 米）→庞塔赫尔罗尼尔 Punta Helbronner（3466 米）。乘车时间共 20 分钟左右。

现代化的蓬塔尔车站

在制高点庞塔赫尔罗尼尔的直径 14 米的圆形观景台是意大利和法国的领地。来到这里，气温急剧下降，风很冷。迎面的都是 4000 多米的高山峻岭。眼前的是齿状的奇峰丹迪山，右后方是大乔拉斯峰。向左看，云中若隐若现的是勃朗峰 4810 米。在勃朗峰前面的是莫迪山 4468 米。再往前是法国的属地，乘坐平底吊船到夏蒙尼山（Aiguille du Midi），3842 米，再乘坐缆车下到霞慕尼（Chamonix）。

直到平台都是穿行在绿色山谷之中

从观景台眺望近处的丹迪山。由于是在云端，天气很不好

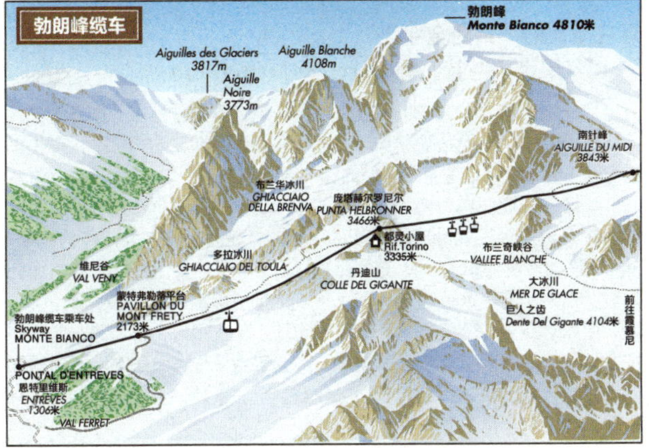

开往勃朗峰缆车的巴士

在库尔马耶的汽车总站（ⓘ旅游咨询处的前面）乘坐橙色的 5 路巴士，约 10 分钟后在恩特里维斯（Entreves）下车。上车后拜托司机通知一下下车车站为好，这样比较安心。到站后过马路，沿着道路在村落中步行约 10 分钟，就来到缆车（Skyway）乘车处。乘车前在ⓘ旁边的旅行社内左侧柜台购票，最好购买往返票（一张€ 1×2）。下车车站附近没有购票的地方。恩特里维斯是一个有着阿尔卑斯特色的美丽的村落，在等车的时间可以散散步。汽车间隔时间为 30 分钟 ~1 小时。

勃朗峰缆车
Skyway Monte Bianco

营 6/1~6/24　7:30~16:20
6/25~8/21　6:30~16:20
8/22~8/28　7:00~16:20
8/29~11/1　8:30~16:00
12/2~ 次年 5/31　7:00~16:00

费 蓬塔尔 · 庞塔赫尔罗尼尔
往返€ 48，单程€ 36
蓬塔尔 · 蒙特弗勒蒂平台
往返€ 27，单程€ 18.50
※ 滑雪季（12/2~5/31）1 日券€ 52

Funivia Monte Bianco S.p.A.
☎ 0165-89925
URL www.montebianco.com

服装

如果天气晴朗，穿短袖也没问题，但是超过 3000 米后，即使是夏天气温也可能会降到零下。要尽量避免穿短裤，并随身携带毛衣、防风外套，春季和秋季还要准备薄外套。特别是有小孩和老人随行的时候，一定不要忘记准备防寒的服装。另外，观景台上有时还会留有积雪，或有霜，最好穿着防滑的鞋。大部分人都选择穿登山服。也不要忘了采取紫外线防护措施。

因为很短时间来到高处，根据体质不同有的人会出现轻微的高山反应。这时注意补充水分，行动尽量缓慢些。

山中的气候上午比较稳定，建议尽量上午早点去。

观景台和植物园

随处可见观景台和酒吧。每一处都是崭新的设施，眺望到的景色也很美，可以按照个人兴趣度过。庞塔赫尔罗尼尔有矿物博物馆，展出在周边挖掘的水晶等。蒙特弗勒蒂有被誉为是世界海拔最高的植物园，以及步行道。蒙特弗勒蒂周边的气候都很稳定，回程时可以观赏着可爱的花朵漫步而行。

前往切尔维尼亚的方法

乘坐普尔曼巴士（Savda公司）时，在米兰地铁1号线的Lampugnano车站上方的汽车总站乘坐开放沙蒂隆方向（大约2小时）的车，换乘开往切尔维尼亚的车（大约1小时）。每1~2小时一班车。单程票价€18.40（65岁以上€13.90）。最近的火车站是沙蒂隆圣文森（chatillon-Saint Vincent），乘坐fs线R车，从都灵的新门车站出发大约需要1小时50分钟。从米兰中央车站出发大约需要3小时（需要在Chiavasso换乘）、从奥斯塔出发大约需要25分钟。从沙蒂隆乘坐汽车（Savda公司票价€2.90）往北30公里，大约1小时车程。汽车站在火车站旁边，车票可在车内购买。

普尔曼巴士的时刻表可在URL www.savda.it 查询

切尔维尼亚的ℹ旅游咨询处

住 Via Circonvallazione 2

☎ 0166-949136

开 9:00~12:30

14:30~18:30

休 12/25上午

切尔维尼亚 Breuil-Cervinia

这是一个在马特洪峰下，可以与雪亲密接触的阿尔卑斯度假胜地

冬季的切尔维尼亚城区和切尔维诺（马特洪峰）

背靠切尔维诺的山中小屋

位于奥斯塔山谷中部切尔维诺Cervino（马特洪峰4477米）山脚下的小城。在这里可以享受乘坐直升机滑雪的乐趣，是著名的滑雪胜地。即使在初夏，这里也到处都是雪。由于位于山谷深处，所以一年四季都能滑雪。

在这里，可以眺望切尔维诺以及东边的罗萨峰Monte Rose（4634米），度过一段悠闲的时光。

近在咫尺的“白色金字塔”

切尔维诺 / 马特洪峰 Cervino/Matterhorn

自从1786年勃朗峰被成功登顶之后，阿尔卑斯山脉中的山峰一个接着一个被征服了。但是被称作“魔鬼的白色金字塔”的切尔维诺峰（马特洪峰）却一直阻挡着登山者们的脚步。

切尔维尼亚城作为切尔维诺峰的登山基地而著称。穿过有阿尔卑斯导游纪念碑与众多礼品店和酒店的小城，就能看到切尔维诺峰的雄姿。从小城到切尔维诺峰峰顶，直线距离只有5公里。登上冬天是滑雪场的斜坡，切尔维诺峰就近在眼前了，让人感觉仿佛触手可及。山脚下，被众多山峰环绕着，飞溅着水花的瀑布也随之映入眼帘。听着瀑布的声音在山谷里回荡，呼吸着清新的空气，你会感到分外神清气爽。孤独的切尔维诺峰直插云霄，因此人们很难欣赏到它的全貌，但就是这样的自然美景，让人们百看不厌。

从寂静得只有瀑布声音回荡的山丘眺望夏季的切尔维诺峰

再往上攀登一点，就到达夏天也能用的滑雪场了，乘坐缆椅或者缆车的话，即使不是滑雪者也可以到达罗萨峰（3480 米）和 Plan Maison（2561 米）。

反季节去看切尔维诺峰（马特洪峰）

从进入市区的隧道附近开始铺设有步行道，直至蓝湖（Lago Blu）。从市区走向山坡，走过隧道前右侧的停车场，就上左边的山坡。步行约 30 分钟，一直都是绿色成荫的漫步路。天气晴好无风时，切尔维诺峰会倒映在湖水中。湖边就是国道，因此可以乘坐巴士回到市区（巴士票价€ 1.10，可在车内购票）。

冬季湖面会结冰。

切尔维尼亚的酒店
Hotel

塞尔托雷利运动酒店 ★★★★
Sertorelli Sporthotel

◆ **眺望切尔维诺峰**

位于市中心的现代化酒店。室内为阿尔卑斯风格，可以眺望马特洪峰等群山。酒店内设有餐馆，餐食丰富。有的季节会要求连住数晚。

URL www.hotelsertorelli.it
住 Piazza Guido Rey 28
☎ 0166-949797 Fax 0166-948155
SB € 100/180 TB € 110/260 带 2 餐每人€ 100~、带 3 餐 + € 25
室 69 间 含早餐 W-F
休 5/2~7/1、9/4~11/10
C A.D.M.V.

布莱松酒店 ★★
Hotel Breithorn

◆ **可以欣赏美景的酒店**

位于塞尔托雷利酒店附近，从窗口可以眺望切尔维诺峰，风景绝佳。由家庭经营的酒店，既古老又美观。

URL www.hotelbreithorn.com
住 Piazza Guido Rey 10
☎ 0166-949042
TB € 70/140 带 2 餐每人€ 50~100
一周每人带 2 餐€ 240~455
室 23 间 早餐€ 10~15 W-F
休 5/3~7/10、9/10~11/25 左右
C M.V.

※ 切尔维尼亚的住宿税一晚住宿费在€ 20 以下收€ 0.20，€ 20.01~40 收€ 0.50，€ 40.01~70 收€ 0.80，€ 70.01~100 收€ 1，€ 100.1~200 收€ 2，€ 200 以上收€ 3

尝试一下特产芳提纳奶酪和肉干

■瓦莱达奥斯塔区的菜肴

由于自然环境比较艰苦，该地区的菜肴野生味道浓厚，营养丰富。特别珍贵的是羚羊、山羊肉干 Mocetta。将羚羊肉、野兔肉等做成肉糜，当作意大利面调味料使用。Pappardelle al Sugo di Selvaggina 就是使用这些野味调味的宽面条。特产芳提纳奶酪（Fontina）可以夹在薄饼里，放在乳牛肉牛排上融化后用作 Cotoletta alla Valdostana 等，是做菜不可缺少的辅助材料。这里的葡萄酒原材料使用的大多是从法国引进的葡萄苗生长而成的葡萄，起的都是法国的名字，这也是特点之一。著名的有红葡萄酒 Enfer d' Arvier 和白葡萄酒 Blancde Morgex。

品尝特产奶酪

冬天，这里会完全被大雪覆盖着，非常寒冷，这时候不可缺少的是奥斯塔风味的咖啡（Caffe alla Valdostana）。木质的友谊杯容器有多个壶嘴，在容器中放入热咖啡、柠檬皮、砂糖、古拉帕（酒精度很高的利口酒），用火柴点上火，在燃烧过程中把酒精蒸发掉，就形成了香浓可口的奥斯塔咖啡。蓝色的火苗在眼前跳动，真是让人又惊又喜。在寒冷的冬天喝上一杯还能温暖身体，比什么都美味。

友谊杯容器

“王”的葡萄酒和味道浓厚的菜肴

■皮埃蒙特区的菜肴

所谓皮埃蒙特（Ai Piedi del monte），其实就是山麓的意思。在同法国交界的地方，阿尔卑斯山连绵不断，一直延伸到意大利国内屈指可数的大米产地。

这里的菜肴也是野性十足。餐桌上当然少不了当地特产的大米，此外还有在山间捕获的野味（羚羊、野兔、野鸡等）和蘑菇，以及清流中的鳟鱼。还有不能忘记的是被誉为“餐桌上的宝石”的阿尔巴白葡萄酒 Tartufo Bianco。出众的香味和极少的产量令其非常珍贵。从秋季到冬季，其口味尤其香醇。阿尔巴市里有些餐馆以白葡萄酒的种类繁多而著称，吸引了不少美食家。

出产被称作“葡萄酒之王”“王者葡萄酒”的 Barolo、Barbaresco、Barbera 等高品质葡萄酒的这一地方，有很多使用葡萄酒制作的菜肴。巴洛洛煮牛肉（Bue brasato al barolo），是将牛肉浸在巴洛洛葡萄酒中，和各种香味的蔬菜以及西红柿一起烹制而成的。与之相配的酒当然是巴洛洛葡萄酒。但甜点中最著名的要数使用蛋黄、砂糖和马尔萨拉酒制成的奶油味的 Zabaione。与之相配的葡萄酒是世界知名的甜口味发泡性葡萄酒 Moscato d' Asti。这种酒的香味和口感最适合搭配甜点了。

皮埃蒙特的开胃菜量很大

特产信息

• 葡萄酒 •

巴洛洛
Barolo
DOCG · 红 · 烈性
意大利最有名的红葡萄酒之一。

• 特产 •

友谊杯容器 Coppa dell' Amicizia
在奥斯塔的民族工艺品店内有售。

吉安杜佳巧克力 Gianduiotti
都灵著名的果仁巧克力。

伦巴第区

Lombardia

科莫湖边上风情各异的别墅

伦巴第区以米兰为首府，工商业都非常发达，生活富裕。该区北部是阿尔卑斯山脉，山脚下犹如宝石般点缀着众多湖泊。以这些湖泊为源头的河水，在该区南部边境附近汇合成波河，绵延着向东流淌而去。该流域中部的平原地带盛产稻米，到了早春时节，就会形成一派嫩苗生长的田园风光。该区内除了米兰，还有布雷西亚、曼托瓦、贝加莫、克雷莫纳等美丽的城市，都是值得去看一看的地方。

北部意大利湖泊地区

众多艺术家深爱的湖光水色

湖畔别墅的庭园

意大利的湖泊地区分布在阿尔卑斯山南麓。这片土地始终敞开怀抱，热情地欢迎那些越过阿尔卑斯山，满怀憧憬来到意大利的人们，而众多艺术家和作家也非常喜爱这个地方。位于最西面的小型湖泊奥尔塔湖，保留着安宁静谧的氛围。马焦雷湖北边有一部分是瑞士的领土，这里最具观赏价值的是散落在湖中的博罗梅奥群岛。卢加诺湖，除了北侧的一部分和南面的湖畔，几乎都是瑞士的领土。科莫湖位于米兰以北 50 公里，呈倒 Y 字形向南北延伸。从古代起这里就因风景优美而备受赞誉，英国诗人雪莱曾以“超过了所有的美”来盛赞科莫湖。位于湖泊地区最东侧的伊塞奥湖则拥有意大利北部最大的湖心岛——蒙特伊拉索岛。

最后要提的是位于曼托瓦以北约 50 公里处的加尔达湖，它是湖泊地区面积最大的湖。这个湖最大的特征是地中海式气候。夏天，湖水的温度约为 23℃，能在湖里游泳，也能乘坐游艇兜风。湖泊地区的每一个湖都有自己独特的魅力。如果参观美术馆走累了，建议大家到洋溢着意大利自然风情的湖泊地区看一看。

科莫湖 Lago di Corno

湖边有很多华丽的避暑胜地

科莫湖长 50 公里，最宽处为 4.4 公里，最深的地方有 410 米，被誉为欧洲最深的湖泊。湖的四周环绕着高耸陡峭的山峦，深绿色的橄榄树（这一带是最北端）、核桃树、无花果树等树木和花朵在湖边沐浴着阳光，非常美丽。

卡尔罗塔府内美丽的庭园

科莫湖自古就受到恺撒、阿乌古斯托斯等罗马皇帝的垂爱，18~19 世纪期间，欧洲各国的王室、富豪、艺术家竞相在湖畔建起规模宏大的豪华别墅。如今这里已成为意大利最好的避暑胜地。

除了位于中心的城市科莫，贝拉奇奥是这一带最值得访问的景区。贝拉奇奥位于 Y 形的科莫湖交叉处，因拥有赛尔贝罗尼府、梅奇府等美丽的别墅，成为著名的避暑胜地。从隔湖相对的托列梅齐奥乘坐渡船，10 分钟后就能抵达这里。梅娜齐奥位于科莫湖西侧，是以平民风格著称的休养之地。而托列梅齐奥则是别墅群聚集的高档避暑地。在新古典风格的卡尔罗塔府，你能看到被柠檬树所环绕着的美轮美奂的意大利式庭园。对喜爱庭园感风光的人来说，科莫湖真是一个不能错过的地方。

历史悠久，宁静稳重的市区

科莫 Como

位于科莫湖南端的科莫，是一座湖畔中心城市。这里拥有历史名城所特有的沉静和避暑地的繁华，无论是小径上的漫步，还是咖啡馆里的小憩，都是那么令人享受。主要景观是融合了伦巴第样式和文艺复兴样式的美丽的大教堂。大教堂装饰着精美雕刻的正面外观、教堂内部的挂毯以及雕刻作品都是一定要看的。紧挨着大教堂的是建于 13 世纪的旧市政厅（Broletto），以及科穆内塔（Torre del Comnue）。这两座建筑物都有着一种沉稳凝重的气氛。

科莫的大教堂

前往科莫湖的方法

在 fs 线米兰中央车站乘坐开往 Basel，Zurich 方向的 EC，到科莫站（Como S.Giovanni）需要 49 分钟，乘坐 R 需要 36 分钟（直达）。从米兰的加里波第车站乘坐开往 Chiasso 方向的 S11 线，大概需要 1 小时。一般每隔一小时有一趟车。车站距离市区大约有 800 米。沿站前的公园继续下行，在十字路口（Piazza Cacciatori d`Alpi）向左走，就是科莫湖。以湖水为左，沿着湖边再向前走 300 米就是市中心。在米兰的卡德尔纳地铁站乘坐私铁诺尔德线 Ferrovia Nordo 到科莫湖畔的 Como Nord Lago 车站，约需 1 小时。车站离市中心很近。每隔 30 分钟发一班车。

科莫湖游览信息

科莫湖、马焦雷湖、加尔达湖的游船时刻表、价格表等可查询如下的网址：

URL www.navigazionelaghi.it

伦巴第区的汽车、铁路等相关信息可查询如下的网址：

URL www.trasporti.regione.lombardia.it

※ 湖泊地区的马焦雷湖属于皮埃蒙特区

科莫湖的游船信息

科莫是南边的起点，从位于加富尔广场的乘船处有开往北方的科利科（Cólico）的船，每天有 7 个班次的水翼艇和游船。开往贝拉吉奥（Bellagio）的船每天有 9~15 个班次。运行时间 9:00~19:00。

Navigazione sul Lago di Como

住 Via per Cemobbio 18

☎ 031-800-551801（免费）

费 一日游通票（科莫 · 贝拉吉奥不限次€ 23.30）

科莫的 i 旅游咨询处

住 Piazza.Cavour 17（背靠科莫湖，广场右侧）

☎ 031-269712

开 9:00~13:00、14:00~17:00

休 周六、周日

科莫的卫生间

缆车乘车处、Largo Nord 车站、fs 线车站都有卫生间。

●缆车（Funicolare）

住 Piazza De Gasperi 4

☎ 031-303608

开 6/10~9/10 6:00~24:00

9/11~ 次年 6/9 6:00~22:30

费 山顶往返 € 5.50、单程 € 3

※ 运行间隔为 30 分钟。乘坐处：从游船乘坐处出发，沿湖边向北约 300 米

●大教堂

开 7:30~19:30（周日、节假日 21:30）

●奥尔莫别墅
住 Via Cantoni
☎ 031-252443
开 仅限庭园夏季 7:30~23:00
冬季 7:30~19:00
※ 有活动时开放内部（休 周一）

●瓦尔塔博物馆
住 Viale Marconi
☎ 031-574705
开 10:00~18:00
休 周一、1/1、1/6、12/8、12/25、12/26
费 €4

新古典主义风格的奥尔莫别墅

在乘坐游船之前，先乘坐缆车登上可以俯瞰市容的布尔纳特山（Brunate）看一看吧。它不愧为“阿尔卑斯的阳台”，站在山顶，可以将阿尔卑斯的高峰、伦巴第平原、科莫湖深蓝色的湖水等一片绝佳的景色尽收眼底。稍稍偏离市中心的地方有新古典主义风格的豪华别墅奥尔莫别墅（Villa Olmo），以及瓦尔塔博物馆（Tempio Voltiano），这里面展示有电池的发明者瓦尔塔发明的物品。从这些地方的周边也能领略到科莫的美丽风景。

科莫的餐馆
Ristorante

赛欧利亚
I Tigli in Theoria

Map p.307 A2

◆ 精致的南部意大利菜肴
以海鲜为主的餐馆，氛围优雅。来自西西里亚的新鲜海鲜摆满了餐桌。是米其林一星餐馆。午餐有经济实惠的套餐。需预约

住 Via B. Giovini 41
☎ 031-301334
营 12:30~14:30、19:30~22:30
休 周一、周日晚餐
预 €60~120
C A.D.J.M.V.

静默餐馆
Osteria L'Angolo del Silenzio

Map p.307 B2

◆ 价格非常有吸引力
有着悠久历史的餐馆。能品尝到使用山珍海味制作的传统菜肴。奶酪和萨拉米的种类也很多。营业到很晚，很方便。

住 Viale Lecco 25 ☎ 031-3372157
营 12:00~15:00、19:00~22:30
休 周一、1/10~1/17、8/10~8/24
预 €34~56（座位费€2）、套餐€22（仅限午餐）、€42
C A.D.J.M.V.

科莫的酒店
Hotel

高档酒店和餐馆大多集中在以加富尔广场为中心的老城区。如果想找经济型酒店的话就要多走一些路。不过这里巴士线路很发达，不用担心。

苏伊士大都会酒店 ★★★★
Metropole e Suisse

Map p. 307 A1 · 2

◆ 科莫的代表
临湖而建，是一座历史悠久的酒店。店内洋溢着高贵优雅的气氛。但也有人反映酒店太陈旧了。酒店内有临湖而建的餐馆。

Low 1/1~3/31、11/1~12/31
URL www.hotelmetropolesuisse.com
住 Piazza Cavour 19
☎ 031-269444 Fax 031-300808
SS SB €75/150 TS TB €110/200
室 71 间 含早餐 W-F
休 12/10~次年 1/10
C A.D.J.M.V.
交 加富尔广场的一角

※ 科莫的停留税：4/1~9/30 YH、露营地€0.50 ★€0.75 ★★€1 ★★★€2 ★★★★~★★★★★€2.50 10/1~次年3/31 半价；最长 4 晚住宿，14 岁以下免税

公园酒店 ★★★
Park Hotel

◆ **地理位置很好**

位于 fs 车站的北侧，离车站和科莫湖都很近，很方便。家庭经营式的旅馆，非常舒适。

Map p. 307 A1

Low 10/1~3/31
URL www.parkhotelcomo.it（有优惠信息）
住 Viale Fratelli Rosselli 20
☎ 031-572615 Fax 031-574302
SS €65/105 TS TB €85/150
3B €105/179 室 41 间 含早餐 Wi-Fi
休 12 月～次年 2 月
C A.D.M.V. 交 fs 车站向北 400 米

奥尔莫别墅
Ostello della Gioventù Villa Olmo

◆ **距离车站 1 公里**

接待时间为 16:00~23:00，门禁为 4:00，只接待 YH 会员。最多可住宿 6 晚。有自行车出租和洗衣的服务。

Map p. 307 A1 外

URL www.ostellocomo.it
住 Via Bellinzona 2
☎ Fax 031-573800 费 含早餐 D €20
S €22 设有餐馆 Wi-Fi
休 11/15~ 次年 3/1
C J.M.V.
交 从车站乘坐 1、6、11 路巴士到奥尔莫别墅下车。如果步行，需 20~25 分钟

马焦雷湖 Lago Maggiore

探访博罗梅奥家族的岛屿

贝拉岛上博罗梅奥家族宫殿美丽的阶梯状庭园

马焦雷湖是意大利的湖泊中最著名的湖。特别是曾经属于博罗梅奥家族的 3 个岛，是游客必看的景点。贝拉岛（Isola Bella）是 3 个岛屿中最值得一看的岛屿。17 世纪博罗梅奥家族的宫殿和庭园（Palazzo e Giardino Borromeo）的奢华程度令人叹为观止。巴洛克式的庭园尤其奢华，里面有很多修剪成几何形状的珍贵树木和植物，精致而富有情趣。站在庭园里，仿佛置身于梦幻世界一般。特别是黄昏时分，在绕湖行驶的小船上向庭园眺望，景色堪称一绝。

佩斯卡托利岛（Isola dei Pescatori/ Isola Superiore）是渔夫之岛的意思。狭长的岛上排列着渔民们的房子，虽然陈旧但别具风情。马德雷岛（Isola Madre）是母亲之岛的意思。岛上有 18 世纪的宫殿和庭园。此外这里还可以看到意大利最高的椰子树以及庭园里悠闲散步的放养的孔雀和野鸡。

马焦雷湖的中心

斯特雷扎 Stresa

斯特雷扎的马尔科尼广场

斯特雷扎是湖泊地区最高档的度假地。城市的后面是一个小高坡，整个城市面对着马焦雷湖，细长狭窄。湖畔是能代表意大利传统和格调高度的度假酒店。这里的气候温和，到处都是绿色和鲜花。这是一个富裕的城市，你可以在这里一窥来此避暑的游客悠闲的生活。

前往马焦雷湖的方法

斯特雷扎车站是最近的车站。从火车站沿着罗马路（Via Roma）下行，就到了临湖而建的马尔科尼广场（Piazza Marconi，距离火车站约 500 米），这里有开往马焦雷湖的游船。

●博罗梅奥家族的宫殿和庭园

住 Isola Bella
☎ 0323-30556
费 €16（与马德雷岛的通票 €21）

马焦雷湖的游船信息

从斯特雷扎（Stresa）和巴韦诺（Baveno）的市区有开往 3 个岛屿的游览船。游览 3 个岛屿需要半天时间。如果想以比较低廉的价格游览岛屿，建议购买往返票，而不是周游票。经济上比较充裕的人，或 5 个人左右一起游览时，可以租赁摩托艇游览。

游船运营时间是 7:00~19:00。白天基本每隔 30 分钟发一班船。

斯特雷扎→贝拉岛约 10 分钟，斯特雷扎→马德雷岛约 35 分钟。

1 日周游票 斯特雷扎→贝拉岛→佩斯卡托利岛→巴韦诺→帕兰扎 期间可用，€16.90。

前往斯特雷扎的方法

从 fs 线米兰中央车站乘坐开往 Geneve 方向的 EC 或 R，约需 1 小时。每隔 6 分钟 ~1 小时有一趟车。

●邮政编码 28838

斯特雷扎的 ℹ 旅游咨询处 IAT

住 Piazza Marconi 16
☎ 0323-30150
开 10:00~12:30、15:00~18:30
休 周日、1/1、12/25

斯特雷扎的餐馆
Ristorante

皮耶蒙泰塞
Piemontese

Map p.310 B2

◆ **优雅的氛围**

有一个优雅的庭园，夏天能在露天环境中品尝传统的皮埃蒙特菜肴。距离乘船处很近，可以在游览途中来此用餐，很方便。葡萄酒的种类很多。

住 Via Mazzini 25
☎ 0323-30235
营 12:30~14:30、19:30~22:30
休 周一、12 月 ~ 次年 1 月
费 € 35~75，套餐 € 28、36
C A.M.V.

小巷餐馆
Vicoletto

Map p. 310 B2

◆ **受当地人欢迎**

位于卡多尔纳广场附近，地理位置很好。店内有一种家庭的温馨感觉，可爱的露台也备受当地人喜爱。最受欢迎的是海鲜意面、肉类菜肴和意大利烩饭等，菜品的种类也很丰富。最好提前预约

住 Vicolo del Pocivo 3
☎ 03-23932102
营 12:00~14:00、18:30~22:00
休 周四、1/15~2/29、11 月的一周
费 € 28~45
C A.M.V.

斯特雷扎的酒店
Hotel

湖边都是高档酒店，但在火车站周边也有价格适中的旅馆。

拉 · 帕尔马 ★★★★
La Palma

Map p.310 A2

◆ **景色绝佳**

气氛优雅，装饰品和服务也很好。可以在屋顶上眺望博罗梅奥群岛，从游泳池眺望到的景色也很不错。有温水泳池和桑拿设施。

URL www.hlapalma.it
住 Lungolago Umberto I 33
☎ 0323-32401 Fax 0323-933930
SS € 130/160 TB € 200/350
JS € 360/500
室 118 间 含早餐 W-F
C A.D.J.M.

※斯特雷扎的住宿税：4/1~10/31 ★~★★€1 ★★★€1.50 ★★★★€2.50 ★★★★★€3.50 最长收3晚住宿，18岁以下免税

阿尔贝尔哥·莫·托库 ★★

Albergo Mon Toc

Map p. 310 B1

◆ 推荐这里的食物

距离 fs 车站 500 米，距离湖泊 300 米，非常方便，房间也很舒适。选择带两餐的住宿比较划算。家常风味的食物味道很好，比在外面吃要好得多。

URL www.hotelmontoc.com
住 Viale Duchessa di Genova 69
☎ 0323-30282 Fax 0323-933860
SS T € 65 TS € 90
室 15 间 含早餐晚餐€ 20/ 位 W-F
休 11 月、1 月 C M.V.

奥尔塔湖 Lago d'Orta

被翠绿群山环绕的精巧宝石

奥尔塔湖和圣朱利奥岛

奥尔塔湖是意大利湖泊地区中最小的湖。湖的四周被小山丘包围着，湖岸边是奥尔塔的小城镇。奥尔塔的中心是奥尔塔·圣朱莉奥（Orta San Giulio），这里有着美丽的别墅和庭院，是一个安静的地方。登上位于湖西侧的萨库蒙特（Sacro Monte）（401 米），能观赏到奥尔塔湖的全景。这里还有在 1591~1770 年间建造的 20 多个礼拜堂。2008 年，萨库蒙特被列入世界遗产名录（从市中心步行前往约需 45 分钟，天气恶劣的时候会关闭）。

奥尔塔湖的正中心是圣朱利奥岛（Isola di San Giulio），岛上有一座教堂，据说是 4 世纪时由圣朱利奥所建的。教堂内部覆盖着精美的湿壁画。黑色大理石的讲道坛也非常吸引人。市区有开往岛上的船（费 往返 € 4.50）。

前往奥尔塔湖的方法

从米兰中央车站出发，约 40 分钟后到诺瓦拉（Novara）换乘。到达奥尔塔（Orta-Miasino）需 1 小时 44 分钟 ~3 小时 5 分钟。适合换乘的车很少，要注意。从米兰中央车站乘坐 11:18 发出的 RV+R，约需 1 小时 44 分钟到达，是最快的到达线路。

从 fs 奥尔塔车站步行前往圣朱利奥市，约需 30 分钟。有从火车站附近开往市区，从市区开往萨库蒙特的火车型迷你巴士。都需要 5~6 分钟，单程票价€ 2.50，往返€ 4。

营 9:00~17:30（5/1~9/30 ~ 19:00），11/1~ 次年 2/28 仅周六、周日、节假日运营；运营间隔约 15 分钟。

迷你巴士 Trenino 的信息可查询 URL www.treninodiorta.it

3/12~9/13 期间，从斯特雷扎每天有 3 趟 S.A.F. 公司运营的普尔曼巴士开往这里。
URL www.safduemila.com

奥尔塔·圣朱利奥的 ❶ 旅游咨询处

住 Via Panoramica
☎ 0322-905163
开 夏季 9:30~13:30、14:00~17:00
冬季 10:00~13:00、14:00~16:00
休 夏季的周二，冬季的周一、周二

●教堂（帕吉里卡）

开 夏季 9:00~19:00，
冬季 9:30~12:00、14:00~17:00
休 周一上午

●萨库蒙特

开 夏季 9:30~18:00
冬季 9:30~12:00、14:00~17:00

加尔达湖 Lago di Garda

明亮开放的度假地点缀其中

加尔达湖是意大利最大的湖，南北长 52 公里，东西最宽处达 17.5 公里。从维罗纳乘坐普尔曼巴士前往加尔达湖会非常愉快。在由高高的树木形成的林荫道上行进 40~50 分钟后，眼前会出现祖母绿色的一片湖水。

在橄榄树林中，雄伟的罗马时代遗迹

加尔达湖拥有不同于马焦雷湖和科莫湖的自然美，如果用一句话来形容它的特点，就是明媚的地中海风情。湖畔郁郁葱葱地生长着橄榄树、柠檬树、酸橙、椰子树以及月桂树等。从公元前的诗人、画家到现代的艺术家，为加尔达湖的魅力所倾

前往加尔达湖的方法

最近的车站是代森扎诺—西尔米奥奈（Desenzano del Garda-Sirmione）车站。从米兰中央车站乘坐开往威尼斯等方向的 FRECCIABIANCA 大约需要 1 小时，乘坐 RV 需要 1 小时 25 分钟。从维罗纳前往约需 30 分钟。每隔 1 小时有一趟车。

普尔曼也很方便

从维罗纳和布雷西亚有开往这里的普尔曼火车（SAIA 公司，所需时间 1 小时 20 分钟）。大约每隔 1 小时有一趟车，票价€ 4。

从火车站到加尔达湖

从火车站沿着别墅区向湖泊方向步行 15 分钟左右就能到达乘船处。也可以乘坐 No.2 巴士（周一～周六，每隔 30 分钟运行，票价€ 1）前往，约需 10 分钟。乘坐游船约 20 分钟就能到达西尔米奥奈。每天有 10~12 班次的船。途中风景绝佳，夏季还可以在美丽的湖畔游泳。

●邮政编码 25015

代森扎诺—德尔加达的 ℹ 旅游咨询处 IAT

住 Via Porto Vecchio 34
☎ 030-3748726
营 夏季 10:00~19:00
冬季 10:00~12:30、14:00~17:00
休 10 月～次年 5 月的周日

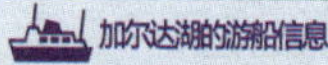

游船往返于代森扎诺—利瓦之间。需要 2.5 小时（水翼艇）~4 小时，每天有 4~5 个班次。

●大教堂内
Chiesa Parrochiale
开 8:00~12:00，15:30~19:00

●罗马时代的别墅
住 Via degli Scavi
开 3~10 月 8:30~19:00
11 月～次年 2 月 8:30~17:00
休 周一、1/1、5/1、12/25
费 € 2

从斯卡拉家族城堡眺望美丽的加尔达湖

倒的人不计其数。

如果环湖游览，最好乘船从南岸的代森扎诺—德尔加达（Desenzano d. Garda）出发。先去往西尔米奥奈（Sirmione），在途经萨罗（Saló），以及加尔多内—利维埃拉（Gardone Rivera）后，到利莫内—苏尔加尔达（Limone s.Garda）、里瓦—德尔加达（Riva d.Garda），整个行程约需 4 小时。加尔多内—利维埃拉是一个潇洒的度假胜地。利莫内则是一个被柠檬树及橄榄树包围的村庄，但仍保留有大自然朴素的一面。加尔达湖的东岸则是马尔切西内（Malcesine）及布伦扎内（Brenzone）等美丽的度假胜地。特别是马尔切西内很值得一看，这里有曾经统治维罗纳的斯卡拉家的城堡。村子本身就是一个富有中世纪风情的渔港，加上拥有明快的南欧色彩的建筑物，是一个令人愉悦的地方。在这里还可以登上海拔 1748 米的蒙特巴尔托（Monte Baldo）。到山顶有登山车运行。

加尔达湖的门户

代森扎诺—德尔加达

位于加尔达湖的西南。由于从米兰和威尼斯发出的列车均在此停留，这里便成了访问加尔达湖的门户。车站距离市中心约 1 公里，火车站有发往市区以及西尔米奥奈的巴士。这里主要的景点都集中在湖的周边。建于 16 世纪的教堂 Chiesa Parrochiale 内有提埃波罗的名画《最后的晚餐》（*Ultima Cena*），一定要去看一看。教堂旁边有旅客咨询处。稍稍偏北的地方有一座别墅 Villa Romana，它的历史可以追溯到1世纪的罗马时代，别墅内地板上的马赛克图案非常漂亮。从车站去往市区的途中，能从位于山丘上的代森扎诺城周边欣赏到美丽的市区景色和加尔达湖迷人的景色。

从代森扎诺眺望的加尔达湖

被城墙和湖水环绕着的人气景点

西尔米奥奈 Sirmione

斯卡拉家族的城堡

西尔米奥奈距加尔达湖南岸4公里，位于加尔达湖向北突出的狭长地带的一端。这个半岛四周被水包围着，别有一番天地。在宁静的市区里，矗立着斯卡拉家族的城堡（Rocdca Scaligera）。西尔米奥奈还是一个著名的公共浴场（温泉疗养所），从罗马时代起就是著名的疗养胜地。这里的温泉对治疗耳鼻科的病很有效果，自古就非常受欢迎。过桥之后进入城内，原本的旧城区现在已成为步行者的天堂。位于主街上的餐馆和时尚精品店等让人眼花缭乱，是一座非常适合购物的城市。从旧城区沿着坡路向上行走500米左右，就可以看见罗马时代的遗迹（Grotte di.Catullo）了。从位于橄榄树丛中的遗迹中眺望加尔达湖，景色非常美丽。

保存着罗马时代的柱廊

●代森扎诺城堡
开 4~5月、10月、11月~次年3月的周六、周日
10:00~12:30、15:00~18:00
6~9月
9:30~12:00、16:30~19:30
休 周一
费 €3
※ 内部不能参观

前往西尔米奥奈的方法

可以乘坐普尔曼前往，维罗纳（SAIA公司，所需时间约60分钟，€3.50）和布雷西亚（SAIA公司，所需时间约80分钟，€4）每天都有车开往这里，车次很多。可当日往返。

西尔米奥奈的 i 旅游咨询处 IAT
住 Viale Marconi 4/6
☎ 030-916114
开 9:00~12:30，15:00~18:00（夏季至18:30）
休 11月~次年3月的周日、节日、周六下午

●斯卡拉家族的城堡
住 Piazza Castello 1
☎ 030-916468
开 8:30~19:00
周日、节假日 8:30~13:00
休 周一、1/1、5/1、12/25
费 €4

西尔米奥奈的酒店
Hotel

马尔科尼酒店 ★★★
Hotel Marconi

◆ **悠闲舒适**

位于市中心，临湖而建的一个小型酒店。从小小的庭园和客房可以眺望到湖水，很适合想要悠闲度假的人。

URL www.hotelmarconi.net
住 Via Vittorio Emanuele Ⅱ 51
☎ 030-916007 Fax 030-916587
SS €50/75 TB €90/150
室 23间 含早餐 W-F
休 12月~次年2月 C A.M.V.

拉·帕尔 ★★★
La Paül

◆ **面向湖水的庭园很可爱**

一家小型酒店，建在湖畔，周围绿树环绕。室内的装饰让人感到安静舒适，有面向湖水的带露台房间。

High 5/16~9/24 URL www.hotellapaul.it
住 Via XXV Aprile 32 ☎ 030-916077
Fax 030-9905505 TS €90/130
TS €110/170（景观房）
室 37间 含早餐 W-F 休 11/1~次年3/31
C A.M.V.

※西尔米奥奈的住宿税：★~★★€0.80 ★★★ €1 ★★★★€1.80 ★★★★★€2.50 13岁以下免税。SB 带淋浴或浴盆的单人间价格 TS 带淋浴的双人间价格 TB 带淋浴或浴盆的双人间价格

Lombardia

Bergamo

Roma

贝加莫 *Bergamo*

●邮政编码 24100

维基亚广场的喷泉

贝加莫拥有两种截然不同的风貌。位于海拔 336 米的缓丘之上的贝加莫 · 阿尔塔 Alta，仍然保留着中世纪时期的风貌；而位于平原上的贝加莫 · 巴萨（Bassa），则是一个热闹的现代化城市。那么，究竟哪个才是贝加莫本来的面貌呢？

自中世纪起，经历过文艺复兴之后，阿尔塔建起了不少美丽的建筑物。作为一个自治都市，阿尔塔一直以它的繁荣为骄傲，这种情况一直持续到 13 世纪。但夹在米兰和威尼斯两大强国之间的贝加莫，终于敌不住大国的威力，繁荣不再。然而，在艺术方面，贝加莫却形成了属于自己的独特的文艺复兴风格。贝加莫的象征——科莱奥尼礼拜堂被誉为伦巴第文艺复兴的杰作，这是米兰和威尼斯都不具备的独特的杰作。建筑物正面的廊柱以及雕刻作品的高贵与华丽，令人叹服不已。

另外，这座城市还是 17 世纪在欧洲广为流传的假面剧《空梅地亚 · 德拉尔特》（*Commedia dell' Arte*）的故乡。

前往贝加莫的方法

从 fs 线米兰中央车站乘坐开往贝加莫方向的 R 车，约需 50 分钟。一般运行间隔为 1 小时。

●贝加莫的旅游线路

拉乔内宫（维基亚广场）
p.315
↓
科莱奥尼礼拜堂
p.315
↓
圣玛利亚 · 马焦雷教堂
p.315
↓
卡拉拉美术馆
p.315

贝加莫 漫 步

首先从火车站前乘 1/A 或 1 路巴士前往阿尔塔。如果在中途换乘缆车，其终点就是阿尔塔。也可以一直乘坐巴士到终点下车。下车后穿过城墙就是阿尔塔市区了。到达后先赶往维基亚广场，景点都聚集在这里。然后顺着自然风情十足的坡路向下，去卡拉拉美术馆。如果时间充裕，还可以去充满活力的巴萨市区转转。

贝加莫 主要景点

拉乔内宫 Palazzo della Ragione

Map p.314 A1

位于广阔的中世纪广场上

★

沿着通往广场，有屋顶且洋溢着中世纪风情的台阶往上走，就来到一个大厅，据说在12世纪，这里曾是议会的会场。虽然保存状态不是很好，但墙壁上留有伯拉孟特的湿壁画。现在，这儿已成为贝加莫市民举办展览会的场所。

拉乔内宫和市民塔

科莱奥尼礼拜堂 Cappella Colleoni

Map p.314 A1

装饰有提埃波罗的湿壁画

★★★

位于拉乔内宫后面，是伦巴第文艺复兴的杰出作品。礼拜堂的正面是色彩典雅的大理石镶嵌形成的花纹和雕刻，非常华丽。礼拜堂是为威尼斯的雇佣兵队长科莱奥尼所建的。科莱奥尼是贝加莫的领主，但在文艺复兴时期的意大利，小国的领主通常会作为威尼斯这样的大国的雇佣兵队长，指挥自己的军队。

礼拜堂内部有提埃波罗精美的湿壁画作品，保存得很不错。抬头欣赏时，会觉得仿佛置身于天国一般。

科莱奥尼礼拜堂

圣玛利亚·马焦雷教堂 Santa Maria Maggiore

Map p.314 A·B1

装饰有玫瑰色的大理石

★★

位于科莱奥尼礼拜堂的旁边，是一座12世纪罗马样式的教堂。外观曾在14、15世纪进行过修复，内部则是16世纪末~17世纪的巴洛克样式，是一座融合了多种建筑风格的教堂。出自佛罗伦萨、比利时安特卫普的艺术家们之手的华丽壁毯是必看的。还有装饰在礼拜堂，描绘战争场面的4个拼花木工艺品，也不容错过。

在教堂的一角有一个八角形的洗礼堂（Battistero），用玫瑰色的大理石做成，非常可爱。

卡拉拉美术馆 Pinacoteca dell` Accademia Carrara

Map p.314 A2

以馆藏丰富为傲

★★★

贾科莫·卡拉拉伯爵于18世纪末设立的美术馆。里面虽然没有什么特别著名的作品，但也集中了不少佳作，是意大利最优秀的地方美术馆

●贝加莫·阿尔塔的ⓘ旅游咨询处
住 Via Gombito 13
☎ 035-242226
开 9:00~17:30
休 无 地 p.311 A1

●贝加莫·巴萨的ⓘ旅游咨询处
住 Viale Papa Giovanni XX Ⅲ 57
☎ 035-210204
开 周一～周四 9:00~12:30 14:00~17:30
休 1/1、12/25 地 地图外
※出了火车站沿着正面的大路走约100米，右侧。在汽车总站内

前往奥尔塔的汽车

停车站位于上述巴萨ⓘ旅游咨询处前的大路上。车票可在火车站的商店或ⓘ旅游咨询处建筑物内的烟草店里购买。前往阿尔塔乘坐1路、1/A路巴士。可以在途中的Porta S.Niccolo换乘缆车，而巴士的终点站就是阿尔塔。
费 1次乘车票 €1.30（75分钟内有效）
1日乘车票 €3.50

●科莱奥尼礼拜堂
住 Piazza Duomo 3
☎ 035-210061
开 11月~次年2月 9:00~12:30 14:00~16:30
3~10月 9:00~12:30 14:00~18:30
休 周一、1/1、12/25 费 免费

●圣玛利亚·马焦雷教堂
住 Piazza Duomo
☎ 035-223327
开 4~10月 9:00~12:30 14:30~18:00
11月~次年3月 9:00~12:30 14:30~17:00
周日、节假日 9:00~13:00 15:00~18:00
※举行宗教活动（弥撒平日7:45、10:00，周日、节假日11:00、12:00）时不能参观。在平日7:45~的弥撒活动之后，9:00~休息

方便的贝加莫卡 Bergamo Card

使用这个卡可以免费乘坐市内巴士、缆车、贝加莫机场大巴，免费参观市内的美术馆，特别展览门票、商店还可以打折。一张卡可以供一名大人和一名儿童（11岁以下）使用。可以在车站的烟草店、缆车车站、拉乔内宫、巴萨的旅游咨询处等地购买。24小时有效卡€10、48小时有效卡€15。

贝加莫派画家洛伦佐·洛托创作的《圣卡特琳娜的圣洁婚礼》

●卡拉拉美术馆
住 Piazza Giacomo Carrara 82/a
☎ 035-234396
开 10:00~19:00
休 周一、1/1、5/1、12/25
费 €10
※ 入场截至闭馆1小时前
※ 火车站前有7路巴士前往（仅限工作日）

北部意大利绘画的宝库——卡拉拉美术馆

之一。有皮萨内洛的《利奥内罗·埃斯特的肖像》、贝利尼的《圣母子》、曼特尼亚以及提埃波罗等威尼斯派画家的作品，伦巴第派的《塔洛托·卡多》也是很好的作品。

圣维吉里奥山 Colle San Vigilio

Map p.314 A1 外

绿色山岗上分布着小别墅

★

美丽的别墅区圣维吉里奥山

从阿尔塔市区继续沿着坡路向上走，穿过城墙，就是视线开阔的科尔阿佩尔特广场（Ple. Colle Aperto）。继续向上有一个缆车乘车处。如果乘坐缆车，5分钟就可以到达圣维吉里奥山。在这里可以将贝加莫市区一览无余。在缆车终点有一个景观很好的餐馆兼咖啡馆。

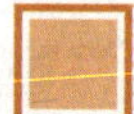

贝加莫的餐馆
Ristorante

巴萨吃的东西很便宜，阿尔塔的餐馆和小吃店很密集，但价格都比较贵。阿尔塔维基亚广场附近的科莱奥尼路（Via Colleoni）和冈比托路（Via Gombito）上有很多好吃的面包房和西点店。

圣·艾姆布罗斯
Sant'Ambröeus

Map p.314 A1

◆ **阿尔塔市区内值得推荐的餐馆**

位于阿尔塔的中心——维基亚广场，夏天可以在开放的露台享受美食。店内放置着很多古董家具，气氛很好，还可以品尝到正宗的贝加莫当地特色菜。

住 Piazza Vecchia 2 ☎ 035-237494
营 12:00~14:30、19:00~22:30
休 周三、冬季的周日晚餐、1月
预 €35~60（桌位费€4），套餐€35
C A.M.V.

瓦伦蒂酒馆
L'Osteria di Valenti

Map p. 314 B1 外

◆ **服务很好！**

位于从火车站前的大路上稍微靠里一点的地方，是在当地人中很受欢迎的小酒馆。肉类菜肴很多，有米拉诺风味的烤肉饼、T骨牛排等，既便宜又好吃。尽量提前预约。

住 Via Guglielmo D`Alzano 4
☎ 035-243017 营 10:00~15:00、19:00~23:00 休 周六午餐、周日
预 €25~40 C M.V.
交 从马蒂奥蒂广场步行5~6分钟

贝加莫的酒店
Hotel

酒店主要集中在巴萨市中心。

贝加莫青年旅舍
Ostello di Bergamo

Map p. 314 B1 外

◆ **景观很好的青年旅舍**

非常干净的旅馆，可从阳台眺望市区景色，风景非常优美。不是会员也能入住。接待时间为14:00~23:00。门禁时间24:00。

URL www.ostellodibergamo.it 住 Via Galileo Ferraris 1

☎ Fax 035-361724 D €18/20
SS €35/40 家庭间1人€22~25 含早餐，晚餐€11 W-F C M.V.
交 从车站步行5分钟到波塔诺瓦乘坐6路巴士车到L.Da Vinci下车。从阿尔塔前往时乘坐3路巴士（直达）

※贝加莫的住宿税：YH €0.40 ★€1 ★★€1.70 ★★★€2.50 ★★★★€3.50 ★★★★★€3.50 最长收10晚住宿，16岁以下免税。

布雷西亚 *Brescia*

●邮政编码 25100

圣茱莉亚博物馆的《有翅膀的胜利女神》

布雷西亚是一座拥有很多喷泉的城市。虽然意大利的很多广场都在中央设有喷泉，但布雷西亚的喷泉从 16 世纪开始就很有名了。16 世纪有一名游客曾在旅游日记中这样写道：这座城市到处都是美丽的喷泉，简直就是地上乐园。

这些美丽的喷泉，如今仍然保持着当时的样子，而布雷西亚也已发展成为伦巴第地区仅次于米兰的第二大城市了。

Lombardia

Brescia

Roma

世界遗产

伦巴第人繁荣昌盛时期（568~774 年）的象征地

圣萨尔瓦托—圣茱莉亚修道院建筑群

收录年份 2011 年　　文化遗产

布雷西亚 漫 步

火车站距离旅游景点集中的大教堂广场（Piazza del Duomo）和罗琪亚广场（Piazza della Loggia）大约有 1.5 公里，因此出了火车站向右，乘坐地铁一站，在维多利亚站下车最方便。

在罗马时代这里的市中心是穆哲大街（Via dei Musei）。中世纪的代表性建筑是大教堂广场。如果想体会一下文艺复兴时期的氛围，则要去罗琪亚广场（Piazza della Loggia），这里也是现代布雷西亚的市中心。而被称作波尔提琪（Portici），有着拱廊的大街，则是一条高档的商业街。另外，巴洛克风格的代表性建筑物是新大教堂。

前往布雷西亚的方法

从 fs 线米兰中央车站乘坐开往威尼斯方向的 FRECCIABIANCA，需要 46 分钟，乘坐开往布雷西亚、维罗纳等方向的 R，约需 1 小时 8 分钟。从维罗纳前往需 35~47 分钟。

巴士·地铁的车票

费 1 次票 € 1.60（90 分钟内有效）

信息中心

站前的 ❶ 旅游咨询处

住 Piazzale Stazione

☎ 030-3061240

开 9:00~19:00

地 p.317 B1

罗通达附近的 ❶ 旅游咨询处

住 Via Trieste 1/Piazza Paolo VI 的夹角

☎ 030-3061226

开 9:00~19:00

地 p.317 AB2

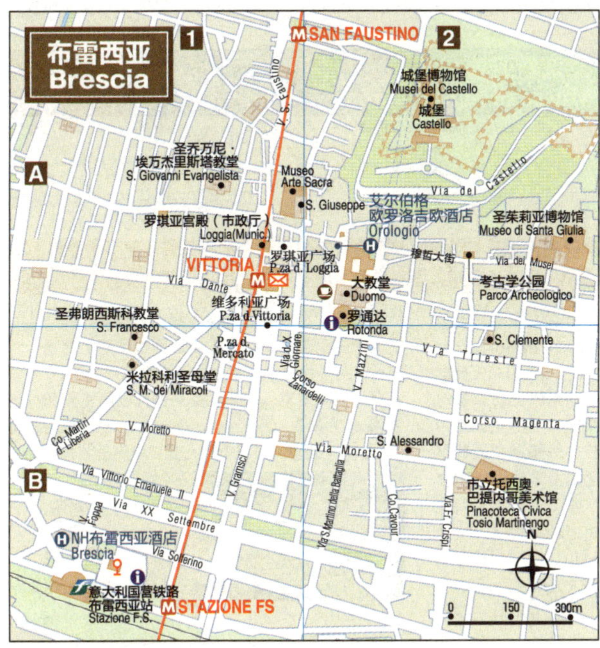

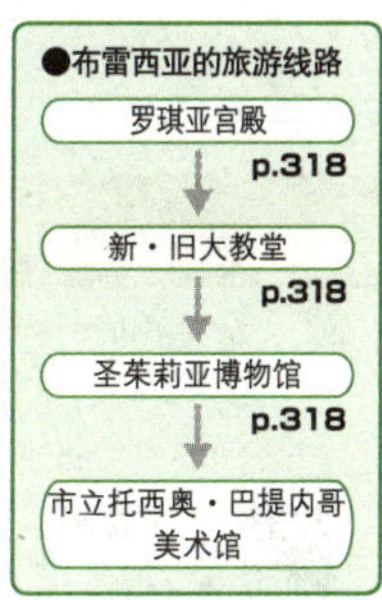

来到中世纪城堡，眺望城市全景

从穆哲大街按照"城（Castello）"标志的指示牌，沿着台阶和坡道向上，来到山顶的城堡。这个城堡的规模在意大利首屈一指，护城河、吊桥等都很好地保存着中世纪时的原貌。在城堡里面还有武器博物馆，展示的是这个城市引以为豪的历史。城堡周围被修整成为一个公园，从城堡和公园可以眺望到布雷西亚的城市全景。

●城堡博物馆
Musei del Castello
开 周四、周五 9:00~16:00
周六、周日 10:00~17:00
休 周一、12/24、12/25、12/31
费 €5 地 p.317 A2

●罗通达（旧大教堂）
住 Piazza Paolo Ⅵ
开 9:00~12:00 15:00~18:00

通往城堡的坡路也很有味道

●大教堂
住 Piazza Paolo Ⅵ
☎ 030-42714
开 7:10~19:00
※ 左侧的建筑物是自由城市时期的集会场所布洛莱托（Broletto）

●圣茱莉亚博物馆
住 Via Musei 81/b
☎ 030-2977834
开 6/16~9/30 10:30~19:00
10/1~6/15 9:30~17:30
休 节假日以外的周一、12/24、12/25、12/31

布雷西亚 主要景点

罗琪亚宫殿 Loggia

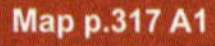
Map p.317 A1

布雷西亚代表性的雄伟建筑 ★★

罗琪亚宫殿

罗琪亚宫殿是15世纪的华丽建筑物，由帕拉第奥等3位建筑家通力合作建造而成的。被蒙特·迪·皮埃塔和蒙特·贝基奥两大伦巴第文艺复兴样式的建筑物包围着。宫殿对面是天文钟塔（Torre dell` Orologio），钟塔上有两座雕像报时，非常可爱。

罗通达（旧大教堂）和新大教堂 Rotonda（Duomo Vecchio）e Duomo

Map p.317 A2

建在市中心广场上的新旧教堂 ★★

右侧的是罗通达，左侧的是新大教堂。广场开办有园艺展

罗通达是由12世纪活跃在意大利国内外的科马奇尼巨匠组合建造的。建筑内部环绕着回廊，下部是礼拜席位，地下是墓室。内部建筑前保存有公元前1世纪浴池遗址的马赛克。

大教堂拥有高耸的穹顶，建于17世纪。右边第一礼拜堂，万蒂尼祭坛（Altare del Vantini）内有莫雷托的《依赛克的牺牲》。还有19世纪的管风琴、保罗六世的纪念碑等很多美术作品。

圣茱莉亚博物馆 Museo di Santa Giulia

Map p.317 A2

对古代历史进行展示的宏大的博物馆 ★★★

博物馆汇集了这个城市从古罗马以来的历史和美术作品。博物馆的面积很大，建筑物交错纵横。这里是由在9世纪时罗马时代遗迹上建造

布雷西亚的世界遗产圣茱莉亚博物馆

被列为世界遗产的是"圣萨尔瓦托—圣茱莉亚修道院建筑群"（Complesso Monastico San Salvatore-Santa Giulia）。这是用后伦巴第王国的德西德里奥国王在公爵时代（753年）建造的圣萨尔瓦托教堂做基础，进行了大规模的增建后形成的修道院。现在成了圣茱莉亚博物馆，面积达14000平方米。

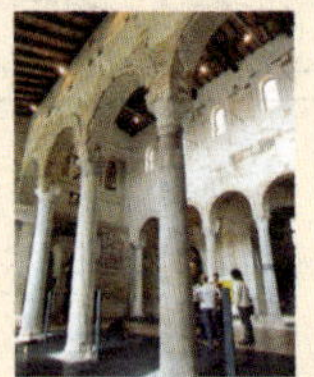
圣萨尔瓦多教堂内部宛如一个伦巴第艺术的世界

其中圣萨尔瓦多教堂作为后伦巴第时代的建筑物，有着特别重要的价值。廊柱把教堂内部分割成了3个部分，柱头的装饰物和拱廊上的雕饰被认为是伦巴第艺术中保留得最完好的作品。一层的展览室有《中世纪后期的伦巴第王朝和卡洛琳王朝》（*L'età altomedioevale Longobardi e Carolingi*）展览，可以看到从墓穴中出土的各种各样的伦巴第艺术作品，有武器、日常用品、装饰品、以《孔雀浮雕》为代表的精美的雕刻作品等。

精巧绝伦的伦巴第雕刻《孔雀浮雕》

占地面积广阔的壮观的博物馆

的圣萨尔瓦多教堂、罗马样式的圣玛利亚·索拉瑞奥教堂等聚集形成的修道院。

博物馆内必看的展品有1世纪的《有翅膀的胜利女神》（*La Vittoria*）、刻在大理石上的《孔雀浮雕》（*La lastra con pavone*）、《德里德西奥国王的十字架》（*La Croce di Desiderio*）、《马丁嫩戈神庙》（*Mausoleo Martinengo*）等。除此之外，装饰着《德里德西奥国王的十字架》的圣玛利亚·索拉瑞奥教堂里有一整面墙都是16世纪的湿壁画，还有地下的罗马马赛克、文艺复兴时期的回廊等，无一处不是很美丽的。

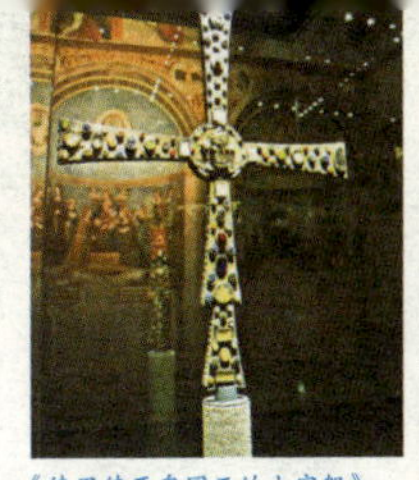
《德里德西奥国王的十字架》

费 €10，和考古学公园的通票€15（仅限当日有效），14~18岁、65岁以上€5.50，通票€10

※ 售票处截至闭馆前1小时

考古学公园
BRIXIA.Parco Archeologico di Brescia Romana

Map p.317 A2

生动地展现了古代布雷西亚的景象 ★★

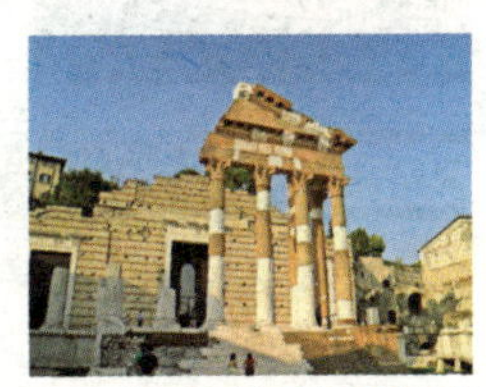
占地面积广阔的壮观的博物馆

公园位于圣茱莉亚博物馆西侧，保留着古代布雷西亚的遗址。在高高地基的上是用柱子撑起的神殿（Capitoriumt），令人印象深刻。左边是共和国时代的至圣所（Santuario Repubblico），右侧靠里的是罗马剧场（Teatro Romano）。至圣所的地下保存着公元前1世纪时的浮雕画，展现出神殿当时的风貌。

●考古学公园

住 Via Musei 55 ☎030-2977833

开 6/16~9/30 10:30~19:00
10/1~次年6/15 9:30~17:30

休 10/1~次年6/15的周一（节假日除外）

费 €8，14~18岁、65岁以上€4.50，与圣茱莉亚博物馆的通票€15

※ 神殿外观没有票也能参观。入场时，一开始从左侧的至圣所进入即可。因为是文物保护场所，有工作人员在门口管理，只有有人要进来时才开门

布雷西亚的餐馆
Ristorante

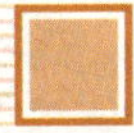

餐馆等餐饮设施大多集中在从罗琪亚宫殿到穆哲大街，以及其北边的一条路上。

布雷西亚的酒店
Hotel

维多利亚广场和罗琪亚宫殿所在的区域保持着这个城市特有的安宁。而在火车站前的则是一派嘈杂热闹的景象。可以根据自己的旅行目的，比如是想要体会城市的氛围，还是出行是否方便，来决定住什么样的酒店吧。

NH布雷西亚酒店 ★★★★
Hotel NH Brescia

Map p.317 B1

◆车站附近的现代化酒店

位于距离车站100米的地方，是一家现代化的连锁酒店。时尚的装修风格以及齐全的设施和服务，让人感觉非常舒适。内设经营当地风味菜的餐馆。

URL www.nh-hotels.com
住 Viale della Stazione 15
☎030-44221 Fax 030-44224
SS €72/319 TS €80/329
室 87间 含早餐 W-F C A.D.J.M.V.

艾尔伯格欧罗洛吉欧酒店 ★★★
Albergo Orologio

Map p.317 A2

◆用餐很方便

位于布雷西亚市中心，是罗琪亚广场附近的传统酒店。前往景点的交通很方便，朴实温暖的内装修很受欢迎。所有客房重装一新，非常漂亮。

URL www.albergoorologio.it
住 Via Cesare Beccaria 17
☎030-3755411 Fax 030-5533121
SS €54/259 TS €84/300
室 16间 含早餐 W-F C A.M.V.

SS 带淋浴的单人间价格 TS 带淋浴的双人间价格 3S 带淋浴的三人间价格

克雷莫纳 *Cremona*

●邮政编码 26100

宏伟的托拉佐

克雷莫纳位于伦巴第南部，米兰东南80公里处，是一座只有7万多人口的小城市。16~18世纪，世界著名的小提琴名琴——斯特拉迪瓦里、阿玛蒂都在此诞生，至今这里仍有为世界级大演奏家制作小提琴的工厂。这里还是开辟了文艺复兴通往巴洛克之路的作曲家蒙特维尔迪的诞生之地。他所作的弥撒乐曲和情歌，就像克雷莫纳夏季黄昏的天空一样优美而平静。

前往克雷莫纳的方法

从fs线米兰中央车站（也可以从朗布拉特车站）乘坐开往克雷莫纳或曼托瓦方向的R，所需时间1小时~2小时（有些车次需要换乘）。

克雷莫纳的ⓘ旅游咨询处 IAT

住 Piazza del Comune 5

☎ 0372-407081

开 9:30~13:00、13:30~16:30
周六 10:00~13:00
14:00~17:00
周日 10:00~13:00

休 周二、周四、周日、节假日的下午、1/1、12/25

地 p.320 B2

汽车车票

费 1次票 €1.30（90分钟内有效）
上车后购票 €2.60
1日票 €2.80

※ 到市中心步行需10~20分钟。可乘坐巴士B路（Barriera Po方向）前往，约需5分钟

●托拉佐

住 Piazza del Comune

开 10:30~12:00 15:30~17:30
周日、节假日 10:00~12:30
15:00~17:00

休 12月~次年2月的周一、复活节的周日、8/15、12/24~次年1月的第一个周日

费 €5（含Sala Orologio Astronomico），与洗礼堂通用的通票€6

地 p.320 B2

※ 闭馆前30分钟停止入场

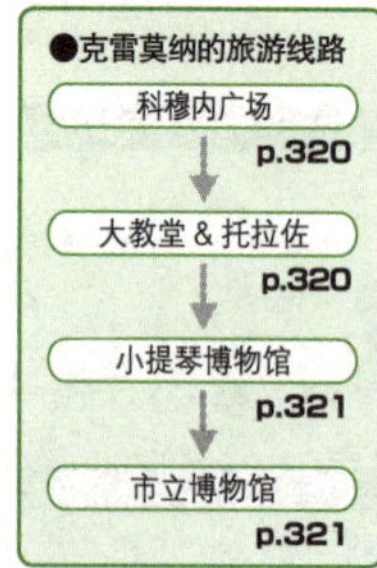

●大教堂

住 Piazza del Comune

开 8:00~12:00 15:30~19:00
周日、节假日 7:30~12:30
15:00~19:00

克雷莫纳 漫步

克雷莫纳的市中心是大教堂所在的科穆内广场（Piazza del Comune），其美丽程度在意大利也是屈指可数的，具有作为自由城市而繁荣昌盛一时的克雷莫纳的特色。火车站位于城市北侧，从这里去科穆内广场，需要向南步行20分钟左右。克雷莫纳仍保留着中世纪时期的氛围，在其安静祥和的气氛中，你的心境也会不知不觉地平和起来。

科穆内广场上的大教堂（Duomo）是罗马伦巴第样式的杰出代表，非常有名。众多廊柱环绕的教堂的正面、石狮子所守护着的柱廊等使得整个建筑看起来非常宏伟，甚至让人觉得这与小城市有点不协调。附属的钟楼叫作托拉佐（Torrazzo），高111米，是意大利最高的钟楼。

2013 年，在科穆内广场南侧的艺术馆内开设了小提琴博物馆 Museo del Violino。里面展示有珍贵的小提琴，并对其历史和发展情况进行了介绍。馆内设有制作工坊，在小型演奏厅 Auditorium 还会举办音乐会。如果时间允许，可以在这里欣赏一下音乐。

从科穆内广场的 ❶ 旅游咨询处附近向罗马广场延伸的道路是索菲里尼路（Via Solferini），沿着这条路可以到达市立博物馆。这条路上有销售当地特产莫斯塔尔达（Mostarda di Cremona）（糖浆腌渍水果）和托洛内（torrone）（杏仁糖）的老店，可以边走边逛。

大教堂

向西北方向走 500 米的地方就是市立博物馆（Museo Civico Ala Ponzza），展出包括 15~16 世纪的克雷莫纳派（坎皮家族等）在内的展品，无论质还是量都属上层。展品中不可错过的是卡拉瓦乔的《圣弗兰西斯科的冥想》（*San Francesco in meditazione*）以及用蔬菜描绘肖像画的阿尔钦博托的《卖蔬菜的人》（*L`ortolano*）等。

从街上眺望位于加里波第路 53 号的斯特拉迪瓦里曾经的住宅、圣玛格丽特教堂画有手持琵琶的天使的湿壁画等也是符合这座城市特色的一种游览方式。

市立博物馆齐集了克雷莫纳派的杰作

斯特拉迪瓦里故居

地 p.320 B2

※ 弥撒（8:00、9:30、11:00、18:00）期间不能参观

●市立博物馆

住 Via Ugolani Dati 4 Palazzo Affaitati

☎ 0372-407770

开 10:00~17:00

休 周一（复活节后的周一除外）、1/1、5/1、12/25

费 €7，3 馆通票€16（市立博物馆、小提琴博物馆、考古学博物馆 Mueseo Archeologico 通用）地 p.320 A1

※ 每月第一个周日免费

●小提琴博物馆

Museo del Violino

住 Piazza Marconi 5

☎ 0372-801801

开 10:00~18:00

休 周一、1/1、12/25

费 €10，学生、65 岁以上€7

地 p.320 B1

URL www.museodelviolino.org

※ 有古董小提琴表演。主要在周六、周日的 12:00~ 进行。可在 URL 查询具体时间，€7

克雷莫纳的特产——托洛内

托洛内（Torrone）是意大利从圣诞节到元旦的节日期间不可或缺的传统点心。是一种杏仁糖，它的诞生地就是克雷莫纳。一定去看看 1836 年创业的老店斯佩勒拉利（住 Via Solferino 25）。

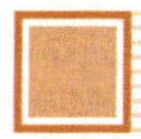

克雷莫纳的餐馆

Ristorante

拉·索斯塔

Osteria La Sosta

Map p.320 B2

◆ 品尝克雷莫纳菜

位于中心街，是能品尝到传统克雷莫纳菜肴的餐馆。自制意大利干面条、用 17 世纪的手法制作的意式饺子等都很不错，冬天有蔬菜杂烩肉供应。特产奶酪、意大利香肠等的种类也很丰富。需预约

住 Via Sicardo 9 ☎ 0372-456656

营 12:15~14:00、19:30~22:00

休 周日晚餐、周一、8 月 3 周

预 €30~42（桌位费€3）

C A.D.M.V. 交 距离大教堂 50 米

克雷莫纳的酒店

Hotel

伊姆佩罗酒店 ★★★★

Hotel Impero

Map p.320 B1

◆ 工作人员非常亲切

位于城市中心地区，非常便于进行旅游。酒店由老式宫殿改建而成，有一种怀旧的气氛。从最高层的房间能俯瞰到托拉佐和科穆内广场。

URL www.cremonahotels.it

住 Piazza della Pace 21 ☎ 0372-413013

Fax 0372-457295 SB €65/155 TS TB €80/155

室 53 间 含早餐 W-F C A.D.J.M.V.

SB 带淋浴或浴盆的单人间价格 TB 带淋浴或浴盆的双人间价格 3B 带淋浴或浴盆的三人间价格

曼托瓦 *Mantova*

●邮政编码 26100

曼特尼亚的作品《婚礼堂》，描绘的是贡萨格家族。据传伊莎贝拉和曼特尼亚之间曾为此发生过激烈的艺术争论

曼托瓦是北部意大利文艺复兴时期的中心。据说其艺术的兴隆源于从邻国费拉拉嫁过来的伊莎贝拉·德斯特。她作为“很有教养的曼托瓦侯爵夫人”，不仅在意大利，在全欧洲都受到宫廷人士的尊敬，甚至连教皇都对她刮目相看。在曼托瓦，你可以感受到伊莎贝拉所种下的“艺术之花”。

世界遗产

曼托瓦和萨比奥内塔
收录年份 2008 年　文化遗产

前往曼托瓦的方法

从 fs 线米兰中央车站（也可以从朗布拉特车站、罗格内多车站乘车）乘坐开往曼托瓦方向的 R 车，约需 1 小时 50 分钟。乘坐从维罗纳开往博洛尼亚的 R 车需要 45 分钟。

湖水环绕的曼托瓦市区

曼托瓦 漫 步

曼托瓦的三面都有湖水环绕，虽然城市的面积很小，但由于曾经是繁荣一时的艺术城市，因此有很多可以游览的地方。这里作为威尔第歌剧《弄臣》的舞台，还吸引了众多意大利本土和德国游客前来观光。从车站左侧出发，在路口右转，过了一条比较新的商业街之后就到了维托里奥·埃马努埃莱二世大街（Corso Vittorio Emanuele Ⅱ）。从那里往左一直走，就是埃尔贝广场（Piazza delle Erbe），它的前面是杜卡勒宫（Palazzo Ducale）和大教堂所在的索德罗广场（Piazza Sordello）。从火车站步行到市中心埃尔贝广场需要 10 分钟左右的时间。

曼托瓦是一个步行就能游玩的城市。有红色的屋顶、土黄色的墙壁、宁静祥和的中世纪街景、会硌痛脚底的由鹅卵石铺砌的罗马时代的道路。让人能体会到小城市的好处。很久以前这里和本土之间有大运河相隔，所以至今仍能让人感受到小岛之城的遗风，道路下有河水流过，小巷之间的河流若隐若现。漫步于此，你一定会有不少新的发现，这就是曼托瓦。

曼托瓦 主要景点

埃尔贝广场 Piazza delle Erbe

Map p.322 A·B2

集中了两个景点的热闹的市场 ★★

埃尔贝广场每天都充满了活力，是这座城市的招牌。在大大的太阳伞底下的是销售蔬菜以及水果的市场。这里的景点是两个教堂。

埃尔贝广场上的市场

圣安德雷亚教堂（Sant' Andrea）有着宏伟的穹顶、高耸的钟楼，是一座有着古典和谐之美的文艺复兴样式的建筑物。在礼拜堂中，有在该市出身的画家曼特尼亚的墓地。圣洛伦佐教堂（Rotonda di S.Lorenzo）在埃贝尔广场的侧面，拉乔内宫的旁边，是一个砖质的罗马样式的小型圆顶教堂。教堂内部的气氛非常庄严肃穆。

杜卡勒宫 Palazzo Ducale

Map p.322 A2

曼托瓦的标志 ★★★

杜卡勒宫是贡萨格家族的宫殿，其奢华程度与小巧的曼托瓦城简直有些不相符。杜卡勒宫由宫殿、城堡、圣芭芭拉教堂 3 部分组成，共计有将近 500 个房间，据说全部参观需要一个月。宫殿里面有收藏着很多名画（丁托列托、格列柯、鲁本斯等）的美术馆，据说是由拉斐尔设计的漂亮的壁毯之屋，堪比凡尔赛宫的镜厅，描绘着星座的宇宙屋、造得很小巧的小人屋等也值得一看。

拉斐尔的设计

杜卡勒宫广阔的庭园也对观众开放

著名的曼特尼亚的壁画在城堡的婚礼堂（Camera degli Sposi）（→p.322 上图）内。透过窗

●曼托瓦的旅游线路

埃尔贝广场 p.323
↓
杜卡勒宫 p.323
↓
大教堂（索德罗广场） p.322
↓
茶宫 p.324

曼托瓦的 ❶ 旅游咨询处 IAT

住 Piazza Mantegna 6
☎ 0376-432432
开 10:00~13:00、14:00~16:00
周五、周六、周日、节假日 9:00~19:00
休 1/1、3/18、12/25、12/26
地 p. 322 B2
※ 可帮助预订酒店

开往市中心的巴士

从火车站到杜卡勒宫乘坐 4C、4S、4T 路巴士，约需 10 分钟。到茶宫乘坐 No.CC（＝环线 Circolare），约需 10~20 分钟。运行间隔约为 15 分钟。

汽车票

费 1 次票 € 1.40（75 分钟有效）
※ 上车购票 € 2，1 日票 € 3.50

圣安德雷亚教堂

●杜卡勒宫

住 Piazza Sordello 40
☎ 0376-2411897（预约）
开 8:15~19:15
※ 入场时间截至 18:20
休 周一、1/1、5/1、12/25
费 € 12
※ 3~5月、9月参观《婚礼堂》，有时需要提前预订（预订费 € 1）。可以在 URL www.ducalemantova.org 预订。《婚礼堂》每天游览人数限 1500 人，一次允许 25 人进入参观

户看到的中庭每次都不同，更加印证其建筑方法之复杂。总之，这是一座与伊莎贝拉·德斯特很相衬的宫殿。

在连接各个房间的走廊上的，是世代贡萨格家族人物的壁画，看着这些画像，你会感觉时间仿佛回到了中世纪一般。

茶宫 Palazzo Te

Map p.322 B1 外

埃斯特家族的避暑行宫

★★

吉乌利奥·罗曼诺绘制的《巨人屋》

茶宫由吉乌利奥·罗曼诺设计。据说是伊莎贝拉·德斯特之子费德里科为情人拉·波斯塔克所建。这里的庭园非常广阔，很适合作为夏季避暑的行宫。豪华的内部因装饰过于烦琐，甚至显得有些怪异。华丽的宴会厅，以及因借景画手法而富有情趣的"马屋"（Sala dei Cavalli）和"巨人屋"（Sala dei Giganti）都非常有名。此外，在建筑物的一角还有现代美术和古代埃及美术的展览。

避暑行宫——茶宫是文艺复兴时期作品的宝库

曼托瓦·萨比奥内塔卡
Mantova Sabbioneta Card

可以参观杜卡勒宫、茶宫、萨比奥内塔等，共8个景点的通票，€20（12~18岁€8），72小时内有效。使用租赁的自行车、开往萨比奥内塔的巴士都可以免费。可在各景点、弄臣之家的旅游咨询处、站前的巴士售票处、萨比奥内塔的旅游咨询处等买到。URL www.mantovacard.it

●茶宫

住 Viale Te

☎ 0376-323266

开 9:00（周一 13:00）~19:30

※ 售票处截至闭馆前1小时

休 周一上午、12/25

费 €12，12~18岁、学生€4，65岁以上€8

※ 距离火车站、旧城区约1公里，在可步行的范围之内。也可乘坐巴士CC前往

曼托瓦的餐馆
Ristorante

车站周边没有餐馆。埃尔贝广场集中了很多餐饮店。

马尔提尼
Il Cigno dei Martini

Map p.322 A1

◆可以享受美味的曼托瓦菜肴

被认为是曼托瓦最好的 Il Cigno，为了顺应时代，也变得气氛轻松一些了。在16世纪的建筑物内，品尝着用文艺复兴时期的方法制作的乡土菜，真是一种享受。

住 Piazza Carlo d'Arco 1

☎ 0376-327101

营 12:15~13:45、19:30~21:30

休 周一、周二、12/31~次年1/5、8月

预 €45~70（服务费€6）

C A.D.M.V.

拉姆皮尼

Centro Rampini

Map p.322 B2

◆ **品尝乡土菜**

始于 1981 年的餐馆，是由家族经营的传统曼托瓦菜肴餐馆。随着季节变化的菜单、引以为豪的全流程自制点心、精工制作的咖啡是其大受欢迎的原因所在。餐馆的位置也很好，深受当地人和游客喜爱。

住 Piazza delle Erbe 11
☎ 0376-366349
营 12:00~14:30、19:30~22:00
休 周一
预 € 30~50
C M.V.

曼托瓦的酒店

Hotel

火车站前有几家酒店，价格适中。高档酒店位于埃尔贝广场附近的中心街。

比安奇 · 斯塔齐奥奈 ★★★

Albergo Bianchi Stazione

Map p.322 B1

◆ **由修道院改建而成的酒店**

位于火车站的正对面，距离中短途汽车总站也很近。在 16 世纪时由修道院改建成酒店后，已历经 100 多年。房间的装修很现代化，宽敞干净。

Low 1~2 月、7~8 月
URL www.albergobianchi.com
住 Piazza Don Leoni 24
☎ 0376-326465 Fax 0376-321504
SS SB € 65/77 TS TB € 79/94
JS € 119/129（家庭）
室 49 间 含早餐 W-F 休 12/24~12/26
C A.D.M.V.

卡萨 · 波利酒店 ★★★★

Hotel Casa Poli

Map p. 322 B2 外

◆ **越来越受欢迎**

给人现代化精致时尚感觉的酒店。客房内铺着地板，摆放着既时尚而又简洁的家具、材质很好的用品，浴室也很宽敞。

URL www.hotelcasapoli.it
住 Corso Garibaldi 32
☎ 0376-288170
Fax 0376-362766
SS € 110（双人间用作单人间）
TS TB € 140
室 34 间 含早餐 W-F
C A.D.M.V.

超级 A.B.C ★★★

Hotel A. B.C Superior

Map p.322 B1

◆ **有中庭和酒吧**

位于站前广场的酒店。外观看起来很小，但其实房间数很多，还有带露台的客房。在建筑物内到处都留有古老的湿壁画，整体让人感觉古香古色。

URL www.hotelabcmantova.it
住 Piazza Don Leoni 25
☎ 0376-322329
Fax 0376-310303
SS € 71/160 TS € 80/170
3S € 111/230
室 31 间 含早餐 W-F
C M.V.

SS 带淋浴的单人间价格 SB 带淋浴或浴盆的单人间价格 TS 带淋浴的双人间价格 TB 带淋浴或浴盆的双人间价格
JS 小套房价格

世界遗产

曼托瓦和萨比奥内塔
收录年份 2008 年　文化遗产

前往萨比奥内塔的方法

从曼托瓦车站前的广场 Piazza Don Leoni 乘坐 APAM 公司开往 Mantova-Sabbioneta-Viadana 方向的 17 号巴士，在 Via Villa Pasquali，Bar Stazione 下车，需 50 分钟 ~1 小时。越过空壕沟就是市区。

汽车票在曼托瓦火车站前的汽车服务站（出了火车站后的左侧，线路沿线）购买。购买往返票，并确认好往返汽车时刻表。工作日时，一天约有 10 趟车（车票€ 3.30）。
详情请查询 URL www.apam.it

萨比奥内塔的 ❶ 旅游咨询处
Pro Loco
住 Piazza d`Armi 1（庭园宫殿一层）
☎ 0375-52039
开 9:30~13:00
14:30~18:30（冬季 17:00）
休 周一（节日除外）
地 p.326 A2

●庭园宫殿 ●杜卡勒宫
●古代剧场 ●犹太教堂
开 9:30~13:00
14:30~18:30（冬季 ~17:00）
费 1 个景点€ 5，4 个景点的通票€ 12

票在 ❶ 旅游咨询处购买。有导游讲解的旅游团，但只有意大利语讲解。

萨比奥内塔 Sabbioneta

世界遗产

寻找文艺复兴的影子

萨比奥内塔距离曼托瓦约 30 公里，被一个六角形城墙围绕着。萨比奥内塔是贡萨格家族的维斯帕斯亚诺王子（1532~1591 年）统治的，文艺复兴的理想化城市。王子按照自己的想法修建了理想中的宫殿，又进一步在呈星形的城墙内建起了笔直交叉的道路、中心广场、剧场和菩提寺等。在英明的君主统治下，作为后文艺复兴的理性化城市，萨比奥内塔曾被赞为“文艺复兴的小雅典娜”。

美丽的古代剧场的内部

现在这个乡村小镇仿佛仍然在文艺复兴的梦中沉睡着，总是那么安宁静谧。只要有 2 小时的时间就能把它转遍。

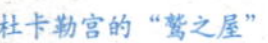
杜卡勒宫的“鹫之屋”

萨比奥内塔 景点

在 ❶ 所在的花园宫殿购买门票后开始游览。花园宫殿（Palazzo del Giardino）是作为王子在郊外的别墅建造的，房间里有坎皮和朱里诺·罗马诺的弟子创作的湿壁画和石膏工艺品。特别是二层的“卡梅里诺感恩堂”（Camerino delle Grazie）和长达 96 米的“艺术长廊”（Galleria d`Arte），能让人感受到当年盛行的豪华装饰风格。从花园宫殿穿过“古董回廊”（Galleria degli Antichi）后，向左前行，再右转就来到了古代剧场（Teatro all`Antica）。这是 V. 斯卡莫奇的杰作之一，建于 1590 年。建筑物内部使用了远近法，空间小而灵动。墙壁上部画的情侣，仿佛正在向舞台里面窥探着，非常生动可爱。继续向前走就到了杜卡勒宫（Palazzo Ducale）。装饰着杜卡勒家族的木质骑马像和徽章、B. 坎皮的湿壁画等。宫殿前广场上一条笔直延伸的道路，也让人印象深刻。

庭园宫殿的外观和庭园

面向大众的宗教信息

皮埃蒙特和伦巴第的圣山
收录年份2003年 文化遗产

圣山 *Sacro Monte*(复 :*Sacri Monti*)

散布于广袤的森林中的圣山上的礼拜堂对基督的受难生涯进行了全面地展现。位于皮埃蒙特区和伦巴第区山林中的 9 个地方（也包括 p.311 奥尔塔湖）被一同列入了世界文化遗产名录。其中，历史最长、规模最大的是瓦拉洛塞西亚 Varallo Segia。这里有 45 座礼拜堂分布在绿色山林中。一定要看的是 35 号《基督的死刑判决》、38 号《磔刑》等。富有层次感的壁画和众多彩色等身雕像，犹如观看一出场面宏大的群像剧一样，极具震撼力。这些作品在细节上又显现了当地匠人的传统和技术，因此这里也是大众艺术成果展现的地方。

作为代替前往耶路撒冷和巴勒斯坦进行朝觐的地方，圣山 1941 年由卡伊米修道士发起并建设。在宗教改革时期，这里是向大众发布宗教信息的地方。杰作 38 号《磔刑》位于圣堂附近

烟雾缭绕的圣山。因位于海拔 608 米的高地，体感温度较低，最好穿着外套上山

前往瓦拉洛塞西亚圣山的方法

从 fs 线诺瓦拉（Novara）站前有 Baranzelli 公司的普尔曼车发出。从诺瓦车站乘坐开往 ROMAGNANO 方向的车，在 Romagnano Posta（所需时间约 1 小时）每隔 20 分钟～3 小时运行一班车。抵达车站（废弃车站）附近。前往诺瓦拉，需要从米兰中央车站 FRECCIABIANCA，约需 40 分钟，乘坐 RV 前往需要 1 小时 15 分钟。从车站首先穿过市区去缆车（Funivia）的乘车处。从车站到这里步行需要 20~30 分钟。下了缆车（往返€ 4，约需 70 秒。在乘车处不要忘记拿圣山的导览图）后，下了坡就是入口（Ingresso）。从入口开始按照顺序（1~45）进行参观。参观需要 2~3 小时。米兰地铁 1 号线朗普尼亚诺汽车站有开往这里的普尔曼巴士（约需 2 小时 30 分钟），乘坐米兰 8:25 发车，瓦拉洛 18:25 发车的车次，可以当天往返。时刻表可在 URL www.baranzelli.it 查询。

阿布拉线/伯尔尼纳线及其周边景观

雷蒂亚铁路
阿布拉线/伯尔尼纳线及其周边景观
收录年份2008年 文化遗产

雷蒂亚铁路 *Rhaetian Railway in the Albula/Bernina Landscape*

连接图西斯（瑞士）和圣莫里茨的阿布拉线以及从圣莫里茨到意大利蒂拉诺的伯尔尼纳线，都属于瑞士最大的私营铁路公司雷蒂亚公司。这两条铁路线都拥有 100 年的历史和传统，因此和其周边景观一起被列为世界文化遗产。它的范围从瑞士直到意大利，在意大利境内只有伯尔尼纳线南端的一个很短的区间。

伯尔尼纳线于 1910 年开通，是一个纵贯阿尔卑斯南北，拥有绝佳景观的铁路线。使用的是普通的铁轨，却能越过阿尔卑斯的最高点，这高超的技术更是成为后建铁路的楷模。穿过 4000 米高的伯尔尼纳群山和闪烁着冰河光芒的阿尔卑斯，蜿蜒向恬静的绿色山谷，这条线路途经的高度落差巨大，从 2253 米直到 429 米。

阿普葛留姆站。可以在站前看到冰河落入山谷的绝佳景色。即使时间不够，也要在蒂拉诺和它的下一站欧斯皮吉欧・伯尔尼纳站之间进行一次往返旅程

前往雷蒂亚铁路的方法

前往蒂拉诺（Tirano），从米兰中央车站乘坐 R 车约需 2 小时 30 分钟。

蒂拉诺和圣莫里茨之间需要 2 小时 30 分钟。夏季 1~2 小时有一班车。有很多特定季节或特定日期才运行的班次，因此想当天往返的游客一定要提前确认好回程的火车时刻表（一定要带护照）。除普通列车之外，还有整个车顶都用玻璃做成的观景列车。有从贝加莫和米兰出发的一日游旅游团，但出发日期有限制。费 € 69~（普通车辆、二等座）。可在 URL www.zaniviaggi.it 等查询。

左侧为意大利的蒂拉诺站，右侧的建筑物是瑞士蒂拉诺车站。进入站台旁边就是瑞士的领土了

地处内陆，却汇集了意大利各地新鲜鱼贝类的美食之城

■伦巴第区的美食

和北部意大利的其他城市一样，与干干的加工好的面条相比，伦巴第区的人更喜欢手工面条、玉米片、大米制品。在布雷西亚，有一种叫 Cassoeula 的意大利馄饨，就是用香肠、面包和奶酪制成的面食。在布雷西亚和曼托瓦附近的是南瓜的产地。混有南瓜馅的面点 Tortelli di Zucca，用南瓜丁和面粉做的丸子状的面食 Gnocchi Zucca，都很有名。

这里的经济中心米兰是美食者的天堂。米兰是意大利最先接受快餐的城市。被称为新意大利菜肴的 NUOVA CUCINA 就在这里诞生并成为潮流，现在米兰也是带动意大利菜潮流走向的领头羊。而另一方面，采用当地肥沃土地上产出的丰富原材料做成的传统菜肴，依然很有市场。

用波河流域产的大米做成的烩饭（Risotto），以及用玉米面做成的玉米片（Polenta）就是传统菜肴的代表食品。玉米片既能和肉类一起烹制，又能像面包一样直接食用，也可以油炸，或者像意大利宽面条一样食用，做法非常丰富。米兰的推荐菜肴是为了吃到骨髓的明胶质，将乳牛的小腿肉连骨头一起煮的 Ossobucos，以及番红花风味的茄汁烩肉饭（Risotto alla Milanese）。这两道菜最好和味道浓郁，有当地代表性的葡萄酒 Oltrepò Pavese Barvera 一起品尝。而且 Ossobuco 一般和 Risotto alla Milanese 一起食用，是第一道菜和第二道菜可以一同食用，搭配很合理的菜式。

米兰名菜牛小腿配烩饭

另一个不能忘记的是 Cotoletta alla Milanese——大得快从盘子里掉出来的炸乳牛排，现已成为全意大利的流行菜。吃这道菜的时候，用带气葡萄酒 Oltrepò Pavese Pinot Spumante 来配是最佳选择。

想在米兰吃一些简单的食物，就尝试一下帕尼尼（Panino，复数形式是 panini）吧。在米兰有好几家专卖店，店里供应各种各样新鲜出炉的帕尼尼。米兰人对帕尼尼的热爱以及要求之严格让人惊叹。

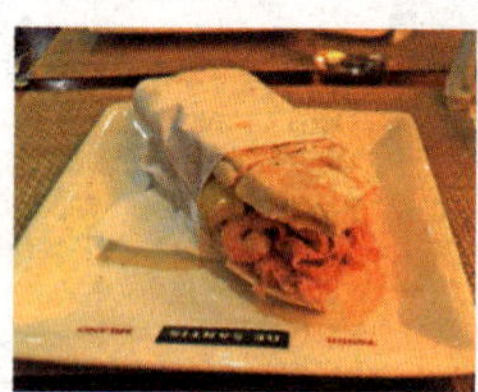

米兰人大爱的帕尼尼

在奶酪中，属绿霉奶酪的一种的 Gorgonzola 最为著名，它出产于米兰近郊同名的村庄里。另外，世界知名的圣诞节糖果——Panettone 糖的原产地也是米兰。现在，米兰郊区的现代化工厂批量生产这种糖果，还输出到意大利各地以及世界各国。

在伦巴第区出产的葡萄酒中，法兰恰阔尔达（Franciacorta）近几年备受瞩目。是在伦巴第区东部、伊塞奥湖以南出产的高档带气葡萄酒。

米兰虽是内陆城市，却拥有意大利最大的鱼市，因集中了意大利的新鲜鱼类而出名。在米兰有不少专门做鱼的餐馆，可以让美食家们大饱口福。

米兰素食餐馆的一道菜

特产信息

•葡萄酒•

Franciacorta ★★★

DOCG · 白 · 辣口(带气)

Oltrepò Pavese ★★★

DOC · 红、白 · 辣口、甜口(带气)

Valtellina ★★★

DOC · 红 · 辣口

•特产•

Panettone

意大利圣诞节点心，米兰特产

Alessi 的厨房用品

独创的设计和丰富的颜色，别具魅力

远眺高峰连绵的科尔蒂纳丹佩佐

北部三区

Veneto, Trentino-Alto Adige, Friuli-Venezia Giulia

威尼托区的首府是著名的水城威尼斯。威尼托区位于波河流域，农业发达，拥有众多极富历史、艺术价值的美丽城市。特伦蒂诺—上阿迪杰区则被群山环绕，以多洛米蒂为首，拥有非常多的滑雪场，可以充分享受冬季运动的乐趣。由于该区和奥地利接壤，文化上受奥地利的影响较深，首府是特伦托。位于意大利北部最东边，与斯洛文尼亚和奥地利接壤的是弗留利—威尼斯朱利亚区，在文化上它也受到了东欧的影响，美丽的海岸线和沙滩是其吸引游人的一大亮点。首府是的里雅斯特。

帕多瓦 *Padova*

●邮政编码 35100

公园别墅和圣朱斯蒂娜教堂

在世界著名的旅游名胜地威尼斯的光环下，帕多瓦是一座很容易被遗忘的城市。从中世纪开始流传下来的廊柱式城市布局以及被布伦塔运河包围的绿色公园，仿佛是在沉睡的世界中等待游人的来访，非常安静。

帕多瓦的历史悠久，可以追溯到罗马时代。当时它就是一个产业发达、经济富裕的城市，被称为仅次于罗马的“富裕之城”。经历了13世纪的自由城市时代后，从15世纪开始受到威尼斯共和国的统治。

意大利其他城市的人称呼帕多瓦人为“大学者帕多瓦人”（gran dottore）。这要归功于由13世纪从博洛尼亚大学跑出来的教授和学生所创立的帕多瓦大学。作为威尼斯共和国唯一的大学，在受到精心保护的同时又处在一种自由、开放的气氛中，在医学和自然科学的研究方面都获得了欧洲第一的崇高荣誉。尼古拉·哥白尼、哈珀在此学习过，伽利略·伽利雷、但丁、彼特拉克等曾在此授过课，世界第一个圆形阶梯形状的解剖学教室也在这里。这个传统一直流传到了现在，至今只要提起帕多瓦，意大利人就会确信那是“大学者的城市”。

前往帕多瓦的方法

从fs线米兰中央车站乘坐开往威尼斯方向的FRECCIABIANCA，约需2小时7分钟。从维罗纳乘坐FRECCIABIANCA需要42分钟，乘坐RV需要58分钟，乘坐R需要1小时21分钟。从威尼斯S.L车站乘坐FRECCIABIANCA、RV需要约25分钟，乘坐FRECCIABIANCA约需50分钟。火车站在城市的最北面，去市中心可以乘坐3、8、10、12、18路等巴士，步行需20分钟左右。

帕多瓦站的 i 旅游咨询处

住 Piazzale Stazione Ferroviaria 13/A

☎ 049-2010080

营 9:00~19:00
周日 10:00~16:00

休 1/1、12/25

地 p.330 A

※ 位于车站外面，候车大楼正面左侧

佩德罗基咖啡馆附近的 i 旅游咨询处

住 Vicolo Pedrocchi

☎ 049-2010080

营 9:00~19:00

休 周日、节日

地 p.330 A

汽车票

■ 1次票€1.30（75分钟有效）

圣托广场的 i 旅游咨询处

开 周一～周日 9:00~17:00

从车站到中心区

车站周边是能看到各色人等的交错嘈杂的氛围，但过了桥气氛就会发生变化，有很多精致的商店，在其中漫步很是心旷神怡。到市中心步行需15~20分钟。如果想坐车，乘坐电车（Guizza，Capolinea Sud方向）比较方便。车站前是首发站，经由埃雷米塔教堂、圣安东尼奥大教堂、公园别墅等地。

帕多瓦 漫步

帕多瓦的 ❶ 旅游咨询处在火车站旁边，非常方便。在这里还可以预订酒店。

西尼约里广场的钟楼

主要景点集中在市中心，如果没有行李的话，步行游览是最佳的选择。在两边都是廊柱的人行道上行走，恍惚间你会生出一种置身于中世纪的幻觉。为了保持城市的美丽，在将危楼拆修重建之际，帕多瓦人一定会用同样的建筑材料建造柱廊，他们这种追求完美的执着之心也常常让人赞叹不已。到了帕多瓦，最先参观的景点当数斯克罗韦尼礼拜堂（Cappella d.Scrovegni）。然后穿过柱廊，就来到埃尔贝广场（Piazza delle Erbe）了。

广场前像体育馆似的巨大建筑物是被称为“萨罗内”（Salone）的拉乔内宫（Palazzo della Ragione）。位于这个建筑物相反方向的是水果广场（Piazza della Frutta）。广场的西侧是西尼约里广场（Piazza dei Signori）。矗立在这里的一座文艺复兴样式的建筑物，是过去的威尼斯共和国总督官邸（Palazzo dei Capitanio）。建筑物的浮雕以及前面的柱塔上，均装饰有威尼斯共和国的象征“带翼飞狮像”。中央入口处上方的大型天文时钟，是 15 世纪初期留下来的，被称为意大利最古老的钟。

埃尔贝广场的东侧是赫赫有名的帕多瓦大学（Il Bo）。伽利略曾用来作为讲演的大礼堂（Aula Magna）以及著名的解剖学教室（Teatro Anatomico）都可以在导游的带领下进行参观。大学的北侧是加富尔广场（Piazza Cavour）。这里有始于 19 世纪，有着光荣传统的著名咖啡馆——佩德罗奇咖啡馆（Caffe Pedrocchi）。

从埃尔贝广场往东南方向，步行约 10 分钟就到了圣托广场。帕多瓦最著名的景点是圣安东尼奥大教堂（Basilica di S.Antonio）。面向正面，左侧台基上的骑马像是文艺复兴时期的代表性雕刻家——多纳泰罗（Donatello）的作品。骑在马上的是被誉为“加塔梅拉”（虎皮猫）的威尼斯雇用军队的长官纳鲁尼。

开往郊区的巴士

开往帕多瓦郊区的巴士线路十分发达。也有从维琴察（Vicenza）、维罗纳（Verona）等地发出的车，很方便。从维琴察来此约需 55 分钟。火车站旁边有普尔曼巴士（BUSITALIA 公司）发往郊区的汽车总站。

BUSITALIA NORD 公司
URL www.fsbusitalia.it
地 p.326 A

●帕多瓦大学的大礼堂 Aula Magna的参观（有导游讲解）

3/1~10/30 的周一、周三、周四、周五 15:15、16:15、17:15
周二、周四 9:15、10:15、11:15
11/1~次年 2/28 的周一、周三、周五 15:15、16:15
周二、周四、周六 10:15、11:15
休 周日、节假日
费 €5

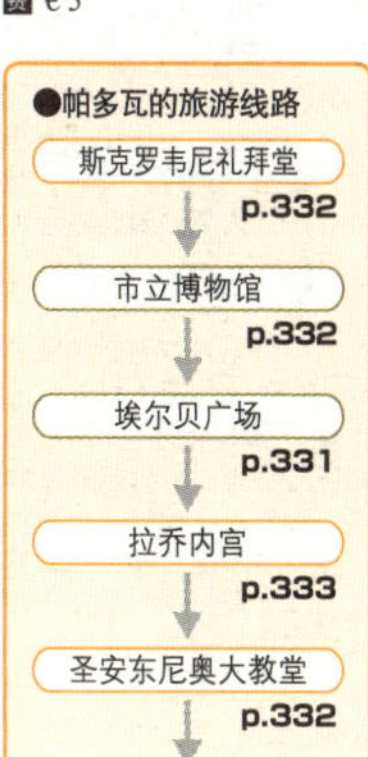

●帕多瓦的旅游线路

斯克罗韦尼礼拜堂 p.332
↓
市立博物馆 p.332
↓
埃尔贝广场 p.331
↓
拉乔内宫 p.333
↓
圣安东尼奥大教堂 p.332
↓
植物园 p.331

欧洲最古老的植物园

帕多瓦植物园

植物园始于1545年，最初是帕多瓦大学的附属药草园。当时帕多瓦大学在医学、药学领域非常著名，药草园是为了研究而开设的。作为欧洲最古老的植物园，不仅有意大利本国的植物，还有种类齐全的欧洲、南洋植物，珍稀植物也不少。还设有图书馆、大学植物收集部门，圆四等分草图，基本保持着原样。2014 年，增设了现代化的玻璃温室。园内幽静舒适，在此漫步会感觉非常愉悦。需要特别关注的是 1585 年种植的棕榈树。别名为歌德棕榈的棕榈树，在 1786 年时曾吸引了歌德的注意，至今仍然枝繁叶茂。

● 植物园（1997 年被列入世界文化遗产名录）

住 Via Ortobotanico 15
☎ 049-8273939
开 4/1~9/30　9:00~19:00，
10 月　9:00~18:00，11/1~次年3/31　9:00~17:00
休 6/1~3/31 的周一、11/1、12/25
费 €10，学生 €5，65 岁以上 €8
地 p.330 B

帕多瓦 主要景点

斯克罗韦尼礼拜堂 Cappella degli Scrovegni

Map p.330 A

用乔托的湿壁画进行装饰

★★★

入口处墙壁上是乔托的作品《最后的审判》

从车站沿着波波罗大道前行500米左右，穿过运河就能看到左手边有一座深绿色的公园。在公园一角有一座小礼拜堂。这里有美术爱好者必看的乔托（Giotto）的最高杰作。从天花板到墙壁全是他的湿壁画作品，共有38幅。这些是从1304年开始，花费了3年时间完成的作品。和阿西西的圣弗朗西斯科教堂里收藏的乔托的初期作品相比，这些作品显示出的画技明显成熟了很多。其中最著名的是犹大正要亲吻耶稣的场面。售票处位于市立博物馆内。

市立博物馆 Museo Civico

Map p.330 A

有丰富的帕多瓦派、威尼斯派绘画作品

★★

建筑物曾经是阿尔古斯提诺会的修道院。文艺复兴时期，这里诞生了以曼特尼亚为代表的帕多瓦派画家，此外这里也是菲利波·利比、乔托、多纳泰罗等大师活跃过的地方，因此这里的馆藏很丰富。乔托的《十字架》（*Crocifisso*）、戈蒂耶罗的《手持武器的天使》（*Angeli Armati*）是必看的作品。还有丰富的14~18世纪的威尼斯派的绘画作品。

圣安东尼奥大教堂 Basilica di S.Antonio

Map p.330 B

虔诚祈祷信仰者聚集的圣地

★★★

圣堂和《加塔梅拉塔骑马像》

教堂是由出生于葡萄牙的弗朗西斯科派传教士，为纪念1231年在帕多瓦附近去世的圣安东尼奥而建造的。大教堂由8个圆顶和钟楼组成，是一座融合了罗马式、古典式、拜占庭式等多种建

●斯克罗韦尼礼拜堂 / 市立博物馆

住 Palazzo Eremitani 8

☎ 049-2010020

开 礼拜堂 9:00~19:00
博物馆 9:00~19:00

休 仅博物馆周一、复活节、1/1、12/25、12/26

费 €13（2馆＋朱克曼宫殿通票）
周一仅限礼拜堂€8

※ 3/25~11/6会延长开放时间~22:00（入场截至21:20）

●斯克罗韦尼礼拜堂需要预订

原则上需要提前3天以上预订。预订可在下述网站进行，也可致电电话中心。

URL www.cappelladegliscrovegni.it

电话中心 Call Center

☎ 049-2010020
（接待时间：周一～周五9:00~19:00，周六~18:00）

费 预订费€1

网上预订可用信用卡支付。如果是电话预订，96小时之前可用信用卡支付，96小时之内需要到银行或者邮局汇款进行支付。

参观当天，需要提前一小时到售票处取票，入场前5分钟到礼拜堂入口处，向工作人员出示门票。随后编组进行参观，一组最多为25人。作为对文化财产的保护措施，参观前要在温度调整室待上15分钟，随后才可参观，参观时间为15~20分钟。也有读者来信说，“不需要预订”。

●圣安东尼奥大教堂

住 Piazza del Santo

☎ 049-8242811

开 6:20~18:45（夏季~19:45）

※ 有严格的着装要求。穿无袖衫、短裤的人不能入场

合适的通票卡

帕多瓦卡
Padova Card

对象：斯洛克韦尼礼拜堂、市立博物馆、拉乔内宫（有宗教仪式时除外）、圣罗可礼拜堂（（Oratorio S.Rocco）、圣米凯拉礼拜堂（Oratorio S. Michele）、佩德罗奇咖啡馆二层等免费。另外，参观帕多瓦及其近郊的各景点，入住B&B、参加旅游团等都可以享受优惠。乘

筑样式的建筑物，外观洋溢着异国情调。天花板很高，内部宽敞明亮，整座教堂金光闪闪，被形容为“像天国一样”。最引人注目的是主祭坛上多纳泰罗的青铜浮雕作品，此外还有朱斯特·德·梅那不奥尼、圣索维罗、提香等13~20世纪各个时代一流艺术家的作品。左侧走廊的圣托礼拜堂中有圣安东尼奥的墓，墓墙上面刻有他的生平事迹，庄严而美丽。

圣乔治礼拜堂

这里是意大利重要的朝圣之地，有很多虔诚的信徒来此朝圣，请注意不要打扰到他们。教堂旁边有圣乔治礼拜堂（Oratorio San Giorgio），里面有阿尔基·提基埃罗的湿壁画系列作品。附属于这个教堂的圣托教徒会（Scuola del Santo）中，留有提埃波罗描绘圣安东尼奥生涯的湿壁画。

拉乔内宫（大会客厅）
Palazzo della Ragione（Salone）

Map p.330 A

帕多瓦繁荣的象征

★★

拉乔内宫曾经是中世纪自由城市时代法院所在地，记载了这座城市当年的繁荣。建于1218~1219年，1306年又进行了大胆的改建，形成现在的格局，有廊柱和拱门的休息室（带屋顶的阳台）以及模仿印度建筑方法修建的圆形倾斜屋顶。内部二层有纵深78米×27米，高27米的世界第一的大会客厅。墙壁上部是15世纪的湿壁画系列作品，内容涉及占星、宗教、文学艺术、日常工作等。另外，还有建于1466年的巨大的木质马像，令所有的参观者都大吃一惊。

建在埃尔贝广场上的拉乔内宫

帕多瓦 其他主要景点

其他的旅游景点有位于斯克罗韦尼礼拜堂附近的隐士教堂 Eremitani，里面有曼特尼亚的壁画作品。这幅壁画曾在战争中受到破坏，市民们竭尽全力对其进行了复原。另外，在圣托广场的南面是欧洲最古老的植物园（Orto Botanico）和建于19世纪的广场，中央是被沟渠包围的公园别墅（Prato della Valle）。面向广场而建的圣朱斯蒂娜教堂（Santa Giustina）中有韦罗内塞的绘画作品。

经市民们努力后得到复原的壁画《殉难的圣克里斯多佛》

有珍贵水生植物生长的植物园

坐APS公司的市内巴士以及使用APS公司的停车场，租用自行车均免费。1张卡可由一名成人和1名儿童（14岁以下）使用。

费 €16（48小时有效，周五购买的卡可在周五~周日3天内使用）

€21（72小时有效票）

售票场所：旅游咨询处，各景点售票处，车站以及APS公司停车场的窗口等。

URL www.padovacard.it

●圣乔治礼拜堂

●圣托教徒会

开 全年上午 9:00~12:30
3/31~10/27 14:30~19:00
10/28~次年3/30 14:30~17:00

费 €3（和圣托教徒会的通票€5）

地 p.330 B

●拉乔内宫

住 Piazza delle Erbe
入口在埃尔贝广场的阶梯 Gradinata Piazza Erbe

☎ 049-8205006

开 2/1~10/31 9:00~19:00
11/1~次年1/31 9:00~18:00

休 周一、1/1、5/1、12/25、12/26

费 €6（有仪式时€8~10）

帕多瓦的餐馆
Ristorante

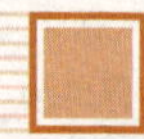

因为是学生较多的地区，所以有很多三明治、比萨等简餐餐馆等设施。水果广场、埃尔贝广场周边是各种餐饮设施集中的地方。

美好年代
Belle Parti

◆ **美食之馆**

位于市中心，是深受美食家欢迎的店。鱼和肉类使用的都是顶级的材料，能品尝到美味的时令菜肴。服务人员也很亲切。是著名的老店。需预约

Map p.330 A

住 Via Belle Parti 11　☎ 049-8751822
营 12:30~15:00，19:00~24:00
休 周日
预 €45~90，套餐€30（仅限午餐），€60
C A.D.M.V.

拉帕多瓦
La Pavana

◆ **火车站周边的推荐餐馆**

位于人流如梭的帕多瓦火车站附近，是一家有很多当地人光顾的店。开胃菜、意大利面条、主菜的种类很多，既便宜又好吃。还有比萨，能在很短的时间内解决就餐问题。

Map p.330 A

住 Via Trieste，2
☎ 049-8759994
营 12:00~15:00，18:30~24:00
休 周三
预 €20~30　C M.V.

帕多瓦的酒店
Hotel

在圣托广场周边有很多价格合理的住宿设施。因为这里距离威尼斯只需30分钟的路程，有很多以威尼斯为目的地的游客会在帕多瓦住宿，因此夏天还是尽早确定住宿的地方为好。

格兰蒂意大利酒店 ★★★★
Hotel Grand`Italia

◆ **位于车站附近，非常方便**

由优雅的新艺术风格宫殿改装而成。保留了古老的灰泥装饰，但客房时尚而明亮。早餐内容也很丰富。

Map p.330 A

URL www.hotelgranditalia.it
住 Corso del Popolo 81　☎ 049-8761111
Fax 049-8750850　SB €60/165　TB €80/230
室 61间　含早餐 W-F　C A.D.J.M.V.

多纳泰罗酒店 ★★★★
Hotel Donatello

◆ **位于圣地中心**

从酒店客房能眺望到圣安东尼奥大教堂，是一家非常舒适的酒店。内设的餐馆氛围极好。有免费的停车库。

Map p.330 B

URL www.hoteldonatello.net
住 Via del Santo 102　☎ 049-8750634
Fax 049-8750829　SS €78/100
TS TB €102/135　室 40间　含早餐 W-F
休 12/20~1/6　C A.D.J.M.V.　交 从火车站乘坐8路巴士车或电车，在S.Antonio下车

百路迪37酒店 ★★
Belludi 37

◆ **时尚又舒适**

位于圣安东尼奥大教堂附近，地理位置非常好。客房非常时尚，也很舒适，因此很受欢迎。服务人员也很亲切，虽然只是2星酒店，但好评度很高。有出借的自行车服务。

Map p.330 B

URL www.belludi37.it
住 Via L. Beato Belludi，37
☎ 049-665633　Fax 049-658685
SS €77/90　TS €108/225
室 17间　含早餐 W-F　C A.M.V.

切塔
Centro Ospitalia Città di Padovà

◆ **明亮且现代化的青年旅舍**

接待时间15:30~23:30，门禁23:30。最多可住宿15晚。可以通过邮件预订。 e-mail ostellopadova@gmail.com

从车站乘坐3、8、12、18、24路巴士在公园别墅附近的Via Cavalletto下车。

Map p.330 B

URL www.ostellopadova.it
住 Via A Aleardi 30
☎ Fax 049-8752219
费 D €19　4S €92　含早餐 W-F
C M.V.　休 12/23~1/5

※帕多瓦的住宿税：★€0.95　★★€1.40　★★★€1.90　★★★★~★★★★★€2.85

维琴察 Vicenza

●邮政编码 36100

维琴察位于帕多瓦西北 30 公里处，它还有一个别名叫作“帕拉第奥的城市”。在这个只有 12 万人口的小城内，到处都是文艺复兴时期的天才建筑家安德烈亚·帕拉第奥（Andrea Palladio）建造的宫殿。从中世纪开始，维琴察就与威尼斯一样，居住着很多富人，为了不输给威尼斯，帕拉第奥和他的弟子倾尽了全力建造宫殿。帕拉第奥在罗马学习了古代建筑，他喜欢在建筑物的正面设计列柱，后来这种建筑风格被称为帕拉第奥风格。英国的建筑学家琼斯访问意大利后，将这种建筑风格引入本国后，受到了英国人的喜爱。另外，在法国建筑以及明治时期的日本建筑中，也可以看见一些受帕拉第奥风格影响的例子。

这些既富有文艺复兴时期的优雅，又富有跃动感的宫殿建筑，使维琴察从意大利的城市中脱颖而出，成为一座既可爱又高雅的城市。

维琴察 漫 步

火车站位于城市南侧，与交通要道马特沃迪广场（Piazza Matteotri）稍微有些距离，乘坐巴士前往会比较方便。步行的话也只需要 10 分钟左右。沿着火车站前的罗马大街（Viale Roma）前行，看见公园后向右转，穿过这个城市最大的街道——安东尼奥·帕拉第奥大街（Corso Andrea Lalladio）后，就到了马特沃迪广场了。广场的一角是克埃利卡迪绘画馆（Pinacoteca di Palazzo Chiericati），这是由帕拉第奥设计的宫殿改建而成的。位于广场的北侧一角是奥林匹克剧场（Teatro Olimpico），剧场内有一个绿色的庭园，里面装饰着精美的雕像。

走出广场，沿着大街走 200 米左右后向左转，就到了旅游的中心地区——西格诺里广场（Piazza dei Signori）。钟楼（Torre Bissra）以及帕拉蒂阿娜大教堂（Basilica）等，很值得一看的景点都聚集在这里。然后，可以来到安东尼奥·帕拉第奥大街，一边欣赏由帕拉第奥和其弟子设计的宫殿，一边悠闲地散步。

由于维琴察是一座很小的城市，所以只要有半天的时间参观就足够了。

ⓘ 旅游咨询处位于奥林匹克剧场前面的马特沃迪广场上。

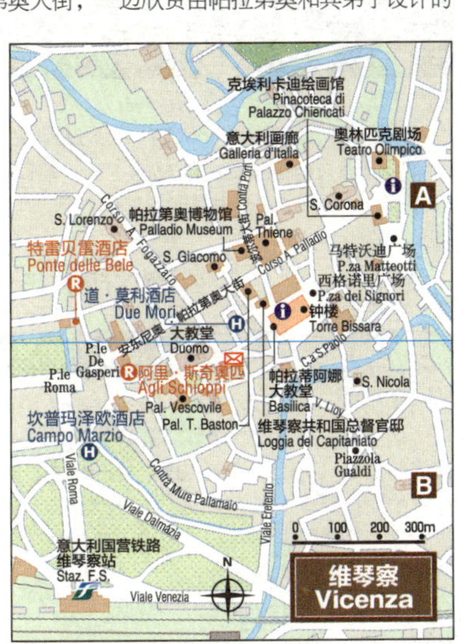

世界遗产

维琴察城和威尼托的帕拉第奥风格别墅

登录年份 1994 和 1996 年

文化遗产

前往维琴察的方法

维琴察位于帕多瓦和维罗纳的中间位置。从国营铁路 fs 线米兰中央车站乘坐开往威尼斯方向的 FRECCIABIANCA，约需 1 小时 49 分钟。从维罗纳乘坐 FRECCIABIANCA，约需 24 分钟，乘坐 RV 需要 39 分钟，乘坐 R 需要 54 分钟。从威尼斯乘坐 FRECCIABIANCA 需要 43 分钟，乘坐 RV 需要 45 分钟，乘坐 R 约需 1 小时 15 分钟。从帕多瓦出发约需 15~28 分钟。

汽车票

费 1 张 € 1.30（90 分钟有效）

从火车站前往马特沃迪广场可以乘坐 No.1、2、5、7 路巴士。

维琴察的 ⓘ 旅游咨询处 IAT

住 Piazza Matteotti 12

☎ 0444-320854

营 9:00~17:30

地 p.335 A

西格诺里广场的 ⓘ 旅游咨询处

住 Piazza del Signori 8

☎ 0444-544122

地 p.335 A

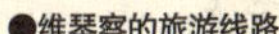

维琴察 主要景点

奥林匹克剧场 Teatro Olimpico

Map p.335A

闪烁着帕拉第奥能力之光的绝美舞台

★★

奥林匹克剧场内部

模仿古代圆形剧场的建筑，是帕拉第奥晚年（1580年）的设计，由其弟子斯卡摩茨完成。是一个使用木头和石膏的小型舞台，巧妙地使用了远近法和借景绘画，使得内部看起来很大。声响效果很好，能很清楚地听见讲解员的声音。

克埃利卡迪绘画馆 Pinacoteca di Palazzo Chiericati

Map p.335 A

壮观的绘画馆

★

帕拉第奥初期的杰作——克埃利卡迪宫

这也是帕拉第奥设计的宫殿，一部分经过改建后作为绘画馆使用。收藏了很多威尼斯画派和佛兰德斯派的作品，佛兰德斯派梅姆林的《耶稣受难图》（*Crocifisione*）是一幅非常伟大的作品。贝利尼的《耶稣的洗礼》（*Battersimo di Crocifisione*）、委罗内塞的《三王来朝》（*Adorazione dei Magi*）等也都是必看的作品。此外还展示着曾经活跃在这个城市的卡尔帕乔派的作品。

西格诺里广场

帕拉蒂阿娜大教堂 Basilica

Map p.335 A

帕拉第奥式的空间

★★

这是帕拉第奥的代表作。建在细长的西格诺里广场上，这个广场和威尼斯的圣马可广场相似，由两根圆柱进行装饰。陶立克式和爱奥尼亚柱式的白色回廊重叠在一起，使人感到其力量和优美。这座威风凛凛的建筑使人真切地感受到帕拉第奥成熟期的建筑技巧。据说这里是当时的贵族和商人集会的场所。

广场旁边有12世纪建造的钟楼（Torre Bissra），抬眼望去，高得让

●奥林匹克剧场
住 Piazza Matteotti
☎ 0444-222800
开 9:00~17:00（7/5~9/11 左右的 18:00）
休 周一、1/1、12/25
费 €11（有通票）

通票
博物馆通卡
Biglietto Unico Card Musei

奥林匹克剧场、克埃利卡迪绘画馆、帕拉第奥博物馆、考古学博物馆等通用，€15。7日内有效。在奥林匹克剧场前的 ℹ 旅游咨询处等有出售。

●克埃利卡迪绘画馆
住 Piazza Matteotti 37
☎ 0444-222811
开 9:00~17:00（7/5~9/11 左右 ~18:00）
休 周一
费 €5（有通票）
※ 售票处在奥林匹克剧场前的 ℹ 旅游咨询处

帕拉第奥博物馆
Palladio Museum
住 Contrà Porti 11 Palazzo Barbarano
☎ 0444-323014
开 10:00~18:00
休 周一
费 €6
地 p.335 A

是能了解伟大的建筑家帕拉第奥的博物馆。在他亲手建造的大型宅邸里，用图片和模型、多媒体对他的生平履历、建筑技术进行了介绍。（→p.337，参照安东尼奥·帕拉第奥大街）

●帕拉蒂阿娜大教堂
住 Piazza dei Signori
☎ 0444-323681
※开休费 等根据活动有所不同。主要活动时才会对公众开放参观。开放时间在 URL 确认
URL www.basilicapalladiana.vi.it

西格诺里广场上的圆柱

帕拉蒂阿娜大教堂和钟楼

人目眩。被称为“像针一样的钟楼”。

维琴察共和国总督官邸 Loggia del Captianiato

Map p.335 A

帕拉第奥未完成的作品 ★

位于帕拉蒂阿娜大教堂对面，是一座优雅朴素的建筑物。过去曾经是维琴察共和国总督的宫殿。有 3 个拱门和美丽的石膏作为装饰，由帕拉第奥设计，但未完成。坐在宫殿的石阶上眺望对面的帕拉蒂阿娜大教堂，感觉非常不错。

安东尼奥·帕拉第奥大街和波尔蒂大街 Corso Andrea Palladio & Contrà Porti

Map p.335 A

聚集着雄伟宏大的建筑物 ★

安东尼奥·帕拉第奥大街东西向贯穿这个城市，波尔蒂路穿过这条大街中部向北延伸，在这两条街的两侧聚集着帕拉第奥和他的弟子斯卡莫奇设计的宏伟的建筑物。帕拉第奥大街 98 号的市政厅特里西诺·巴斯顿馆（Palazzo Trissino Baston）是斯卡莫奇的杰作。波尔蒂路的 111 号是巴尔巴拉诺馆（Palazzo Barbarano），里面设有帕拉第奥博物馆。对面的提埃内馆（palazzo Thiene）也是帕拉第奥的杰作。

帕拉第奥博物馆所在的巴尔巴拉诺馆

维琴察共和国总督官邸的柱头和石膏的装饰引人注目

前往帕拉第奥的杰作拉·罗通达

整个建筑物的外观和内部都极富帕拉第奥样式的特征。帕拉第奥式建筑物的内部很少有允许参观的，因此如果有时间，一定要去看看。

拉·罗通达 Villa Capra Valmarana “La Rotonda”

仅限外观（庭园）

开 仅限周二、周四、周五、周日
3 月中旬 ~11 月中旬
10:00~12:00，15:00~18:00
11 月中旬 ~ 次年 3 月中旬
10:00~12:30，14:30~17:00

休 周一、1/1、12/25

费 €5

内部 + 外观

开 仅限上述时间的周三、周六

费 仅外观€5，外观 + 内部€10

交 从维琴察车站前乘坐 8 路巴士，需 10~15 分钟。巴士运行间隔为 30 分钟 ~1 小时一班车

维琴察的餐馆
Ristorante

阿里·斯奇奥匹
Agli Schioppi

Map p.335 B

◆ **氛围，味道都很不错**

餐馆内依然保留着 19 世纪时期的装饰，风格非常独特。菜肴注重季节和乡土风味。葡萄酒的品种也很多。最好提前预约

住 Contrà Piazza del Castello 26/28
☎ 0444-543701
营 12:00~14:00，19:00~22:00
休 周日晚餐、周一、8/10~8/25 左右
预 € 40~50（桌位费€ 2.50）
C A.M.V.

特雷贝雷酒店
Ponte delle Bele

Map p.335 A

◆ **乡土菜的种类很丰富**

餐馆位于萨尔维公园附近，蒂罗尔风格的木质装修令人印象深刻。可以品尝到维琴察乡土菜和南蒂罗尔的菜肴，而且价格公道。自制的点心非常受欢迎。

住 Contrà Ponte delle Bele 5
☎ 0444-320647
营 12:00~14:15、19:00~22:00
休 周日晚餐、8 月的 2 周
预 € 30~40（桌位费€ 2）、套餐€ 30、€ 32
C A.D.J.M.V.

维琴察的酒店
Hotel

维琴察市内的酒店数量有限，想要在市内住宿最好早点去。在城市的东侧，帕多瓦方向的道路两边有 3、4 星的酒店。

坎普玛泽欧酒店 ★★★★
Hotel Campo Marzio

Map p.335 B

◆ **从火车站可步行前往**

面向火车站向市区延伸的大路，周围是公园。酒店内部明亮时尚。有针对商务客人的房型、针对时尚客人的房型等，客房的种类丰富多样。停车场免费。

Low 1~3 月，7、8 月，11/1~12/30
URL www.hotelcampomarzio.com
住 Viale Roma 21 ☎ 0444-545700
Fax 0444-320495 SS € 65/125
TS TB € 94/148 室 35 间 含早餐 W-F
C A.M.V.
交 火车站北侧

道·莫利酒店 ★★
Hotel Due Mori

Map p.335 A

◆ **价格便宜，令人安心**

位于帕拉蒂阿娜大教堂所在的西格诺里广场西侧的后面一条街上。价格非常合理。在酒店前面又新开了一家同系列的酒店 Dipendenza Due Mori。这家酒店有带浴缸的客房，档次有所提高。

URL www.hotelduemori.com
住 Contrà Do Rode 24/26
☎ 0444-321886
Fax 0444-326127
SS € 53 T € 65 TS € 90
室 33 间 早餐€ 7 W-F
C M.V.

※维琴察的住宿税：按照1晚住宿费区分，€15是€0.50、€15.01~25是€1、€25.01~80是€1.50、€80~是€2，14岁以下免税。

维罗纳 *Verona*

●邮政编码 37100

玫瑰色的，安详的维罗纳城市街道（从兰贝尔蒂塔眺望的市容）

在维罗纳城到处都留有“罗密欧和朱丽叶”的影子，夏天会上演很多户外歌剧。维罗纳是一座沉静的古都，发源于阿尔卑斯山的阿迪杰河呈S形从城市中央流过。这座城市作为北部意大利的要冲，在歌德的《意大利纪行》中也出现过。连接北边的阿尔卑斯，通往南边的罗马、西边的热那亚、东边的阿库依雷依阿的3条道路在这里交会。当人们越过陡峭的阿尔卑斯山，怀着憧憬来到意大利时，维罗纳以其至今从未改变的沉静迎接着他们。

世界遗产

维罗纳
收录年份 2000 年　文化遗产

维罗纳
Verona

圣乔治教堂 S. Giorgio in Braida
拉·方塔尼娜 La Fontanina
维托里奥·威尼托广场 P.za Vittorio Veneto
皮耶特拉桥 Ponte d. Pietra
维拉·弗朗西斯卡提青年旅舍 Villa Francescatti
大教堂 Duomo
罗马诺剧场（罗马剧场） Teatro Romano
普罗特兹纳·德拉·乔凡娜 Protezione della Giovane
圣塔纳斯塔西亚教堂 S. Anastasia
斯卡拉家族故居 Palazzo del Governo
斯卡拉家族墓园 Arche Scaligere
西格诺里广场 P.za d. Signori
阿尔·多卡 al Duca
埃尔贝广场 P.za d. Erbe
朱丽叶故居 Casa di Giulietta
兰贝尔蒂塔
圣泽诺·马焦雷教堂 S. Zeno Maggiore
波尔萨利门 P.ta d. Borsari
斯卡利杰罗桥 Ponte Scaligero
托尔科罗 Torcolo
波罗格那 Bologna
圣弗尔莫·马焦雷教堂 S. Fermo Maggiore
卡斯特罗古堡（市立美术馆） Castelvecchio
波尔克 Brek
布拉广场 P.za Brà
阿雷纳 Arena
Gran Guardia Nuova（市政厅）
庞贝宫殿 Pal. Lavezola Pompei
帕利奥门 P.ta d. Palio
动物园 Giardino Zoologico
佛罗伦萨酒店 Firenze
格兰德酒店 Grand Hotel
朱丽叶之墓 Tomba di Giulietta
新门车站 P.ta Nuova
意大利国营铁路新门车站 Stazione Porta Nuova F. S.
阿迪杰河 Adige
P.te Garibaldi
P.te Risorgim
P.te d. Vittoria
P.te Navi
P.te Aleardi
P.te S. Francesco
Via F. T. d. Uberti
Via de Mille
V. F. Anzani
Via Risorgimento
Via Tommaso Da Vico
Via Duomo
Via Emilei
Corso P.ta Borsari
Via Cairoli
Via Mazzini
Via Cappello
Via A. Cantore
V. Oberdan
Corso Cavour
Via S.Giuseppe
Regaste S. Zeno
Via Scarsellini
Via Roma
Str. S. Fermo
Via S. Paolo
Via d. Alpini
Stradone Porta Palio
Via Scalzi
Via Valverde
Corso Porta Nuova
V. Battisti
Viale Luciano Dal Cero
Via del Fante
Via Franco Faccio
A
B
1
2
N
0 150 300m

前往维罗纳的方法

维罗纳位于米兰和威尼斯的正中间位置，从米兰中央车站乘坐fs线的FRECCIABIANCA前往，需要1小时23分钟；乘坐R前往，需要1小时55分钟。从博洛尼亚乘坐FRECCIABIANCA前往，需要52分钟；乘坐R前往，约需1小时22分钟。

布拉广场的 ❶
IAT
住 Via degli Alpini 9
☎ 045-8068680
开 9:00~19:00
周日、节假日 10:00~18:00
地 p.339 B2

维罗纳机场的 ❶ 旅游咨询处
住 机场到达大厅
☎ Fax 045-8619163

介绍酒店信息的 ❶ 旅游咨询处
Cooperativa Albergatori Veronese
☎ 045-8009844
Fax 045-8009372
开 10:00~18:00
休 周日
URL www.veronabooking.com
※ 机场到达大厅

汽车票
■ 1张 €1.30（90分钟有效）上车购票 €2
■ 10张连票 €11.70（90分钟有效）
■ 1日票 €4
※ 从车站到布拉广场约为1.5公里。乘坐11、12、13路巴士5分钟可到。步行前往约需20分钟

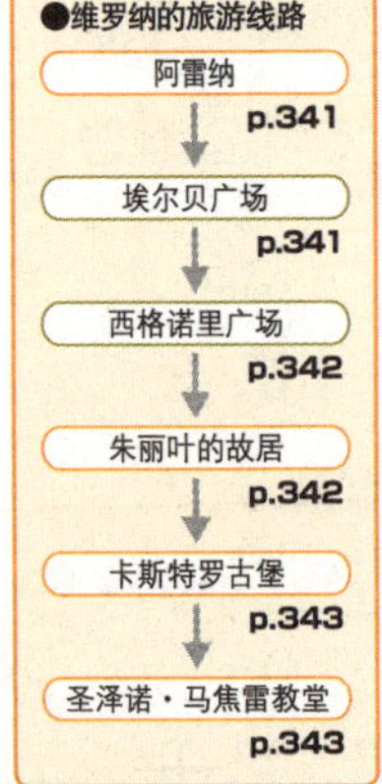

维罗纳 漫 步

布拉广场和喷泉

中央车站的名称为新门车站（Stazione Porta Nuova），位于城市的南侧。从车站到市中心布拉广场（Piazza Brà）有1.5公里的距离，步行约需20分钟。不过这条路上巴士线路比较多，所以还是乘坐11、12、13路（周日以及节假日、夜间乘坐91、92路）前往比较方便。穿过新门车站沿着大路往前，走到尽头，草地公园中的大喷泉就映入眼帘。以广场为中心，在半径700米的区域内集中了这个城市的主要景点，如果只游览这一带，用半天的时间就足够了。在布拉广场的南侧，市政厅旁边有 ❶ 旅游咨询处。

■必访的两个广场

耸立在布拉广场前面的是罗马时代的圆形剧场阿雷纳，它是维罗纳的象征。位于广场一角的市政厅（Gran Guardia Nuova），是18世纪新古典样式的建筑，威严庄重。从阿雷纳圆形剧场往东北方向延伸的马志尼大街（Via Mazzini）通往埃尔贝广场（Piazza delle Erbe），由此可以悠闲地漫步去往埃尔贝广场。马志尼大街是维罗纳最繁华的街道，富有意大利特色，五光十色的时装店、珠宝店等鳞次栉比，光看着就很令人开心。从布拉广场走10分钟左右就抵达埃尔贝广场了。这是一个呈细长椭圆形的广场，每天上午都设有集市，是维罗纳市民的社交场所。

在横穿广场东南部的卡佩罗大街（Via Cappello）上走50米左右，左侧就是《罗密欧与朱丽叶》中的女主人公朱丽叶的故居（Casa di Giulietta）。和埃尔贝广场隔着建筑物相对的是西格诺里广场（Piazza dei Signori），这里的氛围完全不一样。广场中央是沉思中的但丁像，这是一

马志尼大街和阿雷纳

个安静祥和的广场。

下面去阿迪杰河沿岸的古城（Castelvecchio）看一看吧。从广场沿着波尔萨蒂大街（Corso Porta Borsari）往西南方向走，就来到了加尔富大街（Corso Cavour）。中世纪时，这里是维罗纳的主要街道。可以沿着高大的建筑物林立的河岸享受散步的乐趣。

维罗纳 主要景点

阿雷纳（圆形剧场）Arena/Anfiteatro Romano

Map p.339 B2

维罗纳的象征

★★

是公元 1 世纪的建筑，几乎完整地保留下来，很珍贵。建筑物长 152 米，宽 128 米，高 30 米，有可容纳 1.8 万人的座位，面积非常大。每年 6 月下旬~8 月，这里都会举办著名的露天歌剧节。

这里夏天的歌剧节闻名于世

露天歌剧的舞台极具震撼力。夏天的阿雷纳

埃尔贝广场 Piazza delle Erbe

Map p.339 A2

摆满摊位的热闹市场

★★

白色太阳伞覆盖着整个广场，伞下摆满了贩卖水果、蔬菜、花卉等物品的小摊子，成为一个热闹的大市场。据说这里在罗马时代被称为罗马市场，是市民进行仲裁以及政治集会的公共场所。

因为曾经卖蔬菜（埃尔贝），而被命名为埃尔贝广场

有用的信息

10 月 ~ 次年 5 月的每个月的第一个周日，卡斯特罗古堡（Caste lvecchio）、罗马剧场（Teatro Romano）、朱丽叶之墓、阿雷纳的门票只收€ 1。在这段时间前往维罗纳的话，可以好好地计划一下，可能节省很多。

※ 入场优惠

一部分景点有优惠措施。优惠对象是 8~14 岁、14~30 岁的学生、65 岁以上的人。有优惠的景点会有打折票的标识。

划算的通票

维罗纳卡 Verona Card

覆盖 17 个主要景点的通票。包括阿雷纳圆形剧场、兰贝尔提塔、朱丽叶故居、朱丽叶之墓、罗马剧场、卡斯特罗古堡、圣泽诺 · 马焦雷教堂、大教堂等景点。

24 小时票€ 18、48 小时票€ 22。各景点均有售票。入场前将卡出示给工作人员，进行检查。

如果使用维罗纳卡想进入阿雷纳圆形剧场，可以在售票处以外的另一个窗口办理入场手续。这样可以避开长长的排队队伍。

●阿雷纳

住 Piazza Brà ☎ 045-8003204

开 8:30（周一 13:30）~18:30（闭馆 19:30）

费 € 10（10 月 ~ 次年 5 月每月的第一个周日 € 1）

※ 歌剧上演季时开放时间会有变化

音乐节的当日票?

在阿雷纳侧墙处的 Ente Arena 进行销售。

住 Via Dietro Anfiteatro 6/b

☎ 045-8005151（电话中心）

在演出日的 10:00~21:00 营业

※ 购买了自由席位时，最好早些去，以确保有座位

阿雷纳音乐节

根据演出内容座位分类有 7~11 种。以下排序中①是最好的座位，次第下降。根据演出内容，等级区分会有所变化。

① Poltronissima Gold € 189~226

② Poltronissima € 158~195

③ Poltrona € 131~148

④ Poltroncina Centrale di Gradinata € 107~123

⑤ Poltroncina di Gradinata € 87~92

⑥ Gradinata Settori D/E € 28.50~30

⑦ Gradinata Settori C/F € 24~25

①~③是椅子座位（①和②正对着舞台），④和⑤是位于阶梯上的指定座位，⑥和⑦是位于阶梯指定范围内的无固定座席的座位。开演时间是 20:45~21:00，结束时间是次日 1:00 左右。设有酒吧，在演出间隙卖饮料和小册子的人会过来。阶梯上的座位有时会让人感觉比较冷，最好准备坐垫（有收费的出租坐垫）和外套。另外，可以从相关歌剧指南等事先了解歌剧的内容，准备好看歌剧用的小望远镜或双筒望远镜，以及笔形电筒，这样能够更好地观赏歌剧。

■详情请参见如下网址

URL www.arena.it（可预订）

广场中央是建于14世纪，名为“维罗纳的爱人”（Mardonna di Verona）的可爱喷泉。广场周围的建筑物均为从中世纪到文艺复兴时期所修建的豪华的楼堂馆所和塔。

●兰贝尔蒂塔
住 Via della Costa 1（入口位于面向西格诺里广场一侧）
☎ 045-9273027
开 11:00~18:00
周六、周日 19:00
费 周一€5，其他日期和现代美术馆的通票€8，优惠票€5
地 p.339 A2
※ 售票处截至闭馆前45分钟。不能使用维罗纳卡乘坐电梯。

西格诺里广场 Piazza dei Signori

Map p.339 A2

是一个美丽静谧的广场 ★

广场左边并列而建的是文艺复兴初期风格的美丽的市政会长廊（Loggia del Consiglio）和维罗纳名门望族斯卡拉家族故居（Palazzo di Cangrande）。据说这里曾接待过乔托、但丁等名人。广场右侧是市政厅（Palazzo del Gomune）（也叫作拉乔内宫）。中庭和台阶都非常漂亮，是到维罗纳必看的地方。另外，从右边附属于市政厅的兰贝尔蒂塔（Torre dei Lamberti）可以登上去参观，在塔上可以俯瞰广场以及维罗纳的市容。

建在西格诺里广场中央的但丁像

登上兰贝尔蒂塔

●斯卡拉家族墓园
开 10:00~13:00
15:00~18:00
休 周一
费 €1
※ 全年都可以从栅栏外面观看其外观

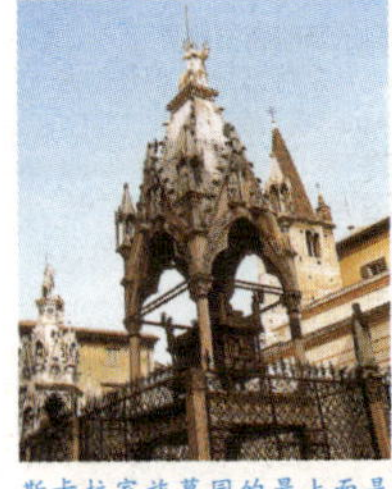
斯卡拉家族墓园的最上面是康·古兰德一世像

斯卡拉家族墓园 Arche Scaligere

Map p.339 A2

壮观豪华的墓园 ★★

环绕着墓地的铁栅栏图案，是斯卡拉家族的家徽。家徽的图案和斯卡拉（阶梯的意思）这个名字非常相符，在四个花瓣的中间是一个阶梯形状的哥特式尖塔。

●朱丽叶故居
一年中来到这里抬头仰望阳台的游客络绎不绝。
住 Via Cappello 23
☎ 045-8034303
开 8:30~19:30
周一 13:30~19:30
费 €6，优惠票€4.50（与朱丽叶之墓的通票€7）
※ 售票处截至18:45

朱丽叶故居 Casa di Giulietta

Map p.339 A2

爬满常青藤的罗曼蒂克建筑 ★★

维罗纳是莎士比亚的名著《罗密欧与朱丽叶》故事发生的舞台，在这里有一个地方能够让你产生这两个剧中人物真实存在过的强烈感觉，这就是朱丽叶故居。这里对公众开放，还可以参观建筑物内部。里面展出着同名电影中使用过的床和剧照等，还可以到著名的阳台上看一看。

朱丽叶故居的阳台

实际上，莎士比亚并没有来过维罗纳，他作品中的两位主人公都是自己虚构出来的，但是当你站在那个著名的阳台上，俯瞰毫无人迹的寂静庭园时，你会觉得自己似乎也变成了戏剧中的主人公，很不可思议。

卡斯特罗古堡和斯卡利杰罗桥 Castelvecchio e Ponte Scaligero

Map p.339 A·B1

展现桥和城的伟大景观 ★★

城堡是维罗纳的领主——斯卡拉家族权威的象征。建筑物是14世纪时，由康·古兰德二世下令修建。城堡面向阿迪杰河，非常宏伟。如今，它的内部已变成了市立美术馆（Civico Museo d'Arte），展出有皮萨内洛、曼特尼亚的作品。

横跨在阿迪杰河上的斯卡利杰罗桥

从城堡开始延伸的桥是斯卡利杰罗桥，建于14世纪，在第二次世界大战中曾被炸毁，之后由市民集资重建。

城堡还有要塞的作用

圣泽诺·马焦雷教堂 San Zeno Maggiore

Map p.339 A1

庄严的罗马式教堂 ★★

圣泽诺·马焦雷教堂是意大利数一数二的罗马式教堂。正门上的青铜浮雕是11~12世纪流传下来的，刻画了城市的守护圣人圣泽诺的一生，是必看之物。门上装饰的玫瑰窗也是这个教堂独有的。内部的主祭坛上有曼特尼亚的画作——《圣母与诸圣人》。

圣泽诺·马焦雷教堂的罗马式玫瑰窗非常漂亮

曼特尼亚的杰作——《圣母与诸圣人》

●卡斯特罗古堡（市立美术馆）
住 Corso Castelvecchio 2
☎ 045-8062611
开 8:30~19:30
周一 13:30~19:30
费 €6，优惠票€4.50
※ 售票处截至18:45

游览教堂的通票

有可以游览主要教堂的通票Percorso di Visita delle Chiese Storiche。可以参观圣泽诺·马焦雷教堂、圣塔纳斯塔西亚教堂、圣弗尔莫教堂、大教堂。各教堂的1次参观票是€2.50，4个教堂的通票是€6，有效期1天。

葡萄酒节（Vinitaly）时的注意事项

维罗纳每年从春季到初夏季节，都会举办世界性的葡萄酒展览会。这段时期各个酒店都会因参会人员的到来而爆满。当天到此地找旅馆住宿会非常困难。

如果乘坐巴士

从卡斯特罗古堡前往圣泽诺·马焦雷教堂乘坐31、32、33路巴士会很方便。

从圣泽诺前往火车站，在教堂附近的广场乘坐巴士到卡斯特罗古堡换乘（除了7、9路以外的巴士都可以）即可。

●圣泽诺·马焦雷教堂
开 3~10月 8:30~18:00
周日、节假日 12:30~18:00
11月~次年2月 10:00~13:00
13:30~17:00
周日、节假日 12:30~17:00
费 €2.50

●罗马诺剧场（考古学博物馆）
住 Rigaste Redentore 2
☎ 045-8000360
开 8:30~19:30
周一 13:30~19:30
费 €4.50
地 p.339 A2
※ 售票处截至18:45

●朱丽叶之墓
住 Via del Pontiere 35/Via Shakespeare
☎ 045-8000361
开 8:30~19:30
周一　13:45~19:30
费 €4.50，优惠票€3（与湿壁画博物馆通用）
地 p.339 B2
※ 售票处截至 18:45

维罗纳 其他主要景点

朱丽叶之墓所在的圣方济会修道院现在成了湿壁画博物馆

罗马剧场——罗马诺剧场（Teatro Romano）至今仍是市民们用于戏剧发布会的剧场，里面设有考古学博物馆。此外，还有经过装修之后作为湿壁画博物馆重新开放参观的朱丽叶之墓（Tomba di Giulietta）等，都是值得一看的景点。

维罗纳的餐馆
Ristorante

拉 · 方塔尼娜
Osteria la Fontanina

Map p.339 A2

◆ **米其林一星餐馆**

虽然距离市中心有点远，但是这里的服务、菜的味道以及气氛都非常好，值得人们跑一趟。最擅长的是维罗纳风味的菜肴。位于罗马剧场东侧，过了桥之后有一条从河边开始的笔直延伸的道路，餐馆就在这条路的右侧。需要提前预订。 需预约

住 Portichetti Fontanelle 3
☎ 045-913305　营 19:30~22:00
休 周日、8/15 左右的 2 周
预 €60~100（座位费€5，10%），套餐€100
C A.J.M.V.

阿尔 · 多卡
Osteria al Duca

Map p.339 A2

◆ **当地人很多，非常热闹**

在罗密欧故居的旁边，午餐时有很多当地的顾客，非常热闹。在这里，可以尝一尝维罗纳的名菜——马肉（Cavallo）以及驴肉（Asino）。是一家以维罗纳风味菜肴为主的餐馆。

住 Via Arche Scaligere 2
☎ 045-594474
营 12:00~14:30、18:30~22:30
休 周日、周二白天 6/10~6/25
预 €32~45（座位费€2），套餐€18
C A.M.V.

维罗纳的酒店
Hotel

维罗纳有很多从 5 星 ~2 星的酒店，但大多数是 3 星的小规模的酒店。每一家酒店的房间都不是很多。到了夏季的阿雷纳歌剧节时，需要提前预订。

格兰德酒店 ★★★★
Grand Hotel

Map p.339 B1

◆ **古典家具非常漂亮**

绿意葱茏的庭园气氛也非常好。有很多意大利商人选择在这里住宿。

High 音乐节、展览会期间
URL www.grandhotel.vr.it
住 Corso Porta Nuova 105
☎ 045-595600　Fax 045-596385
SB €142/197　T TS €177/280
TB €233/440　室 62 间　含早餐 W-F
C A.D.J.M.V.　交 从火车站步行约 10 分钟。也可乘坐 11、12 路巴士前往

佛罗伦萨酒店 ★★★★
Hotel Firenze

Map p.339 B1

◆ **距离火车站和景点都很近**

旅游时住在这里会很方便。客房近年刚刚经过重装，每个房间的装修风格都不同，但都很宽敞明亮。服务人员也很亲切。

URL www.hotelfirenzeverona.it
住 Corso Porta Nuova 88
☎ 045-8011510 Fax 045-8030374
SS € 100/158 TS € 108/230
室 49 间 含早餐 W-F
C A.D.J.M.V.

波罗格那 ★★★
Bologna

Map p.339 A2

◆ **内设餐馆，十分方便**

位于阿雷纳剧场附近的一家传统风格的酒店。内部设施齐全，十分舒适。从火车站乘坐 11、12、13 路巴士可到。提供自助早餐。

Low 11/1~ 次年 3/31
URL www.hotelbologna.vr.it
住 Piazzetta Scalette Rubiani 3
☎ 045-8006830 Fax 045-8010602
SS € 88/300 TB € 100/340
室 32 间 含早餐 W-F
C A.M.V.

普罗特兹纳 · 德拉 · 乔凡娜
ACISJF Protezione della Giovane

Map p.339 A2

◆ **年轻女性可以放心住宿的地方**

由天主教国际协会运营的旅馆，价格和青年旅舍差不多，客房宽敞洁净。旅馆的工作人员很亲切。住客只限女性。接待时间为 9:00~20:00（门禁 23:00），歌剧节时门禁时间会延长到歌剧结束的时间。距离埃尔贝广场为 5~6 分钟。

URL www.protezionedellagiovane.it
住 Via Pigna 7
☎ 045-596880
Fax 045-8005449
费 D € 22 S € 33/40
TB 1 人€ 27/33（无早餐）
C M.V. W-F

维拉 · 弗朗西斯卡提青年旅舍
Ostello della Gioventù "Villa Francescatti"

Map p.339 A2

◆ **去看歌剧时会延长门禁时间**

距离罗马剧场很近。是一家既美丽又洁净的旅馆。接待时间为 6:00~24:00（门禁时间 24:30）。只可以住宿 5 晚。预订网址：info@villafrancescatti.it。不限制住宿客人的年龄和性别。从火车站乘坐开往 Piazza Isola 方向的 73 路巴士在终点站下车。周日、节假日、夜间乘坐开往 San Michele 方向的 91 路巴士在 Piazza Isola 下车。过了教堂左转后上坡就是。

URL www.ostelloverona.it
住 Salita Fontana.del Ferro 15
☎ 045-590360
Fax 045-8009127
费 D € 18 含早餐，家庭间 1 人€ 20，晚餐€ 8（仅限团队，18:00 前接受预订）
C 不能

※维罗纳的住宿税：★€0.50 ★★€1 ★★★€1.50 ★★★★€2 ★★★★★€3

巴萨诺—德尔格拉帕

Bassano del Grappa

●邮政编码 36061

布伦塔河和阿尔匹尼桥相互映衬构成了美丽的古都

巴萨诺—德尔格拉帕是一座充满了阿尔卑斯新鲜空气的小城市。城市近郊（32 公里）处耸立着格拉帕山（Monte Grappa），布伦塔河（Brenta）从市中心流过。在红砖屋顶的民居窗户上开满了天竺葵。酒馆里陈列着的全是当地自产的格拉帕（Grappa）。当地盛产一种色彩美丽的陶器，名为格拉帕陶，非常有名，可以用来作为水罐、盛葡萄酒的器具等。当你对都市的喧嚣感到疲乏时，可以到这座只有 4 万人口的小城市里来走一走。

巴萨诺—德尔格拉帕 漫 步

火车站位于城市东侧，站前就是汽车总站。开往市内和近郊的汽车线路非常多。❶ 旅游咨询处位于市中心加里波第广场的市立博物馆入口旁边。

在巴萨诺，你可以钻进小胡同里散步，也可以在河边的小道上享受微风的轻拂。

巴萨诺最值得一看的地方是科佩尔特桥（Ponte Coperto）（别名又叫老桥 Ponte Vecchio）。这座桥是意大利著名的桥，建于 13 世纪，这座带屋顶的木质桥曾在第二次世界大战时遭到破坏，后来经过了重建，保持了和原来一样的古朴风格，只可步行通过。从这里眺望布伦塔河，景色美得如画一般，你可以在这里领略到不同于意大利其他城市的别样情趣。在桥的东侧是魄力公司的格拉帕博物馆，桥畔是那尔蒂尼公司的格拉帕利亚（Grapperia）（格拉帕之屋）。里面还有酿造方法和古代使用器具的展示等，在能感受到这个城市传统的地方品尝名酒，别有一番情趣。

市立博物馆（Museo Civico）中，有在这个城市出生，别名叫作巴萨诺的亚可波·达·彭特的杰作。另外，在斯托尔姆宫（Palazzo Sturm）还有不少格拉帕陶器的展示。

前往巴萨诺—德尔格拉帕的方法

乘坐 fs 线帕多瓦开往巴萨诺—德尔格拉帕方向直达车约需 1 小时（一部分需要换乘）。每 1 小时左右发一班车。乘坐普尔曼从帕多瓦（CTM 公司）前往需要 1 小时，从维琴察（FTV 公司）前往需要 1 小时。

FTV 公司 URL www.ftv.vi.it

巴萨诺的 ❶ 旅游咨询处 IAT

住 Piazza Garibaldi 34

☎ 0424-519917

营 9:00~19:00

周日 10:30~13:00

16:00~18:00

休 周一上午、1/1、复活节的周日、12/25

●市立博物馆

住 Piazza Garibaldi

☎ 0424-522235

开 9:00~19:00

休 周一、1/1、复活节的周日、12/25

费 €5（与斯托尔姆宫的通票）

地 p.346 2

●格拉帕博物馆

Poli Museo della Grappa

住 Ponte Vecchio

☎ 0424-524426

开 9:00~19:30

※ 魄力公司的博物馆（展示厅）。入场免费。试饮€ 1

●斯托尔姆宫（陶器博物馆）

住 Via Ferracina

☎ 0424-524933

开 9:00~13:00、15:00~18:00

周日 10:30~13:00

15:00~18:00

※休 费 和市立博物馆相同

地 p.346 1

Ⓡ 卡尔德利诺

Cardellino dal 1861

店内用挂在墙上的古老的锅、地方特色浓厚的木质格子棚等进行装饰，可以品尝到传统的乡土菜肴。

住 Via Bellavitis 17

☎ 0424-220144

营 12:00~14:00、18:30~22:00

休 周四

预 € 25~35（座位费€ 2.50），套餐 € 30，35

C A.D.J.M.V. 地 p.346 1

特伦托 *Trento*

●邮政编码 38100

布昂·康西里奥城堡

阿迪杰河从特伦托市西侧流淌而过，城市东侧耸立着布昂·康西里奥城堡。特伦托是特伦托和上阿迪杰区的首府，这里因 1545~1563 年召开的特伦托天主教大公会议而成为历史上著名的城市。会议是为了集结天主教派势力，阻止马丁·路德和加尔文的宗教改革运动而举行的。为了显示当时天主教势力的强大而建造的步昂·康西里奥城堡规模宏大，令人惊叹。

特伦托 漫 步

火车站位于城市北侧，阿迪杰河的东侧。火车站以东约 500 米处是步昂·康西里奥城堡，火车站以南 500 米处有大教堂，这是一个步行就可以参观的城市。市中心是大教堂广场（Piazza del Duomo），广场上有巴洛克式的内普琼喷泉，是市民们的休息场所。大教堂（Duomo）是伦巴第罗马样式的建筑物。在内部的礼拜堂（Cappella del Crocifisso）中有一尊很大的木质耶稣像，在耶稣像前的是颁布会议法令的地方。大教堂广场前的普雷托里奥宫（Palazzo Pretorio）现在已成为教区博物馆（Museo Diocesano Tridentino）。内部有描绘宗教会议状况的绘画作品，以及 7 张优美的文艺复兴时期的挂毯，一定要看一看。

矗立在城市东边的布昂·康西里奥城堡（Castello del Buonconsiglio）现在已成为地方美术馆。左侧的建筑物是 13 世纪的卡斯泰尔韦基奥（老城堡），正中间是 16 世纪文艺复兴样式的主宫（Magno Palazzo）。位于城市南部的拉奎拉塔（Torre Aquila）内的大型连续湿壁画作品《12 个月》，极具诗意地描绘了 14 世纪末期的生活。

教堂广场上的内普琼喷泉

前往特伦托的方法

从 fs 线维罗纳火车站乘坐 FRECCIARGENTO 前往需要 54 分钟，坐 RV、R 前往需要 1 小时 21 分钟。从波尔萨诺前往需要 30~55 分钟。

特伦托的 ❶ 旅游咨询处 APT

住 Via Manci 2

☎ 0461-216000

开 9:00~19:00

地 p.347 B

●教区博物馆

住 Piazza Duomo 18 普雷托里奥宫内

☎ 0461-234419

开 夏季 10:00~13:00 14:00~18:00

冬季 9:30~12:30 14:00~17:30

休 周二、1/1、1/6、复活节的周日、6/26、8/15、12/25

费 €5 地 p.347 B

普雷托里奥宫

●布昂·康西里奥城堡

住 Via Bernardo Clesio 5

☎ 0461-233770

开 夏季 10:00~18:00

冬季 9:30~17:00

休 周一（8 月除外）、1/1、12/25

费 €10（参观拉奎拉塔需要追加€2，需要预订）

地 p.347 A

停留 2 天时会很超值！？

使用 Museum Pass Trentorovereto 可以免费乘坐公共交通（包括巴士、缆车、出租的自行车），还可以免费参观美术馆和博物馆。48 小时票€22。各景点和旅游咨询处有售。

特伦托的餐馆

Ristorante

斯格里诺

Scrigno del Duomo

◆设有葡萄酒吧

一层的葡萄酒吧里供应葡萄酒和简单的食物。二层是餐馆，供应的是应时应季的当地特色菜肴，还会每隔 20 日左右更换一次菜单。奶酪和萨拉米香肠的品种很丰富。

Map p.347 B

住 Piazza Duomo 29
☎ 0461-220030
营 11:00~14:30、18:00~23:00
预 €35~60、套餐€35~60
C A.D.J.M.V.

康提诺它

Cantinota

◆价格适中的当地菜肴

位于市中心，是一家能品尝到有 60 年历史的当地传统菜肴的餐馆。在位于由 16 世纪时的酒窖改建而成的餐馆内，还设有钢琴吧、红酒餐吧、棋牌室、迪厅等，想以适中价格用餐时可以选择这家餐馆。

Map p.347 A

住 Via San Marco 22/24
☎ 0461-238527
营 12:00~15:00、19:00~23:00　休 周四
预 €20~60（座位费€3）、套餐€25（含一杯葡萄酒）C A.D.M.V.

特伦托的酒店

Hotel

阿克拉·迪奥罗 ★★★★

Hotel Aquila d'Oro

◆干净，便利

位于教堂广场的北侧，既方便又干净。含早餐，有淋浴或者浴缸，从火车站乘坐 A 路巴士在第二站下车。

Map p.347 B

Low 1、2、8、11 月　URL www.aquiladoro.it
住 Via Belenzani 76　☎ Fax 0461-986282
SS €80/120　TS TB €130/200　SU €190/250
室 19 间　含早餐 W-F　C A.J.M.V.

特伦托青年旅舍

Ostello di Trento Giovane Europa

◆既方便又经济实惠

距离火车站和汽车站很近，前往中心区也只需步行 10 分钟左右。是一家既明亮又现代化的青年旅舍。有宽阔的休息室、咖啡间和餐馆，还有自助洗衣设备。

Map p.347 A

URL www.gayaproject.it　住 Via Torre vanga 11
☎ 0461-263484　Fax 0461-222517
SS €28/30　TS €45/50　4S €72/85
D €16~18　早餐€3　晚餐€12
室 1~6 人间　32 间

意大利美术史

Arte rinascimentale-2 文艺复兴时期美术-2

提香的《圣爱与俗爱》

在托斯卡纳以外的地方，深受列奥纳多影响的柯勒乔（Correggio）（1489~1534 年）一直活跃在艾米利亚地区，而 16 世纪的威尼斯，则因拥有乔尔乔内（Giorgione）、提香、丁托列托、委罗内塞等大师而成为美术界的主流。乔尔乔内（1478 年左右 ~1510 年）作为奠定 16 世纪威尼斯绘画方向的画家，拥有非常重要的地位，在他去世后，提香·韦切利奥（Tiziano Veccellio）（1489 左右 ~1576 年）汲取了他的艺术特点，用鲜艳的色彩表现人类与自然和谐融合的世界。提香的作品色彩表现力极其出色，《圣爱与俗爱》（*Amore sacro e profano*）（罗马，博盖塞美术馆→p.74））、《圣母升天》（*Assunta*）（威尼斯，圣方济会荣耀圣母教堂→p.234）、《乌尔比诺的维纳斯》（*Venere di Urbino*）（佛罗伦萨，乌菲齐美术馆→p.145），以及他的绝笔作品《圣母怜子图》（Pietà）（威尼斯，学院美术馆→p.231）等，不仅展现了人物的戏剧化性格，还闪耀着浓烈的光芒。

丁托列托（Tintoretto）（1518~1594 年）师从提香，他还在威尼斯画派的传统技法里面融入了托斯卡纳地区的独特风格。代表作有强调短缩法的《圣马可的奇迹》（*San Marco che salva i Prigionieri*）（威尼斯，学院美术馆→p.231）、强调均衡和协调的《基督受刑》（*Crocifisso*）（威尼斯，圣罗科大会堂→p.234）等。与他同时代的保罗·委罗内塞（*Paolo Veronese*）（1528~1588 年）则多运用仰视方法进行构图，创作出以晴空为背景的明朗画面——代表作为《利未家的晚餐》（*Banchetto dei Levi*）（威尼斯，学院美术馆→p.231）。

16 世纪后半期，建筑家有活跃在威尼斯的安德烈亚·帕拉第奥（Andrea Palladio）（1508~1580 年），雕刻家有本韦努托·切利尼（Benvenuto Cellini）（1500~1571 年）、詹波隆那（Gianbologna）（1529~1598 年）、彭托莫（Pontormo）（1494~1556 年）、布隆奇诺（Bronzino）（1503~1572 年）等个性鲜明的代表人物。

特伦托的住宿税：YH，B&B 等€0.70　★★★ ~ ★★★★★ €1.50，最多收 10 晚。

SB 带淋浴或浴盆的单人间价格　TS 带淋浴的双人间价格　TB 带淋浴或浴盆的双人间价格　SU 套房价格

Bolzano
Roma

博尔扎诺 *Bolzano*

●邮政编码 39100

中世纪德国诗人瓦特雕像所在的瓦特广场

博尔扎诺是上阿迪杰地区（Alto Adige）的首府。因为离奥地利很近（离国境只有 50 公里），所以是一座洋溢着蒂罗尔氛围的城市。这里的居民，既讲意大利语又讲德语。

博尔扎诺位于多洛米蒂峡谷的入口处，可以从这里乘坐汽车前往多洛米蒂的中心——科尔蒂纳丹佩佐进行一次旅行。长达 100 公里的多洛米蒂古道，自古就是连接意大利和奥地利的通商道路。道路周围小村庄的风情和大自然的风景都令人觉得非常新鲜。

博尔扎诺 漫 步

从火车站出发，穿过一个绿色的公园，就到了位于市中心——围绕

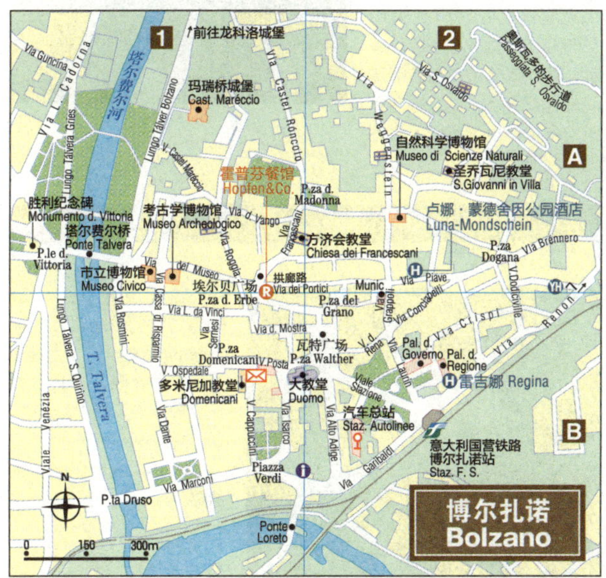

前往博尔扎诺的方法

从 fs 线维罗纳火车站乘坐 FRECCIARGENTO，EC 前往，需要 1 小时 29 分钟，乘坐 RV、R 前往，需要 1 小时 40 分钟 ~2 小时 13 分钟。

博尔扎诺的 ⓘ 旅游咨询处 AST

住 Via Alto Adige 60

☎ 0471-307000

营 9:00~19:00
周六 9:30~ 18:00

休 11 月 ~ 次年 2 月的周日、节日（圣诞节集市期间除外）

地 p.349 B1 · 2

URL www.bolzano-bozen.it

行李寄存

在 fs 车站内以及普尔曼的车站内都有行李寄存处。

汽车总站

从 fs 车站出来后向左，穿过绿色公园就是开往多洛米蒂市区方向的普尔曼的汽车站。最好在这里提前确认好汽车的线路和时刻表。也可以在火车站前乘车。

便于区内移动和游览的移动卡 Mobilcard Alto Adige / SUDTIROL

使用这个卡能免费无限次乘坐区内火车（到特伦托的 R、RV 等）、汽车、普尔曼巴士（开往科尔蒂纳丹佩佐等方向）、博尔扎诺的缆车等。还有和美术馆 & 博物馆的套票 Museumobil Card。在旅游咨询处或普尔曼售票处购买。

交通工具：1 日票 €15、3 日票€ 23、7 日票€ 28（14 岁以下的 Junior 票半价）

交通工具 + 美术 · 博物馆：3 日票€ 30、7 日票€ 34（14 岁以下的 Junior 票半价）

神秘的冰雪人

从 1993 年到 2006 年之间，7 位与冰雪人有关的人员，发现者、研究人员、摄影师等，相继去世，一时之间"冰雪人的诅咒"之说盛行。出于对诅咒的恐惧，甚至有人提议把冰雪人送回位于奥地利和意大利国境的发现地。现在冰雪人被保存在一个再现了冰河环境的冷冻库一样的展示室里。参观的人可以从小窗口向里进行探视。

埃尔贝广场上色彩鲜艳的水果和蔬菜

大教堂的瓦特广场（Piazza Walther）。大教堂是罗马哥特样式的建筑，彩色的瓷砖屋顶极具德国风情。穿过聚集着很多中世纪时期民居的拱廊路（Via dei Portici），以及设有蔬菜、水果市场的埃尔贝广场（Piazza delle Erbe），享受漫步的快乐吧。在已经习惯了意大利的时候，这里奥地利式的城市街景会让你感到非常新鲜。在考古学博物馆（Museo Archeologico dell`Alto Adig）中，还可以看到约 5000 年前的冰雪人木乃伊。

博尔扎诺 主要景点

●**考古学博物馆**
住 Via del Museo 43
☎ 0471-320100
营 10:00~18:00
休 周一（7、8 月和 12 月除外），1/1、5/1、12/25
费 €9
※ 入场截至闭馆前 30 分钟

前往塔尔费尔桥

考古学博物馆的西侧是塔尔费尔桥。桥的周围铺设有绿意盎然的漫步路，在时令的鲜花和绿色的装点下显得格外美丽。

考古学博物馆 Museo Archeologico dell'Alto Adige

Map p.349 A1

从冰雪人开始了解古代

★★

展示上阿迪杰地区从旧石器时代开始到 10 世纪左右的出土文物。其中最著名的是 1991 年在斯米劳恩冰川发现的冰冻木乃伊奥茨 Oetzi/Ötzi。从这具别名冰雪人的木乃伊身着猎人服饰，背上有伤的情况推测，他可能是在狩猎途中误中了伙伴的弓箭而受伤，或是在战斗中死亡。死亡时间是大约 5300 年前，因死后被冰川冰封，其尸体和所持物品都被完好地保存下来。有再现当时情形的录像，可以了解公元前的情况。

来考古学博物馆参观冰雪人的游客络绎不绝

●**龙科洛城堡**
住 Via Sarentino
☎ 0471-980200
开 10:00~18:009（入场至 17:30）
休 周一、1/1、12/24、12/25、12/31
费 €8

位于塔尔费尔桥以北 2.5 公里处。从市区前往可乘坐半小时一班车的免费小巴 Navetta，约需 10 分钟（在瓦特广场附近的 ❶ 旅游咨询处发车。冬季休息）。也可以乘坐巴士，周一～周六乘坐 12 路巴士，周日乘坐 14 路（车票€ 1.50）。从市区到这里有漫步道连接，可以在季节好时，步行或租用自行车前往。

龙科洛城堡 Castel Roncolo

Map 地图外

位于绿色丛中的古城

★

被绿色环绕的龙科洛城堡

位于距离市区约 2.5 公里的萨伦蒂纳峡谷（Val Sarentina）的一个绿色高地上，宏伟壮观。建于 13 世纪，19 世纪时曾重建过。内部保留着的湿壁画上描绘的是 14~15 世纪骑士的故事。

博尔扎诺的餐馆

Ristorante

霍普芬餐馆

Hopfen & Co.

Map p. 349 A · B1

◆ **地下设有酿造厂**

位于埃尔贝广场旁边，氛围轻松随意，是一家很有博尔扎诺特色的啤酒屋。能品尝到店家自制的生啤。夏天时，在路边开放式空间的席位上总是坐满了喝啤酒或吃饭的人，非常热闹。店里面的装修很有民族风情。

住 Piazza dell'Erbe 17

☎ 0471-300788

营 10:00~24:00

休 部分节假日

预 €20~50（座位费€1），套餐€20、30

C A.M.V.

博尔扎诺的酒店

Hotel

卢娜·蒙德舍因公园酒店 ★★★★

Parkhotel Luna-Mondschein

Map p.349 A2

◆ **在庭园里放松休息**

有被树木围绕，氛围很好的庭园，想休息时，在吃早点时来这里最合适。客房氛围稳重踏实，宽敞舒适，还设有餐馆。

Low 1~3月 URL www.hotel-luna.it

住 Via Piave 15 ☎ 0471-975642

Fax 0471-975577 SB €106/137

TB €148/197 JS €222

室 78间 含早餐 W-F

C M.V.

交 距离火车站500米

雷吉娜 ★★★

Regina

Map p.349 B2

◆ **价格合适的站前旅馆**

位于火车站正对面，无论中转还是旅游，位置都非常方便。客房很宽敞，有双层窗户，可以有效地隔离噪声，很保暖。

URL www.hotelreginabz.it

住 Via Renon 1 ☎ 0471-972195

Fax 0471-978944 SS €80/90

TS €120/150 室 37间 含早餐 W-F

C A.J.M.V.

休 12/23~12/25

博尔扎诺的住宿税 YH €0.70 B&B ★ €0.80 ★★~★★★€1 ★★★★~★★★★★€1.30 根据住宿设施不同收5~7晚

镌刻着悠久历史的3000多米级别的群山

多洛米蒂山脉
2009年列入世界自然遗产

多洛米蒂山脉

The Dolomites / Le Dolomiti

由拉特马尔山、针叶树林和卡瑞扎奥湖形成的美丽景观

波多依山隘（2239米），这个多洛米蒂之旅中的著名景观，也因旅游的兴起而得到了彻底开发

多洛米蒂山脉位于意大利东北部，连绵着海拔3000米级别的山峰。刀切斧凿般的陡峭山峰连绵不绝，山上的岩石是独特的红褐色。日暮时分，在夕阳照耀下的群山被染成赤红色，壮观的景色令人感叹不已。

多洛米蒂的西侧据点是博尔扎诺，东侧据点是科尔蒂纳丹佩佐。连通这两个城市的就是多洛米蒂古道。多洛米蒂山脉的旅游主要使用普尔曼巴士和汽车，因此可以先在这两个城市中的一处搜集一些有关汽车等交通工具的信息。另外这里的旅游季节也很短，仅为从6月下旬~9月上旬。

峡谷中飞流直下的清冽河流、被山峰和森林环绕的美丽湖泊、即使在夏季也被冰雪覆盖着的冰川，还有那被牧草覆盖的山坡上传来的阵阵牛铃声……多洛米蒂的大自然多种多样，丰富多彩。你可以倚在酒店阳台上眺望雄伟的山峰，也可以在徒步旅行途中乘坐缆车或索道欣赏一幅延展到奥地利阿尔卑斯的全景图。请按照自己的心情和意愿来尽情感受这份大自然之美。

科尔蒂纳的后方是克里斯塔落山和莱托法内山。可以从旧波科罗观景台眺望

海拔2447米的法扎雷果山隘。在这可以眺望到五渔村（五个高峰）和远处的马尔莫拉达峰

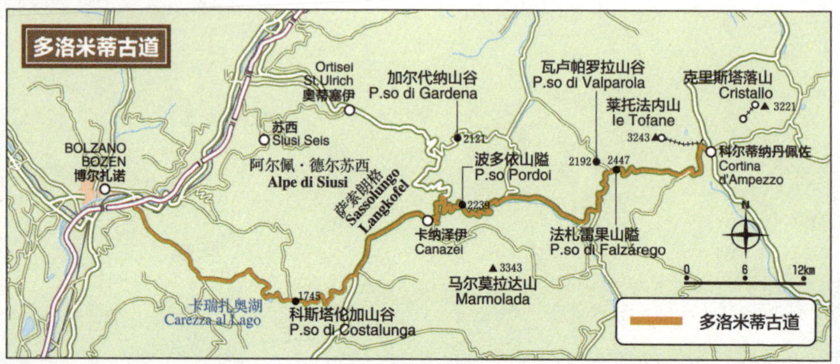

的里雅斯特 *Trieste*

●邮政编码 34100

从高地眺望的里雅斯特市区

的里雅斯特位于意大利东部，距离斯洛文尼亚的国境很近。的里雅斯特的历史从古罗马时代开始，在中世纪时期曾受到海洋城市威尼斯的统治。之后被并入奥地利，由联合国接管，历经变迁，最后在 1954 年重新归属于意大利。由于受到奥地利的影响，的里雅斯特有许多巴洛克样式、新古典样式的雄伟建筑。当你穿过拥有宽阔街道的市区，就会看见碧波荡漾、白色游艇疾驰而过的大海。

由于特殊的地理条件和复杂的历史背景，的里雅斯特拥有众多的语言和人种，是一座氛围独特的城市。市中心是位于海岸边的意大利统一

前往的里雅斯特的方法

从 fs 线威尼斯 S.L. 车站乘坐 R、RV 前往，约需 2 小时 5 分钟 ~3 小时。

从火车站步行去景点会很有意思，也有前往景点的巴士线路。

的里雅斯特的 ℹ 旅游咨询处 Info Point

住 Via dell'Orologio 1
（与意大利统一广场的夹角）
☎ 040-3478312
开 夏季 9:00~19:00
冬季 9:00~18:00
休 部分节假日
地 p.353 B1

广场，这里有船舶公司和市政厅。距离中央车站约 1 公里，乘坐 8、30、24 路巴士 5 分钟即到。

的里雅斯特 主要景点

意大利统一广场 Piazza dell'Unità d'Italia

Map p.353 B1

保留着古老气息的海边广场

★

广场面向港口，曾经是这座城市经济、政治的中心，现在仍有很多富有昔日风貌的建筑物。这附近的海边长廊是绝佳的散步路。

圣朱斯托教堂 Basilica di San Giusto

Map p.353 B2

美丽的玫瑰窗和马赛克镶嵌画

★★

圣朱斯托教堂

从意大利统一广场背向大海，沿着长长的阶梯和坡路一直向上走，就能来到圣朱斯托教堂。古罗马时代这里曾是进行商业交易的场所以及进行仲裁的法院，现在的教堂是在它的长方形遗址上建立起来的。正面有哥特式的圆形花窗和罗马式装饰，内部留有 12、13 世纪的马赛克装饰画以及 11 世纪的壁画。

从广场可以远眺到大海和城市。广场旁边是圣朱斯托城堡（Castello dei S.Giusto），从这里能欣赏到更加开阔的景观。内部有武器库（Armeria），展出的是古代武器。从中庭沿台阶而下就是 16 世纪的地下堡垒，里面是拉皮德里欧·特格斯蒂诺石碑博物馆（Lapidario Tergestino）。

望海城堡 Castello di Miramare

典雅的白色城堡

★★

白色的望海城堡

建在面向大海的山崖上的白色城堡是奥地利皇太子麦斯米兰大公的城堡，非常漂亮。如今内部是历史博物馆（Museo Storico），在这里可以看到皇族使用过的物品和豪华的室内装饰物。夏季这里会举办音乐会等活动。

●**圣朱斯托教堂**

住 Piazza della Cattedrale 3

☎ 040-309666

开 夏季 7:30~19:30
冬季 9:00~12:00
15:30~19:30

●**圣朱斯托城堡**

开 10:00~19:00（冬季 18:00）

费 通票 €6

※ 从火车站乘坐 24 路巴士前往

●**望海城堡**

住 Viale Miramare

☎ 040-22413

开 8:00~19:00（庭园冬季时 ~15:00）

休 1/1、12/25 费 €8

※ 只游览庭园不收费

※ 从中央车站乘坐 6 路巴士（约间隔 25 分钟）需要 10 分钟。在 Bivio 站下车后，步行约 15 分钟。夏季时还有 36 路巴士运营。车票€ 1.35（60 分钟有效）。

实惠的通票

弗留利—威尼斯朱利亚区卡
FVG Card
Friuli Venezia Giulia Card

使用这个卡，的里雅斯特、世界遗产阿奎莱亚的巴西利卡等几乎所有景点都可以免费参观。此卡共有 3 种类型，在区内的各旅游咨询处有售。

48 小时卡	48ore	€ 18
72 小时卡	72ore	€ 21
1 周卡	1Settimana	€ 29

的里雅斯特的餐馆
Ristorante

达·佩碧
Buffet Da Pepi

Map p.353 B2

◆ **城市最著名的餐馆**

Buffe 是指从早到晚不间断营业，氛围轻松的餐馆，这是的里雅斯特独有的形式。餐馆创业于 1897 年，是这个城市的老牌店铺。只提供以猪肉为主要原料的菜肴，在店里可以亲眼看到切分煮熟的猪肉的情形。可以点大拼盘，还能尝尝餐馆所有口味的猪肉。

住 Via C.di Risparmio 3
☎ 040-366858
营 8:30~22:00
休 周日、7 月下旬的 2 周
预 € 15~28（座位费€ 1.50），套餐€ 18
C A.D.J.M.V.

的里雅斯特的酒店
Hotel

杜奇德奥斯塔 ★★★★
Duchi d'Aosta

Map p.353 B1

◆ **展现城市的繁荣历史**

酒店位于白色城堡，体现了过去繁荣时代的情形。客房古色古香，设备却非常现代化，所有客房都设有按摩浴缸。

URL www.magesta.com
住 Piazza Unità d'ltaria 2
☎ 040-7600011 Fax 040-366092
SB € 120/230 TB € 145/320
房间数 53 间 含早餐 W-F
C A.D.M.V.
交 意大利统一广场的一角

哥伦比亚酒店 ★★★
Hotel Colombia

Map p.353 A2

◆ **距离 fs 车站很近，很方便**

距离火车站约 300 米，酒店大堂内用现代美术品做装饰，很时尚。客房风格多样，从乡村风格到时尚风格都有。还有带按摩浴缸的客房。

URL www.hotelcolombia.it
住 Via della Geppa 18
☎ 040-369191 Fax 040-369644
SS SB € 58/130
TS TB € 80/170
室 40 间 含早餐 W-F
C A.D.M.V.

S 使用公用淋浴的单人间价格 SS 带淋浴的单人间价格 3S 带淋浴的三人间价格 4S 带淋浴的四人间价格 T 使用公用淋浴的双人间价格 D 多人间价格 SB 带淋浴或浴盆的单人间价格 TS 带淋浴的双人间价格 TB 带淋浴或浴盆的双人间价格 3B 带淋浴或浴盆的三人间价格

摆盘精致豪华的海鲜

山珍海味一应俱全，美味的葡萄酒和波伦塔（玉米片）是不可或缺的搭档

■北部三区的美食

●威尼托区

威尼托区的地方菜肴习惯将海鲜和陆地食材混在一起使用。另外，威尼托也是著名的葡萄酒产地。

维罗纳周围是Valpolicella和Soave等葡萄酒的产地，稍微往北的巴萨诺—德尔格拉帕是白葡萄酒Prosecco的产地，是一种口味辛辣的带汽葡萄酒。这个城市还生产一种酒精度很高的烈性酒，名字和城市名字相同，叫作格拉帕（Grappa）。

水城威尼斯所在的威尼托区，以鱼贝类菜肴而闻名。至今仍可称为经典菜肴的煮螃蟹Granseola alla Veneziana，整盘菜红彤彤的，看上去就很好吃。在甲壳里放入剥开的蟹肉，加上橄榄油、盐、柠檬、荷兰芹等调料制作而成。由海鲜和波河平原的大米混合制成的杰作是黑色菜饭（Risotto Nero），即意大利式茄汁烩肉饭。用鲜绿的青豆和大米制作成的Risi e Bisi汤也很有名。吃鱼的时候最好选择搭配白葡萄酒Soave。

初夏时节，如果到巴萨诺—德尔格拉帕附近去旅游的话，最好品尝一下巴萨诺芦笋（Asparagi alla Bassanese）。将白芦笋和煮鸡蛋放在一起食用，当你品尝过后，你一定会惊叹原来芦笋是如此的美味（但芦笋罐头可一点也不好吃）。品尝时可以配上醇香可口的白葡萄酒Breganze Bianco。位于大山之间的这座城市还有一大名产就是Bigoli。在用荞麦粉做成，有点黑黑的手工意大利面条上，浇上用附近山里的野生禽类熬成的调味酱，比较适合喝红宝石颜色的葡萄酒Valpolicella。

蛤蜊意大利面

●特伦托和上阿迪杰区

特伦托被称作“意大利管辖的蒂罗尔”，这个地区没有制作通心粉的传统。用寒冷的山区生产的玉米粉做成波伦塔（Polenta）和大麦汤是这里的主食。大麦汤（Grestensuppe），用酱油和橄榄油上色添味后食用，味道非常鲜美。然后再喝一点刚刚酿造的澄清的红葡萄酒Meranese di collina就更好了。另外一种当地的代表性食物就是风干牛肉薄片斯佩克（Speck）。既可以加在当地的特产黑面包中食用，也可以作为美味的凉菜食用。

●弗留利—威尼斯朱利亚区

弗留利—威尼斯朱利亚区比较寒冷干燥，因此这里诞生了意大利最好的生火腿——圣丹尼耶列生火腿（Prosciutto di San Daniele）。有着班卓琴的形状，连猪的脚尖都带着的这种火腿，在意大利各地的高级餐馆里都能见到。其滑润的口感和香味可以称得上是火腿之王。和白葡萄酒Tocia一起食用风味更佳。

和特伦蒂诺区一样，几乎与奥地利的Knödel一样的面疙瘩（Gnocchi）也经常出现在这个地区的餐桌上。与其相配的是柔和、香滑的Merlot。

亚得里亚海产的虾和波伦塔

特产信息

• 葡萄酒 •

科涅利亚诺

Prosecco di Conegliano ★★

DOC · 白 · 半甜口 · 带气（辣口）

托凯 Tocai ★★★

DOC · 白

• 特产 •

格拉帕 Grappa

巴萨诺—德尔格拉帕制作的蒸馏酒

特伦蒂诺区制作的蒂罗尔民间工艺品

木质雕刻、手工制作的蒂罗尔飘带、民族服装

热那亚和利古里亚区

Genova & Liguria

风光明媚的五渔村

利古里亚区面临利古里亚海，一直延伸到法国，呈细长的形状。该区后方是由阿尔卑斯山脉和亚平宁山脉形成的峡谷地带，这一带是橄榄树栽培很盛行的农村。而该区的沿海地区则是被称作利维埃拉海岸的度假胜地。以热那亚为分界线，西利维埃拉有因音乐节而赫赫有名的圣雷莫，东利维埃拉则有安静的休闲胜地波托菲诺、世界遗产五渔村等。该区的首府热那亚与威尼斯、比萨齐名，在中世纪时期曾作为海运王国，拥有强大的权势，现在它也是意大利最大的海湾城市。

Genova
Roma

热那亚 *Genova*

世界遗产

●邮政编码 16100

热那亚位于米兰以南 145 公里处，夹在利古里亚海和绿色山岗之间，沿着海岸线延伸。这个城市因海洋贸易繁荣起来，曾经和威尼斯展开权力竞争，并列为两大海洋共和国。在全盛时期的 16~17 世纪，这里竞相建起了豪华的楼堂馆舍。至今，城市东侧仍保留着这些建筑，向人们宣告着这里曾经的辉煌。

这里和所有港口城市一样，拥有细长而又昏暗的坡路、华丽的住宅群、大型客船停泊的港口、港口边宽阔开放的漫步道等，热那亚的风情多种多样。

从海洋博物馆眺望到的景色

热那亚 Genova

1
2
A
B
P.za Ferreira
Corso Dóggali
Cast. d'Albertis (Museo Etnogr.)
萨沃亚·格兰德酒店 G.H.Savoia
至里吉 Righi
Albergo dei Poveri
Staz.
哥伦布塑像
加雷斯
意大利国营铁路王子车站
P.za Principe
Principe
新诺德酒店 Nuovo Nord
站前广场 P.za Acquaverde
巴尔比酒店 Balbi
Via S. Benedetto
Pal. Doria o d. Principe
圣乔瓦尼教堂 San Giovanni di Prè
卢波安蒂卡 Lupo Antica
Via d. Adua
巴尔比大街 Via Balbi
Via di Prè
大学宫殿 Pal.dell' Università
王宫 Pal. Reale
安鲁奇亚塔教堂 SS. Annunziata
P.za Bandiera
P.za d. Nunziata
加拉塔海洋博物馆 Galata-Museo del Mare
Staz. Marittima
Sopraelevata A. Moro
Via Antonio Gramsci
p.362
Darsena
Ponte dei Mille
Ponte Parodi
Corso Carbonara
Corso Dóggali
V.Brignole De Ferrari
缆车 Funicolare per Righi
Corso Firenze
新街
C. Paganini
Largo Zecca
Staz.
Via P. Bensa
V. Cairoli
Via d. Campo
观景台 Spianata Castelletto
Via Caffaro
缆车 Funicolare S. Anna
Corso Magenta
Gall. Garibaldi
白之宫 Pal. Bianco
维雷塔·迪内格洛 Villetta di Negro
克奥索内东方美术馆 Museo d'Arte Orientale
波尔图安蒂科 Porto Antico
NH海滨酒店 NH Marina
Ponte Calvi
托尔西宫（市政厅） Pal. Tursi
P.za Portello
加里波第大街 Via Garibaldi
赤红宫殿 Pal. Rosso
加莱奥内船 Galeone
维基奥港（旧港） Bacino Porto Vecchio
Antica Friggitoria Carega
斯皮诺拉宫殿国立绘画馆 Galleria Nazionale di palazzo spinola
P.za delle Fontane Marose
热那亚水族馆 Acquario di Genova
Via Luccoli
Via XXV aprile
圣乔治宫（复兴运动博物馆） Pal. S. Giorgio
P.za d. Banchi
圣马特奥广场 P.za S. Matteo
Via Roma
P.za Piccapietra
海滨餐馆 Il Marin
San Giorgio
多里亚的家 Casa di Doria
圣马特奥教堂 S. Matteo
Teatro Carlo Felice
帕拉佐·斯考拉 Palazzo Cicala
公爵宫 Pal. Ducale
学院宫 Accademia Ligustica
De Ferrari
圣洛伦佐大教堂 San Lorenzo
P.za G. Matteotti
法拉利广场 P.za De Ferrari
Via XX Settembre
马特奥提广场 P.za Matteotti
Molo Vecchio
Via del Molo
Mura d. Grazie
维科·帕拉 Vico Palla
Antica Sciamadda
V. Turati
Via S. Bernardo
维基奥码头 Molo Vecchio
S. Maria di Castello
圣多纳托教堂 S. Donato
P.za S. Andrea
哥伦布故居 Casa di Colombo
索普拉那门 P.ta Soprana
圣阿戈斯蒂诺教堂 S.Agostino
P.za Sarzano
Sarzano（根据季节关闭）
Sopraelevata
Corso M. Quadrio
Via Ravasco
Via Fieschi
P.za Carignano
Via Atessi
卡里尼亚诺圣母堂 S. M. Assunta di Carignano
N
0 100 200 300m

热那亚 漫 步

名为热那亚（Genova~）× × 站的火车站有 20 多个，但是位于干线道路上的火车站只有位于城市西侧的王子车站和东侧的布利纽雷车站。根据线路和火车的种类不同，有在王子车站和布利纽雷车站两站都停靠的，也有只在其中一个车站停靠的，所以已经定好下车的车站时，一定在上车前要确认好。王子车站和布利纽雷车站有铁路（与地铁共用）相连，车程约 6 分钟。热那亚的市中心是法拉利广场（Piazza De Ferrari）。这个广场距离布利纽雷车站很近，广场周围还有很多景点。尤其是位于北侧的科尔维托广场西北方，包括加里波第大街、卡伊落里大街、巴尔比大街、圣卢卡大街在内的地区被统称为新街（Strade Nuove），长达 1.5 公里，这里星罗棋布般分布着宅邸建筑群（罗里），已经被列入了世界遗产名录。可以边散步边欣赏这里雄伟的建筑，开阔的庭园和门楼等。从伦查塔广场（Piazza della Nunziata）到王子车站之间有一条长约 500 米的大街，稍微有点暗，却能令人怀想热那亚曾有的繁荣，十分耐人寻味。这条大街上有宏伟的王宫和大学宫殿的建筑。

位于新街的“赤红宫殿”和“托尔西宫殿”等，在天气好的时候，会有相关人员引领大家来到露台上面，从这里眺望到的景色非常壮观。水族馆、海洋博物馆、加莱奥内船所在的波尔图安蒂科（Porto Antico）是备受瞩目的旅游景区，如果时间允许，一定要来这里转转。另外，从维基奥港（旧港）前往五渔村的旅游观光船也从这里出发。

世界遗产

新街和罗里的宅邸建筑群
收录年份 2006 年　文化遗产

前往热那亚的方法

使用 fs 线，从米兰中央车站乘坐 IC 前往约需 1 小时 30 分钟，乘坐 RV 前往约需 1 小时 44 分钟 ~1 小时 53 分钟。从特里诺的 p. 新门站乘坐 IC 前往约需 1 小时 58 分钟，乘坐 RV 约需 2 小时。王子车站和布利纽雷车站有地铁相连，约需 6 分钟。

从机场出发的 VOLABUS 经过王子车站、法拉利广场，到达布利纽雷车站，全程约需 30 分钟。机场发出 5:15~22:10，每隔 30 分钟 ~1 小时发车。车票€ 6，可上车购票。从 URL 购票有优惠。从布利纽雷前往旧港可乘坐 13 路巴士，约需 15 分钟。

URL www.amt.genova.it

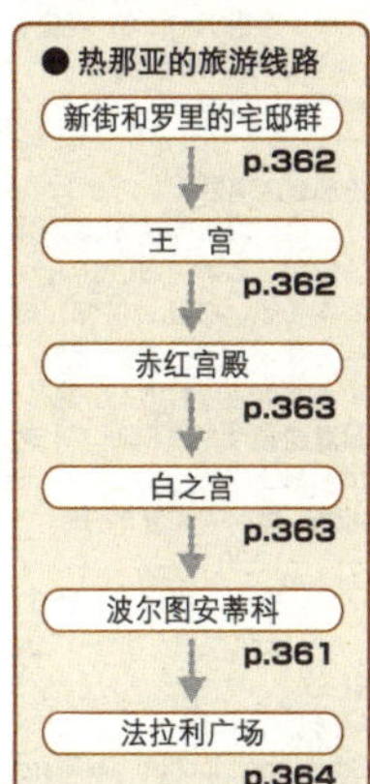

有大型客船停靠的维基奥港

ⓘ 旅游咨询处的主办公室
住 Via Garibaldi 12r
☎ 010-5572903
开 9:00~18:30
地 p.358 A2
※ 位于赤红宫殿旁边

旧港（水族馆附近）的 ⓘ 旅游咨询处
住 Via al Porto Antico 2
☎ 010-5572903
开 4~9 月 9:00~18:20
10 月～次年 3 月 9:00~17:50
休 1/1、12/25
地 p.358 A2

哥伦布机场的 ⓘ 旅游咨询处
☎ 010-5572903
开 9:00~22:30（有 30 分钟的休息时间）
地 地图外

巴士车票
费 1 次乘车票 € 1.50（100 分钟内有效）

缆车（里吉 Righi 线）/ 缆车（圣安娜 S.Anna 线）
和巴士车票通用

热那亚湾巡游
是从海上眺望城市景观的行程。除此之外，还有很多条线路，有观赏海豚、烟花（限定时间）的行程等。从水族馆旁边的码头出发。
旧港巡游（所需时间 1 小时 10 分钟）
出发： 周一～周五 14:15、17:20
周六、周日、节假日 14:00*、15:20*、17:00
费 € 6
问询
Consorzio Liguriab Via Mare
URL www.liguriaviamre.it

●热那亚的 ⓘ 旅游咨询处

旅游咨询处的主办公室位于赤红宫殿附近，在波尔图安蒂科、水族旅馆附近和机场都有办公室。工作人员态度亲切，各种资料非常齐全。

新市区的中心布利纽雷车站前

●邮局 从法拉利广场下去就是中央邮局。在王子车站也有邮局。

●车站的行李寄存处 7:00~23:00 可以使用。寄存 5 小时价格€ 6，6~12 小时，每小时加€ 0.80，13 小时后每小时加€ 0.40。

●市内交通 热那亚的地形是前临海、后靠山。交通工具除了汽车和地铁，还有可以登上城北高地的缆车（Funicolare）和电梯（Ascensore）。

其中向大家推荐的是连接卡伊洛里大街的起点拉戈泽卡（Largo Zecca）和高地里吉（Righi）的缆车。在终点里吉（Righi）的广场可以眺望热那亚市容和港口的全景。从加里波第大街北侧的波特洛广场（Piazza Poretello）乘坐电梯 Ascensore Portello-Castelloetto，可以登上蒙塔尔多的观景台（Belvedere Montaldo），从这里眺望到的风景也很优美。地铁从郊区的切托萨（Certosa）开出，经由王子车站，沿港口运行，终点为新市区的法拉利广场。

●购物 热那亚最高档的购物街是罗马大街（Via Roma）。菲拉格慕、路易·威登等人们熟知的国际品牌专卖店一家连着一家。紧随其后的马志尼广场（Galleria Mazzini）内充满了怀旧风格。在主要街道 9 月 20 日大街（Via XX Settembre）的道路两旁则是鳞次栉比的商店和咖啡馆。

想购买食材的人，一定要去位于 9 月 20 日大街（Via XX Settembre）和哥伦布大街（Via Colombo）之间的东方市场（Mercato Orientale）。这是 1899 年时，在修道院庭园里开设的市场，历史非常悠久，有肉类、鱼类、水果、面包、杂货等商品，几乎所有东西都能在这里买到。在这里，你能充分感受到热那亚作为港口城市的活力。

去东方市场看看

热那亚的历史

●地中海的王者——热那亚

从公元前开始建设连接罗马和南部法国的阿乌雷利亚通道（Via Aurelia）时开始，热那亚就作为交易地发展起来了。它的第一个黄金时期与威尼斯一样，是从十字军远征的时候开始到文艺复兴时期为止。拥有强大商战队和军舰的热那亚共和国，不断地向亚马尔斐、比萨进军，以地中海王者的身份出现。再加上地理优越性，又发展起了强大的海军。第二个黄金时期是 1850 年时期。在拿破仑占领了利古里亚后，热那亚开始逐渐衰退，但意大利统一的领导者加里波第使用热那亚港将意大利统一军送到了西西里亚。从此以后，热那亚就作为意大利的主要港口和意大利一起发展起来。现在，热那亚拥有意大利最好的港湾设施，拥有人口 65 万。城市西侧是圣皮埃尔达雷纳工业区。目前，热那亚是利古里亚区最大的城市，正在不断地发展。

热那亚 主要景点

波尔图安蒂科附近的景点

正在开发中的波尔图安蒂科，拥有海风习习的漫步道路。还有深受欢迎的水族馆、海洋博物馆、海上温室、旅游用加莱奥内船等，是不可替代的旅游景区。但是小巷里还是保留着港口城市特有的氛围，单身女性尽量不要去小巷深处。

维基奥港的加莱奥内船附近，有港口巡游和前往五渔村的游览船发出。

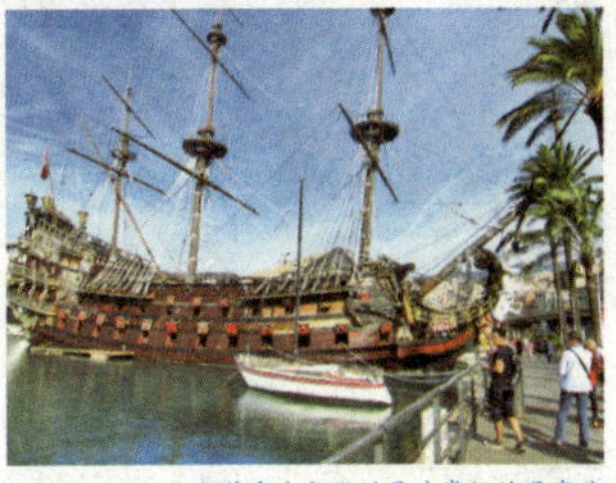
加莱奥内船附近是非常好的漫步路

热那亚水族馆 Acquario di Genova

Map p.358 A1·2

需要排队等候的大型水族馆 ★★★

1992 年，为了纪念哥伦布诞生 500 周年而开馆，是欧洲最大的现代水族馆，非常受欢迎，入馆需要排队。

在 40 多个大型水槽中展示着来自世界各地的海洋生物，仿佛让游客在水中做了一次世界旅行。趣味横生的展示方法吸引了众多游客携家带口地前来参观，总是非常热闹。

水族馆位于维基奥港波尔图安蒂科

加拉塔海洋博物馆 Galata-Museo del Mare

Map p.358 A1

移民、造船、海洋……是一个有关海洋的博物馆 ★★

成为新热点的海洋博物馆

位于水族馆旁边，面向原来的造船厂，是一座 4 层高的玻璃建筑物。这是浓缩了与海洋共生的热那亚 500 年历史的博物馆。从 3 层的 Terzo Piano 开始参观吧。3 层再现了 19 世纪移民时的手续、移民船、移民的风景。一、二层是海航技术、海啸和台风的纪录片、加莱奥内船及其结构、热那亚的海洋历史，地下一层展出出生于这座城市的冒险家 C. 哥伦布的航海历史、长 40 米的 17 世纪的加莱奥内船、武器。从屋顶露台能眺望到大海和城市街景，非常壮观。参观附近大海上的潜水艇（S518 Nazario Sauro），也是非常宝贵的体验。

●热那亚水族馆

住 Ponte Spinola, Area Porto Antico
☎ 010-2345678
开 夏季 8:30~22:30
冬季 9:30~18:00
※ 开放时间会根据季节、星期而变化
※ 售票处截至闭馆前 1.5~2 小时
费 €25、4~12 岁 €15、65 岁以上 €21
※ 具体开放时间和购买优惠票，请查询以下网址
URL www.acquariodigenova.it
※ 从布利纽雷车站乘坐 12、13 路巴士前往。或乘坐地铁在 San Giorgio 下车

旧港的景点通票

水族馆、潜水艇、加拉塔海洋博物馆、海上温室、全景电梯等通用的通票 €49、4~12 岁 €29、65 岁以上 €40。

●加拉塔海洋博物馆

住 Galata De Mari 1
☎ 010-2345666
开 3~10 月 10:00~19:00
11 月 ~ 次年 2 月 10:00~18:00
周六、周日、节假日 10:00~19:30
休 11 月 ~ 次年 2 月的周一
费 €12（+ 潜水艇参观 €17）
4~12 岁 €7（€12）
65 岁以上 €10（€15）
※ 入场截至闭馆前 1 小时

浮在港口的潜水艇

哥伦布的船模型

世界遗产罗里的宅邸建筑群＝热那亚贵族宅邸的特点

16~17 世纪，这里贵族的生活极尽奢华，聚集在热那亚的一流工匠和艺术家们创造出了这些贵族的宅邸。内部被装饰成洛可可风格。洛可可风格也被称为热那亚式后期巴洛克风格。特点是以花草为主题，墙壁和天花板都涂成金色，以蔓藤花纹进行装饰。

另外，在建筑样式上，设有长廊和空中花园（Giardino Pensile）、观景的露台等，这使得室内和室外宛如一体，这也是在建筑上非常引人注目的一个特点。

新街附近的景点

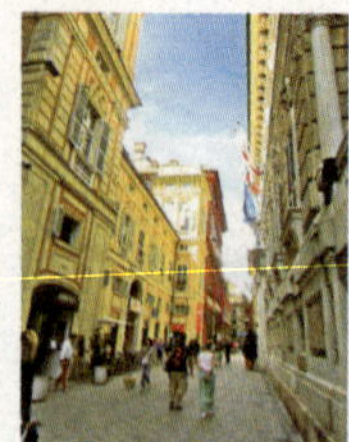

加里波第大街

1576 年，热那亚通过法律明文规定使用贵族的宅邸作为招待贵宾的地方。人们把登记这些贵族宅邸的单子称为罗里（Rolli），登记在罗里的豪华宅邸都集中在新街上。所谓新街，是从科尔维托广场向西北方向约 1.5 公里，向南约 600 米范围内，加里波第大街、巴尔比大街、卡伊落里大街、洛梅利纳大街、圣卢卡大街等街道所在地方的统称。在宽阔的坡道两边，是巴洛克风格和文艺复兴风格的宅邸。正面的外观使用石膏、五彩拉毛装饰画、雕像等进行装饰，仍然保留着这座城市鼎盛时期的繁华景象。大部分宅邸现在仍作为银行或写字楼使用，因此只能参观外观。

美丽的宅院建筑连绵不断

美丽的罗里的中庭天井

●王宫

住 Via Balbi 10
☎ 010-2710211
开 周二～周六　9:00~19:00
　周日、节假日 13:30~19:00
休 周一、1/1、5/1、12/25
费 €4、8~25 岁€2（和斯皮诺拉宫殿的通票€6.50）
※ 售票处位于 2 层。每隔 20 分钟发出由导游引领进行参观的参观团

观赏全景

参观斯皮诺拉宫殿、赤红宫殿等，都可以登上房顶上面向外探出的露台。从上面可以眺望到以大海和山为背景的热那亚城市，非常壮观。工作人员会打开门锁，进行引导。下雨或大风的时候，会因为有危险而关闭。

王宫 Plazzo Reale/Galleria di Palazzo Reale

Map p.358 A1

具有代表性的 18 世纪的贵族宅邸 ★★★

17 世纪开始着手建造的巴尔比家族的大型宅邸。在 1830 年左右，成了撒丁尼亚王萨伏伊家族的住处，因此被称为王宫。

室内用石膏和壁画来装饰，非常华丽，最著名的是“镜子长廊”（La Galleria degli Specchi）。

放着宝座的“接见大厅”（Sala delle Udienze）装饰着画家凡 · 戴克的作品《卡特琳娜 · 巴尔比 · 都拉佐的肖像》，在“王的卧室”里面装饰的是《磔刑》。

意大利国王萨伏伊家族的住处

赤红宫殿 Musei di Strada Nuova Palazzo Rosso/Palazzo di Ridolfo e Gio Francesco Brigonole Sale

Map p.358 A2

装点着童心未泯的湿壁画 ★★

17 世纪后期，由布利纽雷 · 萨雷兄弟建造的建筑物，1874 年时，建筑物和收藏品都赠送给了热那亚市。

一层展示有委罗内塞的《朱迪思和何乐弗尼的头》(*Giuditta con la testa di Oloferne*)、圭尔奇诺的《克里奥帕特拉的死》(*Morte di Cleopatra*)、丢勒的《年轻男子像》(*Ritratto di Giovane*) 等。

中二层展示有凡 · 戴克在热那亚居住的时候画的贵族肖像画。

赤红宫殿名副其实

白之宫 Musei di Strada Nuova Palazzo Bianco/Palazzo di Luca Grimani

Map p.358 A2

大型阶梯令人印象深刻 ★★

16 世纪时开始建造，18 世纪时建造了现在我们看到的巴洛克风格的外观和与托尔西宫相连的中庭。19 世纪后半叶被用来赠给市政府，现在建筑物的一部分仍作为市政厅被使用。走进大门就能看到一个大型阶梯，阶梯两边都是雕像，它的前面是宽阔的中庭。

从三层开始参观，有很多 17~18 世纪热那亚派和佛兰德斯派的绘画作品。有汉斯 · 梅姆林的《祝福基督》(*Cristo Benedicente*)、鲁本斯的《维纳斯与战神》(*Venere e Marte*) 等。

托尔西宫 Palazzo Doria Tursi /Palazzo di Nicolo Grimaldi

Map p.358 A2

展示有帕格尼尼的遗物 ★

现在正作为市政厅在使用，因此参观的入口设在与白之宫顶层相连的地方。展出有热那亚的风景画、存放作为药物使用的香草和香料的热那亚和利古里亚区产马略卡瓷器、新街的缩小模型等。这里还展示有帕格尼尼的遗物，包括瓜奈利 (Guarneri del Gesù)、大炮 (Cannone) 在内的帕尼尼喜欢的小提琴等，是音乐迷们非常感兴趣的物品。

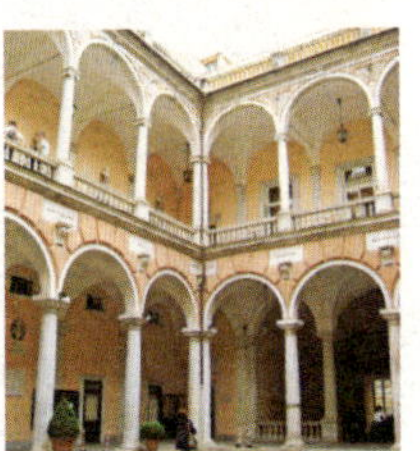

托尔西宫的长廊

斯皮诺拉宫殿 Palazzo Spinola/Galleria Nazionale di Palazzo Spinola

Map p.358 A2

是一座可以感受到贵族生活气息的 16 世纪小型建筑 ★★

优雅的斯皮诺拉宫殿

外观和内部都进行了洛可可风格的装饰，一层大厅 (Salone) 天花板的湿壁画展现的是这座建筑最初的主人格里马迪家族辉煌的家史。二层的装饰特别豪华。三层的安托内洛 · 梅西纳的作品《瞧这个

新街美术馆
Musei di Strade Nuova
●赤红宫殿 / ●白之宫 / ●托尔西宫

住 Via Garibaldi
☎ 010-2759187
开 4~9 月 9:00~19:00
周六、周日 10:00~19:00
第 1 · 4 个周五 9:00~21:00
10 月 ~ 次年 3 月 9:00~18:30
周六、周日 9:30~18:30
休 周一、节日
费 通票€ 9、65 岁以上 € 7 (赤红宫殿、白之宫、托尔西宫通用。在两个宫殿之间的书店售票。有效期 1 天)
地 p.358 A2
※ 从白之宫的屋顶有前往托尔西宫的路
※ 位于顶层的观景台只有在工作人员引领下才能去参观。风大或者天气不好时不能参观。新街美术馆可以把物品寄存在位于地下等处的存物柜里

白色的宫殿

帕格尼尼爱用的瓜奈利

●斯皮诺拉宫殿国立绘画馆

住 Piazza Pellicceria 1
☎ 010-2705300
开 周二 ~ 周六 8:30~19:30
周日、节日 13:30~19:30
休 周一、1/1、5/1、12/25
费 € 4 (和王宫的通票€ 6.50)
※ 入口位于进入中庭后的右侧

现在的市政厅是16世纪时建造的

●圣洛伦佐大教堂的珍宝馆
住 Piazza S.Lorenzo
☎ 010-2471831
开 9:00~12:00　15:00~18:00
休 周日、节假日
费 €4.50
地 p.358 B2

圣洛伦佐大教堂

●哥伦布故居
住 Porta Soprana
☎ 010-2465346
开 6~8月 11:00~18:00
4·5、9·10月 11:00~17:00
11月~次年3月 11:00~15:00
费 €3、18以下免费

哥伦布故居

●克奥索内东方美术馆
住 Villetta di Negro，Piazzale Mazzini 4
☎ 010-542285
开 4~10月 9:00~19:00
周六、周日 10:00~19:30
11月~次年3月 9:00~18:30
周六、周日 9:30~18:30
休 周一、节假日
费 €5，65岁以上€3
※ 从王子车站乘坐35路巴士前往

人》(*Ecco Homo*)，是这个美术馆的代表作。从4层可以乘坐电梯前往露台，从露台能眺望到非常美的景色。

法拉利广场附近的景点

法拉利广场上的喷水

如果说布满了贵族宅邸的加里波第大街是中世纪的高级住宅区，那么这一带就是所谓的政府办公区了。现在它仍是市中心。杜卡勒宫（Palazzo Ducale）是城邦国家热那亚总督的府邸。紧挨着的西边的建筑物就是圣洛伦佐大教堂（San Lorenzo），正面用黑白两色的大理石建造而成，是一幢哥特式的建筑。据说基督在最后的晚餐中使用的圣杯（Sacro Cation）就被收藏在位于左边最里侧的时髦建筑物内珍宝馆里。

圣马特奥广场 Piazza San Matteo

Map p.358 B2

集中了各时代的建筑样式

★★

布朗·多里亚宫（左）和圣马特奥教堂

位于杜卡勒宫南侧的小广场，聚集了热那亚的名门——多里亚家族的建筑物。有4座建于12~15世纪的建筑，分别象征着各个时代的建筑物样式，非常吸引人。照片中的布朗·多里亚宫（Casa di Doria）是13世纪的建筑。对面是圣马特奥教堂（S.Matteo）。被誉为海之王的安德烈·多里亚就长眠在这里。

哥伦布故居 Casa di Colombo

Map p.358 B2

哥伦布生活过的地方

★

被常青藤包围的小屋，哥伦布在这里度过了他的少年时代。小屋在18世纪进行过修复。

科尔维托广场附近的景点

在科尔维托广场的西北侧，有一个维雷塔·迪内格洛公园（Villetta di Negro），建在地势微高的小山丘上，是一个绿色葱茏的公园。

克奥索内东方美术馆 Museo d'Arte Orientale (E.Chiossone)

Map p.358 A2

丰富的东方艺术收藏

★

美术馆里的藏品非常丰富

位于维雷塔·迪内格洛的顶部，在中间挑空的空间内分7层进行展出，有日本的古代美术，11~19世纪的日本绘画，中国、日本、泰国的佛像，日本的武器、陶瓷器、漆器、服装等收藏品。超过3000件的版画是画家克奥索内于明治时期在日本逗留时搜集的。画卷、屏风等的展示方法非常有意思。令人惊讶的是，这里的每一件物品都保存得非常好。

热那亚的餐馆
Ristorante

从可以吃简单饭菜的酒吧到高档餐馆，热那亚的餐馆无论种类还是数量都很多。有很多乡土菜的餐馆很适合游客。在车站和大广场周边餐馆最多。

古朗·格特
Gran Gotto

◆**精致的乡土菜**

在传统的热那亚菜中融入了现代化的特色，菜品很具独创性。推荐品尝鱼类菜肴。小章鱼（Moscardini）和白鱼（Bianchetto）都可以尝尝。店内有很多现代美术作品，洋溢着画廊一般的风情。需预约

Map p.359 B3

住 Viale Brigata Bisagno 69/r
☎ 010-564344
营 12:00~14:30、19:00~22:00
休 周六午餐、周日
预 €40~70（座位费€3），套餐€24（仅限工作日）、€45 C A.M.V.

海滨餐馆
Il Marin

◆**眺望着大海用餐**

位于水族馆附近，在波尔图安蒂科的意大利超市最上层的玻璃建筑内。是一个非常方便的地方，可以在购物和游览中途光顾。可以观赏着窗外的大海用餐，令人心情愉悦。能品尝到以乡土菜为主的菜肴。

Map p.358 B2

住 Eataly 内，Porto Antico
☎ 010-8698722
营 10:00~22:30
休 1/1、12/25
预 €60~70，套餐€34、54、62、80
C A.J.M.V.

卢波安蒂卡
Lupo Antica Trattoria

◆**品味怀旧氛围**

位于王子车站附近，从大街向小巷方向稍微向下的地方。是一家保留着热那亚古老民居氛围的小餐馆。自制的香肠等乡土菜无不精致可口。

Map p.358 A1

住 Via Monachette 20r
☎ 010-267036
营 12:30~15:00、19:00~23:00
休 周三、7/20~8/10
预 €35~（座位费€1），套餐€22（仅限工作日）、42
C A.D.J.M.V.

维科·帕拉
Antica Osteria di Vico Palla

◆**位于旧港附近，是有历史的小酒馆**

位于旧港，在水族馆附近的码头，是一家有历史的家族经营式餐馆。以传统当地乡土菜肴为主，还可以品尝到新鲜的鱼类菜肴。推荐海鲜 Frittura 等。

Map p.358 B1

住 Vico Palla 15/r
☎ 010-2466575
营 12:00~15:00、19:15~22:30
休 周一
预 €25~50（座位费€2），套餐€33
C A.J.M.V.

热那亚的 B 级美食

热那亚著名的法利纳塔（Farinata），是用水化开鹰嘴豆的粉后，薄薄地烤制。推荐店铺是 Antica Sciamadda（住 Via San Giorgio 14r 电话：010-2468516 营 10:00~14:30、17:30~19:30 休 周日、7月中旬~8月 地 p. 358 B2）。如果是炸制食品，推荐用橄榄油烧制新鲜海鲜，味道不输餐馆的 Antica Friggitoria Carega（住 Via di Sottoripa113r 营 8:00~20:00 休 周日、周一 地 p. 358 A2）。

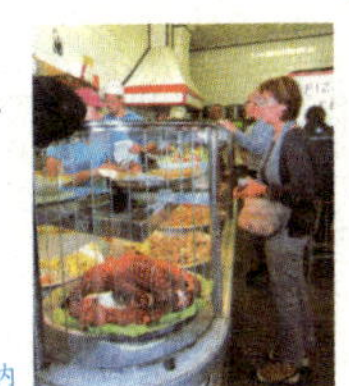

在炸制食品店内

热那亚的酒店
Hotel

在热那亚有很多经济实惠的酒店和旅馆。经济型的酒店遍布在城市各处，火车站附近也集中有很多旅馆，所以即使深夜抵达车站，也不用担心找不到落脚之处。最便宜的地段当数旧城区靠近港口的地方，但是单身的女游客还是避开这里为好。

萨沃亚 · 格兰德酒店 ★★★★★
G.H.Savoia

◆ 传承城市历史

位于王子车站前，1897 年开业，是能代表这座城市的酒店。客房装饰极具热那亚特色，在客房以及仍保留着创业当时气氛的酒吧里，可以尽情畅想这座城市的历史。从露台上俯瞰到的热那亚湾的景色也很美。酒店内设有餐馆。

王子车站附近和旧城区 Map p.358 A1

URL www.grandhotelsavoiagenova.it
住 Via Arsenale di Terra 5
☎ 010-27721
Fax 010-2772825
SS € 115/480
TS € 129/860
室 117 间 含早餐 W-F
C A.D.J.M.V.

NH 海滨酒店 ★★★★
NH Marina

◆ 被大海环绕其间

紧邻水族馆、海洋博物馆，位于波尔图安蒂科码头。从早餐餐馆和带阳台的客房可以眺望到帆船码头以及曾经的造船厂的风景，能切身感受到置身于热那亚的感觉。客房很现代化，很干净。酒店内设有以乡土菜为主的餐馆。

王子车站附近和旧城区 Map p.358 A1

URL www.nh-hotels.com
住 Molo Ponte Calvi 5
☎ 010-25391
Fax 010-2511320
SB € 119/395
TB € 132/480
室 133 间 含早餐 W-F
C A.D.J.M.V.

帕拉佐 · 斯考拉
Locanda Palazzo Cicala

◆ 位于城市中心

由始于 16 世纪的历史悠久的帕拉佐改建而成。在客房里仍能感受到当年的氛围，非常宽敞，天花板也很高，这些和现代化的装饰物巧妙地融合在一起，给人非常时尚的感觉。

王子车站附近和旧城区 Map p.358 B2

URL www.palazzocicala.it
e-mail info@palazzocicala.it
住 Piazza S. Lorenzo 16
☎ 010-2518824
SS € 89/119 TB € 109/159
室 10 间 含早餐 W-F
C A.D.J.M.V.

新诺德酒店 ★★★
Hotel Nuovo Nordo

◆ 王宫旁边，是一家既安静又洁净的酒店

位于 19 世纪建造的建筑物内，内部刚刚经过改装。客房非常时尚，宽敞且洁净，并装有双重玻璃窗，不用担心噪声的困扰。距离王子车站 500 米，离王宫也很近。

王子车站附近和旧城区 Map p.358 A1

URL www.hotelnuovonord.com
住 Via Balbi 155r
☎ 010-2464470 Fax 010-2727265
SS € 57/107 TS € 67/125
室 19 间 早餐 € 5 W-F
C A.D.M.V.

巴尔比酒店 ★★
Balbi Family Hotel

◆ 价格低廉，物超所值

房间宽敞。性价比很高。从热那亚车站沿着站前最醒目的大街走，一会儿就能看到位于路左侧的酒店招牌。

王子车站附近和旧城区 Map p.358 A1

Low 3/20~11/3
URL www.hotelbalbalbi.com
住 Via Balbi 21/3 int3 ☎ 010-2759288
SS € 50/70 TS € 60/80 3S € 90/120
房间数 19 间 含早餐 W-F
休 12/20~12/26 C M.V.

※ 热那亚的住宿税：YH € 1 ★～★★★ € 1 ★★★★ € 2 ★★★★★ € 3。最多收 8 晚，14 岁以下免税。

热那亚青年旅舍
Ostello per la Gioventù Genova

王子车站附近和旧城区 地图外

◆ **有着很好景观的青年旅舍**

位于高地的树林中，规模很大，很干净，很现代化。接待时间为14:30~24:00。

URL www.ostellogenova.it
住 Pass G. Constanzi 10
☎ Fax 010-2422457 D €17 S €25
SS €28 T €38.50 TS €43
3S €66 早餐€2.20 W-F C M.V.

摩登·威尔迪 ★★★★
Moderno Verdi

布利纽雷车站附近 Map p.359 B3

◆ **位于站前，快捷便利**

位于布利纽雷车站前，住客多为意大利商务人士。由19世纪20年代的建筑物改装而成，店内氛围优雅。酒店内设有餐馆（仅限晚餐）。

URL www.modernoverdi.it
住 Piazza G.Verdi 5
☎ 010-5532104 Fax 010-581562
SB €85/210 TB €90/290
室 87间 含早餐 W-F C A.D.J.M.V.

巴罗内酒店 ★
Hotel Barone

布利纽雷车站附近 Map p.359 B3

◆ **位于布利纽雷车站附近**

是一家小型旅馆，房间很干净。距离布利纽雷车站约400米，距离地铁法拉利站约60米。购物也很方便。

URL www.hotelbaronegenova.it
住 Via XX Settembre 2/23
☎ Fax 010-587578/530047
SS €40/55 TS €55/70 3S €72/90
4S €88/100 室 12间 W-F C A.D.M.V.

五渔村 Cinqueterre

世界遗产

自然和历史造就的海岸线

五渔村是从利维埃拉的终点拉斯佩齐亚以西，几乎等距离并排分布着的曾经的五个渔村的总称。从热那亚一侧开始依次是蒙特罗索·阿尔马雷、韦尔纳扎、科尔尼利亚、马纳罗拉、里奥马焦雷。加上再往西的韦内雷港和帕尔马里亚群岛，一同被列为世界遗产。

从徒步旅行之路眺望韦尔纳扎

世界遗产

韦内雷港、五渔村以及岛屿
收录年份 1997年 文化遗产

前往五渔村的方法

拉斯佩齐亚和五渔村之间有各站都停的列车在频繁往来。村子和村子之间只需5分钟，从时间上来讲，这是最方便的交通手段。

拉斯佩齐亚（→p.372）和波托菲诺、热那亚（→p.358）等地都有前往这里的船只。五渔村之间的船在夏季每隔1~2小时运行。只要把这些船和火车好好进行组合，就可以在1天之内逛遍整个五渔村。

周游五渔村要从哪里开始?

附近最大的城市有西侧的热那亚，东侧的拉斯佩齐亚。铁路的 FRECCIABIANCA、IC 列车都在这两座城市停靠。城市规模也比较大，找寻住宿设施很方便。如果想一日往返游览，热那亚虽然也是一个不错的地方，但可以再往前一点来到韦内雷港，从拉斯佩齐亚出发去游览五渔村更方便些。如果想更近距离亲近大海和山峦等景观，就在五渔村里面找酒店住宿。每一个村子里的酒店数量都不多，在夏季等旅游旺季最好还是早些预订酒店为好。近几年，这里的 B&B 的数量也在不断增加，可以上午早些到达，在 ❶ 旅游咨询处查看一下张贴的广告找一找。

特产甜葡萄酒沙克特拉

蒙特罗索 · 阿尔马雷的 ❶ 旅游咨询处

Pro Loco

住 Via Fegina 38

☎ 0187-817506

开 9:00~19:00

※ 车站内设置了 ❶ 旅游咨询处（出了检票口后沿着海岸的一侧）

蒙特罗索 · 阿尔马雷的停船处

位于背对车站向左走，

在热那亚湾航行的船只

能停靠船舶的里奥马焦雷

这一带在很长的时间内都因为受制于交通，犹如被时光忘却了一般，保留下了过往时代的村落，也孕育出了独特的文化。在陡峭的山岗上，人们不使用石灰等黏合剂，铸就了长达 7000 多公里的石头长廊。令人难以置信地辛苦劳作，造就出连接到大海的梯田，梯田上是一派美丽葡萄园的风景。

美丽的自然和景观，以及特产甜葡萄酒沙克特拉（Sciacchetra），将人们带入那个遥远的年代。

蒙特罗索 · 阿尔马雷 Monterosso al Mare

是五渔村最大的村子。走出车站眼前就是一片汪洋大海。在漫步之路的下面，波涛拍打着巨大的岩石，沙滩上人们正在和海浪嬉戏。在海滨的露台上眺望大海的悠闲时光一定会成为旅行中难以忘怀的记忆。市区在车

车站旁边的海水浴场

让我们出发去五渔村吧

站的左右两侧延伸，位于左侧隧道另一端的村子仍保留着昔日渔村的影子，羊肠小道绵延不断。在车站的右侧则是酒店、餐馆、土特产店集中的地方。

过了隧道的海湾右侧。在停船处前面就是售票处。

从热那亚乘船前往五渔村

7~8 月的限定日期（主要在周日）会有从热那亚开往蒙特罗索 · 阿尔马雷或韦内雷港的快艇。

热那亚旧港 9:45 出发，11:30 到达蒙特罗索 · 阿尔马雷。

费 € 40、5~14 岁€ 20

问询：Liguria Via Mare 组合

URL www.liguriaviamare.it

☎010-265712

乘船：热那亚水族馆旁边

蒙特罗索 · 阿尔马雷的酒店
Hotel

五渔村的海滨和漫步之路都非常美，所以游览五渔村最好轻装上阵。推荐在蒙特罗索 · 阿尔马雷住宿。

帕斯奎尔酒店 ★★★
Hotel Pasquale

◆ **距离大海很近**

从酒店能眺望到绝美的景色。旺季时还提供包含 3 餐的住宿，在 1 层餐馆用餐。带有空调。出了车站向左约 600 米。

URL www.pasini.com
住 Via Fegina 4/8 ☎0187-817477
Fax 0187-817056 SS € 80/150
TS € 135/220 3S 180/320
室 15 间 含早餐 W-F
休 11/10~ 次年 3/1 C M.V.

斯泰诺 ★★★
Villa Steno

◆ **安静的酒店**

几乎所有客房都带有能看到大海的小阳台。绝对不会听到汽车声音。是一个可以悠闲度假的家庭式酒店。

URL www.villasteno.com
住 Via Roma 109 ☎0187-817028
Fax 0187-817354 SS € 135
TB € 200 含早餐 W-F
休 11/15~ 次年 3/1 C M.V.

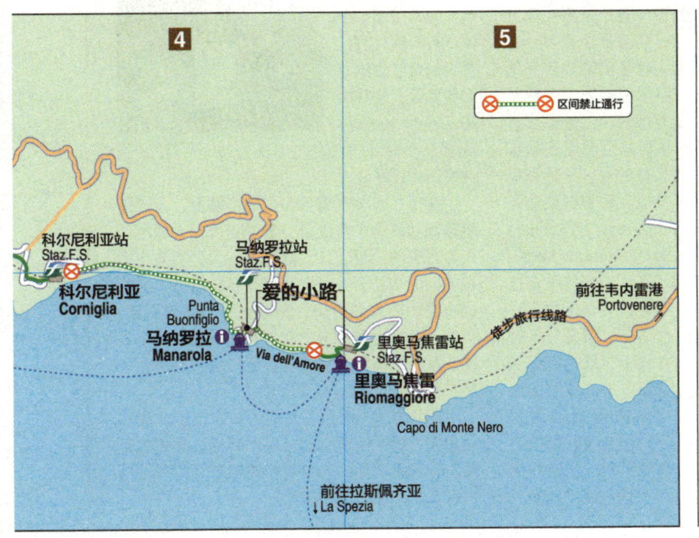

五渔村的徒步旅行线路

徒步游览五渔村的线路有好几条，ⓘ旅游咨询处有提供地图。顺便说一下，根据ⓘ旅游咨询处的资料，从蒙特罗索·阿尔马雷到里奥马焦雷约需4小时30分钟。从里奥马焦雷到地处高地，景色美丽的韦内雷港约需4小时30分钟。如果沿着线路从蒙特罗索·阿尔马雷前往韦内雷港，约需10小时30分钟。想要走全程的话，千万不要忘了带地图及各种装备。

徒步旅行线路是收费的（只可以使用五渔村卡，没有单独的票）。在线路的各个入口有售票处。

“爱的小路”的信息

从马纳罗拉车站到里奥马焦雷方向中途的酒吧 Bar di Via dell`Amore 距离只有200米。从高地的小路上能眺望到大海和礁石全景，对于没有时间徒步旅行的人来说正合适。

登陆韦尔纳扎

韦尔纳扎 Vernazza

从高地眺望韦尔纳扎，犹如画中风景一般美丽。小小的海湾里漂浮着船只，它的周围是装点成粉色的民居。很好地保留着中世纪氛围的石子路、廊柱、阶梯引导着我们走向高地，这里有中世纪的城堡，城堡内有11世纪时重建的塔。

韦尔纳扎的傍晚充满了中世纪氛围

从大海眺望到的韦尔纳扎的风景

在风平浪静的海湾里有13世纪建造的热那亚·罗马样式的教堂 S.Margherita di Antiochaia，其周围是各种餐饮店。在这里享受日光浴的人们又带来了五颜六色的丰富色彩，是一个充满度假氛围的村庄。

从车站出来就是一条通往大海的街道，是这里的主要道路，如果时间不充裕可以来这里看看。

科尔尼利亚 Corniglia

五渔村中唯一一个不能从大海直接抵达的村子。这个船舶不能停靠的村子坐落在险峻的悬崖和葡萄田上。从车站需要攀登长长的，有些陡峭的台阶（377个），或乘坐迷你巴士前往。从蜿蜒曲折的台阶上眺

高地上的城市科尔尼利亚

爱的小路和徒步旅行线路

五渔村各处铺设有徒步旅行线路。从里奥马焦雷直到马纳罗拉的沿海边的道路被称为“爱的小路（Via dell`Amore）”，非常著名。道路铺设得很好，便于行走，也是能眺望到好风景的地方。从这里开始，科尔尼利亚到蒙特罗索·阿尔马雷之间是可以通行的。无论是从蒙特罗索·阿尔马雷，还是从科尔尼利亚开始徒步旅行，都要向上走一段长长的台阶，难易程度是相同的。总计长约7公里。看着摆放在各处的 Sentiero Corniglia-Vernazza，或 Sentiero Monterosso-Vernazza No.592 “Sentiere Verde-Azzurro” 的标识向前就可以了。有很多人在这条线路上行走，而且就一条路，完全不用担心会迷路。但是一旦进入村子，就会有好几条路，担心迷路的人可以向附近的人打听。根据ⓘ旅游咨询处所说，从科尔尼利亚前往维尔纳察、从韦尔纳扎前往蒙特罗索都需要1小时30分钟左右。考虑到自己的体力和经验等，最好准备2小时30分钟或者3小时30分钟时间比较好。

请穿着方便的鞋子

基本处于不能通行的状态

穿行在森林和葡萄田中的小路上，不时能眺望到壮阔的大海美景，能看到古代人们用纯人力修葺的石垣，让人慨叹于与大自然共生的祖先们的辛苦创造。中途有很多只能一人通行的小路、陡急的台阶，脚下有时会是碎石路。很多人会穿上登山鞋，背着背包，手拿登山手杖。村子之间没有酒吧等设施，自己要准备一些水和简单的食物。

蒙特罗索·阿尔马雷的入口，位于从火车站向左，过了隧道，越过海岸后通往高地的道路。科尔尼利亚的入口请参照城市介绍部分的内容。入口附近设有售票处。

船只不能停靠的海滨非常安静

望到的大海，别具一派美丽。村子的入口，迷你巴士的终点矗立着 14 世纪的 San Pietro 教堂。村子里细细的道路犹如迷宫一样盘横交错，通往祈祷所（Oratorio dei Disciplinati）和悬崖下掀起白浪的海岸。

2016 年时，徒步旅行线路从这里一直通往蒙特罗索·阿尔马雷。背对着教堂，走上右边铺设好的道路，就能来到售票处和入口。

马纳罗拉　Manarola

从有很多土特产店，距离很短的主街穿过，来到海岸，这里很好地保留着昔日渔村的风貌。从徒步旅行线路远眺到的海湾对面的景色非常美。在圣诞节期间，整个村子都会装点上被称为"世界最大的耶稣诞生现场（表现基督诞生情形的立体透视模型）Il piu grande presepe nel mondo"的照明灯光，并因此享誉世界。

保留着古代渔村氛围的马纳罗拉村

里奥马焦雷　Riomaggiore

游船乘船处是一个向大海方向突起的礁岩，被波浪不断冲击的巨大岩石环绕，有着戏剧般的氛围。即使不坐船，也一定要到乘船处看看。海边有拱廊状的古代建筑，高地上排列着粉色、黄色等色彩缤纷的民居。虽然是一个小村子，却能在上下坡路时欣赏到不同高度带来的不同风景。

从里奥马焦雷的乘船处能眺望到绝美的景色

从这里开始乘坐铁路吧

登陆里奥马焦雷

迷你巴士乘坐处

出了车站向左。巴士停靠站在坡路的中途。

五渔村卡

Cinque Terre Card

使用此卡，游览五渔村以及使用其中的徒步旅游线路时会感到非常方便。卡共有 3 种。

① 迷你巴士、徒步旅行线路的门票、Wi-Fi 都免费

1 日票 €7.50

（4~18 岁€4.50）

2 日票 €14.50

（4~18 岁€7.20）

家庭票（成人 +12 岁以下的孩子 2 名）

② 包含 ① + 从莱万托至拉斯佩齐亚的火车票（2 等车票，在规定期间内可无限次使用）

1 日票 €16（4~18 岁€7.30）

2 日票 €29

3 日票 €41

家庭票 1 日票 €42

※ 可在五渔村的车站和 ℹ 旅游咨询处等窗口或者在徒步旅行线路入口的售票处购买

URL www.cinqueterre.eu.com

徒步旅行线路的指引标识很完善

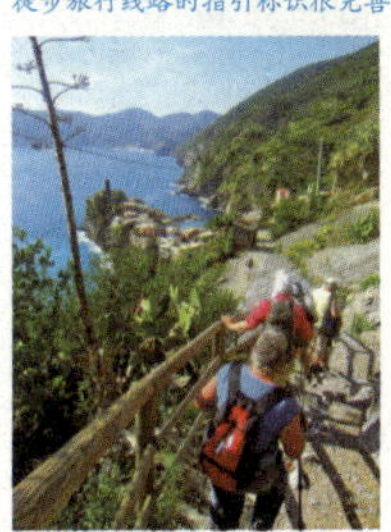

男女老少都非常喜欢的徒步旅行线路

五渔村的游览船信息

拉斯佩齐亚有开往韦内雷港、五渔村的村子的游船。船只运行时期从复活节开始至 11 月上旬。夏季 9:15~17:20，几乎每小时 1 班船（11:00~14:00 期间，2~3 小时一班船）。如果很好地利用，1 天就能访问所有村子。但是不在科尔尼利亚停船。

时刻表例子

拉斯佩齐亚 9:15 → 韦内雷港 10:00 → 里奥马焦雷 10:35 → 马纳罗拉 10:50 → 韦尔纳扎 11:05 → 蒙特罗索 11:20

费 1 日票（上下自由）€30

下午票（一个地方只能待 1 小时）€23

单程（上下自由）€24

单程（到里奥马焦雷或马纳罗拉）€15

问询：Consorzio Marittimo Turistico

住 Via Don Minzoni 13（拉斯佩齐亚）

☎ 0187-732987

URL www.navigazionegolfodeipoeti.it

韦内雷港 Portovenere

世界遗产

能享受慢生活的度假地

韦内雷港的绝美景观

韦内雷港位于造就了拉斯佩齐亚海湾的半岛突起的边缘地带。其名字在意大利语里的意思是“女神之港”，被誉为利古里亚海滨地区最浪漫的地方，这里也是拜伦最喜欢的地方。

漫步之路就在大海的旁边，松树树荫笼罩下的广场上是一家连着一家的餐馆和咖啡馆。凉爽的海风穿过，游客们悠闲地漫步，这里是一个很好的度假地。

从汽车终点站出发，以大海为左，沿海岸线前行，会看到建在高地上的圣彼得大教堂。位于大教堂右前方的岩石被称为拜伦洞穴（Grotta di Byron），这一带的海湾非常安静。

圣彼得大教堂是热那亚风格的哥特式建筑，是在13世纪时由初期的基督教时代教堂遗址改建而成的。来到台阶上面的阳台上，能看到一直延伸到梅斯克海岬的五渔村绝美的景色。远处是白色烟雾中若隐若现的卡拉拉的群山、祖母绿色的大海以及岩石，眼前是绿色的帕尔马里亚岛。沿着从教堂开始的细长的小路前行，就会看到建于12世纪的罗马哥特式建筑圣罗伦索教堂。从这里左转向着高地前行就能到城堡（Castello）。12世纪时，为了将这里作为利古里亚海东侧的战略据点使用，占领此地后的热那亚人建造了这座城堡，此后在17世纪时经过改建。从这里眺望大海的景观也很好。此外还可以在两侧挤满了各种建筑，在被称作卡鲁吉奥（Carrugio）的老城区羊肠小道上随意地散散步，非常惬意。

前往韦内雷港的方法

从拉斯佩齐亚（Viale Garibaldi等的汽车站）乘坐11/P路巴士在终点下车。所需时间约30分钟，运行间隔为15~30分钟。票价€2.50（1次乘车票）。车票在书报亭或烟草店销售。在中途可以从车窗向下俯瞰，能看到绿色海湾上绵延的游艇港口等，风景非常美丽。

乘船（只在复活节~11月上旬期间运行）前往时，可以乘坐五渔村的游览船（→p.371）。从拉斯佩齐亚的港口（Passeggiata Marin）出发约需30分钟（一日3~4趟）。单程€6，往返€10。

韦内雷港的旅游咨询处 ℹ

Pro Loco

住 Piazza Bastrei 7

☎ 0187-790691

开 10:00~12:00
15:00~19:00（冬季~18:00）

休 冬季的周三

Ⓡ 港口餐馆

Trattoria La Marina

海风拂面的度假气氛

从餐馆能眺望到韦内雷港和帕尔马里亚岛绿色满目的风景，是一个景观非常好的餐馆。鱼类菜肴品种丰富，服务也很好。距离汽车站很近，旅行中途过来用餐也很方便。

住 Piazza Marina 6（韦内雷港）

☎ 0187-790686

营 12:00~15:00、19:00~22:30

休 周四　预 €20~40

C A.D.J.M.V.

从大海眺望拜伦洞穴

拉斯佩齐亚 La Spezia

巡游五渔村的基地

来到拉斯佩齐亚，托斯卡纳地区就近在眼前了，现在这里作为海军基地、商业港口、工业城市，正在不断地发展。

巡游帕尔马里亚岛

帕尔马里亚岛和韦内雷港非常近，就好像连接在一起一样。岛上没有特别的景点，只是因为作为夏天天然的海水浴场，而被人们所喜爱。夏天有巡游这三个岛——帕尔马里亚岛、蒂诺岛以及提尼托岛的巡游船。

参加巡游可以看到掩藏在险峻的岩石和浓密绿色的岛影之中的拜伦洞和蓝色洞穴、以前的采石场遗迹、灯塔、修道院遗迹等。

巡游船只在3~11月运行，所需时间是40分钟，价格€12。夏季8:50、10:00、11:00、12:00、14:00、15:00发船。有时乘船人数不足10人时会停运。

愉快的岛屿观光

乘船处位于汽车站所在道路的下面，售票处的亭子在海岸边。在同一地方还有巡游五渔村的游船。

乘坐游船还可以在帕尔马里亚岛的海水浴场中途下船。只想去帕尔马里亚岛进行海水浴的人可以从码头乘坐摩托艇（票价€4）。

在 fs 车站周围还保留着昔日的影子。加富尔大街（Corso Cavour）东西向贯穿了几乎整个市区，街上开办有市场，还有很多咖啡馆，是一条商业街。从加富尔大街沿着大海笔直延伸的是意大利大街（Viale Italia）。这里松树和夹竹桃树木成荫，有很多品牌店，是一条充满高档感的大街。在这前面的是海岸大街的漫步之路（Passeggiata Morin），从这里还有开往五渔村和韦内雷港的游船。

从城堡眺望到的港口景色

在咖啡馆一家连着一家的广场一角，建有圣母升天大教堂（Santa Maria Assunta），内部有罗比亚的彩色陶制塑像。山岗上面是圣乔治城堡（Castel San Giorgio），里面有考古学博物馆。从这里眺望到的景色也非常美。

前往拉斯佩齐亚的方法

从罗马特米尼车站乘坐开往热那亚方向的 FRECCIABIANCA（直达），需要 2 小时 56 分钟~3 小时 40 分钟，乘坐 IC 约需 3 小时 58 分钟。从米兰中央车站乘坐开往拉斯佩齐亚等方向的 IC 约需 3 小时 11 分钟。从热那亚乘坐开往比萨等方向的 FRECCIABIANCA 约需 1 小时 10 分钟，乘坐 IC，需要 1 小时 13 分钟~1 小时 34 分钟，乘坐 R 约需 2 小时。从比萨乘坐 R 约需 1 小时 20 分钟。

拉斯佩齐亚的 ❶ 旅游咨询处 IAT

开 9:00~13:00
※ 位于车站内

●圣乔治城堡

住 Via XX Ⅷ Marzo
☎ 0187-751142
开 夏季 10:30~16:30
周一 10:30~13:30
冬季 9:30~12:30
14:00~17:00
周一 9:30~12:30
休 周一下午、周二、1/1、12/24
费 € 5.50
地 p.373 A2

五渔村的游览船从这里乘坐比较方便

拉斯佩齐亚的酒店
Hotel

佛罗伦萨洲际酒店 ★★★
Firenze&Continentale

Map p.373 A1

◆位于车站附近，是巡游五渔村时的好据点。位于 20 世纪建造的大型建筑里，设有沙龙、酒吧，客房内也保留着当年的氛围，古色古香。

URL www.hotelfirenzecontinentale.it
住 Via Paleocapa 7
☎ 0187-713210 Fax 0187-714930
SS € 60/156 TS € 72/170
室 68 间 含早餐 W-F C A.D.J.M.V.

城市酒店 ★★★★
Le Ville Relais

地图外

◆俯瞰大海和城市

建在能俯瞰城市和海湾的高地上，将 18 世纪典型的房屋进行了现代化改造后形成的酒店。客房明亮，从露台能眺望到绝美的景色。

URL www.levillerelais.it
住 Salita al Piano 18/19 ☎ 0187-735299
Fax 0187-015041 SB € 90/170 TB € 105/230
室 12 间 含早餐 W-F
C A.D.J.M.V. 休 11/1~2/28
交 从车站乘坐摆渡车（€ 10，需要预约）前往

※ 拉斯佩齐亚的住宿税：1 人 1 晚€ 1.50 最多收 5 晚及 1/15~2/15 及 12 岁以下免税

香草、橄榄油、各种蔬菜和新鲜海产品的主要产地

■利古里亚区的美食

利古里亚区位于延伸到法国休闲胜地——蔚蓝海岸的利古里亚海岸上。这里阳光普照，气候温暖，盛产橄榄油。这里还是香草的产地，据说过去在这个地区航行的船只，只要闻到从港口飘来的香草的香气就知道船已经靠近陆地了。因此，这里的地方菜都会大量使用橄榄油和香草，另外还有很多在南部意大利常见的朴实的蔬菜菜肴。此外，在中世纪时期与威尼斯争霸的热那亚港就位于此地，因此这里还有很多从中西亚、希腊传来的菜肴。

热那亚的B级美食很丰富，图为陈列在店门口的刚炸出锅的海鲜

面点中首推Trenette al Pesto，是形状类似压扁的意大利面条的面点，用罗勒、松子、橄榄油、佩可利诺奶酪制成的酱汁搅拌而成。罗勒的香味诱人食欲。与之相配的最好的葡萄酒是口感辛辣的白葡萄酒Lumassina。如果想试一试利古里亚海鲜，就请品尝番茄风味的鱼汤Buridda（也叫作Ciuppin）。吃这道菜的时候可搭配白葡萄酒Cinquetreer，这种酒是用生长在断崖上的葡萄酿造而成的。鱼类菜肴还有一个一定要品尝的，那就是被称为Cappon Magro的菜肴。它本是圣诞节时食用的菜肴，现在却已成为热那亚的名菜。做法是将螃蟹、龙虾等12种以上的蔬菜和海鲜一起放于一个大容器中煮制。与之相配的是高雅的白葡萄酒Vermention。

热那亚的名小吃。后面是法里纳塔

在热那亚的副食店里一定能看见Cima和复活节蛋糕（Torta Pasqualina）。Cima Fredda alla Genovese是在像袋子一样敞开的牛胸脯肉中填入牛胸腺、牛胆、帕尔米加诺奶酪、面包粉、煮鸡蛋等，然后在肉汤中煮制而成。冷却后切成薄片食用。Torta Pasqualina如其名字一样，是在春季复活节食用的馅饼。现在它是一道一年四季都能食用的菜肴，春天时可在里面加入洋蓟（Carciofi）、甜菜（Bietole）等蔬菜，秋天则可加入蘑菇。另外，意味着生命复苏的鸡蛋是这个馅饼中不可缺的材料，从切口处可以看到煮鸡蛋鲜艳的黄色。

利古里亚的开胃菜

在热那亚到处都能见到的热那亚名小吃，是用鹰嘴豆粉制成的黄色的，有点像大块松饼的法里纳塔（Farinata），以及将做比萨饼的原材料摊平烤制的香草橄榄油面包（Focaccia）。与其他地方相比，这儿的小吃更加柔软芳香。

土特产信息

●葡萄酒●

五渔村 Cinqueterre ★★
DOC·白·辣味
Passito是被称为沙克托拉（Sciacchetra）★★★的口味甘甜的极品葡萄酒

维尔梅提诺 Vermentino ★★
DOC·白，面向年轻人
最适合与利维埃拉的海鲜一起食用

●土特产礼品●

各种香料
■圣乔治（San Giorgio） 住 Via Luccoli 47
热那亚因香草而知名的拥有百年以上历史的老店铺

热那亚Pesto
用巴吉里科、松子、奶酪、橄榄油做成的绿色，香味浓郁的意大利面酱汁。在意大利各地都能买到，但这里的味道最正宗。

物品丰富的利古里亚市场

充满活力的博洛尼亚市场

博洛尼亚和艾米利亚—罗马涅区

Bologna & Emilia-Romagna

以贯穿地区中央的艾米利亚街道为中心，自古以来就是作为交通要塞而发达的一个区。区内的很多城市都有保存完好的美术作品——从伊特鲁里亚的遗物到拜占庭、罗马、哥特、文艺复兴的各个时代，各个种类的都有。位于该区和伦巴第区交界处的波河流域是富裕的谷仓地带，小麦、葡萄的栽培，以及牛、猪的饲养都很繁盛。帕尔马的生火腿和奶酪誉满全球。区首府博洛尼亚不仅是交通、产业的中心，也是农产品的集散地，另外，它还因拥有欧洲最古老的大学而十分有名。

博洛尼亚 *Bologna*

●邮政编码 40100

博洛尼亚红色或橙色的屋顶很有特色

博洛尼亚距离米兰约 200 公里。在红色屋顶引人注目的“艺术之城博洛尼亚”，至今仍能感受到浓厚的中世纪、文艺复兴、巴洛克时代的气息。豪华的楼堂馆所鳞次栉比，道路上的廊柱连接在一起，一望无边。

现在的博洛尼亚是引领意大利经济的重要的经济型城市，它还因举办图书、鞋、美容器具等国际展览会而知名。在作为商业城市具有现代化风情的同时，比起意大利的其他城市，博罗尼亚的传统式市场和个人作坊也异常活跃。在这里你能感受到博洛尼亚人环保、自产自销的生活理念。这里人们具有活力，又具有超前意识的生活态度，以及完好地保留下来的中世纪时的城市布局，使整个城市呈现出与意大利其他城市完全不同的独特景观和氛围。

博洛尼亚 漫 步

博洛尼亚中央车站位于城市北侧，要前往观光中心的马焦雷广场，可以沿站前的独立大街笔直地往前，走 1 公里左右即到。也可以乘坐 25 或 30 路巴士，需 5~10 分钟。在马焦雷广场的周边集中了博洛尼亚的主要景点。如果你只有半天时间游览这座城市的话，那么光游览这一带就可以。广场的一角还设有 ❶ 旅游咨询处。

马焦雷广场向南的阿尔基金纳西奥大街是博洛尼亚最繁华的街道。街道中央是阿尔基金纳西奥宫，即旧博洛尼亚大学。紧挨着它的是市立考古学博物馆（Museo Civico Archeologico），这里有丰富的古代埃及、希腊、罗马、伊特鲁里亚的藏品，其中特别值得一提的是伊特鲁里亚的瓶壶类藏品。

马焦雷广场前的利主里大街（Via Rizzoli）往东走 300 米左右，就到了波尔塔·拉维纳纳广场（Piazza Porta Ravegnana）。广场上有被称作博洛尼亚斜塔的两座塔。据说在 12~13 世纪的博洛尼亚黄金时期，贵族们为了彰显自己的权力在这里修建了 200 座塔，令但丁都感到吃惊。

这一带，即使在博洛尼亚也是中世纪氛围特别浓厚的地方。在斜塔南侧的梅尔康茨亚广场（Piazza della Mercanzia）上，商人协会建筑的柱廊及哥特式建筑交织出的光和影中，似乎还荡漾着中世纪都市博洛尼亚的空气。

前往博洛尼亚的方法

博洛尼亚中央车站位于国营铁路米兰—罗马的干线上，是交通要塞。从佛罗伦萨新圣母玛利亚车站乘坐红箭列车 FRECCIAROSSA 前往需要 35 分钟，乘坐 IC 前往需要 1 小时 21 分钟，乘坐 R+RV（换乘 PRATO）前往约需 1 小时 10 分钟。从米兰中央车站乘坐红箭列车 FRECCIAROSSA 前往约需 1 小时，乘坐 FRECCIABIANCA 前往约需 2 小时，乘坐 IC 前往需要 2 小时 44 分钟，乘坐 RV 前往需要 2 小时 53 分钟。

市内巴士的车票

■ 1 次乘车票　€ 1.30（75 分钟有效。即使在有效时间内，换乘时也需在检票口验票），上车购票 € 1.50

■ 1 日乘车票　€ 5

从机场前往市区

机场巴士（AEROBUSBLQ）在 7:00~21:00 间，每隔 11 分钟发车，机场出发 5:30~24:15，所需时间约 30 分钟。从机场经由中心街、到火车站的线路之外，在展会期间还会开设到展会现场的直达线路。票价 € 6（75 分钟有效。在此时间内还可以乘坐市内巴士），上车后购票。

URL www.aerobus.bo.it

●博洛尼亚的旅游线路

马焦雷广场 p.378
↓
圣彼得罗尼奥教堂 p.379
↓
市立考古学博物馆 p.382
↓
阿尔基金纳西奥宫 p.380
↓
市立中世博物馆 p.382
↓
国立绘画馆 p.383

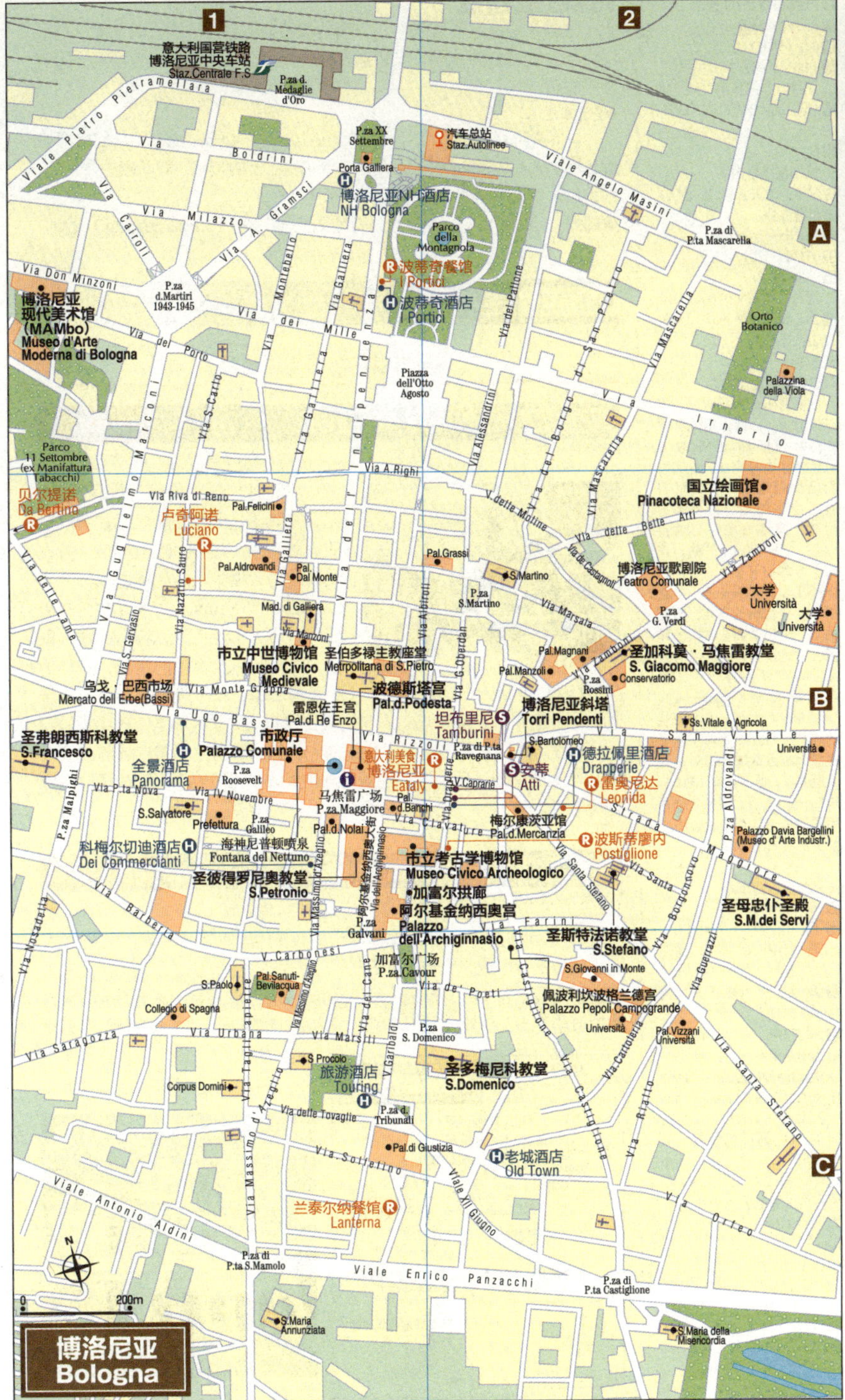
博洛尼亚
Bologna
意大利国营铁路
博洛尼亚中央车站
Staz.Centrale F.S
汽车总站
Staz.Autolinee
博洛尼亚NH酒店
NH Bologna
波蒂奇餐馆
I Portici
波蒂奇酒店
I Portici
博洛尼亚现代美术馆
(MAMbo)
Museo d'Arte Moderna di Bologna
国立绘画馆
Pinacoteca Nazionale
贝尔提诺
Da Bertino
卢奇阿诺
Luciano
博洛尼亚歌剧院
Teatro Comunale
大学
Università
市立中世博物馆
Museo Civico Medievale
圣伯多禄主教座堂
Metropolitana di S.Pietro
圣加科莫·马焦雷教堂
S. Giacomo Maggiore
乌戈·巴西市场
Mercato dell Erbe(Bassi)
波德斯塔宫
Pal.d.Podesta
雷恩佐王宫
Pal.di Re Enzo
坦布里尼
Tamburini
博洛尼亚斜塔
Torri Pendenti
圣弗朗西斯科教堂
S.Francesco
市政厅
Palazzo Comunale
全景酒店
Panorama
意大利美食·博洛尼亚
Eataly
德拉佩里酒店
Drapperie
安蒂
Atti
雷奥尼达
Leonida
马焦雷广场
P.za Maggiore
梅尔康茨亚馆
Pal.d.Mercanzia
科梅尔切迪酒店
Dei Commercianti
海神尼普顿喷泉
Fontana del Nettuno
波斯蒂廖内
Postiglione
市立考古学博物馆
Museo Civico Archeologico
圣彼得罗尼奥教堂
S.Petronio
加富尔拱廊
阿尔基金纳西奥宫
Palazzo dell'Archiginnasio
圣母忠仆圣殿
S.M.dei Servi
圣斯特法诺教堂
S.Stefano
加富尔广场
P.za Cavour
佩波利坎波格兰德宫
Palazzo Pepoli Campogrande
旅游酒店
Touring
圣多梅尼科教堂
S.Domenico
老城酒店
Old Town
兰泰尔纳餐馆
Lanterna
Viale Pietro Pietramellara
Via Boldrini
Via Milazzo
Via Irnerio
Via Indipendenza
Via Galliera
Via Marconi
Via Rizzoli
Via Ugo Bassi
Via San Vitale
Strada Maggiore
Via Santo Stefano
Via Castiglione
Via Farini
Via Saragozza
Viale Antonio Aldini
Viale Enrico Panzacchi
Viale XII Giugno
0　200m

●博洛尼亚的旅游咨询处

主办公室位于面向马焦雷广场的波德斯塔宫的一楼，很宽敞，也很现代化。这里分发地图，出售通票和一些适合做礼品的时尚物品，也可预约酒店。

●巴士车站

火车站正面就是巴士车停靠的车站。出了火车站左边的 9 月 20 日广场（Piazza XX Settmbre）上有停靠普尔曼巴士的车站。有多趟去往米兰、佛罗伦萨、安科纳等主要城市的普尔曼巴士。

●邮局 邮局位于马焦雷广场南侧的明凯迪广场（Piazza Minghetti）北侧。

博洛尼亚 主要景点

马焦雷广场的周边地带

马焦雷广场 Piazza Maggiore

Map p.377 B1

喷泉的水柱引人注目，城市的中心广场

★★

马焦雷广场上的吉甘特喷泉。波德斯塔宫内的 ❶ 旅游咨询处很宽阔

罗马时代这里就作为广场使用，无论古代还是现代，这里都是博洛尼亚人休息和约会的地方。特别引人注目的是大喷泉——海神尼普顿喷泉（Fontana del Nettuno），它是被博洛尼亚人爱称为“巨人吉甘特”的城市象征。喷泉是詹波隆那的作品，海神的手里握着犁，脚下蛰伏着四个半人半鸟的海的精灵。面向广场，右手边极富厚重感的建筑物是市政厅（科姆纳雷宫），喷泉的左侧是雷恩佐王宫和波德斯塔宫。隔着广场与波德斯塔宫相对的是为了纪念博洛尼亚的守护圣人彼得罗尼奥而建的圣彼得罗尼奥教堂。

市政厅（科姆纳雷宫）Palazzo Comunale

Map p.377 B1

在博洛尼亚出生的艺术家大放异彩

★★

13~15 世纪时作为统治这座城市的教皇代理使节的住处进行了改建。走上伯拉孟特建造的大台阶来到三层，这里有用湿壁画进行装饰的大礼拜堂，以及展示着 14~19 世纪美术作品的市美术品收藏展。彰显教会强大势力的豪华的内部装饰也是不容错过的。建筑物的外部镶嵌着参加抗争运动牺牲的 2000 人的照片，这些照片在述说着这座城市的另一个历史。

马焦雷广场
海神尼普顿喷泉 Fontana del Nettuno
Via Ugo Bassi
V.Rizzoli
雷恩佐王宫 Pal.di Re Enzo
市政厅 Palazzo Comunale
波德斯塔宫 Pal.del Podestà
Via IV Novembre
马焦雷广场 P.za Maggiore
圣母忠仆圣殿 S.Maria della Vita
诺泰馆 Pal.d.Notai
班奇馆 Pal.d.Banchi
圣彼得罗尼奥教堂 S.Petronio
市立考古学博物馆 Museo Civico Archeologico
阿尔基金纳西奥宫 Archiginnasio
P.za Galvani
N
0 100

市政厅

---

❶ Bologna Welcome IAT

住 Piazza Maggiore 1

☎ 051-6583111

开 9:00~19:00

周日、节假日 10:00~17:00

休 1/1、复活节的周日、12/25、12/26

地 p.377 B1

※ 波德斯塔宫内

G.MARCONI 机场的 ❶ 旅游咨询处

住 Via Triumvirato 84

☎ 051-6472201

开 9:00~19:30

周日、节假日 9:00~17:00

休 1/1、复活节的周日、12/25、12/26

※ 机场到达大厅

唤起食欲的漫步之路

如果想去市场看看，可以去乌戈·巴西市场或者中心商场（Mercato di Mezzo）。虽然叫作中心商场，但实际上是以销售生鲜食品材料商店为主的地方，充满了生机。紧邻市中心马焦雷广场，在广场的东侧。从这个市场路开始的 Via degli Orefici 和 Via Caprarie 上有销售食物材料的老店，店铺的小牌子仍是创业时期的样子，古色古香，让人叹为观止。一定要去 1932 年开业的坦布里尼（Tamburini）、1880 年开始制作点心和面包的安蒂（Atti），能够了解现在意大利餐饮流行趋势的意大利美食·博洛尼亚（Eataly Bologna）看看。每家店都有用餐的地方，很适合想用尽量少的时间用餐的人。

●乌戈·巴西市场

住 Via Ugo Bassi 27

开 周一～周六 7:00~13:15

周一、周二、周三、周五 17:00~19:30

休 周四和周六的下午、周日、节假日

地 p.377 B1

博洛尼亚卡

Bologna Welcome Gard

使用此卡，在 48 小时之内的市营景点、市内巴士、机场间的 BLQ 都可以免费。其他各地可以享受优惠。48 小时有效卡€ 20。可以在 ❶ 旅游咨询处和 URL 上买到。

URL www.bolognawelcome.com

圣彼得罗尼奥教堂 Basilica di San Petronio

Map p.377 B1

犹如大型美术馆的教堂

★★★

圣彼得罗尼奥教堂的内部

教堂是哥特式建筑，从14~17世纪进行修建，至今尚未完成。大教堂深132米，宽58米，高44米，非常威严宏大，是奉献给5世纪时这个城市的主教的，后来成为城市守护圣人的圣彼得罗尼奥的教堂。装饰着中央入口处周围的雕刻是初期文艺复兴时期的杰作之一。以《圣母和基督》为中心，左右分别是《圣彼得罗尼奥》和《圣安布雷佐》。这是锡耶纳的雅各布·德拉·奎尔查完成于15世纪中叶的作品，据说他为此花了12年的时间。

教堂内部仍继续进行着修复，左侧的走廊有15世纪博洛尼亚的权利家族博洛尼尼家族的礼拜堂（左侧走廊第四个），里面整个墙壁都用乔凡尼·达·莫德纳所绘的《东方三博士的礼拜》《圣彼得罗尼亚的生平》《天堂和地域》壁画进行装饰，令人叹为观止。

这里保留有许多艺术家的作品，博洛尼尼家族礼拜堂旁边的圣塞巴斯蒂亚诺礼拜堂里有洛伦佐·科斯塔的作品、排在左边入口第8个的圣罗科礼拜堂里有帕尔米贾尼诺的作品等。地板上刻着的线是17世纪的大型日晷（La Meridiana），画有冬至、夏至、黄道十二宫。主祭坛左侧靠里的是博物馆，展出的是从14世纪开始的建设教堂的珍贵图纸等各种宝物。

波德斯塔宫和雷恩佐王宫 Palazzo del Podestà e Palazzo di Re Enzo

Map p.377 B1

能感受到城市历史的两座宫殿

★

我们可以从这些宫殿中，感受到博洛尼亚的历史气息。中世纪时期的自由城市博洛尼亚，为了独立和自主，时不时地需要加入到战争中。在和神圣罗马帝国皇帝腓特烈二世之间进行的弗萨尔塔战役中，博洛尼亚取得了胜利，俘虏了皇帝的儿子恩佐。恩佐到其死前的23年间，一直被幽禁，生活在雷恩佐王宫。

波德斯塔宫曾是神圣罗马帝国皇帝任命的行政长官的住宅。1164年，由腓特烈一世任命的行政长官被博洛尼亚的市民赶走，于是在这里产生了自由城市博洛尼亚。市民们选举产生出市长，之后这儿就变成了市长官邸。从马焦雷广场能看到其正面，是文艺复兴时期的建筑，柱廊是必看的。

自由城市博洛尼亚的见证——波德斯塔宫

在广场的咖啡馆小憩，眺望未完成的圣彼得罗尼奥教堂

做弥撒时保持肃静

教堂等进行弥撒或宗教仪式时，有时会禁止游客入内参观。

●圣彼得罗尼奥教堂

住 Piazza Maggiore
☎ 051-6480611
开 8:00~18:30（冬季~18:00）
※ 背大型背包，或着装裸露者不得入内

前往54米高的露台

开 10:00~13:00
15:00~18:00
费 €3

来到位于教堂后面，面向加富尔广场的露台上，能看到开阔的风景。由导游引领参观需要约30分钟。

●博洛尼尼家族《东方三博士的礼拜》礼拜堂
Cappella dei Bolognini/ Cappella dei Re Magi

开 9:00~13:00、15:00~18:00
2月只有周五开放
※ 售票处截至闭馆前20分钟
费 €2（含自动语音讲解机）

●市美术品收藏展
Collezioni Comunali d`Arte

住 Piazza Maggiore 6
Palazzo d`Accursio 内
☎ 051-2193998
开 9:00~18:30
周六、周日、节假日
10:00~18:30
休 周一、1/1、5/1、12/25
费 €5、65岁以上€3

●旧博洛尼亚大学（阿尔基金纳西奥宫）
住 Piazza Galvani 1
☎ 051-276811
开 周一～周五 10:00~18:00
周六 10:00~19:00
周日、节假日 10:00~14:00
休 部分节假日
费 €3

只有解剖学大阶梯教室是收费的

阿尔基金纳西奥宫 Palazzo dell' Archiginnasio

Map p.377 B1

拥有世界上最早的人体解剖室

★★

阿尔基金纳西奥宫，在1803年之前是博洛尼亚大学。博洛尼亚大学创立于11世纪，是欧洲最古老的大学，这里会集了来自欧洲各地的学者。自由的氛围是促进学术发展的关键因素。于是，自由城市博洛尼亚的大学，全然不顾教会的反对，进行了世界上最早的人体解剖。当时的解剖学大阶梯教室（Teatro Anatomico）至今还保留着。教室建于17世纪，地板、墙壁、天花板都用原木进行装饰，室内犹如一个小型的剧场。位于中央的解剖台遗迹教坛旁边的2具《被剥掉皮的人》雕像显得威严肃穆。

在美丽的中庭周围和二楼走廊的墙壁上，陈列着在这儿学习过的学生和学者的纹章，其数量之多不由得令人感受到历史的厚重感。

波尔塔·拉维纳纳广场附近

●博洛尼亚斜塔（阿西内利塔）
住 Piazza di Porta Ravegnana
开 4~9月 9:00~19:00
10月 9:00~18:00
11/1~次年3/31 9:00~17:00
费 €3

●博洛尼亚斜塔（加里森达塔）
加里森达塔不对外开放
地 p.377 B2

●博洛尼亚歌剧院（科姆纳莱剧院）
住 Largo Respighi 1
☎ 051-529019（售票处）
URL www.comunalebologna.it
（能进行预约）
开 演出当日从演出开始前2小时开始到演出后1小时。周日到演出开始1小时前
地 p.377 B2

博洛尼亚歌剧院

博洛尼亚斜塔 Torri Pendenti

Map p.377 B2

博洛尼亚的象征

★

加里森达塔（左）和阿西内利塔（右）

两座并列而建的塔，均是12世纪时期的建筑，由皇帝派的贵族修建。在中世纪，将意大利一分为二的皇帝派对教皇派的争斗还体现在谁建的塔更高这一点上。

高的那座塔名为阿西内利塔（Torre degli Asinelli）（97米），到顶端需要攀爬498级台阶。狭窄而又磨得很光滑的木质楼梯很陡，令人望而生畏，但一旦登至最上面，即可领略到博洛尼亚市的全景。在晴天，甚至能看见远处的阿尔卑斯山。矮一点的塔叫作加里森达塔（Torre Garisenda）（48米），据说是因为过度倾斜，所以高度才变矮的。

博洛尼亚的历史

●富有进取精神的自由城市——博洛尼亚

城市的历史可以追溯到公元前10世纪，在接受了伊特鲁里亚文明、罗马帝国的洗礼后，中世纪时因教会势力而得到了再生。

作为罗马大道之一的艾米利亚古道（Via Emilia）的中心城市——博洛尼亚的繁荣一直持续到5世纪。11世纪，这里形成了自由城市科姆内，也是在这时创立了欧洲最古老的大学。从欧洲各地慕名而来的学者和学生会集于此，使之成了文化、学问的中心，经济也得到了发展。

在意大利半岛被分成皇帝派和教皇派两大派别的中世纪，博洛尼亚是著名的教皇派城市。12世纪，在成立自由城市后，博洛尼亚在欧洲最先废除了农奴制，非常具有进取精神。但是在经历了13~14世纪的鼎盛时期后，因不断重复的宗教对立、贵族政治的失败等，这里重新沦为教会的领地。在历经1798年拿破仑入城，奥地利统治之后，于1860年被意大利王国统一。

圣多梅尼科教堂 San Domenico

Map p.377 C2

小美术馆的情趣

★★

是为了纪念教堂的创立者，在博洛尼亚亡故的圣多梅尼科而建造的教堂。右侧中部是圣多梅尼科礼拜堂，他的墓就在这里。墓由尼科拉·皮萨诺赫，以及他的弟子坎比奥、尼科拉·迪·巴里等制作，刻有关于圣人的一些故事。石棺右侧的《手持烛台的天使》是年轻的米开朗基罗的杰作。正面，以及后面拱顶上面是纪多·雷尼的《圣多米尼克斯的荣光》，主祭坛前面右侧的礼拜堂里有菲利皮诺·利比描绘的从圣婴处接受戒指的《圣卡特琳娜的婚礼》的湿壁画。

保留着众多杰作的圣多梅尼科教堂

●圣多梅尼科教堂

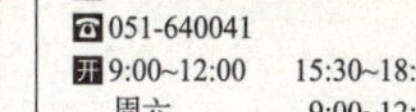

住 Piazza San Domenico 13
☎ 051-640041
开 9:00~12:00　15:30~18:00
周六　9:00~12:00
15:30~17:00
周日　15:30~17:30）

《圣多米尼克斯的荣光》

圣加科莫·马焦雷教堂 San Giacomo Maggiore

Map p.377 B2

美术品的宝库

★★

是这座城市拥有最多美术品的教堂，建于13世纪。教堂内有35个礼拜堂，用卡拉奇、韦内齐亚诺等人的作品进行装饰。最著名的是主祭坛里侧左边的本蒂沃格里奥礼拜堂（Cappella Bentivoglio），正面是弗朗切斯科·弗朗西亚的《圣母与圣人》，它的左右分别是洛伦佐·科斯塔的《宝座上的圣母和本蒂沃格里奥家族》（右）、《死神的胜利》（左）。在这个礼拜堂的正对面的墓碑是奎尔查晚年的最后几个作品。

华丽的教堂内部

几乎与它相连着的是圣塞西莉亚礼拜堂（Oratorioa di S.Cecilia），里面整个墙壁都是描绘音乐之神塞西莉亚一生的湿壁画。

●圣加科莫·马焦雷教堂
住 Piazza Rossini
☎ 051-6480611
开 7:3 0~12:00
15:30（周日 8:30）~12:30
15:30~18:30
※ 入口在 Via Zamboni

《生与死的凯旋》

其他教堂

圣母忠仆圣殿里有契马布耶的《庄严的圣母》。圣斯特法诺教堂群从4世纪时开始建造，之后作为“神圣的耶路撒冷之地”的象征，将几个教堂和两个中庭合二为一后形成，从中不仅能看到从伦巴第、罗马，直至文艺复兴的变迁，还能看到人们对信仰的虔诚。

圣斯特法诺教堂群前面的广场是博洛尼亚市民的休息地

●圣母忠仆圣殿
住 Piazetta dei Servi/Strada Maggiore
☎ 051-6480611
开 整年上午　7:30~12:30
夏季　16:00~20:00
冬季　15:00~19:00

●圣斯特法诺教堂
住 Via S.Stefano 24
☎ 051-6480611
开 8:00~19:00

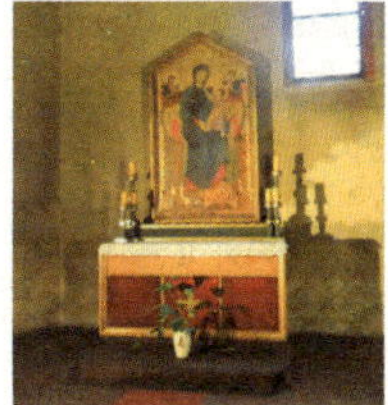

契马布耶作品《庄严的圣母》

受观迎的 博洛尼亚的美术馆与博物馆

市立中世博物馆 Museo Civico Medievale

Map p.377 B1

了解学者之城博洛尼亚的历史

★★★

●市立中世博物馆
住 Via Manzoni 4
☎ 051-2193916
开 9:00~15:00
周六、周日、节假日 10:00~18:30
休 周一、1/1、5/1、12/25
费 €5

美丽的博物馆里有很多热心的博洛尼亚市民来做义务服务

位于15世纪文艺复兴样式的贵族府邸里，展示的收藏品时间跨度很长，从考古出土文物开始直至15世纪作品。第七展室的曼侬·达·锡耶纳的《波尼法爵八世像》(*Bonifacio VIII*)是由铜、青铜和黄金铸就的巨大的塑像。9展室有乔瓦尼·达·巴尔多奇的《殉教者》(*S.Pietro Martire*)，11展室奎尔查的《三翼祭坛，圣母子》(*Trittico co Madonna col Bambino*)，是奎尔查1435~1438年最后一次在博洛尼亚停留期间制作的，也是使青年时期的米开朗基罗深受影响的作品。15展室有詹波隆那创作的尼普顿、墨丘利等马焦雷广场雕像的习作。一层有很多学者们的墓碑，上面刻有聆听课程的学生们的形象。在感受到大学教授在当时的影响力的同时，学生们认真的姿态也会令你发出会心一笑。三层展示的是玻璃和象牙制品。

刻有学生们形象的大学教授的墓碑

市立考古学博物馆 Museo Civico Archeologico

Map p.377 B1

收藏有从古希腊到博洛尼亚的广大范围的藏品

★★

●市立考古学博物馆
住 Via dell`Archiginnasio 2
☎ 051-2757211
开 9:00~15:00
周六、周日、节假日 10:00~18:30
休 周一、1/1、5/1、12/25
费 €5

《利姆尼阿的雅典娜头像》非常美丽

博物馆的建筑在15世纪时是医院，1881年在原有大学和个人收藏品的基础上建成博物馆。地下的埃及藏品展室里有来自哈伦海布墓的《农耕浮雕》《法老像》、木乃伊、石碑等。一层售票处右边是在博洛尼亚挖掘出来的《尼罗皇帝像》(*Nerone*)。中庭有公元前1~公元2世纪期间的石碑。从这里开始直到二层，在宽敞的展室里面展出有史前时期、伊特鲁里亚、古希腊的以陶器为主的物品。其中特别珍贵的是从博洛尼亚墓地里挖掘的，以动物为主题的水罐(Askos Benacci)(公元前8世纪)和刻有农耕场面的青铜壶(Situla di Certosa)(公元前6世纪)。Ⅳ展室的《利姆尼阿的雅典娜头像》(*Atena Lemnia*)虽然是公元前5世纪青铜像的临摹作品，但据说创作当时就非常著名。

展示方法很有趣，博物馆内部也美丽极了

国立绘画馆 Pinacoteca Nazionale

Map p.377 B2

展示博洛尼亚派的绘画作品 ★★★

17 世纪时曾是耶稣会修道院的建筑物，现在设有绘画馆和美术学校。绘画馆里展示着 13~18 世纪博洛尼亚派以及意大利绘画作品。有乔托的祭坛画《圣母子》（*Madonna in trono col Bambino*）、拉斐尔的《圣塞西莉亚和圣人》（*S.Cecilia con S.Paolo, S.Giovanni Evangelista*）、佩鲁吉诺的《天使般荣耀的圣母玛利亚》（*Madonna col Bambino in Gloria*）、安尼巴尔·卡拉奇《圣卢德维科的圣母》（*Madonna di S.Ludovico*）、圭多雷尼的《无辜者的大屠杀》（*Stragedegli Innocenti*）等杰作。《贝斯特祭坛画》（*Pala della Peste*）描绘的是当时的城市风景。

国立绘画馆有大型巴洛克绘画

绘画馆入口附近的外墙上有生于此地的卡拉奇家族的 3 人的雕像。他们是能代表博洛尼亚派的画家，并在这里设立了美术学校，培育出了如圭多雷尼等很多后辈画家。

博洛尼亚现代美术馆 MAMbo (Museo d`Arte Moderna di Bologna)

Map p.377 A1

了解“现在”美术的地方 ★

美术馆所在的建筑是现代化的复合型建筑，曾经是面包工厂，宽阔的内部使用了很多白色的玻璃进行装饰，很像一个现代美术工厂。除了固定展览之外，还会不定期举办一些特别企划展览。从 2016 年 10 月开始，位于市政厅（→p.378）内的市美术品收藏展的莫朗迪美术馆正在往这里迁移。展品约有 85 件。

崭新的美术馆入口让人们的期望值变高

●国立绘画馆

住 Via delle Belle Arti 56

☎ 051-4209411

开 周二、周三 9:00~13:30
周四～周日、节假日 14:00~19:00

休 周一（节假日除外）、夏季的周四、1/1、5/1、12/25

费 €6（和佩波利坎波格兰德邸宅的通票）

※ 售票处截至闭馆前 30 分钟

※ 每月的第一个周日、3/8 时女性免费

●佩波利坎波格兰德宫

Palazzo Pepoli Campogrande

住 Via Castiglione 7

开 周二、周三 14:00~19:00
周四～周六 9:00~13:30
周日、节假日 9:00~13:00

地 p.377 C2

※ 国立绘画馆的分馆

卡拉奇家族画家是兄弟和表兄弟

●博洛尼亚现代美术馆

住 Via Don Minzoni 14

☎ 051-6496637

开 10:00~19:00

休 周一

费 €6，65 岁以上 €4

※ 每月的第一个周日免费

地 p.377 A1

最高档的购物街加富尔拱廊 Galleria Cavour

欣赏着橱窗在廊柱间行走，是这个城市特有的一种乐趣。如果想找一些应季的时髦商品，可以去圣彼得罗尼奥教堂向南平行延伸的两条大街 Via d`Azeglio 和 Via dell`Archiginnasio。位于这两条街尽头的 Via L.Farini 更是名品店云集。这里的廊柱色彩华丽，非常美，在这个城市里也是数一数二的。即使没有购物的想法，也要去看一看美丽的廊柱。

面对这条大街的就是被称作现代廊柱的购物拱廊加富尔拱廊。既明朗又现代化的拱廊里面聚集了从古琦、葆蝶家、芬迪、普拉达、托德斯、霍根、博萨利诺等意大利品牌到路易·威登等国际品牌的专卖店。顺便说一下，在中国很受欢迎的内衣品牌拉佩拉就是博洛尼亚产的，当然在这里也有它的店。

加富尔拱廊

URL www.galleriacavour.net

营 10:00~13:00、15:30~19:30（有些店铺没有午休）

休 周日、节假日 地 p.377 B1

博洛尼亚的餐馆

Ristorante

博洛尼亚是著名的美食之都。手工面点和使用乳制品做成的味道浓郁的菜肴是它的一大特色。市中心有很多味道很好的餐馆和小吃店。一人花上€ 30~50 就能美美地享受一顿丰盛的晚餐。在博洛尼亚这座美食之城，稍微奢侈一下吧。

如果想了解传统美食，可以去马焦雷广场东侧的 Via del Orefici 附近。那里有很多销售食材的老店，只是看看店家的展示，也很有意思。店里还可供应简单的餐食。

波蒂奇餐馆

Ristorante I Portici

◆米其林 1 星餐馆

位于同名酒店（→ p.385）内，由原来的剧院改装而成，是一家既时尚又精致的餐馆。将艾米利亚地区和厨师的出身地坎帕尼亚地区的菜肴融合在一起，做成了适合现代人口味的味道和菜式，因此非常受欢迎。需预约

Map p.377 A1

住 Via Indipendenza 69

☎ 051-4218562

营 19:30~22:30

休 周日、周一、12月下旬~1月的2周、8月的 3 周

预 € 70~100（座位费€ 4）、套餐€ 110（肉）、€ 74（鱼）

C A.D.J.M.V.

雷奥尼达

Trattoria Leonida

◆位于优美的小路上

从斜塔出发，沿着马焦雷广场大街走 150 米左右，面向右侧小巷子中的小吃店。店内以经营博洛尼亚菜肴为主。环境、口味都是一流的。店面不大，因此最好早些去，或者提前预订。最好提前预约

Map p.377 B2

住 Vicolo Alemagna 2/b

☎ 051-239742

营 12:30~14:30，19:30~23:00

休 周日（展览会期间除外）、8 月

预 € 25~45（座位费€ 3）、套餐€ 38

C A.J.M.V.

波斯蒂廖内

Taverna del Postiglione

◆经营传统乡土菜

位于中心商场北侧，城市的正中心，有很多当地人来此用餐。由古宅子改装而成的店内气氛稳重，能品尝到传统的乡土菜。自制的点心和很有当地特色的面包非常好吃。

Map p.377 B2

住 Via Marchesana 6/E

☎ 051-263052

营 12:30~14:30、19:30~23:30

休 周日、8 月

预 € 30~45（座位费€ 3）

C M.V.

卢奇阿诺

Rosteria Luciano

◆有很多当地人光顾的店

用菇类和松露做成的沙拉非常好吃。推荐煮意大利馄饨（Tortellini in Brodo）和博洛尼亚炸物大拼盘（Fritto Misto alla Bolognese）。从马焦雷广场步行约 10 分钟可抵。最好提前预约

Map p.377 B1

住 Via Nazario Sauro 19

☎ 051-231249

营 12:00~14:30、18:45~ 次日 1:00

休 周三　预 € 20~45（座位费€ 3）

C A.M.V.

兰泰尔纳餐馆

Osteria della Lanterna

◆充满古老博洛尼亚的氛围

1933 年开业的家庭经营式餐馆兼小酒馆。在店内的一种怀旧气氛中，可以品尝到当地乡土菜。23:00 以后供应葡萄酒和简餐。最好提前预约

Map p.377 C1

住 Via Savenella 9A

☎ 051-0495238

营 19:00~23:00（周五、周六 ~ 次日 1:00）

休 周日　预 € 25~45（座位费€ 3）

C A.D.J.M.V.

贝尔提诺
Da Bertino

◆品尝家常菜的好地方

一家气氛轻松，又有传统的老店。烤肉和烤菜都是现烤现切的，能以合适的价格品尝到博洛尼亚家常菜。

Map p.377 B1 外

住 Via delle Lame 55 ☎ 051-522230
营 12:15~14:00、19:15~22:30
休 周日、8 月、1/1、12/25、12/26
预 €25~40（座位费€2.70）、套餐€40
C M.V.

意大利美食 · 博洛尼亚
Eataly Bologna

◆不限时间，还能买到食材

在国内也有很多人知道这里，这是美食家们很喜爱的食品超市。店铺很大，里面有餐吧、餐馆、葡萄酒和啤酒酒吧、书店，还有出售食材的地方。可以在任何时间光顾，非常方便。

Map p.377 B2

住 Via degli Orefici 19
☎ 051-0952820
营 8:00~24:00、周日 10:00~24:00
休 部分节假日 预 餐费€15~
C A.D.J.M.V.

博洛尼亚的酒店
Hotel

博洛尼亚是一座经常举办展览会的城市，展会期间的酒店费用会比较高一些。车站周围的现代化酒店数量比较多，但是这一带的价格稍贵，因此建议利用网络提前预约。在稍微偏离市中心的地方比较容易找到经济型酒店。大型展会集中的时间是 3 月 ~ 次年 5 月、9~11 月。这段时间大部分酒店都会采用旺季价格，而且很难预约，所以最好提前进行安排。

波蒂奇酒店 ★★★★
Hotel I Portici

◆距离车站也很近

对 19 世纪的帕拉佐进行现代化的全面改装后建成的酒店。客房装修多种多样，有现代风格、新艺术风格等。所有客房都很明亮，充满了温暖的氛围。酒店内还有米其林 1 星餐馆。

Map p.377 A1

URL www.iporticihotel.com
住 Via Indipendenza 69
☎ 051-42185 Fax 051-4218550
SS €80/700 TS €110/750
室 30 间 早餐€15 W-F
休 12 月下旬 ~ 次年 1 月 2 周、8 月的 3 周
C A.D.J.M.V.

科梅尔切迪酒店 ★★★★
Hotel Dei Commercianti

◆由中世纪建筑改建而成的酒店

紧邻圣彼得罗尼奥教堂，是一座由 12 世纪的建筑物改装而成的酒店。酒店的地理位置非常好，而且很舒适。使用个人电脑可以免费上网，还提供免费的自行车租赁服务。从火车站乘坐 25 路巴士在 S.Pietro 下车，从机场乘坐 BLQ 在 Rizzoli 下车。

Map p.377 B1

URL www.bolognarthotels.it
住 Via dei Pignattari 11
☎ 051-7457511
Fax 051-7457522
SS SB €98/370
TS TB €120/410 SU €222/610
室 34 间 含早餐 W-F
C A.D.J.M.V.

博洛尼亚 NH 酒店 ★★★★
NH Bologna de la Gare

◆距离火车站很近

酒店的客房根据房型装修成了时尚和古典的不同风格，高层客房给人既明亮又宽敞的感觉。虽然不能否认酒店比较旧了，但是价格低廉，而且很方便，所以能让人接受。

Map p.377 A1

URL www.nh-hotels.it
住 Piazza XX Settembre 2
☎ 051-281611
Fax 051-249764
TS €90/320
室 156 间 含早餐 W-F
C A.D.J.M.V.

旅游酒店 ★★★
Hotel Touring

Map p.377 C1

◆ 景色美丽的酒店

位于马焦雷广场的南侧，圣多梅尼科教堂的附近。酒店位于市中心，能眺望到很美的景色，还有免费租自行车的服务。价格也很低廉，值得推荐。从火车站可以乘坐 3 路或 A 线巴士等，在 Piazza Tribunali 下车。

Low 1~3 月、8、12 月
URL www.hoteltouring.it
住 Via de`Mattuiani 1/2
☎ 051-584305
Fax 051-334763
SS SB € 70/140 TS TB € 99/285
3S € 149/569 室 36 间 含早餐 W-F
C A.D.J.M.V.

德拉佩里酒店 ★★★
Albergo delle Drapperie

Map p.377 B2

◆ 位于市场正中间的小酒店

位于马焦雷广场附近，是在销售食材的中心商场里面的小酒店。原本是从 19 世纪就开始作为旅馆使用的建筑，在经过改装以后保留了昔日客栈的感觉，同时又很现代化。有点怀旧的氛围。没有电梯。

URL www.albergodrapperie.com
住 Via delle Drapperie 5
☎ 051-223955
Fax 051-238732
SS € 63/120 TS € 86/150
室 21 间 早餐€ 5 W-F
C M.V.

全景酒店 ★
Hotel Panorama

Map p.377 B1

◆ 有景色很好的客房

由于位于最上层，阳光非常充足，有些房间还能眺望到城市背后的丘陵。室内宽敞，有空调。5 小时内宽带免费。距离马焦雷广场 300 米。从火车站乘坐 25 路巴士在第四站下车。

URL www.hotelpanoramabologna.it
住 Via Giovanni Livraghi 1
☎ 051-221802
Fax 051-266360
S € 40/80 T € 60/80 TS € 80
室 7 间 W-F
C J.M.V.

双塔圣西斯托
Ostello Bologna "Due Torri-San Sisto"

地图外

◆ 很现代的青年旅舍

位于绿色环绕，很安静的环境中的现代化青年旅舍。距离市区约 6 公里。接待时间 14:00~，全年营业。有洗衣房、租赁自行车、停车场。

URL www.hihostels.com
住 Via Viadagola 15 ☎ 051-501810
D 含早餐€ 14/21 W-F
S € 23/24 SS € 26/36 T € 42/46
TS € 46/52 C M.V.
交 从距离火车站以南 5 分钟左右地方的 Piazza Otto Agosto 附近的 Via Irnerio 乘坐 93 路巴士前往。20:00 前乘坐 93 路（周日、节假日停运）前往。20:25~次日 00:44 从火车站前乘坐 21 路 /B 线前往

※ 热那亚的住宿税：以每晚的住宿费做区分，€ 30.99 以下收€ 1.50、€ 31~70.99 收€ 2、€ 71~120.99 收 € 3、€ 121 以上收€ 5

摩德纳 *Modena* 世界遗产

●邮政编码 41100

大广场、大教堂和基尔兰蒂娜塔

摩德纳的历史可以追溯到史前时代，经历了作为罗马人居住处、作为自由城市得到发展、宗教斗争等，有着和博洛尼亚很相似的城市历史，但是两座城市却是竞争关系。13 世纪后半叶，这里被并入埃斯特家族统治的费拉拉，之后被费拉拉驱逐的埃斯特家族逃亡到了这座城市。从此后，这里成为公国的首府，在埃斯特家族的统治下得到治理，形成了流传至今的美丽城市风貌。以大广场为中心，廊柱和民居像迷宫一样连绵着，是一座可爱的古都。

世界遗产

摩德纳的大教堂、基尔兰蒂娜塔、大广场

收录年份 1997 年　文化遗产

前往摩德纳的方法

从 fs 线米兰中央车站乘坐开往巴里、安科纳、罗马等方向的 FRECCIABIANCA 需要 1 小时 38 分钟，乘坐 IC 需要约 2 小时，乘坐 RV 需要约 2 小时 10 分钟。从博洛尼亚中央车站乘坐 RV、R 需要 22~35 分钟。

摩德纳 Modena

从火车站开往旧城区的巴士

乘坐开往 Lattina 方向的 4 路开往 Gottardi 方向的 7 路开往 Zodiaco 方向的 11 路（巴士票价€1.20）巴士前往。步行前往需 10~15 分钟。

安静祥和的古都摩德纳

摩德纳的 ❶ 旅游咨询处 IAT

住 Piazza Grande 14
☎ 059-2032660
开 9:00~13:30　14:30~18:00
周一　15:00~18:00
休 1/1、1/31、复活节的周日、8/15、12/15、12/26
地 p.387 B1

●埃斯腾斯美术馆（穆赛伊宫殿内）

住 Largo Porta S.Agostino 337（Palazzo dei Musei 内）
☎ 059-4395711
开 8:30~19:30
周日、周一　14:00~19:00
休 部分周日、1/1、5/1、12/25
费 €4

●杜卡勒宫殿

现在，因为宫殿里面已是陆军士官学校，所以只能在指定日期，在导游的带领下才能参观。需要在 ❶ 旅游咨询处提前预约（☎ 059-2032660）。

※ 在周六、周日的 11:00 前预约

费 €8

曾经是埃斯特家族庭园的市民公园

摩德纳 漫 步

大广场距离火车站大约有 1 公里，可从站前乘坐 7、11 路巴士前往，即使步行前往也只需要 10~15 分钟。❶ 旅游咨询处就在大广场的一角。在铺着石子、庄严肃穆的大广场里侧的是大教堂，在它斜后方的是美丽的钟楼——基尔兰蒂娜塔，也被称为市民塔。东边的是市政厅，装点市政厅正面的是大时钟，南边是摆有露天摊位的小广场。从这个小广场能看到大教堂的侧面，让我们从它旁边穿过去，回到正面吧。

从广场前面的艾米利亚大街向左（西）300 米是穆赛伊宫殿，里面是汇集了埃斯特家族宝物的埃斯腾斯美术馆。相反的东北侧是埃斯特家族曾经居所过的杜卡勒宫殿。

摩德纳 主要景点

埃斯腾斯美术馆 Galleria Estense (Palazzo dei Musei)

Map p.387 B1

汇集了埃斯特家族的宝物

★★

建在城市西侧的古老的大型建筑就是美术馆所在的穆赛伊宫殿（Palazzo Musei）。

在它的顶层设有埃斯腾斯美术馆，规模虽然不大，却被称为“意大利最美的美术馆”。

这里展出包括汇集在埃斯特家族门下的皮萨内洛、科西斯·图拉、贝利尼父子的作品在内的，以埃斯特家族的审美意识为基准收集的收藏品。特别引人注目的是威风凛凛的《埃斯特家族弗朗西斯科一世雕像》，这是巴洛克艺术的巨匠乔凡尼·洛伦佐·贝尼尼的杰作，是这个美术馆的镇馆之宝。

优雅的埃斯腾斯美术馆

杜卡勒宫殿 Palazzo Ducale

Map p.387 A2

埃斯特家族的居住地

★

1634 年改建后，在大约 2 个世纪里一直是埃斯特家族的住处，是一个非常宏大而又奢华的宫殿。

从门口就能看到中庭——荣誉庭院（Cortile d'Onore），大台阶从那里开始，经过壮美的大客厅，一直延伸到居室区域，这里的装饰物是埃斯特家族成员的肖像画和湿壁画。最壮观的是《金色大厅》（*Salottino d'Oro*）。1831 年发生反叛后，弗朗西斯科一世签署主谋者死刑文件的地方就是这里。

奢华的杜卡勒宫殿

摩德纳大教堂 世界遗产

大教堂和基尔兰蒂娜塔
Duomo / Torre Ghirlandina

教堂正面很值得慢慢欣赏

1099年，在建筑家兰弗兰科和雕刻家威利盖尔莫的主持下开始修建，12世纪时完工。被称为是罗马样式建筑的杰出典范。令人印象深刻的正面玫瑰窗外立面的上部是基督像，在正面大门两侧的是两只狮子。正面和侧面都是威利盖尔莫的作品，以《圣经·旧约全书》等为主题，堪称罗马风格雕刻的代表作。

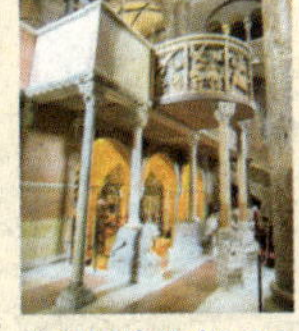
柱子的上部很引人注目

庄严的教堂内部，采用了以圆柱和拱廊对空间进行分割的3廊式，是圣坛（正面）会高出一截的结构。支撑圣坛的柱子上部有安塞尔莫·达·坎皮奥内雕刻的《基督给门徒的洗脚》《最后的晚餐》等浮雕。半地下的地下圣殿里放有石棺《圣吉米尼亚诺之墓》，是这个城市人们信仰的根基所在。

紧邻大教堂的是大教堂博物馆（Museo del Duomo），展示着装饰大教堂的雕刻原件和圣具等。

与大教堂堪称一体的塔（钟楼）就是基尔兰蒂娜。1169年时建造了5层的市民塔，主要用来告知城门的开关，并作为瞭望塔使用。在大教堂建成大约200年后的1319年，又增建了圆柱和尖塔部分，形成了现在我们看到的样子（87米）。高高地伸向天空的尖塔由白色大理石做成，上面还刻出精细的拱形和纹饰，非常美丽。可以进入塔的内部参观。

基尔兰蒂娜塔从中世纪就开始守护着市民的生活

需要瞩目的地方！

大教堂的墙壁雕刻着很多罗马风格的独特的浮雕。让我们看一看那些颇为幽默的造型和故事吧。

中央大门上部的《创世纪》Storia della Gensi

幽默的亚伯和该隐

故事顺序从正面左上开始向右进展。左上：神创造了天地后，首先诞生的是亚当，然后夏娃诞生。在夏娃的诱惑下，两人吃了禁果——知善恶的果子（苹果）。大门左侧：在吃了禁果后，两人虽然非常后悔，但仍被逐出伊甸园，并被强迫进行劳动。大门右侧：两人的孩子该隐成为农夫，亚伯成为牧羊人，并分别把自己收获的物品奉献给神。亚伯供奉的羊得到神的喜爱，奉献麦子而被无视的该隐，因嫉妒亚伯而杀死了他。神问该隐："你的兄弟在哪里？"右上：貌似是该隐的男子被箭射中。神看到人类的恶行之后，准备用洪水消灭掉罪恶，并命令建造诺亚方舟。方舟并不是船的形状，而是有些像教堂，这是因为教堂是救赎的象征。洪水退去，诺亚的儿子们向外走去。

诸侯之门 Portale dei Principi

精巧地描绘了圣人的生平事迹

雕刻着蔓藤花纹的大门上部有6个嵌板，上面描绘有摩德纳的守护圣人圣吉米尼亚诺的生平事迹。

圣吉米尼亚诺先是骑马，然后换乘船只，向着耶路撒冷出发，开始他的朝觐之旅。途中，他帮助国王的女儿驱魔，姑娘头颅里的恶魔被驱赶走，国王和王后将金杯作为谢礼送给他。回到摩德纳的圣人的葬礼场面也被雕刻下来。这个浮雕上面雕有石匠、铁匠和弹琵琶的人。

鱼市之门 Portale della Pescheria

收获小麦的故事

"亚瑟王圆桌骑士"的浮雕。门上是有关农作物等的小故事，右侧从下往上是1月到6月，左侧从下往上是7月到12月的故事。

大教堂

基尔兰蒂娜塔
鱼市之门
中央大门
柱子上部
地下圣殿
诸侯之门
王的门

●**大教堂**

开 周一 7:00~12:30、15:30~19:00
周二～周日 7:00~19:00

※举行宗教仪式时不能参观

●**基尔兰蒂娜塔**

开 周二～周五 9:30~13:00、14:30~17:00（4~9月 15:00~19:00）
周六、周日、节假日 9:30~17:30（4~9月～19:00）

休 周一、1/1、复活节的周日、12/25 费 €3

恩佐·法拉利出生地博物馆
Museo Casa Enzo Ferrari

Map p.387 A2

法拉利的诞生地

★

接近摩德纳站时，从 fs 线的车厢内就能看到一个有着和法拉利车很相似的黄色屋顶的现代建筑。博物馆占地范围内共有两座建筑物，在现代派建筑里面展示着法拉利车，另一个建筑物内则再现了法拉利创始人恩佐·法拉利故居的情形。年轻的恩佐卖了这个房子后买下了生平第一辆跑车，之后他又买回了这块地。从 20 世纪 30 年代恩佐购买的第一辆跑车到 F1 跑车，博物馆一共展示了约 20 辆车。里面还设有咖啡馆和商店。这里还有开往马拉内罗法拉利博物馆的小巴。

展示法拉利车的摩登建筑

●**恩佐·法拉利出生地博物馆**

住 Via Paolo Ferrari 85

☎ 0536-949713

开 4/1~10/31 9:30~19:00
11/1~次年 3/31 9:30~18:00

休 1/1、12/25

费 €15，与马拉内罗的通票€26，在 URL 预约，有优惠票价

※ 从火车站步行约 15 分钟

开往马拉内罗的小巴

从博物馆的停车场内（博物馆大门一侧）发车。小巴线路为摩德纳站→出生地博物馆→马拉内罗的法拉利博物馆（比较大的博物馆），返程时原路返回。往返€12。

出生地博物馆发车（提前 5~15 分钟在摩德纳站发车。从出生地到马拉内罗约需 45 分钟。）根据季节，每隔 1 小时 ~1 小时 30 分钟发车。详细信息及预约在 URL 进行。

URL www.museo.ferrari.com

摩德纳的餐馆
Ristorante

摩德纳的酒店和餐馆，无论品质和数量都非常高。但是，经济型酒店很少。特别是单人间很少，所以想节约时间住单人间的人必须提前行动。而且，这座城市还是著名的美食城，米其林星级餐馆就有好几家，能品尝到上好的食物。不仅如此，和其他大城市相比，这里的价格也是能让人接受的。

奥斯特利亚·弗朗切斯卡纳
Osteria Francescana

◆ **美食家们关注的餐馆**

能品尝到用当地食材制作的独创菜品，这是一个既时尚又优雅的餐馆。菜肴的味道大胆而又细致，摆盘更是独具匠心，令人惊叹。是一家被美食家们瞩目的米其林 3 星餐馆。需预约

Map p.387 B1

住 Via Stella 22

☎ 059-223912

营 12:30~13:30、20:00~21:30

休 周日、周一、8 月的 2 周、1/2~1/12 左右

预 €150~250（座位费€5）、€110、140、195 C A.D.M.V.

霍斯特利亚·朱斯蒂
Hosteria Giusti

Map p.387 B2

◆ **一定要提前预订后再去**

位于市中心，与欧洲最古老的莎乐美香肠店相连，是一家给人感觉古色古香的餐馆。在这里能品尝到味道精致的地方特色菜肴。莎乐美香肠和葡萄酒的品种非常齐全。需预约

住 Vicolo Squallore 46
☎ 059-222533
营 12:30~14:00
休 周日、周一、节假日、8月、12月~次年1月中旬
预 €70~100、套餐€74
C A.J.M.V.

阿尔蒂娜
Aldina

Map p.387 B1

◆ **味道浓郁的乡土菜**

位于市中心大广场南面的市场附近，平时只在中午营业。可以品尝到自制通心粉、猪小腿肉做的烤肉（Stinco）等味道浓郁的菜肴。

住 Via L.Albinelli 40
☎ 059-236106
营 周一~周四 12:30~14:00、周五、周六 20:00~22:30
休 周日、8月
预 €20~30（座位费€2）、套餐€38
C 不可

摩德纳的酒店
Hotel

坎那格兰德酒店 ★★★★
Hotel Canalgrande

Map p.387 B1

◆ **能度过悠闲的时光**

距离大教堂等比较近，所处位置便于旅游。酒店内有绿色满园的宽敞庭园，气氛非常优雅，古色古香。内设有餐馆。

URL www.canalgrandehotel.it
住 Corso Canalgrande 6
☎ 059-217160 Fax 059-221674
SS €69/135 TS TB €89/180
JS €144/180
房间数 68间 含早餐 W-F C A.D.J.M.V.

自由旅馆 ★★★
Hotel Libertà

Map p.387 B1

◆ **既适合商务人士也适合家庭旅游**

位于市中心的一个小巷里，由一个历史悠久的公馆改装而成。现代化的设备和令人感觉温暖的装潢，营造出一种轻松舒适的氛围。早餐的种类很丰富。

URL www.hotelliberta.it
住 Via Blasia 10
☎ 059-22365 Fax 059-222502
SS €79/130 TB €98/220
室 51间 含早餐 W-F
C A.D.J.M.V.

圣菲利普内里
Ostello della Gioventù San Filippo Neri

Map p.387 A2

◆ **位于市区，很方便**

距离火车站和景点都很近，所处位置非常方便。提供的服务内容有很多，有上网接口、投币式洗衣设施、免费租借自行车等。接待时间为14:00~，没有门禁。

URL www.ostellomodena.it
e-mail info@ostellomodena.it
住 Via Sant' orsola 48/52
☎ Fax 059-234598
室 70个床位 D €19（2~3人间）
S SS €28/38 3S €60
4S €80 W-F 休 1/1~1/8
C D.M.V.

※ 摩德纳的住宿税：YH、B&B、★€0.50 ★★€1 ★★★€2 ★★★★€3 ★★★★★€4 12岁以下免税

帕尔马 *Parma*

●邮政编码 43100

艺术之都帕尔马

帕尔马是出产帕尔马干酪与生火腿的城市。这里也是歌剧的殿堂，是雷吉奥剧院和大指挥家托斯卡尼尼的故乡。另外，帕尔马作为司汤达的小说《帕尔马修道院》的舞台，是名副其实的“饮食与艺术之城”。

从以作为自由城市的繁荣为傲的中世纪开始，到 16 世纪受到法恩尼斯家族的统治为止，帕尔马作为公国的首都，绽放着文艺复兴之花。18 世纪，在西班牙波旁王朝的统治之下，国立绘画馆等收集了丰富的藏品。19 世纪，它又受到拿破仑王妃——奥地利公主玛利亚 · 路莎的统治。在这样漫长的历史过程中，各种文化融合在一起，诞生了富有显著特色的城市——帕尔马。数量众多的艺术品，将帕尔马塑造成为意大利首屈一指的艺术之都。

前往帕尔马的方法

从国营铁路米兰中央车站乘坐开往巴里、安科纳、罗马等方向的 FRECCIABIANCA，需要 1 小时 9 分钟，乘坐 IC 需要 1 小时 19 分钟 ~1 小时 28 分钟，乘坐 RV 需要 1 小时 34 分钟 ~ 1 小时 39 分钟。从博洛尼亚中央车站乘坐 RV 约需 55 分钟 ~1 小时 11 分钟，乘坐 R 需要约 1 小时 10 分钟。

帕尔马的 i 旅游咨询处 IAT

住 Piazza Garibaldi 1
☎ 0521-218889
开 9:00~19:00
休 1/1、12/25
地 p.392 B1 · 2

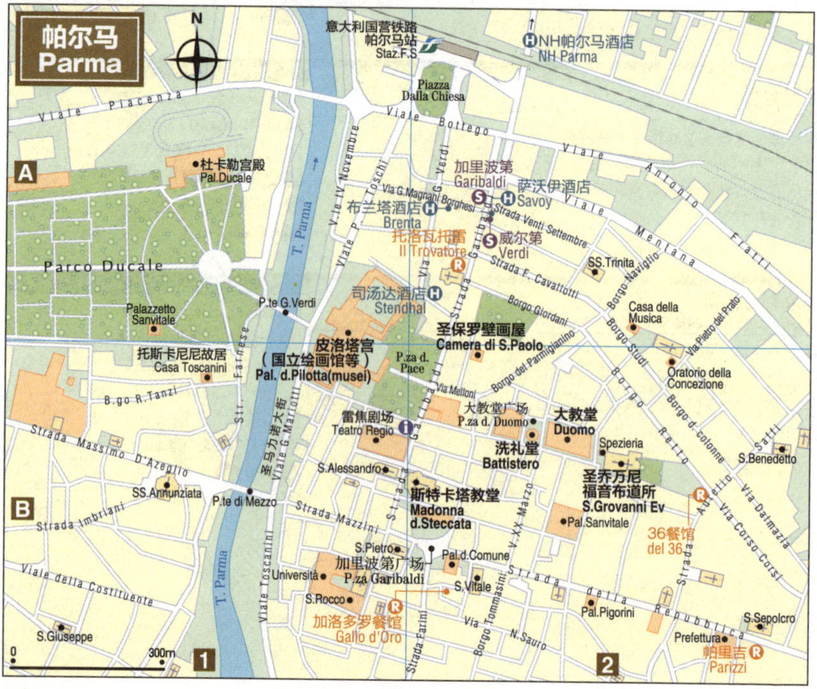

帕尔马 Parma

意大利国营铁路 帕尔马站 Staz.F.S
NH帕尔马酒店 NH Parma
Piazza Dalla Chiesa
Viale Piacenza
Viale Bottego
杜卡勒宫殿 Pal.Ducale
加里波第 Garibaldi
萨沃伊酒店 Savoy
布兰塔酒店 Brenta
托洛瓦托雷 Il Trovatore
威尔第 Verdi
Parco Ducale
司汤达酒店 Stendhal
P.te G.Verdi
Palazzetto Sanvitale
SS.Trinita
Casa della Musica
圣保罗壁画屋 Camera di S.Paolo
皮洛塔宫（国立绘画馆等） Pal. d.Pilotta(musei)
托斯卡尼尼故居 Casa Toscanini
P.za d. Pace
Oratorio della Concezione
大教堂广场 P.za d. Duomo
大教堂 Duomo
雷焦剧场 Teatro Regio
洗礼堂 Battistero
Spezieria
S.Benedetto
S.Alessandro
SS.Annunziata
P.te di Mezzo
斯特卡塔教堂 Madonna d.Steccata
圣乔万尼福音布道所 S.Grovanni Ev
Pal.Sanvitale
36餐馆 del 36
S.Pietro
加里波第广场 P.za Garibaldi
Pal.d.Comune
Università
S.Vitale
S.Rocco
加洛多罗餐馆 Gallo d'Oro
Pal.Pigorini
S.Giuseppe
S.Sepolcro
Prefettura
帕里吉 Parizzi
0 300m

帕尔马 漫 步

帕尔马站位于市区北侧。车站周围是新市区，具有帕尔马特色的旧城区在大教堂周边的南侧。背对车站，选择面前的任何一条路都能到达从前领主居住的宫殿——皮洛塔宫，现在里面设有国立美术馆等。从市中心步行前往约需 10 分钟。先去参观美术馆，然后再去位于东侧的大教堂和洗礼堂。这是一座小城市，如果仅简单地参观建筑外观，只需半日就足够，如果想仔细参观，需要 1 天时间。

大教堂 Duomo/Cattedrale

Map p.392 B2

闪耀着玫瑰色的光芒

★★★

科雷吉奥的作品《升天的圣母》

闪耀着淡玫瑰色光芒的大教堂，是 12 世纪伦巴第—罗马样式的建筑，是意大利罗马式建筑的杰作之一。教堂背后是高耸的钟楼，正面左右两侧的柱子由两头狮子像守护着，修饰大门的拱形门框上刻有象征着 12 个月的浮雕。

教堂内部是 3 廊式，全部用华丽的湿壁画进行装饰。正面（后堂）的圆形天花板上的湿壁画是巴洛克绘画的先驱者，帕尔马派的巨匠科雷吉奥（Correggio）的作品《升天的圣母》（*Santa Maria Assunta*）。它下面的右侧墙壁上是安泰拉米的大理石浮雕《基督被解下十字架》。主祭坛的左侧有通往地下圣坛的路。

洗礼堂 Battistero

Map p.392 B2

用罗马式雕刻进行装饰

★★

洗礼堂紧邻大教堂，是活跃在帕尔马的建筑家及雕刻家安泰拉米从 12 世纪末开始修建的罗马哥特式建筑。建筑呈八角形、共 6 层，形状独特的外墙壁使用维罗纳玫瑰色大理石建造。建筑物内部保留有安泰拉米的雕刻，有着显著的意大利罗马式风格的特点。外墙壁的罗马式雕刻特别精致，值得细细欣赏。

内部被圆柱和半圆形拱廊分割开来，并饰有湿壁画。其中凉廊上的《月亮》《四季》《星座宫》等浮雕都是不容错过的作品。

玫瑰色的洗礼堂

圣乔万尼福音布道所 San Giovanni Evangelista

Map p.392 B2

科雷吉奥的美术馆

★★

沿着大教堂右侧向里走，就是文艺复兴样式的圣乔万尼福音布道所。内部全部用科雷吉奥华丽的湿壁画进行装饰，就好像是科雷吉奥的美术馆一样。天花板上是梦幻的《基督升天》（*Transito di S.Giovanni*），支撑它的 4

美丽的正面和 17 世纪的钟楼

大教堂广场、大教堂（左）和洗礼堂（右）

● **大教堂**

住 Piazza del Duomo

☎ 0521-235886

开 10:00~18:30

帕尔马的食材店

帕尔玛以帕尔玛干酪和生火腿著称。店门口陈列着各种火腿和奶酪的食材店，让人惊叹不已。这些店都是开了很久的店，店员的工作态度以及专业程度也都非常令人满意。产品种类丰富，深获当地人们好评的是加里波第 Garibaldi（住 Via Garibaldi 42 ☎ 0521-235606 营 8:00~20:00 休 周日、节假日 地 p. 392 A2），以及威尔第 La Verdi（住 Via Garibaldi 69/a ☎ 0521-208100 营 8:00~13:15、16:00~19:45 休 周日 地 p.392 A2）。两处都邻近火车站。加里波第有很多高档配菜，里面有很多餐馆。

每周三、周六，在绵延皮洛塔宫河流一侧的圣马力诺大街上（Viale G.Mariotti）（地 p.392 B1）会开办集市，但只开到中午时分。除了服装、杂货等之外，还销售奶酪等食品类的东西。

● **洗礼堂**

住 Piazza del Duomo

开 10:00~18:30

费 €8、65 岁以上€6

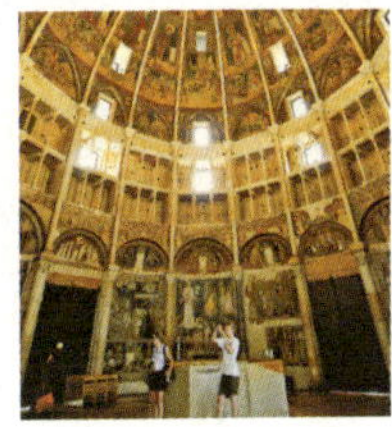

洗礼堂内部

● **雷焦剧场**

住 Via Garibaldi 16

☎ 0521-039393

开 除去有演出、排练的日子，周二～周六的 10:00~12:30、15:30~17:30 间可以由导游引领参观。最好提前预订

休 周一、节假日

费 €4，18~30 岁、65 岁以上 €2（与托斯卡尼尼故居、音乐之家 Casa della Musica 等的通票）地 p.392 B1

角的穹隅上有《福音传道者和教会博士》等壁画。圣具室（主祭坛的左侧）的门上是《年轻的圣约翰》。

国立绘画馆 Galleria Nazionale

Map p.392 A1

不容错过的科雷吉奥和帕米吉亚尼诺

★★★

法斯尼斯剧场

位于曾经的法斯尼斯家族的城堡内。法斯尼斯剧场是欧洲最古老的剧场之一。国立绘画馆堪称这座城市的宝库，镇馆之宝有在该市出生，有着独特风格的画家帕米吉亚尼诺的《托尔科的女奴》和活跃在这座城市，并深受这座城市爱戴的科雷吉奥的《圣吉洛拉莫的情人》（*Madonna di S.Girolamo*）等。博物馆展出很多这两位巨匠的作品，统一收藏在入口附近的展室内。

圣保罗壁画屋 Camera di S.Paolo

Map p.392 B2

拥有丰富装饰的文艺复兴时期的生活

★

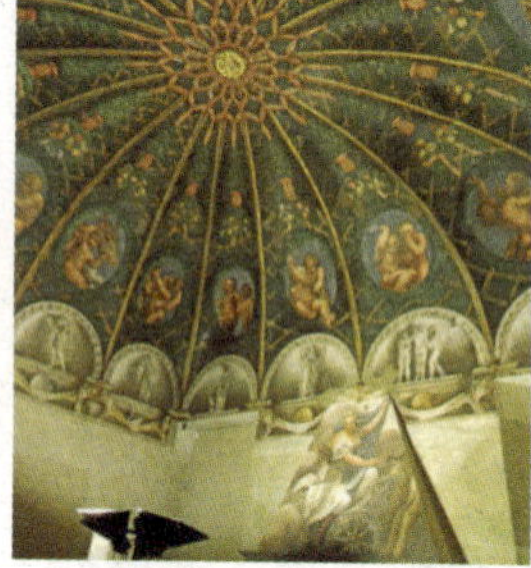

附属于曾经的女子修道院的院长私人住宅。低调的宅邸内部天井的圆形盖子被分割成 16 等分，伞状的圆顶犹如有蔓藤垂下，其间被画上了可爱的天使和各个神灵。进入内部就好像走进了故事当中，这是科雷吉奥描绘的文艺复兴时期富裕阶层文化的杰作。

可爱的故事之屋

其他景点　音乐之都帕尔马

城市西侧有生于帕尔马的托斯卡尼尼的故居（Museo Casa Natale A.Toscanini），另外，位于郊外的拉维雷塔公墓里长眠着小提琴家帕格尼尼。新古典样式的雷焦剧场（Teatro Regio）以演出经典著名剧目而闻名，也非常值得一看。

● **圣乔万尼·福音布道所**

住 Piazza S.Giovanni 1

开 8:30~11:45、15:00~17:30

周日、节假日 15:00~17:30

● **国立绘画馆 / 法斯尼斯剧场**

住 Palazzo della Pilotta 内

☎ 0521-233309

开 8:30~19:00

周日、节假日 8:30~14:00

每月第一个周日 13:30~19:00（免费）

休 周一、1/1、5/1、12/25

费 绘画馆和剧场、考古学博物馆的通票€ 10

※14:00~ 只有部分向公众开放参观　费 € 5

帕米吉亚尼诺的《托尔科的女奴》

● **圣保罗壁画屋**

住 Borgo Melloni 3

☎ 0521-533221

开 8:30~14:00

周六　8:30~18:00

7~8 月的周六　8:30~14:00

休 周一、节假日　费 € 2

※ 每月第一个周日免费

● **托斯卡尼尼故居**

住 Borgo Rodolfo Tanzi 13

☎ 0521-285499

开 9:00~13:00、14:00~18:00

周二　9:00~13:00

周日　10:00~18:00

休 周一、周二下午、夏季的周六下午、7~8 月、1/1、12/25

费 免费　地 p.392 B1

● **帕尼尼墓地**

住 Cimitero della Villetta

☎ 0521-946042

开 8:00~13:00、14:00~18:00

地 地图外

※ 可乘坐 1 路巴士前往

帕尔马的餐馆

Ristorante

帕里吉

Parizzi

Map p.392 B2

◆**设有酒店设施，米其林 1 星餐馆**

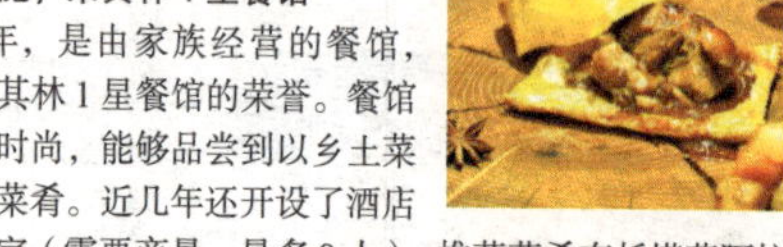

创业于 1948 年，是由家族经营的餐馆，长期保持着米其林 1 星餐馆的荣誉。餐馆内的氛围非常时尚，能够品尝到以乡土菜为基础的创新菜肴。近几年还开设了酒店设施，烹饪教室（需要商量，最多 8 人）。推荐菜肴有托塔莉阿拉干酪（Tortelli alla Parmigiana）、煮小牛肉（Vitello Grassato）等。从火车站乘坐 4、5、7 路巴士可到。需预约

住 Strada della Repubblica 71

☎ 0521-285952

营 12:30~14:30、19:30~22:00

休 周一、8 月

预 € 60~90、套餐€ 70

C A.D.M.V.

36 餐馆

Osteria del 36

◆ **品尝乡土菜**

餐馆内有一种怀旧的氛围，可以在这种氛围中品尝乡土菜。推荐品尝各种种类的手工意大利面条、大块肉类菜肴、生火腿等萨拉米肠（以类似炸面包的 Torta Fritta 作为配餐，是该地区的特色）。最好提前预约

Map p.392 B2

住 Via Saffi 26/a
☎ 0521-287061
营 12:30~14:30、20:00~22:30
休 周日、7/15~8/20
预 € 25~55 C A.D.M.V.

加洛多罗餐馆

Gallo d'oro

◆ **乡土菜的种类很丰富**

具有这个城市典型特征的餐馆，天棚上垂吊着很多生火腿和萨拉米肠。生火腿等各种火腿、萨拉米肠、带馅儿意大利面面条的种类非常多。位于市中心，可以在游览途中光顾。

Map p. 392 B2

住 Borgo della Salina 3
☎ 0521-208846
营 12:00~14:30、19:30~23:00
休 部分节假日
预 € 25 左右 C A.D.J.M.V.

帕尔马的酒店

Hotel

司汤达酒店 ★★★★

Stendhal

◆ **距离景点和车站很近，很方便**

源自法国的连锁酒店。改装后的一层很现代，但上层都保持着古典氛围。客房明亮宽敞。早餐的种类也很丰富。

Map p. 392 A2

URL www.hotelstendhal.it
住 Piazzetta Bodoni 3 ☎ 0521-208057
SB € 76/205 TB € 94/310
室 63 间 早餐 € 12 W-Fi
C A.D.J.M.V. 交 距离车站 500 米

萨沃伊酒店 ★★★★

Hotel SAVOY

◆ **家庭风格的舒适旅馆**

安静整洁，房间也非常干净，刷卡式的自动门锁很安全。自助式的早餐非常丰富。家庭经营式的酒店，价格公道。距离车站约需 5 分钟，300 米。

Map p.392 A2

URL www.savoyparma.it
住 Via Venti Settembre 3
☎ 0521-1856334 SS € 80/100
TS € 100/150 室 27 间 含早餐 W-Fi
休 8/10~8/20 C A.D.J.M.V.

NH 帕尔马酒店 ★★★★

NH Parma

◆ **距离车站很近，很方便**

距离帕尔马车站只有 100 米。客房简洁时尚，而且很干净，很舒适。卫生间的洗漱用品和 Wi-Fi 也都很齐全。还可以使用健身中心。

Map p.392 A2 外

住 Via Paolo Borsellino，31
☎ 0521-792811 SS € 76/255
TB € 84/280 室 120 间 含早餐 W-Fi
C A.M.V.

布兰塔酒店 ★★★

Albergo Brenta

◆ **价格合理的 3 星酒店**

距离车站约 300 米，价格非常合理的酒店。接待人员的笑容很亲切。沿着站前的威尔第大街（Via G.Verdi）直走，在第三条大街 Boeghesi 左转就是。

Map p.392 A2

URL www.hotelbrenta.it
住 Via G.B.Borghesi 12
☎ 0521-208093 Fax 0521-208094
SS € 55 TS € 85
室 15 间 早餐 € 5 W-Fi C A.D.M.V.

卢西亚诺费拉里斯旅舍

Ostello Luciano Ferraris

◆ **明亮且现代的青年旅舍**

很现代化的 YH。自助式洗衣、租赁自行车（€ 5）、上网插口等设施齐备。从火车站向北约 2 公里，位于环形路的外侧。从火车站可乘坐开往 Nord 方向的 2、13 路巴士，在 Centro Torri 下车，穿过 Via San Leonardo 向左就能看到。14:00 开始可以入住，退房时间截至 9:30。

地图外

URL www.ostelloparma.it
住 Via San Leonardo 86
☎ 0521-1917547 Fax 0521-1917548
D € 20.50 SS € 30.50
TS € 45 3S € 66 早餐 € 3 W-Fi
休 12/24~1/2 C M.V.

※ 帕尔马的住宿税：YH、B&B、★～★★ € 0.50 ★★★ € 1 ★★★★ € 2

T 使用公用淋浴的双人间价格 SS 带淋浴的单人间价格 TS 带淋浴的双人间价格 D 三人间价格 SB 带淋浴或浴盆的单人间价格 TB 带淋浴或浴盆的双人间价格

皮亚琴察 Piacenza

一座渲染成砖红色的美丽城市

●邮政编码　29100

前往皮亚琴察的方法

从 fs 线米兰中央车站乘坐开往巴里、安科纳、罗马等方向的 FRECCIABIANCA 前往需要 43 分钟，乘坐 IC 前往需要 48~58 分钟，乘坐 RV 前往需要 52 分钟，乘坐 R 前往需要 50~58 分钟。从博洛尼亚中央车站乘坐 FRECCIABIANCA 前往需要 1 小时 17 分钟，乘坐 RV 前往需要 1 小时 32 分钟 ~1 小时 56 分钟。

皮亚琴察的 i 旅游咨询处 IAT

住 Piazza del Cavalli 10
☎ 0523-492001
开 3/15~6/30、8/8~9/30、12/8~12/24　9:00~13:00、15:00~18:00
其他期间　9:00~12:00、15:30~17:30
全年的周日、复活节后的周一、4/25、5/1、7/4、8/15、12/8
9:30~12:30、15:00~18:00
休 周日下午、周一、1/1、复活节的周日、12/25、12/31
地 p.396 B1

● 大教堂

开 8:00~12:00、16:00~19:00
地 p.396 B1

● 法恩尼斯宫 / 博物馆

住 Piazza Cittadella 29 Farnese 宫内
开 10:00~13:00
15:00~18:00
（周五、周六、周日 19:00）
休 周一、节假日
费 €6
地 p.396 A1

静谧的中世纪都市

皮亚琴察是一座和波河同时繁荣起来的城市。皮亚琴察在 12 世纪成了自由城市，作为波河沿岸的海运基地，具有很高的利用价值，因此它也一直在近邻的诸多势力之间挣扎。从 16 世纪开始的 300 年间，皮亚琴察都接受着帕尔马的法恩尼斯家族的统治。旧城区被厚厚的城墙包围着，循着狭长的街道，仍能感受到中世纪都市的气氛。人口略超过 10 万。i 旅游咨询处距离科穆内广场很近，位于旧市政厅（Il Gotico）附近。

皮亚琴察 主要景点

旧市政厅

市中心的马群广场（Piazza dei Cavalli）上矗立着旧市政厅（Palazzo del Comune）。旧市政厅别名为 Il Gotico，即哥特，是一座名副其实的伦巴第哥特式建筑杰作，由红砖和大理石建成，威严庄重。广场上有法恩尼斯家族的两座骑马像。左侧是担任西班牙费里佩二世雇佣兵队队长的阿雷桑多罗 · 法恩尼斯，右边是拉努斯一世。均是 17 世纪巴洛克风格的雕像。

旧市政厅前的骑马像（阿雷桑多罗 · 法恩尼斯）

大教堂（Duomo）是 12 世纪伦巴第罗马式建筑。左边的钟楼上，有被称作卡比亚（Gabbia）的铁牢笼，据说当时犯人会被脱光后放到笼中，受到人们的奚落和嘲笑。此外，还有如今已成为法恩尼斯宫博物馆的文艺复兴式的壮丽宏伟宫殿——法恩尼斯宫，也非常值得一看。其内部设有市立博物馆和美术馆等。

拥有玫瑰窗的美丽的罗马式建筑——大教堂

圣马力诺 Repubblica di San Marino 

●邮政编码 47890

乘坐缆车进入圣马力诺让人感到很开心

圣马力诺共和国位于里米尼往南 24 公里处。圣马力诺共和国被艾米利亚—罗马涅区和马尔凯区包围着，面积 61 平方公里，人口 3.2 万，是世界上第五小的国家，也是最古老的共和国。以丘陵为主的国土中部是海拔 750 米的提塔诺山，它的周围是旧城区。这里距离亚得里亚海直线距离约 10 公里。天气晴朗时，可从高地眺望到绿色的平原和大海。凉爽的风吹过市区，石板坡路上的土特产商店一家连着一家，有一种浓厚的怀旧气氛。

世界遗产

古城区和提塔诺山
收录年份 2008 年 文化遗产

前往圣马力诺的方法

里米尼（Rimini）是出入的门户。从 fs 线博洛尼亚中央车站乘坐开往安科纳（Ancona）、莱切（Lecce）等方向的 FRECCIABIANCA，需要 52 分钟，乘坐 FRECCIAROSSA 前往，需要 57 分钟，乘坐 IC 前往，需要 1 小时 8 分钟，乘坐 RV 前往，需要 1 小时 26 分钟~1 小时 55 分钟，乘坐 R 前往，需要 1 小时 28 分钟~2 小时 21 分钟。从里米尼站前乘坐 Bonellibus 公司的普尔曼巴士需要 50 分钟。（单程€5）。

汽车停靠在城门下的广场（P 1A）上，并在同一地方发车。从广场乘坐电梯或走台阶上去就是城门。

汽车时刻表

夏季大约 6/7~9/145

里米尼出发

全日 6:45、8:00、9:15、10:30、11:45、13:00、14:15、15:30、16:45、18:00、19:15、20:30

圣马力诺出发

全日 6:45、8:00、9:15、10:30、11:45、13:00、14:15、15:30、16:45、18:00、19:15、20:30

冬季大约 9/15~2017 年 6/7

里米尼出发

工作日 8:10、9:25、10:40、11:55、13:10、14:25、15:40、16:55、18:10、19:25

周日和节假日 8:10、9:25、10:40、12:15、14:25、15:40、16:55、18:10

圣马力诺出发

工作日 6:45*、8:00、9:15、10:30、11:45、13:00、14:15、15:30、16:45、18:00、19:15

周日和节日 8:00、9:15、10:30、12:15、14:15、15:30、16:45、18:00

※ 发车地点位于旧车站 Ex Stazione

Bonellibus

URL www.bonellibus.com

☎ 0541-662069

圣马力诺的 ❶ 旅游咨询处
住 Contrada Omagnano 20
☎ 0549-882914
开 周一～周五 8:30~18:00
周六、周日 9:00~13:30
14:00~18:00
地 p.397 A1
※ 自由广场前，右侧。位于市政厅一角
※ 这里发行入境纪念签证。包含类似邮票的印花纸费用在内€5。也销售邮票和硬币。营业时间和 ❶ 旅游咨询处相同

● 缆车 Funivia

圣马力诺博尔戈·马吉欧雷
■ 运行：7:50~次日 1:00（7~8月，冬季~18:30）根据季节时间会有变化，请注意
费 单程€2.80，往返€4.50

罗卡·古阿依塔、斯达塔、市政厅、圣弗朗西斯科绘画馆、国家博物馆的通票
开 6月中旬~9月中旬 8:00~20:00
9月中旬~6月中旬 9:00~17:00
休 1/1、11/2下午、12/25
费 1处票€3+€1.50*
5处通票 Biglietto multimuseo €9+€1.50*（10日内有效）/在返还入场卡时，会退还€1.50*
地 p.397
※ 售票处截至闭馆前30分钟

让旅行更顺利

事先查好从里米尼回来时的回程汽车时刻表，会减少时间上的浪费。另外，根据下一个目的地的不同，有时会出现等候火车超过1小时的事情，因此最好也事先查好这方面的信息。里米尼因有海水浴场，特别是在夏季的周六和周日，有的时间段的火车会因满员而买不到票，如果需要长距离移动，最好提前预订。

景色绝佳

圣马力诺 漫 步

从里米尼方向开来的汽车会在海关停留一会儿。从这儿再经过两座城市，就到了位于提塔诺山脚下的城市博尔戈·马吉欧雷。如果在这里换乘缆车前往市区，能看到壮观的城市全景。缆车的到达点是市区北侧。

如果乘坐汽车到终点下车，在不远处就是旧城区。穿过城门进入城区。被城墙围绕起来的城区不大，景点也都在城区里面，因此完全不用担心会迷路。从圣弗朗西斯科门进入城区后，马上就能看到右侧的圣弗朗西斯科绘画馆。首先上坡前往市中心自由广场。❶ 旅游咨询处就位于广场前的坡路右侧。在景致很好的美丽的广场正面，是由士兵守卫着的市政厅。夏季时每隔30分钟或1小时，会进行卫兵换岗仪式，值得一看。

广场南面是旧城区。穿过旧城区，以塔为目标前行。几个塔从北侧开始依次是罗卡·古阿依塔、切斯达塔、罗卡·蒙塔雷塔。从切斯达塔前面的观景台能看到建在陡峭悬崖上的罗卡·古阿依塔的全貌。天气晴朗的时候，可以看到平原前面蔚蓝的大海，以及其背后一望无际的亚平宁山脉的大全景图。这些要塞是圣马力诺共和国的象征，也是国旗的图案。

圣马力诺 主要景点

自由广场 Piazza della Libertà

Map p.397 A1

有卫兵守卫，能眺望到好景色的广场

★★

市政厅所在的自由广场

守护市政厅的卫兵

市政厅（Palazzo Pubblico）所在的广场，景色很好，总是人声鼎沸。市政厅是新哥特式建筑，是19世纪时模仿14世纪的建筑原样重建的。在这个建筑的前面会举行士兵换岗仪式。士兵换岗仪式（Cambio della Guardia），这一仪式据说诞生于1754年，在6~9月的每天9:30~13:30、14:30~18:30期间，会每隔30分钟~1小时举行一次。在4月1日和10月1日的执政官就任仪式，以及9月3日的共和国创立纪念日时，都会在广场上举办身着传统服饰的更加隆重的仪式。

罗卡 Rocca

Map p.397 A·B2

圣马力诺的象征

★★★

沿着城墙和小路走向罗卡

要塞位于提塔诺山山脊上的3个顶点处，有城墙和小路与下面的市区连结。从距离市区近的方向（北）开始，依次是被称为罗卡·古阿依塔（Rocca Guaita）、切斯达塔（Torre Cesta）、罗卡·蒙塔雷塔（Rocca Montale）的要塞。罗卡·古阿依塔

（海拔 738 米）是第一个建造的要塞，11 世纪以后进行过修复，还曾经被用作警察局。切斯达塔（海拔 749 米）是第二个建造的要塞，建在提塔诺山的最高处，13 世纪时又进行了重建，建造在提塔诺山的最高处。罗卡 · 蒙塔雷塔在 13 世纪时是瞭望塔，20 世纪时进行了改建。据说在和马拉泰斯塔军队的战争中，这些要塞起到了重要的作用。能在这里俯瞰到壮观的全景。

罗卡 · 古阿依塔

国家博物馆 Museo di Stato

Map p.397 A1

接触共和国历史的一角

展出和圣马力诺共和国历史有着深厚关系的展品。展品有从新石器时代开始的考古学领域物品到 14~19 世纪的绘画等。

圣马力诺的餐馆

Ristorante

里吉餐馆

Ristorante Righi / Osteria Righino

Map p. 397 A1

◆ **两个餐馆，到底选哪个呢**

餐桌设在市中心的自由广场上的是供应乡土菜的里吉餐馆，位于 2 层的是米其林 1 星餐馆，氛围优雅，还供应独创菜肴。根据自己想吃的食物、预算、时间来进行选择吧。

住 Piazza della Libertà 10
☎ 0549-991196
营 12:30~15:00、19:30~22:00
休 1/7~1/28、周日的晚餐、周一
预 餐馆 € 50，套餐 € 40、75
C D.M.V.

提塔诺餐馆

Ristorante Terrazza Titano

Map p.397 A1

◆ **风景很好的餐馆**

位于下面介绍的提塔诺酒店内的餐馆。推荐价格合理的套餐。具有历史感的内部装潢非常漂亮。需预约

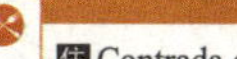

住 Contrada del Collegio 31
☎ 0549-991007 营 12:00~14:30、19:00~22:00
休 12/23~12/28、1/6~2/15
预 € 20~50 套餐€ 19、24 C A.M.V.

圣马力诺的酒店

Hotel

酒店的数量很少，但是旅游团多半住在里米尼和拉韦纳，因此个人游客反而能找到住处。下面介绍一些便于游览的，位于旧城区的酒店。

提塔诺酒店 ★★★★

Titano

Map p.397 A1

◆ **拥有百年历史，有格调的酒店和餐馆**

创业于 1894 年，有着与之相配的格调，但绝不让人感到压迫，有一种家庭温馨感。

URL www.hoteltitano.com
住 Contrada del Collegio 31
☎ 0549-991007 Fax 0549-991375
SS SB € 55.20/139 TS TB € 73.60/224
室 45 间 含自助式早餐 W-Fi
休 12/23~12/28、1/6~2/15 C A.M.V.

※ 圣马力诺的住宿税为客房价格的 3% SB 带淋浴或浴盆的单人间价格 TB 带淋浴或浴盆的双人间价格 JS 小套房价格

费拉拉 *Ferrara*

世界遗产

●邮政编码 44100

大教堂正面右侧是拱廊

世界遗产

费拉拉、文艺复兴时期的市区和波河三角洲

收录年份 1995 年、1996 年

文化遗产

费拉拉在文艺复兴时期曾和佛罗伦萨齐名。这个时期，是埃斯特家族宫廷文化的鼎盛时期，来自意大利各地的艺术家云集于此。1492 年，埃斯特家族的埃尔科莱一世命令比亚焦·罗塞蒂扩建城市，建造“理想城市”。以城市为概念进行建造的城市，如今依然十分美丽，并被作为“文艺复兴的城市”列为世界遗产。

作为“理想城市”建造的城市北侧是用石砌的宽阔的步行道，两侧绿树成荫，高屋建瓴的楼堂馆所鳞次栉比。而在相反的南侧则绵延着迷宫般的羊肠小道，倾斜的门廊满载着遥远的中世纪韵味。

费拉拉拥有两个完全不同的面貌，这也是埃斯特家族留给这座城市的伟大的遗产。

费拉拉
Ferrara

费拉拉 漫 步

火车站位于城市的西侧。车站旁边就是高层住宅，前边是大厦。在车站附近很难找到中世纪城市的氛围，但是从车站左侧公园旁边的任何一条路都能通到加富尔大街（Viale Cavour）。沿着两边布满街灯的加富尔大街一直走，就能看到威严庄重的红砖建筑埃斯腾斯城堡。从车站步行 20 分钟。乘坐 1、6、9 路巴士前往，需 10~15 分钟。在城堡旁边的是市政府，对面是大教堂。来到这一带，一切景象仿佛都与在此地出生的萨维纳洛拉、从这里嫁出去的伊莎贝拉、长眠在此的路克茨等人曾经看过的风景相同。大教堂的前面是萨维纳洛拉的雕像。大教堂正门有着北意大利式楼厅，大教堂旁边是 15 世纪的二层建筑的商店街。有趣的是商店街借用了大教堂的墙壁建成，很有意思。费拉拉也是步行就能游玩的城市。

旅游咨询处 ❶ 位于埃斯腾斯古堡内中庭的里侧。

费拉拉 主要景点

埃斯腾斯城堡 Castello Estense

Map p.400 A2

睥睨城市的壮观城堡

★★★

古堡由埃斯特家族的尼科洛二世于 1385 年开始修建。建造开始时的目的是用来防御敌人，但是在 16 世纪完工时，却成了一个有着优美的中庭和大理石露台、用湿壁画进行装饰的客厅等的豪华的家族府邸。城堡四周有护城河围绕，4 个角落上建有塔，用吊桥才能出入城堡。

豪华壮观的埃斯腾斯城堡

城堡一层有厨房、通往塔的台阶、监狱等。通往塔上的阶梯有点陡，但是登上去就能眺望到四周 360° 的全景。

二层是华丽的埃斯特家族成员的居室。所有房间天花板上的装饰都非常漂亮，可用放在房间里的镜子仔细观看一下。侯爵夫人们休息的地方、阳光充足的“阳台和橙子之屋”、装饰有美丽的 16 世纪湿壁画的“曙光之屋”是最主要的景点。天井中间是寓意“时间”的寓意画，在它下面按照顺时针方向依次是“曙光”“白昼”“傍晚”“深夜”。“大游戏间”里有按照阿方索二世的喜好，画有古代竞技的场面。

城市布局非常美丽。从城堡眺望到的景色

前往费拉拉的方法

费拉拉位于博洛尼亚和威尼斯之间。从 fs 线博洛尼亚中央车站乘坐开往威尼斯方向的 RV 前往，约需 30 分钟，乘坐 R 前往，需要 46~52 分钟。从威尼斯梅斯特雷车站乘坐 FRECCIABIANCA 前往，需要 52 分钟，乘坐 RV 前往，约需 1 小时 15 分钟。乘坐 R 前往，需要 1 小时 50 分钟 ~2 小时。

费拉拉的 ❶ 旅游咨询处 IAT

住 Largo Castello（埃斯腾斯城堡内）
☎ 0532-209370
开 9:00~18:00
周日、节假日 9:30~17:30
休 12/25
地 p.400 A2

市巴士的车票

■ 1 次乘车票 €1.30（75 分钟有效）
※ 即使是在有效时间内，换乘时也需要再次验票

●埃斯腾斯城堡

住 Largo Castello
☎ 0532-299233
开 9:30~17:30
休 10 月 ~ 次年 2 月的周一、12/25
费 €8，25 岁以下、65 岁以上 €6；塔 €2
※ 售票处截至 16:45

知道吗？
“埃斯特家族的悲剧”

位于城堡 1 层的监狱天棚很低，让人感觉非常压抑。其中有一间“乌戈和巴利吉娜的囚室”（Prigioni di Ugo e Parisina），是尼科洛三世的第二任妻子巴利吉娜·马拉泰斯塔和与她相恋的义子被囚禁、被惩罚的囚室。后来两人被斩首了，据说她只有 20 岁，他也只有 19 岁。

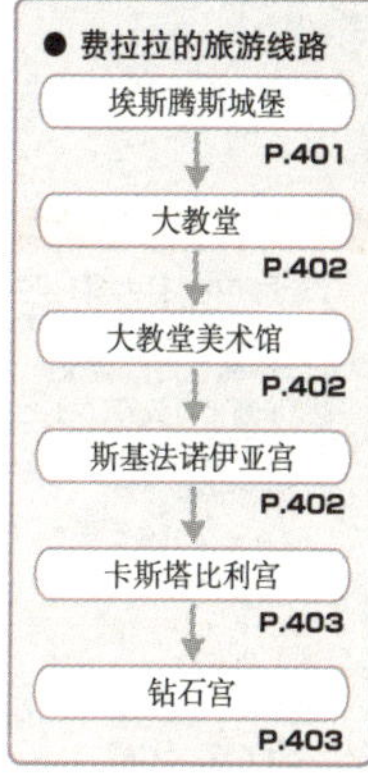

● 大教堂
住 Piazza Cattedrale
☎ 0532-207449
开 7:30~12:00、15:00~18:30
周日、节假日 7:30~12:30
15:30~19:00

大教堂的正面

圣乔治是谁?

也被称为圣乔治斯。有一条恶龙要求用活的生命来做祭品，这使城市陷于恐惧中，最终恶龙要求用国王的女儿做祭品。而圣乔治就是杀了恶龙的战士的守护圣人。也是费拉拉的守护圣人。

● 大教堂美术馆
住 Via San Romano
☎ 0532-244949
开 9:30~13:00、15:00~18:00
休 周一、1/1、1/6、复活节的周日、11/1、12/25、12/26
费 €6，65岁以上、大学生€3，18岁以下免费

宁静的美术馆

● 科尔普斯·多米尼修道院
住 Via Pergolato 4
☎ 0532-207825
开 15:30~17:30
休 周六、周日、节假日
费 随意

划算的通票

MYFE-Ferrara tourist card

几乎所有美术馆、博物馆和景点都可以免费进入。使用此卡还可以免除住宿税，以及享受科穆内剧场音乐会、出租车费的折扣优惠。

可在埃斯腾斯城堡、大教堂美术馆等的售票处购买。

2日票€10
3日票€12
6日票€18
问询 ☎ 0532-224949

大教堂 Cattedrale

Map p.400 A2

祭奠着费拉拉的守护神

★★★

大教堂内部

建于12~14世纪，是纪念费拉拉的守护神圣乔治的教堂，是兼具罗马式建筑的牢固和哥特式建筑的典雅的建筑物。正面的阳台由两头狮子支撑着，在正面上部的三角形山墙上是《最后的审判》，在它下面雕刻有守护圣人圣乔治的雕像。正面右侧是城市的创建者费拉拉的马多娜（罗马时代的雕像）。内部用哥特风格的湿壁画进行装饰，纵使岁月流逝，满载埃斯特家族特点的华丽感依然存在。主祭坛右侧是出自多梅尼科·佩利的15世纪的《圣毛利里奥》《圣乔治》的雕像。

大教堂美术馆 Museo della Cattedrale

Map p.400 A2

展出大教堂的宝物

★★

《石榴和圣母》

位于大教堂的南侧，一个小型的圣罗马诺教堂内。

参观从二层开始，但是一层中庭里面才是集中展示许多杰作的地方。展品有15世纪费拉拉代表性画家卡西莫·图拉的《圣乔治和龙》（*San Giorgio e il Drago*）、雅各布·德拉·奎查尔的《石榴和圣母》（*Madonna della Melagrana*）等。曾经装饰大教堂的《12个月之门雕像》（*Porta dei Mesi*）也在这里展出。这是一位无名的费拉拉艺术家的作品，但非常形象地刻画了每个季节的特点，其哥特风格的写实手法尤其出色。除此之外，还展示有16世纪的挂毯等。

科尔普斯·多米尼修道院 Monastero del Corpus Domini

Map p.400 B2

城市统治者埃斯特家族的墓地

★

科尔普斯·多米尼修道院

位于罗梅宅邸的旁边，是埃斯特家族的墓地。最后嫁给了阿尔芬索·德斯特，最终在这片土地上度过一生的路库雷茨·波尔吉亚也长眠于此。外观是和修道院相符的简朴的砖造建筑，但是和意大利各地名人的墓地一样，内部是使用大理石建造的豪华墓地。

斯基法诺伊亚宫 Palazzo Schifanoia

Map p.400 B2

装饰精美的埃斯特家族别墅

★★★

曾是埃斯特家族的别墅，现在是市立拉比达里奥美术馆（Civico Lapidario）。在最里面的《12个月之屋》的整面墙壁上，由弗朗切斯科·德尔·科萨和科斯莫·图拉画满了湿壁画，至今壁画上的色彩仍很鲜艳（10月~次年2月）。

首先将宽阔的墙面纵向分割为12份，然后再横向分成3份，在上

面画上各个月的情形。上段："神的世界"，执掌各月的异教诸神坐在凯旋车上，周围是神话故事以及日常生活画面。中段："12 宫（代表星座）"。下段："人间世界"。描绘了受神的影响下的各个季节的人们和宫廷的生活。委托人博尔索·德·埃斯特被描绘成了光荣和智慧的神，充分展现了将占星学作为科学推崇备至的埃斯特家族宫廷生活。是最受当地人欢迎的景点。

美丽的文艺复兴画卷

● 斯基法诺伊亚宫 市立拉比达里奥美术馆
住 Via Scandiana 23
☎ 0532-244949
开 9:30~18:00
休 周一
费 €3，65 岁以上 €2，18 岁以下免费

卡斯塔比利宫 Palazzo Costabili di Ludovico il Moro

Map p.400 B2

一定要看有着多重拱形门的中庭 ★

内部用加罗法洛（班韦努托·提西）的湿壁画进行装饰。作为考古学博物馆，这里的收藏品也很丰富，有公元前 5~6 世纪的金戒指、金项链、琥珀藏品、希腊伊特鲁里亚的彩色陶器等，很值得一看。宫殿和中庭也是文艺复兴建筑的佳作，尤其是美丽的中庭，久负盛名。

● 卡斯塔比利宫（国立考古学博物馆）
住 Via XX Settembre 124
☎ 0532-66299
开 9:30~17:00
休 周一、1/1、5/1、12/25
费 €6，18~25 岁 €3，18 岁以下免费

卡斯塔比利宫 2 层列柱的拱形连廊非常美丽

沃尔特大街 Via delle Volte

Map p.400 B2

浓郁的中世纪风情 ★

位于城市南侧的一条小路，这条路的旁边曾经有波河流过。走在小路上抬头看，道路两旁的建筑物由带有拱形屋顶的连廊连接在一起，而且连廊有好几重，绵延不断，又是一番别有韵味的风景。这里曾经是中世纪时的主要街道之一，现在仍很好地保留着当时的景象。看惯了按照城市计划建起的规整城市后，这里给人以耳目一新的感觉。

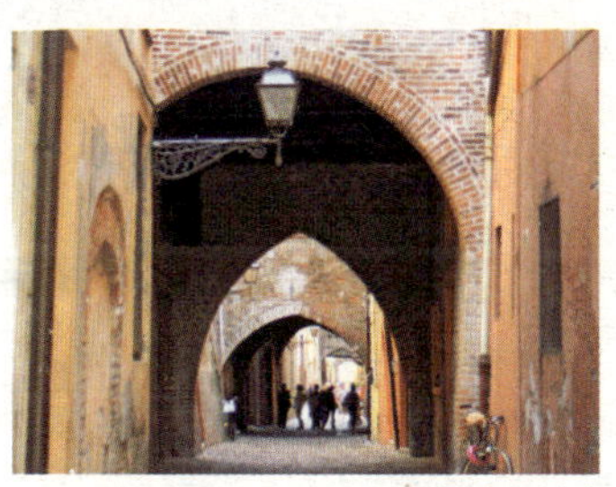

头顶是连接房屋的连廊

钻石宫 Palazzo dei Diamanti

Map p.400 A2

四角形的外观引人注目 ★

位于按照埃尔科莱一世的城市规划扩建后的新市区的中轴线埃尔科莱一世大街上。用 12500 块大理石建造的正面，在阳光照耀下闪闪发光，就像钻石一样，因此而得名。内部现已成为国立绘画馆（Pinacoteca Nazionale），收藏了丰富的费拉拉派绘画作品。

必看的作品有科斯莫·图拉（从入口处开始第二个展室）的《圣毛利里奥的殉难》（*Martirio di San Maurelio*）、《圣毛利里奥的审判》（*Giudizio di San Maurelio*）。这两幅圆形画作曾经是祭坛的坛座画。放在这两幅画旁边的出自图拉工作室的《缪斯女神乌剌尼亚》（*La Musa Urania*）、《缪斯埃拉托》（*La Musa Erato*），着重表现了忧郁和不悦，能感受到图拉鲜明的个性。此外还展示有很多加罗法洛的作品，以及一些小型画作。

●国立绘画馆（钻石宫内）
住 Corso Ercole I d`Este 21
☎ 0532-244949
开 周二、周三 8:30~14:00
周四 8:30~19:00
周五～周日 13:30~19:00
休 周一、1/1、5/1、12/25
费 €4
※ 每月第 1 个周日免费

犹如镶入了切割好的钻石一样的钻石宫

费拉拉的餐馆
Ristorante

弗托琪内是一种扁平的通心粉，在北部意大利被称为“塔利阿特雷”，据说它就起源于费拉拉。嫁入埃斯特家族的路库雷茨·波尔吉亚不喜盘头而喜欢将金色长发披着，为此婚宴上特别制作了形状和颜色都类似金发的面点弗托琪内。

唐·乔万尼
Don Giovanni

◆ **特别讲究蔬菜品质的名店**

使用自家农园的蔬菜以及时令食材进行烹饪，能品尝到从传统炖菜到精细的鱼类菜肴的各种菜品。米其林1星餐馆。旁边是同店经营，氛围轻松自在的拉博尔萨，也值得推荐。需预约

Map p.400 A2

住 Corso Ercole I d`Este 1（建筑物内的中庭）
☎ 0532-243363
营 12:30~14:30、19:30~22:30
休 周日晚餐、周一、8/1~8/20左右
预 €60~100（座位费€5），套餐€55、75
C A.M.V.

阿尔·布林迪西
Al Brindisi

◆ **欧洲最古老的餐馆**

1435年就已经存在的历史悠久的餐馆。在轻松随意的氛围中，可以品尝到原汁原味的传统菜肴。推荐菜肴搭配几杯不同种类葡萄酒的套餐。

Map p.400 A2

住 Via degli Adelardi 11
☎ 0532-473744 营 11:00~24:00
休 周一、1月下旬的10天
预 €18~50（座位费€2）、套餐€15~20
C A.D.M.V.

费拉拉的酒店
Hotel

费拉拉酒店 ★★★★
Hotel Ferrara

◆ **能眺望埃斯腾斯城堡**

位于卡斯特罗入口旁边，是一家有很多玻璃的外观摩登的酒店。酒店使用的建筑物建于20世纪初期，其内部古典和现代元素融合在一起，形成特有的宁静氛围。内设有以当地特色菜为主的餐馆。

Map p.400 A2

URL www.hotelferrara.com
住 Largo Castello 36
☎ 0532-205048
Fax 0532-242372
SB €71/143 TB €89.10/208
室 58间 含早餐 W-Fi C A.D.J.M.V.

德普拉蒂酒店 ★★★
Hotel De Prati

◆ **安静的小酒店**

位于从卡斯特罗通往钻石宫的大路转入小路的入口处，是一个安静、可爱的小型酒店。酒店内古色古香，氛围既传统又怀旧。

Map p.400 A2

URL www.hoteldeprati.com
住 Via Padiglioni 5 ☎ 0532-241905
Fax 0532-241966 SS €60/85 TS €85/120
JS €120/140 室 16间 含早餐 W-Fi
休 12/21~12/28 C A.D.J.M.V.

艺术家旅馆 ★
Albergo Artisti

◆ **节约型游客喜欢的旅馆**

虽然价格低廉，但是很干净，适合节约型游客。有能俯瞰市容的带阳台的房间。有免费的自行车出借。沿着大教堂附近的Via S.Romano下行就能到。从火车站可乘坐2、3C路巴士前往。

Map p.400 B2

URL www.albergoartisti.it
住 Via della Vittoria 66 ☎ 0532-761038
S €28 T €50 TS €60
室 20间 无早餐 W-Fi C 不能

※ 费拉拉的住宿税：YH €0.50 ★€1 B&B、★★€1.50 ★★★€2 ★★★★€2.50 ★★★★★€3
18岁以下免税

拉韦纳 *Ravenna*

●邮政编码 48100

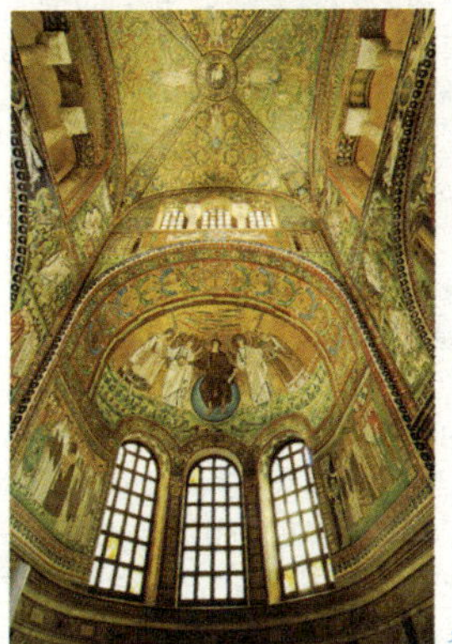

圣维塔莱教堂后部的马赛克装饰

镶嵌艺术的宝库拉韦纳位于威尼斯以南约 150 公里处，是一个人口不足 16 万的城市。拉韦纳面临亚得里亚海，是盛开着拜占庭美术之花的古都。庄严的镶嵌艺术犹如漆黑夜空中闪烁的繁星一样，自古以来就吸引了无数人，但丁和邓南遮都写诗盛赞过它的美丽。虽然拉韦纳并不在意大利旅游的主要线路中，但对镶嵌艺术有兴趣的人来说，没有拉韦纳，便无法讲述镶嵌艺术，因此是一个十分重要的地方。欧洲最成熟的拜占庭文化，即镶嵌艺术，在拉韦纳的各个地方都能看到，其完好地保留着。

世界遗产

拉韦纳的初期基督教建筑群
收录年份 1996 年　文化遗产

拉韦纳 Ravenna

1　2　A　B　N　0　200

狄奥多里克陵墓 Mausoleo di Teodorico
布兰卡雷奥内城堡 Rocca di Brancaleone
加拉·普拉西提阿陵墓 Mausoleo di Galla Placidia
国家博物馆 Museo Nazionale
圣维塔莱教堂 S.Vitale
从大门至 阿尔加洛1909 需100米 Al Gallo
拉卡迪拉 La Gardèra
阿德里安娜门 P.ta Adriana
P.za Baracca
NH拉韦纳酒店 NH Ravenna
P.za Mameli
P.za Farini
意大利国营铁路拉韦纳站 Stazione. F.S
拜伦中央酒店 Centrale-Byron
阿里亚尼圣洗堂 Battistero degli Ariani
S.Giovanni Evangelista
波波罗广场 P.za d. Popolo
Pal.Comunale
Teatro Alighieri
P.za Garibaldi
新圣阿波利纳雷教堂 S.Apollinare Nuovo
意大利酒店 Italia
P.za Kennedy
卡地万餐馆 Ca de Vin
Museo Dantesco
奈奥尼阿诺洗礼堂 Battistero Neoniano
但丁墓 Sepolcro di Dante
S.Francesco
P.za Duomo
P.za Arcivescov.
大教堂 Duomo
P.za Caduti per la Libertà
大主教博物馆 Arcivescovado
（圣坦德雷亚礼拜堂）(cappella di S.Andrea)
Giardino Pubblico
S.Maria in Porto
拉韦纳市立绘画馆 MAR Museo d'Arte della Città di Ravenna
S.Agata Maggiore
P.za D'Annunzio
P.ta Aurea
P.ta Sisi
P.ta S.Mamante
P.ta Nuova
至圣普里纳雷·克拉塞教堂
P.ta Serrata
Canale Candiano
Via delle Industrie
Circonvallazione alla Rotonda dei Goti
San Gaeranino
Circonvallazione
Via S.Alberto
Via Rocca Brancaleone
V.P.Alighieri
Via Girolamo Rossi
Via Ghiselli
Via di Roma
Via U.Bassi
V.Maroncelli
San Vitale
Via Salara
Via Ponte Marino
Via Cavour
Via P.Costa
Viale Farini
Via XIII Novembre
Via Pasolini
V.M. D'Azeglio
Via A.Diaz
Via G.Carducci
V.le Pallavicini
Via A.Mariani
V.Cairoli
V.Gordini
V.C.Ricci
Via Guerrini
Via Guaccimanni
Via Alberoni
Via A. De Gasperi
Via G.Mazzini
Via Cerchio
Via Baldini
Via Corti alle Mura
Viale Santi Baldini

前往拉韦纳的方法

从 fs 线博洛尼亚站乘坐开往拉韦纳、安科纳方向的 RV 前往，需要约 1 小时，乘坐 R（直达）前往，需要 59 分钟~1 小时 24 分钟。直达车每隔 15 分钟~1 小时有一班车。在费拉拉（Ferrara）或法恩扎（Faenza）换乘的 RV、R（或乘坐汽车）前往，需要 1小时31分钟~2小时11分钟。

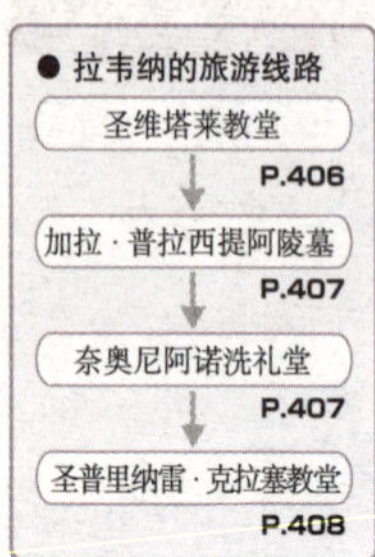

● 中心街的 ℹ 旅游咨询处 IAT

住 Piazza Caduti per La Libertà 2
☎ 0544-35404
开 4/1~10/31 8:30~19:00
周日、节假日 9:30~17:30
11/2~次年 3/31 8:30~18:00
周日、节假日 10:00~16:00
休 无 地 p.405 B1

狄奥多里克宫殿附近的 ℹ 旅游咨询处

住 Via delle Industrie 14
☎ 0544-451539
开 4~9 月 9:30~12:30
15:30~18:30
10 月 ~ 次年 3 月
9:30~15:30
休 1/1、12/25
地 p.405 A2

● 但丁墓

住 Via Dante Alighieri
☎ 0544-30252
开 夏季 10:00~18:00
冬季 10:00~16:00
休 1/1、12/25 地 p.405 B1

拉韦纳 漫 步

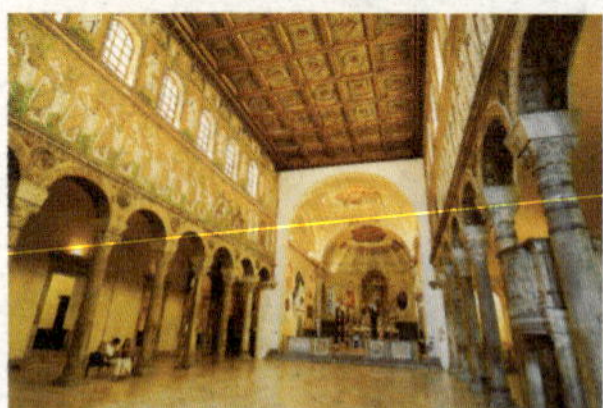
新圣阿波利纳雷教堂内部左侧是《22 名圣女》，右侧是《26 名殉教者》

拉韦纳的火车站位于城市东侧的法利尼广场（Piazza Farini）。站前是绿树夹道的美丽的法利尼大道（Viale Farini），沿着这条路往西走 500 米左右，就能来到市中心波波罗广场（Piazza del Popolo）。其一角有 8 根花岗岩柱子支撑的威尼斯诺宫（Palazzetto Veneziano）。这是 15 世纪的建筑，柱头却是 6 世纪建造的。刻有统治拉韦纳的哥特族狄奥多里克大帝的字母组合。宫殿右边的建筑物是拉韦纳的市政厅。在广场上耸立的两根圆柱上，有拉韦纳的守护圣人圣阿波利纳雷和圣维莱塔的雕像守护着城市。

拉韦纳的景点，都集中在波波罗广场周围 500 米见方的地方，因此步行游览就足够了。为鉴赏拉韦纳旅游最精彩的部分——镶嵌画，首先应该拜访的是圣维塔莱教堂和同处一地的加拉·普拉西提阿陵墓。沿着波波罗广场向北延伸的 11 月 4 日大街（Via IV Novembre）前行，在街尽头的广场左拐，在第一个笔直相交的道路往北走即是圣维塔莱大街（Via S.Vitale）。在这儿往左拐就能看见教堂的建筑物。

拉韦纳是但丁从被佛罗伦萨被驱逐后，最后居住的地方，并因此被世界熟知。但丁居住在拉韦纳期间创作了《神曲》，他在这部作品中对当地的镶嵌画倍加赞赏，誉之为“色彩的交响乐”。圣弗朗西斯科教堂中的但丁墓里奉有长明灯，据说所用的油是驱逐但丁的佛罗伦萨奉献的。

另外一个著名的旅游景点，是新圣阿波利纳雷教堂（Basilica di S.Apollinare Nuovo），可以在返回火车站的途中去看看。这个教堂很古老，是 6 世纪初期哥特族的皇帝狄奥多里克建造的王室教堂。内部很朴素，但柯林斯柱式上部的镶嵌画十分精美。左侧是《东方三贤王》和《22 名圣女向圣母子奉献贡物图》。右侧是手捧贡物的 26 名殉教者，从狄奥多里克宫殿奔向基督身边的画。观看的人也能从圣人的威严和存在感里感受到紧张的气氛。

拉韦纳 主要景点

圣维塔莱教堂 Basilica di San Vitale

Map p.405 A1

宏伟空间里令人炫目的镶嵌画

★★★

圣维塔莱教堂建于 548 年，是一座拥有悠久历史的八角形的建

历 史

● 起源于罗马时代的历史古城

历史上，拉韦纳开始受世人瞩目是在 402 年，罗马帝国东西分裂后，为了抵抗北方哥特人的侵略，西罗马帝国的霍诺留斯大帝把都城迁到了拉韦纳。拉韦纳位于波河流域的沼泽地里，这是一座在地里打了无数木桩之后建造起来的城市。

霍诺留斯大帝和他的妹妹加拉·普拉西提阿建设了这个城市的根基，之后东哥特的诸王也加入了拉韦纳的建设。540 年，在康斯坦奇诺建立都城的拜占庭帝国驱逐了哥特的帝王，之后在著名的帝王尤斯提尼阿亚努斯的保护下，城市得以继续繁荣发展。

筑。它的外观很朴素，但内部的镶嵌画却令人震撼。特别是主祭坛左边墙壁上的《尤斯提尼阿亚努斯大帝征服宫廷人之图》和其对面的《特奥德拉王妃和随臣、侍女图》，在金色的背景上明艳色彩产生的对比效果，可谓登峰造极。在《圣经》的插图和基督像之间，均匀地配比了自然的景观和动物，其协调之美令人忘了时间的流逝。

紧邻着圣维塔莱教堂建有国家博物馆（Museo Nazionale），收藏有深受东方影响的拜占庭文化特色的圣像、象牙、纺织品、拜占庭浮雕等。

杰作《特奥德拉王妃和随臣、侍女图》

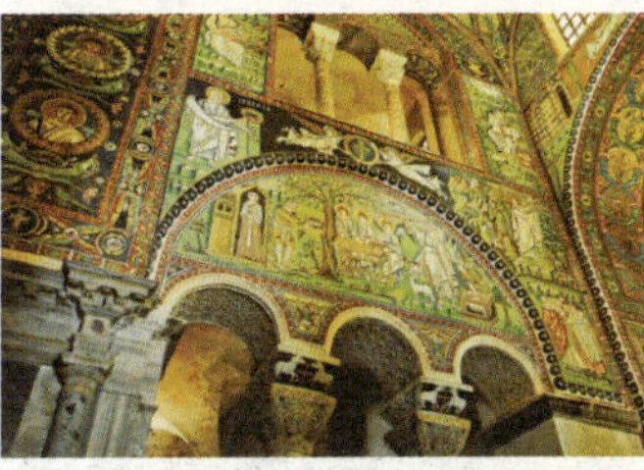
后堂左侧是《亚伯拉罕的款待和以撒的牺牲》

加拉·普拉西提阿陵墓 Mausoleo di Galla Placidia

Map p.405 A1

由镶嵌画环绕的小型陵墓 ★★★

是5世纪中叶，霍诺留斯大帝的妹妹，与皇帝一起奠定拉韦纳基础的加拉·普拉西提阿修建的陵墓。是一座小巧的、十字形的建筑物。这儿的镶嵌画因富有色彩变化而颇负盛名。如构图巧妙的《好羊倌图》《从水盘喝水的白鸠图》都很著名。

在圆形天花板上，镶嵌了深蓝色和金色的石片，令人不禁联想到满天星空，透过窗户射进来柔和的光线，让人恍若置身于梦幻世界一般。

外观朴素的加拉·普拉西提阿的陵墓

《好羊倌图》

奈奥尼阿诺洗礼堂 / 大主教博物馆 Battistero Neoniano Museo Arcivescovile

Map p.405 B1

由12个信徒守护，让人印象深刻 ★★

位于波波罗广场西南，是呈八角形的5世纪的建筑。圆形天花板

圣维塔莱教堂

● 新圣阿波利纳雷教堂
住 Via di Roma
☎ 0544-541688
开 4/1~9/30 9:00~19:00
10月、3月 9:30~17:30
11/1~次年2/28 10:00~17:00
休 1/1、12/25
费 通票 € 9.50
地 p.405 B2

划算的通用门票

通票 Biglietto Unico Cumulativo

① Ravenna Visit Card
圣维塔莱教堂、加拉·普拉西提阿陵墓、新圣阿波利纳雷教堂、奈奥尼阿诺洗礼堂和大主教博物馆的通票，€ 9.50，有效期7天。

② Romagna Visit Card
国家博物馆、圣普里纳雷·克拉塞教堂等的通票，€ 9.50。如果追加狄奥多里克陵墓€ 12。1年内有效。

● 国家博物馆
住 Via Fiandrini
☎ 0544-543711
开 8:30~19:30
休 周一、1/5、5/1、12/25
费 € 8
※ 售票处在 Via S. Vitale 17

● 圣维塔莱教堂
加拉·普拉西提阿陵墓
住 Via San Vitale 17
☎ 0554-215193
开 4/1~9/30 9:00~19:00
10月、3月 9:30~17:30
11/1~次年2/28 9:30~17:00
休 1/1、12/25
费 通票 € 9.50
※ 周日 10:00~12:00，因为有弥撒，不能参观
※ 3/1~6/15 期间参观加拉·普拉西提阿陵墓需要在通票基础上再支付€ 2。同一时期的团体参观实行预约制

● 奈奥尼阿诺洗礼堂
住 Piazza Duomo/ Piazza Arcivescovado
☎ 0544-541688

● 大主教博物馆和圣坦德雷亚礼拜堂

住 Piazza Arcivescovado
☎ 0544-541688
开 4/1~9/30 9:00~19:00
10月、3月 9:30~17:30
11/1~次年2/28 10:00~17:00
休 1/1、12/25
费 通票 € 9.50

圆形天花板上的镶嵌画精美异常

上面镶嵌的色彩强烈的镶嵌画非常漂亮。镶嵌画以基督的洗礼和12使徒为主题。紧邻的圆顶大教堂（Duomo）建于18世纪。大主教博物馆内的马克西米亚努斯的主教宝座是用象牙雕刻的椅子，制作于6世纪，是拜占庭工艺的代表作，非常著名。镶在蓝色天花板的金色十字架，以及大主教博物馆内描绘圣人的镶嵌画、圣坦德雷亚礼拜堂中的镶嵌画是必看的。虽然很小，但在拉韦纳也是屈指可数的精品。

● 圣普里纳雷·克拉塞教堂

住 Via Romea Sud.Classe
☎ 0544-473569
开 夏季 8:30~19:30
冬季 8:30~17:00
休 1/1、5/1、12/25
费 € 6.50

从站前过马路来到对面的巴士车站，乘坐4路巴士前往。所需时间约15分钟，车票€ 1.30，60分钟内有效。工作日的运行间隔时间为20分钟，周日、节假日的运行间隔为1小时。回程时的末班车工作日为19:30左右，周日、节假日为19:00左右。

※ 车票需要在车站内的汽车介绍处，或者站内酒吧购买往返票

圣普里纳雷·克拉塞教堂 Basilica di Sant' Apollinare in Classe

Map p.405 B2 外

在绿色的环抱中体验纯净安宁的时光的流逝

★★★

教堂位于城南5公里处的原野中。建于6世纪中期，是拉韦纳拜占庭教堂建筑中最突出的。装饰内部的镶嵌画《基督和代表12使徒的羊》，构图朴素且色彩鲜艳，非常生动。

教堂后部绘制有象征圣阿波利纳雷和12名使徒的羊

教堂内部非常美丽

● 狄奥多里克陵墓

住 Via delle Industrie 14
☎ 0544-684020
开 夏季 8:30~18:30
冬季 8:30~16:00
休 1/1、12/25
费 € 4

狄奥多里克陵墓 Mausoleo di Teodorico

Map p. 405 A2

古老壮观的建筑

★

狄奥多里克陵墓

520年左右，狄奥多里克大帝所建的陵寝，犹如要塞般宏伟壮观。直径11米的圆形屋顶是用产自伊斯特里亚的一块巨石雕刻出来的。内部毫无装饰的痕迹，只有罗马式的水盘作为棺椁放置在那里。

初期基督教时期的艺术、镶嵌画

拉韦纳镶嵌画诞生的6世纪中叶，虽然与基督教在意大利半岛传播的时期有所不同，但镶嵌画的主题也是以《圣经》中的故事和教会相关的圣人传说为中心的。在希腊和土耳其司空见惯的拜占庭文化，却在拉韦纳盛行，有点不可思议。但看一下深受东罗马帝国影响的拉韦纳的历史，就不觉得奇怪了。拉韦纳的拜占庭文化从这里又传播到了威尼斯、罗马、西西里岛。但在充分运用镶人石片进行制作的特点，表现出强烈美感这一点来说，无出其右者。

如今，虽然过去的宫殿早已不复存在，但在这座小城市内却聚集了许多拜占庭式教堂。拜占庭式的教堂外观朴素，很不起眼，但其内部镶嵌画的色彩丰富和豪华一定会令你为之倾倒。

拉韦纳的餐馆

Ristorante

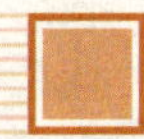

虽然车站附近的环境有些喧闹嘈杂，但只要走到波波罗广场周边，氛围就会完全不同。可以在旧城区寻找餐馆和咖啡馆。车站附近的 2 家酒店还不错。餐馆尽量提前预约。

阿尔加洛 1909

Antica Trattoria al Gallo 1909

◆ 市区内最古老的餐馆

位于国家博物馆以西约 400 米的地方。1909 年开业的由家族经营的优雅餐馆。最拿手的菜肴是使用很多蔬菜制作的乡土菜。根据季节，还能品尝到松露。是非常受当地人喜爱的一家餐馆。最好提前预约

Map p.405 A1 外

住 Via Maggiore 87 ☎ 0544-213775
营 12:15~14:30、19:15~22:00
休 周日晚上、周一、周二、复活节、圣诞节
预 € 25~45（座位费€ 3） C A.M.V.

拉卡迪拉

La Gardèla

◆ 如果想品尝乡土菜

是一家能在轻松又古典的氛围中品尝艾米利亚—罗马涅菜肴的餐馆。位于市中心，旅游途中来这里很方便。一直备受当地人喜爱。最好提前预约

Map p.405 A1

住 Via Ponte Marino 3 ☎ 0544-217147
营 12:00~15:00、19:00~24:00
休 周四、1/20~1/30、6/20~6/30
预 € 18~35 C A.D.M.V.

拉韦纳的酒店

Hotel

NH 拉韦纳酒店 ★★★★

NH Ravenna

◆ 令人放心的连锁酒店

沿车站正面的大路前行 200 米左右的右侧就是这家酒店。很适合旅行时居住。客房明亮简朴，但设备使用起来非常方便。内设有餐馆。

Map p.405 A2

URL www.nh-hotels.com
住 Piazza Mameli 1 ☎ 0544-35762
Fax 0544-216055 SS € 66.60/185
TS € 84/240 室 84 间 含早餐 W-F
C A.D.J.M.V.

意大利酒店 ★★★

Italia

◆ 位于 fs 站旁边，非常方便

距离车站约 200 米，内设能品尝乡土菜的餐馆，非常方便。后来经过改装，功能更加齐备。有免费停车场。

Map p.405 B2

URL www.hitalia.it 住 Viale Pallavicini 4/6
☎ 0544-212363 Fax 0544-217004
SS € 64/110 TS € 94/160
室 44 间 含早餐 W-F C A.D.J.M.V.

拜伦中央酒店 ★★★

Hotel Centrale-Byron

◆ 位于市中心，适合旅游的客人

位于波波罗广场北侧的一个小型酒店，是一个庄重的小型酒店。距离主要景点都很近。

Map p.405 B1

URL www.hotelbyron.com
住 Via IV Novembre 14 ☎ 0544-212225
Fax 0544-34114 SS € 60/80 TS € 72/90
TB € 85/110 3B € 100/130
室 52 间 含早餐 W-F 休 1 月中旬 ~2 月
C A.D.J.M.V.

但丁旅馆

Ostello Dante

◆ 也适合家庭游客居住

很现代化的青年旅舍。门禁 23:30，附近有超市。接待时间：14:30~23:30。房间里有 2~6 张床。可从火车站乘坐 1 或 70 路巴士前往。

地图外

URL www.hostelravenna.com
住 Via A.Nicolodi 12 ☎ Fax 0544-421164
室 110 床 D € 20/22 S € 28 SS € 28/29
TS 1 人€ 26~28 含早餐 W-F
休 11/1~ 次年 3/1 C J.M.V.

※ 拉韦纳的住宿税：YH € 1~2 ★ ~ ★★€ 1 B&B、★★★€ 2 ★★★★€ 3 ★★★★€ 4 最长收 7 晚

拥有生火腿、帕尔马干酪、黑葡萄醋、是意大利美食最多的地区

■ 艾米利亚—罗马涅区的美食

广告牌显示这里是帕尔马干酪的产地

以美食之都而久负盛名的艾米利亚—罗马涅区，以人们熟知的帕尔马干酪、帕尔马生火腿为代表，好吃的东西数不胜数。

在这里到处都能吃到手工面条，不过最著名的是戒指形状的面点，叫作Tortellini，是一种填入了肉、香肠、生火腿做成的面点。可以用肉酱和奶油拌着食用，也可以放在菜汤里做浇头。

在意大利各地均能看到的博洛尼亚肉排（Cotolette alla Bolognese），一种在切成薄片的乳牛肉排上盖上生火腿、帕尔马干酪的食品，就是出自这个地区的。食用的时候可配上口味辛辣，调和得很好的红葡萄酒San Giovese。这个地区的代表性美食是蔬菜杂烩肉（Bollito Misto），即将大块的牛肉、小牛肉、猪肉、鸡肉、香肠等放在一起煮。如果菜单上写有dal carrello字样，那么就意味着这些材料将会被装

帕尔马生火腿的醇正口味和水果也很相配，可以和甜瓜和无花果一起食用

在手推车里推到你面前，现切现煮，非常有意思。一般都会配着莫斯塔尔达（Mostarda）（上面撒有芥末的果脯）和一种绿色调味汁萨尔萨维德（Salsa Verde）一起食用。

手工制作的带馅面点摆满了橱窗

在意大利圣诞节和新年大菜中还有一种不可缺少的菜——赞波肉（Zampone），就是用猪脚做容器，里面填入馅料的香肠。可以和土豆酱以及做成铜钱形状，寓意招财进宝，名为Lenticchie的豆子一起食用。看到这道菜，不禁让人想起国内节日美食的由来。

下面让我们来说一说历史悠久的帕尔马干酪（Parmigiano Reggiano）吧，连《十日谈》的作者薄伽丘都为它写过文章呢。它也被叫作“厨房的乐队”，在意大利家庭里，无论是制作通心粉还是肉菜，它都是不可或缺的材料。

而且它还是喝葡萄酒时最好的佐酒小吃。熟制时间较短的干酪还可以夹在面包中食用。帕尔马干酪是一种大型奶酪，最小的也有20千克以上，所以至少需要2年的熟制过程。其味道和香味可以说是意大利菜肴的精华所在，而其美味的秘密在于它采用的牛奶原料。这种名称的奶酪，只采用4~11月放牧的吃绿色牧草的牛的牛奶做原料。同样是奶酪的格拉纳（Grana），是用这个时期以外的牛奶制成的，被严格区分开来。

味道浓郁醇厚的艾米利亚—罗马涅面点

土特产信息

● 葡萄酒 ●

阿尔巴纳-罗马涅
Albana di Romagna ★★★
DOCG · 白 · 辣口 · 甜口
微甜口味的Amabile是佐餐酒的首选。甜葡萄酒中的Passito是极品中的极品。

蓝布尔斯科 Lambrusco ★★
DOC · 红 · 微辣 · 辣口 · 半甜口 · 年轻人饮用
半甜口的此种酒被称为红色可口可乐，推荐饮用微辣的红葡萄酒。

● 特产 ●

帕尔马干酪 Parmigiano Reggiano
最好在当地的生产工厂旁边的直销处购买。

有装饰画的书籍
待回国后可以放入镜框里做装饰品。在各地的装饰品店都可以买到，也可以单页购买。

托斯卡纳区内有很多柏树和广阔的葡萄田

托斯卡纳区和中部二区

Toscana Umbria e Marche

平缓的丘陵上广泛分布着小麦田、点缀其间的路边柏树、山岗上的城郭城市，在托斯卡纳区的任何一个地方你都能看到绝美的风景。所有的小城镇和村子，都完好地保留着数百年前的繁荣面貌，以此来迎接每一位游客。

翁布里亚区位于意大利中心位置的绿洲。这里有在留学生里众所周知的区首府佩鲁贾、圣弗朗西斯科的小镇阿西西、有着美丽大教堂的奥尔维耶托等城市，还有保存极好的伊特鲁里亚遗迹和中世纪的小城镇。

文艺复兴时期，马尔凯区以精致的宫廷感觉而闻名欧洲，还有拉法尔罗的诞生地乌尔比诺也属于这个区。区首府安科纳是重要的港口城市。

比萨 *Pisa*

●邮政编码 56100

大教堂广场上的绿色草坪和大理石建筑群交相辉映

比萨因拥有斜塔而闻名于世。实际上从 1173 年开始建设的时候起，这座斜塔就因地基下沉的缘故而每年都会倾斜一点。全世界的人们都在担心并好奇它什么时候会突然倒塌。实际上，塔本身还承受着由于自身倾斜而产生的压力。站在广阔的绿色草坪上，有游客用力打开两脚，摆出用两手支撑住斜塔的姿势拍照留念。

现在人们来到比萨一般都只会关注斜塔，但是这里曾经是与地中海强大的海运国家热那亚和佛罗伦萨争夺霸权的城市。当时，比萨对近邻卢卡、皮斯托亚、阿雷佐等都享有支配权，而勇敢的比萨男人们甚至乘船进军到了国外。但是到了 13 世纪末期，比萨被竞争对手邻国热那亚和佛罗伦萨压倒，最终被置于佛罗伦萨大公国的统治之下。当时在比萨大学学习医学的伽利略在斜塔做了“自由落体运动”的试验，并在大教堂悬挂的吊灯中发现了“钟摆原理”，这些都是非常著名的故事（据说实际上并不是真的）。至此以后，比萨大学就以科学和数学闻名于意大利。

比萨 漫 步

景点除了阿尔诺河沿岸的圣马特奥国立美术馆外，都集中在斜塔所在的大教堂（米拉科里）广场上，所以很容易找到。以火车站旁的公共汽车终点站为起点向大教堂广场出发，这是一段约有 2 公里的路程。如果步行前往从站前广场出发，穿过埃马努埃莱二世广场，沿着克里斯庇大街（Via F.Crispi）走 800 米左右，在桥前右侧你会看到圣母玛利亚 · 斯庇纳教堂，一个恰如其名的像竖着很多针（意大利语里针的发音是斯庇纳）一样的小教堂。当教堂在你右侧时，你会在过了阿尔诺河后看到一片绿色的植物园。以植物园为右，沿着罗马大道（Via Roma）走 1 公里就到了。步行全程约需 30 分钟。如果从站前广场车站乘坐汽车前往需 10~15 分钟。

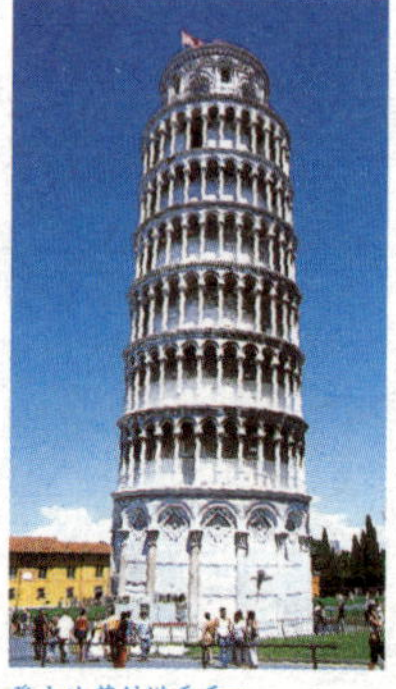
登上比萨斜塔看看吧

世界遗产

比萨的大教堂广场
收录年份 1987 年　文化遗产

前往比萨的方法

从 fs 线佛罗伦萨 S.M.N. 站到比萨中央车站（Pisa Centrale），乘坐 R 前往需要 49 分钟 ~1 小时 17 分钟。运行间隔为 10~15 分钟。乘坐 LAZZI 公司的汽车前往约需 2~3 小时。

从站前广场可乘坐 LAM ROSSA 等汽车前往大教堂广场。要提前买好往返的车票。

佛罗伦萨 S.M. 诺维纳站的乘车站台

在 S.M.N. 站的 1~4 号站台（通常站台的里侧），或 5~7 号站台发车。

R 和 RV 的车票

从 2016 年夏天开始，R 和 RV 的车票需要指定日期使用。如果提前一天购票，需要注意。也不要忘记打印时间。

大教堂广场的 ℹ 旅游咨询处

住 Piazza Duomo 7
☎ 050-550100
开 9:00~17:30
地 p.413 A1
※ 设有各种市内旅游线路
寄存大件行李。1 个 / 1 天 € 3~4
影像导览（1 小时 30 分钟）€ 5
有影像导览 + 景点的通票
销售市内巴士的车票
※ 夏季有夜场开放，门票免费日（墓园 11/1、11/2）等信息可查询 URL www.opapisa.it

市营巴士的车票

■ 70 分钟有效票　€ 1.20
■ 120 分钟有效票　€ 1.60
■ 240 分钟有效票　€ 1.90
■ 1 日内有效票　€ 3.70
※ 上车后购票时 1 次乘车票 € 2

比萨
Pisa
1
2
A
B
C
至 A11 卢卡
至 A12 维亚雷焦、热那亚
P.le Griffi
马蒂尔德伯爵夫人大街
Via C. Cammeo
Via Niccolini
墓园（纳骨堂）
Camposanto
售票处
洗礼堂
Battistero
大教堂
Duomo
斜塔（钟楼）
Torre Pendente(Campanile)
大教堂广场/米拉科里广场
P.za del Duomo/
P.za dei Miracoli
P.za Manin
P.ta S. Maria
售票处
大教堂附属美术馆
Museo dell'Opera del Duomo
售票处
斯诺庇亚美术馆
Museo delle Sinopie
圣基亚拉医院
博纳诺·比萨诺大街
Via Bonanno Pisano
Via Contessa Matilde
加里波第竞技场
Campo Sportivo Garibaldi
Via di S. Stefano
Via Luigi Bianchi
国道12号线 S12
Via Lucchese
P.ta a Lucca
玛菲大街 Via Card. Maffi
Pal. Arcivescovile
罗马时代浴场遗址
V. Fedeli
圣泽诺大街 V. S. Zeno
V. Capponi
V. S. Giuseppe
V. S. Caterina
圣卡泰里娜教堂
S. Caterina
Via d. Faggiola
V. Martiri
V. Carducci
P.za Martiri d. Libertà
植物园
Via Roma
奥斯特里亚·德·米莱
Osteria dei Mille
V. d. Mille
Via S. Maria
卡巴里埃利宫殿
Pal.dei Cavalieri
Pal. dell'Orologio
卡杜奇大街
大学医院
Via Salvi
Via S. Lorenzo
卡巴里埃利广场
P.za dei Cavalieri
Via Consoli d. mare
圣斯特法诺骑士教堂
S. Stefano dei Cavalieri
圣弗朗西斯科教堂
S. Francesco
Via Derna
自然史博物馆
V. Fucini
V. Dini
V. Paoli
V. S. Frediano
沙漏餐馆
La Clessidra
伽利略研究所
Via Risorgimento
罗马大道
V. Volta
圣玛利亚大街
S. Frediano
圣弗朗西斯科大街
V. Sighieri
V. Tavoleria
P.za Dante
S. Paolo all'Orto
Borgo Stretto
大学
V. 29 Maggio
奥斯特里亚·德·卡巴里埃利
Osteria dei Cavalieri
博尔戈的圣米凯莱教堂
S. Michele in Borgo
Via Trieste
P.za Carrara
S. Nicola
V. Trento
Pal. Upezzinghi
旧王宫博物馆
Pal. Agostini
V. Cavour
Via E. Fermi
Lungarno Pacinotti
帕奇诺蒂大街
P.za Garibaldi
V. Palestro
P.za d. Repubblica
法院
P.za Solferino
Via Volturno
P.za Cairoli
梅迪切奥大街
梅佐桥
P.te di Mezzo
P.za XX Settembre
阿尔诺河
Arno
Lungarno Mediceo
Pal. Toscanelli
圣母玛利亚·斯庇纳教堂
S. Maria della Spina
Pal. Gambacorti
（市政厅）
Logge di Banchi
P.za Mazzini
索尔菲里诺桥
P.te Solferino
Lung. Gambacorti
卡莱造船厂遗址
古船博物馆
Lungarno Simonelli
P.za Saffi
Via S. Martino
S. Sepolcro
至圣马特奥国立美术馆
V. Nunziatina
Via S. Antonio
Via G. Mazzini
V. Mario
Lungarno Galilei
Lungarno Sonnino
克里斯庇大街
Via S. Paolo
ACI
圣保罗·里帕·达诺教堂
S. Paolo a Ripa d' Arno
Corso Italia
Via P. Gori
V. d. Tinta
S. Maria del Carmine
P.ta a Mare
Via F. Niosi
Via Fr. Crispi
V. Manzoni
V. D'Azeglio
意大利亚道
Via Sancasciani
圣马蒂诺教堂
S. Martino
V. Cecì
Via G. Bovio
V. di P.ta a Mare
V. Romiti
V. Zerboglio
V. Lavagna
Via F. Turati
Via G. Bruno
G.马奇尼的最后的家
LAZZI
P.za S. Antonio
比库西奥大街
V. N. Bixio
P.za Toniolo
ACIT
P.za Vittorio Emanuele II
圣卡罗堡
V. Cesare Battisti
区政府
V. le B. Croce
P.za Guerrazzi
博纳伊尼大街
V.le F. Bonaini
Via di Quarantola
Viale Gramsci
V. Puccini
总站和广场酒店
Terminus&Plaza
NH比萨酒店
NH Pisa
P.za Stazione
开往大教堂广场的汽车乘车处
V. d. Spina
Via A. Vespucci
Via Frattì
V. Da Buti
V. C. Cattaneo
N
0
200m
意大利国营铁路
比萨中央车站
Staz. Pisa Centrale
汽票售票机
Via Corridoni
至佛罗伦萨 S67
至罗马 S1
至 4公里

前往大教堂广场的方法

从中央车站的 NH 酒店前乘坐 LAM ROSSA 开往 Torre-S.Jacopo 方向的巴士，在 Via Cammeo/Piazza Manin 下车。工作日大约每隔 10 分钟，周日、节假日大约每隔 25 分钟有一班车。如果乘坐 4 路巴士，在 Piazza Arcivescovile 下车。乘坐夜班车 21 路巴士时，和 LAM ROSSA 在同一车站下车。所有线路都需要 10~15 分钟。ROSSA 是循环线路，在机场、中央车站、大教堂广场间循环运行。注意运行方向，不要坐反了。

大教堂广场周边的通用门票

共有四种，可以从洗礼堂、墓园（纳骨堂）、大教堂附属博物馆、斯诺庇亚美术馆中进行选择。

■ 1 处　€5（大教堂除外）
■ 2 处　€7（10）
■ 3 处　€8（15）

通票并不在各景点销售，而是在斯诺庇亚美术馆、斜塔北侧的斜塔售票处销售。( ) 内是原来的价格。随着时间推移，价格可能会发生改变。

售票处

开 4~9 月	8:00~19:30
6/16	8:30~17:00
6/17~8/31	8:30~21:30
10 月	8:30~18:30
11 月 · 2 月	9:15~17:15
11/1	9:30~17:30
12 月 ~ 次年 1 月	9:30~16:30
12/21~1/6	9:30~18:30
3 月	8:30~17:30
3/23~3/29	8:30~18:30

●斜塔

住 Piazza del Duomo 17
☎ 050-560547

开 4~9 月	9:00~20:00
6/16	8:30~17:30
6/17~8/31	8:30~22:00
10 月	9:00~19:00
11 月 · 2 月	9:45~17:15
11/1	9:00~18:00
12 月 ~ 次年 1 月	10:00~17:00
12/21~ 次年 1/6	9:00~19:00
3 月	9:00~18:00
3/23~3/29	9:00~19:00

※ 闭馆前 30 分钟截止入场

费 €18（含预订费） 休 无

门票可在 URL www.opapisa.it 预订。在参观日期的前 1~20 天内接受预订。在大教堂广场、斜塔附近的 Opera Primaziale Pisana 还销售当日票。尽量早一点去购买。

※ 参观每次限 40 人，由导游带领，所需时间约 35 分钟。登上 251 个台阶后，可以上

卡巴里埃利广场上的卡巴里埃利宫殿

在特产商店一间连着一间的大教堂广场上，向右倾斜的建筑物就是著名的比萨斜塔。紧挨着斜塔左侧的白色建筑物就是大教堂，在旁边的圆形建筑物是洗礼堂。广场深处，树木郁郁葱葱的地方是美丽的纳骨堂。广场对面的大街上特产商店鳞次栉比，在这条大街上还有斯诺庇亚美术馆（Museo delle Sinopie），收藏有湿壁画草图斯诺庇亚，非常珍贵。参观过大教堂广场后，下一个要参观的就是圣马特奥国立美术馆。在此推荐穿过卡巴里埃利广场前往的线路，这个广场仍保留着古老的面貌。从大教堂广场以斜塔为左，沿着圣玛利亚大街（Via S.Maria）前行，途中向左（东）转进入 Via dei Mille 大街就是卡巴里埃利广场（700~800 米）。这周围可以说是比萨的历史中心，有很多 16、17 世纪时的美丽的建筑物，仍保留着当时的风貌。从这里穿过弥漫着中世纪风情的笔直大道（Borgo Stretto），让我们去位于梅迪切奥大街上的圣马特奥国立美术馆吧。

比萨 主要景点

斜塔（钟楼）Torre Pendente（Campanile） Map p.413 A1

比萨的象征

★★★

被美丽的白色大理石柱子包围的斜塔，作为附属于大教堂的钟楼，是出生于这座城市的建筑家波南诺 · 皮萨诺于 1173 年开始建造的。倾斜的斜塔高度北侧是 55.22 米，南侧是 54.52 米，其高低差有 70 厘米。走上没有扶手的 251 级台阶，在紧张惊险之后就能欣赏到壮观的比萨全城风貌。斜塔周围绿色的草坪和闪闪发光的大教堂、洗礼堂交相辉映，远处比萨城区的景象构成了美丽的背景图。为了防止斜塔倒塌，曾经有很长一段时间在进行修补工程，到了 2001 年 12 月才重新对外开放。

大教堂 Duomo/Cattedrale Map p.413 A1

闪耀着白色光芒的宏伟教堂

★★

是罗马 · 比萨艺术的最高杰作。1068 年开始经历了 50 年的时间才建成。拥有排列整齐石柱的白色大理石大伽蓝与周围的风景十分协调，美丽无比。

大教堂罗马—比萨风格的完美外观

正面排列着四层柱子进行装饰，正面和入口处的大门上的罗马风格雕塑非常精美。特别是现在作为入口使用的波南诺·皮萨诺建造的大门，被称作是意大利罗马风格雕塑的代表作。在纵深100米的内部用黑白相间的条纹图案进行装饰，宏大且明亮。随处可见东方文化的印记，不禁让人想起比萨作为海港的历史。主要参观的是乔万尼·皮萨诺建造的布道坛（Pulpito）。由6根柱子和5根有布满雕刻装饰的支柱支撑，中央则是寓意着信仰、希望、慈爱的雕刻。戏剧性的构造和人体哥特式的表现手法起到了画龙点睛的作用。

还有一个不能忘记的是布道坛旁边从天井悬垂下来的古铜吊灯。据说伽利略就是从这盏摇晃不定的吊灯发现了钟摆原理，但实际上该原理的发现远远早于吊灯的出现。

洗礼堂 Battistero

Map p.413 A1

美丽的宝石箱 ★★

建于12世纪中叶到14世纪的建筑物。进入洗礼堂后首先映入眼帘的是像浴缸一样的大洗礼盆，这是用来将身体浸在水中接受洗礼的。这里最精彩的是尼古拉·皮萨诺建的布道坛（Pulpito）和室内不同凡响的音响效果。有时洗礼堂的工作人员会唱歌或用手击掌让游客体会声音回响的效果。

美丽的宝石箱——洗礼堂

墓园（纳骨堂）Camposanto

Map p.413 A1

被绿色包围的墓地 ★★

纳骨堂被高高的大理石墙壁包围着。里面有走廊围绕着的宽敞的庭园，倒映着周围树丛的影子，非常美丽。展品包括能见证这个小镇历史的物品到14、15世纪的湿壁画等。其中作者不详的湿壁画《死亡凯旋》（*Trionfo della Morte*）是最不容错过的。3个棺椁和表情愉快的贵族形成鲜明的对比，提醒人们不要忘记还有死亡这一日。

圣马特奥国立美术馆 Museo Nazionale di San Matteo

Map p.413 B2 外

收集展示了托斯卡纳、比萨派的作品 ★★

美术馆是从原来的圣马特奥修道院改建成的。收藏有乔托派、马萨乔、弗拉·安吉利科等12~15世纪的托斯卡纳绘画作品和比萨派雕刻作品，并因此闻名于世。

到顶层的阳台上。8岁以下禁止参观。除了相机等物品外，行李必须寄存，因此要提前一些到集合地点。

●大教堂

住 Piazza del Duomo

☎ 050-560547

开	
4~9月	10:00~20:00
10月	10:00~19:00
10/27~10/31	9:00~18:00
11月~次年2月	10:00~12:45 14:00~17:00
11/1	13:00~16:30
3月	10:00~18:00
3/23~3/29	9:00~19:00

费 免费（需要在售票处取门票。一张票可允许2人入场。出示斜塔的门票也可以入场）

洗礼堂音响效果表演

※每到整点和半点时会有表演

●洗礼堂/大教堂附属美术馆/斯诺庇亚美术馆

住 Piazza del Duomo

☎ 050-560547

开	
4~9月	8:00~20:00
6/17~8/31	8:00~22:00
10月	9:00~19:00
10/27~11/1	9:00~18:00
11、2月	10:00~17:00
12、1月	10:00~17:00
12/21~1/6	9:00~18:00
3月	9:00~19:00
3/23~3/29	9:00~19:00

休 1/1、12/25

费 通票

●墓园

开、休、费 和洗礼堂相同

●圣马特奥国立美术馆

住 Piazza San Matteo Soarta 1

☎ 050-541865

开 8:30~19:00（周日、节假日~13:30）

休 周一、1/1、5/1、12/25

费 €5（有特别展览时€8）

比萨的餐馆
Ristorante

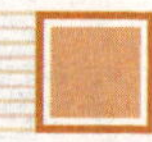

比萨是非常著名的旅游城市。在大教堂广场前有很多价格公道的餐馆，所有餐馆里面都有很多游客在用餐，人声鼎沸。当地人和留学生们用餐的地方是（从火车站方向出发）过了梅佐桥，被 Borgo Stretto 和大学夹在中间的小市场周围。这里有很多小餐馆和以炸制食品为主的店。火车站周边的餐馆不多。

奥斯特里亚·德·卡巴里埃利
Osteria dei Cavalieri

Map p.413 B2

◆ **有很多托斯卡纳的山珍海味**

是由历史悠久的建筑改建的餐馆，很有情调。可以尽情地享受当地的山珍海味。午餐供应价格公道的Piatti Unici套餐，是将开胃菜、主菜、第二道菜都放在一个盘子里的套餐。最好提前预约

住 Via S.Frediano 16
☎ 050-580858
营 12:30~14:00、19:45~22:00
休 周六午餐、周日、节假日、8月的3周、12/24~12/26、12/31~次年1/1
预 €30~50（座位费€2.50）、套餐€32（肉）、€33（鱼）、€28（蔬菜）
C A.J.M.V.

沙漏餐馆
La Clessidra

Map p.413 B2

◆ **如果想品尝海鲜菜肴**

有很多当地人和游客光顾，店里供应的海鲜深受各方好评。任何时候都会备有各种口味的生牛肉片，非常受欢迎。当地产的葡萄酒种类丰富，值得推荐。在季节合适的时候，还会在中庭设有桌位，非常不错。也供应比萨。

住 Via del Castelletto 26/30
☎ 050-540160
营 19:30~22:30（也可以提前预约午餐）
休 周日、1/1~1/8、8/5~8/30
预 €30~50（座位费10%）、套餐€35
C A.D.M.V.
交 从卡巴里埃利广场步行5分钟

奥斯特里亚·德·米莱
Osteria dei Mille

Map p.413 A1

◆ **托斯卡纳朴实无华的味道**

注重托斯卡纳当地味道的一家小餐馆。不仅有特产萨拉米、奶酪、佛罗伦斯牛排等，根据季节还会有牛肝菌和猪肉 Cinghiale 等菜肴。

住 Via dei Mille 30/32
☎ 050-556263
营 12:00~15:00、19:00~23:00　休 周四
预 €15~50（座位费€2）、套餐€25
C A.D.J.M.V.

比萨的酒店
Hotel

NH 比萨酒店 ★★★★
NH Pisa

Map p.413 C2

◆ **位于站前很方便**

位于比萨站前，是很现代、时尚的酒店，而且位于非常方便的地方。内设餐馆，由于站前周边餐馆很少，因此也有很多当地人来此用餐。可以品尝到传统风味的菜肴。

URL www.nh-hotels.com
住 Piazza Stazione 2
☎ 050-43290　Fax 050-502242
SS €63.20/139　TB €79.20/220
室 98间　含早餐 W-F
C A.D.J.M.V.　交 位于站前广场

总站和广场酒店 ★★★
Terminus & Plaza

Map p.413 C2

◆ **安静舒适**

距离火车站比较近，但是周边很安静，有很多商务客人，是一家很舒适的酒店。自助式早餐很受好评。

High 4/1~6/30、9/1~11/1
URL www.hotelterminusplaza.it
住 Via C.Colombo 45
☎ 050-500303　Fax 050-500553
SS €58/70　TB €72/92　3B €87/114
室 50间　含早餐 W-F　休 1/5~2/5
C A.D.J.M.V.　交 距离比萨站约100米

※ 比萨的住宿税：露营等 ★€1　★★~★★★€1.50　★★★★~★★★★★€2　旺季（4/2~11/4左右）时收税至第5晚，淡季（11/5~次年3/24左右）时收税至第3晚

皮恩扎和奥尔恰谷 Pienza /Val d'Orcia

教皇庇护二世的理想城市 ★★

深受阿尔伯蒂影响的建筑物正面

15 世纪，教皇庇护二世（Pio Ⅱ）计划将衰退的故乡重建为文艺复兴式的城市。并与建筑家贝尔纳多·罗塞利诺一起开始建造15 世纪佛罗伦萨风格的城市。在大约 3 年的时间里，依次建好了庇护二世广场（Piazza Pio Ⅱ）、大圣堂（Cattedrale）、皮克洛米尼宫（Palazzo Piccolomini）等建筑，城市也根据教皇的名称更名为皮恩扎。

教皇的这个计划是第一个在意大利实行的城市规划。城市以庇护二世广场为中心，在设计规划时考虑到了空间布局以及周围的景色，这些对于之后的城市建设都产生了深远的影响。

在东西长 400 米左右的箱子形状的小城背后，是世界遗产奥尔恰谷和亚索峡谷。根据季节，麦浪翻滚的美丽的峡谷景色堪称托斯卡纳地区最美的景色。可以在沿着城墙延伸的卡斯特罗大街（Via del Castello），以及皮克洛米尼宫的顶层眺望这里的景色。

眺望奥尔恰谷的景色

皮克洛米尼宫和井

景色绝佳的卡斯特罗大街

●邮政编码　53026

世界遗产

皮恩扎的古城区
收录年份 1996 年　文化遗产
奥尔恰谷
收录年份 2004 年　文化遗产

前往皮恩扎的方法

从锡耶纳的 fs 站，或者葛兰西广场的汽车总站乘坐TRA.IN/SIENAMOBILITA公司开往皮恩扎或蒙特普尔恰诺的普尔曼巴士前往，需1 小时 15 分钟 ~1 小时 30 分钟。只有工作日每天约有 4 班车（€ 5.50）。到了皮恩扎在邮局前面的车站下车。如果不放心可以告诉司机在皮恩扎下车，请他到时提醒一下。城门和 ⓘ 旅游咨询处就在绿色庭园的前面，穿过城门就是市区。

皮恩扎的 ⓘ 旅游咨询处

住 Piazza Dante Alighieri 18
☎ 0578-748359
开 10:00~13:00、15:00~ 18:30
休 无
地 p.417 A1

●皮克洛米尼宫

住 Corso Rossellino
☎ 0577-286300
开 3/15~10/15　10:00~13:00
14:00~18:30
10/16~ 次年 3/14
10:00~13:00
14:00~16:30
1/1、12/25　14:00~18:00
休 周一、1/7~2/14、11/16~11/30
费 € 7
地 p.417 B1

●大圣堂

开 7:00~13:00　15:00~19:00
地 p.417 B1

锡耶纳 *Siena*

●邮政编码 53100

美丽的文艺复兴式空间——皮克洛米尼家族图书馆

从曼贾塔俯瞰古都风貌

锡耶纳是与佛罗伦萨齐名的托斯卡纳的古都。被杉树和葡萄园围绕着的这座城镇仍保留着古老的气息。这座城市的整体颜色就是绘画颜料中的"Sienna（锡耶纳）色"（浓黄色）。走在阡陌众横的小路和台阶上，仿佛置身于中世纪时空中。

锡耶纳 漫 步

从佛罗伦萨穿过种满葡萄的山岗到达锡耶纳后，首先要去的是世界上最美丽的广场——坎波广场（Piazza del Campo）。广场距离位于城墙外的火车站大约 2 公里，有巴士连接。从巴士站沿着泰尔米尼大街（Vie dei Termini）走 500 米就是广场。锡耶纳城内的名胜除了位于广场以西 200 米的大教堂和两个美术馆外，都集中在坎波广场的周边。

盖亚喷泉（复制品）

坎波广场位于一个平缓的斜坡上，有着独特的扇形形状。位于广场中央的是盖亚喷泉（现在的喷泉是复制品，原物在 S.M. 斯卡拉救济院里）。砖造的钟楼曼贾塔（Torre del Mangia）冲天耸立，俯瞰着广场。塔下是（坎波）广场礼拜堂（Cappella di Piazza）。环抱着这两个建筑物的雄伟的建筑物就是普布利科宫殿。罗马式的宫殿四周由用镂空工艺制作的铁栅栏围绕，并且还保留有部分 14 世纪的雕像。内部收藏有以西莫内 · 马尔蒂尼为首的锡耶纳派的作品。从宫殿的三层，以及曼琪亚塔眺望到的锡耶纳市容和托斯卡纳的优美景色着实美轮美奂。

在坎波广场游览一圈后，下面就要去观赏大教堂。穿过飘扬着派立奥旗帜，洋溢着中世纪风情的奇塔大街（Via di Città），沿着朝圣者大街（Via dei Pellegrini）走 100 米，就到了用白、深绿、粉色大理石条纹图案装饰的雄伟的大教堂。大教堂 3000 平方米的地面全部镶嵌了马赛克，共有 400 多名艺术家参与了这个工程，其魄力令我们深深叹服。位于大教堂右侧的是大教堂附属美术馆。走出大教堂向左走 200 米左右，在路的左侧有国立绘画馆，里面收藏有可以与佛罗伦萨媲美的锡耶纳派绘画作品。

世界遗产

锡耶纳的古城区
收录年份 1995 年　文化遗产

前往锡耶纳的方法

因为锡耶纳并不在 fs 线的主要干线上，所以乘坐火车前往要花费比实际距离多一些的时间。从罗马前往需要在 Chiusi-Chianciano Terme 或 Grosseto 换乘，需 3 小时～4 小时 30 分钟。从佛罗伦萨乘坐 R 直达前往约需 1 小时 30 分钟。如果乘坐汽车前往，从佛罗伦萨有 SITA 公司的快车 Rapide 约需 1 小时 15 分钟（单程 € 7.80）。停靠在葛兰西广场的汽车总站（地下有售票处、行李寄存处、收费公厕）。

从车站前往市区的电梯

从车站前往市区可利用电梯。步行移动时会感觉非常方便。

锡耶纳的 ❶ 旅游咨询处

住 Piazza Duomo 7
Santa Maria della Scala Palazzo Squarcialupi 内
☎ 0577-280551
开 9:00~18:00
休 1/1、12/25
地 p.419 B1

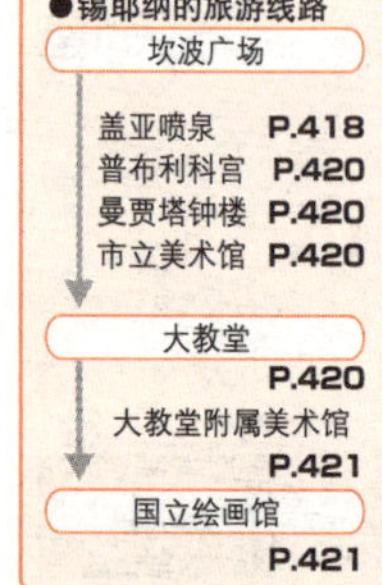

锡耶纳
Siena
至意大利国营铁路锡耶纳站
A1 佛罗伦萨
P.ta Camollia
马兹尼大道
Viale Sardegna
V.le G. Mazzini
Via N. Bixio
Via di Campansi
V.le Don Giovanni Minzoni
Via Simone Martini
V.le Memmi
Via Duccio
Fontegiusta
Barriera S. Lorenzo
萨雷广场 P.za del Sale
法院
La Lizza
NH高级酒店 NH Excelsior
努奥巴喷泉
P.ta Ovile
奥维雷喷泉
梅第奇要塞（国家博物馆）
葛兰西广场 P.za A. Gramsci
阿尔博古·克努·德奥罗 Cannon d'Oro
萨林贝尼宫 Pal. Salimbeni
圣弗朗西斯科教堂 S. Francesco
P.za S. Francesco
Oratorio di S. Bernardino
市立体育馆 Stadio Comunale Artemio Franchi
P.za Matteotti
S.M.d. Nevi
Pal. Tantucci
Pal. Spannocchi
S. Pietro Ovile
S. Maria di Provenzano
P.za Provenzano Salvani
三图利奥·卡萨·德·圣凯特莉娜·阿尔玛·杜姆斯 Casa di S. Caterina
酒店预约中心
考古学博物馆
皮克罗·爱德露利亚 Etruria
P.za Domenico
圣多米尼哥教堂 S. Domenico
圣卡特里娜的家
布兰达喷泉
P.ta Fontebranda
商务馆 Loggia della Mercanzia
大学
皮克洛米尼宫（国家古文献馆） Pal. Piccolomini(Archivio di Stato)
教皇宅邸
圣马尔蒂诺教堂
费罗妮卡喷泉
S. Spirito
奥斯特里亚·雷·罗杰 Le logge
坎波广场 P.za del Campo
Pal. del Magnifico
大教堂 Duomo
洗礼堂
大主教馆
大教堂附属美术馆 Museo dell' Opera Metropolitana
普布利科宫/市政厅（市立美术馆） Pal. Pubblico(Museo Civico)
安提卡·特拉特里亚·帕派 Papei
P.za d. Mercato
安提卡特雷酒店 Antica Torre
警察局
省厅
S.M.斯卡拉救济院 S.M. della Scala
大教堂广场 P.za d. Duomo
Pal. Piccolomini d. Papesse
奇基圣拉奇尼宫（奇基阿纳音乐学院） Pal. Chigi Saracini
P.za Postierla
国立绘画馆 Pinacoteca Nazionale
圣朱塞佩 San Giuseppe
P.za A. Manzoni
赛维圣母教堂 S. Maria dei Servi
圣塔戈斯蒂诺教堂 S. Agostino
P.ta Laterina
拉维佐宫酒店 Palazzo Ravizza
Pal. Pollini
S. M. del Carmine
植物园
P.ta Tufi
P.ta S. Marco
至Ostello"Guidoriccio"2.3公里
至 A1 S2 蒙特里焦尼15公里 波吉邦西、佛罗伦萨、比萨
至马萨马里蒂马、格罗塞托 至圣加尔加诺33公里
S408 A1 至阿雷佐
S73 A1 至阿雷佐
S2 至蒙特·奥里维托·马焦雷教堂36公里 至蒙塔尔奇诺、罗马 罗曼纳门330米
N 0 100 200m
1 2 A B C

锡耶纳 主要景点

普布利科宫（市政厅）Palazzo Pubblico（Palazzo Comunale）

Map p.419 B2

锡耶纳的标志 ★★★

普布利科宫建在美丽的扇形广场——坎波广场，作为哥特式公共建筑的代表作享有盛誉。位于建筑物左侧是曼贾塔（Torre del Mangia）。砖造的塔楼高102米，可以从面向内庭的入口进入，拾级而上可以到达塔顶。曼贾据说是中世纪时敲钟人首领的名字。

普布利科宫和曼贾塔

宫殿下面是（坎波）广场礼拜堂（Cappella della Piazza）。这是为纪念14世纪曾经蔓延的瘟疫的结束而建造的。

锡耶纳派巨匠西莫内·马尔蒂尼的作品——《庄严的圣母》

宫殿内的二层是市立博物馆。在市立美术馆（Museo Civico）中不容错过的作品是位于二层入口处右侧《世界地图之室》（*Sala del Mappamondo*）内的湿壁画《庄严的圣母》（*Maestà*），这是西莫内·马尔蒂尼的作品。画面中天使围绕着圣母，充满了祥和的气息。其次是《和平之室》（*Sala della Pace*）。因为这里曾经是市政府的中心，因此有安布雷佐·罗伦兹蒂寓意善政与恶政的湿壁画《善政的效果》（*Effetti del Buon Governo*）、《恶政的效果》（*Effetti del Mal Governo*），很不错。此外还展示有中世纪的硬币、陶器、雕刻等。从这里的3层也能看到锡耶纳市的全景。

大教堂 Duomo/Cattedrale

Map p.419 B1

华美壮观的教堂 ★★★

装饰大教堂外壁的大理石条纹，以及上部圆形花窗周围40多位圣人的雕像，都异常华美，简直无法用语言来言说。

这座大教堂在12世纪开始动工建造，竣工时已是14世纪末，经历了漫长的岁月。进入内部，地面（限期开放参观）形成了色彩与线条的一个大的艺术空间。56个宗教场景使用大理石的镶嵌画表现出来。由于规模太大，站着只能看到一部分，让人有种要登上屋顶观看的冲动。

除了地面之外，不要忘记观看内部左侧皮萨诺和他的儿子们建造的八角形布教坛（Pulpito ottagonale）以及皮克洛米尼家族的图书馆（Libreria Piccolomini）。图书馆是文艺复兴样式的建筑，有美丽的湿壁画装饰。馆内必看的是装饰精美的15世纪圣歌本和位于中央位置的三美神的小雕像。

大教堂是意大利哥特式建筑的代表作

洗礼堂（Battistero di S.Giovanni）位于大教堂

●市立美术馆（普布利科宫）

住 Piazza del Campo 1
☎ 0577-41169
开 3/16~10/31 10:00~19:00
11/1~次年3/15 10:00~18:00
1/1 12:00~18:00
休 12/25
费 €9（与曼贾塔、S.M.斯卡拉救济院的通票€20）

●曼贾塔

开 3/1~10/15 10:00~19:00
10/16~次年2/28 10:00~16:00
1/1 12:00~16:00
休 12/25、8/16（派立奥）
费 €10（通票€20）
地 p.419 B2
※下雨或天气不好时关闭
※售票处截至闭馆前45分钟
※通票必须先去曼贾塔

●大教堂、皮克洛米尼图书馆、大教堂博物馆、地下圣殿、洗礼堂

住 Piazza S.Giovanni
开 3/1~11/1 10:30~19:00
仅限大教堂周日、节假日 13:30~18:30
11/2~12/25、1/11~2/28 10:30~17:30
仅限大教堂周日、节假日 13:30~17:30
12/26~次年1/10 10:30~18:00
仅限大教堂周日、节假日 13:30~17:30
仅限大教堂全年周日、节假日的前一日 10:30~17:30
大教堂博物馆
仅限3月 13:30~17:30
费 通票
1/11~2/28 €8
3/1~6/28、8/1~8/17、10/27~10/31 €13
6/29~7/31、8/18~10/26 €15

单票

大教堂/皮克洛米尼图书馆 €4
地板开放参观的 Scopertaura Pavimento 期间（6/29~7/31、8/18~10/26） €7
大教堂博物馆 €7
地下圣殿 €8
洗礼堂 €4

内部后侧的地下，入口位置正好是大教堂的背后。一定要看的是位于洗礼堂中央的15世纪的洗礼盆（Fonte Battesimale）和装饰其周围的青铜像，这些青铜像是德纳特罗和吉尔贝蒂等人的作品。

大教堂附属美术馆 Museo dell'Opera Metropolitana

Map p.419 B1

一定要看杰作《庄严的圣母》 ★★

大教堂附属美术馆的藏品也非常精美

这里是展出与大教堂有重要关系的美术品的地方。

一层是乔万尼·皮萨诺等人的哥特式雕刻作品，二层展出的是绘画作品。不容错过的展品是德奇奥的《庄严的圣母》（*Maestà*）；这是以位于中央的《玛利亚的加冕》为首的一系列作品的总称。从观景台（Panorama dal Facciatone）眺望到的景色也非常迷人。

国立绘画馆 Pinacoteca Nazionale

Map p.419 C1

锡耶纳派绘画作品的集大成之处 ★★

国立绘画馆入口

这里囊括了锡耶纳派从12世纪后半期开始到16世纪的几乎所有作品，其收藏号称世界第一。展厅分为二层和三层，如果想按照年代顺序参观就从三层右侧开始吧。

首先要看的是第2展室的12~13世纪的十字架像、第4展室的德奇奥及其一派的作品、第6展室的西莫内·马尔蒂尼的作品、第7展室的安布雷佐·罗伦兹蒂的《圣母领报》、第11展室的德塔奥·迪·巴尔特罗的《圣告图》、第12展室的乔万尼·迪·帕奥罗的《十字架上的基督》、第14展室的马特奥·乔万尼的《圣母与圣婴》。在二层要看的有第32展室的索德玛的《基督的苦难》、贝卡弗米的《地狱的基督》等。

从锡耶纳站前往市区的汽车

在锡耶纳站前的购物中心 Porta Siena 的地下二层设有汽车站（背对车站的正面左侧有电梯）。车票（€1.20，60分钟有效。上车后购票是€2）在车站的报刊亭等处销售。如果前往旧城区可乘坐3、9、10等路巴士，所需时间为5~7分钟。汽车并不进入中心街，因此需要在萨雷广场 Piazza del Sale（地 p.419 A1）（在行进方向的左侧能看到一个小广场上 piccolo hotel il palio 的招牌，并有很多人下车）下车。从萨雷广场到火车站可乘坐17、77路巴士，在站前停靠。从葛兰西广场前往可乘坐9路巴士。

●国立绘画馆

住 Via S. Pietro 29 Palazzo Buonsignori 内
☎ 0577-286143
开 周二～周六 8:15~19:15
周一、周日、节假日、12/1 9:00~13:00
休 1/1、5/1、12/25
费 €4
※ 进入场馆需出示身份证明

派立奥 Palio

7月2日和8月16日在坎波广场会举行世界性的传统活动。在身着鲜艳的中世纪服装的游行后，高潮部分是没有马鞍的赛马比赛。这是点燃人们狂热点的竞赛。尽管有时会发生落马伤亡的事件，但是骑着没有马鞍的马，挥舞着城市的旗帜（派立奥）奔驰的竞赛，仿佛就是为英雄们准备的一场表演赛。

锡耶纳的餐馆

Ristarante

坎波广场有价格低廉的自助餐馆恰奥（Ciao）和比萨饼店等，位于普布利科宫一侧，另外还有很多传统的餐馆和古雅的咖啡馆等。

古都锡耶纳充满魅力，让人流连忘返。7/2、8/16前后的夏季派立奥赛马节非常热闹，人也特别多。

圣朱塞佩

La Taverna di San Giuseppe

Map p.419 C2

◆ **品尝精致高档的乡土菜肴**

店内放置着古色古香的大桌子，在传统的酒馆氛围中又加入了时尚的风味，非常受当地人和游客的欢迎。在这里能品尝到精致的乡土菜肴。推荐使用包括松茸在内的时令菌菇类制作的意大利面条和烤基亚纳牛肉等。自制点心也深受好评。有的时候会需要翻台接待客人，因此要提前预订。需预约

住 Via G. Duprè 132
☎ 0577-42286
营 12:00~14:30、19:00~22:00
休 周日、1月和7月的2周
预 €45~60（10%）
C A.D.M.V.
交 从坎波广场步行5分钟

奥斯特里亚·雷·罗杰

Osteria Le Logge

Map p.419 B2

◆ **夏日的露台座位非常舒适**

位于坎波广场东侧，夏季时，会沿着小路摆满餐桌。由19世纪末的建筑改装而成，店内的氛围非常古典。除了锡耶纳菜肴以外，还有手工面、奶酪等，种类丰富。最好提前预约

住 Via del Porrione 33 ☎ 0577-48013
营 12:00~14:30、19:00~22:30
休 周日、1/8~1/19、1/29~2/12
预 €50~65（10%）
C A.D.J.M.V.

安提卡·特拉特里亚·帕派

Antica Trattoria Papei

Map p.419 B2

◆ **种类丰富的托斯卡纳菜**

位于坎波广场，普布利科宫后身的一家餐馆，价格合理，菜式丰富。是经营锡耶纳菜的餐馆。夏天，可以在户外就餐，能眺望到曼贾塔，很有情趣。需预约

住 Piazza del Mercato 6
☎ 0577-280894
营 12:00~15:30、18:30~22:45 休 无
预 €30~50（座位费€2），套餐€25、30
C A.J.M.V.

锡耶纳的酒店

Hotel

NH高级酒店 ★★★★

NH Excelsior

Map p.419 B1

◆ **非常舒适的酒店**

主要的客户是商务客人，氛围安静稳重。大堂和客房都很现代化，功能也非常好。内设供应乡土菜的餐馆，非常方便。

URL www.nh-hotels.it 住 Piazza della Lizza 1
☎ 0577-382111 SB €76/240 TB €84/350
室 129间 含早餐 W-F
C A.D.J.M.V. 交 位于葛兰西广场前

拉维佐宫酒店 ★★★

Palazzo Ravizza

Map p.419 C1

◆ **庭园非常有魅力**

位于城市南侧，能俯瞰托斯卡纳山岗的高地上，是由17世纪的宅邸改建而成的酒店。能让人感受到悠久的历史。充满雅致沉稳的氛围，绿意盎然的庭园非常有魅力。

URL www.palazzoravizza.it
住 Piano dei Mantellini 34
☎ 0577-280462 Fax 0577-221597
SS SB €85/160 TS TB €85/315 室 39间
含早餐 W-F 休 1/3~2/28 C A.D.J.M.V.
交 从坎波广场步行10分钟

安提卡特雷酒店 ★★★

Hotel Antica Torre

Map p.419 B2

◆ **由中世纪的塔楼改造而成**

从坎波广场出发，沿着Via di Pantaneto向下走，过了电影院后左转，在第一个拐角处向右后就能看到位于路左侧的酒店。酒店由中世纪的塔楼改造而成的。从火车站可坐出租车前往。2011年经过重装。

URL www.anticatorresiena.it
住 Via di Fieravecchia 7
☎ Fax 0577-222255
SS TS €50~（根据住宿天数不同）
室 8间 含早餐 W-F C A.D.M.V.

阿尔博古·克努·德奥罗 ★★

Albergo Cannon d'Oro

Map p.419 B1

◆ **气氛很好的酒店**

位于汽车总站附近，从火车总站可乘坐7路等巴士前往。在最里侧的地方设有入口，但是气氛很好，也没有噪声。

Low 11月~次年3月（圣诞节~新年除外）
URL www.cannondoro.com 住 Via d.Montanini 28 ☎ 0577-44321
Fax 0577-280868 SS €55/95 TS €75/110
室 30间 含早餐 W-F C A.D.M.V.

※ 锡耶纳的住宿税分为①2/28或者2/29~10/31以及②11/1~次年3/1期间：YH、露营地①€1.50 ②€1 ★~★★★★ ①€2.50 ②€1.50 ★★★★★和历史性酒店①€5 ②€3 最长收6晚，12岁以下免税。

皮克罗·爱德露利亚 ★★
Piccolo Hotel Etruria

◆ **很值的二星级酒店**

距离市中心比较近，房间也很干净，还有淋浴和卫生间，功能齐备。有完善的空调设施。收费也很合理。有残疾人专用电梯。距离汽车总站大约 500 米。

Map p.419 B2

URL www.hoteletruria.com
住 Via delle Donzelle 3 ☎ 0577-288088
Fax 0577-288461 S € 35/50 SS € 40/60
TS € 50/100 早餐 € 7.50 W-F
休 圣诞节期间 C A.M.V.

三图利奥·卡萨·德·圣凯特莉娜·阿尔玛·杜姆斯
Santuario Casa di S. Caterina Alma Domus

◆ **景观不错的宗教设施**

位于圣多米尼哥教堂附近，由宗教团体经营。从房间里能眺望到极佳的景色。有空调设施。无接待限制。接待时间 14:00~23:30。从火车站可乘坐 3、9、10 路巴士前往。

Map p.419 B1

URL www.hotelalmadomus.it
住 Via Camporegio 37
☎ 0577-44177 Fax 0577-47601
SS € 30/55 TS € 50/121
3S € 95/125 4S € 100/150
含早餐 W-F 休 1/10~2/6 C M.V.

意大利美术史

Arte gotica 哥特式美术

圣十字圣殿

起源于北方的哥特样式早在 12 世纪就开始渗透进意大利，并在 13 世纪~14 世纪形成了意大利哥特样式。诸如佛罗伦萨的花之圣母大教堂（Santa Maria del Fiore）（→p.141）、圣克罗切教堂（Santa Croce）（→p. 154）、锡耶纳的大教堂（Duomo di Siena）（→p.420）、帕多瓦的圣安东尼奥大教堂（Sant'Antonio）（→p.332）、阿西西的圣弗朗西斯科教堂（San Francesco）（→p.431）等，与这些宗教建筑一起，世俗建筑也极为繁盛，这一点是该时代的特征。

在意大利各地，不论城市大小，都有“市政府宿舍”，它们在各地有着不同的名称。在北部称之为“布罗勒特（Broletto）”“阿伦加利奥（Arengario）”“拉乔内（Ragione）”，在中部称之为“科穆内（Comune）”“西格诺里（Signoria）”“波波罗 Popolo”“普利奥里 Priori”“康索利 Consoli”“波德斯塔 Podestà”“卡皮塔诺 Capitano”等。它们都建在面向市中心的大广场上。其中代表作有科莫（→p.307）、布雷西亚（→p.318）、皮亚琴察（→p.396）的市政府宿舍，佛罗伦萨的“锡尼奥里亚（→p.143）”、锡耶纳的“普布利科宫（Palazzo Pubblico）（→p.420）”，另外还有佩鲁贾、古比奥、托迪、维泰博等。另外，在这一时期，军事建筑也有所发展，有罗马的圣天使城堡（Castel Sant'Angelo）（→p.83）、意大利南部的蒙特城堡（Castel del Monte）、那不勒斯的新城堡（Castello Nuovo）（→p.268）等。

在雕刻方面，除尼古拉·皮萨诺（Nicola Pisano）（比萨的洗礼堂布道坛）、乔万尼·皮萨诺（Giovanni Pisano）（比萨大教堂布道坛、锡耶纳大教堂正面雕刻、佩鲁贾的大喷水池）之外，阿诺尔夫·迪·坎比奥（Arnolfo di Cambio）、提诺·迪·卡麦诺（Tino di Camaino）也非常活跃。在佛罗伦萨，安德烈·皮萨诺（Andrea Pisano）亲手雕刻了洗礼堂南门的雕像，而安德里亚·奥尔卡尼亚（Andrea Orcagna）则制作了奥尔圣米歇尔教堂的壁龛（Tabernacolo di Orsanmichele）（→p.143）。

锡耶纳的普布利科宫

14 世纪的绘画，放弃了根深蒂固的拜占庭风格，而形成了意大利独特的绘画风格。继承了彼得罗·卡瓦利尼（Pietro Cavallini）、奇马布埃（Cimabue）、杜乔·迪·博宁塞尼亚（Duccio di Buoninsegna）等人的伟大巨匠乔托·迪·邦多内（Giotto di Bondone）堪称文艺复兴的先驱，他绘画的人物肖像，是对绘画的一种革新。其主要作品在阿西西（圣弗朗西斯科教堂→p.431）、帕多瓦（斯克罗韦尼礼拜堂 Cappella Scrovegni→p.332）、佛罗伦萨（乔托钟塔→p.142）。在锡耶纳，多乔的弟子西莫内·马尔蒂尼（Simone Martini）创作有豪华的宫廷绘画，其作品分布在比萨、奥耶维托、阿西西。另外，罗伦蒂弟兄弟（Lorenzetti，皮埃特罗和安布雷佐）将锡耶纳的高雅和佛罗伦萨的刚劲融合在了一起（安布雷佐的《善政的效果》《恶政的效果》，锡耶纳的普布利科宫）。

西莫内·马尔蒂尼的《圣母领报》

圣吉米尼亚诺 San Gimignano

●邮政编码 53037

塔之城圣吉米尼亚诺

圣吉米尼亚诺，人称"美塔之城"。充满中世纪风情的城市街道以及耸立的塔群，宛如一幅画。

这些美丽的塔，曾经是13~14世纪教皇派与皇帝派之间发生战争时的血腥战场。后来，作为城市贵族们财富、权力与虚荣的象征，高高地伸向天空。

在最繁盛时，这里塔的数量超过70座，而如今只剩下14座。它们寂寞地耸立在那里，仿佛早已忘记了人类的肮脏历史。

世界遗产

圣吉米尼亚诺的古城区
收录年份 1990年 文化遗产

前往圣吉米尼亚诺的方法

从佛罗伦萨使用国营铁路fs线，在波吉邦西（Poggibonsi）下车（约需1小时），换乘汽车前往，约需20分钟（€2.50）。使用汽车前往时，从佛罗伦萨乘坐SITA或SIENAMOBILITA/TIEMME公司的普尔曼巴士，经由波吉邦西前往锡耶纳方向，在波吉邦西换乘，所需时间为1小时15分钟~2小时30分钟（€6.80）。从锡耶纳发出的SIENAMOBILITÀ/TRA.IN公司的汽车工作日每天约有20班次，周日和节假日每天有9班次，所需时间约1小时20分钟（€6）。

前往经由地波吉邦西，乘坐火车也很方便

佛罗伦萨到波吉邦西，如果乘坐火车，所需时间约为1小时。基本每小时有1~2趟车，在每个小时的10分，几乎都会有车发出。从佛罗伦萨发出的普尔曼也需要在波吉邦西的站前换乘开往圣吉米尼亚诺的车，因此如果有火车通票时，乘坐火车会更方便。

佛罗伦萨、锡耶纳发出的普尔曼在同一地点换乘。小小的站前广场成了汽车总站。换乘的普尔曼有很多车在这里停着，因此车票最好从一开始就买到圣吉米尼亚诺的，或者买往返票。不论哪个方向开来的车，在周日、节假日时，班次都会减少很多。

从圣吉米尼亚诺返回的汽车的停靠站位于下车汽车站的右侧路边。

圣吉米尼亚诺的 i 旅游咨询处 Pro-Loco

住 Piazza del Duomo 1
☎ 0577-940008
开 全年上午 10:00~13:00
3/1~10/31 15:00~19:00
11/1~12/31 14:00~18:00
1/1~2/28 14:00~17:00
休 1/1、12/25 地 p.424 A

圣吉米尼亚诺 漫步

首先，乘坐汽车抵达这座浪漫的城市。穿过位于巴士总站的圣乔瓦尼门，就是铺着石板路的市区。城市南北1公里、东西500米左右，周围被城墙包围着。从城门开始向南北方向伸展的圣乔瓦尼大街（Via San Giovanni），将城市分为两部分。城市的主要景点分布在这条道路及与其相连的圣马特奥大街（Via San Matteo）的沿线。就让我们沿着这两条路悠闲地漫步吧。首先来到有着美丽别墅和塔楼的城市中心——水井广场（Piazza della Cisterna）。广场的中央是以前这座城市的重要水源——水井（奇斯特尔纳）。广场西侧，与其相邻的广场是由7座塔围住的大教堂广场（Piazza del Duomo）。沿着台阶走上去几步，坐落于高台之上的是参事会教堂/大教堂，它的左侧是拥有高54米高的四角塔的波波罗宫（Palazzo del Popolo）。此外，隔着广场，与大教堂面对面的建筑物是建造于13世纪的波德斯塔宫（Palazzo del Podestà）。

参事会教堂/大教堂内圣费纳礼拜堂（Cappella di Santa Fina）的湿壁画，是基尔兰达约的作品，一定不要错过。传说城市的守护圣女圣费纳（别名紫罗

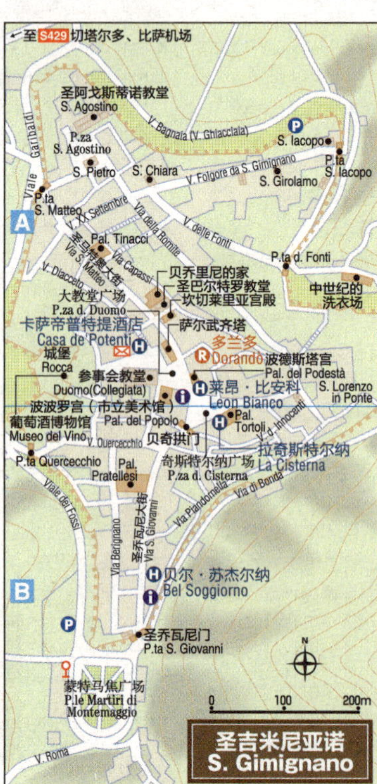

兰圣女），在15岁时受天召唤，当天，该城市的塔楼上开满了黄色的紫罗兰花。这幅画描绘的就是她的一生。

基尔兰达约的作品《圣女圣费纳的一生》

接着让我们去波波罗宫，这是保留着这座城市特有的优雅姿态的建筑。暗黄色的建筑物搭配深褐色的屋顶，加上天竺葵的红色，宛如将时间定格在了14世纪一般。当你登上塔眺望城市街景时，这样的心情会更加浓烈。这里的2层有但丁曾发表演说的“但丁故居”（Sala di Dante），里面有14世纪的锡耶纳派的湿壁画装饰。在三层的市立美术馆（Musei e Pinacoteca Civica）内，有费里皮诺·里皮的作品《受胎告知》。

市立美术馆所在的波波罗宫

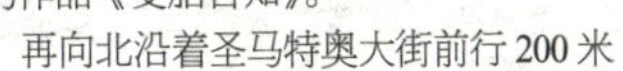

再向北沿着圣马特奥大街前行200米左右，就是城墙了，从那里向右拐是圣阿戈斯蒂诺教堂（S.Agostino），里面贝诺佐·戈佐利的湿壁画精美无比。15世纪，被誉为佛罗伦萨派的先师的贝诺佐巧妙地运用了远近法，创作了色彩鲜艳的湿壁画，极具欣赏价值。

来到这座城市，绝对不能忘记的是这里的特产——黄金色、口味辛辣的白葡萄酒，圣吉米尼亚诺维尔恰纳（Vernaccia di San Gimignano）。

遍布市内的酒馆、酒庄，不仅销售特产葡萄酒，还可以试饮，一定要尝试一下。夏日黄昏，来一杯冰镇白葡萄酒，其鲜美程度会让这座城市的美丽风景都会显得黯然失色。

从城墙上领略托斯卡纳的风景

体验一下“农庄旅舍”吧

“农庄旅舍”最近比较受关注，就是“住宿在农家的旅游”之意。它是通过改造农户的空余房间，以便宜的价格提供给游客的住宿设施。虽然不能指望得到和酒店相同的服务，但能在安静祥和的环境下，度过一段舒心的时光。种类有只提供房间的类型，以及带厨房的公寓两种。即使是仅提供房间的类型，如果提前打好招呼，在大多数情况下能得到提供2餐或3餐的服务。另外，这些住宿设施的主人一般都是“现役”的农户，因此会以低价提供自家种植的蔬菜，以及食用油、葡萄酒等给自己做饭的客人，总之，能享受到很多住宿农家的好处。而且在有些地方还可以享受到骑马、垂钓、网球、游泳、鸟类观赏等乐趣。

不过对于外国游客来说，在体验农家乐时也存在着诸多问题。首先，农家乐不管是只提供房间的类型还是公寓式农家，都是百分之百位于郊外，想去体验的前提是需要拥有车辆。另外，为了节省打扫房间，更换床单等的时间，许多地方都至少要住宿2~7日。还有，与农户的交谈也基本上只能使用意大利语。

但是，如果驾车前往托斯卡纳或翁布里亚旅游的话，就可以考虑“农庄旅舍”了。诸如语言等问题，只要有心，都没有问题。各地的旅游咨询处也会提供或介绍关于附近“农庄旅舍”的一览表。

由中世纪贵族馆舍改造而成，有些奢华的“农庄旅舍”

划算的通票

适用于市立博物馆（Museo Civico）、格罗萨塔楼（Torre Grossa）等7个主要景点的通票

费 €6（有特别展览时€7.50），6~18岁、65岁以上€5（€6.50）

※入场截至闭馆前20分钟

●参事会教堂／大教堂

●圣费纳礼拜堂

☎0577-940152

开 4/1~10/31　10:00~19:00
周日、节假日 12:30~19:00
2/1~3/31、11/1~11/15、12/1~次年1/15　10:00~16:00
周日、节日　12:30~16:30

休 11/16~11/30、1/16~1/31、1/1、1/31、狂欢节期间的周日、3/12、8月的第一个周日、12/25

※有弥撒等宗教仪式时，不能参观

费 €4（18岁以下€2）

地 p.424 A

●市立美术馆（波波罗宫）

☎0577-940348

开 4/1~10/15　9:30~18:30
10/16~10/31　9:30~17:00
11/1~12/24、1/2~2/28　11:00~17:00
12/16~12/31　10:30~17:00
3月　10:30~17:30
1/1　12:30~17:00

休 12/25

费 €6 和相连的格罗萨塔楼（Torre Grossa）的通票。塔的开放时间和市立美术馆相同

地 p.424 A

葡萄酒品尝旅游团

Degusta con Noi Strada del Vino, Vemaccia di San Gimignano

旅游团首先参观维尔纳恰·迪·圣吉米尼亚诺的葡萄园和酒庄，然后进行葡萄酒和格拉帕酒的试饮。旅游团实行日为周二、周四17:00（报名截至前一天的18:00），所需时间为2小时。有英语、法语、德语翻译。从大教堂广场出发，乘坐小巴参观。收费为每人€20。在 ❶ 旅游咨询处报名。

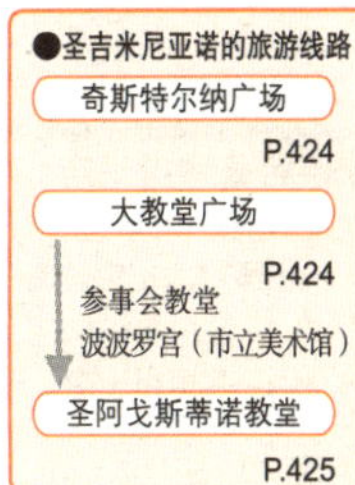

圣吉米尼亚诺的餐馆
Ristarante

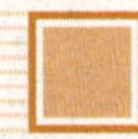

多兰多
Dorandò

Map p.424 A

◆ 古典风味的托斯卡纳美食

位于距离大教堂广场仅一步之遥的小路上。作为这座城市最好的餐馆，极具盛名。用传统烹饪法制作传统托斯卡纳菜肴，保持菜肴的原生态。座位比较少，只有 35 席。最好提前预约

住 Vicolo dell'Oro 2　☎ 0577-941862
营 12:00~14:30、19:00~21:30
休 冬季的周一、11/15~12/25
预 € 40~55、套餐€ 50
C A.J.M.V.

圣吉米尼亚诺的酒店
Hotel

塞波洛别墅酒店 ★★★★
Villa Sanpaolo Hotel

Map p.424 A 外

◆ 一个安静美丽的酒店

酒店内有能从山坡上看到的美丽景色的餐馆和水疗设施。能将美丽的托斯卡纳景色一览无余。建筑物本身虽然古老，但内部装修很新，而且非常时尚。

Low 1/8~5/1、11/3~12/27
URL www.villasanpaolo.com
住 Strada Provinciale per Certaldo
☎ 0577-955100　Fax 0577-955113
SB € 135/255　TB € 171/345
室 78 间　含早餐 W-F　C A.M.V.

拉奇斯特尔纳 ★★★
Hotel La Cisterna

Map p.424 B

◆ 长满爬山虎的酒店

在住宿非常便宜的乡下，这里却非常讲究。在能够眺望到绝佳美景的文艺复兴式馆舍内度过舒适的时光，这里定能成为美好的旅行记忆。内设餐馆。

URL www.hotelcisterna.it
住 p.za della Cisterna 23
☎ 0577-940328　Fax 0577-942080
SB € 65/80　TB € 100/140
室 48 间　含早餐 W-F
C A.D.J.M.V.

贝尔 · 苏杰尔纳 ★★★
Hotel Bel Soggiorno

Map p.424 B

◆ 远眺景观极佳的酒店

距离汽车总站很近。从阳台上能眺望到宁静的田园风光。充满了文艺复兴式的恬静氛围。内设餐馆。

URL www.hotelbelsoggiorno.it
住 Via S.Giovanni 91　☎ 0577-940375
Fax 0577-907521
SB € 70/98　TB € 80/98　JS € 130/140
室 21 间　含早餐 W-F
休 11 月 ~ 次年 2 月　C A.D.J.M.V.

莱昂 · 比安科 ★★★
Leon Bianco

Map p.424 A

◆ 保留有中世纪的氛围

酒店位于市中心的水井广场，由 11 世纪的贵族宅邸改装而成。改装时尽力保留了当年的氛围，与整个城市的氛围一起，会给你留下深刻印象。

URL www.leonbianco.com
住 Piazza del Cisterna 13
☎ 0577-941294　Fax 0577-942123
SS € 62.90/94　TS € 85/110
TB € 105/135　室 26 间　含早餐 W-F
休 1/6~2/14、11/15~12/28
C A.D.J.M.V.

卡萨帝普特提酒店
Casa de' Potenti

Map p.424 A

◆ 价格适中的住宿设施

YH 由 14 世纪的帕拉佐改装而成的住宿设施，是唯一附着在城墙上的酒店。客房很干净，淋浴和卫生间也很清洁。有专用的停车场。

URL www.casadeipotenti.com
住 Piazza delle Erbe 10
☎ 3271833950
TB € 113　3B € 147　含早餐 W-F
C A.M.V.

※ 圣吉米尼亚诺的住宿税：3/1~10/31 期间　露营€ 0.50　★€ .75　★★ B&B、农家乐公寓 € 1.50　★★★€ 2　★★★★€ 2.50　★★★★★€ 3　最长收 10 晚，不满 10 岁免税

T 使用公用淋浴的双人间价格　SB 带淋浴或浴盆的单人间价格　TB 带淋浴或浴盆的双人间价格　JS 小套房价格

保留美食传统的托斯卡纳山珍、海味、葡萄酒丰盛无比

■ 托斯卡纳区的美食

佛罗伦萨的美第奇家族把成为法国菜源头的意大利菜带到了这个地方。托斯卡纳区因拥有富饶的亚平宁山脉和美丽的第勒尼安海而自然物产丰富，至今这里的各座城市仍保留着制作美食的传统。以曾经作为海洋都市而繁荣一时的比萨为首，各个海滨城市的新鲜鱼虾勾起人们的食欲，而山间城市则出产香味浓郁的牛肝菌、松露、橄榄油等。产自基亚纳峡谷的基亚纳牛肉美味无比，从用其做成的佛罗伦萨牛排享誉世界便可见一斑。现在更是因其美味而远销美国等地，受到美食家们的喜爱。

基安蒂地区的标志——黑公鸡

全世界最著名的意大利葡萄酒——基安蒂酒就产自这里。其中有黑色公鸡标志的古典基安蒂酒，是用位于佛罗伦萨和锡耶纳之间的古老的葡萄园出产的葡萄酿造，其品质更是带有保证书的。托斯卡纳区生产很多意大利最高级别的D.O.C.G.葡萄酒，因此成为葡萄酒爱好者的向往之地。D.O.C.G.葡萄酒包括Brunello di Montalcino、Vino Nobile di Montepulciano、Chianti、Carmignano等。在白葡萄酒中，具有中世纪风情的塔之城——圣吉米尼亚诺出产的Vernaccia di San Gimignano也是葡萄酒。此外，这里也是被称为超级托斯冈斯的Sassicaia、Tignanello等的产地。

在第勒尼安海的渔港里波尔诺，分量多多的鱼汤Cacciucco很有名。因为菜名里面有5个C，所以按规矩必须用5种以上的鱼贝类产品。

古都锡耶纳的周边是以野猪肉为代表的熟肉制品类，以及火腿、萨拉米、香肠的一大产地。野猪肉主要被做成生火腿Prosciutto di Cinghiale，由野猪肉丸调味酱和宽意大利面条拌起来的Pappardelle al Cinghiale也是人们经常食用的食物。有锡耶纳风味意大利通心粉之称的Penne alla Senese是用香肠、生火腿、核桃等调成的酱汁与意大利通心粉拌在一起的食品。特产“比其”（Pici）是用小麦粉和水做成的，味道朴素。一般与香味浓郁的牛肝菌，以及特产香草Nepitella混合烹调。

著名的葡萄酒也能够点一杯品尝

品尝生火腿、特产萨拉米拼盘

提到锡耶纳的点心，首先要提到的是从中世纪开始就传下来的潘福提（Panforte）。里面加入了巴旦杏仁、果脯、各种香料，味道浓厚。如果喜欢温和的味道，向你推荐杏仁点心里的恰蕾莉（Ricciarelli）。无论哪种，在这个城市的点心店或者酒吧里都能看见。

手工制作的通心粉很受欢迎

特产信息

• 葡萄酒 •

蒙塔希诺
Brunello di Montalcino ★★★
DOCG · 红 · 辣口

蒙特普尔恰诺
Vino Nobile di Montepulciano ★★★
DOCG·红·辣口

圣托 Vin Santo 
琥珀色 ·（辣口 · 中辣口 ）甜口 · 餐后甜酒

• 特产 •

阿拉巴斯塔
Alabastro（雪花石膏）摆件、装饰品等加工品

普拉特 Biscotti di Prato
和圣托一起吃的脆饼干

意大利美术史

Arte rinascimentale-1 文艺复兴时期美术-1

文艺复兴的15世纪，应该从1401年佛罗伦萨的洗礼堂第二青铜门竞赛开始。洛伦佐·吉尔贝蒂（Lorenzo Ghiberti）、菲利波·布鲁内列斯基（F.Brunelleschi）等诸多的雕刻家参加了这次竞赛，制作了以《圣经》里《以撒的献祭》（*Sacrificio di Isacco*）的场面为主题的作品。虽然这两人都同样具有人文主义思想，但是构造了全新造型空间的布鲁内列斯基的作品因为过于创新，致使尚保留有哥特式痕迹的吉贝尔蒂的作品获得了优胜。他在这一青铜门的制作上耗费了大半生的经历，最终完成了这一被米开朗基罗盛赞为《天堂之门》（*Porta del Paradiso*）的杰作。

布鲁内列斯基作品《佛罗伦萨大教堂》穹顶

而布鲁内列斯基则专注于建筑方面，亲手创作了花之圣母大教堂穹顶 Cupola di S.Maria del Fiore（→p.141）、奥斯佩达雷·德利·因诺钦蒂、圣洛伦佐教堂 San Lorenzo（→p.150）以及同教堂的旧圣器室、帕茨伊家族礼拜堂等，成为文艺复兴建筑的创始人。作为建筑家、艺术理论家而闻名的列奥·巴斯斯塔·阿尔贝蒂（L.B.Alberti）设计了里米尼的腾皮奥·玛拉特斯蒂亚诺（Tempio Malatestiano）、曼多瓦的圣安德烈教堂（Sant'Andrea）。德纳特·布拉曼特（D.Bramante，1444~1514年）则以设计了米兰的圣玛利亚修道院（Santa Maria delle Grazie→p.198）、罗马的圣皮埃特罗·因·莫特利奥教堂以及梵蒂冈的圣彼得大教堂 San Pietro in Montorio（→p.82）而闻名。另外还有设计了美第奇—里卡尔迪宫的米开罗佐（1396~1472年）、设计了美第奇家族别墅的朱利亚诺·达·桑加罗（G.da.Sangallo）（1445~1516年）等。

15世纪雕刻的先驱者里有反抗国际哥特式风格（Gotico internazionale）的亚戈布·德拉·库埃鲁恰（Jacopo della Quercia）（1371前后~1438），他创作了锡耶纳的《音乐喷泉》（Fonte Gaia）、博洛尼亚的圣彼得罗尼奥教堂 San Petronio（→p.379）的浮雕。与布鲁内列斯基一起在罗马进行古典主义研究的多纳泰罗（Donatello）（1386~1466）创作了充满戏剧性的现实主义作品《大卫像》（Davide）、《圣乔治像》（*San Giorgio*）均收藏于佛罗伦巴尔杰洛国家博物馆（→p.146）；《圣母与圣婴》（帕多瓦、圣安东尼奥大教堂）、《加塔梅拉塔骑马像》（*Gattamelata*）（→p.332）（帕多瓦）等作品，掀起了文艺复兴雕刻的革新。另一方面，卢卡·德拉·罗比亚（Luca della Robbia）（1400前后~1482年）则采用白釉陶器方法制作了祥和伤感的《圣母子像》《童子像》等很多作品。多纳泰罗的追随者有德希德利奥·达·塞提纳诺（Desiderio da Settignano）（1428前后~1464年）、米诺·达·菲埃佐勒（Mino da Fiesole）（1429~1484年）、安特尼奥·德尔·波拉伊奥罗（Antonio del Pollaiuolo）（1431~1498年）。达·芬奇的老师韦罗基奥（Verrocchio）（1435~1488年）的名作《抱着海豚的天使》（*Putto col delfino*）收藏于佛罗伦萨韦奇奥宫（→p.144），充分显示了他精练的艺术风格，而《科莱奥尼骑马像》（*Bartolomeo Colleoni*）（→p.233，威尼斯）则颇具震撼力。15世纪的绘画在当时深受"国家哥特式"的影响，如津蒂勒·达·法布里亚诺（Gentille da Fabriano）（1370年前后~1427年）的《东方三博士的礼拜》（*Adorazione dei Magi*）（佛

布拉曼特设计的圣玛利亚修道院的后方内部

皮萨内洛作品《圣乔治的出发》

罗伦萨乌菲齐美术馆）、皮萨内洛（Pisanello）（活跃在1395~1455年前后间）的《圣乔治的出发》（*Partenza di San Giorgio*）（维罗纳卡斯特罗古堡），以及弗拉·安吉利科（Fra Angelico）（1400前后~1455年）的《受胎告知》（*Annunciazione*）（佛罗伦萨圣马可美术馆）、马佐利诺·达·帕尼卡勒（Masolino da Panicale）（1383？~1440年前后）的《希律王的宴会》（*I l Banchetto di Erode*）（卡斯迪利奥涅·奥罗纳洗礼堂）等。在此状况之下，确立了文艺复兴绘画的是马萨乔（Massaccio）（1401~1428年）。年仅27岁就英年早逝的马萨乔将布鲁内列斯基、多纳泰罗的革新应用于绘画艺术之中，将拥有严格造型性的人物安置于具体的空间之内，追求体现现实感[《圣三位一体》（*Trinità*）新圣母教堂、《纳税银》（*I l tributo*）卡尔米内教堂布兰卡契礼拜堂（→p.149），均在佛罗伦萨]。

在马萨乔之后，又涌现出的15世纪前半叶的画家有：追求远近法的保罗·乌切罗（Paolo Uccello）（1396、1397~1475年）、美丽光线中色调多变的多梅尼科·威涅齐亚诺（Domenico Veneziano）（1461年去世）、善于把握写实感的安德雷亚·德尔·卡斯塔诺（Andrea del Castagno）（1421~1457年）。

而在15世纪后半叶，完成里程碑性式样的皮耶罗·德拉·弗朗切斯卡（Piero della Francesca）（1410、1420~1492年）创作了明朗、清晰的《圣十字架的传说》（*Leggenda della croce*）壁画系列（阿雷佐，圣弗朗西斯科教堂）。弗拉·安吉利科的弟子贝诺佐·戈佐利（Benozzo Gozzoli）（1421年前后~1497年）创作了描绘华丽宫廷趣味的作品。菲利波·利比（Fillippo Lippi）（1406年前后~1469年）创作了抒情主义画面。其弟子波提切利将轮廓线的魅力描绘得更为精妙。桑德罗·波提切利（Sandro Botticelli）（1445年前后~1510年）受美第奇·萨科尔的新柏拉图主义影响，绘制了《春》（*La Primavera*）、《维纳斯的诞生》（*La Nascità di Venere*）（均收藏于佛罗伦萨乌菲齐美术馆→p.145）等作品。15世纪佛罗伦萨派写实主义前后期的代表画家是多梅尼科·基尔兰达伊奥（Domenico Ghirlandaio）（1449~1494年）。另外，非常注重写实地表现裸体的卢卡·西尼约雷里（Luca Signorelli）（1492~1502年）在奥尔维耶托大教堂（→p.438）留下了一系列的壁画作品。

在托斯卡纳地区之外，有翁布里亚地区的佩尔基诺（Perugino）（1450前后~1523年），韦涅特地区的曼多瓦，安德雷亚·曼特尼亚（Andrea Mantegna）（1431前后~1506年）。他们在意大利北部地区力求完美地表现文艺复兴绘画的风格。代表作《死亡的基督》（*Cristo morto*）收藏于米兰布雷拉美术馆（→p.194）。另外，安特涅罗·达·梅西纳（Antonello da Messina）（1430年前后~1497年）对威尼斯派的形成给以了决定性影响，据说是他将佛兰德的油彩技法引进了这座城市。乔凡尼·贝利尼（Giovanni Bellini）（1430年前后~1516年）从激情的写实主义（《皮埃塔》（Pietà），米兰布雷拉美术馆（→p.194）向极富诗意的抒情性手法进行转移，给此后的威尼斯派以极深的影响。

皮耶罗·德拉·弗朗切斯卡作品《圣十字架的传说》所在的圣弗朗西斯科教堂

世界遗产

圣弗朗西斯科教堂和其他弗朗西斯科修会相关建筑
收录年份 2000 年　文化遗产

前往阿西西的方法

从 fs 线罗马特米尼车站乘坐开往阿西西方向的 RV，需要 2 小时 11 分钟（无须换乘，1 天 3 趟车）。如果乘坐开往佛罗伦萨或安科纳方向的 IC、RV、R 等，需要在福利尼奥（Foglingo）或奥尔泰（Orte）等地换乘，需 2 小时 15 分钟 ~2 小时 55 分钟。从佛罗伦萨 S.M.N. 站乘坐 RV 前往时，需要约 2 小时 30 分钟（无需换乘），乘坐 RV、R、IC，需要在特尔托纳－科尔托纳（Terontola-Cortona）和佩鲁贾（Perugia）换乘，需 2 小时 30 分钟 ~3 小时 10 分钟。从站前乘坐汽车，上了橄榄山岗，就来到了位于市区东侧的马特奥蒂广场（Piazza G.Matteotti）（终点）。这里还有前往佩鲁贾和福利尼奥的汽车停靠。开往佛罗伦萨、佩鲁贾、罗马方面的中远途汽车在圣彼得广场（Largo S.Pietro）及意大利统一广场（Piazza Unità d' Italia）到达和发车。

阿西西的 ❶ 旅游咨询处

住 Piazza del Comune 22
☎ 075-8138680
开 8:00~14:00、15:00~18:00
夏季 周日　10:00~19:00
冬季 周日、节假日 9:00~17:00
休 1/1、12/25
地 p.432 A2

阿西西 *Assisi*

●邮政编码 06081

翁布里亚的绿色和纯白的圣堂交相辉映，异常美丽

在阿西西，可以从橄榄绿的丘陵上俯瞰周围辽阔的绿色平原。这里是 12 世纪的清贫圣者圣弗朗西斯科的城市。他出生于富商之家，曾经过着放荡不羁的生活，而促使他转变，进入虔诚神秘的宗教世界的正是这丰富的大自然。由橄榄树和杉树构成的郁郁葱葱的绿松中，小鸟在欢唱，世界各地都有人来寻访圣者的风貌。这是再现乔托的画作《给小鸟传教的圣弗朗西斯科》情景的城市。

阿西西 漫 步

科穆内广场是市中心

市中心是科穆内广场（Piazza del Comune）。❶ 旅游咨询处就在这里。广场的对面还保留着一个罗马时代的小巧的米涅瓦神殿（Tempio di Minerva）。

从这里向西 600 米左右的地方，是圣弗朗西斯科的墓地以及以他为题材而出名的圣弗朗西斯科教堂（Basilica di San Francesco）。

位于圣弗朗西斯科教堂下面的是入口，从这里开始参观

城市丘陵的顶上是中世纪的大要塞（Rocca Maggiore），从这里眺望到的阿西西城以及环抱着城市的原野，很壮观美丽，值得一看。再返回科穆内广场，可爱的桑塔克阿拉教堂（Basilica di Santa Chiara）就在附近。从这里穿过新门（Porta Nuova）向南走 2.5 公里，矗立在绿色田园风景中的是传播圣弗朗西斯科和桑塔克阿拉精神的圣达米阿诺修道院（Convento di San Damiano）。据说圣弗朗西斯科就是在这里听到神的声音。让我们在这里感受他的精神世界吧。入口处有出租车排队候客，如果走累了，可以利用一下。

大要塞设有观景台，能眺望到壮阔的景观

阿西西城被城墙围绕着，城内狭窄曲折的斜坡路绵延不断。在这里，中世纪风貌和宗教城市特有的肃穆和热闹混合在一起。在这里忘掉对迷路的担忧，尽情自在地漫步游览吧。

圣弗朗西斯科大街，是阿西西特有的专门面向朝觐者的大街

圣弗朗西斯科教堂 Basilica di San Francesco

Map p.432 A1

被湿壁画杰作淹没 ★★★

教堂有上下两层。下层的教堂于1230年竣工，天花板很低，非常威严，里面有西莫内·马尔蒂尼的《圣马丁诺的一生》(*La Vita di San Martino*)、奇马布埃的《圣母和天使及圣弗朗西斯科》(*Madonna con Angeli e San Francesco*)等优秀的中世纪绘画作品。顺着楼梯向下就是圣弗朗西斯科墓穴所在的地下室。在进教堂前的广场上有不少拱门连续的回廊环绕，营造出这座城市独特的氛围。

1253年完工的上层教堂，风格明快，感觉很是不同。这里是乔托湿壁画美术馆。包括《给小鸟传教的圣弗朗西斯科》在内，用28幅画面描绘了和圣人生涯的有关的故事。

乔托的作品《给小鸟传教的圣弗朗西斯科》

上层教堂里美丽的拱门

桑塔克阿拉教堂 Basilica di Santa Chiara

Map p.433 B3

纪念圣女克阿拉 ★★

小巧而又精致的哥特式教堂，用白色和粉色大理石建造。是奉献

汽车票

从火车站开往市区的Linea C，约隔30分钟运行。车票票价是€ 1.30（上车后购买€ 1.50。注意不给找零）。

●圣弗朗西斯科教堂

☎075-819001

开 下层教堂
3/25~10/28 左右 6:00~18:45
10/29~次年3/24 左右 6:00~18:00
上层教堂
3/25~10/28 左右 8:30~18:45
10/29~次年3/24 左右 8:30~18:00

※ 周日上午和有宗教仪式活动时，不允许游客参观

从罗马方向过来的普尔曼汽车

从罗马蒂布尔蒂纳站站前的汽车总站，经由佩鲁贾，每天有2个班次。票价€ 18.50。

URL www.sulga.it

●桑塔克阿拉教堂

☎0758-12282

开 3/25~10/28 左右
6:30~12:00、14:00~19:00
10/29~次年3/24
6:30~12:00、14:00~18:00

●描绘《圣弗朗西斯科的生涯》的湿壁画

上层教堂的3个墙壁上按照从右边里侧到入口处，再从入口处的左边到里面的顺序分28个场景描绘了圣弗朗西斯科的故事。按照顺序参观可以了解他的一生。让我们一边感受他的精神，一边欣赏吧！顺便提一句，《给小鸟传教的圣弗朗西斯科》在入口处的上面。

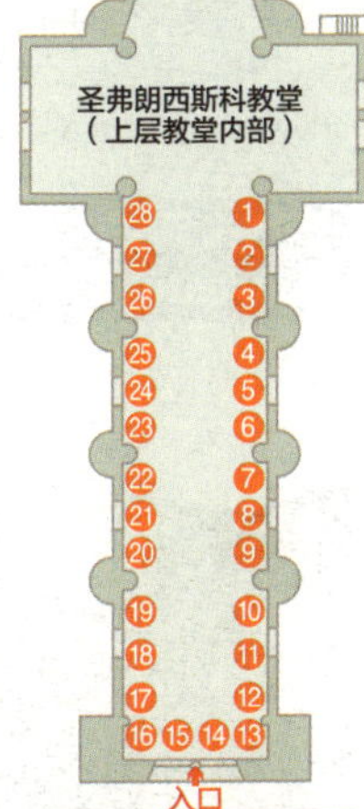

圣弗朗西斯科的生涯

1 受到弱者尊敬的圣弗朗西斯科
2 交出斗篷的圣弗朗西斯科
3 武器装饰的宫殿之梦
4 听到来自十字架声音的圣弗朗西斯科
5 向世俗告别的圣弗朗西斯科
6 出现在教皇肯迪乌斯三世梦中的圣弗朗西斯科
7 承认教皇制定的法则
8 火之车的幻影（再现预言家欧利阿）
9 表示在天堂座位
10 在阿雷佐城驱逐恶魔
11 和伊斯兰教徒的火中对战
12 圣弗朗西斯科的灵魂脱窍
13 古来乔的小马棚
14 喷水奇迹
15 给小鸟传教的圣弗朗西斯科
16 骑士之死
17 在教皇和枢机大臣前的布道
18 出现在圣安东尼奥面前的圣弗朗西斯科
19 贝鲁那山的圣痕
20 圣弗朗西斯科之死
21 把去往天国之事告知修道士和主教
22 确认圣痕
23 桑塔克阿拉教堂修女的悲哀
24 圣弗朗西斯科的列圣式
25 现身在教皇面前
26 奇迹地治愈
27 夫人的忏悔
28 释放异教徒

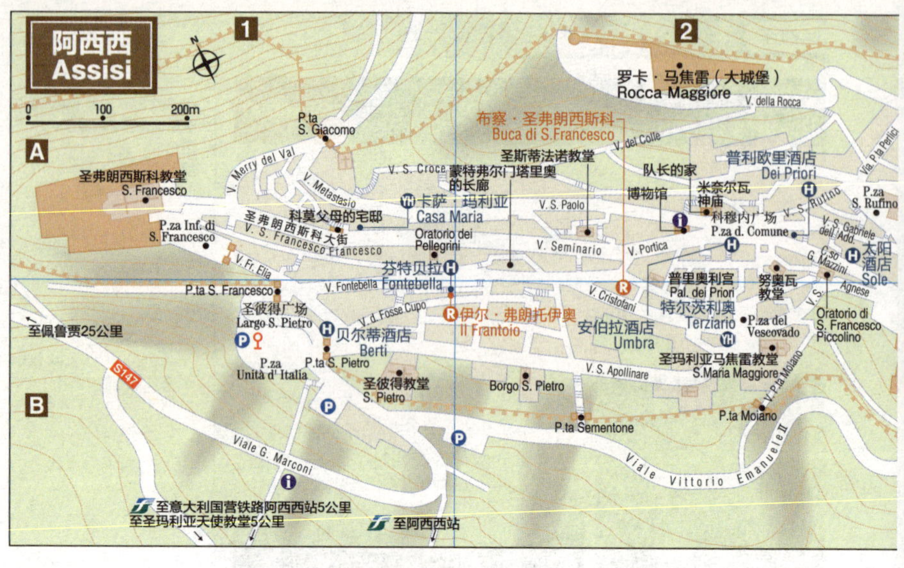

桑塔克阿拉教堂

给圣弗朗西斯科的忠实信徒圣克阿拉的。内部的地下室收藏有她的遗体以及一些遗物。翼廊上描绘的壁画《圣女克阿拉的一生》是令人印象深刻的作品。

罗卡·马焦雷（大城堡）Rocca Maggiore

Map p.432 A2

能眺望到宏伟的全景

★★

位于能够俯瞰城市的高地上。城堡的历史可追溯到罗马时代，现在留下来的建筑是 14 世纪红衣主教阿尔沃诺斯修建的两座塔以及连接塔的通道等，在城堡里面漫步，会有一种探险的感觉。塔的最上面是观景台，能眺望到 360° 的宏伟景观。

圣达米阿诺修道院 Convento di San Damiano

Map p.433 B3 外

树林中的圣地

★★

小小的礼拜堂里鲜花从未间断过。左侧是圣克阿拉创立的修道院

圣弗朗西斯科在这里听到了上帝让其走向修道生活的召唤，并在此祈祷再生。这里也是他的第一个信徒圣克阿拉生活，并度过信教生活的地方。建

●罗卡·马焦雷

住 Piazza delle Libertà Comunali

☎ 3283-833372

开 1~2 月、11/16~12/31　10:00~16:30
3 月上旬　10:00~17:30
3 月下旬　10:00~18:00
4 月、9/16~9/30　10:00~19:00
5 月、9/1~9/15　10:00~19:30
6~8 月　10:00~20:00
10 月　10:00~18:30
11/1~11/15　10:00~17:00

费 € 5.50

休 1/1、12/25

※ 从圣鲁菲诺大教堂前面向左上坡路直至城堡入口处，以及城堡内都铺设有阶梯。天气不好时，有时会关闭

●圣达米阿诺修道院

住 从新门 Porta Nuova 步行 15 分钟

☎ 0758-12273

开 夏季　7:00~12:30
14:00~19:00
冬季　7:00~12:30
15:00~18:00

在这里的圣达米阿诺修道院，虽然外观朴素，但是至今保留有他们的精神。

在隐居地的前院里，据说因圣人祷告而喷涌出水的水井

卡鲁切利的隐居地是圣弗朗西斯科进行祷告的地方，现在依旧是被绿色环抱的一处静地

卡鲁切利的隐居地 Eremo delle Carceri

Map p.433 A3 外

具体体现圣弗朗西斯科精神的地方 ★★

是一个宽敞、绿色葱郁的隐居和冥想的地方，建于 14 世纪，里面保留着让人吃惊的既小又简陋的圣弗朗西斯科的卧室。在建筑物前面有一个水井，据说因为圣弗朗西斯科的祈祷曾经喷涌出井水。

沿着隐居地前的路向前，有很大的一片森林，这里曾经是圣弗朗西斯科和信徒们进行祷告的地方，至今还分布着几个洞窟。

置身于苍茫的绿色之中，在习习清风和鸟鸣声中，与自然和神明对话，一定是一件令人喜悦的事情。即使是与宗教无缘的人，在这里也能感受到圣弗朗西斯科的精神。

●卡鲁切利的隐居地
☎ 0758-12301
开 夏季 6:30~19:00
冬季 6:30~18:00
※ 由导游引领进行游览
9:00~ 12:00、14:30~18:00
（冬季 ~17:00）
从 Porta Cappuccini 步行约 1 小时

阿西西的餐馆
Ristorante

作为世界级别的旅游胜地，却给人以餐费、住宿费都很便宜的印象。有很多宗教团体经营的住宿设施，很适合女性游客。但是 5 月上旬这里会举办身着中世纪盛装就进行的迪马乔节庆典活动和复活节，比较难找到住宿地，到了 8 月则连预订都会很难。找不到旅馆或寻找比较便宜的住宿地（比如青年旅舍）时，可以去附近的福利尼奥（Foligno）或佩鲁贾（Perugia）。坐巴士需 10~30 分钟。

布窣 · 圣弗朗西斯科
Buca di S. Francesco

Map p.432 B2

◆格调很高，又很友好的餐馆
充满中世纪的风情，田园风情浓厚。是一家有着 20 多年历史的由家族经营老店，能品尝到与众不同的翁布里亚菜肴。也可以用英语。最好提前预约

住 Via Eugenio Brizzi 1
☎ 075-812204
营 12:00~15:00、19:00~22:00
休 周一、1/15~2/15、7/1~7/15
预 € 20~50（座位费 € 2.50）
C A.D.J.M.V.

达埃米尼奥
Da Erminio

Map p. 433 A3

◆ 翁布里亚的味道

在阿西西也是一家深获好评的乡土菜餐馆，甚至拥有来自其他地方的粉丝。紧邻就餐席位的烤炉里飘出烤肉的香味，令人垂涎欲滴。店内小巧温馨，充满家庭氛围。根据进货情况，有时还能品尝到野猪和兔肉菜肴。

住 Via Montecavallo，19
☎ 075-812506
营 12:00~14:00、19:00~21:00
休 周四
预 € 18~38
C A.M.V.

伊尔·弗朗托伊奥
Il Frantoio

Map p.432 B1

◆ 享受翁布里亚美食

充满阿西西独特的氛围，夏天还能在户外用餐，这些都让人感到非常愉悦。推荐使用松露制作的翁布里亚菜肴，以及每天推出的不同的自制蛋糕。可以说英语。特别是冬季最好提前预订。最好提前预约

住 Via Fontebella 25
☎ 075-812242
营 12:00~14:00、19:00~21:30
预 € 20~60，套餐 € 20、24、26
C M.V.

阿西西的酒店
Hotel

安伯拉酒店 ★★★
Hotel Umbra

Map p.432 A2

◆ 阿西西著名的小型旅馆

从酒店的露台上能俯瞰整个城区，令人心情舒畅。自助式早餐内容丰富。夏天有室外餐馆，是比较时尚的一家酒店。环境安静。

Low 7、8、11 月
URL www.hotelumbra.it
住 Vicolo degli Archi 6
☎ 075-812240 Fax 075-813653
SS € 77/95 TS € 110/120
3B € 150/195 室 24 间 含早餐 W-F
休 12 月～次年 3 月 C A.J.M.V.

芬特贝拉 ★★★★
Fontebella

Map p.432 B1

◆ 吃饭和住宿的地方相邻，非常方便

位于前往圣弗朗西斯科教堂的坡路中间，从有的房间能眺望到很美的景色。相邻的弗朗托伊奥餐馆也是该酒店经营的。

URL www.fontebella.com
住 Via Fontebella 25
☎ 075-812883 Fax 075-812341
SS € 64/110 SB € 74/145
TS TB € 89/220（能眺望到峡谷美丽的景色） 室 43 间 含早餐 W-F
C M.V.

贝尔蒂酒店 ★★
Hotel Berti

Map p.432 B1

◆ 地理位置绝佳！

邻近巴士停靠的圣彼得广场的一个小型酒店。市内简洁干净，很舒适。夏天时，在门口处的小中庭用早餐，非常舒服。

URL www.hotelberti.com
住 Piazza San Pietro 24
☎ 075-813466 Fax 075-816870
SB € 36/58 TB € 53.60/95
休 1/10~3/1 室 10 间 含早餐 W-F
C A.D.J.M.V.

特尔茨利奥
Casa del Terziario Accoglienza Santa Elisabetta d'Ungheria

Map p.432 B2

◆ 非常契合宗教城市的氛围

位于市中心，是宗教设施的住宿设施。有小型礼拜堂和庭园，气氛沉静。门禁 8:00~22:30（23:00），最多可连住 7 晚。

URL www.terziario-santaelisabetta.com
住 Piazza del Vescovado 5
☎ 075-812366 Fax 075-816377
每人含早餐€ 42（单人间加€ 5），晚餐 1 人€ 13
※ 包含的早餐最好提前确认
室 40 床 早餐 € 5 W-F
休 复活节、11 月 C M.V.

佩鲁贾 *Perugia*

●邮政编码　06100

普里奥里宫和喷泉

佩鲁贾是翁布里亚区的首府，是发源于伊特鲁里亚时代的丘陵城市。佩鲁贾处处都保留着古罗马时期之前的美术、古迹。另外，佩鲁贾大学还专门开设了针对外国人的意大利语学习班，充满了国际化色彩。每逢盛夏，这里还会举行盛大的爵士舞大会，一直到深夜，整个广场都会被年轻人蓬勃的朝气所包围。这是一座在中世纪古代城市建筑中迸发出无限生机，充满现代气息的城市。

佩鲁贾 漫 步

佩鲁贾迷宫一样的街道

市中心是11月4日广场（Piazza IV Novembre）。尼古拉·比萨诺设计的城市象征大喷泉（Fontana Maggiore）、大教堂、哥特式建筑普里奥里宫都位于这个广场，总是人来人往，络绎不绝。再向前走是佩鲁贾银行家会馆（Collegio del Cambio）。这一带有许多下坡小路，一不小心就会迷路。不过就算迷路也没关系，因为只要上坡就一定能回到11月4日广场。

前往佩鲁贾的方法

从fs线罗马蒂布尔蒂纳站乘坐开往佩鲁贾方向的RV，需时2小时34分钟（无须换乘）。乘坐开往佛罗伦萨或安科纳方向的FR，FA，IC、RV、R等，在福利尼奥（Fogligno）换乘，需2小时~3小时30分钟。从佛罗伦萨S.M.N.站乘坐IC，需要1小时34分钟，乘坐RV，约需2小时（无需换乘，在部分路段乘坐汽车Frecciallink），乘坐IC、RV和R等，需要在特隆托拉—科尔托纳（Terontola-Cortona）换乘，需时2小时36分钟。从火车站到市区距离约1公里。前往罗马、阿西西、库比奥、斯波莱托的普尔曼车的汽车总站位于帕尔提加尼广场（Piazza Partigiani）。

※有好几个叫佩鲁贾的车站，但前往市区需要在佩鲁贾站（Perugia）下车

从车站前往旧城区

从fs车站乘坐微型城铁（乘车处位于出站向左约300米处），在终点Pincette下车后，乘坐扶梯（斯卡拉·毛比列）前往马泰奥蒂广场。迷你城铁的运行间隔大约为4分钟。末班车时间是21:05，周日和节假日到20:45。

迷你城铁（1辆车厢的无人缆车）和巴士的车票通用。

佩鲁贾 ❶IAT

住 Piazza Matteotti 18
Loggia dei Lanari

☎ 075-5736458

开 9:00~19:00

休 1/1、12/25、12/31

地 p.435 A

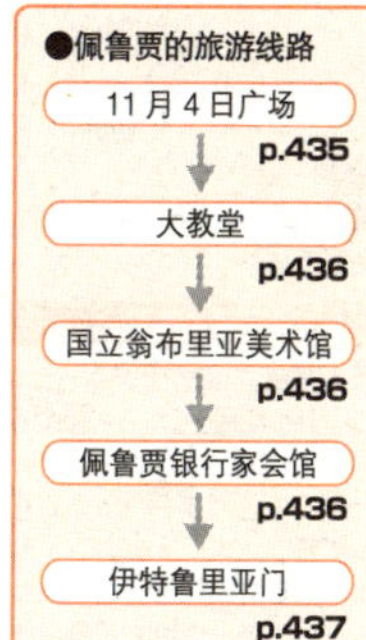

汽车票

费 €1.50（70分钟有效）

※从站前到市中心的意大利广场约需15分钟

佩鲁贾 主要景点

大教堂 Cattedrale

Map p.435 A

市民们的信仰中心

大教堂外墙壁上的瓦砾令人印象深刻

这是纪念城市的守护圣人圣洛伦佐的哥特式大教堂。在附属的美术馆里有卢卡·西尼约雷里的《宝座上的圣母》等作品。

国立翁布里亚美术馆 Galleria Nazionale dell' Umbria

Map p.435 A

意大利屈指可数的美术馆

★★★

位于普里奥里宫的国立翁布里亚美术馆

美术馆位于普里奥里宫（Palazzo dei Priori）内，展示有翁布里亚派的绘画作品等。展品中最为著名的是诞生于翁布里亚的画家佩鲁吉诺（Perugino）（拉斐尔的老师）、平特里奇奥（Pinturicchio），以及皮耶罗·德拉·弗朗切斯卡（Piero della Francesa）的作品。在这里可以慢慢鉴赏这些充满丰富情感的翁布里亚派画作。

翁布里亚绘画的代表画家皮耶罗·德拉·弗朗切斯卡的力作《圣托尼奥祭坛画》是美术馆最珍贵的藏品

佩鲁贾银行家会馆 Collegio del Cambio

Map p.435 A

装饰有精美木艺雕刻和湿壁画

★★

佩鲁吉诺的《牧羊人的礼拜》

这是位于普里奥里宫内的一座著名建筑。15世纪这里曾是货币兑换商人活动的总部。内部美轮美奂，哪怕是一件手工艺品也都精美无比，装饰有木艺雕刻和佩鲁吉诺及其弟子的壁画。还有马亚诺于15世纪雕刻的《正义之像》也是必看的作品。

商人联合会 Collegio della Mercanzia

Map p.435 A

木艺雕刻精美绝伦

★★

同样位于普里奥里宫内（入口不同）。是当时在各种行业联合会中最具权势和财力的"商人联合会"所在的地方，墙壁和天花板上全部覆盖着15世纪北欧的精美的木艺雕刻，充满肃穆豪华的气氛。

●大教堂

开 7:30~12:30、15:30~18:45
周一、节假日 8:00~13:00
16:00~19:30

●国立翁布里亚美术馆（普里奥里宫内）

住 Croso Vannucci 19
☎ 075-5721009（售票处）
开 8:30~19:30
4~10月的周一
12:00~19:30
休 11月~次年3月的周一、1/1、5/1、12/25
费 €8
※ 售票处截至18:30
※ 每月第一个周日免费

佩鲁贾的迷你城铁

●佩鲁贾银行家会馆

住 Corso Vannucci 25
☎ 075-5728599
开 9:00~12:30、14:30~17:30
周日、节假日 9:00~13:00
休 1/1、12/25、11/1~次年3/31的周一下午
费 €4.50
※ 与商人联合会的通票€5.50

●商人联合会

住 Corso Vannucci 15
☎ 075-5730366
开 3/1~10/31
周二~周六 9:00~13:00
14:30~17:30
11/1~次年2/28
周二、周四、周五
8:00~14:00
周三、周六
8:00~16:30
全年 周日、节假日
9:00~13:00
休 周一、1/1、12/25
费 €1.50（与佩鲁贾银行家会馆的通票€5.50）

划算的通票

佩鲁贾市立博物馆卡
Card Perugia Città Museo

使用此卡可以进入公证人之屋（普里奥里宫）、圣塞韦罗教堂、国立翁布里亚美术馆、佩鲁贾银行家会馆、国立翁布里亚考古学博物馆等佩鲁贾的大多数美术馆和博物馆，还可以在停车场、市内旅游团（4~11月）、电影院、商店、餐馆等享受到打折优惠。可在景点和一些酒店里购买此卡。

※ 佩鲁贾的住宿税：★ €0.5 ★★€1 ★★★ €1.50 ★★★★€2 ★★★★★€2.50，最多收10晚，14岁以下免税

伊特鲁里亚门 Arco d' Augusto（Arco Etrusco）

Map p.435 A

拥有 2000 多年的历史 ★

位于大教堂以北 200 米，是公元前 3~前 2 世纪时伊特鲁里亚人建造的巨大的城门。之后在公元 60 年时，罗马人为其增添了拱门，16 世纪时也曾进行过修复。现在它已融入到了人们的生活中。

拥有 2300 多年历史的伊特鲁里亚门

Card A/F 费 €13
可进入 5 个美术馆和博物馆。48 小时有效。

Card U 费 €10
可进入 5 个美术馆和博物馆（仅限学生购买，需要出示学生证）。1 个月内有效。

URL www.perugiacittamuseo.it

佩鲁贾的餐馆 Ristorante

拉塔维纳 La Taverna

Map p. 435 B

◆ 肉类菜肴的味道非常好

1988 年创业，是深受当地人好评的餐馆。店内氛围沉稳大气，夏季位于店前的露天席位非常舒适。服务态度很好，可以品尝到精美的当地菜肴。葡萄酒和甜点的种类也很多。夏季 需预约

住 Via delle Streghe 8
☎ 075-5724128
营 12:30~14:30、17:30~22:30 休 无
预 €35~55（座位费€2）、套餐 €55
C A.M.V.

地中海餐馆 Pizzria Mediterranea

Map p. 435 A

◆ 如果想吃比萨

经营用传统方法制作的那不勒斯比萨的餐馆。店铺虽然很小，但是无论氛围还是服务都很好，是一个总是有人排队等候的非常受欢迎的店。只经营比萨（€5~6）、点心和饮品。

住 Piazza Piccinino 11/12
☎ 075-5724021
营 12:30~14:30、19:30~23:00
休 一部分节假日
预 €10~15（座位费€1.10） C J.M.V.

佩鲁贾的酒店 Hotel

布鲁法尼宫酒店 Brufani Palace ★★★★★

Map p. 435 B

◆ 城市最有格调的酒店

位于市中心，意大利广场上。酒店里充盈着典雅隆重的氛围，仿佛是凝缩着城市的历史。酒店内设有餐馆。

URL www.brufanipalace.com
住 Piazza Italia 12 ☎ 075-5732541
Fax 075-5720210 SB €120/356 TB €135/593
室 94 间 含早餐 W-F C A.D.J.M.V.

珊伽洛宫酒店 Sangallo Palace Hotel ★★★★

Map p. 435 B

◆ 远眺景观很好的酒店

建筑物本身和室内氛围都充满浓厚的文艺复兴气氛。客房宽敞，功能齐全方便。

Low 1/1~3/30、7/21~8/31、11/1~12/28
URL www.sangallo.it 住 Via L.Masi 9
☎ 0755-730202 Fax 0755-730068
SS SB €80/99 TS TB €109/139
室 52 间 含早餐 W-F C A.D.J.M.V.

福尔图纳酒店 Hotel Fortuna ★★★

Map p. 435 B

◆ 家庭经营，居住舒适

距离市中心的意大利广场很近。由 13 世纪的建筑改建而成，既方便又美丽。空调装置完备。是一家亲切的，以家庭经营为主的酒店，居住环境非常舒适。

Low 1/7~3/20、7/18~9/4、11/2~12/29
URL www.umbriahotels.com
住 Via Bonazzi 19 ☎ 075-5722845
Fax 075-5735040 SS €69/88
TS TB €77/128、€123/147
室 45 间 含早餐 W-F C A.D.M.V.

锡耶纳酒店 Hotel Signa ★★

Map p. 435 B 地图外

◆ 位于汽车总站附近的安静的小旅馆

距离帕尔提加尼广场步行需 10 分钟，位于圣彼得门的前面右转的地方。是一个有中庭的安静的旅馆。有完善的空调设施，从房间里远眺的景色也很美。

Low 1/6~2/28、11/3~12/8 URL www.hotelsigna.it
住 Via del Grillo 9 ☎ Fax 075-5724180
SS €38/61 TS €49.40/75 3B €66.40/92
室 23 间 早餐 €7 W-F 休 12/9~12/27
C M.V.

奥尔维耶托 *Orvieto*

●邮政编码 05018

奥尔维耶托位于罗马以北 120 公里处，前往这里最好利用卡西亚古道进入，卡西亚古道是著名的古罗马道路之一。沿着在丛林中蜿蜒曲折的路前行，突然视野会变得开阔起来，平原之上出现一座城市，这就是奥尔维耶托。这是最能了解奥尔维耶托充满戏剧性的地形的线路，因此特别推荐。

奥尔维耶托的历史非常悠久，最早可上溯到公元前、古罗马时代之前的伊特鲁里亚时期。在 13~14 世纪，这里作为诸多教皇的隐居宫殿而迎来它的黄金时代。

奥尔维耶托 漫 步

在站前乘坐缆车来到山岗上，然后换乘小巴，就能到达市中心大教堂广场（Piazza del Duomo）。

城市很小，从一端步行至另一端也只有不到 2 公里的距离。市中心是壮丽的大教堂。这是一个与仅有 2 万人口的城市不太匹配的豪华壮美的建筑。其他景点有被称为老城区（Quartiere Vecchio），城市西侧，保留有中世纪风情的区域。可以在这里悠闲地散步享受美好时光。波波罗宫（Palazzo del Popolo）是罗马风格的哥特式建筑，拥有阳台的正面非常美丽。教皇宫殿（Palazzo dei Papi）的 2 层如今已经成为博物馆，是这座城市曾为教皇领地的证明。还有一个不能忘记的是，这里的特产白葡萄酒。深受罗马人推崇的奥尔维耶托白葡萄酒，产自意大利中部，是最高档的白葡萄酒之一。在大教堂周边地区有很多销售白葡萄酒的特产店，可以在那里试饮。

自治城市时代的队长馆舍——波波罗宫

前往奥尔维耶托的方法

从 fs 线罗马蒂布尔蒂纳站乘坐开往佛罗伦萨等方向的 IC 需要 1 小时 5 分钟 ~1 小时 13 分钟，乘坐 RV 需要 1 小时 13 分钟 ~1 小时 20 分钟。从佛罗伦萨 S.M.N. 车站乘坐 RV（无须换乘），需要 2 小时 11 分钟 ~2 小时 24 分钟。

从车站到旧城区

小巴 2 号线从站前出发，经由凯恩广场、大教堂广场，前往市政厅。另外可在缆车乘车处乘坐缆车（7:20~20:30）。从终点凯恩广场到大教堂，顺着路步行需要 10~15 分钟。延伸到大教堂的加沃尔路（Corso Gavour），沿路有很多经营特产陶器和葡萄酒的商店，边走边看很开心。

汽车票（与缆车通用）

€ 1.30（1 次乘车票，90 分钟有效）

※ 上车后购票€ 2

奥尔维耶托的 ❶ 旅游咨询处

住 Piazza del Duomo 24

☎ 0763-341772

开 8:15~13:50、16:00~19:00
周六、周日、节假日
10:00~13:00
15:00~18:00

休 12/25

地 p.438 1

划算的通票

奥尔维耶托优尼卡
Carta Orvieto Unica

包括圣·布利左奥礼拜堂、法伊纳考古学博物馆、莫洛塔（Torre del Moro）、地下洞穴公园（Underground Parco delle Grotte）的门票、缆车和小巴到火车站的往返票、菲埃拉广场 5 小时的停车票等。

费 € 20（学生、65 岁以上 € 17）

※ 可在上述 ❶ 旁边的售票处和各景点、Piazza della Pace（位于缆车旁边的停车场）等地购买

奥尔维耶托 主要景点

大教堂 Duomo/Cattedrale

Map p.438 1

璀璨的城市象征 ★★★

这座大教堂据说从 13 世纪末就开始着手建设，16 世纪仍尚未完工，一共凝结着 33 位建筑家、152 位雕刻家、68 位画家、90 位镶嵌工匠的聪明才智和汗水。确实，其高耸入云的塔身，以及镶嵌有在阳光照射下发出璀璨光芒的马赛克的正面，总是令人百看不厌。在内部的圣布利左奥礼拜堂内，有人称弗拉·安吉利科和米开朗基罗前辈的卢卡·西尼约雷里亲手绘制的湿壁画，令人感叹只有拥有一颗鲜活的灵魂才能够创作出这样的作品。

意大利哥特式建筑的代表——大教堂

●大教堂
●圣布利左奥礼拜堂
住 Piazza del Duomo
☎ 0763-342477
开 4~9 月 9:30~19:00
10 月·次年 3 月 9:30~18:00
11 月~次年 2 月 9:30~13:00
14:30~17:00
4~10 月的周日、节假日
13:00~17:30
11 月~次年 3 月的周日、节假日 14:30~16:30
※ 举行宗教仪式时，游客不能进入参观
费 €3

圣帕特里克之井 Pozzo di San Patrizio

Map p.438 2

为确保水源由教皇下令挖掘 ★

这是由出身美第奇家族的教皇克雷门特七世下令挖掘的水井。水井穿过了石灰岩层，深达 62 米，可沿着 248 级螺旋状阶梯前往。这个台阶设计得非常巧妙，上下楼梯的人不会相遇交叉而过，非常神奇。

教皇下令挖掘的圣帕特里克之井

●圣帕特里克之井
住 Viale Sangallo
☎ 0763-343768
开 5~8 月 9:00~19:45
3、4、9、10 月
9:00~18:45
11 月~次年 2 月
10:00~16:45
费 €5，学生、60 岁以上 €3.50

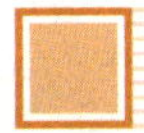

奥尔维耶托的餐馆

Ristarante

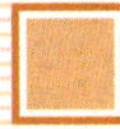

伊泽塞特·考索利

I Sette Consoli

Map p.438 1-2

◆ 在绿色盎然的宁静中庭里

位于旧城区主要街道的最里侧。这是一个雅致的餐馆，从入口看根本无法想象里面会有一个绿色盎然的中庭。能品尝到经过创新的现代派当地菜。推荐美味的自制点心。推荐提前预约

住 Piazza Sant'Angelo 1/A
☎ 0763-343911
营 12:30~15:00、19:30~22:00
休 周三、周日晚
预 €48~58（座位费€3）、套餐€42
C A.D.M.V.

德尔·莫洛

Trattoria del Moro Aronne

Map p.438 1

◆ 品尝奥尔维耶托的葡萄酒！

位于波波罗宫南侧。是一家有 60 多年历史，由家族经营的餐馆，气氛很好，能以公道的价格品尝翁布里亚乡土菜肴。餐馆招牌菜是野猪肉塔利亚特雷（Pappardelle Cinghiale），是柔和的翁布里亚式味道。葡萄酒也很好喝，很有当地特色。

住 Via San Leonardo 7
☎ 0763-342763
营 12:30~15:00、19:30~22:30
休 周二、7/1~7/10
预 €18~35（座位费€2）
C A.J.M.V.

世界遗产

乌尔比诺的古城区
收录年份 1998 年　文化遗产

前往乌尔比诺的方法

佩萨罗站位于连结博洛尼亚和安科纳的主要干线上，是距离佩萨罗（Pesaro）最近的站。佩萨罗与乌尔比诺之间没有直通列车。从 fs 线博洛尼亚站乘坐开往安科纳等方向的 FRECCIABIANCA，到佩萨罗所需时间为 1 小时 14 分钟 ~1 小时 26 分钟，乘坐 RV 约需 2 小时。从里米尼前往约需 30 分钟。佩萨罗站前有 ADRIABUS 公司运营的开往乌尔比诺的 46 路巴士。有 Papida（所需时间 40~50 分钟，票价 € 3.70）、Speedy（约需 1 小时 15 分钟，票价€ 3.40）两种车型。在圣卢恰门附近的 Santa Lucia Park，两条线工作日各每小时有一班车，周日、节假日每 2~3 小时有一班车。

出了佩萨罗站向右行就能看到汽车总站。汽车票在汽车总站的酒吧和报刊亭里销售。乌尔比诺在汽车总站或烟草店购买车票。上车后的自动售票机只能使用硬币。因此车票还是在上车前买好比较好。

乌尔比诺的 i 旅游咨询处 IAT

住 Piazza Rinascimento 1
☎ 0722-2613
开 9:00~13:00
周二、周五 14:30~17:30 也开放
休 周六、周日、节假日
地 p.440 B

乌尔比诺

●邮政编码 61029

从全景大道上眺望乌尔比诺全景

乌尔比诺是拉斐尔（Raffaello），以及文艺复兴时的伟大建筑家布拉曼特（Bramante）的出生地。这个古都从 12 世纪开始，就处在蒙特菲尔特罗家族（Montefeltro）的统治之下。15 世纪，在菲德利科大公和他的儿子古伊德巴路德时代，由于推行仁政及学术保护政策，使文艺复兴之花得以绽放。

在如今成为美术馆的杜卡勒宫殿的每一个角落里，都能发现乌尔比诺宫廷的痕迹。这是一个非常美丽的宫殿，以至于被人们称颂为“神的建筑”，并聚集了来自欧洲各地的学者、思想家、艺术家。据说欧洲宫廷以及上流社会的礼仪就是从举止优雅的乌尔比诺宫廷诞生的。

乌尔比诺 主要景点

杜卡勒宫殿 Palazzo Ducale

Map p.440 B

壮美华丽的宫殿 ★★★

这是当地的领主蒙特菲尔特罗家族的宫殿，是 15 世纪文艺复兴风格的建筑。有 2 个圆柱形状的塔装饰着建筑两角，还保留有一些哥特式建筑的痕迹。深褐色庄重的宫殿仍不变地保留着往昔的风姿，令来访者大饱眼福。

全景大道 Strada Panoramica

Map p.440 A

眺望绝佳的街景 ★★

想要眺望乌尔比诺的全景，可以从罗马广场（Piazzale Roma）出发，沿着全景大道步行。这条大道通往位于城市对面的山丘上，在 400~500 米的散步旅程中，美妙的风景画卷徐徐展现在眼前，异常美丽。海拔 500 米的乌尔比诺城，完好无损地保留着意大利“美丽古城”的姿态。

在杜卡勒宫殿的两侧各有一座塔

国立马尔凯美术馆 Galleria Nazionale delle Marche

Map p.440 B

展出绘画史上的杰作 ★★★

杜卡勒宫殿内部现在已经成为美术馆。在这里可以欣赏到出生于此地的拉斐尔（Raffaello）绘制的挂毯素描草稿和肖像画等。另外，在著名的菲德利科大公的书房里还有文艺复兴时期到访过此地的巨匠皮耶罗·德拉·弗朗切斯卡（Piero della Francesca）的作品（第 15 展室），以及提切利（Botticelli）绘制的木艺雕刻草图等。

皮耶罗·德拉·弗朗切斯卡的作品《西尼加利亚的圣母》

●杜卡勒宫殿（国立马尔凯美术馆）
住 Piazza Duca Federico 107
☎ 0722-2760
开 8:30~19:15（入场截至 18:15）
周一 8:30~14:00（入场截至 13:00）
休 1/1、12/25
费 € 6.50
※ 每月第 1 个周日免费

拉斐尔故居 Casa Natale di Raffaello

Map p.440 A

文艺复兴时的天才的故乡 ★

在杜卡勒宫殿的北侧，有诞生于此地的文艺复兴时期代表性画家拉斐尔的故居。在这个拉斐尔一直生活到 14 岁的故居里面，保留有被认为是这位天才第一幅作品的《圣母子像》。

简朴的拉斐尔故居

●拉斐尔故居
住 Via Raffaello 57
☎ 0722-320105
开 夏季 9:00~19:00
周日 10:00~13:00
15:00~18:00
休 冬季周日的下午、节假日、12/25、1/1
费 € 3.50

乌尔比诺的酒店

Hotel

因为是一座小城市，这里的住宿设施规模很小，数量也不多，大部分是面向学生，提供简单餐食的店。这里比较著名的是据说乌尔比诺大公也吃过的小吃 Cresce Sfogliate（意式烤饼，一种薄片烤面包）配上干果，在酒吧和面包房都能买到，也有专门销售这些小吃的专卖店。

圣多莫尼科酒店 ★★★★
Albergo San Domenico

Map p.440 B

◆ 曾经是修道院

位于杜卡勒宫殿前面，由 15 世纪的修道院改装而成。在安静庄重的客房内放置的是 19 世纪的家具，气氛典雅。

URL www.viphotels.it
住 Piazza Rinascimento 3
☎ 0722-2626 Fax 0722-2727
SS € 90/138 TS TB € 145/240
室 31 间 早餐€ 11 W-F C A.D.M.V.

拉斐尔酒店 ★★★
Hotel Raffaello

Map p.440 A

◆ 能看到杜卡勒宫殿

位于圣·乔万尼教堂旁边，距离拉斐尔故居也很近，是一家安静、祥和的小酒店。房间舒适干净。从窗口眺望到的景色也很美。

URL www.albergoraffaello.com
住 Via Santa Margherita 40
☎ 0722-4784 Fax 0722-328540
SS SB € 40/80 TS € 70/120 TB € 70/200
室 14 间 早餐€ 7.50 W-F C M.V.

※ 乌尔比诺的住宿税：★ € 1 ★★€ 1.30 ★★★，B&B € 1.50 ★★★★€ 2 ★★★★★€ 2.50，12 岁以下免税
SB 带淋浴或浴盆的单人间价格 TB 带淋浴或浴盆的双人间价格 3B 带淋浴或浴盆的三人间价格

尽情享受烤乳猪和亚得里亚海的海鲜

■ 中部的翁布里亚区和马尔凯区的美食

意大利中部地区的美食，以深绿色的山珍为主。在马尔凯区，除了这些山珍之外，又多了来自亚得里亚海的丰富的海产品。

在翁布里亚区等山区，烤乳猪是在节日时吃的无与伦比的美味。在街边支起一个简单的摊位，在面包片中加上切成薄片的烤乳猪肉，非常受欢迎。皮酥脆香嫩，现烤出的浓厚肉汁味道格外鲜美。

●翁布里亚区的美食

翁布里亚的诺尔恰（Norcia）是松露的产地。到了时令季节，会在制作意大利面和意大利烩饭时用松露进行调味。这时再配上翁布里亚著名的口感柔和醇正的白葡萄酒奥尔维耶托（Orvieto）就再好不过了。在3~10月时，还能经常吃到鸽子（Palomba）。著名的Palomba alla Ghitta就是在烤制的鸽子上，浇上用葡萄酒、生火腿、洋苏等做成的调味汁制作而成的。这道菜和口感浓厚的葡萄酒蒙托罗堡（Castello di Montoro）最相配。

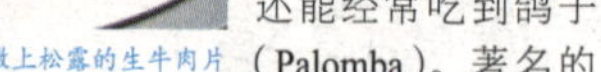

撒上松露的生牛肉片

●马尔凯区的美食

在这里可以同时品尝到亚得里亚海的海味和山珍。这里出产白松露、蘑菇、萨拉米、香肠，以及用传统方法制作的奶酪等。在大个橄榄里面放入肉馅后炸制而成的开胃菜Olive all'Ascolana非常受欢迎。用山谷里出产的特产野猪肉制作的萨拉米和意式烧猪肉也是著名的菜肴。最著名的鱼类菜肴非Brodetto莫属。其实这是在意大利各地都能看到的西红柿味鱼贝类的什锦鱼汤，但在这里换了这个名字。在小型鱿鱼里放入奶酪、面包碎、鸡蛋等后，用小火炖煮而成的是Calamaretti Ripieni。它浓厚的蒜香味会勾起人们的食欲。与这些鱼类菜肴最相配的葡萄酒是略带苦味，后味甘甜的辣口白葡萄酒Verdicchio dei Castelli di Jesi。著名的荤菜除了意式烧猪肉外，还有放入馅料后烤制的兔肉Coniglio Farcito、按照制作意式烤猪肉的方法制作的兔肉Coniglio in Porchetta等。推荐天然发泡红葡萄酒Vernaccia di Serrapetrana和具有新鲜口感的红宝石色Rosso Piceno等。

 **特产信息** 

• 葡萄酒 •

奥尔维耶托·克莱希

Orvieto Classico ★★★

DOC·白·辣口·中甜口

罗索科内罗 Rosso Conero ★★★

DOC·红·辣口

• 特产 •

传统工艺彩陶

精美的彩陶制品和水瓶

松露Tartufo加工品

除了瓶装的之外，还有可以涂抹在面包，和黄油、橄榄油等混在一起制作成的，适合作为开胃菜的松露酱小菜等。

对意式烤猪肉和Brodetto进行全新创意的开胃菜（佩鲁贾）

中部地区的熟食店

出售中部地区特产意式烤猪肉的路边摊

流连在海边，南部意大利的假日

坎帕尼亚区和南部三区

Campania & Puglia, Basilicata, Calabria

在围绕那不勒斯海湾的肥沃土地上，是一望无际的桑麻、烟草、橄榄和葡萄田地。耸立在这里的维苏威火山以及分布在山麓的庞贝古城构成了独具魅力的景色，勾起人们对古代的无限向往。著名的“蓝洞”所在的卡普岛，以及美丽的索伦托都叫人流连忘返。

意大利南部以充足的阳光和澄清的大海迎接着来自世界各地的游客。南部意大利一直被认为是贫穷之地，只要你往内陆地区走进去一些，就能感受到这一点。在干燥的大地，发红的山坡上可以看见牵着牛羊的牧人的身影。

但是最近几年，南部意大利也开始发展起工业和度假旅游产业。

那不勒斯周边，“古代之梦”巡游

探访洋溢着人类生活气息的古代遗址

在美丽风景和温暖气候条件下，作为古希腊殖民地发展起来的那不勒斯一带，充满了古代的浪漫色彩。首先参观在公元1世纪的某一天，某瞬间被埋在火山之下的庞贝古城和埃尔科拉诺。另外，还要拜访堪称欧洲保存状态最完整的帕埃斯图姆的希腊神殿等。

背靠维苏威火山的庞贝古城

●邮政编码　80045

世界遗产

庞贝古城、埃尔科拉诺、托雷安农齐亚塔的考古学区域

收录年份 1997 年　文化遗产

前往庞贝古城的方法

维苏威周游列车（Ferrovia Circumvesuviana）从 fs 线那不勒斯中央车站驶出，从这条线路的那不勒斯加里波第门站乘车到庞贝神秘庄园站需 25~40 分钟（票价€ 2.90）。从 fs 线那不勒斯中央车站乘坐开往拉默齐亚、雷焦卡拉布里亚等方向的 R 需 30~40 分钟（票价€ 2.60）。另外，庞贝古城有好几个车站，一定要注意。距离新城区较近的是 fs 线庞贝站。位于这个车站西北侧（里面）的是周游列车庞贝站。从这些车站前往遗址，从位于露天剧场旁边的剧场广场（Piazza Anfiteatro）的入口进入是最方便的。

如果只参观遗址，在周游列车的神秘庄园（Villa dei Misteri）（斯卡威 Scavi）站下车最方便。车站前方就是古城遗址的入口。

庞贝古城 Pompei 世界遗产

在瞬间被火山灰覆盖的古代城市

庞贝古城与埃尔科拉诺一样，是在 1900 多年前的公元 79 年维苏威火山喷发时，瞬间被火山灰吞噬的城市。道路上输水用的铅管、车辙的痕迹、道路标记等都保留着当时的模样。在设有柜台的酒馆里，并排摆放着装有蜂蜜和葡萄酒的缸，侧面还开有大小不同的小孔，刚好放入不同面值的硬币。在这里看到的越多，就不禁越发地浮想联翩。

这里的遗址很多，虽然有路标，但还是很容易迷路。因此最好先在售票处领取一份地图之后再开始参观。

从入口玛丽娜门进去后，右侧是当时起到法庭作用的巴西利卡

（Basilica），左侧是排列着48根爱奥尼亚式圆柱的阿波罗神庙（Tempio di Apollo）。继续走上山坡，就是古代社会生活的中心地广场Foro。在它的北面，面向维苏威火山的建筑物是宙斯神庙（Tempio di Giove）。

夏天来此参观不要忘记戴帽子。在广场上

北面是悲剧诗人之家（Casa del Poeta Tragico）。写着"小心猛犬"的字样。地板上有狗的镶嵌画，一定要注意观看。再往前，是在那不勒斯考古学博物馆见到的镶嵌画，牧神像等的出处——牧神之家（Casa del Fauno）。现在装饰的是神像的复制品，牧神仍然在大自然中舞蹈。

用精美湿壁画装饰的牧神之家

牧神之家前面是维提之家（Casa dei Vetti），这里因入口右边的墙上和卧室里有色情图案而闻名，其实当时这些图案是驱魔的护身符。在独具风情的中庭中，也有同样不能错过的珍品，被称为"庞贝红"的独特红褐色调的湿壁画，以及用黑色装饰带分格的神话等为主题的第4样式湿壁画。斯塔比亚内浴场是庞贝残留下来的三个浴场里保存状态最完好的一个。浴室按男女分开在左右两侧，是利用地板的双层结构及蒸汽保持室内温度的。据说浴场所在的丰收大街（Via dell'Abbondanza）是当时庞贝的商业中心。在遗址内还有很多特莫波尔（Thermopolium）（居酒屋），据说当年这里曾有约90个特莫波尔。

公元前2世纪时增建的斯塔比亚内浴场

再往南是即使现在夏天夜晚也依然会上演歌剧或芭蕾舞的大剧场（Teatro Grande）和奥德翁剧院（Odeon，Teatro Piccolo）。如果有时间还可以去参观位于斯塔比亚内浴场以东500米，可容纳1.2万人的圆形竞技场（Anfiteatro）和大体育场（Palestra Grande）。

最后不要忘记参观庞贝遗址中最主要的景点神秘庄园（Villa dei Misteri）。从遗址西侧的埃尔科拉诺门，沿着遍布墓碑的公墓大道（Via dei Sepolcri）前行就能来到神秘庄园。

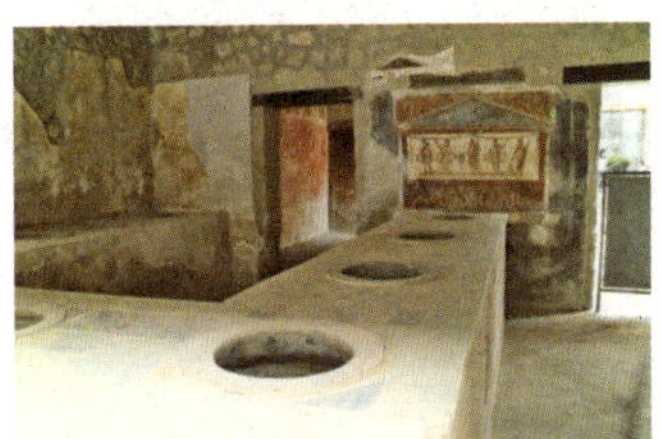
规模最大的带家神像饭馆

这是有大小共60个房间的大型宅邸，大厅墙上整面都描绘着真人大小的人物画，那布满恐惧表情的脸和"庞贝红"背景色使得这里充满了神秘气息。

维苏威火山周游列车的车站

车站位于那不勒斯中央车站站内，或从正面坐电梯，或从台阶下来后的地下。在检票口前面有售票处和 ❶ 旅游咨询处。如果想避开夏季来此进行海水浴的游客群，可以前往前一站上下车。如果是夏季来此，建议利用坎帕尼亚特快Campania（→p.261）。

新市区的 ❶ 旅游咨询处

住 Via Sacra 1
☎ 081-8507255
开 8:00~15:30
休 周日

参观遗址的秘诀

遗址面积很大，道路也和原来一样，凹凸不平。所以一定要穿适合走路的鞋子出行。在日照强烈的夏天最好戴上帽子和墨镜。在眺望维苏威火山的最佳地点广场附近，有餐馆、酒吧、卫生间等设施。如果累了可以来此休息。

●庞贝古城

☎ 081-8575347
开 4/1~10/31
9:00~19:30（入场截至~18:00）
11/1~次年3/31
9:00~17:00（入场截至~15:30）
休 1/1、5/1、12/25
费 €13（包括埃尔科拉诺遗址在内的5个景点通票€22，3天内有效）
地 p.444
※门票免费的第1个周日，8:30、12:30、14:30、（18:00夏季）入场。1天限流5000人

知道吗？

在神庙聚集的广场Foro周围，有为从遗址出土的挖掘物品提供的简单的展示空间（曾经的谷仓）。令人瞩目的石膏人偶，是被火山灰埋葬的人们的物品。现在仿佛还能听到那凄惨的叫声。

在庞贝古城如何购买优惠卡？

在遗址售票处旁边的书店里购买。

用"庞贝红"画的神秘庄园壁画

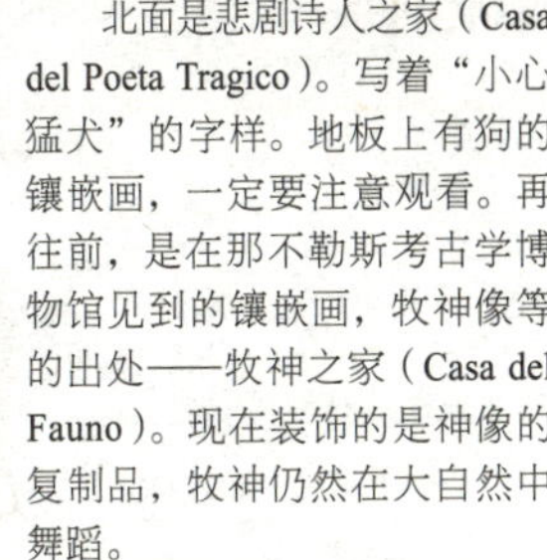

庞贝古城的餐馆
Ristorante

总先餐馆
President

◆ **米其林 1 星餐馆**

出了 fs 站，在教堂广场前面向左转后的广场上的餐馆。这是以海鲜为主的餐馆，推荐用牡蛎和虾制作的意大利细面条、红酒蒸龙虾等。夏天可以在露天用餐，会很舒服。需预约

住 Piazza Schettini 12
☎ 081-8507245
营 12:00~15:30、19:00~24:00
休 1/7~1/27　预 € 45~55
C A.D.M.V.

奇·卡特里纳
Zi Caterina

◆ **有很多当地人光顾**

位于下面介绍的弗拉姆酒店附近。是很受当地人欢迎的比萨饼店兼餐馆。店中央摆放着可供选择的海鲜和各种开胃菜，里面是烤比萨的炉子。店里的招牌菜柠檬和乳酪比萨饼，味道很独特。

住 Via Roma 20　☎ 081-8507447
营 12:00~14:30、19:00~23:00
休 周二
预 € 18~60（座位费€ 1.50）
C J.M.V.

庞贝古城的酒店
Hotel

如果想远离那不勒斯，找一家安静的住宿地，推荐来庞贝古城新区住宿。从庞贝斯卡威站通往遗址旁边的大教堂的路上有这样的住宿设施。

弗拉姆酒店 ★★★★
Hotel Forum

◆ **早餐的鲜榨果汁好喝极了**

从 fs 站出来，走过教堂广场，顺着主大街走 200 米，在路的左侧即是。位于新市区的中心，非常方便。酒店位于里侧，因此没有噪声。客房干净，早餐也很好吃。

URL www.hotelforum.it
住 Via Roma 99/101
☎ 081-8501170　Fax 081-8506132
SS SB € 64/150　TS TB € 90/200
JS € 150/500
室 19 间　含早餐 W-F
C A.D.J.M.V.

阿姆莱托酒店 ★★★★

Hotel Amleto

◆ **沉浸于庞贝古城的氛围中**

位于遗址附近的雅致的酒店。所有客房都是庞贝风格装饰，室内非常明亮，地面有马赛克镶嵌，并用螺旋状楼梯和复古家具进行装饰。

URL www.hotelamleto.it
住 Via Bartolo Longo 10
☎ 081-8631004　Fax 081-8635585
SS € 60/105　TS € 80/120
室 23 间　含早餐 W-F
C A.D.M.V.　交 面向新市区的中心广场、大教堂方向时的左边角落里

朋友酒店 ★★★
Hotel degli Amici

◆ **适合租车一族**

位于庞贝市区入口，距离高速出口很近，还有免费停车场，很适合租车旅游的人。是带庭园的独栋建筑，由家族经营的酒店。有着安宁祥和的氛围，很干净，很舒服。内设有能品尝到乡土菜肴的餐馆。

URL www.hoteldegliamici.it
住 Via Plinio93-95
☎ 081-8598798
SS € 70　TS € 90
3S € 110　4S € 130
室 15 间　含早餐 W-F
C A.D.M.V.

S 使用公用淋浴的单人间价格　SS 带淋浴的单人间价格　SB 带淋浴或浴盆的单人间价格　TB 带淋浴或浴盆的双人间价格　3S 带淋浴的三人间价格　3B 带淋浴或浴盆的 3 人间价格　JS 小套房价格

埃尔科拉诺 Ercolano 世界遗产 ★★

令人联想到富裕生活的遗址

埃尔科拉诺与后方的新市区形成耐人寻味的对比

位于那不勒斯与庞贝古城之间，与庞贝古城一样，是在公元 79 年维苏威火山喷发时，被瞬间埋葬的城市。当时的庞贝古城是拥有 1.6 万人口的商业城市，而这里则是只有 5000 人口的港口城市，据说是当时富裕的贵族们的喜爱的疗养胜地。穿过喧嚣的市区，沿着从遗址入口处开始的坡路往下走，在浓绿的松树树荫下是碧波荡漾的海面，与当年备受贵族喜爱的风景应该是完全一致的吧。

这里遗址的规模比庞贝古城小，但正因为如此，也更能真切地感受到当时的生活情景。突然喷发出来的火山物质，在一瞬间就覆盖了整座城市，因此面包房、粮店的遗迹都是保持着原样，炭化的木质房屋框架、桌子、床，原封不动地被保留了下来。

遗址被三条大街分割开来。主要的景点有广场的浴场（Terme del Foro）（入口右侧圆形屋顶的更衣处地面镶嵌有托里顿被海洋生物包围着的画面）、桑姆尼特斯之家（Casa Sannitica）、尼普顿和安庇托利提斯之家（Casa di Nettuno e Anfitrite）（里面颜色鲜艳、优美的尼普顿镶嵌画不容错过）、餐馆、卧室等处都画有美丽壁画的大门之家（Casa del Gran Portale）、残留有用庞贝红绘制的精美壁画的奥古斯塔勒的科勒基乌姆（Collegio degli Augustali）、体育场（Palestro）等。在能眺望到那不勒斯湾的露台上和当时一样仍放置着桌子。在鹿之家（Casa dei Cervi）能充分感受到当时在这个城市里生活的舒适。墙上黑底的壁画虽然只保留下来一部分，但地面的镶嵌工艺非常精美。之所以叫作鹿之家是因为在这里挖掘出了被猎犬追逐的鹿的雕刻作品。

曾经的商店。据说是卖橄榄油的地方

色彩丰富的尼普顿镶嵌画

世界遗产

庞贝古城、埃尔科拉诺、托雷安农齐亚塔的考古学区域
收录年份 1997 年　文化遗产

前往埃尔科拉诺的方法

维苏威周游列车（Ferrovia Circumvesuviana）从 fs 线那不勒斯中央车站开始，从这条线路的那不勒斯加里波第门站乘坐开往托雷安农齐亚塔或者索伦托方向的车到埃尔科拉诺站约需 20 分钟（€ 2.20）。从庞贝古城前往时，需在开往托雷安农齐亚塔换乘，所需时间约 20 分钟。周游列车在埃尔科拉诺的 Ercolan Scavi 和 Ercolano Miglio D'Oro 两个站停靠。要前往遗址在 Ercolano Scavi（斯卡威）站下车。

●埃尔科拉诺遗址

☎ 081-8575347
开 4/1~10/31
8:30~19:30（入场截至 18:00）
11/1~ 次年 3/31
8:30~17:00（入场截至 15:30）
※ 沿着站前的道路直行 500 米的尽头处
休 1/1、5/1、12/25
费 € 11
※ 每月第一个周日免费

埃尔科拉诺的 i 旅游咨询处

住 Via Ⅳ Novembre 82
※ 沿着站前的道路下行 100 米的右侧
☎ 081-7881243
开 8:30~13:30
休 周六、周日、节假日

世界遗产

齐兰托、迪阿纳峡谷国立公园和帕埃斯图姆、维利亚的考古学地区和帕多拉修道院
收录年份 1998 年　文化遗产

前往帕埃斯图姆的方法

从 fs 线那不勒斯中央车站经由萨莱诺开往拉默齐亚、雷焦卡拉布里亚等方向的 R，需 1 小时 11 分钟～1 小时 15 分钟。在帕埃斯图姆停靠的火车只有 R，约 1 小时一趟车。火车站基本没有人，最好在出发地买好往返票。

出站后沿着正面的农道直行 1 公里左右。遇到一条大马路向右转就是博物馆和神庙的入口。这一带是最热闹的地方。旅馆多分布在海滩附近，但没有通往火车站的巴士。沿着大马路向左走，沿着神庙向右转，走 1 公里左右的地方有几家旅馆。从这里再往前走一点还有青年旅舍。站前既没有巴士也没有出租车，如果需要住宿，最好让酒店接送。

萨莱诺的汽车总站有 CSTP 公司的普尔曼巴士（€ 3.40），只在工作日运行，1 小时一趟车，在遗址附近停靠。

从那不勒斯进行 1 日游

从那不勒斯中央车站发出，在帕埃斯图姆停靠的火车大约 1 小时有一趟车。但没有 9:00、10:00、11:00 的车（9:59~14:05 期间没有车发出）。出发时可乘坐那不勒斯 8:55 发车（10:06 到达），或 12:25 发车（13:41 到达）的班次，回程可乘坐帕埃斯图姆 14:02 发车（15:25 到达），或 15:00 发车（16:23 到达）、16:26 发车（17:40 到达）、18:03 发车（19:20 到达）的班次。时间需要在当地或 fs 的网站进行确认。

帕埃斯图姆的 ❶ 旅游咨询处 AAST

住 Via Magna Grecia 887
☎ 0828-811016
开 9:00~13:00
14:00~19:00

车票要购买往返票

建议在出发地购买好往返票。因为帕埃斯图姆的车站是无人管理车站，不能购票。在帕埃斯图姆遗址前的礼品店有销售车票。

帕埃斯图姆 Paestum 世界遗产 ★★★

建在了绿色草原上的庄严的神庙群

残留在绿色草原上的希腊遗址——帕埃斯图姆全景

这是一座拥有美丽的希腊神殿的城市。公元前作为希腊殖民地建造起来，3 世纪时遭到罗马人的攻占，接着洪水泛滥、疟疾肆虐，最后因萨拉森人的入侵导致成为废墟。之后，在 18 世纪修建道路时被偶然发现。

保存状态较好的尼普顿神庙

遗址占地面积很广，现在仍在进行修复。共有三个巨大的神庙，其间分布着广场 Foro、圆形竞技场（Anfiteatro）、运动场（Gymnasium）、浴场（Terme）等。尽管没有什么特别的标识，但在绿树成荫的遗址里面一边散步，一边遥想古代生活也是一件乐事。最南面的神庙是巴西利卡（Basilica）（建于公元前 6 世纪，是最古老的建筑，有 50 根列柱排列，柱子上端较细，给人丰饶和圆润的感觉），中间的是尼普顿神庙（Tempio di Nettuno），北面的是谷神神庙（Tempio di Cerere）。从柱子的形状等，能判断出是时代的变迁。能够看出整体形象的是建于公元前 5 世纪的尼普顿神庙，保存状态比较好，宏伟而又华丽。

谷神神庙

从遗址出来穿过大街，是陈列着出土文物的国家考古学博物馆（Museo Archeologico Nazionale）。明亮的展室内陈列着来自神庙和塞莱河流域附近遗址的出土文物，都是了解希腊殖民城市相关信息的珍贵文物。这里我们介绍几个特别著名的展品。

这里的 33 张梅特普（Metope，墙面装饰）是公元前 6 世纪前半期的作品，是环绕古代至圣所珍宝库“特萨乌勒斯（Tesauros）”的壁画，其中的《赫拉克勒斯的功绩》（*La Fatiche d'Ercole*）”，以及《半人马和波洛斯之战》（*Lotte di Folo e dei Centauri*）等故事，画面具有很强的动感。另外，绘制在石棺内部，公元前 5 世纪左右的湿壁画颜色鲜艳，非常珍贵。横躺着的人们举起杯，手握乐器的饮宴画面，描绘的是为故人送葬的情形，是典型的葬礼绘画。特别著名的是公元前 5 世纪的《跳水男子之墓》（*Tomba del Tuffatore*），形象地表现出开始彼岸生活的意思。

此外，还有在手柄上刻有手纹图案的公元前 4 世纪的青铜壶 Hydrie、公元前 520~ 前 510 年左右的阿提卡样式的黑绘壶、公元前 6 世纪末的谷神神殿爱奥尼亚式柱头、同时代的彩色《宙斯或波塞冬神像》（*Statua di Zeus/Poseidon*）等，也都很珍贵。出土的壶里面有装满蜂蜜后用蜡封口的壶，其高超的保存技术和生动的表现力，让人难以相信它竟然是 2000 年前的物品。

帕埃斯图姆是著名的马苏里拉奶酪的产地，盛行饲养水牛。在延伸向海岸的牧场里，有时能看到水牛悠闲的身影。

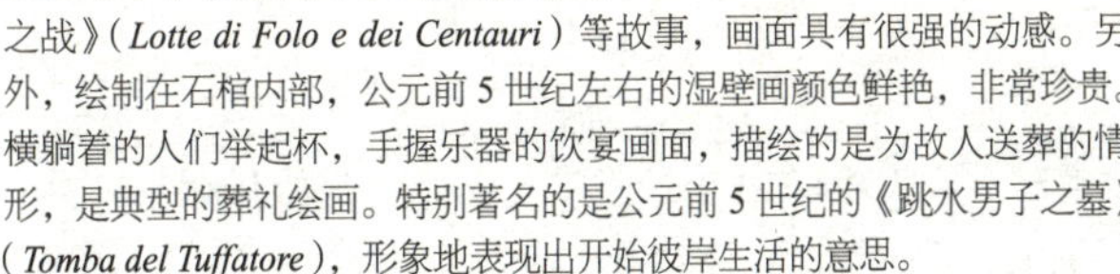
令人不可思议的跳水的画面

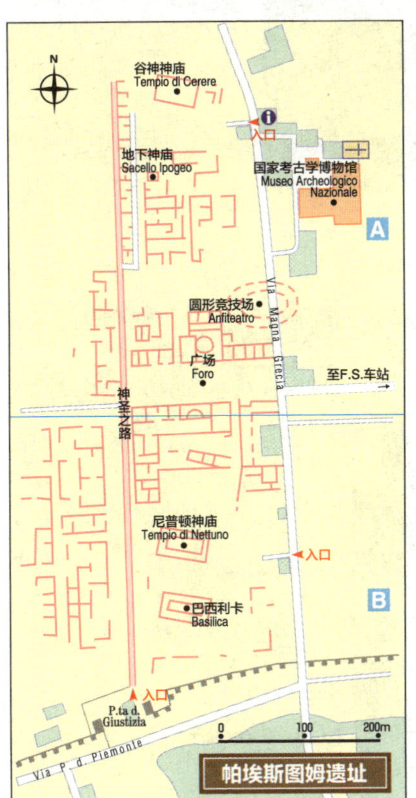

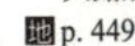

●帕埃斯图姆的遗址

开 8:30~19:30（入馆截至 18:50）
费 与国家博物馆的通票 € 9

●国家考古学博物馆

开 8:30~19:30（入馆截至 18:50）
每月第 1 和第 3 个周一 8:30~13:40（入馆截至 13:00）
休 1/1、5/1、12/25
费 和遗址的通票€ 9（有特别展览时€ 12）
※ 从遗址中央的出入口穿过大路后右侧
地 p. 449A

黑绘式的壶

世界遗产

卡塞塔的 18 世纪王宫、庭园、万维泰利水道、圣莱乌乔的建筑群

收录年份 1997 年　文化遗产

前往卡塞塔的方法

从这里去那不勒斯上班、上学的人很多，因此有各种交通工具。尤其在通勤高峰时段的运行班次很多。在 8:30~12:00 左右，fs 线和地铁都不运营，周日和节假日的车次会大幅度减少，一定要注意。

从那不勒斯中央车站乘坐 fs 线开往 Caserta、Benevento 等方向的 R，所需时间约 40 分钟。运行间隔时间为 30 分钟左右。但是在 9:00~11:00 期间，基本不运行。

从那不勒斯中央车站乘坐地铁东北线（Metro Campania Nord Est），所需时间约 30 分钟。运行间隔为 20 分钟左右。

在那不勒斯中央车站前的加里波第广场乘坐 ATC 公司的普尔曼巴士，所需时间约 50 分钟。工作日时的运行间隔约为 1 小时（约 10 趟车），周日和节假日时只有 2 班车。

汽车停靠在卡塞塔站地下的站台上。王宫位于从卡塞塔站直行约 500 米的地方。进入王宫后左侧有售票处。

卡塞塔的 ℹ 旅游咨询处

住 Palazzo Reale 王宫内

☎ 0823-550011

营 8:30~17:00　休 周六、周日

●王宫

住 Viale Douhet 22

☎ 0823-277111

休 周二、1/1、复活节后的周一、5/1、12/25

开 王宫　8:30~19:30
（售票处截至 18:45）
庭园
1、2、11、12 月 8:30~14:30
3 月　8:30~16:00
4~9 月　8:30~18:00
10 月　8:30~16:30

※ 英国庭园在最终入场 1 小时前截止入园

费 王宫 + 庭园€ 12

尽情游览广阔的庭园

ℹ 旅游咨询处附近有卫生间、酒馆、自助式餐馆。

王宫庭园内有迷你巴士（往返票€ 2.50，上车后购票）运行。迷你巴士的运行线路是背靠王宫向右侧运行，直到英式花园入口处。中途不停车。园内还有租赁自行车（1 小时€ 4）、旅游马车（根据线路不同 1 人€ 5~10，1 辆马车可乘 4 人）。

周日和节假日时，有很多家庭带孩子来此郊游，很热闹。可以带着零食来这里欣赏青山绿水，度过愉快的一天。

卡塞塔 Caserta 世界遗产

闪耀在绿色丛中的宏伟王宫和水的盛宴

从宫殿开始 3 公里内都是庭园，蔚为壮观

在位于那不勒斯以北大约 30 公里的山麓，矗立着 18 世纪那不勒斯王国波旁家族的卡洛斯七世和他的儿子查理斯三世建造的宫殿（Reggia）。这是由建筑家 L. 万维泰利和他的儿子参照法国凡尔赛宫设计的。宫殿非常大，长 247 米，宽 184 米，在它后面是以 3 公里长的漫步路为中心的广阔的庭园。

这个宫殿据说共有 1200 个房间，现在一部分对外开放参观。在高大雄伟的大台阶（Scalone d'Onore）两侧有狮子守护，穹顶的阳台是国王和宾客来访时演奏音乐的地方。王的居室（Appartamento Reale）被装修成华丽的洛可可风格，还装有枝形吊灯，里面有宝座间、卧室、浴室等房间。从窗口眺望到的庭园景色也非常美。

维纳斯和阿多尼斯之泉

王宫庭园最美的景致当数“池”和“泉”。为了引来这些水还特意修建了长达 40 公里的水道。水池呈阶梯状，水从位于微高的山岗上的瀑布洞窟（Grande Cascata）中流出。最上面的是戴安娜喷泉（Fontana di Diana），用天使和动物等动感十足的雕像作为装饰，宛如一个美丽的乐章，之后水流过几个装饰有雕像的“泉”，缓缓倾泻而下。在这里水和力及其美感得到完美的体现，令人叹为观止。戴安娜泉的右侧开始就是当时颇为流行的英式花园。花园内分布着南国植物和古代遗址，极富罗曼蒂克色彩。

宏伟的大瀑布

贝内文托 Benevento 世界遗产

充满古代和中世纪气息的高地之城

保存状态良好的特洛亚诺凯旋门

贝内文托的起源很早，最早可追溯到公元前8世纪。在古罗马时代，这里受惠于连接南北意大利的古阿匹亚路，建造了数量众多的宏伟建筑，其中凯旋门几乎被完整地保存了下来。中世纪时，伦巴第家族就是通过这条古阿匹亚路向南挺进，在571年时，在这里建立了公国，这里也再次繁荣起来。

从火车站可乘坐1、11路巴士前往市区。位于高地的旧城区入口处矗立着特洛亚诺凯旋门（Arco di Traiano）。这是114年，为庆祝阿匹亚路的完工而建造的，保存状态良好。建在加里波第路（Corso Garibaldi）上的建筑物是圣索菲亚教堂。在教堂后面的是桑尼奥博物馆。

创建于8世纪

圣索菲亚教堂（S.Sofia）很好地保留了复杂的伦巴第建筑的特色。教堂建于760年，是贝内文托公爵阿鲁吉斯二世的私人礼拜堂，也是这个国家最神圣的地方。微暗的教堂里面，画出拱形的列柱在中心形成了六角形，仿佛在支撑着高耸的穹顶，在这些列柱的外围是呈十角形的列柱。祭坛后面是残缺不全的描绘基督生平故事的画，右边是福音书的画面，左边描绘的是圣扎卡利亚的一生。

桑尼奥博物馆（Museo del Sannio）展示的是从史前时代开始的当地历史。展出的物品有公元前8~3世纪希腊殖民地时代的彩绘壶、来自伊希斯神庙的埃及雕刻、特拉亚诺皇帝和妻子的雕像等。在展室的最后是集中进行的伦巴第相关的展览。有浮雕雕刻、剑、枪、防护用具等武器、用动物骨头做的首饰和扣件等装饰品、伦巴第王国和其公主的造币厂制作的金币等展品。回廊是旅游线路的最后一站，是罗马时代重建的建筑，柱基、柱头装饰画有伦巴第式雕刻，47根柱子中没有一根是相同的。浮雕以农耕活动和狩猎情形为主，能感受到原始的强壮和宏大，令人百看不厌。

桑尼奥博物馆以收藏丰富著称

世界遗产

伦巴第人繁荣昌盛时期的象征地

“圣索菲亚教堂综合建筑”

收录年份2011年　文化遗产

前往贝内文托的方法

从那不勒斯中央车站乘坐fs线的R前往，1小时30分钟~1小时50分钟（约1小时一趟），乘坐地铁东北线前往，约需1小时20分钟（1~3小时一班车）。8:30~12:00期间，fs线和地铁都不运营，请注意。贝内文托的fs线车站和地铁站是同一站，从车站前往市区可乘坐1、11路巴士，约需10分钟（票价€1，90分钟有效）。

乘坐EAVBUS公司的普尔曼巴士，从那不勒斯中央车站前的加里波第广场的麦当劳出发，约需1小时30分钟（几乎每1小时有一趟车。周日和节假日1~6小时一趟车）。普尔曼停靠在位于市区北侧的汽车总站，距离市中心很近，非常方便。车票在汽车总站内的酒吧等处有销售。

EAVBUS

URL www.eavbus.it

☎ 800053939

●贝内文托的 ℹ 旅游咨询处 EPT

住 Via Nicola Sala 31

☎ 0824-319911

开 9:00~13:30、15:00~16:00

休 周六、周日、节假日

加里波第大街的 ℹ 旅游咨询处

住 Corso Garibaldi, Palazzo Paolv V

☎ 3665072074

开 8:30~14:00、14:30~16:00

周六、周日、节假日

10:00~13:00、16:00~19:00

●圣索菲亚教堂

住 Piazza S. Sofia

☎ 0824-21206

开 全年　8:00~12:00

夏季　16:30~20:00

冬季　16:00~19:00

●桑尼奥博物馆

住 Piazza S. Sofia

☎ 0824-774763

开 9:00~19:00　休 周一

费 €4，仅观看回廊€2

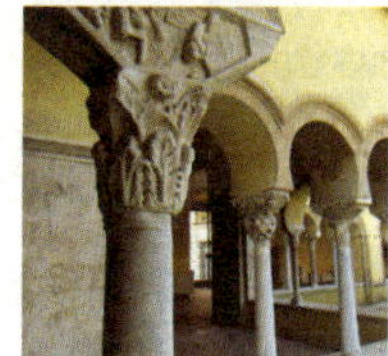
强壮和宏大是伦巴第艺术的特点

从那不勒斯开始的"爱情、梦幻与太阳之岛"巡游

追寻碧海、骄阳、绿岛交织的罗曼蒂克

梦幻之岛卡普里和绿色的伊斯基亚岛，因而温暖的气候、怒放的鲜花、喷涌的温泉、美丽的海岸线，自古以来就吸引了众多的人，如今这里依然是全世界人们向往的休养胜地。那就让我们出发去寻找从海水泡沫中诞生的维纳斯吧。

●邮政编码　80071

前往卡普里岛的方法

从那不勒斯乘坐渡船前往，需要1小时20分钟，乘坐水翼艇前往，需要45分钟。因为有好几家船运公司的船，因此买好往返票的人要注意上的船是否正确。夏季，卡普里、伊斯基亚、阿马尔菲、萨莱诺、波西塔诺等各港口都有船运行。

卡普里的ⓘ旅游咨询处 AACST

住 Piazza Umberto Ⅰ
☎ 081-8370686
开 8:00~15:45
休 11月~次年3月的周日、节假日
地 p.453
※ 玛丽娜格兰德码头也有

阿纳卡普里的ⓘ旅游咨询处

住 Via G. Orlandi 59/a
☎ 081-8371524
开 夏季　8:30~20:30
周日、节假日、冬季　9:00~15:00
休 冬季的周日、节假日
地 p.453
前往卡普里岛的船的时刻表请参照
URL www.capritourism.com

那不勒斯→卡普里岛的票价

渡船 Traghetto　€11.30~16.50
水翼船 Aliscafo / Jet　€17.60~20.50

卡普里岛 Isola di Capri

皇帝也无法抗拒的梦幻小岛

换乘摇橹船，前往蓝洞
进入洞内时，感觉惊悚

在耀眼的阳光照射之下，卡普里岛的海岸线看起来非常美丽。古罗马的帝王们（奥古斯都和提比略）非常喜爱这里，无数艺术家对它的美丽更是赞叹不已。

船到达玛丽娜格兰德港之后，换乘开往岛上最主要的景观蓝洞（Grotta Azzurra）的船。因为太阳光线的原因，因此上午去是最好的。到达蓝洞前的这段旅途，因为换乘小船之后变得很惊险，加上之后闪耀着清澈蓝光的洞窟，一定能成为你最难忘的一段回忆。从玛丽娜格兰德港乘坐环游小岛一周的公交车进行巡游，享受那里的旖旎风景也很不错。

岛的中心是位于高地的卡普里，乘坐缆车或巴士才能到达。沿着有白墙的小路，来到翁贝托一世广场（Piazza Umberto Ⅰ）。广场上摆有咖啡店的太阳伞和桌子，充满了度假气氛。从这里沿着卡梅勒雷大街（Via Camerelle），前往托拉加拉观景台（Belvedere di Tragara），去观景台眺望岛的全景。

翁贝托一世广场的钟楼设有ⓘ旅游咨询处

在途中的奥古斯都公园（Giardini d'Augusto）可眺望到托拉加拉海角，景色非常美。在观景台下面是玛丽

娜皮克拉海滩（Marina Piccola），是最适合海水浴的地方。回到原来的路上，沿着提比里奥大街（Via Tiberio）走1.5公里，就到了提比略尤利乌斯大帝的别墅维拉·乔维斯（Villa Jovis）。这里还保留着面向海面而建的皇帝的房间等遗址，还能看到提比略大帝酷爱的壮丽景色。再次回到卡普里后，前往位于西侧的阿纳卡普里。到那里的路程大约有2公里，乘坐巴士会方便些。从这里坐索道车登上索拉罗山，就能从这个岛上的制高点俯瞰卡普里岛了。从这里开始的阿纳卡普里街区，很像许多作家描写的那样，充满了一种明朗欢快的气氛。从索道乘车处左转，进入小路前行，就能来到圣米开勒别墅（Villa San Michele），这里面展出着古代雕刻等收藏品。

从奥古斯都公园的瞭望台眺望到的景观

公共交通信息

■ 汽车 1次乘车票 €1.80
60分钟乘车票 €2.70
1日乘车票 €8.60

■ 缆车 Funicolare
1小时4趟（1~2月停运）
单程 €1.80

■ 索道 Seggiovia
开 5~10月 9:30~17:00
11月~次年2月 10:30~15:30
3·4月 9:30~16:30
费 单程€8、往返€11
到山顶需要13分钟

本书登载的蓝洞门票是从卡普里 i 旅游咨询处公开的数据得到的。小费不一定非要给。但有时会有唱歌助兴的节目，这类节目好像是要给小费的，不过按惯例每人给€1~3就可以了。

蓝洞的信息

蓝洞的入口很窄，涨潮和海浪大时没有船只前往。前往蓝洞可从玛丽娜格兰德走海路（团体旅游），也可以乘坐汽车前往。洞窟的游船旅游线路由Gruppo Motoscafisti公司和Laser Capri公司运营。除此之外还有环岛游、巡游分布在岛周围的像小岛一样的岩礁的游船线路。在玛丽娜格兰德的乘船处有向导引路，不会迷路。进入洞窟前，要从摩托艇换乘到手划的小船上，所有人要采取仰着的姿势，用绳索拉着船头进入。坐在摩托艇时会被海浪打湿，所以要穿着不怕湿的衣服。在蓝洞内部，因为光线的原因，上午的景色看起来会更好看一些。

开 夏季 8:30~日落前1小时，周日、节假日 9:00~日落前1小时
冬季 9:00~日落前1小时

■ 海路

① 只去蓝洞的旅游线路
Escursione alla Grotta Azzurra Via Mare

先乘坐中型的摩托艇来到蓝洞前面，然后换乘手划式的小船。所需时间约1小时30分钟。价格：€14~15（进入洞窟的船的费用、门票费另付）

② 蓝洞和环游卡普里岛一周的旅游线路
Giro dell'Isola

所需时间约2小时。在①之后，环游卡普里岛一周。根据季节还会有游泳的时间。价格为€18（进入洞窟的船的费用、门票费用另付）。
※ 进入洞窟的小船价格 €9，门票€4，共计€13

■ 陆路

乘坐从阿纳卡普里（Piazza Vittoria前面一条街Via Filietto）开往蓝洞的汽车前往，所需时间约15分钟。如果步行约需1小时。走下岩石区的阶梯就有载客前往洞窟的小船等候。需要支付前往洞窟的船费和门票。天气不好或涨潮时、港口没有旅游团发出时，小船也会停运。

梦幻般的蓝洞

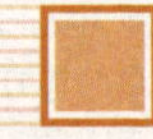

卡普里岛的餐馆
Ristorante

妈妈餐馆
Mammà

Map p. 453

◆眺望景色，品尝美味

位于背靠翁贝托广场的 ❶ 旅游咨询处，走上右侧的台阶后的小路上。店内充满了度假地的氛围，从里面可以俯瞰大海和村庄，景观非常美。供应的食物是经过改良的乡土菜肴。是米其林 1 星餐馆。

住 Via Madre Serafina 6
☎ 081-8377472
营 12:30~15:30、19:30~次日 1:00
休 11/1~次年 3/25（圣诞节期间除外）
预 € 60~90（10%）、套餐 € 45
C A.D.M.

布奥诺科莱餐馆
Pasticceria Gelateria R. Buonocore

Map p. 453

◆大力推荐冰冻果子露

因为果子露是装在刚烤好的玉米里的，所以美味加倍。位于卡普里的中心，在酒店菲拉格慕和拉帕尔玛之间。餐馆周围总是有股香甜的味道飘浮着，所以马上就能找到。除了冰冻果子露以外，还可以用餐。也可以外带。

住 Via Vitt.Emanuele 35
☎ 081-8377826
营 8:00~22:00（8/1~9/15~次日 2:00）
休 11/6~次年 3/14 夏季之外的周二
预 果子露€ 2.50~，意大利面条€ 8~
C D.J.M.V.

卡普里岛的酒店
Hotel

想要充分领略岛上的风情，就要多逗留几天。这里的酒店大多规模较小，而且长期居住的客人很多，想要找只住一天的单人房比较困难。另外，大多数酒店只在春季到秋季期间营业。

贝拉维斯塔酒店 ★★★
Bellavista

Map p. 453

◆阿纳卡普里自然安静的旅馆

客房很宽敞，有淋浴和卫生间。从房间能看到大海，还有绿色盎然的庭园，是一个安静的酒店。从阿纳卡普里的 ❶ 旅游咨询处向北约 500 米。内设餐馆。餐馆使用的材料和葡萄酒等都是自制的。

URL www.bellavistacapri.com
住 Via Orlandi 10
☎ 081-8371463 Fax 081-8382719
SB € 70/200 TS TB € 100/400
休 11/1~次年 3/31
室 14 间 含早餐 W-F
C A.D.J.M.V.

伊斯基亚岛 Isola d'Ischia

能享受海水浴和温泉的绿色岛屿

这个岛曾经是古罗马奥古斯都大帝的专属岛屿。岛上最高峰是埃波梅奥山（788 米）。山麓上有古罗马人开辟的葡萄园，现在这里仍然是葡萄酒的产地。

伊斯基亚港的旁边建有阿拉贡之城（Castello Aragonese），从这里能眺望到绝美的风景。这里虽然没有特别的名胜地，但是围绕小岛游览一周，看看岛上特产的陶器，或进行海水浴，泡泡温泉，可悠闲地度过一段时光。这里就是人们享受轻松愉快时光的度假地，绝对不适合走马观花式的旅游。

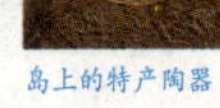

岛上的特产陶器

从伊斯基亚最主要景点城堡眺望旧城区

伊斯基亚岛的 ❶ 旅游咨询处
住 Banchina di Porto Salvo
☎ 081-5074231
开 8:00~15:45
周日、节假日 9:00~13:00
15:00~20:00
休 周六

●阿拉贡之城
住 Ischia Ponte Rocca del Castello
开 9:30~日落
休 无
费 € 10，10~14 岁€ 6（包含电梯、武器博物馆）

岛内的汽车票
90 分钟有效票 90minutes € 1.90
车内购买 € 2.50
1 日乘车票 € 6

周游阿马尔菲海岸

访问中世纪的海洋王国和美丽的海岸线

市区和海滨相连的阿马尔菲海岸

柠檬树和橘子树被果实压得树枝弯弯，绵延的山丘上橄榄树绿灰色的树叶随风摇动，一派典型的南国风光。俯瞰碧蓝的大海，岸边别墅群在阳光照射下发出熠熠白光。碧海蓝天，耀眼的太阳，让你误以为来到了仙境乐园，这就是阿马尔菲海岸。

阿马尔菲海岸巡游线路，从中世纪的海洋王国萨莱诺出发，到西部能眺望到那不勒斯湾的索伦托，全长约 50 公里。

阿马尔菲海岸（Costiera Amalfitana）

从那不勒斯往南 50 公里，延伸向第勒尼安海的半岛就是阿马尔菲海岸。温暖且风光明媚的阿马尔菲海岸，从罗马帝国时代开始就深受人们喜爱。街道上盛开着九重葛与夹竹桃的花，山上是结满果实的柠檬树和橘子树。从碧蓝的大海开始的斜坡上，是层层叠叠在太阳光照耀下反射出白色光芒的建筑群。从海上看向这里，犹如一幅展开的美丽画卷。阿马尔菲海岸巡游的门户城市是萨莱诺和索伦托。可以从那不勒斯乘坐 fs 线前往萨莱诺，需时 1 小时。前往索伦托可从那不勒斯乘坐维苏威周游列车（→ p.261、p.445），需时 1 小时，从庞贝古城前往需要 30 分钟。如果乘船从那不勒斯的拜维莱罗港到索伦托，约需 1 小时 30 分钟。

世界遗产

阿马尔菲海岸
收录年份 1997 年　文化遗产

前往阿马尔菲海岸的方法

可在萨莱诺站前或海滨大道乘坐 SITA 公司的普尔曼巴士。

汽车从萨莱诺出发，穿过阿马尔菲海岸美丽的村落，抵达位于阿马尔菲港沿岸的汽车站 Piazza Flavio Gioia。从阿马尔菲出发的车是经由翡翠洞所在地昆加·迪·马利尼，开往波西塔诺、索伦托方向的。

从萨莱诺到阿马尔菲约需 1 小时，到波西塔诺不到 2 小时，到索伦托约需 3 小时。车的班次很多（约每 30 分钟一趟车），但周日和节假日的时候车次却会变得很少，请注意。

汽车检票非常严格，车上一定会有售票员。票要买到目的地，如果是往返最好在开始时就买好回程的票。还可以购买阿马尔菲海岸 24 小时票或者 3 日票，这样比较方便。上车后一定要在自动检票口刷一下票，在票上打印日期和时间。

大家同乘的船在萨莱诺→阿马尔菲→波西塔诺→卡普里之间运行。想欣赏海岸线上美丽的风景，还是乘船游览最合适。

方便周游海岸的各种票
Unico Costiera

从萨莱诺到索伦托的普尔曼巴士、公交车、周游铁路都可以随心乘坐，不限次数。

24 小时票　€ 8
3 日票　€ 18
※ 3 日票可使用到最终日的 24:00

前往萨莱诺的方法

从fs线那不勒斯中央车站乘坐开往萨莱诺、拉默齐亚等方向的FRECCIABIANCA约需30分钟，乘坐IC前往需要35分钟，乘坐RV、R前往需要40分钟~1小时。

SITA公司的汽车总站 Autostazione

住 Via Vinciprova

☎ 089-3866711

※ 根据目的地的不同，普尔曼巴士的乘车处也不同，一定要注意。开往阿马尔菲、波西塔诺、庞贝古城等方向的车从站前广场乘车。开往帕埃斯图姆的车乘车处位于从站前广场向港口走到尽头的海滨大道（Lungomare）上。

萨莱诺的的EPT❶旅游咨询处

住 Lungomare Trieste 7

☎ 089-231432

开 9:00~13:00、16:00~19:00

休 周日、节假日

●大教堂

☎ 089-231387

开 8:30~20:00

周日、节假日 8:30~13:00
16:00~20:00

前往阿马尔菲的方法

从萨莱诺车站乘坐SITA公司的汽车，所需时间1小时。

阿马尔菲的❶旅游咨询处

住 Corso delle Repubbliche Marinare 27

☎ 089-871107

开 9:00~13:00、14:00~18:00

休 周日、节假日、周六下午

●大教堂

开 全年 9:00~19:00

流淌着静谧时光的天国的回廊

●天国的回廊

开 9:00~18:00

费 €3（和博物馆、地下圣殿的通票）

休 12/25、1/7~2/28

方便的海岸游览据点

在汽车总站的广场前面有出售船票、汽车票的旅行社（还可以寄存行李）。票也可以从旁边贴着汽车时刻表的酒吧购买。前往萨莱诺、波西塔诺、卡普里、伊斯基亚的船从广场前的码头发出。船的运营时刻可参照Coop.S.Andrea。

☎ 089-8713190

萨莱诺 Salerno

绵延的绿色散步道，大型海洋王国

历史悠久的麦尔科恩特大街

萨莱诺在中世纪时是和比萨、威尼斯、热那亚并驾齐驱的大海洋都市。如果乘坐汽车或者火车的空隙还有时间的话，就在位于站前直走500米处的港口晒晒日光浴也不错。从这个港口的东侧开始面向市中心，有一条沿着海岸，种满椰子树的漫步大道（Lungomare Trieste）。如果想要眺望萨莱诺湾美丽的大海，就去里面的小路麦尔科恩特大街（Via Mercanti）。仍保留有曾经的旧城区特色的这条狭窄的街道上热闹非凡，充满了南意大利独特的氛围。再往里，有建于11世纪的阿拉伯—诺尔曼样式的大教堂（Duomo）。这是供奉圣马太的教堂，他的遗体被安放在地下圣堂里。布道坛（Pulpito）上12世纪的美丽镶嵌工艺也不容错过。

阿马尔菲 Amalfi

成为旅游据点的美丽城市

夏季时大教堂广场上会摆满咖啡馆的太阳伞

这是在罗马帝国灭亡后，依然君临地中海的海洋共和国阿马尔菲共和国的古都。如今成了人们在沿着海岸线的散步路上悠闲散步的度假胜地，是阿马尔菲海岸游的据点城市。市中心位于汽车总站里面的大教堂广场的周围。特产有柠檬、橘子、柠檬甜酒、陶器、点心等。有各种各样的商店，充满了旅游地的热闹氛围。

结构简单的曾经的大教堂

广场台阶的顶上建造有可以俯瞰城市的大教堂（Duomo），教堂正面装饰有各种各样的彩色马赛克，在太阳照射下闪闪发光。教堂内部有充分展现这座城市富裕历史的12世纪的豪华烛台、布道坛等。大教堂左侧是曾经绘有湿壁画的罗马风格的天国的回廊（Chiostro del Paradiso）。

回廊的右侧是被称为十字架基督圣堂（Basilica del Crocifisso）的曾经的大教堂，里面有显示共和国的富足与繁荣的珍宝展。从这里可以继续前往现在的大教堂以及教堂的地下礼拜堂（Cripta）。

如果有时间，就从大教堂旁边穿过去，顺着坡路向上走。绵延的狭窄小路两边是白色的墙壁，一派南意大利特有的风景。继续顺着坡路前行，就能来到阿马尔菲纸博物馆（Museo della Carta），这是从15世纪就已经很著名的博物馆。这里因为和阿拉伯国家进行贸易，从中国引进了纸张，并开始制造纸张。在制造纸张过程中起到重要作用的峡谷的水至今仍流淌不息。

购买阿马尔菲的纸作为礼物

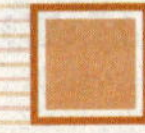

阿马尔菲的餐馆
Ristorante

拉卡拉维拉达尔
La Caravella dal 1959

◆ 历史悠久的名店

位于市中心，11 世纪的公爵馆里，店内装饰有 19 世纪的陶器和绘画作品等，宛如美术馆。是一家从 1966 年就被评为米其林 1 星餐馆的名店。能尝到独创式的乡土菜。需预约

住 Via Matteo Camera 12 ☎ 089-871029
营 12:00~14:30、19:00~23:00
休 周二、1 月、11 月
预 € 80~120，套餐€ 50（仅限工作日中午）、100 C A.M.V.

玛丽娜格兰德餐馆兼酒吧
Marina Grande Ristorante Lounge Bar Marina Grande

◆ 眺望着海滩用餐

面向海滩，风景很好的餐馆，氛围也很好。开放感十足的午餐、浪漫的晚餐都非常值得推荐。午餐套餐每天变化，在一个托盘里有沙拉、意面、鱼菜肴，另外还有甜点，价格也很合适。推荐在游览途中来此享用午餐。

住 Viale delle Regioni 4
☎ 089-871129
营 12:00 ～ 15:00、18:30 ～ 22:00
休 11 月～次年 3 月、周二（7 ～ 8 月除外）
预 € 35 ～ 80（座位费€ 3）

阿马尔菲的酒店
Hotel

价格适中的酒店一般都位于通往波西塔诺的大街两侧，但距离市中心远一些。越过下面介绍的卢纳康文特酒店，位于旁边的阿托拉尼城附近，也有一些价格低廉的酒店和餐馆。阿马尔菲市区也在不断增加新的酒店和 B&B。

卢纳康文特酒店 ★★★★
Luna Convento

◆ 曾经的修道院

位于城市边缘，在萨拉塞塔的左侧就是这家酒店，可乘坐电梯进入。这是由 12 世纪时嘉布遣会的修道院改建而成的。保持原貌的回廊里种满柠檬树，气氛极佳。这里还是俯瞰大海的绝佳地点。

URL www.lunahotel.it 住 Via p. Comite 33
☎ 089-871002 Fax 089-871333
SB € 190/290 TB € 220/340
休 1/4~2/28 室 45 间 含早餐
C A.M.V.

安提科康维托酒店 ★★★
L'Antico Convitto

◆ 方便且友好

沿着大教堂前的道路向前，在右手小路的里侧，有几个酒店和 B&B 集中在一座建筑物里。里面虽然简朴但让人感觉很舒服。屋顶上有露台，还有早餐和日光浴。工作人员也很友好。在入口前有超市，很方便。

URL www.anticoconvitto.com
住 Via Salita dei Curiali 4
☎ 089-8718490 Fax 089-94931159
SB € 60/150（双人间用作单人间）
TB € 80/170 JS € 90/220
室 16 间 含早餐 W-F C A.D.M.V.

利都玛尔酒店 ★★★
Albergo Lidomare

◆ 位于巴士车站旁边

位于去索伦托的国道沿线上，入口与国道方向相反。建筑物本身虽然陈旧，但里面的装修很新。所有客房都带有空调，有浴盆，有的客房还有按摩浴缸。

URL www.lidomare.it
住 Largo Piccolomini 9
☎ 089-871332 Fax 089-871394
SS € 55/65 TS TB € 90/145 含早餐 W-F
C A.J.M.V.

阿卡纳斯塔 ★★
A'Scalinatella

◆ 阿托拉尼的酒店

从阿马尔菲向着萨莱诺方向行走，在隧道前面向下走就能看到这家酒店。价格低廉而且很干净，离大海也很近。从萨莱诺、索伦托乘坐 SITA 公司的汽车在 Atrani 下车即可。

High 1/1~1/5、复活节、6/1~10/31、12/23~12/31 URL www.hostelscalinatella.com

住 Piazza Umberto Ⅰ 5/6（ATRANI）
☎ 089-871492 Fax 089-871930 S € 45/60
SS € 60/80 T € 70/90 TS € 85/120
学生用 3 人间€ 35/50 夏天要尽早预订
W-F C J.M.V.

※ 阿马尔菲的住宿税：★～★★★€ 1.50 ★★★★€ 3 ★★★★★€ 5，4 晚以后半价，10 岁以下免税

SS 带淋浴的单人间价格 SB 带淋浴或浴盆的单人间价格 TS 带淋浴的双人间价格 TB 带淋浴或浴盆的双人间价格

前往拉韦洛的方法

从阿马尔菲（汽车总站的道路一侧）乘坐SITA公司的橘色汽车，经由斯卡拉（Scala）的市区，1小时1趟车，所需时间30分钟。

拉韦洛的 ❶ 旅游咨询处
住 Via Roma 18bis
☎ 089-857096
开 9:00~13:00、14:00~18:00
休 1/1、5/1、12/25

●大教堂
开 9:00~12:00、17:30~19:00

●大教堂博物馆
开 9:00~19:00（冬季 18:00）
费 €3

●琴布罗内别墅
☎ 089-858072
开 夏季 9:00~20:00
冬季 9:00~日落
费 €7

●鲁弗罗别墅
☎ 089-857621
开 夏季 9:00~21:00
冬季 9:00~日落
费 €5

拉韦洛 Ravello

阿马尔菲海岸的天然露台

从鲁弗罗别墅的阳台能眺望到海岸线全景

这座城市位于阿马尔菲海岸的高地上，能俯瞰大海。市中心大教堂前的广场上摆了很多酒吧的桌子，人们轻松愉快地坐着休息。从沿海某个豪华的城镇来到这里，能实实在在地感受到悠闲的南部意大利的气氛。

下车后穿过隧道，左边就是鲁弗罗别墅（Villa Rufolo）。从这里庭园的阳台望出去，能远远地眺望到海岸的东侧，景色绝佳。据说来这里访问的瓦格纳被这美景感动，说道："这才是位于帕西法尔的克林索尔神秘庭园。"后来他根据回忆创作了歌剧《帕西法尔》。每年7月，会以这里的绝美景色为背景举行瓦格纳音乐节。右边的大教堂（Duomo）建于11世纪后半叶，有很多人来参观那里的青铜大门和布道坛（Pulpito）以及附设的博物馆。沿着这个广场左边的 Via S.Francesco，顺着用石子铺砌的羊肠小路向上走1公里，就到了琴布罗内别墅（Villa Cimbrone）。通往琴布罗内别墅的道路是一条令人愉快的漫步路，路两旁有出售附近出产的颜色鲜艳的陶瓷器的土特产店，放着古典音乐、气氛很好又可以眺望风景的咖啡馆，辽阔的葡萄园。从琴布罗内别墅的露台眺望大海的风景很美。尽管别墅内部都不对外开放，但收拾得很整齐，充满绿叶红花的庭园是眺望的绝佳位置。

布道坛拥有美丽镶嵌画的柱子

琴布罗内别墅内排列有序的胸像

拉韦洛的餐馆
Ristorante

萨尔瓦拖雷
Salvatore

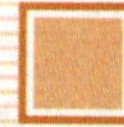

◆ **能眺望到好景观的餐馆**

一边俯瞰着阿马尔菲海岸的美丽景色，一边对美味的当地菜肴赞不绝口。既然来到这里了，就要奢侈地享受一下。推荐鱼类菜肴。这里还有可住宿的酒店。需预约

住 Via Boccaccio 2/Via della Repubbliche 2
☎ 089-857227
营 12:00~15:00、19:15~22:00
休 周一、11~12月 预 €40~60
C M.V.

拉韦洛的酒店
Hotel

玛利亚别墅 ★★★★
Villa Maria

◆ **眺望景色绝佳**

客房非常宽敞，天花板很高，从大大的窗户还能眺望到绝佳的景色。餐馆也是顶级水平的。

URL www.villamaria.it
住 Via S.Chiara 2
☎ 089-857255 Fax 089-857071
SB €170/230 TB €180/310
室 23间 含早餐 C A.J.M.V.

※拉韦洛的住宿税：B&B €1 ★~★★€1 ★★★€2 ★★★★€3 ★★★★★€4 4~9月；其他时间段优惠至50%~70%。最长收5晚，15岁以下免税

波西塔诺 Positano

发出白色光芒的陆地充满神秘色彩

在波西塔诺，从高地到大海，连绵着五颜六色的房屋。从海路进入时的景色尤其美丽

这是一座豪华的度假胜地，经常出现在小说和电影中，作为故事的背景地。白色建筑层层叠叠地建在断崖上所构成的景色，宛如明信片的画面一样美丽。要充分欣赏这里的景色，最好通过海路进入。这个城市的历史可以追溯到罗马时代，9~11 世纪时，作为阿马尔菲共和国的一部分，曾经繁荣一时，16~17 世纪因丝绸和香料贸易更加繁华。这里没有什么特别的名胜地，但是逛逛在白色小街道上售卖各种鲜艳休闲避暑服装的商店和礼品店，也是一件令人愉快的事情。从通往高地的道路上能眺望到城市和大海的美景。

漫步在小路上的惬意

维耶特利 Vietri sul Mare

始于 15 世纪的陶器之城

平民化的维耶特利城市风貌

从巴士下来一进入市区，首先就能看到一个小广场，广场上有一个能俯瞰到大海的观景台。在这个用石子铺砌的小路绵延的小城镇，你能切身感受到当地人那份悠闲自在的生活。比起旅游城市的名声，这里更以陶器产地而闻名。在小路的左右是一间连着一间的陶器店，建筑物外墙、大教堂的地下圣殿、阶梯等地方到处都用陶器或陶片作为装饰。这里很适合悠闲地逛逛，去寻找一个合意的物件。

在维耶特利，浏览着店铺外墙上的瓷砖画漫步，也会很开心

特产绘图瓷砖、小碟子、水壶等。寻找一个与南部意大利相关的纪念品

索伦托 Sorrento

景色绝佳的度假地

这座城市在夏季作为海水浴场，冬季作为避寒地而闻名。街上时髦的咖啡馆和面向游客的可爱的敞篷马车都非常惹人注目，是一个充满了度假气氛的地方。其中最热闹的地方是塔索广场（Piazza Tasso）一

前往波西塔诺的方法

乘坐 SITA 公司的汽车从萨莱诺前往约需 2 小时，从阿马尔菲前往约需 40 分钟。如果乘船从萨莱诺前往约需 1 小时 30 分钟，从阿马尔菲前往约需 30 分钟。

波西塔诺的 ℹ 旅游咨询处

住 Via Regina Giovanna 13
☎ 089-875067
开 4~9 月 8:30~20:00
10 月 ~ 次年 3 月 9:00~17:30
休 10 月 ~ 次年 3 月的周日

SITA 公司的汽车站

沿着海边延伸的城市台阶路向上，正面就是有车通过的道路，路边还有烟草店，顺着这条路向右走，在于国道相交的地方就是汽车站。距离海岸约 1 公里。

乘船前往波西塔诺

从萨莱诺前往，需时 70 分钟，价格€ 12；从阿马尔菲前往，需时 25 分钟，价格€ 8。

萨莱诺出发：8:40、9:40、11:40、14:10

阿马尔菲出发：9:20、10:30、11:30、12:30、14:00、15:00

预约的时刻表可在下面的网址查询

URL www.travelmar.it

萨莱诺从站前的港口出发，阿马尔菲从普尔曼巴士停靠的港口出发。

前往维耶特利的方法

从萨莱诺站前乘坐 SITA 公司的汽车，或市营巴士前往，约需 20 分钟。巴士站在市区外面，共有两个，汽车并不进入市区。两个车站距离并不远，但如果从萨莱诺过来，在维耶特利的第一个车站下车会更方便。

前往索伦托的方法

从 fs 线那不勒斯中央车站开始的维苏威周游列车（Ferrovia Circumvesuviana）的那不勒斯加里波第门站乘坐开往索伦托方向的车，约需 1 小时 10 分钟。还可以从那不勒斯乘坐水中快艇等水路交通工具前往（需时 35 分钟）。船经由索伦托开往卡普里、伊斯基亚等方向。从萨莱诺有 SITA 公司的汽车开往这里。经由阿马尔菲需 2 小时 30 分钟 ~3 小时。

方便的电梯

市民公园最近新设了通往港口的电梯，前往港口或海岸线变得更加方便。单程€1，往返€1.80。

索伦托的 i 旅游咨询处

住 Via L.De Maio 35
☎ 081-8074033
开 夏季 9:00~19:00
周日 9:00~13:00
冬季 8:30~16:00
休 冬季的周六、周日、节假日

●特拉诺巴博物馆

住 Via Correale 50
☎ 081-8781846
开 9:30~18:30
全年周日、节假日 9:30~13:30
休 周一
费 €8

带。让我们首先从这个广场向北走300米，来到面向大海的市民公园（Villa Comunale）。从这里能俯瞰摆满色彩斑斓的遮阳伞的海水浴场，在海湾右侧的是维苏威火山。在左边远远地能看到普罗奇达岛的轮廓。出了公园后去正对面里侧的旧城区Via S.Cesareo看看。里面有很多小商店，总是热闹非凡。再次回到塔索广场，走过Corso Italia，在Via Capasso左转。沿路而建的是18世纪的别墅，现在来到了特拉诺巴博物馆（Museo Correale di Terranova）。博物馆使用了曾经统治这个地区的贵族宅邸，展出这个家族的收藏品，是一个能让人感受到这个城市富饶历史的地方。附属于博物馆的瞭望台（从庭园向里走300米左右）能眺望到壮观的全景。

热闹的塔索广场

从观景台看到的全景

索伦托的餐馆
Ristorante

布克餐馆
Il Buco

◆ **米其林1星餐馆**

位于市中心，是由曾经的修道院改建而成的典雅的餐馆。创新的索伦托菜肴和温馨的服务给人留下深刻印象。需预约

URL www.ilbucoristorante.it
住 2° rampa Marina piccola 5/Piazza S. Antonio ☎ 081-8782354
营 12:30~14:30、19:30~22:30
休 周三、12/30~次年2/10
预 €75~100(座位费€3)、套餐€55(仅限午餐)~120 C A.D.M.V.

索伦托的酒店
Hotel

索伦托皇家大酒店 ★★★★
Grand Hotel Royal

◆ **索伦托的魅力所在**

从车站步行5~6分钟，走过拉劳罗广场（Piazza A.Lauro）就到了。可以在泳池周边或专用海滩悠闲地休息。从客房能眺望大海。

High 5/1~9/30、12/28~12/31
URL www.royalsorrento.com
住 Via Correale 42 ☎ 081-8073434
Fax 081-8772905 SB €104/518
TB €173/1208 室 95间 含早餐 W-F
休 11月~次年3月 C A.D.J.M.V.

塞蒂莫切洛酒店 ★★★
Hotel Settimo Cielo

◆ **能看见美丽的大海**

从市中心向索伦托海岬方向步行约15分钟。地面层是这家酒店的最高层，另有地下三层。几乎所有房间都能看到大海。

URL www.hotelsettimocielo.com
住 Via Capo 27 ☎ 081-8781012
Fax 081-8073290 T TS €99/150
室 41间 含早餐 W-F
休 1~3月 C A.D.J.M.V.

乌利赛豪华旅馆
Ulisse Delux Hostel

◆距离塔索广场800米，距离玛丽娜格兰德300米的现代化、明亮的青年旅舍。24小时接待，全年营业无休。有温水泳池、酒吧，还有自行车租赁、洗衣等服务。

URL www.ulissedeluxe.com
住 Via del Mare 22 ☎ 081-8774753
Fax 081-8774093 D €20/41
TB €59/161 早餐€7 W-F
C A.D.J.M.V.

※索伦托的住宿税：YH ★~★★★€3，★★★★~★★★★★€3 最长收7晚，18岁以下免税

西红柿、通心粉、奶酪、葡萄酒……简单却回味无穷的意大利菜大集合

■ 坎帕尼亚区的美食

坎帕尼亚区深受大自然恩惠，日照充足。在这里的大地上生长着色彩鲜艳的各类蔬菜，还可以从第勒尼安海捕到穆尔贝、蛤蜊、沙丁鱼等。旅途中经常看到放牧的水牛，用这种牛乳做成的马苏里拉干酪也是这里的特产。这种干酪是那不勒斯比萨不可或缺的材料。其他奶酪的制作也很盛行。另外，包括坎帕尼亚在内的南意大利，是诞生意大利面、通心粉等干燥面条的地方。这种意大利面食曾在那不勒斯装船，随着意大利移民去往世界各地，现在已经成了意大利食品的代名词。这里是意大利为数不多的小麦产地之一，干燥的气候也适合通心粉的制作，所以这里成了通心粉的故乡。一盘就能吃得很饱的通心粉，也是过去提供温饱的食物。

用西红柿调味酱和鱼贝类拌的手工意大利面条

这里的一种通心粉上只浇上西红柿调味酱的简单的 Spaghetti al Pomodoro 就很好吃，加上蛤蜊和穆尔贝等鱼贝类的通心粉也不错。伊斯基亚岛上有一种名字非常令人吃惊的食物，叫作“娼妇的面条”（Spaghetti alla Puttanesca）。这是用西红柿、胡椒、刺山柑、橄榄等调味的一种意大利面条。比起诱人的味道，这种食物的来历更引人，据说是由不能经常待在家里，忙碌的娼妇发明的速食面。配这种面的酒最好是岛上产的香味浓郁的辣口白葡萄酒 Biancolella。比邻这里的卡普里岛也出产以岛的名字命名的红葡萄酒和白葡萄酒。在渡海后就能品尝维苏威风味的弗西里（Fusilli alla Vesuviana）了。弗西里即一种螺旋形的通心粉，拌上西红柿调味酱、马苏里拉干酪、贝克利诺奶酪，放进烤箱稍微烤一下就行了。那暖烘烘、香喷喷的奶酪味更能勾起人们的食欲。这种面与产自维苏威火山周边一带，被命名为“基督之泪”的 Lacryma Cristi 玫瑰红葡萄酒（Rosato）非常相配。在盛行放牧的内陆地区，人们经常食用山羊和羊羔。烤山羊很不错，但一定要品尝一下伊尔庇尼亚城的名菜，用山羊与葡萄酒煮成的 Capretto in Agrodolce。意大利葡萄酒中被认为最适合熟食的辣口红葡萄酒 Taurasi 和这道菜最相配。在这里也不能忘了奶酪。马苏里拉 Mozzarella 是用水牛的奶制成的新鲜奶酪。新鲜的比较硬，吃起来很有韧劲。把它切成薄片后与西红柿交错排在一起，用紫苏装点，再淋点橄榄油食用的 Caprese，是独具意大利风味的食品。Provolone 是偏硬的奶酪，可以直接作为点心食用。Scamorza 和 Caciocavallo 常用炭火或平底锅烤制后食用。

给南意大利餐桌添彩的橄榄和马苏里拉干酪

这个地区的特产柠檬甜酒（右）、库莱马特利莫尼（左）。酒量不好的人推荐饮用库莱马特利莫尼

特产信息

•葡萄酒•

格列科·迪·托福
Greco di Tufo ★★★
DOC ·白·辣口（发泡型）

特乌拉吉 Taurasi ★★★
DOC ·红·辣口

•特产•

柠檬甜酒 Lemoncello/Limoncello
用柠檬做的甜酒

蜂蜜 Miele
从柑橘类花中采集的蜂蜜最高档

陶器 Ceramica
阿马尔菲海岸有好几个著名的产地

巴里 *Bari*

●邮政编码 70100

面向亚得里亚海的港口城市——巴里

佛罗萨比安卡火车驶出米兰后经由博洛尼亚，驶向亚得里亚海沿岸。经由里米尼驶向位于亚得里亚海海边尽头的南意大利门户——巴里。夏日里的亚得里亚海十分热闹，有很多来此露营和进行海水浴的家庭。在红褐色的土地上种有马铃薯，向日葵花田和橄榄树林一片连着一片。在沿海看到一片松林时就快到巴里了。这一片的土地是火红的西红柿色。绵延不绝的红色大地蔚为壮观。意大利的西红柿是圣马力诺品种，细长的形状有些像橄榄球。看到圣马力诺西红柿地时，就是到了真正的南部意大利。在这前面的是著名的世界遗产，有很多圆锥形陶尔利的阿尔贝罗贝洛和洞窟民居萨西所在的马泰拉。

到了巴里，让我们去饱尝一下在南部太阳照射下酿造而成的西红柿酱通心粉吧。

前往巴里的方法

从 fs 线罗马蒂布尔蒂纳站乘坐开往莱切方向的 FRECCIARGENTO 到巴里中央车站（Bari Centrale），约需 4 小时。乘坐 IC 前往需时 6 小时 32 分钟。从那不勒斯前往需要在贝内文托或卡塞尔换乘。乘坐 R 或 FRECCIARGENTO 约需 3 小时 50 分钟，乘坐 IC 和 R 约需 6 小时 21 分钟。乘坐 R、fs 汽车、FRECCIABIANCA、需要换乘，所需时间为 6 小时 3 分钟 ~6 小时 12 分钟。

从巴里前往那不勒斯

开往那不勒斯的普尔曼巴士从火车站南侧（后面）的小广场 Largo Sorrentino 发车，时间是工作日的 5:25、7:30、9:15、10:55、13:00（仅限 7/15~9/15）、18:25。所需时间为 3 小时 ~3 小时 30 分钟。车票在站前大街（巴里中央车站东南侧）沿路的 ATS 公司售票处（住 Via G.Capruzzi 224/C-226）购买。汽车在发车前才会来到广场。广场上有许多线路的汽车，注意不要弄错了。在那不勒斯的终点站位于中央车站旁边的车站内。汽车是带空调的双层客车，非常舒适。

● Marino 公司

☎ 080-3112335

URL www.marinobus.it

费 € 10~16

从那不勒斯前往巴里

开往巴里的普尔曼巴士从中央车站（面向车站）右侧的停车场最里面发车。有一个汽车站，左侧建筑物内有售票处。开往巴里的车 9:10、13:15、15:30、17:00、19:00 发出。

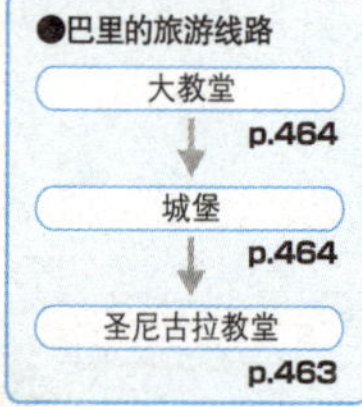

巴里 漫步

巴里有两个城区。一个是作为普利亚区的首府新城区，是南部意大利最大的工商业城市。这里是按照拿破仑的结拜兄弟，启蒙思想家米勒德的城市计划建造起来的城市。宽阔的道路如棋盘一样纵横交错。

巴里的另一个城区是位于北侧的旧城区。旧城区位于山岗上，街道多是坡路，密密麻麻的建有许多民居，犹如迷宫一样。旧城区的中心是大教堂（Cattedrale），北面是祭奠城市守护圣人的圣尼古拉教堂（San Nicola）。东面的城堡（Castello）是诺曼底国王弗雷德里克二世亲自修建的。

●巴里的旅游咨询处

ℹ 旅游咨询处在站前的阿尔德·摩罗广场右侧靠里的地方。夏季在中央车站前的阿尔德·摩罗广场的车站附近也会设置临时的 ℹ 柜台。

普利亚区的要塞——巴里中央车站

■南部意大利的交通要塞——巴里

●机场

巴里巴雷瑟机场（Aeroporto Bari Barese）位于市区约 9 公里处，连接着米兰、罗马、博洛尼亚等欧洲各地的航空要冲。

●从机场到市区

有铁路、汽车（2 种）连接机场和市区。铁路利用巴里北线，所需时间 18 分钟，车票€ 5。乘坐纳韦塔（Navetta）（机场巴士）需要 30 分钟（抵达中央车站，在市内 2 个地方停靠），车票€ 4，在车内购票。还可以乘坐 16 路巴士（车票€ 1，上车购票€ 1.50）。

●铁路

有和国营铁路巴里中央车站连接的各线路的火车站，开往阿尔贝罗贝洛方向的私营铁路东南（Sud-est）线停靠在位于中央车站里侧的站台。背靠中央车站，左侧是巴里北线（Bari Nord/Ferrotramviaria）的现代化车站，这是连接机场和市区，进而连接距离世界遗产蒙特城堡最近的巴列塔站（Barletta）。从这里再往前一点的一层是酒吧，建筑物的二层是开往马泰拉方向的阿布罗·卢卡尼亚线（Appulo Lucane）停靠的地方。还有开往布林迪西、莱切的私营铁路。

左侧是巴里北线的建筑物。右侧是开往马泰拉的卡拉波罗·卢肯内线的入口

●长途巴士普尔曼 Pullman

除了和开往阿尔贝罗贝洛、马泰拉等方向的私营铁路走相同线路的普尔曼巴士以外，还连接着那不勒斯等地的普尔曼巴士。主要停靠站点位于中央车站南侧（靠里）的小广场。

●船

快艇等大型船和游览船从位于旧城区前面的港口出航。连接着阿尔巴尼亚、克罗地亚、黑山、希腊等国。根据目的地不同，乘船口岸会有所不同，最好通过 URL www.aplevante.org 确认港口地图、运行状况。

巴里 主要景点

圣尼古拉教堂 San Nicola

Map p.462 A

与圣诞老人有关的教堂 ★★★

位于大教堂北侧，是祭奠巴里的守护圣人圣尼古拉的教堂。圣尼古拉就是创造了圣诞老人传说的那位圣人。教堂是 12 世纪建造的普利亚罗马式建筑，被人们赞誉为“旧城区的心脏”。与市立博物馆相连。

祭奠圣诞老人（圣尼古拉）的教堂

巴里的 ℹ 旅游咨询处 Puglia Turismo

住 Piazza Aldo Moro 33/a
☎ 080-5242244
开 8:00~14:00
休 周六、周日 地 p.452 B

站前广场的 ℹ 旅游咨询处柜台

住 Piazza Aldo Moro
☎ 080-9909341
开 9:00~13:00、15:00~19:00
周日 9:00~13:00
休 周日下午、节假日
※ 背靠车站，广场右侧
※ 寄存处位于候车大楼的东侧，面向站台

机场·市内间的交通

■铁路

机场出发 5:26~23:38，巴里出发 5:09~22:00，运行间隔为 5~20 分钟。有机场开往巴里，以及反方向开往巴列塔的列车，因此上车前一定要确认好目的地。

■机场班车

机场出发 5:35~24:10，中央车站前出发 5:10~20:30。
URL www.autoservizitempesta.it

■城市巴士（16 路），票价€ 1

URL www.amtab.it

铁路 可在 URL 搜索时刻表、价格

■ 开往机场、巴列塔

Ferrotramviaria 公司
URL www.ferrovienordbarese.it

■前往马泰拉

Ferrovie Appulo Lucane 公司

在中途的阿尔塔姆拉会停车进行车辆分隔，一定要换乘到前面的车厢。到马泰拉的票价是€ 4.90。在巴里车站上下车时，需要将车票插入检票机进行确认。尤其注意不要弄丢回程车票。
URL www.ferrovieappulolucane.it

■前往阿尔贝罗贝洛

Ferrovie del Sud Est 公司
URL www.fsonline.it

前往阿尔贝罗贝洛

前往阿尔贝罗贝洛的东南（Sud-est）线的站台位于车站正面的最里面。在穿过地下通道后的 fs 线 10 号线的里面。地下通道中有一条到不了 10 号线的站台，请注意。另外，在周日、节假日时，每天只有 4 趟汽车代为运行。汽车在站前发车，车票需要提前购买。通票不能使用。

●圣尼古拉教堂

住 Largo Abate Elia 13
☎ 080-5737111
开 7:15~20:30

●大教堂
住 Piazza d.Odogitria
☎ 080-5210605
开 8:00~12:30、16:00~19:00
周日、节假日 9:00~12:30
17:00~20:30

大教堂 Cattedrale

Map p.462 A

有玫瑰花窗装饰的罗马式样教堂

典型的普利亚—罗马式建筑。硕大的玫瑰花窗非常有特点，威严宏伟。建于11世纪前半叶，当时正是巴里十字军远征的中心城市。

●城堡
住 Piazza Federico Ⅱ di Svevia
☎ 080-5286210
开 8:30~19:30（入场截至18:30）
休 周三、1/1、5/1、12/26
费 €3

城堡 Castello Normanno Svevo

Map p.462 A

追思统治时期

★★

弗雷德里克二世建造的塔

位于大教堂西侧，建于日耳曼时期（11世纪）的城堡。在弗雷德里克二世统治时期（13世纪）又进行了重建。16世纪时又增建了堡垒和城堡中心建筑。现在内部展出装饰大教堂正面的雕像等。

巴里的餐馆

Ristorante

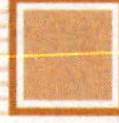

拉皮纳塔

La Pignata

Map p. 462 A

◆品尝种类丰富的开胃菜

位于波士顿酒店后面，面向大马路的高档餐馆。气氛古典，以鱼贝类菜肴为主。极具普利亚风格的开胃菜种类极为丰富，分量也大得吃不完，推荐一定要品尝。

住 Corso Vittorio Emanuele Ⅱ 173
☎ 080-5232481
营 12:30~15:00、19:30~23:30
休 周一、8月
预 €30~60（座位费€3）、套餐€40
C M.V. 交 距离车站大约1公里

布克餐馆

Buco

Map p. 462 A

◆在旧城区品尝平民菜肴

位于旧城区入口的平民风格餐馆。没有菜单，在店门口会对餐馆提供的菜肴进行说明，柜台内陈列着开胃菜和当日例菜的肉类或鱼类菜肴。用西红柿煮的马肉卷是深受当地人们喜爱的菜肴，如果当天有一定要品尝。最好提前预约

住 Largo Chiurlia 12
☎ 3391578848
营 13:15~15:00、20:00~23:00
休 周日晚餐、周一、8/10~8/20左右
预 €16~31、套餐€25
C 不可 交 旧城区入口

巴里的酒店

Hotel

宫殿酒店 ★★★★

Palace

Map p. 462 A

◆推荐美食！

距离巴里旧城区内的旅游景点很近，如果没有行李，可以步行到火车站。从屋顶的餐馆能眺望到城市全景。客房在景观改装后非常时尚。

URL www.palacehotel-bali.com/
住 Via Francesco Lombardi 13
☎ 080-5216551 SB €75/140
TB €96/184
室 195间 含早餐 W-F
C A.D.J.M.V.

波士顿酒店 ★★★

Hotel Boston

Map p. 462 B

◆推荐给想优哉游哉地旅游之人

在南部意大利的喧哗之中，这是一个难得的舒适又时尚的酒店。位于餐馆和商店都很多的地方，非常方便。酒店前面就是超市。

URL www.bostonbari.it
住 Via Piccinni 155 ☎ 080-5216633
Fax 080-5246802 SS SB €79/145
TS TB €100/185 室 69间 含早餐 W-F
C A.D.M.V.

S 使用公用淋浴的单人间价格 SS 带淋浴的单人间价格 SB 带淋浴或浴盆的单人间价格 T 使用公用淋浴的双人间价格 TS 带淋浴的双人间价格 TB 带淋浴或浴盆的双人间价格

莱切 *Lecce*

●邮政编码 73100

圣十字教堂和区政府大楼

莱切被称为“巴洛克的佛罗伦萨”，是南部意大利诸多城市中最美的一座。走在用独特的巴洛克式浮雕进行装饰，家庭和民居稠密的老城区，你甚至会有一种要窒息的感觉。旧城区的建筑全部都是青铜色，难怪又被称为“处处充满青铜器光泽的城市”。

莱切的历史始于公元前 12 世纪，十分悠久。罗马时代时，这里由托亚尔斯古道和亚庇亚古道的终点布林迪西连接，是一座繁荣的商业城市。在日耳曼王朝统治的 15 世纪，这里是南部意大利首屈一指的艺术之都，是文人墨客和艺术家云集的地方。如今保留在城市内的众多巴洛克式建筑是 16~17 世纪时西班牙的卡尔罗五世修建的。

莱切 漫 步

火车站位于城市西南，到市中心圣奥伦佐广场（Piazza S.Oronzo）有直达的巴士，但如果步行前往，更能感受到莱切城的氛围。走在旧城区错综复杂的街道上，随处可见巴洛克式的建筑和装饰，慢慢地边走边欣赏，是游览莱切最好的方法。

到了圣奥伦佐广场后，先小憩一下。在广场一角有很多时尚的酒吧和点心店。莱切最著名的景点圣十字教堂距离这里只有大约 200 米。

前往莱切的方法

从 fs 线巴里中央车站乘坐开往莱切方向的 FRECCIABIANCA、FRECCIARGENTO 约需 1 小时 20 分钟，乘坐 IC 前往约需 1 小时 50 分钟，乘坐 R 前往需 1 小时 30 分钟 ~1 小时 56 分钟。还有从塔兰托开往这里的普尔曼巴士。

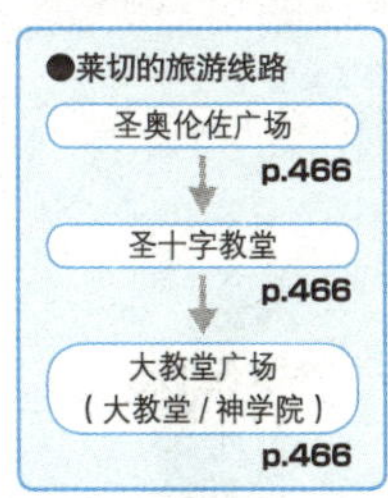

莱切的 ⓘ 旅游咨询处

住 Piazza Duomo 2
☎ 0832-521877
开 9:30~13:30 15:30~19:30
周六、周日、节假日 10:00~13:30 15:30~19:00
地 p.465 A

莱切的酒店信息

经济型旅游者可以请 ℹ 介绍一些民宿（B&B）。对于预算比较富裕的游客来说，位于圣十字教堂前的五星级酒店帕特里亚皇宫酒店，是一个性价比较高的好选择。

Ⓗ帕特里亚皇宫酒店 Patria Palace

住 Piazzetta G.Riccardi 13
☎ 0832-245111
Fax 0832-245002
SB €110/165 TB €130/290
室 67 间 含早餐 W-F
URL www.patriapalacelecce.com
地 p.465 A

●圣十字教堂

住 Via Umberto I 3
☎ 0832-241957
开 9:00~12:00、17:00~20:00

●大教堂

住 Piazza Duomo
☎ 0832-308557
开 7:00~12:00、17:00~20:00

圣奥伦佐广场的雕像

莱切 主要景点

圣十字教堂 Santa Croce

Map p.465 A2

巴洛克风格的城市，莱切的象征 ★★★

莱切巴洛克样式建筑的代表作。正面全部都是造型别致的巴洛克装饰。圆形雕花窗的四周是巴洛克式特有的花纹，左右两侧各有圣人把守。

教堂的巴洛克式图案浮雕全部由黄褐色的石头雕刻而成，这些石头都产自莱切的郊区。“处处充满青铜器光泽的城市”的称谓，就是源自这个建筑的颜色。

莱切巴洛克建筑的杰作——圣十字教堂

大教堂广场 Piazza del Duomo

Map p.465 A1

巴洛克风格的美丽广场 ★★

宽广的广场四周被巴洛克式建筑围绕着，是南部意大利首屈一指的美丽广场。正面是大教堂（Duomo），左边是高达 70 米的钟楼，右边依次是主教住所（Episcopiio）和神学院（Seminario）。神学院院内的水井也装饰有巴洛克式雕刻，显得分外庄重。

从正面看让人肃然起敬的大教堂

圣奥伦佐广场 Piazza S.Oronzo

Map p.465 A2

守护神守卫着的地方 ★

圣奥伦佐广场的中心矗立着雄伟的圣奥伦佐圆柱（Colonna di S.Oronzo），其顶端是城市的守护圣人圣奥伦佐的雕像（复制品），威严地俯视着全城。在它旁边的建筑里存放着该塑像的真品。广场南边是罗马剧场的遗址。

莱切的餐馆 *Ristorante*

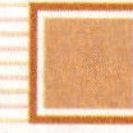

卡萨莱切餐馆 *Trattoria Casareccia Le Zie*

Map p. 465 A2 外

◆服务亲切周到

如果想品尝地方风味的话，可以来品尝这里的套餐（€35），有以蔬菜为主的开胃菜、头道主菜、二道主菜、水果、自制柠檬甜酒、饼干、葡萄酒、水等。有很多本地人来此用餐。需预约

住 Via C.Costadura 19
☎ 0832-245178
营 12:30~14:30、19:45~22:30
休 12/24~1/6、复活节期间、8 月下旬 ~ 9 月上旬的 2 周
预 €30~35（座位费€2） C A.D.J.M.V.

莱切的酒店 *Hotel*

莱切大酒店 *Grand Hotel Lecce* ★★★★

Map p. 465 B1

◆位于车站旁边，很方便

位于从 fs 车站过了大马路，步行约 150 米的地方，是一个保留着 20 世纪初古老的氛围，最近经过改造具备全新设备的酒店。在树木繁茂的庭园里有泳池，能悠闲地度过时光。

URL www.grandhoteldilecce.it
住 Via Oronzo Quarta 28
☎ 0832-309405
SS SB €46/85 TS TB €54/140
室 53 间 含早餐 W-F
C A.D.M.V.

※ 莱切的住宿税：B&B €0.75 ★€0.50 ★★€0.75 ★★★€1 ★★★★€1.25 ★★★★★€1.50 最长收 7 晚，12 岁以下、67 岁以上免税

阿尔贝罗贝洛 Alberobello 世界遗产

白得耀眼的陶尔利之城

在陶尔利之城漫步

这座城市因拥有圆锥形屋顶的高大的陶尔利（Trulli）而闻名于世。陶尔利是这个地区特有的民居，雪白的墙壁配上圆形屋顶，犹如童话世界里的房子一样。在普利亚地区特有的强烈阳光照射下，白色房子闪着耀眼的光芒，让人有种进入童话世界的感觉，觉得白雪公主和七个小矮人马上就会从眼前的屋子里走出来。

沿着火车站前的道路走 500 米左右就到了波波罗广场（Piazza del Popolo）。从这个广场前面的教堂露台上能看到山岗斜坡上密密麻麻的陶

世界遗产

阿尔贝罗贝洛的陶尔利
收录年份 1996 年　文化遗产

前往阿尔贝罗贝洛的方法

从巴里中央车站乘坐私营铁路东南（Sud-est）线马丁那弗兰卡（Martina Franca），或者开往塔兰托方向的车，约需 1 小时 30 分钟（票价 €4.90）。从巴里中央车站的正面入口进入后，在最里面的站台上有私营铁路的售票处。1~2 小时有一趟车。从巴里中央车站正面入口进入，在最里侧的站台上有私营铁路的售票处。这条线路不能使用“欧洲铁路优惠券”，一旦在不知情的情况下上了车，就会被罚款，因此务必要另外购票。

从火车站到拥有陶尔利建筑的阿尔贝罗贝洛市区，从站前大道一直向前走就行。只要走一会儿就到了有店铺和酒吧的街道。从火车站到市区大约 500 米。

东南线（Sud-est）时刻表
URL www.fseonline.it

阿尔贝罗贝洛的 i 旅游咨询处

住 Via Monte Nero 3
☎ 080-4322060
开 周五、周六、周日 10:30~12:30 15:30~17:30
休 周一～周四、1/1、5/1、12/25
地 p.467 B2

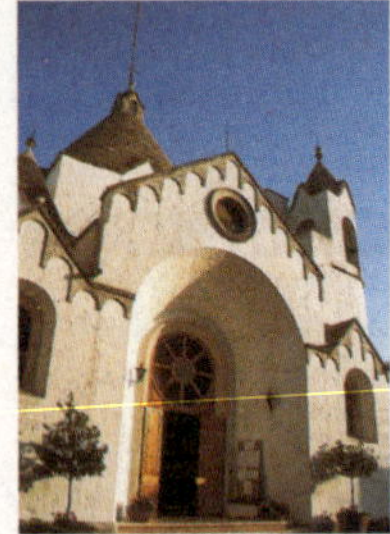
陶尔利式的圣安东尼奥教堂

陶尔利是什么

陶尔利的历史非常久远，据说是承继了史前时期的建筑技法。

其结构为垒砌石头而成，屋顶也只是将平坦的石头堆放在上面而已，整体建筑没有使用灌浆等黏合剂。由于结构过于简单，过去陶尔利并没有被视为人们居住的房屋，据说可以随时拆卸的陶尔利是领主为了便于随时驱逐手工艺人而造的；还有另一种说法认为这是农民的逃税手段之一，当征税的人来时，农民们就掀开屋顶，以逃避对房屋的征税。

陶尔利的结构虽然简单，但是功能齐全。墙壁由于是双重结构，冬暖夏凉。屋顶设有导水口，雨水会被引入地下的水井储存起来。陶尔利没有门和走廊等结构，房间一般用帘布等隔开。

在土特产商店或餐馆等处，可以很容易就看到陶尔利的内部结构。

●统治者石屋

住 Piazza Sacramento 10

☎ 080-4326030

开 10:00~18:00

费 €2

※ 提出要求可以提供大约15分钟的英语导游

地 p. 467 A1

与梦幻般的风景不同，特产礼品店一家连着一家的街景让人感觉很亲切

尔利建筑群全景。建筑群在旧城区东西方向扩展，西侧蒙蒂地区（Rione Monti）约有1000多个陶尔利建筑，建筑内都是特产店等商店，是一个热闹的商业区。东侧是艾·皮卡奥拉地区（Aia Piccola）地区，约有400个陶尔利，至今仍作为民居使用。因为很多陶尔利现在都已经改为特产店或餐馆使用，可以在进去消费的同时进行内部参观。市区的北侧是罕见的两层的统治者石屋（Trullo Sovrano），可以窥见18世纪时这个地区富裕的生活情形。

只是现在这里全城都成为了旅游地，陶尔利前面售卖的物品堆成了山。如果想观看生活中原汁原味的陶尔利，可以在东南（Sud-est）沿线透过车窗欣赏。从橄榄树缝隙中看到的雪白的陶尔利，和生活在那里的人们构成的画面，在南部意大利的大自然中显得异常和谐美丽。

从高地眺望到的陶尔利建筑群非常壮观

陶尔利的起源已无从考证，传说是从中东经由希腊传过来的。石板屋顶上刻着鱼、鸟、心脏，还有希腊语中表示神的文字。陶尔利只有这里才有，别的地方看不到，因此到了南部意大利一定要来看看。

陶尔利截面图

（单数形状的陶尔利）

A 小尖塔

B 与屋顶的结合处

C 环状屋顶

D 中空层

E 半圆筒顶棚（穹顶）

F 连接水井的雨水导水口

G 入口

H 屋顶内部的房间（储藏室和卧室）

I 壁橱

J 水井

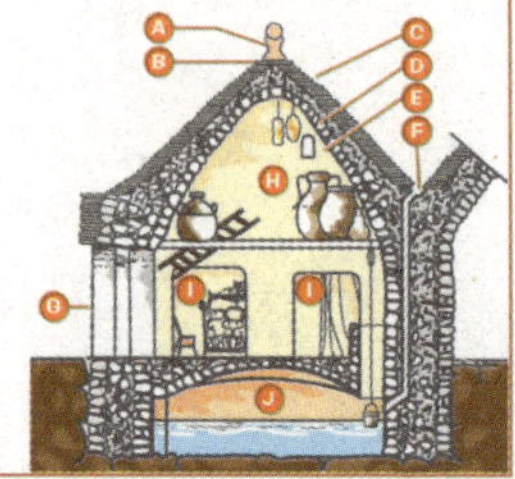

这里的街景非常上镜，任谁都能成为专业摄影人

刻画在屋顶上的文字至今让人不明其意

阿尔贝罗贝洛的餐馆
Ristorante

陶尔利德奥罗
Trullo D'oro

Map p.467 A1

◆ **在陶尔利里品尝当地风味**

是一家由古老的陶尔利改装而成的餐馆，在众多由陶尔利改装成的餐馆中尤其推荐这家。新鲜意大利面条、乡土菜以及当地的葡萄酒等，种类很丰富。需预约

住 Via Felice Cavallotti 27
☎ 080-4321820
营 12:00~15:00、19:00~23:00
休 周一、1/8~1/22
预 €20~45（座位费€3），套餐€40、50
C A.D.J.M.V.

阿拉特罗
L'Aratro

Map p.467 B1

◆ **葡萄酒品种齐全**

酒吧老板多梅尼科也推崇备至的羔羊肉香气四溢，是评价极高的一道菜。还能体验在极富情调的小陶尔利内用餐的感觉。需预约

住 Via Monte San Michele 25/29
☎ 080-4322789
营 12:00~15:00、19:30~22:30
休 无
预 €16~40（座位费€2.50）、套餐€25
C A.D.J.M.V.
交 距离广场 Largo Martellotta 2 分钟

阿尔贝罗贝洛的酒店
Hotel

阿斯托里亚酒店 ★★★★
Hotel Astoria

Map p.467 A2

◆ **位于车站附近，很方便**

距离火车站很近，是一家时尚装潢和功能性兼具的酒店。使用卡片式钥匙，50%以上的客房有浴盆。是一家让人感到安静舒适的酒店。有空调、迷你酒吧、电视、吹风机等设施。有停车场。

URL www.astoriaweb.it
住 Viale Bari 11 ☎ 080-4323320
Fax 080-4321290
SB €43/125 TB €67/180
室 59 间 早餐€8 W-F
C A.M.V. 交 距离车站 2 分钟

陶尔利度假园 ★★★
Trullidea Resort

地图外

◆ **陶尔利风格酒店**

位于从火车站步行 10 分钟左右的繁华地带。是一家别墅风格的陶尔利式住宿设施，如果 3 人以上住宿可以使用厨房。早餐可以在酒店附近的餐馆吃。

High 8 月、复活节、圣诞节
URL www.trullidea.it
住 Via Monte S. Gabriele 14
☎ Fax 080-4323860
SS €74/89 TS €100/120
室 23 间 含早餐 W-F C A.D.M.V.

※ 阿尔贝罗贝洛的住宿税：B&B、★~★★★€0.8 ★★★★~★★★★★€1 最长收 3 晚，12 岁以下免税

马泰拉 *Matera*

●邮政编码 75100

望着萨西建筑群让人有种在做白日梦的感觉

马泰拉是萨西 Sassi（洞窟民居）之城。在城市后面的山上以及旧城区（Città Vecchia）内，至今仍保留着大量的摇摇欲坠的萨西。无论是其外形还是居住环境，都让看到它的人感到一股冲天的幽怨之气。

萨西（洞窟民居）曾经是战后农村土地改革前佃农们居住的地方。当时这里既无电，也无水，一片贫穷，是一个被现代文明遗忘的人类居住地。在南部意大利耀眼的阳光照射下，已经无人居住的洞窟民居群，仿佛在做着白日梦一般静静地矗立着。

马泰拉 漫 步

火车到达的马泰拉中央车站位于地下。车站上面就是马泰拉的市中心玛特奥蒂广场（Piazza Mateotti）。就让我们开始游览这个独特的城市吧。

从车站到洞窟民居所在的萨西街大约有 1 公里的路程。首先从维克多·维内托广场的露台俯瞰下面萨西的城市景象，再从台阶下去，来到萨西。从 Via Fiorentini 向着洞窟教堂之一——圣母玛利亚贤德教堂和圣尼古拉·格雷奇教堂所在的大型综合建筑前行，顺着路就到了 Via Madonna delle Virtù（全景大街），在这条大街上能看到萨西重合叠交的城市景观，以及分布在河对岸山岗上的萨西等，充分领略只有这座城市才有的景观。

世界遗产

马泰拉的萨西
登录年份 1993 年　文化遗产

前往马泰拉的方法

从巴里中央车站利用私营铁路阿布罗·卢卡尼亚线（Appulo Lucane）的 Matera Sud 方向的车，到马泰拉中央车站约需 1 小时 25 分钟 ~1 小时 50 分钟，有一些车需要在阿尔塔姆拉（Altamura）换乘。工作日运行间隔时间是 40 分钟 ~2 小时有一趟车。周日和节假日只有汽车运行。

阿布罗·卢卡尼亚线（Appulo Lucane）时刻表
URL www.fal-srl.it

马泰拉的 ❶ 旅游咨询处 APT
住 Via De Viti De Marco 9
☎ 0835-331983
开 9:00~13:30
周一、周四 16:30~18:30 也开放
休 周六、周日、节假日
地 p. 470 B2
※ 站前广场

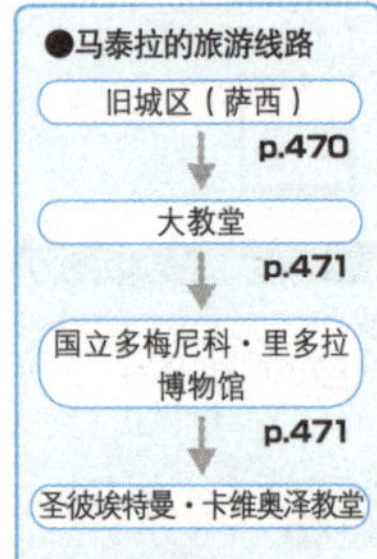

来自巴里机场的汽车

巴里机场有开往马泰拉站前的 Piazza Moro 的汽车。机场出发 24:30、9:15、14:40、15:45、19:15；马泰拉出发 4:55、10:45、13:00、17:10、20:35。所需时间 1 小时 15 分钟，车票在上车后购买，€4.50。
URL www.cotrab.eu

博物馆内展出的希腊人的陶器

大教堂（Cattedrale）是 13 世纪普利亚罗马样式的建筑。13 世纪是马泰拉所在的巴基里卡塔州（曾经叫里卡尼亚区）一段短暂而辉煌的历史时期。因为德意志王国的弗雷德里克二世深爱这个地方，在那一段短暂的历史时期，这里的文化艺术一度繁荣起来。大教堂就是这段历史的象征。在国立多梅尼科·里多拉博物馆（Museo Nazionale Domenico Ridola）里展出着希腊人居住时期～公元前 800 年左右的陶器等展品。

圣玛利亚伊德里斯教堂（S.Maria de Idris）和圣卢西亚马尔维教堂（Santa Lucia alle Malve）等洞窟式教堂也是必看的。这是 11 世纪时受伊斯兰教迫害的土耳其修道士修建的，被称为洞穴式教堂。

著名的洞窟式教堂圣玛利亚伊德里斯教堂

萨西的道路犹如迷宫一般，但不用担心会迷路。迷路了只要向着高地走，就能来到新城区。

从伊德里斯教堂向全景大街方向眺望

●大教堂
开 夏季 9:00~19:00
冬季 9:00~16:00

圣母玛利亚贤德教堂
圣尼古拉·格雷奇教堂
Madonna delle Virtú e San Nicola del Greci
住 Rioni Sassi ☎ 377-4448885
开 6~9 月 10:00~20:00
10 月 10:00~18:00
11 月～次年 3 月 10:00~13:30
3 月的周六、周日 15:00~18:00 也开放
4~5 月 10:00~13:30
15:00~18:00
费 €5

●圣玛利亚伊德里斯教堂
●圣卢西亚马尔维教堂
●圣皮埃特曼·巴尔扎诺
开 4/1~11/1 10:00~19:00
11/2~次年 3/31 10:00~14:00
休 12/25 费 3 处通票€6、2 处通票€5、1 处门票€3

●国立多梅尼科·里多拉博物馆
住 Via Ridola 24
☎ 0835-310058
开 9:00~20:00
周一 14:00~20:00
休 周一上午、1/1、12/25
费 €2.50 地 p. 470 B2
※ 每月第一个周日免费

马泰拉的餐馆
Ristarante

卢卡纳餐馆
Trattoria Lucana

Map p.470 B1

◆ **地理位置方便**

位于市中心，非常方便。大量使用蔬菜的农夫开胃菜（Antipasto Contadino），以及混合各种肉类的烤肉（Spedino di Carne Misto）是这里的招牌菜。

住 Via Lucana 48 ☎ 0835-336117
营 12:30~15:00 19:30~22:30
休 冬季的周日、7/15~7/25
预 €25~35（座位费€2）、套餐€35
C A.D.J.M.V.

马泰拉的酒店
Hotel

帕拉索加堤尼酒店 ★★★★★
Palazzo Gattini

Map p.470 B2

◆ **领主宅邸酒店**

位于旧城区的高地，是由曾经统治这个地方的卡蒂尼家族的宅邸改建而成的酒店。客房优雅精致，使用当地食材制作的早餐深获好评。

URL www.palazzogattini.it
住 Piazza Duomo，13 ☎ 0835-334358
Fax 0835-240100 SB €180/700 TB €200/760
室 20 间 含早餐 W-F C A.D.J.M.V.

萨西酒店 ★★★
Sassi Hotel

Map p.470 B2

◆ **由萨西改造而成**

位于洞窟民居萨西·巴里阿诺区，由 18 世纪的洞窟民居改造而成的酒店。从窗户能眺望到幻象一样的洞窟民居风景。洞窟民居的夜景令人印象深刻。

URL www.hotelsassi.it
住 Via San Giovanni Vecchio 89
☎ 0835-331009 Fax 0835-333733
SS €60/70 TS TB €80/130
室 32 间 含早餐 W-F C A.D.J.M.V.

罗马酒店 ★★
Albergo Roma

Map p.470 B1

◆ **经济型酒店**

位于站前广场最左侧道路的沿路，有醒目的指路牌，很容易找到。距离火车站很近，酒店前面还有一个小型市场。是马泰拉最便宜的旅馆。

URL www.albergoroma matera.it
住 Via Roma 62 ☎ Fax 0835-333912
SS €40/50 TS €58/70 3S €70/90
室 11 间 含早餐 W-F
C A.D.M.V.

※ 马泰拉的住宿税：★～★★★€1 ★★★★～★★★★★€2 只收到 2 晚，14 岁以下免税

南部意大利及其他城市

探访碧蓝的大海和古代文明的足迹

普利亚区和卡拉布里亚区位于意大利半岛的前端，夹在亚得里亚海和第勒尼安海之间，有着绵长美丽的海岸线。这里有着无边的沙滩、巨大橄榄树连成一片的独特风景，它的森林地区更是野生菌类的宝库。到了秋天，森林璀璨金黄，美得炫目。这里还有很多古代遗址，是热衷考古学的人向往的地方。

塔兰托 Taranto

历史可追溯到公元前 8 世纪的希腊殖民地

塔兰托的历史非常悠久，据说最早可追溯到罗马海神尼普顿活跃的时期——公元前 8 世纪。在大希腊时期（Magna Grecia），这里是希腊的殖民地，曾有 30 万人口居住。当时的塔兰托是连接希腊和雅典的贸易港，周边各种农作物的集散地，也是文人墨客争相求居的风水宝地。

虽然是军事设施，但参加参观团就能游览的阿拉贡城堡

旧城区也叫旧塔兰托，在希腊殖民地时期这里是市中心。穿过岛屿，过了吉列博雷桥就是新市区。旧城区的弗塔纳广场附近的港口沿线每天早上有鱼市，非常热闹。岛屿正中间的大教堂是巴洛克式建筑，是这里人们信仰的中心地。

2016 年重装后变新颜，展出方法也非常新颖的 MARTA

新城区是充满活力的商业区。马雷格兰德沿线的埃马努埃莱三世大街两旁栽满了椰子树和夹竹桃，是一条美丽的海滨漫步路（Lungomare）。市立公园里建有亭台，从这里眺望到的马雷港口的景色很壮观。

公园附近有国立考古学博物馆 MARTA，展示有从希腊统治时期到罗马时代的各种文化遗产，收藏量在南部意大利首屈一指。

MARTA 里展出的漂亮的黄金饰品

前往塔兰托的方法

从 fs 线巴里中央车站乘坐开往塔兰托、布林迪西等方向的 R，约需 1 小时 20 分钟。每隔 30 分钟 ~1 小时有一班车。

塔兰托和巴里还有私营铁路东南（Sud-est）线相连（所需时间约 3 小时；1 天有 3 趟车，需要在 Martina Franca 换乘）。

前往新城区，可以从车站乘坐 1、2、3、8 等线路的巴士，约需 10 分钟到达（€1）。步行前往约需 20 分钟。

塔兰托的 ❶ 旅游咨询处 APT

住 p. za Castello Castello Aragonese 内
☎ 334-2844098
开 10:00~13:00、15:00~20:00
休 1/1、12/25

●大教堂

住 Via Doomo
☎ 099-4709611
开 8:00~12:00、16:30~19:30

●国立考古学博物馆 MARTA

住 Via Cavour 10
☎ 099-4532112
开 8:30~19:30
休 1/1、5/1、12/25
费 €5
※ 每月第一个周日免费

阿拉贡城堡

☎ 099-7753438
开 13:30、15:00 需参加导游引领的参观团游览
所需时间 1 小时 ~1 小时 30 分钟
费 免费
※ 位于进入新城区的桥的前面。旧城区旁边有入口

布林迪西 Brindisi

亚庇亚古道的终点

复原后的亚庇亚古道纪念柱

布林迪西是“长靴子的鞋跟”之城。它是古罗马亚庇亚古道的终点，也是中世纪时十字军出征的港口。

印有漫长历史痕迹的美丽的旧城区、充满港口城市氛围的新城区、阳光闪耀的海滨漫步大道相互交映，形成一道美丽的风景。首先让我们去海湾沿岸的散步大道散步吧。在这条散步大道沿路的台阶上有亚庇亚古道终点的标志——古罗马圆柱（Colonne Romane）。圆柱的原物可以在柯尔特·阿西西宫殿（Palazzo Corte d'Assisi）近距离地欣赏。圆柱附近，在大教堂广场（Piazza del Duomo）上有省立考古学博物馆，展示有拥有自己文字的原住民族人的石碑等从近郊出土的公元前6~3世纪的文物。

雷焦卡拉布里亚 Reggio di Calabria

西西里岛近在咫尺的海峡城市

雷焦卡拉布里亚的主要道路加里波第路

卡拉布里亚区位于长靴形状的意大利的足尖部分。与这个足尖部分仅一步之遥的就是西西里岛。隔着墨西拿海峡，雷焦卡拉布里亚和西西里岛相对而望。

这里的主要景点有白色的高大的大教堂Duomo。大教堂作为信仰颇深的南部意大利人民的精神寄托之地，早已融入到了人们的生活当中。笼罩在彩色玻璃柔和光线下的教堂内部是不容错过的。

另外一个景点是国立博物馆（Museo Nazionale）。这里有在卡拉布里亚区发掘出来的各种文物，如古希腊时代的假面人像，以及无花果、葡萄等形状的各色陶器等。虽然这里的每一件展品都是非常珍贵的文物，但最著名的当数1972年从伊奥尼亚海打捞上来的两座古希腊时代的青铜像。其中一个是英俊的古希腊男子像，被称为《里亚切青铜像》（*Bronzi di Riace*），非常值得一看。这个青铜像是公元前5世纪，卡拉布里亚作为古希腊的殖民城市而繁荣时期的作品，肌肉发达，骨骼强壮的人物造型，有着与这个时期相符的时代特征，被认为是世界级的艺术珍品。在仔细欣赏过博物馆后，让我们去海滨大道（Lungomare）散散步吧。

充满力量的里亚切青铜像

前往布林迪西的方法

从fs线巴里中央车站乘坐开往莱切等方向的FRECCIARGENTO、FRECCIABIANCA约需50分钟，乘坐R前往约需1小时4分钟~1小时20分钟。从莱切前往需要约30分钟。

布林迪西的ⓘ旅游咨询处

住 Viale Regina Margherita 43
☎ 0831-523072
开 周一 10:00~18:00
周二~周日 8:00~20:00
休 部分节假日

●省立考古学博物馆
Museo Archeologico Provinciale Ribezzo

住 Piazza del Duomo
☎ 0831-565501
开 8:00~14:00
休 周日
费 €5
※ 周二下午有时会闭馆

●柯尔特·阿西西宫殿
Palazzo Corte d'Assisi

开 7:30~21:00
休 部分节假日
费 免费

前往雷焦卡拉布里亚的方法

从fs线那不勒斯中央车站，或者那不勒斯加里波第站乘坐FRECCIABIANCA到雷焦卡拉布里亚中央车站，约需4小时30分钟。乘坐IC约需5小时。

雷焦卡拉布里亚的ⓘ旅游咨询处APT

住 Via Venezia 1
☎ 0965-21010
开 8:00~20:00
休 周日

●国立博物馆

住 Piazza De Nava 26
☎ 0965-812255
开 9:00~20:00（入场截至19:30）
休 周一、1/1、5/1、12/25
费 €8
※ 进入里亚切所在的展室参观，一次只能进20人。首先在预备静候室观看20分钟关于里亚切的录像，然后在静候室等待3分钟。在展室的参观时间是20分钟。从9:10开始每小时的10、30、50分开始参观。

丰富的蔬菜和猪肉以辣味著称

■ 南部三区（普利亚区、巴西利卡塔区、卡拉布里亚区）

●普利亚区的美食

用西红柿和辣椒做装饰的巴里的蔬菜屋

首先让我们来介绍普利亚的美食。这个地区以橄榄油和香草的味道比较浓厚的菜为主，还会在拌通心粉的肉酱里面加入茄子等蔬菜。在手工面条里面常见的是耳垂形状的Orecchiette和扇贝形状的Cavatieddi。在这里的餐桌上还能经常看到羔羊肉。如Agnello al Cartoccio，将烤羔羊肉和绿橄榄以及野生小洋葱一起用锡纸包起来烤制。另外，在塔兰托和巴里港都盛产美味的鱼虾，尤其是塔兰托，贻贝养殖业非常发达。用橄榄油、柠檬和欧芹调味的蓝贻贝叫作Cozze alla Leccese，虽然做法简单，但突出了食材鲜美的原味。香草烤牡蛎（Ostriche alla Tarantina）也一定要尝一尝。在海边城市还流行使用生食牡蛎、海胆等贝类，这也是这一区饮食的一个特点。如果有机会，一定挑战一下生食（Crudo）吧。也不要忘记这时最好配上辣口的白葡萄酒Martina Franca或Locorotono。

●巴西利卡塔区的美食

巴西利卡塔区的养猪业非常发达，因此香肠的制作业非常盛行。另外，由于当地天气炎热，这里的人喜食辛辣的食物，在菜肴里会放入一种叫作Diavolicchio（恶魔）的异常辛辣的辣椒。放入这种辣椒做成的香肠叫作Lunganighe。总之，这个地方盛行一边嚼着油炸辣椒，一边品着葡萄酒，稍微有点辣不算什么。肉类除了猪肉还经常食用羔羊肉，著名的菜肴有蔬菜炖羔羊肉Pignata和用羔羊内脏、火腿、葡萄酒、奶酪一起煮成的Cazzmarr。这两道菜都和5~6年的陈年葡萄酒Aglianico非常相配。

巴西利卡塔辛辣无比的辣椒

马泰拉餐前酒的下酒菜中不可或缺的辣椒Peperoni Crruschi。并不辣，是朴素的卡拉布里亚开胃菜

●卡拉布里亚区的美食

最后要介绍的是位于长靴子足尖部分的卡拉布里亚区。这里的菜肴以蔬菜和辛辣味道为主。手工通心粉也很出名。当地有句老话："想做新媳妇，至少要会做15种手工面条。"看来卡拉布里亚的姑娘们都是在母亲那里得到了亲传，成为烹饪高手后再出嫁的。

节日里最丰盛的主菜是用所有合适的食材制作的意大利宽面Sagnechie。同时配上卡拉布里亚著名的红葡萄酒沙伍特（Savuto）。沙伍特还和用猪肉、西红柿、青椒炖煮而成的Mursiellu alla Catanzarese非常相配。另外，用葡萄酒醋将从美丽的卡拉布里亚海捕捞的金枪鱼进行煮制的Alalonga in Agrodolce，则要和罗泽葡萄酒Cerasuolo di Scilla一起享用。

色彩鲜艳的南部意大利水果

特产信息

•葡萄酒•

洛科罗通多 Locorotondo ★
DOC · 白（发泡性）

奇洛 Cirò
DOC · 红、白 · 辣口、甜口（发泡性）

•特产•

手工意大利面 Orecchiette

民族工艺品（阿尔贝罗贝洛的娃娃和手工棉纺织品）

眺望豪华的高档度假地——陶尔米纳

西西里区

Sicilia

西西里岛是地中海最大的岛屿，位于长靴子形状的意大利的足尖部分，犹如被踢飞了一样，漂浮在足尖旁边。岛上多是险峻的山岳地带，土地贫瘠，最高峰是东北部的埃特纳山（3323 米）。这里冬季气温温暖宜人，很适合柑橘类农作物的栽培，因此农业是西西里的主要产业。除此之外，渔业也很发达。近来锡拉库萨等东部区域开始了工业化进程。

西西里岛作为地中海的要塞，历史上被许多民族统治过。保存着具有浓郁的希腊、罗马、拜占庭、阿拉伯、诺曼底、德国、法国、西班牙等文化色彩的遗址，民族风情依然保留至今。来到这里首先要拜访的是阿格里真托的希腊神庙和古阿拉伯 · 诺曼底大教堂所在的巴勒莫等地。此外，品尝用周边海域捕捞的鱼贝类做的西西里菜，也是来此旅游的一大乐趣。

伊斯兰文化和基督教文化相融合的岛屿

诺曼底王宫内，帕拉提那礼拜堂的镶嵌画。黄金色的空间

“阳光和橄榄之岛”“弥漫着醉人的杏花香气”“香橙之岛”……西西里是一直被人们用美丽的文字来形容的岛屿。

西西里岛东邻希腊、腓尼基，南靠迦太基、阿拉伯世界，正好位于地中海文明的十字路口。最初来到该岛的是从希腊本土过来的古希腊人，他们是为了建造城邦国家而来的。作为曼尼·格莱齐亚（大希腊）的一部分，古希腊人在西西里岛建造了数个城邦国家。

接着来到西西里岛的是迦太基人，然后是罗马人，再就是 8 世纪从北非过来的阿拉伯人。据说杏和橙子就是阿拉伯人带入西西里岛的。

11 世纪，构成十字军诺曼底骑兵团的诺曼底人（有北方人之意）入侵该岛，建立了西西里王国，并形成了诺曼底式、拜占庭式、伊斯兰式 3 种风格共存的局面。接下来统治西西里岛的是德国霍亨索伦王室，王位从海因里希六世一直承继到腓特烈二世。

当时，腓特烈二世身兼德意志和西西里的国王一职，是神圣罗马帝国的皇帝，但他却定居在巴勒莫。在他的统治下，巴勒莫迎来了城市发展的黄金时代。虽然阿拉伯人和诺曼底人也都曾定都在巴勒莫，但腓特烈二世时期的巴勒莫与之前作为国都的巴勒莫大相径庭。欧洲的诗人和音乐家在此齐聚一堂，同时政府整顿了行政制度，集中了审判权，使得政治非常安定。自己本身就很喜欢作诗的腓特烈二世始终与周边的非洲各国保持着友好的关系，首都巴勒莫因此也成为以王宫为中心的国际化的文化都市。

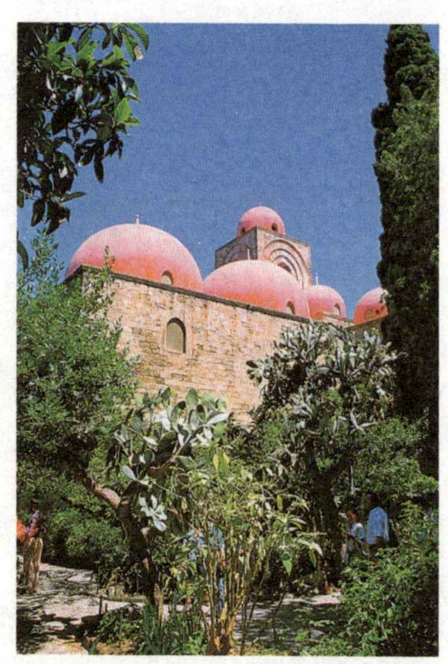
阿拉伯－诺曼底风格的埃勒米提教堂

在这之后，西西里岛由法国安茹家族统治，接下来的 13~19 世纪，这里处于阿拉贡等西班牙家族的统治之下。西班牙实行殖民统治，掌握财政大权，武力镇压农民的反抗和起义。据说如今的意大利黑手党，原来就是为了对抗西班牙的强权统治而成立的。经历了种种殖民统治却依然坚强生存下来的西西里人，养成了不畏艰难，执着顽强的坚韧性格。据说意大利南北两地人种不同，但西西里人却不属于其中的任何一种，他们保持着自己的独特个性。

真想早一些开始亲身体验在这岛上土生土长的西西里人性格的旅程啊。

西西里岛的信息

●铁路

开往墨西拿的游艇

从罗马和那不勒斯方向开来的火车，一定要通过西西里岛的门户墨西拿海峡。火车来到长靴子足尖部分的卡拉布里亚区的圣乔万尼别墅站（Villa San Giovanni）后，以每2~3节车厢为一组（这是火车爱好者必看的），分别装载在游船里运送到对岸的墨西拿港口车站（Messina Marittima），到对岸大约需要40分钟。在重新进行连接车厢的作业结束后，火车最终开向墨西拿中央车站（Messina Centrale）。

在墨西拿中央车站，火车会分为开往北海岸方向（巴勒莫）和东海岸方向（陶尔米纳、卡塔尼亚、锡拉库萨）的两条线路：墨西拿→巴勒莫（3~4小时）、墨西拿→陶尔米纳（35分钟~1小时15分钟）、墨西拿→卡塔尼亚（1小时20分钟~2小时）、墨西拿→锡拉库萨（2小时30分钟~4小时）。

位于西西里岛西部的曼尼·格莱齐亚遗址

前往主要干线之外的地方，如乘坐火车前往内陆的恩纳，以及南海岸的阿格里真托、西海岸的特拉帕尼、马尔萨拉时，最好事先做好周密的调查。

●普尔曼巴士（长途汽车）

巴勒莫中央车站前的G. 切萨雷广场

在西西里岛上有高速公路，主要的干线公路覆盖了整个海岸线，因此推荐乘坐普尔曼巴士进行旅行。尤其是穿行内陆地区时，和慢车R（雷焦纳雷）相比，普尔曼要快了不知多少倍。特别是当汽车行驶在海拔1000米的恩纳城郊时，尽收眼底的是用语言难以形容的壮观景色。

在西西里岛进行旅游，选择参加各家旅行社安排的旅游团也不错，虽然个人旅行的乐趣会有所减少，但效率却很高。从巴勒莫出发后，游览阿格里真托→皮亚扎－阿尔梅里纳→锡拉库萨→陶尔米纳→切法卢等地，最后回到巴勒莫。这段线路里加入了很多只有乘坐普尔曼巴士才能看到（不同铁路）的景点，非常方便。

●飞机

意大利各主要城市都有国内航班飞往巴勒莫和卡塔尼亚两市。从罗马前往约需1小时，从米兰前往约需1小时30分钟。比较适合想在短时间内坐长途汽车旅行的人。

山坳间的巴勒莫机场

奔驰在西西里荒原上的普尔曼巴士

从巴勒莫机场开往其他城市的普尔曼巴士

开往阿格里真托

LICATA / SAL 公司

周一～周六 11:00、14:00、19:45 发车

所需时间 2小时30分钟

费 € 12.60

※ 也有返程车运行

URL www.autolineesal.it

没有计价器？西西里的出租车

在南部意大利和西西里岛的一些城市里，有些出租车车身上虽然有出租的标志，但车内却没有安装计价器。因此上车前需要先讲好价钱。如果感到不放心，可以请酒店的人帮忙讲价。另外，黑车（没有出租许可）也很多，在机场和各大火车站有很多拉客的人。因此坐出租去较远距离的时候，一定要事先讲好价钱。在卡拉塔尼亚和巴勒莫机场，有很多开往市区的普尔曼巴士和公交车，在市区的汽车站也有开往各地的普尔曼巴士。虽然乘坐普尔曼巴士需要花费一些时间等候，却可以避免在价格上发生冲突。

Sicilia

Roma

Palermo

巴勒莫 *Palermo*

世界遗产

●邮政编码 90100

歌德赞美西西里岛的中心城市巴勒莫是“世界上最美丽的伊斯兰城市”。只要看到拥有红色圆屋顶和阿拉伯风格的回廊，种着南欧美丽植物的庭园的埃勒米提教堂，你就会赞同他说的这句话。总之，在西西里这片土地上有“巴勒莫有 10 个佛罗伦萨的价值”这样的话。但是，这座城市更具魅力的是居住在这里的人们。这里的人不是那种待人接物圆滑老到的人，但他们非常热情亲切，可以用率直、爽朗、憨厚来形容。

市场里出售的仙人掌果实（9～10 月）

巴勒莫 Palermo

巴勒莫 漫 步

巴勒莫的中央车站位于市区南侧。巴勒莫是一个人口为 68 万的大城市，市区分为新旧两个街区。从火车站开始的罗马大街（Via Roma）和马奎埃达大街（Via Maqueda）周边是旧城区。这里充满了平民化的活力，虽然说不上是贫民窟，但整个市区显得杂乱无章。然而巴勒莫的主要景点却都集中在旧城区。从马西莫剧场（Teatro Massimo）、考古学博物馆向北 300 米左右的鲍利特埃玛剧场（Teatro Politeama）周边一带是新城区。利伯塔大街（Viale della Libertà）两边高档饰品店、精品服装店、时髦的咖啡馆和餐馆鳞次栉比，令人难以想象这里竟与车站周边同属一个城市。这里精致的风情与北部意大利非常相近。

在旧城区的阿维奇里亚市场里

来到巴勒莫必须要看两个地方。一个是代表平民之巴勒莫的库阿托·坎底（Quattro Canti）周边的旧城区，另一个是分散在城市各个角落的阿拉伯·诺曼底遗址（2015 年被列为世界遗产）。有两条巴士线路穿过市中心，非常好找。从车站到新城区的鲍利特埃玛剧场约有 2 公里。车站前的汽车站有公交车（101、102、107 路等）前往新城区，去该方向时可以乘坐。如果在旧城区周边游览，步行就可以。如果时间紧，可以在上午去游览诺曼底王宫帕拉提那礼拜堂的镶嵌工艺，以及埃勒米

前往巴勒莫的方法

都灵、米兰、威尼斯、罗马等地都有开往巴勒莫的直达火车。罗马每天有约 8 趟车开往这里。大部分都从特米尼车站发车，也有从蒂泊蒂娜车站和奥斯提恩斯车站发出的。所需时间为 11~12 小时。从那不勒斯中央车站开往这里需 9~10 小时。想节约时间的游客还是乘坐飞机方便。从罗马飞往这里约需 1 小时。

巴勒莫机场前往市区的交通

从机场到市区约有 30 公里。有普尔曼巴士和铁路运行。

普尔曼巴士

5:00~24:30 间从机场发车，运行间隔约 30 分钟，到市区需 30~40 分钟。票价 €6.30，往返票€ 11。

普尔曼巴士停靠在出了机场后的右侧。车站前有售票处。在鲍利特埃玛剧场附近的努奥沃城堡广场停车，不经过旧城区，经过海滨大道到达终点国营铁路巴勒莫中央车站西口。

从市区返回的车票需要在上车后购买。也可以网上在线预约。

● **Prestia e comandè 公司**

URL www.prestiaecomande.it

市区巴士车票

1 次乘车券

€ 1.40（90 分钟有效）

上车后购票 € 1.80

1 日券 € 3.50

AMAT 公司 free 848-800817

巴勒莫的 i 旅游咨询处

住 鲍利特埃玛剧场一层（Via E. Amari 一侧）

营 周一～周五 8:30~13:30

贝利尼广场的 i 旅游咨询处

☎ 091-7408021

营 周一～周四 8:00~20:00

周五 8:30~18:30

周日 9:30~18:30

长途汽车 / 普尔曼巴士

车票在汽车总站的售票处购买。阿格里真托方向的车票是在上车后购票。

开往罗马等方向的长途汽车每周运行 1~3 个班次。

萨伊斯（SAIS）公司

☎091-6166028

URL www.saistrasporti.it

目的地：卡塔尼亚、恩纳、皮亚扎—阿尔梅里纳

塞格斯达 Segesta 公司、因特巴士公司、埃特纳·托拉思伯鲁提公司。

西西里巴士公司信息通用

☎06-164160（话务中心）

URL www.buscenter.it

因特巴士（Interbus）公司

URL www.interbus.it

售票处

① 住 Piazza Cairoli（中央车站广场里侧）

② 住 Via Turati 3（鲍利特埃玛剧场旁边）

开 6:00（周日、节假日 6:30）~20:15

目的地：锡拉库萨、特拉帕尼、罗马

库法罗（CUFFARO）公司

☎091-6161510

URL www.cuffaro.info

目的地：阿格里真托

※ 有的普尔曼线路只有当日往返才可以使用往返折扣票，购票时一定要进行确认

※ 只有到达的车停靠在站前广场

从巴勒莫前往卡塔尼亚、锡拉库萨最好乘坐火车

2015 年 4 月，连接巴勒莫和卡塔尼亚的高速铁路 A19 因部分路段遭遇泥石流，高架桥发生倾斜而停止运营。汽车因需要绕道山路运行，原来 3 小时的路程，现在需要花费 4 小时以上，运行班次也有所减少。使用同一线路，开往锡拉库萨的情形也是一样的。A19 在短时间内还不会恢复运营。推荐乘坐火车。

2016 年 11 月因绕道的道路铺设完毕，时间稍微有所缩短。巴勒莫→锡拉库萨约需 3 小时 30 分钟。

■ **船务公司**

提来那 Tirrenia 汽船

住 Calata Marina d'Italia（港口）

☎892-123、344-0920924

※ 那不勒斯→巴勒莫　1 人 €59.10~

快艇公司的综合网站

URL www.ferriesonline.com

提教堂等阿拉伯—诺曼底风格的教堂，下午去旧城区散步。还可以去市场转转，买一些食材，尝尝小吃，体验一下巴勒莫平民生活的活力。

●巴勒莫的旅游咨询处

ⓘ 旅游咨询处位于机场 Aeroporto Punta Raisi / Falcone-Borsellino。主办公室现在已搬往鲍利特埃玛剧场的一层。除此之外，在站前广场、法官广场等市区内各处也设有绿色的柜台，分发地图以及提供旅游咨询服务。

●市内的公交

AMAT 公司的市内公交线路非常多，还有两辆连接的汽车和小型电汽车运行。也有开往蒙特阿莱和蒙德罗等郊区的车。

适合旅游的线路

- **101 路**：罗马大街↔鲍利特埃玛剧场↔自由大道↔迪·卡斯贝利广场↔自由大道↔鲍利特埃玛剧场↔鲁杰罗·赛蒂莫大街↔库阿特罗肯特↔马奎埃达大街↔中央车站
- **105 路**：卡拉塔菲米大街↔独立广场↔新门↔维多里奥·埃马努埃莱大街↔诺曼底王宫↔卡特德拉列↔库阿特罗肯特↔玛丽娜广场
- **107 路**：罗马大街↔鲍利特埃玛剧场↔自由大道↔迪·卡斯贝利广场↔鲍利特埃玛剧场↔罗马大街↔阿维奇里亚市场↔中央车站
- **109 路**：托里克大街（Corso Tukory）↔帕拉罗市场↔圣卡塔门↔圣乔万尼·埃勒米提教堂↔诺曼底王宫↔独立广场
- **389 路**：独立广场（109 路）↔卡拉塔菲米大街（105 路）↔蒙雷阿莱
- **603、806 路**：开往蒙德罗方向

●汽车总站

位于巴勒莫中央车站里边左侧（东侧）的凯罗利广场（Piazza Cairoli），在乘车处前面有售票处、候车厅。主要有 SAIS（SEGESTA、INTERBUS）公司的普尔曼巴士停靠在这里。开往阿格里真托的 CUFFARO 公司的车停靠在车站附近的 Via P. Balsamo。如果想当日往返，最好在出发时确认好回程的时刻表。1/1、复活节的周日和下一个周一、5/1、8/15、12/25，基本上所有线路都会停运，因此在这些日子出行一定要慎重。

位于新城区东侧的马里提马车站有开往各地的快艇

巴勒莫 主要景点

库阿特罗肯特附近

库阿特罗肯特 Quattro Canti

Map p.478 B2

用雕刻装饰的四个角落 ★★

库阿特罗肯特是“四个角”的意思。这是位于马奎埃达大街（Maqueda）和维多里奥·埃马努埃莱大街（V.Emanuele）交叉处的建筑物，用西西里·巴洛克风格的雕刻做装饰。形成曲线的房屋墙壁用城市守护圣人、西班牙国王、代表四季的喷泉雕像进行了装饰。

库阿特罗肯特犹如一个室外的雕刻展览场

法官广场 Piazza Pretoria

Map p.478 B2

动感十足的空间 ★★

这个广场的中心是阶梯状的大型法官喷泉（Fontana Pretoria）。16 世纪由托斯卡纳的雕刻家雕刻而成的喷泉非常壮观。围绕喷泉的裸体雕像不下 30 个。据当地人讲，正因为这些裸体雕像，这个广场一度被称为“耻辱的广场（Piazza Vergogna）”。

法官广场上优雅的雕像

贝利尼广场 Piazza Bellini

Map p.478 B2

具有巴勒莫特点的景观 ★★

位于法官广场南面，集阿拉伯风格和诺曼底风格为一体的广场。广场上，两座巴勒莫代表性的教堂并肩而立。一个是正面为巴洛克风格的玛托拉纳教堂（Martorana）。与其相邻的圣卡塔尔多教堂（San Cataldo）也同样建于 12 世纪，但却有着全然不同的造型和风格。请一定注意教堂屋顶上并列着的 3 个赤红的圆顶。这些圆顶以及几何学图案都是阿拉伯风格的，对诺曼底人修建教堂的手法产生了巨大影响。

当时穆斯林参与了基督教教堂的建设，所以才会诞生了这样的教堂。这种独特的建筑只能用巴勒莫式风格来表述，所以千万不要错过一饱眼福的机会。

玛托拉纳教堂（左）和圣卡塔尔多教堂

巴勒莫景点的闭馆日

所谓节假日包括了 1/1~1/6、复活节后的周日、4/25、5/1、6/2、8/15、11/1、12/25、12/26。

鉴赏传统艺术

●国际木偶博物馆 Mueso Internazionale delle Marionette

展出包括西西里岛人偶在内的意大利传统人偶以及相关道具。还有演出可以观看。

住 Piazzetta A. Pasqualino 5
☎ 091-328060
开 夏季 10:00~19:00
冬季 9:00~13:00
14:30~19:00
休 周日、节假日
费 导游引领参观（英语）€4，+演出（约 50 分钟）€5
地 p.479 A3
※ 只能跟随导游参观。意大利语€ 3

●玛托拉纳教堂

住 Piazza Bellini 3
☎ 345-8288231
开 9:30~13:00 15:30~17:30
周日、节假日 9:30~10:30
地 p.478 B2

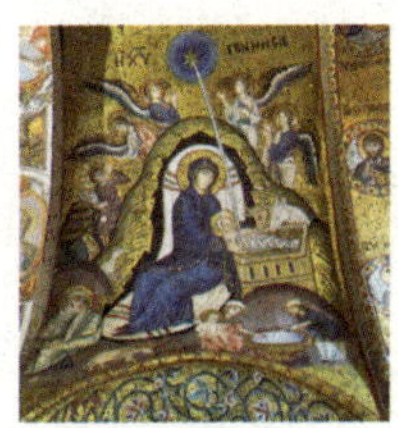

玛托拉纳教堂内古老的镶嵌画

●圣卡塔尔多教堂

住 Piazza Bellini 3
☎ 091-6161692
开 9:45~13:00 15:30~17:30
周日 9:00~10:30
11:45~13:00
节假日 10:30~12:30
费 € 2 地 p.478 B2

诺曼底王宫附近

诺曼底王宫 Palazzo dei Normanni

Map p.478 B1

用华丽的镶嵌工艺进行装饰

★

回廊内16世纪的镶嵌工艺非常精美

这是阿拉伯—诺曼底样式的王宫建筑，11世纪时由阿拉伯人始建，12世纪诺曼底人在原有建筑上进行了扩建及改建。16世纪时又进行了改装。现在作为西西里区议会的会场使用，因此只能跟随导游进行参观。在诺曼底国王们的居室部分中，最值得观看的是鲁杰罗皇帝的房间（Sala di re Ruggero）。曾经是国王寝室，这个房间的壁画，用狩猎场面、植物等华丽的镶嵌工艺进行了装饰。

帕拉提那礼拜堂 Cappella Palatina

Map p. 478 B1

美丽的镶嵌工艺叹为观止

★★★

内部用金色镶嵌工艺进行装饰，令人惊叹

位于诺曼底王宫的二层，是诺曼底国王鲁杰罗二世从1132年开始，花费了8年时间建造的礼拜堂。走进王宫大门，沿着右侧宽敞的台阶上去，走到尽头的房间就是帕拉提那礼拜堂。房间内的墙壁、祭坛全部用金色为主体的镶嵌工艺进行装饰，绝不亚于拉韦纳的镶嵌工艺。在顶棚和柱子的图案里还残留有阿拉伯风格的影响。宝座上的镶嵌图案是14世纪制作的《宝座上的基督和圣保罗以及圣彼得》，圣坛（穹顶）上是12世纪制作的《被天使围绕着的全知全能的神基督》。在它下面是《达维德》《所罗门》《扎卡里亚》《洗礼者约翰》。在这个空间里，《圣经》里的世界被用金色为主体的鲜艳色彩描绘了出来，令人叹为观止。阿拉伯—拜占庭风格的地面镶嵌画、伊斯兰工匠制作的钟乳石花纹的天棚等，这里融汇了各种文明，蔚为壮观。身着短裤、无袖衫的人不可以入内参观，要注意。

侧廊内的镶嵌画展现了圣人的生活

圣乔万尼·埃勒米提教堂 San Giovanni degli Eremiti

Map p. 478 B1

红色穹顶印象深刻

★★

鲁杰罗二世于1142年建造的教堂。阿拉伯—诺曼底样式的红色穹

西西里区议会所在的诺曼底王宫。“国王的房间”限定日期开放

●诺曼底王宫 帕拉提那礼拜堂

住 Piazza Indipendenza

☎ 091-6262833

开 8:15~17:40（入场截至17:00） 周日、节假日 8:15~13:00（入场截至12:15）

休 王宫 周二~周四 礼拜堂 复活节的下一个周一、1/1、12/25

费 周一、周五、周六、周日、节日 通票€8.50 周二、周三、周四 仅限礼拜堂€7

着短裤、无袖衫等裸露肌肤较多的服装的人不可以进入。入口处有安检。

帕拉提那礼拜堂是自由参观。游客较多时会限制入场人数。参观完帕拉提那礼拜堂后，从楼梯上到3层。在大门口等候一段时间后，工作人员会带领参观鲁杰罗皇帝的房间和议会会堂（Sala d'Ercole）等处。3层因为至今仍作为议会会堂使用，所以只有在没有议会的时候（周一、周五、周六、周日）才能跟随导游进行参观。

在9:45~11:15期间，帕拉提那礼拜堂有时会因为进行弥撒而不能入内参观。

神秘辉煌的礼拜堂内部

马西莫剧场

是欧洲为数不多的美丽的歌剧剧场。必须跟随导游进行参观（周二~周日 9:30~16:30，每小时1次）。参观所需时间30分钟，€8。

演出信息及预约请登录

URL www.teatromassimo.it

●圣乔万尼·埃勒米提教堂

住 Via dei Benedettini

☎ 091-6515019

开 周二~周六 9:00~19:00 周日、周一、节假日 9:00~13:30

费 €6

顶和天花板，营造出一片非意大利式的空间。

回廊的柱子环绕的中庭自然而美丽。现在早已不再作为教堂使用，内部空荡荡的。

从充满南国风情的小回廊中眺望穹顶

大教堂 Cattedrale

世界遗产 Map p. 478 B1·2

祭祀巴勒莫历代国王之地

★★

12 世纪末建造的西西里一诺曼底样式的巨大教堂。教堂和钟楼由两个哥特式拱门连接在一起。正中央的圆形屋顶和建筑物上部装饰的精巧雕刻都非常珍贵。由于经历过多次改建和增建，因此现在已经很难知道最初的形状了。

位于宽阔的广场上的大教堂

内部（入口的左侧）的第 1、第 2 礼拜堂是皇帝和国王的陵寝，包括安茹家族科斯坦萨二世在内的王族的墓葬排列在装饰宝盖的下面。在珍宝馆（Tesoro）里展示有科斯坦萨二世金色的皇冠，以及仪式中使用的圣具、金银饰品等。阶梯下面有纳骨堂（Cripta），能看到罗马时代的石棺等。

其他地区

西西里区美术馆 Galleria Regionale della Sicilia

Map p. 479 B3

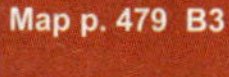

展示独特的文化和艺术

★★

美术馆位于 15 世纪修建的阿伯特里斯宫（Palazzo Abatellis）内。宫殿哥特式的小窗和典雅的大门也非常引人注目。美术馆里必看的是 15 世纪的湿壁画《死的凯旋》。壁画的作者不详，但却是一幅堪称不俗的大作。作品保存完好，那淡淡的梦幻般的色彩让人深深感到巴勒莫文艺复兴的独特性。另外，馆内还收藏有西西里画家安东内洛 · 达 · 墨西拿（A.da Messina）的四幅杰作。尤其是《圣告图》（*Annunziata*）是必看的作品。这里的中庭也很漂亮。

墨西拿作品《圣告图》

西西里区考古学博物馆 Museo Archeologico Regionale

Map p. 478 A 2

追忆古希腊，令人心情舒畅的博物馆

★★★

馆内收藏有从意大利各地出土的古希腊相关文物。尤其是从塞利努特神庙出土的古希腊美术品，十分引人注目。从锡拉库萨挖掘出的青铜器《牧羊像》（*L'Ariete*）也是必看的。博物馆是由曾经的修道院改建而成的。可以慢慢地欣赏回廊里摆放整齐

塞利努特神庙的出土文物

●大教堂
住 Corso V.Emanuele
☎ 091-334373
开 7:00~19:00
周日、节假日 8:00~13:00
16:00~19:00
费 与珍宝馆、陵寝、穹顶的通票€ 3
※ 仅陵寝€ 1.50

新古典风格的内部

●西西里区美术馆
住 Via Alloro 4
☎ 091-6230011 开 9:00~18:30
周六、周日 9:00~13:00
休 周日、周一、节假日
费 € 8
※ 闭馆前 1 小时截止入场。每月第一个周日免费

收藏丰富的典雅的美术馆

阿维奇里亚市场
'A Vucciria
狭窄的道路两旁挤满了商铺，是值得一看的市场。
地 p. 478 A · B2

●西西里区考古学博物馆
住 Piazza Olivella 24
☎ 091-6116806
开 周二～周四 9:30~13:30
14:30~17:30
休 周一、节假日
※ 从 2016 年 10 月时，只能参观一层的 Piano Terra。入馆免费

曾经的修道院如今成为区考古学博物馆

●嘉布遣派的地下墓穴
住 Piazza Cappuccini 1
☎ 091-6524156
开 9:00~13:00、15:00~18:00
休 10月～次年3月的周日上午
费 €3

前往蒙雷阿莱大教堂的方法

乘坐109路公交车前往独立广场（Piazza Indipendenza），换乘389路公交车，需时约30分钟。12:00~15:00期间公交车的车次极少，需要注意。冬季的工作日运行间隔约为25分钟，夏季或周日、节假日时大约1小时1趟车。

蒙雷阿莱大教堂的 ❶ 旅游咨询处
Comune Monreale
住 Piazza Guglielmo 1
☎ 091-6466070
开 9:00~13:00
周二～周四 15:00~17:00
休 周日、节假日

●大教堂
住 Piazza Duomo
☎ 091-6404413
开 8:30~12:30
14:30（冬季15:30）~17:00
周日、节假日 8:30~10:00
14:30~17:00
费 免费，屋顶露台和礼拜堂€4

●圣玛丽亚拉诺瓦的带回廊中庭
Chiostro Monreale di Santa Maria La Nuova
住 Piazza Guglielmo il Buono
☎ 091-6404403
开 周一～周六 9:00~18:30
周日、节假日 9:00~13:00
休 周日、节假日下午
费 €6

的石棺，也可以在长满茂盛纸莎草的有喷泉的内院里休息，总之这是能够让你心情舒畅地度过一段时光的博物馆。

嘉布遣派的地下墓穴 Catacombe dei Cappuccini

Map p. 478 B1 外

被8000多具木乃伊守护着 ★

地下墓穴内部

在约200米长，分上下两层的空间内保存着17~19世纪的8000多具着盛装的木乃伊，其景象蔚为壮观。木乃伊的保存状态良好，有的连头发、胡须都清晰可见。尤其是幼女罗萨莉亚的木乃伊，就犹如一个熟睡的孩童一般。

巴勒莫郊外的主要景点

蒙雷阿莱大教堂 Monreale

世界遗产

美轮美奂的镶嵌工艺

装饰大教堂内部的镶嵌工艺

蒙雷阿莱大教堂位于巴勒莫市区西南8公里的加蓬特山的山腰上，因拥有精美的诺曼底—阿拉伯样式的大教堂而出名。大教堂从1174年开始修建，仅用了2年时间就建成完工，教堂内部全部用绚烂的黄金镶嵌工艺进行了装饰。《旧约全书》的场景和耶稣的生平故事等都美得令人惊叹，但最为壮观的是圣坛上的巨大基督像。从平台（Terrazza）上眺望到的景色也极佳。另外，附属的带回廊的中庭（Chiostro）有清真寺中庭的气氛，是必看的地方。

幽静的切奥斯托罗（带回廊的中庭）

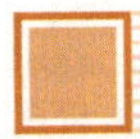

巴勒莫的餐馆·咖啡馆
Ristorante

西西里岛的中心巴勒莫汇集了各种各样的餐馆。充满活力，拥有独特氛围的阿维奇里亚市场特有的内脏菜肴、令人心情愉悦的露天比萨店，还有点着蜡烛的高档餐馆。各种咖啡馆和快餐店等也应有尽有。这是一座能够尽情享受中高低档美食的城市。

德维斯普利餐馆
Osteria dei Vespri

Map p.478 B2

◆ **精致的西西里菜肴**

一家酒馆兼餐馆，位于曾在维斯康蒂的电影《山猫》中出镜的一幢建筑物内的角落。简朴的店内提供的是经过改良的西西里菜，无论是摆盘还是味道，都非常独特。需预约

URL www.osteriadeivespri.it
住 Piazza Croce dei Vespri 6
☎ 091-6171631
营 13:00~15:00、20:00~23:00 休 周日
预 €30~85（座位费€4）、套餐€25~（午餐）、套餐€60~ C A.D.J.M.V.
交 从库阿特罗肯特步行5分钟

马蹄铁餐馆
Ferro di Cavallo

◆ **深受当地人喜爱**

1944 年创业的家族经营式餐馆，能品尝到传统巴勒莫菜肴。价格公道，开胃菜、普里莫€ 4~，第二道菜€ 8，味道也是家常菜风味，非常受欢迎，总是有很多当地人光顾。推荐刚开店时就去。

Map p.478 B2

住 Via Venezia 20
☎ 091-331835
营 10:00~15:30、19:30~23:30
休 周日、周一和周二的晚餐（8 月除外）
预 € 10~20（座位费€ 2）、套餐€ 19
C A.D.M.V.
交 距离圣多明戈教堂 200 米

齐步思餐馆
Risto Cibus

◆ **时尚的自助餐**

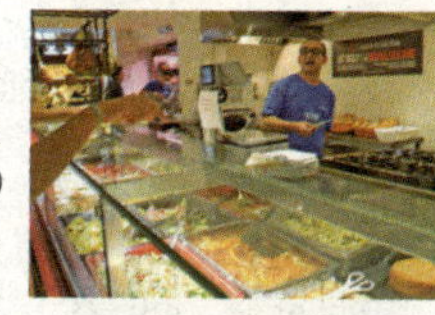

位于新市区中心，是一家餐馆兼酒窖的自助餐馆。明亮时尚的氛围非常受白领和女性的欢迎。店内（半地下）的柜台里摆放着蔬菜、肉类、鱼类、小吃、点心，只要用手指一下想要的食物就能点餐。比萨饼都是现场烤制的。有餐桌席位，能悠闲地用餐。葡萄酒和食物的种类丰富，也可以在餐后购买一些作为礼品。

Map p. 478 A2

住 Via Enrico Amari 79
☎ 091-323062
营 8:30~23:00
休 部分节假日
预 € 10
C A.D.M.V.
交 从努奥沃城堡广场步行 1 分钟

圣弗朗西斯科（简餐）
Antica Focacceria San Francesco

◆ **简单的小吃**

1834 年开业的历史悠久的老店。这里的招牌菜是用乳酪夹煮熟的动物内脏做成的 Focaccia Maritata。另外这里还有品种丰富的小吃可以外卖。二层是时尚的餐馆（晚上 8:00~）

Map p.478 B2

住 Via Alessandro Paternostro 58
☎ 091-320264
营 11:00~23:00
休 周二（6~9 月除外）、1 月
预 € 5~，套餐€ 18
C A.D.M.V.
交 圣弗朗西斯科教堂前面

斯品纳特咖啡馆
Antico Caffè Spinnato

◆ **高档感浓厚的咖啡馆**

在装满坚果的杯子里盛满口味独特的冰激凌 Coppa Reale，吃起来真是很享受。另外，店内销售的独具西西里特色的混装点心盒也很适合作为礼物。

Map p.478 A2

住 Via Principe del Belmonte 107/115
☎ 091-329220 营 7:00~ 次日 1:00
休 12/25 预 € 5~
C A.D.M.V.
交 从考古学博物馆向北 200 米

奥里奥尔（意式冰激凌）
Gelateria Oriol

◆ **大受欢迎的冰激凌店**

夏季时客人多得会排队排到店外。一定要尝尝大个奶油蛋卷里面夹裹的西西里特产的意式冰激凌（€ 2.40）。冬季店里还会销售巧克力。

Map p.478 A2

住 Piazza Ungheria 6~10 ☎ 3381320772
营 夏季 9:00~ 次日 1:00
周一 9:00~21:00
休 2 月 预 € 2~ C 不可
交 从鲍利特埃玛剧场步行 3 分钟

巴勒莫的酒店
Hotel

在巴勒莫寻找一家经济型酒店并不难。即便是和意大利的其他城市相比，这里的住宿价格也很低廉。位于新市区入口处的努奥沃城堡广场附近，分布着中高档酒店，还有前往机场的普尔曼巴士，非常方便。旧城区的贝利尼广场周边也有很多中高档酒店，火车站也在步行可抵达的范围之内。

格瓦纳酒店 ★★★★★
Grand Hotel Wagner

Map p. 478 A2

◆ 厚重优雅的氛围

是由 20 世纪的贵族宅邸改装而成的酒店。大堂和酒吧用灰泥雕刻和湿壁画进行装饰，充满了让人怀想古代的厚重的古典风格。酒吧的吊灯是电影《山猫》的舞会场景中曾出境过的物品。早餐的内容丰富。

URL www.grandhotelwagner.it
住 Via Wagner 2
☎ 091-336572
Fax 091-335627
SB € 90/150
TB € 126/185
室 61 间　含早餐 W-F
C A.D.M.V.
交 从鲍利特埃玛广场步行 3 分钟

埃特 · 戴斯 · 帕尔姆斯酒店 ★★★★
Grand Hotel et des Palmes

Map p. 478 A2

◆ 拥有古典氛围

用豪华大理石装点的大堂内大吊灯的灯光闪烁，还有厚重感十足的酒吧、明亮的早餐间等，是一家充满了古典氛围的酒店。

URL www.grandhotel-et-des-palmes.com
住 Via Roma 398
☎ 091-6028111
Fax 091-331545
SB € 74/149
TB € 86/164
室 98 间　含早餐 W-F
C A.D.J.M.V.

托尼克酒店 ★★★
Hotel Tonic

Map p. 478 A2

◆ 位于方便之地

位于努奥沃城堡广场附近，从机场或港口开来的汽车都会在这里停靠，无论旅游还是购物都很方便。外观看起来很小巧，但是客房很宽敞洁净。酒店的工作人员非常亲切。

URL www.hoteltonic.it
住 Via Mariano Stabile 126
☎ 091-581754
Fax 091-585560
SS € 50/90　TS € 60/100
室 39 间　含早餐 W-F
C A.D.M.V.
交 距离马西莫剧场 5 分钟

科尔蒂西酒店 ★★
Hotel Cortese

Map p. 478 B2

◆ 安静而又洁净

位于巴拉罗广场旁边。虽然距离市场很近，但是酒店周围却很安静。客房很干净，空调设施齐全。长期保持着家族经营模式的酒店，气氛安稳祥和。前台位于二层。

High 4/1~9/30 左右
URL www.hotelcortese.info
住 Via Scarparelli 16
☎ Fax 091-331722
S € 25/30　SS € 30/38　T € 44/50
TS € 52/59　3S € 75/80　室 27 间
含早餐 W-F　C A.M.V.

阿奇拉菲酒店 ★★
Hotel Villa Archirafi

Map p. 479 B3

◆ 住起来让人感觉舒服的 2 星级酒店

距离车站 500 米。旁边就是植物园，距离大海也很近。外观看起来很不起眼，但里面很干净舒适。还有供长期住宿人员使用的带厨房的公寓房。带空调。

URL www.villaarchirafi.com
住 Via Lincoln 30
☎ Fax 091-6168827
SS € 50　TS € 75
室 50 间　含早餐 W-F
C A.D.M.V.

加富尔酒店 ★
Albergo Cavour

Map p. 479 B3

◆ 距离车站很近，方便舒适

位于中央车站旁边，从机场开过来的汽车会在这里停靠，非常方便。客房虽然感觉有点旧，但很宽敞干净。早餐会送到房间。

URL www.albergocavour.com
住 Via Alessandro Manzini 11，5Piano（6层）
☎ Fax 091-6162759
S € 30　SS € 40
T € 45　TS € 55　早餐 € 3 W-F
C D.M.V.

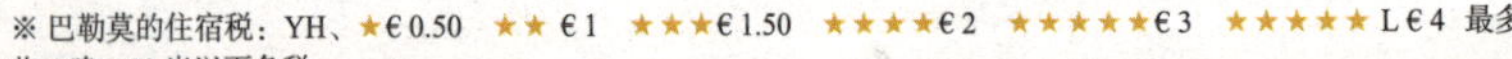

※ 巴勒莫的住宿税：YH、★€ 0.50　★★ € 1　★★★€ 1.50　★★★★€ 2　★★★★★€ 3　★★★★★ L € 4　最多收 4 晚，11 岁以下免税

陶尔米纳 *Taormina*

●邮政编码 98039

从陶尔米纳眺望到的美丽的全景图

陶尔米纳位于墨西拿和卡塔尼亚的正中间，是西西里最著名的度假胜地。陶尔米纳位于海拔 206 米的高地上，面前是美丽的伊奥尼亚海，背后是雄伟的埃特纳火山，景色十分迷人。这里一年四季都很美，但从春到秋是最好的季节。有很多意大利人来这里度蜜月。可以在这里多停留几日，悠闲地享受一番。

陶尔米纳 漫步

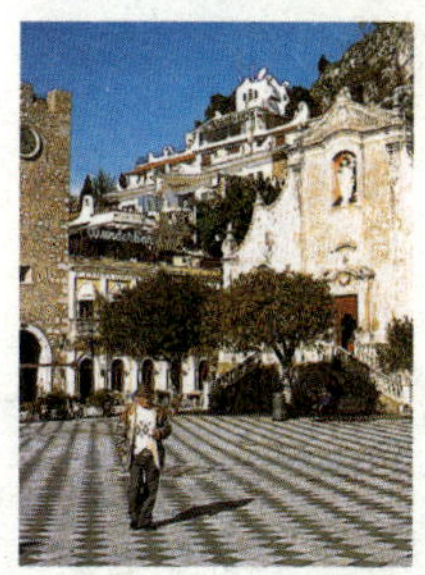
冬季寂静的 4 月 9 日广场

火车站位于城市南边，濒临大海，在站前可以乘坐巴士。城市入口是位于东侧的墨西拿门（Porta Messina），从这里到西侧的卡塔尼亚门（Porta Catania）之间有翁贝托一世大街（Corso Umberto Ⅰ）连接，也是这座城市的主要街道。大街的中段地带有一个 4 月 9 日广场（Piazza IX Aprile），现在已经成为观景台。在靠近卡塔尼亚门的大教堂广场（Piazza del Duomo）上，有一个小巧的大圣堂，大圣堂附属喷泉上的“半女人半马像”是这座城市的标志。傍晚或夜里，漫步在这条街道上，随意地浏览着街边橱窗，或在广场的长椅上眺望大海，都会充满乐趣。

首先让我们去参观陶尔米纳最精彩的景点希腊剧场（Teatro Greco（Teatro Antico Taormina））吧。从墨西拿门进来，沿着紧邻的维托里奥·埃马努埃莱广场（Piazza Vittorio Emanuele）开始向左延伸的平缓坡路前行。看着路边的各色特产店走到尽头就是剧场入口。它是西西

前往陶尔米纳的方法

从 fs 线墨西拿中央车站乘坐开往卡塔尼亚、锡拉库萨等方向的 RV、R，约需 38 分钟~1 小时 8 分钟。从卡塔尼亚乘坐 R 前往约需 36 分钟~1 小时。如果乘坐普尔曼巴士，从墨西拿前往约需 1 小时 20 分钟~1 小时 56 分钟（INTERBUS 公司，1 天 5 趟车，周日和节假日一天 1 趟车），从卡塔尼亚前往约需 1 小时 10 分钟~2 小时 15 分钟（INTERBUS 公司，1 天 10 趟车，周日和节假日一天 5 趟车）。汽车一直开到在位于山上的城市附近的汽车总站，非常方便。从 fs 线火车站需要乘坐公交车前往市区。

从卡塔尼亚前往陶尔米纳的交通

卡塔尼亚开往陶尔米纳的普尔曼从市区的汽车总站（中央车站旁边）发出，由 INTERBUS/ETNA TRASPORTI 公司运行，车次很多。此外，8:45~19:45 期间，从卡塔尼亚机场也有普尔曼发出，运行间隔 2~4 小时（需时约 1.5 小时）。在卡塔尼亚机场（出租车单程约€ 65），或从陶尔米纳乘坐出租车时，要注意这里的出租车没有计价器，一定要事先讲好价。

汽车票 1 次乘车券 € 1.80

陶尔米纳的 ❶ 旅游咨询处 AAST

住 Piazza S.Caterina（Palazzo Corvaja 内）
☎ 0942-23243
开 8:30~14:15、15:30~18:45
休 周六、周日、节假日
地 p. 487 A1

●希腊剧场

开 5~8 月 9:00~19:00
4 月、9/1~9/15 9:00~18:30
9/16~9/30 9:00~18:00
10/1~10/15、3/16~3/31 9:00~17:30
10/16~10/31、3/1~3/15 9:00~17:00
11/1~ 次年 2/15 9:00~16:00
2/16~2/28 9:00~16:30
费 €8 地 p.487 A2

●城堡（卡斯特罗古堡）

☎ 0942-393707
地 p. 487 A1

●缆车

开 周一 8:45~20:00
周二 ~ 周六 7:45~20:00
费 单程 €3，往返 €6
地 p. 487 A1-A2

前往贝拉岛的方法

乘坐缆车或公交车前往。缆车乘车处位于汽车总站和墨西拿门之间。如果乘坐公交车，从汽车总站乘坐 ASM 公司运营的汽车（所需时间约 10 分钟，单程票价 €1）前往。

喜欢徒步游览的人可从皮兰德罗大街（Via L.Pirandello）的观景台（Belvedere）出发，进入旁边的羊肠小道，下了坡路和台阶后就是马扎罗海岸了。

前往城堡的方法

乘坐开往卡斯特莫拉的公交车前往。步行前往的话，沿着 Via Circonvallazione 大街，从九曲十八弯的陡峭台阶拾级而上即可。

卡斯特莫拉 Castelmola

距离市区大约 5 公里，在狭窄的小路的尽头就是卡斯特莫拉村庄。这是建在海拔 529 米的石灰岩断崖上的中世纪村庄，有着壮观的景色。

前往卡斯特莫拉的方法

从火车站或者 Piazzale Piran-dello 的汽车总站乘坐 INTERBUS/SAIS 公司的汽车（所需时间约 15 分钟，单程票价€ 1.90）前往。1 天有 4~9 趟车。最好提前确认回程的时刻表。

地 p. 487 A1 外

里第二大的剧场，仅次于锡拉库萨剧场，建于公元前 3 世纪，后来罗马人又进行了增建。在以美丽的天空和大海，以及埃特纳火山为背景的舞台上，夏天经常上演歌剧、芭蕾舞、音乐会等，现在也仍在使用。

城市南侧的山岗上是市民公园（Villa Comunale）。公园里种满了九重葛和橙子树等充满异国情调的植物。从公园的天台上还能俯瞰到美丽的大海。

卡斯特莫拉的村庄

从卡斯特罗眺望到的全景

城市北部地区和高高的 Monte Tauro 山顶上建有中世纪的城塞（卡斯特罗古堡）。可以乘坐开往位于高地的中世纪古堡卡斯特罗（Castelmola）的巴士前往，但是如果从 Via Circonvallazione 大街出发，登上九曲十八弯的陡坡之后就能看到城市全景，你会被豁然开朗的壮观景色惊呆，忘记所有的疲惫。天气晴朗时，还能看到喷着轻烟的埃特纳火山的雄姿。对面远远看到的卡斯特莫拉也很美丽。

贝拉岛 Isola Bella

从市区乘坐公交车 10 分钟左右就能到达海边的度假胜地。马扎罗海滨（Lido di Mazzaro）有很多高档酒店，在酒店的专属海滩悠闲度假的人们都是在这里长期逗留的游客。来此度假，洗涤生命中尘埃的意大利人络绎不绝。这里和位于高地上的市区有缆车连接。上面的乘车处位于汽车总站和墨西拿门之间，Via Luigi Pirandello 的 Esso 加油站对面。

"碧海蓝天"的背景地——贝拉岛

连接陶尔米纳和马扎罗的缆车

夏季时，有从陶尔米纳近郊发出的旅游团，可以在导游带领下攀登埃特纳火山，有半天或一天的旅游线路。可以在 ❶ 旅游咨询处或市内众多旅行社进行咨询。

●陶尔米纳的旅游线路

墨西拿门 p.487
↓
翁贝托一世大街 p.487
↓
观景台（4 月 9 日广场）p.487
↓
希腊剧场 p.487
↓
市民公园 p.488

陶尔米纳的 ❶ 位于面向维多里奥·埃马努埃莱广场的科瓦雅宫里。工作环境美丽整洁，工作人员亲切热情，还可以帮忙推荐酒店。

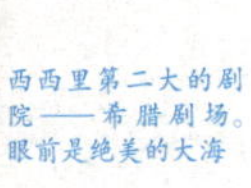

西西里第二大的剧院——希腊剧场。眼前是绝美的大海

陶尔米纳的餐馆
Ristorante

玛菲兹
Maffei's

Map p. 487 A1

◆ **味道和服务都极好**

位于大教堂（顺着中央的主街稍微向下）旁边。价格虽然偏高，但是味道很好。推荐金枪鱼片和西西里式金枪鱼等。推荐阳台座位。需预约

住 Via San Domenico de Guzman 1 ☎ 0942-24055 营 12:00~15:00、18:30~24:00 休 1/6~3/1 预 €35~80（座位费€5）套餐€60 C A.D.M.V.

陶尔米纳的酒店
Hotel

夏季这里非常拥挤，没有预订很难找到住宿设施。另外，有不少旅馆在冬季就不营业了，请注意。如果想充分享受高档度假村的气氛，可以去4、5星级酒店的餐馆进行体验。

陶尔米纳NH精选酒店 ★★★★★
NH Collection Taormina

Map p.487 A1

◆ **明亮，品位好的酒店**

有能眺望到大海的游泳池、屋顶露台，能让人身心放松的水疗设施，设施齐全。使用有机原材料的早餐也非常受欢迎。推荐来此度蜜月。

URL www.nh-collection.com/hotel/nh-collection-taormina 住 Via Circonvallazione 11 ☎ 09426-25202 SB €127/500 TB €143/859 室 63间 含早餐 W-F C A.D.J.M.V.

秃鹰酒店 ★★
Condor

Map p. 487 A1 外

◆ **位于城市北侧，在高地上**

从露台上能俯瞰到大海和城市，景色非常壮观。在能眺望到美景的露台上享用早餐，给人留下的回忆也是难忘的。

URL www.condorhotel.com 住 Via Dietro Cappuccini 25 ☎ 0942-23124 Fax 0942-625726 SS €60/90 TS €80/130、€90/160（靠海的一侧）3S €90/100 室 12间 含早餐 W-F 休 1/1~3/15、11/2~12/31 C A.D.M.V.

阿斯托里阿别墅旅馆 ★
Pensione Villa Astoria

Map p. 487 A2

◆ **地理位置好，价格低廉**

位于汽车总站前面，很方便。既便宜又干净，从窗口能看到美丽的景色，还有庭园。有停车场。这里还有能看到大海的带阳台房间。

High 5~6月、10~11月 URL www.villastoriataormina.com 住 Via L.Pirandello 38 ☎ 0942-23943 Fax 0942-629422 SS €60/75 TS €73/110 室 7间 含早餐 休 11/5~次年3/20 C D.M.V.

吉亚迪尼·纳克索斯的酒店

距离陶尔米纳大约5公里，乘坐巴士约10分钟就能到达吉亚迪尼·纳克索斯（Giardini-Naxos）市区。比起游人如织的陶尔米纳，这里比较安静，治安也好，餐馆和酒店更便宜，而且数量也很多。

岩石 ★★★
Arathena Rocks

地图外

◆ **充满西西里的气息**

这里远离海岸道路的喧嚣，非常安静。酒店被大海和泳池包围着，客厅里放置着西西里民族风格家具，沙龙内弥漫着古老时代的香气，是一个气氛极好的地方。一般提供含餐的住宿。

URL www.hotelarathena.it 住 Via Calcide Eubea 55 ☎ 0942-51349 Fax 0942-51690 SS €40/100 TB €60/220（含2餐的每人€75~80）W-F 休 11月~复活节 C A.J.M.V.

维拉·玛拉酒店 ★★
Hotel Villa Mora

地图外

◆ **西西里式家具非常漂亮！**

喜欢古典艺术的老板经营的一家小酒店。在干净的客房内有电话、电视、风扇等设施。

URL www.hotelvillamora.com 住 Via Naxos 47 ☎ Fax 0942-51839 SS €39/55 TS €60/118、€80/130（带阳台）室 19间 含早餐 W-F 休 10/29~次年4/12 C A.M.V. 交 从车站乘坐出租车约需7分钟

※ 陶尔米纳的住宿税：B&B、★～★€1 ★★★€1.50 ★★★★€2 ★★★★★€2.50 最长收10晚，12岁以下免税

※ 吉亚迪尼·纳克索斯的停留税：B&B、★～★★★€0.50 ★★★★～★★★★★€1 最长收5晚，10岁以下免税。收税时间8~9月

卡塔尼亚  

●邮政编码 95100

从卡塔尼亚眺望 2013 年被列入《世界遗产名录》的埃特纳山

在加里波第门的时钟上镌刻了洋溢着自豪感的标语——“我从我的灰烬中完美重生”，这正是卡塔尼亚市的写照。卡塔尼亚多次遭到埃特纳火山的毁灭性打击，曾 9 次遭受毁灭后又进行重建，现在是仅次于巴勒莫的西西里第二大城市。这里有许多古老的遗迹和巴洛克式建筑，还是作曲家温琴佐·贝利尼（Vincenzo Bellini）和作家乔凡尼·韦尔加（Giovanni Verga）的出生地，是一座文化都市。

卡塔尼亚 漫 步

火车站位于城市以东 1 公里的海滨。去市中心可乘坐公交车或步行（约 20 分钟）前往。

这座城市与巴勒莫很相似，能在这里看到西西里华丽的一面。大教堂广场往北是埃特奈阿大街，可以在这条商业街上看看橱窗散散步。还可以在整洁典雅的贝利尼公园（Villa

出生在卡塔尼亚的作曲家贝利尼的雕像（位于斯泰西科罗广场 Piazza Stesicoro）

前往卡塔尼亚的方法

从 fs 线卡塔尼亚中央车站乘坐开往墨西拿方向的 RV 或 R 约需 1 小时 20 分钟~2 小时，从锡拉库萨乘坐 IC、R 前往约需 1 小时~1 小时 20 分钟，从巴勒莫乘坐 RV（直达）需要 2 小时 50 分钟（约 2 小时有 1 班车），如果乘坐普尔曼巴士，无论从巴勒莫还是阿格里真托都需要大约 3 小时（→ p. 480）。

从机场到市内

从卡塔尼亚机场 Fontanarossa Giovanni Eredia 乘坐 ALIBUS 的 457、24 路公交车前往市区。运行间隔大约 20 分钟，所需时间大约 15 分钟，票价€ 1。

● SAIS 公司的办公室

住 Via d'Amico 181

☎ 095-536168

（中央车站前的汽车总站前）

市内汽车票

1 次乘车票 €1（90 分钟有效）

1 日乘车票 € 2.50

※ 从站前去大教堂乘坐 457 路巴士

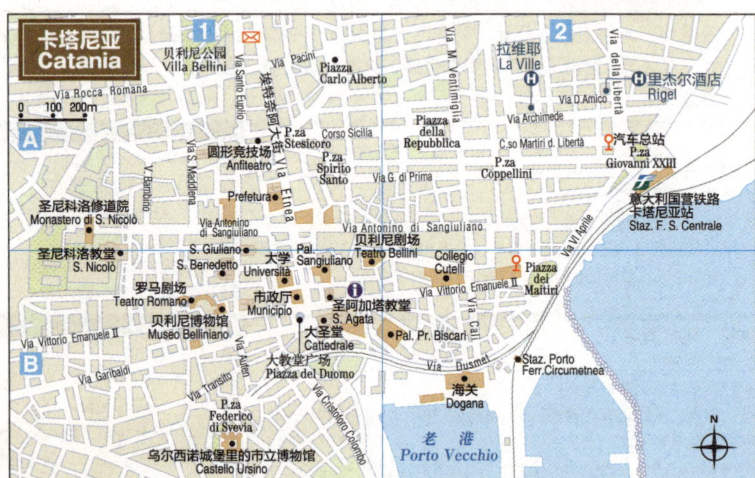

Bellini）小憩，在时尚的咖啡馆里点上一杯浓缩咖啡，看着路上走过的人们。

但是贝利尼剧场西侧附近治安不太好，夜间尽量不要去。

卡塔尼亚 主要景点

精心建造的贝利尼公园

为了纪念出生在这里的作曲家贝利尼（V.Bellini），该市修建了许多以贝利尼名字命名的建筑。贝利尼公园（Villa Bellini）是一个种满了亚热带植物的美丽的大花园。模仿长满纸莎草的泉水建造的小池塘充满了诗情画意，园内到处能让人感受到艺术的魅力。贝利尼博物馆（Museo Belliniano）是由贝利尼故居改造而成的，展示着有关他的资料。贝利尼剧场（Teatro Bellini）是建于19世纪的歌剧院，位于贝利尼广场的一角，是一座稳重坚实的建筑。

G.B. 瓦卡里尼建造的建筑正面

另外，城里还有很多古迹，如曾经是希腊剧场的罗马剧场（Teatro Romano）、圆形竞技场（Anfiteatro）等。罗马剧场建于公元前415年，在罗马时代进行过改建，是一个能容纳7000人的大剧场。

弗里德里希建造的城堡

其他看点还有巴洛克式的大圣堂（Cattedrale）、大象喷泉和市政厅所在的大教堂广场（Piazza del Duomo）、13世纪奉神圣罗马皇帝之命在罗马时代遗迹上建造的乌尔西诺城堡（Castello Ursino）（内部是市立博物馆）等。该市最繁华的大街是埃特奈阿大街（Via Etnea），有很多高档的时装店和咖啡馆。

●卡塔尼亚的旅游线路

大教堂广场（“大象喷泉”大教堂） p.491
↓
埃特奈阿大街 p.491
↓
罗马剧场 p.491
↓
贝利尼博物馆 p.491

● i 旅游咨询处 Info Point
住 Via Etnea 63/65，Palazzo Minoriti 内
☎ 095-4014070 开 9:00~13:00
周四 15:00~17:00 也开放
休 周日、节假日
地 p. 490 B1

●机场的 i 旅游咨询处
开 周一～周六 8:00~19:15
休 周日、节假日

●贝利尼博物馆
住 Piazza S. Francesco d'Assisi 3
☎ 095-7150535
开 周一～周六 9:00~19:00
周日 9:00~13:00
休 部分节假日 费 €5
地 p. 490 B1

●大圣堂
开 7:30~12:00、16:00~19:00
地 p. 490 B1

●乌尔西诺城堡里的市立博物馆
住 Piazza Federico di Svevia
☎ 095-345830
开 9:00~19:00
周日 9:00~13:00
休 节假日 费 €8 地 p. 490 B1

有的公司在卡塔尼亚周边以外的地区也实行往返优惠制。购票时一定要确认一下。

卡塔尼亚的酒店
Hotel

拉维耶 ★★★
La Ville

Map p.490 A2

◆度过悠闲的时光

距离中央车站和汽车总站都很近。这是一个典雅的酒店，是将小巷内历史悠久的建筑改建后形成的。沙龙和客房用古典家具进行装饰，充满了古典氛围。

URL www.rhlaville.it 住 Via Monteverdi 15
☎ Fax 095-7465230 SB €45/70
TB €60/185 室 14间 含早餐 Wi-Fi
C A.D.J.M.V.
交 从中央车站步行5分钟

里杰尔酒店 ★★★
Rigel Hotel

Map p. 490 A2

◆交通方便

紧邻中央车站旁边的汽车总站。乘坐普尔曼巴士非常方便。室内装潢很温馨，氛围祥和，很干净。酒店没有电梯，有大件行李的人要注意。

URL www.hotelrigelcatania.it 住 Viale Libertà 63 ☎ 095-534911 Fax 095-2830030 SS €45/55 TS €75/85 3S €85/95 含早餐 Wi-Fi 室 13间 C A.D.J.M.V.
交 从中央车站步行2分钟

※卡塔尼亚的住宿税：B&B、★～★★€1 ★★★€1.50 ★★★★～★★★★★€2.50 最多收3晚，18岁以下免税

锡拉库萨 Siracusa

●邮政编码 96100

锡拉库萨是当时希腊殖民城市中最大、最美丽的城市。是著名的“阿基米德定律”的创造者，希腊著名数学家阿基米德（公元前 287~ 前 212 年）的出生地。

锡拉库萨虽然发展成为能够直接影响整个西西里的城市，却没能像雅典一样产生民主政治，这里的人们一直生活在领主狄俄涅索斯的专制统治之下。

不久后这里就被罗马人征服，在圣帕奥罗的传教下变成了基督教城市。9 世纪时又被阿拉伯人占领。

世界遗产

锡拉库萨和潘塔立克石墓群
收录年份 2005 年　文化遗产

前往锡拉库萨的方法

从 fs 线墨西拿中央车站乘坐开往锡拉库萨方向的 IC，需要 2 小时 34 分钟，乘坐 RV，需 2 小时 24 分钟 ~2 小时 42 分钟，乘坐 R，需要约 3 小时 10 分钟，从卡塔尼亚乘坐 IC、R，需 1 小时 ~1 小时 20 分钟。从阿格里真托前往需要在卡塔尼亚等地换乘，乘坐 R 需 5 小时 40 分钟 ~7 小时 20 分钟（速度慢，车次少，还需要换乘）。从阿格里真托乘坐普尔曼巴士前往更方便，需时 4 小时 15 分钟。从巴勒莫乘坐普尔曼巴士（INTERBUS 公司）经由内陆地区的高速公路约需 3 小时 20 分钟（1 天有 3 趟车）（→ p. 480）。

普尔曼站台

普尔曼到达的车站是位于 fs 线锡拉库萨站前的 Via Rubino 站。车站有开往奥尔提伽岛的 20 路小巴，车次很多，运行间隔为 30 分钟（一次票的票价€ 0.90）。市内公交车的车票在车站外的酒吧和烟草店购买，前往巴勒莫等地的 INTERBUS 公司的车票在车站内的售票处购买。

ⓘ 旅游咨询处 Servizio Turistico Regionale

住 Via d.Maestranza 33
☎ 0931-464255
开 8:00~13:45
　周三　8:30~13:45
　14:45~17:45 也开放
休 周六、周日、节假日
地 p. 493 B2

绿意盎然的考古学地区

锡拉库萨 漫步

开往锡拉库萨的普尔曼，有 INTERBUS 公司运营的连接巴勒莫、卡塔尼亚的车，AST 公司运营的连接诺多、卡塔尼亚和锡拉库萨的车，终点站是 fs 线中央车站前的鲁比诺大街（Via Rubino）汽车站。从这里到奥尔提伽岛的入口有小巴运行。步行 20 分钟也能抵达。锡拉库萨的景点集中在两个地方，一个是希腊 · 罗马时代的遗迹所在的奈阿波利考古学公园（Parco Archeologico della Neapolis），另一个是奥尔提伽岛上的老城区（Città Vecchia），有桥和市区连接。火车站的东侧是新城区，北侧是奈阿波利考古学公园，东南是旧城区。无论去哪里，步行前往就足够了。尤其在旧城区的小路上散步，更是一种乐趣。奥尔提伽岛的入口附近，从阿波罗神庙到沿海一带的地方，上午开有海鲜市场，热闹异常。岛西侧的意大利广场有绿意盎然的漫步大道，电影《西西里的美丽传说》曾在这里取景。夏天的夜晚，这里是当地人纳凉的好地方。

马多娜 · 德雷拉克里梅圣所纪念堂是新市区的标志

锡拉库萨 主要景点

奈阿波利考古学公园

希腊罗马时代的遗址分布在宽阔的公园里。附近还有游乐场，是市民们休息的地方。这里必看的是希腊剧场、天堂采石场、圆形竞技场，其他的还有海厄洛二世祭坛（Ara di Ierone Ⅱ）、石墓群（Necropoli dei Grotticelli）等（奈阿波利考古学公园、希腊剧场的通票€ 10）。

夏季周末时希腊剧场经常因为有活动而将入场时间提前到 16:00~17:00。虽然在门票上盖章后可以在第二天上午来参观，但还是早一些去参观为好。

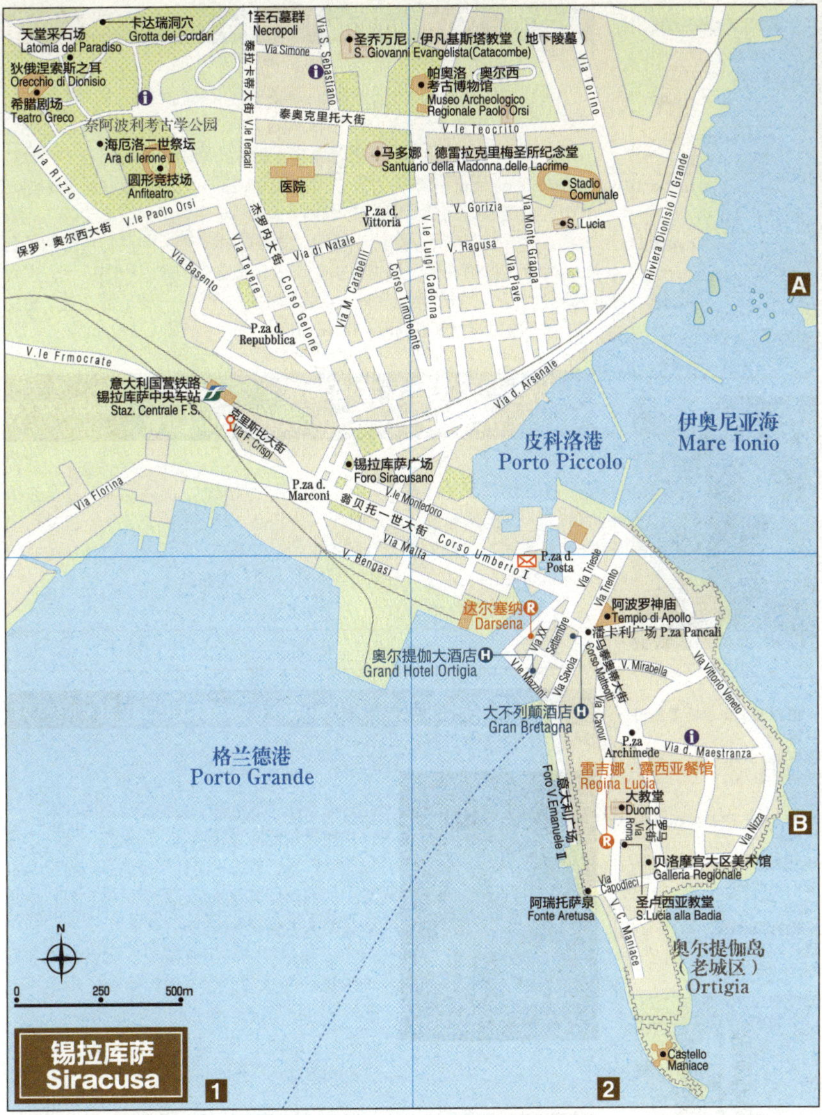
卡达瑞洞穴
Grotta dei Cordari
天堂采石场
Latomia del Paradiso
至石墓群
Necropoli
圣乔万尼·伊凡基斯塔教堂（地下陵墓）
S. Giovanni Evangelista(Catacombe)
狄俄涅索斯之耳
Orecchio di Dionisio
帕奥洛·奥尔西考古博物馆
Museo Archeologico Regionale Paolo Orsi
希腊剧场
Teatro Greco
奈阿波利考古学公园
海厄洛二世祭坛
Ara di Ierone II
圆形竞技场
Anfiteatro
泰奥克里托大街
V.le Teocrito
马多娜·德雷拉克里梅圣所纪念堂
Santuario della Madonna delle Lacrime
医院
Stadio Comunale
S. Lucia
P.za d. Vittoria
保罗·奥尔西大街
V.le Paolo Orsi
Via Rizzo
Via Basento
Via Tevere
Via di Natale
Corso Gelone
Via M. Carabelli
Corso Timoleonte
V.le Luigi Cadorna
V. Gorizia
V. Ragusa
Via Monte Grappa
Via Piave
Riviera Dionisio il Grande
Via Torino
Via Simone
Via S. Sebastiano
Vle Teracati
P.za d. Repubblica
V.le Frmocrate
意大利国营铁路锡拉库萨中央车站
Staz. Centrale F.S.
克里斯比大街
Via F. Crispi
Via d. Arsenale
皮科洛港
Porto Piccolo
伊奥尼亚海
Mare Ionio
锡拉库萨广场
Foro Siracusano
P.za d. Marconi
翁贝托一世大街
Corso Umberto I
V.le Montedoro
Via Malta
V. Bengasi
Via Florina
P.za d. Posta
达尔塞纳
Darsena
阿波罗神庙
Tempio di Apollo
潘卡利广场 P.za Pancali
奥尔提伽大酒店
Grand Hotel Ortigia
V.le Mazzini
Via Savoia
V. Mirabella
Via Vittorio Veneto
大不列颠酒店
Gran Bretagna
Via Cavour
P.za Archimede
Via d. Maestranza
格兰德港
Porto Grande
雷吉娜·露西亚餐馆
Regina Lucia
大教堂
Duomo
Foro V.Emanuele II
意大利广场
Via Nizza
贝洛摩宫大区美术馆
Galleria Regionale
阿瑞托萨泉
Fonte Aretusa
圣卢西亚教堂
S.Lucia alla Badia
V. C. Maniace
奥尔提伽岛（老城区）
Ortigia
Castello Maniace
N
0
250
500m
锡拉库萨
Siracusa
A
B
1
2

希腊剧场 Teatro Greco

Map p. 493 A1

巨大的古代剧场　★★★

这是公元前 5 世纪锡拉库萨鼎盛时期的产物。剧场直径 130 米，非常大，保存状态也很好。希腊剧场呈半圆形，从任何一个角度都能看到舞台，即使在现代也是非常优秀的剧场。5 月和 6 月（隔年）时会上演正规的希腊戏剧。剧场背后的小山坡是希腊人的墓地。这大概是因为古时候的人们希望即使离开人世也不要失去欣赏戏剧的快乐吧。

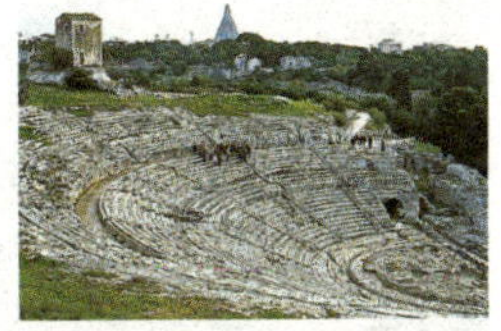

世界最大的古代剧场

●奈阿波利考古学公园
☎0931-65068
开 8:30~ 日落前 2 小时
夏季 18:00、冬季 15:30 左右
费 € 10（有通票）
地 p. 493 A1

●锡拉库萨的旅游线路

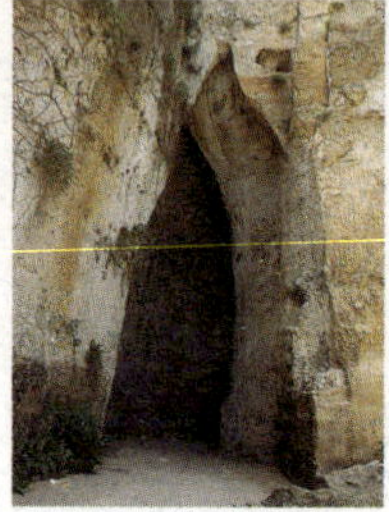
形状、传闻都很有趣的“狄俄涅索斯之耳”

●帕奥洛·奥尔西考古博物馆
住 Viale Teocrito 66
☎ 0931-464022
开 9:00~18:00
周日、节假日 9:00~13:00
休 周一 费 €8

●大教堂
开 9:00~18:00
费 €2

●圣卢西亚教堂
开 11:00~16:00
休 周一

巴洛克样式的庄严大教堂

●贝洛摩宫大区美术馆
住 Via Capodieci 14
开 9:00~18:30（周日 ~13:00）
休 周一
费 €8（有通票）

天堂采石场 Latomia del Paradiso

Map p. 493 A 1

追忆往昔，洞窟公园 ★★

希腊时代，为建造神庙和旧城区住宅而开采石料的地方。现在这里已成为柠檬果园，但据说1693年大地震之前，这里有块巨大的岩石高耸入云，酷似天盖。那不勒斯著名画家卡拉瓦乔看到后为它起名为“天堂采石场”。这里必看的是名为“狄俄涅索斯之耳”（Orecchio di Dionisio）的洞穴，据说是锡拉库萨领主狄俄涅索斯用来作为牢狱使用的洞穴。该洞穴音响效果非常好，高达36米，形状似耳朵的洞穴与建在希腊剧场上的墓地连接。据说当时领主可以偷听关押在这里的政治犯的谈话，同时向这些人传达“神的声音”——也就是领主的意思——来洗脑。这个洞穴旁边是卡达瑞洞穴（Grotta dei Cordari）。

帕奥洛·奥尔西考古博物馆 Museo Archeologico Regionale Paolo Orsi

Map p. 493 A 2

能系统地了解历史 ★★

博物馆位于圣乔万尼·伊凡基斯塔教堂附近，时尚的建筑本身也很有魅力。馆内珍藏着从史前时代到公元前7世纪的出土文物，以及这里作为希腊城市时期的数量众多的文物。丰满的《阿芙罗狄忒的维纳斯》（*Venere Anadiomene*）雕刻是馆内最引人注目的展品。

旧城区

大教堂和圣卢西亚教堂 Duomo e Santa Lucia

Map p.493 B2

瞬间，仿佛穿越到中世纪 ★★

卡拉瓦乔作品《圣卢西亚的葬礼》

大教堂是旧城区的中心，建于7世纪。是用过去希腊神庙的柱子在原地建造而成的。正面是庄严的巴洛克式建筑，很值得一看。站在大教堂广场，有一种时光倒流到了中世纪的感觉。面向广场的建筑是巴洛克风格，但装饰很少，给人以简单朴实的感觉。

大教堂广场的南侧是圣卢西亚教堂。装饰主祭坛的是在此度过晚年的卡拉瓦乔的作品《圣卢西亚的葬礼》（*Seppellimento di S. Lucia*）。画面中围绕着圣卢西亚的尸身，掘墓人和默哀的人们的神情栩栩如生。

贝洛摩宫大区美术馆 Galleria Regionale di Palazzo Bellomo

Map p. 493 B2

展示西西里特色的美术馆 ★

位于美丽的贝洛摩宫内的美术馆

建于13世纪的美丽宫殿，还保留着富有情趣的加泰罗尼亚风格，现在成了美术馆。馆内展出以中世纪到现代的绘画和雕刻为主，展品中有众所周知的安东内洛·达·墨西拿的《圣告图》（*Annunciazione*）等。

阿瑞托萨泉 Fonte Aretusa

Map p.493 B2

繁茂的纸莎草代表久远的时光 ★

是位于旧城区西侧沿海地带的小小的淡水池塘。池塘内自然生长着纸莎草，还有白天鹅在尽情地畅游。传说该泉水是被河神追赶的山林水泽仙女所变。能从泉水旁边的道路向下走到海滨。

阿瑞托萨泉

锡拉库萨的餐馆

Ristorante

中高档的酒店散布在新城区的东北部。价格适中的二星级、三星级酒店、民宿分布在奥尔提伽岛上。锡拉库萨还是西西里著名的美食之城。

达尔塞纳

Ristorante Darsena Da Ianuzzo

◆ **当地著名的餐馆**

很热闹的一家餐馆，食材新鲜，价格合理。位于通往奥尔提伽岛的桥过来后马上右转的海边上。最近新开设了面向大海的露天席位。菜肴以鱼类为主，店员推荐菜是自助式开胃菜和海胆通心粉。

Map p. 493 B2

住 Riva Garibaldi 6
☎ 0931-61522、66104
营 12:00~15:00、19:00~23:00
休 周一
预 €35~55（座位费€2）
C A.D.J.M.V.

雷吉娜·露西亚餐馆

Ristorante Regina Lucia

◆位于奥尔提伽岛的中心，大教堂广场上。夏天，在广场的露台餐位上眺望着美丽的广场用餐，会非常惬意。店内的氛围非常优雅。能品尝到改良的乡土菜。

Map p. 493 B2

住 Piazza Duomo 6
☎ 093-122509
营 12:30~14:00、19:45~23:00
休 周二、11 月的 15 天
预 €60 左右（座位费€3）、套餐€60
C D.M.V.

锡拉库萨的酒店

Hotel

奥尔提伽大酒店 ★★★★★

Grand Hotel Ortigia

◆ **气氛和服务都很好**

临海而建，是市内历史最悠久的酒店。配有最新式的设备，管理人员非常亲切，走廊上的筐里是自由取用的橙子，服务可谓尽心尽力。可以边看着大海边用早餐。距离锡拉库萨的火车站 2 公里。

Map p.493 B2

URL www.grandhotelortigia.it
住 Viale Mazzini 12 ☎ 0931-464600
Fax 0931-464611 SS SB €100/155（靠海）
TS TB €124/289（靠海）
JS €200/300（靠海、豪华间）
室 58 间 含早餐 WiFi C A.D.J.M.V.

大不列颠酒店 ★★★

Hotel Gran Bretagna

◆ **可爱的酒店**

位于旧城区，地处方便的地方，又很有魅力的旅馆。地下食堂里还留有遗迹。有的房间里有湿壁画。所有客房都有空调、迷你酒吧、电视。距离潘卡利广场很近。

Map p. 493 B2

URL www.hotelgranbretagna.it
住 Via Savoia 21 ☎ 0931-68765
Fax 0931-209836 SS €68/100
TS €85/120 SU €100/200
室 16 间 含早餐 WiFi
休 1~2 月 C M.V.

SS 带淋浴的单人间价格 SB 带淋浴或浴盆的单人间价格 TS 带淋浴的双人间价格 TB 带淋浴或浴盆的双人间价格
SU 套间

阿格里真托 Agrigento

●邮政编码 92100

阿格里真托的标志——迪奥斯库里神庙和遗址群

阿格里真托被希腊著名的抒情诗人品达尔赞誉为“世界上最美丽的城市”。至今，古希腊时期的遗址仍保留着当年的风姿，矗立在城市的南部。

保存着 20 多座神庙，被称为“神庙谷”的地方，到了春天，道路两旁会盛开着洁白的杏花，盛夏时节则会盛开火红的夹竹桃花。在花团锦簇的道路中散步，你会误以为正身处希腊某处。

阿格里真托 漫 步

火车站位于新城区的南部，从站前广场旁边的台阶走上去就是新城区。去神庙谷需要从站前乘坐 1、2、3 路（有很多车次）等公交车前往。

神庙谷距离市中心约 3 公里，位于一个斜缓的山坡上。日落时分，从神庙谷远眺市区，整个城市在黑暗中形成一个剪影，美不胜收。神庙旁边虽然有橄榄树和夹竹桃树，但是到了夏季日照仍是非常强烈。一定要准备好帽子、防晒霜和水等物品。

从站前的马可尼广场（Piazza Marconi）向左侧的阿莫罗广场（Piazzale A. Moro）走 500 米左右的左侧，有 ❶ 旅游咨询处。能拿到详细的地图和导游手册。

世界遗产

阿格里真托的考古学地区
收录年份 1997 年　文化遗产

前往阿格里真托的方法

利用国营铁路到阿格里真托中央车站（或者 Bassa），从卡塔尼亚乘坐 R、RV 前往需要 3 小时 46 分钟～5 小时 31 分钟（需要换乘）。从巴勒莫中央车站乘坐 R 前往约需 2 小时，大约 1 小时有 1 趟车（€ 8.30）。普尔曼巴士由 CUFFARO 公司运营，需时约 2 小时（单程€ 8.70，往返€ 13.70）。平日每天有 8 趟车，周六有 6 趟车，周日和节日有 3 趟车。从卡塔尼亚开往这里的普尔曼巴士，平日每天有 9 趟车，周日和节假日有 3 趟车，由 SAIS 公司（€ 13）运营，需时约 3 小时。

※ 2013 年国营铁路的新线路铺设结束，从巴勒莫中央车站几乎每小时的 49 分都有车发出。因此使用国营铁路也方便了许多。阿格里真托的普尔曼巴士车站和火车站几乎就在同一个地方。都需要乘坐市内公交车前往遗址

❶ 旅游咨询处 AAST 的主办公室

住 Via Empedocle 73
☎ 0922-20391
开 8:00~14:30
休 周六、周日、节假日
地 p. 496 A
※ 根据游客意愿和预算介绍酒店给游客

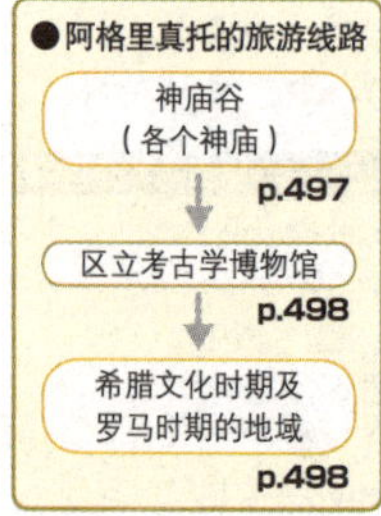

阿格里真托 主要景点

神庙谷 Valle dei Templi

Map p. 496 B

从古代希腊流传至今 ★★★

阿格里真托的象征

和谐神庙 Tempio della Concordia ★★★

西西里最大的和谐神庙和橄榄树

公元前450~前440年建造的多里亚式神庙，是西西里最大的神庙（42米×19.7米）。保存状态良好，其完整度在希腊神庙中仅次于雅典的帕特农神庙。6世纪时一度曾作为基督教堂使用，这样反倒使这座神庙得以保存完好。

●神庙谷
☎0922-26191
开 8:30~19:00
休 无
费 €10（和考古学博物馆的通票€13.50）
※ 售票处截至闭馆前30分钟。每月第一个周日免费

"神庙谷"要使用通票

神庙谷的奥林匹克神庙、迪奥斯库里神庙、希腊文化时期及罗马时期的地域可以使用通票参观，€10。神庙谷和国立考古学博物馆的通票是€13.50。

神庙谷被道路分为两个部分。票是通用的。卫生间在停车场对面的公园上坡左侧。

有着巨大列柱的神庙遗址

海格拉斯神庙 Tempio di Ercole ★★

建于公元前520年，是阿格里真托最古老的初期多里亚式神庙。与其他神庙一样，这个神庙也曾因地震倒塌，后来英国考古学家哈德亚斯修复了8根柱子。在这附近有一个被称为"特洛奈之墓"（Tomba di Terone）的纪念碑，是用来纪念与腓尼亚人战斗过的罗马士兵的。

另外，在海格拉斯神庙和和谐神庙之间，还可以看到许多形似古城墙的希腊文化时代的坟墓（Necropoli）。

阿格里真托最古老的赫拉神庙

几乎以完整姿态保存下来的优美神庙

赫拉神庙 Tempio di Giunone Lacinia ★★

赫拉神庙位于神庙谷东端，建于公元前460~前440年。34根柱子当中有25根柱子被完好地保留了下来，可以看出后期多里亚式建筑精致的风格。

赫拉神庙

用巨大的石像支撑的神庙

奥林匹克（宙斯）神庙 Tempio di Giove Olimpico ★

神庙因地震而倒塌，现在只剩下了一些残垣断壁。其中横躺着的长达 7.75 米的巨大的人像柱（Telamone）尤为引人注目，这是支撑该神庙石柱之一的复制品。石柱的真品现存放在考古学博物馆。

遭迦太基军队破坏殆尽

迪奥斯库里神庙（卡斯托·波拉克斯） ★★ Tempio dei Dioscuri（di Castore e Polluce）

建于公元前 5 世纪的神庙的遗址。曾被迦太基军队完全破坏，但是在 1832 年，用在原址上发现的残片重新修复了一部分。以往的白灰泥也被保留了下来。

迪奥斯库里神庙

区立考古学博物馆 Museo Archeologico Regionale

Map p. 496 B

展示古代西西里的文化 ★★

位于市区和神庙群之间，是西西里规模第二大的博物馆。馆内收藏了阿格里真托以及中部出土的陶器等文物，非常珍贵。奥林匹克神庙中的石像（Telamone）真品更是堪称一绝。在它旁边还陈列着其他石柱上的头像，从左往右依次代表了亚洲、非洲、欧洲。还有镶嵌画、假面、石棺等。

博物馆旁边还有一座建于公元前 1 世纪，被称为法莱瑞德小礼拜堂（Oratorio di Falaride）的建筑，据推测原来可能是希腊文化时期的小神庙。另外，附近还有能容纳 3000 人，举行市民会议的小圆形剧场（Comitium）遗址，能远眺神庙群，还有建于 13 世纪的圣尼古拉教堂（San Nicola），所以很值得来此一趟。

●区立考古学博物馆
住 Contrada San Nicola
☎ 0922-401565
开 周一、周日、节假日 9:00~13:00
周二～周六 9:00~19:00
费 €8（和神庙谷的通票 €13.50）
※ 入馆截至闭馆前 30 分钟。每月第一个周日免费

巨大的人像柱

希腊文化时期及罗马时期的地域 Quartiere Ellenistico-Romano

Map p. 496 B

让人追思古罗马的城市 ★

位于考古学博物馆附近。一看到有 4 条大街通行的这个遗址沟壑，就能立即明白公元前 4 世纪～前 3 世纪时罗马城市的市容了。价值昂贵，饰有镶嵌画的地板已在上面覆盖上物品进行了保护。

罗马时期的地域

●希腊文化时期及罗马时期的地域
开 8:30~19:00
费 与神庙谷通用

阿格里真托的餐馆 *Ristorante*

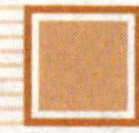

神庙餐馆 *Dei Templi*

Map p. 496 B

◆ **欣赏美景，品尝美食**

餐馆位于能俯瞰神庙谷的地方。漫步累了，又恰逢午餐的时间，来这里是最好的选择。无论景观还是食物都无可挑剔。西西里风格的鱼类菜肴种类丰富。需预约

住 Via Panoramica dei Templi 15
☎ 0922-403110
营 12:30~15:00、19:30~23:00
休 周日
预 €25~40（座位费 €2）
C A.D.M.V. 交 紧邻神庙谷的东侧

阿格里真托的酒店
Hotel

雅典娜酒店 ★★★★★
Villa Athena

Map p. 496 B

◆ 与神庙近在咫尺

酒店的地理位置非常好。有很多著名的电影演员和知名人士下榻过该酒店。有15个客房面向和谐神庙，晚上能从房间看到神庙的夜景。从火车站乘坐1、2、3路公交车可到。

URL www.hotelvillaathena.it
住 Via Pass.ta Archeologica 33
☎ 0922-596288 Fax 0922-402180
TB € 130/400
室 29间 含早餐 W-F C D.J.M.V.

科列维尔迪酒店 ★★★★
Colleverde Park Hotel

Map p. 496 B

◆ 拥有美丽花园和远眺景观

酒店位于神庙谷的前面。虽然价格稍微贵一些，但拥有能眺望到神庙的美丽花园和露台，从房间眺望到的景色也很美。内设餐馆，人均消费约€ 20。

URL www.colleverdehotel.it
住 Via Panoramica dei Templi
☎ 0922-29555 Fax 0922-29012
TS TB € 68/145 3B € 95/174
室 48间 含早餐 W-F
C A.D.J.M.V.

美景酒店 ★★
Belvedere

Map p. 496 A

◆ 享受从庭园里极目远眺的乐趣

是一个简朴、干净、氛围温馨的酒店。因为建在高地上，从带有宽阔露台的庭园里远眺的景色很美。距离汽车总站约100米。从马可尼广场后面的坡道上来后右侧即是。

URL www.hotelbelvedere.com
住 Via San Vito 20 ☎ Fax 0922-20051
S € 35~ SS € 52~ T € 48~
TS € 70 室 14间 早餐€ 3 W-F
C 不可

SS 带淋浴的单人间价格 SB 带淋浴或浴盆的单人间价格 T 使用公用淋浴的双人间价格 TS 带淋浴的双人间价格 TB 带淋浴或浴盆的双人间价格 3B 带淋浴或浴盆的3人间价格 SU 套间价格

意大利美术史
Arte greca 古希腊美术

和谐神庙

古罗马帝国整合了古代地中海的文明，形成了西洋文化的基础，但如此大规模的罗马文化追根溯源是以在罗马地区和意大利半岛繁衍起来的原住民文化为背景的。其中南部意大利、西西里岛的希腊殖民城市和伊特鲁里亚的两种文化起了非常重要的作用。

E神庙（塞利农特）

●希腊殖民城市 Magna Grecia

公元前8世纪以后，古希腊人在意大利半岛南部以及西西里岛的沿海地区建立起了殖民城市，称之为马格纳·格雷西亚（大希腊）。各城市通过地中海贸易逐渐繁荣起来，并有了凌驾于希腊本土城市之势。彰显着城市势力，具有象征性，里程碑式的宗教建筑接踵而起。公元前6世纪传入了多里亚式和爱奥尼亚式两大建筑式样。西西里的希腊神庙的特点是，长方形空间里的内部布局和本土不同，以及强调正面的纪念意义。塞利农特（Selinunte）的神庙群在长方形空间内进行了前室、神室、圣地的规划布局，并采用前柱式来强调正面。是用多里亚样式处理的大空间布局和爱奥尼亚式方案的典型案例。除此之外，阿格里真托神庙（和谐神庙 Tempio della Concordia，公元前5世纪）、那不勒斯近郊的帕埃斯图姆 Paestum（赫拉神庙Ⅱ Tempio di Hera Ⅱ，公元前5世纪，→ p. 448）都是有代表性的案例，在锡拉库萨还有现存世界上最大的露天剧场。

希腊剧场（锡拉库萨）

受阿拉伯和非洲的洗礼 海洋和热带大地的美食

■ 西西里区的美食

西西里岛上柠檬树、柑橘树硕果累累，到了初夏，花香弥漫在整座岛屿上。当地菜肴多是用日照充足的蔬菜和从祖母绿色的地中海捕获的海产品精制而成的。另外，由于这里是阿拉伯文化的中转地，北非式菜肴 Cùscus 和用阿拉伯特有香料制作的菜肴都成了当地风味。当地还酿造出了酒精浓度较高的优良葡萄酒。

鲜艳的玛托拉纳点心 Frutta della Martorana

首先要提的是西西里人非常喜欢的一种小吃——橘子（Arancia）大小的米饭肉丸子（Arancini）。里面加入了豌豆和碎肉酱，有西红柿口味和乳酪口味。小孩子们从早上开始就吃个不停。提到面食，就不能不提撒丁面条（Pasta com le sarde），这是用沙丁鱼、松子、橄榄油，和带有甜香的野生茴香（Finocchio）制作的调味料拌的通心粉。黑色调味酱看着有点怪异，但味道极好，值得西西里人感到骄傲。与它最搭配的是味道优雅的白葡萄酒 Etna Bianco。卡波纳塔（Caponata）是当地著名的蔬菜菜肴，是用茄子、西葫芦、大青椒（peperoni）等和西红柿一起蒸煮而成的菜。与之相配的是香味绵密、口味淡雅的 Cerasuolo di Vittoria。

炭烤箭鱼

特产信息

• 葡萄酒 •

埃特纳 Etna ★★
DOC · 红 · 白
产于埃特纳火山的斜坡上。红葡萄酒口感浓郁平和，白葡萄酒很爽口

马尔萨拉 Marsala ★★★
DOC · 琥珀色 · 辣口、半甜口、甜口（酒精度较高）
辣的为餐前酒，甜的是餐后酒。Superiore和Vergine等陈年酒味道非常好

• 特产 •

人偶 Marioneffe
演绎以西西里著名的传统人物形象为主角的作品

陶器 Ceramica
卡尔塔吉罗奈的产品最高档

另外，盛产金枪鱼（Tonno）和箭鱼（Pesce Spada）的西西里，会用刚捕捞的新鲜鱼进行烧烤，或用葡萄酒煮，或用调味料进行烹调。葡萄酒 Rincione Bianco（白）和这些鱼类菜非常相配。在肉类菜中常见的有炸牛排（Cotoletta alla Siciliana），以及经美国的西西里岛移民传播开来的肉丸子（Polpettine）。这些肉类菜的最佳搭配是红葡萄酒 Corvo Rosso。

阿拉伯美食的代表 Cùscus 现在已经成为特拉帕尼地区的家常菜了。用鱼汤将硬粗面粉蒸软，再浇上鱼和鱼汤食用。与之相配的是色泽金黄的白葡萄酒 Rapitalà。

除此之外，西西里岛还有很多好吃的水果和点心。产于冬季，果肉赤红的血橙（Arancia Sanguinella）和仙人果（Fichi d'India）都很珍贵。在点心店橱窗里最引人注目的是形状酷似水果，色彩鲜艳的玛托拉纳的点心（Frutta della Martorana）。另外还有用杏仁和杏仁粉制作的曲奇，装入乳清干酪和焦糖水果的筒状点心（Cannolo）也都很好吃。

最后要介绍的，是享誉世界的意大利餐后葡萄酒——马尔萨拉（Marsala）。这种酒产自西西里岛西端的马尔萨拉市。为了品尝到它醇厚的芳香和丰富的味道，向你推荐两种品牌：Marsala Superiore 和更古老的 MarsalaVergine。

撒丁区

Sardegna

撒丁岛大致分为四个地区。岛内最大的堪波塔诺平原从南部的卡利里亚，一直延伸到西部的奥里斯塔诺，这片西南部地区气候温和，盛产小麦、蔬菜、橄榄，十分富足。以努奥罗为中心的内部地区被人们称为“阴影中的国度”，这里的女性身着黑衣，多以牧羊为生。这里还保留有叫作努拉盖的要塞，以及撒丁岛风格的古老传统。

另外，撒丁岛北部地区是世界著名的度假胜地。西海岸的萨萨里市和阿尔盖罗市受到了隔海最近的西班牙的影响，不仅有加泰罗尼亚风格的建筑，还住着说加泰罗尼亚语（西班牙东北部加泰罗尼亚的方言）的人们。

石头要塞努拉盖描绘着自古代起的历史

意大利的神秘地域——撒丁岛

悠久历史和独特文化孕育的别样美丽天地

萨萨里的民族服装

撒丁岛是仅次于西西里岛的地中海第二大岛屿，历史悠久，据说地球还处于混沌状态，尚未成形的泥沼之地时，天神的脚踏入泥浆之中，留下了一个足迹，这就是撒丁岛。公元前来到这个岛上的腓尼基人和希腊人称这个岛为足迹（撒拉丁）或凉鞋（撒丁尼亚）。

现实中的撒丁岛拥有白色的沙滩，6月就可以游泳的温暖的祖母绿大海，是一个别有洞天的地方。在美丽的珊瑚岩礁海边上躺着，简直让人忘记了时光流逝。在岛上最著名的旅游地翡翠海岸（Costa Smeralda），超高档的度假酒店鳞次栉比，欧洲的富豪们在此奢侈地度假。

进入内陆地区，则是险峰连绵，羊羔成群的景象。在这个过去曾被称为“阴影中的国度”的内陆地区，至今大多数女性仍以黑色装束为主，中间偶尔能看到身着黄色和红色的华丽传统服饰的女性。在撒丁岛的内陆地区着装仍以民族服装为主。这里的男子个头不高，黑发，结实，和意大利本土男子不太相像。男人们目光敏锐，好像时刻都保持着警惕。看惯了随和的意大利人后，感觉撒丁岛的人确实有些与众不同。

阿尔盖罗附近，码头的海湾

努拉盖岛

在撒丁岛的内陆地区旅游时，能看到一个叫作努拉盖（Nuraghe）的石头要塞。那是古代撒丁岛人为了防御外敌侵略而修建的石头堡垒兼居住地。形状从小的半圆形到大的圆筒形，各式各样。岛上至今仍留有7000多个努拉盖，这些努拉盖仿佛就是一直在与侵略做抗争的撒丁岛人的象征。

撒丁岛虽然被很多其他民族占领过，但是从没有出现过一个完全征服并统治该岛的统治者。可以说，撒丁岛人是意大利最顽强的与外族做斗争的民族。

撒丁岛人这种不屈的精神，培养出了许多优秀人才，并输往意大利本土。如意大利共产党领导人格拉姆西，还有诺贝尔文学奖获奖者格拉齐亚·黛莱达。这位女作家非常写实地描写了撒丁岛的人物和风景，并以此抵抗意大利本土文明对撒丁岛的入侵。

撒丁岛 漫 步

阿尔盖罗的菲尔蒂利亚机场

去撒丁岛可以乘船或坐飞机前往。如果不怕花费时间而追求经济效益的话可以乘船，如果想提高效率就坐飞机。夏季时从意大利各地的港口和机场都有很多来往这里的船或飞机，可以好好地利用一下。

蒂雷尼亚蒸汽船，从位于罗马以北 80 公里处的奇维塔韦基亚（Civitavecchia），到撒丁岛北部入口奥尔比亚（Olbia），需要 8 小时，每天都有船运行。如果到岛南部的入口卡利亚里（Cagliari），则需要 14 小时 30 分钟 ~15 小时 30 分钟，每天有船。另外还有从热那亚、那不勒斯、巴勒莫等地开往这里的船只。

坐飞机前往撒丁岛非常方便。岛上有卡利亚里、奥尔比亚、阿尔盖罗（Alghero）、阿尔巴塔克斯（Arbatax）四个机场。有 ALITALIA、Ryanair 等航空公司，每天运营从米兰、罗马、都灵、威尼斯、比萨等地飞往这里的航班。从意大利本土飞抵撒丁岛所需时间 45 分钟 ~1 小时。

汽车网络很稠密

岛内的交通至今还不是很发达。意大利铁路（fs）主要以连接奥尔比亚、萨萨里、奥里斯塔诺，以及卡利亚里的纵断干线为主，如果想去其他的小城市，就只能利用长途汽车或私营铁路（F.d.S，即 ARST 公司等）。在汽车方面，ARST 公司的汽车网络几乎覆盖了整个岛屿。除此之外，卡利亚里、奥尔比亚之间，以及马达莱纳群岛有 TURMOTRAVEL 公司运行的普尔曼巴士，卡利亚里、奥里斯塔诺之间有 LOGUDORO 公司运行的普尔曼。无论哪个公司，连接撒丁岛各个城市的汽车在早上 5:00~7:00 发车后，直到午后都不会再有车。因此来撒丁岛旅游，一定要留出足够充裕的时间才行。

如果想在撒丁岛高效率地旅游，就得租车。岛上的公路铺设得很好，又没有大城市的拥堵，可以比较放心地驾驶。只是岛上没有高速公路，而是以沿着海岸线的路或山路为主，速度快不起来，因此多留出一些时间，享受一个优哉游哉的兜风之旅吧。

各机场都有租赁汽车的柜台

各轮渡公司的综合网站

URL www.ferriesonline.com

☎050-754492

※ 登载国外来此的航路，和国内航路的各渡轮公司的信息

URL www.traghetti.com

※ 主要登载意大利国内各渡轮公司的信息

各渡轮公司

蒂雷尼亚汽船

URL www.tirrenia.com

莫比公司

URL www.moby.it

☎199303040（意大利国内免费电话）

可以在 URL 上检索时刻表、价格，购买船票。也可以在意大利各地的旅行社购票。

撒丁岛的公共交通

线路、时刻表、票价可查询 URL。

ARST 公司

URL www.arst.sardegna.it

☎800-865042

TURMOTRAVEL 公司

URL www.gruppoturmotravel.com

☎0789-21487

※从卡利亚里前往奥尔比亚、萨萨里、马达莱纳等地

LOGUDORO 公司

URL www.logudorotours.it

☎079-3961035

撒丁岛的标志——撒丁岛旗

卡利亚里 *Cagliari*

●邮政编码 09100

初夏时节的老街奇塔巴萨，路边树木绽放着花朵，非常美丽

撒丁区的首府卡利亚里位于岛的南部，是岛上最大的城市，也是最发达的工商业大都市。

树木繁茂的站前广场上有民间艺术品和日用品的市场，非常热闹。站前开始延伸的大道上百货商场和咖啡馆林立，从正面还能看到港口。景点集中在山丘上的旧城区里。

卡利亚里 漫 步

建在能看到大海的高地上的卡斯特罗（Castello）地区和老街奇塔巴萨（Città Bassa），构成了犹如舞台风景一样的卡利亚里市容。让我们先到高地上去看一下市区的全景吧。翁贝托观景台（Terrazza Umberto）是19世纪时在西班牙军队的要塞上建造起来的。长长的大理石台阶通向观景台，到了上面能看到广阔的大海和城市全貌。从这里沿着古老的

能看到城市全景的翁贝托观景台

从努拉盖里挖掘出来的青铜像备受瞩目

前往卡利亚里的方法

卡利亚里是撒丁岛的南侧门户。有从奇维塔韦基亚（所需时间14小时30分钟~15小时30分钟）、那不勒斯（13小时30分钟~16小时）、巴勒莫（12小时~14小时30分钟）开往此地的船只。

从奥尔比亚南下来此时，可以乘坐fs线的R，约需3小时11分钟~3小时27分钟（有一部分车需要在Macomer或Ozieri Chilivani换乘）。从热那亚开来的船停靠的托雷斯港（Porto Torres）（所需时间10小时），到这里可乘坐R前往，需要3小时20分钟~5小时。

从机场前往市区可利用fs线。从机场大厅旁边的机场站（Stazione Cagliari-Elmas）到火车站需要9~12分钟。车票€1.30，在自动售票机购票。不仅有开往卡利亚里，还有开往奥尔比亚、萨萨里等方向的火车。一定要先确认好列车行驶方向后再上车。开往卡利亚里方向的火车大约15~40分钟一趟车。

卡利亚里的 i 旅游咨询处 AAST

住 Via Roma 145
☎ 070-6778173
开 4~10月 9:00~20:00
11月~次年3月 10:00~13:00、14:00~17:00
休 周日下午、节假日
地 p.504 B1

汽车票

1张	€1.20（90分钟有效）
2小时票	€2
1日票（截至24:00）	€3

曾经的牢狱潘克拉齐奥塔

撒丁岛的民族服装

为了保护民族服装，组建了专门的团队

城市里面日常穿着民族服装的人变少了。但是节日期间的服装绚丽豪华，这个传统亘古未变。在卡利亚里的圣塔菲吉奥节（5月）、萨萨里的卡巴尔卡塔·萨尔塔节（5月）、努奥罗的主人节（8月）等重大节日里，人们穿着的服装就像画卷一样美丽。即使没有这样重大的节日，在撒丁岛这样一年拥有2000多个节日的地方，还是很容易看到身着民族服装的人们的。在城市（村里）的节日上，能看到附近城镇的人们特意身着民族服装组成的团队，实在是赏心悦目。有很多小孩子和年轻人参加活动，被看客和隆重的服装弄得有些紧张的小孩子们真是可爱极了。虽然和博物馆里那些厚重、极尽璀璨的服装有所不同，但仍然非常鲜艳夺目。

节日里身着民族服装的孩子们

街道向前直行，经过罗马风格的大教堂（Duomo），就是圣潘克拉齐奥塔（Torre di San Pancrazio）。这座塔是建于14世纪的监牢，当时撒丁岛正在比萨的统治之下。在塔的前方右侧是国立考古学博物馆（Museo Archeologico Nazionale）。考古学博物馆里展出着撒丁岛原住民建造的努拉盖的模型和从努拉盖里出土的文物等，很值得一看。包括神职人员像在内的青铜像、珠宝饰品、黑绘壶、古罗马的玻璃等，有很多显示当时高度发达的文明的展品。

突然出现在旧城区的大教堂

从国立考古学博物馆继续前行，是罗马时代的圆形竞技场（Anfiteatro Romano）。犹如在岩石中凿出来的这个竞技场是撒丁岛最大的竞技场。

举办大型活动的罗马时代圆形竞技场

如果时间充裕，从站前乘坐PQ、PF线路的汽车去波艾海滩（Spiaggia del Poetto）看看吧。透过汽车车窗能看到沙滩和盐田，还能远远地看到火烈鸟。夏天这里是非常受欢迎的海水浴场。

●国立考古学博物馆
住 Cittadella dei Misei，Piazza Arsenale 1
☎ 070-655911 开 9:00~20:00
休 周一、1/1、12/25
费 €5 地 p.504 A2
※ 售票处截至~19:15

去波艾海滩

开往波艾海滩的巴士从站前的 ❶ 旅游咨询处后面发车，运行间隔约为25分钟。开车大约10分钟后就看见大海了。不过到终点还要继续行驶20分钟左右，基本上都是在沿着海岸行驶。汽车会直接返回站前。如果想中途下车，最好提前购买往返票。

汽车售票处在乘车站台右侧，麦当劳后面。

波艾海滩到了夏天会成为优质的海水浴场

卡利亚里的餐馆

Ristorante

餐馆集中在利纳森特后面，在撒丁岛大街（Via Sardegna）周边。这里的餐馆开门时间较晚，可以在20:00之后在附近散步，找一家看着不错的餐馆进去就可以。

弗罗拉

Flora

Map p.504 B1

◆ **如果想品尝名菜**

用玻璃进行装饰的餐馆非常时尚，店内氛围非常考究。夏天在满是绿色的中庭用餐，令人心情非常愉悦。能品尝到包括龙虾在内的，鱼贝类制作的撒丁岛产的菜肴。同时还经营4星级酒店。最好提前预约

URL www.hotelfloracagliari.it
住 Via Sassari 45/47
☎ 070-664735
营 13:00~15:00、20:00~23:00
休 周日
预 €30~50、套餐€35~40
C A.D.M.V.

达·塞拉菲诺
Da Serafino

◆ **当地人蜂拥而至**

白天有很多在附近工作的人来此就餐，总是处于客满的状态。店内非常明亮，服务员也很亲切。推荐蛤蜊和墨鱼籽的意大利面（Spaghetti Vongole e Bottarga）、油炸海物（Fritto Misto del Golf）。能品尝到平民化的撒丁岛菜肴。最好提前预约

Map p.504 B2

住 Via Lepanto 6
☎ 070-651795
营 12:00~15:00、20:00~23:00
休 周五、8/15~9/3、12/24~次年 1/3
预 €20~35（座位费€1.50），套餐€15、25
C A.M.V.

路易吉餐馆
Luigi Pomata

◆ **海鲜的种类丰富多样**

既是餐馆也是价格公道的酒馆，同时设有寿司吧。包括生蚝在内，海鲜的种类丰富多样。能品尝到用当地食材制作的创新菜肴。晚上需要预约

Map p.504 B2

住 Viale Regina Margherita 14
☎ 070-672058 营 13:00~15:00、20:00~23:00 休 周日 预 €35~70、套餐€15（仅限工作日） C A.D.M.V.

蒙特克里斯托餐馆
La Stella Marina di Montecristo

◆ **轻松随意的餐馆**

以海鲜为主的餐馆，氛围轻松随意。微暗的店内氛围独特，只有定价€25 的套餐供应，一开始会让人觉得不太适应，但在服务员亲切的招待中，马上就能得到放松。最好提前预约

Map p. 504 B2

住 Via Sardegna 140
☎ 070-666692
营 12:30~15:00、20:00~23:00
休 周日、8/14~8/20 左右
预 套餐€25 C M.V.

卡利亚里的酒店
Hotel

卡利亚里有很多经济型酒店。但是从新学年开始的 9 月 ~ 次年 6 月中旬，会被来自全岛的学生们预订满，7 月中旬 ~9 月又是游客集中的时间，所以要尽量提前预订，或到达后就尽快找酒店。

阿邦杰克·维多利亚酒店 ★★
Hotel AeR Bundes Jack Vittoria

◆ **居住感受特别好**

房间宽敞洁净，服务人员非常亲切，住起来心情非常好。在大堂入口、楼层入口、房间全部加锁，让人感觉很安全。位于港口正对面，距离火车站、汽车总站也很近。酒店在二层，同系列比较便宜的 B &B Vittoria 位于三层。

Map p. 504 B2

High 5/1~9/15
URL www.hotelbjvittoria.it
住 Via Roma 75
☎ Fax 070-667970
S €54/64 SS €62/72
SB €64/74 T €82/92
TS €90/100 TB €94/104
3S €118/120 早餐€7 W-F C M.V.

雷吉纳玛格丽塔酒店 ★★★★
Hotel Regina Margherita

◆ **市内最高档的酒店**

在 4 星级酒店里，这家距离车站最近，大约有 700 米，最方便。距离翁贝托观景台也很近。前台所有工作人员都会讲英语。

Map p.504 B2

URL www.hotelreginamargherita.com
住 Viale R.Margherita 44
☎ 070-670342 Fax 070-668325
SS €85/95 TS TB €110/130
室 99 间 含早餐 W-F C A.J.M.V.

意大利酒店 ★★★
Hotel Italia

◆ **位于车站附近，很方便**

位于卡利亚里最繁华的大街——罗马大街后面，距离火车站和汽车总站都很近，非常方便。距离餐馆聚集地也很近。室内装修虽然简朴，但是设备齐全。所有客房都有空调。

Map p. 504 B1

URL www.hotelitaliacagliari.com
住 Via Sardegna 31 ☎ 070-660410
Fax 070-650240 SS €60/120
TS TB €73/200 3S €108/165
室 108 间 含早餐 W-F C A.D.J.M.V.

S 使用公用淋浴的单人间价格 SS 带淋浴的单人间价格 T 使用公用淋浴的双人间价格 TS 带淋浴的双人间价格
SB 带淋浴或浴盆的单人间价格 TB 带淋浴或浴盆的双人间价格 3S 带淋浴的三人间价格 SU 套间

努拉盖·苏·努拉可西
Nuraghe su Nuraxi

世界遗产

Map p. 501

能够了解撒丁岛史前时代的遗迹

努拉盖是撒丁岛原住民的巨石文化。据说撒丁岛现在仍留有7000多个努拉盖，但这个努拉盖·苏·努拉可西在20世纪50年代以前一直埋藏在地下，因此保存状态非常好。

撒丁岛民族的象征——努拉盖

从远处看上去，努拉盖就像是一个小石头山，实际上它是由巨石垒砌而成，并且没有使用任何黏合剂。最古老的塔建于公元前15世纪，修建一直持续到公元前6世纪左右，公元前7世纪时曾遭到过破坏，之后一直由罗马人居住。

原则上要跟随导游参观

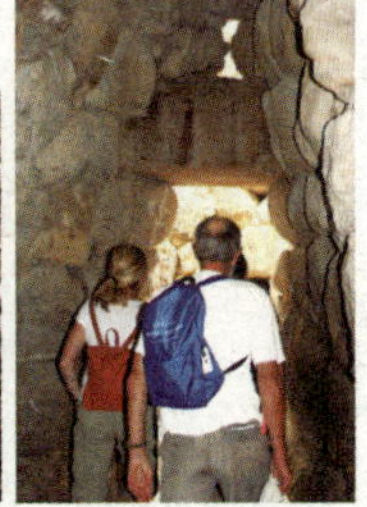
内部犹如迷宫一般

建在4个角上的塔和防御墙构成了城堡的框架，在那下面是居住的地方。居室叫卡潘纳，由7个房间组成一户，共有16户。据说从前屋顶和墙壁都用山上运来的板子和草覆盖着。内部还有炉灶和磨小麦的痕迹，还保留有敬神仪式上使用的水盘等物品。

冷清的努拉盖里面有着像迷宫一样的道路，内部要比从外面看到的大得多。地面到天棚的高度有20米，石头表面也很光滑。有些居室是2层或3层建筑，最大的酋长屋子是举行会议的地方。在这个房间的入口还有供防御人员藏身站立的地方。墙壁上有保存食品用的壁龛，还有水井，让人产生了与古代文明很接近的感觉。

参观时要穿着轻便的服装

参观线路的最后一个景点是“塔上观景台”，能看到一片绿意盎然的风景，能一直望到很远。

从位于3层的地方看塔的内部结构

世界遗产

巴鲁米尼的苏·努拉可西
收录年份1997年　文化遗产

前往努拉盖·苏·努拉可西的方法

巴鲁米尼（Barmini）是距离这里最近的城市。但是城市里没有开往这里的巴士。从卡利亚里的汽车总站（在❶旅游咨询处的旁边，售票处在麦当劳里面）乘坐ARST公司的普尔曼，约需1小时30分钟。从汽车停靠站（前行方向）沿着左侧的路前行大约1公里，能看到位于左侧的努拉盖。

从卡利亚里前往的方法

去程：从卡利亚里的汽车总站乘坐501路巴士，14:05发车，15:25抵达巴鲁米尼。

回程：乘坐和上述相同的巴士，巴鲁米尼14:30发车，16:10抵达卡利亚里。但没有参观努拉盖的时间。还有一个方法是乘坐9001路巴士，巴鲁米尼17:44发车，18:39抵达圣路易。乘坐122路巴士，19:00从圣路易出发，20:17抵达卡利亚里。或者乘坐127路巴士，从圣路易19:50出发，21:10抵达卡利亚里。所有线路都只在工作日运行。

24小时的车票Biglietto giornaliero（Tratta tariffaria 7）€8.90。

※ 从巴鲁米尼的汽车总站前往努拉盖时，沿着Bar Centrale旁边前行，步行约15分钟即到。只有参加导游引领的旅游团才能参观，因此最好早些购票，避免造成时间浪费。回程的车站就在来时下车地点的对面。在当地再次确认好回程车次后再出发吧

●努拉盖·苏·努拉可西

开 12月~次年2月 9:00~16:00
3月 9:00~16:30
4月 9:00~18:00
5~8月 9:00~19:00
9月 9:00~18:30
10~11月 9:00~16:30

费 €10

※ 每隔30分钟有导游带领的旅游团。所需时间1小时~1小时30分钟

巴鲁米尼的酒店、餐馆

巴鲁米尼汽车停靠站旁边的酒吧Bar Centrale的上面一层就是酒店。努拉盖附近有酒吧、餐馆、旅馆，但都只有一家。

阿尔盖罗 *Alghero*

●邮政编码 07041

在狭窄的小路上散步让人心情愉快

阿尔盖罗市位于撒丁岛西海岸向海湾突出的地方。加泰罗尼亚时期作为殖民地发展起来，当时的城墙现在仍环绕着市区。

阿尔盖罗市是一个讲西班牙语的城市，并因此而著名。自从 14 世纪被西班牙阿拉贡家族率领的加泰罗尼亚人占领后，这里就被称为“小巴塞罗那”。如今这里布满羊肠小路的街区、教堂、塔等依然能让人感到异国风情扑面而来，餐桌上也经常见到西班牙海鲜饭。即使在撒丁岛，这里也是受西班牙加泰罗尼亚影响较深的城市。

在市区内随处可见手工制作的特产礼品

最近阿尔盖罗市的海岸线一带逐渐形成新街区，作为海滨度假胜地发展起来。

北部的海岸地区不断发展成为度假地

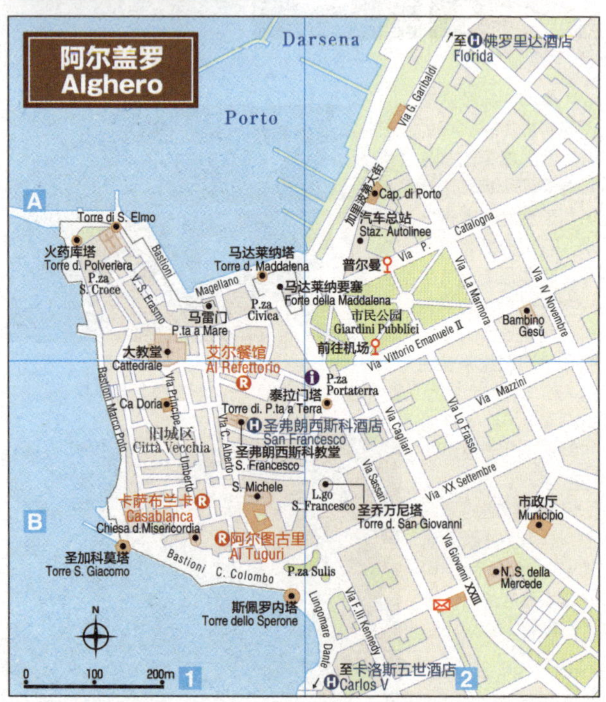

前往阿尔盖罗的方法

从萨萨里（→p.512）乘坐私营铁路 F.d.S 线，需要 30~50 分钟（30 分钟 ~2 小时有一趟车）。这条线路不能使用欧洲火车通票或国营铁路意大利通票，需要注意。从萨萨里开往这里的普尔曼巴士（F.d.S.，ARST）会经过平原，景色很好。所需时间约 1 小时。

阿尔盖罗机场到市区的汽车由 ARST 公司运营。所需时间 25~30 分钟。机场发车时间 5:20~23:00，市内（F.d.S 站前）发车时间 6:36~22:36，运行间隔为 1 小时。车票€ 1.20，在自助售票机、酒吧或烟草店购买。上车后购票€ 2。

阿尔盖罗的 i 旅游咨询处 AST

住 Piazza Portaterra 9
☎ 079-979054
开 8:00~20:00
周日 10:00~13:00
休 12/25
地 p.508 B2
※ 机场也有

普尔曼的汽车停靠站和售票处 Giuseppe Manno

住 Via Catalogna
☎ 079-950179
※ 市民公园旁边

市内汽车票

1 张	€ 1（90 分钟有效）
车内购买	€ 1.50
1 日乘车票	€ 2.50

阿尔盖罗 漫 步

首先要看的景点是加泰罗尼亚城墙（Mura Catalane）。城墙环绕着旧城区的海岸线，紧要的地方还保留着观景台。马达莱纳要塞以西是旧城区的入口马雷（海）门。在守护港口的几座塔中，位于东南的斯佩罗内塔是建于1364年的塔。在旧城区和新街区交界处也有两座建于14世纪的塔巍然矗立着，俯瞰着整个城市。

环绕旧城区的加泰罗尼亚城墙的一部分

大教堂内还留有加泰罗尼亚时代后期的哥特式圣坛。圣弗朗西斯科教堂建于14世纪，之后被重建成文艺复兴式建筑，但仍有部分地方保留了哥特式建筑风格。

能看到马达莱纳塔的海滨大道

一定要去看看旧城区（Città Vecchia）狭窄的道路。旧城区内一派古香古色，港口还有开往海神洞的船。汽车（普尔曼）停靠在市民公园旁边的汽车总站。新街区位于从港口开始的海岸线沿岸，以及市民公园的东侧。有很多海水浴场、酒店和比萨店。火车站位于市区东侧，向内陆方向走进1公里左右的地方。从火车站去旧城区步行需20~30分钟。也可乘坐AF、AP线路巴士车前往。从新城区前往可乘坐AO线巴士车，约30分钟有一趟车。

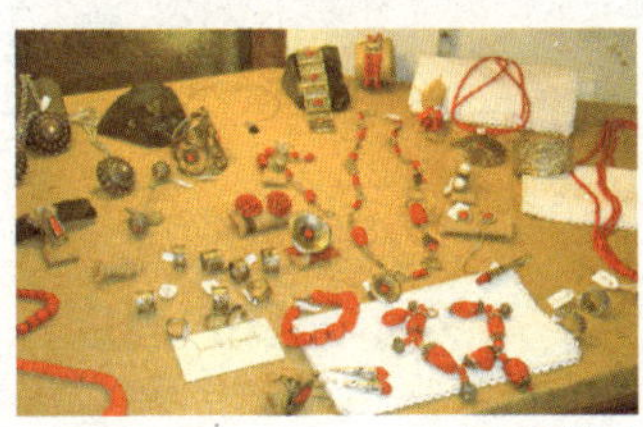
购买珊瑚做礼物

可以在这个城市里散散步，也可以在街边珊瑚专卖店里享受一下购物的乐趣。只要几十元就能买个戒指，价格非常便宜。是一个能购买到低价撒丁岛珊瑚的地方。

附近的景点还有需坐船去的海神洞（Grotta di Nettuno）和绿洞（Grotta Verde）等，都是由于海水的侵蚀形成的洞穴。

机场附近有这个岛上最大的奈库罗波里（Necropoli di Anghelu Ruju），康特湾附近有可以了解西西里岛历史的努拉盖（Complesso Nuragico di Palmavera），两处距离市区都是约10公里的距离。

前往海神洞的船只乘船处

海神洞内部夏天还会举行音乐会

到达海神洞

●海神洞
Grotta di Nettuno
住 Località Capo Caccia
☎ 079-946540
开 4~9月 9:00~18:00
10月 9:00~17:00
11月~次年3月 10:00~15:00
8:00~20:00
费 €13

参观需跟随导游（英语、德语、法语、意大利语）步行旅游团进行，每小时有一次旅游团。有乘船直接到达洞窟和乘坐汽车后下大约800个台阶去洞窟两种方法。

前往洞窟的方法

■ 汽车：从Via P.Catalogna车站FdS公司开往Capo Caccia方向的9321路巴士前往洞窟，需要约50分钟。单程€2.50。每天9:15发车，7/1~8/31时会加开16:05、18:05的车。

■ 船：从港口乘坐Freccedelle Grotte公司的船前往洞窟，加上游览时间共需要2小时45分钟（仅限4/1~10/31的10:45~17:45间，每小时都会发船。12:45除外）。€15~16（不含门票），有英语、法语、意大利语导游。

努拉盖·帕鲁马维拉
开 4~10月 9:00~19:00
11月~次年2月 10:00~14:00
3月 9:30~16:30
费 €3.50
※ ARST公司的汽车运行间隔约为30分钟（车票€1.50）。仅在工作日时，每天有12班车

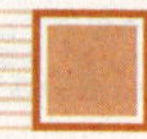

阿尔盖罗的餐馆
Ristorante

阿尔盖罗大多数的餐馆都集中在旧城区的 Centro Storico，可以在旧城区散步时顺便找找自己喜欢的餐馆。本书介绍的餐馆也都位于旧城区。

阿尔图古里
Al Tuguri

◆ **味道和氛围都有浓厚的当地风格**

位于旧城区，是能够看到大海的餐馆。能品尝到以新鲜海产品为原料做成的撒丁岛风味菜。一定要品尝一下该店名菜龙虾。传统的阿尔盖罗式装潢也令人印象深刻。需预约

Map p. 508 B1

住 Via Maiorca 113
☎ 079-976772
营 12:30~14:00、19:30~22:00
休 周日、11 月～次年 2 月
预 € 35~50、套餐€ 48
C A.M.V.

艾尔餐馆
Al Refettorio

◆ **能品尝到海鲜和葡萄酒**

位于市中心的一条小路上，能品尝到经过严格甄选的葡萄酒，以及美味佳肴。推荐生蚝、虾、阿尔盖罗风味的西班牙海鲜饭（Paella algherese）、贻贝汤（Zuppa cozze）。

Map p. 508 B1

住 Vicolo Adami 47
☎ 079-9731126
营 12:00~15:00、19:30~22:30
休 周二（夏季除外）
预 € 25~40
C M.V.

阿尔盖罗的酒店
Hotel

与餐馆扎堆相反的是，在旧城区中只有一家酒店。带有游泳池和花园，内设餐馆的度假酒店一般都在北部加里波第大街前面的利多地区。虽然拖着行李步行前往时会觉得距离有点远，但是这里拥有美丽的海岸线，是一个风景很美丽的地方，因此如果想连住几日的话，建议还是来这里住宿。如果没有行李，从旧城区走到这里也不算远。

卡洛斯五世酒店 ★★★★★
Carlos V

◆ **沿海的度假酒店**

从市区步行前往 10 分钟左右。能够眺望到大海，也有庭园和泳池，是非常适合悠闲度假的酒店。酒店内设有餐馆。

Map p.508 B2 外

High 6/20~9/15 URL www.gioricohotels.it
住 Lungomare Valencia 24
☎ 079-9720600 Fax 079-9731605
SB € 90/240
TB € 143/350、167/367（海景房）
室 179 间 含早餐 W-F C A.D.M.V.

佛罗里达酒店 ★★★
Florida

◆ **浓浓的度假村气息**

位于新街区的海滨大道上，是现代风格的酒店。从房间里能看到沙滩，庭园里的泳池周围还设有甲板，有很浓厚的度假村气息。有专供住宿客人使用的餐馆。

Map p.508 A2 外

High 6/11~9/15
URL www.hotelfloridaalghero.com
住 Via Lido 15 ☎ 079-950500
Fax 079-985424 SS € 61/88
TS € 98/158 室 73 间 含早餐 W-F
休 10/15~4/15
C A.D.M.V.

阿尔盖罗的住宿税：★～★★★ €1 ★★★★～★★★★★ €2
SS 带淋浴的单人间价格 SB 带淋浴或浴盆的单人间价格 TS 带淋浴的双人间价格 TB 带淋浴或浴盆的双人间价格

奥尔比亚和翡翠海岸 Olbia & Costa Smeralda

东海岸最大的度假区之一

有巡洋舰停泊的切尔沃港

包括已故戴安娜王妃在内，在演艺界人士及意甲联赛球星这样的欧洲富豪圈中，翡翠海岸（Costa Smeralda）是非常受欢迎的度假胜地。这是一段从撒丁岛北部能看得见卡普雷拉岛的海湾开始一直持续到奥尔比亚北部的海岸线。中心城市是切尔沃港（Porto Cervo），这里的服装精品店林立，港口漂浮着豪华游艇。这一带的高档酒店一个人一晚的住宿费高达2万元人民币，戒备森严，平民很难看到来此游玩的富豪身影。这也是富豪们对此地比较衷情的原因。

占地很广的高档酒店

在翡翠海岸中比较便宜的住宿设施较多的地方是奥尔比亚（Olbia）。奥尔比亚位于东海岸的深水湾奥尔比亚湾，是距离意大利本土直线距离最近的城市。奥尔比亚和奇维塔韦基亚之间有快艇连接，也有开往撒丁岛各地的长途汽车。从这里可以乘坐巴士去平民化的海水浴场，非常方便。还可以乘坐开往阿兰奇湾（Golfo Aranci）的火车去马里内拉（Marinella）和卡拉萨宾娜（Cala Sabina），那里的海滩也很美丽。但是那里的车站基本上都是无人值守的车站，也没有修整好的海滩浴场。出发前最好准备好食物和饮料，再确认好回程的火车时刻表。

奥尔比亚站

在阿兰奇湾透过车窗看到的海滩

奥尔比亚的酒店

H 加富尔酒店

Hotel Cavour ★★★

明亮洁净

位于奥尔比亚火车站和汽车总站附近的经济型酒店。内部以白色为基调，装饰有绘画作品，很有撒丁岛风格，气氛典雅。酒店的服务人员也非常亲切。

URL hotelcavourolbia.it
住 Via Cavour 22
☎ 078-9204033
SS €41/73
TS €61/106
室 21间　含早餐 W-F
C M.V.

奥尔比亚(Olbia)的普尔曼巴士

奥尔比亚据说起源于古代迦太基时代，但却是一个现代化城市，没有一个特别需要游览的景点。不过撒丁岛价格适中的酒店大部分都集中在奥尔比亚，而且交通网络也以这里为中心辐射全岛各地，因此可以把此地作为游览撒丁岛的据点。奥尔比亚是阿兰奇湾和翡翠海岸的主要城市，前往西部的萨萨里、阿尔盖罗，内陆地区的努奥罗等都可以直达，不需要换乘。因此可以从这里前往这些城市进行一日游。

前往各城市的汽车站位于奥尔比亚站南面的Corso Vittoria Veneto（距离火车站100米左右）上。车票在乘车处附近的酒吧可以买到。

开往各地的汽车停靠站

萨萨里 Sassari

岛北部的中心城市

阿拉贡风格哥特式建筑——大教堂

形成于中世纪，是充满活力的撒丁岛的第二大城市。城市建在山丘上，所以城中坡路较多，分为旧城区和新城区。旧城区中古老的建筑将勾起游客们的无限乡愁，而新城区则林立着漂亮的咖啡馆和高档的建筑，洋溢着大都市的气息。新旧两个城区的反差形成鲜明的对比。

城中最具观赏价值的是大教堂（Duomo）。它是融各种建筑风格为一体的非常有特色的建筑。建于 13 世纪的钟楼是罗马式建筑，教堂内部是哥特式的，而正面是西班牙巴洛克式的，建于 17 世纪。教堂用复杂的雕像进行了装饰。

市中心的意大利广场

位于城市南部新城区的圣纳国立博物馆（Museo Nazionale G.A.Sanna），分为考古厅和展出撒丁岛居民的服装及纺织品的民族厅两个部分。尤其是描绘努拉盖时代的插图，非常有特点。

ARST 公司运营的普尔曼巴士连接着卡利亚里、努奥罗、奥里斯塔诺、奥尔比亚等城市。TURMOTRAVEL 公司运营着开往奥尔比亚的普尔曼，每天一趟。

展示着圆形努拉盖的努拉盖文化区域的藏品丰富

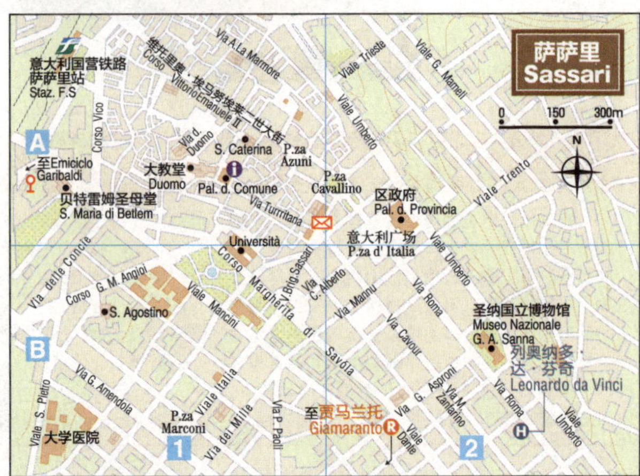

前往萨萨里的方法

萨萨里是撒丁岛西侧的入口，每天都有从热那亚到托雷斯港（Porto Tórres）的船（所需时间约 10 小时 30 分钟 ~13 小时 30 分钟）。

从托雷斯港乘坐 fs 线的 R 前往，约需 15 分钟（约 2~3 小时有一趟车）。

萨萨里的 i 旅游咨询处

住 Via Sebastiano Setta 13
☎ 0792-008072
营 9:00~13:30，15:00~18:00
周六 9:00~13:30
休 周日、周一

●圣纳国立博物馆

住 Via Roma 64 ☎ 079-272203
开 9:00~20:00
周日、节假日 9:00~14:00
第 1 个周日 9:00~20:00
休 周一、1/1、5/1、12/25
费 €3
※ 每月第 1 个周日，以及 18 岁以下免费
地 p. 512 B2

萨萨里发出的普尔曼相关信息

ARST 公司
开往卡利亚里 14:20
所需时间 3 小时 40 分钟
开往努奥罗
6:50（仅限工作日）、9:30（仅限工作日）、10:00（仅限节假日）、11:45（仅限工作日）、14:00、15:50、19:30
所需时间 1 小时 45 分钟 ~2 小时 20 分钟
乘车处在 Via Padre Zirano（p. 512A1 外）
车票可以在萨萨里站等处购买。
URL www.arst.sardegna.it

餐馆和酒店

R 贾马兰托 Giamaranto
精致的海鲜菜

能品尝到以当地产的新鲜海产品为主的精致乡土菜。店内的氛围也很时尚。

住 Via Alghero 69/A
☎ 079-274598
营 13:00~15:00、20:00~23:00
休 周日、8 月、12/24~1/7
预 €30~40（座位费€2）
C M.V. 地 p. 512 B2 外

H 列奥纳多·达·芬奇
Hotel Leonardo da Vinci
★★★

旅游、散步都很方便的地方

位于圣纳国立博物馆附近，使用起来很顺手的设备让人感到很满意。从车站乘坐 8 路巴士可到。

URL www.leonardodavincihotel.it
住 Via Roma 79
☎ 079-280744 Fax 079-2857233
SB €55/90 TB €70/130
室 116 间 含早餐 Wi-Fi
C A.D.M.V. 地 p. 512 B2

努奥罗 Núoro

代表野蛮的城市

民族服装

萨萨里是撒丁岛内陆地区的代表性城市。位于山岳之中，被人称为“野蛮城市”，自古以来就是意志坚强之士聚集之地。城市周边环绕着海拔 2000 米以上的简那尔简特山，山上是幽深的森林，至今仍有人类未涉足的地方。四周还有叫作马奇斯（maquis）的荒野，据说这里从历史上开始就是岛内犯了规矩的人逃匿的地方。

国立考古学博物馆

市内主要景点有撒丁岛生活民俗传统博物馆（Museo della Vita e delle Tradizioni Popolari Sarde）。这里展示有撒丁岛各地的民族服饰、节日风俗、能够了解过去山岳地区人们生活情景的房间等。

展品中最多的是女性婚礼服装，具有独特的山岳民族的细致做工，而饰品类的独创性更是令人叹服。饰品里有用女性乳房（象征丰收）和羊倌们使用的鞭子为模型设计的银质饰品，非常独特。在大教堂附近的国立考古学博物馆里展示有从努奥罗一带挖掘出来的文物，这些从新石器时代开始到努拉盖时代的展品很值得一看。

从市政厅向东 500 米的地方有一个清幽的地方，那就是诺贝尔文学奖的获得者格拉齐亚·黛莱达（Grazia Deledda）的家（纪念馆）。

节日庆典的情形也被展示出来

前往努奥罗的方法

从奥尔比亚乘坐 ARST 公司的普尔曼前往，约需 1 小时 40 分钟 ~3 小时，1 天大约有 7 趟车。从奥尔比亚机场有 ARST 公司运营的车前往这里。

普尔曼巴士的咨询

ARST 公司

URL www.arst.sardegna.it
住 Via la Marmora 10
☎ 0784-30115

努奥罗的 ⓘ 旅游咨询处 EPT

住 Piazza Italia 7
☎ 0784-238878
开 8:30~14:00
周二 15:30~19:00 也开放
休 周六、周日、节假日
地 p.513 A1

●撒丁岛生活民俗传统博物馆

住 Via A.Mereu 56
☎ 0784-257035
开 10/1~ 次年 6/14 9:00~13:00
15:00~17:00
6/15~9/30 9:00~20:00
休 周一（6/15~9/30 除外）
费 免费
地 p. 513 B2

●国立考古学博物馆

住 Via Mannu 1
☎ 0784-31688
开 9:00~13:30
周二、周四 15:00~17:30 也开放
休 周日、周一、节假日
费 €2，18 岁以下、65 岁以下 €1
地 p. 513 A2

Ⓗ 格里洛酒店餐馆

Hotel Ristorante Grillo

★★★

价格合适的酒店 & 餐馆

一家 3 星级酒店，有经营乡土菜的餐馆。在餐馆极少的努奥罗，这里很方便，而且价格很公道。

URL www.grillohotel.it
住 Via Monsignor Melas 14
☎ 0784-38668
SS €58/80
TS €78/120
室 45 间 含早餐 W-F
费 餐馆：€15~30（座位费 €1.50）、套餐 €20
C A.D.M.V.
地 p.513 B2

突出丰富海产和山中野味特色的撒丁岛独特的烹饪方法

■ 撒丁区的美食

在散布着史前遗址努拉盖的山坡上，可以看到悠闲地觅食吃草的牛群和羊群。时代变迁缓慢的这个地方的美食，保留了传统的味道。这个岛屿曾经被西班牙统治过，当地人不仅说类似于西班牙语的方言，饮食上也受到了西班牙的影响。

撒丁岛的特产——迷你贝壳意面

最引人注目的是薄薄的圆形不发酵面包（Carta di Musica）。这种面包虽然样子有些差，但却是撒丁岛人餐桌上必不可少的食物。商店里会把面包卷起来卖。用粗面粉做的迷你贝壳意面（Malloreddus）是典型的西班牙式通心粉。用肉酱沙司或番茄沙司拌面，然后浇上撒丁岛特产羊奶酪（Pecorino）食用。还可以配上玫瑰色的葡萄酒 Cannonau di Sardegna Rosato。在山岳地带能经常吃到野生禽类、乳猪、羊，还有下水类菜肴。在野外烤制的烤乳猪（Porceddu），将小牛的内脏穿成 1 米长后进行烤制的 Cordula 是特殊日子里食用的大餐。将乳羊、番茄和茴香一起煮成的 Agnello com finocchietti 在餐馆里也经常能看到。吃这些菜时要和热葡萄酒 Cannonau di Sardegna 搭配。

撒丁岛也有很多美味的海鲜。个头虽小，味道却好得很，被称为“海的女王”的龙虾 Aragosta，无论烤着吃还是做成沙拉都很好吃。龙虾与口味清爽、微辣，但与海鲜极为配搭的白葡萄酒 Vermentino di Sardegna 可谓最佳组合。撒丁岛最好吃的食物是 Bottarga，可以将它切成薄片做开胃菜，也可以放在沙拉或通心粉里食用。与它搭配的是 30 年陈酿的味道醇厚的白葡萄酒 Vemaccia di Oristano Superiore。

既香又薄的面包 Carasau

撒丁岛的 Bottarga 可以切成薄片做开胃菜食用

用各色砂糖烤制上色的小点心，看着都觉得是一种享受。在点心胚上加入奶酪炸好后再浇上蜂蜜的 Sebadas 也很有名。吃这道点心时最好配上甜口的葡萄酒 Moscato di Sardegna。

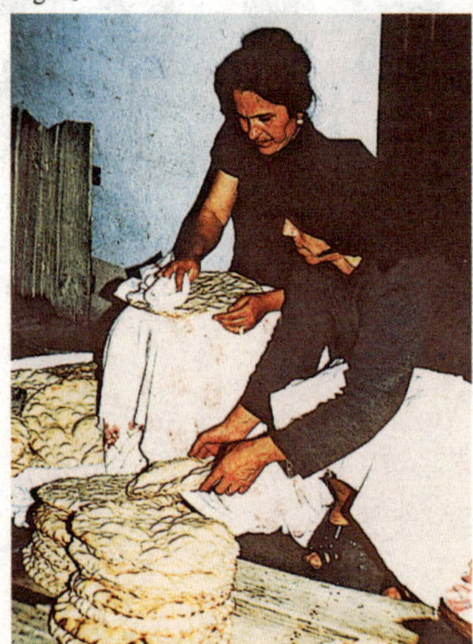

制作传统撒丁岛面包 Carta di Musica

特产信息

• 葡萄酒 •

卡诺娜

Cannonau di Sardegna ★★

DOC · 红（玫瑰）· 辣口

用卡诺娜种的葡萄酿造的撒丁岛代表性葡萄酒，酒劲比较大。

纳斯科 Nasco di Cagliari ★★

DOC · 白 · 辣口、甜口（酒精度高）

撒丁岛特产的味苦且酒精度很高的白葡萄酒

• 特产 •

这里被誉为民间工艺品的宝库

撒丁岛风格的篮子

挂毯 Tela da Muro

金饰、银饰、珊瑚饰品

意大利综合指南

旅行的准备和技巧

旅行必需品的最终确认

出国旅行必须要有申请或办手续的证件，如护照、会员证、保险等。

护照

护照是由政府颁发的国际身份证明。是从国内出境、在别的国家办理入境时必备的证件。护照有效期限有 5 年和 10 年两种。申请护照后办理时间需要 1~2 周时间。因此尽量提前办好护照。

※ 进入意大利时，护照有效期限需要剩余 90 日以上。

签证

持有普通护照的中国公民前往意大利必须办理签证。

国际学生证ISIC International Student Identity Card

持有国际学生证可以在国际范围内享受针对学生的优惠。虽然数量不少很多，但一部分博物馆、美术馆等景点和剧场等，对持有学生证的人实行折扣票或免票的政策。根据对象、有效期限，证件分为 Student 和 Scholar 两个种类。可在各主要大学的学生协会办理。

国际青年旅游证 IYTC卡

即使不是学生，只要是年龄不超过 31 周岁的年轻人都可以办理的证件。可以在全球 120 个国家享受超过 10 万种的优惠折扣。

国际青年旅舍会员证

在国外入住 YH 青年旅舍时必须要有的证件。有时可以直接在意大利办理，但原则上要求在自己国家办理。有些受欢迎的 YH 需要出示国际 YH 会员卡才能入住，因此最好提前准备好。

国际驾照International Driving Permit

想在意大利租车旅游的人必须有此证件。办理证件时有时会被要求出示国内驾照，办理时最好带上。有些汽车租赁公司会根据年龄和驾龄采取租赁限制措施，需要注意。

其他

护照复印件。为了避免护照被盗的危险，在罗马的一些银行兑换现金时出示护照复印件即可。有时使用信用卡也需要提供身份证明证件。另外，意大利有些地方对 60 岁或者 65 岁以上的人实行老年人优惠制度。所以随身带着护照复印件会比较方便。

另外，为了针对丢失或被盗等突发事件，做好信用卡号、有效期限、紧急联络处等的备份，与电子机票（行程单）复印件一起另外进行保管为好。

海外旅行伤害保险

可根据需要购买伤害死亡、后遗症、伤害治疗费等基本保险，也可以购买针对偷盗和救援费等特殊条款的保险。保险费用根据旅行时间和补偿金额不同而有所不同。可通过各地的保险公司、旅行社、各航空公司保险柜台、网络等购买。

护照和信用卡上的签字

护照上签字页的签字。这是非常重要的。用拼音或汉字都可以，但是用汉字签的名字在国外不容易被假冒，会更安全一些。另外信用卡也需要在卡的背面签字。签字最好统一。

景点折扣信息

2016 年起，意大利的一些景点对学生和老人实行票价优惠政策。但很多地方只针对欧盟国家的人实行该政策，可以在当地售票处或下面的网站进行确认。

■国际学生证 ISIC

URL www.isicchina.com（中文）

URL www.isic.org

首页就可以查询国际学生证的折扣服务及相关信息。

罗马的警察局位于共和国广场附近

中世纪的塔被改建为青年旅舍

IYTC 卡的签发需求：

- 年龄小于 31 周岁
- 身份证明（身份证或者护照）
- 护照照片

旅行时如何带钱

怎样选择适合自己旅行的货币，旅行时要以什么形式携带金钱，让我们在这里探讨一下吧。

现金

要准备好一些人民币，以便支付从家里到机场的交通费用。准备少量的欧元，到了意大利可能马上就会需要。当地的机场和火车站内的货币兑换处往往需要排队，不喜欢排队的人最好在国内兑换好少量欧元。

信用卡

使用信用卡就不用为货币兑换发愁了，也不用携带大量现金。在意大利的很多酒店、餐馆、商店都能使用信用卡（但是经济型酒店和餐馆，还有小额购物都不能使用）。在租赁汽车和预订酒店时也会要求出示信用卡，因为信用卡被认为是支付能力的凭证，随意游览使用信用卡会很方便。但是有的种类的信用卡在意大利完全不能使用，有时会发生信用卡刷不出钱的情况，因此最好多带几种具有国际支付能力的信用卡。

在国内收集信息

旅行的乐趣之一就是在出行前怀着兴奋的心情计划行程。对将要进行旅行的目的地展开想象，这种感觉真是妙不可言。为了有一个快乐且舒适的旅行，介绍一些搜集相关信息的方法。

ENIT 意大利旅游局

提供意大利各地的旅游信息，有专门的接待人员通过电话、传真耐心地回答提问，但是他们也掌握不了详细信息，因此有些信息还是只能在意大利当地获取。各地的信息需要从各地旅游局的网站上下载，但有部分资料可以直接从意大利旅游局网站下载（详细信息在意大利旅游局网站确认）。

获取欧元现金

欧元现金可以在银行、邮局、货币兑换处、机场内的货币兑换处等处兑换。

中国银行

中国银行可提供欧元的兑换服务。

与兑换机相比 ATM 机是主流

机场等少数地方有兑换机。与其相比，ATM 机无论是多偏僻的地方都会有，所以最近的主流是 ATM 机。如果持有一张能取现的卡，在急用现金时会很方便。至少要带一张卡，为了以防万一，最好多带几张信用卡。当然，为了防止被盗或丢失，记得要把信用卡放在不同的地方存放。

取现或购物时需要输入密码，所以出发前最好确认好密码。

用卡取现

用信用卡取现需要支付利息或手续费。通常用卡取当地货币时，会在当日汇率上加收 3%~5% 的手续费，以及 7 元左右的取现手续费。但是考虑到兑换货币的麻烦或者携带现金的危险性的话，用卡在当地取现是非常安全而且很方便的方法。根据卡的种类不同，利率也会有所不同，介意的人可以事先确认一下。

主要的信用卡公司

从 URL 可获取该公司所发行的卡的种类、申请流程、突发事件处理方法等信息。

■ 美国运通卡
URL www.americanexpress.com
■ VISA 卡
URL www.visa-asia.com
■ 万事达卡
URL www.mastercard.com

有关旅行主题的建议

意大利有许多魅力四射的热点旅游城市。不仅有罗马、佛罗伦萨、米兰、威尼斯、那不勒斯等比较大的旅游城市，各地还有很多别有韵味的小城市值得参观。北部意大利拥有丰富的文化和悠久的历史，中部意大利在美丽的大自然中有许多充满了中世纪气息的城市，而南部意大利阳光明媚、个性洋溢。所以要根据自己的风格和喜好去做一个周密的计划。本书会在这里介绍几个例子以供参考。

意大利的最亮点

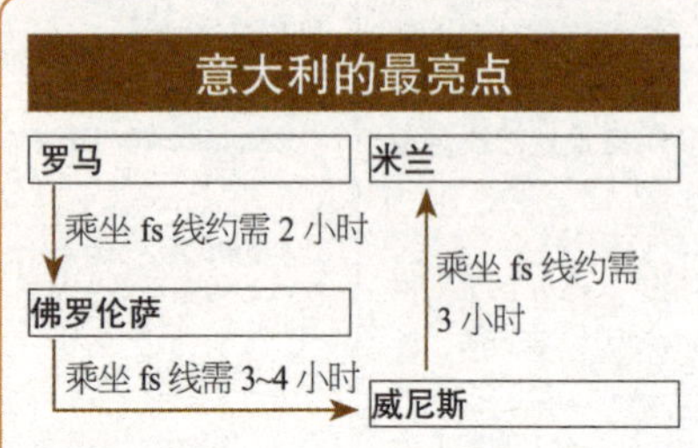

旅行要点 推荐给第一次来意大利旅游的人的线路。在各个城市最少要住上 2~3 天，一定要细细地品味意大利的魅力。布满巴洛克建筑的罗马、文艺复兴的佛罗伦萨、大运河上有贡多拉航行的水城威尼斯，还有时尚之都米兰……你会看到拥有不同风情的意大利。如果有喜欢的城市，可以下次再来。

世界遗产之旅

意大利全国共有 50 多处世界遗产。如果想在一次旅行中尽数看完，恐怕一个月的时间都不够用。因此分地域、分时间地逐个参观，是不过分疲劳旅游的诀窍。

●北部

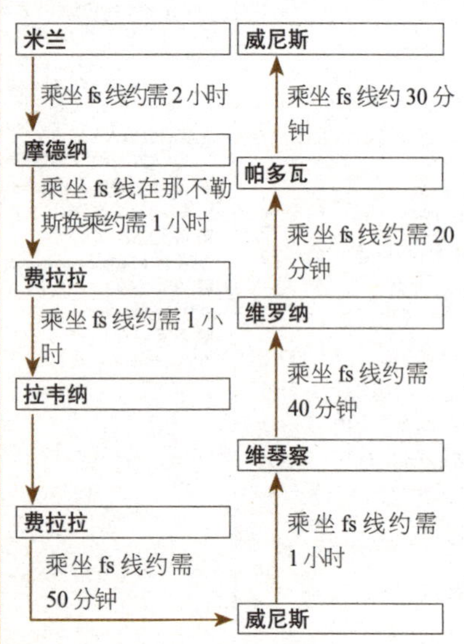

●中部

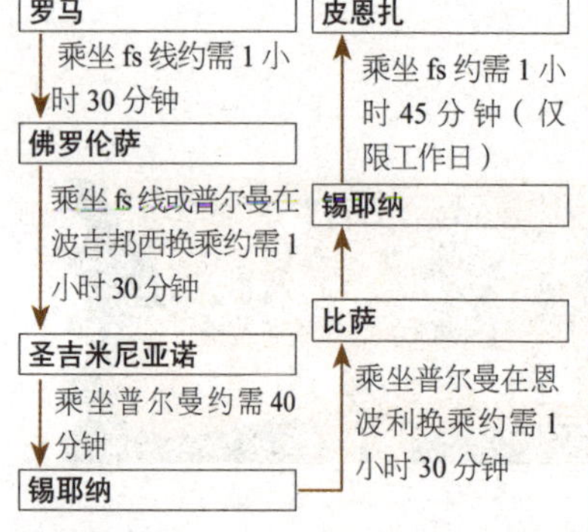

旅行要点 在中部意大利，最重要的交通工具是普尔曼（长途巴士）。普尔曼的车次很多，而且大多到达市中心，非常方便。沿途还可以透过车窗欣赏到与火车完全不同的风景。但是普尔曼在工作日、周日和节假日的运行车次不同，因此一定要提前确认好回程的时刻表再出发。

旅行要点 fs 线的米兰—威尼斯线路是主要线路，车次很多。这条线路经过的布雷西亚、维罗纳、维琴察、帕多瓦、威尼斯之间距离并不是很远。如果想进行经济型旅行，在威尼斯选择哪家旅馆是关键。

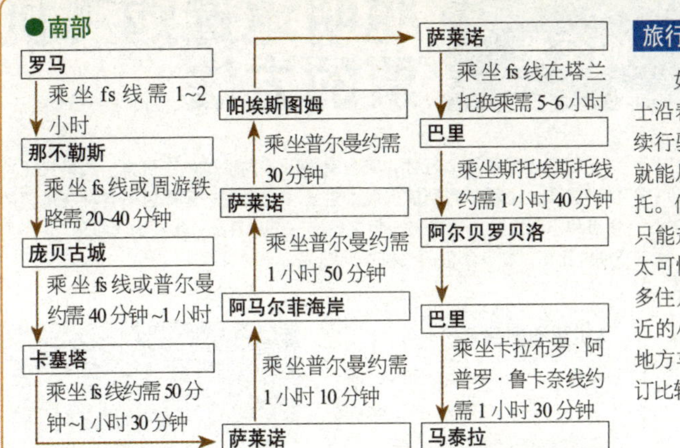

旅行要点

如果乘坐普尔曼巴士沿着阿马尔菲海岸持续行驶，大约有 3 小时就能从萨莱诺来到索伦托。但是，用一天时间只能走马观花，实在是太可惜了。推荐在这里多住几日，尽情欣赏附近的小城。巴里以南的地方车次很少，建议制订比较宽松的日程。

●歌剧欣赏

意大利三大歌剧院和著名剧场

冬季——米兰：斯卡拉歌剧院
罗马：罗马歌剧院
那不勒斯：圣卡洛歌剧院
博洛尼亚：市立（科姆纳雷）歌剧院
威尼斯：凤凰歌剧院

夏季——维罗纳：阿雷纳音乐节
佛罗伦萨：5 月音乐节
罗马：卡拉卡拉浴场等的户外歌剧
佩萨罗：罗西尼歌剧节
斯波莱托：音乐节

旅行要点

虽然冬季才是正式的歌剧季，但是夏季的时候，像维罗纳的户外歌剧那样在星空下表演的歌剧在各地也很盛行。只要不是一定要求著名的音乐家和表演场所的话，很多地方都有音乐会，能很轻松地享受音乐。不只是在冬季歌剧季的时候，从春天到夏天一样有很多的音乐会和芭蕾舞表演，观看的机会非常多。初次进剧场或带孩子的人，推荐观看华丽易懂，价格也比歌剧稍微低一些的古典芭蕾舞表演。不过不管是哪种演出形式，白天的演出都比较少，而且闭幕的时间会很晚，所以一定要考虑到年龄和住宿位置等问题。观看人气高的剧场演出或著名演员出演的剧目时，要尽量提早预订。

意大利各地的主要传统活动

日期	活动
1/6	纳沃纳广场的玩具节（罗马）
2~3 月	狂欢节（威尼斯、维亚莱乔等）、圣周五（塔兰托、特拉帕尼）
3 月末 ~4 月末	（根据年份有所变动）烟花礼炮车（佛罗伦萨）
5 月上旬	复活节周庆典（阿西西）
5/1~4	圣埃菲西奥节（卡利亚里）
5/15	蜡烛节（古比奥）
5 月的最后一个周日	射弩比赛（古比奥）、装饰马车行进（陶尔米纳）
5 月 /6 月	中世纪 4 大海运共和国帆船赛（威尼斯、比萨、热那亚、阿马尔菲巡回）
6/24、28	古式足球赛（佛罗伦萨）
复活节后第 60 日	鲜花节（真扎诺）
7/2、8/16	派立奥（锡耶纳）
9 月的第 1 个周日	历史性帆船赛（威尼斯），萨拉森人的枪刺比赛（阿雷佐）

全球 T&E 的推荐线路请参照→ URL tabiplaza.arukikata.com/theme/train/italy.html

聪明地选购飞机票的方法

各航空公司和旅行社，都会有各种不同价位的飞机票。如果只凭价格来选购，还可能有别的问题。这里和读者们一起探讨下各种飞机票的优点和不利之处，让我们一起来找出一个不只是“便宜的飞机票”，而是“性价比高，物有所值的飞机票”吧。

飞机票和回程票价

重新设定航空运费的目的在于防止飞机票无休无止地持续降低。但是廉价机票依然存在，还有票价越来越低的趋势。原来就有的 IATA 回程票价又便宜了不少，新设定的区间回程票价作为仅次于特价飞机票的廉价机票，人气不断飙升中。

运营直飞意大利航线的意大利航空

什么是回程票价

好问题！回程票价是正规的打折机票的票价。不管是从哪家航空公司或旅行社都可以买到，而且是有统一规定的，这一点很让人放心。

具体地说，区间回程票价就是在一定的区间内，各个航空公司可以独立设定的机票价格。飞往欧洲的回程票价飞机票有效期限是 3 个月，如果支付附加费的话，可以有两次中途下机的机会，回程还可以换成别的航空公司的航班。这种机票在预约时可以指定座位，而且不用像特价飞机票那样只能在飞机场拿票，是可以提前拿到机票的。价格上除了旺季之外，也已经非常接近特价机票的价格了。

另外，IATA 回程票价是国际航空运输协会设定的所有航空公司通用的票价，虽然降价了，但还是很贵。它要比区间回程票价贵，但是除了上述的服务内容之外，可以选择的线路要多得多，用起来非常方便。

只是，不管是哪一种回程票价，只要出票了就不能再变更了。取消的费用比特价机票便宜。

特价机票

特价机票实际上也有两种。一种是欧洲系的意大利航空、汉莎航空、英国航空等航空公司，另一种是亚洲系的中国国航、俄罗斯航空、大韩航空、新加坡航空、巴基斯坦航空、埃及航空等航空公司的机票。

欧洲系航空公司的特价机票是由一个叫作整合数据的组织从航空公司购买了团队座位后分给各个旅行社，然后由各家代理机构来向个人进行销售。因此虽然价格是团队价，但是日期和目的地自由选择的范围都很大。你可以把欧洲系航空的特价机票当作是和旅行社团队票一样的机票。不过目的地限定在欧洲主要的 20 个城市，时间限定在 7 天以上 ~37 天以内。

即使一天也会有巨大差价

与众多行业一样，机票也存在供给和需求的博弈。在暑假以及 12 月下旬等热门时间，机票价格必然上涨。因此即使很难，也尽量提前出发是节约的诀窍。另外这个时期的旅行团和特价机票的截止日期到期或售罄的时候比较多，要尽早开始行动。

机场要提前多长时间到？

办理登机手续一般是国际线提前 2 小时 30 分钟办理，国内线提前 2 小时办理。但是由于国际形势变化，对行李重量的限制以及手提行李的限制（2006 年 11 月 6 日开始要求液体类单件重量要在 100mL 以下，放在透明的塑料袋里等）都日趋严格，因此无论是办理登机手续，还是办理过关手续，都需要花比以往更多的时间。再加上还要考虑堵车或其他意外，还是要留出比较充裕的时间，尽量早一些出门为好。

再次确认机票

多数航空公司都不需要再次确认机票（已经预订的机票）。在购买时确认好即可。

航空公司的联络方法

可以在各航空公司的网站上查询时间和积分，以及机内服务内容等信息。

与之不同的是，“亚洲系航空”的特价机票由航空公司通过代售处直接以低价销售给个人客户的机票。因此这个特价机票能享受的权利和条件是最接近原价飞机票的。可以在当地进行回国预约的变更，也可以不指定回程日期，到了当地后再按照意愿自由预订回国日期。机票的有效期也是从几个月到1年不等，受到的限制比较少。这种机票与原价机票的不同在于，如果碰到停运等突发事件时，不能变更航空公司（机票上写着“Not Endorsement”），不能变更线路（机票上写着“Not Reroutable”）。这个应该是价格仅为原价机票1/3的特价机票的宿命吧。

登机手续原则上是提前2小时，但还是越早越好

在机场内乘坐汽车上云梯也是很让人开心的事

特价机票原来就只有这两个种类，可是最近开始打折售卖区间回程票价了。原来特价机票就是提供给旅行团中的散客包价旅行（IIT）的打折机票，原来规定是要和“2晚以上住宿和某些内容的行程安排”一起进行捆绑销售的，但现实中是只销售机票。区间回程票价从一开始就设定为只涉及航空部分，现在又在充分发挥自身优点的同时，开始进行打折活动，因此今后购买飞机票时也可以多进行考虑。

机场内有时会使用汽车

选择哪一家航空公司？

到底我们要选择哪一家航空公司才好呢？这要根据各人优先考虑什么来决定。如果想直接去意大利，那么推荐选择直达航班。意大利航空公司等有直飞罗马、米兰的航班。从北京有航班直飞意大利。

如果不介意经停的飞机，那么各航空公司都有多条线路。如果是欧洲系的航空公司，都有中途可延长逗留时间的好处。其他航空公司的航班的优点是虽然多花一些时间，但会相对便宜一些。

意大利航空公司的飞机上经济舱被分为两个等级

注意重量限制

从2013年5月开始，意大利航空公司的规定有所变更，办理登机手续时由原来的重量制改为个数限定制。飞往意大利的航班行李规格大小规定为3边合计（高+长+宽）158厘米，重量在23千克以下。经济舱可以托运23千克以下的行李2件，公务舱可以托运32千克以下的行李2件。

携带上机的行李除随身物品（拐杖、外套、免税店购物袋、笔记本电脑、公文包）之外，可以带一件8千克（长55厘米、宽35厘米、高25厘米）的行李。

随身行李超过规定时，会在安检时被要求托运或支付罚款，所以一定要精简随身行李。

大部分航空公司对超过限额的行李管制趋于严格，超重的部分多会进行罚款，建议在出发前在航空公司的网站上进行信息确认。

意大利入境时的免税限额

以下列出来的是在意大利入境时可免税携带入境的个人用物品。

1. 烟草类：可携带下列四项中的一种

(1) 香烟200支

(2) 卷烟（每支重量不超过3克的雪茄）100支

(3) 雪茄50支

(4) 烟草250克

2. 酒精饮料类：可携带下列两项中的一种

(1) 超过22度的蒸馏、酒精饮料或纯度超过80%的非变性酒精1升

(2) 等于或小于22度的蒸馏或酒精饮料、开胃葡萄酒、香槟、烈性葡萄酒2升以及低度葡萄酒2升

3. 香水类：香水50克、清新剂250毫升

4. 咖啡类：可携带下列两项中的一种

(1) 咖啡500克

(2) 咖啡精或浓缩咖啡200克

5. 茶类：可携带下列两项中的一种

(1) 茶叶100克

(2) 茶精40克

上述物品不被计算在175欧元的免税物品中。

如果旅客进入意大利时携带的物品超过了上述规定的限制，应向海关申报；超出免税额的部分应当缴纳关税。

有关随身行李的规定

所有液体（包括牙膏、啫喱和喷雾制剂）都要放入100mL以下的容器里，再放入可重复密封的、容量在1000mL（20厘米×20厘米）以下的塑料袋子（密实袋等）里，还要留出适当余量。塑料袋一个人只能携带一个。医药品和婴幼儿食品（牛奶、幼儿辅食）等虽然不在此限制之内，但有提供处方或有随行婴幼儿等条件。

有关随身行李的相关规定可以查询各大航空公司的网站。

当日内需要转机的时候，要注意随身行李的相关规定

像化妆品等液体可以从一开始就放入行李里面托运。受限制的是上述的随身携带上飞机的物品。另外，办理登机手续后在免税店购买的酒类和化妆品可以携带。

但是如果有转机的情况，即使是免税店购买的物品，如果是超过100mL的也不会被允许携带上飞机，如果是100mL以下的也会被要求打开包装放入密封袋里。如果需要当天在亚洲、欧洲各地或米兰、罗马等地转机的人请注意。关于免税品根据经由地不同，相关规定也多少有些不同，在购买时可以向免税店进行确认。

回程时也是同样的，因此除了乘坐直达飞机回国的人以外，也要注意这些规定。

特价机票的综合网站

URL www.edreams.it

URL www.bravofly.com

瑞安航空

URL www.ryanair.com

易捷航空

URL www.easyjet.com

子午线航空公司

URL www.meridiana.it

※ URL 是意大利语。其中一部分有英语网页

意大利国内线由几家航空公司运营

意大利国内线连接着各主要城市，由意大利航空 Alitalia（AZ）、子午线航空公司 Meridiana、多洛米蒂航空公司 Air Dolomiti 等公司运营。根据航空公司不同，即使是从米兰出发的航班也分为马尔彭萨机场出发和利纳特机场出发，因此要根据自己的旅游线路选择合适的航线。

利用中途停留制度

如果决定在意大利国内使用飞机作为交通工具的话，选择在意大利国内运营国内航线的航空公司是比较节省的方法。除了特价机票之外，还有一个使用2段航程时的免费中途停留制度。即使没有合适的线路，也会比正规原价机票要便宜，因此在购票时别忘了询问一下。在利用中途停留制度时，必须在购买飞机票时就规划好旅游行程和日期。

根据旅游线路也可以先购买前往意大利的特价往返机票，到了目的地后再另外购买低成本航空公司LCC的机票，这样虽然手续麻烦了一些，但是有时会比较便宜，只是会有很多限制。

意大利的LCC（低成本航空公司）

在意大利特价机票也是非常受欢迎的。在意大利国内能利用的有意大利航空的国内线、瑞安航空、易捷航空、子午线航空等。可以使用的机场有米兰的马尔彭萨机场和利纳特机场、贝加莫的阿尔塞里奥机场（Orio al Serio）、罗马的菲乌米奇诺和钱皮诺机场（Ciampino）、威尼斯的马可·波罗机场等，使用位于郊区的机场的情况比较多。随着使用LCC的客人越来越多，连结机场和市内的普尔曼巴士等配套设施也很齐全，交通不成问题。如果能提前通过机场网站确认好交通会让人更加放心。

机票一般通过网络用信用卡支付。一般购票时间越早，价格越便宜。有时会有限定购买日期或使用日期的促销活动。虽然表面上的价格很便宜，但是如果忘了打印登机牌、在网上办理登机手续等时，就会被收取高额费用，想优先乘机、托运行李也需要另外付费。此外对随身携带的行李的限制也很严格。各航空公司的规定和价格都有所不同，为了不受损失，最好在购票前仔细阅读相关条文。旅行社也有出售特价机票，向旅行社咨询也是一个方法。

最近经常提到的电子机票是什么？

电子机票是一种新型的机票，是指把以前使用的纸质机票中所记载的内容都记录在航空公司的电子系统内的形式。不是“没有机票或不存在机票”，而是“由航空公司来保管机票”。使用电子机票不会发生机票被盗、丢失等事情，很安全。订购电子机票后只给客人行程单，所以要带好行程单。

去罗马 Roma

列奥纳多·达·芬奇机场和入境手续

从中国前往罗马的航班中，意大利航空和东方航空的直达飞机是最快的，约需12小时。从飞机窗口望下去，能看到碧蓝的第勒尼安海和意大利特有的松树树林，不久飞机就到达以意大利天才的名字命名的罗马国际机场——达·芬奇机场（列奥纳多·达·芬奇机场）。首先要加入到拥挤的人群中办理入境手续（Immigrazione）。然后随着人流就会到达有行李转台的地方。这里有卫生间、货币兑换处、ATM等设施。身上没有欧元的人可以在这里兑换一些欧元。行李车需要先在停车区域的机器里投入€ 2 才能把车拉出来使用。到写有自己乘坐航班的航班号的转台提取自己的行李。在出口旁边有一个海关（Dogana），过了这里就是到达大厅了。这个楼层有汽车租赁公司办事处、ⓘ、各种商店、酒吧等。如果乘坐铁路前往罗马市区，出了海关乘坐右侧的滚梯，按照连接通道的标识前行。就能到达国营铁路 fs 线的菲乌米奇诺站。或者出了机场出口后过马路后有一个滚梯，可乘坐这个滚梯前往。在这个出口还有出租车乘车处。到市区采用的是定价出租车政策（→ p.47），要先确认好后再上车。

如果乘坐汽车前往市区，就向背靠机场出口时的右侧走。可以按照指引牌在室内走，也可以沿着建筑物旁边的步行路走。过了建筑物前面一点的汽车停车场就是车站。车票向汽车入口附近的售票员购买。虽然汽车比铁路慢，但是比铁路便宜（罗马市内的交通→ p.40）。

注意不要拿错行李

机场很大

米兰的马尔彭萨机场和罗马的列奥纳多·达·芬奇机场都在进行扩建改装工程，现在仍有一部分在进行建设。两个机场的面积都很大，在机场内移动有时需要乘坐小火车。从国际线前往国内线的时候，有护照管理和行李检查，从一端走到另一端步行要走上 10~20 分钟。如果需要转机时，行动就要快些。

去米兰 Milano

马尔彭萨机场到市内

从机场到市内的交通工具有汽车和火车。前往中央车站乘坐专线汽车最方便。乘车处就在出了机场后的正对面，还可以从司机那里直接买到票。

2010 年开始马尔彭萨快线直接到达米兰中央车站，不仅去米兰市区，乘坐国营铁路去别的地区也变得非常方便。快线经过米兰中央车站，到达终点站地铁卡多纳站（私营铁路米兰北站）。这条线路不能使用通票这类的票。机场站位于候机楼的地下（前往米兰市内的交通方式→ p.178）。

马尔彭萨快线能掌控时间，让人放心

货币带进 / 带出意大利的限制

无论欧元还是外币，当其价值超过 1 万欧元（含旅行支票、有价证券）就需要申报。带出不需要申报。

如果没有申报，一旦发现会被没收所持有的钱财或被罚款。申报在海关或申报处（Controllo Valuta）进行。

意大利国营铁路（TRENITALIA）（fs 线）的线路遍布意大利全境 16000 公里。虽然意大利国营铁路有着诸如晚点、罢工（Sciopero）等坏名声，但实际上基本还是按照时刻表运行的。

在意大利国营铁路（TRENITALIA）（fs 线）上可以使用欧洲铁路周游券一类的通票。但是在前往庞贝古城的维苏威周游铁路、阿尔贝罗贝洛陶尔利地带的东南线、从米兰前往科莫、马尔彭萨机场的北米兰铁线路等是不能使用通票类票证的。

意大利国营铁路列车时刻表等的查询网站

URL www.trenitalia.com

主要的列车全列指定座位

除了 RV（区域特快）、R（区域车）之外，几乎所有列车都是指定座位制。如果坐在了指定座位以外的列车（即使有乘坐该线路的车票，但没有预订该座位），在车内验票时会收取€ 8 的费用。预订票后进行变更很简单，而且免费，所以还是早一些到售票口或向工作人员进行咨询。

各种火车通票需支付的附加费

仅限有火车通票的情况。

和距离、座位等级无关，一律相同

FR、FA（AV）	€ 10
FB	€ 10
EC	€ 3~10
IC	€ 3

有的车票不能更改、退票，在购买特价车票前要确认

国营铁路和伊塔洛都有各种特价车票销售。可以在网络或当地的售票口买到（有提前购票、票数限制、指定列车等条件）。但是有些车票却不能进行更改或退票，所以旅行日程不是很确定的时候就要注意了。

国营铁路的车票有 3 种，SUPER ECONOMY 是不能更改也不能退票的。ECONOMY、MINI 在火车发车前可以变更（需要支付手续费），但是不能退票。BASE 如果在火车发车前可以免费变更。在发车后支付少许手续费也可以变更，可以退票。

火车的种类和票价

意大利国营铁路的火车大致可分为长距离部分和地区运输部分。长距离部分的火车有高速列车红色箭头高速列车 FR = Frecciarossa、银色箭头高速列车 Frecciargento、长途火车白色箭头高速列车 FB = Frecciabianca、特快列车 IC = Intercity、夜行列车 ICN 城际特快列车 = Intercity Notte。这些火车的车票是乘车票和指定席位票合二为一的票，因此是全车指定席位制。

使用欧洲铁路周游券等火车通票乘车时，需要预约和支付附加费。FR、FA、FB 的附加费是€ 10，IC 的附加费是€ 3，EC 的附加费是€ 3~10。使用火车通票乘坐这些火车而没有预约时，会在正常的附加费之外收取€ 8 的费用。预约后在火车站的售票处可以进行变更。

地区运输部分的火车有普通火车普快 R = Regionale 和快速火车 RV = Regionale Veloce。这些火车是不需要预约的，只要有火车通票就能乘坐。购买乘车券乘坐 R 或者 RV 时，在乘车前需要在站台上的自动检票机（→ p.529）上进行检票。

FR 高速列车

意大利的高速列车

意大利国营铁路的高速列车根据最高时速分为两个种类。

红色箭头高速列车 FRECCIAROSSA = FR

是“红色箭头”之意，最高时速达到 300 公里/时，车型是 ETR500。运行线路是都灵→米兰→博洛尼亚→佛罗伦萨→罗马→那不勒斯→萨莱诺。有 4 个等级的座席。

银色箭头高速列车 FRECCIARGENTO（FA）

是“银色箭头”之意，最高时速达到 250 公里/时，车型是 ETR485、ETR600。运行线路是威尼斯→佛罗伦萨→罗马→那不勒斯→萨莱诺，罗马→卡塞塔→巴里→莱切，罗马→那不勒斯→雷焦 · 卡拉布里亚。

白色箭头高速列车 FRECCIABIANCA（FB）

以前是长途火车 ESC 的一个种类。最高时速 200 公里/时。在没有 AV 运行的区间运行。运行线路是米兰→威尼斯，米兰→安科纳→巴里→莱切。

伊塔洛 italo

2012 年 4 月开始运行的 NTV 公司的高速列车。运行线路是米兰→博洛尼亚→佛罗伦萨→罗马→那不勒斯等。因为与意大利国营铁路是不同的公司，不能使用铁路通票。可以在下面的网站进行时刻表、票价的查询，购买车票。

URL www.italotreno.it

●火车时刻表的读法

让我们利用贴在车站内的黄色出发时刻表（Partenza），或铁路 ❶ 旅游咨询处分发的铁路时刻表来选择适合自己的火车车次吧。另外，还可以向售票处窗口的工作人员进行咨询。

如果在意大利要去好几个城市旅游，那么可以在火车站的商店内购买意大利铁路 fs 的时刻表 In Treno Tutt' Italia ORARIO 等作为参考比较好。

在主要火车站进行发放的高速列车时刻表

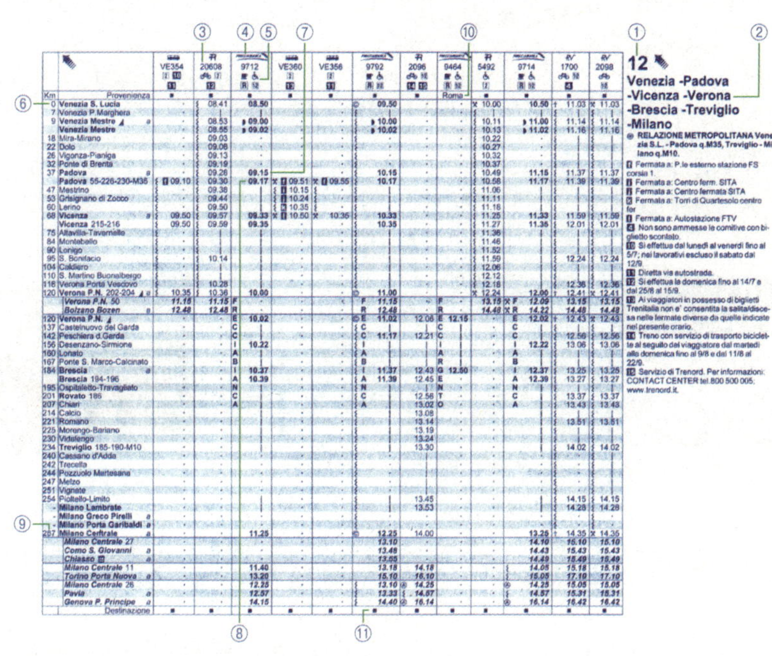

①目录编号
（线路图和对应的号码）
②目的地、线路
③火车车次
④火车的种类
FR/FrR 红色箭头高速列车
FA/FrA 银色箭头高速列车
FB/FrB 白色箭头高速列车
EC 最快列车
EN 夜间国家级特快列车
IC 特快列车
ICN 城际特快列车

RV 快速火车
R 普快
⑤连接在火车上的其他种类车厢
♿ 轮椅可使用的车厢
✕ 餐车
☕ 简易（酒吧）餐车
🚲 自行车用车厢
12 同一车厢内有1、2等两种座位
2 2等专用车厢

R 随意预约
🅁 必须预订
38 备注
🛏 卧铺车厢
简易卧铺
⚒ 仅在工作日运行
⑥车站名
⑦到站时间
⑧发车时间
⑨距离
⑩始发站
⑪显示页终点

我们用罗马、佛罗伦萨之间的时刻表作例子介绍一下时刻表的读法。

在车站的窗口

除了购买车票以外，能咨询关于列车的信息。车票除了可以在车站售票窗口购买车票，还可以在带有 fs 标志的旅行社、车站内的自动售票机购买。

米兰、罗马、威尼斯、佛罗伦萨、那不勒斯等规模较大的车站，在售票处里设有发放等号票的发号机。等号票分为咨询（Informazioni）、高速列车（FRECCIA）、国内线（Nazionale）（R 各站停车）等，一定要选自己想要的票，等候电子显示屏显示自己的号码和办理柜台号。当有显示后，就到显示的柜台。在窗口，告诉对方乘车日期和希望到达或乘车的大概时间，对方就会告诉你几个符合条件的列车，有时会向你展示显示屏，可以从里面选择想要乘坐的列车。还会被问到想乘坐几等座。特别是几个人一起乘车，指定座席时推荐在窗口购票。自动售票机虽然很方便，但购买多张票时，有时会出现座位不挨着的情况。但是如果是在窗口购票，没有合适的座席时，会推荐其他的车次给你。

在地方城市的车站时，就在窗口前排队等候。在窗口也能办理车票改签和变更座席等（是基本价格时免费）。

购买车票时，要告知对方目的地、人数、大概的出发时间。但是对语言不通的外国人来说，最好还是把火车的种类、火车车次、出发日期、目的地、火车等级、是往返还是单程等信息提前写在纸上，然后在窗口直接出示。

在ℹ旅游咨询处柜台用得上的意大利语

"我想知道明天下午都有哪些去佛罗伦萨的火车。"
Vorrei sapere l'orario dei treni per Firenze di domani pomeriggio.
"请写在纸上。"
Potrebbe scriverlo.
"需要预订吗？"
Bisogna prenotare?

●检票和验票

大型车站设有检票口，没有车票不能进入站台。有的车站，只有高速列车才会在站台前设置检票口。检票也只是向工作人员出示一下车票而已。仅仅确认车票是否有效。

设有伊塔洛售卖机的罗马特米尼车站

乘坐没有指定座位的 R 或 RV 车时，一定要在乘车前将车票在自动检票机上扫一下，刻印日期后使用。

车内肯定会有列车员来验票，一定要在乘车前购票。如果没有购票或没有在乘车前刻印日期时，会在收取车票费用之外，再加收罚款€ 50（如果事后支付最高可达€ 200），需要预约的火车还会再加收€ 8。

■ 购买车票信息表的使用方法

可以使用右边的车票购买信息表，把想购买的车票信息记录在纸上，到窗口出示即可。

在窗口只要说："买票（预约）。"就可以了。

"Biglietto（e prenotazione），per favore."

有通票或者车票时，在出示通票的同时说："我已经有通票了，只预约座位。"

"Ho il pass（biglietto），Solo prenotazione，per favore."

※ 不知道火车车次的时候可以不写

如果你想要的票已售罄，一般工作人员会根据填写的发车时间，告诉你那前后的车次。拿到票后先确认一下票有没有错误。

■ 车票购买信息表

■ Per l'acquisto di Biglietto（购买车票）

出发日期（日 / 月 / 年） Giorno（日）Mese（月）Anno（年）
Giorno di Partenza:　　/　　/

火车车次
Numero del Treno:

发车时间
Ora di Partenza

乘车站　**下车站**
Da:　A:

车票种类　**乘坐等级**
Tipo di Biglietto: ☐ Andata 单程　Classe: Prima Classe 1 等车
☐ Andata e Ritorno 往返　Seconda Classe 2 等车

车票数量　**成人**　**儿童**
Numero di Biglietti:　Adulti　Ragazzi

实践！在当地购买车票的方法

首先要确定大概的乘车日期和希望的出发（或者是到达）时间。根据火车、目的地和时间段等，有时会有满员的情况，安排旅游行程时，时间最好安排得充裕一些。

●查询时刻表

① 在车站或 ❶ 旅游咨询处进行查询。各个车站的售票口都可以进行查询。如果是在车站的窗口查询，还可以在查询后直接买票。

② 可以通过车站内的时刻表或市面上销售的时刻表查询。通过这种方法查询的时候不要忘记确认备注栏里的运行期间、星期等信息。

③ 用电脑进行查询。可以请住宿酒店的前台打印需要的时刻表。自行查询时，在 URL www.trenitalia.com（有英文）上输入出发地、到达地、希望日期、时间就可以查询了。马上就会显示出发和到达时间、所需时间、火车的种类、票价等信息。

●购买车票

可以在车站的窗口和代售 fs 线车票的旅行社，以及 fs 线自动售票机（→ p.529）上购买车票。车票在乘车日前 4 个月开始发售，如果想节省在窗口前排队的时间，可以一次性地全部购买或预订旅行期间需要的所有车票。

大型车站的售票口分为车票（Biglietto）、预约（Prenotazione）、国内线（Nazionale）、国际线（Internazionale）、高速列车（FRECCIA），因此要去相应的窗口排队购票。为了不出现差错，最好带着提前写好的相关事项信息表。购买车票后一定要当场确认一下票面内容是否有错。

如果采用上述③的方法购票，可以继续点击页面，用信用卡支付购票，还可以预订座位。

火车的乘车方法

首先要查看站内的火车时刻表和目的地布告牌，以便弄清楚所乘火车将停靠的站台（Binario）。

在网络购买车票的方法

在 URL www.trenitalia.com 上选择英语页面。Tickets 栏里填入上下车的车站、乘车日期后，就会出现时刻表、所需时间、火车种类、价格（1、2 等车）等信息。接着是选择促销价格、座位等内容，按照自己的意愿选择即可。输入 ID 和密码后就能收到回复的邮件，在这里输入信用卡信息，购票就结束了。不要忘记打印好购票回执内容。有一部分打折车票要到了当地才能拿到票。

变更 fs 线预订信息

如果旅行中行程有变化，就去火车站的窗口改签。如果是 BASE 票，可以免费进行改签。火车为 FR 或 FA 时，可以在 AV 站台上的柜台办理，非常简单。通过网购的票在网上改签时，需要输入购买当时的 ID、密码，因此要记住这些内容。

车票的读法

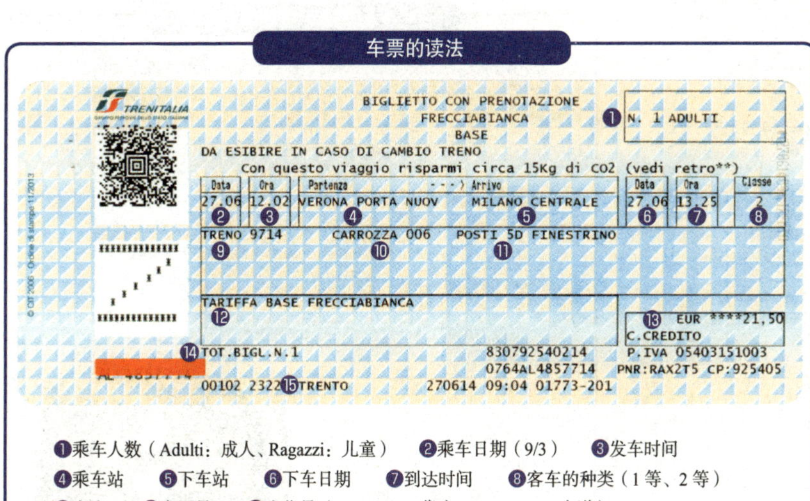

❶乘车人数（Adulti：成人、Ragazzi：儿童） ❷乘车日期（9/3） ❸发车时间
❹乘车站 ❺下车站 ❻下车日期 ❼到达时间 ❽客车的种类（1 等、2 等）
❾车次 ❿车厢号 ⓫座位号（Finestrino：靠窗、Corridoio：走道）
⓬备注（这里显示是否持有通票类证件） ⓭票价 ⓮总票数 ⓯车票发行地点和日期

美丽的米兰中央车站候车室

主要线路上的火车都会在车上验票

周六车票优惠 2×1 SABATO TRENITALIA

仅限周六，购 2 人份的票时，1 人免费。这个优惠服务适用于 R 和卧铺车以外的高速列车、IC、1·2 等。票价为基本票价。需在乘车日前 2 日前购买。

列车发车显示屏的信息何时变更？

显示屏是显示列车发车站台的。可是有时在显示屏上总是找不到自己乘坐的列车所在站台，会让人忐忑不安。信息最晚在发车前 10 分钟显示。

火车显示板上显示的火车种类

意大利国营铁路的高速列车红色箭头（FR）、银色箭头（FA），以前是叫作阿尔塔维罗赤塔（AV）的另外一种火车。虽然火车种类改变了，有的地方的火车显示板还在用原来的火车种类名称。FR、FA 有的地方显示为 AV、ES。利用火车显示板的内容确认火车的时候，请注意。

会经常出现火车停靠站台变化的事情，如果担心就在站台前一直等候直到火车进站。如果是进站台等候就要随时注意站内的广播。如果语言不通，就注意观察周围人的动向，看到有大批人员走动，就问问附近的人或查询站内的目的地布告牌，千万不要错过上车的时间。

R 和 RV 的没有指定时间的车票或机场线车票，乘车前一定要在自动检票机（Obbliteratrice）上检票，打印上乘车日期。如果忘了检票，即使有票也会被罚款。FRECCIAROSSA 等票面上已有乘车时间的车票不用检票。

R 和 RV 基本上都是自由座席，可以随便找个座位坐。R 和 RV 以外都是指定座席制，确认好车票上的 1、2 等座位，找到相应的车厢坐在指定的座位上。通常 1 等座是第一个或是最后一个车厢。但是，有时进入站台的第一个车厢经常不是 1 号车厢，这一点很麻烦。有的站台上会有显示车厢位置的提示板，可以作为参考。有时车站广播会通知 1 等车厢的位置。

下车时，有的火车是自动门而有的则需要自己手动打开车门。在门把手附近有打开车门的方法说明，一般是把手向下转，或者是按绿色按钮。如果担心可以向附近的人咨询。

所有火车都是全列禁烟。

●各种通票

在包括意大利在内的欧洲各国旅行的话，买一张欧洲铁路通票、欧洲铁路自选通票会非常方便。如果只在意大利国内旅行，有意大利铁路通票，比欧洲铁路通票便宜很多。

即使有通票，在乘坐 AV 时也得预订

●各种欧洲铁路通票

欧洲铁路通票（Eurail Global Pass）

可以乘坐包括意大利在内的 28 个国家的国营铁路或主要铁路公司的铁路通票。一般只能用于乘坐 1 等车（青年票可以用于 2 等车）。有效期有 15 天、21 天、1 个月、2 个月、3 个月内连续使用的，

火车显示板的读法

车站内显示板上会显示目的地、种类、发车站台、晚点等信息。显示板会根据火车的运行情况登载最新的消息，所以乘车前一定要确认一下。到达和发车是上下或者左右分开显示的，乘车时要看的是 Partenza（出发）这一项。

火车显示板的关键词

Partenza……发车　Arrivi……到达　Ind.sussidiarie……补充

例：显示的内容有 Firenze-Bologna 佛罗伦萨—博洛尼亚线、Prenotazione Obbligatoria 必须预订等

Classifica……火车的分类

例：FRECCIAROSSA 红色箭头、IC 特快列车等

Orario……

（发车或者到达）时间

Ora Effetiva……

实际运行时间

例：30'rit. 是晚点 30 分钟的意思

（rit. = ritardo =迟到、晚点）

Binario……

（发车或者到达）站台

也有从使用开始日期起的 2 个月有效期内，能使用 10 天、15 天的两个种类。在意大利这种通票可以在国营铁路（fs）上使用。

欧洲铁路加盟国家有：**意大利**、**法国**、**瑞士**、**奥地利**、**德国**、**西班牙**、**葡萄牙**、**希腊**、**比利时**、**荷兰**、**卢森堡**、**丹麦**、**瑞典**、**芬兰**、**挪威**、**爱尔兰**、**匈牙利**、**罗马尼亚**、**克罗地亚**、**斯洛文尼亚**、**捷克**、**斯洛伐克**、**波兰**、**塞尔维亚**、**黑山**、波斯尼亚和黑塞哥维那、**保加利亚**、**土耳其**，共 28 个国家（加粗字体的国家可以使用欧洲铁路自选通票）。

官方行李员

在车站里搬运行李有官方的行李员（穿着绿色制服或披着标有 OFFICIAL PORTER 标志的马甲）。1 件行李€ 10。

欧洲铁路自选通票 Eurail Select Pass

如果在与意大利相邻的欧洲 4 个国家乘坐火车旅行，最方便的是欧洲铁路自选通票。可在欧洲铁路的 28 国当中，选择 3~4 个相邻国家的国营铁路或者主要铁路公司使用。一般只能用于 1 等车（青年通票可用于 2 等车）。从使用开始日期起的 2 个月有效期内，可选择使用 5、6、8、10 天的日期使用，是一种非常灵活的通票。在意大利可以在国营铁路的线路上使用。

进入米兰时，乘坐马尔彭萨机场捷运很方便，但不能使用欧洲铁路通票

欧洲铁路意大利通票 Eurail Italia Pass

可以在意大利国营铁路（fs）线路上使用的铁路通票。如果只在意大利乘坐火车旅行，那么这个最合适不过了。可以用于 1 等车厢和 2 等车厢。从使用开始日期起的 2 个月有效期内，可选择使用 3~10 天的灵活的通票。

这些铁路通票，RV 和 R 可以不支付任何附加费乘坐。但是实行统一运费制度（全列指定座席制）的 FR、FA、FB、IC、夜间火车 ICN 等，需要另外购买指定座位票。各种类的铁路通票都推出了优惠票价，12~25 岁可以购买青年通票，2 名以上组团购票时有优惠通票。

●铁路特价车票

特价车票的信息在 URL www.trenitalia.com 的 Savings and Promotions/ Promozione e Offerte 中（有英语）进行查询并购买。有季节性促销、早期购买优惠等。另外也有限定车票数量和限定火车时间段的特价车票，最多可达到原价 4 折左右的价格。有的特价车票在 URL 上显示无票，只能在自动售票机上购买。

红色箭头高速列车的餐车

2016 年夏季开始 R 和 RV 车票的变化

2016 年 8 月 1 日开始，R 以及 RV 车票只限购票当日（至 23:59）有效。也可以指定乘车日购票。车票在检票机上打印时间后 4 小时内有效。改签车票可在自动售票机和车站窗口进行，是免费的。

使用铁路和通票的规定

在购买了 R（普快）等不需要进行预订的车票时，在乘车前把票放入站台入口处的自动检票机（Obbliteratricel）里，打印日期和时间。如果忘了打印，即使有票也会被罚款。车上肯定会进行检票，乘务员的检票非常严格，一定注意不要忘记。

各种通票在使用前需办理的手续会有所不同，因此要详细阅读手中的通票使用说明。顺便介绍一下，欧洲铁路通票在使用前需在车站窗口（大车站会有贴着欧洲铁路通票标识的专用窗口）登记乘车起始日期和结束日期，盖上确认章后才能使用。这时需要出示护照。没有记录日期或者没有盖章的，会被罚款。

可以自由选择乘车日期的欧洲铁路自选通票和欧洲铁路意大利通票等，除了要进行以上的验证外，在乘车前还需自行用圆珠笔等记下乘车日期。用铅笔或忘了写的话会被罚款。

另外可以在国内出票时直接做完以上验证。

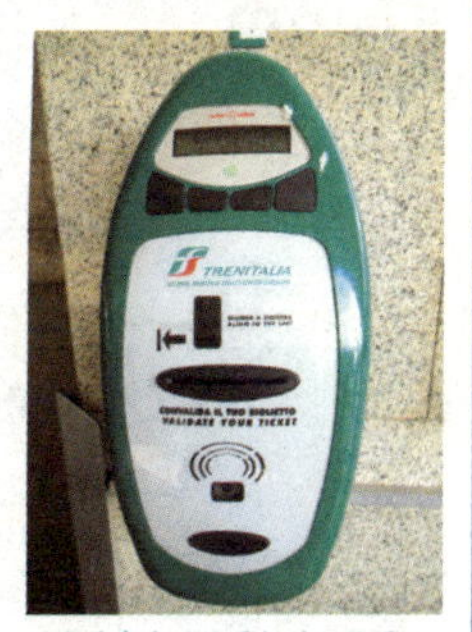

一定要在自动检票机进行检票

使用变得简单的意大利铁路（TRENITALIA）自动售票机！

车站的窗口前总是排着长队。让我们在有英语进行标注的自动售票机上买火车票吧。全新的售票机使用方法非常简单。建议使用信用卡支付费用。

意大利铁路 自动售票机的使用方法

①这个页面是**开始**。

从下面的语言中选择**英语**。页面是触屏的，只要用手指点击就可以了。

可选择的语言有意大利语、英语、德语、法语、西班牙语。

②选择英语后，会变成这样的页面。

选择左上角的 BUY YOUR TICKET。

上面用红色字体写着 NO CASH / CARDS，在这种机器上是不能使用现金的。想使用现金的时候需要找一个写有 CASH 的机器。

※③**选择目的地**。

主要城市都显示在右侧。

右侧没有的城市，用字母输入即可。

Arrival Station：意思是目的地（到达）站。

上面写着 Departure Station：出发站是 Roma Termini

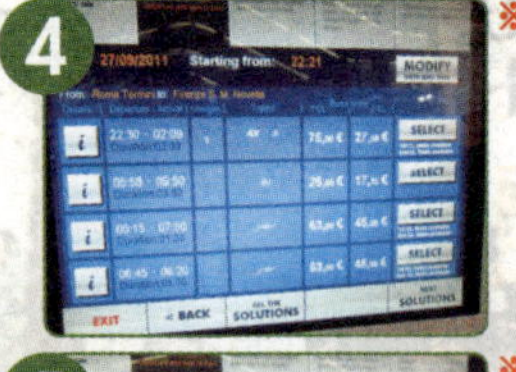

※④选择目的地后，马上就会出现能够乘坐的火车车次。

这里是 9 月 27 日 22:21 使用了售票机

如果在**预订时已经确定**了使用日期，就选择右上角的 MODIFY DATE AND TIME。

※⑤因为是 9 月 27 日使用的该机器，所以显示 9 月的剩余日期。

如果想购买 10 月份的车票，就触碰 SEPTEMBER 右侧的箭头。

⑥想购买 9 月 29 日的车票时，就触碰显示的 29 日标识。

另外，从右侧的出发时间 Departure time 下面选择**适合自己的时间**。

想在 8:00 以后出发时，触碰 From 08:00 onwards。

※ 根据机型不同显示画面会有所不同，但内容完全相同

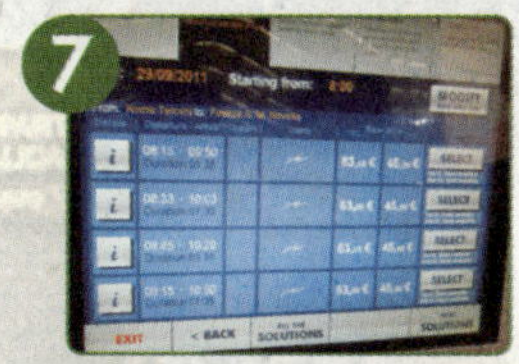

⑦ 显示着从 8:00 后的火车的时刻表。
以最上面一行的火车为例进行说明。
Departure-Arrival（出发—到达）显示为 08:15~09:50。
Duration：01:35 是所需时间。Trains 表示的是火车种类。
选择 1 等 CL 或 2 等 CL。

⑧ 外国人购买车票时，要选择 BASE。
其中包括了预订车票所需要的预订金。意大利铁路几乎所有火车都需要预订。
如果持有欧洲铁路通票等通票，只支付预订所需的附加费就可以了，因此选择 GLOBAL PASS。

⑨ 如果选择 1 等车的价格，右侧会显示 ADULTS，1，1 名成人的 1 等车票价。根据需要利用 +（加）号、-（减）号调整到合适的人数。

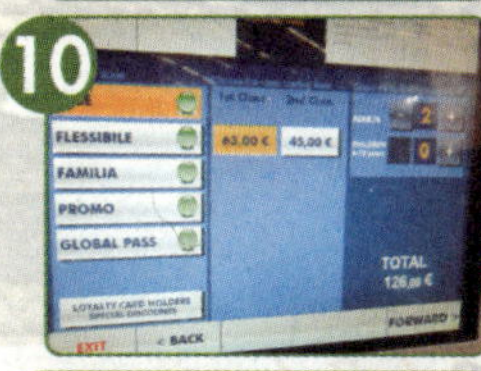

⑩ 显示 2 人的 1 等车车票价格，€ 126。

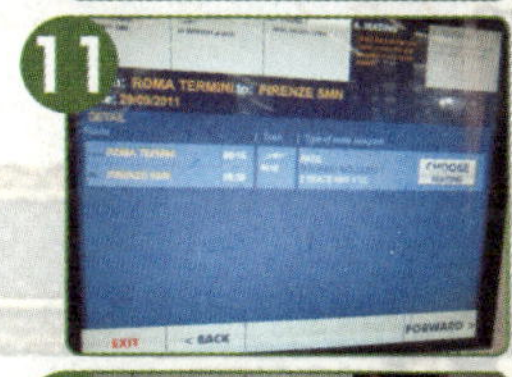

⑪ 如果对座位有特殊要求，按下面的 FORWARD，选择座位。
会显示车票的详细信息，确认后触碰 CHOOSE SEATING。

⑫ 出现了 SEAT RESERVATION（预约席位）的显示后，按 SEAT，会显示 AISLE（过道）、CENTER（中央）、WINDOW（靠窗），按照喜好进行选择。

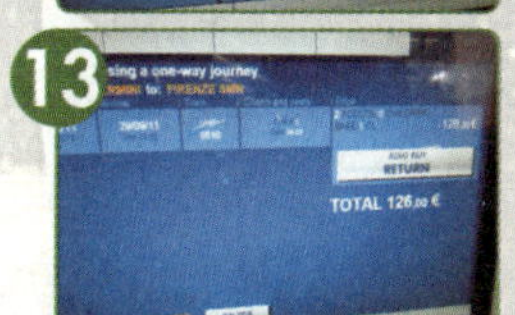

⑬ 确认出发日期、火车、座位、人数、1·2 等车、票价后，进行付款。
触碰下面的 PURCHASE，就会出现支付页面。
确认后，如果有变更的事项，就按 RETURN 或 BACK，回到原来的页面进行更改。

⑭ 售票机上标有能使用的卡的种类。
把卡插入插入口，打印的车票就会出来，购票结束。
最后再确认一下车票的内容，结束购票！

Viaggio in Auto
自驾游之旅

在多洛米蒂山区开车自驾

应该记住的交通用语

SENSO UNICO	单行
DIVIETO DI ACCESSO	禁止进入
LAVORI IN CORSO	道路施工
PASSAGIO A LIVELLO	铁路岔道口
DIVIETO DI SORPASSO	禁止超车
SOSTA VIETATA	禁止停车
PERICOLO	危险
RALLENTARE	减速
CURVA PERICOLOSA	注意转弯

连绵的低缓山丘上麦浪起伏，牛羊遍地，阳光下的向日葵金光灿灿，大海和柠檬树之间的绝壁上铺设着道路……透过车窗映入眼帘的是意大利迷人的自然风光。

意大利的铁路和公路都很发达，即便是这样，如果想去小的村落参观，一般一天里只有2趟车的地方很多。如果想更有效率地进行短期旅行，最好租车自驾。只是租金和汽油费用都不便宜，经济上并不划算。

租赁汽车

可以在当地办理租车相关事宜，但是受理需要花费一些时间，而且未必能马上得到自己想要的车型。但是如果在国内办理预约服务，不仅会有打折优惠，受理、调配车辆等也都很顺利，因此推荐你在国内办理预约。还有，在当地租车时，请务必带好自己在国内的驾驶证。

大型公司要求的租车条件：

1. 用信用卡进行支付

2. 年龄在21~25岁以上（不同公司规定有所不同），有一年以上驾驶经验（有的公司会设置年龄上限）

3. 持有国际驾照

停车场的使用方法

在意大利，有各种停车场。既有人工收取停车费的停车场，也有在入口处设置停车杆，车辆进入停车场时领取停车卡，最后在出口的机器或窗口进行结算的停车场。在窗口结算停车费时，需要把停车卡放入机器里。另外还有一种停车场，先在停车计时收费器上购买一张预估的停车时间的停车票，把停车票放在汽车仪表台等能从车外看清的地方再停车。一般的停车计时收费器都是使用硬币付款。在某些农村地带，不是使用停车计时收费器，而是必须从附近的商店或报刊亭购买停车票。在停车计时收费器上购买停车票时，一定要估算好停车时间，如果停车超时，就会被开罚单，需要到警察局等指定的地方付款。这方面的管理非常严格，有大量的警察和稽查人员到处巡查。即使是在同一个停车场，根据时间段不同，有时收费有时免费。在停车场旁边都有相关告示张贴，写有停车的时间以及停车费用的明细。如果还是不太明白，可以向周围的人询问一下，或看一下别的汽车的仪表台四周。停车场距离市中心越远停车费越便宜。所以最好在旅游景点稍远的地方停车，步行一会儿，体会一下当地的氛围。

导航仪

导航仪有两种，车载导航仪（主要针对高档车），和单独租赁用的导航仪，在租赁汽车时一起申请租赁。当然提示语音不是中文。如果使用手机导航，为了确保使用顺畅，最好从国内租赁随身 Wi-Fi。不过还是提前在地图上确认好大概线路最为保险。

在意大利，单独租赁的导航仪一般在下车时都会拿下来另外保管。

自驾游信息

在高速公路超车

意大利的高速公路（Autostrada）比中国或美国的路要窄，有很多急转弯，所以超车时一定要注意。特别在拐弯处追超大卡车时，很容易产生误判，最好不要超车。请务必在直线道路上追超车辆。

限制时速

意大利半岛四通八达的公路，主要分为 3 种道路，每种道路都有自己的限制时速。

道路种类和限制时速

道路种类	限制时速
高速公路（收费汽车道）	130 公里 / 时
超级公路（干线国道）	110 公里 / 时
一般公路	90 公里 / 时

走哪条车道？

道路为两个车道时，右侧车道是行车道，左侧车道是超车道。最右边的狭窄的地方是紧急停车带。如果是三个车道的道路，左侧车道是小车超车道，中间的是小车行车道和大客车、卡车的超车道，右侧的是大客车、卡车的行车道。

记住地名

对于中国人来说，最需要注意的就是地名。最好事先把通往目的地所要经过的地名都写下来。San~、Monte~、Villa~、Castello~ 等地名在意大利随处可见，很容易搞错。

交通地图

租车的时候会得到一份附近的地图。但是有可能不全，所以最好还是在书店购买一份地图。比较有权威的是 ACI（Automobile Club d'Italia）、de AGOSTINI 和 Michelin 等发行的地图。

在意大利自驾的乐趣之一就是租到老爷车的机会很大

紧急时刻

发生紧急情况时，如果乘坐的是租赁的车辆，可以拨打租赁公司的紧急联络电话。在高速公路上每 2 公里就有一个 SOS 紧急报警器。上面的按钮表示有故障，下面的按钮表示有紧急情况。报告之后很快就有紧急救援车辆过来。

紧急联络处

■ 发生事故时可拨打紧急呼叫中心的电话，ACI ☎ 803116

■ 如果是租赁的车辆，事先请记好租赁公司的紧急电话。

怎样加油

开着租赁的车辆进行短途旅行的话，也许不需要中途加油。加油时，首先弄清是汽油车还是柴油车。意大利语的汽油是 Benzina，柴油是 Gasolio。如果用英语说汽油，由于和意大利语的柴油发音相近，有可能会出大错。虽然油箱盖的里面写有指定燃料，但并不能保证所有店员都不出错。还是自己先确认一下比较好。

汽油很贵

意大利高速公路的收费很便宜，但汽油却很贵。1 升 € 1.70~1.80。所以从经济上考虑，还是租赁轻型车比较好。车的油耗很低。另外，归还租赁车辆的时候，是要加满油再归还的。如果忘记加油，除了会扣除汽油费之外，还会收取€ 13 的手续费。

对非法停车的管理非常严格，一定要注意

自助式加油站

20:00 以后就基本只有无人的自助式加油站在营业。在用纸币或信用卡完成支付后，就会注入与金额相应的汽油。放入纸币或插入信用卡的插口在加油机的旁边，或者有一个专门的收钱机器。首先放入纸币或插入卡，然后确定金额，最后按所需油料的按钮。接着将加油管从加油机上摘下来放入汽车的油箱口内，一直握着加油管上的把手就可以了。加完所购油量，加油机会自动停止工作。最后盖好油箱盖子，整个自助加油工作完毕。虽然操作方法很简单，但经常会发生机器故障，一定要注意。

如果能在旅行中预估出 1 天的行驶距离，最好白天在人工加油的加油站加满油。

停车

在市区必须把车停在写有可以停车的标识 P 的地方。停车时，将指定金额的硬币投入停车计时收费器，并把拿到的收费凭证放在从车外可以看清的明显之处。有的地方有停车收费员。如果违章停车将会被罚款€ 40。

超速和酒后驾车

意大利的高速公路对超速的查处非常严格。道路上也安装了大量的监控摄像镜头。如果在高速公路上超速达到时速 140~150 公里，将处以€ 30 的罚金；时速超过 180 公里以上将被处以罚金€ 50，并处没收驾照。酒后驾车也会被吊销驾照。

Informazioni Generali 综合信息

电话 / 邮政 / 美术馆、博物馆等

在报亭（车站的店）购买电话卡

电话

公用电话可以使用硬币或电话卡拨打，但很多新机型的公用电话只能使用电话卡。如果使用硬币拨打长途电话，最好在开始时多放一点进去，因为通话结束后，只要按一下返还按钮，剩余的钱会被退回来。拨打公用电话时，需要支付基本通话费€ 0.10，通话后投入硬币时会退回，但电话卡就不会退回。

新型公用电话机

有的公用电话所在的地方噪声很大。

在住宿的酒店房间里打电话也很方便。但是根据住宿的酒店不同，有时会被收取高昂的手续费。如果担心手续费太高，可以使用预付费电话卡。

预付费式电话卡最低价格€ 5

● 经济实惠的预付费电话卡

预付费式国际电话专用卡（Card Carta Telefonica Prepagata Internazionale），可以在公用电话或酒店客房使用，非常方便，在烟草店和报亭等处能买到。这种电话卡在使用前需要拨打该卡指定的免费电话，然后根据语音提示输入卡上的号码。有些卡的语音提示只有意大利语，这一点在购买时最好确认一下。费用会比通常的电话价格便宜。

● 网络

很多酒店都有无线 LAN（Wi-Fi）网络。只要携带能连接无限 LAN 的电脑、手机、平板电话，就能上网或发送邮件。这些服务大多是免费的，但有时也有收费的，因此在使用前最好和酒店确认一下。

有的酒店还提供上网用的电脑，但很多电脑没有中文显示。

● Wi-Fi

咖啡馆、酒吧、巴士和部分车站、特米尼车站和火车车厢内等都有免费 Wi-Fi，只要标有 Wi-Fi 的地方，就可以尝试连接一下。有些咖啡馆的网络需要输入密码，密码通常会显示在收据上面，或直接询问店员。

市内有罗马区运营的 Provincia Wi-Fi，非常方便。只要在 URL// provinciadiroma.publiciwifi.it/owums/account/signup（英语）（需要使用信用卡支付€ 0.50 的注册费）提前注册，就能不受任何限制的在市内站点使用网络信号。也可以在国内提前租赁随身 Wi-Fi。

邮政

大城市中央邮局（Posta Centrale）的营业时间是周一至周五的 8:00~ 19:00。周六营业到 13:15，周日、节假日休息。其他邮政分局是周一至周五营业 ~14:00，周六休息。除了邮局外还可以在烟草店买到邮票。

● 往中国邮寄物品

收件人要写上国家名称中国（用英语写 China），但是如果是邮寄航空件，一定要写上“Posta Prioritaria”或者“Per Via Aerea”（Air Mail），千万不能忘记，如果忘了写，即使贴着相应的邮票，也会被当作船运件邮寄。

邮筒是红色或者黄色的，每个邮筒上都有两个投信口，左侧是市内信件（Per La Citta），右侧是其他地区信件（Per Tutte Lealtre Destinazioni）。寄往中国的邮件要投到右边的投信口。

邮寄包裹时，首先要在住宿的酒店确认一下附近的邮局是否能受理包裹，能受理的包裹重量是多少。如果是箱子，最好用胶带封好。受理包裹的邮局销售有各种小箱子。航空件到达中国大约需要 7 天。

航空件要用 Posta Prioritaria

这是一个新系统，能够更快、更简单、更便宜地邮寄物品。只要贴上专用邮票和密封条（蓝色标签 etichetta blue），或者写上 Posta Prioritaria 就可以。寄往意大利国内的邮件会在第二天到达，欧洲 3 天到达，中国大约 1 周到达。

2015~2016 年的“慈悲圣年”纪念邮票

美术馆、博物馆等

国立美术馆和博物馆的休息日原则上是周一和节日。开馆的时间大多为 9:00~ 14:00，但是最近开馆时间到 19:00 的也逐渐增多了。户外纪念馆一般是从 9:00 到节假日日落前 1 小时。但是，开馆时间也是经常会变更的，最好在当地进行确认。不过上午一般都是开放的，所以把参观时间定在上午比较好。

有很多受欢迎的美术馆和博物馆会采取预约制。为了更加有效地使用时间，最好提前预约！图为在罗马博盖塞博物馆里

邮局内用语小贴士

● 邮票	francobollo	(i)	● 特快专递	espresso	(i)
● 明信片	cartolina	(e)	● 包裹	pacco	(pacchi)
● 信	lettera	(e)	● 航空件	per via aerea	
● 航空信	aerogramma	(e)	● 船运件	per via mare	

（ ）内的词尾或句子都是复数形式

Vorrei cambiare in euro.

兑换货币

随着信用卡的普及和提取现金网络的急速扩张，现在意大利的货币兑换处似乎都集中在了机场、大车站、大的旅游城市。虽说如此，到了意大利马上就会需要用当地的流通货币欧元。让我们来了解一些兑换货币的事情吧。

在哪里兑换?

从机场巴士开始到乘坐地铁、购买门票、酒吧的费用等都需要支付现金。

银行、货币兑换处、邮局、旅行社、酒店等都可以进行兑换。一般在入口处都会有很明显的兑换（CAMBIO）标识，一看就能辨认出来。

怎样才能兑换得更划算

兑换的汇率每天都会变化，而且兑换时还会收取手续费。一般兑换的地方都会在窗口或店门口标明当日汇率，在兑换前一定要进行确认。如果是用人民币兑换欧元的话，购买汇率（buying rate）高的会比较划算。有的地方的手续费（comission）会很高，所以要先确认好再兑换。

各家店或各个城市的汇率都会有所不同，即使是同一家银行，各分行的汇率也会不同。想兑换得划算一些，最好相互作比较再做决定。因为相互竞争的原因，货币兑换处和银行的汇率在同一城市的市区内没有大的区别，但是机场的汇率就比市区低得多。酒店前台的兑换汇率也都不是太好。

机场的货币兑换处一般汇率不太高，因此最好少换一些

营业时间

机场货币兑换处的营业时间会根据航班情况设定。市区内的货币兑换处的营业时间是9:00~19:00，和商店差不多。银行的营业时间是周一到周五的8:30~13:30、15:00~16:00。

银行（Banca）

银行的营业时间大致是周一～周五的8:30~13:30、15:00~16:00。但是在节假日的前一天经常会有 semi festivi，只在上午上班，下午休息。

货币兑换处的一句话对话

■“在哪儿可以兑换?”
Dove posso cambiare gli yen giapponesi?
■“我想把这美金兑换了。”
Vorrei cambiare questi yen (dollari).
■“今天的汇率是多少?”
Quale è il cambio di oggi?

ATM 的使用方法

ATM 通常都设置在面向道路的地方，24 小时可以使用。不过有的 ATM 采用了亭子的形式，这是为了保护使用者在使用银行卡时的安全。亭子的门通常是关着的，只要把信用卡插入门把手旁边的插口，门就会开启。

进入银行

银行的警备非常严。首先需要通过双重的自动门，且依次通过。有一瞬间人会被隔离在双重门中间，在确认外门关闭后，才会开启内门进入银行。有很多银行的入口处设有存物箱，需要把贵重物品以外的东西都存在存物箱里。如果警报声响起，应听从保安人员的指挥。

另外，有一些地方城市能兑换外币的银行数量有限，不是所有银行都能兑换外币。

兑换汇率表的阅读方法

竖排是各国货币，其旁边是以下各项目的汇率。

buying rate …… **买进汇率**
selling rate ……**卖出汇率**
cash……**现金**
T/C……**旅行支票**
comission……**手续费**

兑换现金（cash）时，要看兑换处的买进汇率（buying rate）。买进汇率高的时候进行兑换是比较划算的。但是汇率好时，如果手续费（comission）高的话，也没有什么意义。另外有些不良兑换处写着不收手续费（no comission），但实际兑换货币时却会收取服务费。如果担心，就先问一下“No comission? No extra charge?”

一般收取手续费的地方会比不收手续费的汇率高一些。如果兑换的金额多就会比较划算。但是一次性兑换太多货币并不明智。应好好计算一下兑换的金额和手续费。

提取欧元现金

用信用卡和银行发行的国外专用卡可以提取现金。车站、银行等处都有24小时的自动现金取款机ATM/CD，很方便。ATM/CD在市区很容易就能找到，能够为你节省宝贵的旅行时间。

如果使用信用卡取现，首先要办卡，然后注册提现功能和密码。信用卡的可提取额度会有所限制，一定要提前确认。

提取现金时最好使用面向人多的道路的银行

银行入口有厚重的自动门

ATM的使用方法

使用信用卡或银行卡能在当地支取现金。在国内办理卡时需要设置密码，有的卡还会设置一次性取现上限。

机器有各种型号，但大体上都如下。

红色：取消　黄色：修改

绿色：确认

❶ 确认ATM是否有信用卡的标识，或者卡背面的CIRRUS、PLUS印记

❷ 插入信用卡

❸ 触摸屏幕选择语言（意大利语、英语、法语、德语）

❹ 输入密码，按绿色按钮

❺ 触摸屏幕选择希望支取的金额。想要收据的话按照指示选择YES或NO。

❻ 现金出口打开后请在30秒内取出现金。

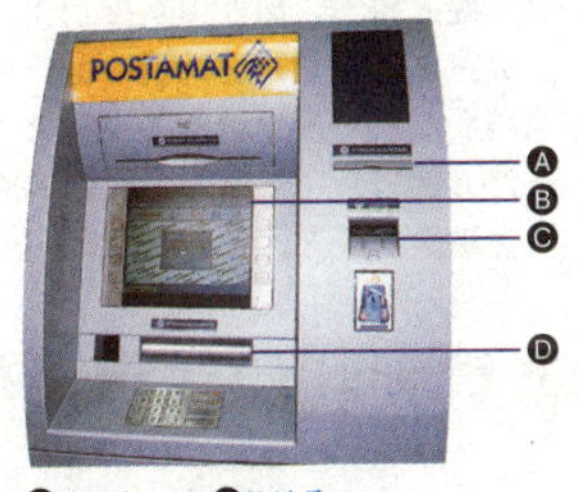

Ⓐ收据出口　Ⓑ触摸屏

Ⓒ插卡处　Ⓓ现金出口

要尽快取走现金

旅行前注册并确认卡的密码

使用信用卡时需要输入密码（PIN CODE）。旅行前最好确认一下卡的密码。如果不能输入密码，需要出示护照等身份证明。

如何选择旅行用的货币②

提取现金既安全又方便

携带现金会不太安全，而且兑换货币时不仅要花费时间，有时遇到汇率不好时还会惹一肚子气。旅行支票虽然安全，却不能直接使用，必须要到银行等处进行兑换。也就是说不仅需要花费时间兑换，还要在获取和兑换时支付两次手续费。

提取现金的汇率比较稳定，而且也不用支付手续费，很省心。我想旅行时只要拿几千元现金和卡就可以了。ATM随处可见，24小时都可以使用。酒店和餐馆都用卡来结算的话，必须使用现金的地方并不是很多。但是，如果旅行前有购买机票等大宗购物，或准备在旅程中购买昂贵物品时，最好事先确认一下卡的使用限额。

一次取现的限额是€30~250。

在哪里获得欧元？

在意大利随处可见ATM，从那里提取现金是一个好方法。如果去货币兑换处会被收取极高的手续费。有的地方手续费竟然会达到15%~20%。从ATM取现手续费是3%左右。因此无论如何需要兑换一些欧元的话，建议在出发前在国内进行兑换。

我遇到的兑换汇率最好的地方

如果只看汇率和国内没有太大的区别，但是如果加上手续费和服务费，拿到的钱就会少很多。这次我访问了意大利8个城市，遇到的汇率最好的货币兑换处在佛罗伦萨，是位于从领主广场大卫像附近的道路下去的宁纳大街上（乌菲齐美术馆出口附近）。店铺非常简洁，不收取手续费，汇率也不错。

Albergo in Italia 有关酒店的所有事宜

NEW 学习预订酒店的技巧!

2011 年开始收取住宿税

罗马、佛罗伦萨、威尼斯等地方开始在住宿时收取住宿税。详细信息可查询各城市的酒店页信息。

酒店也实行早预订优惠制度

有的酒店（大多数是 3 星酒店）对提前（大约 3 个月前）进行预订的客人有 30% 的优惠。这些信息登载在各酒店的网站，可提前查询。优惠条件也各有不同，如连续住宿、不可变更预订、确定后需用银行卡付款等，这个也需要确认。

要自带转向插头

意大利的电压是 220V，50Hz。电压和中国一样，吹风机等电器可以直接使用，但是意大利的电源插座是是 C2 类型（圆形的 2 向）的，因此必须携带转换插头（→ p. 4）。

拥有 40% 世界文化遗产的意大利，素以旅游立国，旅游外汇收入是其最大的外汇来源之一。就是普通的意大利人，暑假也会有至少 2~3 周的假期。所以意大利的住宿设施非常完善，从世界富豪们憧憬的、最高档的古色古香的大酒店，到面向年轻人的经济型公寓式旅馆，应有尽有。

预订方法发生了变化！！

在几年前，旅途中直接入住、用电话、传真预订酒店是酒店入住的主要方法。但在现在的网络世界里，在线预订已经成为主流，可以通过电脑和手机轻易地获取各种信息，利用照片进行比较。无论是由古典宅邸改装的酒店，还是潮流时尚的酒店，可以随心预订喜欢的酒店！能够入住满意的酒店，会为旅程增添更多乐趣。

意大利的住宿设施

酒店的等级

意大利语的酒店是 Albergo，但是也有很多酒店叫 Hotel。以前，这些酒店被区政府或地区旅游协会划分为 1 星 ~5 星的 5 个等级，并给每个等级的酒店价格设置了上限和下限。但是由于欧盟的形成，这种价格限制已经被废除。虽然等级制度保留了下来，但仅仅代表酒店设施水准的高低，已经不再成为制定价格的标准。

用鲜花装饰的山岳地带 3 星（2 级）酒店

酒店的等级不是由酒店规模的大小，房间数量来决定，而是取决于设施的水准。★★★★★是L级豪华酒店，★★★★是 1 级酒店，★★★是 2 级酒店，★★是 3 级酒店，★是 4 级酒店。另外，房价里一般都包含了叫作 IVA 的税金。

个人游客应以3~4星酒店为主

意大利的豪华型酒店（五星 L 级）具有欧洲风格和传统样式，古色古香，气氛庄重。4 星酒店虽然没有那么豪华，但是设施舒适、环境优雅，有古典式酒店和美式现代风格酒店两种类型。最适合大众并有多种选择性的是 3 星酒店。它们具备了必要的设施和功能，客房的房型也多种多样，有不带浴盆的单人间、带浴盆的三人间等，可选性极大。2 星和 1 星酒店的建筑和规模都比简朴，不过因为价格低廉，也无法对它奢望太高，但是如果耐心寻找，也能找到非常舒适的房间。

3 星（2 级）酒店内古典风格的客房

公寓酒店和备受关注的农庄旅舍

家庭旅馆和罗坎达也被列入这五种住宿设施之内，家庭旅馆（Pensione）是家庭式的规模较小的旅馆，罗坎达（Locanda）是更加廉价的住宿设施。这两种经常被合称为 Bed & Breakfast（B&B）。B&B 即家庭经营的小规模旅馆。办理入住手续时拿到大门和房间的钥匙，在旅馆内很少能看到工作人员的身影。早餐也多是提前准备好的。如果停留一周以上，在旅游公寓（Residence Turistico）住宿也不错。公寓内的厨房和烹调工具都很齐全，有一种住在意大利的感觉。最近，意大利的农庄旅舍（Agriturismo）很受欢迎，如果在一个地方住宿 3 天以上可以享受一下在农家住宿（民宿）的乐趣。

旅游公寓的早餐馆。即使是带厨房的公寓，也有很多供应酒店式早餐

最近的青年旅舍

意大利全国共有 100 多家青年旅舍（Ostello della Gioventù）。利用价值很大。

以前人们对青年旅舍的印象是：在一个大房间里并排放着很多二层床铺，一点都没有私密空间，让人不安。但是现在的青年旅舍设备很好，有供 1~4 人用的单间（带卫生间和淋浴）、食堂、聊天室。还有洗衣机和烘干机，可以把旅途积攒的脏东西都洗掉。虽然不是必须预订，但很多青年旅舍可以在网上预订。入住青年旅舍需要有 YH 会员证。YH 会员证有时可以在当地办理，但原则上需要在自己国家办理，还要支付手续费。

欧洲很多成年人也很喜欢青年旅舍（威尼斯的 YH）

要求出示会员证

面向年轻人

除以上介绍的住宿设施之外，博洛尼亚、佛罗伦萨、米兰、罗马等还有学生用宿舍（Casa dello Studente）等住宿设施。

还有面向女性的宗教组织的女性专用宿舍（Pensionato）。客房是 3~4 人用的多人间形式，设有年龄限制和门禁，但对独自一人出门旅行的女性朋友来说是非常好的选择（本书尽可能地登载了相关信息，当地的 ❶ 也有介绍）。另外，在河流和大海边，以及山谷里，还有设施完善的露营地（Campeggio）。

米兰中央车站附近大受欢迎的青年旅舍

私营 YH 青年旅舍

罗马以及佛罗伦萨等大城市有很多私营 YH 青年旅舍，当地一般叫作 Hostel。以下的网站登载有意大利多家私营 YH 青年旅舍、价格低廉的酒店、B & B 信息。

URL www.italian-hostels.com

URL www.hostels.com

网站上有酒店的照片、价格、评价等信息，而且还能在网上进行预订。预订时需要用卡支付住宿价格的 10% 作为押金，入住时押金会充作住宿费。

农庄旅舍的网站

Turismo Verde

URL www.turismoverde.it

Agriturismo

URL www.agriturismo.com

※ 意大利有好几家农庄旅舍的团体。上面这些网站上登载着意大利全国农庄旅舍的信息和链接，并按区分别登载

意大利 YH 协会

Associazione Italiana Alberghi per la Gioventù

受理窗口

住 Via Nicotera 1（罗马）

☎ 06-4871152

URL www.aighostels.it

※ 能得到有关各地 YH 的信息，还可以进行预订。位于共和国广场附近

《走遍全球》的推荐！划算的酒店预订

预订酒店

网络预订更便捷

酒店的好坏直接影响到人们对旅行的评价。最好在国内出发前就花几天时间慢慢挑选。有很多酒店预订网站，既能一次性阅览大量酒店信息，用中文了解酒店概况，还能预订并进行支付，非常方便。只要有信用卡，在几分钟时间就能预订酒店。

◉ 首先，找酒店

首先打开能用中文就进行预订的合适的预订网站（本页边栏），输入希望住宿的城市、日期、人数等信息。会出现大量的相关酒店，利用酒店等级、预算、地点、设备等条件来甄选出一些来，再参考一下人们的评价（用户评价、口碑）来选出几个适合自己的酒店。

◉ 比起价格，地点更重要

在使用预订网站预订酒店时，人们往往容易按照酒店等级和价格来进行判断，但根据酒店所处地理位置价格会发生变化。位于郊区的酒店即使是档次很高的酒店，价格也会相对适中。但在旅游中途很难预订酒店，使用不熟悉的交通工具也很麻烦，所以还是选择位于主要车站附近的酒店，以及景点附近的酒店更加方便。预订酒店网站中的地点往往使用城市自己独特的地域名称，很多和我们在国内使用的名称不太一样，一定要确认好地点名称。

这时候就用得上我们《走遍全球》了。打开城市地图，确认位置和交通工具。即使是位于火车站和地铁站附近，但有的大城市会有好几个火车站，距离景点很远的酒店需要在前往景点时花很长时间，而且餐饮设施也会比较少。

◉ 进行比价很重要

当目标比较具体，而且有了几个合心意的酒店时，可以在网站上比较一下价格、内容。酒店价格从最基础的标准间开始显示，高低相差幅度在 30~300 元。人们一般都会先选择价格低廉的，但有时不能用最低价格预订到房间，这也很麻烦，需要花费一些时间。

能在国内预订意大利酒店的网站

携程网

URL www.ctrip.com

去哪儿网

URL www.qunar.com

Booking

URL www.booking.com

猫途鹰

URL www.tripadvisor.cn

进入预订界面

当进入预订酒店界面时，会需要输入姓名、密码等，以便注册登录。这时会觉得只是看一看，真麻烦的感觉，但这里最终显示的和查询里显示的价格也许会有不同，因此这一步很重要。有时需要支付手续费、税金等额外的费用。这一般都是网站各自设定的，但即使是同一个网站，也不是所有酒店、日期都要加收这些费用的，所以一定要仔细地逐一查看，以免日后后悔。有时在比价网站中价格贵的酒店，如果没有手续费，最终反而会更加便宜。

另外一个需要进行确认的是“预订条件”。特价房大多是要求在预订时直接用信用卡付款，并不会退款的类型。而且虽然可以取消，但一般都会要求在住宿日期 2 周前预订。提前预订虽然可以享受大幅度的优惠，但一旦有事取消，就一切都成泡影了。

◉ 不要听信“只剩 × 间了”

酒店预订网站经常使用“剩余 × 间”的表述，这时不要担心“订不上了”。酒店客房中只有几成会分配给预订网站，还可以通过其他网站、酒店主页等订到房间。

◉ 检查旅行日程

预订特价房时，为了避免日后因取消预订而蒙受损失，也一定要确保旅行日程明确无误。另外，酒店会根据住宿时期和周几入住而发生价格不同的事情。最适合旅游的季节，酒店的价格也会水涨船高，商务客人较多的城市，酒店房价会在工作日偏高，周五～周日稍微降低。而意大利的旅游城市则是在周末价格偏高。另外，当有大型活动（展会、庆典、大型音乐会等）时，酒店价格也会偏高。如果旅程尚未确定，有时只要稍微调整一下日期，就能以最便宜的价格入住，因此值得考虑。

◉ 确认酒店主页

如果酒店大概定下来了，就到酒店主页上确认一下价格、客房种类（大小、服务）等。主页上会对客房类型做具体的介绍，可选范围很大，也会比较清晰地了解各种房型之间的价格差，有利于选择自己喜欢的房型，也更有自己制订旅程的感觉。

另外，还会有连住优惠等优惠措施，这些也需要确认。还要确认取消和付款的相关规定。一般 24~48 小时前取消都是免费的，规定相对宽松，但很多“早预订优惠”措施，会设有预订时付款，不能取消的要求。

酒店客房有几种价格?

预订酒店网站、酒店自己的网站都会有好几种不同的客房价格。通常有① 可以变更或取消的价格；② 长期住宿的优惠价格（根据酒店有所不同，一般要求连住 2 晚）；③ 预订就马上付款，不可以变更的价格。用③预订时，不管任何原因，都不会退款，请注意。

酒店主页和预订网站，哪个更划算?

无论是通过预订网站还是酒店主页预订，如果预订时需要付款，根据汇率不同价格会有偏差。虽然享受了早预订优惠政策，但因旅行期间汇率发生变化，会导致在当地付款更便宜的事情发生，当然也有相反的事情发生。有时付款时可以自选人民币还是欧元付款，这时也会发生同样的事情。

◉ 预订网站的优点和缺点

优点是可以用中文进行比较、考虑、预约。有些预订网站会在顾客进行预订后赠送优惠券，可以在下一次预订时使用。一般是优惠 8%~10% 的优惠券，如果预订稍微贵的酒店，会觉得非常划算。但一般这种券在使用时会设有最低消费限额。

缺点是不太灵活。因为根据入住房间的人数规定价格，能够选择的房型不多，当两人入住一个房间时，预订时不知道房型是大床间还是双床间。即使在留言栏里留言，是否能如愿还要亲自向酒店确认，或入住时才能知道。

另外，还会出现被附加收取手续费、税费等不知名的费用、网站显示免费取消，但最终还是被酒店收取取消费用等情况。与预订网站发生争执多是因为取消或变更预约，因此最好不要轻易变更预订。另外，如果因为汇率原因，取消原有预订重新预订时，一定要确认先前的预订是否得到有效取消。

人民币和欧元，哪个更有利?

有客人来信反映，酒店预订网站显示的人民币价格并没有问题，但在酒店主页用人民币支付时，有时会很吃亏。有的酒店结算时会使用比较独特的计算方式，比如欧元→人民币→欧元的计算方法，会使汇率比通常的汇率差。

◉ 在酒店主页预订的优点、缺点

有的酒店主页预约页面有中文显示，但有中文显示的其他页面却很少。不过即使是英文页面，因为只是用来查询价格和房型进行预订，所以并不会觉得有太多不方便。优点是可以自行选择适合自己的房型进行预订。不只可以选择床的数量，还可以指定房间朝向、安静的房间等，酒店会尽量满足客人的需要。另外，有时还会有给直接预订客户的特别服务（免费停车、免费健身、推迟退房、迎宾饮料券等）。取消规定也相对宽松。

Codice Promozioni 是什么意思?

取消预订相关说明在连锁酒店等的网站上经常可以看到，是酒店促销活动序列号的意思，经常会出现在发给客人的卡片上。会有对长住客的优惠价格等内容。可以不用管它，直接进入下一页。

实际操作进行预订

◉ 通过酒店预订网站预订

酒店预订网站有很多种类，大多数网站都覆盖了世界各地的酒店，可以按照国家地域来选择自己喜欢的酒店。可以用中文查询酒店说明，预约酒店，并付款。但预订手续费、付款时限、支付货币种类（人民币或欧元）、是否可以变更预订、免费更改预订时间等，则根据网站各有不同。首先让我们打开预订网站的页面看看吧。

❶选定城市

输入意大利、罗马等城市。或者在地图上进行点击。

❷ 选定时间，输入住宿人数

从日历中选择入住日期和退房日期，输入入住人数。

❸ 甄选酒店

输入❶和❷的内容后，页面就会显示出在限定期限中能住宿的酒店，各酒店都有照片、详细信息、价格、评价、受欢迎程度等内容供参考。可以按照自己的标准进行对比选择，也可以输入自己希望的酒店星级、评价、价格、地点、设施（Wi-Fi、健身房、水疗设施）等内容，从缩小后的范围内再进行选择。

❹ 选择酒店

首先了解一些酒店的大致情况。能了解到住宿一天的价格（是否含早餐）、客房的面积和设备（大小、是否能吸烟、空调、电视、保险箱、网络、浴盆、洗漱用具等）等信息。找到了合适的酒店后就进入步骤⑤的操作。

❺ 进入预订画面

通常都是只显示房间数和人数，也有分高级间、普通间、风景等标注的价格。这时最好确认一下床型。通常 2 人入住时是大床（双人床），可以在另外特选项目中选择是大床还是 2 张单人床。

进入预订后需要输入以下信息。

●姓名　●电话号码
●信用卡号码　●有效期限
●安全号码（卡背面的署名栏或正面的号码）
●持卡人姓名　●邮箱地址

❻ 确认预订

只有同意了网站的使用规定后，才能进入确认预订的页面。这也说明这一项非常重要。使用规定里有付款时间、是否能退款、变更预订和取消预订等相关内容，一定要仔细阅读。

最后还有特别要求一栏，可以在里面填入诸如到达时间会晚、想借儿童床、想要安静的房屋等事项。另外，申请双人间时，床型会有大床和 2 张单人床之分，在进行申请操作的时候是不能确定的，需要在这里特别注明。有时到达酒店的时候，酒店早已安排好了房间，如果到达时间太晚就不能更换房间。如果是朋友同住，需要双床房时，就要提前说好。

❼接收预订确认书

预订后，会收到一份记录着预订详细内容的确认邮件，最好把它打印出来带上。如果没有收到确认邮件，说明预订还没有最终结束，需要向网站进行确认，或打电话咨询酒店。

◉ 通过酒店自己的主页进行预订

试试向本书登载的酒店或向从预订网站找到的酒店直接预订房间吧。本书登载有酒店的 URL，而且只要输入酒店名称、城市名称再检索，就能轻易获得网址。

通常酒店的预订网站上会显示各国的国旗等，还有几种语言可供选择，有意大利语、英语，近几年有中文显示的酒店也多了起来。有的酒店主页内只有预约页面有中文。

打开主页会有以下几种项目，打开看一看吧。※ 意大利语 / 英语

- Informazione / Information/ About us（综合信息）
- Posizione / Location/ Map（地点）
- Servizio / Service（服务）
- Photo / Facilities / Rooms / Virtual Tour / Photo Gallery（对客房或设施的照片介绍）
- Tariffe / Rate / Price（价格）
- Prenotazione / Reservation 有（预订）等项目，可以了解到酒店的概况
- Offerte Speciali / Promozioni / Special Offers 如果有这一项，这里面就会登载特别价格，所以一定要看一下

首先在预订挂历上输入入住日期和退房日期，然后确认是否有房和价格。如果没有退房日期的挂历，而显示的是○ Notti 的话，就要填入住宿的日期数。然后就能看到房型和价格了。有的酒店只显示总房价，有的酒店会显示每天的房间和总房价。根据含不含早餐，房价也会有所不同。如果自己想住宿的时间段里房价特别高的话，可以避开那几日，再重新检索一次。输入新的条件后点击再次检索（Ricerca）就可以了。

感到各项条件都很满意，就选择预订 Prenotazione / Reservation 进行预订。进入预订的页面前，会出现取消预订相关说明（Condizoni di cancellazione e pagamento），一定要看一下（有的酒店会在预订结束后出现取消预订相关说明）。

○ 主页预订页中的主要项目 ※ 意大利语 / 英语

Nome/ Name　名
Cognome/ Last name　姓
Indirizzo / Address　住址
Cap / Zip　邮政编码
Nazione / Nation　国家
Telefono / Telephone　电话号码
Indirizzo e-mail / e-mail address　邮箱
以下单词多用于从日历或明细中进行选择

是否愿意体验与众不同的意大利住宿？

住在意大利籍老师的家里，在学习语言的同时学习绘画、建筑、音乐等的学习型家庭住宿。可以一对一授课。现在最受欢迎的是学习意大利菜肴烹饪的课程。以一周为单位接受预订，朋友和夫妻都可以共同申请。

Data di Arrivo / Arrival date　到达日期

Data di partenza / Departure Date　出发日期

Numero di camera / Number of rooms　客房数量

Numero di persone（adulti）/ Number of Persons　人数

Numero di bambini / Number of Children　儿童数

会同时要求提供信用卡相关信息

Carta di credito / Credit card　信用卡（种类）

Numero di carta di credito / Account number　号码

Valido a tutto（Scadenza）/ Expiration date　有效期限

Intestatario / Name on card　持有人

如果有特别要求可以在

Commenti / Messaggi/ Richiest speciali /

Message / Special request 栏里进行填写。发送是 Invia / Send。

取消是 Reimposta（Cancellazione）/ Reset（Cancel）。

输入必要事项后预订就结束了。通常网页会通过自动回复系统马上发出预订确认书。即使没有自动回复系统，也会在 1 天后回复。如果得不到回复就要向酒店进行确认。把记录着住宿日期和价格的预订确认书打印出来带上。

◉ 通过传真预订

参照通过酒店自己的主页进行预订的内容，将必要的信息（不用填写信用卡信息）写好后发送传真给酒店。要在准备住宿日期的 1 个月前发传真。有人气的酒店在旺季时，即使提前 3 个月预订也有订不上的时候。通常 1~2 天后能得到回复。回复内容里有房间价格、有无早餐等内容。除此之外，还会要求发送确认预订所需的信用卡信息，并会标明如果不在规定期限（每家酒店都有所不同，一般是在 24~48 小时之内）内回复确认预订就会取消预订的内容。如果决定预订，一定要在规定期限内进行操作。如果得不到回复可再次进行咨询。

酒店的早餐

意大利人在早餐时一般吃的是拿铁咖啡和一种叫作科尔奈特的甜面包或者饼干。经济型酒店或 B&B 的早餐大多也是这些内容，对那些早餐习惯吃得比较丰盛的人来说，可能会觉得不太满意。

3 星级以上酒店的早餐一般是自助式的，种类也比较多，有各种面包、饮料、水果、酸奶、火腿、奶酪、点心等。

在当地寻找

住宿当天在当地寻找酒店时，应尽量早地抵达目的地。可以按照《走遍全球》指引，直接去找酒店，也可以在 ❶ 旅游咨询处将自己希望入住的酒店信息（地点、等级、价格等）告知后，请他们介绍。有的 ❶ 旅游咨询处还会帮着客人进行电话预订。

直接前往酒店时，先确认价格（是否含早餐、是否有 Wi-Fi 且是否收费、住宿税是多少等）后，再请酒店安排看房，就能找到比较满意的房间了。还可以确认热水和噪声等相关情况。

意大利酒店信息

洗浴设备

意大利语中带淋浴的房间叫作 con doccia，带浴缸的房间叫作 con bagno。但是即使写着 con bagno 的房间，却只有淋浴没有浴缸的比较多。在意大利觉得淋浴和浴缸没什么区别，所以两种房型的价格是一样的。如果一定想要带浴缸的房间，说 con vasca 会更好一点。预订时也一样，如果想要带浴缸的房间，一定要在特殊项目里标明。

4 星级酒店的淋浴和浴缸

在意大利的经济型酒店里，基本上没有洗浴设施，一般都使用公用的淋浴设施。淋浴费有另收费的也有含在住宿费里（免费）的，要提前确认好。有些酒店的公共淋浴设施比较陈旧，有时洗到一半热水会变成凉水，这种时候最好在洗浴的人比较少的早上或傍晚早些时候去。当然也要注意不要浪费水。

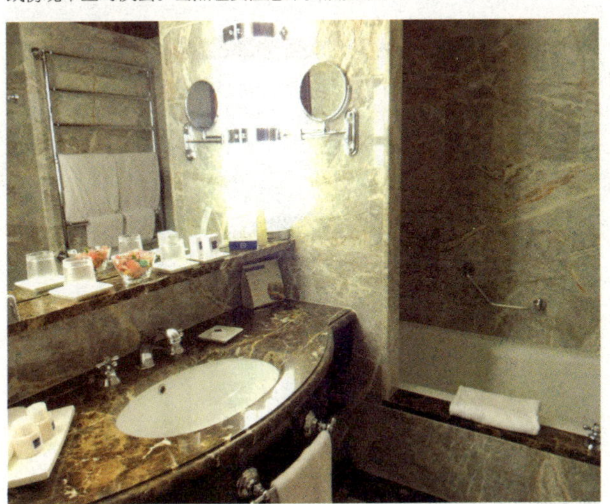
如果想要带有洗浴设备的房间，在预订时就要确认

给独自旅行的女性

有时会遇到对独自旅行的女客人过分热情的旅馆主人或服务员。这种时候最好采取冷处理，如果对方过于纠缠，就直接无视。用钥匙打开房门后，不要让人进入房间。即使语言不通，不高兴的时候也不要客气，一定要坚决地表明态度。

酒店的厕所和洁身设备

酒店的房间内除了坐便器，一般都会有洁身设备。洁身设备有出温水和凉水的水龙头，或是有喷射状的出水口，在侧面或中间有排水口。洁身设备的形状和坐便器有些相似，千万不要弄错。虽然形状相似，

洁身设备（左）和坐便器（右）

但是坐便器有盖子，而洁身设备没有盖子。洁身设备是用来蓄满温水后，洗下身或洗脚用的。通常在洁身设备的旁边放有专用毛巾。

Wi-Fi

意大利几乎所有酒店和青旅都有无线网络。大部分酒店是包括客房在内的所有地方（信号会有所不同）都覆盖有网络，但也有的酒店只限大堂或前台周边。大多数酒店和青旅的无线网络都是免费的，会在办理入住手续时告知客人密码。有的4星级以上酒店是收费的，这时需要在前台办理使用申请手续。收费各不相同，有按时间收取的，也有按日收取的，一定要提前确认好。

办理入住手续时，会告知上网密码

取消预订时的注意事项

通过邮件或传真预订酒店，会被要求提交信用卡号和有效期限，这是为了防止无原因退订。在预订得到确认后，酒店会发给你一份有关取消预订的规定和预订号，这时需要仔细阅读一下。

通常在预订住宿日期的72~24小时前可以取消预订（也有1周前的）。如果有预订号，把号码告诉酒店，取消过程会更快捷。无原因退订时，一般会从信用卡上扣除一晚的住宿费，然后取消所有预订。即使没有提交信用卡，如果取消预订的话，也要尽量早一些通知酒店。如果是通过旅行社或者中介机构预订的酒店，取消预订也应该通过旅行社或者中介机构，而不是直接打电话给酒店。

通常办理入住的时间是14:00~15:00。如果到得太早，也要看有无空房，才能确定能否早些入住。

吃在意大利

mangiare! Italia

●何谓意大利菜?

意大利菜是充分发挥了材料本身特点的健康食品。首先端上桌的是各种各样的开胃菜，然后上来的是刚出锅的意大利面，在吃着咬劲十足的面时，任谁都会不知不觉放松下来，举起酒杯，大声说 Buon Appetito!（祝好胃口！）这样轻松愉快的气氛才是意大利菜最具魅力的地方。

有一种说法，“在意大利没有意大利菜，有的只是地道的乡土菜”。意大利菜之所以有如此浓厚的乡土色彩，是由于历史的原因。在 1861 年意大利统一之前，意大利全国分割为很多公国或国王领地，导致各地地方意识高涨。对各地的人来说，当时最奢华的事就是食用采用当地时令材料制作的食物。时至今日，意大利的美食家们仍会在春季去 Bassano del Grappa 品尝鲜嫩的白芦笋，在秋季去托斯卡纳吃肥美的松茸，在初冬时节去阿尔巴（Alba）吃香味浓郁的松露。

●最好的是妈妈的味道

挑剔的美食家们对菜肴最高的评价是“有妈妈的味道”。连频繁出入高档餐馆的绅士们，也会毫不犹豫地说“世界上最好的美食是妈妈的味道”。他们会滔滔不绝地从妈妈周日做的意大利手擀面 Fettuccine 和 Sugo（肉酱）谈起，说到为冬天准备的保存食品。

意大利美食非常注重时令蔬菜

归根结底，妈妈的味道就是用自家庭园里种的，享受充分日照长起来的蔬菜和自家养的鸡、兔子或捕获的猎物，再加上妈妈的爱心，精心制作的美食。在意大利餐桌上仍然保留着的浓浓的人情味，才是最让人感动的。

威尼斯的小酒馆巴卡利

●想了解意大利，先吃意大利菜

在吃意大利的乡土菜之前，我要加一句：通常北部意大利的菜肴接近法国菜，会大量使用黄油、鲜奶油，而越往南，西红柿、橄榄油的使用量会越来越多。这是因为橄榄的种植北边只到加尔达湖，而波河流域的帕达纳平原则是意大利数一数二的肉牛、乳牛的产地。同时，意大利与法国、瑞士、奥地利、斯洛文尼亚等国接壤，这些国家的菜肴对意大利菜的影响也同样不容忽视。北部意大利的美食 Gulash（辣味煮牛肉）就深受斯洛文尼亚的影响，而点心 Strüdel（苹果派）则是德国、奥地利风味，南部的西西里岛的 Cùscus 则是阿拉伯风味的。类似这种例子举不胜数。

威尼斯的海鲜开胃菜非常美味

“饮食就是文化”。吃意大利菜，了解意大利菜，同样也是在接触意大利的风土人情、文化、历史。

旅途中，围坐在充满人情味的餐桌上，和热情的意大利人一起尽享美食，可以说你已经领略到了意大利真正的魅力。

美食家们向往的阿尔巴白松露

在餐馆点葡萄酒的方法
推荐当地葡萄酒!

每家餐馆葡萄酒的种类和数量都各不相同。根据餐馆等级，有的餐馆厚厚的葡萄酒单上不仅有意大利葡萄酒，还有世界各地名品，有的餐馆的葡萄酒单却只有一页纸。即使是高档餐馆，当地的葡萄酒不仅种类齐全，而且价格适中。游客最好品尝当地的葡萄酒。

点葡萄酒以瓶、1/2 瓶、杯、卡拉法为单位。

○ 一瓶酒是“una botteglia”

是最普遍的点酒方法。可供选择的葡萄酒的种类和价格也最多。

○ 1/2 瓶酒是“mezza botteglia”

很少有酒庄出产 1/2 瓶葡萄酒，因此可选择的种类并不多，但是量和价格会让人愿意接受。有些餐馆没有 1/2 瓶葡萄酒。

○ 杯是“un bicchiere”或“un calice”

一般都是红葡萄酒和白葡萄酒各有 2 种，可以选择红或白。有的餐馆不可以按杯点葡萄酒。

○ 按量出售的卡拉法

点酒后，会在卡拉法里注入相应量的酒才端出来。有 1L、1/2L、1/4L 的计量，以当地葡萄酒为主。大众风格的餐馆有这样的点酒方法。

○ 喝多少算多少

家酿葡萄酒（vino della casa）为瓶装酒时，有的餐馆会按照喝的量来收取费用。这时如果喝了半瓶酒时，会收取比一瓶酒的一半价格多一些的费用。

当地葡萄酒的价格比较适中

意大利葡萄酒的魅力

历史悠久的意大利葡萄酒

古希腊人把意大利称为葡萄酒之国（Enotoria）。意大利的葡萄酒可谓历史悠久。共和制时代的雄辩家西塞罗、皇帝恺撒都曾沉迷于葡萄酒中。因维苏威火山喷发而一夜之间成为死城的庞贝古城遗址里，仍完好地保留着公元 79 年的葡萄酒壶。据说古罗马士兵在上战场时，除了武器，还会带着葡萄苗，领土扩张到哪里就把葡萄种植到哪里。就在那个时期，使得葡萄苗和葡萄酒的酿造从意大利流传到了欧洲各地。

出产意大利著名葡萄酒的皮埃蒙特区的丘陵

地方特色浓厚的意大利葡萄酒

意大利的地形南北细长，自然环境也十分丰富。在北部意大利严酷的自然环境中，产生了享誉世界的浓厚型红葡萄酒和意大利起泡酒 Spumante 等。中部杉木林立的低缓丘陵上遍布着葡萄园，从这里产出的是充满生气，口味柔和的康提葡萄酒。而享受着充足阳光恩惠的南部意大利，则生产酒精含量高、烈性的葡萄酒。在集合了丰富多彩、具有个性的葡萄酒的意大利，希望你一定体验一下它的魅力。在葡萄酒王国意大利购买葡萄酒，你能找到性价比极高的葡萄酒。

意大利葡萄酒的等级

意大利的葡萄酒分为 4 个等级，分别是：一般餐酒（Vino da Tavola）、地方餐酒级 I.G.T.、法定产区葡萄酒 D.O.C.、保证法定地区级葡萄酒 D.O.C.G.。并标注在标签上。但这只是规定上的分级，即使在日常的餐桌酒中，也有价格不菲，深受欢迎的提格纳内罗、索拉亚（现在已经升级成为 D.O.C.），这也可以说是意大利特色吧。

意大利代表性的葡萄酒 D.O.C.G.

有 200 多个品种的法定产区葡萄酒 D.O.C.（Denominazione di Origine Controllata），是指拥有严格的法定产地，从葡萄的种类到最低酒精含量、酿造方法、贮藏方法、口感的特殊性等都符合法定特别标准的葡萄酒。比这个品质更高的是保证法定地区级葡萄酒 D.O.C.G.（Denominazione di Origine Controllata e Garantita）。

D.O.C.G. 葡萄酒的认证标准和成品检验更为严格，检查合格的产品和 D.O.C. 一样，贴上各葡萄酒协会的标志和检测后的等级标签。现在属于这种最高级别的葡萄酒有皮埃蒙特区生产的红葡萄酒 Barolo、Barbaresco、艾米利亚区生产的白葡萄酒 Albana di Romagna、托斯卡纳区生产的红葡萄酒 Chianti、Vino Nobile di Montepulciano、Brunello di Montalcino 等。到了意大利，你一定要品尝一下这些优质的葡萄酒。

在市区的爱诺特卡店里选购当地的葡萄酒

橙子汽水

●意大利的食品店和菜单

●节省型旅游者喜欢的食品店

Generi Alimentari

从面包、火腿、奶酪、点心到葡萄酒，食品种类非常齐全。想在公园里野餐，体会一下郊游的感觉，或者想在酒店内简单吃一点的时候，可以到食品店买些东西来吃，非常方便。北部意大利还有很多销售法式肉饼和高档小菜的 Delicatessen。但是如果在这里购买海鲜沙拉或上等馅饼的话，有时会比在小餐馆用餐更贵。

进到店中，就会看到身穿白衣的店员精神抖擞而又忙碌地在切着火腿或奶酪。柜台里价签上的 l'etto 表示 100g，al chilo 表示 1kg，标价采用其中一种作为计量单位。点东西要以 l'etto 为单位，50g 是 Mezzo etto。面包、比萨都是称重卖的，并在客人面前切成合适的小块。如果是小面包就以个为单位销售。罗马大多吃中空的叫作 Rosetta 的面包。店里会在这种面包里加入火腿、萨拉米、奶酪做成简易快餐 Panino。夹在刚烤好的面包或比萨里的新鲜奶酪和火腿格外美味。这也是意大利人经常吃的上午茶点。

如果想吃加了萨拉米的 Panino，就点“Vorrei un Panino con salame”。塞满了薄薄的萨拉米肠的 Panino，一个不到 20 元人民币。另外，塞入肥肉和开心果的超大软香肠 Mortadella、正宗意大利生火腿 Prosciutto crudo、普通加热火腿 Prosciutto cotto 等都很受欢迎。

奶酪 Formaggio 则从奶油似的易食用的 Bel paese、以新鲜著称的 Mozzarella、有点硬但味道温和的 Provolone，到外国产奶酪一应俱全。奶酪分为辣味奶酪（Piccante）和甜味奶酪（Dolce）两种，喜欢刺激性的就吃 Piccante，喜欢口味温和的就吃 Dolce。

如果你在店里买了东西，每个柜台都会给你一个小票，最后拿着这些小票到收银台结账就可以了。

●酒吧的菜单

（Bevande 饮料）

Caffè……浓缩咖啡
Cappuccino……卡布奇诺
Caffè e latte……拿铁咖啡
Latte……牛奶
Thè……红茶
Camomilla……洋甘菊茶
Aranciata……加碳酸的橙汁
Cola……可乐
Frullato……牛奶鸡蛋冷饮
Succo di Frutta……果汁
Spremuta……鲜榨果汁
Acqua Minerale……矿泉水
Gelato……冰激凌
Granita……刨冰 / 果子露

（Alcolico 酒精饮料）

（Aperitivo 开胃酒）

Spritz…起泡酒（普西哥酒 + 阿贝罗酒）
Campari……金巴利苦酒
Cinzano……仙山露酒
Martini……马丁尼酒

（Digestivo 餐后酒）

Amaro……阿马罗苦味酒
Grappa……格拉帕酒
Sambuca……桑布卡
Brandy……白兰地
Whisky……威士忌

（小食品）

Tramezzino……三明治
Panino……意式三明治

购买食物还可以去超市!

和中国一样，由意大利个人经营的食品店越来越少了，取而代之的超市则在不断增加。大部分超市里都设有食品柜台区域，摆满了开胃菜、意大利面、肉、鱼、火腿、奶酪、比萨等。购物方法和 p.549 介绍的食品店大同小异。想在酒店吃点东西或想买点零食的时候，会觉得很方便(→ p. 563)。

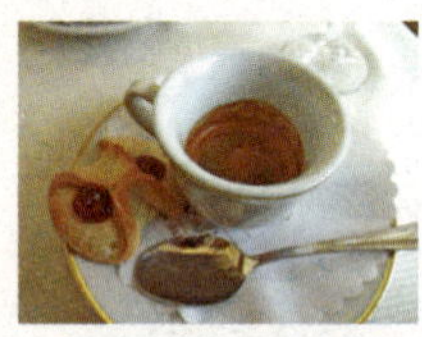
分量极少是意大利咖啡的特点

钟情咖啡闲话

意大利人非常嗜好咖啡。虽然他们认为有泡沫的浓香咖啡是最好的，但也很喜欢各种各样的变化。想喝比平时浓醇的咖啡时有超级浓缩咖啡(Caffè Ristretto)、味道淡一些的有朗格咖啡(Caffè Lungo 或有 alto)。美式咖啡叫作 Caffè Americano。大多数意大利人会在饭后喝一杯加了利口酒的卡瑞托咖啡(Caffè Corretto)。浓浓的咖啡加利口酒浓香四溢，还能帮助消化。寒冷的时候喝上一杯，顿时就会觉得精神焕发。

咖啡(Caffè)和牛奶(Latte)的相互调和也是无与伦比的。首先让我们记住 Macchiato 这个单词。本来是“脏了”“有污点”的意思，而玛奇朵咖啡(Caffè Macchiato)是指加入了少量牛奶的咖啡。另外，拿铁玛奇朵(Latte Macchiato)是加入了少量咖啡的牛奶。拿铁咖啡和拿铁玛奇朵的区别就在于咖啡的量的多少。还有不知为什么拿铁玛奇朵总是被放在玻璃杯里端上来。

●立式酒吧和能坐着悠闲地喝东西的萨拉达、咖啡馆
Sala da thè、Caffè & Bar

对于一天中喜欢喝好几次咖啡的意大利人来说，酒吧是一个不可或缺的休息和社交场所。和朋友聊着天走进酒吧，大口喝完咖啡或酒后就马上离开。

对他们来说酒吧只是一个喝东西的地方。如果想坐下来悠闲地聊着天品尝茶或咖啡，就要去 Sala da thè 或 Caffè。酒吧在城中随处可见，一般设施也很简单。Sala da thè 和 Caffè 则比较豪华，当然里面也有站着饮用东西的柜台。如果是站着喝，无论哪里价格都差不多，所以建议去氛围豪华些的地方。如果是坐着喝，普通的酒吧价格是站着喝的 2 倍左右，气氛豪华的店的价格是 4 倍左右。在收银台旁边标有两种价格，可以先确认一下。

屋外的露天席位氛围很好

站着喝时，如果是有收银台的店，就先在收银台订餐，拿到收据 Scontrino 后，到柜台出示即可。这时，很多人会在收据上放上 € 0.2~0.5 作为小费。不过好像并没有因为有了小费，点的东西会被先端出来的事情（当然会给你微笑服务）。坐在座位上喝时，服务员会过来点餐，在他们上东西的时候或者要离开时付钱就可以了。如果在这里心情愉快地喝了茶，一般要给些小费。

下面我们来介绍一下酒水单吧。浓缩咖啡在意大利只叫作咖啡。端出来的小咖啡杯里只有三分之一（约 30cc）左右的咖啡，有着细小的泡沫，非常浓香。喝的时候意大利人一般会在里面放很多砂糖，却不加奶。有的人还会把沉淀在杯底的砂糖用勺子舀起来舔着吃。把用蒸汽加热、打出泡沫的牛奶加入咖啡就是卡布奇诺。有时上面还会撒上可可粉。拿铁咖啡是意大利版的牛奶咖啡。洋甘菊茶是意大利人常喝的香草茶，对轻微的头痛、腹痛、失眠很有效。想要补充旅途中不足的维他命，鲜果汁是一个好选择。点了鲜果汁后，服务生就会在你面前榨果汁。橙子是 Arancia、柠檬是 Limone、葡萄柚是 Pompelmo。也可以直接说要鲜榨果汁（Spremuta di Limone）。在盛产橙子和柠檬的意大利，能以非常低廉的价格喝到独具意大利风味的果汁。矿泉水分为带汽矿泉水（con Gas）和不带汽（senza Gas）两种。只是如果要 Acqua Minerale（矿泉水），端上来的一般都是带汽的水。

用朝鲜蓟做的齐纳露、用葡萄渣滓发酵蒸馏后制作的酒精浓度 40 度的格拉帕、有着浓郁香草香味的甘甜的桑布卡等，一定要品尝一下意大利的特产酒。

最后加一句。意大利人似乎不喜欢喝滚烫的饮料，有时点的热饮上来时是温的。所以，想喝热热的饮料的人，点的时候不要忘了说一句“Bollente!”（浓缩咖啡是不可以的）。

●比萨 Pizzeria

比萨可以说是意大利食品的代名词。比萨在意大利语中的发音不是“比萨”而是“比茨阿”，请一定注意这一点。比萨店（Pizzeria）分为两个类型。有 al Taglio 或者 Rustica 标识的是需要站着吃，称重销售的量贩店，还有一种是有座位，并且用炉灶现场烤制的比萨饼店。

前者上午就开始开门营业，在柜台里陈列着各种各样四方形的比萨饼。购买时用手指指自己想要的比萨，店员就会为你切成合适的小块。在味道好的店里，总是挤满了大嚼着热腾腾的比萨的人。

而真正的比萨专卖店则大多只在晚上营业。因为对意大利人来说，比萨是夜宵的替代品。在特拉特利亚和利斯特兰也会有比萨，但也只是在晚上才会供应比萨。很多比萨饼店，也供应意大利面和简单的鱼、肉类菜肴。当然在这样的店里只要一份比萨也不为怪，所以对于没有食欲的人或节省型旅行者来说非常不错。

那不勒斯老牌比萨饼店的招牌比萨€1，既便宜又好吃！

挤满了年轻人的比萨饼店，通常都是味道很好的店。如果找到了这样的店，就从橱柜里先点一些开胃菜或油橄榄，喝着啤酒或葡萄酒，耐心地等待比萨烤好吧。特别推荐你一定要品尝叫作 Bruschetta 的蒜香面包。这是一种表面涂有用盐、大蒜、橄榄做成的品质极好的橄榄油的面包。这种美味只有在意大利才品尝得到。在这种面包上面加上西红柿末就叫作 Bruschetta al pomodoro，是一种可以增强食欲的食品。

比萨店的菜品如左面所述。Calzone 和 crostino、pizza fritta 等称重售卖比萨的店铺一般没有菜单。

●大众食堂风格的 Tavola Calda、Rosticceria、Caffetteria

这是可以简单就餐的食品店，采用柜台就餐形式或放有小桌子。

威尼斯著名的巴卡利，站立喝酒的小酒馆，如果有桌子会比较舒适

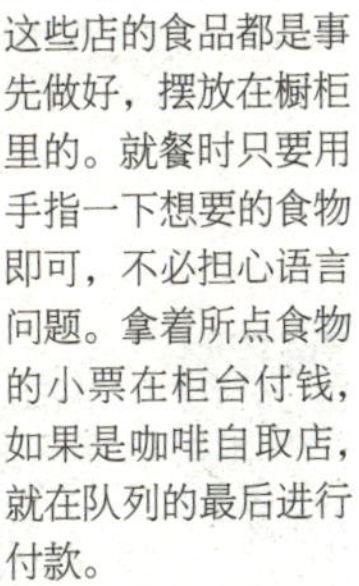

这些店的食品都是事先做好，摆放在橱柜里的。就餐时只要用手指一下想要的食物即可，不必担心语言问题。拿着所点食物的小票在柜台付钱，如果是咖啡自取店，就在队列的最后进行付款。

既健康又精致的罗马比萨

●比萨店的菜单

Pizza Margherita　只要西红柿和马苏里拉奶酪的上等比萨饼

Pizza con Funghi　西红柿奶酪比萨饼加上蘑菇丝

Pizza con Funghi e Prosciutto　在上述比萨饼里夹上生火腿

Pizza Napoletana　西红柿和马苏里拉奶酪加上鳀鱼风味

Pizza Marinara　西红柿酱加欧莱嘉诺风味

Pizza con Peperoni　厚厚的肉上点缀红色和黄色青椒的甜口味比萨饼

Pizza Quattro Stagioni　四季比萨，可以在一张饼上品尝到 4 种口味

Pizza Capricciosa　随意制作的意思，有各种不同的配料方法

Pizza fritte　油炸比萨，加上奶酪和火腿等后油炸的比萨，

Calzone　在比萨面团里加上西红柿酱和奶酪等烤制的比萨

Crostino　奶酪烤面包的总称。马苏里拉奶酪和鳀鱼或生火腿的搭配是最好的美味

Bruschetta　蒜香烤面包

Bruschetta al pomodoro　蒜香烤面包加鲜番茄

点菜的变化

十多年前，在餐馆只点一份菜是违反常规的行为。对于喜欢丰盛食物的意大利人来说："怎么中国人只吃这么一点？""只点一盘菜，这生意怎么做啊！"但是最近意大利的饮食风气也开始变了，现在在餐馆只点一份菜也可以了。

不过以旅游客人为主的餐馆，有时会被收取座位费和服务费。但如果点开胃菜或意面配主菜等，2道菜加点心时，会不收服务费，或不收座位费。

只要点一盘自己喜欢的食物就可以了。在 EATALY（罗马）

菜品有比萨饼或炸饭团（Arancini）、各种意大利面、烤鸡肉和烤牛肉以及炸薯条、沙拉等，都是很简单的食物。当然，变冷的食物店家会负责用微波炉进行加热

在 Tavola Calda 和 Rosticceria 还可以打包食物带走。

●可以悠闲地享受美食的 Ristorante、Trattoria、Osteria

如果想悠闲地享受美食带来的快乐，就去这些店。Ristorante 是高档餐馆，Trattoria 是以家常菜为主的大众餐馆，Osteria 是酒馆。虽然这么说，但这几种类型的餐馆之间比较并没有严格的区分。首先站在餐馆前面，观察一下在餐馆就餐客人的层次和餐馆环境，如果门框贴着菜谱，也要看看，做到心中有数（本书中的每座城市介绍最后都有餐馆指南。里面我们根据对味道、价格、环境的主观判断进行了餐馆的等级评价）。

（菜单 → p. 555）

精致的点心是高档餐馆必备之物

优雅的米其林一星餐馆店内

除了上述餐馆以外，还有供应扎啤和简单下酒菜的 Birreria、以风靡世界的麦当劳为代表的快餐店、位于车站旁边或市中心的 Selfservice 等。可以根据自己的需要、经济状况、时间等来进行选择。

意大利的啤酒

在意大利人的餐桌上，除了葡萄酒外，还少不了啤酒。意大利语中啤酒叫 Birra。扎啤叫 Birra alla spina。意大利经典的啤酒中最普及的有蓝带啤酒 Nastro Azzurro、以大胡子老头为商标的 Moretti、罗马产的 Peroni 等。也有只卖在中国也颇为有名的喜力啤酒的专卖店。

●享受在餐馆就餐的乐趣

●要想了解意大利，吃它的美食是最好的方法

到了意大利，除了游览观光之外，还要尽早去品尝它的美食。要想了解一个国家，光靠吃它的美食就足够了。因为食物可以体现出国家的历史、风俗，甚至是国民性。在热闹的老街餐馆 Trattori 里能看到意大利民众最普通的生活，而豪华的 Ristorante 里，又可以看到你在国内时难以想象的富豪们的奢华生活。

●提前预订好餐位，会让就餐的乐趣倍增

如果想在住宿的旅馆附近吃一顿普通的饭菜，那就去找一家当地人光顾的餐馆。如果有要慕名而去的店，就提前打个电话预订餐位。尤其在去高档餐馆用餐，或在圣诞节、新年等就餐旺季时，一定不要忘了提前预订餐位。高档餐馆一般可以使用英语，不用担心，意大利语中的“我想预订今晚 8:00 4 个人的位置”是“Vorrei prenotare per quattro persone per le otto di stasera”。“quattro”是 4（人）、“otto”是 8:00、“ stasera”是今晚，只要把带有下划线的单词换一下，就能用于任何预订情况。两名是 due、3 人是 tre、7 点是 sette、明晚是 domani sera、后天是 dopodomani。

然后在预订时间到达餐馆后要说的是：“我是 × ×。已经预订过了。”“Mi chiamo × ×，ho gia prenotato.”

会有领位来问“几位？”（“Quanto persone sono？”）可以回答“4 位。”（“Siamo quattro.”）或用手指比一下。大部分餐馆都能使用英语进行对话。餐馆等级越高，服务人员的素质也越高，语言能力也更强。

●试着喊一句“斯佩坎恰利”

坐在座位上打开菜单，只要用手指一下想要的菜，要求点此菜就可以了，但是这也太没有情趣了。还是先问一下这家餐馆的特色，以及厨师推荐菜吧。

“厨师推荐菜是什么？”

（“Che cosa consiglia？”）

“这个餐馆的特色菜是什么？”

（“Quale è la specialità? di questo ristorante？”）

这时服务员会指着菜谱给你说明，如果你还是一脸茫然，有时甚至会从厨房里拿出现有实物给你看。

在这个时候，不厌其烦地给你解释菜单的餐馆，一般服务以及菜品的味道都会不错。如果认为你是个外国人，觉得很麻烦的店，味道和服务不好的可能性比较大。认为良好的服务也是美食的一部分的人，就要在这个时候起身离开。

点完菜后就得点葡萄酒了。可以从葡萄酒单上选一个适合你的酒，也可以从店家的玻璃酒柜里选一瓶招牌葡萄酒，味道也很不错。尤其是一些品牌餐馆，他们的招牌葡萄酒大都是餐馆仔细筛选出来的，一般都很好喝，有时还会有自酿葡萄酒。只是在有些旅游景点的餐馆会把一些极普通的酒也放在酒架上，请注意。

现场制作罗马著名的意大利面通纳雷利

最新的饮食信息

在餐馆里点菜，先是开胃菜、面类，然后是作为第二道菜的鱼类或肉类菜，接着是作为配菜的蔬菜，最后是甜点，这是自古以来的传统。

但是，今天越来越多的人们开始注重健康，意大利人在选择食物时也开始发生变化。很多人会选择蔬菜沙拉作开胃菜，不吃面，第二道菜尽量选择清淡的，甜品也多以新鲜水果为主。

这样的现象不仅出现在各地激增的自助式餐馆或意大利面专卖店里，在高档餐馆也屡见不鲜。从菜单中也能看出这种风气，沙拉不仅出现在配菜里，在开胃菜的选项里也有，而且价格不菲。开胃菜中的沙拉不仅内容和摆盘都和作为配菜的沙拉不同，感觉也更讲究一些。

在米兰等地的咖啡馆里，也能经常看到人们以放有海鲜或奶酪的蔬菜沙拉和面包饮料为午餐。

在餐馆点菜时如果按照传统方式点菜，点菜员也会提醒你："这么多吃不了，这个和这个就足够了。"

当然，意大利人非常喜欢美食。经常看到点2~3种开胃菜和主菜，然后大吃大喝的情形。但是不勉强自己，按照健康状态选择合适食物的人也越来越多，这也是不争的事实。

在高档餐馆里品尝开胃菜

匠心独具的豪华开胃菜

●我要结账

用过餐后离开之前就要结账了。把为自己服务的服务员叫过来说："我要结账。"（Il conto，per favore.）在记账单拿过来后，一定要核对食物和价格，不要不好意思。除了食物的价格以外，还会有座位费 Coperto，更多的是服务费 Servizio（2013 年后有取消服务费的趋向，但每个城市的情况还有所不同）。在没有服务费时，就要付小费，一般是总餐费的 10%~20%，不过这些都要随你的心情来决定。如果就餐非常愉快，那么也要有相应的小费，如果觉得不满意，也可以不给小费。

吃过一顿愉快的美味佳肴后，走出餐馆之前和这里的人们打个招呼吧。晚餐结束时说 Buonasera，午餐结束时说 Buongiorno。

●品尝全套意大利正餐

① **开胃菜** Antipasto

以凉菜为主，有生火腿和甜瓜、海鲜沙拉、各种精致蔬菜等，种类繁多，非常丰盛。

② **第一道菜** Primo Piatto

有通心粉、手擀面、烩饭、汤等。

③ **第二道菜** Secondo Piatto

肉类、鱼类菜。蘑菇类的牛肝菌也属于这一项。

④ **配菜** Contorno

蔬菜沙拉或蔬菜热菜。

⑤ **奶酪** Formaggio

⑥ **水果** Frutta、**点心** Dolce

⑦ **咖啡或餐后酒**

看着菜单按照以上顺序点菜，肯定是没问题的，但有时可能根本吃不下这么多食物。我们中国人有时只吃了通心粉就想结束用餐，可是在有一定档次的餐馆，只吃一道菜就结束就餐是不符合规矩的，一定要记住这一点。意大利人也有只吃肉菜或鱼类菜以及作为配菜的蔬菜后就结束就餐的。还有，即使你不按顺序，先吃了通心粉等食物后再吃开胃菜，意大利人一般也不会介意。如果你想吃意大利面，而吃完后又吃不下第二道菜的情况下，可以点半份（Mezzo）第一道菜。

另外，在旅游景点的餐馆里会看到有套餐（Menu Turistico）。一般包括座位费、服务费、第一道菜、第二道菜、配菜、甜点，有时也含有饮料在内。价格在€ 10 左右，虽然价格便宜，但内容都是定好的，没有什么可选性，可能会感觉不大过瘾。

吃过甜点，喝完咖啡后，就是餐后酒（Digestivo）了。在餐馆经常能看到喝着餐后酒，高谈阔论直至深夜的意大利人。餐后酒有助于消化，有利口酒，也有具有药效的香草风味的酒或水果风味的酒，种类也很丰富。

高档餐馆的菜单

（antipasto） **开胃菜**

摆盘精美的米其林一星餐馆的开胃菜

prosciutto e melone / fichi……生火腿 & 甜瓜 / 无花果
antipasto misto all, Italiana……意大利拼盘（以火腿、萨拉米肠为主）
insalata di mare……用橄榄油、柠檬汁拌的煮熟的海鲜
salmone e crostini……熏三文鱼加黄油吐司
cocktail di gamberetti……海鲜拼盘
antipasto assortito……丰富的开胃菜大拼盘
antipasto di mare……海鲜沙拉、番茄风味的烤扇贝等开胃菜
cozze e vongole alla marinara……番茄风味的蓝贻贝和蛤蜊
cozze al gratin……蒜香蓝贻贝的古拉丁
zuppa di cozze……番茄风味蓝贻贝汤

（primo piatto） **第一道菜**

spaghetti alla pescatora……海鲜意大利细面条
spaghetti alle vongole veraci……蛤蜊意面。番茄风味的是 rosso / 没有番茄的是 bianco
spaghetti al pomodoro……番茄沙司意大利面
spaghetti alle bolognese……肉末酱意大利面
bucatini all`amatriciana……加咸猪肉和芥末、羊奶酪的番茄风味意大利面。Bucatini 是一种带小洞的宽面条
spaghetti aglio，olio e peperoncino……仅用芥末、大蒜、橄榄油调味的意大利面条
spaghetti alla carbonara……用大量帕玛森干酪和鸡蛋、咸猪肉调味的奶油状的意大利面

味道不同的正宗文蛤意大利面

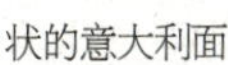

gnocchi alla romana……用牛奶煮好粗面粉，然后裹上帕玛森干酪烘烤的面疙瘩
gnocchi di patate……将煮熟的土豆碾碎，加入鸡蛋、奶酪等揉成小团后煮熟。用番茄酱风味或萨尔比亚风味的黄油、高贡佐拉奶酪等拌着吃
fettuccine……加入大量鸡蛋的手工面条。根据面条宽窄不同名称不同。这一种的宽幅约 1 厘米
tortellini……在手工面条里加入肉馅，做成结状的通心粉
ravioli……在手工面条里加入肉馅，是比较大块的的通心粉
lasagna……卤汁面条

品尝各种意大利面

risotto alla pescatora ······················海鲜烩饭（米类食品，且意大利人会把米煮得更硬一些）
risotto al pomodoro ······················番茄风味的烩饭
zuppa di pesce ······················海鲜番茄汤、意大利式海鲜汤（在有的店里是开胃菜，或归类在第一道菜、第二道菜里，是任何时候吃都可以的海鲜菜）

高档餐馆的汤很多都制作精美，"牡蛎凉汤，薄荷味"是很有夏日特色的一道汤

（zuppe e minestre） 汤类（有时会和主菜 primo 写在一起）

stracciatella ······················清炖鸡蛋汤
minestra ······················放小通心粉的清炖汤
zuppa di verdura ······················放入萝卜、土豆、西葫芦等的蔬菜汤
minestrone ······················加入通心粉或米饭的蔬菜汤
tortellini in brodo ······················带肉馅通心粉的清炖汤

（secondo piatto） 第二道菜

肉类

cotoletta alla milanese ······················炸小牛排
cotoletta alla bolognese ······················炸小牛排加生火腿、奶酪、番茄酱后一起烧制
scaloppine al vino bianco ······················葡萄酒煎小牛肉
saltimbocca alla romana ······················白葡萄酒风味的加入生火腿和鼠尾草的煎乳牛排
osso bucco ······················番茄风味的煮乳牛颈骨。还可以吃到骨髓的胶原物质
lombatina ······················小牛的牛腰肉牛排
carpaccio ······················卡帕奇欧（切成薄片的生牛肉，配有沙拉）
tagliatadi manzo ······················西冷牛排（切成片的烤牛肉，配有沙拉）
bistecca ······················牛排
bistecca alla fiorentina ······················一份最少 500g 或 T 骨牛排
bistecca alla pizzaiola ······················用牛至和番茄酱调味的牛排
filetto di manzo al pepeverde ······················青胡椒和鲜奶油沙司调味的牛里脊
petto di pollo dorato ······················意式奶香煎鸡排
braciola ······················猪肉卷，牛至、大蒜风味
coniglio alla cacciatora ······················用牛至和葡萄酒煮的兔子肉
trippa alla romana ······················有点辣味的番茄煮猪肚
fegato alla veneziana ······················香煎洋葱牛肝
rognone al cognac ······················白兰地风味的牛肾
fritto misto all' Italiana ······················油炸小牛胸腺、脑花、朝鲜蓟等的拼盘

●高档餐馆的菜单

海鲜

sogliola alla mugnaia ....炸比目鱼
spigola bollita........................浇上柠檬汁和蛋黄酱的煮鲈鱼
orata........................鲷鱼的一种
spiedino di mazzancolle........................烤对虾串（mazzancolle 是罗马方言）
scampi alla griglia........................烤带钳的青藜杖虾
fritto di calamari e gamberetti........................烤小鱿鱼和小虾

摆盘精致的海鲜菜

（contorno） **配菜**

insalata mista........................沙拉拼盘
fagioli bianchi ....橄榄油拌煮白芸豆
spinaci a piacere........................烧菠菜，最普遍的是用奶油、大蒜、芥末、橄榄油一起炒的 in padella，加入柠檬汁的 al limone
patate fritte ....炸马铃薯
patate al forno ....烤马铃薯
peperonata........................番茄风味的意大利式大炖菜，有红色或黄色的青椒、西葫芦、茄子等

那不勒斯的一道菜，能品尝到当地产的鱼的鲜美味道

（frutta） **水果**

frutta di stagione ....时令水果
macedonia di frutta al maraschino........马拉斯基诺酒风味的水果酒

（dolce e gelato） **甜点和冰激凌**

dolci della casa........................自制甜点
creme caramelle ....布丁
zuppa inglese........................表面涂了很多奶油的海绵蛋糕，含有用利口酒或柠檬汁调的糖浆
crostata ....用涂有果酱的饼干坯做成的派
torta di ricotta........................加了砂糖和水果的派
gelato misto........................混合冰激凌

受法国菜影响的漂亮甜点

肉和鱼的种类名词汇总

肉（carne）的种类		鱼（pesce）的种类	
牛 manzo / bue	小牛 vitello	龙虾 aragosta	对虾 gambero
鸡 pollo	猪 maiale	小虾 gamberetti	鲷鱼 dentice / orata
羊羔 agnello / abbacchio	野生兔子 lepre	鲈鱼 spigola / branzino	金枪鱼 tonno
养殖兔子 coniglio	野猪肉 cinghiale	剑鱼 pesce spada	蓝贻贝 cozze
生火腿 prosciuto crudo	鹌鹑 quaglia	凤尾鱼 sarde/acciuga	蛤蜊 vongole
（生）香肠 salsiccia	肝 fegato	鱿鱼 seppie / calamari	章鱼 polpo

Hai Fatto La Buona Spesa?

在意大利购物的乐趣

● 购物从问候开始

要想在意大利心情愉快地购物，进店时要问候店员，这是意大利人的习惯。上午要说："Buongiorno(邦焦尔诺)"，下午要说："Buonasera(波纳塞拉)"。品牌店的店员都能说一口流利的英语，有的人还懂尺寸以及颜色方面的一些简单的中文词汇。想要和店员进行沟通，要想有一次愉快的购物经历，语言还是很重要的。先在国内学几句意大利语吧。如果只是进商店里看看，并无购物意向的话，店员过来打招呼时，你要先表明态度："只是看看。""我想看一下。"因为听说意大利店员们常常对态度暧昧不清的中国女性很有意见。当然，不管你有没有购物，离开商店时都不要忘了再次说声"Buongiorno""Buonasera"。

一定要打招呼

● 以一对一的销售方式为主流

和中国不同，意大利很少有允许自由触碰商品的大型百货商场。直到如今，这里仍存在着面对面的售货模式。不管是普通的商店还是名品店，都不要随意用手碰商品，或把手伸进商品里面掏出价签看价格。如果听到有掏出价签时发出的响动，店员都会严厉地斥责："顾客，请你放下。"

● 店员拥有专业的眼光

大多数店员只要用目光一测，就能为顾客选出大小正合适的商品，很是令人佩服。这样的店员能为你推荐非常适合你的服装，搭配也会非常出色，能让你轻松地就拥有适合自己的意大利时装。我们大可以相信这些店员的推荐。当然，买衣服最终出钱的是你自己，一定要买自己中意的商品。店员对商品有着丰富的了解，我们可以从她们那里得到一些新品信息以及折扣信息等，不过获取信息首先就要给人留下一个好印象。

● 如果需要修改衣服，就要提早购物

中国人穿着意大利尺寸的衣物总是有些不太合身的地方。如果需要扦边，只需要几天时间，而且价格也便宜。如果带回国内修改，总是会发生缝线和原来不一致的情况，还是拜托店员确认好你的合适尺寸，在意大利改吧。修改只需要花费三天时间，所以最好在观光开始前，到意大利的第一天就先去购物。

● 将购买的东西寄存好，轻松上阵

购物街上吸引人的商店一家连着一家。如果还想继续购物，可以把买到的东西寄存在店里再去下一家。意大利很少有把商品直接替客人邮寄回住宿酒店的服务，但是店家会在物品上写上姓名，暂为保管。我们可以在购物结束后，再去把东西收集在一起，打车回酒店。名品购物袋本身就是一种有钱的象征，即使在名品店里，服务员看到也会提醒你注意防盗。当你狂热购物时，或者在沙发上小憩等候朋友时，都有被盗的危险，所以随身物品还是越少越好。

● 一定要善于利用免税制度（→ p. 560）

这是针对住在欧盟成员国以外的游客的免税制度。在加盟店购买了154.94欧元以上的含税物品时，可以将其中的13%~14%的税金退还给顾客。所以一定要好好利用。

● 领取收据以便修理时出示

如果在意大利购买的名品手提包坏了，但还想修理一下继续使用，可以把它拿到国内的正规店里进行修理，不过需要提供收据或保修证（手表等）。因此，为了以后修理时的方便，请妥善保管这些票证。

● 严禁购买假冒商品

在米兰等大城市经常能看到有手提大包的外国人在街头摆摊卖一些著名的品牌物品，并说这些是厂家直销，但实际上都是一些冒牌货。虽然的确很便宜，但禁止把这些侵害他人知识产权的假冒产品带回中国。由于街上有稽查人员在巡逻，这些小贩经常换地方，意大利政府也在积极查处这些假冒商品。

※ 有关购买假冒商品的处罚，威尼斯当地政府规定："即使是在不知情的情况下购买，也要处以€10000的罚款。"所以绝对不要贪图便宜，购买假冒商品。

办理退税的柜台

打折Saldi 关于减价季

● 不定期的减价

大减价的时间一般都设定在冬季和夏季，具体时间由个人或团体自行决定。冬季一般在1月上旬，夏季一般从7月上旬的周六开始进入打折季。但是每年都会有些小的变化。有的商店一年到头都贴着减价的标识，有的商店夏天从6月，冬天从圣诞节就开始大减价。一到了打折季，就有人不断去品牌店向店员询问降价开始的具体时间，每次店员都会脸憋得通红地回复："这不能告诉你。"不过如果你继续询问，店员却会告诉你哪些商品会打折。

● 受欢迎的商店总是在排队

到了大减价的日子，人们从四面八方涌来，在店前排起长队。要做好需要排队10分钟~1小时的心理准备。为了让出入都有序，门卫会控制进店人数，每次只允许少数人进店。店外会井然有序地排起一条长队。有的商店会发放排队号，按时间叫号。这时队列往往都是圆形的，如果队列不整齐看不出前后，可以问一下排在前面的人。

有的品牌专卖店会在降价第一天在报纸上刊登广告。感兴趣的人可以翻阅一下当地的报纸。

大减价的时候商店橱窗上贴着大大的宣传海报

● 尽快找一个店员

很多人进入商店后，都很想尽快去选购自己喜欢的商品。但是前面本书也介绍过，在意大利的商店是不可以随便触碰商品的。所以尽快找到为自己服务的店员，这才是最正确的方法。店员都是一对一（一组一起来购物的人）服务的。所以当店员有服务的顾客时，即使看起来很闲，她也不会接待你。减价的商品数量不是很多，如果见到有自己喜欢的就要立刻购买。为此，让店员把商品拿给你看，尽快买下它。但是不要像在国内那样，自己不要的商品绝对不能占着，这是不合规矩的。而且一切还都要按照顺序，不可以插队找店员。看来能够快一些找到愿意为你服务的店员的方法，只能是成为这里的常客？！

著名品牌店一年也有两次大减价

● 了解自己正确的尺寸

意大利店员能目测顾客尺寸的高超本领在大降价期间就派不上用场了。要想从数量很少的商品中快速找到适合自己的商品，就一定要了解自己的尺寸。虽然各制衣厂的尺寸多少都会有些细微的差异，但在试穿相近的号码后应该就能知道适合自己的尺寸了。最好在购物前先了解一下意大利的尺寸标注方法。另外，鞋子也是有幅面和尺码的。根据以往的经验，一般女性的鞋子最大也不超过25厘米以上（有大于25厘米以上的吗？），最小的是22厘米（有小于22厘米的吗？虽然制造厂商不同，多少会有些差异，但一般比这个小的话，会推荐你到儿童鞋店去买鞋）。即使不是打折季，中国人也很难买到和自己尺码正合适的鞋子，如果在减价期间有幸遇到了，就太划算了。

● 大减价中都有哪些商品？

特别流行的认知度高的商品、能代表该品牌的商品和经典款商品都不会出现在大减价中。大减价的都是一些应季商品。夏天的话是颜色鲜艳的包、鞋子、衣服等。也会有丝巾，但不是经典款式，多为赶时髦的商品或B级货品。但如果有喜欢的，买了还是很值的。因为价格都是原价的3~5折。

打折商品不允许寄存在店里，要是东西多的话就先回一趟酒店吧。

免税购物

● **购物的乐趣越来越多**

伴随着免税加盟店数量的增多，以及适用额度的下降，免税购物越来越方便了。

如果想利用这个制度，就需要提供护照号码，所以最好先记下自己护照的号码，为了防止偷盗等事件的发生，最好是事先复印一份拿着。

对　象

欧盟成员国（EU）之外的公民为自己购买东西，并在仍未使用的状态下，同自身的行李一起出境时，可以享受退回 IVA（税金）。

适用的最小额度

在一个商店里购物总额含 IVA（税金）在内超过€ 154.94。

购物时的顺序

（1）在 TAX-FREE 免税店购物加盟店里购物。

（2）付款时提供自己的护照号码，得到免税证明。这个证明（1 页或 2 页，各店都有所不同）要与购物发票一起在出境时使用。

出境时的手续

出境时需要在海关（Dogana）的专用柜台盖海关的章，否则将拿不到退税款，因此要早一些出发去机场。如果在意大利之后还要去其他欧盟国家的话，可以在离开欧盟成员国的最后一个国家时办理相同的手续。

（1）购买的物品放入行李箱时

在航空公司值机柜台办理登机牌，然后在行李上贴上前往目的地的标签。把行李箱拿到海关办公室或窗口（位于出港大厅的检验护照进关柜台的前面），出示免税证明、护照、登机牌，得到通行章（此时有可能打开行李确认购买的物品）。再次回到值机柜台托运行李，结束登机手续的办理。办理退税的流程根据机场的不同也有所不同，比如佛罗伦萨要先盖海关章。但有的机场在海关窗口旁边就有一个托运行李箱的传送带，不用再回到办理登机手续的柜台。

※ 米兰马尔彭萨机场不需要盖海关章

把在意大利购买的物品放入托运行李时，没有进行海关检查。只需在位于出发大厅 Area 12 的退税公司的退税柜台办理手续即可。可以选择当时拿现金或汇款到信用卡。办理手续时和其他机场一样需要出示免税单、护照、机票。机票也可以用手机出具相关证明。

（2）购买的物品随身带上飞机时

在值机柜台办理完所有登机手续后，经过护照检查，到出境通道旁边的海关窗口，出示想要随身带入机舱的物品，得到通行章。罗马菲乌米奇诺机场、米兰马尔彭萨机场的手提免税物品窗口位于还款柜台旁边。

税金的返还

（1）返还现金

把在海关窗口盖上通行章的免税证明和购物小票交到机场免税店的免税现金返还柜台（Cash Refund），领取现金。各公司的税金返还办理柜台大多集中在出境大厅的海关窗口附近。

（2）现金之外的方式返还

在免税证明的背面写有“非现金”返还的栏里填入信用卡信息，放入商店里给的免税专用信封里，邮寄到相应的各免税公司办事处。这时要注意的是，如果 90 天之内相关证明资料没有寄到办事处的话，算自动放弃免税的权利。如果消费者没有信用卡，或不能转账汇款时，会给消费者邮寄同等价格的人民币汇票。

有些公司不给进行现金返税，只给往信用卡等转账账户汇款。这时要仔细阅读文件背面的说明，而且不要弄错各公司的信封和放入里面的票证。其他的手续各公司都是相同的。

以上介绍的程序、税金返还地点等，多有变更，请提前出发到机场进行确认。

一定要知道的意大利购物须知

● 商店的营业日和营业时间

在罗马和米兰的市区中心地带，营业时间为 10:00~19:30 的商店开始多起来了。尤其以品牌店和大型商业设施（百货商场和超市等）最为明显。但是地方城市和私人商店，还有一些品牌店仍然采用原来的营业时间，周一到周六是营业日，而且两个节假日之间的工作日也会休息，他们称之为架桥 Ponte。营业时间夏季和冬季略有不同，夏季是 10:00~13:00 和 16:00~20:00，冬季的下午为 15:30~19:30，周日和节假日休息。除此之外，夏天的周六下午，冬天的周一上午也有许多商店不营业。

另外，很多商店 7~9 月期间会有夏季休假，这个时期也许会遇到自己想去的商店关门的情况。

● 必需品的购买方法

购买特产礼品，只要是好的、自己喜欢的就可以买，但是旅行中的必备物品却与之不同，只要买自己需要的就可以了。必需品有很多种，自己需要什么当然很清楚，只要看到中意的商店就进去问："Avete~?"（有……吗？）如果需要食品，除了一眼就能知道的专卖食品的小店，还有超市（Supermercato）、食品店（Alimentari），如果需要药品、生理用品有药店（后者在大型超市也有卖的）（Farmacia）。书店是 Libreria，日用杂货在大型超市 UPIM 或 STANDA / Oviesse 能买到。物品名称如果是用意大利语标注的，可能会看不懂（尤其是在一些小城市），可以随身携带一本旅游意大利语会话书或用手机下载相关翻译程序。还可以用英语尝试一下和店员进行沟通，说不定就会发现自己想要的东西，然后用手指一指就可以了。不管是多小的小镇，都会有出售食品和杂货的小超市，如果找到了这样的商店，在货架周围多转几圈，尽量一次性购买齐全，这也是一种方法。

● 衣服和皮革制品的购买方法

这些物品和普通的日用品、生活用品不同，可以说都是一些价格偏高，需要挑选后购买的东西。对这样的商品，最好购买橱窗中自己一眼相中的商品，或与自己一直想要的款式接近的商品，抑或一开始就对颜色、形状、大小、价格有一个基本的概念，这样会使购物比较顺利。如果没有什么目标进到店里，当店员过来殷勤招呼，并问："你想要些什么？"或"我能帮你什么吗？"时，就会被问住，难以回答。因为在意大利很少有人漫无目的进商店，只看不买的。

在这里我们还要提一下最近在欧洲特别遭到非议的中国人购物方式。进入店里连声招呼都不打，无视店员的存在自行随意触碰货架或展示的商品。当店员忍无可忍过来询问"你有什么需要的吗"时也不理会。随意打开看过 20 多件外衣或毛衣后，却一件都不买，一句话都没有就走掉了。最近欧洲各大品牌店对亚洲游客的一些不礼貌行为都感到非常头疼，对我们礼仪之邦中国的评价也在日渐降低。

● 怎样才能愉快地购物

要想心情愉快地购物，有几点是必须要注

意大利面的种类多得令人瞠目结舌

先浏览一下橱窗

意的。不管是购买日常用品、奢侈品还是特产礼品等，在商店购物时，都要遵循以下几个基本原则。

1. 首先要向店员打招呼。比如，如果用简单的意大利语和店员打招呼，即使之后是用英语进行交流，效果也会事半功倍。没有人会嘲笑认真热情地要努力使用当地语言的游客。

这样在拉近你们之间的距离之后，再告诉他你想要找的东西。如果店里没有自己想要的商品时，就直接说明，表示感谢后离开。

2. 衣服等商品在商店里一般都会摆放得非常整齐，如果你想拿出商品看看，就要先和店员说一声。想要试穿的话，最好事先知道自己的大致号码。如果"正好路过这么著名的商店，所以想进去看看"的话，进店时向店员说一声："我可以进来看一看吗？"（"Potrei vedere un pò?"）只因为简单的一句话，对方对你的态度会截然不同。

另外，店员向顾客推荐合适的衣服是他们的本职工作。如果店员的服务态度特别冷淡，不亲切的话，我们还是马上离开的好。只有买方和卖方相互尊重，才能形成舒适的购物环境。

中国 / 意大利的尺码对照表

女性服装	中国	3	5	7	9	11	13	15
	意大利	34	36	38	40	42	44	46
男士鞋	中国	24.5	25	25.5	26	26.5	27	27.5
	意大利	39	40	41	42	43	44	45
女士鞋	中国	22	22.5	23	23.5	24	24.5	25
	意大利	35	35.5	36	36.5	37	37.5	38

※ 根据品牌不同，尺码的差异很大，尤其是鞋子应试穿后再购买。另外，一些小品牌的尺码会不太齐全

要掌握意大利的尺码

付款时的注意事项

在意大利一旦在收银台付了钱，就无法退钱了，所以购买的时候一定要确认好商品的质量和价格。在收银台付钱时，支付现金和刷卡都可以。许多商店都可以刷卡，也没有找零钱的麻烦，但要记住一定要在签名或输入密码之前再次确认金额，以免过后金额不对。用欧元进行支付时，尽量减少找零，如果有找零时要习惯意大利式做法（比如你买了 25 欧元的商品，支付的是 100 欧元的纸币，找零时的顺序是先给你€ 5，然后给你€ 10，最后给你€ 50）。

使用过的银行卡或找回来的零钱，要在出店前确认已收好。另外还要收好购物小票。

大减价和打折

意大利和中国一样，好东西并不便宜。所以聪明的消费者可以选择在一年两次的大减价 Saldi 时期购买。冬季的大减价时间，一般都是在 1 月 6 日主显节过后，但现在已经一年比一年早，有的商店从 1 月 2 日就开始。夏季从 7 月的第一个周六开始。大减价的具体期间（特别是开始时间）由各地区决定，每个地方都会有所不同，不过一般都会严守以上时间。每个商店大减价的期间也各不相同，会有 1 周 ~1 个月的差别。在大减价期间，有很多商品会以原价的 30%~50% 的价格销售，所以很多意大利人也在等大机会购买贵重的商品。

除了专门以游客为服务对象的特产礼品店之外，平时极少有商店会打折（sconto）销售商品。不过有时一次性批量购买皮革制品的话，也有商家愿意打一些折扣。但也都是一些家庭作坊式的小商家，而不是一些大型商店。而且，价格特别低廉的商品，有时多为外表不错，但容易破损，一遇到雨就会褪色的劣质商品。所以价格便宜是一方面，还是应该先看一下品质。

另外，在广场等空旷的地方开设的露天市场和跳蚤市场，还有旅游景点的特产店等地方购物，一定要讨价还价。只要购物数量较多，一般都会给打一些折扣。

在超市购物

● 去超市看看吧

意大利现代化超市的数量正处于不断迅猛增加之中。超市东西齐全，是购买旅途中的生活必需品、食物等的最佳选择。最重要的是，没有语言上的担忧，只要把自己喜欢的商品放入购物筐就可以了。如果想体验普通意大利人的生活，那么就去意大利的超市看看吧。

超市前分发的特价商品广告单

● 首先要拿一个购物筐

和中国一样，超市入口附近会放置大量的购物筐，先取一个拿着。大一点的购物车都是几辆连在一起，并用锁锁起来，推车时塞入€1硬币，就可以取出来使用。在购物结束后再把小车推回来和原来的车辆连在一起，硬币就会自动再退出来。

超市熟食柜台的食品种类丰富

● 水果要带好手套拿

超市里有包装好的水果和蔬菜，一般都是按重量销售。首先要在附近拿一个一次性手套戴上，以个为单位挑选自己喜欢的水果，放入方便袋里，然后称重。在陈列台上标有每种水果的商品号码，把水果放在电子秤上，输入号码，印有水果名称、重量、价格的小票就会自动打出来。把打出来的小票贴在袋子上即可。意大利也有很多进口水果。别忘了确认它的原产地。

初夏建议你购买樱桃、杏，冬天建议你买些橙子、小甜橘来吃。

超市里有做沙拉用的切好的蔬菜，但是没有附赠的调味汁。想要吃沙拉，还是去熟食品柜台买些现成品，比较方便。

● 在熟食品柜台购物需要领取购物号

意大利超市中和中国最不一样的地方是熟食品柜台、陈列橱窗里摆着各种各样的开胃菜、火腿、奶酪等能够直接食用的食品，令人垂涎。店员还会按照客人的要求切成合适的大小后称重。在这里购买食品，需要先领取一个购物号排队。等轮到自己了，会有人叫号，号码还会在头上的电子布告牌中显示出来。选购商品时不会意大利语也没关系，只要用手指指，对方就能明白。顺便说一句，在意大利语中，100g是“un etto”，1人份是“un porzione”，半份是“mezzo”。

熟食品柜台还会销售刚烤好的面包。有的熟食品柜台还可以为顾客用微波炉或烤箱加热食品。

● 买些简单饭菜

如果只想简单吃点东西，可以在超市里购买一些面包、奶酪、火腿食用。如果觉得这样会缺乏营养，可以再选购一些蔬菜的开胃菜或沙拉。

生火腿在意大利语中叫“Prosciutto Crudo”。产地不同，如帕尔马（Parma）和圣丹尼尔（San Daniele）的火腿，味道和形状也不一样，有兴趣的话可以看一看。我们最容易接受的味道要数（加热）火腿“Prosciutto Cotto”，吃起来非常滑润，味道很香。最著名的萨拉米肠根据部位和制作方法可分为“Coppa”“Culatello”等，还有富有地方特色的托斯卡纳（Toscana）等。充满平民风味的“Mortadella”香肠，除了产地外的餐馆，在其他地方很难见到，有机会的话，一定要尝一尝。

在挑选火腿或萨拉米肠时，观察一下它的切口，从切口处很容易就能判断出它的味道。餐桌上常见的奶酪有硬奶酪“Fontina”、软奶酪“Bel Paese”、入口即化的特柔奶酪“Stracchino”等。有的店里还有很多“Brie”等法式奶酪。

● 慢慢地挑选商品?

可以在超市里边挑选商品，边和国内做一个比较，乐在其中。城市的超市里，冷冻食品柜台的商品种类丰富得让人瞠目结舌，而糕点柜台的袋装食品则显得种类少一些。但早餐和零食类的海绵蛋糕和曲奇等饼干却种类齐全，而且包装也大得惊人。

开心地寻找中国没有的食品

● 意大利特产有哪些?

可以在超市里选购一些物美价廉的礼品回国。应该会找到洗浴用品、厨房用品、文具等具有意大利特色的商品。

如果想选购食品作为礼物，有巧克力、能长期保存的硬奶酪、各种瓶装的意大利面调料（有在国内比较少见的松茸味和核桃味）等。还有一些季节性的食品，如复活节期间的鸽子和蛋形的巧克力、圣诞节期间的潘纳多尼等，也是不错的礼品。如果是马上就要回国，可以买真空包装的新鲜意大利面带回国。速食的意大利面和意大利烩饭的种类也很丰富。建议你买些做意大利面时必用的帕玛森奶酪（Parmigiano Reggiano），可购买块状的真空包装。奶酪中 Grana Padana 的价格平易近人得多，如果预算紧张，可购买这种奶酪。

火腿、萨拉米肠等猪肉加工食品禁止带入国内，因此这样的食品就不要购买了。

● 结账

和在中国一样，选购结束后就到收银台排队。轮到自己后，就在前面的人购买的东西后面放上隔板，提前把自己选购的商品从购物筐里拿出来，放在收银台上。收银台上有传送带，商品自动运转前行。在结算完商品后，工作人员会询问是否需要购物袋，需要的话就放进去一起结算。购物袋（Sacchetto）和中国一样，是收费的。过了结算台的商品会被传送带甩到一边的购物池里，结算后要自行把商品放入购物袋中。除了一些小超市外，多数超市都可以刷信用卡。

● 意大利的超市

意大利语中超市叫作“Supermercato”。有的超市招牌上虽然写着“Supermercato”，但是规模只有便利店那样的大小，商品的种类也与农村的杂货铺差不多，并不齐全。意大利著名的超市有“Esselunga”“Standa”“Despar”“GS”、“Sma”“Coop”等。如果看到这些超市的招牌，就进去转转吧。这些超市非常宽敞明亮，是寻找旅行中的必需品和礼品的好地方。但大型超市多建在郊区，如果没有车的话，不方便去购物。

有的超市在入口处设有寄存柜（免费）。在意大利这是为了防止有人在超市内进行偷盗的设施，因此会要求顾客把大的物品存放在这里再进去超市购物。超市入口处的保安会告诉你怎么做，按照他说的做就可以了。

超市里色彩鲜艳的水果

Chiacchieriamo insieme!

旅行用意大利语

餐前酒和豪华的佐酒菜

意大利语对中国人来说，容易听懂，易于发音。滞留意大利只要有几天，你就能自然地说出“你好（Buongiorno）”等简单的句子。我们也来练习一下意大利语吧。在车站订票时，即使不会说也没关系，可以把天数、车票数量等用意大利语写在纸上递给售票员。但不要忘记说“打扰”“谢谢”和面带微笑！

基础篇

问候

回头见！	Ciao！
你好！	Buongiorno！
晚上好！	Buonasera！
晚安！	Buonanotte！
再见！	Arrivederci！

招呼

对不起！	Scusi！（打断别人，询问事情时）
对不起！	Pardon！（表示抱歉时）
对不起！	Permesso！（在拥挤的车内要下车说：“请让一让”时）
想问你一下！	Senta！

敬语

对男性	Signore（复数 Signori）
对已婚女性	Signora（Signore）
对未婚女性	Signorina（Signorine）

※ 敬语是用加在姓名、职位前表示敬意的称呼，也可以在打招呼时单独使用

请求与感谢

不好意思	Per favore
谢谢！	Grazie！
非常感谢！	Grazie mille！
不客气！	Di niente！
请别客气！	Prego

道歉与回答

实在对不起！	Mi scusi！（道歉时使用）
没关系，不要紧。	Non fa niente.

“是”与“不是”

是/在	Si.
是，谢谢！	Si，grazie.
不是。	No.
不用了，可以了。	No，grazie.

想……

Vorrei~ 是（我）想要~（想做~）的意思。这一句相当于英语中的“I would like~”，如果后面后缀的是 biglietto（车票）、gelato（冰激凌）、camera（房间）等，就表示“想要~”。如果后缀 andare（去）、prenotare（预订）、cambiare（更换），就表示“想做~”。

我想要一张车票。
Vorrei un biglietto.
我想要一个冰激凌。
Vorrei un gelato.
我想预订一个房间。
Vorrei prenotare una camera.

能……吗？

Posso~？是（我）能~吗？（可以~吗？）的意思。
相当于英语的“Can I~?”
能用信用卡付钱吗？
Posso pagare com la carta di credito?

应用篇

在酒店

我想要带（不带）淋浴的（双人间 / 单人间）。	Vorrei una camera（doppia / singola）（con / senza）doccia.
一晚上多少钱？	Quanto costa per una notte?
含早餐吗？	Inclusa la colazione?
有（安静的 / 更便宜点的）房间吗？	Avete una camera（tranquilla / meno cara）?
我能看看房间吗？	Posso vedere la camera?
我想住（3 晚 / 一周）。	Vorrei rimanere（3 notti / una settimana）.
好的。就这个房间。	Va bene. Prendo questa camera.

在旅游咨询处

我想要一张城市地图。	Scusi，vorrei una mappa della città.
我想要住 5 天双人间。	Scusi，vorrei una camera doppia per 5 notti.
我想知道活动的信息。	Vorrei delle informazioni degli spettacoli.
有米兰美术馆的介绍吗？	Vorrei una lista dei musei di Milano.

旅　游

售票处在哪里？	Dov`è la biglietteria?
你是排在最后一位吗？	Lei è l`ultimo della fila?
学生有优惠吗？	Ci sono riduzioni per studenti?
有免费的小册子吗？	È possible avere un dèpliant gratuito?
有馆内的导游图吗？	C`è una piantina dell`interno edificio?
请借给我自动讲解器。	Vorrei un`audioguida, per favore.
请教我使用方法。	Come si usa.
（指着说明书）这个在哪里？	Dove si trova questo?
可以在这里照相吗？	Èpossibile fare una foto?
厕所在哪里？	Dov`è il bagno（toilet）?

用 餐

我想预订 2 位今天的晚餐。	Vorrei prenotare per 2 persone per stasera.
我们一共 4 位，有空桌子吗？	Siamo in quattro avete una tavola libera?
我想预订 2 位的今晚晚餐。	Abbiamo prenotato per 2 persone alle 8.

货币兑换处、银行

这里可以使用信用卡支付吗？	Si Possono ritirare contanti con la carta di credito?
请出示你的护照。	Il passaporto，per favore.
在威尼斯你住在哪里？	Dove abita a Venezia?
请你签名。	La sua firma，per favore.

邮局 / 电话局

我想要这个（信封 / 明信片）。	Vorrei francobolli per questa（lettera / cartolina）.
我想把这个包裹寄到 ×× 。	Vorrei spedire questo pacco in Giappone.
我想要 10 个 2.30 欧元的邮票。	Vorrei 10 francobolli da € 2.30
我想给 ×× 打个电话。	Vorrei telefonare in Giappone.
需要付多少钱？	Quanto pago?

基本单词

月

1 月	gennaio
2 月	febbraio
3 月	marzo
4 月	aprile
5 月	maggio
6 月	giugno
7 月	luglio
8 月	agosto
9 月	settembre
10 月	ottobre
11 月	novembre
12 月	dicembre

周

周日	domenica
周一	lunedi
周二	martedi
周三	mercoledi
周四	giovedi
周五	venerdi
周六	sabato

今天	oggi
明天	domani
昨天	ieri

健　康

最近的药店在哪里?	Dov`è la farmacia più vicina?
我想要点感冒药。	Vorrei qualche medicina per il raffreddore.
我（头 / 胃 / 牙 / 肚子）疼。	Ho mal di (testa/ stomaco / denti / pancia).
我发烧。/ 感觉冷 / 拉肚子。	Ho febbre. / Ho fredddo. / Ho diarrea.
我身体不舒服。请帮我找位医生。	Sto male. Mi chiami un medico, per favore.
想让讲英语的医生给我看病。	Vorrei un medico che parla inglese.

出　行

请给我一张到米兰的 2 等往返车票。	Vorrei un bigliettoo di seconda classe andata e ritomo per Milano.
我想要预订两张城际快车的票。	Vorrei prenotare due posti sull`Intercity.
有效期到什么时候?	Fino a quando è valido?

※ 上车后，入座或进入车厢时如果已经有人坐在那里一定要先打招呼。下车的时候也一样。

你好！这个座位有人吗?	Buongiorno. È libero questo posto?
这趟列车是开往米兰的吗?	Questo treno va a Milano?

麻烦・事故

帮帮忙！抓小偷！	Aiuto!　Al ladro!
请马上叫警察来。	Mi chiami subito la polizia, per favore.
（钱包 / 护照）被偷了。	Mi hanno rubato (il portafoglio / il passaporto).
有会讲英语的人吗?	C`è qualcuno che parla inglese?
发生了交通事故。请叫一下警察。	Ho avuto un`incidente. Mi chiami la polizia, per favore.
请叫救护车。	Chiami un` ambulanza, per favore.

欧元的读法

欧元计算到小数点后 2 位。欧元以下的单位是欧分（意大利语是 centesimo，平常使用复数形式 centesimi）。€ 1（1 欧元）等于 100 欧分。

例如，€ 20.18 可以读作 20.18 欧元，或者 20 欧元 18 欧分。小数点一般不用读出来。另外，小数点后的 18 读作十八，不像中文那样读作一八。

如果一次购买量较多，可以试着问问"能便宜点吗?"（Un po`di sconto，per favore?）

购物时的会话①

我想试穿这件衣服。	Vorrei provare questo.
你的号码是多少?	Che taglia ha?
我正在找一件适合这件衣服的外套。	Cerco una giacca che vada bene con questo vestito.
这件我不喜欢。	Questo non mi piace.
太花哨（素）了。	È troppo vistoso（sobrio）.
请给我看看别的。	Me ne faccia vedere un`altro.
多少钱?	Quanto costa?

购物时的会话②

请给我看看更便宜的。	Me ne faccia vedere uno meno caro.
太贵了。	È troppo caro.
让我再考虑一下。	Vorrei pensarci un po`.
（裤子、裙子、袖子）太长（短）了。	Sono troppo lunghi（corti）.
能把这个地方改短一点吗?	Si potrebbe accorciare questa parte.
需要多长时间?	Quanto tempo ci vuole?
请给我这个。	Prendo questo/a.

触碰商品前先打声招呼

基本单词

鞋

男鞋	scarpe da uomo
女鞋	scarpe da donna
凉鞋	sandali

鞋的构成

鞋跟	tacco（复数 tacchi）
高	tacchi alti
低	tacchi bassi
鞋底	suola
鞋面	tomaia
鞋宽	larghezza
紧	stringe / stretta
松	larga
鞋拔子	fibbie per sandali

数字

0	zero
1	un、uno、una、un'
2	due
3	tre
4	quattro
5	cinque
6	sei
7	sette
8	otto
9	nove
10	dieci
11	undici
12	dodici
13	tredici
14	quattordici
15	quindici
16	sedici
17	diciassette
18	diciotto
19	diciannove
20	venti
100	cento
1000	mille
2000	duemila
1 万	diecimila
10 万	centomila

衣服的种类

上衣	giacca
裙子	gonna
裤子	pantaloni
衬衫	camicia
外套	camicetta
领带	cravatta
丝巾	foulard/sciarpa
毛衣	maglia

衣料质地

纯棉	cotone
丝绸	seta
麻	lino
毛	lana
皮	pelle

皮革制品的种类

手套	guanti
文件夹	portadocumenti
皮带	cintura
钱包	portafoglio
零钱包	portamonete

皮革制品的质地

山羊皮	capra
小山羊皮	capretto
羊皮	pecora
小牛皮	vitello

颜色的种类

白色	bianco
黑色	nero
茶色	marrone
米黄色	beige
粉色	rosa
绿色	verde
紫色	violetto
红色	rosso
蓝色	blu
藏青色	blu scuro
灰色	grigio
黄色	giallo

非常方便！

Vorrei andare a~

意大利语

在威尼斯乘坐贡多拉游览市区

问路

我想去……	Vorrei andare a~.
请在地图上帮我指出来。	Mi indichi il percorso sulla piantina.
能步行到达吗?	Ci si può andare a piedi?
步行需要多少时间?	Quanto tempo ci vuole a piedi?

在公共汽车上

这辆车开往……	Quest`autobus va a~.
我想去……，请告诉我在哪里下车。	Vorrei andare a~, mi dica, dove devo scendere.

在出租车上

请到……酒店。	Mi porti all`Hotel ~.
到……大概需要多少钱?	Quanto costa più o meno fino a~?

基本单词

车站	stazione
火车	treno
旅行社	ufficio di informazioni turistiche
教堂	chiesa
广场	piazza
公园	giardino / parco
桥	ponte
十字路口	crocevia / incrocio
站点	fermata
始发站、终点	capolinea
公共汽车	autobus / bus
长距离汽车	pullman
长距离汽车终点	autostazione
地铁	metropolitana
出租车	tassi / taxi
出租车乘车点	posteggio dei tassi

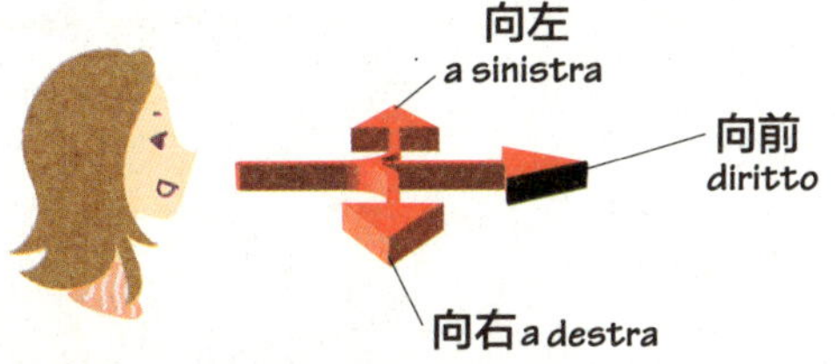

远 lontano

近 vicino

了解不法分子的手法，减少事故的发生

在意大利有一个词汇叫作 Furbo，意思是狡猾。中国人听到这个词汇，一般会想起腹黑的奸商，但是在意大利这个词里还包含着“聪明地活着”的意思，有时被用作褒义词。曾经有人问意大利人为什么会这样，意大利人的回答是：“被骗的也有错。”在这样的一个国度，只要你怀着“我绝对不会上当”的气势出现就肯定不会出问题的。多听听旅行前辈们的建议，吸取经验教训，勇敢走出去，而不是说：“我不去了。”这里有独具魅力的人、街道、美食……即使会发生一些小小的麻烦，但难以掩盖其巨大的魅力！

疾病和麻烦

生病、受伤

防止生病的第一步，就是制订一个宽松的旅游行程，包括加入一天休息时间。这不仅仅有利于健康，还可以在最初制订的旅行计划没有了可调整的时间时，作为一个缓冲日使用。比如，当遇到坏天气时，可以不必冒雨参观景点，而是在酒店里悠闲地休息，写封信或看本书，整理整理之前的旅行照片等。当一段旅程结束后，你会发现这样休息的一天，会成为你非常美好的回忆。

旅行会产生精神和身体上的双重疲劳，随时关心自己的身体状况也是非常重要的。如果和朋友一起出来旅行时，可能会不好意思说出自己累了想休息，但实际上累了的时候马上休息恢复体力，最终才会让你们的旅行更加顺利。如果因为无法对同伴说出“我们休息一下吧”而勉强坚持下去，也许会因压力加大而导致身体出现问题。因此选择一个能理解你的同伴一起旅行也是“好的旅行”的重要因素之一。

预防疾病的另一个因素是注意饮食规律。意大利美食让人很有食欲，而且也很容易消化，但是分量却非常大。这个也想吃那个也想吃，每次都从开胃菜吃到甜点的话，不仅卡路里会超标，还会给肠胃造成很大的负担。如果再喝点酒，胃的工作量无疑会比平时重很多。如果在旅途中反复这样的生活，除非是消化功能特别强的人，一般人都会感到有些吃不消。所以我们建议要控制自己，适量进食。如果感到消化系统负担加重，可以以午餐为主，晚餐尽量少吃，或从市场买些水果吃，减少喝浓缩咖啡的量等。

最后，不能保证充足的睡眠是积劳成疾的诱因之一，因此要慎重选择酒店房间。要保证旅途中拥有良好的睡眠环境。

以下介绍一些不幸患病或受伤时的应急方法。

吃药治病 意大利的很多药都是需要出示医生处方才能购买的，因此感冒药、肠胃药、止疼药等常备药品还是先在国内准备好吧。如果需要在意大利国内购买药品时，尽量选择大的药店（这种药店一般也可以说英语），说明自己的症状。有的药品上的用法用量只有意大利语说明，在购买的时候一定要向药店的人问清楚。欧洲的药品对于亚洲人来说药劲儿都比较大，所以可以适当减少摄入量，注意不要过量服用。

药店的营业时间和一般的商店是一样的。但是也有以防紧急情况在夜间、周末和节假日也照常营业的药店，只要是稍具规模的城市都会有这样的药店。

看医生 如果症状加重，即使吃了药也不见好转时，就需要去看医生。最好请酒店前台或旅行咨询处介绍会英语的医生，如果有必要的话还可以请医生开一些处方。

叫救护车 发生事故、重伤或阑尾炎发作等时，需要叫救护车。发生这种事情时，周围可能没有意大利人来帮你，所以这时拜托周围的人说："Chiami un'autoambulanza, per favore." 请求帮助。另外，每个城市的信息中心发放的综合信息小册子上肯定会有"有用的电话号码"（Numeri Utili），上面有救护车、急救医院的电话号码等。

麻烦

没有比在旅行中途遇到麻烦更让人讨厌的事情了。为了不让愉快的旅程毁于麻烦，我们也应该努力防止麻烦的发生。

旅途中遇到的麻烦主要有遭遇事故、犯罪，丢失物品等事件，除了一些不可避的事故和事件，多数麻烦旅行者多加注意都是可以充分避免的。

事故

如果在旅行中遇到了交通事故或者重大事件，不要乱动，听从现场指挥人员的安排。如果在进行单身旅行时遭遇事故，可向驻意大利的中国使领馆求助，也可以往国内打电话，请求他们的帮助。要避免此时家人找不到你而使问题更加复杂化。如果需要长期住院，有时需要一次性支付很大一笔费用，因此还是尽早和大使馆取得联系为好。

中国驻意大利大使馆

☎ 06-96524265
Fax 06-96524260
住 VIA BRUXELLES.56 00198 Roma

中国驻米兰总领事馆

☎ 02-5694106
Fax 02-536310
住 Via Bebacim, 4, 200139 Milano

中国驻佛罗伦萨总领事馆

☎ 055-573889
Fax 055-5520698
住 Via dei della Robbia, 89-91, 50132 Firenze

如果遇到麻烦

再怎么充分地准备，也会有遇到麻烦的时候。这个时候就要尽快整理好心情，积极地采取措施善后。如果遇到小偷，换不了钱的东西有可能会被扔在附近的垃圾箱里，可以找找试试。但是首先要先办理相关手续。还有，为了防止更大的损失，要提前记好自己的护照号码、护照有效期、飞机票号码、信用卡号码、紧急联络方式等，以备不时之需。

“被盗证明”的办理

如果旅行支票、护照、支票、旅行行李等被盗，要向警察申请开具《被盗证明书》（Denuncia di Furto）。这样做不仅是为了找回被盗的东西，也是申请保险、补办护照、旅行支票的必要手续。证明书的出具单位是中央警察（Questura Centrale）对外国人开放的窗口。除此之外，在车站遭遇被盗的情况时，车站的警察有时也会开具相关证明。可以向酒店或车站的警察询问可以办理证明的最近的地方。可能会花一些时间，不过有会说英语的警察，办理程序并不难。

丢失、被盗护照时

如果护照丢失就必须终止旅行。如果要继续旅行的话，就需要到大使馆或总领事馆重新申请办理新护照。回国也需要办理回国证明书。重新颁发护照需要1~3天时间。回国证明书也是同一天发放下来。

必要的手续大使馆和总领事馆会为你准备，但是需要出示国籍证明（护照复印件之类）和两张照片（4.5厘米×3.5厘米），为了不时之需，最好提前准备好这些物品。根据具体情况，有时需要出示地方警察开具的《被盗证明书》，这一点可以向大使馆进行咨询。另外办公的时间也要确认好后再出行。

机票丢失和被盗时

现在的机票一般都是电子机票（→p.522），不用担心会丢失或被盗。但是有时在办理出入境手续时需要提交电子机票行程单，如果在旅行中丢失了，就需要请航空公司再补发一份。最好是复印几份电子机票行程单，放在不同的地方进行保管。

信用卡丢失或被盗时

一般信用卡被盗后会立刻被小偷使用，因此要尽快到最近的事务所办理停止手续。如果被盗信用卡已被使用，要尽快与信用卡发行公司取得联系，办理挂失。一般信用卡公司会24小时办公。旅行前最好提前记好自己的信用卡号码和有效期限。

信用卡公司的紧急联络电话

- **招商银行信用卡服务热线**
  ☎ 0086-400-820-5555
- **中国工商银行**
  ☎ 0086-95588
- **中国银行**
  ☎ 0086-95566
- **中国建设银行**
  ☎ 0086-95533

丢东西

发现丢了东西最好马上返回原地寻找。也有丢了装有信用卡的钱包后又找回来的例子。如果在公共交通工具上丢失了物品，一般很难再找回来，但是可以到车站的遗失物品领取处（Ufficio Oggetti Smarriti）问一下。

紧急联系号码	警察113	消防115	急救118

回国的手续

愉快的旅行接近尾声了。让我们确认一下需要办理的回国手续吧。

在网上办理登机手续

如果旅途中能够上网，最好在网上提前办理好登机手续。现在很多航空公司都能在网上办理登机手续。

办理登机手续的步骤很简单。首先在预订了机票的航空公司的网站上输入电子机票的预订号或者机票号和名字进行登录。之后按照画面上显示的步骤输入护照号码和选定座位。如果有打印设备，可以直接打印出登机牌；没有打印设备时，可以在机场自助登机机器上或值机柜台打印登机牌。提前办理登机手续不仅可以避免在机场排队等候，还可以选择自己喜欢的座位。一般网上登机手续可以在飞机起飞前 30~24 小时前开始办理，提前确认好时间，尽早办理登机手续吧。

前往机场

从不同的城市出发，乘坐的交通工具也会有所不同，但是如果乘坐机场巴士或电车前往机场时，最好提前确认好时刻表。提前 2 小时到机场，旺季或购买了特价机票的人，以及需要在机场办理退税手续的人最好再提前一些到达机场。如果乘坐早上的航班需要乘坐出租车去机场时，最好前一晚在酒店前台预订好出租车。

出境手续

与在中国办理出国手续的步骤相同。首先到航空公司的值机柜台办理登机手续。出示护照和电子机票就可以办理了。拿到登机牌，办理好登机手续后，接受随身行李检查和安全检查，办理出境手续后来到出境候机大厅。要在飞机起飞前 30 分钟到达登机口。之前可以在免税店或酒吧消磨最后的时间。

税款的退还

使用退税制度的人，在米兰马尔彭萨机场和罗马菲乌米奇诺机场出境时，需要在办理登机手续后在退税办理处出示机票、护照、免税证明，办理盖章手续。之后到出境候机大厅的各个退税公司柜台前排队领回退回的税款。飞回中国的航班比较集中的时间段，退税办理处和领取税款的地方会比较拥挤，一定要留出富余的时间（→ p. 560）。

在飞机上

不管有没有需要报税的物品，都需要出示《携带物品和托运物品申请书》。申请书会在飞机上发放，一定要填写好并带到海关检查处。

回程机票的再次确认

现在大部分航空公司都不需要进行机票再次确认（再次确认预订）。但还有小部分航空公司的机票需要进行再次确认，这时需要到了当地再进行确认。

出发前

确认好有关随身行李的规定（→ p.522）、货币带进 / 带出意大利的限制（→ p.523）等相关要求。

剩余的欧元怎么处理

如果金额不多，可以在机场用完。有想购买的商品可以用剩余的欧元支付，如果欧元不够，可以用人民币或信用卡支付余额。如果金额太多，就只能再次兑换成人民币，但是回国后再兑换的汇率很不好，不推荐。剩余的零钱可以放入捐款箱里。

近期的安全检查

现在很多机场都采用轴向检查系统。以前都需要在办理登机手续前进行行李的安全检查，但是现在可以在将行李运送到飞机的过程中自动进行安全检查，因此不必再在办理登机手续前排队做安检了。

不要往托运行李里面放入打火机等危险物品。有时会在登机口前进行随身行李的安全检查。如果有没有显像的胶卷，最好放在随身手提行李里面。

不能带入国内的物品

有相关的详细规定，不过一般游客会从意大利带入境内的违禁物品主要有生火腿、萨拉米肠等猪肉加工品，以及假冒名牌的皮包等。

税款高吗?

超出免税范围的葡萄酒、威士忌和香烟等都需要支付相应的税款。

需要在飞机内做好的事情

从2007年夏天开始，不管有没有需要报税的物品，都需要出示《携带物品和托运物品申请书》。申请书会在飞机上发放，一定要填写好相关事项，提交给海关检查。每个家庭需要提交一份。

检疫

如果携带有动物（包括火腿和香肠等肉类加工品）和植物（水果、蔬菜、种子）等，就需要在海关检查之前提交相关的检验证明和进行检疫。但是实际上没有被允许进入中国境内的肉类制品，因此最好不要携带香肠和火腿等物品入境。

■ 到达中国。随着人流走，自然而然就到了入境检查柜台了。

入境检查

出示护照。

↓

提取托运行李

确认航班号，到相应的行李台等候行李。

↓

海关检查

如果没有超出免税范围的物品就走“绿色检查台”，如果需要报税或不确定是否需要报税时就走“红色检查台”。

↓

到达大厅

出了海关顺着人流走就是到达大厅。确认好交通方式和时间之后就可以回家了。

Campanilismo

Amore per il proprio campanile

关于意大利这个国家

150 年前的意大利，是一个拥有各自独立文化的城市集结在一起的国家。每个城市都有只有自己才懂的教堂钟声，这也是表达自己热爱家乡的一种方式。一直是小国割据状态的意大利，各地的地方主义被无限扩大，对其他地区的排斥性也一直保持到了今天。

每周日，意大利各地的足球赛场上奏响的就是现代版的城市钟声。都灵人支持的是本地的尤文图斯队、米兰人支持自己的米兰球队。整个球场被狂热的气氛包围着，让人感觉就是一个疯狂的世界。我想如果意大利人能把这份对当地球队的热情，也就是自己对这座城市的热爱，分出一点给自己的国家意大利，那么他们的经济也许会发展得更好一些吧……

阿尔卑斯山南坡上的意大利北部山丘地带，能够一睹陡峭的马特洪峰雄姿

意大利的地形

南部意大利最好的度假胜地——《返回索伦托》歌颂的就是那不勒斯附近的索伦托港

意大利是一个半岛国家，国土总面积是301333平方公里。

意大利的国土分为大陆、半岛及零散岛屿三个部分。通常称的北部意大利指的就是大陆部分。另外，半岛部分被分为南北两个部分，称为中部和南部，但其界线并不是很清晰。由于历史背景不同，通常把旧那不勒斯王国统治的地区叫南部意大利，托斯卡纳区及旧教皇王国统治的地区叫中部意大利。罗马所在的拉齐奥区则带有浓郁的南部色彩。亚平宁山脉贯穿着整个意大利国土的中央，90%是山地。

拥有20个区的意大利

北部意大利人欢度周末的度假胜地利古里亚海，距离米兰和佛罗伦萨都很近

本书将意大利分为14章进行介绍，但实际上意大利在行政区划上共分20区。绿色葱茏的阿尔卑斯山脉中的农业地带瓦莱达奥斯塔区，位于波河流域广袤平原的谷仓皮埃蒙特区和伦巴第区，与奥地利接壤，深受蒂罗尔地方影响的特伦蒂诺—上阿迪杰区，水都威尼斯所在的威尼托区，色彩浓烈的阿鲁特区，与奥地利、斯洛文尼亚毗邻的弗留利—威尼斯朱利亚区，利古里亚海岸边的利古里亚区，以上七个区被称作北部意大利。

绿色的翁布里亚区，中部意大利丘陵地带上连绵着广阔的葡萄田

农业发达，拥有众多美食的艾米利亚—罗马涅区，文艺复兴发祥地托斯卡区，位于长靴形半岛腿肚处的马尔凯区，绿树成荫的翁布里亚区，四周围绕着亚平宁山脉的阿布鲁佐区和莫利塞区，首都罗马所在地拉齐奥区等属于中部意大利。

再往南就到了橄榄、西红柿的盛产地那不勒斯所在的坎帕尼亚区，拥有被称为卡兰基丘陵地带的是巴西利卡塔区，相当于长靴的鞋跟的地方是普利亚区，靴尖是卡拉布里亚区，这些地区被称为南部意大利。再加上地中海最大的岛屿西西里岛（区）与撒丁岛（区），共计20个区。每个区都有自己独特的文化，如果事先能够对意大利各个区的文化进行了解，那么意大利之行肯定会别有情趣。

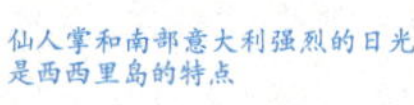
仙人掌和南部意大利强烈的日光是西西里岛的特点

米兰

从深秋到冬天的早晚会有雾，冬季非常寒冷。夏天日照强烈，但湿度不大，不会感觉闷热。春、秋两季着装和北京的着装相同即可。

月份	1	2	3	4	5	6	7	8	9	10	11	12
最高气温（℃）	4	8	14	19	22	27	29	28	25	18	11	5
最低气温（℃）	2	0	4	8	12	16	18	17	14	9	4	0
降水量（mm）	62	54	72	82	70	68	47	57	66	75	90	71

威尼斯

春秋两季雨水较多。夏天雨水比较少，但是因为靠近运河，会感觉很闷热。冬季到初春时节会出现涨潮现象，有时水位会高至封路。虽然潮水会在下午退去，但如果在这个季节去旅行，最好穿不怕湿的鞋子。冬天很冷。

月份	1	2	3	4	5	6	7	8	9	10	11	12
最高气温（℃）	6	8	12	17	22	25	28	28	26	18	12	8
最低气温（℃）	1	1	5	10	14	18	20	20	17	11	6	3
降水量（mm）	58	39	74	77	72	73	37	48	71	66	75	54

佛罗伦萨

夏天有些热，冬天很冷。初春和秋天多雨。但是一般会在早上或傍晚下雨，很少会一天持续降雨。很少下雪。

月份	1	2	3	4	5	6	7	8	9	10	11	12
最高气温（℃）	9	2	16	20	24	29	32	31	28	21	14	10
最低气温（℃）	2	2	5	8	12	15	17	17	15	11	6	3
降水量（mm）	61	68	65	74	62	49	23	38	54	96	107	72

罗马

气温温和。夏天虽然日照强烈，但是湿度低，比较舒服。全年早晚都会比较凉。秋季到冬季早晚雨水较多。降雪较少。

月份	1	2	3	4	5	6	7	8	9	10	11	12
最高气温（℃）	12	14	16	20	23	28	31	31	28	23	17	14
最低气温（℃）	4	4	6	8	13	15	18	18	16	12	8	5
降水量（mm）	72	87	79	62	57	38	6	23	66	123	121	92

那不勒斯

温度、降水量都和罗马差不多，但是花期开始得比较早，体感温度也相对高一些。冬季的海风比较大，前往卡普里岛的船有时会摇晃得很厉害。

月份	1	2	3	4	5	6	7	8	9	10	11	12
最高气温（℃）	12	13	16	19	23	27	30	30	28	22	17	14
最低气温（℃）	6	6	8	10	14	17	19	19	17	13	9	7
降水量（mm）	87	77	76	55	37	33	14	16	56	102	135	105

勒莫

夏天日照强烈，但温度与罗马大致相同。冬季最低气温也在8℃以上，比较温暖。沿海地区冬天风会很大。

份	1	2	3	4	5	6	7	8	9	10	11	12
气温（℃）	14	16	17	19	28	28	30	30	28	24	19	16
气温（℃）	8	9	10	12	15	19	22	22	20	16	13	10
量（mm）	141	129	89	65	32	16	6	29	54	123	99	179

利亚里

夏天几乎不下雨，整年雨水都很少。冬季很温暖，夏季也不会觉得过于炎热，全年气温温和，非常舒服。

	1	2	3	4	5	6	7	8	9	10	11	12
气温（℃）	14	14	17	19	22	27	30	30	27	23	19	17
气温（℃）	6	6	7	10	13	13	14	20	18	14	10	7
（mm）	54	59	50	43	39	5	3	10	32	53	57	74

意大利的气候

意大利的国土南北狭长，气候温暖而四季分明。北京和罗马的气候很像。和中国不同的是，意大利的纬度较高，夏天即使是20:00天还是很亮的。还有湿度也很低，夏季在中午进入石头造的房子中会感到十分凉爽。夜间也很凉爽，最好备一件外套。入春时节和秋季雨水较多。意大利的山地很多，山地与平原的温度差别非常大，准备衣物时需要特别注意这一点。

南部意大利盛产柠檬和橘子，因此很多人印象中都觉得南部意大利常年都是夏季，但实际上西西里岛每隔几年也会下一场雪。因此即使在南部意大利，冬天也是需要准备大衣的。

意大利的四季

鲜花盛开，各地都会举行迎接春天的盛会。5月左右，从北部意大利来的心急的游客就开始享受海水浴了。在横跨北部阿尔卑斯山和意大利半岛中央的亚平宁山脉上充满了温暖的日光，正是滑雪的最佳季节。

阿西西漫步在新绿中

夏

骄阳似火，万里晴空，海的颜色更加绚丽。气候较稳定，可以在大自然中享受休闲的时光。旅游季节到来，城市里游客开始增多，不过意大利人反倒显得少了，因为他们都去度假地度假了。

在南部意大利的海滨

锦绣的山峦和遍野的丰收葡萄交相呼应。各地都会举行庆祝葡萄等农作物丰收和食物丰盛的庆典活动。白天十分舒服，只有早晚的雨和凉意会让人们感到季节的转换。

秋季的托斯卡纳温泉

北部地区十分寒冷。中南部雨水较少，气候较稳定，天空清澈。海岸线和覆盖白雪的山川景色迷人。天黑得很早，正宗的歌剧季开始了。

品尝果肉鲜红的冬季柑橘

The World Heritage / Patrimonio Mondiale

世界遗产

世界遗产指人类希望能够永久保存下来的文化和自然遗产。其认定程序是：首先由加入《保护世界文化和自然遗产条约》的国家申请，经过严格的审查之后才能被列入世界遗产目录，成为世界遗产。该条约的目的就是为了保护和防止人类宝贵的遗产继续遭受破坏，加强国际间合作，为后世造福。

截至 2018 年，意大利（包括梵蒂冈城国、圣马力诺共和国）共有世界遗产 53 个，但大部分都是文化遗产，有埃奥里埃群岛和多洛米蒂峡谷、圣乔治山、埃特纳火山等 5 个自然遗产。( ) 内是被列为世界遗产的时间。名称用英文表示。

● Rock Drawings in Valcamonica（1979 年）
卡莫尼卡峡谷的岩石画（布雷西亚）

可追溯到公元前 8000 年的线刻画。但在罗马入侵后这个文明突然消失，非常神秘

● Church and Dominican Convent of Santa Maria delle Grazie with "The Last Supper" by Leonardo da Vinci（1980 年）
米兰的圣玛利亚修道院，还有出自列奥纳多·达·芬奇之手的《最后的晚餐》→ p.198

● Historic Centre of Florence（1982 年）
佛罗伦萨的历史地区 → p.131

● Venice and its Lagoon（1987 年）
威尼斯及潟湖 → p.217

● Piazza del Duomo，Pisa（1987 年）
比萨的大教堂广场 → p.412

被称为"奇迹广场"的比萨的大教堂广场，历经 800 年的岁月，斜塔依然矗立着

● Historic Centre of San Gimignano（1990 年）
圣吉米尼亚诺的古城区 → p.424

圣吉米尼亚诺被称为"塔城"，这座城市曾经拥有 70 座象征着财富的塔

● I Sassi di Matera（1993 年）
马泰拉的萨西 → p.470

● City of Vicenza and the Palladian Villas of the Veneto（1994 年 /1996 年）
维琴察城和威尼托的帕拉第奥风格别墅 → p.335

● Historic Centre of Roma, the Properties of the Holy See in that City Enjoying Extraterritorial Rights and San Paolo Fuori le Mura（1980 年 /1990 年）
罗马的历史地区，以及梵蒂冈城国和城外的圣保罗教堂 → p.23

● Historic Centre of Siena（1995 年）
锡耶纳的古城区 → p.418

建在锡耶纳的中心，坎帕广场上的普布利科宫和曼贾塔钟楼，扇形广场是游客们休息的地方

● Historic Centre of Naples（1995 年）
那不勒斯的历史地区 → p.257

● Crespi d`Adda（1995 年）
克莱斯皮·达阿达城（贝加莫近郊）

劳动者的理想王国

● Ferrara, City of the Renaissance and its Pò Delta（1995 年 /1999 年）
费拉拉、文艺复兴时期的市区和波河三角洲 →p.400

● Early Christian Monuments of Ravenna（1996 年）
拉韦纳的初期基督教建筑群 →p.405

● Historic Centre of the City of Pienza（1996 年）
皮恩扎的古城区（托斯卡纳区） →p.417

● The trulli of Alberobello（1996 年）
阿尔贝罗贝洛的陶尔利 →p.467

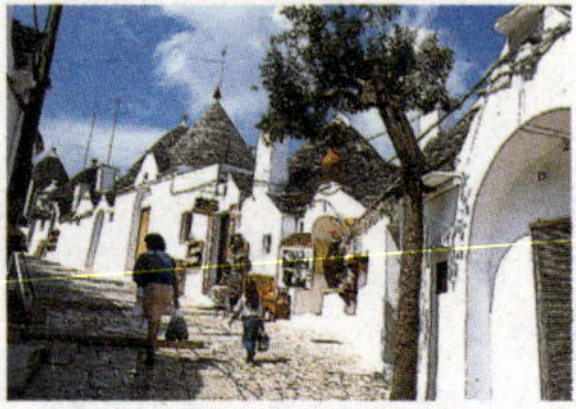
漫步在阿尔贝罗贝洛的陶尔利之城

● Caster del Monte（1996 年）
蒙特城堡（巴里近郊）

蒙特城堡由腓特烈二世建造于 13 世纪，八角形的城堡工艺精湛，非常引人注目

● 18th-Century Royal Palace at Caserta with the Park, the Acqueduct of Vanvitelli and the San Leucio Complex（1997 年）
卡塞塔的 18 世纪王宫、庭园、万维泰利水道、圣莱乌乔的建筑群（那不勒斯近郊） →p.450

为了与凡尔赛宫对抗而建造的卡塞塔王宫，是巧妙地利用了水流作用的综合性建筑

● Residences of the Royal House of Savoy（1997 年）
萨伏依王宫（都灵） →p.282

从庭园望过去，庭园被分为草坪、玫瑰园、果园、菜园、池塘、运河等几个部分

● Botanical Garden (Orto Botanico), Padova（1997 年）
植物园（帕多瓦）→p.331

● Cathedral, Torre Civica and Piazza Grande, Modena（1997 年）
摩德纳的大教堂、基尔兰蒂娜塔、大广场 →p.387

● Archaeological Areas of Pompei, Ercolano, and Torre Annunziata（1997 年）
庞贝古城、埃尔科拉诺、托雷安农齐亚塔的考古学区域 →p.444

● Su Nuraxi di Barumini（1997 年）
巴鲁米尼的苏·努拉可西（萨尔迪尼亚岛、巴鲁米尼） →p.507

● Portovenere, Cinque Terre, and the Islands（1997 年）
韦内雷港、五渔村以及岛屿（利古里亚区、拉斯佩齐亚） →p.367

● Costiera Amalfitana（1997 年）
阿马尔菲海岸 →p.455

波西塔诺港的景色，阿马尔菲海岸丰富多彩的历史和自然令每一个来访者为之倾倒

● Archaeological Area of Agrigento（1997年）
阿格里真托的考古学地区 →p.496

● Villa Romana del Casale（1997年）
卡萨尔的罗马别墅（西西里·恩纳近郊）

古代罗马贵族别墅地面上的巨大镶嵌画，描绘了古罗马人的生活

● Cilento and Vallo di Diana National Park with the Archaeological sites of Paestum and Velia, and the Certosa di Padula（1998年）
齐兰托、迪阿纳峡谷国立公园和帕埃斯图姆、维利亚的考古学地区和帕多拉修道院 →p.448

● Archaeological Area and the Patriarchal Basilica of Aquileia（1998年）
阿格里真托的考古学地区和巴西利卡

阿格里真托的巴西利卡里保存着代表早期基督教艺术的欧洲最大的镶嵌画

● Historic Centre of Urbino（1998年）
乌尔比诺的古城区 →p.440

乌尔比诺保留着浓厚的文艺复兴时期色彩——当时这里被称为"理想城市"，云集了来自欧洲各地的艺术家

● Villa Adriana（1999年）
哈德良大帝的别墅（罗马·蒂沃利） →p.94

● Assisi, the Basilica of San Francesco and Other Franciscan Sites Herculaneum（2000年）
圣弗朗西斯科教堂和其他弗朗西斯科修会相关建筑（阿西西） →p.430

● Isole Eolie（2000年）
埃奥里埃群岛

火山性质的埃奥里埃群岛各地都有温泉涌出。拥有浓度很高的硫黄的温泉尤其受游客欢迎

● City of Verona（2000年）
维罗纳 →p.339

● Villa d`Este（2001年）
埃斯特庄园（罗马·蒂沃利） →p.92

● Late Baroque Towns of the Val di Noto（2002年）
诺托峡谷的后巴洛克城市（西西里岛东部）

● Sacri Monti of Piedmont and Lombardy（2003年）
皮埃蒙特和伦巴第的圣山 →p.327

意大利最早也是最大的圣山

● Val d`Orcia（2004年）
奥尔恰谷（锡耶纳近郊） →p.417

● Etruscan Necropolises of Cerveteri and Tarquinia（2004 年）
切尔韦泰利与塔尔奎尼亚的伊特鲁里亚公墓 → p.95、p.96

● Syracuse and the Rocky Necropolis of Pantalica（2005 年）
锡拉库萨和潘塔立克石墓群 → p.492

● Le Strade Nuove and The system of Palazzi dei Rolli（2006 年）
新街和罗里的宅邸建筑群 → p.359

● Mantua and Sabbioneta（2008 年）
曼托瓦和萨比奥内塔 → p.322、p.326

● Rhaetian Railway in the Albula / Bernina Landscape（2008 年）
雷蒂亚铁路
阿布拉线 / 伯尔尼纳线及其周边景观 → p.327

● San Marino Historic Center and Mount Titano（2008 年）
古城区和提塔诺山 → p.397

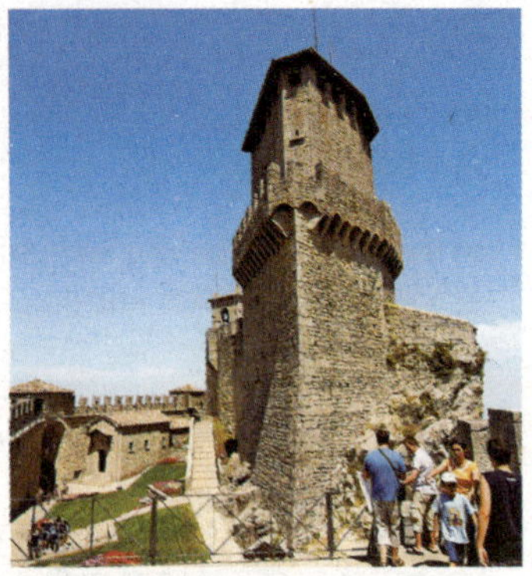
被要塞守护着的山岳城市——圣马力诺共和国

● The Dolomites（2009 年）
多洛米蒂山脉 → p.352、p.7

● Monte San Giorgio（2010 年）
圣乔治山（卢加诺湖南）

● The Longobards in Italy，Place of pover（2011 年）
伦巴第人繁荣昌盛时期（568~774 年）的象征地（弗留利、布雷西亚、卡斯特尔赛普里欧—托尔巴、斯波莱托、坎佩洛南克里通诺、贝内文托、蒙特圣安杰洛，共计 7 个城市）→ p.317、p.451

● Prehistoric Pile dwellings around Alps（2011 年）
阿尔卑斯山周围的史前湖岸木桩建筑遗址（横跨北部意大利、瑞士、奥地利等国家，共计 111 个地方。意大利有 19 个地方）

● Medici Villas and Garden in Tuscany（2013 年）
托斯卡纳区的美第奇家族别墅与庭园（12 幢别墅和 2 座庭园） → p.148

描绘着“美第奇家族荣耀”的佩德莱别墅

● Mount Etna（2013 年）
埃特纳火山（西西里岛）

● The Vineyard Landscape of Piedmont: Langhe-Roero and Monferrato（2014 年）
皮埃蒙特的葡萄园景观：朗格罗埃洛和蒙菲拉托

皮埃蒙特丘陵地带上一望无垠的葡萄园

● Palermo arabo-normanna e le cattedrali di Cefalu e Monreale（2015 年）
巴勒莫的阿拉伯 · 诺曼底风格建筑群以及切法卢和蒙雷阿莱大教堂 → p.478

切法卢大教堂内有壮观的马赛克镶嵌和回廊

意大利的美术

放眼现代艺术，或是更广泛地从文化角度来看，以图案、样式为首，在绘画、雕塑、建筑、电影、摄影等视觉艺术的各个领域，意大利的成就都是异常显著的。

以传统的艺术之国而知名的意大利，为什么在现代也不断地诞生出优秀的艺术家呢？创造力的源泉何在呢？文艺复兴以后，意大利语把广义的创造力叫作“fantasia”（幻想曲）。在此，让我们追溯着现代意大利的“幻想曲”的背景和根源，概览一下从古罗马直至巴洛克时期的历史吧。

意大利的美术特点

意大利美术的特点，首先在于它的“地中海性格”和“眼见为实”（A. 莫拉维亚）的视觉性。意大利位于地中海的要冲，由于其历史和地理环境而发挥了连接古代世界东西方的作用，在汲取了以希腊为首的东方先进文化后，创造了自己的古代文化，然后向西方世界传播。这样，从地中海成为世界文明的中心开始，到 16 世纪发现新大陆为止，意大利一直占据着世界文化中心的地位。

古罗马时期（Romana）

最初统一意大利半岛的是古代罗马帝国。具有高度文明的原住民族伊特鲁里亚人，在公元前 3 世纪征服了南部和西西里岛的希腊殖民地城市（大希腊）。公元前 2 世纪又征服了希腊本土。这样罗马把领土扩张到了地中海世界的整个地域，整合了以希腊文明为中心的古代地中海文化。

伊特鲁里亚的美术品《青铜战士》

古代罗马美术正是此时确立了自己的形式。在此以前，艺术上罗马处于伊特鲁里亚和希腊的影响之下，而且为了称霸地中海扩张国力，崇尚武力、军人和政治家的罗马市民对艺术毫不关心。只有土木建筑因其公共性质，被作为军事技术而受到高度重视。公元前 312 年作为军事道路，早已建起了古阿庇亚大道（Via Appia）。

但是艺术可以将历史展现成为可视之物，使之具有教育作用。而且就像伊特鲁里亚美术展现了当时的社会现实一样，艺术可以展现罗马军队的无数次战斗和胜利的场面，雕塑还能将皇帝等名人、权力阶层的功绩传达到后世。

于是，在 1 世纪的奥古斯都大帝统治时期，承认了艺术的功用，并确定希腊古典时期的艺术为正式艺术。无数的希腊、古希腊雕塑作品被复制，不仅装饰在公共场所，私人住宅和别墅里也都装饰了不少作品。现在在美术馆里我们也能经常看到这些作品的复制品。

另外，为了从视觉上强化政治统治力，制作了大量的皇帝像放置在帝国各地。《普里马·波尔塔的奥古斯都像》（1世纪，收藏于梵蒂冈博物馆）就是这种类型肖像的典型作品。

罗马式的建筑物，与以直线为主的希腊建筑不同，以弧形为主的曲线为基础。而且不是用大理石而是采用石制或砖制的混凝土建筑为主体，强调外装饰的视觉化。罗马作为古罗马帝国的首都，是统治的中心以及帝国政权的象征，罗马的建设进行了综合性城市规划，配备有广场、圆柱、凯旋门、浴场、图书馆等。

这个时期的绘画，从庞贝古城中可以看出一些脉络，制作了大量的装饰大型宅邸及别墅的壁画、镶嵌画，还有复制的希腊绘画。由于现在希腊绘画作品已绝迹，所以这些复制品非常珍贵。

王妃下令制作的《普里马·波尔塔的奥古斯都像》

初期基督教时代（Paleocristiana）

罗马时代末期，313年君士坦丁大帝承认基督教后，随之结合东方和古希腊要素而形成了基督教罗马美术。建筑上，公共集会堂的长方形巴西利卡建筑成为教堂的典型建筑，神殿和墓庙的圆形建筑成为洗礼堂的典型范例，成为基督教建筑的传统式两大建筑。这样的建筑内部装饰着华美的马赛克镶嵌画或壁画，教堂的门和石棺上也由精美的雕塑进行装饰。在对神进行视觉化的时候继承了古代优秀的传统，在古希腊传统的基础上加以发挥，创造了新的宗教图案。

拜占庭（Bizantino）

但是不久，意大利的蛮族入侵，西罗马帝国灭亡（475年），权力中心也转移到了新罗马即君士坦丁堡城市国家（拜占庭帝国），当时最优秀的艺术品现在仍保存在拉韦纳。

罗马风格建筑（Romanico）

经过7~11世纪的混乱时期，在11世纪左右，自罗马时代以来的意大利各个城市得以复兴，商人、手工业者等城市居民成为新文化的主力。这些城市作为自治城市（Comune），不受神圣罗马帝国强权的统治，市民具有自立意识，同时有着作为罗马人子孙的自豪感。这样就诞生了具有罗马特色的艺术，即罗马风格（Romanico）。罗马风格艺术的中心是能容纳全部市民，作为城市精神中心的大教堂——米兰圣安布雷佐教堂（Sant' Ambrogio）（建于850年，9~12世纪改造）是意大利罗马风格教堂的原型，是政教合一的中世纪教堂的典型。另外，北部意大利、伦巴第地区的工匠把伦巴第式样传播到了欧洲各地。雕塑方面，最活跃的是以充满活力、有力量感而著称的波南诺·皮萨诺（Bonanno Pisano）。

圣安布雷佐教堂

另外，威尼斯深受拜占庭的影响，圣马可大教堂（San Marco）于1094年建成。在南部意大利和西西里岛，形成了在阿拉伯样式里混入日耳曼—拜占庭样式的独特艺术。产生了巴勒莫的帕拉提那礼拜堂（Cappella Palatina）、蒙雷阿莱大教堂（Cattedrale di Monreale）等装饰满华丽马赛克镶嵌画的作品。

巴勒莫的帕拉提那礼拜堂的内部

哥特式建筑（Gotico）

拜占庭和阿拉伯对欧洲的势力减弱，各国的产业、贸易变得更加活跃，在财富积累、市民阶层兴起、城市繁荣之中，初步形成了西欧固有的文化。这种从12世纪~14世纪的市民文化被称为哥特风格（Gotico）。

哥特风格以尖头拱门为特征，法国圣堂建筑为起源，通过西托会修道院传播到欧洲。但是意大利的哥特式教堂和象征灵魂升华的法国、德国纵向高耸的教堂不同，是以和谐为目的的。佛罗伦萨的圣克罗切教堂（Santa Croce）、奥维多大教堂（Duomo di Orvieto）是意大利哥特建筑的代表，米兰的大教堂（Duomo）是阿尔卑斯以北的工匠建造的典型的北方哥特式建筑。

13世纪还是意大利美术传统样式开始确立的时期，在雕塑方面，尼古拉·皮萨诺（Nicola Pisano）、乔凡尼·皮萨诺（Giovanni Pisano）创造了具有古典造型的哥特式戏剧性世界。绘画方面，奇马布埃（Cimabue）、杜乔·迪·博尼塞尼亚（Duccio di Buoninsegna）完成了从拜占庭式到哥特式的转变。14世纪初，乔托（Giotto）在北部意大利的帕多瓦斯克罗维尼礼拜堂（Cappella di Scrovegni）创作的《基督传》中，根据自己的意志描绘出了屹立于空间中的人物。可以说从此开始了文艺复兴的美术。

斯克罗维尼礼拜堂中的乔托杰作《基督传》中的《犹大之吻》

文艺复兴（Rinascimentale）

通常，从建筑家布鲁内列斯基（Brunelleschi）在古代研究的基础上开始修建佛罗伦萨花之圣母大教堂（Santa Maria del Fiore）圆顶建筑的1420年开始到1500年，被认为是文艺复兴的初期，1500~1530年的30年间被认为是文艺复兴的兴盛时期。艺术活动的中心地初期在佛罗伦萨，兴盛期在罗马。

文艺复兴被称为“发现人性的时代”，是以自然和古典为两大支柱的人文主义的形成时期。出现了很多艺术理论著作，开展了以解剖学和生理学为基础的人体比例法、几何学远近法等科学研究，追寻自然本身的法则。而其中绘画作为领导时代的艺术形式，有马托乔、皮耶罗·德拉·弗朗切斯卡、列奥纳多达·芬奇等进行了深入研究。建筑上，布鲁内列斯基在帕兹吉亚礼拜堂（Cappella dei Pazzi）等建筑上恢复了古典比例，列奥·巴提斯塔·阿尔贝尔提撰写了《建筑书》，将文艺复兴的建筑式样进行了系统化。雕刻方面，多纳泰罗研究古代雕塑，创造了强有力的造型。另一方面，弗拉·安吉利科、波提切利继承了国际哥特式的优美形式。列奥纳多·达·芬奇的《最后的晚餐》深入追求表现人的心理，达到了形式和精神的完美统一，是前所未有的成就。

提香作品《圣乔万尼·巴蒂斯塔》

多纳泰罗的《大卫像》

到了16世纪，文艺复兴的中心转移到了罗马，拉斐尔肩负起教皇朱利奥二世“罗马复兴”的宏伟理想，表现的是和谐的古典美术。米开朗基罗则把面临危机的意大利精神反映了出来，西斯廷礼拜堂的大壁画《最后的审判》描绘了世界末日的恐怖景象，其中无数人的人体造型拥有超人的比例和动作，这也是技巧主义和巴洛克样式的先驱。

而此时的威尼斯则因与东方的贸易，发展成了繁荣的城市国家，诞生了乔万尼·贝利尼、乔尔乔纳、提香等画家，形成了扩大油画的可能性，色彩丰富的威尼斯画派。

技巧主义（Manierismo）

16世纪后半期是文艺复兴所达到的古典美的世界开始空洞化的时期。代表着危机的是米开朗基罗、蓬托尔莫、菲奥伦蒂诺、帕米吉尼诺、丁托列托、詹波隆那等的技巧主义艺术。这是多用蛇状曲线、充满奇想的象征性表现，力图展现内部情感，是极端的主观艺术。

巴洛克（Barocca）

为了对抗宗教改革而召开多伦多会议（1545~1563）以后，罗马教会开始致力于培育新的宗教艺术作为教化民众的方法。阿尼巴尔·卡拉奇的古典主义、卡拉瓦乔的写实主义被称作初期巴洛克。巴洛克全盛期的雕塑家、建筑家、城市规划师乔凡尼·洛伦佐·贝尔尼尼创造了生动、戏剧性的巴洛克式样。同为建筑家的博罗米尼、瓜里尼为了表现天主教的权力和感情，也对古典样式进行了巴洛克化。画家里彼得罗·达·科尔托纳、安德雷阿·坡兹沃画出了天国般的梦幻的天花板画。

意大利的歌剧

意大利歌剧的魅力在于它的“声音”。不知是不是因为意大利人饮食的关系，那种清澈有张力的声音是无可取代的。虽然欣赏歌剧的方法很多种，比如追求故事情节、看背景布置、看服装，等等，但是意大利歌剧的中心可以说就在于“声音”，所以即使舞台很糟糕，只要歌手好也能让人满足。但是这样的特点有段时间被过于极端化，那时的歌手的歌唱水平确实非常高，但舞台据说被像牛一样“毫无任何演技”可言的巨大身躯所占领。好在现在没有那样爱好偏激的人了，好像能保持平衡了。总之，在意大利看歌剧，我们希望能听到“声”，也想要看到具有“演技”的优秀歌手的表演。

斯卡拉歌剧院的节目单

对于歌剧演员来说，应该不是单纯的歌唱者，而更应该是一个表演者。建议你在购买歌剧票之前，去剧场附近的酒吧，指着音乐会小册子上歌手的名字，听听“内行”的意见。那里一定会有会英语的人，一定会告诉你一些有用的信息。

意大利歌剧的殿堂——斯卡拉歌剧院（米兰）

购票方法和座位种类

歌剧的上演季节通常是从 10 月左右到第二年的 6 月左右。在演出季开始之前去歌剧院，能看到印有本年度一系列上演剧目介绍的小册子，可以确认公演日期、票价，以及在酒吧听到的演出人员等信息，顺便还可以向工作人员确认一下开始售票的日期。演出的剧目经常发生变更。如果是受欢迎的剧目，有的歌剧院会采用事先抽签的方法。下面介绍一下歌剧院相关设施。

售票的地方叫作“Biglietteria”。刚刚提到的小册子就放在这里。售票处营业时间和大部分的意大利商店相同，10:10 左右开始营业，中午会有一段较长的午休时间，下午 15:00 或 16:00 开始重新营业。进入歌剧院内部时，大部分歌剧院根据座位等级不同，入口也会不同。一般从歌剧院正面进入后直接进入一层的 Platea 座席。这样的座位价格最贵，是能经常看到贵妇人和绅士的席位。在一层稍高一些的地方，有能坐 4~6 人的包厢，围绕着 Platea 排列着。这种座位叫 Palco。Palco 的上面是 Galleria，越往上价格越便宜。这上面的顶层看台叫作 Loggione。这是连成一圈的长凳，因为要和旁边的人紧挨着坐着，可能会感觉有些局促，但只要习惯了就能轻松地交到志同道合的朋友。

歌剧院也是件艺术品

提到意大利的歌剧院，最著名的是米兰的斯卡拉歌剧院。斯卡拉是阶梯的意思，因建在“阶梯的圣母”教堂原址上而得名。从1778年开始，威尔第的《奥赛罗》和《法鲁斯塔佛》、普契尼的《蝴蝶夫人》《图兰朵》等都在此首演。自从指挥家阿尔托罗·托斯卡尼尼执掌斯卡拉歌剧院后，这里就成为欧洲音乐最重要的场所了。在附属于歌剧院的斯卡拉博物馆里，有历代斯卡拉歌剧院的著名歌手和指挥们的衣物、宣传画、剧照等，还有很多珍贵资料，很值得一看。

博洛尼亚歌剧院也是能够代表意大利的歌剧院

佛罗伦萨的城市剧院建于1960年，是比较新的一个剧院，而且不是斯卡拉歌剧院等传统歌剧院的马蹄形状。每年5月在此举办的“佛罗伦萨5月音乐节”非常著名，每次都有崭新的剧目问世。威尼斯凤凰歌剧院只能容纳1500人，规模较小，但是音响效果非常好，美术方面也得到极高的评价。这里还是包括罗西尼在内的很多著名作曲家的作品首演的地方。除此之外，意大利各地还有很多非常出色的歌剧院。新建的有都灵的皇家歌剧院。那不勒斯的圣卡罗歌剧院历史悠久，特别出名。露天剧场里维罗纳的阿雷纳可容纳2.5万人，不但规模最大，在歌剧季时的剧目也非常亮眼。不过除此之外也有很多不错的中小型露天剧场。

我个人最喜欢的是位于佛罗伦萨郊外（乘坐巴士约需15分钟）的菲左雷剧场。这是巧妙地利用山的斜面建造的歌剧院，将山麓美丽的夜景作为舞台布景，利用山谷吹来的风将声音送往观众席，创造出的音响效果非常动听。山顶城市清新的空气，演出的余韵都令人们流连忘返。

露天剧场的魅力

室内剧场的演出季结束时，也是露天歌剧季开始的时候。露天剧场主要以游客为主，在星空下沐浴着夜风，观看夏天的歌剧的经历让人难忘。在维罗纳等地，演出开始前由观众点燃的蜡烛所构成的景色非常美丽，再加上上演的精彩歌剧，现在已经成为一种整体活动。和室内演出一样，第一天能听到非常著名的演员的演奏。不过在露天剧场的有些位置会听不到声音，有时演出还会因为刮风或下雨而中断。这种时候，只要演出已经开始了5分钟，就不会退票，需要注意！

夜幕降临时歌剧开始上演（维罗纳）

只要是露天剧场，不管是哪个剧场，都会上演以埃及为背景的歌剧《阿依达》。这出剧目里不仅有独唱、重唱，还有大合唱、芭蕾舞，内容丰富，而且在星空下听起来更有身临其境的感觉。

露天剧场会发生很多突发事故，有时会停电，有时会发生风刮倒布景的事情，有时剧场里的猫会突然窜到舞台上，但这也会带给你别样的愉快回忆。在夏天的演出季时，有时会在城市的广场上搭建临时舞台上演歌剧，只要多注意些相关广告，就有可能得到意想不到的惊喜。

主要作曲家及其代表作

C. 蒙特威尔第（1567~1643 年）的《奥菲欧》是现存的歌剧中，具有戏剧性表现的最早的作品。它以希腊悲剧《奥尔菲斯》为题材，充分运用了独唱的表现力，在当时是划时代的作品。虽然现在这部歌剧已经很少上演，但是如果有机会，不妨去感受一下古代历史的潮流。

意大利代表作曲家朱塞佩·威尔第

接着我们介绍达到歌剧顶点的 G. 罗西尼（1792~1868 年）。他的代表作《塞维利亚的理发师》非常著名，这部作品里到处充斥着罗西尼独特的、可以让听众大吃一惊的“罗西尼渐强旋律技法”和使人联想到杂技的“克罗拉托拉”技法（迅速控制旋律的技术），故事也非常有戏剧性，可谓精彩纷呈。此外他的作品《意大利女郎在阿尔及利亚》《灰姑娘》《婚姻契约》等也很著名，都是歌剧中的珍品。

G. 多尼采蒂（1797~1848 年）也留下了很多优秀的喜剧作品，有《唐·帕斯夸莱》《爱之甘醇》等。他创作的悲剧《拉美莫尔的露琪亚》，通过优美的旋律描写了两个敌对家庭中的年轻人的爱情，至今仍是其上演次数最多的作品之一。

现在终于要介绍 G. 威尔第（1813~1901 年）了。他的歌剧共有 26 部，可以根据其发展趋势分为初期、中期、后期三个部分。初期作品中最著名的是《纳布科》。这是关于《旧约全书》里的巴比伦国王尼布甲尼撒的故事。里面的合唱《飞吧，思念，乘着金色的翅膀》深受人们喜爱，差一点成为意大利国歌，现在也还是演奏会上经常演奏的曲目。中期的名作是《里格雷特》，取材于雨果的戏剧，描写了有一个漂亮女儿的丑陋滑稽戏演员里格雷特，为了向诱拐女儿的曼特发公爵复仇而误把女儿杀死的悲剧故事。该剧在戏剧和音乐上达到了高度的统一。后期作品还要数《阿依达》。这部歌剧是为了纪念苏伊士运河的开通而创作的歌剧，场面宏大，凯旋的场景更是壮丽无出其右者。

普契尼（1858~1924 年）是看了《阿依达》后下决心要成为作曲家的，他的代表作是《波希米亚人》。用抒情优美的旋律描绘了艺术家们虽然贫穷但矢志不渝的生活方式，以及米米和罗德尔费的悲伤恋情。普契尼的代表作还有很多，如《托斯卡》《曼侬·莱斯科》等，其中引人注目的是根据异国故事创作的《蝴蝶夫人》《图兰朵》《西部女郎》等。在这些剧目里，成为故事背景地的当地民谣被巧妙地编入旋律里，形成了非凡的效果。

威尔第出生于皮亚琴察和波河之间的一个小杂货店之家，威尔第故居位于隆克莱·威尔第（La Roncole）

音响设施也非常出色的露天剧院阿雷纳

无数著名歌剧首映的舞台——米兰斯卡拉歌剧院

意大利的足球赛事

Serie A

"Serie A"是意大利足球甲级联赛，每个赛季每支球队都要打主客两场比赛，共进行 38 轮赛事。比赛中成绩倒数的两支球队会被降级成为乙级队，竞争非常严酷。

比赛原则上在每年的 9 月开始到次年 5 月末的周日举行，但举行欧洲杯等其他比赛，或者天气不好时，也会改在周一、周三、周五进行。开幕日的两场比赛会放在周六举行。比赛开始时间一般是 15:00 或 18:00，2010 年开始加入了周日 12:30 的比赛。夜场比赛从 20:45 开始。开始时间有时也会改变。

比赛对阵情况、比赛时间等可以通过体育报纸（粉红色的报纸）、下列的售票处、❶ 旅游咨询处查询确认。球票至比赛前一天时可在市内的售票处购买，比赛当天在球场购买。购买球票和入场时需要出示身份证件。

在有些球队的网站可以购买到球队的球票和各种纪念品。

意甲主要赛场　（ ）内是城市名

拉齐奥 / 罗马
LAZIO / AS ROMA（罗马）

主场： 古罗马广场（Foro Italico）内的奥林匹克球场（Stadio Olimpico）（住 Via Foro Italico ☎ 06-36851）

前往方法： 在地铁 A 线弗拉米尼奥站（Flaminio）下车，乘坐 2 路电车约 15 分钟，在终点下车。在地铁 A 线 Ottaviano 站旁边的 Via Batletta 乘坐 32 路巴士，在 Foro Italico 下车。从特尼米乘坐 910 路巴士在终点 P. za Manzini 下车，步行前往

售票处： 在各官方商店内。Lazio Style 1900（住 Via Guglielmo Calderini 66/C，从体育场向河流（西北）的方向 500 米，售票时间：10:00~13:00、14:30~19:00）等。

AS 罗马（住 Piazza Colonna 360 售票时间 10:00~18:00、周日 10:00~13:00）等。

AC 米兰 / 国际米兰
AC MILAN / INTER（米兰）

主场： 圣西罗（S.Siro）/ 朱塞佩 · 梅阿查（Giuseppe Meazza）

前往方法： 地铁 M5 线的终点站圣西罗球场（SAN SIRO Stadio）下车即到。叫作 SAN SIRO 的站点有两个，靠前一站的 SAN SIRO Ippodromo 是赛马场。或者从大教堂广场旁边的 Via G.Mazzini 乘坐开往 San Siro 方向的 16 路电车，约 30 分钟，终点下车

AC 米兰的售票处： 联合圣保罗银行（Banca Intesa Sanpaolo）（住 Via Verdi 8 营 8:45~13:45、14:45~15:45 休 周六、周日、节假日），其他各分店、米兰商店（Milan store）（住 Piazza XXIV Maggio ☎ 02-89422711）

国际米兰售票处： 米兰人民银行（Banca Popolare di Milano）（住 Piazza Meda 4 营 8:45~13:45、14:45~15:45 休 周六、周日、节假日）地铁 M1 线 San Babila 下车，以及各分店

尤文图斯 / 都灵
JUVENTUS/Torino（都灵）

尤文图斯

主场： 尤文图斯体育场 Juventus Stadium（住 Corso Grande Torino 50）

前往方法： 从新门或苏萨门站乘坐开往 Ferni 方向的地铁，在贝尼尼（Bernini）下车。乘坐 9 路小巴（仅限比赛当日运行），或 62、72、72/、75 路巴士前往

售票处： 体育场内的售票处或从球队官方网站上购票

都灵

主场： 奥林匹克体育场 Stadio Olimpico（住 Via Filadelfia 88 ☎ 011-44211）

前往方法： 从市内乘坐 9 路电车或 72 路巴士车前往

售票处： 体育场内的售票处或从球队官方网站上购票

佛罗伦萨
FIORENTINA（佛罗伦萨）

主场： 阿尔特米奥 · 弗兰奇体育场 Stadio Artemio Franchi（住 Viale Manfredo Fanti 4 ☎ 055-503011）

前往方法： 从 S.M. 诺维拉站前乘坐 17、20 路巴士前往。比赛当天还可乘坐 52、54 路巴士。从国营铁路坎普迪马尔他站步行约 5 分钟。

售票处： 中央邮局旁边的 Chiosco degli Sportivi（→ p.154 住 Via Anselmi 营 周二～周六 10:00~14:00、15:30~19:30，周日（仅限有比赛时）10:00~）

体育场东北侧的 Fiorentina Point（住 Viale Manfredo Fanti 85/A 营 9:30~13:00、14:30~18:30）

全国性的售票处

里斯 Ricevitore Lis Lottomatica

URL www.liticket.it（可搜索各个售票处销售的球赛和地图等）

足球彩票的投注点，这里也销售比赛的球票。共有 1000 多个网点，遍布意大利全国各地，非常方便。

除此之外，在意大利各地的售票网点 Box Office、Olbis 也会有销售有些比赛和席位的票。

需要记住的意大利语

足球比赛	partita di calcio
球票	biglietto
售票处	biglietteria / botteghino
中场	tribuna
后场	gradinata
曲线	curva
边线	laterale
中线	centrale
上半场	avanti
下半场	dietro
入口处	ingresso / entrata / cancello
列	fila
席	posto

※ 座位的叫法在每个球场都是不同的，所以在买票前最好先通过球场示意图确认好座位

意大利的滑雪信息

从夏天也白雪皑皑的意大利阿尔卑斯的冰河，到南部的西西里岛，意大利境内滑雪场绵延不绝。可以在旅游途中前往，但专程在雪景中享受优雅假期（被称为白色假期 Settimana Bianca 的白色的一周）一定会成为一生中难忘的回忆。

这里我们介绍一些意大利有代表性的滑雪场。在广阔的滑雪场中当然会有超过 10 公里的长道，设备完善的滑雪场还十分舒适，中级以上水平的滑雪爱好者们一定能非常满意。在酒店和山间小屋等食物供应也非常丰富，能体验到意大利独特的乐趣。

和宏伟景观融为一体的滑雪场是意大利滑雪的一大特色

科尔蒂纳丹佩佐

Cortina d'Ampezzo

▶ p.8

是意大利有代表性的高档度假村。冬季华丽的氛围是这座城市的特色。多洛米蒂超级滑雪区和这里通用一张滑雪票，其间高峰连绵，滑雪场非常广阔。分为 12 个区域，滑雪道总长共计达 1200 公里！即使在这里待一周，也不可能走遍所有区域。著名的周游萨拉山的萨拉朗达也位于这一区域（需要坐车移动）。从科尔蒂娜市区前往法罗里亚、克里斯塔落、托法纳的滑雪场，交通很方便。

能从法罗里亚一直滑到克里斯塔落，而且交通也很方便

滑雪 & 装备和行李

欧洲线很多航线都允许托运 23 千克 ×2 件行李，因此即使拿着滑雪装备前往，也不用担心因超重支付额外费用。滑雪板和滑雪靴子能在当地（住宿酒店或滑雪商店等）租到。滑雪服也能租赁，但不是所有地方都可以。如果需要可以向酒店咨询。但是因为中国人体格相对瘦小，能选择的范围不大。

如果没有头盔，禁止 14 岁以下儿童滑雪。和国内相比，很多人技术不太好，但是滑得很勇猛，所以最好有大人相伴。

在设备齐全的滑雪场旁边还有开阔的非积雪区域，另有一番乐趣

切尔维尼亚
Breuil-Cervinia

▶ p.302

隔着马特洪峰，与瑞士的采马尔特相对。总滑行长度为350公里。可以跨过与瑞士的国境线，体验乘坐登山火车、从欧洲最高峰滑到冰河等，从意大利进行一日游。意大利一侧的滑雪场落差达2000米，宽度也非常大，雪质极好，一定会有一个非常愉快的滑雪记忆。眺望着宏伟的切尔维尼亚滑雪是这里最大的特色。

库尔马耶
Courmayeur

▶ p.298

从冰河豁口开始的长滑雪道是面向高级滑雪者的

位于与法国、瑞士接壤，意大利最高峰勃朗峰山麓的滑雪场。从市区能眺望到总长达100公里的滑雪道。从近处观看宏伟的勃朗峰令人激动不已。这里是与科尔蒂纳齐名的高档滑雪度假村，在度假村内漫步也是一件很享受的事情。如果乘坐新架设的缆车上到庞塔赫尔罗尼尔，还能滑到意大利和法国一侧的两个冰河（但因为中途有冰河横亘、台阶等，需要特别小心）。

有很多人带着小孩子来，或是来这里进行日光浴。是一个任何人都会喜欢的滑雪场

博尔米奥
Bormia

是米兰人常去的滑雪度假村。曾举办过世界杯比赛，山顶的博尔米奥3000的海拔高度就是3000米，名副其实。与市区的落差有1780米，滑行总长度达100公里。博尔米奥2000的初级者用区域设有滑雪电梯，还有户外咖啡馆等设施，可以带着孩子一起去。

前往滑雪场的交通

请参考各市区普尔曼巴士的相关信息。出租车可以请酒店或 ❶ 旅游咨询处介绍。根据人数和行李重量等，车的大小和价格都会有所不同。

前往切尔维尼亚时

乘坐出租车

1~3人从马尔彭萨机场乘坐出租车是€260，4~8人乘坐是€340。如果请酒店接站，考虑到各种道具和行李箱，推荐2人乘坐4~8人用的车，€310。快到日期时，和司机用邮件直接进行交涉的结果，现金付款€260成交。当天司机直接到机场出口来接，用的是4~8人的奔驰车，大约2小时到酒店。

乘坐公共汽车

通常可以从米兰Lampugnano乘坐普尔曼巴士或到查狄伦的fs线，但需要在米兰住宿1晚，而且拖着大行李时移动也很麻烦。

有时有周六、周日抵达的穿梭巴士Airport Shuttle Service。马尔彭萨出发为11:00、13:00、16:00、19:00，每人€40~50。每人限定行李为2件。可在 ❶ 旅游咨询处咨询相关情况。

e-mail info@breuil-cervinia.it

※ 前往其他滑雪区域的交通信息请参照各城市交通。

穿梭巴士和出租车可直接咨询 ❶ 旅游咨询处

前往博尔米奥的方法

从米兰中央车站乘坐fs线的R，到蒂拉诺（Tirano）站，约需2小时30分钟。从蒂拉诺站后面乘坐普尔曼巴士前往，约需1小时。从汽车站到滑雪场步行约需10分钟。很适合将行李寄存在米兰的酒店，前往博尔米奥2天度过短暂假期。圣卡塔琳娜和利维尼奥的票都能使用（需要乘坐汽车移动，票里包含汽车费）。

租赁商店位于缆车车站旁边和上边的车站。

预约住宿设施和从机场的交通

旺季（圣诞节~新年、复活节休假期间）预订从前一年的秋天就开始了。有些城市会在周末出入人员数量多时，根据预约情况开通往返于米兰马尔彭萨机场的班车。从国内直接前往时，很难在抵达意大利当天乘坐公共交通工具到达滑雪场。因此需要在抵达机场后在当地住宿1晚，再乘坐公共交通工具前往，或直接乘坐出租车前往。考虑到经济情况，一定要选好出发日期。

提前预订时，如果不是提前一周，很多时候会被告知不能预订。但有的季节根据客房情况，提前2~3天也能预订到房间。

建筑、美术术语

椽 附在角柱、旁柱、圆柱上面的梁。
拱廊 连接在角柱和圆柱上面的弓形结构物。
拱 将石头或砖头垒成放射状的半圆形结构物。上端呈尖状的为尖头拱。
穹顶 呈半圆筒形状、交叉的半圆筒形状，用石头或砖头垒成的曲面的天井。
半圆空间 从墙面呈半圆形凹陷进去的部分。
伊特鲁里亚美术 由在托斯卡纳地区兴起的伊特鲁里亚人在公元前 7~3 世纪创造的美术。初期深受希腊影响，但到了后期形成现实主义的表现方法，被罗马美术继承。
欧达 指源自希腊神殿建筑的圆柱以及上面的部分装饰，除下面三种形式外，还有托斯卡纳式和复合式。看柱头进行区别。
得利斯式：杯子形状。
伊奥尼亚式：两端向下卷曲的形状。
克林特式：厚重的叶片形状。
回廊 邻近教堂本堂的环绕修道院中庭的走廊。
希腊十字形 十字的各个部分长度相同的形状。
圆盖 半球状的天井或屋顶。
地下墓室 建在教堂地下或半地下的圣堂、礼拜堂、墓室，通常拥有拱形天井。
外阵 位于教堂内部，由教堂中殿和侧廊组成。是信徒做礼拜的空间。
单廊式：没有侧廊的结构。
三廊式：教堂中殿两侧各有一个侧廊。
五廊式：教堂中殿两侧各有两个侧廊。
后阵 位于内阵后面，平面为半圆形，天井是 1/4 球形。
格天井 被结构框架分隔出来，有凹陷构造的天井。
国际哥特式 主要指 1400 年前后在绘画和雕刻领域统治欧洲的风格，有宫廷式的优雅和美丽色彩的精致式样。
哥特式 以高耸如云的众多尖塔为特征的教堂建筑为主，流行于 12~14 世纪。绘画方面，在契马布埃之后的是乔托，他们相继开拓了表达感情和空间的新境界。之后锡耶纳派又创造出独特的优美风格。
卡斯莫迪式 12~13 世纪，使用大理石和玻璃等创作的几何图形装饰教堂的式样。卡斯莫迪是当时活跃在罗马，精于马赛克技术的家族的名称。
三角破风 双坡屋顶的两端或窗户上的三角形墙壁。
赭石画 用红色颜料绘制成的湿壁画的底画。
教堂中殿 形成大教堂风格的教堂中心轴的空间。
圣乐席 圣歌队的席位。
灰泥（装饰漆） 混入石膏涂抹在墙面或天井的材料。用于雕刻各种模型和雕像。
圣器室 连接于教堂内阵的房间，用于保管圣器并作为圣职人员更衣室使用。
前室 早期基督教教堂正堂内的玄关部分。
前柱廊 建造在建筑物正面，由柱子支撑着的挑空玄关。
侧廊 巴西利卡式教堂中殿两侧的空间。
大圣堂（教堂） 卡泰德拉所在的高耸的教堂。是当地最重要的教堂。
束柱 位于中心柱子的周围，呈几根细柱捆绑在一起形状的柱子。
多翼祭坛画 由画在几张平板上的画组合而成的祭坛画。
鼓室 位于中央入口上面的弧形（或三角形）部分。
置柱（柱形、单盖柱） 看上去犹如从墙壁突一点出来的角柱。
赤土像 用黏土烧制而成的建筑装饰物或塑像。通常指素色烧制物。
天盖 用柱子支撑着四角，覆盖祭坛的装饰物。
蛋彩画 用整只鸡蛋或蛋黄、动物胶和颜料混合制成的绘画用颜料。
桁架 将各种材料连接在一起，组合成三角形集合形态的构造。
鼓架 呈垂直状的圆筒形结构物。
内阵 在教堂内部，位于外阵和后阵中间的部分。是主祭坛所在的神圣的地方。
新古典主义风格 新古典样式。流行于 18 世纪后半叶至 19 世纪前半叶。以希腊罗马式为理想，以统一、协调、明确为特点。
大墓地 古代死者的墓葬地。墓葬群。
轩蛇腹 位于建筑物最上面，向前面突出的带状装饰物。
狭间 位于檐壁上部，隔着四角形空间，相互平行的装饰性石板。
盖尔菲狭间：表示属于教皇派，石板为四角形。
吉贝里尼狭间：表示属于皇帝派，石板为燕尾形状。
大教堂风格 交通建筑式样的一种，基本形式为以长方形短边一侧为正面入口，另一侧的后阵是半圆形突出形状的建筑式样。
帕拉佐 宫殿、规模宏大的宅邸或公共建筑物。
玫瑰窗 哥特式教堂里使用的比较多，形状为玫瑰的圆形窗户。
巴洛克风格 追求喜剧效果的豪华而富于动感的建筑式样，多建于 17 世纪。
比萨风格 建筑中的罗马—哥特风格。正面用多层小型拱形进行轻微装饰，内部有使用彩色大理石的镶嵌装饰。
拜占庭风格 4~11 世纪盛行于东罗马帝国的式样，这种式样的建筑物外观简洁朴素，但内部装饰有豪华马赛刻和浅浮雕。分为大教堂式、集中式、希腊十字形式。
正立面 建筑物的正面部分。
弗洛 古代罗马城市里的公共广场。用于做生意、裁判、集会等。
弗里兹 建筑外墙壁的装饰带。带有雕刻的小块墙面。
布兰科 建筑物的俯瞰图、平面图、设计图。
湿壁画 在墙壁上的喷漆还没有干燥时进行绘画的技法。因为绘画颜料深入墙漆里，图案不易褪色。
壁龛 在墙壁上挖出的凹陷处，为放置雕像等而制作出的空间。
穹隅 在平面为正方形的建筑物上部建造圆形屋顶的建造方法。
波尔塔优 环绕着正面入口的部分。
步廊 教堂和宫殿等建筑物里，用石头或砖瓦铺砌地面的走廊，回廊。
风格主义 16 世纪初诞生于意大利，富于技巧性和学术风格。
徽饰 建筑物上椭圆形或圆形的装饰物。
马赛克镶嵌 汇集小块大理石或彩色玻璃形成画面或图形的技法。
翼廊 教堂内部，与外阵呈直角相交的内阵的一部分。
拉丁十字形 直角相交的十字形的一侧较长的形状。
拉坦 安置在圆形屋顶上部，为采光而设置的结构。
文艺复兴风格 以匀称的古代建筑为理想型的 15~16 世纪式样。外形明朗饱满，内部用湿壁画等进行装饰。在绘画、雕刻领域也有以同样理想为基础的相同情感表现和技法，并得到了长足的发展，其中心地为佛罗伦萨。
凉廊 在教堂建筑和世俗建筑中，连接建筑物本体和户外的拱形廊道。也有作为单独建筑物的凉廊、开廊。
罗马风格 11~12 世纪在欧洲广泛普及的式样，建筑物的正面由小型拱廊做装饰，在罗马等地内部有卡斯莫迪式的装饰。

项目策划：王欣艳　谷口俊博
统　　筹：北京走遍全球文化传播有限公司　http://www.zbqq.com
责任编辑：王佳慧　林小燕
责任印制：冯冬青

图书在版编目（CIP）数据

意大利 / 日本《走遍全球》编辑室编著；金松，盛涛译. -- 2版. -- 北京：中国旅游出版社，2018.6

（走遍全球）

ISBN 978-7-5032-6004-9

Ⅰ.①意…　Ⅱ.①日…②金…③盛…　Ⅲ.①旅游指南－意大利　Ⅳ.K954.69

中国版本图书馆CIP数据核字（2018）第077219号

北京市版权局著作权合同登记号　图字：01-2018-1452
审图号：GS（2018）1264号　本书插图系原文原图

书　　名：意大利

作　　者：日本《走遍全球》编辑室编著；金松，盛涛译
出版发行：中国旅游出版社
（北京市建国门内大街甲9号　邮编：100005）
http://www.cttp.net.cn　E-mail: cttp@cnta.gov.cn
营销中心电话：010-85166503
排　　版：北京中文天地文化艺术有限公司
经　　销：全国各地新华书店
印　　刷：北京金吉士印刷有限责任公司
版　　次：2018年6月第2版　2018年6月第1次印刷
开　　本：889毫米×1194毫米　1/32
印　　张：19.125
印　　数：1-8000册
字　　数：857千
定　　价：118.00元
I S B N　978-7-5032-6004-9